红墙★大事

共和国重大历史事件的来龙去脉

（上）

张树德 著

团结出版社

©团结出版社，2017年

图书在版编目（CIP）数据

红墙大事：共和国重大历史事件的来龙去脉 / 张树德著. -- 北京：团结出版社, 2017.10（2025.12 重印）
 -- ISBN 978-7-5126-5022-0

Ⅰ. ①红… Ⅱ. ①张… Ⅲ. ①中国历史—现代史 Ⅳ. ①K27

中国版本图书馆 CIP 数据核字(2017)第 059343 号

责任编辑：张　阳
封面设计：张　帆

出　　版：团结出版社
　　　　　（北京市东城区东皇城根南街 84 号　邮编：100006）
电　　话：（010）65228880　65244790 （出版社）
　　　　　（010）65238766　85113874　65133603（发行部）
　　　　　（010）65133603（邮购）
网　　址：http://www.tjpress.com
电子邮箱：zb65244790@vip.163.com
经　　销：全国新华书店
印　　装：三河市东方印刷有限公司

开　　本：170mm×240mm　　16 开
印　　张：53　　　　　　　　字　　数：886 千字
版　　次：2017 年 10 月　第 1 版　　印　　次：2025 年 12 月　第 51 次印刷

书　　号：978-7-5126-5022-0
定　　价：108.00 元（全两册）
　　　　　（版权所属，盗版必究）

前 言
PREFACE

红墙过去是紫禁城的象征，中华人民共和国成立后，红墙成了中南海的象征。由于中南海是中共中央机关和毛泽东主持日常工作的所在地，所以它不仅成了全国人民向往和敬仰的地方，也成了新中国许多重大政治事件的中心。在中华人民共和国和中国共产党执政的历史上，许多重大事件的决策、制定和实施，许多鲜为人知的重大事件的酝酿、争论和展开，无不与中南海，与红墙发生着千丝万缕的联系。可以这样说，中华人民共和国每一次脉搏的跳动，都与中南海，与红墙——这个中国心脏中的心室，紧紧地联系在一起；每一次心跳也都时时牵动着中国整个肌体的健康与发展。红墙里发生的许许多多事件，无不给人以神秘莫测之感。

正因如此，在中华人民共和国成立后的半个多世纪当中，特别是近一二十年来，许多专家学者都把目光投向了这里。笔者从事党史和军史研究近三十年，由于工作的关系，接触了许多当年的档案文献及当事人，结合专业和自己的爱好，系统地写了一些东西。这些文章记述了共和国若干重大历史事件，向读者真实地展示了那些虽已成为历史，但却不为人们所共知的重大事件的来龙去脉。

笔者在这些文章的写作过程中，坚持实事求是的原则，以史实为准绳，以文献为依据，基本上做到了重要史实有把握、重要文献有依据、重要讲话有出处、重要引文有来处，并注意对引用文章中与史实有出入的地方进行了纠正和考据,还注意参考了最新披露的文献和新发现的史料,力求在真实上下功夫,同时也注意吸收了其他研究成果。

此书内容按事件发生的时间顺序编排,文字生动流畅,通俗易懂。

作者
于北京西山

目 录
CONTENTS

一 毛泽东第一次走出国门 // 1

毛泽东把周恩来请到自己的住处说，我看现在我到苏联走一趟比较合适了 // 2

"你们都不要搞迎来送往，劳了你们驾我不敢当。"毛泽东在车站与同事们定了一个"君子协定" // 4

中苏首脑在克里姆林宫第一次握手，斯大林提议"要搞个什么东西"，毛泽东巧妙地回应，应该搞出个东西来，可它必须是既好看又好吃…… // 9

毛泽东向柯瓦廖夫发了一通脾气，你们把我叫到莫斯科来，什么事也不办，我是干什么来的？难道我到这里就是为天天吃饭、拉屎、睡觉吗 // 13

电话铃一响，毛泽东拿起话筒，直接与周恩来通话，两个人通话时间长达一个小时 // 19

斯大林在合影时耍了一个小聪明。虽然斯大林比毛泽东的身材矮些，但照片上却看不出高低 // 25

二 "解放台湾"计划因何搁浅 // 33

毛泽东希望在统一中国后，再支援北朝鲜；金日成认为能够在两个星期之内占领南朝鲜 // 34

刘少奇向斯大林说明了进攻台湾的设想，要求苏方提供飞机并代训飞行员 // 41

毛泽东认为跨海"解放台湾"，没有苏联人的海空援助照样能成功 // 46

毛泽东不止一次地说，斯大林关于朝鲜战争的决定，是一个极大的错误，"是百

分之百的错了" // 55

三　彭德怀统率志愿军抗美援朝的前前后后　// 65

朝鲜内战爆发，林彪托病不出，毛泽东想到了彭德怀　// 66

毛泽东听完彭德怀关于出兵的理由后，兴奋地说，看来你是百分之百地支持我的意见喽　// 70

大家一致同意由彭德怀率军抗美援朝。对此，彭德怀表示，我还是那句老话，服从中央的决定　// 74

毛泽东对彭德怀说，即令打不过也好，他总是欠我们一笔账　// 79

麦克阿瑟扬言要在感恩节前占领北朝鲜。彭德怀表示，麦克阿瑟越猖狂，对我们越有利　// 84

四　地委书记、专员受到处决的内情　// 89

前天津地委书记、专员，以贪污罪被依法处决。香港一家报纸禁不住惊呼，共产党杀了共产党　// 90

毛泽东双眉紧皱说，我们坚决不做李自成！我不想做李自成，谁想做刘宗敏、牛金星，刘青山、张子善便是前车之鉴　// 99

刘青山说，老子拼命打下天下，享受些又怎样？张子善则想成为天津专区的"英明领袖"　// 105

毛泽东突然问李银桥，你贪污了没有？李银桥有点吃惊。毛泽东接着说，反腐蚀，不要叫糖衣炮弹打中　// 118

五　"克什米尔公主"号惨案的内幕　// 121

外交部接到情报：国民党特务欲对中国政府代表团所乘的飞机进行破坏，并准备了定时炸弹　// 122

"克什米尔公主"号发出三次求救信号，便消失在茫茫的大海之中　// 124

面对险象环生的旅程，周恩来毫无惧色。他说，文仗如武仗，不能无危险。周恩来如期飞赴雅加达　// 127

"克什米尔公主"号事件震惊了世界。周恩来希望英国政府指示香港当局尽快侦破此案　// 131

事件真相大白,但凶手——被国民党保密局收买的周驹却逃往台湾,空难事件草草结案　// 134

在八宝山公墓的墓碑上,周恩来题词:为和平、独立和自由的事业而光荣牺牲的烈士永垂不朽　// 138

六 有关杜勒斯拒绝与周恩来握手的传说　// 143

一场奇特的"记者招待会"后,周恩来说,从今天的演习看,同志们是可以胜任的　// 144

莫洛托夫对美国人说,如果你认为我们很难对付,那么你等着对付周恩来吧,那时你才会知道什么叫难对付　// 146

杜勒斯在日内瓦讥讽道,这样的乡巴佬,怎是我们美国人的对手　// 151

杜勒斯亲自向美国代表团下令:禁止美国代表团的人员同中国代表团人员握手　// 154

杜勒斯登上讲台,为美国在朝鲜的行为辩护。周恩来据理力驳,赢得满堂喝彩　// 157

莫洛托夫向周恩来传递信息:杜勒斯率领的代表团不是铁板一块　// 161

皮杜尔气急败坏地说:同你们这些幽灵打交道真没有什么可讲的。范文同回敬道,难道你们是跟幽灵在打仗　// 167

周恩来专程拜访法国总理孟戴斯·弗朗斯,弗朗斯激动地表示,如果不实现停火,我就辞职　// 170

周恩来毫不客气地回敬道,罗伯逊先生,如果美国敢于挑战,我们将是能够应战的　// 173

周恩来指示熊向晖为外国人播放梁祝悲剧:我保你不会失败。如果失败了,我送你一瓶茅台酒　// 177

七 中苏围绕评价斯大林问题展开大论争　// 181

苏共第二十次代表大会召开,赫鲁晓夫在报告中对斯大林只字未提　// 182

斯大林的相片、画像、铜像和塑像无处不在,斯大林崇拜已变成为一种宗教现象　//　186

毛泽东说,这个报告,至少可以指出两点,一是他揭了盖子,二是他捅了娄子　//　191

赫鲁晓夫面对波兰和匈牙利事件,束手无策。毛泽东以大局为重,帮助苏联,迅速摆脱困境　//　198

毛泽东不同意对参加匈牙利事件的大多数人进行镇压　//　205

围绕斯大林问题的争论愈演愈烈,20世纪内,甚至21世纪还有争论,中共准备长期论战　//　212

周恩来访问东欧试图巩固社会主义国家间的团结,并对帝国主义各个击破的策略表示担忧　//　219

毛泽东批判对斯大林的个人崇拜,但又说,一个班必须崇拜班长,不崇拜不得了　//　225

八　1958年军内反"教条主义"若干情况的最新披露　//　233

毛泽东认为,苏联共产党就是最好的先生,必须向他们学习　//　234

一封措辞激烈的信转到军委,彭德怀没有表态,只是让各部首长传阅　//　237

彭德怀写信给毛泽东:感到该院在教学工作中教条主义倾向相当严重……　//　240

林彪认定以萧克、李达等为代表的一方是"反对反教条主义"的　//　242

彭德怀首先把自己当作整风的对象,"引火烧身"　//　245

毛泽东讲话以后,批判的温度升高了。萧克、李达被批判为"只要正规化、现代化,不要革命化"　//　247

九　毛泽东为何喜爱章士钊的《逻辑指要》　//　251

毛泽东见到章士钊忽然问道,听说您在逻辑方面有著作,能否给我一阅　//　252

听了毛泽东的话,周谷城万分感慨:我很独立,火箭炮冲起来了,我也有些受不了　//　253

目 录

毛泽东指示周谷城，最好把西方哲学家所讲的逻辑，从古到今，来他个系统的叙述 // 257

蒋介石曾让章士钊到大学及警官学校演讲，毛泽东对章士钊的这一段历史并不在意 // 261

十 毛泽东特批出版《柳文指要》鲜为人知的内情 // 263

毛泽东对章士钊的初稿很感兴趣，派人给章士钊送去桃杏各五斤，并附上一信 // 264

毛泽东一生酷爱古文，对韩愈的大部分诗文倒背如流 // 268

章士钊得知康生意见，断然拒绝修改全书 // 271

十一 炮击金门——国共两党在炮火中的"默契" // 277

至于美国参战的可能性，金日成断言："那几乎不可能。"但毛泽东还是提出，帝国主义的事，我们做不了主 // 278

朝鲜战争停战以后，毛泽东决定把"解放台湾"问题再次提出来 // 281

"蒋介石希望我们打炮，这样他就有了借口，可以抵抗美国的压力。"毛泽东如是说 // 285

毛泽东认为，直接对抗，中美双方都心存余悸，都害怕战争，因此中美之间的战争是打不起来的 // 289

中共决定不攻金、马，让金、马继续留在台湾国民党手中 // 292

从万炮齐轰金门岛，到只象征性地打打宣传弹，共产党与国民党用炮火达成"默契" // 294

1962 年对于中国来说，称得上是个多事之秋，四面八方不平静 // 297

十二 毛泽东最担忧"内部起变化" // 303

杜勒斯大肆鼓吹"和平演变"，试图瓦解社会主义阵营 // 304

毛泽东同外国代表谈话说有杜勒斯事情就好办，所以我们经常感觉杜勒斯跟我们

是同志 // 308

杜勒斯利用"渗透、腐蚀、颠覆",企图促使中国"内部起变化" // 313

领导人变了,整个国家就会改变颜色。毛泽东最担心:中央出修正主义 // 317

毛泽东在接见尼克松的女儿、女婿时说,我喜欢右派,你父亲算右派吧 // 322

十三 中共高层会见蒙哥马利真实记录 // 325

对于访问中国,蒙哥马利是有所顾虑的,因为他曾在回忆录中不加掩饰地攻击过中国 // 326

蒙哥马利这样评价周恩来:周和毛不同,他出身高贵,思维敏捷,举止优雅…… // 338

毛泽东在读了蒙哥马利的《一种清醒的做法——东西方关系研究》一书后做了如下批语:很有意思,必读之书 // 342

蒙哥马利得到的回答是一致的:威望最高、能指挥所有人的人只有一个——毛泽东 // 345

"谁是我的继承人,为什么他不敢问啊?是不是也像中国人那样怕犯忌讳?" // 351

毛泽东在烟雾缭绕之中,缓缓说道,我只有一个五年计划,到时候,我就要见马克思了 // 358

蒙哥马利:主席你的继承人是谁?毛泽东:很清楚,是刘少奇,我死后,就是他 // 363

十四 康生狠批小说《刘志丹》的真正目的 // 369

康生还没看小说,就为其定了性:这不是单纯的文艺写作问题,是带有政治倾向性的 // 370

制造冤案,康生独具本领。他向习仲勋发难:你们活动能量可谓大矣!你们是想翻天哩 // 373

八届十中全会上,善于奉迎的康生把小说《刘志丹》作为"翻案风"的例子 // 378

康生"适时"地递给毛泽东一张条子，上写：利用写小说进行反党活动，是一大发明　// 382

专案组认定，《刘志丹》是"为高岗翻案"，"吹捧习仲勋"，"是一部伪造的西北党史"　// 383

十五　"文革"初期毛泽东的韶山之行　// 387

滴水洞成为禁区。毛泽东环视四周说，这个洞子天生一半，人工一半，怕是花了不少钱啦　// 388

毛泽东在韶山滴水洞的11天，新闻界没有做任何报道。外国情报机关一直未能探测出中国的头号人物此时究竟去了什么地方　// 391

1959年毛泽东游泳时，山上山下人山人海，欢呼声口号声响彻云霄。这一回，同样是在这个地方游泳，山上山下警卫森严，气氛冷冷清清　// 393

石师傅想把有小虫的菜端走，可已经来不及了。毛泽东笑笑说，没关系，不干不净，吃了没病　// 396

为什么毛泽东把对政治问题的思考，采用家书的形式写给江青？对此，毛泽东没做过任何解释　// 399

十六　林彪与江青结成同盟的内幕　// 403

江青宣布了几个不准："不准记录，不准外传"，特别"不准让北京知道"　// 404

江青说这个材料"根本不行，歪曲了她的本意"，"没有能够反映她的意思"，"给她闯了大祸"　// 409

杨永直打电话问"学阀"指谁，彭真说，是阿Q，谁头上有疤就是谁　// 413

林彪在给军委常委的信中，这样评价《纪要》：是一个很好的文件，用毛泽东思想回答了社会主义时期"文化革命"的许多重大问题　// 416

《纪要》是江青上台的宣言，她别有用心地提出了"黑线专政"论　// 421

十七　"三老四帅"大闹怀仁堂　// 425

谭震林怒从心头起：我一生犯了三个错误，第一，我不应该活到今天；第二，不

应该跟着毛泽东干革命；第三，不应该加入中国共产党 // 426

毛泽东用一种愤怒的目光，狠狠地扫视了一下"三老四帅"：你们想反对"文化大革命"，那办不到 // 430

周恩来抓起电话机：你们都是身经百战的军事家，战略战术比我懂，不能逞匹夫之勇 // 434

陈毅自我检查：我陈毅不是圣贤，更免不了要有错误 // 436

毛泽东风趣地说，你们不要背包袱哟，没有你们陪着我上天安门，我不成了光杆司令啦 // 440

十八 四位元帅密议国家安危 // 445

"珍宝岛事件"发生，中苏关系恶化，毛泽东提出准备"早打，大打" // 446

四位元帅密会，研究国际局势，周恩来指示要保守秘密 // 448

陈毅主持"国际形势座谈"，为毛泽东战略决策做参谋 // 450

对战争形势大胆评估：中美、中苏开战的可能性不大 // 452

苏联公然威胁要打核战争，中共中央下达战备命令，包括赶修核工事，但未公布 // 453

陈毅语出惊人：利用美苏矛盾，打开中美关系，让中美苏三角相互制衡 // 457

十九 毛泽东批语《我的一点意见》写出的前前后后 // 461

《我的一点意见》是毛泽东在"文化大革命"期间于庐山召开的中共九届二中全会间，针对林彪、陈伯达等大肆鼓吹"天才论"并摘编了《恩格斯、列宁、毛主席关于称天才的几段语录》而写的批语。

二十 175位将军最终得到平反昭雪 // 473

毛泽东拍案而起：怎么打倒了那么多干部？我也无意把他们都打倒嘛 // 474

秦基伟听说周恩来要见他，很激动，问道，总理要见我，我能穿军装吗？可不可以戴领章 // 479

王洪文点名许世友，许世友面色铁青，不屑搭理 // 485

二十一　中国医疗组全力抢救胡志明　// 489

越南在讣告中宣布："一个经验丰富的医疗小组为胡主席治疗……"这句话大有深意　// 490

胡志明晚年身体不好，中国经常派医生去河内给他治病，为了保密，称胡主席为"丁老"　// 495

周恩来指示王幼平大使，在胡志明病危期间，未经越方安排不要前去探视　// 497

胡志明停止呼吸后，中国医生仍未放弃最后一线希望，继续做人工呼吸，一直持续了大约三个小时　// 499

范文同、武元甲见到周恩来，失声恸哭。周恩来含泪连声说："我来晚了，我来晚了。"　// 501

二十二　林彪曝尸荒野的前前后后　// 505

林彪说"文化大革命"是一场夺权运动，要"大闹"，"大升一批，大罢一批"　// 506

"文化大革命"以来，林彪第一次在重要问题上与毛泽东态度相左　// 508

陈伯达抢先挑起争端；毛泽东说："要我早点死，就让我当国家主席！"　// 511

"又提什么天才问题，不过是一个借口。"毛泽东严厉训斥黄、吴、李、邱　// 515

林立果的"讲用报告"被捧作是发展马克思主义的"第四个里程碑"　// 518

这次庐山会议是两个司令部的斗争，黑手不止陈伯达一个　// 523

林彪决心先发制人，计划杀害旅途中的毛泽东；毛泽东到杭州后，立即感到情况有些异常　// 527

恐慌之中，林彪决定改南逃为北叛；周恩来用力按下手中的话筒，气愤地说了两个字："叛徒！"　// 531

二十三　中美建交前基辛格秘密来华　// 535

尼克松决定，派遣基辛格作为代表，经由巴基斯坦秘密通道，访问北京　// 536

红墙大事
——共和国重大历史事件的来龙去脉（上册）

尼克松公开表示，如果我在死前有什么事情可做的话，那就是到中国去　// 540

毛泽东对斯诺说，如果尼克松愿意来，我愿意和他谈，吵架也行　// 542

尼克松在欢迎宴会上，第一次使用了"中华人民共和国"的正式名称，发出了西方人士称之为"意味深长的外交信号"　// 546

尼克松提出"举行一次秘密的预备会谈"，毛泽东说，既然要来，就公开嘛，何必藏头露尾　// 548

毛泽东说，台湾问题也留着尾巴，但不是猴子尾巴，是猿，尾巴不长　// 549

不过200字的公告，让世界为之震惊。毛泽东认为公告一发表，会引起世界震动　// 552

基辛格戴上一副墨镜，一顶普通的法国帽，遮住半个脸，钻进汽车秘密开往中国驻法大使馆　// 555

中国驻法大使和美国驻法武官在巴黎密会，竟用俄语交谈，达成秘密协议　// 560

二十四　中国首次出席联合国大会的决策过程　// 565

林彪叛逃，中国政坛陡起波澜，但北京迎来了一位重要的客人，使中国领导人脸上挂满了笑容　// 568

林彪倒台和恢复联大席位，成为共和国的两大胜利　// 578

毛泽东早已胸有成竹：派一个代表团去联大，让乔老爷做团长，熊向晖可以做代表或是副团长　// 584

毛泽东对乔冠华指示，到了联合国，要采取阿庆嫂的方针，不卑不亢，不要怕说错　// 590

外交部送来《关于为出席第26届联大代表团送行计划报告》，毛泽东批示，规格似宜高一点　// 593

二十五　毛泽东执意参加陈毅追悼会的隐情　// 595

毛泽东提笔圈去了悼词中"有功有过"四个字，心绪难平，突然决定要参加陈毅的追悼会　// 596

陈毅义正词严地表示，我决定跟毛主席走，但是，我不敢保证将来就不反对毛主席的一些意见　// 601

陈毅说，别看有人把主席语录本举得很高，是真拥护毛主席，还是反对毛主席，我怀疑　// 609

有人劝陈毅少说话，可陈毅却说，只要我讲话，就会有人说陈毅又跳出来了。快要亡党亡国了，此时不跳，更待何时　// 616

乔冠华建议陈毅找毛泽东澄清事实，陈毅却表示，有许多事，你越去解释，越说不清楚　// 624

叶剑英用颤抖的双手掏出一张纸，向陈毅传达毛泽东关于为"二月逆流"平反的指示……　// 631

二十六　"四人帮"向周恩来突然发难　// 637

"四人帮"及其亲信说购买外轮是"崇洋媚外" / 姚文元告诉手下，整个材料给我看看　// 638

江南造船厂贴出"远洋公司还是崇洋公司"的大字报 / 张春桥说，风庆轮即使沉了，也是个胜利　// 641

政治局会上，江青向邓小平发难，你对批判"洋奴哲学"，究竟抱什么态度，是赞成还是反对　// 650

毛泽东给江青的批示：不要多露面，不要批文件，不要由你组阁，你积怨甚多　// 656

周恩来与王洪文两机同行，却是目的各异 / 毛泽东责令王洪文写检查　// 661

"风庆轮事件"没有撼动邓小平，却使王洪文失去了毛泽东的信任　// 663

二十七　毛泽东为什么评价邓小平"人才难得"　// 669

江青、张春桥、姚文元、王洪文在中央政治局有预谋地对邓小平进行了多次挑衅。毛泽东听了王洪文的"汇报"，对他们的"告状"十分不满，当即批评王洪文："有意见当面谈，这么搞不好！要跟小平同志搞好团结。"又说："你回去后，要多找总理和剑英同志谈谈，不要跟江青搞在一起，你要注意她。"

红墙大事
——共和国重大历史事件的来龙去脉（上册）

二十八　江青被迫承认政治局内有"四人帮"　// 681

毛泽东特别指出，不要搞"四人帮"，你们不要搞了，为什么要照样搞呀？为什么不和两百多的中央委员搞团结，搞少数人不好，历来不好　// 682

邓小平此时心情是复杂的。毛泽东让他主持会议批评江青，这句话说起来容易，执行起来难　// 687

二十九　病中毛泽东不忘为周扬平反　// 691

毛泽东对周扬是极为信任的，经他批准，周扬就任延安"鲁艺"院长　// 692

毛泽东致信周扬说，我那篇讲话配在马、恩、列、斯……之林觉得不称，我的话是不能这样配的　// 697

周扬夫人接到军管会的通知，周扬要放出来了！已经整整九年，家里人都没有周扬的音讯　// 700

毛泽东在他最后的岁月，确实是真心实意要纠正他已觉察的错误　// 703

三十　毛泽东选择接班人的起伏跌宕　// 705

毛泽东向中国，也向全世界宣告，他的接班人是刘少奇　// 706

林彪跃居为仅次于毛泽东的第二号人物，同时也意味着林彪接班人身份的法律化　// 711

王洪文成为中共第三号人物。至此，王洪文的接班人地位在党内开始确立　// 716

周恩来逝世，由谁来继任？毛泽东权衡再三，最后出人意料地选中了华国锋　// 721

三十一　叶剑英玉泉山运筹帷幄　// 727

周恩来发动批极左思潮，江青等人大反"右倾回潮"／毛泽东一语定乾坤　// 728

江青急欲扳倒周恩来，"批林批孔"运动中，她"三箭齐发"　// 730

毛泽东告诉王洪文，不要跟江青搞在一起，你要注意她　// 737

"文化大革命"以来,江青第一次正式向党中央做检讨 // 740
毛泽东逝世,江青虽然臂戴黑纱,但她对治丧活动并不感兴趣,她关心的是权力 // 743
"这几个东西闹腾得不得了,一定要设法解决",叶剑英说,这是一着很险的棋,又非走不可 // 746
王洪文叹息道,没想到这样快!/ 中央政治局一致同意对"四人帮"采取措施 // 750

三十二 保护毛泽东遗体的细节 // 753

毛泽东遗体在华国锋、汪东兴等人的护送下离开人民大会堂,顺利地转移到"769"保护室 // 754
64位小伙子组成方阵,喊着号子,将水晶棺移进了毛主席纪念堂瞻仰大厅 // 762
毛泽东安静地躺在水晶棺里,身着灰色的中山服,身上覆盖着鲜红的党旗,脸色红润,栩栩如生 // 766
负责施工的总指挥李瑞环焦急万分,催促赵鹏飞尽快拿出实施方案 // 770
邓小平:我不赞成把纪念堂拆掉。建是不妥的,如果改变,人们就要议论纷纷,现在世界上都在猜测我们要毁掉纪念堂,我们没有这个想法 // 777

三十三 三峡工程39年决策内幕 // 781

100年间,长江发生过七次大洪水,曾造成30多个县被大水浸淹,几百万人被洪水夺去了生命 // 782
毛泽东时代,出于对政治、军事形势的考虑,对三峡工程提案一直非常慎重 // 784
以孙越崎为首的一批人上书国务院,要求缓建三峡工程 // 786
许多专家担心三峡水库泥沙会影响上游航道,并使重庆变成死港 // 792
江泽民视察了三峡后说,三峡工程要争取早上马,把几代人的梦想在我们手中变为现实 // 806

13

红墙大事
——共和国重大历史事件的来龙去脉（上册）

三十四　香港因何未能提前收回　// 811

蒋介石曾想借英国在香港问题上的松动，收回香港，但谈判很快就"触礁"了　// 812

周恩来规定了三个必要的条件，在这些条件下，香港可以长期维持现状　// 815

英国航空母舰迫不及待地开往香港，在武力支持下，香港政府发布措辞强硬的紧急法令　819

一　毛泽东第一次走出国门

- 毛泽东把周恩来请到自己的住处说，我看现在我到苏联走一趟比较合适了

- "你们都不要搞迎来送往，劳了你们驾我不敢当。"毛泽东在车站与同事们定了一个"君子协定"

- 中苏首脑在克里姆林宫第一次握手，斯大林提议"要搞个什么东西"，毛泽东巧妙地回应，应该搞出个东西来，可它必须是既好看又好吃……

- 毛泽东向柯瓦廖夫发了一通脾气，你们把我叫到莫斯科来，什么事也不办，我是干什么来的？难道我到这里就是为天天吃饭、拉屎、睡觉吗

- 电话铃一响，毛泽东拿起话筒，直接与周恩来通话，两个人通话时间长达一个小时

- 斯大林在合影时耍了一个小聪明。虽然斯大林比毛泽东的身材矮些，但照片上却看不出高低

红墙大事
——共和国重大历史事件的来龙去脉（上册）

1949年10月1日，毛泽东站在北京天安门城楼上庄严宣告中华人民共和国成立，并代表中华人民共和国中央人民政府向全世界发表公告，宣布中央人民政府愿意同遵守和平、互利及互相尊重领土主权的任何外国政府建立外交关系。

也就是在这天，周恩来以中国外交部部长的名义把中央人民政府的上述公告以公函致送各国政府。公函中说："我认为中华人民共和国与世界各国建立正常的外交关系是需要的。"这就告之世人：中华人民共和国不承认国民党时代中国同外国建立的外交关系具有继承性，也不承认国民党时代任何外交机关和外交人员的合法地位。由此，拉开了中华人民共和国外交活动的序幕。

毛泽东把周恩来请到自己的住处说，我看现在我到苏联走一趟比较合适了

斯大林没有食言，1949年10月2日，也就是毛泽东站在天安门城楼气宇轩昂地宣告中华人民共和国成立后的第二天，从苏联的首都莫斯科发来了世界第一份外交贺电：苏维埃社会主义共和国联盟热烈祝贺中华人民共和国的成立，并正式承认中华人民共和国中央人民政府……

苏联政府迅速地作出反应，使全世界都始料不及，许多国家领导人还在瞪大眼睛看着新中国有没有人理睬呢！

10月4日是保加利亚和新中国建交，5日是罗马尼亚和新中国建交，6日是朝鲜民主主义人民共和国和匈牙利，紧接着，捷克斯洛伐克、波兰、蒙古等人民民主国家相继在半个月的时间内和新中国建立了正式外交关系。

一个占人类四分之一人口的国家的红色政权迅速地在国际舞台上站住了脚跟，这使得新中国的领袖们不禁长长地舒了一大口气。苏联等国家对中华人民共和国的支持与声援彻底打破了当时西方阵营中某些敌对势力和蒋介石试图依靠美国来孤立新中国的图谋。

半个月里以苏联为首的八个社会主义国家与新中国建交，毛泽东看到"一边倒"外交政策的成效后笑了。他笑得十分从容和自信。

自然，毛泽东的笑容中也包含着对斯大林为首的社会主义国家阵营的感谢之意，也包含着对自己和共产党人决策的正确而暗自高兴之意。早在当年5月初，中共中央即决定派刘少奇去苏联同斯大林就新中国成立工作、技术援助和国际形势进行会谈，刘少奇的行期定于7月2日。在此之前，毛泽东想，若把新中国对

苏联的态度做一公开说明，无疑会有利于刘少奇的出访；再者，6月28日正好是南斯拉夫事件发生一周年，针对当时西方各国就毛泽东是否会成为第二个铁托所散布的种种议论，中国共产党的表态也有助于消除斯大林的疑虑。此外，针对张治中和第三方面人士在抵达当时的北平后热衷的"向美苏两面靠"的主张，中国共产党必须公开表明自己在外交问题上的态度，以统一党内外人士的认识。正是基于这种情况，毛泽东在6月30日发表了著名的《论人民民主专政》一文，公开宣布了"一边倒"方针，并告诫党内外人士说："我们在国际上是属于以苏联为首的反帝国主义战线方面的，真正的友谊的援助只能向这一方面去找，而不能向帝国主义战线方面去找。"毛泽东宣布"一边倒"是及时的、正确的，为新中国在外交策略上赢得了主动地位。这个方针也得到了全国民主党派团体的拥护。

10月16日，苏联大使罗申在中南海勤政殿向毛主席递交国书，周恩来等参加了这个仪式。毛泽东就此发表了简短的答词，热情地说："中华人民共和国成立伊始，即承苏联政府首先响应愿与我国建立外交关系。我相信，中苏之间的友谊将因贵国政府的这一决定，日益发展和巩固起来。"① 这里还有一段插曲。由于没有经验，我方采纳了苏联人的建议，在仪式之后举行宴会。苏联人特地向前门外全聚德订购了烤鸭。可是烤鸭送到勤政殿后全都凉了，已不是皮脆肉嫩，而是咬不动了，使大家兴趣索然。从此，在接国书之后再也没有举行宴会。

10月20日，毛泽东又写信给斯大林，介绍王稼祥出任中国驻苏大使。新中国成立伊始，全国人民投入紧张而热烈的经济建设工作。与此同时，中央决定毛主席出访苏联，其主要任务是：参加斯大林70寿辰庆祝活动；就两党两国之间所关心的问题交换意见；商谈和签订两国之间的有关条约、协定等，并商议与解决有关两国利益的若干具体问题。

一天晚上，毛泽东认为亲自到苏联出访的机会成熟了。他打电话把周恩来请到了自己的住处，开始正式商谈着手准备年底出访苏联、亲自会晤斯大林事宜。

"恩来同志，我看现在我到苏联走一趟比较合适了。"

"今年是斯大林同志70寿辰，他60寿辰时主席在延安不是还写了祝贺他生日的文章吗？"

"是呀，一晃10年光阴，弹指一挥间呀！"

---
① 见《人民日报》1949年10月17日。

红墙大事
——共和国重大历史事件的来龙去脉（上册）

"今年12月21日很多社会主义国家的党和政府领导人都要到莫斯科去为斯大林祝寿，主席选择这个时候去苏联很合适。"

"我可是只管去祝寿噢，有关双方商谈、协定、签约之类的事还得靠你这个政务院总理了。"

"主席可以先在苏联好好休息一段时间，恢复恢复，有关中苏双方商谈的具体工作，我到苏联后按主席的意见和政治局的决定去办。"

"好哇！"毛泽东点点头，边说边站了起来，眉宇间流露出欣喜的表情。随后开始进行紧张的出国准备工作，中央指定党政各有关部门准备和编写有关的资料，并委托中共中央办公厅选定和筹集赠送给斯大林的祝寿礼品。

前者是在毛泽东、周恩来亲自过问和指导下完成的，后者江青经常插手。她一而再、再而三地向毛主席建议要带些能表明国情的礼品去，而且最好只带农产品和手工艺品。她提出首先要送的是山东的大白菜、大葱，潍坊的大白萝卜；其次是湘绣的斯大林像、景德镇的陶瓷、浙江的龙井茶、安徽的祁门红茶、江西的竹笋、福建的漆器、杭州的纺织品与刺绣等。后来，这些礼品来不及随车带走，而是陆续运到莫斯科的。原因是订货者一再地改变主意，审查货物的人又无休止地挑剔，致使一拖再拖，耽误了时间。

"你们都不要搞迎来送往，劳了你们驾我不敢当。"
毛泽东在车站与同事们定了一个"君子协定"

1949年12月6日，月亮悄悄地爬上红墙，早已结成薄冰的太液池映射着一片青光。在徐徐寒风中，身披玉霜的古柏时时闪出几枝翠叶。

几辆小轿车由丰泽园门口缓缓驶出新华门，而后向西直门方向飞驰而去……刚跨出车门，毛泽东就发现车站空旷寂静的月台上，站立着几个熟悉的身影，毛泽东心中一怔。

"不是讲好不送了吗？"

他拖着鼻音很重的湖南腔，紧紧地握住了朱德敬礼后刚从帽檐旁边放下的大手。

在下午召开的政治局碰头会上，他就讲过晚上大家不要送，以后外出大家都不要送。当时大家已经同意了。以毛泽东在领导核心中的权威，他说过的话、决定了的事是要严格执行的。没想到，真要动身的时候，政治局的同志们又一个一个地冒了出来。看到自己的意见没有被大家采纳，他真想说几句什么，但话到嘴边又咽了下去，因为这毕竟是他以新中国国家元首的身份第一次前往苏联会晤斯大林，同志们对自己这次出访表示关切和寄予厚望，也是情理之中的呀！

"主席第一次出国，哪有不送的道理呀！"朱德憨厚地咧咧嘴笑道。

"你们呀你们呀！"

毛泽东又把手缓缓地伸向站在朱德侧旁的刘少奇、周恩来后，对一边的任弼时说：

"弼时，看你，身体不好也赶来了。"

毛泽东不无责备地瞅了瞅任弼时那张由于长期失眠而显得有点浮肿的脸庞，右手有力地抖了一抖："可要注意身体，千万不能拼老命啊。"

任弼时含笑答应"好"。毛泽东满意地点了点头，而后把高大的身躯朝前俯了一俯，对着周围的送行人群说："既然你们都来了，我可要同你们定一个君子协定哟！"

"好啊！"

同志们随声附和。

"是这样的。"毛泽东缓缓扬了扬眉，轻轻地伸出了一个指头。"我这个人是属猴子的，天生的爱动不爱静，喜欢到处活动活动。今后我到外头走走，你们都不要搞送往迎来。你们一送一迎，劳了你们驾我不敢当，我毛泽东本人也不自在。你们也不要担心有人朝我打冷枪。敌人想打我毛泽东的主意，也没有那么简单。轻车简从，神鬼莫测，你说是不是，公安大臣？"

说到这里，毛泽东突然把脑袋转向跟在侧后面的公安部副部长杨奇清，杨奇清连忙憨笑着应了一个"是"。

"你们看，他都打包票了，你们还不放心？"

"放心，放心，主席保重！"

刘少奇、朱德笑眯眯地作了回答。

"那就这么说定了？"

毛泽东又把有神的目光在同志们的脸上扫视了一圈，见大家没有异议，他满意地挥了挥手，迈着矫健的步伐，朝着月台上那辆编号为9002的专列走去。

红墙大事
——共和国重大历史事件的来龙去脉（上册）

杨奇清刚想跟随着毛泽东走向专列，周恩来轻轻地拽了下他的衣服，他立即会意地停下了脚步。

"还有什么吩咐吗？总理？"

"刚才瑞卿同志报告：一个小时前，敌潜伏电台又发出呼号，报告了主席专列即将启程的情报。"

周恩来拧了拧眉，有点清癯的脸庞上耸动着焦躁与不安。

"奇清同志，此行事关重大，你可要千万小心在意，一定要保证主席的绝对安全，出不得半点纰漏啊！"

"请总理放心，我一定保证主席安抵满洲里！"

杨奇清挺胸打了个立正。

周恩来没吭声。他一点儿也不怀疑这位老红军、老保卫部部长的忠诚与干练。周恩来紧紧抓住杨奇清的双手，语重心长地说："一切都拜托你了，有情况及时汇报，我和罗部长24小时值班。"

"是！"杨奇清向周恩来敬了个军礼，同公安部部长罗瑞卿向着毛泽东一行大步赶了上去。

这次毛泽东率领中共中央和中华人民共和国代表团访问苏联，随行的人员有陈伯达（以教授的身份随团出访）、汪东兴、叶子龙、欧阳钦、师哲（翻译）等。苏联驻华大使罗申、苏联专家总负责人柯瓦廖夫陪同前往。这是新中国成立后，第一个出国进行正式访问的代表团，同时也是毛泽东第一次出访国外，当时引起了国际社会的普遍关注。

专列经过天津时，因在铁路线上发现了一颗手榴弹（实际已是废弹），公安部部长罗瑞卿在此下车去调查。国家初建，国民党潜伏的特务及反革命残余势力还未肃清，对保卫工作自然也要求甚严。公安人员的责任无疑极其重大。

路经沈阳时，高岗等上车护送毛主席至边境站满洲里。

12月9日，毛泽东的专列到了"国门"满洲里市，列车在一望无际的大草原上停了下来，因为中国铁路是窄轨，苏联铁路是宽轨，因此要换车。

在苏联国境线的车站上，早已停好了迎接毛泽东一行的高级专列。这是一辆设备很好的专车。车上设有会议室、卧室、休息室和浴室，显得气派堂皇。苏方赤塔州的党政军领导人和苏联外交部一位副部长来到边境线上迎接毛泽东的到来。毛泽东亲切地上前和他们一一握手，互致问候后，又登上了苏方的专列。

"呜"汽笛高鸣中，草原上的这列火车驶离了边境线，在苏联国土上奔驰起来。

毛泽东登上苏联专列后，神态显得格外平静，他大部分时间都是在埋头读书和查阅资料，有时连工作人员请他吃饭也没有听见。不知不觉中，专列到了入境后的第一站奥特波尔，毛泽东发觉车停了，问道："这是到哪儿了？"工作人员告诉他地名后，又请他下车，说是有仪仗队欢迎。毛泽东整理了一下衣着，大步走下车来。

他在站台上停了一下，望望天空。这里已是天地萧然，一片严冬景象。站前广场，寒风萧瑟，晓霜犹凝，北风吹得树枝沙沙地响，毛泽东却迈开了大步，有力地朝前走去。

军乐四起，鼓号齐鸣，奥特波尔车站前肃立着一排排威武整齐的仪仗队，一色的新军装，他们手持步枪"唰"地一下齐整整地向着走来的中国领袖致敬。毛泽东冒着寒风，大步检阅了仪仗队，与欢迎的人握手致意，稍事停留后又登上了专列。

列车向前奔驰。西伯利亚大地在向客人无休无止地展示自己那壮阔的林海雪原。

毛泽东凝望窗外，猛地吸了一口香烟，陷入深思。他十分清楚，斯大林一直怀疑他毛泽东会不会是另一个铁托。由于中国的一些民主党派和无党派人士参加了新中国政府，斯大林也很担心中国会走亲英、亲美的路线。尽管自己已经明确表明了"一边倒"的外交路线，但以狡黠多疑著称的斯大林能够因此而对中国共产党和他毛泽东放心吗？

毛泽东想，这次一定要在会谈中改变自己在斯大林心目中的形象，打消斯大林对自己和中国共产党的顾虑。我们在国际上是属于以苏联为首的反帝国主义战线一边的，百废待兴的新中国迫切需要朋友，需要经济援助。而此时，能够向中国伸出援助之手的，除了苏联恐怕再也无谁。

列车顶着凛冽呼号的北风继续向前行进着。

西伯利亚的寒流是有名的，对于初来乍到的中国客人也毫不留情。车顶上、车窗前已开始挂上了一片片晶莹的霜花，星星点点，不停地抖动着。当列车到达新西比尔斯克时，莫斯科方面把电话挂到了车站，询问毛泽东的身体情况，途中

红墙大事
——共和国重大历史事件的来龙去脉（上册）

是否顺利，还需要什么帮助等。毛泽东听后挥了挥手对工作人员说："告诉苏联同志，我们一切都很好，谢谢他们的关心。"

当列车到达斯维德洛夫斯克站时，可能是疲劳和气候的关系，毛泽东的身体有些不舒服，脸色有些不正常。

"主席，要不要通知苏方一下？"工作人员不安地问道。

"不用不用。"毛泽东摆摆手，站起身来说："等车停下后，下去透透新鲜空气就好了。"

列车停稳后，毛泽东在随行人员的陪同下走下列车，沿着月台散步，但几分钟后，他忽然头昏目眩，满头大汗，站立不稳，师哲急忙上前扶住他，并把他搀回到列车上。几个小时后毛泽东才恢复了正常。

随行的人员见他恢复了常态，这才长长地松了口气。从此，主席不再到月台上散步。

车到了雅罗夫斯基车站后，专程从莫斯科赶来迎接毛泽东的中华人民共和国驻苏大使王稼祥在这儿登车陪同前往。

精干的王稼祥一登上专列，就兴奋地奔上前去紧紧握住毛泽东的双手说："主席啊，可把您盼来了……"

毛泽东也高兴地迎上前去说："稼祥同志，你辛苦了，我这一回可少不得你这个苏联问题的专家哟！"

两人手拉手地在车窗前坐了下来，兴致勃勃地长谈起来。王稼祥同毛泽东的关系非同一般，毛泽东能确立今天这样在中国革命中的地位，1935年1月遵义会议是至关重要的节点，而为了在遵义会议上取得关键的一票，长征途中的毛泽东与躺在担架上的红军总政治部主任王稼祥进行过一次推心置腹的长谈。后来，这位有着举足轻重地位的中共苏区中央局委员，在遵义会议上坚定地站在被排挤压制的毛泽东一边，投下了十分关键的一票。会议正式确立了毛泽东的军事领导地位。今天，他们两人又在开往莫斯科的列车上再次相会，回首往事，感慨实在是太多了。

黄昏降临，车窗外晚霞渐浓。毛泽东抽着香烟向王稼祥说：

"记得斯大林60岁生日时，我们党还不怎么强大，人家也看不起我们。当时我在延安发表了《斯大林是中国人民的朋友》一文，没想到他70岁生日时，我们已夺得政权，这也是不以人的意志为转移吧。"

"是的。"王稼祥点了点头，深有感触地说："从1920年3月共产国际为帮助中国革命，派出第一位使者维经斯基来华，到1949年10月1日新中国诞生，苏联同志对我们的支持帮助我们是不会忘记的。"

毛泽东说："这种支持和帮助，我们过去需要，现在同样需要。"

毛泽东的话勾起了王稼祥对往事的回忆，他说："我记得主席在庆祝斯大林60岁诞辰的那篇文章中这样说过：我们中国人民，是处在历史上灾难最深重的时候，是需要人们援助最迫切的时候。《诗经》上说的：'嘤其鸣矣，求其友声。'我们正是处在这种时候。"

"嘤其鸣矣，求其友声……"毛泽东深沉地念诵着，把目光投向了车窗外。

中苏首脑在克里姆林宫第一次握手，斯大林提议"要搞个什么东西"，毛泽东巧妙地回应，应该搞出个东西来，可它必须是既好看又好吃……

1949年12月16日清晨，莫斯科银装素裹，白雪皑皑。大街小巷银枝拂掠，冰影映漾，四处显得格外的庄重和肃穆。快到中午的时候，空气中有了些暖意，莫斯科人开始走上街头，他们都在议论着今天的热门话题：中国共产党主席毛泽东将来到这里。

中午，车站的大钟正打12时，火车徐徐开进莫斯科北站（雅罗斯拉夫车站），这是苏方精心安排的。苏方在车站举行了隆重而简短的（因天气太冷）欢迎仪式。

苏联部长会议副主席莫洛托夫，苏军元帅布尔加宁上车慰问、迎接毛主席。他们知道主席在路上感冒，身体不适，因而向毛主席解释说，在车站上安排了隆重的欢迎仪式，但因天气太冷，一切从简，只有一个仪仗队举行迎接礼，只需绕行一趟，也无须答礼。如愿发表谈话，可以把发言稿交报社发表就行了。

主席在书面发言中首先表示对苏联政府和苏联人民"兄弟般的友谊是永远不会忘记的"。然后指出："我相信，由于中国人民革命的胜利和中华人民共和国的成立，由于新民主国家及世界爱好和平人民的共同努力，由于中苏两大国的共同愿望和亲密合作，特别是由于斯大林元帅的正确的国际政策，这次访问必将获得良好的结果。"

欢迎仪式结束后，毛主席前往姐妹河斯大林的第二别墅下榻。这是斯大林在

红墙大事
——共和国重大历史事件的来龙去脉（上册）

卫国战争期间的住所，有一个很大的地下指挥部。毛主席、机要室主任叶子龙和师哲住在一层，陈伯达、汪东兴住在二层。

安顿下来后，莫洛托夫请毛泽东好好休息，他转告毛泽东："下午6时整，斯大林同志约毛主席在克里姆林宫会面。"

毛泽东在卧室内休息了一阵后，便叫工作人员马上做好会晤前的准备工作，自己则点着了一支烟，沉思着在屋内来回踱步。他似乎在掂量着即将与斯大林握手的分量。

过了一会儿，警卫人员前来接毛泽东去克里姆林宫，毛泽东只带了顾问兼翻译师哲，随警卫人员登上了小车。

由一座座教堂和宫殿组成的克里姆林宫庄严神秘，一条护城河与红墙护着这座曾为莫斯科公国和18世纪前沙俄的皇宫的宫殿，而今苏联党政机关的心脏就设在这里。

毛泽东按时被送到宫内斯大林的会客厅里，这会客厅十分气派，金碧辉煌，大理石墙壁光亮照人，红红的地毯显得富丽华贵，壁炉架上端的墙上有一口老式的俄国古挂钟。毛泽东有意识地看了看时间，5点57分，比约定时间提前三分钟到达。这时，斯大林的秘书走了出来，请毛泽东到他的屋里休息一下，他随即进去向斯大林通报。

6时整，厅门大开了。斯大林和苏共中央政治局全体委员及维辛斯基外长站成一排迎接毛主席。这是很破例的，因为斯大林一般不到门口迎接外宾。他为了表示对中国人民及其领袖的尊重、信任及特殊的礼遇，所以特地作了这样的安排。

毛泽东步履潇洒地大步走了进去，翻译师哲跟在他的身后。

站在一排最前边的是斯大林。他沉着而坚毅，眼光深邃，热情随和，他身后依次站着的是莫洛托夫、马林科夫、贝利亚、布尔加宁、卡冈诺维奇、维辛斯基……

苏联的这些高级领导人全都衣着一新，仪表整齐，神态严肃庄重，显得礼貌而不失风度。

当毛泽东一跨进门，斯大林首先微笑着伸出双手迎上前去，毛泽东的双手也伸了过来，两位世界上最大国家的共产党领袖的手，终于握在了一起。

"我们欢迎你的到来！"

"谢谢斯大林同志！"

四只手紧紧地握了又握……

斯大林仔细地端详毛泽东那高大的身躯、红润的面容，赞叹地说："好，好呀，真想不到你是这样年轻，这样健壮。"

"斯大林同志也很健康呀！"毛泽东回答。

斯大林回过头来，把全体政治局成员逐个向毛泽东作了介绍，毛泽东亲切地与他们一一握手，祝愿问候，而后毛泽东也向斯大林通报了中方随行人员情况。

斯大林和毛泽东在会谈桌两边坐了下来，毛泽东和师哲坐一边，斯大林和苏方人员坐在另一边，斯大林望着毛泽东，又赞叹说："伟大，真伟大！你们取得了伟大的胜利。你对中国人民的贡献很大，是中国人民的好儿子！我们真诚地祝你健康！"

毛泽东却意味深长地说："我可是长期受打击、受排挤的人噢，有话无处说……"

"不不不，"斯大林没等翻译把话说完，捏着烟斗的手习惯地摇了摇，说："胜利者是不受谴责的。谁也不能去谴责一位胜利者。"

毛泽东听了这话，深沉地笑了。在场的苏联领导人也笑了起来，有人还轻轻地鼓掌。

正式会谈开始了。斯大林关切地询问毛泽东的健康状况，希望他多保重。斯大林说："中国革命的全面胜利在望，中国人民将获得彻底解放，共产党的力量是不可战胜的。中国革命的胜利将会改变世界的天平，加重国际革命的砝码。恢复经济和建设国家将是你们头等重要而又艰巨的任务，但你们有最宝贵、最丰裕的资本人力，这是取得最后胜利和向前发展的最可靠的保障和力量。你们获取全面胜利是无疑的。但敌人并不会甘心，也是无疑的。然而今天敌人在你们面前是无能为力的。我们全心全意祝贺你们的胜利，希望你们取得更大的胜利！"

"我代表中国人民衷心感谢苏联人民长期以来给予我们的支持帮助，中国人民是不会忘记朋友的。"毛泽东的话很诚恳，他显得儒雅、温和，很有分寸，言谈举止中带有浓郁的诗人气质。

毛泽东的风度吸引了苏联领导人，他们都用极有兴趣的目光注视着毛泽东，

红墙大事
——共和国重大历史事件的来龙去脉（上册）

感到坐在对面的不仅仅是一位伟人、一位领袖，也是一位知识渊博的学者。他们常对毛泽东话中的旁征博引听得津津有味，不时有人轻轻地点起头来。

双方的谈话海阔天空，从前线的军事情况谈到经济建设、粮食收获、土地改革以及群众工作等。虽说来访前中方与苏方就主要内容交换过意见，但从一开始就使人感到，斯大林在揣摩毛主席此行的意图和愿望。谈话历时两个多小时，苏方只有斯大林一人说话，其他人都未插话。

斯大林思索了一下问毛泽东："你来一趟是不容易的，那么我们这次应该做些什么？你有些什么想法或愿望？"

毛主席看了看斯大林，微笑着说："这次来，一是为祝贺斯大林同志70寿辰；二是看一看苏联，从南到北，从东到西都想看一看。"毛泽东把访苏的最根本的意图留在了心中。

斯大林说："你这次远道而来，不能空手回去，咱们要不要搞个什么东西？"他最关心的还是中苏结盟的问题。

7月斯大林和刘少奇谈话时已表示要等毛泽东到苏联后签订一个条约。这次，斯大林似乎不愿先提自己的想法，以免日后有人说他把自己的意志强加于人；他也可能考虑到过去他对中国革命出了些不正常的主意、有些不妥的做法，因此表现得很谨慎。

听了斯大林的意见后，毛泽东想了想，巧妙地说："我们这次来是要完成一些事情的，是应该搞出一个东西来，可它必须是既好看又好吃……"他很形象地用手比画了一下。

这话充满了哲理和幽默，但是如果直译出来，苏联人肯定不会明白。所以师哲在翻译时作了解释："好看就是形式好看，要做给世界上的人看，冠冕堂皇；好吃就是有内容、有味道，实实在在。"

然而苏联人仍然不能理解那是何物，全都目瞪口呆，只有贝利亚竟失声笑了起来。

斯大林虽不理解东方人的智慧，但他沉着冷静，仍婉转地继续询问。

毛主席不肯明说，他认为中国人是有骨气的，不能向人家乞求什么；苏方较有经验，应该主动提出帮助我们，不提是不诚恳的。他对斯大林说："我想叫周恩来总理来一趟。"

斯大林表示惊讶，反问道："如果我们不能确定要完成什么事情，为什么还叫他来，他来干什么？"显然斯大林在追根寻底，但毛主席没有直接回答。

毛泽东平静地掐灭了手上的烟头，说："周恩来到了就可以商量这件事了。"他接着把话题巧妙地岔到了一边。

斯大林和毛泽东都没有猜透对方的心理和意图，因而发生了某种误解。斯大林内心的打算是，不管中苏之间要签订什么条约或者协定，都得由他亲自签署，对方必须是由毛泽东签字，这样才门当户对，冠冕堂皇。这是斯大林内心的最大愿望和如意算盘。但毛泽东却一心要把担任总理兼外长的周恩来请到莫斯科来完成这项任务。斯大林虽是总理（部长会议主席），却非外长。他不能理解，为什么毛泽东不愿意代表五亿人民签署这样的条约？可毛泽东似乎没有明白斯大林的意思，或者当时毛泽东根本就没有打算由自己出面来办理这件事。来之前他已经向周恩来作了交代。

这是双方首次会谈遇到的难题，或产生的隔阂和不愉快。

尽管如此，首次见面总的来看还是令双方满意和愉快的，大厅内的气氛显得平等、轻松、友好，说到兴致处，斯大林还不时地摆弄他那精致的小烟斗，毛泽东的脸上也时常露出微笑。

毛泽东向柯瓦廖夫发了一通脾气，你们把我叫到莫斯科来，什么事也不办，我是干什么来的？难道我到这里就是为天天吃饭、拉屎、睡觉吗

20世纪40年代的最后一个冬天对莫斯科来说是个多雪的冬天，自毛泽东和中国代表团到达这儿起，几乎每天都在下雪。飞扬的雪花飘飘洒洒，铺天盖地，别有一番景色。而在当时世界东西方两大阵营的视野之中，中苏两国领袖的莫斯科会晤象征着两国的"蜜月时代"到来了。可是这种"蜜月时代"却诞生在多雪的日子中。

毛泽东特别喜欢雪，不知是因为它白洁晶亮，飘飘扬扬，还是因为它能带来清新的空气，变换出一个崭新的世界。1936年他曾写出一首气势磅礴的诗词《沁园春·雪》，成为毛泽东这位革命浪漫主义和现实主义大诗人的代表作之一。

12月17日，清晨，莫斯科仍然笼罩在蒙蒙大雾之中，大街小巷到处一片雾气，像一层层轻柔的银纱，直到上午9时多了，大雾才慢慢散去。市民们走向报

红墙大事
——共和国重大历史事件的来龙去脉（上册）

亭，走向邮局摊点，购买当天的报纸。以《真理报》为首的苏联各大报纸，均以显著的位置报道了斯大林和毛泽东会面这条消息，很引人注目。

斯大林和毛泽东的会晤显得有些神秘和离奇，主人总是把会晤谈话时间放在深夜，而且通常是在莫斯科近郊的孔策沃别墅内进行。毛泽东长期养成的生活习惯也是喜欢夜间工作。每到更深夜静之时，他的头脑特别清醒，记忆力很好，因此这种夜间会谈对主人和客人来说都是很适宜的。

会谈室里，斯大林坐在长桌的顶头，苏共中央政治局成员坐在长桌的另外一侧，毛泽东则坐在紧挨斯大林的地方，翻译坐在中间，中国同志自然坐在自己领袖的这一侧。每个人的座位前各类餐具酒杯齐备，几瓶格鲁吉亚纯葡萄酒和伏特加酒、矿泉水放在桌子中间，桌上也摆着各种新鲜蔬菜和羊肉之类的食品。

会谈开始前照例是贝利亚代表斯大林先向大家祝酒，他总爱击击掌，用酒杯敲敲桌子，以示隆重。然后先检查一下每个人的白兰地是否斟满，这才祝酒，劝大家干杯。斯大林的酒是由红白葡萄酒掺在一起的，专供他单独饮用。

谈话几乎只是在毛泽东和斯大林两人之间进行，其他人基本是陪客，没有说话的机会。毛泽东知识渊博，政治、经济、军事无所不谈，斯大林语言表达敏锐准确，显得十分果断有力。两人的会晤从来没既定话题，但毛泽东总喜欢涉猎历史和中国共产党人的斗争经历，这些对于斯大林来说也是有兴趣的话题。

毛泽东与斯大林在莫斯科郊外进行了好几次这样神秘的夜间会谈，两人彼此间有了进一步的了解，自然也更清楚该如何与对方交谈了。有一次毛泽东对斯大林总是把红白葡萄酒掺在一起喝产生了兴趣，可他坚持不让翻译问斯大林。斯大林敏感地责问翻译："你们秘密地小声交谈什么，要背着谁？"

"是这样……毛泽东同志问，您为什么总把各类酒掺起来，而其他人为什么不这样做？"翻译慌忙小声地解释起来。

毛泽东平静地望着斯大林，显得若无其事似的。

斯大林怀疑的目光从眼镜片中透了出来，他问翻译费德林："那你为什么不问问我呢？"

费德林此时发现贝利亚的目光也紧盯着自己不放，他忙解释说："请原谅，是毛泽东同志坚持不让我这么做，他认为，这样问您有一点不太礼貌。"

"唔。"斯大林点点头，有点狡黠地又问费德林："那你这位译员觉得在这

儿应该听谁的呢?"斯大林说完后,微微一笑,开始向毛泽东解释了起来:

"您知道吗,这是我早年形成的一个习惯。我常饮白葡萄酒,但我相信红葡萄酒。因为在流放中我得了伤寒,一个狱中善良的医生悄悄给我饮用了少量红葡萄酒,将我从死亡边缘救了回来。从那时起,我就深信,红葡萄酒可做药用。"

"这就是你喜欢红白葡萄酒一起喝的原因了吧!"毛泽东听完这番话,哈哈大笑起来,笑得很有感染力。两国的同志也禁不住笑了起来……

在毛泽东与斯大林多次最高级会谈之中,一般来说,斯大林这位性格总有些令人捉摸不定的苏联最高统帅同来自东方古老中国的领袖毛泽东谈话时,总是心平气和的,他显得格外沉着和冷静。在听毛泽东那富有诗意的讲述时,斯大林全部精力都集中在毛泽东所谈的内容上,从不心不在焉。

毛泽东也很欣赏斯大林这种认真的态度,他不时提出一些能引起斯大林兴趣的话题来,与斯大林商量探讨。斯大林很注意自己话语表达的准确性,他不愧是高明的语言专家,遣词造句,十分讲究。他十分注意翻译对他思想观点的完整表达。

斯大林的这些要求给苏方翻译费德林带来极为不安的感受,自从在正式会谈中费德林两次被毛泽东引用的中国成语难住以后,他更怕以后的工作惹出更大的麻烦来。每次从会谈开始到会谈结束,费德林都是提心吊胆的,当他一接触到斯大林那双捉摸不透的目光时,额头就沁出一层冷汗。

那天因为毛泽东引用的"视死如归"中的"归"字没翻译出来,斯大林那双鹰一般敏锐的眼睛透过戴着的夹鼻眼镜直视费德林的那一刹那,这位苏联高级翻译甚至有一种危机之感。好在有毛泽东的帮助,才使他渡过了一道险关。

有时在会谈中,毛泽东也并不掩饰自己在某些问题上与斯大林的相反观点。

有一次,两人长谈到兴头上时,斯大林突然问起了毛泽东在蒋介石军队已失去对上海的防守能力时,为什么不马上去夺取这个中心大城市。

"毛泽东同志,我真不明白,那时的机会这么有利,而你们为什么不马上夺取上海呢?"

毛泽东笑了笑,轻松地点了点头:

"是的,是这样。但为什么我们一定要马上就夺取呢?我们的力量还有限,如果马上占领这座城市,我们就得负起600多万居民吃饭的责任,就得背起大包袱。这个包袱让蒋介石继续去背有什么不好呢?"

红墙大事
——共和国重大历史事件的来龙去脉（上册）

斯大林还是不太理解，他摇摇头，做了个无法理解的神态。毛泽东不介意地笑了起来……

在斯大林的内心深处，他始终认为毛泽东有狭隘的农民意识，而正是在这一点上毛泽东与他持有截然相反的立场。毛泽东认为，在中国，要夺取革命胜利，首要的问题是发动农民，走"农村包围城市的道路"。在中国，谁要忽视了农民问题，谁就会注定失败。但是固执的斯大林并不这样认为，事后他曾把毛泽东的回答告诉了赫鲁晓夫等人，他说道："真不理解毛泽东是什么样的人。他说他是一位坚定的马克思主义者，可他为什么又不按马克思主义理论中的依靠工人阶级进行斗争的理论去做呢？这些马克思主义最基本的真理难道毛泽东真不懂吗？"

然而毛泽东却有自己的理解，他对马克思列宁的话从不盲从，总是根据中国革命的实际情况去贯彻。不错，在这一点上，毛泽东是自信的，事实证明他是正确的。

斯大林与毛泽东的每一次会晤总要出现一些使人意料不到的问题，所有会谈的内容几乎全由主人来确定，但主人却从不事先透露题目。

尽管如此，会谈中时常还是能出现一片笑声。

12月21日，是斯大林70岁诞辰。苏共中央在莫斯科大剧院举行盛大的庆祝仪式。富丽堂皇的莫斯科大剧院装饰一新，灯火通明，充满了喜庆色彩。除各国代表团外，前来赴会的苏联国内代表都是精心组织的，苏联人把能参加这一庆典看成是最高的荣誉。

当斯大林和毛泽东以及各国代表团成员一同走上主席台时，全场掌声雷动，欢呼声四起。容光焕发的斯大林走上台后，首先把毛泽东和各国共产党代表团领导人介绍给了大家。所有的人望着站在斯大林身边的毛泽东竟如此高大魁梧，气度不凡，不禁发出一阵阵的议论和赞叹声。

毛泽东在会上发表了祝词。祝词热情洋溢，十分精彩，自始至终抓住全体与会者的注意力。在费德林的翻译宣读中，场内反应热烈，气氛活跃。费德林没想到这篇祝词竟会如此抓人心，他自己的情绪也被感染了，当他读到"斯大林同志是世界人民的导师和朋友，也是中国人民的导师和朋友。他发展了马克思列宁主义的革命理论，并对世界共产主义运动事业作出了极其杰出和极其重大的贡献。中国人民在反抗压迫者的艰苦斗争中，深切地感受到了斯大林同志友谊的重要性"

时，全场发出了一阵雷鸣般的掌声和欢呼声，台下有人挥动了帽子和手巾，场面十分热烈壮观。斯大林也友好地侧过脸来，对毛泽东报以感谢的一笑，他轻轻地鼓起掌来，在整个会议中，他不时和毛泽东相互交谈着、议论着。庆祝活动安排的文艺演出开始了，斯大林特意叫人安排毛泽东同自己坐在一个包厢内，两人边看演出边交谈着，显得亲密友好。

精彩的演出结束了，礼堂内灯光齐明，照得全场雪亮，观众们都回过头来鼓掌，有节奏地高呼着"斯大林毛泽东！斯大林毛泽东！"

斯大林高兴地向大家挥动双手致意，毛泽东也起身向人们挥手表示感谢。掌声和欢呼声经久不息，震荡着大厅……

庆祝活动持续了几天才结束，各国代表团在完成使命后先后回国了，毛泽东则按预定的安排在苏联休息一段时间，参观访问。

此时期苏联新闻机构很少报道毛泽东的活动和行踪，西方一些好事者于是作了种种编造和猜测。有一天，工作人员把一则"毛泽东已被斯大林扣留"的西方报道的捏造消息交给毛泽东看。毛泽东付之一笑，放下报纸说："随人家说去吧，古往今来总有好事者的。"

然而，斯大林在此期间也打了几次电话给毛泽东，询问毛泽东下一步对双方结盟签约内容的具体想法，而毛泽东总是不说，斯大林忧心忡忡，派莫洛托夫、罗申来毛泽东住处访问、交谈，想摸清毛泽东内心的想法和愿望。斯大林亲自给毛泽东打来电话，与毛泽东直接交谈，问他有什么愿望或想法，双方应进一步做些什么？是否有新的考虑等等。斯大林还给翻译师哲打来一次电话，想了解毛泽东的想法。由于翻译也不大了解毛泽东在想些什么，当然不好说。

柯瓦廖夫和使馆参赞、中文翻译费德林是陪中国代表团一起来莫斯科的，他们有一次来到别墅看毛泽东时，毛泽东对柯瓦廖夫发了一通脾气，说："你们把我叫到莫斯科来，什么事也不办，我是干什么来的？难道我来这里就是为天天吃饭、拉屎、睡觉吗？"

其实他们是难得见到，甚至是见不到斯大林的。柯瓦廖夫当年随刘少奇见过一次斯大林。斯大林问他话时，他十分紧张，像小学生一样，站得笔直，立正回答问题。毛泽东发脾气一事，他们怎敢向上汇报呢。

柯瓦廖夫和费德林离开时，柯瓦廖夫的表情不正常。

红墙大事
——共和国重大历史事件的来龙去脉（上册）

他们走后，毛泽东情绪很好，高兴地对师哲说，如此教训一番柯瓦廖夫，其目的是为了让他向斯大林反映我们的不满情况。

师哲向毛泽东解释说："柯瓦廖夫不会见到斯大林的，也不会反映他受到的训斥。他不能这样说，也不敢这样说。如果他这样说了，他就会受到斥责或处分的，柯瓦廖夫将采取什么办法摆脱窘境，还得等等看。"

不出所料，柯瓦廖夫回去之后写了一封污蔑中国的长信。斯大林收到信后，即刻转交给中国代表团，并说："这是柯瓦廖夫自己写的，不是我们授意的。须知，他不是搞政治的，只是一个技术员，却往政治里钻，这是很不适当的。"

后来，在毛泽东和斯大林一次谈话中，谈到派专家的问题。毛泽东提出是否可把柯瓦廖夫派给我们。斯大林马上说："柯不是专家，不懂建设，我们将给你们派出熟练的专家。"

随后，莫洛托夫来到别墅看望毛泽东，意在摸底。毛泽东向莫洛托夫海阔天空地谈中国革命的历史、党内斗争等，谈的时间很长。但莫洛托夫却表现出沉默、不感兴趣的样子，只是点头听着，既不表态，也不提出任何问题。

他不理解也不想揣测毛泽东的心思，大概一心只盘算如何完成斯大林交办的任务。

斯大林经过几次试探，当了解到毛泽东确实在等周恩来来了以后再办其他事情，也就不再多问了。1950年1月2日晚8点，莫洛托夫和米高扬到别墅来和毛泽东谈话，询问毛泽东对签订中苏条约等事的意见。

毛泽东讲了三点意见：

（甲）签订新的中苏条约，"中苏关系在新的条约上固定下来，中国工人、农民、知识分子及民族资产阶级左翼都将感到兴奋，可以孤立民族资产阶级右翼；在国际上我们可以有更大的政治资本去对付帝国主义国家，去审查过去中国和各帝国主义国家所订的条约"。

（乙）由两国通讯社发一简单公报，说明两国当局对旧的中苏友好同盟条约交换了意见。

（丙）签订一个声明，内容是讲两国关系的要点。如果按乙、丙两个方案做，周恩来可以不来。

莫洛托夫马上说："甲项办法好，周恩来可以来。"

毛泽东追问："是否以新条约代替旧条约？"

莫洛托夫说："是的。"

毛泽东当即说："我的电报1月3日到北京，恩来准备5天，1月9日从北京动身，坐火车11天，1月19日到莫斯科，1月20日到月底约10天时间谈判及签订各项条约，2月初我和恩来一道回国。"

同时又谈到毛泽东外出游览的问题，商定晋谒列宁墓，去列宁格勒、高尔基城等处看一看。莫洛托夫、米高扬提议看一看兵工厂、地下电车（即地铁）、集体农庄及和苏联各负责人谈话。毛主席到苏后还没有出门单独看望过任何一位苏联领导人。他们走后，毛泽东于当晚11时致电中共中央："最近两日这里的工作有一个重要发展。斯大林同志已同意周恩来同志来莫斯科，并签订新的中苏友好同盟条约及贷款、通商、民航等项协定。"

电话铃一响，毛泽东拿起话筒，直接与周恩来通话，两个人通话时间长达一个小时

参加完斯大林七十大寿庆祝活动后，毛泽东就在等周恩来赴苏参加中苏双方条约谈判和签订协议，在这两件事中间，毛泽东没有进行其他实质性的活动。为了把毛泽东的活动安排得丰富些，以缓解等待周恩来到苏会谈的急切心情，毛泽东与其随行的工作人员在莫斯科参观了斯大林汽车制造厂等地方，请翻译师哲给他借了大量的俄国和欧洲的历史人物传记题材的影片，在他住所里观看。毛泽东看了《彼得大帝》《拿破仑》《库图佐夫》《涅夫斯基》等影片后，对这些历史上的重要人物，都能一一地作出独到的评价，连斯大林闻讯后也佩服地说："毛泽东真了不起，很聪明，专看历史人物传记片，这是了解历史最简捷的办法。"当毛泽东得知斯大林的赞扬后，脸上稍稍流露出一点自信的微笑。

当毛泽东得知周恩来1月10日从北京启程的确切日期后，就准备外出旅游。1月13日，中苏联合发表了一份公报，公报宣布："中华人民共和国与苏维埃社会主义联盟的友好条约已在商谈之中……"公报引起了国际舆论的轰动和关注。这份公报的发表是按斯大林和毛泽东的意思办理的。毛泽东在公报发表的第二天，便前往列宁格勒参观访问去了。

1月的列宁格勒天气很冷，一连数日的大雪，使围绕这座古城的辽阔田野变

红墙大事
——共和国重大历史事件的来龙去脉（上册）

成了茫茫雪原，各种树干树枝像长出了白色的翎毛，田野里那些被雪盖住的冬季作物都成了无数的雪堆。15日，毛泽东在王稼祥、陈伯达等陪同下抵达列宁格勒。在火车站，受到当地领导人的隆重迎接。当地领导人原计划安排毛泽东到斯莫尔尼宫休息，但是毛泽东要直接乘车去波罗的海。遵照毛泽东的愿望，汽车直奔波罗的海芬兰湾。大海和陆地已被冰冻连在一起，分不出陆地与海洋的界限了。几辆黑色高级小轿车从雪原上驶来，留下了长长的车轮印迹。

汽车在海面的冰层上行驶了一个多小时。

十月革命时工人发起暴动的要地喀琅施达特要塞与芬兰湾遥遥相望。波罗的海一到冬季，大海沿岸全结了冰，连成一片。毛泽东在一块宽阔的冰面上停了下来，脚下的大地像一片望不到边的冰凌水晶，置身于这绚丽的千里冰封中，毛泽东兴致很浓，他不顾工作人员的劝阻，迈着潇洒而轻快的步伐在冰面上又走了起来。他那伟岸的身躯在一处冰坡前停了下来，举目眺望，满怀激情地说："这里真是千里冰封啊！"

苏联同志介绍说："我们此刻正站在波罗的海海面的冰层上，冰的下面就是海水，冰层的厚度大约一米至一米五。"

毛泽东说："我的愿望是要从海参崴太平洋的西岸走到波罗的海大西洋的东岸，然后再从黑海边走到北极圈。那时，才可以说我把苏联的东西南北都走遍了。"

陪同人员顿时都活跃起来，欢腾、鼓掌，苏方人员尤其为毛泽东的豪情和开阔的胸怀深深感动。

在列宁格勒期间，毛泽东还应邀参观了一些工厂和部分著名的历史遗迹。接着，毛泽东参观了艺术馆，即冬宫展览厅及沙皇的寝室、办公室、休息室、客厅、藏书室等。主人告诉他们说，本来还有一间中国厅可以参观，但目前正在整修，很遗憾。毛泽东侧过脸对师哲说："其实是不便对我们开放，不好意思让我们看，因为沙俄盗窃的东西太多了。"在列宁格勒郊区，毛泽东参观了保留下来的卫国战争时期的防御工事及战场残迹。军区的一位上校参谋向毛泽东介绍当年战地情况，把列宁格勒这座英雄城当年残酷激烈、千变万化的战斗经过，讲得非常枯燥无味，简直像是在背诵经书。他讲了一段后停下来，问是否需要继续讲下去。

"可以了。"毛泽东回过头来对翻译师哲说："听那些背熟了的一套应酬话有什么意思。"

毛泽东参观了十月革命时炮击冬宫的"阿芙乐尔"号巡洋舰。

晚上,毛泽东到基洛夫歌舞剧院观看列别杰娃主演的一场芭蕾舞《巴亚捷尔卡》。在演出后,毛泽东派代表团成员登台给列别杰娃献花篮。台上台下的鼓掌和欢呼声融合在一起。列别杰娃谢幕五六次之多,观众仍不散场。列别杰娃意识到掌声如此热烈非凡的原因之所在,于是面向毛泽东鼓掌,用手送吻三四次。毛泽东甚为感动,露出真挚的笑容,不停地向大家招手还礼。

尽管他天天都要进行许多既定的访问和参观,但心里却始终在计算着周恩来到达莫斯科的时间。1月15日晚,工作人员转告他,"周恩来总理已在赴苏的途中了"。

毛泽东一听大喜,他顾不得疲劳和辛苦,当即决定:"请通知苏联同志,我们马上返回莫斯科。"

工作人员劝他再休息两天,恢复恢复再走。

毛泽东果断地一摆手:"不用了,我和恩来是有约在先的。"随即他又幽默地说:"君子言必行,行必果啊!"他们16日启程,离开了列宁格勒。

1月17日,毛泽东一行从列宁格勒返回了莫斯科,第二天上午就接到了周恩来从途中打来的电话向他请示问候。电话直接接到了毛泽东的住处,因为线路有毛病,通话效果不好,毛泽东在耳机旁听了半天,也很难听清楚。他当即决定,请周恩来到下一站后再次通话。

毛泽东挂上电话,背着双手在屋内踱了起来,显得有些着急。此后他一直守在电话机附近,等待着周恩来的消息。

周恩来从斯维德洛夫斯克再次打来了电话,毛泽东拿起话筒,直接与周恩来通话,这次通话的效果不错。毛泽东竟然坐在沙发上与周恩来长谈起来了,他把自己来苏后的一些看法和分析与周恩来通了气,并征求了周恩来的意见,也把中苏双方条约谈判和协议签订的一些重要问题再次向周恩来作了布置,两人在电话中谈得十分亲切,有时还哈哈大笑。两人的通话竟然讲了一个小时!

他把几乎所有的实质性任务都交给了自己这位杰出的助手,看来,毛泽东对周恩来的外交才干是深信不疑的。

通完话,毛泽东显得格外轻松和愉快,他喝了一口茶,悠闲地靠在沙发上抽着烟,欣赏收音机里的音乐《伏尔加河船夫曲》。

红墙大事
——共和国重大历史事件的来龙去脉（上册）

一阵深沉雄浑的旋律在屋内回荡，缓缓地，沉重地，越响越大，像一条河水，流到了人们的面前，那么深沉动人，像一股股激流拍打着人们的心胸。毛泽东静静地听着听着，那么专注、深沉。

1950年1月20日，中华人民共和国政务院总理兼外交部部长周恩来一行到达了莫斯科。周恩来的代表团成员有东北人民政府副主席李富春、中央贸易部部长叶季壮、东北工业部副部长吕东、东北贸易部副部长张化东、外交部苏联东欧司司长伍修权、外交部办公厅副主任赖亚力、大连市委书记欧阳钦、工业部计划处处长柴树藩、东北电业局局长程明陞、东北外贸部处长常彦卿、中央财经计划局处长沈鸿、外贸部机要秘书苏农官、鞍钢公司副经理王勋、东北机械局副局长聂春荣、东北煤矿局计划处处长罗维和警卫参谋何谦等同志。在莫斯科车站广场，苏方举行了隆重的欢迎仪式，这是周恩来10年后的再次赴苏。中国驻苏联大使王稼祥亲自到距莫斯科200公里之外的雅罗斯拉夫去迎接。周恩来这次是以新中国政府首脑的身份出现在莫斯科车站的。

周恩来在车站发表演说："我这次奉了中华人民共和国中央人民政府毛泽东主席的指示，来到莫斯科，参加关于巩固中苏两大国邦交的会商。"

周恩来住在单独一座别墅里，离毛泽东住处较远。周恩来一到莫斯科，就来见毛泽东，商量如何开展工作。过了一天，周恩来索性搬到毛主席住处二楼的一间房子里住，这样更便于同毛泽东商量问题。

由于事先已有充分准备，在周恩来到达莫斯科后的第三天，1月22日，毛泽东、周恩来与斯大林举行会谈，维辛斯基、李富春、王稼祥等也在座。

毛泽东首先发言，阐述了在新情况下中苏两国的合作关系应以条约形式固定下来的意见。他认为，条约的内容应是密切两国的政治、军事、经济、文化、外交的合作，以共同制止日本帝国主义再起及日本或与日本勾结的其他国家的重新侵略。

斯大林同意这一意见，并谈了签订条约问题，即同盟条约问题，中长路问题，旅大问题，贸易及贸易协定问题，借款问题，民航合作问题等。

毛泽东提议将中长路、旅顺及大连三个问题写在一个协定中。

斯大林说："中苏条约应是一个新的条约，对雅尔塔协定问题可以不管它。旅顺口问题的解决办法，一个是限期归还，在对日和约缔结后撤兵；一个是现在撤兵，但过去的条约形式暂不变更。"

毛泽东同意前一个办法。

谈到大连的问题时，斯大林说："可由中国自己处理。"

关于中长路，因为我国原无变更中苏共同经营之意，所以只提出缩短年限，改变资本比例，由现在的中苏各占一半改为中苏51∶49，和由中国同志任局长等三项意见。苏方同意缩短年限，但不同意改变资本比例，仍主张资本各半即50∶50，并提出双方人员改为按期轮换制，轮流担任正副局长。

关于贸易问题，毛泽东说，我们准备的出入口货单，并不十分准确，因此与贸易有关的问题只能作出大概的规定。

斯大林还提出不允许第三国居民进入和在中国东北、新疆地区居留的问题。由于这个问题提得突然，一时间谈话显得有些冷场。

片刻，周总理反问道："东北住有很多朝鲜民族的居民，他们算不算第三国公民？更不用说外来的蒙古人了。"

斯大林对这一反问措手不及，一时哑口无言，后来说明他们的本意是禁止美、日、英等帝国主义国家的人进入东北活动。

在这个问题上曾出现不愉快的气氛，因为苏方提出这个问题，干涉了我国的内政。

关于聘请苏联专家的问题，斯大林提出了一些苛刻的条件，这些条件既不符合中苏友好的原则，又带有明显的不平等性质。其中对苏联专家待遇的要求过高（后来连专家们自己也承认这一点），还规定苏联专家在中国犯了错误时，中方不能处理，而应交由苏方审理和处理。在这个问题上，斯大林沿袭了西方帝国主义国家在对外援助方面所执行的方针、政策，同时也表现出了大国沙文主义立场。他这样做，其实在很大程度上是为了讨好俄罗斯人，使国内的人们看到他是在为俄罗斯人民的利益着想，为俄罗斯人民办了一件有利可图的好事。所以，包括俄罗斯族在内的人们说，斯大林的大俄罗斯主义精神表现得比俄罗斯族还要强烈。列宁过去在这个问题上曾对斯大林批评过。

在1月22日的会谈中，双方决定委托周恩来与米高扬、维辛斯基进行具体会谈。后来在会谈时，中方加入了王稼祥、李富春，苏方加入了外交部副部长葛罗米柯和驻华大使罗申。

红墙大事
——共和国重大历史事件的来龙去脉（上册）

从1月23日的会谈中，双方决定委托周恩来与米高扬、维辛斯基、葛罗米柯、罗申开始就条约和协定的内容进行会谈。有时，毛泽东也参加会谈。

在协商《中苏友好同盟互助条约》时，周恩来强调："友好同盟"的具体内容自然就包括互助合作在内了，而后者也应该是条约的具体内容。苏联方面对周恩来的解释很感兴趣，也相当重视，因此把这次会谈情况向斯大林作了汇报。以后，周恩来的这个意思在条约中得到了充分的反映。

开始，苏方按周恩来的基本思想和大体内容，写了一个草案给中方看。

周恩来看后说："不对，我说得很多，内容没有全包括进去，要修改。"当即把王稼祥、陈伯达叫来商量，同时向毛泽东作了汇报。毛泽东说："我们自己重搞一个吧。"

于是，周恩来花了整整两天多时间草拟了条约文本，由师哲把它译成俄文交给苏方修改。苏方没有改动多少，表示满意。看来，这是出乎他们意料的，他们没有想到中方会提出内容这么充实的条约。所以说，条约文本实际上是中方起草的。

在谈判处于关键阶段的一天夜里，已经很晚了，周恩来与毛泽东仍在客厅里长谈着。

夜更深沉了，星月在天空闪烁，雪野冰霜与星光月影交相映射，为莫斯科的大地披上了深银灰色的衣装。屋内，毛泽东端起桌上的茶杯，倒上热水递到周恩来面前，亲切地问道："2月14日正式签约有把握吗？"

周恩来喝了口热茶，剑眉一扬回答说："如果苏方不再提出新问题，我想，2月14日正式签约是有把握的。"

"好！"毛泽东点点头，双手叉腰，高兴地对周恩来说："你谈得很出色，应该记一大功。"

周恩来忙说："是主席指挥得当，考虑周密。"

"不，要论这种场合，非你周恩来不可呀！"毛泽东说完哈哈笑了起来，周恩来也跟着笑了起来，两人笑得那样会心、那样神往……

中苏正式谈判开始后，克里姆林宫内的斯大林也十分忙碌，每天清早第一件事，就是要看世界各国主要报刊及首脑对中苏会谈的各种反应和分析。他让秘书把这类材料搜集摘录后，准时送到他的办公桌上，少一件也不行。然后就亲自听取米高扬和维辛斯基等人的汇报，每当他听到汇报人总是提周恩来的意思是怎样，周恩来的建议是如何之类的话时，就皱起了眉头，有时他干脆打断了汇报，说："我更希望了解到毛泽东的意见怎样，毛泽东的建议如何……"

终于，斯大林再也等不及了，为了摸清楚毛泽东本人对结盟的真实具体意图，斯大林曾两次把电话挂到了毛泽东下榻的地方，此时毛泽东已住进了克里姆林宫内，斯大林请毛泽东住在近处，其目的也在于更方便联系。在此期间，斯大林给毛泽东打了第三次电话，也是最后一次。斯大林把中国的翻译师哲从会场叫到他的办公室，对师哲说："我在电话上讲，你译给毛泽东听。"

斯大林问："你最近生活和身体健康状况如何？"

毛泽东答："还好。"

斯大林问："你还有些什么考虑、愿望和要求，我们还应该再进一步做些什么？"

毛泽东答道："周恩来今天已经进城去了，正在克里姆林宫商谈呢。"

斯大林说："我是想征求你的意见，看你是否还有什么新的意见或想法。"

毛泽东说："我没有什么新的意见，一切由周恩来商谈办理。"

从此，斯大林再也没有来过电话。

最后一次关于条约的定案会谈，毛泽东和周恩来一起到会，苏方除斯大林外的所有高级领导人也都出席了会谈。

大厅内五盏光线柔和而明亮的水晶大吊灯使得这儿的气氛格外亲切，双方平等地商定了各项协定和条约的原则。

毛泽东意识到这些原则对于实现中国的领土主权的完整，加快经济发展和新中国的建设都是意义重大的，对此他感到满意。整个会谈中，一连几天没有休息好的周恩来仍是精神饱满，话锋敏锐，掌握着发言的主动权，毛泽东只是在关键地方插上几句有分量的话，充分显示出他驾驭全局的能力。

斯大林在合影时耍了一个小聪明。虽然斯大林比毛泽东的身材矮些，但照片上却看不出高低

2月8日，在所有的条约与协定开始拟定之日，毛泽东和周恩来又一起来到克里姆林宫拜访了斯大林。由于条约达成了一致的意见，双方这次会谈谈得十分

红墙大事
——共和国重大历史事件的来龙去脉（上册）

投机，斯大林用最好的酒菜招待了毛泽东和周恩来。他习惯地一个劲儿劝人吃格鲁吉亚式羊肉汤、红菜汤和烤羊肉串。

菜虽不算多，但味道可口，女侍者不停地端来热腾腾的新鲜菜肴，请斯大林过目。斯大林和中国同志边吃边谈着，当他了解到毛泽东在长期的革命斗争中著述丰富时，便认真地想了想，严肃地说："毛泽东同志，为了总结中国革命的经验，我建议你应该把自己所有的文章文件尽快整理出来，编辑出版，这是件大事情。"毛泽东点点头，回答："我也在考虑办这件事情。如果斯大林同志能支持这件事，我将十分感谢。"

"你需要哪方面的帮助？"斯大林把手上的烟斗转动了一下，神色很认真。

"如果能派一位理论上强一点的，精通马列主义哲学的同志协助我们就太好了。"毛泽东这次直率地表达了自己的愿望。"唔。"斯大林眼睛盯着杯里的红葡萄酒，沉吟了好一阵子后才说："我马上派尤金同志去协助你，他是位哲学理论专家。"斯大林握着烟斗的手挥动着。

"那太谢谢您了，斯大林同志。"毛泽东说。

斯大林笑了笑，显得有些得意。

毛泽东看了他一眼，提出了一个新的问题："斯大林同志，在条约签字以后，我们准备举行一个招待会。"

"当然。"斯大林点了点头。

"但是不在我现在下榻的克里姆林宫，而是在另外的地方，比如在大都会饭店。"毛泽东明确地说。

"为什么不在克里姆林宫呢？"斯大林不解了。

"斯大林同志，您要明白，克里姆林宫是苏联政府举行国宴的地方。对于我们这个主权国家来说不完全合适……"毛泽东的语气很平和，但态度却很坚定。

斯大林显然有些不悦了，他沉思片刻，抬起头来说："是的，可是我从来没有出席过在外边饭店或是外国使馆举行的宴会，从来没有过。"他强调一句，显然是在向毛泽东施加压力了。

毛泽东没有理会斯大林的态度，坚持说："斯大林同志，我们的宴会要是没有您出席，这恐怕是很难想象的……"毛泽东的话也显得软中有硬，他进一步说："我们请您，殷切地请您务必参加。"

谈话停顿了下来，斯大林像在考虑什么，而毛泽东则冷静地看着他，等待着他的答复。

"好吧，毛泽东同志，如果您是这样希望的，让我考虑考虑……"斯大林终于作了让步的表示，看来他准备打破自己从来恪守的信条了，因为他清楚地意识到面前这位高大健壮的中国领袖，对他来说是一位非常不一般的盟友。

会晤结束后，斯大林再次破例把毛泽东一行送到了门口，目送着他们远去的背影，斯大林手中的烟斗轻轻转了两下，若有所思。

1950年2月14日上午，中苏双方正式举行隆重庄严的条约签订仪式，它意味着两个盟国"蜜月时代"从此要揭开序幕了。

条约的原称为《中苏友好同盟条约》，后来根据周恩来的建议，改为《中苏友好同盟互助条约》，毛泽东对周恩来提议加上的"互助"二字十分满意，他认为这两个字"加得很合适"。

为举行中苏条约签字仪式，中国代表团被请到克里姆林宫，中方有毛泽东、周恩来，苏方有斯大林、马林科夫、贝利亚、维辛斯基等，他们聚集在斯大林办公室旁的一间客厅里，其余的人(如李富春、赛福鼎、陈伯达等)都在另一间客厅。

斯大林面对周恩来和维辛斯基说："你们对今天的仪式、程序都协议好了吗？双方应参加的人员都到了吗？"

维辛斯基答："还得稍等一等。"

斯大林问维辛斯基："前几天我们外交人员送来的那封信，我转到你那里去了，你先研究，拟出个答案来，我们再谈。这封信你看到了吗？你有何看法？"

维辛斯基说："我研究过了，至于答案，我想先听取你的意见。"

斯大林一面向一间小屋走去，一面回答维辛斯基："我没有看，没有考虑它，你怎能先听我的意见；我送到你那里是要你先看、先提出意见来。"

这时，维辛斯基躲在斯大林背后做了个鬼脸，对着师哲的耳朵小声说："我还未读那个文件呢！怎能提出意见呢？！"

师哲半认真半开玩笑地说："你撒了一个小小的弥天大谎。"

维辛斯基说："这是一个缓兵之计，否则如何交卷，如何收场呢？！"

签字仪式开始了。中国方面出席的有毛泽东、周恩来、李富春、陈伯达、王稼祥、赛福鼎。苏联方面出席的有斯大林、莫洛托夫、伏罗希洛夫、马林科夫、

红墙大事
——共和国重大历史事件的来龙去脉（上册）

米高扬、赫鲁晓夫、贝利亚、卡冈诺维奇、布尔加宁、葛罗米柯、罗申等。代表双方签字的是周恩来和维辛斯基。

签字大厅内的灯光格外地耀眼，大小十余盏各式吊灯挂灯壁灯齐明，更增添了隆重的气氛。

条约的签字桌中央分别插着中苏两国国旗，周恩来总理兼外长与苏联外长维辛斯基分别代表两国政府在《中苏友好同盟互助条约》上签了字，互换文本后，两人都发表了热情洋溢的讲话。

在签订《中苏友好同盟互助条约》的同时，也签订了《关于中国长春铁路、旅顺口及大连的协定》，协定规定至迟不过1952年底，苏联将交还他们在长春铁路、旅顺口及大连的在华权益。还签订了《关于贷款给中华人民共和国的协定》，协定规定苏联将提供三亿美元的贷款帮助新中国的建设。

仪式开始后，进程很顺利，可是当要签订贸易方面的协定时，文本却迟迟没有送到，双方领导人显然都等得有些着急了。斯大林不悦，他问及下边，得到的回答是："中文的文本没有准备好。"斯大林不动声色，转身对中方翻译师哲说："你们的翻译工作没有做好，耽误了贸易协定文本的印制。否则，今天在这里可以同时签署贸易协定，那多好呀！请您把这个情况通报毛泽东同志。"师哲小声地对毛泽东如实地作了翻译，毛泽东不悦地一摆手说："算了，总而言之，一切错误都在中国人的身上行啦。"说罢，毛泽东再也不言语了。斯大林见状，非常敏感地问师哲："他在说什么？"师哲机敏地说："是我们个人之间的私话。"斯大林听罢，也没有再追问下去，就这样避免了一场可能出现的争执。

然而文本的拖延是由于苏方工作人员的差错造成的，他们在修改错误时耽误了时间，对此周恩来十分清楚。原来，中苏贸易协定，是苏联对外贸易部在苏联外交部协助下，与中国贸易代表团合作准备的。当时苏方还未准备好。苏方有关人员深恐斯大林斥责，所以就称中方未准备好该协定的中文本，以此搪塞、逃避责任。这种事发生在庄严郑重的签字仪式上，实在使人啼笑皆非。毛泽东以他特有的洞察力，一眼看穿了这件事的本质。周恩来理智地示意维辛斯基再等等，一直等到文本送来后，场上的焦灼气氛才缓解下来。

签字仪式结束了，在全体人员合影前，毛泽东和斯大林又相互交谈了几句，彼此祝贺与问候。合影时站在中间位置的斯大林比毛泽东矮了些，他很机智地向前跨了半步,这样第二天见报的照片中,斯大林和毛泽东几乎是一样高地"平肩"出现在全世界面前了。

当印有照片的报纸送到斯大林面前时,他仔细地看着照片,有些狡黠地笑了,心中暗暗自喜:"约瑟夫·维萨里昂诺维奇,你虽然不如毛泽东高大,但在世人面前你的形象不比毛泽东逊色,你真聪明呀!"

然而毛泽东注意的却是报纸上消息的内容,对那张合影照似乎根本没有去认真留心过什么。毛泽东苏联之行的主要目的达到了,尽管有时有点儿不愉快,但与取得的成果相比,那点小小的不愉快又算得了什么呢!此时,他这才用力地做了一个深呼吸。

位于莫斯科市中心的大都会饭店是一幢带有典型俄罗斯风格的建筑,2月14日这一天,中华人民共和国驻苏联大使馆把大都会饭店的宴会厅全部包了下来,整整的一层楼都成了中国东道主接待客人的场所。自然,花费的租金也是颇为可观的。中国党政代表团访苏结束的告别宴会将在这里举行。

21时左右,中国东道主和请来的客人们都按指定时间来到了宴会大厅,到处都是笑脸和热情的话语声,气氛是热烈而隆重的。

然而快到开始的时间了,仍不见斯大林等苏联党政军最高领导人出现,不少人脸上浮现出忧虑不安的表情。大家担心斯大林是否真能破例走出克里姆林宫到这儿来参加招待会。几位苏方人员交头接耳地议论着,认为情况不妙,另外一些人则显得信心十足地等待着,他们都是平常很难近距离看见斯大林的人,尽管他们的职位并不算低。

酒会预定晚上9时举行。会前,毛泽东、周恩来、王稼祥夫妇、李富春亲自在门口迎接客人。客人们谁也不知道斯大林将出席酒会。9时许,一队长长的高级轿车在饭店前停了下来,斯大林带领苏共中央政治局全体成员走下汽车,前来赴宴了。当前厅大门打开,斯大林威严而颇有风度的身影出现在门口时,全场许多人都惊呆了,因为在场的大部分苏联人都从未这么近地看见过斯大林呀!客人们热烈的掌声和"斯大林万岁"的欢呼声,直到毛泽东和斯大林穿过大厅就座后才停息。

毛泽东和斯大林成了大家一致注目的中心人物。两位伟大的革命领袖及主要客人被安排在里间小厅里,这间主宾厅与外厅隔着一排玻璃门。外厅的人们不顾

红墙大事
——共和国重大历史事件的来龙去脉（上册）

礼节纷纷向里间拥挤，连各国驻苏使节也坐不住了，无论是玻璃大门，还是维持秩序的工作人员都阻止不住他们。眼看隔板、玻璃门都要被挤碎了，周恩来见势不妙，索性让服务人员打开玻璃大门，将两厅合成一厅，让大家都能看到这非凡的历史性的场面。

酒会继续进行，周恩来致祝酒词。费德林担任翻译，他手里拿着周恩来的俄文讲话稿。周恩来临场未拿稿子，2000余字的祝酒词竟说得与原稿一字不差。

他说，我们两国所签署的条约和协定，将使中苏两国关系更加紧密，将使新中国人民不会感到自己孤立，而且将有利于中国的生产建设和经济的恢复与发展，有利于世界和平。中苏友谊要世世代代传下去，感谢苏联的无私援助，中国要向老大哥学习，等等。周恩来的祝词深刻而激动人心，全场响起了热烈的掌声。

经过一轮祝酒后，斯大林起立致辞。他讲话很轻松，没有稿子，但很流利。他说，今天的这个场面热烈非凡，洋溢着友谊和团结精神，预示着欣欣向荣的未来。中苏友好兄弟情谊要保持下去，周恩来都说过了，也代表了我的意思。讲到这里他环视大厅，看到没有南斯拉夫的大使，于是他说：本来社会主义大家庭也应该像周恩来讲的那样更圆满、更完美些，但遗憾的是南斯拉夫的使节未能出席……

谁都没想到斯大林会在此时提到南斯拉夫的问题，不知是出于对南斯拉夫问题刻骨铭心，还是别有所指，大家都屏息静听。

最后，他将酒杯举起来说："让我们团结一致，迎接新的伟大胜利！"

席间，毛泽东举杯祝斯大林健康，并祝中苏友好万岁！斯大林也数次举杯，祝毛泽东、周恩来健康。宴会持续至午夜，尽欢而散。

酒会结束后，米高扬等留下来继续同周恩来、李富春等洽谈有关双方经济协作、商业贸易等项事宜。

2月16日，斯大林在克里姆林宫宴请毛泽东、周恩来、李富春等，为毛泽东饯行。

告别宴会后，中国代表团准备启程回国。

周恩来了解到给斯大林、苏共中央政治局委员和主要工作人员的礼物都已送到。送给斯大林的是丝绸和屏风，其他人大体都是绸缎和刺绣之类。

2月17日，启程的那天上午，周恩来对毛泽东住处的全体工作人员作了统计，亲自为他们分别准备了纪念品。全部礼品分配妥当后，工作人员们前来领取自己的那一份，并向周恩来握手致谢。最后领取纪念品的是瓦利娅、玛露霞和克信妮，她们三位同中国代表团朝夕相处时间较长，也是同毛泽东、周恩来接触最多的人。

莫洛托夫到别墅把毛泽东送上汽车，又先赶到火车站，在那里等候迎接。汽车驶进城里后，离火车开动的时间还早，于是车队沿着高尔基大街驶至市中心区，并绕了几个广场，才到达车站。在车站举行了欢送仪式，毛泽东发表告别讲话。

这时，车厢里挤满了中苏双方的保卫人员，莫洛托夫想和毛泽东再讲几句话，好不容易硬挤到毛泽东身边，握住毛泽东的手转达了斯大林的话：望你注意身体健康，多加保重，在路上、在国内都要注意保护身体，切勿大意。另外，要注意搞好保卫工作，不要轻视敌人，更不能麻痹大意。你们的道路是遥远的，行程是漫长的。我们祝愿你一路顺风，平安到达目的地。

毛泽东似乎没有把自身的安全看得多么重要。他握了握莫洛托夫的手，笑着回答："感谢斯大林同志的关心。也请您转告我对斯大林同志的问候。"

莫洛托夫最后说，回国的路途很远。在苏联如同在家里一样，你如果愿意在苏联境内的某地休息或游览参观，我们都可以按照你的意愿安排好。

长长的汽笛声划破长空，专列徐徐开动了，与毛泽东一同返回北京的周恩来等人，从窗口探身向送行的苏联同志挥手告别，人们彼此久久地挥着手，直到列车远去。

毛泽东、周恩来踏上了归程。在车上，毛泽东研究了铁路沿线各地的情况，决定每到一个大站，不论白天黑夜，都下车参观。报纸上公布了中苏条约签字的消息，两个社会主义国家的结盟，大大改变了社会主义和帝国主义两大阵营的力量对比。苏联人民对此欢欣鼓舞，毛主席所到之处都受到了隆重的欢迎和热情的款待。

当专列经过布利亚特蒙古自治共和国的首府乌兰乌德时，当地党政军领导人登车看望毛泽东，恳请中国客人进城歇息，但毛泽东婉言谢绝了。这使他们很失望。乌兰乌德原是中国领土，当地居民基本上是蒙古族人。在当时特殊的情况下，毛泽东不在此停留也许有更深一层的考虑。

红墙大事
——共和国重大历史事件的来龙去脉（上册）

2月26日，毛泽东和中国党政代表团回到了我国边城满洲里。毛泽东到达满洲里后的第一件事就是向斯大林发出致谢电，周恩来总理也向维辛斯基外长发了致谢电。

毛泽东、周恩来回国后在哈尔滨、长春稍作停留，接见地方干部后，去沈阳大和旅社住了几天，在此期间看望了苏联的专家。

3月4日晚，毛泽东、周恩来安抵北京，受到政府和各党派负责人的热烈欢迎。这次访苏，从12月初到2月底，前后近三个月的时间，这是党和国家领导人出访一国时间最长的一次，也是成果最大的一次。

二　"解放台湾"计划因何搁浅

- 毛泽东希望在统一中国后,再支援北朝鲜;金日成认为能够在两个星期之内占领南朝鲜
- 刘少奇向斯大林说明了进攻台湾的设想,要求苏方提供飞机并代训飞行员
- 毛泽东认为跨海"解放台湾",没有苏联人的海空援助照样能成功
- 毛泽东不止一次地说,斯大林关于朝鲜战争的决定,是一个极大的错误,"是百分之百的错了"

红墙大事
——共和国重大历史事件的来龙去脉（上册）

1949年，中国数千年历史上浓墨重彩的一年，中国数千年历史上翻天覆地的一年。

1949年，中华人民共和国开国纪元之年。

这一年，被蒋介石称为"存亡绝续的三十八年"，美国人撇下了身处危境的蒋介石，在人民解放军的隆隆炮声中，蒋介石和他的王朝悄然离开大陆，在新中国开国大典的欢呼声中，他遥望大陆……他想不通啊！美国人抛弃了他，将军们背叛了他，国民们追随共产党人而去了……

……朝鲜战争爆发救了他。美国人协防台湾，蒋氏父子开始经营孤岛，伟大的人民解放战争留下了一个遗憾。

毛泽东希望在统一中国后，再支援北朝鲜；
金日成认为能够在两个星期之内占领南朝鲜

1949年元旦这天上午，南京，总统府内张灯结彩，墙壁上还贴着圣诞节的七彩剪纸，漂亮的服务小姐在会客厅里穿梭往来，一派忙碌的节日气氛。蒋介石在南京总统府邸举行了新年团拜会。前来参加团拜会的人有副总统李宗仁、行政院院长孙科、立法院院长童冠贤、监察院院长于右任、总统府秘书长吴忠信，以及张群、张治中、邵力子、陈立夫、谷正纲、张道藩等，共60多人。

虽然是新年的喜庆日子，到会的人们都难以掩饰内心的沉重，强作欢颜，互相寒暄。上午9时，随着传令官一声："蒋总统到！"与会人员一致起立迎接。蒋介石在两名军官的陪同下步入会客厅。与往日不同的是，今天的蒋介石没有身着笔挺的美式军装，而是穿了一身灰哔叽中式长袍，面对欢迎他的臣僚、将军们面带微笑，像一个儒雅慈祥的老学者。他习惯地环顾一下四周，做了一个颇具绅士风度的下压手势，看到欢迎的人们机械般落座后，他才慢慢地坐在主宾席正中那个属于他的位子上。

主持团拜仪式的司仪见状，便宣布团拜会开始。请总统致新年祝词。

蒋介石肃立在大厅的讲台上，慢条斯理地说道，值此辞旧迎新之际，中正祝诸位同仁身体康泰、生活幸福。目前时局维艰，凡我同志务必恭谨勤勉，尽忠党国。

接着，蒋介石神情漠然，冷冷地宣读起《新年文告》（即《中华民国三十八年元旦告全国军民同胞书》)。在《新年文告》中蒋介石首先自责"戡乱"不力,"自诚"中正个人领导无方,举措失当,有负国民付托之重。但他马上推卸战争责任,说什么"政治商谈目的固在于和平,即动员戡乱之目的亦在于和平",为自己唱赞歌;又说什么"神圣的宪法不由我而违反","民主宪政不因此而破坏","中华民国的国体能够确保","中华民国的法统不致中断","军队有确实的保障"等,实质上是要求在保持旧有政权基本格局的条件下,同中共进行"和谈"。蒋介石最后在文告中说,只要中国共产党答应其求和条件,"则个人的进退出处绝不萦怀,而一唯国民的公意是从",暗示自己将下野。

当天,《中央日报》的头版刊登了这篇文告。这篇《新年文告》由江西才子陈方主笔,在发表前是经过蒋介石仔细审阅的。

以退为进,是蒋介石惯用的政治伎俩。在蒋介石的政治生涯中,他已经两次下野,第一次是在1927年汪蒋斗争中,第二次是在1930年12月,蒋介石当时刚打败冯玉祥、阎锡山,准备召开国民会议要当大总统。

蒋介石发表这篇文告据称有两个目标,一方面对"共党"提出政府对和谈之最低条件,另一方面则要制定出蒋总统退职后,副总统据以与"共党"和谈的大纲。但人们在读了这篇《新年文告》后,无不大失所望,冠冕堂皇洋洋洒洒数千言,无半分和谈之诚意,唯见推脱内战责任之用心。

《新年文告》是蒋介石在新年里向全国人民发出的第一声呼号,也是蒋介石向毛泽东和共产党发出的公开哀鸣。

1949年元旦,在蒋介石发表虚伪求和的《新年文告》的同时,毛泽东为新华社写了题为《将革命进行到底》的新年献词。美国驻华大使司徒雷登后来描述说:毛泽东的宣言中充满讥讽刻薄之词,有浓烈的火药味。

"中国人民将要在伟大的解放战争中获得最后胜利,这一点,现在甚至连我们的敌人也不怀疑了。"毛泽东在这篇献词的开头不容置疑地宣告。

毛泽东一针见血地指出,中外反动派看到了中国人民解放战争在全国范围内的胜利,已经不能用单纯的军事斗争的方法加以阻止,他们就一天比一天地重视政治斗争的方法。中国反动派和美国侵略者现在一方面利用现存的国民党政府来进行和平阴谋,一方面力图在革命阵营内部组织反对派,极力使革命就此止步。是将革命进行到底呢?还是使革命半途而废呢?对于这个尖锐的问题,每一个民

红墙大事
——共和国重大历史事件的来龙去脉(上册)

主党派,每一个人民团体都必须作出自己的选择。

毛泽东号召全国人民、各民主党派、各人民团体真诚合作,采取一致的步骤,粉碎美帝国主义和国民党反动派的政治阴谋,将革命进行到底。

针对少数人在这个问题上模糊动摇的观点,毛泽东深入浅出地讲述了除恶务尽的道理。他指出:

> ……值得注意的是,现在中国人民的敌人忽然竭力装作无害而且可怜的样子了(请读者记着,这种可怜相,今后还要装的)。最近做了国民党行政院院长的孙科,在去年6月间,不是曾经宣布"在军事方面,只要打到底,终归可以解决"的吗?这次一上台却大谈其"光荣的和平",说什么"政府曾努力追求和平,由于和平不能实现,不得已而用兵,用兵的最后目的仍在求得和平的恢复"。合众社上海12月21日的电讯,马上就预料孙科的声明"在美国官方人士及国民党自由主义人士中,将遇到最广泛的赞扬"。美国官方人士现在不但热心于中国的"和平",而且一再表示,从1945年12月莫斯科苏美英三国外长会议以来,美国就遵守着"不干涉中国内政的政策"。应该怎样来对付这些君子国的先生们呢?这里用得着古代希腊的一段寓言:"一个农夫在冬天看见一条蛇冻僵着。他很可怜它,便拿来放在自己的胸口上。那蛇受了暖气就苏醒了,等到恢复了它的天性,便把它的恩人咬了一口,使他受到了致命的伤。农夫临死的时候说:我怜惜恶人,应该受到这个恶报!"外国和中国的毒蛇们希望中国人民还像这个农夫一样地死去,希望中国共产党,中国的一切革命民主派,都像这个农夫一样地怀有对于毒蛇的好心肠。但是中国人民、中国共产党和中国真正的革命民主派,却听见了并且记住了这个劳动者的遗嘱。况且盘踞在大部分中国土地上的大蛇和小蛇,黑蛇和白蛇,露出毒牙的蛇和化成美女的蛇,虽然它们已经感觉到冬天的威胁,但是还没有冻僵呢!

多么生动形象的比喻!在革命的关键时刻,毛泽东把深刻的道理阐述得明白、浅显,教育了多少尚未完全觉悟的革命群众啊!可以说,毛泽东用一则古老的寓言,把蒋介石假和平的嘴脸刻画得入木三分。

毛泽东还义正词严地宣布,凡是劝说人民怜惜敌人,保存反动派势力的人们,就不是人民的朋友，而是敌人的朋友了。他强调说，在这里是要一致，要合作，而不是建立什么"反对派"，也不是走什么"中间路线"。

毛泽东话锋一转，表明了中国共产党和中国人民的严正立场：

> 中国人民绝不会怜惜蛇一样的恶人，而且老老实实地认为：凡是耍着花腔，说什么要怜惜一下这类恶人呀，不然就不合国情、也不够伟大呀等等的人们，绝不是中国人民的忠实朋友。像蛇一样的恶人为什么要怜惜呢？究竟是哪一个工人、哪一个农民、哪一个兵士主张怜惜这类恶人呢？确是有这么一种"国民党的自由主义人士"或非国民党的"自由主义人士"，他们劝告中国人民应该接受美国和国民党的"和平"，就是说，应该把帝国主义、封建主义和官僚资本主义的残余当作神物供养起来，以免这几种宝贝在世界上绝了种。但是他们绝不是工人、农民、兵士，也不是工人、农民、兵士的朋友。

……

在文章的后一部分里，毛泽东描绘了 1949 年中国革命的蓝图，他说：

> 1949 年中国人民解放军将向长江以南进军，将要获得比 1948 年更加伟大的胜利。
>
> 1949 年我们在经济战线上将要获得比 1948 年更加伟大的成就。我们的农业生产和工业生产将要比过去提高一步，铁路公路将要全部恢复。人民解放军主力兵团的作战将要摆脱现在还存在的某些游击性，进入更高程度的正规化。
>
> 1949 年将要召集没有反动分子参加的以完成人民革命任务为目标的政治协商会议，宣告中华人民共和国的成立，并组成共和国的中央政府。这个政府将是一个在中国共产党领导之下的，有各民主党派各人民团体的适当的代表人物参加的民主联合政府。

毛泽东新年献词的发表，宛如一声春雷，震惊了华夏大地，在 1949 年的第一天，伴随着早春清新空气，通过中共新华社的广播传遍了解放区，传遍了中国大地。在前线浴血奋战的中国人民解放军受到了极大的鼓舞，各战区指战员纷纷致电中央军委表示战斗决心。而中国人民的敌人——蒋介石政权则无可奈何地哀叹自己末日的来临。据说，国民党政府副总统李宗仁在听到此新年献词时，神情黯然地对夫人郭德洁说："看来，和平之机会已经失去了。"

红墙大事
——共和国重大历史事件的来龙去脉（上册）

元月4日，毛泽东又发表了《评战犯求和》一文，对蒋介石的《新年文告》给以直截了当的回答和抨击。

毛泽东批判蒋介石"无害于国家的独立完整"时说："'和平'可以，'和平'而有害于四大家族和买办地主阶级的国家的'独立完整'，那就万万不可以。'和平'而有害于中美友好通商航海条约、中美空中运输协定、中美双边协定等项条约，有害于美国在华驻扎海陆空军，建立军事基地，开发矿产和独占贸易等项特权，有害于将中国作为美国殖民地的地位，一句话，'和平'而有害于这一切保护蒋介石反动国家的'独立完整'的办法，那就一概不可以。"

毛泽东评"有助于人民的休养生息"时，尖锐指出："'和平'必须有助于已被击败但尚未消灭的中国反动派的休养生息，以便在休养好了之后，卷土重来，扑灭革命；'和平'就是为了这个。打了两年半了，'走狗不走'，美国人在生气，就是稍微休养一会儿也好。"

毛泽东指出："'神圣的宪法不由我而违反，民主宪政不因此而破坏，中华民国的国体能够确保，中华民国的法统不致中断'——确保中国反动阶级和反动政府的统治地位，确保这个阶级和这个政府的'法统不致中断'。这个'法统'是万万'中断'不得的，倘若'中断'了，那是很危险的，整个买办地主阶级将被消灭，国民党匪帮将告灭亡，一切大中小战争罪犯将被捉拿治罪。"而所谓"军队有确实的保障"，就是保住买办地主阶级的命根，"军队有确实的保障"——这是买办地主阶级的命根，虽然已被"可恶"的人民解放军歼灭了几百万，但是现在还剩下一百几十万，务须"保障"而且"确实"。倘若"保障"而不"确实"，买办地主阶级就没有了本钱，"法统"还是要"中断"，国民党匪帮还是要灭亡，一切大中小战犯还是要被捉拿治罪。大观园里贾宝玉的命根是系在颈上的一块石头，国民党的命根是它的军队，怎么好说不"保障"，或者虽有"保障"而不"确实"呢？

而所谓的人民能够维持其自由的生活方式与目前最低生活水准，实际是保证中国买办地主阶级必须维持其向全国人民实行压迫剥削的自由和他们目前的骄奢淫逸的生活水准，中国劳动人民则必须维持其被人压迫剥削的自由和他们目前的饥寒交迫的生活水准。这是战犯求和的终极目的。倘若战犯们及其阶级不能维持其实行压迫剥削的自由和骄奢淫逸的生活水准，和平有什么用呢？而要这个，当然就要维持,工人、农民、知识分子、公教人员,唯有一齐拍掌,五体投地,口称万岁。倘若共产党还不许和平,不能维持这样"美好"的生活方式和生活水准,那就罪该万死,"今后一切责任皆由共产党负责"。

毛泽东以其嬉笑怒骂皆成文章的犀利笔调,全面深刻地驳斥了蒋介石的"求和声明",粉碎了蒋介石企图转嫁战争责任的阴谋,坚定了人民大众把革命进行到底的决心,全国一片振奋。

中共中央和毛泽东在1949年初发表了一系列的评论和决议,毛泽东的《将革命进行到底》《评战犯求和》《中共中央毛泽东主席关于时局的声明》三篇文章是正面对敌的最重要的宣告,表明了中国共产党在革命怒潮澎湃时的鲜明态度和坚定立场,是直刺敌人心脏的三把投枪,是中国共产党对国民党假"求和"的最好回答。

中国共产党基于历史的经验和教训,已经不再相信鳄鱼的眼泪。面对蒋介石的故伎重施,中国共产党及其革命武装,坚定不移地实施自己的战略计划,数月以后,便胜利地完成了三大战役的战略决战,摧毁了国民党赖以维持其反动统治的军事力量,中国人民朝着全国解放的目标高歌猛进。

1945年随着世界范围内反法西斯战争的胜利,第二次世界大战终以爱好和平的人民的正义胜利而结束,人类在历经战火磨难之后,终于迎来了和平。同年8月,苏联红军出兵朝鲜,打败了日本,解放了朝鲜北部。

但是,朝鲜半岛并未随着世界大战的结束而实现真正的和平。金日成在苏联人的帮助下,在北朝鲜建立了朝鲜劳动党领导下的政府。美军占领了朝鲜南部,扶植李承晚建立了反共的政权,"南北朝鲜"之间形成了严重的对立。1948年底,为迫使美军撤离,苏军首先撤出了北朝鲜。然而,苏军撤走之后,半岛的局势却日趋紧张,从1949年1月1日到4月15日,南朝鲜军队就37次在三八线挑起军事摩擦,并且秘密向三八线附近调集了多达41000人的军队,给北朝鲜政府造成了极大的压力。

1949年3月,金日成率朝鲜党政代表团对苏联进行了访问。访问期间与斯大林就北朝鲜的安全问题进行了坦诚、深入的讨论。其实,早在1948年12月和1949年1月,金日成就出于安全的需要,两次向苏联方面要求缔结朝苏友好互助条约,并要求提供武器援助。考虑到美国可能会以此为借口攻击苏联有意永

红墙大事
——共和国重大历史事件的来龙去脉（上册）

久分裂"南北朝鲜"，苏联没有同意金日成的要求。但根据苏联驻朝鲜大使史蒂科夫的报告，斯大林批准了由苏联远东军向朝鲜提供军事援助的计划。只不过，这一援助主要还只是些轻型武器。

这一次，斯大林明确表示，加强北朝鲜的军队是必要的，而且，没有必要害怕南朝鲜人。

然而，1949年4月中旬，一份来自北朝鲜的情报称，美军准备在5月全部撤出南朝鲜，南朝鲜人决定，一旦美军撤出，就于6月对北朝鲜发动一次大规模的进攻，两个月结束战斗。金日成这时只有三个步兵师，武器装备还十分欠缺，而李承晚则有六个全部经过美军训练的全副武装的师。面对这种局面，斯大林不无忧虑，非常担心，他提议，与中共协商，将中国人民解放军中的朝鲜族官兵编入朝鲜人民军部队。金日成根据斯大林的建议，作出决定，一方面向苏联求援，要求苏联方面于5月底之前帮助朝鲜人民军实现机械化，于9月底以前转让航空技术；一方面向刚刚打过长江的中国共产党请求在兵员上提供帮助。

5月，金日成的特使秘密来到了北平，向毛泽东说明了北朝鲜面临的严重局势，突出强调了"南北朝鲜"难以并存的情况，并转交了金日成给毛泽东的求援信。

此时的毛泽东作为中共领导的核心，一方面在全神贯注于中国内部的解放战争，虽然人民解放军已经打过了长江天险，但大陆上国民党残余势力并未彻底肃清；另一方面他正日理万机地筹备着新中国的成立事宜。但是，他也在时刻关注着作为友好邻邦的北朝鲜的局势，那里的风云变幻也同样在牵动着他。金日成特使的到访，使得毛泽东的目光再次落到了中国东北边境外那三千里江山，他详细地了解了北朝鲜所面临的严峻情况，对金日成的看法给予了赞同和肯定。他以伟大战略家的智慧和远见，作出了如下判断：北朝鲜与南朝鲜的冲突在所难免，"既可能是闪电战，也可能是持久战。对你们来说，持久战是不利的，因为到时候即使美国不干涉，也会唆使日本向南朝鲜提供援助"。

毛泽东对朝鲜特使说，没有必要为此担心，苏联和中国都站在你们一边，一旦情况需要，中国就会派兵与你们并肩作战。他强调，金日成应当坚定不移地争取实现统一朝鲜的目标，你们近期还没有必要采取行动，因为国际形势还不利，而且目前中国共产党还不能有效地和大规模地支援北朝鲜，一旦完成了统一中国的任务，情况就不同了。

毛泽东希望在统一中国后，再支援北朝鲜。为此他甚至还明确表示，布防在东北地区的两个朝鲜族师可以很快编入人民军，一旦中国共产党统一中国的战争基本告一段落，人民解放军中的其他朝鲜族士兵和军官，也都可以编入人民军，以便加强北朝鲜军队的实力。

随着南朝鲜李承晚政权对北朝鲜表现出越来越强烈的敌视态度，朝鲜南北之间的关系也越来越紧张，双方之间频频发生边界冲突。6月11日，李承晚公开叫嚣，南朝鲜人正在准备给共产党人一个毁灭性的打击。面对这种情况，平壤的不安忧虑情绪更加明显，苏联方面这时开始考虑如何从根本上解决朝鲜问题了。他们一方面坚持平壤应当极力发动和平统一攻势，另一方面则认为，在应付南朝鲜方面进攻的同时，北朝鲜人有必要做反攻的准备。到了9月，包括重型武器在内的大批苏联军事装备运抵北朝鲜，人民军也迅速扩展到9万人，北朝鲜领导人第一次开始提出，应当对南朝鲜的挑衅采取进攻行动。当时的苏联大使在向莫斯科的报告中曾这样描述，在金日成看来，如果国际形势允许，"他们能够在两个星期之内占领'南朝鲜'，最多是两个多月"。

刘少奇向斯大林说明了进攻台湾的设想，要求苏方提供飞机并代训飞行员

从1947年3月到1948年3月，中共中央转战陕北的一年时间中，中国人民解放军由重点防御转入全面进攻，战争形势发展之快，是出人意料的，敌我力量对比发生了根本变化。

1947年12月，刘邓、陈粟、陈谢三路大军打到外线后，中共中央在陕西省米脂县杨家沟举行了会议，毛泽东发表了《目前形势和我们的任务》的重要讲话。杨家沟会议结束以后，形势朝着有利于中国共产党及其领导的革命武装的方向迅速发展。运城、洛阳等大中城市相继解放，1948年4月21日，延安重新回到人民手中。

毛泽东和中共中央离开延安之后，就再也没有回去。从3月21日开始，毛泽东、周恩来、任弼时率中共中央离开杨家沟、离开陕北，辗转多处，东渡黄河，从五台山进入河北。4月中旬到达了晋察冀边区党政军领导机关所在地河北阜平县城南庄。中国大地上国共两党的一场生死较量迫在眉睫。

红墙大事
——共和国重大历史事件的来龙去脉（上册）

中国共产党要与国民党武装进行战略决战，必须尽可能得到国际舆论的支持，而苏联的态度怎么样，则是毛泽东及中共领导人放在第一位考虑的问题。

可以说，在一个时期内，斯大林对中国共产党所抱的怀疑态度，是令毛泽东十分忧虑的。

丘吉尔有一句名言："我们既没有永恒的朋友，也没有不变的敌人，唯有我们的利益才是永恒不变的，我们的天职就是追求这些利益。"

作为一国领袖，斯大林自然也不能例外。在抗战胜利前夕，美国对日益强大起来的中共力量甚感担忧，害怕苏联对中共的援助会破坏它独占中国的企图，于是便千方百计争取苏联对蒋介石的支持，几次派代表去苏联试探。斯大林、莫洛托夫当时曾允诺不支持中共，外交上保持灵活性。于是，在1945年2月，美、英、苏三国首脑雅尔塔会议上，美国以牺牲中国主权为代价与苏联进行了秘密交易，以换取苏联的合作。

1945年5月，斯大林就中国问题和美国人霍普金斯谈话，他表示，我认为蒋介石是中国领导人中最好的，我不相信中共的领袖有蒋介石那样好，也不相信中国共产党人有能力完成中国的统一。统一中国的人，将是蒋介石。他表示要尽一切努力促进中国在蒋介石领导下的统一。斯大林还向美国人保证：凡是苏联人介入的地方，满洲也好，中国其他地方也好，行政机构都将由蒋介石建立。日本正式宣布投降时，苏联政府和国民党政府签订了《中苏友好同盟条约》。根据此条约，国民党政府同意苏联使用旅顺口海军基地、大连港国际化等。苏联政府同意给中国道义上与军需品的援助，但这些援助全部归国民党。这无疑给中国革命带来了更大的困难。

抗战胜利了，中国共产党及其武装日益强大起来，但斯大林从本国的利益出发，极力避免在中国问题上与美国发生冲突，再加上他过高地估计了美国和国民党的力量，过低地估计了中国共产党及其领导的人民武装的力量，不相信中国革命能成功，担心一旦中国打起内战，会演化成影响美苏在中国问题上达成的种种妥协和一致。斯大林的这一立场，使中国人民的革命斗争变得更加艰难。

毛泽东理解斯大林从本国利益出发所采取的这种态度，但他认为必须让斯大林真正了解和理解中国革命，以遏止或减少在中国问题上他们对美国的妥协，所以关于中国国内形势，他总是适时地发电给斯大林。

二 "解放台湾"计划因何搁浅

1947年8月,沙家店战役胜利之后,毛泽东在陕北的神泉堡给斯大林写了一封很长的信,对中国解放战争总的形势以及陕北、山东战况作了分析和估计,说明陕北、山东我军已取得重大胜利,敌人已经没有力量组织大规模军事进攻了,解放战争已有了很大转折。这封信由当时的中央政治局秘书兼俄文翻译,被誉为"活资料"的师哲译成俄文后用电报发出。

这时,毛泽东曾准备到苏联去访问一次,同斯大林当面就一些问题进行商讨。毛泽东的意见得到了周恩来、任弼时等一致同意,并给斯大林发了电报,随即准备去苏联的事宜,甚至连随行人员的衣服都开始进行筹备。并且选好了去苏联的路线:先从阜平去绥远,然后从绥远乘飞机去莫斯科。

斯大林很快给毛泽东回电,电报中对中国革命和毛泽东的领袖地位给予了充分肯定,这在以往的电报中是不多见的。电报说:

> 我们欢迎毛泽东同志来访,但目前中国革命发展迅猛,进展顺利,解放战争正处于紧要关头,战争还很激烈,形势发展变化很快。在这个时候,你离开指挥岗位,恐怕对全局有不利影响,是否还是留在国内指挥战争为宜。如果你有重大问题需要商谈,我们准备派遣一位相当有经验的、老练的、信得过的中央政治局委员前往听取你的意见,如何?总之,我们认为在当前这个关键时刻,你离开中央领导岗位是不适宜的,望再三考虑。如何?望电告。

中共中央对这个电文是满意的。

毛泽东尊重斯大林的意见,取消了计划中的苏联之行。

1948年11月2日,辽沈战役结束;1949年1月10日,淮海战役结束;1949年1月15日,天津解放;1月31日,北平宣告和平解放,平津战役结束;3月25日,中共中央进入北平,移驻香山;4月20日,国民党南京政府拒绝接受《国内和平协定》;4月21日,毛泽东、朱德发布《向全国进军令》;4月23日,"百万雄师过大江",中国人民解放军占领南京,宣告了国民党反动派在中国大陆上的统治覆灭。

中国人民解放战争的进程比毛泽东的预料大大加快了。面对迅猛发展的革命形势,毛泽东等中共领导人的思想集中到了筹建新中国上来。毛泽东认为:建立新中国前,要组织个代表团,到苏联去一趟,去认认门。

红墙大事
——共和国重大历史事件的来龙去脉（上册）

1949年5月，中共中央和毛泽东决定以刘少奇为首组成中央代表团去苏联访问。要求采取秘密访问的方式，最迟6月底动身，要严格保密，不对外透露半点风声。

7月2日，以刘少奇为首的中共代表团踏上了秘密访苏之行。经毛泽东亲自点将，代表团成员的身份十分显赫。团长：刘少奇，中共中央政治局委员、中央书记处书记，中共党内二号人物。团员：高岗，中共中央政治局委员、中共中央东北局书记、东北军区司令员兼政治委员、东北人民政府主席。团员：王稼祥，中共中央候补委员、中共中央东北局宣传部代部长兼统一战线工作部部长。代表团的工作人员也十分精干，仅有四人：师哲、戈宝权、邓力群、徐介潘。

这是中国共产党领导革命以来和新中国诞生前夕的一次极其重要的出访，具有重大的历史意义。中共中央和毛泽东对此次访问高度重视。出发之前，7月1日傍晚，毛泽东在中南海颐年堂主持召开了一次会议，给代表团作了全面的指示和交代，指明了任务和行动方针。

1949年4月下旬，中国人民解放军一举跨过天险长江，开始以排山倒海之势横扫盘踞在中国南部的国民党残余势力。但是，由于解放军既没有空军也没有海军，对国民党控制的沿海诸岛一时还鞭长莫及，无可奈何。蒋介石也正是看准了这一点，任命陈诚为东南行政长官公署主任，把组织大陆撤退和经营台湾结合起来，开始寻找以台湾为基地的最后掩蔽所，早早就把自己的大本营移到了台湾。在这种情况下，共产党要完成统一中国的计划，就不能不考虑进攻台湾的问题。

这次会上，中共中央政治局讨论并提出，把向苏联提出协助中共准备进攻台湾的技术手段的请求作为刘少奇此次出访莫斯科的一项重要使命。会议建议刘少奇在代表政治局给斯大林的信中，试着提出请苏联出动空军和海军援助的问题，但是，根据多年与苏联打交道的经验，并不对此抱太多希望。

在访苏期间，刘少奇即根据政治局关于必须立即开始准备进攻台湾的技术条件的建议，向斯大林说明了中国共产党准备在1950年进攻台湾的设想，要求苏方提供200架左右的飞机并请代训飞行员，争取赶上在进攻台湾的战役中使用。斯大林非常痛快地答应了中共的请求。

刘少奇又提出请苏联在作战时提供空军和海军援助的要求。

斯大林皱着眉头，以惯有的口吻不紧不慢地说："中国同志必须体谅我国人民的感情，苏联人民已经遭受过巨大的战争灾难，他们很难理解为什么这么做。同时，请少奇同志转告中共中央，苏联一旦参加中国'解放台湾'的战斗，必定会引起美国的介入，极可能诱发苏美之间的冲突。"

毛泽东得知这一消息后，淡淡一笑："中央早就估计苏联不会直接介入。不要紧嘛，没有海军和空军，就打不了台湾？国民党全副美式装备，我们'小米加步枪'，一样打赢了嘛。长江，那个河面宽不宽，厉不厉害？解放军靠步兵和渔船不也一样打下了吗？长江天堑就这么渡过来的嘛！告诉前线将士，人定胜天，不要怕。"

此时，一方面，毛泽东及中国共产党能够理解斯大林的这种顾虑；另一方面，中国革命从无到有，毛泽东和他的战友们靠的是自力更生走过来的。所以，他这时并不十分介意苏联的援助问题。然而，随着人民解放军在10月下旬和11月初先后发动的夺取福建沿海金门岛和浙江沿海登步岛的战斗的进行，毛泽东的看法很快发生了改变。因为，这两场仗打下来，部队损失惨重。很显然，这两次作战失利都是因为渡海工具过于简陋。沿海作战、近岛作战尚且如此，跨海进攻台湾更须充分准备不可。跨海作战的难度终于使毛泽东认识到准备技术条件的极端必要性。直到这时，他才比较深切地感到需要再度向苏联求援。

1949年12月，毛泽东第一次访问苏联。在16日见到斯大林的当天，他就委婉地向斯大林提出："国民党的支持者在台湾建立了一个海空军基地，海军和空军的缺乏，使人民解放军占领这个岛屿更加困难。考虑到这种情况，我们的一些将领一直在提议，请苏联援助，比如可以派志愿飞行人员或秘密军事特遣舰队协助夺取台湾。"

对于中共领导人再度提出的援助请求，斯大林没有一口回绝，而是含糊其词地表示："这样的援助不是没有可能的，本来是应当考虑这样做的，问题是不能给美国一个干涉的借口。如果是指挥人员或军事教员，我们随时都可以派给你们，但其他的形式还需要考虑。"

斯大林说："1945年，我与罗斯福、丘吉尔搞过一个《雅尔塔协定》。苏联对于维护远东政治格局，负有国际义务。"

毛泽东说："我们和国民党是内战，'解放台湾'是中国内政，应当不会动摇《雅尔塔协定》。"斯大林表示，用苏联的飞机和军舰，即使是只用志愿人员

红墙大事
——共和国重大历史事件的来龙去脉（上册）

和只出动潜艇来帮助中共跨海作战，也难免会被美国人发现，结果是可以想象的。他说："苏联一旦介入，美国必定介入。由苏联破坏苏、美、英三国对远东政治格局所作出的共同承诺，未必是明智的。"为了缓和会谈气氛，他建议毛泽东采取更策略些的方式来解决台湾问题，比如，是否可以先向台湾空投伞兵，组织暴动，然后再去进攻。

苏联主要担心美国的可能反应。

然而，此时美国已决心抛弃蒋介石了。

1950年1月5日和12日，美国总统杜鲁门和国务卿艾奇逊分别发表声明和讲话，声称"美国目前无意在台湾获取特别权力或特权，或建立军事基地"，并且宣称美国的安全线既不包括台湾，也不包括"南朝鲜"，美国不会为了保护这些地方采取直接的军事行动。这就是当时著名的"画线声明"。

但同时，美国毕竟在台湾攫取了巨大的经济利益和军事利益，而蒋介石这个"反共盟友"的利用价值尚未最后消失，所以杜鲁门在宣布不介入立场的同时，又自相矛盾地表示"继续对华进行经济援助"。

美国还宣布，从台湾撤出侨民。当时美国驻台的只是一位领事级代表，最高武官不过是位中校。美国国务院里的苏联问题专家们再度要求美国承认中华人民共和国。他们认为，如果杜鲁门再延迟与中国建交，使毛泽东更靠近斯大林，会危害到美国在远东的利益。

美国政府公开弃台的政策使斯大林的胆子壮了许多，原来不想签的条约同意签了，原来犹豫的军事援助不犹豫了。既然美国自己放弃了《雅尔塔协定》划分的势力范围，把中国和朝鲜画在自己的防御圈之外，这就等于把它们交给了苏联。因此，斯大林同意毛泽东在适当时机对"解放台湾"进行必要的准备，同意将苏联给中国的两亿美元贷款，一半用于购买进攻台湾最需要的海军装备。不过，直到最后，斯大林还是小心翼翼地没有同意利用苏联的飞机和军舰来进攻台湾。

毛泽东认为跨海"解放台湾"，没有苏联人的海空援助照样能成功

面对国民党在台湾海峡的巨大军事优势，毛泽东最初对进攻台湾的艰巨性缺少足够的估计。他虽然知道进攻台湾必须跨海作战，没有海军困难极大，但他相信，既然自己依靠"小米加步枪"打败了全副美式武装的国民党军队，即使没有海军和

二 "解放台湾"计划因何搁浅

空军,依靠步兵和渔船也能占领台湾,长江天堑不就是这么渡过来的吗?当然,毛泽东表示,如果到时候自己的空军能够初步建成,有空军掩护并协助攻击,则"把握更大"。

中国人民解放军决心直捣黄龙,渡海作战。渡海攻台准备工作紧锣密鼓地展开。

上海解放后,第三野战军最初拟定以8个军参加攻台。

金门岛及登步岛作战失利后,粟裕提出将跨海作战时间推迟至1950年1月或2月,以便充分准备。

此时,蒋介石孤注一掷,招募了五六千日本空军人员。

解放军不得不及时修正计划,将计划投入台湾战役的兵力由8个军增加到12个军,加上特种兵和后勤人员共计50余万人。

1950年3月5日至5月1日,第四野战军一部发起海南岛战役,歼敌3万余人,解放了全岛。

1950年5月13日,国民党军队撤出舟山群岛。国民党军开始收缩兵力,加强台湾岛守备力量。

对此,解放军三度修改战役计划,参战兵力增至16个军。这大大增加了战役准备时间,加上解放军船舰严重不足,给了蒋介石军队喘息之机。国民党上下人心惶惶,岛内社会秩序混乱,特别是海南失守后,很少有人再相信"共军只能陆战,不能渡海"的说法。在许多人看来,台湾步海南之后尘,落入"中共"之手只是个时间问题了。90英里(1英里约合1.6公里)的台湾海峡挡不住郑成功的海师,今天溃不成军的国军又怎能阻挡住解放军排山倒海的百万雄师?

为了防守台湾,蒋介石绞尽脑汁,无所不用其极。

住在台北涵碧楼中的蒋介石如热锅上的蚂蚁,暗地里开始考虑各种退路。

于是,有些官员曾试探提出到菲律宾建立"流亡政府"问题。5月26日,美国代理国务卿韦布曾向菲律宾政府询问,蒋介石及其军政要员是否可以去"避难"。菲律宾总统季里诺对此持不欢迎态度,外长罗慕洛说,如果蒋介石来菲律宾,他将下令要蒋在24小时内离境。

1950年6月15日,美国中央情报局远东情报处对台湾局势作了公开评估:"台湾在7月15日以前可能遭到中共全面攻击。由于国民党军队军纪荡然,民心浮动,中共将于发动攻击数周内顺利占领台湾。"

红墙大事
——共和国重大历史事件的来龙去脉（上册）

面对危局，台湾国民党方面向美国发出呼救，要求美国派遣两个中队的战机进驻台湾，以及从冲绳速运上万吨武器弹药支援台湾。但美国对此反应冷淡。

世事难料！昔日一呼百应、不可一世的蒋"总统"真的已面临叫天天不应、叫地地不灵的绝境了！

风云突变，90英里宽的台湾海峡，忽然间横空掠过一阵意想不到的风云。

一个叫金日成的朝鲜人"救"了四面楚歌之中的蒋介石。

金日成，1912年4月15日诞生在朝鲜平安南道大同郡古平面南里（今平壤市万景台）的一个佃农家庭里。

在金日成出生之前，朝鲜就已经沦为日本的殖民地。1925年秋天，由于日本侵略者的迫害，金日成的父亲、朝鲜反日民族解放运动的早期领导人金亨稷流亡到中国东北，金日成也随同父亲一起渡过鸭绿江，到达奉天省的临江县。从此，金日成在中国度过了近四分之一世纪的生活、学习和斗争岁月。

在这里，金日成的父亲为了以后生活之便，给他请了一位中国老师教汉语，然后又把他送到临江小学一年级读书，后又入抚松第一小学继续学中文。这使得年轻的金日成能操一口流利的汉语。后来金日成曾回忆道：

"如果父亲没有很早就让我学会中国话，那么，我在中国度过四分之一世纪的过程中，每一步都会碰到语言障碍……如果我说不好中国话，就很难和中国人建立亲密关系，也不可能顺利地同他们结成抗日联合战线，在敌人的镇压极其残酷的东北土地上根本就站不住脚……总之，我学会了中文，可以说给朝鲜革命带来了很多好处。"

1926年初，金日成离开抚松到吉林毓文中学读书，遇到了一位支持革命的好校长——李光汉。此人与周恩来在南开附中时是同学，在思想品格、学识修养方面受到周恩来的影响甚大。直到晚年，金日成还惦记、感激李光汉校长对自己的帮助：

"我在进行青年学生运动和地下活动时期，多次得到这位老师的帮助。他明知我因为革命工作常常缺课，却装作不知道，并且从各方面保护我，不许被军阀当局收买的反动教员随便触动我。军阀和领事馆警察要来抓我，他先通知我快逃。因为校长是有良心的知识分子，所以有许多思想家能够在他属下站住脚进行活动。"

"李光汉属于中国民族主义左派，是周恩来总理的中学同学，是从小就受到周恩来影响的有良心的知识分子。我知道周总理和李光汉校长的关系，是在几十年后的事情。有一次，我同前来我国访问的周总理谈话，回忆青年时代，谈到给了我很多帮助的中国人时，提到了李光汉校长的名字。周总理听了非常高兴，说李光汉是他在天津南开中学念书时的同学。"

此外，金日成说，他在毓文中学从事革命活动的熟人中，还有一位大名鼎鼎的人物马骏。马骏在南开学校时是周恩来的密友，他们一起领导过天津的学生爱国运动，一起创立觉悟社，一起遭到反动军阀逮捕，感情极深。后来马骏到吉林创建共产党组织时，曾在毓文中学任教，对金日成也有过影响。

为联合抗日，金日成在建立朝鲜反日民族统一战线组织——祖国光复会的1936年间，还担任过中国东北抗日联军师长的职务。他领导的朝鲜抗日力量，在东北抗战中发挥了重要的作用，也为中国的抗日民族解放事业作出了重要的贡献。

1948年9月9日，在苏联红军的帮助下，朝鲜赶走了日本侵略者，建立了朝鲜民主主义人民共和国，金日成担任首相。

"南北朝鲜"的关系一直十分紧张，要从根本上消除战争阴云就必须铲除南朝鲜反共政权。而作为朝鲜共产党人，自然要以解放全民族为己任。眼看着毛泽东一举统一了中国，而朝鲜还有半壁江山和一多半人民没有解放，金日成心急如焚。金日成不会放弃统一朝鲜的设想。因此，艾奇逊声明刚刚发表五天，金日成就不失时机地重新向苏联外交官提出了加速统一"南北朝鲜"的问题。

1950年1月17日，平壤。朝鲜劳动党中央为即将赴任的朝鲜驻中国大使举行了午餐会。金日成出席了午餐会。是时，中华人民共和国已成立三个多月了。

与会的有中国、苏联和东欧社会主义国家的贵宾。

金日成开怀畅饮，已颇有醉意。

金日成和他的亲密战友曾在苏联远东军营中度过许多日子，并多次受到斯大林接见，颇受斯大林青睐。早在1949年9月，朝鲜民主主义人民共和国刚成立，金日成就提出请求斯大林帮助他完成统一朝鲜的任务。鉴于对美国介入的担心，斯大林拒绝了金日成的要求："美国在中国失败之后，可能会比在中国更直接地干预朝鲜事务。更何况北方的军队也还没有强大到足以对南方发动一场成功的速决战的程度。战争一旦形成相持局面，就给美国提供了在各方面干涉朝鲜事务的理由。"

席间，金日成环顾四周，端着酒杯走到苏联驻朝鲜顾问的跟前，略显激动地

红墙大事
——共和国重大历史事件的来龙去脉（上册）

说，目前中国正在完成她的解放事业，下一步就是如何完成统一朝鲜的问题了。

苏联顾问因已得到苏共中央的指示和训令，故笑而不答。

金日成着急地宣称，毛泽东已经保证过，当中国统一完成之后，朝鲜统一就是最迫切的任务。中共将支持他完成这一任务。斯大林也曾经亲口答应他，一旦南朝鲜发动进攻，他可以进行反攻，结果，南朝鲜没有发动进攻，李承晚不敢打仗，朝鲜的统一问题就这样拖延下来了。他说："一想到不应辜负人民的热切希望，我就夜不能寐。"为了方便说明局势，阐明朝鲜劳动党的观点，他对苏联顾问提出了再次会晤斯大林的要求。

而此时，斯大林最担心的仍然是美国军事干涉。但是，他也无法解释，为什么美国没有干涉毛泽东统一中国？如果连中国大陆都不愿干涉的话，美国又怎么会去干涉一个小小的朝鲜呢？如今，杜鲁门和艾奇逊又公开声明朝鲜和台湾不在美国的防御圈内，自然就更加没有必要为美国的干涉忧心忡忡了。无疑，杜鲁门、艾奇逊的声明给斯大林吃了一颗定心丸，看来美国人是不足为虑了。

实际上，此时斯大林第一想到的也是朝鲜问题。这是因为，日本从来都是俄国人的心腹之患。与对苏联安全无关轻重的台湾比较起来，朝鲜的统一会极大地巩固苏联的远东边防，并使日本直接处于苏联的威慑之下，斯大林对此可谓梦寐以求。而台湾对于苏联安全，实在是无关轻重。况且留下台湾问题给毛泽东，在某种意义上也有利于苏联人。

面对金日成和毛泽东的要求，权衡之后斯大林认为支持北朝鲜要比支持中国人划算得多，这不仅仅是因为他更看重朝鲜的战略地位，不但可以在朝鲜半岛建立巩固的军事基地，而且也因为帮助金日成几乎不需要出动一个苏联士兵。毕竟，美国对远东保持不干涉政策很可能是有限度的，那就是苏联也必须严格地采取守势。一旦美国政府发现有苏联人秘密加入远东地区的战争，杜鲁门和艾奇逊还会遵守他们的声明吗？

斯大林终于在1950年1月底决定接受金日成的援助要求了。他在1月8日给苏联驻朝鲜大使的电报中，明确表示："我理解金日成同志的不满情绪，但他必须懂得，诸如他想要着手解决的关于'南朝鲜'这样一件大事，需要有周密的准备。事情必须组织得没有太大的风险。如果他想要与我讨论这件事，那么我将随时准备接见他，并与他进行讨论。把这些转告金日成，并告诉他我准备在这件

二 "解放台湾"计划因何搁浅

事上帮助他。"

而此时在莫斯科坐冷板凳的毛泽东一直被蒙在鼓里,他仍主张先"台"后朝。

这封电报清楚地表明,斯大林帮助金日成统一朝鲜的决心已定,这时毛泽东虽仍然逗留在莫斯科,但斯大林没有向毛泽东透露半个字。他们之间只是偶尔提到过朝鲜问题。当双方谈到把人民解放军中的其余1.2万名朝鲜族官兵,连同配备的武器,全部移交给北朝鲜人民军的决定时,他们才提到了朝鲜问题。但毛泽东重申,现在还不是北方如何进攻南方的问题,而是北方如何防御南方的问题。他认为,更现实的还是中国"解放台湾"。

在北朝鲜为统一事业加速各方面准备工作的同时,中国方面也在为"解放台湾"做积极准备。双方都投入了大量的人力、物力和金钱。只不过,毛泽东不了解,金日成投入的力量比他大得多。根据斯大林的提议,苏联方面很快就与金日成商定,苏联对北朝鲜的军事援助将采取有偿的方式来进行。北朝鲜以9吨黄金、40吨白银和1.5万吨其他矿石来换取价值13800万卢布、足够装备三个师的苏联武器弹药。根据金日成的要求,苏方还同意,北朝鲜可以提前使用原定于1951年才提供的7000万卢布的国家贷款来装备自己的军队。

斯大林是唯一了解中国和北朝鲜双方情况的人,在他批准金日成访问苏联的同时,他特别要求他的大使提醒金日成,在朝鲜统一问题上,金日成应当听听毛泽东的意见。他认为,金日成有必要就他的计划与毛泽东进行必要的沟通。

李承晚不时地发出战争叫嚣,"南北朝鲜"之间的关系一直剑拔弩张,北朝鲜不断获得南朝鲜计划进攻北方的情报。这一情况,无论莫斯科还是北京,都知道得一清二楚。因此,金日成确信毛泽东不会反对他的计划。在他出访莫斯科之前,他就指示朝鲜驻中国大使转告毛泽东,说他希望就统一朝鲜问题对中国进行一次访问,与毛泽东交换意见。对此,毛泽东欣然表示同意,他告诉朝鲜大使说,他欢迎金日成的来访,如果金日成对朝鲜统一已经有了具体计划,这种访问可以是秘密的;如果还没有具体计划,最好进行一次正式的访问。由于这时北京在平壤既没有大使,也没有军事观察人员,因此,毛泽东丝毫不了解北朝鲜统一工作的进程。他一面肯定以武力统一南方的必要性,一面仍旧提醒北朝鲜应当加强警惕,认为北朝鲜目前应当首先做好一切军事上的准备工作,加强自身的力量,以应付可能的战争。

红墙大事
——共和国重大历史事件的来龙去脉（上册）

1950年3月30日到4月25日，金日成等人对莫斯科进行了为期26天的秘密访问。在与斯大林的会谈中，金日成详细阐述了朝鲜半岛当前的局势，并着重介绍说，由于苏联的帮助，朝鲜人民军事实上已经取得了对南朝鲜的优势，再加上南朝鲜人民的支持，他现在应当说已经有足够的力量来统一朝鲜了。恰好这时苏联情报系统得到一份麦克阿瑟将军给华盛顿的秘密报告，报告主张美国不要干预"南北朝鲜"之间发生的冲突。因此，斯大林也对形势感到乐观，认为现在是统一朝鲜的机会。

斯大林在这次会见中第一次对金日成的统一计划表示了肯定的态度，并称，如果说他在一年以前认为金日成的这个计划行不通的话，那么今天这样的计划就是可行的了。因为无论是朝鲜国内还是整个国际的局势都发生了重要的变化，帝国主义目前不会对朝鲜内部的冲突问题进行直接的干涉。当然，他仍旧强调说，统一朝鲜的作战应当建立在对南朝鲜的进攻发动反攻的形式上。最后他再次提醒金日成，他的计划必须通报给毛泽东，如果毛泽东也同意的话，他不会有反对意见。

斯大林之所以始终向毛泽东封锁消息，直到最后才要求金日成去征求毛泽东的同意，很大程度上恐怕并不是一种精心策划的计谋。考虑到中共中央早就提出了请苏联帮助"解放台湾"的要求，毛泽东又亲自向斯大林本人提出请求，不难想象，在毛泽东与金日成之间，斯大林很难达到让二者均满意的效果。与其从一开始就向毛泽东解释这样选择的必要性，与毛泽东争论孰轻孰重，倒不如造成一个既成的事实，使毛泽东无话可说。毕竟早在1949年7月刘少奇率团访苏时，双方就已经商量好，朝鲜问题由苏联方面负责，因而在朝鲜问题上，不事先与中方商量，也在情理之中。当然，即使这样做了，他也必须给毛泽东一个形式上的"公平"，尽管这种"公平"并不是毛泽东所希望的，但至少在斯大林看来，让金日成去请求毛泽东的"同意"，在心理上可以或多或少地给毛泽东以安慰。何况，朝鲜半岛的动荡对中国的影响最为直接，一旦出现任何意外，中国的态度都是最为重要的。如果毛泽东反对，那么，采取进攻行动无论如何都是冒险的。斯大林的再三叮嘱，促使金日成从莫斯科返回平壤之后不久，就再次与毛泽东联系，要求访问北京。

5月13日，金日成来到了北京中南海的怀仁堂。在当晚的会谈中，金日成首先通报了他与斯大林会谈的结果。他解释说，南朝鲜的侵略意图已经非常明显，"南

二　"解放台湾"计划因何搁浅

北朝鲜"的紧张关系已经到了非解决不可的地步，南朝鲜人民急切地盼望着祖国的统一，现在统一朝鲜的机会已经到了。关于这一点，斯大林也明确地给予了肯定，并认为统一朝鲜现在是可行的。只是，斯大林同志强调，有关这个问题的最后决定，必须取得毛泽东同志的同意。这就是他此行访问的主要目的。

毛泽东不是没有想到金日成会有一个统一计划，但他还是对金日成通报的情况深感意外。因为，在斯大林已经明确表示同意中国进行"解放台湾"的军事准备，解放军进攻台湾的各项先期工作也已经按部就班地迅速展开的情况下，他怎么也想不到斯大林会突然间转而赞成首先统一朝鲜。

毛泽东很委婉地对金日成表示，你们的大使已经几次来同我谈过这个问题，我都告诉他现在还不可以。金日成则解释说，苏联已经帮助我们做了许多准备，斯大林也同意了，只要中国同意，我们不要任何帮助。不得已，毛泽东告诉金日成，这是一个很重大的问题，他需要请苏联大使立即向斯大林核实一下。随后毛泽东中止了会谈，紧急约见苏联驻华大使罗申，要求立即给斯大林发电证实金日成的说法。

显然毛泽东对斯大林和金日成没有事先与他商量这件事相当不满意。几年之后，他在与苏联大使，以及与米高扬、赫鲁晓夫等人的谈话中，曾经多次重提这件事，认为自己实际上是被蒙在鼓里，直到金日成跑来告诉他说斯大林已经同意，他才知道有这么一回事。

第二天晚上，苏联大使拿着斯大林的电报来见毛泽东。电报说：

毛泽东同志：

　　在与朝鲜同志的谈话中，菲利波夫（斯大林使用的化名）和他的朋友们表示如下意见：由于国际形势已经发生了变化，他们同意朝鲜人着手重新统一的建议。但有个附带条件，即问题最终应该由中国同志和朝鲜同志共同来决定。如果中国同志有不同意见，那么对问题的解决就应该延迟，直到进行一次新的讨论。会谈中的细节朝鲜同志可能会向您转达。

鉴于斯大林已经明确表态，毛泽东也就不便持反对态度了。他对苏联大使说，他已经注意到朝鲜半岛的情况，他完全同意朝鲜同志的估计，即由于美国势力逐渐退出南朝鲜，朝鲜的局势已经发生了很大的改变。不过，他认为，恐怕有必要

红墙大事
——共和国重大历史事件的来龙去脉(上册)

像中苏条约那样,在中国和朝鲜之间迅速签订一个友好互助同盟条约。毛泽东显然对金日成的计划可能带来的后果有些担心,因而想到中国需要为直接援助北朝鲜做好准备。

在与苏联大使会晤后,毛泽东立即在他的办公室召集周恩来等在京的中央政治局领导人开会,讨论这一重要的情况变化。中共中央最终决定接受这一既成事实。毛泽东和他的同事们怎能忘记,自1945年以来,斯大林几度干预中国共产党内部事务,"不许革命",曾经引起毛泽东和中共领导人的强烈不满,事实也证明这种外来的干预是极其错误的。在这些事情记忆犹新的情况下,他和他的同事们又怎么会去扮演斯大林过去扮演的那种角色呢?

5月15日,毛泽东再度与金日成等会谈。他告诉金日成原来他考虑的是应当首先"解放台湾",在此之后再解决朝鲜问题,那样中国将会更充分地援助北朝鲜。但既然统一朝鲜的问题已经在莫斯科得到批准,他同意首先统一朝鲜。

在这次会谈中,金日成向毛泽东详细介绍了他们的三阶段计划,第一步:进一步加强兵力;第二步:公开向南方提出和平统一方案;第三步:在和平统一方案遭到南朝鲜拒绝后则准备诉诸武力。毛泽东对此表示了肯定的意见。他强调,作战计划要有充分准备,部队行动要迅速,包围主要城市,但不要为占领城市而延误时间,要集中兵力消灭敌人。不过,毛泽东还是对美国驱使日本军队或直接干预的可能性有所担心。他告诉金日成,一旦有两三万日本军队投入战争,整个战争的过程就可能延长。当然,如果美国军队参加战争,中国是会派出军队支援北朝鲜的,因为到那时,苏联出兵是不方便的,它受到与美国签订的协定的限制,而中国则不受这样的限制。

金日成认为,日本军队参战的可能性不大,即使派两三万日本军队来,也不能改变战局,人民军的士兵将战斗得更加坚决。至于美国参战的可能性,他断言"那几乎不可能",斯大林已经告诉过他们,帝国主义不会干涉,因而不必加以考虑。但毛泽东还是提出:帝国主义的事,我们做不了主,我们不是他们的参谋长,不能知道他们心里想的是什么。不过准备一下总是必要的。我们打算在鸭绿江边摆上三个军,帝国主义如果不干涉,没有妨碍;帝国主义如果干涉,不过三八线,我们也不管;如果过了三八线,我们一定打过去。金日成对此一面表示感谢,一面则婉言谢绝。

二 "解放台湾"计划因何搁浅

5月16日,即毛泽东与金日成会谈的最后一天,毛泽东收到了莫斯科的电报,电报表示同意毛泽东所提议的中朝缔结一个友好互助同盟条约的建议,只是,莫斯科以为,这不应当是在战争发动之前,而应当是在朝鲜已经成功地统一之后。

由于统一朝鲜问题突然间摆到了中、苏、朝三国面前,"解放台湾"的计划受到了严重影响。就在金日成访苏之前不久,中共还特别就武力统一台湾的一些具体作战设想与苏联军事当局进行过深入的讨论。而由于这时空军和海军的装备正在陆续到达,进攻台湾的技术条件问题正在通过各方面的努力而逐渐得到解决,中共中央已经重新开始有了依靠自己的力量夺取台湾的决心,并初步考虑在1951年条件基本具备后,选择适当时机实施作战行动。毛泽东无论如何没有想到朝鲜战争会被排在他"解放台湾"计划的前面。他最担心的显然是,一旦朝鲜战争爆发,无论胜负,美国政府都可能会改变对台湾的政策,从而使自己"解放台湾"的计划面临巨大的困难。

毛泽东不止一次地说,斯大林关于朝鲜战争的决定,是一个极大的错误,"是百分之百的错了"

1950年6月25日,朝鲜战争爆发。凌晨,毛泽东书房的灯光依旧亮着,值勤的警卫换过一班又一班,可毛泽东却仍然是彻夜不眠。书桌上的两个烟灰缸早已堆满了小山似的烟蒂,桌上阅过的文件也摞得高高的,上面密布圈圈点点的批注。偶尔毛泽东也站起身,伸展一下坐得麻木的腰,自己捶几下后背,聆听窗外的雨声,踱步思忖治国大计。雨越下越大,间或夹杂着隐隐的雷声。风卷着雨,重重地敲打着玻璃窗,把屋外的一片小林吹得哗哗作响,摇摆不止。天将破晓,雨已经倾盆而下了。毛泽东终于阅读完所有的文件,抽过一块毛毯盖在身上,和衣躺在沙发上,伴着雨声进入了梦乡。倾盆大雨依旧不停地下着,似乎在向世人警告,这个多灾多难的新生国家又将遭受到血与火的洗礼。

1950年6月25日,农历庚寅年五月十一日,星期天。进入雨季的台北迎来了多云转晴的天气。7点刚过,早已随夫人皈依基督的蒋介石已做完早操、结束祷告,准时命人打开了收音机,他知道这个时间是大陆新华社广播新闻的重要时刻,他每天必听,尤其是重要社论。

红墙大事
——共和国重大历史事件的来龙去脉（上册）

"夫人，蒋先生，有重要消息。"突然，英文秘书沈谷匆忙推开餐厅的门，走进来报告，"美国之音广播，两个小时以前，北朝鲜部队越过三八线，韩战爆发。"

"这可是上帝保佑我们啊！韩战爆发必能演成世界大战！"宋美龄先是一愣，旋即喜形于色地说道。

蒋介石挺直腰板，双目炯炯地盯着沈谷，仿佛要从沈谷的神情中探出这个消息的真伪。"立即给邵毓麟和陈之迈发电报，查实情况，了解美国动态。"蒋介石毕竟是蒋介石，久经政治风浪使他养成了遇事沉着的习惯，此刻他头脑清醒地对沈谷吩咐道。

直到晚上 10 点钟，台湾驻南朝鲜"大使"邵毓麟才给蒋介石发来第一封电报，电报非常简单，只是证实了沈谷的消息的真实性。半个小时后，第二封电报才使蒋介石对战况有了个大致的了解。

邵毓麟在第二封电报中分析说："韩战对于台湾，更是只有百利而无一弊，我们面临的中共威胁，以及友邦美国遗弃我国，与承认匪伪的外交危机，已因韩战爆发而局势大变，露出一线转机。中韩休戚与共，今后韩战发展如果有利南韩，亦必有利我国。如果韩战演成美俄世界大战，不仅南北韩必然统一，我们还可能会由鸭绿江、由东北而重返中国大陆。如果韩战进展不幸而不利南韩，也势必因此而提高美国及自由国家的警觉，加紧援韩绝不致令中共渡海进攻台湾了。"

邵毓麟电报中的分析与蒋介石对朝鲜战争的看法不谋而合。

早在 1949 年 7 月的厦门军事会议上，蒋介石为了给守卫福建的官兵打气，就曾说过，只要坚持到明春，第三次世界大战就会爆发。现在，蒋介石望眼欲穿的第三次世界大战似乎已露出了端倪。

面对朝鲜战争的爆发，毛泽东等中国领导人焦虑地注视着国际上，特别是美国的反应。两天之后，一个最让毛泽东担心的情况出现了。美国总统杜鲁门于 6 月 27 日宣布台湾未来地位尚未确定，因此他已命令第七舰队阻止任何对台湾的进攻，确保台湾及台湾海峡的中立化，防止战争蔓延。在毛泽东看来，美国的这一行动，显然无异于救了国民党的命。

对于美国的行动，毛泽东立即作出强烈反应，号召"打败美帝国主义的任何挑衅"。但在内部指示中，中共中央不能不承认，自己没有与美国现代化的海军进行海上较量的可能，"形势的变化给我们打台湾添了麻烦，因为有美国在台湾海峡挡着",只好把"打台湾的时间往后推延"。与此同时,由于6月27日美国总统又同时宣布美国将出兵南朝鲜,中国东北边防以及可能的增援朝鲜的问题日益紧迫,中国的战略重点也被迫转向东北地区。至此,进攻台湾的准备工作逐渐停顿下来,以致最终不得不在事实上放弃了这一作战计划。

这是一件让毛泽东极其不满的事情。7月2日,周恩来约见苏联大使。在讨论如何应付联合国卷入朝鲜战争的外交问题后,他极为反感地告诉大使说,早在5月与金日成的会谈中,中国领导人就已经提醒美国可能干涉的问题,而金日成当时不相信。事实证明我们当时的估计是对的。与此同时,通过给苏联方面的一份综合反映外国人对朝鲜战争看法的报告,中国领导人也曲折地表达了对苏联选择这个时候支持统一朝鲜行动的疑惑。报告中写道,一位英国代表对中国领导人说,苏联鼓励朝鲜内战的目的,就是要阻止中华人民共和国夺取台湾。

毛泽东不希望在这个时候进行朝鲜战争,是再明显不过的了。他本来想首先解决台湾问题,然后再寻找适当时机协助金日成解决朝鲜统一问题,但究竟什么时候可以武装进攻南朝鲜,既需要通盘考虑,也需要合适的机会。而且,他始终认为,在苏联红军帮助下建立起来的朝鲜人民军,实际上还很少经受真正的全过程的战争考验,因而很难在这么短的时间里成熟起来,卓有成效地进行这场统一朝鲜的速决战,更不可能对付可能直接参战的优势的美国军队。因此,从一开始他就对这个计划的可行性有所怀疑。只是,斯大林的支持使他失去了反对的可能。到9月中旬美国军队在仁川登陆,轻而易举地围歼了朝鲜人民军进攻部队,毛泽东更加相信自己的估计是正确的了。但越如此也就越遗憾。所以,斯大林逝世后,毛泽东不止一次地在这个问题上埋怨斯大林。他肯定地说,斯大林关于朝鲜战争的决定,是一个"极大的错误","是百分之百的错了"。但毛泽东心里想的多半是,如果当初斯大林不是盲目地支持在朝鲜采取行动,那么不仅不会犯这样大的错误,而且也不会使台湾问题陷入如此困难的局面。

后来事态的发展,印证了毛泽东与蒋介石在战争之初对台湾海峡局势发展的判断。

美国国务卿艾奇逊获悉朝鲜战争爆发后,立即打电话报告正在家乡密苏里度假的杜鲁门总统。杜鲁门闻讯后即命令随行人员准备立即动身返回白宫。由于艾

红墙大事
——共和国重大历史事件的来龙去脉（上册）

奇逊让他等一等更为确切的消息，以免夜间飞行危险和引起外界恐慌，他才没有马上飞返白宫。当晚，他指示国务院迅速将朝鲜问题提交联合国安理会处理。

杜鲁门在右翼政客和军方鹰派的鼓动下，错误地认为朝鲜人民军越过三八线和中共将渡海进攻台湾都是执行了苏联的战略方针。如果美国在北部失去南朝鲜，在南部失去台湾，则日本将被南北夹击，菲律宾和东南亚各反共国家将受到威胁，美国的西太平洋防线将被斩成几截，美国在亚太地区的战略利益将因此受到重大损失，美国决心作出强烈反应。

6月27日上午，杜鲁门发表声明，宣布美国军队将参加"联合国军"，赴朝参战，并操纵联合国大会通过议案，要求联合国成员国向南朝鲜提供援助。同日，杜鲁门下令，美国第七舰队进入台湾海峡，"阻止对台湾的任何进攻"。"台湾未来地位的决定，必须等待太平洋安全的恢复，对日和约的签订，或由联合国考虑。"美对台政策骤变。

第七舰队是美国海军四大主力舰队之一，与第三舰队同属美太平洋舰队。其前身是美国大西洋舰队的一支特混舰队，第二次世界大战时，由于对日作战需要，于1943年3月调归太平洋舰队，称第七舰队，由美国南太平洋战区司令部指挥，主要在菲律宾至印度尼西亚一带海域执行作战任务。

6月28日，美国远东军总司令、五星上将麦克阿瑟亲自飞到前线督战。

6月29日，美国第七舰队的六艘驱逐舰、两艘巡洋舰和一艘运输舰，侵入台湾海峡并开始游弋。

7月1日，美国陆军开抵南朝鲜。

7月7日，美国操纵联合国安理会通过决议，授权美国组成"联合国军"司令部。杜鲁门任命麦克阿瑟为"联合国军"总司令，统一指挥参加侵朝战争的16个国家的军队。这16个国家是：英国、澳大利亚、比利时、哥伦比亚、加拿大、埃塞俄比亚、法国、希腊、卢森堡、菲律宾、荷兰、新西兰、泰国、土耳其、南非、美国。"联合国军"以美国和南朝鲜军队为主，总共有40多万兵力，后来增加到近70万兵力。

同一天，第七舰队司令史枢波到台北访问，随后美国派贾纳德少将出任驻台军事代表。

贾纳德赴任，使美国在台的军事代表级别由中校提高至少将，显示美国提升

二 "解放台湾"计划因何搁浅

了对台关系,标志着美国已走上了"扶蒋保台"的路子。

7月31日,不可一世的麦克阿瑟率大批幕僚浩浩荡荡飞抵台湾。麦克阿瑟此行可谓踌躇满志,出尽了风头。走下飞机,麦克阿瑟亲吻了台湾地区"第一夫人"宋美龄的手。面对狂妄至极、极为傲慢的麦克阿瑟,蒋介石心中虽颇为不快,但有求于人,况且人家毕竟是救命恩人,他只能强作欢颜。

次日,双方经过协商后达成了协定:

一、双方陆海空军归麦克阿瑟指挥,共同防守台湾;

二、增派美国空军第十三航空队常驻台湾,在台湾设立军事联络办事处。

当天,双方还分别发表了声明。麦克阿瑟称:"台湾本岛包括澎湖在内,在目前情况下,不得遭受军事进攻之政策业经宣布,是项政策之执行,即为余之责任与坚决之目的。余在台与各级人民所举行会议极为恳切而和谐。余统率下的美军与'中国政府'军队间有效联系已经完成。"他还宣称:"大陆中共倘若发动对台湾的进攻,则吾人当更能做有效之应付。"蒋介石声明指出:"吾人与麦帅举行之历次会议中,对于有关各项问题,已获得一致意见,其间关于共同保卫台湾,与'中美'军事合作之基础,已告奠定。"

有了美国人撑腰,老蒋腰板硬了许多,不久又重新做起反攻大陆的美梦。

应该指出的是,美国第七舰队进驻台湾海峡,在为蒋介石政权撑起保护伞,使得蒋介石政权得以依美残存的同时,美国也在策划着另一更为险恶的阴谋,提出了两个附加条件:

第一,提出"台澎地位未定论"。事实上,早在日本投降前,美国海军军部拟订的攻占台湾的计划中,就曾提出由"美国单独军政管理台湾",而排除中国代表的介入。后因美军尚未进占台湾日本已无条件投降,中国人民从日本手中收回了台湾。当台湾"二二八"事件发生后,个别"台独"分子乘机活动,虽然美国官方态度表示不介入台湾事务,但在美国官员中已经开始出现将台湾与中国分离的主张。

然而,此时依靠美国保护的蒋介石,不仅受宠若惊,而且处处受制于人,一切听命于美国的安排。尽管蒋介石亦深知美国人的阴谋,但他也只好忍气吞声,唯一能做的就是故作姿态罢了。

第二,要求台湾当局承认"台湾中立化",即美国一方面用优势海军力

红墙大事
——共和国重大历史事件的来龙去脉（上册）

量遏制共产党在台湾海峡动武，但另一方面也要求台湾当局停止对大陆的军事袭击。

美国对中国政策，一贯是说一套做一套，坚持"两个中国"方针，以"台独"制蒋，以蒋制共，企图玩弄"鹬蚌相争，渔翁得利"的手法。

对此，国共两党皆心知肚明，深知美国此举用心，所以尽管国共两党不共戴天，但双方在"台湾"主权这个问题上，不管是在朝鲜战争期间还是以后都有高度默契，国共双方以特殊方式，心照不宣地共同维护"台湾"主权，使美国分裂中国的阴谋难以得逞。

自朝鲜战争爆发后，毛泽东每天都在密切关注着朝鲜战场的局势，为北朝鲜的命运焦急不安。作为一名伟大的政治家、军事家和战略家，毛泽东在冷静地注视着东北亚那里瞬息万变的战争态势，注视着世界各国对这场战争的种种反应，注视着朝鲜北南双方、美国的任何点滴举动，思考着中国的安全与战略形势，特别是台湾海峡的风云变幻……

1950年10月1日，这一天是年轻的中华人民共和国迎来的周岁生日。就在毛泽东刚刚参加完国庆大典，从天安门回到中南海时，周恩来急忙送来了一封朝鲜人民军总参谋部的加急电报：

毛泽东同志：

……自9月中旬美军在仁川登陆后，我方遭受到极大损失。局势对我们已造成了很不利的影响。敌人利用约千架各种作战飞机，不分昼夜地轰炸我们的前方与后方，使我们的兵力和物资受到了难以估量的损失。情况是非常严重的。

目前，敌人的主要登陆部队已与其南线部队连接为一体，切断了我们的南北部队和物资供应。如果敌人继续进攻"三八线"以北地区，只靠我们自己的力量是难以抵挡的。因此，我们不得不请求您给予我们以特别的援助，在敌人进攻"三八线"以北地区的情况下，我们希望中国人民解放军能直接出动，赴朝参战，援助我军作战……

急盼您的答复。

金日成、朴宪永（签名）

二 "解放台湾"计划因何搁浅

毛泽东接到电报后,看了两遍,意识到事态的严重性,两道浓眉拧成了疙瘩,陷入了深深的沉思。

"无论怎样,我们是不能见死不救的。"半晌,毛泽东对着周恩来叹了一口气。接着,他转身走向西墙上悬挂着的巨幅军事地图,一边端详着一边像对自己、又像对周恩来说道:"金日成不到万不得已是不会向我们发出紧急救援的呼吁的,我们怎么能坐视不管呢?唇齿相依……唇亡齿寒哪!"

对金日成的请求,毛泽东立即作出回应。

10月2日开始,毛泽东在中南海颐年堂主持中央书记处会议,研究出兵援朝的问题。各大区负责人和中央党政军负责人都到会了。

会议开始时,毛泽东先做了开场白,他说,这是个诸葛亮会,请大家来,谈谈对出兵援朝问题的看法,着重摆一摆出兵的不利条件和出兵后有什么困难的问题。

与会者畅所欲言,确实摆了不少不利因素和困难。毛泽东对周恩来说,让大家放开说,这样做便于汲取群众的智慧,丰富决策的依据。很多同志提出的意见非常具有建设性,对完善出兵方案和赴朝后可能遇到的一系列困难,提得非常具体。

但是,在中央政治局会议上和军委常委扩大会上,也确有从一开始就唱低调的,林彪就是最突出的一个。10月6日在军委常委扩大会上(毛泽东因事未到会),林彪满脸病态倦容,他声音十分低沉地说:"打仗打仗,我们打了几十年仗了,十年内战,八年抗战,四年解放战争,人心思和啊。现在再去出兵打仗,可是不得人心啊。国家刚解放,国内经济这么个烂摊子,军队的破枪旧炮还没有改装,还有土匪在活动,自己顾得过来吗?还有原子弹,我们行吗?我看中央还是慎重考虑,稳妥行事。"

听了林彪这席话,周恩来以十分严厉的口气打断了林彪的发言,他严正指出:"现在不是讨论出不出兵的问题,而是讨论怎么出,怎么理解和落实毛主席的决定!"

毛主席决定出兵,跟林彪是事先打了招呼的,并有意让他统帅征战。因为即将组建的志愿军的兵力除第十三兵团的四个军以外还要扩大,九兵团、十九兵团、三兵团、二十兵团等都准备去参战,指挥工作非一般的将军所能胜任。而且志愿军的主力是原来四野的部队，是林彪的部下。志愿军将来的后方东北又是解放战争时期四野的老根据地，各方面情况林彪都比较熟悉。在各战略区指挥员当中林彪年纪又最轻，当时只有44岁，是以能打仗、花样多而著称的名将，在党内军内都有很高的威望，毛泽东很器重他，说他打仗的特点是又狠又猛。在众人心目中，由林彪去当志愿军统帅是很合适的。

令毛泽东意外的是，被寄予厚望的林彪，竟成了党内反对出兵的人物。

在颐年堂会议的那些日子，毛泽东逐个与政治局委员谈心，逐个地做工作。他说："我们不能见死不救，尽管有些同志对出兵有些意见，讲的都有一定的道理。但是别人处在国家危亡时刻，作为邻国和社会主义伙伴，我们站在旁边看，不论怎么说，心里也是难过的。"

10月4日，在毛泽东的主持下，中共中央在中南海颐年堂召开了中央政治局扩大会议。这实际上是一次最高级军事会议，会议对是否出兵参战问题进行了充分的讨论。

关于以什么名义出兵的问题。

如果公开宣布派中国人民解放军赴朝作战，那便是以国家的名义参战，等于公开向美国宣战，这无形中便给敌人扩大侵略战争找到借口。毛泽东颇费了一番脑筋，为此还征求了不少民主人士的意见。

刚开始，毛泽东几次和周恩来商议以什么名义出兵问题，两位领导人一致的意见是叫"支援军"比较妥当，支援朝鲜人民嘛。并且作为初步意见基本定了下来。在拟订计划方案时，已开始使用"支援军"这一名称。

博采众长，听取各方面的意见，是毛泽东多年的习惯，也是他在党内倡导的传统作风之一。对这一初步意见，毛泽东是非常慎重的。他指示就出兵名义问题征求意见，请民主人士谈谈看法。他认为，这些老先生阅历广，见识多，有许多经验，多听听他们的意见，事情会更加周全。

著名民主人士黄炎培的意见引起了毛泽东的高度重视。毛泽东亲自迎接黄老到中南海，并和周恩来一起听黄炎培谈了意见。

黄炎培是上海川沙县人，是清末举人，是辛亥革命时期同盟会会员，从1917年起便投身教育事业，九一八事变后积极投身救亡运动，在国内很有影响。

毛泽东、周恩来对这位老先生了解颇多，知道他有一些真知灼见而且直言不讳，所以很尊敬他，当时他又是中央人民政府委员、政务院副总理、政协全国副主席，国家大事经常听取他的意见。

"有个问题我们要考虑呀！"黄炎培刚一落座，便开始提意见。他望望毛泽东，又望望周恩来，诚恳而又关切地说："自古道师出有名，名不正则言不顺，这个仗就不那么好打！"

周恩来微笑着说："我们叫支援军，支援朝鲜人民，不是名正言顺吗！"

黄炎培摇摇头说："不，这样叫法是不是师出无名，我看还值得考虑。"

"怎么能说是师出无名呢？先生有何高见？"周恩来问。

毛泽东看着黄炎培，表现出了很大的兴趣。

黄炎培像教书先生一样将手一挥说："支援军，顾名思义，那就是派遣出去。谁派遣出去的，不是国家嘛？那不等于说是我们公开向美国宣战？"

"噢，有道理！"毛泽东伸手从笔筒里抓出一支很粗的铅笔，将面前稿纸上的"支援"两字一划，改写成两个遒劲有力的大字"志愿"，然后掷笔于桌，欣然道："我们不是跟美国宣战，不是国与国宣战，我们是人民志愿的嘛！这是民意的事儿，人民志愿去帮助朝鲜人民的，他们不愿看着朝鲜人民挨打。这不是国家与国家的对立！"

周恩来做了一个手势说："'志愿'二字，好。世界上有许多志愿军的先例，马德里保卫战就有各国来的志愿兵。"

70余岁的黄炎培频频点头，高兴地说："好，师出有名则战无不胜！"

10月8日，毛泽东以中国人民革命军事委员会主席的名义，向全国发布了关于组建中国人民志愿军的命令，并任命彭德怀为中国人民志愿军司令员兼政治委员。

10月19日夜晚，冷雨霏霏，寒风扑面。残秋的寒风，裹着枯枝败叶从鸭绿江的波涛上刮过。忽然，在迷蒙的充满寒意的秋雨中，传来阵阵雄壮的激动人心的军号声以及轰隆震耳的军车、坦克的马达声，中国人民志愿军首批入朝的四个军分三路齐头并进，雄赳赳、气昂昂地跨过了鸭绿江，开赴朝鲜前线，汇成了一支气势磅礴的抗美援朝、保家卫国的进军曲。

红墙大事
——共和国重大历史事件的来龙去脉(上册)

由于朝鲜战争的爆发,美国修改了它的远东政策,派重兵入侵台湾海峡,而中国不可能在同一时间在两个地方同美国打仗,"解放台湾"的计划被迫搁浅。此后,国际国内形势的发展,使得台湾问题的解决一拖再拖。而蒋介石因此得以在台湾苟延残喘,国民党政权也得以维持下去。

由此,中国共产党在中华人民共和国建立初期,痛失一次统一中国的宝贵良机,人民解放战争也因此留下了一个历史遗憾!台湾海峡,从此虽历经风雨、跌宕起伏,几十年来也曾露出过统一之光,然而由于种种历史原因,至今以不战不和分割着中华民族的骨肉亲情!

1949年1月,毛泽东在西柏坡对斯大林特使米高扬说:

"现在看来,大陆上的事情比较好办,海岛上的事情比较复杂,需要采取另一种较灵活的方式去解决,或者采用和平过渡的方式,这就要花较多的时间了。在这时候,急于解决香港、澳门的问题也就没有多大意义了。相反,利用这两个地方的原有地位,特别是香港,对我们发展海外关系、进出口贸易更为有利些。要看形势的发展再作最后决定。西藏问题不难解决,只是要稳步前进。台湾是中国领土,这是无可争辩的,现在国民党残余力量估计要撤到那里去,以后同我们隔海相望,不相往来。那里还有个美国问题,解决起来更复杂。"

三 彭德怀统率志愿军抗美援朝的前前后后

- 朝鲜内战爆发，林彪托病不出，毛泽东想到了彭德怀
- 毛泽东听完彭德怀关于出兵的理由后，兴奋地说，看来你是百分之百地支持我的意见喽
- 大家一致同意由彭德怀率军抗美援朝。对此，彭德怀表示，我还是那句老话，服从中央的决定
- 毛泽东对彭德怀说，即令打不过也好，他总是欠我们一笔账
- 麦克阿瑟扬言要在感恩节前占领北朝鲜。彭德怀表示，麦克阿瑟越猖狂，对我们越有利

红墙大事
——共和国重大历史事件的来龙去脉（上册）

1950年6月25日，朝鲜战争爆发。战争爆发后，朝鲜人民军英勇作战，一开始打得很顺利。6月28日解放了汉城。美国唯恐它扶植的李承晚政权垮台，在亚洲引起连锁反应。27日，美国出动海、空军对朝鲜进行武装干涉，同时派第七舰队侵入我国台湾海峡，阻止我国"解放台湾"。30日美国派陆军第八集团军直接参加地面作战，随后美国控制联合国，要挟英、法、加拿大、土耳其、澳大利亚等16个国家出兵组成"联合国军"加上李承晚的军队，以美国五星上将麦克阿瑟为总司令。

由于朝鲜人民军英勇作战，到8月初已解放朝鲜90%以上的领土，迫使敌人退守洛东江以东的大丘、釜山一隅。人们兴高采烈，认为南方指日可下，胜利在望。然而，这时的毛泽东却十分镇定，头脑清醒、冷静。他认为，朝鲜人民军应该作短暂休整，调整军事部署，然后再接再厉，最后一鼓荡平，彻底解放朝鲜全境。并认为，应防守仁川这个重要的据点，以防不测。（引自：《师哲回忆录》，中央文献出版社，第492页）

朝鲜内战爆发，林彪托病不出，毛泽东想到了彭德怀

6月28日，毛泽东主席在中央人民政府委员会第8次会议上发表讲话，严斥了美国对朝鲜和我国领土台湾的侵略，并明确指出："各国人民的事情应该由各国人民来管，而不应由美国来管。""全中国人民的同情都应站在被侵略方面。"同一天，政务院总理兼外交部部长周恩来发表声明，强烈谴责美国政府侵略朝鲜、中国台湾及干涉亚洲事务的罪行。

毛泽东讲话后，随即和中央军委作出了重大战略决策，调十三兵团紧急开赴东北，成立东北边防军，加强东北边防力量。

毛泽东对美国的侵略行径十分气愤，他断言美国总统已经证明他自己以前有关不干涉台湾的声明是"假的"，于是美国就这样公开"暴露了自己的帝国主义面目"。他重申了他的关于"帝国主义是外强中干的"观点，号召中国人民和全世界人民"打败美帝国主义的任何挑衅"。（《帝国主义和一切反动派都是纸老虎》，人民出版社，1958年版，第27页）

9月15日，美国当局不顾中国政府的一再警告，公然派兵在朝鲜的仁川登陆，并不顾一切地向北推进，把战火烧到了中国的东北边境。美国空军在中国边境领

空盘旋,美国的炸弹在中国的边境爆炸;美国部署在台湾海峡的第七舰队在中国的领海上耀武扬威;美国官方公开把中国台湾和朝鲜联在一起,派兵入侵;麦克阿瑟公然要求蒋介石的军队加入战争。

战火迅速向北燃烧。10月1日,南朝鲜军越过"三八线"。10月9日美军越过"三八线",进入朝鲜北部。10月19日侵占平壤。并狂妄叫嚣在感恩节(11月23日)前打到鸭绿江,宣称"鸭绿江并不是把'中朝'两国截然分开的不可逾越的障碍"。

对此,中国政府迅速作出了反应。周总理在国庆节庆祝大会上庄严表示:"中国人民热爱和平,但是为了保卫和平,从不也永不害怕反抗侵略战争。中国人民不能容忍外国的侵略,也不能听任帝国主义者对自己的邻人肆行侵略而置之不理。"(《周恩来外交文选》,第4页)

然而,毛泽东主席,却在国庆这一喜庆的日子里,收到了一份不合时宜的"礼物"——朝鲜民主主义人民共和国金日成首相和朴宪永外务相打来的加急电报。

面对朝鲜民主主义人民共和国的求援,怎么办?是出兵迎战还是从旁观战?

中南海颐年堂的会议厅,毛泽东主席在紧张严肃的气氛中开始主持中央政治局常委会,讨论金日成的来电和我国驻朝鲜大使馆发来的急电以及朝鲜民主主义人民共和国面临的严重局势,中央政治局常委们讨论彻夜,一直到天亮才休会。

就在这天夜里,南朝鲜陆军第三师开始越过"三八线"向朝鲜北部进犯。10月2日清晨,麦克阿瑟又根据美国参谋长联席会议的决定下达了"联合国军"第2号作战命令,命令正在"三八线"南侧集结待命的"联合国军"部队立即从陆地和海上同时越过"三八线"向北进攻。于是,在"三八线"两侧,展开了一场激烈的攻防战斗。但是,由于朝鲜人民军因火力、人力大大逊于"联合国军"而陷入劣势,被迫向北撤退,顷刻之间,装备有大量飞机、大炮和坦克的"联合国军"猖狂北犯,将侵略战火迅速烧向中朝边境。

中国若出兵,会给刚成立的新中国的人民带来什么?千疮百孔的国民经济亟待恢复,国内残匪尚未肃清,新的政权有待巩固,刚刚诞生的新中国要同号称世界第一强国的美国去较量,风险太大,胜负难卜。

以毛泽东为首的北京最高统帅部面临着艰难的选择。要不要出兵朝鲜这个

红墙大事
——共和国重大历史事件的来龙去脉（上册）

问题，曾在中共上层争论不休，也曾使毛泽东闭门谢客，昼夜思考。

特别使毛泽东瞻前顾后的是，指挥这场残酷的战争，由谁去挂帅。

让粟裕去，这是毛泽东最初的考虑，但粟裕当时有病在身，正在青岛休养，并在托罗瑞卿给毛泽东主席带来的信中谈到了病情。毛泽东回信劝他安心养病。

让林彪去，理由是：一则考虑由于美国和其他帮凶国家的军队大批进入南朝鲜，飞机、坦克大量增加，形势越来越严重，出兵援朝已不是几个军就能解决问题的，可能各个野战军将来都要参加援朝作战；二则考虑林彪对东北比较熟悉，对那边的部队也较熟悉。毛泽东及几位常委都这样考虑过。出人意料的是，林彪却认为，我们国内战争刚刚结束，各方面都未就绪，美国是最大的工业强国，军队装备高度现代化，一个军就有各种火炮1500门，而我们一个军只有36门。美军有强大的空军和海军舰艇，而我们海、空军才刚刚开始组建。我军入朝作战既无空军掩护，又无海军支援，在敌我装备极为悬殊的情况下，如若贸然出兵，必然是"引火烧身"，其严重后果不堪设想。

基于让林彪去的考虑，毛泽东专门找林彪谈过话，恰在此时，林彪的"病"越来越"严重"了。什么病呀？答曰：怕光、怕风、怕水、怕声音、怕……竟到了"见风感冒，见水拉稀"的地步。就为这，他把北戴河的别墅选了好几处，非要找一个看不到海水、听不到浪声，但又有着海边新鲜空气的地方不可。他的住室窗户，要用三层厚窗帘严严实实地遮住光、挡住风，空气要进行过滤。外人进邸，必须经过紫外线消毒间方可入内。他出现在人们面前时，总是一副疲倦、瘦弱的病人样子。

他的"病"引起毛泽东的关注：你不去朝鲜，自然由彭德怀去，治病要紧嘛。并一再指示负责中央首长保健工作的总后勤部卫生部副部长傅连暲组织专家对林彪身体做一次全面、细致的检查。林彪一见到傅连暲便呻吟道："傅部长呀，我活不了啦，你要救我呀！"

鉴于林彪健康状况日益"恶化"，傅连暲组织了北京、上海、天津等地的各科专家，给林彪会诊。萧华还代表党中央参加了会诊小组。会诊前，林彪特意让叶群出面找傅连暲，暗示他最好先给自己开一个疾病证明。作为从长征时就担任中央领导人的保健医生的傅连暲，对此当然不能苟同。经过专家们对林彪身体各系统的全面检查，没有发现主要器官的严重病变，只是许多症状与精神因素有关。

三 彭德怀统率志愿军抗美援朝的前前后后

会诊后，傅连暲将林彪健康情况向叶群作了交代，要她注意让林彪多晒晒太阳，多散散步，多呼吸呼吸室外的新鲜空气，并要多吃些蔬菜和水果，多喝些茶水。

林彪装病的真相在某种程度上败露了。为这，他对傅连暲恨之入骨，他要找机会陷害傅连暲。后来，机会终于找到了——"文革"中，林彪死党邱会作给年逾古稀的傅连暲戴上了"三反分子""修正主义分子"帽子，说"傅连暲反对毛主席和林副主席""在林彪副统帅患病时，不给药吃，还威胁、陷害林副统帅，手段何其毒也！"紧接着傅连暲的家被抄，人被斗，作为一个凭人道精神和医术终生行医的医生，傅连暲却始终弄不清楚这到底是为什么？他给毛泽东写了一封信，报告自己的近况。信中写道："我跟随你几十年，你是最了解我的。几十年来我有什么错误，从来没有人跟我谈过，现在突如其来说我是'三反分子'、反革命，到底是怎么回事，我实在弄不明白。就算我样样事都做错了，那么1934年你在于都病危时，我挽救了你生命，总是对的吧？希望你现在也能救我一命。"多么催人泪下的信，多么微薄的希望，多么可怜的请求！毛泽东看后也动了恻隐之心。他在傅连暲的信上批示："此人非当权派，又无大罪，似应予以保护。"

可是，整天手摇语录本的林彪、邱会作对毛泽东的批示置之不理，傅连暲也根本得不到毛泽东想保他的消息。在所谓的"群众义愤"下，傅连暲的肋骨被打断，头被打破，于1968年3月29日凌晨，"熟睡"在监狱中冰冷的水泥地板上，再也没有睁开眼睛。

林彪是去不了了，这时随着朝鲜战争的实际形势发展变化，中国派兵援朝的必要性、紧迫性越来越突出，可是中国援朝志愿军的统帅人选问题还没有解决，这个问题对毛泽东的困扰越来越大。

此时，毛泽东想到了彭德怀：谁敢横刀立马，唯我彭大将军。

毛泽东从他和彭德怀20多年南征北战的共同生活中，深知彭德怀是大家公认的一位严守党纪、临危不惧，敢于在危急时刻挺身而出、横枪勒马的帅才。所以当10月2日的中央常委会讨论到援朝志愿军的司令员人选时，毛泽东这样说："出兵援朝已是万分火急。既然林彪说他有病不能去，我的意见还是彭老总最合适了。"

于是常委会作出了一致同意彭德怀出任志愿军司令员的重要决定。同时商量决定，尽快派飞机把彭德怀接到北京，同时和斯大林联系。

10月2日，毛泽东致电苏联驻中国大使并告斯大林：

（1）我们决定用志愿军的名义派一部分军队至朝鲜境内和美国及其走狗李承晚的军队作战，援助朝鲜同志。我们认为这样做是必要的。因为如果让整个朝鲜被美国占去了，朝鲜革命力量受到根本的失败，则美国侵略者将更为猖獗，于整个东方都是不利的。

（2）我们认为既然决定出动中国军队到朝鲜和美国人作战，第一，就要能解决问题，即要准备在朝鲜境内歼灭和驱逐美国及其他国家的侵略军；第二，既然中国军队在朝鲜境内和美国军队打起来（虽然我们用的是志愿军名义），就要准备美国宣布和中国进入战争状态，就要准备美国至少可能使用其空军轰炸中国许多大城市及工业基地，使用其海军攻击沿海地带。

（3）在这两个问题中，首先的问题是中国的军队能否在朝鲜境内歼灭美国军队，有效地解决问题……只要我军能在朝鲜境内歼灭美军……那时的形势就变为于革命阵线和中国都是有利的了……

毛泽东听完彭德怀关于出兵的理由后，兴奋地说，看来你是百分之百地支持我的意见喽

1950年10月4日上午10时左右，一架专机从北京飞来降落在古都西安机场。

中央办公厅警卫处派来的两个人，一下飞机立即乘汽车直奔西北军政委员会办公大楼。当他们火速赶到彭德怀的办公室时，彭德怀正在埋头审阅有关西北地区三年经济恢复建设的各种报告、计划和图表，以备在国庆节后将这些方案计划向中央汇报。中办警卫处的同志对彭德怀说，毛泽东主席请他立即乘飞机到北京开会。

彭德怀一愣，惊奇地问："我已接到北京的电话，但不知开什么会？是不是原先通知的召开各大区领导人汇报三年经济恢复计划方案的会？"来人回答说："我们也不清楚，周总理只是对我们交代说，飞机一到西安，就马上接彭老总来北京，一分钟也不准停留。"彭德怀迟疑一会儿说："那我总要给西北局和西北军区的领导同志打个招呼吧？"来人催促说："不行，对谁也不能讲，要赶快去机场！"彭德怀还是坚持自己的意见，他马上把西北局秘书长常黎夫找来，说："中央让我立刻坐飞机到北京开会，来不及作交代，大概过几天就回来了，你可分头

三 彭德怀统率志愿军抗美援朝的前前后后

转告西北局和西北军区的几个主要领导同志,对其他任何人先不讲,有什么事等我回来再办,我马上要坐车到机场去了。"此时一贯深思熟虑、沉着冷静的彭德怀,对这突然紧张的情况也感到迷惑不解,难道到中央汇报三年经济恢复计划还这么紧张吗?不过他还是多了一个心眼儿,不管开什么会,还是叫秘书把西北地区单位报来的三年经济恢复发展的规划方案、调查报告和图表统统带上,和他一起坐飞机到北京。是日上午11时左右,这架从北京匆匆飞来的飞机又匆匆起飞,穿过西安上空的云雾直抵北京。坐在这架飞机上的除了北京中央办公厅警卫处两人外,还有彭德怀、秘书张养吾、警卫员郭洪光三人,这架能搭乘20多人的飞机机舱内显得空荡荡的。

飞机经由山西太原机场检修、加油后,于下午4时零5分在北京西郊机场降落。

当彭德怀跨出舱门快步走下舷梯后,中央办公厅警卫处处长李树槐迅速迎上前来向彭德怀敬礼,几辆小汽车早已停候在跑道一侧。李树槐对彭德怀说:"彭总,今天气候不好,气流不稳,一路辛苦了。行政处已在北京饭店为您安排了住宿。毛主席交代说,请您先到北京饭店休息一下,然后再去中南海参加会议。"彭德怀的脸立刻严肃起来,说:"不是命令我一分钟也不能停留吗?我不需要休息,请司机同志直接开车到中南海毛主席那里去!"

汽车通过具有民族风格的西四牌楼,很快就进入中南海的西门,然后停在丰泽园门前,彭德怀急忙下车,随李树槐向后院的颐年堂走去。

当他来到颐年堂时,周恩来总理首先迎出来与彭德怀握手。周恩来解释说:"彭总,会议下午三点就已经开始了,来不及等你,因为政治局会议定得很仓促,昨天就准备派飞机去接你,可是天气不好,只好推迟到今天。所以搞得你很紧张吧?吃过午饭了吗?""吃过了。"彭德怀一边回答一边随周恩来进入会议厅。

毛泽东和政治局委员们见彭德怀赶来参加会议,都站起来和他握手。

毛泽东发话了:"老彭,辛苦了,你来得正好!美帝国主义军队已越过'三八线'了,现在政治局正在讨论我国准备出兵援朝的有关问题,大家正在发表意见,请你也准备谈谈你的观点。"彭德怀坐定之后,猛然发现会议气氛很严肃,包括和他同舟共济,在戎马生涯中度过了几十年的朱总司令见了他也没说几句话,有

红墙大事
——共和国重大历史事件的来龙去脉（上册）

的同志更是只握手不说话，使他立刻感到这是一次不寻常的政治局会议。由于他来京前，满脑子里装的是如何建设开发大西北的经济问题，对中央召开这样的紧急会议，思想上并无准备，所以他只好侧耳静听。从几位同志的发言中，他才知道对出兵支援朝鲜民主主义人民共和国有些不同意见，有的主张不出兵，有的主张暂不出兵，共同的理由是：（1）我国经过了几十年战争的摧残，战争创伤亟待恢复，而财政又十分困难；（2）国内还有部分边远地区和沿海岛屿尚未解放，约有100万国民党残余部队和土匪亟待肃清；（3）广大的新解放区尚未进行土地改革，新建的政权也还不稳固；（4）我军的武器装备远远落后于美军的装备，更无制空权和制海权；（5）由于长期战争的艰苦生活，有些干部和战士产生了和平厌战思想情绪，等等。参加会议的大多数同志认为目前我国的情况是困难重重，出兵问题应慎重从事。聂荣臻元帅后来在回忆这次会议的情况时写道："总之，不到万不得已的时候，最好不打这一仗。"

毛泽东认真听着与会者的讨论，对我国是否应该出兵援朝问题，在会议最后讲了以下一段话："你们说的都有理由，但是别人处于国家危急时刻，我们站在旁边看，不论怎么说，心里也难过。"

10月5日上午10时左右，彭德怀与邓小平一起来到中南海。

因为在昨天下午的政治局会议上，彭德怀是在会议开了两小时后才赶到会场的，还不了解会议进行的全部情况，对这事关国家命运的大事，他也就没有轻易发言表态。毛泽东还不知道他对出兵援朝持什么态度，而且常委已决定派彭德怀率军入朝，因此想亲自听听他的意见和看看他是什么态度，所以特派邓小平接他来中南海个别交换意见。

当彭德怀来到毛泽东的办公室，两人在沙发上坐下后，毛泽东点起一支烟用力吸了一口说："老彭，据朝鲜来的情况，美军和南朝鲜军队正大批越过'三八线'，因此政治局今天下午还要继续开会，在昨天的会议上，你没来得及发言，可你都听到了，大家摆了很多困难，当然，我们现在确实存在一些困难，有些是严重困难，但是怎样战胜困难，克服困难，我们还有哪些有利条件？不知道你彭老总是怎么考虑的。"

彭德怀喝了一口茶，望了望毛泽东疲倦的眼神，直言坦率地说："主席，昨天晚上我几乎没有睡觉，我把你讲的四句话，反复思考了几十遍，我体会到这是一个国际主义和爱国主义相结合的问题。如果我们只强调困难的一面，不同美军正向鸭绿江进犯的危急后果联系起来考虑，不仅朝鲜民主主义人民共和国难保，就连我国东北边防也直接受到威胁。出兵有利还是不利？经过反复考虑后，我拥护毛主席出兵援朝的英明决策。"

毛泽东听着彭德怀的话，一边赞同地频频点头，一边兴奋地说："嗯，好哇！还是你彭老总有战略远见，看来你是百分之百地支持我的意见喽！"然后毛泽东又仰躺在沙发上高声说："我们有些同志，只看眼前，看不到将来，更有人被美国的飞机、大炮吓破了胆！我们过去经历了几十年的战争，不都是以劣势装备战胜了优势装备的敌人吗？"毛泽东的话音越来越高，他的话，显然是有针对性的。

两人又沉默了一会儿后，彭德怀将话题接过来继续说："我们确有许多困难，大家摆的情况也是事实，但是，敌人也有困难，他们兵力不足，补给线长，从美国本土到朝鲜大约5000多海里。我们应全面观察问题，但如果让敌人占领了全部朝鲜半岛，这对我国威胁很大。过去日本人进攻中国，就是以朝鲜为跳板，首先进攻我国东三省，然后又以东三省为跳板，大举向关内进攻的，这段历史教训不能忽视。这次我们的作战对象，虽然是在武器装备方面占绝对优势的美国侵略军，我们既不能轻视敌人，但也不能过低估计自己。1947年胡宗南进攻延安，他的兵力是24万人，有空军支援，武器装备几乎都是美式的，比我军装备不知要好多少倍。我军只有25000人，只占敌军的十分之一，武器落后，每支枪平均不过几十发子弹。陕甘宁边区地瘠民贫，人口才100多万，为什么我们打败了胡宗南？一是我们是正义战争，是自卫战争；二是边区群众的大力支援；三是靠灵活机动的战略战术。现在我们已取得了全国政权，有几百万军队，有全国人民的支援，我们有对付优势装备敌人的经验，只要我们在战略战术上不犯重大的错误，我们就有信心打败美国侵略军。"

毛泽东聚精会神地听完彭德怀叙述的观点后高兴地用手捶了一下沙发大声说："你分析得对喽！看来我们是想到一起了，现在美军、英军和南朝鲜军队正越过'三八线'向平壤接近，麦克阿瑟已向朝鲜民主主义人民共和国发出最后通牒，朝鲜已处于危急时刻，金日成同志要求我国尽快派兵支援朝鲜人民军作战，当前出兵援朝已是关键时刻，如让敌人前进到鸭绿江边，其后果不堪设想啊！"

彭德怀同意地说:"主席分析得对,我们现在就是要和敌人抢时间,不能再举棋不定了。"

接着,毛泽东又与彭德怀谈起了由谁挂帅的问题,并征求彭德怀的意见。

毛泽东紧锁双眉,若有所思地说:"前些天我和恩来、少奇、朱老总商量的一致意见是派林彪去,因为他在整个解放战争时期是东北地区的领导人,是东北第四野战军的司令员,现在集结在南满的四个军都是原东北地区的部队,一旦打起仗来,首先也要靠东北地区支援。我国长白山地区的地形特点、民情风俗和朝鲜北部的情形大体相似,从各方面考虑,派他去率军援朝,是很合适的。可是,我前些天去征求他的意见时,他精神有些紧张,强调身体不好。每晚失眠,怕光、怕风、怕声音,硬是不接受任务。"

毛泽东吸了一口烟继续说:"现在很明显,这场战火很快就会烧到我国的大门口,情况危急哟!我们必须当机立断,马上出兵。既然林彪说他有病不能去,常委几个同志商量的意见,这副重担,还是请你彭老总来挑,这是一场比保卫延安更艰苦复杂的战争,不知你的身体情况怎样?你可能思想上还没有这个准备吧,你考虑有什么困难?"

说到这里,毛泽东两眼注视着彭德怀。此时,屋里呈现短暂的沉寂,片刻之后,彭德怀面对毛泽东,两道浓眉一扬,刚毅果断地说:"主席,我这个人的脾气你很了解,我服从中央的决定!""还是你老彭在中央为难之时,坚决支持和服从中央的决定,这我可就放心了。现在美国已大批向北冒进,我们不能再等待,要尽快出兵,今天下午政治局继续开会,请你说说你对出兵援朝的意见,摆摆你的观点。"深受感动的毛泽东略带感叹地说。

大家一致同意由彭德怀率军抗美援朝。对此,彭德怀表示,我还是那句老话,服从中央的决定

5日下午,中央政治局继续在颐年堂开会,对是否出兵援朝问题再次进行讨论。在发言中,仍有不同观点,即强调国内困难很多,主张不出兵或暂不出兵。彭德怀对出兵援朝问题经过反复考虑,遂胸有成竹地讲了自己的观点,即:出兵援朝是必要的,打烂了,最多就等于解放战争晚胜利几年就是了。如让美军摆在鸭绿江岸和台湾,它要发动侵略战争,随时都可以找到借口。如等美国占领了朝

鲜半岛，将来的问题更复杂，所以迟打不如早打，这样对国内外的反动气焰和亲美派也是个沉重打击。

在彭德怀发言后，毛泽东显然心中早已有数，他向会场环视一周后，用手敲打着桌面说："我们国内当前存在着一些困难，这是事实，但我认为今天老彭的发言是一针见血，很有说服力。现在是美国人逼着我们打这一仗的，犹豫退缩，担惊害怕都没有用，这些心理和情绪正是敌人所希望的。现在我们只有一条路，就是在敌人进占平壤之前，不管冒多大风险，有多大困难，必须立刻出兵朝鲜。关于由谁挂帅的问题，既然林彪说他有病已前往苏联养病，我提议由彭德怀同志率领志愿军入朝，协助朝鲜人民军抗击敌人。至于志愿军入朝具体部署和细节，会后我们再和彭德怀同志研究。"

在毛泽东发言之后，会场上严肃紧张的气氛顿时活跃起来，大家都把尊敬的目光投向彭德怀，一致同意由彭德怀挂帅率军援助朝鲜民主主义人民共和国。对此，彭德怀没强调任何困难，立即站起来表示："我还是那句老话，服从中央的决定。"

5日下午的政治局会议结束后，毛泽东主席因考虑须马上和彭德怀、高岗一起研究入朝的作战方案，遂留下彭、高以及周恩来共进晚餐。

饭后，毛泽东对彭德怀说："现在朝鲜情况已十分危急，我们必须马上出兵，否则将贻误战机。你和高岗8日先到沈阳去召开东北边防军高干会议，迅速传达中央政治局的决定，督促部队立即做好入朝准备。同时我把党中央出兵援朝的决定通知金日成。关于部队入朝的时间，给你10天做准备，初步预定10月15日。关于部队更换苏联武器装备和空军支援问题，周恩来同志即刻去莫斯科与斯大林同志商谈，尽快解决。"

彭德怀虽然感到时间太紧张，但仍表示："主席，你放心，那我就一天按10天甚至20天的工作量来干。"

6日上午，彭德怀又参加了由中央军委副主席周恩来主持召开的军委扩大会议。这次会议就志愿军入朝方案、更换武器装备、后勤供应方法和抽调干部组建彭德怀指挥所等问题进行了讨论，并作出了有关决定。会议还决定，议定的各项工作均由代总参谋长聂荣臻负责筹办。

紧张的抗美援朝临战准备工作，是在绝对保密的情况下进行的。朝鲜战场日

红墙大事
——共和国重大历史事件的来龙去脉（上册）

益严重的局势，使彭德怀不能在北京久留。

7日吃过早饭后，他指示秘书把从西安带来的全部文件，清理登记后，马上移交给中央办公厅保密室保存。然后准备出发。当天，彭德怀到中南海毛泽东处，和高岗一起共同研究志愿军出国第一步作战方案和后勤供应问题。关于彭德怀指挥所设立的位置，毛泽东的意见，为保证安全，免遭敌机轰炸可设在鸭绿江北岸一个隐秘位置。但彭德怀不同意，他主张过江入朝与金日成在一起，以便协调两军，统一指挥作战。

关于志愿军出国作战前后的宣传报道问题。彭德怀向毛泽东提议："在战斗打响之前，应绝对保密。打响之后，新华社在报道和广播方面也应注意分寸。要设法转移敌人的视线，使其产生判断上的错觉，以便我军各路部队迅速隐蔽过江投入战斗，取得战斗的主动权和有利战机，力争初战的胜利，以提高士气，稳定人心，扭转被动局面。"

千斤的重担，紧张的工作，彭德怀废寝忘食地忙碌了一天，直到晚上才赶回饭店，因为明天就要离京，他首先进屋看望这两天接来和他短暂团聚的侄儿侄女们，此刻他意识到，这次离别后，何时再见很难预测，遂把他给孩子们买的衣物分给每个人，然后语重心长地说："伯伯明天就出发执行任务去了，你们要好好学习，不要想家，要经常给妈妈写信，把你们在北京的情况告诉妈妈。"幼小天真的孩子们立刻反问："伯伯，你明天到哪里去？还是回西安吗？"彭德怀拍拍孩子们的肩膀笑道："等你们长大了就会知道的，你们现在的任务就是好好学习。"接着他又叫来秘书吩咐说："你和小郭把我们需要带的东西今夜准备好，明晨出发。"

8日，中国人民革命军事委员会主席毛泽东以特急电报发布命令：

"（一）为了援助朝鲜人民解放战争，反对美帝国主义及其走狗们的进攻，借以保卫朝鲜人民、中国人民及东方各国人民的利益，将东北边防军改为中国人民志愿军，迅即向朝鲜境内出动，协同朝鲜同志向侵略者作战并争取光荣的胜利。

（二）中国人民志愿军辖十三兵团及所属之三十八军、三十九军、四十军、四十二军，及边防炮兵司令部与所属之炮兵一师、二师、八师，上述各部须立即准备完毕，待令出动。

（三）任命彭德怀同志为中国人民志愿军司令员兼政治委员。

（四）中国人民志愿军以东北行政区为总后方基地，所有一切后方工作和供应事宜以及有关援助朝鲜同志的事务，统由东北军区司令员兼政治委员高岗同志调度指挥并负责保证之。

（五）我中国人民志愿军进入朝鲜境内，必须对朝鲜人民、朝鲜人民军、朝鲜民主政府、朝鲜劳动党及朝鲜人民的领袖金日成同志表示友爱和尊重，严格遵守军事纪律和政治纪律，这是保证完成军事任务的一个极其重要的政治基础。

（六）必须深刻地估计到各种可能遇到和必然会遇到的困难情况，并准备用高度的热情、勇气、细心和刻苦耐劳的精神去克服这些困难。只要同志们坚决勇敢，善于团结当地人民，善于和侵略者作战，最后胜利就是我们的。"（《毛泽东军事文集》第6卷，军事科学出版社、中央文献出版社，1993年12月版，第109～110页）

同一天，毛泽东还亲自起草了发给我国驻朝鲜民主主义人民共和国大使倪志亮转金日成同志的特急电报，电文如下："（一）根据目前形势我们决定派遣志愿军到朝鲜境内帮助你们反对侵略者；（二）彭德怀同志为中国人民志愿军的司令员兼政治委员；（三）中国人民志愿军的后方勤务工作及其他在满洲境内有关援助朝鲜的工作，由东北军区司令员兼政治委员高岗同志负责；（四）请你即派朴一禹同志（当时任朝鲜劳动党中央常务委员、朝鲜政府内务相——引者注）到沈阳与彭德怀、高岗二位同志会商与中国人民志愿军进入朝鲜境内作战有关的诸项问题。（彭、高二同志由北京去沈阳）"（《毛泽东军事文集》第6卷，军事科学出版社、中央文献出版社，1993年12月版，第111页）

8日晚上，当倪志亮大使和柴军武参赞将此电报面交金日成首相时，金日成高兴得两手一拍说："太好了！"他立刻分别拉着倪、柴两人的手进入会客厅，随手拿出几瓶酒请倪、柴一起喝酒言谈。其间他一再对中共中央毛泽东主席和中国人民的大力支援表示深深的感谢，并称赞中朝两国人民的战斗友谊将永垂青史。

8日上午7时，彭德怀根据毛泽东的命令与中共东北局第一书记、东北军区司令员兼政治委员高岗，以及彭德怀指挥所的负责人成普，参谋徐亩元、龚杰，秘书张养吾，翻译毛岸英一行乘飞机直飞沈阳，这次航行是绝对保密的，连每个人的亲属包括彭德怀的夫人均不知他们将前赴何地。上午10时左右，飞机冒雨

红墙大事
—— 共和国重大历史事件的来龙去脉（上册）

安全降落在沈阳机场。东北局派人将彭德怀等接到和平街1号交际处休息。

8日，中共中央政治局会议还未结束，毛泽东就派周恩来、林彪秘密访问苏联。

飞机从北京起飞，在伊尔库茨克加油停留几小时，然后飞抵莫斯科。

次日，周恩来与林彪一起乘飞机飞抵黑海的阿布哈季亚，又到阿德列尔斯大林休养所。

周恩来向斯大林介绍了朝鲜的局势，以及中国对是否参战的态度和国内的实际情况，另外也谈了中国军队的现代化问题。

9日上午，彭德怀和高岗在沈阳召集志愿军军以上干部开会。彭德怀在会上讲话说："根据朝鲜战场的形势和金日成首相的要求，中央已决定出兵援朝。这不是我们好战，完全是美帝国主义逼我们走这条路的。在美军越过'三八线'前夕，周总理曾一再对美军发出警告，倘若越过'三八线'北犯，中国将出兵援助，但美国和南朝鲜军队打着'联合国军'的旗号，无视我国政府的警告已越过'三八线'，正向中朝边境鸭绿江进攻。我们的敌人不是'宋襄公'，他不会愚蠢到等待我们摆好阵势才来。敌人是机械化部队，有空军和海军的支援，进攻速度很快，我们要和敌人抢时间，中央派我到这里来，也是三天前才决定的。""这次出兵援助，我们要决心打赢，但是也要有不怕打烂的精神准备，万一美国人打进我国来，那我们就打烂了再建。各军要日夜加紧准备，加强政治思想工作，教育干部战士树立必胜观念，要坚信在党中央和毛主席的领导下，一定能够打败美帝国主义者。各军要在10天之内，克服困难，连夜突击，完成一切出国作战的准备工作。"但在会议上，各军干部也提出了一些问题，他们最担心的是在出国作战时，没有空军支援。于是当会议还在进行中，彭德怀和高岗又于9日上午11时联名致电毛泽东称："我军出动作战时，军委能派出多少战斗机和轰炸机配合？何时能出动并由何人负责指挥？盼速示。"

这时，已越过"三八线"，向朝鲜民主主义人民共和国进犯的敌军有：

美国第八集团军所属之第一军（辖骑一师，步兵第二十四师），第九军（辖步兵第二师，第二十五师），第十军（辖陆战第一师，步兵第七师）和空降兵第一八七团，另有英军第二十七旅、第二十九旅、加拿大旅、土耳其旅等每旅各5000余人参战；南朝鲜军队计有：第一军团（辖首都师、步兵第三师），第二军团（辖步兵第六、七、八师），第三军团（辖步兵第二、五、九师）。此外南朝鲜步兵第一师配属于美第一军作战，第十一师配属于美第九军作战。当时先后进入朝鲜境内作战的还有美国空军第五航空队，拥有各型战斗机700余架；第二十战略轰炸机航空队，拥有各型轰炸机300余架。此外，美军每个师均有侦察机10架支援其地面部队作战。

至10月中旬，以美军为首的"联合国军"和南朝鲜军队总兵力已达40余万人，各型飞机1000多架（海军飞机除外），各型军舰300多艘。

自10月1日夜，麦克阿瑟命令南朝鲜李承晚军队陆军第三师首先越过"三八线"后，到10月9日，美国及英、加、土等军也全部先后越过"三八线"。

毛泽东对彭德怀讲，即令打不过也好，他总是欠我们一笔账

鉴于朝鲜战场的局势严重，彭德怀心急火燎，他为了进一步了解敌我双方情况，掌握第一手材料，决定亲赴鸭绿江沿线，勘察地形，了解敌我态势。

在9日军以上干部会议结束后，傍晚彭德怀即乘火车由沈阳赴安东（丹东），在沈阳的两天里，几乎是通宵达旦地召开会议，听取汇报，研究出国作战方案和后方供应等问题。每天几乎工作20个小时，连吃饭时也谈工作，其紧张程度可想而知。

9日夜，在从沈阳赴安东的乘车途中，彭德怀仍不肯睡觉，他一边啃馒头干，一边在列车上召集丁甘如、成普等人开会，研究组织他的指挥所。他说："在沈阳两天太紧张，现在抓紧时间算算人头账，把从北京和沈阳调来的同志们分分工。"就这样中国人民志愿军彭德怀司令员指挥机关，就在火车上组成了。10日凌晨，火车抵达安东。边防军司令部将彭德怀一行接到镇江山招待所，彭德怀吃过早饭后不顾连日疲劳，即前往鸭绿江边察看渡江地点，了解战备情况。此时侵朝"联合国军"和南朝鲜军队40余万人的总兵力中，第一线兵力即有四个军共十个师另一个旅一个空降团共十几万人，正分兵多路向中朝边境疯狂进犯。

为使志愿军在地面兵力上占据绝对优势，以达初战获胜之目的，彭德怀于10日急电请示毛泽东：

原拟先出动两个军两个炮兵师，恐鸭绿江铁桥被炸毁时，不易集中优势兵力，失去战机，故决定将四个军三个炮兵师全部集结江南待机歼敌，改变原定计划，妥否盼示。

红墙大事
——共和国重大历史事件的来龙去脉（上册）

此外，彭德怀还深感8日他在沈阳与朴一禹的匆匆会谈，内容不够详细具体，于是当晚20时他再次急电请示毛泽东：还有不少具体问题，须与金日成同志面商解决，拟明（11日）晨经安东前往德川。特报。

彭德怀的电报刚发到北京，情况发生了突然变化。11日，毛泽东收到了斯大林与周恩来联名发自莫斯科的急电：

斯大林答复苏联空军目前尚未准备好，暂时无法支援中国志愿军作战，请中央对出兵问题再作考虑。

关于出兵援朝问题，本来中苏双方早已商定，地面兵力由中国负责，空军掩护支援由苏联负责。因此当中共中央于10月2日决定出兵援朝后，毛泽东于当日深夜即将决定电告斯大林，以使苏联空军做好准备。但是当8日晚周恩来飞抵莫斯科后，被告知斯大林正在苏联南方黑海之滨克里米亚附近的阿布哈季亚别墅休假，11日上午周恩来和翻译师哲在苏联元帅布尔加宁的陪同下，乘苏联政府专机飞抵克里米亚，然后乘汽车前往克里米亚以东的阿布哈季亚，当晚7时与斯大林开始会谈。苏方参加会谈的有马林科夫、卡冈诺维奇、贝利亚、米高扬、布尔加宁和莫洛托夫。会谈主要是协商在中国志愿军入朝时，苏联能出动多少战斗机和轰炸机支援，并由谁担任指挥，以及中国地面部队更换苏联武器装备等问题。

出乎预料的是，斯大林根据朝鲜战争10月2日以后的事态发展，判断美国已不惜代价和风险，决心向鸭绿江中朝边境进攻。他担心如果苏联空军在中、苏、朝边境与美国飞机和地面部队作战，可能会引起苏美之间的直接军事冲突，有诱发第三次世界大战的危险，所以，在出动空军支援中国志愿军作战的立场上犹豫后退了。

斯大林在与周恩来的会谈中，明确表示，苏联可以先给中国20个师的武器装备并尽快运到满洲里，但是苏联空军目前尚未准备好，暂时无法出动。其实，空军和陆军不同，飞机调动转场不过三两天就可准备完毕，而当时还有10天准备时间，完全可以做好一切准备工作，斯大林的态度，不过是犹豫推诿之意。

中苏这次高级会谈直到次日凌晨5时才结束，中方代表周恩来对这一突然变化大吃一惊，立即感到事关全局，于是他在苏外长莫洛托夫陪同下，赶紧于12日飞回莫斯科，在中国大使馆将苏联空军暂时不能出动的情况迅速电告毛泽东。

三 彭德怀统率志愿军抗美援朝的前前后后

毛泽东11日下午收到周恩来的电报后,未曾料到的突然情况立即使他陷入焦虑之中,是马上出兵还是暂缓出兵呢?当夜他又突然收到彭德怀自安东发来的准备11日晨入朝与金日成会谈的电报,这两份电报使他翻来覆去更感决心难定。经与代总长聂荣臻商谈后,他决定立即给彭德怀发电,通知彭明天先不要入朝而是和高岗一起迅速回京开会。

这时已是深夜,聂荣臻考虑万一明晨以前彭德怀收不到电报,彭就将入朝会见金日成,于是聂荣臻于11日晨1时左右赶到总参谋部作战室给彭德怀打电话:

"你来电已收到,原订方案有变化!有变化!主席请你和高岗明天迅速回京,中央有要事讨论。"

11日下午,彭德怀奉命带着指挥所负责人成普由安东乘火车于深夜抵沈阳。12日,彭德怀在沈阳和高岗召集东北局和东北军区的领导紧急开会,针对他在安东调查到的部队存在的困难,特别是后勤供应问题研究了一些紧急措施和解决办法。当晚8时,彭、高又接到毛泽东急电:

(1) 10月9日命令暂不实行,十三兵团各部仍就原地进行训练,不要出动。

(2) 请高岗、德怀二同志,明日或后日来京一谈。

13日早饭后,高岗、彭德怀即乘专机由沈阳飞回北京,由聂荣臻代总长在北京饭店迎接。聂说:"下午要召开政治局会议,对出兵问题再次讨论。"

在彭德怀与高岗奉命回北京之前,以美军为首的"联合国军"已全部越过"三八线",并已做好大举进攻平壤的准备。10月9日麦克阿瑟以威逼口吻向朝鲜民主主义人民共和国领导人发出最后通牒:"最后一次要求你和你指挥下的部队,立即放下武器并停止作战。"

10日下午4时,印度驻中国大使潘尼迦到我国外交部转交了英国外交大臣贝文致我国外交部部长周恩来的电报,称:"如果北朝鲜不愿放下武器,那么'联合国军'统帅将无他途可循。"面对敌人大军压境威胁恫吓的情况,金日成首相于10月10日紧急召见我国驻朝鲜临时代办柴军武,明确表示:"我们决不会放下武器,决不会投降,我们要抵抗到底。"

11日,金日成亲自以誓死保卫祖国的决心向朝鲜全国发表广播说:"今天我们最重要的任务是用鲜血保卫祖国的每一寸土地。"

81

红墙大事
——共和国重大历史事件的来龙去脉（上册）

13日下午，毛泽东主席再次在中南海颐年堂主持召开中央政治局紧急会议，彭德怀在会上汇报了三个问题：（1）与朝鲜代表朴一禹会谈的内容。（2）当前侵朝"联合国军"兵力部署和动向。（3）志愿军各部备战情况和存在的亟待解决的问题。

经彻夜商谈后，政治局同志一致认为，即使没有苏联空军的支援，也必须立即出兵援朝。

会议号召要自力更生，发扬我军历史上以劣势装备战胜优势装备敌人的丰富经验，克服各种困难，即刻入朝迎击冒犯之敌。

聂荣臻元帅在回忆毛泽东主席在政治局会议上对是否出兵援朝作战时写道："对于打不打的问题，毛泽东同志也是左思右想，想了很久。毛泽东同志对这件事确实是思之再三，煞费心血的，最后才下了决心。中央作出最后决定后，彭德怀为防止部队对出兵援朝产生怀疑和松懈情绪，立刻在中南海跟他同机飞回北京正在军委作战部待命的成普打电话，让他给志愿军参谋长解方发出急电，要求志愿军各部仍要继续做好出国准备。"

就在13日政治局会议结束后的当晚，毛泽东给仍在莫斯科的周恩来发去火急电报：

"（一）与政治局同志商量结果，一致认为我军还是出动到朝鲜为有利……（二）我们采取上述积极政策，对中国，对朝鲜，对东方，对世界都极为有利；而我们不出兵，让敌人再压至鸭绿江边，国内国际反动气焰增高，则对各方都不利，首先是对东北更不利，整个东北边防军将被吸住，南满电力将被控制。

总之，我们认为应当参战，必须参战，参战利益极大，不参战损害极大。"（《毛泽东军事文集》第6卷，军事科学出版社、中央文献出版社，1993年12月版，第117页）

政治局紧急会议结束后，毛泽东还与高岗、彭德怀进一步研究了志愿军出国时间、渡江方案，以及东北对志愿军后方供应保障问题。

14日清晨，由于天气不好，飞机飞行有困难，根据毛泽东的指示，高岗乘火车离京返回沈阳，立即召集志愿军、东北军区和东北局的负责人开会，传达了政治局的最后决定，宣布立即做入朝的各项准备，并决定准备召开参战部队师以上干部动员大会。

14日全天，毛泽东与彭德怀又详细研究了志愿军的出兵和作战方案。毛泽东问彭德怀，在这种情况下，可不可以打，苏联是不是完全洗手？彭德怀说，这是半洗手，也可以打。最后，毛泽东讲，即令打不过也好，他总是欠我们一笔账，我什么时候想打，就可以打，否则我们将来再想打，就无口可借了。（《党的文献》，1995年第6期，第87页）

毛泽东与彭德怀最后确定志愿军各部于10月18日或19日分批渡江，先在平壤以北适当山岳地区组织防御，待机歼敌。

14日21时，毛泽东将中共中央政治局10月13日作出的关于立即出兵援朝的决定和第一步作战方案及志愿军入朝作战的方针和部署，电告在苏联的周恩来，其要点如下：

"（一）我已告彭在他到德川研究情况后，在平壤、元山铁路线以北德川、宁元公路线以南地区构筑两道至三道防御阵线。如敌来攻，则在阵地前面分割歼灭之，如平壤美军元山伪军两路来攻则打孤立较薄弱之一路……

（二）美军现尚停留在'三八线'，它进攻到平壤需要时间，由平壤再向德川进攻又需要时间……

（三）我军决于十月十九日开动，先头军步行二百公里至德川须七天，休息一二天，可于十月二十八日在德川、宁远以南地区开始构筑工事。全军二十六万人渡过鸭绿江需要十天时间，即要到十月二十八日可以渡江完毕。

（四）为着准备在十一月内在敌进攻德川区域时打一个胜仗，我们决定还是二十六万人（十二个步兵师、三个炮兵师）均开进为好……

（五）在我军开进半数修筑工事期间，朝鲜人民军方面还是继续抵抗，尽可能迟滞美伪两军前进为有利。"（《毛泽东军事文集》第6卷，军事科学出版社、中央文献出版社，1993年12月版，第122～123页）

毛泽东为什么将上述决定告知周恩来？因为"斯大林本来希望我们出动六个师"，而中央根据彭德怀的建议改变了原来的方案，将12个步兵师和三个炮兵师及战车团、高炮团、工兵团等全部出动。中方认为这种改变出兵方案，有必要通告苏方，以使苏联方面了解我国出兵情况，从而尽快解决中国人民志愿军的困难。

红墙大事
——共和国重大历史事件的来龙去脉（上册）

麦克阿瑟扬言要在感恩节前占领北朝鲜。彭德怀表示，麦克阿瑟越猖狂，对我们越有利

15日清晨，彭德怀乘飞机自北京飞回沈阳。这一天他在沈阳一面部署志愿军出兵援朝的各项准备工作，一面又利用短暂时间视察了鞍山钢铁厂和沈阳兵工厂。因为他知道东北是我国重工业基地，打仗要靠重工业，战争的胜负，除了人是主要的因素外，武器也是重要的因素。

当他在沈阳参观了刚试制生产的六管火箭炮实弹射击后，又惊又喜地称赞工厂的负责同志说："你们工作很有成绩！我们也有自己的火箭炮了。"他还亲切地鼓励职工们加紧生产，支援前线，要在技术上精益求精，并指示工厂领导要采取措施，改善工人的生活条件和劳动条件。

15日，由于敌军已全面开始围攻平壤，平壤危在旦夕。金日成首相特派副首相兼外务相朴宪永前来沈阳会见彭德怀。朴宪永向彭说明敌军已逼近平壤，金首相要求中国尽快出兵，并希望与彭德怀早日会面。彭德怀告诉朴宪永："我们中央已最后决定，预定自10月19日开始，部队分批渡江，希望人民军继续阻击敌人，迟滞敌人，我同高岗今天要赶赴安东，去布置十三兵团部队渡江计划……"

彭德怀并邀请朴宪永和他一起赴安东。16日上午，在安东召开了志愿军师以上干部大会，彭德怀首先宣布了中共中央政治局关于立即出兵援朝的决定，随后他分析了朝鲜战场的形势，阐明了抗美援朝的重要战略意义。他说："现在美军及南朝鲜军队正向朝鲜民主主义人民共和国疯狂进攻，局势是很严重的，我们对于兄弟党和邻国遭受侵略，应该采取什么态度呢？中央经过反复认真讨论后，认为不能置之不理，决定大力支援朝鲜民主主义人民共和国反抗侵略者，帮助他们争取独立自由和解放，我认为中央这种决定是非常正确的……我们如果不积极出兵支援朝鲜革命政府和人民，国内外反动派的气焰就会高涨，亲美派就会更加活跃，如果让美帝占领了整个朝鲜半岛，那对我国就是个直接威胁，国防边防都会处于极不利的地位。"他在讲话中严肃批评了"恐美病"思想，指出："敌人在武器装备方面是占绝对优势，但我们在战术方面就比敌人强，坚决勇敢，敢于近战，送炸药、拼刺刀、投手榴弹等，这些就是敌人所害怕的。"

根据朝鲜北部山高林密、地形狭窄、三面临海的特点，彭德怀还指出："过去我们在国内战争中所采取的大踏步前进和大踏步后退的运动作战方式，在今天的朝鲜战场上不一定适用。"为此，"志愿军在战术上要采取阵地战与运动战相结合的形式，如敌人来攻，我们要把敌人顶住，一旦发现敌人的弱点，即迅速出击，插入敌后，坚决包围歼灭之。我们的战术是灵活的，不是死守某一阵地，但在必要时，又必须坚守阵地"。针对志愿军出国作战的新情况，他特别强调："我们是共产党员，是国际主义者，这次出兵援助朝鲜人民援助兄弟党，是我们应尽的义务。援助朝鲜也就是巩固我们的国防，因此，我们进入朝鲜后，千万不要骄傲，不要以大国援助者的身份自居。对朝鲜的党、人民政府、人民军队和广大人民群众要切实尊重他们。"

彭德怀最后强调入朝作战要做长期艰苦的打算，要发扬我军的光荣传统，严格遵守"三大纪律八项注意"，切实遵守纪律，尊重朝鲜政府和朝鲜人民的风俗习惯，各级领导干部要多研究新情况，多想新办法，只要发挥群众力量，就能胜利地完成党中央和毛主席交给我们的光荣任务。

就在中国人民志愿军积极准备渡江出国与美军作战的同时，在美国方面，却出现了十分乐观的气氛，美国五角大楼的官员们认为"苏联和中国出兵干涉的时机已过"。所以他们判断美军在向鸭绿江边前进时，不会受到阻碍。

麦克阿瑟猖狂扬言要在感恩节（1950年11月23日）前占领北朝鲜，直达鸭绿江边。他便在一次记者招待会上说："联合国军的空军具有绝对优势，共产党人要跨过鸭绿江进入朝鲜，他们的军队就会损失一半"，"红色中国的干预会被迅速报复的威胁所吓住"。美方要员们根本就没把中国放在眼里，更没料到经过长期战乱、百废待兴的新中国竟敢与美国抗衡。这些错误的判断，是美国政府在战略上的重大失策，也是导致美军在朝鲜战场上失败的基本原因。彭德怀在安东部署渡江方案时曾说："麦克阿瑟越猖狂，对我们越有利，我们可以利用敌人的错误判断，隐蔽渡江，对敌人进行突然反击。"

美国总统杜鲁门的头脑毕竟要比较清醒些，他在进入10月以来，不断收到来自各方面判断中国可能要出兵的情报，这些情报有的估计"中共在满洲已集结了30万人的兵力"，有的估计"中共约有45万人的军队正在满洲集结"，这使杜鲁门"对中国在北朝鲜进行干涉的可能性日益担心"。于是杜鲁门紧急决定，

红墙大事
——共和国重大历史事件的来龙去脉（上册）

必须和麦克阿瑟进行当面磋商，以便从麦克阿瑟那里得到关于中国出兵的第一手材料和判断。

15日，杜鲁门由华盛顿乘飞机经过30个小时的飞行，飞抵太平洋上的威克岛，与麦克阿瑟当面会谈。杜鲁门问："中国进行干涉的可能性怎样？""可能性极为微小。中国在满洲约有30万军队，其中有10万至12.5万人部署在鸭绿江边，但只有5万至6万人能够渡江作战，他们没有空军，如果中国人试图前进到平壤，那将会出现一场最大规模的屠杀。"麦克阿瑟毫不含糊地回答。他向杜鲁门保证："朝鲜战局是赢定了。中国共产党人不会进攻，我认为到感恩节，正规抵抗在整个朝鲜就会终止。"

杜鲁门和麦克阿瑟的会谈，使美国政府认为侵朝战争已近尾声。于是杜鲁门亲自授予麦克阿瑟一枚橡叶勋章，以示对麦克阿瑟在朝鲜所谓卓越功绩的表彰后，于16日返回美国旧金山。17日，他得意地向全国发表广播演说："我们在美国国内的人们对我们自己的陆、海、空军和陆战队战士们的卓越成就特别感到自豪。联合国要求我国为联合国提供第一位司令官也是我们莫大的光荣。我们有这么一位合适的人选来完成这个历史使命，真是全世界的幸运。这个人就是道格拉斯·麦克阿瑟将军——一个非常伟大的战士。"

就在杜鲁门和麦克阿瑟为暂时的胜利兴高采烈的同时，中国人民志愿军在彭德怀司令员的领导下，正紧张地为出国作战加速准备工作。

15日上午5时，毛泽东致电高岗与彭德怀，指出："我军先头军最好能于十七日出动，二十三日到德川地区。休息一天，二十五日开始筑工事制敌先机。第二个军可于十八日出动，其余可在尔后陆续出动，十天内渡江完毕，请酌办。"（《毛泽东军事文集》第6卷，军事科学出版社、中央文献出版社，1993年12月版，第124页）

17日上午，彭德怀指示参谋长解方带作战参谋龚杰随朴宪永过鸭绿江到达新义州李委员长处，商谈彭德怀司令员和志愿军渡江后进一步展开行动的具体安排。下午，彭德怀与高岗乘飞机返回沈阳，与东北局、东北军区等领导同志进一步研究志愿军出国作战的装备器材、被服和医院的保障问题。

但此时，彭、高又突然接到了邓华和洪学智等的来电称，昨日渡江部署会议结束后，经过讨论许多同志表示，现在部队高射炮太少，又无空军支援，敌人可集中大量飞机、大炮、坦克，毫不顾忌地向我阵地进行大规模攻击。而朝鲜多为山地水田，天寒地冻，工事更不好挖，如敌大举进攻，则阵地很难坚持。大家认为，各项准备工作也不充分，政治思想未普遍深入动员，建议度过冬季明春再出动为宜……

彭德怀和高岗接到来电后，感到此事有关战略全局，问题重大。正好这时又接到了毛泽东于17日下午5时发来的急电，令他俩于18日乘飞机火速回京。这是因为周恩来定于18日自莫斯科回北京，所以毛泽东电告彭、高："对出兵时间，以待周18日回京向中央报告后确定为宜。"并要求彭、高紧急回京参加中央会商。

18日清晨，彭德怀与高岗乘飞机返回北京，当面向毛泽东主席汇报了渡江部队的情况和邓、洪17日来电内容。

此时敌进甚速，平壤告急。就在当晚召开的中央会议上，当周恩来和彭德怀各自汇报了情况后，毛泽东主席最终决断说："现在敌人已围攻平壤，再过几天敌人就进到鸭绿江了。我们不论有天大的困难，志愿军渡江援朝不能再变，时间也不能再推迟，仍按原计划渡江。"随后毛泽东又指示彭德怀先以电话通知邓华、洪学智等，要求志愿军各部队严格保密，严密伪装，立即进行政治动员，补足食品弹药，召开誓师大会，立即准备出国作战。

18日21时，彭德怀在北京奉毛泽东指示，以毛泽东的名义，给邓、洪、韩、解及东北军区副司令员贺晋年发出了特急绝密电报。电文如下：

> 邓、洪、韩、解并告贺副司令：
> 四个军及三个炮兵师决定按预定计划进入朝北作战。自明（十九日）晚从安东和辑安线开始渡鸭绿江。为严格保守秘密，渡江部队每日黄昏开始至翌晨四时即停止，五时以前隐蔽完毕，并须切实检查。为取得经验，第一晚（十九日晚）准备渡两个至三个师，第二晚再增加或减少，再行斟酌情形，余由高岗德怀面告。（《毛泽东军事文集》第6卷，军事科学出版社、中央文献出版社，1993年12月版，第125页）

同一天，为加强和统一志愿军司令部的指挥机构，中央军委发布命令，决定，彭德怀的临时指挥所与团部（即原东北边防军司令部）合并，组成中国人民志愿军总部，彭德怀为司令员兼政治委员，邓华、洪学智、韩先楚为副司令员，解方为参谋长。

当此紧张时刻，一个统一的精干的中国人民志愿军总部正式成立了。同时志愿军各路渡江部队亦开始向鸭绿江边急速开进，中华人民共和国伟大的轰轰烈烈的抗美援朝战争的序幕就此揭开了。

19日清晨，彭德怀、高岗由北京乘飞机火速赶回安东。当天黄昏时分彭德怀仅带了一名参谋、两名警卫员和一部电台乘一辆吉普车，在渡江部队的先头，开始跨过鸭绿江大桥。

四　地委书记、专员受到处决的内情

- 前天津地委书记、专员，以贪污罪被依法处决。香港一家报纸禁不住惊呼，共产党杀了共产党

- 毛泽东双眉紧皱说我们坚决不做李自成！我不想做李自成，谁想做刘宗敏、牛金星，刘青山、张子善便是前车之鉴

- 刘青山说，老子拼命打下天下，享受些又怎样？张子善则想成为天津专区的"英明领袖"

- 毛泽东突然问李银桥，你贪污了没有？李银桥有点吃惊。毛泽东接着说，反腐蚀，不要叫糖衣炮弹打中

红墙大事
——共和国重大历史事件的来龙去脉（上册）

前天津地委书记、专员，以贪污罪被依法处决。香港一家报纸禁不住惊呼，共产党杀了共产党

1952年2月10日。农历壬辰年正月十五。

正月是春回大地的季节。自从我国夏代使用农历纪年法以来，正月即被我国人民视为新生活的开始。正月十五，是中国传统的元宵佳节。在中国人眼里，元宵节是个喜庆的日子。

然而，当中国以全新面貌走进这一天的时候，华夏大地却笼罩着愤怒、凝重的气氛。春节带给人们的欢笑过早地被收了起来。因为在这一天，有两颗跳动的心脏将被正义的子弹洞穿，有两个原本与人民情同手足、曾为全中国的解放出生入死的人，将永远离开这个世界，再也不能在阳光中欢度元宵节了。

这一天，天气特别晴朗。初春的北风夹裹着浓浓的寒意，一阵阵地掠过大地，似乎在告诫人们，春天虽然到了，但寒冷还没有离去，御寒的棉衣还需再穿一阵子，否则，健康的机体也将遭受寒冷的侵害。

古城保定，河北省省会。今天，它将成为全国乃至全世界注目的焦点。

上午10点左右，失去了往年元宵节喜庆气氛的大街上，开始出现一支支的队伍，人们从四面八方涌向保定市体育场，参加在那里举行的对前天津地委书记刘青山、专员张子善公审大会。

出席这次大会的，有河北省保定市保定专区的党、政、军领导，机关干部，有厂矿企业、群众团体和当地驻军的代表，有唐山、石家庄、秦皇岛三市及其他九个专区的代表，共21800多人。大会还特别邀请了因受刘青山、张子善剥削而遭受灾难的天津专区的灾民代表、治河民工代表及被害群众代表参加会议。

能容纳两万多人的体育场，坐满了身穿蓝、灰色冬装的人们。一米多高的体育场主看台是公审大会的主席台。主席台后沿向上拉起的那深灰色的巨大衬幕，与周围的色调浑然一体，使整个体育场显得更加庄重。

主席台上方横贯着用白纸黑字写成的醒目会标："河北省人民公审大贪污犯刘青山、张子善大会"。主席台正中央悬挂着中国共产党中央委员会主席、中华人民共和国中央人民政府主席毛泽东的巨幅画像，画像两边各斜插着一面五星红旗，再往两边各竖立着四面红旗。红旗的前面，一排桌椅讲台横向摆开。两个黑

色的麦克风连接着长长的导线直竖着。主席台的前沿两角上,各架起了一部当时许多人都不曾见过的摄影机。

正午将至,场内突然出现了寂静,几万双眼睛几乎全部集中到了主席台上,大会主持人和事先选定的各界代表发言人进入主席台。

河北省人民法院院长宋志毅抬手看了看表,预示着公审大会就要开始了。在场的人屏息等待着正午12点的到来。

报时的钟声响了。宋志毅与他身旁的人小声说了句什么,便沉稳地走向麦克风。他环视了一下沉寂的会场,声音洪亮地宣布,奉中央人民政府最高人民法院令,组织临时法庭,公开审判大贪污犯刘青山、张子善,并宣布公审大会由河北省节约检查委员会委员张庆春任主席。

张庆春就位,宣布公审大会开始,并向大会致辞:"刘青山、张子善这两个大贪污犯,已不是两个普通的大贪污犯,而是背叛党、背叛国家、祸国殃民的罪大恶极的大罪犯。今天参加大会的人,都是怀着愤怒的心情,代表着全省人民的意见来参加的。在大会上,我们要彻底地控诉与公正地审判刘青山、张子善的滔天罪行,使刘青山、张子善两个大贪污犯得到应得的判处,同时要显示我们打退资产阶级猖狂进攻的雄伟力量和彻底剿灭一切贪污分子的决心与毅力。"

张庆春致辞后,由省法院院长主持的临时法庭宣布开庭。

"将大贪污犯刘青山、张子善押上来!"铿锵有力的声音震颤着大地。

两万多双眼睛圆睁着。人们想看一看往日颐指气使的"父母官",今天在万众鄙视之下是个什么样子。是仍然昂头挺胸、迈着四方步?还是佝偻着身子、如履薄冰?人们焦急地想看个究竟。

偌大的会场没有一个人说话。

刘青山、张子善在四名人民公安战士的押解下依次出现在会场上。

20世纪50年代的中国监狱尚未有统一的狱服。两犯依然分别是被捕前任中共石家庄市委副书记和天津地委书记时的打扮。刘青山,头戴一顶名贵的水獭帽,身穿一件用现在的标准衡量也算得上高档的藏蓝色呢子大衣,一双锃亮的皮鞋显然刚刚擦过;张子善,穿着十分板挺的蓝呢子制服,脚上的皮鞋看上去也是新的。但楚楚的衣冠与他们手上的手铐以及挂在胸前、极为简单的亡命布条显得极不协调。两块一尺宽二尺长的白布分别从两人的下颌垂至腰际,上面分别用毛笔写着

红墙大事
——共和国重大历史事件的来龙去脉（上册）

"大贪污犯刘青山""大贪污犯张子善"，不太刻板的字迹，显示出书写者复杂的心情。

刘青山、张子善分别在两名公安战士的押解下走上主席台。押解人员没有像如临大敌那样死死地揪压着他们，而是在两侧架扶着他们的左右臂，似乎生怕他们瘫软下去。

刘青山也许早就想到会有今天，走起路来并不失常态，上台后还扫视了一眼庄严的会场。以前出席这种集会，人们是要为他欢呼的。然而今天，他的出现给会场带来的却是愤怒。这种巨大的反差也许让他忘记了一个多小时后将被处决，只见他旋即低下了头，似乎这样就可以避开人们愤怒的目光。

张子善始终没有抬起头，不知是不敢面对死亡，还是惧怕台下的目光，走路的样子如履薄冰，可以看出两腿已经发软。

两犯站定，全场一片安静。摄影机胶片"哗哗"的转动声、照相机快门的"咔咔"声在主席台上清晰可闻。

薛迅——一个颇具男人气质的中年妇女，时任河北省委组织部部长、省政府委员、省纪委副主席，也是这次调查处理刘青山、张子善贪污案件委员会的副主任，首先发言控诉两犯的罪行。

她在发言中讲道，刘青山、张子善凭借党和人民赋予的权力，鲸吞国家和人民的财产，大肆挥霍浪费。他们盗用机场建筑款、救济粮、救济款等总计171亿元旧币（折合人民币171万元），成为罪不可赦的大犯、要犯，严重侵蚀了党的组织，败坏了党的声誉，使党、国家和人民遭受了重大损失。虽然他们曾是革命的功臣，但在荣誉、权力、金钱面前却经不住诱惑，堕落为人民的公敌，成为反动分子在党内的代理人。在全国"三反""五反"运动轰轰烈烈开展的时候，对这样两个身居要职的大贪污犯给予严惩，顺乎民心，顺应民意。最后她说："我代表刘青山、张子善案件调查处理委员会，要求河北人民法院临时法庭判处他们死刑并立即执行。我要求参加这个大会的所有同志完全赞成我们的控告！"

高音喇叭传出的激昂、愤恨的控诉声还在体育场的上空激荡着，全场即响起了潮水般的掌声，"坚决要求处决大贪污犯刘青山、张子善！""彻底肃清资产阶级腐化影响！""打退资产阶级的猖狂进攻！"代表人民心声的口号此起彼伏。从每个人严肃而认真的态度、竭尽全力振臂高呼的情态可以看出他们激动不已的心情。

共产党在领导人民建立新中国的过程中无愧于伟大的称号。但在新中国成立后还能与人民同甘共苦吗？在血与火的岁月里，人心的向背往往能立刻对政治集团的前途和命运产生重大影响，而在和平年代里，这种影响却往往表现为一个漫长的积累过程。特别是在20世纪50年代中国这样一个建立在半封建社会基础之上的大国，人们对刚刚执政的党的内部出现的腐败现象，尤其是对刘青山、张子善这些身居高位的共产党干部，虽然他们恶贯满盈，人们怨声载道，但多数人仍然以东方人特有的忍耐，将愤怒压在心里。今天，他们内心的怨恨终于由政府代表他们表达出来了，他们怎么能不激动！

此时的刘、张二犯，头低得更低了。

薛迅发言后，按大会程序，天津专区宝坻县共庄镇的农民代表孙树林走向麦克风，代表受害群众发言。整个体育场又归于平静，人们想进一步知道刘青山、张子善更多的犯罪事实。

孙树林，中等身材，光头，一身棉袄棉裤。面对这宏大的场面，他显得有些局促。也许是他想到了有强大的人民政府给他撑腰，也许是刘青山、张子善的罪恶行径再次激起了他的愤恨，他很快镇定下来，声泪俱下地历数二犯给当地群众造成的深重灾难。

他说："刘青山、张子善二犯，为了赚钱，搞了民工供应站，卖的都是坏东西，价钱愣贵，东折西扣，直到现在还欠俺村104个民工4000多斤米。"

"修河时他们捣鬼，把好粮食高价卖掉来赚钱，把坏粮食给俺们吃，发的棒子面和小米都是坏的。民工活又累，吃的又不好，病了许多人，光俺们村就病了十多人。"

"霸县煎茶铺村农民王风，因挖河吃发霉的高粱米中毒患重病，惨死在工地上。"

……

孙树林的控诉，虽然不能算对刘、张二人所犯罪行的全面揭露，却使在场的每一个人强烈地感到了普通受害者的巨大痛苦，所列罪行，翔实具体，催人泪下。

其实，刘青山、张子善所犯的一桩桩罪行，怎么可能在几个小时的公审大会上一一开列清楚呢？我们还是看看公审大会前一个月，河北省人民检察署的刑事起诉书上是怎样说的吧。

红墙大事
——共和国重大历史事件的来龙去脉（上册）

一、苛剥政府以工代赈的民工粮 220 万斤（折款 22 亿元）；

二、盗骗国家资财，勾结奸商投机倒把，扰乱金融，破坏国家经济建设；

三、非法盗用国防建设、水利建设等项国库专款，破坏金融统一管理法令；

四、不关心干部家属生活疾苦，擅自动用干部家属救济粮；

五、非法动支地方粮款 22.8772 亿元；

六、破坏国营工业，以高价瓦解技术人员，并公行贿赂，颠倒是非；

七、刘青山、张子善等直接贪污挥霍事实。

……

最后，孙树林极为愤恨地大声说："他们这样祸国殃民，绝不能再让他们存在下去。因此，我代表群众意见，要求把这两个大贪污犯判处死刑，立即执行！"

会场再次被万人口号声所淹没。

随后，河北省人民法院院长、临时法庭审判长宋志毅当场宣布："……大贪污犯刘青山、张子善盗窃国家资财，克扣民工灾民，勾结奸商非法经营牟利，瓦解国家企业机关及贪污行贿等严重罪行，证据确凿，该二犯亦供认不讳。如此背叛国家、背叛人民，实属罪大恶极，国法难容。奉中央人民政府最高人民法院令准，判处大贪污犯刘青山、张子善死刑，立即执行，并没收其个人全部财产。"

全场沸腾了，人人激动，连连高呼："拥护人民政府枪决大贪污犯刘青山、张子善！""彻底肃清贪污分子！""拥护廉洁奉公的人民政府！""拥护光荣、伟大、正确的中国共产党！""拥护毛主席！"

全省各地，正在收听大会实况广播的几十万人，也情不自禁地热烈鼓掌。虽然他们不能像现在这样在电视屏幕上看到刘青山、张子善的窘态，但他们可以想象出昔日的"父母官"此时是怎样的一副可怜状。

全河北省震动了，全中国震动了。党心大快，民心大快。

从后来可以查到的有关资料看出，当时，人民群众对共产党的这一壮举是多么的拥护和赞成。

参加大会的武清县一位农民代表说："只有共产党和人民政府才是真正代表人民利益的。我们要打退资产阶级的猖狂进攻，就必须从内部清除像刘青山、张子善这样的败类！"

四 地委书记、专员受到处决的内情

河北农学院一位教授说："大会宣判枪决刘青山、张子善二犯，真是大快人心，给人民除了大害。我因此更加认识了中国共产党的光荣伟大，人民政府忠心为人民服务。我更相信在共产党和毛主席的领导下，这次历史上从来没有过的反贪污、反浪费、反官僚主义的伟大运动，在全国范围内必定能够得到彻底的胜利！"

收听大会实况广播的保定市面粉厂三位工人说："人民政府的判决是完全正确的。刘青山、张子善已经成为叛国、叛人民的罪人，如不严惩，祖国就无法进行大规模的经济建设。我们工人坚决拥护毛主席的伟大号召，要坚决彻底地把反贪污斗争进行到底，打退资产阶级的进攻！"

保定市发电厂一位职员说："只有共产党和人民政府，才能这样坚决地严惩贪污分子，历史上任何朝代的统治者都不会这样做的。这充分说明了共产党的光荣、伟大、正确，说明了人民政府是历史上空前廉洁奉公的政府。"

沧州专署的一位科员说："刘青山、张子善都是比较高级的干部，都对革命事业有过贡献，但是当他们犯了严重的罪行之后，中国共产党毫不姑息地开除了他们的党籍，人民政府毫不手软地将他们判了死刑，这充分证明了中国共产党无比伟大，人民政府空前廉洁。全国人民对这样的党，这样的政府，完全信赖，衷心拥护！"

当年在省政府办公厅工作的一位科员在新中国成立前从事记者工作，对旧中国官场的种种黑暗腐败颇为了解，许多年后他回忆参加公审大会的情景，仍为当时的气氛而激动不已："共产党真了不起，大伙儿真服！"

通过公开审判刘青山、张子善，党和政府在人民心目中的形象更加高大了。这是党和政府的实际行动所带来的效应。在任何历史条件下，一个政党、一个政府，究竟是不是代表人民的利益，广大的人民群众自有评判标准，正所谓老百姓心里有杆秤。

当宋志毅坚定地宣布判处刘青山、张子善"死刑、立即执行"时，人们看到，刘青山浑身抖了一下，死亡的恐惧正无情地折磨着他；张子善则再也站立不住了，只是在两边民警的架扶下，才不至于瘫在台上。

刘、张二犯被押离会场后，河北省人民政府主席杨秀峰作了重要讲话。他说："大贪污犯对国家和人民所造成的损失，除了他们直接贪污盗窃的数目以外，其他政治上、经济上的损失，则更难以计量。其次，我们也清楚地看到了：资产阶级向革命队伍的进攻是多么凶恶猖狂，刘青山、张子善被资产阶级所引诱，不

红墙大事
——共和国重大历史事件的来龙去脉（上册）

但已经被糖衣炮弹完全打败，而且已经驯服到向资产阶级投降，并很快成为资产阶级在我们内部的代理人了。

同志们，我们从刘青山、张子善的罪恶事件中所得到的教训是什么呢？我们应该做些什么事情以避免国家人民资财的严重损失和沉痛教训的重演呢？我想，大家已经清楚地认识到了：刘青山、张子善之所以堕落到如此丑恶的地步，不仅由于他们的品质恶劣，还更由于资产阶级对革命队伍的恶毒腐蚀和疯狂进攻。同志们，资产阶级向我们实行猖狂地进攻已经有三年，在我们内部已经被他们安置了许多大大小小的堡垒。资产阶级这种进攻已经造成了严重的危害，一部分干部人员堕落下去、倒下去了，大量的国家资金被大贪污犯、大盗窃犯贪污盗窃去了。为了挽救人民的损失，为了迎接国家的经济建设，为了建设幸福的祖国，我们必须坚决地毫不犹豫地向资产阶级的进攻展开猛烈的还击，必须向一切贪污分子特别是大贪污分子展开坚决的斗争，必须向一切奸商不法资本家特别是大盗窃犯实行猛烈的围剿。因此，目前我省各级机关开展的反贪污、反浪费、反官僚主义运动，和在工商界开展的反行贿、反偷税漏税、反盗骗国家资财、反偷工减料、反盗窃国家经济情报运动，正是当前十分迫切的政治任务。这是一场具有伟大历史意义的激烈战斗。

必须继续坚决地向右倾麻痹思想做斗争，充分提高警惕，继续鼓励斗志，放手发动群众和依靠群众，加强调查研究，及时总结经验，穷追猛打，勇敢地进行战斗。要求全省各级领导机关和全体干部人员，以对国家对人民高度负责的精神，以最大的决心和信心，奋发努力，必须把所有的贪污分子特别是大贪污犯干净、彻底、全部搜捕尽而后止。

要最后剔除严重的贪污罪恶现象，还必须在反贪污、反浪费、反官僚主义斗争的基础上，正面地坚决地向资产阶级的猖狂进攻展开一次猛烈的反击运动。"

杨秀峰最后说，这场斗争是"资产阶级企图和工人阶级夺取领导权的斗争"。他号召全省工人、农民和各界人士紧张动员起来，一致投向这场斗争，把"三反""五反"运动坚决进行到底，在毛主席、党中央的领导下，为争取这一伟大斗争的彻底胜利而奋斗。

杨秀峰讲完话后，全场起立，口号声再次响起："拥护人民政府枪决大贪污犯刘青山、张子善！""严办拒不坦白交代的大贪污分子！""坚决打退资产阶级的猖狂进攻！"

四 地委书记、专员受到处决的内情

下午1点半左右，公审大会宣布结束，人们有组织地离去。

押解刘青山、张子善的刑车驶出体育场，拐上了大街。

刑车的前面是一辆吉普车，缓缓地引导着车队沿街向东而行。紧接着的是分别载有刘青山和张子善的两辆敞篷吉普车，刘、张二犯的身边各有两名民警押解。最后是一辆卡车，满载着全副武装的公安战士。

沿途街道两旁站满了前来观看的群众，刑车所到之处，人群一片肃静。面对着走向刑场的昔日"父母官"，老百姓能说什么呢？目送刑车远去，人们的心里泛起一阵阵酸楚。

许多人或骑自行车或跑步跟在刑车后面和两侧，他们要到刑场亲眼看一看这两个大贪污犯是怎样被处决的。

刑车上，刘青山低着头。此时他很想再看一眼这熟悉的街道、熟悉的建筑和车两旁那一张张似乎也熟悉的面孔。但他感到这头怎么也抬不起来，整个身子如同一具僵尸。张子善则显得一副魂不附体的样子，从两边的民警用力往上架扶的姿势可以看出，张子善早已瘫软如泥。

预定的行刑地点设在保定市东关大校场。先期到达那里的工作人员已做好了各项必需的准备。两口紫红的松木棺材并排摆放着，不远处挖了两个不深的土坑，周围站立着持枪的民警。

刑车驶进大校场中央，跟随而来的围观群众被民警挡在刑场外边。

民警将刘青山、张子善从车上押下。刘青山一下地，僵硬的双腿似乎失去了知觉，虽然看上去他想努力站稳，但还是踉踉跄跄差点跌倒。在民警的押解下，他走向土坑，自己跪了下来。这次他的头抬起来了，脸色铁青，目光呆滞。

张子善几乎是被抬下车的，两名民警架拖着将其带至土坑前，人们看见他脸上湿乎乎的，满是泪水。

执行枪决任务的战士走上前去，站好位置，熟练地拉动枪栓，将子弹推入了枪膛。

考虑到刘、张二犯过去曾对革命作出过贡献，之前省委决定：子弹不打头部打后心；枪决后殓尸安葬，棺木由公费购置；二犯之亲属不按反革命家属对待；二犯的子女由国家抚养成人。刘青山、张子善得知此决定后，当时放声大哭。

刑场上肃静无声。人们静静地等待着。

红墙大事
——共和国重大历史事件的来龙去脉(上册)

行刑指挥看了看已做好准备的持枪战士,稍稍向旁边闪开了几步,缓缓地高举起右手,然后突然向下一劈。

两声枪响同时爆发,两颗子弹同时射出。刘青山身子摇晃了几下,像极不情愿地跌向了土坑。张子善身子猛地一震,也向土坑栽去。

这么多年过去了,这枪声似乎仍在中国大地上回荡不息。

枪毙刘青山、张子善的枪声,犹如一阵飓风从大地上滚过,举世为之震惊!

第二天,《人民日报》《河北日报》《天津日报》等均以醒目的大字标题在头版详细报道了公审大会的消息。同一天,《河北日报》还用整版篇幅,在二版位置刊登了12幅公审大会的纪实照片。其中,有大会场面,也有全省群众争看人民法院张贴的布告、在保定市市政府前街收听大会实况广播的场面。

与此同时,华北、东北、华南、西南、中南等各大城市的报纸、电台以及人民画报社、中央人民广播电台和港澳的一些新闻媒介也都对此迅速作了报道。香港的一家右派报纸禁不住惊呼:"共产党杀了共产党!"

世界舆论也反响强烈。一家通讯社的政客文人这样写道:"中共建立北平大陆政权第28个月的今天,毛泽东和他的同伴们不得不面对着这样一个现实:他们一起出生入死的革命战友,正面临着一场法律的考验……"

舆论的传播起着呼风唤雨的作用,但更强烈震颤的还是人们的心灵,不管是朋友、敌人,还是中间者。

"共产党刚执政两年,就出这么大的案子,真让人想象不到。"

"作为共产党的高级干部刘青山、张子善,在新中国成立不久这样短的时间里,犯罪犯到人头落地的地步,真是让人触目惊心。"

"没有想到,中国共产党进城不久,会这样快地进行全党、全民总动员,掀起声势浩大的'三反'运动。对于危及该党和国家前途、命运的腐败现象,施以'巨大型爆破'。这在中国历史乃至世界历史上均属无此前例。更没有想到,枪毙刘青山、张子善,竟是毛主席亲自批准的。过去担心共产党胜利了也和国民党一样贪污腐败,现在放心了。共产党、毛主席伟大,了不起!"

"枪毙了刘青山、张子善两个人,挽救了一大批党的干部。从某种程度上看,也挽救了党。"

"八年抗战、三年解放战争,我都经历过,从死人堆里爬出来我都不知道害怕。

四 地委书记、专员受到处决的内情

可不知为什么,当我看到黑乎乎的枪口对准了刘青山、张子善,我的双腿有些发软,脑袋'嗡'地一下涨得老大。原来认为我的居功自傲思想没什么,现在才让我大吃一惊。我们要时时警惕自己,自觉地抵制资产阶级的侵袭,千万麻痹不得呀!"

欢呼,自省,恐惧,惊讶,惋惜,忧虑。这就是刘青山、张子善一案给当时社会所带来的反响。

毛泽东双眉紧皱说,我们坚决不做李自成!我不想做李自成,谁想做刘宗敏、牛金星,刘青山、张子善便是前车之鉴

深谙中国历史的毛泽东,对历代王朝的盛衰兴败有着极其深刻的了解。中国共产党作为一个政治集团,由于其所代表的利益具有极其广泛的普遍性,因此与历史上的任何一个封建统治集团和资产阶级统治集团,都有着本质上的天壤之别。但毛泽东认为,"水能载舟、亦能覆舟"是一条普遍存在的真理,新中国成立后,我们党同样也面临着严峻的执政考验。

因此,他在1949年3月5日《中国共产党第七届中央委员会第二次全体会议上的报告》中指出:"因为胜利,人民感谢我们,资产阶级也会出来捧场。敌人的武力是不能征服我们的,这点已经得到证明了。资产阶级的捧场则可能征服我们队伍中的意志薄弱者。可能有这样一些共产党人,他们是不曾被拿枪的敌人征服过的,他们在这些敌人面前不愧英雄的称号;但是经不起人们用糖衣裹着的炮弹的攻击,他们在糖衣炮弹面前要打败仗。我们必须预防这种情况。"这段精辟的论述,既反映了毛泽东对历史经验的独到见解,也反映了他对新中国成立后可能遇到的各种情况作了充分而全面的估计。今天我们来读这段话,心里仍能产生无限的崇敬之情。

1949年3月25日,根据全国解放的新形势和筹划国民经济建设的需要,毛泽东、党中央由河北省平山县西柏坡村迁进北平城。先是在北平西郊香山的双清别墅住了五个月,而后搬到中南海。毛泽东住在丰泽园里面的菊香书屋院内。

这是一座典型的中国式四合院,东南西北四面各五间房。毛泽东住在北房靠东边的两间;东房中间一间为餐厅,靠北边的两间是办公室,靠南边的两间是会客室;西房靠北边的两间是书房;其他房间用作家属住处、值班室、工作人员办公室等。院内有条小卵石铺就的十字通路连接着东西南北四面的房屋。七棵苍劲

的松柏树，给小院增添了几分古雅、幽深的情调。

1950年秋天，毛泽东就在这所院子里，酝酿、发动了全国范围的"三反"运动。

这一年的10月，毛泽东主持召开了中共中央政治局扩大会议，集中研究了朝鲜战争的发展趋势与对策。根据毛泽东提出的"战争必须胜利，物价不许波动，生产仍须发展"的方针，会议确定了解决国家财政困难的具体措施：节约兵力，整训部队；精简机关，缩编人员；紧缩开支，清理资财；组训民兵，准备推行义务兵役制。10月23日，毛泽东在全国政协一届三次会议上号召全国"需要增加生产，厉行节约，以支持中国人民解放军。这是中国人民今天的中心任务"。于是在全国兴起了爱国增产运动。

爱国增产运动迅速在全国开展起来，并持续向深层次发展。1951年11月1日，东北局书记高岗的一份"关于开展增产节约运动，进一步深入开展反贪污、反浪费、反官僚主义斗争的报告"送到了毛泽东住的小院。报告说，最近几个月来，东北地区普遍开展了反贪污腐化、反官僚主义的群众运动，揭发、批判和打击了各种贪污蜕化的行为，贪污浪费现象明显减少，机关开支大为紧缩。善于总结和推广经验的毛泽东对这个报告高度重视。

从此，毛泽东办公室夜里的灯光亮的时间更长了，有时甚至彻夜不熄。新生的共和国所面对的国际、国内严峻的斗争形势，使他夜不能寐。当前，在全国范围内开展的增产节约运动虽然轰轰烈烈、方兴未艾，但从各地上报的情况看，来自各方面的干扰和阻力也不容忽视。特别是领导干部和机关的贪污、浪费以及官僚主义，越来越严重地影响着运动的深入开展，抵消着运动的成效。因此，有必要发动群众，同时开展一场雷厉风行的反对贪污、反对浪费、反对官僚主义的运动。这在当时的情况下，无疑是十分正确的。

要通过"三反"，使各级领导机关、领导干部和全体干部人员深刻认识到资产阶级腐化思想对我们革命队伍侵袭的严重性，认识到贪污、浪费及官僚主义给国家和人民利益造成损害的严重性。如果任其发展下去，各级政权就不可能巩固，且有被完全篡夺或彻底变质的危险；就会有更多的干部陷入腐化的泥坑，而最后走上背叛国家、背叛人民的道路；增产节约运动就不可能富有成效，因而也就不可能完成即将到来的大规模的经济建设的主要准备工作，同时也就不可能迅速有

四 地委书记、专员受到处决的内情

效地加强国防建设和有力地支援人民志愿军。一句话，这场斗争关乎党和国家的生死存亡，绝不是危言耸听！

经过半个多月的深思熟虑，经过广泛地征求各方面的意见，毛泽东的决心形成了：立即在全国普遍开展一次群众运动，发动人民群众揭发、批判党内和政府机关存在的腐败现象，纯洁党的组织，提高政府威信，凝聚人心民心，团结一致克服当前的经济困难。

10月23日，毛泽东指示转发东北局的报告，并在中央起草的转发文件上批示："在此次全国规模的增产节约运动中进行坚决的反贪污、反浪费、反官僚主义的斗争。"这是毛泽东首次正式提出开展"三反"运动。

12月1日，党中央作出了《关于实行精兵简政、增产节约、反对贪污、反对浪费和反对官僚主义的决定》。《决定》指出："自从我们占领城市三年以来，严重的贪污案件不断发生，证明1949年春季党的二中全会严重地指出资产阶级对党的侵蚀的必然性和为防止及克服此种巨大危险的必要性，是完全正确的，现在是全党动员切实执行这项决议的紧要时机了。再不切实执行这项决议，我们就会犯大错误。"一场规模浩大的"三反"运动就此开展起来。

期间，中央陆续收到各地报来的情况。11月29日，华北关于天津地委严重贪污浪费情况的报告送到了毛泽东的办公桌上。报告用事实列举了地委书记刘青山，副书记、专员张子善贪污腐化行径。毛泽东拿起报告认真地看了起来：刘青山，男，36岁，河北省安国县人，雇农出身，1931年加入中国共产党，曾参加1932年的高阳、蠡县农民暴动，曾被国民党逮捕，在敌人的严刑逼供下，坚贞不屈。历任冀中区任河县县委书记、八地委组织部部长、地委书记、天津地委书记，被捕前系石家庄市委副书记。张子善，男，38岁，河北省深县人，学生出身，1933年加入中国共产党，翌年被国民党反动政府逮捕入狱，曾做绝食斗争和卧轨斗争，历任献县县委书记、八地委组织部部长、十地委书记、天津地委副书记兼专员，被捕前系天津地委书记。刘青山、张子善参加革命均已二十多年，他们在国民党血腥的白色恐怖下，在艰难的八年抗日战争和三年多的人民解放战争中，都曾奋不顾身地为党的事业和人民群众的解放，进行过英勇的斗争，作出了应有的贡献。但新中国成立后，他们在资产阶级思想和生活方式的腐蚀下，犯下了党和人民难以饶恕的罪行。

红墙大事
——共和国重大历史事件的来龙去脉（上册）

其时，全国"三反"运动的序幕刚刚拉启，对这样两个党的高级干部如何处置，是一件关乎全局的重大事情。毛泽东看着这份报告，陷入了沉思，双眉间皱成一个"川"字。一连几天，全国各地上报的情况在他脑子里一幕一幕地过着。

北京市属各机关和企业部门工作人员中，已发现贪污分子650人，贪污额15亿元。贪污分子中，财经企业部门402名，公安部门112名，共产党员105名，老干部79名。这还是在中央眼皮底下，而且仅仅是贪污现象中已发现的一部分。

天津市12个公安分局中，仅一个公安分局就因受贿而将674个反革命分子释放或取消管制，其中有19名特务分子；此分局的干部、警士收受了3514户商家的贿赂！

西北局检察院、法院、纪检三单位已查出和受理的贪污案件共损失国家财产80余亿元。陕西省公安厅总务处挪用旧粮624万斤，其中借给私商已损失者即达18万斤。纪委一年半的时间共处理犯贪污蜕化错误的有1400余人。

西南区从1950年1月到1951年7月的不完全统计，贪污渎职案1400件，案犯3317名，共计盗窃国家财产110亿元以上、粮740余万斤，总计款200亿元以上。

南昌市税务局60人集体贪污，涉及商人282户、零商75人。一个粮食局长贪污20万斤米，从其老婆鞋底查出12两黄金。江西有一个区的区长、区委书记、派出所所长集体嫖娼，甚至有的干部勾结土匪，杀人放火。群众反映："比国民党还厉害！"龙南建设公司开幕时请客70桌，还是经县委宣传部部长批准的。一些人对贪污不以为耻，反以为荣，艰苦朴素者反被讥笑为"牛列主义"。

华东地区各地法院至1951年11月间处理的贪污案件达8000多件，涉及干部615人，贪污288亿元。华东人民监察委员会从1950年6月至1951年11月统计，因个人贪污而造成国家财产的损失即达1242亿元。常州税务局85人集体贪污2.4亿元，贪污活动达两年之久，行贿商户近300家。华东区直接处理的179件贪污案及615名罪犯中，有老干部126人，共产党员116人。

甘肃省仅几个专区和兰州市不完全的统计，贪污人数1177人，款数14.4亿元，省级各机关有500多人贪污，款数10亿元。贪污方式可谓机关算尽，五花八门，应有尽有，闻所未闻……

这些令人痛心的事实，使新中国的主席毛泽东感到愤慨、焦虑。

此时，他又想起了中国农民革命史上李自成功败垂成的那最令人痛心的一幕。

四 地委书记、专员受到处决的内情

1644年3月19日，经过南征北战，打了几十年仗的李自成，终于率军从德胜门进入明朝的都城北京。这一天他神采奕奕，宏大的入城仪式和热烈的欢迎场面，把他映托得格外耀眼。但他怎么也不曾料到，仅过了42天，他就在内外交困的情况下败出城去，落得个身败名裂的下场。

作为农民领袖的李自成是因为没有在北京建都的长远打算，以致让狭隘、保守、分散的乡土观念、农民观念束缚了手脚？还是因为吴三桂"冲冠一怒为红颜"，勾结"满清"贵族，乘人之危？无疑，这些都是李自成失败的外部原因。

但更为重要的则是内部原因。革命胜利后，李自成被巨大的胜利冲昏了头脑。他陶醉于歌功颂德之中，不能根据形势的发展变化对政策作出调整，不能采取有力的措施和手段，立即制止政权领导层中迅速蔓延的骄傲和腐败之风。

从风沙疆场进入繁华都市，高级将领刘宗敏、李过、田见秀等都住进了明朝大官僚的府第，莺歌燕舞，尽情享乐，将山海关外虎视眈眈的满洲贵族和遍布江南的50万明朝残军置于脑后。刘宗敏热衷于在京城中拷官追赃，图财贪色，为了一个陈圆圆，竟无意带兵出征赴山海关迎战反叛的吴三桂。天佑殿大学士牛金星，身穿玉带锦袍，手摇金扇，热衷于坐着八抬大轿往来会客，遍请同乡，俨然一副太平宰相的风度。50万大军滞留京城，抵不住腐败生活的侵蚀，军纪开始败坏，斗志日渐消沉，许多将士擅自留下了索来的金银，中饱私囊，以致"腰缠既富，人多乡井之思，绝无赴敌之气"。如此怎能不兵溃将败，招致全军覆没的下场。待到大势已去，李自成如醍醐灌顶，幡然醒悟，但痛悔的眼泪流得太晚了，丝毫无助于挽回失败的命运。

我们坚决不做李自成！

窗外，寒风凛冽，午夜过后下起了纷纷扬扬的大雪。

毛泽东提起了笔，在这份报告上写道："华北天津地委前书记刘青山及现书记张子善均是大贪污犯，已经华北局发现，并着手处理。我们认为华北局的方针是正确的。这件事给中央、中央局、分局、省市区党委提出了警告，必须严肃地注意干部被资产阶级腐蚀发生严重贪污行为这一事实，注意发现、揭露和惩处，并须当作一场大斗争来处理。"

已经连续工作了一天一夜的毛泽东，毫无倦容，他挺起腰背，伸展肩臂，用力活动上身，长出一口气。

红墙大事
——共和国重大历史事件的来龙去脉（上册）

此后，毛泽东与刘少奇、周恩来、朱德、薄一波、彭真等人就对刘青山、张子善的处理问题进行过多次谈话。毛泽东认为，对于所谓"手上不干净"的，还应该区别轻重大小，经过深入的调查，实事求是地分别处理。但像刘青山、张子善这样的大贪污犯，则不论他们有多大功劳，都是不可宽恕的了。对于这样的叛徒和毒虫，有多少就必须清除多少。清除了他们，不是党的损失，而是党的胜利，不是降低党的威信，而是提高党的威信。只有坚决地、毫不手软地这样做，才能使我们的人民革命队伍坚强和巩固起来，才有可能不再受剥削阶级思想的腐蚀。

1951年12月下旬，华北局上报的一份材料使毛泽东最后定下了处决刘、张二犯的决心。材料说，华北局通过河北省委征求了天津地委及所属部门对刘、张二犯的量刑意见。结果是地委在家的八个委员一致意见处以死刑。地区参加讨论的552名党员干部，对刘青山同意判处死刑的535人，判处死缓的8人，判处无期徒刑的3人，判处有期徒刑的6人；对张子善同意判处死刑的536人，判处死缓的7人，判处无期徒刑的3人，判处有期徒刑的6人。毛泽东看到上述材料后，又邀请部分党外人士座谈，听取了他们对量刑的意见，决定同意河北省委的建议，由河北省人民法院宣判，经最高人民法院核准，对刘青山、张子善处以死刑，立即执行。

据薄一波《若干重大决策与事件的回顾》介绍，在公审刘青山、张子善的大会召开之前，曾有党内的老同志找到薄一波，要薄一波向毛泽东再说说，是否可以不枪毙刘、张，给他们一个改造的机会。当时主持全国"三反"工作的薄一波向毛泽东反映了这个建议。毛泽东说，正因为他们两个人的地位高、功劳大、影响大，所以才下决心处决他们。只有处决他们，才可能挽救20个、200个、2000个犯有不同程度错误的干部。由此可见，毛泽东在处理这个问题时所下的决心和所做的深思熟虑。

我们坚决不做李自成！谁想做刘宗敏、牛金星，刘青山、张子善便是前车之鉴！这就是毛泽东当时的想法。

以枪毙刘青山、张子善为重要标志的"三反"运动，据统计，全国县以上党政机关共有383万人参加（不包括军队数字），共查出贪污1000万元以上的10万人，贪污总金额达6万亿元。对有严重贪污行为的罪犯，判处有期徒刑的9942人，判处无期徒刑的67人，判处死刑的42人，判处死缓的9人。

对于这场运动的重大意义,薄一波在一篇题为《为巩固"三反""五反"的伟大胜利而斗争》的报告中是这样说的:"'三反''五反'斗争,是在中国革命胜利以后,关系到中国革命前途的决定性的斗争。这次运动所要回答的问题,是我们国家究竟是要走向社会主义还是要走向资本主义这样根本性质的问题。从表面上看来,这个问题在革命胜利以后似乎不存在了,而实际上在'三反''五反'以前,这个问题还是严重地存在着。"

"反'五毒''三害'的斗争所取得的胜利,是十分辉煌的。对于整个社会来说,是一个移风易俗的社会改革运动,它改变了人们的传统的观点,过去认为钻营、吹拍、偷窃是干才,现在认为是可耻了。对于我们党来说,则是一次普遍而深刻的整党运动……经过斗争,我们对'五毒''三害'已提高了警惕性,并在运动中初步解决了如何对待资产阶级及其思想这一个极为重要而复杂的问题……'糖衣炮弹'虽然曾经打倒了某些立场不稳、意志薄弱、经不起考验的人们,却不能打倒马克思列宁主义与中国革命实践相结合的毛泽东思想和中国共产党。大批贪污分子被清除之后,大批的积极分子涌现出来了。去腐而后生肌,在组织上我们也比过去健康了。"

"三反"运动有力地遏制了贪污、浪费、官僚主义现象的蔓延,保证了新生政权的稳定,促进了全国增产节约运动的健康发展。

这段历史虽然已经过去近半个世纪了,但现在回想起来,我们仍为以毛泽东为代表的老一辈无产阶级革命家惩治腐败的坚定决心所激动。

从历史的角度看,不做李自成,不让悲剧重演,重要的还不在于枪毙几个人,而在于建立行之有效的反腐败机制,长期坚持。当时的"三反"运动忽视了这一方面。所以,用广泛发动群众的方法反腐败,只能在一定历史条件下进行,要真正根除腐败,切实防止刘青山、张子善这样的悲剧重演,必须在全社会建立健全一整套反腐败机制,并常抓不懈。

刘青山说,老子拼命打下天下,享受些又怎样?张子善则想成为天津专区的"英明领袖"

中华人民共和国成立之初,由于多年的战乱,国民经济遭受了极大的破坏。到1951年底,虽然工农业生产得到了恢复,经济秩序也有了好转,但就总体而言,

红墙大事
——共和国重大历史事件的来龙去脉（上册）

共和国依然处在十分困难的情况下。刚刚建立起来的各级党的组织和政府机关，经费短缺，办公条件艰苦，甚至有的地方，连穿衣、吃饭等基本生活都难以得到保障。为了改变这种情况，避免给本来就很困难的国家财政进一步增加负担，避免在有的地方曾发生过的侵犯群众利益的事情，维护党和政府的良好形象，中共中央号召各级党组织和政府开展机关生产，并曾作出过一系列关于开展机关生产的规定。

中央根据新中国成立初期的经济形势，提出开展机关生产，完全是以救灾为出发点，目的在于通过开展一些力所能及的机关生产活动，弥补财政之不足，改善办公条件和机关生活。这无论从政策角度还是工作措施上讲，都是符合当时实际情况的，而且实践证明也确实对党和政府机关的建设起到了很大作用，稳定了人心，鼓舞了士气，巩固了政权。但同时，这种做法也是暂时的，是一种特殊时期的过渡性政策和措施。

作为地委书记和地区专员的刘青山、张子善，根据中央号召和上级指示，在本地区范围内组织开展机关生产。但是，他们借机关生产的名义，贪污行贿，中饱私囊，挥霍浪费，既违背了中央精神，又损害了广大人民群众的利益，使机关生产变了"味"、改了"色"、走了"调"，直至陷入犯罪的泥潭不能自拔。

1950年，中央确定成立天津地委和天津专区，地委和专区机关设在天津市西南方向距天津六十多华里的杨柳青镇。

当时的杨柳青镇，只有近万户人家，与当地其他小镇一样，房屋破旧，街道狭窄。在镇的中心地段，有一所灰砖建起的院落，据说原先是一个姓石的资本家的住宅，叫石家大院，天津地委、专区机关的办公地点就设在这里。

从当时的天津专区行政区域看，包括静海、青县、大城、任邱、文安、霸县、永清、安次、武清、宝坻、宁河11县，以及汉沽、杨柳青、胜芳三个镇。整个天津专区位于河北省中部与京津两大城市之间，靠近京沪铁路，经济发展潜力很大。由于天津专区地处九河下游，地势低洼，历史上多次发生洪涝灾害。1950年夏天的一场大雨，使全区大部分地区洪水成灾，工业生产遭受到了较大损失，刚刚获得翻身解放的广大群众，生活又处于极端困苦的境地。

就在这种情况下，刘青山、张子善根据上级决定，带着省委的嘱托和希望，走上了天津地委书记和天津地委副书记、专区专员的领导岗位。

四　地委书记、专员受到处决的内情

穷人出身的刘青山、张子善深知饥寒交迫的痛苦，对当时天津专区所面临的困难也有一定了解，本应在地委书记和专区专员的位置上，努力带领本地区的群众尽快摆脱困境，为国家的经济建设作出自己的贡献。然而，当手中的权力越来越大且缺乏有效的监督的时候，当身边所处的环境真的变了的时候，他们的灵魂深处却越来越多地滋生了资产阶级思想。正像张子善后来在一份交代材料中所写的那样：

"党是伟大的、光荣的、正确的，而且在不断发展、提高、壮大着，个人自凭忠心耿耿，以身许党而埋头苦干，只管工作，不问前程，只图成绩、标榜，不思学习，提高思想，重工作，轻学习，终身陷入辛辛苦苦的官僚主义泥坑，思想不开阔，认识不敏锐，对日新月异发展着的新国家、新制度、新观念、新精神，缺乏感觉；事实上变成了落伍者，而不自觉，因而使伟大、光荣、正确的党内的一个忠心耿耿的党员，变成了不伟大而是极渺小，不光荣而是极黑暗，不正确而是极错误、极可耻的罪人！是突然的吗？是奇怪的吗？是意外的吗？当然是意外的突然，是惊天的怪事！不仅个人这样想，党也是这样感觉！但平静地想，却又意外不奇怪起来，甚至必然会发生这样的事变！一是党缺乏这种情况的教育与检查；二是个人缺乏警惕，仍是游击环境时工作的思想，仍是以为党凭良心、真理办事，没有新的国家、法制观念与新的纪律观点，再加之，新的环境新情况，特别是靠近了大城市。城市的铺张、大方、阔气，以及资产阶级的豪华、享受的影响，再加之人们反乡村观点、游击生活、土包子作风，等等，使自己失掉了操守自持的毅力，虽一颗忠心耿耿之心尚存，虽风尘仆仆、忙忙碌碌地工作，但沾满了尘污，侵蚀着心肠的存在与发展，其走到不伟大、不光荣、不正确而到可耻的道路上，有什么奇怪的呢！"

身为专区主要领导的刘青山、张子善，上任后首先关心的不是人民群众的生活，不是积极组织生产自救，而是将主要精力用到了机关生产上。

刘青山到任后，逢会必讲机关生产，不仅要求专区本级要大搞机关生产，还要求各县镇也要把机关生产当作大事抓紧、抓好。指示各级机关，要有专人负责，要建立相应机构，要大见成效。

在刘青山的鼓动下，有的县镇机关生产搞得"红红火火"。一时间，机关生产成了个别县镇的中心工作，个别领导一门心思扑到机关生产上，拉关系，找财

红墙大事
——共和国重大历史事件的来龙去脉（上册）

路，搜刮民膏，贪污腐化，但与人民群众的生计息息相关的救灾度荒工作却冷冷清清，无人问津。

而刘青山本人，则更是紧紧抓住机关生产不放，为自己的部属做出了"样子"。在他担任天津地委书记的两年多时间里，始终没有扎下身子、扎扎实实地抓全面工作。从上任到被捕，大部分时间他都借口身体不好，在天津治病疗养。这样，一则可以尽情地享受都市的所谓豪华生活，用本属于国家和人民的金钱，吃、喝、玩、乐；一则可以排除"干扰"，专心致志地搞他的机关生产。看着机关生产的"效益"一天天地好起来，想想就在身边、触手可摸的舒适生活，刘青山心里美滋滋的："机关生产搞好了，开支什么都方便。"

那么，他们在机关生产中是怎样把钱弄到手的呢？

1952年，在河北省人民法院临时法庭对刘青山、张子善的判决主文中，有这样一段文字：刘青山、张子善"在资产阶级腐朽思想的严重侵蚀下，为达到个人挥霍，乃假借经营机关生产之名，利用职权，狼狈为奸，于1950年春至被捕前先后盗窃国家救灾粮、治河专款、干部家属救济粮，总计共达171.6272亿元"。雁过拔毛，贪污挪用，乃他们的主要手段，并由此派生出以下一些具体操作方法：

一是"不顾灾民死活，苛剥政府以工代赈救灾粮款"。

天津专区濒临渤海，处在河北省许多河流的下游，且该专区地势低洼平坦，抗御洪灾的自然条件较差，河防维修工程任务很重。因此，治河经费在华北地区最多。刘青山、张子善搞机关生产，自然不会把这笔经费放过。

1950年秋及1951年春，河北省决定采用"以工代赈"的方法，责成天津专区组织修治该专区境内的潮白、海河、永定、大清、龙凤五条河流，主要任务是趁冬季雨水较少，疏通河道，加修堤防。

所谓"以工代赈"，是1949年12月19日，政务院提出的一项救灾措施。即受灾地区，组织群众出工劳动，国家给以适当的粮款补贴，以报酬的方式发放，用于代替一般的赈灾救济。这是因为当时国家财政十分困难，对全国的受灾地区无力划拨足够的救灾资金，而在生产淡季，受灾地区又有大量劳力闲置，采取"以工代赈"的方法组织群众救灾，既解决了群众的生活问题，又加强和改善了受灾地区的基础设施建设，一举两得。这在当时确不失为一种行之有效的良策。为此，政务院在一个受灾地区生产救灾的指示中要求："在有水利、交通等工程的地方，应组织灾民工作，以工代赈。"然而，身为党的高级干部的刘青山、张子善，却把国家困难和群众利益置于脑后，做起了克扣群众命根子粮钱的勾当。

1950年春天，省里根据天津专区的受灾情况，指示天津专区组织开展"以工代赈"，并划拨了相应的粮款。专区合作社在供应民工物资的营业中，利用不正当手段，苛赚民工粮食220万斤。张子善得知此事后，假惺惺地公开说赚民工钱太多了，并责令该社退还民工50万斤（折款3.74多亿元），实际上他盗用此粮款垫付了杨村飞机场征用民地的赔款。

1950年秋天，刘青山、张子善几乎是用同样的方法，将数万民工的粮款供应纳入"机关生产"，从中苛剥6个亿。

1951年春天，河北省再次拨粮1800余万斤，修治前述五条河流。这一次，刘、张二人有经验了，胆子也更大了。刘青山亲自到供应处听取汇报、"检查工作"，布置了要"赚30个亿"的任务。张子善于4月亲自到供应站主持抬高民工食品粮、油、菜价格。民工食用高粱米每斤售价提高百元，共324.8万余斤，赚得现金3.248亿元；食用油每斤售价提高千元，共8930斤，赚得现金890余万元；咸菜每斤售价提高千元，共60余万斤，赚得现金6800余万元。此外，还收取用具折旧费8亿元之多，以及采取拨粮虚报运费、偷税漏税等方法，共计苛赚民工及盗用国家资财共达16亿元。最不能让人容忍的是在治河粮的供应中以次充好，将发霉变质的粮米供应民工食用，实乃天理难容。按照刘、张的指示，专区有关部门从胜芳调拨霉坏的玉米20万斤到治河工地，民工食用后，仅静海、宝坻等县就病亡数十人，有的还造成终生残疾。

刘青山、张子善身为党的干部，不仅丧失了党性原则，而且严重败坏党在群众中的威信；身为当地群众的父母官，不仅不与民做主，反而无情地盘剥群众。据统计，他们仅苛剥河工粮款一项，就非法掠取不义之财22亿元，粮220多万斤。罪大恶极，在当时实属罕见。

二是破坏国防建设，即盗用"飞机场占地赔款"及国库粮。

1950年10月，中央指示修建武清县杨村飞机场，并拨款29亿元。为了加强对修建工作的组织领导，由天津市一位市长、天津专区地委副书记张子善、武清县县长李××组成了筹建委员会。刘青山得知此事后，喜笑颜开，认为又一个生财机会到来了。他擅自决定将国防建设20亿元巨款投入搞机关生产，用于开办

红墙大事
——共和国重大历史事件的来龙去脉（上册）

天津市电线厂。而对飞机场占地赔款则采取拆了东墙补西墙的办法，零星拨付。1950年11月，张子善借口民工粮食供应不足，找粮库主任，擅自提调国库粮50万斤，加上他于同年春天责令合作社退回但实际根本未退的治河民工粮50万斤（折款3.7亿元），才付清了杨村飞机场占地赔款。待飞机场竣工结账时，人们发现，实际开支为21.6亿元。其余资金主要为张子善拨给武清县赔偿打井和学校占地400亩合计用款1.967亿元；由张子善批准武清县搞机关生产（麻袋庄）用款1.41亿元；专区尚余5.433亿元，其中5亿元作了专区机关生产费用，4330万元下落不明。

三是违法动支水利专款。

1951年7月，新建的天津市电线厂向张子善报告说"买铜没钱"，申请拨款。张先到银行贷款，银行不同意；张又与专署建设科商量，以"买电线"为名，于7月17日亲笔批示："可无息借款，限八月十日归还。"就这样，10亿元水利建设专款被挪作他用了。结果电线厂借款后，迟迟不能偿还，后经专署建设科反复交涉，才分四次到10月还清。

1951年9月18日，天津专区机关生产调整合账，防空司令部抽回入股资金20亿元。为此，张子善找专署财政科商量，拟借用水利款20亿元入股经营。建设科不同意说："借给财政科可以，不借给生产管理处。"张子善便令弓××用专署财政科名义打借条，再由生产管理处给专署立"信托契约"，言明月息1分5厘，40天本利清偿，擅自将20亿元巨额水利专款盗用作机关生产费用。

据统计，他总共违法动支水利建设专款30亿元。

四是非法动用干部家属救济粮。

1951年，省政府人事局拨给天津专区干部家属救济粮17.5万斤（折款1.75亿元）。张子善对这批救济粮也颇费心机。他用"随用随还"的骗语，令专署人事科给财政科写信："请将省政府拨来干部救济粮款1.4亿元，给×××作为干部救济用"，并加上"地委已批准"的字眼，致使上级专门用于解决干部生活困难的粮食，又被张子善投入了机关生产。

五是违法拼凑地方财政，非法动用地粮公产。

1950年初，刘青山和张子善商量要收买机米厂。于是，张子善于同年2月亲自到天津市调地粮10万斤（用大米6万斤折合），派人取走抵款买了机米厂。

四 地委书记、专员受到处决的内情

从此,张子善假借"地粮由专区统一管理"为名,令财政科拼凑地方财政,开始扩大机关生产。同年 11 月 2 日,派人借财政科玉米 20 万斤(折款 1.04 亿元)投入天丰机米厂;11 月 6 日由张子善亲笔批信借专署财政科 3.985 亿元,经电线厂副经理之手挪入了电线厂;11 月 12 日经地委总务科借专区粮库玉米 9 万斤(折小米 6 万斤);10 月 5 日经地委秘书处处长借专署财政科款 2.2011 亿元;1951 年 4 月,张子善以在天津盖房名义,"交××科长带 9 亿款去津建房",实际上用此款买了汽车。

据当时的统计,刘青山、张子善通过克扣民工供应粮、干部家属救济粮、地方粮,以及盗用飞机场建设款、水灾区造船救济贷款等,共 171.627 亿元,投入他们所谓的"机关生产"。按当时的社会商品零售物价指数,如此巨大的款额,可购买小米 1 亿斤,供 250 多万人吃一个月;可购买棉布 5000 万尺,满足 50 万人、整整五个兵团的被装保障需要;可购买香油 6000 多万斤;可购买猪肉 4000 多万斤。

刘青山、张子善贪污腐化案发后,各有关部门纷纷揭露其罪恶行径,1952 年 2 月中旬的《河北日报》,刊登了省水利厅几位厅级领导的调查报告,详述了刘、张二犯鲸吞治河粮款的具体罪行:

"根据我们从水利事业粮款方面初步调查,刘青山、张子善在河工中的盗窃贪污行为,主要是挪(用)河工粮款,克扣民工工资补助和通过供应工作非法剥削民工。1950 年和 1951 年的两年中,他们前后三次挪用河工专款 32 亿元,1950 年挪用黄庄洼西堤占地赔偿费 2 亿元,用去搞'机关生产'。1951 年 7 月,张子善又以汛潮期购料为名,挪用 10 亿元,拨给他们的生产管理处使用三个多月。同年 10 月 10 日,张子善又挪用河工粮款,一直没有归还。在 1950 年前华北水利工程局主办的潮白河第一期工程中,天津专区供销社在供应工作上获取暴利达 24.5 亿元。当时因民工不满,被迫叫供销社吐出 5 亿元给民工,但结果却被刘、张投入了自己的机关生产。从此,刘、张看中了河工油水大,一心一意要当河工的包工头。1950 年秋工到 1951 年春工期间,因专区供销总社有它的直接上级,不能完全满足刘、张的要求。他们又伪装从政策出发,借口合作社为社员服务,不是代办一般民工供应,就把这个买卖抢到他们手里。在永定河、青龙湾河、海河放淤和子牙河防风四处工程的民工供应中,剥削了 22 亿元。他们以低价收买粮食,高价卖给民工,每斤赚 60 元至 150 元。其中有 10 万斤是 600 元一斤买

红墙大事
——共和国重大历史事件的来龙去脉（上册）

来的坏米，却以850元一斤的高价卖给民工。还自做大批咸菜，因用盐太少而发霉，仍旧高价卖给民工吃。供给民工烧煤，质量很坏，但价钱比市价还高。这样民工不但吃不好，还要多花钱，而他们却满足了个人的私欲。1951年天津专区的春工，在发给民工吃用粮时，买粮单位已附发了百分之十五至百分之十八的运费、加工费和损耗，并已定有合同，但他们在发给民工时，又从民工应得的粮内扣除出来肥私。通过这些卑劣手段，达到他们剥削民工、非法获利、挥霍浪费的目的。同时，在刘、张二犯的影响下，发现宝坻、静海、武清、霸县四个县，领导都不同形式、不同程度地挪用公款、克扣民工、假公济私等恶性事件，严重地破坏了人民政府的法纪，造成了不良的政治影响。"

其实，在刘、张二人的"亲自领导"下，天津专区的机关生产，从表面上看轰轰烈烈，但实际上从一开始就违背了中央的精神，并一步一步地走入歧途：

1. 投机倒把，倒买倒卖。在刘、张二人掌握操纵的机关生产活动中，上自中央明令禁止的军需物资，下至市场紧缺产品，只要有利可图，有钱可赚，机关生产部门什么都敢干。马口铁（即威士铁）当时是国家紧缺物资，因此，国家三令五申对此不得进行买卖，违者严惩。可财迷心窍的刘青山不以为然，一听说经营马口铁能赚大钱，便胃口大开，立即拍板，组织机关倒买倒卖。据有关资料揭发，仅1951年三四月间"倒买倒卖马口铁"一项，刘青山一伙就给国家造成了几十亿元人民币的损失。

2. 扰乱市场，投机商业。1951年4月，天津市木材价格上涨，刘青山、张子善一伙见有利可图，全然不顾国家有关木材管理的规定，指示生产管理处派一名干部，打着为灾民造船的旗号，冒充天津司令部的军官，一次就在东北骗购木材4000立方米，运回天津市搞商业投机活动。按当时东北成材价格，每立方米价格72万元，而他们运回天津卖给宝坻县灾民时，每立方米作价竟高达200多万元。

3. 高薪贿赂，扰乱国营工业技术人员管理秩序。1951年3月，生产处成立建筑公司，因缺少技术人员，刘青山无视国家关于国营工业企业工程技术人员管理的有关规定、法令，指示下属人员，想方设法去国营工业企业搜罗工程技术人员。并指出："不要怕花钱，工资一定要优于一般。"在刘青山这种思想指导下，生产处先后出高价拉拢几个国营工业企业的31名工程技术人员"跳槽"。其中从天津国营建筑公司、房管局、地政处拉出6人，从东北鞍山国营建筑公司拉出14人，从沈阳市建设局拉出11人。既破坏了有关部门的生产，也严重影响其他技术人员的情绪。这件事当时报纸就有所揭露。由于高薪利诱，致使有关单位的许多人不安心工作，纷纷要求领导增薪增资，有的甚至提出辞职，严重影响了这些企业的正常生产秩序。

4. 勾结不法奸商，破坏国家经济建设。翻阅刘青山、张子善的档案资料，我们惊奇地发现，刘、张二人及其生产管理处的生产经营活动，几乎无一事不与违法乱纪有联系，无一项业务不与违法乱纪有关系。旧社会横行霸道于天津卫的地痞流氓成了他们的得力助手，"五毒"俱全的不法资本家、大奸商被奉为座上宾。显然，与这些人打交道，刘青山、张子善一伙怎么能不违法乱纪，栽进深渊！

"机关生产"成了刘青山、张子善自我毁灭的坟墓。

通过大搞机关生产，他们手里的"活"钱多了起来，享受的档次也越来越高。刘青山虽然在杨柳青镇没待多长时间，但每逢他在的时候，都是单独起小灶，专门为他一个人做菜做饭；他在天津住的是位于中华人民共和国成立前天津市上流社会人物高级住宅区的马厂道十八号院，人称"刘公馆"；他去天津，将地委机关唯一的一台美式旧吉普车带走了，不久又动用3.6亿元资金，从香港购进两辆高级轿车，其中一辆成了他的专车；他经常出入高级酒楼、歌馆，有时竟到妓院嫖娼；他吸毒成瘾，离不了吗啡和白面，据说刘青山被枪毙那天，临刑前，执法人员问他还有什么要求，他提的唯一要求竟是请求给他打两针吗啡；他挥金如土，挥霍无度，不仅自己奢侈浪费，而且经常将大把大把的钞票当人情赠送。

张子善在生活腐化方面，丝毫也不比刘青山逊色。河北省人民检察署当年在起诉书中说："张子善与刘青山狼狈为奸，据已查实，张犯窃取国家财产1.33亿多元，其中除亲自批调胜芳公款2900余万元外，其余均系从机关生产开支。张多采取见空就钻，看人行事，以赠给、交换、照顾、看病等方式施行拉拢贿赂，腐蚀革命队伍。对下级干部，采取拉、打两个政策，顺者亲、逆者仇。如由胜芳调来2900万元款，除给刘2000万元外，张则以自己名义送给了六个县长县书记700万元，对正派干部则施以阴谋打击。张对同级（地委）也同样用金钱礼物实行蒙蔽、拉拢。据初步统计张送给十个地委委员现款、物品折款共计2399万元。张自身挥霍无度，其生活方式简直可与资产阶级相媲美。张、刘把宿舍装饰成资产阶级住宅的样子，相当于耗费米四五千斤，每月抽高等香烟8条至10条，能供给两个高级干部生活，洗澡擦皮鞋的花费折合约等于80斤米。"

仅此，我们就可以看出，刘青山、张子善在当时全国经济状况十分困难、人民群众尚没有彻底摆脱饥寒生活的年代，他们的生活是多么的糜烂！

刘青山、张子善不仅在经济上贪得无厌、在生活上追求腐化，而且在精神上还有着强烈的领袖欲。

据《人民日报》1952年1月4日第三版《党的生活》专栏报道，河北省天津专区机关全体党员围绕刘、张案件，组织开展了大讨论，揭发贪污分子刘青山、张子善的罪行："刘青山为压制党内民主，建立自己的封建统治秩序，曾这样无耻地说：'我这是马克思列宁主义在天津地区的具体化！'因此，在天津专区出现了一个所谓的'刘青山思想'。"

据1951年12月4日中共河北省委员会通过并经中共中央华北局批准的《中国共产党河北省委员会关于开除刘青山、张子善党籍的决议》揭露：刘青山、张子善"在政治上极力造成一个'唯我独尊'和'挥霍有道'的空气，刘青山说'老子拼命打了天下，享受些又怎样？'张子善则说天津地委内只能有'一个头'、'一个领袖'。有一个无耻之徒竟在'七一'纪念大会上高呼'向我们英明的领袖张专员致敬'，'在英明领袖张专员领导下前进'，而张则对人说：'应该向该同志学习。'"

刘青山性格外向，办事干练，快人快语。对于一个领导干部来说，这种性格运用得好，本该是个优点，它可以使人增强魄力，提高克服困难的勇气。但对刘青山来讲，它却成了一个包袱。狭隘、落后的农民意识，使他变得独断专行，他认为自己由奴隶一下子变成了主子，手中的权力比天还大，专区的大事小事应该执行他的"思想路线"。无论专区机关还是各县、镇，只要违背了他的意志，轻则训斥，重则痛骂，他认为这样做，别人就不得不接受他的思想了，"刘青山思想"就可以全面地深入人心了。

在刘青山的日常口头禅中，有一句天津地委机关人人皆知并时常挂在他嘴边的话就是："老子怎样，怎么样。""老子们打下天下，还能只让小子们来享受吗？""天下是老子打下来的，享受一下还不应当吗？""现在革命胜利了，老子该享受了！""老子拼命打天下，享受些又怎么样？"

这就是这位地委书记的领袖感觉。

正是受这种"老子天下第一"的思想支配，刘青山在任地委书记期间，拿党和人民的事业当儿戏，拿手中的权力当棍棒，到处吃喝、玩乐，横行霸道，最后终于腐化堕落到了不可救药的地步，自己走上了断头台。

与刘青山相比，张子善从外貌上看却文雅得多，在工作中也不表现得那么张扬。但其骨子里也是充满着领袖欲的，整天想着成为天津专区唯一的头号人物。他的策略是"曲线救国"，让"事实"说话，通过自己的"工作成绩"，让人们自觉把他当成天津专区的"英明领袖"。于是欺上瞒下，成了他指导工作的主要方法。

1952年1月8日，《人民日报》第三版刊登了河北省人民政府主席杨秀峰的文章《沉重的责任，惨痛的教训》，就省人民政府对刘青山、张子善惊人的贪污盗窃案件长期没有发觉未能及早处置，检讨了省府特别是自身在领导上的严重偏信，以及严重的形式主义和文牍主义。文中有这样一段话：

"张子善的居功自傲，欺上压下，有其历史性。我们只偏于看他过去艰苦奋斗的一方面，放松了他居功自傲的一方面；偏于看他'有办法'、'能完成任务'的一方面，而忽视了他压抑民主、家长式统治、欺上压下的恶劣品质作风的一方面；只看到完成任务，而未深察是怎样完成的。各专区干部中有'老实人吃亏'的议论（当然这个论调是不对的），这首先是不满意天津专区刘青山、张子善等人蒙上欺下的可耻行为而说的。"

1952年1月6日《河北日报》第三版刊登署名"齐心"的文章，《检查我受了刘青山张子善的思想影响》，文中说：

"在张子善好大喜功、报喜不报忧的思想指导下，在我写报告、写报道中跟着犯了一些错误。记得1950年春天，我写过一个天津专区灾情严重的稿子，夏天又写过一个由于忽视生产领导发生苗荒的稿子，这两篇批判性的稿子在《河北日报》上发表以后，都受到张子善的责备和打击。他说我给他找了'麻烦'，他让我立即写出成绩经验的报道，挽回以前报道的影响。张子善是不肯接受错误、不肯向上级暴露自己工作上有缺点的。过去中共天津地委给省委写的一些报告，很多是我经手起草的。回想起来，过去的报告多是偏重了成绩和经验一方面，是与张子善的思想分不开的，因为写了缺点他也要勾掉。他常说：'写报告、报道主要是写成绩经验；缺点可以带上两句，不然也不成样子。'"

对于张子善的工作作风，天津专区一位干部曾在揭发批判中概括为六句话三十个字："功劳归自己，错误给别人；报喜不报忧，全凭一支笔；强迫加命令，个人闹英雄。"虽不尽全面，却很准确深刻。张子善不但自己在搞蒙混欺骗，还经常拿出领导者的派头，教育地委专署的干部："你们为什么对工作中的缺点那么感兴趣？你们为什么向后看，而不提着灯笼向前走？"

行文至此，笔者不得不佩服张子善心计手段之"高明"。他来假的，玩虚的，连蒙带骗。难怪他不老实，竟能一时混得下去，混得不错，稳稳当当，滋滋润润！何故？一个重要原因，是他懂点心理学和骗人之法。他摸准了一些上级领导的脉搏，钻了官僚主义的空子，他认定领导没有多少时间深入专区各级机构来查对犯命令主义的干部到底有多少人，报上10人或100人都无所谓。他认为报喜不报忧总是一件好事，地委专署也是在省委省政府领导之下嘛，有了成绩省里脸上也光彩，总是说缺点省里面子也不好看嘛！编上八条成绩，再编上两条缺点，上面想认假都不容易，都得当真货看，还得夸赞天津地区的张专员"有办法"。

张子善就是这样一个招摇撞骗、瞒上欺下的人。

刘青山、张子善简直将天津地区搞成了一个"独立王国"，违法乱纪，随心所欲。他们对党内民主一贯采取极端反对的态度，把党委制变为家长制，重大问题不拿到党委会讨论，擅自做主，独断专行，取消民主，唯我独尊。他们长期不过党的组织生活，实际上成了党内的特殊人物，根本不要、也不容群众监督。他们的种种倒行逆施，自然会遭到一些忠诚的共产党员和正直的政府工作人员的批评和反对，于是这些人就成为他们的眼中钉、肉中刺，必除之而后快，采取了对付敌对分子的手段来对待党和人民干部。张子善极力宣扬在天津地区，党内只能有"一个领袖"、"一个头"，意思就是一切应由他独裁。有人写信向河北省控诉张子善，不但控诉书被他们扣压不能上达，连河北省委组织部查询这一控诉的信件，也被他们蛮横扣压。而凡是和他们气味相投、共同作弊的分子，则大肆拉拢，这就是刘青山、张子善的组织原则——逆我者亡，欺上压下，独断专行，结党营私，狼狈为奸。

两人都想当领袖，"一山容不下二虎"怎么办？

平时二人倒也相安无事。刘青山蛮横成性，张子善对其颇有些"敬而远之"，一硬一软，也还平静，因此，当需要勾结共谋时，他们显得能够同心协力；但凡刘青山讨要的，张子善无不设法满足之，据统计，张子善前后共给刘青山提供赃款3800多万元。当然，张子善从未从自己的腰包掏过一分钱。诸如什么动用地粮公款、将国防建设款贷给工厂和银行坐取利金、卖汽车钱、打借条或以其他名义从电线厂支款等，打着"机关生产"的旗号，建立专供其贪污挥霍的秘密"特费账"，"特需"，"赠送"，贿赂五花八门，无所不用其极，总共1.83多亿元，尽属刘青山名下！张子善在对其如此帮忙照顾的同时，却又大耍两面派手法，暗中散布"刘消耗过多"等不满言论，好像他出于无奈，出于迫不得已，好像他自己是个清正廉洁的人。实际上被他享乐、挥霍、贿赂和贪污窃取的国家资财也达1.94多亿元，比"消耗太多"的刘青山还多！

由于他们的"友谊"是建立在私欲基础之上的，因此，当真的遇到大风大浪时，便显得无比脆弱和苍白。

1951年夏，省委决定调整天津地委和专署的领导班子。刘青山和张子善深知在天津专区有大利可图，因此都想把对方挤走而自己留下。于是二人发生了猜疑和矛盾，罪行开始败露，并引起了省委的警觉。

根据省委指示，刘青山调石家庄市工作，任市委副书记。刘青山临走时，以张子善为首的天津地委慷慨地决定赠送他1000万元，外加买收音机500万元，均从机关生产管理处支取，其他零星开支不算。刘调石家庄市时，实际带款2800万元，汽车一辆。临走时，刘青山犹豫起来，他做贼心虚，自知贪污浪费罪行严重，也明白他的老搭档张子善的虚伪为人，他想找一个万全之策，既将公款据为己有，又要确保将来经得起检查，不翻船。他挖空心思，施展鬼蜮伎俩。刘青山在6月28日的日记中写道："离津前把所有之账弄个一清二白，不留后事……决不留空叫他们钻。""他们"指谁？显然是指张子善等人。刘青山看透了张子善，临走时他特意留下3000万元，嘱托他人见风使舵，预防后事；假如不出现大的情况，他还可以再收回此款，作为日后挥霍享受的"保险金"。

刘青山被调走后，张子善接任地委书记。从后来刘青山所写的一封信中可以看出，刘青山走后，张子善似乎做了一些"出卖朋友"的事。

刘青山被调到石家庄市后，省里明确指示，不准其将汽车带到石家庄，刘不得不派司机将车送回天津地委。这次，刘青山又让人带款1000万元到天津专区，并给托付之人写了一封信，内容："张这种行为，早为我所预（料），因此我当时不把款代（带）着，作为预防他这种行为。"

由此可见，刘、张二人虽有时狼狈为奸，但更多的是猜疑防范。

1951年12月4日，河北省决定开除刘青山、张子善的党籍。消息传到杨柳青镇，

红墙大事
——共和国重大历史事件的来龙去脉(上册)

中共杨柳青镇委当天就组织召开了全镇400名党、团员参加的大会,一连几天,进行学习讨论。同时,工人、农民、教职员工以及工商界的座谈会也纷纷举行,各界人士一致拥护省委的决定,从内心感受到中国共产党的伟大、光荣、正确。

中国共产党绝不能容忍什么"刘青山思想",人民绝不会饶恕张子善这样的"英明领袖"!

毛泽东突然问李银桥,你贪污了没有?李银桥有点吃惊。毛泽东接着说,反腐蚀,不要叫糖衣炮弹打中

1951年11月,北京下了第一场雪。

工作了一夜的毛泽东走出办公室,望着空中飞舞的雪花,久久地一动不动。

毛泽东爱雪,他爱雪的朴实无华。当茫茫大地陷入深冬的时候,雪就将那宽厚的身躯化作一床巨大的棉被,覆盖在大地上,默默地承受着严寒,阻隔着冰冻,保护着素素的绿苗;当大地回春,万物渴望着滋润的时候,它又悄悄地化作一丝丝津液,"润地细无声"。是啊,新生的共和国就建立在这样的土地上,她需要雪一样的呵护,需要雪一样的滋润。共产党作为执政党,有责任、有义务,在人民群众遇到"严寒"的时候,为他们御寒;在人民群众面临困难的时候,把他们组织起来,给他们战胜困难的勇气和力量。当前,党内存在的严重腐败现象,与党本应具有的这种性质是格格不入的。

毛泽东爱雪,他爱雪的公正无私。唐朝著名武将高骈有《对雪诗》:"六出飞花入户时,坐看青竹变琼枝。如今好上高楼望,盖尽人间恶路岐。"雪花把芊芊青竹变成了洁白的琼枝,整个世界都变得明亮了,人间路途上的坎坷不平和浊水污泥早已不见了踪迹。"填平世上崎岖路,冷到人间富贵家。"雪不仅能填充坎坷不平,而且不论贫富贵贱,一视同仁。雪简直是公正而无私的楷模。共产党是广大人民群众利益的代表,如果贪图荣华富贵,遍沾污泥浊水,就失去了雪的洁白。如不彻底地清除党内的资产阶级思想,就不能给新生的共和国带来圣洁。

毛泽东爱雪,他爱雪的激情。那晶莹的雪花上,闪烁着社会的理想。"新年都未有芳华,二月初惊见草芽。白雪却嫌春色晚,故穿庭树作飞花。"在大地一片寂静,万物渴望春天的时候,雪为了解除人们对春天的焦急等待之忧,宁愿自己下界,化作一片片花絮,纷纷扬扬,穿树越枝,提早装点一派春色。满目疮痍的共和国,多么需要这样的激情啊。人民群众渴望每一个党员都像一片雪花,给

他们带来无限生机,使他们充满自信和勇气。

毛泽东爱雪,他爱雪宏大的气魄。雪可以把整个世界变成银色。无论山川还是江河,面对气势磅礴的大雪,只能退避三舍,掩去面目;雪可以荡涤天地间的污浊,使世界变得高雅、洁净。共产党就应该具有雪的这种气质,扫荡一切与人民利益相悖的污泥浊水,把共和国装扮得更加富丽妖娆。

毛泽东爱雪,赞雪。他写过许多诗词咏雪。

他不让卫士扫去庭院中的落雪,自己也不忍心踏踩。

他经过陈旧褪色的廊檐,走出菊香书屋后门,沿着中海散步。

他专拣雪厚的地方走,有意放平脚步,有节奏地踩着积雪,入迷地倾听着脚下发出的"咯吱咯吱"的碾雪声。他觉得这声音非常悦耳。

他走着,精神饱满,兴趣盎然。忽然,他想起了什么,回身朝自己留下的一串串脚印望去。自家院里的雪不忍心踩踏,留给自己欣赏;外面的雪谁踩上去都不怜惜。伟人是人不是神,伟人同样具有凡人的情感。

毛泽东继续向前走着,不时停在松柏旁欣赏枝上的积雪。他忽然向相随而行的侍卫发问:"银桥,你贪污了没有?"

李银桥稍微有点吃惊,怎么扯到这上了?但很快地坦然回答:"没有。"

"那就好。你来的时候像这些雪,以后也要保持。反腐蚀,不要叫糖衣炮弹打中。不贪污,还要节约。比如给我洗衣服,领口袖口擦擦肥皂,其他地方一抒一揉就行,不要用很多。"

"知道了。"

"家里的支出要有计划,吃饭不许超支,衣服不经我允许不能做新的。"

"是。"

"你喜欢雪吗?"

"喜欢。"

"农民喜欢雪,瑞雪兆丰年。害虫不喜欢。一下雪,苍蝇就没有了。我也喜欢雪,我们都喜欢雪。"

雪落大地静无声。它的象征意义,从上述一番对话中已形象地表明。

毛泽东大步走着,思绪如雪花飞舞。

是的,要实行民主,形成一种有力的社会舆论和群众的威力。要在共和国这片土地上,滋润万物、扫除不平、焕发生机、荡涤腐败,仅靠一两场"雪"是不行的，必须进行持久的反腐败斗争。这就是要实行法制。制定一部铁面无私的法律，人人——不管是中央最高层的领导，还是普通老百姓，960多万平方公里全部包括在内——都必须遵从，违者对号入座，毫不留情！

一切国家机关、企业、学校及其附属机构的工作人员，凡侵吞、盗窃、骗取、套取国家财物，强索他人财物，收受贿赂以及其他假公济私违法取利之行为，均定为贪污罪。

贪污所得之财物，应予追缴，其罪行特别严重者，要没收其财产之一部分或全部。个人贪污之数额在人民币1000万元以下者，判处一年以下徒刑、劳役或管制；或免刑，予以开除、撤职、降级、记过、警告之行政处分。往上，每多贪污1000万元即增判一年徒刑，贪污4000万元判四年，贪污8000万元判八年；贪污一亿元以上者判十年以上有期徒刑或无期徒刑，其情节特别严重的判处死刑！

毛泽东边走边想。

这次"三反"运动，对每个干部，特别是对各地区、各部门和各机关单位的各级主要负责干部，尤其是对其中的共产党员，是一个极其重要的考验。它考验着我们的根本政治立场，考验着我们对党和人民革命事业的坚定性和彻底性。

坚决、全部、干净、彻底地消灭一切贪污现象，让旧社会遗留下来的这个祸国殃民的流毒，经过我们这一代革命人民的斗争而永远绝迹！

……

几个月后，1952年4月21日，中央人民政府主席毛泽东颁令，《中华人民共和国惩治贪污条例》公布施行。

这是雪的内涵，雪的结晶。

（注：本篇使用的货币单位为旧币，一万元相当于现在的人民币一元。）

五 "克什米尔公主"号惨案的内幕

- 外交部接到情报：国民党特务欲对中国政府代表团所乘的飞机进行破坏，并准备了定时炸弹

- "克什米尔公主"号发出三次求救信号，便消失在茫茫的大海之中

- 面对险象环生的旅程，周恩来毫无惧色。他说，文仗如武仗，不能无危险。周恩来如期飞赴雅加达

- "克什米尔公主"号事件震惊了世界。周恩来希望英国政府指示香港当局尽快侦破此案

- 事件真相大白，但凶手——被国民党保密局收买的周驹却逃往台湾，空难事件草草结案

- 在八宝山公墓的墓碑上，周恩来题词：为和平、独立和自由的事业而光荣牺牲的烈士永垂不朽

红墙大事
——共和国重大历史事件的来龙去脉（上册）

1955年4月11日，下午6点30分，在中国南部海域上空，伴随着一声巨大的爆炸声，一架小型客机带着一团火球，坠入北加里曼丹西北海中。这是中国为出席万隆会议包租印度航空公司的"克什米尔公主"号座机。机上中国代表团三名工作人员、五名记者和三名外国乘客全部殉难，印度机组中有三人生还。事后查明，这件惨案是台湾当局一手制造的，目的是企图暗杀周恩来总理。但多年来，台湾当局却矢口否认，坚持说"没这回事"。但是历史的风雨总会冲刷掉谎言的尘埃，让事实昭示人间。1995年，时逢"克什米尔公主"号遇难40周年之际，制造此惨案的主谋，当年任台湾保密局侦防组组长的谷正文，首次揭开了尘封40年的台湾情报界黑幕，抖出了"克什米尔公主"号爆炸的内情。"克什米尔公主"号事件真相终于大白于天下。

外交部接到情报：国民党特务欲对中国政府代表团所乘的飞机进行破坏，并准备了定时炸弹

1955年1月15日，清脆悦耳的电波声从印度尼西亚的首都雅加达传向中国的首都北京，震动了世界！

印度尼西亚总理阿里·沙斯特罗阿米佐约代表印尼、缅甸、锡兰（斯里兰卡）、印度、巴基斯坦五国总理致电中国政府，邀请中国政府代表团出席4月18日在万隆召开的亚非会议。

在当时两大阵营对立斗争十分激烈的局势下，作为社会主义阵营中大国的中国受到邀请是很难得的，也是来之不易的。中国事先做了许多工作，得到了许多亚非国家的理解和支持。缅甸总理吴努甚至向有关国家宣称："如果不邀请中国，缅甸就不准备出席亚非会议！"

中国为了争取和扩大国际和平统一战线，促进民族独立运动，打破美蒋对大陆的孤立、封锁，建立和加强同亚非国家的关系，决定接受邀请赴会。当时，周恩来刚做完阑尾炎手术，还没有完全恢复，因此中共中央和毛泽东对指派周恩来前去参加会议，有些犹豫，但周恩来不顾身体虚弱，奋然请战，中共中央和毛泽东最后任命周恩来为中国代表团团长，率陈毅、叶季壮、章汉夫和黄华、乔冠华等出征万隆。

当时中国还没有直飞印尼的航线，只能租用外国飞机，而且必须取道香港。

五 "克什米尔公主"号惨案的内幕

由于租不到大型飞机,只好租了印度的一架中小型客机"克什米尔公主"号。事先,中国代表团与印度航空公司说好,4月11日"克什米尔公主"号作为国际航班飞来香港后就不再卖票,变成中国代表团的包机。

4月初,周恩来收到缅甸总理吴努的两封电报,邀请周恩来总理在4月15日之前两三天到仰光去休息几天,并说由他们派飞机到昆明来接周总理,同时,还有几个国家的领导人也要去。周恩来意识到这是开展工作的好机会,所以欣然同意。但那时昆明和仰光之间也没有航线,要先试航成功才能成行。这样4月7日,周总理和陈毅副总理率代表团从北京乘伊尔—14飞机首先飞昆明,在那里等待试航成功。

一个罪恶的阴谋即将实施。中国外交部从某种渠道获悉:国民党特务收买了香港机场的勤务人员,要将定时炸弹放进"克什米尔公主"号的油箱里。在周恩来飞往昆明前,外交部把这一信息紧急电告了总理,周总理当即指示有关人员查明真相,采取措施,处理此事。

9日,昆明—仰光试航成功。周恩来及中国代表团主要成员放弃了原先乘坐"克什米尔公主"号的计划,而是从仰光直接赴万隆。但由于代表团的部分工作人员和记者,另有三名国际友人仍按原计划,于4月11日乘"克什米尔公主"号由香港飞赴雅加达,所以大家并未轻松下来。当天晚上,周恩来在昆明给邓颖超打了一个电话,同时向外交部发出紧急指示,要求外交部将台湾特务要炸机的情报火速转告新华社香港分社和中国代表团,要他们立即向香港当局提出交涉,并请香港当局保证中国有关人员的安全;要求外交部约见英国驻华代办杜维廉,请他一定保证乘坐"克什米尔公主"号的代表团成员的安全。

外交部办公厅主任董越千当天晚上将周恩来的指示立即传达给新华社香港分社和中国代表团。第二天一上班,他又急忙向外交部常务副部长张闻天做了汇报。张闻天对此十分重视,马上指示欧非司副司长张越向英国驻华代办处进行交涉。

10日上午9时,张越紧急约见英国驻华代办处参赞艾惕恩,告之中国代表团部分工作人员和记者等一行11人在第二天上午将由香港乘飞机去参加万隆会议,中方已获悉国民党特务将从中进行阻挠和破坏,故请其转告香港当局注意,并务必对他们的安全采取必要措施。

艾惕恩对张越所述情况还是很重视的,他详细地询问了中国代表团的有关情

红墙大事
——共和国重大历史事件的来龙去脉（上册）

况后即表示，他将尽快将这一情况转告港英当局。还对张越说，以后再有什么情况，要及时转告给他，他可随时电告香港。

新华社香港分社接到周恩来的指示后，立即将这一情况正式通知了港英当局。11日凌晨时分，万籁俱寂，整个香港都沉浸在梦乡之中，然而新华社香港分社的同志们却在忙着落实周恩来的指示，为保证"克什米尔公主"号的安全，紧张地忙碌着。

凌晨一时半，新华社香港分社派专人来到印度航空公司驻香港分公司的经理家中。深夜惊扰人家，按理说有些不礼貌，但事关重大，已顾不得其他了。中方人员急急地叩开了印航驻港分公司经理的家门，把他从酣睡中叫醒。

睡眼惺忪的印航经理听了中方通报的情况后，将信将疑地问："你的意思是否说有人可能要破坏飞机？"又加重语气追问了一句："你的消息是否有根据？"

中方人员以肯定的口气回答道："有可靠根据，我深夜造访正说明了这点。如果出了问题后果不堪设想。"

印航经理听后还不甚相信，略加沉思后说："这种情况估计不可能发生，因飞机几小时后才能到达香港，下午一时即起飞，只在香港加油，停留一小时，光天化日之下，谁也不敢胆大妄为。"

看到印航经理不甚相信的样子，中方人员很焦急，干脆直截了当地指出在香港机场的地勤人员中，有的人就同国民党特务分子有联系。

看到中方人员一脸焦急的样子，加上深夜造访，印航经理也不由得紧张起来，最后表示，一定会采取安全措施，到时候派印度工程师去检查油箱，并将亲自到机旁监视。

上午10时，新华社香港分社再次派人约见印航经理，请求他一定要严加防范。印航经理答应在香港机场停留期间，不让任何人接近飞机，就连增添食品、加油、押运行李等工作也一律由公司派专人负责。

后来证明，中国的情报是十分准确的，但在当时的情况下，仍是防不胜防，悲剧还是发生了，中国为出席万隆会议付出了血的代价。

"克什米尔公主"号发出三次求救信号，便消失在茫茫的大海之中

4月11日中午12时15分，"克什米尔公主"号在香港启德机场加油后，

五 "克什米尔公主"号惨案的内幕

按时起飞。到下午 6 时 30 分,这架星座式飞机在飞越北婆罗洲沙捞越西北海面上空时,机上突然一连三次发出求救信号。

雅加达机场顿时变得一片惊慌,指挥塔当即对着对讲机高声喊问:"机上有没有周恩来?有没有周恩来?到底有没有?"

当机长回答"没有"后,联络突然中断,飞机失掉了联系。

此时,周恩来正在昆明,焦急地守在电话机旁。

周恩来从 11 日下午起就一直守在电话机旁关注"克什米尔公主"号的飞行状况。周恩来当时的卫士长成元功回忆说:4 月 11 日下午总理在昆明接连接到北京打来的几个电话。"第一个电话说'克什米尔公主'号从香港正常起飞。到下午 6 点多的第二个电话说与飞机失掉了联系,有个通讯社听到中国南部海上空有巨大的爆炸声。大家一下子紧张起来。到晚上的第三个电话就证实飞机失事了。"

曾任《世界知识》主编的董书海,那时才 22 岁,在中国驻印尼大使馆担任翻译。他回忆了那个紧张的时刻:"当时我们几个人提前到万隆打前站。我负责收集外电对我国代表团的反应。那天晚上我接到印尼安塔拉通讯社的电讯稿,一翻开看到这么几行字:'中国代表团的包机克什米尔公主号在印尼领海上空起火爆炸,下落不明。'我两手发抖,看不下去。马上找到参赞陈叔亮,他说,你镇静,别慌、好好念。我很快把电讯译出来,他立刻打电话给使馆。"使馆同时也收到了这条电讯。实际上从下午起,他们因为没有接到飞机,就已经陷入焦灼之中了。

其实在飞机与雅加达机场联络塔失去联系的刹那,飞机已随着巨大的爆炸声,燃着烈火,裂为几段,坠入了大海。

据三位生还者回忆,"克什米尔公主"号从香港启德机场起飞后立即处在浩瀚的大海上空,灿烂的阳光,蔚蓝的天空,碧绿的大海,飘浮的白云。银色的机体在这如诗如画的环境中平稳地飞行了五个多小时后,不幸的事情终于发生了。

下午 6 时半左右,正是残阳如血的时刻,在倦意沉沉的机舱里突然传出巨大的爆炸声。刚刚入睡的飞机维护工程师卡尼克立即被惊醒,一下子从座位上跳起来。这时,他看到一阵阵烟雾从冷空气导管不断喷出,认为是后行李舱起火,在报告机长后,以最快的速度将灭火器射向后行李舱。但事情并没有像他想象的那么简单。领航员帕塔克很快又可怕地发现右翼第二号发动机吊仓后面也燃起了大火,卡尼克再向机长告急,又将一组灭火瓶射出,但无济于事。火势在离海平面

红墙大事
——共和国重大历史事件的来龙去脉（上册）

18800 英尺（1 英尺约为 0.3 米）上空的机舱内蔓延。面对这万分紧急的情况，机长当机立断，预备采取强行迫降措施，同时用无线电发出求救信号。这时，险情在继续发展，第三号发动机火警信号灯又亮了，机组人员不得已迅速将第三号发动机的螺旋桨进行顺桨，并把二氧化碳喷向该区。原本储备不多的灭火器消耗殆尽，在这十万火急的焦人时刻，右加温机火警又开始报警，扑灭该区火患显然已不可能。机组人员眼瞅着火焰不断蔓延，液力系统、电器系统相继失灵。强行降落已是唯一的希望。在飞机下降过程中，连续发出三次求救信号。

  在短暂的联络过程中，雅加达机场明确了周恩来并没有在飞机上。但飞机与地面的联系系统几乎在机长向雅加达指挥塔回答周恩来未乘该机的同时，立即失灵，飞机与地面的联系中断。这时飞机所在位置距离雅加达还有一个半小时的航程。

  飞机在急速地下降，机组人员镇定地安慰着大家，并熟练地采取应急措施。空中小姐把救生背心发到每一个人手里，包括机组人员。虽有的乘客"面容失色"，但并没有发生混乱现象，大家服从机组人员的指挥、安排。机长也做了最坏的打算，他命令机组人员把乘务组座舱的通门打开。工程师卡尼克把客舱的两个紧急出口和乘务组舱的出口也打开。滚滚黑烟随即充满了整个机舱，乘客被呛而发出的咳嗽声此起彼伏。

  这时，飞机冒出的黑烟弥漫在飞机的周围，飞行的能见度受到极大的影响，能见度降低，海面与地面已模糊不清。机长想拉升飞机向左转弯，企图将飞机降落在接近陆地的地方，但由于机身严重受损，完全失控，尽管机长及全组人员做了最大的努力，飞机还是随着一声呼啸，像一团烈火冲向海面，坠入了大海。

  令人略感欣慰的是，机上人员并未全部遇难，三名机组人员得以奇迹般地生还，事后，他们向人们描述了那与死神搏斗的惊心动魄的过程和场面。生还的这三个人分别是领航员帕塔克、工程师卡尼克和副驾驶员狄克西特。

  帕塔克和卡尼克在飞机冲向大海的刹那间被强烈的气浪甩出机外，落入大海之中。狄克西特则是在飞机坠海后，猛力踢开身旁的滑动窗，拼力钻出水面。三个人都有着强健的体魄，又有熟练的水性。卡尼克和狄克西特很巧被海浪冲到了一起，两人为互相借助体力，捆在一起以共同求生，他们在海上忍着饥渴足足漂泊了八个多小时，最后爬上了一座小岛。帕塔克单独与海水搏斗，凭着生存的本能和毅力，最后挣扎着也漂到了小岛上。小岛上的居民因语言不通，无法弄懂这

五 "克什米尔公主"号惨案的内幕

三人来自何方，还以为他们是船只遇难漂流到岛上来的，而绝没料到他们竟是从天而降的。

"克什米尔公主"号失事后，新加坡和印尼空军当局都派出了军用飞机到出事地点搜寻。英国皇家空军、海军也派出多架飞机和多艘军舰前往出事地点营救。后来，三名幸存者被英国皇家"丹波尔"号军舰发现并获救，幸运地得以生还。而其他乘客和机组人员共16人全部遇难。

飞机出事后，中国驻印尼大使黄镇立即派武官茅琛前去处理这件事，随后又派使馆的黎笑村和胡陶两人到失事地点进行调查。

在打捞过程中，人们惊奇地发现，所有机组人员和乘客都被冲离飞机，尸体在海面上漂浮着，唯独机长贾塔尔的尸体仍留在他自己的座椅上，是他当时心中还保有一份降落成功的希望，还是他作为机长坚守岗位，应战斗到生命最后一息，人们已经无从知晓，但其行为深深地感动和震撼了在场的每一个人。

从4月25日开始，印度、印尼和英国三国联合打捞飞机残骸。飞机残骸是被印尼渔民在海上作业时发现的。打捞工作一共进行了10天。99%的残骸都被打捞上来，后运到印尼，印度、印尼专家组成了联合调查组，开始调查飞机失事的原因。

面对险象环生的旅程，周恩来毫无惧色。他说，文仗如武仗，不能无危险。周恩来如期飞赴雅加达

"克什米尔公主"号空难事件的发生，为周恩来的万隆之行蒙上了一层阴影。出事后，大家都为周恩来的安全担心。有人劝周恩来不要去了。面对险象环生的旅程，周恩来毫无惧色，毅然决然地说："为了亚洲人民的互相了解和友谊，即使发生什么也是值得的，我相信一切都会好的。"为了国家民族利益，为了被压迫民族的和平共处，周恩来已把自己的生死完全置之度外了。

4月12日这一天，周恩来正好收到邓颖超关心他和其他成员安全的来信。当天，他在复信中充满深情地写道：

> 你的来信收阅，感谢你的好意和诤言。现将来信捎回，免得失落。有这一次教训，我当更加谨慎，更加努力。文仗如武仗，不能无危险，也不能打无准备的仗，一切当从多方考虑，经过集体商决而后行。望你放心。再见。

红墙大事
——共和国重大历史事件的来龙去脉（上册）

寥寥数语，充分展现了周恩来一生为无产阶级革命事业"鞠躬尽瘁，死而后已"的崇高精神境界。

4月14日，周恩来率代表团飞抵仰光。

在亚非会议召开前，出现飞机爆炸事件，这在一些亚非国家中引起了思想混乱：有的国家领导人担心亚非会议开不成了；有的国家领导人认为即使开成了，也不一定能取得积极成果。

当日晚，中国、缅甸、印度、越南、埃及和阿富汗六国领导人在仰光的总统府召开会议，讨论"克什米尔公主"号飞机事件带来的影响，商谈即将召开的亚非会议可能出现的形势等重要问题。

在会上，周恩来针对亚非各国领导人中普遍存在的不安和恐惧情绪，镇静地分析了召开亚非会议的有利条件。指出，敌人对会议搞示威，搞破坏，搞恐怖，并不说明他们强大，恰恰说明他们害怕我们召开亚非会议。只要各国从彼此的根本利益上去求大同，只要用和平共处五项原则和亚非国家团结的精神，去反击殖民主义的挑战，亚非会议就一定能够开好，一定能够取得成功。

周恩来总理迅速摆脱了"克什米尔公主"号事件造成的心理阴影，为开好这次国际会议尽心竭力。

仰光会议上，周恩来为避免社会制度和意识形态这些敏感问题影响大会的顺利举行，还诚恳地建议在座的各国领导人在亚非会议上不要提共产主义问题，以免引起不必要的争论。

周恩来的担心并非多余，他知道以美国为首的西方殖民主义者十分仇视亚非会议。已有消息说，在亚非会议上将要出现"美国之音"，而且他们力图转变会议"反帝反殖"的核心议题为反对共产主义，大力挑拨亚非其他与会国家与中国的关系，"克什米尔公主"号事件只是他们破坏亚非会议的一系列罪恶活动的一个序幕。后来召开的亚非会议证明了周恩来的这种担心。

在亚非会议召开的第一天下午，"美国之音"就开始出现了，伊拉克代表法迪尔·贾马利在发言中以很长的篇幅来诬蔑共产主义。贾马利毫无根据地把共产主义说成是一种"新式的殖民主义"。当绝大部分发言者都指出殖民主义还没有死亡，亚非人民还应该为铲除殖民主义而奋斗的时候，贾马利却公然宣称殖民主义已经日益衰亡，而应该反对的倒是共产主义。当绝大部分发言者强

五 "克什米尔公主"号惨案的内幕

调会议应该对寻求各国间的和平共处作出最重要贡献的时候，贾马利却公然要求采取他所谓的"防御措施"，一直到他设想的有一天共产主义会"在思想上解除武装"为止。

耐人寻味的是，在记者室里，有人拿着《纽约时报》当天的社论来和贾马利的发言对比。这家可以称为美国政府喉舌的报纸，竟不自量力地提出对亚非会议的所谓要求，要会议不要把注意力放在反对"殖民主义"和"种族主义"上，而应放在反对"共产主义"上。它谈到很"忧虑"，害怕会议忙于去打所谓的"殖民主义的死马"，而不是它所应该打的共产主义这只"活老虎"。贾马利的腔调与其何其相似！

对此，会前周恩来以他那超人的智慧和敏锐的洞察力已经意识到亚非会议不会一帆风顺，更艰难的斗争还在后面。

参加仰光会议的六个国家的领导人无不为周恩来大无畏的精神所振奋，同时为周恩来求同存异的真诚所感动，更为他无比乐观的态度所鼓舞。六国领导人一致赞同周恩来的意见，纷纷表示，不为敌人的破坏所影响，决心为推动亚非会议的胜利而努力。这是对给会议制造重重障碍者的最好的回答。

周恩来这次乘坐的是印度空军的"空中霸王"号飞机。赴仰光前，周恩来给工作人员制定了严格的纪律。到仰光后，缅甸国防军总司令奈温将军亲自下令，让飞机直接停到空军基地去，并派专人守护。在仰光，周恩来除了和吴努、尼赫鲁、纳赛尔等领导人会谈外，还和缅甸人民一起欢庆了泼水节，表现周恩来总理会前的坦荡和从容，受到缅甸人民的热烈欢迎，此情此景永远铭刻在缅甸人民的心中，并成为缅甸人民的骄傲和自豪。

4月16日，周恩来率领中国代表团离开仰光，飞赴雅加达。在机场，为防意外，周恩来要求所有人都在离飞机50米外告别。

飞机飞经新加坡上空时，突然下起了大暴雨，豆大的雨点打在舷机和机窗上，发出巨大的声响。"空中霸王"号也是中小型飞机，不能超高空飞行，必须临时降落，等暴雨过去。但当时新加坡与中国还没有外交关系，国民党在新加坡的活动也很猖狂，因此代表团中有人对降落在新加坡机场感到很担心。

周恩来却对陈毅说，听机长的。在新加坡机场，机场老板亲自登机，笑容满面地表示欢迎，并邀请周恩来一行到贵宾室休息。盛情难却，周恩来决定少数人

红墙大事
——共和国重大历史事件的来龙去脉（上册）

下去，其他人则留在机上。

刚进贵宾室，廖承志就急忙把卫士长成元功和中央警卫局副局长李福坤拉到一边，小声却很严肃地说，刚才在贵宾室门口，碰上了两个蒋介石的特务，务请两人注意他们的动向，保证周恩来的安全。廖承志经常去香港，曾经见到过这两个人。

李福坤和成元功听了廖承志的话后，立刻紧张起来，一个留在屋外，一个在屋里，密切关注着周围的动静。

这个时候，印度总理尼赫鲁的飞机从空中飞过来了，他乘坐的是大型专机，可以超高空飞行。他得知周恩来总理被滞留在新加坡机场，便打电话下来，问要不要下来接上他们一起走。周恩来表示谢谢他，但说不要下来了，我们等暴雨过后就走。

中国代表团又没有按时到达雅加达，这可急坏了中国驻印尼大使馆的同志们。"克什米尔公主号"出事后，大家更加警惕。13日，被称为"将军大使"的中国驻印尼大使黄镇拜见了印尼总理沙斯特罗阿米佐约，商谈了加强周恩来总理安全保障的措施。印尼总理保证将努力采取安全措施保护代表团的安全。

16日下午6时，"空中霸王"号飞临雅加达玛腰兰机场上空，在飞机上就可以看到机场上早已站满了欢迎的人群。中国驻印尼的全体使馆人员都到机场去迎接周恩来。周恩来一下飞机，黄镇就急忙站到他跟前，然后公安部副部长杨奇清也赶紧跟上，这样他们两人把周恩来夹在了中间，其他的同志，参赞、秘书、领事及黄镇夫人朱霖簇拥在周恩来周围，筑起了层层人墙，保护着周恩来往机场外面走去。

从机场出来，车队已经排好了。使馆为转移视线，特意准备了三辆一模一样的挂着五星红旗的汽车。原计划周恩来该坐第一辆车，但出了机场，黄镇和杨奇清临时改变了计划，把周恩来送进了第二辆汽车里。当时朱霖没有搞清楚是怎么一回事，因为第二辆汽车原本是安排给黄镇和朱霖的。于是朱霖朝着黄镇小声发问："哎呀，我怎么办呢？"黄镇朝朱霖一扬手："快坐第一辆车去。"朱霖顿时醒悟过来，这是为了保证周恩来的安全，临时改变了计划。周恩来总理在印尼外长苏纳约的陪同下安全驶离了机场。这样朱霖在无意中承担了一项特殊任务，多年后提起此事，这位已故大使的夫人仍是感慨万千。

总算平安地到达了印尼,第二天中国代表团又从雅加达飞到了万隆。代表团的成员们刚刚松口气,却在到达万隆的第三天,突然收到一封署名"反省"的国民党暗杀队员的急件。信中说原来逃亡到印尼的国民党中下级军官奉台湾"总统府"密令,组成了一个谋害周恩来的28人暗杀队,美国大使馆给每人发了无声手枪和印尼币,打中周恩来的还有额外的奖励。与此同时,《印度尼西亚新闻》也报道说,美国特务机关还在指使蒋介石在印度尼西亚的恐怖组织"铁血团"和印度尼西亚的武装匪徒勾结,准备在亚非会议期间发动骚乱和暗杀……

看来印尼并不是避风港,敌人也没有死心,枪口正在时刻瞄准着中国代表团,特别是周恩来,暗杀行动随时都可能发生。

为保证周恩来的安全,中国驻印尼使馆和中国代表团积极主动和印尼安全部门联系,把情报及时通告印尼有关部门。对此印尼十分重视,采取了行动,加强了对中国代表团,特别是周恩来的安全保护措施,对署名信中提到的暗杀队成员进行了临时拘留,敌人的暗杀阴谋最终没有得逞。

周恩来幸免于难,是中国人民的一大幸事,也是亚非人民及全世界所有爱好和平人民的一大幸事,却是帝国主义分子和国民党特务破坏世界和平的一次大失败。有29国代表参加的亚非会议正是在周恩来的"求同存异"精神感召下,取得了圆满成功,为亚非人民的团结、为世界的和平作出了不可磨灭的贡献。

"克什米尔公主"号事件震惊了世界。周恩来希望英国政府指示香港当局尽快侦破此案

"克什米尔公主"号空难事件震惊了世界,国民党特务卑劣的行径引起了中国人民和中国政府的极大愤慨。同时,对于港英当局未能采取有效的安全措施十分不满。事实证明,中国预先通告的情报是极其准确的,但港英当局没有予以足够的重视。

4月12日,中国政府就"克什米尔公主"号事件发表郑重声明:"这一不幸事件绝非一般的飞机失事,而是美国和蒋介石特务机关蓄意制造的谋杀。"英国和香港政府对这一不幸事件负有严重的责任。同时声明要求英国方面彻底查处罪犯,将特务逮捕法办。

同日,外交部张越副司长紧急约见英国驻华代办杜维廉,向英国提出质问。

红墙大事
——共和国重大历史事件的来龙去脉（上册）

接着，外交部副部长张闻天、部长助理何伟先后约见了杜维廉，就飞机失事的原因和责任等事项进行交涉，严肃指出，英国对此空难事件负有不可推卸的责任。英国对中国的指责很恼火，指出在事件发生原因没有调查清楚之前，英国当局是不应受到指责的，对中国的指责提出强烈抗议。英方认为，中方虽事先通报有人要进行破坏捣乱，但并未含有炸机之意。英方在指责中国的同时，也深知自己对此事是脱不了干系的。因此，杜维廉希望中国政府能够提供飞机失事的具体情况和全部材料，以便于对飞机失事原因进行全面调查。

周恩来开完亚非会议从万隆回到北京后，先后于5月9日和15日两次召见英国代办杜维廉。他首先请代办先生向艾登首相转达以下口信：

> 他在赴雅加达途中，座机曾因气候原因在新加坡机场降落，承蒙新加坡当局盛情关照，英高级专员麦克唐纳亲自到机场迎送，特向英国政府表示感谢。

听了周恩来所要转达的口信，杜维廉甚感意外，他以为周恩来召见他时肯定也会像中国的其他官员那样，首先对英国大肆指责一番，然而恰恰相反，从而使代办先生内心感到十分不安。但是周恩来两次约见英国代办绝不是仅仅为了表示礼貌和感谢的。

周恩来随后把话题转到了"克什米尔公主"号飞机失事问题上。空难事件已经发生，双方再互相指责已无济于事情的解决，重要的是要尽快破案，缉拿凶手。因此，周恩来在谈话中着重揭露了台湾国民党特务的卑劣行径。

周恩来讲道，在飞机失事前，我们知道国民党驻港特务机构准备对我代表团人员进行破坏，包括对交通工具的破坏，或是暗杀代表团成员。飞机失事后，经多方的调查，证明是国民党特务指使香港启德机场的地勤人员进行破坏所致。香港当局采取的警戒措施是不许外人接近飞机，但对地勤人员却未加防范，这恰好给了国民党特务以可乘之机，使其假借地勤人员之手来进行破坏。

杜维廉对周恩来实事求是的解释和分析无话可说，只是一个劲儿地点头。

周恩来进一步指出，指挥这次破坏的是国民党在香港的特务机关，这个机关同台湾的保密局有直接联系；这次破坏用的是小型定时炸弹，是由台湾运到香港交给特务机关的；直接参加破坏的地勤人员从特务机关得到炸弹并学会如何使用。

五 "克什米尔公主"号惨案的内幕

杜维廉万万没想到周总理不但亲自过问此事,而且对事情本身了解得那么清楚、具体,这对于一个日理万机的国家政府首脑来说,真是不可思议。而周恩来高超的外交艺术更是令人赞叹!代办先生不由得向周恩来投去敬佩的目光。

最后,周恩来诚恳地提出请求,希望英国政府指示香港当局同中国相关部门合作,尽快侦破此案,使之水落石出,真相大白。

接着周恩来还为破案提出了五点具体要求:

1. 为保密起见,中国政府将把已经获悉的情报,由印度派到香港调查此案的尔·纳·高直接转交给香港总督;

2. 港英当局得到情报后,不得让港英当局的无关人员知道,以防泄密;

3. 要求港英当局对我们的情报中提到的有关人员进行监视,以防止他们逃跑,否则就难以破案;

4. 要求港英当局对我们的情报中所提到的关键人员,即直接同这次破坏有关的人员,进行严格审讯;

5. 在港英当局进行审讯时,作为受害一方我们要求像印度政府所派的高先生那样,也能派代表列席旁听。

对上述五点要求,周恩来希望能够得到艾登首相的答复。

周恩来友好、坦率和实事求是的谈话,很快缓解了中英双方由此事件而引起的一度很僵持的局面。杜维廉表示将尽快转达周恩来的五点要求。这样中英双方很快建立起了彼此协调的工作关系。

艾登首相在1954年的日内瓦会议上曾和周恩来打过交道,并为周恩来的魅力所倾倒。对周恩来提出的要求,艾登十分重视,马上给予了答复。

5月15日,杜维廉即向周恩来转达了艾登首相的答复。

答复中,艾登首先对周恩来的口信表示感谢,欢迎中国政府提供情报,并表示英方愿通力合作。

其次,对周恩来提出的五点要求,艾登首相分别作了如下答复,明确表示,转交情报的途径,完全由中国决定。如果中国政府决定通过印度的高先生转交,英国政府欣然同意;英国政府将把收到的情报严守秘密,只许英国政府和港英当局中被授权的人知道;关于对可疑之人进行监视的问题,英国将迅速采取行动;根据中国政府所提供的情报,凡是同此案有关的人,香港都将进行彻底调查;香

红墙大事
——共和国重大历史事件的来龙去脉（上册）

港将通过高先生把审讯材料尽快告诉中国政府和印度政府。

周恩来对英国的答复和积极态度表示满意。由于两国政府首脑达成了谅解，港英当局在中方大力配合下开始全面侦破工作。

事件真相大白，但凶手——被国民党保密局收买的周驹却逃往台湾，空难事件草草结案

"克什米尔公主"号事件是一个国际性案件，其侦破需多方配合。

炸弹是飞机在香港机场停留期间被装上的，港英当局有着不可推卸的责任。港英当局在事发后即发表公报表示，决心尽一切努力来调查事实，使肇事者归案法办。香港警务处则悬赏10万港元缉拿凶犯。

飞机是在印尼领空爆炸的，所以印尼也成立了以民航局交通主任伊玛汪为主席的调查委员会，主要负责打捞飞机残骸，并进行检查分析。

飞机的所属国印度派了高先生为印度政府代表和中国政府派出的代表共赴香港，协助港英当局调查此案。

中、印代表于5月18日到达香港，当天下午，印度的高先生即把中国政府关于该案的综合情报面交香港总督葛量洪爵士。港督阅读完材料后满意地说：这个材料翔实、具体，很好。以后中方又把一些情况通报通过高先生转给了港英当局。

5月18日晚，港英当局即开始了全面侦破行动，当晚逮捕了一批国民党特务。

从5月18日起到6月1日，根据中方提供的材料，港英当局共审讯了88人，其中19人被拘留，以后又逮捕了8名同国民党特务有关的人。

经过半年多的取证、调查，其案情逐渐明朗。

1956年1月，港英当局发表公开声明，宣布对犯有谋杀罪的国民党特务周驹发出逮捕令，要台湾当局将已经逃到台湾的这名罪犯送交港英当局处理。

台湾当局则于同年12月14日通知英国驻淡水领事馆称：英国和中国台湾不存在引渡条约，这一要求没有法律依据，有关当局无法处理此事，予以拒绝。同时矢口否认暗杀行为由国民党当局指使。

港英当局这时态度也发生变化，竟不顾中国政府一再交涉和抗议，以"证据不足"为由，先后将全部拘留的人犯，其中包括证据确凿的要犯，予以无罪释放，

五　"克什米尔公主"号惨案的内幕

并一一驱逐到台湾了事。从而使本已明朗的案情又被蒙上了一层神秘面纱，留下了种种疑团。

1995年春，台湾《中国时报》周刊第171期刊登了署名张平宜的《专访谷正文谈筹划刺杀周恩来始末》一文，打破了台湾当局保持了40年的"沉默"，"克什米尔公主"号事件首次在台湾曝光，引起了很大轰动。

那么，谷正文是何许人也？他为何了解事情的来龙去脉？原来他正是当年负责炸毁"克什米尔公主"号的主谋，当年正任职台湾保密局侦防组组长。

谷正文生于1910年，原籍山西汾阳。在抗战以前，谷正文在北京大学念书时已是国民党特务，后来担任了华北特种工作组的组长，专门执行破坏中共组织及暗杀中共干部或亲共人物的任务。他长期在戴笠领导下的臭名昭著的军统局里工作。

1949年，谷正文随军统局迁往台湾。那时，他只有30岁。到台湾后，他继续干他的老本行，曾担任台湾保密局侦防组组长长达17年之久。侦防组的任务是：防止敌方破坏及破坏敌人，包括执行暗杀任务。后来他曾官至情报局督察室主任，可谓台湾当局顶尖的大特务。

20世纪60年代谷正文在金门一带为国民党训练蛙人。当时澎湖一带经常在水中冒出一些"理着平头、戴潜水表、一脸凶相"的活阎王，严重扰乱当地百姓安宁的生活。这些正是谷正文的弟子所为。

谷正文生性凶残，而且与家人关系极差。每次与家人大闹时动辄大嚷"宰了你"，弄得众叛亲离，落得个与三条狗共同度日的悲惨境况，搞得满屋子都是狗臭。

谷正文退休后，不甘寂寞，每每爆出国民党情报系统的内幕，引起社会关注。曾有昔日同僚劝他不要惹火上身，还是平安终老吧，他却不以为然。

据张平宜的这篇"专访"介绍，在亚非会议召开前，台湾情报机构就获知周恩来要率中国代表团，包租印度航空公司的"克什米尔公主"号飞往雅加达开会，并得知此机将在香港机场停留加油，所以台湾特务决定趁机干掉周恩来。

直接执行这次暗杀行动的有两个人：一位叫周斌成，是保密局敌后部署组组长，此人话不多，但心机很深，是戴笠得意的学生之一。另一位则是陈鸿举。两人都是台湾当局派到香港从事颠覆破坏活动的特务人员。

红墙大事
——共和国重大历史事件的来龙去脉（上册）

爆炸飞机计划制订后，他们开始寻找往飞机上放定时炸弹的人。计划中，安放炸弹的人将是关键人物。他们认为找一个在机场工作的人最合适，特别是可以接近飞机，又不太引人注意的"小角色"，周、陈二人经过一番周折后，终于物色到了一个理想的人选——小周。

小周，即我们前文中提到的凶手周驹，是香港人，住在九龙道公共汽车总站附近。20岁左右，没有结婚，家中只有一个嗜赌如命的父亲。

周驹长得其貌不扬，小个子，精瘦，在启德机场做清洁工作。

3月26日，一个自称吴某的人被引荐与周驹会面，吴某先向周驹询问了机场情况，然后低声问周驹：我有一项重要任务，托你去完成，事成之后，可给你60万港币的奖金，并负责安排你去台湾，到台湾后保证你的安全。周驹忙问什么重要任务？吴某告之："破坏共产党要员所乘的一架飞机。"周驹听后为之一震，显得有些犹豫，并自言自语道："太危险了！"吴某好半天没有讲话，最后向周驹说，60万港币，这可不是小数，让他好好考虑一下。

古语道：重赏之下，必有勇夫。60万元港币对于一个机场小清洁工来讲，其诱惑力太大了，最终周驹还是"勇敢"地接下了炸掉"克什米尔公主"号的危险任务。

暗杀计划基本定盘后，周斌成与陈鸿举二人特地赶回台湾向保密局局长毛人凤汇报，毛人凤听后很高兴，认为"大有可为"，鼓励他们马到成功。但他们没敢向毛人凤提60万港币酬劳的事，而是找到谷正文，由谷来筹集这60万元港币。

谷正文得知此计划后也拍手称好，认为理由有三：一是，暗杀中共领导人物，本来就是特务工作之一；二是，可以借此给港英当局施加压力，因为在此之前，香港对台情报人员不太客气，抓到后老是判重刑；三是，这个计划策划十分漂亮，成功的可能性很大。

谷正文还为周、陈二人出谋划策，为防止周驹临阵退缩，在事发前一天，把父子二人都弄进旅馆住。

4月10日，周、陈二人带着60万港币返回香港，按照谷正文的建议，把周驹和他的父亲带到一家旅馆住下，把现金交给其父保管。

4月10日晚，周驹拿到了用来炸机的定时炸弹。这枚炸弹的炸药是"TNT"，

五 "克什米尔公主"号惨案的内幕

由"四川"号轮船海员张祖顺从基隆秘密运至香港,然后由国民党香港情报站特务李益民从张祖顺的住处取走,再由另一特务转交到周驹手中。在交炸药的同时,台湾特务还教他如何使用,并反复进行了演练。

4月11日清晨,周驹为了应付机场的安全检查,将炸弹伪装成牙膏模样,而简易的盥洗工具和洗洁用品,机场工作人员是被允许带入的。就这样,周驹成功地闯过了第一关。

中午,在"克什米尔公主"号专机抵达机场后,周驹乘打扫卫生之机,钻进行李舱,将定时炸弹安放在飞机右翼轮舱附近。当时机场只有一些警察在外围放哨,机场附近没人警卫,只有领班在场。

周驹放完炸弹后,马上躲到了停在机场上的"飞虎将军"陈纳德的民用客机里。这是周驹事先安排好的逃跑计划。这架飞机经常来往于台湾和香港之间,搭乘此机是逃往台湾的最佳途径。但出乎意料的是,周驹刚躲进飞机内不久,飞机就起飞飞往了台湾,降落到了台湾的松山机场。当时谷正文不知飞机已到,故没有派人到机场接应。周驹从飞机上下来后,被当时台湾保安部设在机场的联合检查处当作潜乘者拘留。周驹自称是香港航空工程公司职员周梓铭。

联合检查处对这个不速之客十分警惕,其头头,一个姓赵的上校把电话直接打到了保安司令部。

当时,谷正文正准备吃午饭,得知周驹提前到达的消息后,急急忙忙带两个手下,坐着吉普车赶到了松山机场。

赵上校不明就里,不让谷正文把周驹带走。还嚷嚷着说,即使从飞机上"跳"下来,也是违法,只要违法,一定严办。

谷正文十分恼火,也有些不安,因为这样闹下去会惊动新闻界,特别是此时"克什米尔公主"号还没有起飞,周驹的身份绝对不能暴露,否则暗杀计划将功亏一篑。对此,谷正文拉下脸来,对赵上校严厉地说:"是老先生亲自交办的,如果消息见报,一切后果自行负责。"据谷正文说,后来因为此事,那位姓赵的上校被免了职,成了无辜的牺牲品。而凶手周驹则被国民党保密局"保护"起来。

谷正文说,台湾情报机构实际上在"克什米尔公主"号爆炸前已经得到了周恩来不在飞机上的消息。他对大陆事先已掌握台湾特务要在飞机上放炸弹一说,颇不以为然。他认为"周恩来根本不知情，只能说他命大"。

谷正文还说，蒋介石事先并不知道炸机计划。在4月12日，即"克什米尔公主"号空难事件发生的第二天，毛人凤才亲自到"总统府"说明了事件真相。毛人凤对没能炸死周恩来表示十分遗憾。蒋介石听完后，不但没有生气，还觉得给大陆来个下马威，挫挫士气，感觉不错，因此给下属赏了一笔奖金——9000美元，犒赏有功人员。

对于港英当局在办案过程中，由积极到消极态度的改变，谷正文的回忆解开了这个谜团。谷正文说，"克什米尔公主"号事件，尽管没有成功地干掉周恩来，但台湾当局仍收获很大，它至少让港英当局吓了一大跳。事后，台湾当局在香港情报网的最高督导王新衡，曾与港督达成了口头协议，对于台湾特务，港英当局可以破坏其组织，也可以抓人，但不准判刑，要直接遣送回台，交由台湾自行处理，如果港英当局答应放台湾特务一马，则台湾当局保证不在香港再搞炸机、杀人、放火等恐怖行为，并停止印制港币假钞。处于"冷战"前沿的港英当局面对台湾当局提出的交易条件当然不会无动于衷。

由此看来，当时的港英当局匆匆宣布结案，让凶犯逍遥法外，使"克什米尔公主"号案件结案，实际上不了了之的行为，是再"顺理成章"不过的了。

但是，肮脏的幕后交易，为世人留下的不仅仅是深深的遗憾，而且埋下了抗争和愤怒的影子。40年的冤魂早已变成厉鬼，只有真相大白，他们的英灵才会得到安息。

在八宝山公墓的墓碑上，周恩来题词：为和平、独立和自由的事业而光荣牺牲的烈士永垂不朽

1955年4月16日的雅加达玛腰兰机场，变成了欢乐的海洋，人们都想亲眼看见在飞机空难事件发生后，仍义无反顾地按期前来赴会的中国代表团，尤其是周恩来的风采。

机场外面大街的两旁都是人群。挂有五星红旗的中国代表团的汽车走到哪里，哪里就爆发出欢呼声和掌声。

然而，中国代表团每个人都觉得缺点什么，这种感觉就像一块铅一样压在心上。是的，缺少了石志昂、李肇基、钟步云、沈建图、黄作梅、杜宏、李平、郝风格、

五 "克什米尔公主"号惨案的内幕

他们本来应该在这里向世界传播和平正义的信息。九天以前,他们同代表团其他成员一道离开了首都北京。当时,他们互相握着手说:"雅加达见。"而此时此刻,本应站在机场人群中的他们,却沉在了沙捞越的海底。

"克什米尔公主"号空难事件,共 16 人遇难,其中有 5 名机组人员。其他 11 名乘客除了前面提到的八名中国工作人员外,还有三名国际友人,他们是奥地利记者严裴德、波兰《人民论坛报》记者斯塔列茨和越南代表团工作人员王明芳。

对于八名烈士的遇难,人们在陷入深深的悲痛之时,更感到万分的惋惜。因为他们都是新中国优秀的外交工作者和一流的新闻记者。

石志昂,41 岁,淞江上虞县人,1935 年加入中国共产党,中华人民共和国成立前长期从事地下工作,积累了丰富的地下斗争经验。中华人民共和国成立后从事经济工作,是新中国第一批外贸干部,曾任中国进出口公司华东区公司经理,中国进出口公司驻柏林代表,中国进出口公司副总经理。

石志昂从小丧父,靠母亲做杂工供养他上学,直到小学毕业,然后,他一边做杂活,一边自学。17 岁那年,到上海一家洋行当了职员。石志昂和夫人吕雪帷就是石志昂在上海做地下工作时相识并结成伴侣的。石志昂遇难的噩耗传到家里后,全家人悲痛欲绝。吕雪帷说:"石志昂对同志和蔼可亲,对我诚恳坦率。我们相识 18 年,感情一直很好。他帮助我懂得了革命道理,鼓励我参加了工作。他对母亲非常孝顺,特别喜欢我们的独生子。他突然去世,我们家像天塌了一样,婆婆和我都痛不欲生。"

钟步云,42 岁,江西瑞金人。1932 年参加革命,参加了二万五千里长征。在延安时期曾担任朱德、叶剑英的警卫员兼司机。入京后,他曾任中央警卫局交通科科长并一直担任周总理的警卫兼司机。1954 年,钟步云随周恩来参加了日内瓦会议,担任周恩来的随身警卫,出色地完成了任务。

钟步云长期担任保卫中央领导同志安全的警卫任务,经验丰富,武艺高强,是不可多得的保卫人才。

李肇基,35 岁,上海人。1939 年至 1940 年就读于上海圣约翰大学。1946 年毕业于燕京大学新闻系,同年在中共代表团办事处工作,并担任《文汇报》记者。"万哥"是这一时期他发表文章的笔名。1947 年,他和爱人麦少楣共赴美国,在密苏里大学攻读研究生。

红墙大事
——共和国重大历史事件的来龙去脉（上册）

1951年1月，李肇基夫妇返回祖国，随即3月份受外交部新闻司司长龚澎的邀请，进入了外交部，成为新中国一名年轻的外交官，当年他只有31岁。

李肇基丰富的学识和外交才干，深得外交部领导的赏识，他多次参加国内外重大的外交活动，比如参加了第18届国际红十字大会、朝鲜停战谈判、日内瓦会议等。

1955年2月13日，在中国人民解放军一举解放了大陈岛等岛屿后，李肇基奉命陪同中外记者到大陈岛参观采访，并摄制了一部揭露美蒋勾结准备侵略中国大陆的纪录片。当时主要针对的是美蒋签订的"共同防御条约"。一个月后，李肇基即准备随同周恩来去印尼参加亚非会议。他在登上"克什米尔公主"号客机时，提箱中还装着那部关于解放大陈岛的纪录片。

沈建图，40岁，广东梅县人。香港大学毕业，归国华侨。抗日战争爆发后，毅然回国参加抗日。后经过一番周折到了延安。1944年他在延安清凉山的窑洞里，用三架英文打字机起家，创办了新华社对外新闻部。从此，新华社开始有了英文广播。

沈建图曾任新华社英文广播部主任，新华社编辑委员会委员，国际新闻局新闻处处长。在板门店谈判时，担任了朝中代表团新闻处处长、代表团新闻发言人，在日内瓦会议期间担任了采访任务。是新中国难得的新闻人才。他是以新华社记者身份前去采访亚非会议的。

黄作梅，40岁，广东番禺县人。曾任中国人民解放军东江纵队驻香港办事处主任，新华社香港分社第一任社长，长期战斗在对敌斗争的第一线。他也是以新华社记者的身份前往雅加达的。

李平，又名李炳恒，26岁，山东泰安县人。1949年1月31日北平和平解放时，李平正在燕京大学新闻系学习。中央机关入京后，他马上要求到新华社工作。后被批准到英文广播部（后改为外交部）工作。

李平曾随沈建图等人参加过关于日内瓦会议和板门店朝鲜停战谈判等重大外交活动的采访、报道，写出了许多感人肺腑、鼓舞人心的报道文章。

李平是以新华社兼光明日报社记者的身份前往雅加达的。在八名烈士中，李平是年龄最小的一个。

郝风格，29岁，河北省定县人。历任随军摄影记者、新闻纪录电影摄影师。

他参加了解放战争,冒着敌人的枪林弹雨,拍摄了许多中国人民解放军英勇作战的珍贵历史镜头,为祖国和人民留下了一笔宝贵的财富。

杜宏,37岁,山东章丘县人。曾任中共重庆市委秘书长,中央人民广播电台对外广播部副主任。赴印尼前,担任中国新闻工作者联谊会副秘书长。

杜宏17岁即参加革命,没有进过大学,完全是自学成才。他不仅会速记,还通晓英文。解放战争时期,作为新闻记者随军南下,写了大量战地报道。1954年,他随沈建图等采访了日内瓦会议。去印尼前,他曾高兴地对前来送别的同事说:等着播发我的稿件吧,保证完成任务!

八位新中国的优秀人才,先锋战士,怀着对祖国、对人民、对世界和平的满腔热情,肩负着党和人民的重托,奔赴万隆,可顷刻间,却魂断太平洋,惨死于敌人的罪恶之手。人们已无法得知他们在飞机坠毁前的内心感受,而印航机组三位生还者却目睹了他们面临死亡时从容镇定的悲壮一瞬。

在飞机就要机毁人亡的危急时刻,11名乘客一言未发,服从机组指挥,神色坚毅。每个人按照吩咐都穿好了救生衣,静静地坐在自己的座位上,充分表现了作为外交官和新闻记者临危不惧、视死如归的崇高精神。

烈士们气贯长虹的气概,使印度机组人员极为钦佩。

狄克西特介绍说,至今回忆起来,我还深深感谢和敬佩那些牺牲者,"他们表现出英雄主义的气魄。这种气魄,并不亚于战场上表现的勇气"。

卡尼克在《"克什米尔公主"号》一书中这样写道,飞机失事时的情景依然历历在目,机上的每个人在我的记忆中都栩栩如生。我从来没有想到,普通人能以那么坚强的意志和大无畏的精神面对死亡。即使是敢死队员在战场上执行必死的任务,也难免有人会微露惧色。但是这些人却具有钢铁意志。没有一个人乱动一下,没有一张面孔流露出丝毫恐惧。他们全都正襟危坐,似乎没有注意到右边的熊熊烈火和客舱里呛人肺腑的浓烟。我从来没有见过对死神如此的蔑视,也从未见过人类的勇气可以达到如此崇高的程度。他们是真正的烈士,为崇高的事业——和平事业——献出了自己的生命!

他们都有年迈的父母、妻儿。钟步云烈士有六个孩子。李肇基和钟步云在临行前已预感到这次使命的危险性。李肇基在离京时,特意带了妻子和孩子的照片。钟步云在接到出发的命令后,匆匆忙忙从学校和幼儿园把孩子们接出来。全家到

红墙大事
——共和国重大历史事件的来龙去脉（上册）

北京西四西安门大街照相馆拍了一张全家福。他还把在日内瓦会议期间买的"欧米伽"手表摘下来留给妻子高秀英。李肇基临行前还对妻子麦少楣说："生活是一场斗争，没有斗争生活就没有意义。"

在面临死亡的时刻，他们不会不想到自己的亲人，但他们更深知自己的职责和身份，他们代表着新中国的形象，在他们心中国家的荣誉高于一切，中国人民为有这样优秀的儿女感到骄傲和自豪。

4月17日下午2点，首都各界5000多人，在中山公园音乐堂举行了隆重的追悼大会。毛泽东、刘少奇、周恩来、朱德、陈云等国家领导人送了花圈，全国人大常委会副委员长宋庆龄为追悼委员会领衔人。正在万隆的中国代表团发回了唁电，对烈士们表示沉痛的悼念，并且对他们的家属致以衷心的慰问。唁电最后说："和平事业绝不是卑劣的阴谋所能破坏的，为和平而牺牲的烈士们永垂不朽！"

由于印尼地处热带，烈士遗体被打捞上来后，经海水高温浸泡，已无法分辨，这样11名烈士在新加坡统一火化后，他们的骨灰被运回北京。中国政府将他们以"参加亚非会议的死难烈士"名义安葬在八宝山革命公墓，并为他们修建了一座5米高的汉白玉纪念碑。碑的正面镌刻着周恩来总理亲笔写的碑文，背面刻着11名烈士（包括三位国际友人）的简历。底座正面刻着烈士们的殉难经过。

1956年，烈士牺牲一周年时，我国政府举行了隆重的骨灰安葬和纪念碑揭幕仪式。

周总理亲自把烈士们的骨灰盒安置在墓穴中。然后总理含着热泪同烈士的家属一一握手，亲切慰问，嘱咐他们"好好培养孩子，长大接他们父亲的班"。

周恩来难过地对撇下六个孩子的钟步云烈士的妻子高秀英说："老钟是为我牺牲的。"周恩来的话使在场同志更加悲痛，碑前哭声一片。高秀英哭着说："首长快别这么说，您又是为谁呀？您还不是为了全世界人民的和平事业冒着生命危险去万隆的？只要您平安无事，就是全国人民的福分。"

她道出了全国人民的心声，这也一定是死去的烈士们最感欣慰的。如果真的在天有灵，他们一定会说他们的死是值得的。

"人生自古谁无死，留取丹心照汗青。"他们将永远活在中国人民和亚非人民的心中。正如周恩来所题写的碑文："为和平、独立和自由的事业而光荣牺牲的烈士永垂不朽！"

六　有关杜勒斯拒绝与周恩来握手的传说

- 一场奇特的"记者招待会"后，周恩来说，从今天的演习看，同志们是可以胜任的

- 莫洛托夫对美国人说，如果你认为我们很难对付，那么你等着对付周恩来吧，那时你才会懂什么叫难对付

- 杜勒斯在日内瓦讥讽道，这样的乡巴佬，怎是我们美国人的对手

- 杜勒斯亲自向美国代表团下令：禁止美国代表团的人员同中国代表团人员握手

- 杜勒斯登上讲台，为美国在朝鲜的行为辩护。周恩来据理力驳，赢得满堂喝彩

- 莫洛托夫向周恩来传递信息：杜勒斯率领的代表团不是铁板一块

- 皮杜尔气急败坏地说：同你们这些幽灵打交道真没有什么可讲的。范文同回敬道，难道你们是跟幽灵在打仗

- 周恩来专程拜访法国总理孟戴斯·弗朗斯，弗朗斯激动地表示，如果不实现停火，我就辞职

- 周恩来毫不客气地回敬道，罗伯逊先生，如果美国敢于挑战，我们将是能够应战的

- 周恩来指示熊向晖为外国人播放梁祝悲剧：我保你不会失败。如果失败了，我送你一瓶茅台酒

红墙大事
——共和国重大历史事件的来龙去脉（上册）

"握手"原本是人类在外交场合最平常的礼节，而在中美两国敌视时期召开的日内瓦会议上，美国却通过"不许与中国人握手"来发泄对新中国的敌对情绪。由此，会议期间传出了杜勒斯拒绝与周恩来握手的传说，而且众说纷纭，莫衷一是。周恩来真的被杜勒斯拒绝握手了吗？周恩来又是如何看待这件事情的呢？还是让我们翻开历史的卷宗，把镜头摇回到近半个世纪前的日内瓦会议吧……

一场奇特的"记者招待会"后，周恩来说，从今天的演习看，同志们是可以胜任的

1954年4月，乍暖还寒时节，全世界都把目光投向了风光秀美的瑞士边界小城日内瓦。这并非源于其"旅游者圣地"的魅力，而是因为解决朝鲜问题和恢复印度支那和平问题的日内瓦会议将在此举行。

引人注目的是，不久前还在朝鲜战场上短兵相接，目前仍处于敌对状态的两个大国——中国和美国将在此聚首。著名的政治家、外交家周恩来总理兼外长和杜勒斯国务卿，作为中美两国的首席代表将在此交锋。杜勒斯以顽固的反共立场著称于世，周恩来则以红色外交家享誉全球，真可谓"不是冤家不聚头"。

会前，日内瓦湖畔、罗纳河边便弥漫着浓重的"冷战"气氛，一场没有硝烟的战争悄悄拉开了序幕。

在长达75天的日内瓦会议上，中美双方进行了自朝鲜战争以来又一次激烈的面对面的较量，一时间，美丽的世界名城成了国际政治斗争的大舞台。

根据朝鲜停战协议，1954年1月，在柏林召开了苏、美、英、法四国外长会议。会上苏联提议召开谋求和平解决朝鲜问题和恢复印度支那和平问题的日内瓦会议。经过斗争和谈判，这个提议最后被参加国接受。而且在苏联的积极推动下，中国作为参加国之一被邀出席日内瓦会议。

日内瓦会议是新中国成立后第一次参加的大型的国际会议。中共中央对日内瓦会议十分重视，曾专门开会研究制定参加会议的原则、方针等问题。特别是国务院总理兼外长周恩来，从2月底即开始着手进行各方面的准备工作，收集、熟悉了大量资料，认真研究有关国家的情况。

他说，以前同马歇尔谈判时，我们还没有夺得政权，那是野台子戏。这次我们到日内瓦，是第一次参加正式的国际会议，是登国际舞台，要同苏联、越南、

六　有关杜勒斯拒绝与周恩来握手的传说

朝鲜等兄弟代表团互相配合好。这个是舞台戏，要有板有眼，我们一定要争取有收获而归。为此，周总理亲自组织了各种会前模拟演练。

4月的北京，风和日丽，漫长干冷的冬天终于过去了。尽管仍春寒料峭，但庭院里面迎春花已开放，路边的树梢也吐出了嫩绿，人们开始脱下臃肿的棉袄和列宁装，轻松、愉快的表情洋溢在每个人的脸上。然而有一些人却无暇来享受这无限的春光。

这天下午，外交部礼堂正举办一场奇特的"记者招待会"，台上坐着即将参加日内瓦会议的中国代表团发言人黄华和新闻负责人龚澎。台下的"记者"，有来自合众社的、法新社的、路透社的……

"请问，中国代表团此次参加日内瓦会议有什么目的？"

"在解决朝鲜问题上中国有何底牌？中国的底线是什么？"

"中国是如何看待印度支那问题的？"……

一个接一个的问题就像连珠炮似的不间断地射向台上年轻的发言人。许多问题带有明显的挑衅、威吓性甚至是侮辱性和诽谤性。面对一个比一个尖锐的提问，刚开始，黄华显得有些紧张，表情严肃，但很快便适应了，不卑不亢、从容镇定，应变的能力得以充分显示。无论多么刁钻的问题，都做到了应付自如，并能有理、有利、有节地一一予以回答，解释或是驳斥。黄华的表现赢得了在座者的不断喝彩和赞叹。

在重大的国际会议上，新闻发言人起着很重要的作用，代表着国家内外政策的立场和国家的形象，何况中国是第一次派团参加如此大型的国际会议。

为了实地锻炼中国代表团的新闻发言人，外交部在周恩来的指示下，进行了多次演练，有意识地让黄华等熟悉各式记者的轮番进攻，特别是那些"敌对势力"的刁难、诽谤。几经演练，这些年轻共和国的年轻外交官的从容、镇定、大度的气质和机敏的应变能力大大提高了，同时更加熟悉了当时的国际形势及中国的政策、方针和策略。这天下午是最后一场彩排，周恩来亲临现场进行检验。

"记者招待会"结束后，在场的工作人员都把目光转向了周总理，紧张地等待着他最后的评判。周总理站起身来，面向大家，脸上露着满意的神态说："同志们，自从3月3日中央决定接受柏林会议的邀请，派全权代表参加日内瓦会议后，同志们就开始了各方面紧张的准备。从今天的实战演习看，同志们是可以胜任的。"

红墙大事
——共和国重大历史事件的来龙去脉（上册）

听了周总理肯定的评价，大家都松了一口气，气氛顿时又活跃起来，多日来的紧张辛苦一扫而光。

但随后周恩来又马上调转话锋，严肃地说："同志们，中央对日内瓦会议十分重视，明确指出在这次国际会议上，中国代表团要通过加强外交和国际活动，达到打破美国对我国封锁禁运的目的，并且要尽一切努力达成某些协议，以利于打开经过大国协商解决国际争端的道路，促进国际紧张局势的缓和。"

"同志们，这次会议主要是解决朝鲜和平问题和恢复印度支那和平问题。尽管在苏联外交部部长莫洛托夫的提议下，美国最终放弃了它原来坚持的反对态度，同意我国作为五大国之一出席日内瓦会议，但美国代表坚持要在公报上写明，中国参加会议并不意味着西方大国对中华人民共和国在外交上的承认。因此，在这次会议上，我们与美国的交锋是少不了的。我们要充分利用这次机会打开新中国的外交局面，使世界上更多的国家和人民了解我们新中国，并争取同他们建立广泛的外交关系。"说完，周恩来习惯性地向上扬了扬右手。

无疑这是周总理做的一场战前动员，博得了在场全体人员的热烈掌声，同时大家也更加感到肩负的重任，都暗下决心，一定刻苦"练兵"，充分准备，不辱使命。

会前的充分准备使中国代表团在日内瓦会议上有了出色的表现。在日内瓦会议期间，每当黄华和龚澎在会议新闻中心发布消息时，面对外国记者提出的各种质疑，他们都能够做到从容、镇定、不卑不亢、对答如流。尽管时常遇到一些西方记者别有用心的挑衅和刁难，他们都能很出色地、入情入理地予以反驳。他们的表现，引起了外国记者的普遍赞叹，就连西方报纸也不得不承认他们是"出色的、年轻优秀的"红色发言人。

莫洛托夫对美国人说，如果你认为我们很难对付，那么你等着对付周恩来吧，那时你才会知道什么叫难对付

1954年4月24日下午，美丽的花园城市日内瓦晴空万里，春意盎然。中国代表团乘坐的专机降落在日内瓦国际机场。为了练兵，中国派出了200多人的庞大代表团，仅次于苏联（苏联代表团有近300人之多）。周恩来总理兼外长是中华人民共和国代表团的首席代表，副外长张闻天、王稼祥、李克农为代表，

六 有关杜勒斯拒绝与周恩来握手的传说

外交部办公厅主任熊向晖为新闻办公室主任，雷任民、师哲、乔冠华、陈家康、柯柏年、宦乡、黄华、龚澎、吴冷西、王倬如、雷英夫为顾问。

随代表团到日内瓦的还有一大批外贸工作人员，周恩来计划利用日内瓦会议的机会，打开新中国同西方及其他各国的外贸局面，以进一步粉碎美国对中国的禁运、封锁政策。这部分人不算是代表团的成员，没有和代表团住在一起。

作为新中国成立后第一次派出的大型代表团，它的到来引起了轰动。这时期，中国和大部分西方国家没有外交关系。西方各国对新中国有着一种神秘感，同时新中国也产生了巨大的吸引力。1950年11月，伍修权带领中国代表团在联合国大会上痛斥美国对台湾地区和朝鲜入侵的场面，给各国记者留下了太深的印象。而一睹大名鼎鼎的中国外长周恩来的风采更是西方记者梦寐以求的。所以中国代表团的到来格外引人注目。在飞机抵达前，已有几百名记者早早等候在日内瓦宽特兰机场，飞机刚刚停稳，各国记者就潮水般地涌上去围住中国代表团，发疯似的拍摄。记者们把更多的镜头对准了头戴黑色宽边礼帽，身着黑色长上衣，神采奕奕、风度翩翩的中国代表团首席代表周恩来。

在西方记者眼中，周恩来是一个神秘而又充满着传奇色彩的人物。在一年前莫斯科举行的斯大林的隆重葬礼上，周恩来竟然被安排站在了苏联新领导人中间，而不是站在外国来宾中。要知道，周恩来是享受如此高规格礼遇的唯一外国人。这一次的日内瓦会议，周恩来也必将是一个举足轻重、令人瞩目的新闻人物。

面对不断闪烁的镁光灯和此起彼伏的相机快门的咔嚓声，周恩来面色从容，微笑着向记者招手致意。周恩来在机场发表了简短的书面声明。

声明说："日内瓦会议将要讨论和平解决朝鲜问题和恢复印度支那和平问题。亚洲这两个迫切问题如果能够获得解决，将有利于保障亚洲的和平，并进一步缓和国际的紧张局势……中华人民共和国代表团是抱着诚意来参加这个会议的。我们相信，与会者的共同努力和巩固和平的共同愿望，将会使亚洲问题的解决成为可能。"

当日，世界各大报纸的头版头条都刊登了来自日内瓦的电讯报道："日内瓦来了一连中国军人"，"一个年轻的红色外交家率领着一批更年轻的红色外交家"。随后，中国代表团驱车来到城郊莱蒙湖畔查尔索瓦镇的万花岭别墅（又名花山别墅）住地。这是一座乳白色的别墅。别墅内有网球场和草坪。法国19世纪的著

红墙大事
——共和国重大历史事件的来龙去脉（上册）

名诗人拉马丁曾经在这里居住过。1961年陈毅率代表团参加另一次日内瓦会议时，亦下榻于此。

中国在日内瓦会议期间并非孤军奋战。当时世界两极对立格局已基本形成，社会主义阵营和帝国主义阵营营垒分明，这在日内瓦会议上得以充分展现。苏联、朝鲜、越南和中国结成盟友。特别是社会主义阵营中的两个大国中国和苏联在日内瓦会议上密切配合，并肩作战。

周恩来到日内瓦之前曾两次专程前往莫斯科，协调中苏两国对会议采取的方针政策。当时赫鲁晓夫对会议前景比较悲观，他对周恩来说，对它不必抱过大的希望，也不要期望它能解决多少问题，它可能根本解决不了什么问题。结局是我们难以预料的。

周恩来却不以为然，他充满信心地谈了自己的想法。他讲道："中国、朝鲜和越南能够一起出席这次国际会议，这本身就是一个胜利。如果能够解决一些问题就会有更大的收获，希望能够很好地利用这次机会，阐明我们对各项问题所持的原则立场和对若干有关问题作出解释和澄清的声明，并争取解决一些问题。"但同时周恩来也诚恳地向苏联同志请求，"由于这是中国第一次出席这样重大的大型会议，经验不足，希望苏联同志能与我们保持密切联系，及时交换意见，协同行动"。

周恩来还指出，我们对苏联同西方国家关于这次国际会议磋商的前前后后和整个经过不太了解，希望苏联外交部作个介绍，并确定协同原则。周恩来提出的这些要求，苏方给予了肯定的答复，周总理对此十分满意。

在莫斯科期间，中苏双方举行了各种座谈会，主要是中方邀请苏联外交部的若干人，包括后来长期担任苏联外交部部长的葛罗米柯，到中国代表团住地奥斯特洛夫斯卡亚8号公寓来座谈，介绍他们在各种国际会议中的斗争经验和应注意的事项等。座谈中，中国代表团提出了很多问题，苏联同志都给予了比较耐心细致的回答。葛罗米柯对在会议期间如何保密问题做了专门讲话。葛罗米柯说，我们的对手是狡猾的，会用一切手段刺探我们的意图和动向。因为他们比我们更了解"知己知彼，百战不殆"的道理，而且要用一切办法把我们置于他们的掌握之中。现代技术已发展到这样的阶段，使各种窃听、窃取成为轻而易举的事情了。因此，我们要行动检点，注意保密，尤其应该随时注意，不论住旅馆、公

六　有关杜勒斯拒绝与周恩来握手的传说

寓、沙龙或别墅，都难以防止或发现他们事先早已设置的窃听器，或其他窃密装置。

后来在日内瓦会议期间，大多是周恩来到苏联代表团住处商讨事宜。对此，莫洛托夫有一次到中国代表团总部拜访时解释说："长时间都是中国同志到苏联代表团住处来，纯属工作关系，但从外表上看，好像总是有来而无往。你们中国有句古语：'来而不往，非礼也。'我们很少来拜访你们，这从礼节上说，是不妥当的。所以，我们必须前来登门拜访。"

接着他又说："你们的住处是租来的别墅，很难说事先没有人在这里安装窃听器、录音器，甚至拍照设施。这使我们不便畅所欲言。这也是我们很少来拜访你们，而却经常劳驾你们去我们住处的原因。"

在这次拜访中，周恩来和莫洛托夫是在收音机大音量的噪声中进行交谈的。

中国代表团在飞往日内瓦途经莫斯科时，周恩来再次与苏联外长莫洛托夫交换了意见。

4月24日，中国代表团刚到日内瓦不久，苏联代表团即抵达日内瓦机场，周总理亲自到机场迎接。作为苏联代表团首席代表的莫洛托夫一下飞机，就同前来迎接的周恩来紧紧地握手，热烈地拥抱。记者摄下了这一热烈的场面，第二天见报时，图片下面的说明是："苏中两个大国在这次会议期间将携手合作。"

莫洛托夫在机场发表了讲话。他说："不能不指出这一重要事实，即：所有的大国——法国、英国、美国、中华人民共和国和苏联的代表最近几年来首次共同参加一个国际会议。苏联代表团在会上将尽力促成用和平的方式建立一个统一、独立、民主的朝鲜，以符合巩固远东和世界和平的利益。同时我们认为，尽快恢复印度支那和平，保障印度支那人民的自由和民主权利是日内瓦会议最重要的任务。"

讲话结束后，莫洛托夫和周恩来并肩而行，边走边聊，十分亲热。

当时外国记者、摄影师爬满了机场通道的栏杆周围、墙角和窗口上，向着他们大声叫喊着，要求给他们摄影。莫洛托夫对周恩来说，我们走慢些，给他们留下几个镜头。于是二人走走停停，边说边笑地步入候机厅。事后外国记者报道，中苏两国外交代表在日内瓦机场上所表现的姿态，是当代外交史上的创举，是真正兄弟般友好的楷模。

红墙大事
——共和国重大历史事件的来龙去脉（上册）

其实，这时期中苏两党之间已产生分歧，但在日内瓦会议期间两国还是通力合作的。

苏联同志为中国代表团准备了五辆"吉斯"车。整个会议期间，中苏密切配合，互通信息，共同协商，协调行动，遇有中苏双方代表团同时行动时，十几辆"吉斯"车一列排开，所到之处引起人们轰动围观，成为当时日内瓦城的一道耀眼的风景。

周恩来和莫洛托夫在日内瓦的共同战斗和交往中结下了深厚的友谊。

莫洛托夫是老资格的布尔什维克党员，也是斯大林时代苏联党和政府的著名领袖之一。美、英、法等国领导人都称他是"令人望而生畏的外交部部长维奇斯拉夫·莫洛托夫"。

其实，莫洛托夫看上去一点儿不叫人生畏，他更像一位哲学教授，中等个儿，银白色的头发总是梳得整整齐齐一丝不乱，戴一副夹鼻眼镜，看人时总是带着一种专注思索的神情。他说话有点口吃，特别是俄文中那个"C"（斯），这个字母经常成为他语言上的难点。当他"CCC"地口吃起来的时候，一定要把夹鼻镜摘下来，于是便如释重负，可以"C"过去，继续往下讲。然后随手又将夹鼻镜拿起来重新戴好，以便能够保持他专注凝视的习惯。

日内瓦会议期间，周恩来经常拜访莫洛托夫，认真听取他的意见及建议。长期的外交生涯使莫洛托夫积累了丰富的外交实践经验。莫洛托夫对一些资产阶级外交家的背景、履历、禀性以及优点和弱点了解很多，对一些人可以说相当熟悉。他把这些情况都及时地通告给周恩来，这些无疑对周恩来在会议中发挥重要作用有很大帮助。

莫洛托夫给中国代表团成员留下了庄重、敏锐、坚毅而又不失可亲的友好印象。而莫洛托夫对周恩来出众的智慧、品德、风度和才华更感到深深的敬佩和由衷的喜悦。他认为周恩来是无产阶级的一个出类拔萃的外交家。后来，当一个美国人说莫洛托夫是个"很难对付的毫不妥协的谈判者"时，莫洛托夫指着他鼻子很自豪地说："如果你认为我们很难对付，那么你等着对付周恩来吧，那时你才会懂什么叫难对付！"

周恩来始终保持了对莫洛托夫的友谊和尊敬。后来莫洛托夫被赫鲁晓夫贬斥，派往蒙古人民共和国当大使去了。1960年周恩来去蒙古人民共和国访问时，在招待会上与莫洛托夫相遇。周恩来急步上前,和莫洛托夫热烈握手,两人互致问候。在宴会上敬酒时,莫洛托夫和对知心朋友一样不无苦涩地向周恩来说:"我现在在乌兰巴托,只能靠报纸了解一些外部情况,对中国共产党坚强地团结在毛泽东周围,我很高兴,很受鼓舞。"

杜勒斯在日内瓦讥讽道,这样的乡巴佬,怎是我们美国人的对手

日内瓦会议上,社会主义国家的主要斗争对象是美国代表团团长杜勒斯,周恩来谈判的主要对手自然也是杜勒斯。

约翰·福斯特·杜勒斯,共和党人,1953—1959年担任美国国务卿,是美国著名的政治活动家和理论家,也是著名的外交家。他生在一个牧师家庭,外祖父约翰·福斯特和姨父罗伯特·兰辛都曾担任过美国国务卿。杜勒斯从19岁开始即涉足政坛,首先在外交界崭露头角,后便扶摇直上,20世纪40年代后即成为共和党外交政策发言人。他参与了战后初期美国一些重大的外交活动,并扮演了重要角色,是对日和约起草人,曾任洛克菲勒基金会主席。出任国务卿前,是纽约著名的苏利文—克伦威尔律师事务所的高级合伙人。鉴于他在外交事务方面的丰富阅历及权威地位,尤其是他的外交思想及主张得到艾森豪威尔的赏识,先被艾森豪威尔聘为总统竞选外交政策顾问,赢得大选后,又被任命为国务卿,直至1959年因病辞职。

杜勒斯是第二次世界大战后西方资本主义世界中顽固坚持反共、反苏、敌视新中国的突出代表人物。提起杜勒斯,人们会自然而然地把他与西方战后奉行的著名的对社会主义国家的"和平演变"战略联系起来。因为正是这个杜勒斯创立了以西方资本主义制度瓦解、摧毁社会主义制度的新思维,即"和平演变"的战略。

西方"和平演变"的战略并不是由杜勒斯提出来的,但在它的形成过程中,杜勒斯"功不可没",起了非常重要的作用。他使这一战略更加完善和系统化。

1953年1月15日,杜勒斯在美国国会考虑任命他为国务卿的证词中,指责前任杜鲁门政府和民主党人对共产主义软弱,声称"遏制"政策是一种"必然失败的政策,因为一种纯防御性的政策是根本不能击败一种侵略政策的"。

在回答他所主张的与遏制政策相反的"更为有力或更为主动的政策"是什么时,他提出了所谓的"解放政策"。他指出:"只要苏维埃共产主义统治着世界

红墙大事
——共和国重大历史事件的来龙去脉（上册）

现有各国人民总数的三分之一，只要它正在设法至少把它的统治扩展到许多其他国家，我们便绝对得不到巩固的和平或是欢乐的世界。""那些被奴役的人民是应该有自由的人民，从我们自私的立场看，他们也应该有自由，因为如果他们成为独裁政治的工具的话，他们最后将被融化成为一个对我们自己以至整个世界极其危险的力量。""因此我们必须时刻注意这些被奴役的人民的解放问题。不过解放并不是解放战争，解放可以用战争以外的方法达到。""只有不断保持着解放的希望，只有利用一切机会，我们才能终止这个笼罩着全世界的可能的威胁，这个威胁强迫我们去做如此可怕的牺牲，使人们对未来存在那么大的恐惧，但是这一切是可以而且是必须以这样的方法完成的，这种方式将不致引起叛乱，因为暴乱会被他们用血腥的暴力镇压下去。""它必须是而且可能是和平的方法，那些不相信精神的压力、宣传的压力能产生效果的人，就是太无知。"

上述证词，无疑是杜勒斯对他酝酿已久的"和平演变"战略思想的一次全面公开的阐述。

在实践上，为保证和平演变战略的实施，杜勒斯还提出一系列计划。1952年8月27日，杜勒斯在布法罗的一次讲演中，曾提出一项解放"铁幕"内的卫星国家的"三叉计划"。他认为，"美国之音"和其他机构应立刻挑起"铁幕"后面各国人民的抵抗情绪，并让他们相信美国会给予道义上的支持。这样共产主义将从内部解体，俄国人最后将由于发现他们已吞下消化不完的东西而撒手回家。为此杜勒斯在1952年成立了新闻署，直接领导"美国之音"，同时加强"自由欧洲电台"对苏联、东欧的宣传攻势。

杜勒斯对共产党领导的新中国同样采取顽固的敌视立场，他声称，"中国共产主义是一个致命的危险"，"是一种要消逝的现象"，美国及其盟国的责任是"尽一切可能使这种现象消逝"，要"用和平的方法使全中国得到自由"。

1956年匈牙利事件后，杜勒斯认为，改变共产党世界的性质是件可能的事。于是他更加起劲地鼓吹"和平演变"战略。

1957年7月，他在一次记者招待会上说："几乎可以肯定，社会主义国家将要发生一种演进性的变化。"他认为，这种"和平演变"不是一两代人所能实现的，需要一个较长的过程。当有记者问："赫鲁晓夫的孙子是否将有自由了？"杜勒斯回答："我并没有对这件事定过日期，但是，我愿意这样说，如果他继续

六 有关杜勒斯拒绝与周恩来握手的传说

要有孩子的话,而他们又有自己的孩子,他们的后代将获得自由。"这就是杜勒斯臭名昭著的把复辟资本主义希望寄托在第三代、第四代人身上的言论的出处。杜勒斯也因此在世界上名声大噪。

对杜勒斯"和平演变"的叫嚣,毛泽东十分重视,进行了深入研究,发表了许多评论。他在《再论无产阶级专政的历史经验》一文中就引用了杜勒斯有关"和平演变"的话,指出,敌人是我们最好的老师,杜勒斯在给我们上课了。

1958年12月23日,毛泽东在接见参加各军区政工会议的各军负责同志的谈话时说,中华人民共和国还有崩溃的危险,如果大家不警惕就不好。美国的事情是杜勒斯在办,杜勒斯是美国政府政治部主任、政治委员或者政委兼政治部主任,是艾森豪威尔的灵魂。杜勒斯这个人是"好人",办了不少"好事",对无产阶级团结和对帝国主义战斗有益。

针对杜勒斯把实现其"和平演变"战略寄托在社会主义国家第三代、第四代身上的企图,毛泽东回敬道:"帝国主义预言家们把'和平演变'的希望寄托在中国的第三代或者第四代身上,我们一定要使帝国主义的这种预言彻底破产。"后来毛泽东在全国范围内发动"文化大革命",其中一个重要的背景即是以此作为防止发生"和平演变"的手段。

就是这个被毛泽东称为"美国政府政治部主任""艾森豪威尔的灵魂"的杜勒斯,作为美国代表团的首席代表,带团参加了日内瓦会议。

杜勒斯并不像有些年轻人想象的那么面目狰狞。他中等个头,戴着一副夹鼻近视镜。他总是刻意地保持着一种政治家的庄重严谨。仔细看,你会发现他面色苍白疲倦,神情阴沉忧郁,镜片后的一双眼睛深不可测。会议期间,人们都管他叫"雷管",这里不仅仅指这个人物危险,还有双重含义:一方面他时刻威胁着别人,同时他自己也岌岌可危。因为他患了癌症,刚动过手术,胃里放着一支"镭管",用作放射治疗。镭管——雷管,这使得杜勒斯的赫赫大名平添了一层阴森森的色彩。

据悉,杜勒斯在日内瓦会议期间从未露过一丝笑容。他也很难笑得出来。当时美国的日子并不十分好过,面对世界无产阶级革命的洪流和民族解放运动的蓬勃发展,美国称霸全球战略受挫。特别是刚刚结束的朝鲜战争,打破了美国不可战胜的神话。美国及其操纵的"联合国军"在朝鲜战场上伤亡惨重,根据联合国

红墙大事
——共和国重大历史事件的来龙去脉（上册）

在《纽约公报》上公布的数字，"联合国军"方面的伤亡数约为 18 万人，其中美军为 14 万多人，伤亡率为 40%～60%，"日伤亡自开战起到 10 月末为 763 人"，"1951 年 11 月初为 962 人"，都远远超过第二次世界大战。几经较量，最后美国人不得不坐到谈判桌前在停战协议书上签了字。这是美国自新中国成立以来首次屈辱地低下美利坚那颗高贵的头颅。美国因第二次世界大战胜利而激昂起来的士气和自信心，在这次战争中被中国人打得一落千丈。而美国政府对中华人民共和国的敌视也达到了顶峰。

杜勒斯在日内瓦会议召开前不久刚刚做了一次手术。术后，他曾拖着病弱的身体到朝鲜"三八线"视察，视察过前线后才赶到日内瓦。作为一个资产阶级的政治家，他可谓为他的"自由世界"和他的资产阶级信仰殚精竭虑了。

杜勒斯是在 4 月 25 日，也就是会议召开的头一天才匆匆赶到日内瓦的。一到日内瓦，他顾不上欣赏这座世界名城的秀丽风光，就迫不及待地问美国代表团副团长史密斯："周恩来到了吗？"史密斯连忙把一张当地报纸双手呈给杜勒斯，同时答道："周恩来也刚刚抵达。"

杜勒斯接过报纸，看史密斯特意用红笔圈出来的部分："日内瓦来了一连中国军人，他们穿的衣服都是一样的中山服，连手提箱也相似。瑞士人误认为是传教队，都站下来脱帽向他们致敬！"一丝冷笑浮现在杜勒斯苍白阴沉的面孔上，他不屑一顾地讥讽道："这样的乡巴佬，怎是我们美国人的对手？"他似乎忘了美国刚刚在朝鲜的失败正是"这样的乡巴佬"给的。

杜勒斯亲自向美国代表团下令：禁止美国代表团的人员同中国代表团人员握手

中美两个敌对大国，在胜者虽未骄、败者犹顽固的情况下，坐在一起开会，格外引人注目。

杜勒斯敌视新中国几近疯狂的地步，在日内瓦会议召开前，他公开声明，美国同意中国参加日内瓦会议并不含有对中国的外交承认。他还亲自向美国代表团下令：禁止任何美国代表团的人员同任何中国代表团的人员握手。由此在会议期间传出了周恩来总理要同美国国务卿握手，被杜勒斯拒绝的传说，而且议论纷纷，莫衷一是。

六 有关杜勒斯拒绝与周恩来握手的传说

周恩来后来在同外宾谈话时也曾多次谈到过此事。他在1958年4月15日全国外事工作会议的报告中就明确说过:"我们不能像杜勒斯那样笨法,到了日内瓦还规定一条:'不许握手'。"

关于日内瓦会议是否出现过杜勒斯拒绝与周恩来握手的场面,王炳南曾就此进行了澄清。王炳南在他撰写的《中美会谈九年回顾》中写道:"实际上没有发生过这样的事。"他认为这是以讹传讹。在整个日内瓦会议期间,王炳南说自己始终在周恩来左右,他认为,总理非常审慎和严谨。杜勒斯是坚决反共的头子,总理从来就没想去和他握手。

当时在总理身边做俄文翻译的李越然也否定了杜勒斯拒绝和周恩来握手的说法。李越然在回忆录中写道:"我跟随周恩来参加会议,在走廊,在休息室,曾与杜勒斯几次走对面,周恩来总是面色庄严而不失柔和,从容大度,和杜勒斯不同。所谓杜勒斯拒绝与周恩来握手的事根本没有过,周恩来在那种情况下不可能主动去与杜勒斯握手。每次相遇,杜勒斯苍白的脸立刻板紧,在远处时还恶狠狠地盯一眼,走近时,便目不斜视平视前方,好像面前是一片田野荒漠。但是,他的动作明显变得僵硬机械,肯定浑身不自在,外人看来不免像小肚鸡肠的女人一样可笑又可怜。"

后来,熊向晖对所谓"握手"事件披露了一些鲜为人知的新情况。熊向晖当时是中国代表团新闻办公室主任。4月26日开幕式后,英国代表团成员杜维廉(英国驻北京的谈判代表)找到中国代表团成员宦乡。他说,艾登外相有一个设想,在第二次会议的会前或会后,由艾登外相介绍杜勒斯国务卿同周总理相识,彼此握手致意。如果周总理同意,艾登外相再派人询问杜勒斯先生的意见。宦乡请示总理后答复杜维廉说,周总理赞赏艾登外相的设想,既然在一起开会,理应互相接触。周恩来愿意经过艾登外相的介绍,同杜勒斯先生握手致意。但在第二天一早,杜维廉对宦乡说,杜勒斯先生表示,不能接受艾登先生的建议。所谓杜勒斯拒绝与周恩来握手,就是这么一种情况。

对于在会议期间,有没有周恩来主动伸出手来,而被杜勒斯拒绝呢?熊向晖也肯定地说,没有。他引用了当时多国记者的许多报道证实。比如,在杜勒斯离开日内瓦的当天,即5月3日,合众社就报道说:"杜勒斯在中共总理周恩来出席日内瓦会议期间从没有对他直接谈过一个字。在整整六天会议中,杜勒斯有意

红墙大事
——共和国重大历史事件的来龙去脉（上册）

不理周恩来。在19国亚洲和平会议上不和他握手，也不用任何方式直接和他打交道。"美联社当天也报道说："一位美国发言人说，虽然杜勒斯差不多每天都和周恩来在同一间屋里，但是他从来没有和他碰头，也没有和他谈过话，甚至没有朝他那个方向看一眼。"在杜勒斯5月11日返回华盛顿当天举行的记者招待会上，他对此还作了专门的说明。他讲，他在日内瓦会议上与共产党中国领袖周恩来并没有任何接触，因为他把北京看成是杀伤10多万美国人的侵略者。杜勒斯在会议第一天对他的一位密友恶狠狠地说，他与共产党中国外交部部长周恩来"只有在我们的车子相撞的时候才会见面"。

握手，原本是人类区别于其他生物的高级精神活动，是人类社会文明进步的一种标志。人类的外交实践，即从握手开始，而人类的外交史也表明，即使交战国家的使节相遇时，按惯例，也应彼此以礼相待，而采取拒绝、不理睬，甚至敌视的态度都是粗鲁的、僵化的，也是无益的。

实际上，周恩来后来多次提到"握手"一词，已越出了杜勒斯拒绝和他握手这一事件的本身，而具有更为广泛的内涵了。它反映了周总理长远战略眼光和高超的斗争艺术。

在朝鲜战争结束后，美国国内涌起了一股批评政府对华政策的浪潮，不少有识之士认为美国对华采取僵化的敌视政策是不现实、不明智的。美国的五星上将之一布莱德雷将军就讲道："朝鲜战争是美国在错误的时间、错误的地点，与错误的对手，打了一场错误的战争。"就是在参加日内瓦会议的美国代表团内部也不是铁板一块，美国代表团副团长史密斯对杜勒斯的强硬规定就不以为然。有个美国记者曾当面问史密斯："你和周恩来有没有什么接触？"史密斯风趣地答道："如果有接触的话，唯一的接触就是我们在卫生间共用过一条毛巾。"

周总理敏锐地抓住美国内部存在的矛盾，用杜勒斯禁止同中国人握手这一事例，生动而形象地揭露了美国政府不愿改变错误的对华政策，坚持不承认新中国并与之和解的顽固立场。所谓"握手"即"和解"之意。周总理在和外宾谈话时，多次以杜勒斯在日内瓦会议期间的顽固表现，特别是不许与中国代表团成员握手的僵化无礼的强硬规定，抨击当时美国政府的错误政策。在1955年的亚非会议上，周总理公开发表声明，"中国人民不要同美国人打仗，中国政府愿意同美国政府坐下来谈判"，愿意同美国讨论缓和两国紧张关系和台湾地区局势。

六 有关杜勒斯拒绝与周恩来握手的传说

这个声明震动了美国朝野,也使中国的和平外交政策更加深入人心,得到了世界各国人民包括美国人民的广泛同情和支持。同时,通过这一事例的鲜明对比,周恩来豁达大度、光明磊落的高大形象也更受人敬仰和钦佩,而杜勒斯顽固的反共嘴脸更是暴露无遗。很多美国人士长期以来一直为此事觉得理亏而深感内疚,因而在政治上更加不满当时美国政府失掉改善中美关系的良机,也极大地损害了美国自身的利益。美利坚"文明"大国的形象因此而蒙羞。

历史的发展给了美国人扭转形象的机会。在尼克松上台后改善中美关系的过程中,都是美国政府领导人主动与我方握手,以示补偿和和解。1971年7月,基辛格博士进行他的秘密中国之行,即"阿波罗一号"行动时,就特别注意握手言和之礼仪。他在《白宫岁月》一书中写道:"9日下午4时,周恩来来到,我在宾馆门口迎接他,特意把手伸出去。周恩来即微笑和我握手。这是将旧情嫌隙抛到脑后的第一步。"当尼克松首次访华走下飞机时也是他首先把手伸向了周恩来。

在周恩来同尼克松第一次会谈时又提到了杜勒斯拒绝握手一事。周总理对尼克松说:"你刚才不是在毛主席那里已经说了吗,我们握手了。杜勒斯就不敢这样做。"尼克松接过来笑着说:"总理也不一定愿意同他握手。"周恩来肯定地说:"不见得,如果他愿意的话,我也会跟他握手的。"尼克松说:"那好,我们再握一次手吧。"于是他们隔着茶几又伸手相握,在座的人都笑了。这段对话更生动说明了周总理握手的真实含义。

针对美国代表团的敌对行为,日内瓦会议期间,中方也采取了相应对策。周总理为中国代表团作了如下规定:第一,我们不主动和美国人握手;第二,如果他们主动来握手,礼尚往来,我们不要拒绝。

握手事件的发生表明,日内瓦会议时期中美两国之间隔阂之深重,关系之恶化,对立之尖锐。它同时也昭示着日内瓦会议上中美将面临着一场没有硝烟的鏖战。

杜勒斯登上讲台,为美国在朝鲜的行为辩护。
周恩来据理力驳,赢得满堂喝彩

4月26日,在世界各国的注目中,日内瓦会议在国际联盟大厦(第一次世界大战后建立的国际联盟总部所在地)隆重开幕。出席会议的国家有:中国、苏

红墙大事
——共和国重大历史事件的来龙去脉（上册）

联、美国、英国、法国、朝鲜民主主义人民共和国、大韩民国、澳大利亚、比利时、加拿大、哥伦比亚、阿比西尼亚（埃塞俄比亚）、希腊、卢森堡、荷兰、新西兰、菲律宾、泰国、土耳其等19个国家，其中有14个国家参加了以美国为首的侵略朝鲜的"联合国军"。再加上大韩民国，都是中朝人民军队的手下败将。参加日内瓦会议的各国代表中许多人是当时活跃在国际政治舞台上赫赫有名的外交家，如苏联外长莫洛托夫、英国外交大臣艾登、法国外长皮杜尔、美国国务卿杜勒斯等。

根据日内瓦会议拟定的日程，会议首先讨论的是朝鲜问题。为了促进朝鲜和平统一，为了使所有在朝的外国军队撤退并帮助朝鲜举行自由选举，朝、中、苏三方代表携起手来，在会上同以美国代表为首的西方反共势力进行了艰苦卓绝的斗争，提出了一系列和解方案。

4月27日，朝鲜民主主义人民共和国代表团首席代表南日外相根据中、苏、朝三方在会前商定的方案，提出了一项解决朝鲜问题的全面建议，包括三项内容：六个月撤退外国军队，全国举行自由选举，恢复朝鲜的和平统一。

4月28日，会议继续讨论朝鲜问题。周恩来和杜勒斯首次交锋。

杜勒斯尽管十分仇视共产党，但他并不是那种大呼小叫歇斯底里式的狂人，或捋胳膊卷袖子，像赫鲁晓夫那样用皮鞋敲联合国桌子的粗鲁人。他穿着一身死板的西服，一下汽车便低着头往会议室里走，然后阴沉沉地坐在位子上，沉默寡言。散会后便低着头往他那辆大型福特汽车里钻，既不理睬记者的提问，也不向任何观众招呼或讲演。

4月28日这一天，杜勒斯首次亮相为美军赖在朝鲜辩护："苏联的目的一直是把'北朝鲜'变成一个卫星国，并且可能的话，将他们的统治扩展到整个朝鲜，而美国不希望美军无限期地留在朝鲜，美国和韩国签订的共同安全条约不含有侵略的目的。"他断然拒绝从朝鲜撤军，却要求中国军队撤出朝鲜。他还提出了实现所谓"联合国统一朝鲜"的决议案，其实质是企图使美国无限期占领南朝鲜。

杜勒斯是个"思考型"的人物，不善演说，甚至发言讲话都不流利，只是紧板着面孔读他精心推敲过的发言稿，念完稿子后便旁若无人、面无表情地回到他的座位上。

杜勒斯发言时，周恩来一直坐在座位上静静地认真地倾听。杜勒斯发言结束

六　有关杜勒斯拒绝与周恩来握手的传说

后,周恩来镇定地走上讲台。周恩来虽然也是拿着稿子的,但他根据杜勒斯发言的内容,临时作了一些调整,即兴增加了一大段话。

周恩来首先全面阐述了中国政府对亚洲问题,特别是朝鲜问题和印度支那问题的立场,谴责美国在亚洲的侵略政策和战争政策,支持南日外相关于恢复朝鲜国家统一的三项建议,指出,南日的建议是完全公平合理的,"我们希望会议的参加者郑重地考虑这一建议,使这一建议成为和平解决朝鲜问题的协议的基础"。周恩来还进一步指出:朝鲜战争是美国侵略朝鲜,干涉朝鲜内政。美国还同时侵略了台湾,美国是真正的侵略者。

周恩来针对杜勒斯强词夺理的狡辩,义正词严地进行批驳:"杜勒斯刚才的发言完全违反亚洲人民的利益。无可辩驳的事实证明,美国在亚洲推行的侵略政策,是造成亚洲局势紧张和不安的根源。"美国在亚洲的"侵略行动应该被制止,亚洲的和平应该得到保证,亚洲各国的独立和主权应该得到尊重,亚洲人民的民族权利和自由应该得到保障,对亚洲各国内政的干涉应立刻停止,在亚洲各国的外国军事基地应该撤出,驻在亚洲各国的外国军队应该撤退"。"我们尊重各国人民的选择和维护他们自己的生活方式和国家制度不受外来干涉的权利;同时,我们也要求其他国家用同样的态度对待我们。只要世界各国都遵守这些原则,我们认为,在不同的社会制度下的世界各国是可以和平共处的"。

周恩来的讲话,赢得了许多国家代表的称赞和好评。

这是日内瓦会议上周恩来和杜勒斯第一次面对面的较量。杜勒斯对周恩来无懈可击的进攻感到十分不安和恼火,向其国内电告会议情况说:

"周恩来的发言在措辞和内容上都是标准的中共式的新闻宣传,但与会各国都相信周的蛊惑宣传,使我比以前更清楚地感到了这么一种可能,即美国对印度支那的任何公开干涉,都将导致中国对亚洲事务的公开干涉,真使人头痛!"

通过几天的会议,周恩来也意识到美国及其他西方大国根本没有解决朝鲜问题的诚意,朝鲜问题解决起来将相当艰巨。

4月28日周恩来致电毛泽东、刘少奇并中共中央:

根据三天会议的情况,朝鲜问题形成僵持局面,因美国不打算解决问题,法国对朝鲜问题又不便发言,英国也表示不想发言。

但是,周恩来并没有失去解决朝鲜问题的信心。他作了充分准备,以迎接更

红墙大事
——共和国重大历史事件的来龙去脉（上册）

大的挑战和更艰苦的斗争。

5月1日，周恩来出席同美、苏、英、法和南、北朝鲜外长举行的关于朝鲜问题的一般性非正式会议，驳斥了杜勒斯提出的关于朝鲜问题备忘录中的四点意见。

5月3日，在继续讨论朝鲜问题的会议上，周恩来着重批驳了美国以联合国为招牌的侵略行为，指出，美国发动武装干涉朝鲜的战争后，操纵联合国"非法地追认了美国的这一侵略行动。这就将联合国置于朝鲜战争中交战一方的地位，因而使它失去了公平处理朝鲜问题的资格"。以后，联合国又"不顾中国和世界公正舆论关于美军不应越过'三八线'的警告，批准了美国扩大侵略战争和统治全朝鲜的计划"。联合国不仅对中国控诉美国侵占中国台湾的行动置之不理，反而诽谤中国人民志愿军的反抗侵略、援助朝鲜的正义行为，诬蔑中国为侵略者。"这些情况严重地破坏了联合国的威信，并使联合国丧失了处理朝鲜问题和其他亚洲问题的道义力量。"同时，"由于美国利用联合国的名义拖延停战谈判，并阻挠政治会议的召开，就更加证明联合国已无能处理朝鲜问题，因而我们现在才在这里举行这个关于和平解决朝鲜问题的会议。我们这个会议与联合国毫无关系。但是，美国代表却硬要朝鲜人民执行联合国的非法决议，同意由联合国监督朝鲜的选举，岂非无理之至"。"为了使朝鲜人民得以在不受外国干涉的条件下和平解决自己的问题，有军队在朝鲜的各国应该达成协议，定期从朝鲜撤退一切外国军队"。

周恩来的发言合情合理，深入人心。

开局不利使杜勒斯恼羞成怒，他蛮横指责英国外长、会议主席之一艾登，同时责令法国外长皮杜尔对中国进行猛烈攻击。

皮杜尔作为法国代表团的首席代表和印度支那问题的主要当事国，在日内瓦会议上称得上是一个举足轻重的人物。他是个小个子，留着短短的平头，一个酒鬼，有时间就往酒吧间里钻。他整天好像都因喝酒过多而迷迷糊糊，走起路来像鸭子一样，左摇右摆，发言时也是两手支撑桌面，边讲边摇晃身子，永远是刚喝过酒的样子。法语"先生"的发音是"莫须有"，和"木须肉"很相近。法语"主席"的发音是"布列切堂"，听着很像"白菜汤"。皮杜尔每当发言时总是摇晃着身子说"主席先生"，因此，中国代表背地里常常把他称作"木须肉、白菜汤"。皮杜尔坐的汽车也和他的人一样，是一辆很小的圆形法国汽车，住的别墅也非常小，小巧玲珑。可惜，他的视野也同样短小，除了喝酒本事大，在谈判中显不出什么活力和外交才干。

果不其然，皮杜尔根本不是周恩来的对手，几个回合就败下阵来。于是美国依仗其金元霸权和在帝国主义阵营中的霸主地位，把气撒在其同盟国的身上。一次，美国傀儡大韩民国李承晚的代表卞荣泰讲了一句话，不符合美国的口径，因为卞荣泰想多少能够解决一些问题。这一下惹下了大祸，美国代表马上跳了起来，在众人面前大声呵斥他，就好像在家中教训自己的孩子一样。弄得卞荣泰面红耳赤，尴尬万分，下不来台。这也引起了在场人的一片欷歔声。真正是有强权无公理。

有的西方盟国慑于美国的地位和压力，做了一些表面文章。加拿大代表就曾演了这么一出戏。

日内瓦会议的休息室，是各国代表休息和私下接触的场所。会议室里摆着各种水果、点心和饮料。休会时，大家一边吃一边谈，可以随意走动。一次休息时，加拿大代表悄悄对中国代表说，他听了周恩来的发言，认为很合乎情理。中国代表马上把他的话反映给周总理。周总理听了很高兴，以为他会讲几句公道话。谁知休息后，加拿大代表发言，又将杜勒斯的提案大加发挥，还重复美国对中国的攻击，污蔑、谩骂中国挑起朝鲜战争，是侵略者，等等。可是会后遇到中国代表，他们又主动握手，抱歉地说，请原谅，他必须听美国的话，照美国的意思讲话，不能越雷池一步。

西方盟国的举动说明了他们内部并非铁板一块。周恩来随之调整了对付他们的政策和策略，在以后的斗争中注重利用矛盾，分化瓦解，争取多数，孤立以美国为代表的顽固派。

莫洛托夫向周恩来传递信息：杜勒斯率领的代表团不是铁板一块

在中、苏、朝紧密配合、联合斗争下，美国的政策和种种伎俩连遭失败。杜勒斯自知不是周恩来的对手，再斗下去会更加丢人现眼，于是他借口国内事务繁忙，于5月30日离开日内瓦，留下副国务卿史密斯代理首席代表继续参加会议。杜勒斯开始躲在幕后操纵史密斯与周恩来斗法。

杜勒斯退到幕后，把史密斯推到了前台。经验丰富的莫洛托夫立即向周恩来传递信息。

"美国这位代理团长史密斯，你了解吗？"

红墙大事
——共和国重大历史事件的来龙去脉（上册）

"不太了解。"

"第二次世界大战时，他是艾森豪威尔麾下的一名将军，这个人跟杜勒斯不同。史密斯来日内瓦之前我们接触过几次，他对美国现行外交政策有所不满。"

"是这样吗？"

"他认为美国对中国实行敌对政策是不明智、不现实的，缺少长远观点。"

"看来帝国主义阵营不是铁板一块，杜勒斯率领的代表团也不是铁板一块哟。"周恩来思索着点头说："我们不应该放弃做工作的机会。"

一天会议休息中间，史密斯端着酒杯主动走过来与周恩来的翻译浦寿昌攀谈，夸他英语讲得很好，是地道的美国音，问他是在哪儿学的，还赞扬了中国的古代文化，说了一些友好的话。

浦寿昌回去后立即报告了周恩来。周恩来说："好啊，既然史密斯愿意而且敢于同我们接触，那明天休息时，我找他谈谈。"

第二天会议休息时，各国代表挤满了休息大厅。在王炳南安排下，周恩来步入大厅，看到史密斯正在酒吧的柜台那里喝饮料。霎时间，两个人的目光相遇了，所有在场的外交官的眼光也转向了他们二人。

周恩来坦然一笑，从容地向史密斯走去。事出意外，史密斯大吃一惊，在众目睽睽之下，也亏他急中生智，急忙把杯子捧到右手上。当周恩来走到他面前，伸出右手时，他像演戏一样，一时间似乎右手伸不出来，顺势用左手握住周恩来的右腕摇了几下胳膊。周恩来似乎并未介意，用友好的语气同他聊了一阵子。当时在各国代表的眼中，周恩来是那么从容不迫，豁达大度。而精明的史密斯却被美国僵硬的对华政策搞得手足无措，窘态百出。

朝鲜问题的解决由于美国及韩国的顽固立场和层层阻挠，会谈多次，却无实质性进展。当有关朝鲜问题的会谈接近尾声时，美国代表团接到了国内指示，一定要使会谈破裂，不许达成任何协议。美国代表团接到指令后，进行了紧张的幕后活动，采用说服和压制手段，终于使16个参加"联合国军"的国家同意执行这个指示，还拟定了一个所谓"十六国宣言"。之后，西方代表散布消息说要在5月15日大会上结束对朝鲜问题的讨论。

莫洛托夫马上通报给周恩来，有迹象表明美国要突然停会。

周恩来认为，会议开了近两个月，至少要解决一点问题，不应该就这样提

六 有关杜勒斯拒绝与周恩来握手的传说

前闭会。

6月14日晚,中国、苏联、朝鲜三国代表召开会议,商讨对策,一致认为,我方现已不可能在会上从容地提出原定的方案,必须争取在最后一次会议上把全部牌都打出来,即使不能挽救会议于马上破裂,亦足以使对方处于不利地位,我方建议提案愈早,就使对方愈被动,使对方破裂愈困难,愈无理由,并使对方对破裂负更大的责任。同时商议了我方三国代表在15日会议上的行动方案。

6月15日,会议的议题是继续讨论朝鲜问题。这一次会议由英国外相艾登担任主席。果不其然,会议开始不久,艾登就宣布要提前闭会,企图强行结束对朝鲜问题的讨论。由于中、苏、朝事先已有准备,三国密切配合,使这一天会议上的斗争十分激烈,出现了戏剧性的场面。

首先,朝鲜民主主义人民共和国外相南日真诚地提出关于保证朝鲜和平状态的六项新建议,渴望打开会议僵局,谋求"在成立一个统一、独立和民主的朝鲜国家的基础上达成和平解决朝鲜问题的协议"。

接着周恩来发言,表示完全支持南日提出的关于保证朝鲜和平状态的六项新建议,指出:"六项建议提供了保证朝鲜和平发展的基本条件",我们没有理由不在六项建议的基础上达成适当协议。为此,中国代表团"建议本会议召开中、苏、英、美、法、朝鲜民主主义人民共和国和大韩民国七国参加的限制性会议,讨论巩固朝鲜和平的有关措施"。

周恩来讲完后,莫洛托夫发言。他说,"我支持南日外相提出的六项建议,并提议与会的19国发表关于不威胁朝鲜和平的共同宣言"。他随即宣布了宣言草案:"参加日内瓦会议的各国业已同意在等待朝鲜问题最后解决的期间,任何国家不得采取任何可能对维持朝鲜和平构成威胁的行动。与会者表示相信,朝鲜民主主义人民共和国和大韩民国为了和平的利益将依照本宣言而行动。"

这三个建议一下子打乱了美国的阵脚,强行结束讨论朝鲜问题的阴谋破产,会场内一时大乱,西方代表面面相觑,艾登连忙宣布暂时休会。

休会时,美国忙召集参加侵略战争的国家及南朝鲜代表紧急磋商,召开了40分钟的秘密会议,以统一思想,协调行动。

复会后,史密斯首先发言,他根本不提南日的六项建议,只看着莫洛托夫说:"我拒绝莫洛托夫外长的建议。因为朝鲜停战协定早有规定,没必要再议。"

随后澳大利亚、菲律宾、比利时的代表像应声虫一样随声附和，都表示拒绝南日外相和莫洛托夫的建议。这些国家的代表发言时神态各异，但显得有些机械，可以看出他们的讲话并不是自己独立的想法。

比利时代表斯巴克的发言最有趣，最有代表性。他面无表情，平淡地宣布："不接受这一建议的理由就是因为刚才美国代表反对这一建议。否则这一建议是可以接受的。"

之后，泰国代表宣读了《十六国宣言》，再次企图强行结束对朝鲜问题的讨论。

此时，周恩来意识到会议已经到了面临破裂的关键时刻，但16国并不是铁板一块，还可以作最后一次争取，争取不到协议，至少可以争取人心，而作为诞生不久的中华人民共和国争取到人心是最难得的。

周恩来毅然站起来再次发言："我完全支持莫洛托夫外长关于与会各国发表共同宣言的建议。很遗憾的是，就连这样一个表示愿望的建议也被美国代表毫无道理地断然拒绝了。情况虽然如此，我们仍然有义务对和平解决朝鲜问题达成某种协议。"周恩来接着把声音放缓，两眼扫视了一下会场，一字一板地说："我提一个两句话的草案……"

周恩来这句话似千钧之重，会场立刻安静下来，两句话的协议，这怎么可能？可是周恩来已经开始表述了：

"日内瓦与会国家达成协议，他们将继续努力，以期在建立统一、独立和民主的朝鲜国家的基础上达成和平解决朝鲜问题的协议。"

"关于恢复适当谈判的时间和地点问题，将由有关国家另行商定。"

周恩来提高声调又说："如果这一个建议都被'联合国军'有关国家拒绝，那么这种拒绝协商和和解的精神，将为国际社会留下一个极不良的影响。"

周恩来话音未落，莫洛托夫便激动地站起来，一反常态，大声喊道："妙极了，只有周恩来能挽狂澜于既倒！"

会议的各国代表无不为周恩来的坦诚而动容，就连一些美国的仆从国代表也向周恩来投来敬佩、赞许的目光，并纷纷点头表示赞同周恩来的两句话协议。比利时外长、老外交家斯巴克说："周恩来的意见有合理成分，可以研究。"并且说："周恩来外长的建议和16国宣言精神不矛盾，希望以后恢复对朝鲜问题的讨论。"

周恩来抓住时机第三次发言："如果16国宣言和中国代表团的最后建议有

着共同的愿望，那么，16国宣言只是一方面的宣言，而日内瓦会议有19个国家参加。我们为什么不可以用共同协议的形式来表示这一共同愿望呢？难道我们来参加这一会议却连这点和解精神都没有吗？如果是这样的话，那么我们不能不表示很大的遗憾。"

斯巴克马上接过话来说："我本人赞成大家接受中华人民共和国代表这个建议。"史密斯又气又急，瞪着眼睛看着斯巴克，但是比利时毕竟不是南朝鲜，史密斯不好发作，赶紧写了一张字条派人送给了斯巴克。

南朝鲜代表急了，举着手尖着嗓子喊："比利时不能代表联合国16个国家，也不能代表南朝鲜……"

担任会议主席的英国外相艾登开始时频频点头，最后也宣布说："周总理的建议应该受到最认真的考虑，如果没有不同意见我将宣布周恩来总理的建议成为会议双方的一致意见。"

会场出现了短时间的寂静，没有人表示反对，各国代表都把目光投向美国代表。特别是南朝鲜的代表眼巴巴地望着史密斯，像溺水者渴望抓住一根稻草。

美国人狼狈不堪，史密斯如坐针毡。他耸耸肩，又皱皱眉头，转身和本国代表团成员低声耳语了几句什么，然后掏出手绢用双手捧着在鼻子上沾了沾，大概是出汗了。他进退两难。表示同意，将违反美国政府的命令；表示反对，美国将陷入完全孤立的可悲境地。自第二次世界大战以来，在国际性会议上，美国还从未陷入如此孤立难堪的境地。

在众目睽睽之下，史密斯终于硬着头皮站了起来，他干咳了一声，强作镇定地说："在未曾请示我国政府的情况下，我只能拒绝这项建议。"

周恩来乘胜追击，以缓慢和沉稳的语气第四次发言。他说："我对比利时外长所表现的和解精神感到很满意。会议主席的态度也值得提及。然而我必须同时指出，美国代表立刻表示反对并进行阻挠，这就使我们大家都了解到美国代表如何阻挠日内瓦会议，并阻止达成即便是最低限度的、最具有和解性的建议。"会场鸦雀无声，静得让人心跳加速。周恩来略微停顿了一下，接着说："我要求把我刚才的发言载入会议记录。"这马上得到了会议主席艾登的同意。

由于美国的无理阻挠和破坏，加之其同盟国代表的敢怒不敢言，历时51天的日内瓦会议关于朝鲜问题的讨论，最终还是在没有达成任何协议的情况下宣告

红墙大事
——共和国重大历史事件的来龙去脉（上册）

结束。而6月15日这一天的中美间斗争却给与会各国代表留下了深刻难忘的印象。周恩来入情入理、深刻尖锐、机敏聪慧的发言，将美国政府逼到了相当孤立的境地，把美国代表搞得好不狼狈，大大提高了新中国在国际舞台上的威望。

后来，史密斯曾满脸沮丧地对中国代表团表示，会议结束后，他就辞职，不再干这个完全受人支配、有名无权的副国务卿的差事了。

周恩来在6月15日这场妙不可言的唇枪舌剑中，充分展现了他的智慧、风度和超人的外交才华，使西方人大开眼界，并征服了出席日内瓦会议的所有外交官们。尤其是会议主席之一英国外相艾登对此更是赞叹不已，他完全被周恩来的魅力征服了。在艾登向英国政府的报告中有这么一句话："联合国不能指望没有得到中国周恩来和两个朝鲜代表同意的情况下解决朝鲜问题。"

6月16日，艾登在日内瓦专门宴请周恩来。在等候周恩来到来的时候，有几名记者围住了艾登提问题，艾登很郑重地说："跟中国的周恩来打交道，我当然乐意。要知道，他可不是平凡的人，你们早晚都会清楚他是个不平凡的人。"

艾登也是一个老资格的闻名于世界外交舞台的外交家。他有着一副典型的英国绅士派头，个子很高，差不多有一米八。他有一个很突出的特点，也可以说是一个不良的习惯，就是在倾听会议发言时总是喜欢把铅笔放在嘴里，这多少有损他绅士的形象。他坐的汽车是英国老式车，并不算豪华，但耀眼的是他的司机是非常漂亮的年轻女郎。参加日内瓦会议的英国代表团的司机全部为女性，穿着清一色的绿色制服、白手套，个子都在一米七以上，大概是在英国"选美"选来的。每当英国代表团参加会议时，漂亮的司机小姐们总是引来与会国代表的注目，这也可算是日内瓦会议期间又一道美丽的风景了。

艾登是个热情洋溢的人，加之会议主席的身份，他每次上下车都要站住并向记者和群众挥动双手致意，有时现场只有一两个人，他仍要煞有介事地好像面对千万名欢呼的人一样举手致意。英国代表团和中国代表团同住在玻利瓦什宾馆，在旅馆的对面，有一个漂亮的小亭子。艾登每天出门一定要站在旅馆正门的台阶上，面对小亭，恭恭敬敬地画十字祷告一番，然后才开始公务活动。他大概是个虔诚的基督教徒。

英国人请客的菜肴十分简单，在中国人看来甚至未免太寒酸了。一人一个小碟，没有什么菜，就是牙签插点火腿肉之类的东西，此外便是饮料。在中国人看

六　有关杜勒斯拒绝与周恩来握手的传说

来这显得很吝啬。其实这是英国和一些西方国家一贯的请客方式，连英国女王也不例外。外国人请客并不是为了"吃一顿"，而是联络感情、交换思想的一种活动方式。吃完饭回到旅馆后，李越然不无抱怨地说："英国代表团太吝啬了，就请咱们吃点这东西？"

周恩来非常认真地说："这正是值得我们学习的地方。简朴热情，不讲排场，一切为了工作。"遗憾的是，中国人对"吃文化"却始终情有独钟，并不断"发扬光大"，中国虽然至今仍属发展中国家，而"吃"的水平恐怕已是名列世界前茅了，这大概是周恩来所不愿意看到的。

周恩来和艾登的这次会晤推动了中英关系的改善和发展。6月17日，英国政府即和中国政府达成了两国互相派遣外交代办的协议。这是周恩来在日内瓦会议上取得的又一个胜利，在一定程度上打破了美国对中国在国际舞台上的外交孤立政策，为新中国在国际舞台上创造了更广阔的活动空间。

皮杜尔气急败坏地说：同你们这些幽灵打交道真没有什么可讲的。范文同回敬道，难道你们是跟幽灵在打仗

5月8日，日内瓦会议开始讨论恢复印度支那和平问题，参加者有中、苏、美、英、法、越南民主共和国、高棉（柬埔寨）、寮国（老挝）及越南民主共和国等九国代表团。根据会前协议，会议主席由艾登和莫洛托夫轮流担任。

印度支那问题比朝鲜问题复杂得多，因当事国不仅有越南，还有老挝和柬埔寨。印度支那包括越南、老挝和柬埔寨三个国家，1884年中法战争后成为法国的殖民地，第二次世界大战中沦入日本人手中。1945年日本投降后，法国再次发动了印度支那战争，先后占领了这三个国家。1945年9月2日，越南人民在胡志明领导下建立了越南民主共和国，随后老挝、柬埔寨的抗法力量也相继建立了寮国、高棉抗战政府，但法国政府拒不承认越南民主共和国，也不承认寮国和高棉抗法民主力量成立的抗战政府，而把它们当作交战的敌方。于是印度支那三国成立了印支军对法国进行了英勇的抵抗。直到日内瓦会议召开时，老挝和柬埔寨仍未从印支联军中分离出来形成独立的武装抵抗力量。越南人民在胡志明的领导下，已进行了八年抗法战争，新中国成立后，虽然越南抗法战争环境发生很大改观，但双方仍胜负未定。而法国情况也越来越不妙，持续多年的战争给法国在

红墙大事
——共和国重大历史事件的来龙去脉（上册）

政治、经济上造成很大困难，加之军事上连遭失败，国内要求和平的呼声越来越高。1953年7月朝鲜停战协议签订，对和平解决印度支那问题起了很大的推动作用。越南率先采取了主动。

1953年11月26日，胡志明在回答瑞典记者的书面采访时声明："如果法国政府愿意通过协商来实现在越南的停战，并且采取和平方式解决越南问题，那么，越南民主共和国人民和政府将随时接受这种意图。""在越南停战的基础上，法国政府真诚地尊重越南的真正独立。"

随后，越南劳动党中央发表《告人民书》说：假如法国政府"愿意经过谈判获得停战"，"越南政府是愿意商谈的"。

1954年3月，越南劳动党中央政治局三次开会研究在日内瓦会议上应采取的方针、政策。会议认为，停战线以东西划线、南北分界为有利。因3月13日越南人民军已开始进行奠边府战役的第一阶段，停战线划在何处，应视军事情况的发展而定，越往南划越好，同时决定由范文同作为首席代表率团出席日内瓦会议。

美国对恢复印度支那和平问题的态度和立场同对朝鲜问题毫无二致，不希望会议达成任何协议，故要尽伎俩，蓄意破坏，中美间又开始了新一轮的、更为艰难的较量。

杜勒斯只参加了第一次会议，即离开日内瓦，又退到幕后操纵以史密斯为首的美国代表团。

说来也巧，讨论印度支那问题会议召开的前一天，即5月7日，在中国人民直接援助下，当时直接负责援越工作的彭德怀克服难以想象的重重困难，帮助越南人民军将重炮和火箭炮运上前线，投入了奠边府的战斗，使越南人民军信心倍增，终于打破了法国重兵把守，碉堡林立，号称是一艘不可摧毁的"山林中的航空母舰"的集团阵地——奠边府。这场战役，法军损失惨重，伤亡1.6万余人。

消息传到日内瓦，社会主义国家的代表欣喜若狂，奔走相告，士气大振。而法美等西方国家代表则神情沮丧，士气受到沉重打击。法国政府在国内下了半旗，法国外长皮杜尔也匆匆离开日内瓦赶回巴黎。

奠边府战役的辉煌胜利使会场的形势陡然改变，一下子使美国和法国处于不利地位，为最后谈判的成功奠定了基础。

5月8日，法国代表团戴着黑纱，打着黑色领带，哭丧着脸，一扫过去那种

六　有关杜勒斯拒绝与周恩来握手的传说

趾高气扬的劲头走进会场,然后低头就座,一言不发,如丧考妣。

越南代表团中有人见此情景,不禁笑出了声。被中国代表称为"白菜汤"、"木须肉"的皮杜尔气急败坏地说:"这么严肃沉重的场合笑什么?!我们死了那么多人,你们还幸灾乐祸。同你们这些幽灵打交道真没有什么可讲的。"

范文同的法文很好,不等翻译就用法文回敬道:"噢,难道你们是跟幽灵在打仗?!"

一句话引起在场人的哄堂大笑,皮杜尔面红耳赤,无言以对,更显其狼狈之态。在整个谈判过程中,美国代表团秉承其政府旨意,设置重重障碍,蓄意阻挠。中、苏、越代表团结合作,并肩作战。特别是周恩来率领中国代表团针锋相对,并注重在斗争中运用灵活的战略和策略,为日内瓦协议的最后达成作出了重大贡献。

开始时,美、法利用老挝王国和柬埔寨王国代表缺少对中国了解这一点,竭力挑拨老、柬与中国的关系。老挝代表冯·萨纳尼空和柬埔寨代表泰普潘第一次在会场上一见面就骂中国是帝国主义。他们只知道中国支援越南民主共和国,因而听信美法的暗中挑拨,认为越南民主共和国是代替中国侵略他们。实际上中国不仅支持越南,而且也支持其他印支国家抗击法国的侵略斗争。老、柬两国代表的当场诽谤使中国代表十分惊讶,也很恼火。但很快周恩来就敏锐地意识到这是美、法代表背后搞的鬼,同时周恩来也感到自己对印支的情况了解得还不是很清楚。会前,中国只同越南民主共和国建立了外交关系并应越南的要求派了军事和政治代表团,而同寮国、高棉没有来往,同老挝王国、柬埔寨王国更没有来往。对此,周恩来不仅没有发怒,反而派师哲和王炳南去做他们的工作。周总理说,他们是受了法国人的蒙蔽,必须扭转这种局面。

师哲和王炳南于是请老、柬两国代表到中心花园里观赏花木、喝咖啡、聊天。周恩来亲自请他们吃饭,推心置腹地谈话。他们见中国人彬彬有礼,特别是周恩来和蔼可亲,丝毫没有大国领导人的架子,根本不是西方大国所宣传的那样似洪水猛兽,特别是他们了解到中国不仅支持越南抗法,而且也支持印度支那其他国家的抗法斗争,这时才明白自己是上了美、法等真正帝国主义国家的当。他们的态度一下发生了180度大转变。此后,老、柬把中国作为朋友,矛头一致指向美、法帝国主义。在交谈中,周恩来也从他们那里了解到许多情况,法国的军队集结在越南和老挝,柬埔寨要求越南民主共和国的武装力量从他们的国家撤出。

红墙大事
——共和国重大历史事件的来龙去脉（上册）

根据了解到的情况，周恩来及时调整了政策，采取了更为现实、灵活的策略。5月27日，在同苏越代表协商后，周恩来提出了折中方案："关于双方军队的集结地区，也就是双方地区调整问题，印度支那三个国家——越南、高棉、寮国的情况不完全相同，因而在双方地区调整原则确定之后，要根据三国的具体情况加以实施，因而解决办法也会有所不同。"周恩来的提议合情合理，切实可行，会议因此决定越、法双方军事代表谈判越南问题，外长会议继续讨论老挝、柬埔寨问题。印度支那问题的解决有所进展，但由于法国缺乏解决问题的诚意，加上美国的极力阻挠，在近两个月的时间里，会议并没有取得什么实质进展，一度陷入僵局。

周恩来专程拜访法国总理孟戴斯·弗朗斯，弗朗斯激动地表示，如果不实现停火，我就辞职

法国拉尼埃政府对停战缺乏诚意，引起法国人民的强烈不满。6月12日拉尼埃政府倒台。17日，主和派孟戴斯·弗朗斯组成新内阁，自兼外长，亲自率团到日内瓦谈判，并向法国公民许诺，若不能就印度支那问题达成协议就辞职。所以他一到日内瓦就对谈判采取了积极的态度。

在法国内阁换届期间，美国认为有机可乘，使出了"拆台散伙法"，向英法等国施加压力，妄图使日内瓦会议半途夭折。

周恩来针锋相对，运用统战工作的经验和方略，利用美法、美英之间的矛盾，尽力分化它们的同盟关系，陷美国于孤立地位。

印度支那战争在法、越之间进行，但恢复和平的最大障碍却来自美国。美国不同意印支在承认胡志明政府的情况下停战，不愿意看到有新中国参加的日内瓦会议取得任何成果。然而会议又是可能取得成功的，这种可能存在于美国同其他西方国家的矛盾中。周恩来看到了这种矛盾，采取了为恢复和平而团结一切可以团结的力量，集中打击并孤立美国及法国好战势力的统一战线策略，利用英法与美国之间的矛盾，使美国的阴谋一再遭到失败。

美国在印支战争中支持法国是从其全球反共的角度出发的，而法国进行战争的主要目的却是维持其殖民利益。法国势力在印支的存在是美国染指这一地区的一个障碍。因此美国在支持法国的同时却总想着排斥法国，它虽向法国承诺，战争一旦扩大，美国将大力援助，但这种支援却是有条件的。

六 有关杜勒斯拒绝与周恩来握手的传说

正如1954年5月15日美国驻法大使向法国外交国务秘书舒曼当面表述的那样：美国在必要时可以直接介入印支战争，但有七个条件，其中包括"法国政府必须重申印支三国独立的完全性质，它应明确说明这种独立包括从法兰西联邦中分离出去"。舒曼当场表示，这些条件是"法国政府所不能接受的"。显然战争如果进行下去，美国无论干涉与否，对法国都并非好事。

英国虽在印支战争中只是一个"旁观者"，但它在东南亚有许多殖民地，并与印支毗邻。它既怕共产主义浪潮冲击它在亚洲的殖民体系，又怕美国势力大规模介入危害自己的殖民利益，还怕自己再度被卷入与中国的战争。在朝鲜战争中，英国作为"联合国军"一员，已大大领略了中国的厉害，至此还心有余悸。因此，英国也需要印支和平的恢复，希望日内瓦会议能有所成果。

周恩来对美国与英法之间的矛盾看得十分清楚，认为只要采取统一战线策略就有可能使和平力量压倒战争力量，而关键在于孤立美国，为此，周恩来煞费苦心，为争取英、法，分化西方同盟做了大量工作。

6月1日，周恩来会见皮杜尔时明确指出："真正的危险是美国的干涉，这种干涉与法国利益、印度支那及东南亚利益都是不相符的。"

拉尼埃政府6月12日倒台后，美国的"拆台散伙法"眼看就要得逞，当时美国方面已经说服英国退出会议，皮杜尔也已离开日内瓦。但在6月16日，周恩来及时提出新的建议：

一、老挝和柬埔寨境内敌对行动的停止，将与越南敌对行动的停止同时宣布。

二、交战双方司令部的代表，就有关在老挝和柬埔寨境内停止敌对行动的问题，在日内瓦并在当地开始直接谈判。

三、敌对行动停止后，即不许从境外给老挝和柬埔寨运入新的陆、海、空军部队和人员，以及各种武器和弹药。

四、国际监察委员会的权力扩展到老挝和柬埔寨，但应照顾到各国的特殊情况等。

周恩来对此建议还解释说，停止敌对行动问题，包括两个方面：一方面是研究老挝和柬埔寨两国敌对军队的部署问题；另一方面是研究一切外国军队撤退的问题。越南民主共和国在5月10日就早已提出"缔结协定，规定在交战双方同意的时限内，自越南、高棉与寮国领土撤退一切外国军队"。这已讲得很清楚。

红墙大事
——共和国重大历史事件的来龙去脉（上册）

周恩来的建议合情合理，无懈可击。范文同和莫洛托夫马上表示支持。法国当场表示重视此建议。甚至连美国代表也认为这个建议是合理的，找不出反对的理由。因此艾登立即提议休会一日后继续讨论印支问题。这样美国破坏会议的企图再次遭到失败。

6月23日，周恩来专程到伯尔尼拜访了孟戴斯·弗朗斯。弗朗斯是主和派，争取和支持弗朗斯是推动印支问题取得成果的一个关键因素。但当时弗朗斯的处境很困难。法国代表团多次向中方表示，美国对孟戴斯·弗朗斯政府与越盟直接谈判一事已表示了不信任态度。拉尼埃、皮杜尔等人以反对派面目出现，攻击孟戴斯·弗朗斯将由于停战而破坏法美的关系。他们的目的是拖过弗朗斯许诺的期限，迫使他辞职。这种情况一旦发生，天主教派的舒曼和皮杜尔会重新上台，亚洲战争会从此扩大。

法国代表团秘书科罗德·谢松诚恳地对中方代表团成员宦乡说，法国现在所处的地位就像在天平的中心。法国希望站在中间，这对欧洲和亚洲都是有利的。但是如果现政府下台，天平就歪了，整个世界的均衡就会发生变化，如果是这样的话，后果是不堪设想的，作为一个法国人，我憎恨看见这样的结果。

对此周恩来积极采取了"拉孟戴斯·弗朗斯政府一把，孤立美国及法国主战派"的统一战线策略，以利用主和派达成停战的目的。这是6月23日周恩来主动上门拜访弗朗斯的主要背景。

在两人会晤中，弗朗斯首先说明法国议会已定下四周的期限（即到7月20日），要在这个期限内就印度支那问题达成协议。

周恩来明确表明了中方的原则和立场：在印度支那问题上，我们的条件就是和平，就是反对美国干涉，不让美国把战争国际化，反对美国在印度支那建立军事基地，除此之外没有别的条件。

周恩来还言辞恳切地说："印支三国的问题既有联系，又有区别。在适用同样的原则时要照顾到三国的特殊情况。例如一切外国军队应该同样地从三国撤出，不但法国军队撤出，在老挝和柬埔寨还要包括进入这两国的越南志愿人员。又比如停战以后停止从境外进入新的军事人员和武器弹药的原则既要适用于老挝和柬埔寨，但是方案又要考虑这两国的自卫需要。这样的方案才是公正合理的。"

周恩来真诚的态度和公正合理的立场使弗朗斯深受感动。他说："很好，你讲的合情合理。"弗朗斯眨了眨有些潮湿的眼睛向周恩来做了个激动而断言的手势:"我决心以一个月为期实现停火,尊敬的周恩来先生,如果不成,我将提出辞职!"

由于周恩来恰当地运用统一战线策略,美法之间已存在的矛盾随着会议的进展不断加剧。杜勒斯7月11日写信给法国新总理孟戴斯·弗朗斯,无可奈何地表示:"美国从4月初起就寻求与法国政府和英国政府的密切合作,以图采取一个强硬的共同立场,然而事实却证明这是不可能的。"

日内瓦会议达成最后协议后,法国外交部是这样评价美国政策的:"有美国人在,问题就更困难了。几个月来美国的印支政策惊人地变化不定。华盛顿的领导人有对外政策的考虑和选举的压力,又要考虑派遣美军进入亚洲大陆的决定并执行一条确切的路线。这种情况不利于法国在日内瓦进行的谈判,因此法国除了与共产党国家进行谈判外,还不得不与我们的海外盟友进行一场货真价实的谈判,以说服他们不与最后解决方案公开决裂。"

美法之间的相互埋怨正从反面说明了周恩来利用法美矛盾,实行统一战线策略的成功。

周恩来毫不客气地回敬道,罗伯逊先生,如果美国敢于挑战,我们将是能够应战的

周恩来在着重分化美国和英法联盟的同时,也十分注重分化美国代表团内部,并大有成效。

史密斯在一次发言中突然离开讲稿,即兴发挥说:"周恩来先生的这一建议包含着可供讨论的内容,其中有一些是可以接受的!"在这之前,即6月1日,周恩来提出了全面解决印支问题的六点方案。

史密斯的即兴发言得到各国代表的欢迎,却遭到美国代表团内部的猛烈攻击,他的副手罗伯逊早受杜勒斯之命监视他的言行,此时厉声指责他违背了美国政府的指示,必须在第二天的会议上作出纠正。史密斯无奈,当天以拜访瑞士政府为名赶往伯尔尼去了。

第二天,罗伯逊一上台,便全部推翻了史密斯前一天的发言,说周恩来的建议不值得讨论。

周恩来厉声质问:"你们美国代表说话还算不算数?你们团长史密斯昨天还

红墙大事
——共和国重大历史事件的来龙去脉（上册）

表示我们的发言可以考虑，今天怎么变卦了？"

罗伯逊狡辩说："中国的发言不很清楚，容易有误解，我今天的发言算数！""罗伯逊与史密斯的发言有显著的不同。美国代表团的意图是挑起争论，使协议不能达成。对付这种挑衅并不困难，但我们宁愿致力于求得和解，以在原则上达成协议，中国代表团 16 日的建议是很清楚的，不该有任何误解！"周恩来的讲话赢得了各国代表的热烈响应。

罗伯逊气急败坏，蛮横地叫道："我受美国政府指示，拒绝中国的建议！"

周恩来知道罗伯逊曾在北京军调处工作，帮蒋介石打过内战，便毫不客气地回敬道："罗伯逊先生，我要提醒你，我们在中国是认识的，如果美国敢于挑战，我们将是能够应战的！"罗伯逊顿时面红耳赤，狼狈不堪。

一位瑞士记者在观看这场唇枪舌剑后形象地评论说："从周恩来说话的架势，看起来就像中华帝国的官员，在训斥行为粗鲁的野蛮人。"

为尽早促成印支和平的实现，周恩来在本阵营内部也做了大量而富有成效的工作。

6月19日，日内瓦暂时休会21天。周恩来利用这一机会展开了工作。20日，他与柬埔寨王国代表团团长会晤。21日，与老挝王国代表团团长会晤。21日晚，周恩来同桌宴请越南、柬埔寨、老挝三国代表团及成员，由此，这三个国家的代表终于坐在一起了。周恩来给他们相互介绍后，三国代表即用法语交谈，互道过去相识的情况。席间大家为三国和平和四国友好干杯，并畅谈会议情况及各国情况。整个会晤过程十分热烈友好。三国代表都认为直接接触有利于会议的进展并约定今后继续直接接触。席上三国代表对周恩来的和解精神和为促进印支问题解决所作出的巨大努力纷纷表示敬佩和感谢。在以后的会议上，老、柬代表的态度又有了显著的变化，策略也较灵活，把矛头主要指向了法国。

印支问题谈判的主要问题是停火、划区、监督和国际保证，中心点是越、法临时军队集结区的划分界线问题。越南人当时希望能一下子统一越南，但从当时双方力量对比来看是不切实际的，要求过高。为此，在日内瓦休会期间，周恩来于7月3日至5日专赴广西柳州，和当时在那里休假的胡志明进行了全面详细的讨论。

讨论中，周恩来首先问："如按美国不干涉、法国照样增兵的情况下打下去，我们多久才能取得整个印度支那？"越方代表武元甲说，如美不干涉，打得好，两三年可打下。他认为,现在法国的计划不是停战计划,主要是收缩。一方面是为了停火,为了集结时避免被消灭,然而在另一方面,如收缩成功,则法军机动性增大。现敌在海防有四个机动团,敌可讨价还价,这样继续打下去,对敌人是有利的。胡志明也认为,如果美国不干涉,要打败法国"时间至少是三五年"。

随后周恩来详细介绍了会议进展情况,指出了美国的干涉不是不可能的,争取和平解决印支问题是对我们有利的,是最佳的选择,因此我们要采取一种现实灵活的态度,必要时可做些适当的让步。并提出范文同可主动与法国外长见面——或到巴黎公开会面,或到法瑞边境秘密会面,这有很大好处,对越南以及对孟戴斯·弗朗斯都有利。

胡志明赞同周恩来的分析和建议。他说:"我们要帮助孟戴斯·弗朗斯,使他不下台,这对我们有利,在11月以前,必须和法国和好,取得和平。因为11月美国大选后就不保险了。现在越南是站在十字路口,可能和,也可能战,主要方向是争取和,准备战。"

这次柳州会议达成了一个"7月5日协议",在越南争取16度以北的地方划线停火,在老挝争取把靠近中国和越南的桑怒和丰沙里两省划为抗战力量的集结区,在柬埔寨只能政治解决。

随后,周恩来回到北京向中央详细汇报。会上,毛泽东指出,周恩来的报告很好。我们参加这次会议的方针是正确的,活动是有成绩的,今后继续坚持这个方针,估计可以达成协议。

7月10日,周恩来又抵达莫斯科,就印度支那问题与苏共领导会谈。苏共中央也认为应支持孟戴斯·弗朗斯的主和派政府,达成恢复印度支那和平问题的协议。

当晚,周恩来致电毛泽东、刘少奇并中共中央转胡志明,介绍同苏联领导人会谈的情况,并指出:"现在从多方面情况看,以北纬16度为界,再加上土伦港供法方暂时使用和9号公路允许老挝进出的条件,是大体可以达成协议的。"

7月12日,周恩来自莫斯科返抵日内瓦,并在日内瓦机场发表了声明。他充满信心地说:"关于恢复印度支那和平问题的日内瓦会议即将在外交家们的重新参加下进入重要阶段,我相信,在有关各方具有谋求和平的和解精神之下,日内瓦会议是可以迅速完成恢复印度支那和平的重大任务的。"

然而此时,法越间的谈判还未取得实质性突破。在周恩来离开日内瓦期间,

红墙大事
——共和国重大历史事件的来龙去脉（上册）

越法一直在谈判，越方提出以位于北纬14度、15度之间的19号公路为分界线。然而法方认为与他们的要求相距甚远。双方争执得很激烈，僵持不下。

周恩来抵达日内瓦的当晚，与范文同进行了彻夜长谈，开导、说服他不要在划线问题上过于纠缠。因为法方已给中方交了底：法国目前只要求给他们留下面子，以便体面地摆脱在越南的困境，越南还是越南人的。周恩来还建议范文同最好在孟戴斯·弗朗斯和艾登去巴黎同杜勒斯会谈前，找孟戴斯·弗朗斯主动会谈，并提出对一些重要问题的具体意见，以免杜勒斯从中破坏。

周恩来对范文同说："柳州、北京、莫斯科几方面概括出的谈判方针是主动、积极、迅速进行谈判活动，并力争解决问题。要使问题简单化，避免使问题复杂化。要以法方为主要对象，提出的条件考虑对方接受的可能性。"

第二天，即7月13日，周恩来会见了来访的孟戴斯·弗朗斯，就其坚持以北纬18度划界，认为法撤出的是经济、政治、人口都很重要的地区一事说：目前，法越双方都应再作些努力，互相让步，求得达成协议。并说明，越南民主共和国在中越和南越与当地人民有着密切的联系，它从这些面积很大的地区撤退，需要很大力量，进行解释也需要时间，法方应该了解这些情况和越方的困难。如果法方肯在原有立场上前进一步，越南是愿以更大的一步来迎接法国的让步的。

在中、苏、越密切配合下，特别是在周恩来大力斡旋、主动协调、积极斗争下，法、越双方最后终于达成了妥协：越南接受以北纬17度为南北分界线，法国同意在协议中明文规定两年内通过普选统一越南。

越南问题一解决，老挝、柬埔寨问题很快迎刃而解。从20日晚到21日中午，有关各方分别签署了在越南停止敌对行动等三个协定。

在21日召开的最后一次会议上，通过了一项由九国代表参加的关于恢复印度支那和平的《日内瓦最后宣言》。至此，长达75天的日内瓦会议结束。

在双方签字的过程中，出现了这么一段插曲。原定20日晚上签字，莫洛托夫主持，周恩来没有参加，他到苏联代表团住处听候消息。可到晚上11点，莫洛托夫还没有回来。后来才弄明白，印度支那的代表实际上早已聚集在会堂里，但拒不签字，有意找麻烦，拖延时间。目的是故意给法国方面的代表脸上抹黑，以出一口气。因为孟戴斯·弗朗斯许诺7月20日以前达成停战协议，否则将辞职。因此，印支三国代表们非要把签字仪式拖到12点以后，即7月21日凌晨不可。

这样就可以表示关于印支问题的签字,不是在 7 月 20 日完成的,而是 7 月 21 日完成的。莫洛托夫回到寓所后对周恩来说,印度支那三国这一招可把法国人吓坏了,急得他们团团转,坐立不安,结果是虚惊一场。

美国眼看达成这些协议,无可奈何却又不甘心,最后宣布不参加会议的最后宣言,为其以后发动侵越战争埋下伏笔。同时,它也把自己完全置于孤立地位,后来终于深陷越南战争泥潭,落下个彻底失败的可耻下场。

周恩来指示熊向晖为外国人播放梁祝悲剧:
我保你不会失败。如果失败了,我送你一瓶茅台酒

周恩来和中国代表团在日内瓦为新生的中华人民共和国赢得了巨大荣誉,对此美国极为不安。

一个美国记者听到有人说:"从周恩来和他的助手身上,可以看出中国人的自信、乐观和组织能力,他们具有没有大国架子的大国风度。"这位美国记者听出其中暗含着讽刺、挖苦美国强权政治、大国霸权的意味,便从鼻子里哼一声说:"在日内瓦是看不到共产党统治下几亿中国人民的悲哀和愁苦的。"

周恩来听到美国人的恶言攻击后,马上指示新闻联络官熊向晖,举行一个外国记者电影招待会,放映《1952 年国庆节》这部纪录片。并出主意说:"把请柬分成两种。一种指名邀请,一种不写名,就放在'记者之家',让台湾地区、越南、南朝鲜以及不便邀请的美国记者自取。放映时用英语通过扩音器作简单说明。"

中国要举行电影招待会的消息很快传遍日内瓦,放映时,会场爆满,有许多人没有座位,只好站着看。银幕上中国庆祝国庆节的热烈场面引来全场一阵又一阵热烈掌声和赞叹声。

当地报纸报道说:"当全副武装的中国军队和手捧鲜花的姑娘们,迈着矫健的步伐,跨过日内瓦的银幕时,西方和东方的无冕之王们都情不自禁地一起发出轻轻的赞叹声。"

然而美国记者却心怀叵测地报道说:"我们感觉中国是在搞军国主义。"

即便别人这样挑衅,也值得注意。周恩来对熊向晖又指示说:"这好对付,我们是梅兰芳的大戏,什么角色都有,再给他们放一部梁祝悲剧看看。"

周恩来平时喜欢看各种民族音乐歌舞剧,尤其喜欢听越剧。来日内瓦参加会

红墙大事
——共和国重大历史事件的来龙去脉（上册）

议时，他特意点名带上国内刚拍出不久的彩色越剧片《梁山伯与祝英台》。

"为了让外国人能看懂，我看把剧名译成英文《梁与祝的悲剧》吧。"熊向晖建议说："再标个英文说明，十几页的唱词……"

"你们不要搞党八股嘛。"周恩来摇头，"不看对象，对牛弹琴。"

熊向晖扑哧一声笑了。

"你笑什么？"

"俗话说，给洋人看戏白搭功。"熊向晖又说："我觉得给洋人看这部电影才是对牛弹琴呢。"

"噢？"周恩来略为沉思后说："那就要看怎么'弹'了。你标十几页说明书去'弹'，即是'乱弹'。我们换个弹法试试。"

"怎么'弹'呢？"熊向晖一时转不过弯来。

"你标十几页的说明，我要是记者我就不看，又不是听教授讲社会发展史呢。"周恩来信心十足地说："你只要在请柬上写句话就行。请你欣赏一部彩色歌剧电影——中国的《罗密欧与朱丽叶》。你试试，我保你不会失败。如果失败了，我送你一瓶茅台酒。"

熊向晖照周恩来的意见办了。中国的《罗密欧与朱丽叶》果然引起了外国记者们的极大兴趣，观众席又一次爆满，而且观众都果然入戏了，看懂了，当演到"哭坟"和"化蝶"时，会场发出了一片欷歔声，有的人还抹起了眼泪。

放映结束，灯光复明，全场观众仍如痴如醉地沉浸在戏中，足有一分多钟，寂静无声。突然，不知谁带头鼓起了掌，全场顿时沸腾起来，暴风骤雨般的掌声和喝彩声经久不息。有的还称赞《梁山伯与祝英台》比莎士比亚的《罗密欧与朱丽叶》更感人。

莫洛托夫知道后，也表示希望看看这部影片。于是周恩来又为苏联代表团组织了一场电影招待会，并特意安排方祖安和在苏联学习的烈士子女欧阳菲（女）分别翻译男女主角的对白。

两位翻译出色地完成了任务，看完影片后莫洛托夫非常高兴，笑容满面地鼓掌，并极力对周总理夸奖欧阳菲的俄文翻译水平，说她的俄语是地道的、标准的、超级的莫斯科俄语，其清雅、优美、悦耳动听之声大大超过了一般俄罗斯的乡下人。

当他看到影片中梁山伯与祝英台相处的情节时，惊讶他们竟不苟言笑、相敬如宾。当看到梁山伯访问祝英台的家而面对的原来是一位妙龄少女,竟不握手、不拥抱、不接吻时,莫洛托夫极其诧异而惊愕地说:"我今天才懂得中国的礼仪和道德准则,看见自己心爱和仰慕的情人,竟可以不伸出一个指头来,不亲吻、不拥抱!"

日内瓦会议期间,为打破美国孤立新中国的阴谋,中国代表团积极主动地开展外交活动,广交朋友,让更多的人、更多的国家了解和认识新中国,中国的国际威望大大提高。为此周恩来特地从国内带来两位名厨师,多次宴请艾登、莫洛托夫、卓别林等世界名流、名士。他们对中国厨师的高超技艺赞不绝口。艾登在一次宴会后,特请周恩来在菜单上签名,作为纪念保存下来。后来艾登夫人访华时特意带来了这份特别的礼物。

周恩来宴请世界喜剧大师卓别林,在当时的日内瓦曾引起极大的轰动。

当时卓别林受美国当局的迫害,流亡在瑞士。赴会前卓别林突然被告之,周总理可能因为会议耽搁一会儿。可当卓别林到达时,却见周恩来早已等候在门外台阶上。宴会上,周恩来与卓别林谈得很投机,卓别林说他非常喜欢茅台酒,还幽默地说:"我喜欢这样的烈性酒,因为这是真正男子汉喝的酒!"

周恩来马上让人拿来一瓶茅台酒赠给了卓别林。

周恩来请卓别林吃北京烤鸭,卓别林看了看,摇摇头说:"我是不吃鸭肉的,我这个人对鸭子有特殊的感情!"但看到主人歉意的神色马上又以特有的滑稽口吻说:"不过,这次是例外,因为这不是美国鸭!"

宴会结束后,周恩来问卓别林中国的饭菜是否合他的胃口,卓别林竖起大拇指说道:"中国的烤鸭果然名不虚传,食味之好可以说是举世无双!"又不无遗憾地说:"就是有一个小小的缺点,不能让我再多吃!"

周恩来笑了,他马上让工作人员把早已准备好的烤鸭拿来两只,亲手交到卓别林夫妇手中。周恩来的善解人意使客人深受感动,连声道谢。两人还在门前合了影。这件事在日内瓦一时传为佳话。

就连周恩来近三个月的斗争对手、美国代表团副团长史密斯也抑制不住对周恩来的敬仰之情。在日内瓦会议的最后一天,周恩来正在休息室里与人聊天,史密斯微笑着走近周恩来,双手放在胸前诚恳地说:"会议即将结束,能够在这里与你相识,我感到非常荣幸和高兴。你们在这次会议上发挥了很大的作用。我们

红墙大事
——共和国重大历史事件的来龙去脉(上册)

希望不管朝鲜也好,越南也好,都能恢复和平!"史密斯说罢,抓住周恩来的胳膊摇晃了几下后,笑眯眯地走开了。

日内瓦会议是新中国首次以大国身份参加的国际会议,首战即大展雄风,狠狠打击了美国霸权主义的嚣张气焰,大大提高了中国的国际威望和地位。正像周恩来在日内瓦会议最后一次发言中所讲的:和平又一次战胜了战争,让我们更加坚定信心,继续为维持和巩固世界和平而努力。

日内瓦会议至今已过去了近半个世纪,有些事已变成了尘封的历史,但当年周恩来的微笑、风度、智慧和杜勒斯的冷面、顽固、僵化却像不朽的历史巨片中的一个镜头,永远定格在世人的脑海中。

七　中苏围绕评价斯大林问题展开大论争

- 苏共第二十次代表大会召开，赫鲁晓夫在报告中对斯大林只字未提
- 斯大林的相片、画像、铜像和塑像无处不在，斯大林崇拜已变成为一种宗教现象
- 毛泽东说，这个报告，至少可以指出两点，一是他揭了盖子，二是他捅了娄子
- 赫鲁晓夫面对波兰和匈牙利事件，束手无策。毛泽东以大局为重，帮助苏联，迅速摆脱困境
- 毛泽东不同意对参加匈牙利事件的大多数人进行镇压
- 围绕斯大林问题的争论愈演愈烈，20世纪内，甚至21世纪还有争论，中共准备长期论战
- 周恩来访问东欧试图巩固社会主义国家间的团结，并对帝国主义各个击破的策略表示担忧
- 毛泽东批判对斯大林的个人崇拜，但又说，一个班必须崇拜班长，不崇拜不得了

红墙大事
——共和国重大历史事件的来龙去脉（上册）

如果研究中国和苏联、毛泽东与赫鲁晓夫关系历史的话，那么1956年苏共"二十大"前后毫无疑问是一个重要转折点。

苏共第二十次代表大会召开，赫鲁晓夫在报告中对斯大林只字未提

1956年2月14日至25日，苏共第二十次代表大会在克里姆林宫大厅召开，此次大会共进行了11天。

2月14日，大会在克里姆林宫大厅隆重开幕。上午10时，赫鲁晓夫宣布开会。赫鲁晓夫做了《苏共中央委员会总结报告》。他回顾了苏联从1953年以来经济、政治和外交方面取得的成就，提出了发展国民经济的第三个五年计划（1956—1960年）的建议。

然而，与会代表们发现了这样一个不同寻常的特点，那就是赫鲁晓夫在他的报告中对斯大林只字未提，接着在讨论报告的发言中，往昔那种争相颂扬斯大林的情景也没有了。

当会议进行到第三天的时候，政治局核心人物之一的米高扬在发言时第一个点名批评了斯大林。他批评了斯大林在对外政策上所犯的错误，批评了斯大林的最后一部著作《苏联社会主义经济问题》，他特别提到20世纪30年代末期甚至在国内战争时期被错误地打成"人民的敌人"的同志。米高扬的发言，犹如油锅里撒了一把盐，会场开始骚动起来。米高扬的发言实际上是放了一个试探性气球，而与会代表虽然感到惊奇，却没有人对米高扬提出质问和指责，这是苏联政治气候发生巨大变化的前兆。随着"二十大"的进行，赫鲁晓夫更加坚定了谴责斯大林个人崇拜问题的决心。但赫鲁晓夫也越来越焦躁不安，因为大会很快就要结束，而他精心策划的报告却还没有提交主席团审批呢。

于是，在一次大会的休息时间里，主席团委员们在休息室里边喝饮料边讨论会务事宜。赫鲁晓夫鼓足了勇气，把问题彻底揭开了：

"同志们，波斯别洛夫同志的调查结果已经出来了，对于这个问题我们怎么办呢？大会很快就要结束，而我们对于斯大林滥用职权所犯的罪行却只字不提，我们难道就这么结束了吗？我们已经掌握了充足的证据，可以证明所有在肃反和大清洗中受难的同志都是无辜的，他们是为了苏联的社会主义建设和共产主义的理想而蒙受不白之冤的。我们再也不能把他们继续关在监狱里和流放地。我们必

七 中苏围绕评价斯大林问题展开大论争

须想办法尽快把他们解救出来！"

赫鲁晓夫的话在主席团委员中自然引起了强烈反响。老布尔什维克伏罗希洛夫、莫洛托夫等人持有疑义，认为这样做的结果不堪设想。

伏罗希洛夫大声地叫道："你到底是怎么回事？怎么能这么讲话呢？你认为你在中央全会上讲这番话，能有好日子过吗？你所说的又对党和国家的声誉有什么好处呢？在这种场所讲这种事情，是根本不可能保住秘密的。传出去以后，人们就会知道斯大林都干了些什么，人们还会指着我们的鼻子质问我们，在斯大林的领导下，我们又都是干什么吃的！"

卡冈诺维奇也对赫鲁晓夫进行了类似的指责。

针对这些质问赫鲁晓夫进行了冷静的分析和强有力的反驳，然后十分诚恳地要求主席团委员支持他，把事实真相告诉人民。

伏罗希洛夫和卡冈诺维奇异口同声地说："我们是在自找麻烦！对于斯大林所干的一切，全党都会认为我们都是帮凶。即使我们根本不知道斯大林的秘密活动，那么'不知道'也是不能原谅的。我们必然要付出代价。"

赫鲁晓夫回答说："你们都知道我们党的建党原则是民主集中制，所以我们作为党的高级干部，没有理由不知道下面都发生了什么乱子，我们中的许多人之所以许多事情都不知道，那是完全因为我们的制度有问题。在专制的制度下，一个人只能服从命令，而没有民主可言。所以过去，我们太专制了！太无知了！但是并不是所有的人都不知情。有些人完全知道真相，甚至还亲手干过。虽然在这个问题上我们的责任大小各不相同，但是我个人，作为'十七大'以来的中央委员，是甘愿在全党面前承担严重的责任的。"

这时候莫洛托夫发言了："你想到这么做的严重后果了吗？"

接着伏罗希洛夫跟上来喊道："谁要求我们这么做了？谁又要求我们必须在大会上公开讲这些事情？"

赫鲁晓夫回答说："没有人要求。但是，罪行终究犯下了，是不是？我们自己至少应该承认那是犯罪吧？既然是犯罪，人民不可能永远不知道。我们可以暂时装聋作哑，但是等人民知道而且问起我们来，那他们就已经是在审判我们了。我可不愿那么做，我宁愿好汉做事好汉当！"

吵到这种地步，赫鲁晓夫知道无法取得一致意见，如果主席团不能达成协议，

红墙大事
——共和国重大历史事件的来龙去脉（上册）

就不可能把这个问题提到党的代表大会上去。这时，赫鲁晓夫破天荒提出一个主意：在中央委员会的总结报告已经做过的情况下，主席团的每个委员都规定仅在代表大会上发言，即使所谈的看法同总结报告不尽一致的个人意见也可以讲出来。这就是说，赫鲁晓夫在迫不得已时要做个人发言，以一个普遍代表的身份，而不是以中央委员会的名义做报告！

赫鲁晓夫这种孤注一掷的气势，对其他主席团委员来说，不仅仅是个威慑，更是一种有实力的挑战。

那赫鲁晓夫为什么要这样迫不及待地对斯大林进行新的评价呢？

这得从头说起，从斯大林逝世到苏共"二十大"召开，已过去了三年时间。赫鲁晓夫在他的回忆录中说："这三年的时间里，我们仍然留在历史的阴影中，没有勇气，也没有决心揭开历史的黑幕，让阳光现出那些在斯大林时代见不得天日的秘密逮捕、审讯、残杀以及一切罪恶行径的原形。就好像在斯大林时代我们被套上了锁链，在他去世之后，我们却找不到钥匙打开这些锁链。直到1956年我们才终于挣脱了肃清反革命的歇斯底里的恐惧。"

在斯大林当政时，赫鲁晓夫步步高升直到进入斯大林的光圈都与斯大林紧密地联系在一起，与斯大林的提拔是分不开的。可以这样说，他是斯大林最为宠信的人，并为斯大林之死发自内心地悲痛。那时的赫鲁晓夫做梦也想象不到正是他成为斯大林圣殿里的犹大。赫鲁晓夫长期在地方党的部门任职，没有直接参与斯大林策划的大清洗的关键性活动，直到粉碎贝利亚集团之后，才开始比较多地过问贝利亚的罪行材料，并发现了贝利亚仅是斯大林恐怖活动的一个外壳，而斯大林本人才是苏联大恐怖的核心。

贝利亚案件的审理揭开了斯大林大恐怖的一角，接着在苏共中央委员会、党的检察委员会和总检察机关的直接领导下，又建立了几个特别委员会，具体负责调查斯大林时期的其他一些案件，其中包括对基洛夫被暗杀和奥尔忠尼启则自杀的事件进行复查，同时也复查了1936—1938年期间的审讯案件。一幕幕触目惊心的事实使赫鲁晓夫进一步认清了苏联的恐怖罪恶的社会根源和历史根源，只有把斯大林的错误和罪行曝光，给予清算，才能从根本上恢复苏联共产党正义的光辉和崇高的权威，继续把苏共领导的社会主义事业引向前进。同时，也只有打中了斯大林的这一要害，才能从根本上动摇斯大林的权威，从而为自己的政治改革

七 中苏围绕评价斯大林问题展开大论争

进程扫除一大障碍。在斯大林有生之年,赫鲁晓夫及其同事只不过是斯大林的政治佣人,在斯大林死后,赫鲁晓夫意识到他决不能再扮演这种角色了,通过深思熟虑、反复扫描透视之后,看清了这段政治历史进程的轨迹:谁带头批判斯大林,谁就能争取党心、民心而成为主宰克里姆林宫的最有地位和权威的领袖。

但是,斯大林巨大的影响和威慑力仍然使他望而生畏,不寒而栗,最大的阻力当然来自苏共中央主席团。首先是马林科夫,他在大清洗的时候负责中央的组织工作,掌管着所有的人事档案,起着非常重要的作用。事实说明,凡是斯大林把马林科夫派去进行整顿的地方,就有成百上千的人被清洗,被治罪。莫洛托夫、伏罗希洛夫资历最深,对于斯大林的所作所为不但非常知情,而且也参与了其中的许多事。米高扬与斯大林交往甚密,许多在他身边工作的人已被一个个抓了起来。显然批判斯大林,火也要烧到他们身上。另外就是他的行动能否被中央委员、广大党员和人民群众所接受的问题。因此,赫鲁晓夫能否获准站在批判斯大林的讲台上,这样做后果如何,都是未知数。他发现,他正在成为叱咤风云的英雄人物,而又同时站在走向地狱的门口,这是一场胜与败、生与死的殊死搏斗。然而被千千万万的冤魂所鞭策,被社会责任心和历史使命感所驱使,赫鲁晓夫毅然拿出个人生命做赌注,闯进了无人敢越的这片雷场禁区。

苏共"二十大"的准备工作正在按部就班地进行着,赫鲁晓夫除了安排议程中的各项工作之外,还在秘密地策划着他的《秘密报告》。

赫鲁晓夫《秘密报告》的基本材料,主要是由波斯别洛夫提供的。他是几个特别委员会对有关案件进行复查所得材料的编纂者。波斯别洛夫是苏共主要理论家之一,在1940~1949年期间,曾任联共(布)中央委员会机关报《真理报》的编辑,1949~1952年期间,任联共(布)中央马克思恩格斯列宁斯大林研究院院长。从组织程序来说,波斯别洛夫承担这一工作还是由苏共中央决定的,但他的具体工作却是在赫鲁晓夫的授意和直接领导下进行的。当然,赫鲁晓夫对他隐瞒了真正的意图,只是以弄清贝利亚案件的名义向他下达指示的。波斯别洛夫现在仅是为赫鲁晓夫的《秘密报告》准备好形成文件所必需的材料。尽管如此,波斯别洛夫的表现极佳。饶有兴味的是,他曾参加过《斯大林传略》的编写工作,该书是斯大林个人崇拜的代表作。而如今,这位理论家又在为批判斯大林准备炮弹……

此时，赫鲁晓夫在力压群雄之后终于获得了合法的报告权。

2月24日下午，"二十大"已宣布闭幕，但在赫鲁晓夫的安排下，又通知代表们还要举行一次会议。通知于2月24日午夜11时30分发出，已经离去并在宾馆下榻的代表又心急如火地被紧急召回到克里姆林宫，前来出席"已经闭幕"的代表大会。按照大会主席团的专门决定，这是一次秘密会议，任何一个外国共产党的代表团都没有被邀请出席，大会主席团并专门为与会者印发了特别通行证。大约有100名已恢复政治名誉的党员干部和已获释的前党的积极分子应邀列席了"秘密会议"，是赫鲁晓夫亲自审查和批准了这个特别与会者的名单。令人奇怪的是，尽管赫鲁晓夫讲话是代表中央委员会的，但是主席团并没有讨论他的讲话文本。

1956年2月25日上午，实际上是24日午夜，"秘密会议"在克里姆林宫大厅里举行。赫鲁晓夫亲自主持，并从午夜起开始了他的长达四个小时的报告。以往斯大林在这里受到无以复加的赞扬，如今他却成了被谴责的对象；往昔，赫鲁晓夫最受斯大林的宠信，是一位对斯大林顶礼膜拜的人物，如今他登上全党的庄严讲台首先展开了对斯大林的炮轰，成为反斯大林个人崇拜的英雄。

当赫鲁晓夫在讲台上打开他的《秘密报告》文稿的时候，苏联的历史翻过了斯大林的一页，赫鲁晓夫时代开始了。

斯大林的相片、画像、铜像和塑像无处不在，斯大林崇拜已变成为一种宗教现象

在"秘密会议"上，赫鲁晓夫作了《关于克服个人崇拜及其后果》的报告。

报告首先利用马克思、恩格斯和列宁所厌恶的个人迷信的言论和行动为整个报告"奠基"，接着引用被称为"列宁遗嘱"的文件谈到列宁死前对斯大林的评价。这份文件在第二十次代表大会上第一次公开发到代表手中。他还第一次向大会报告了两个文件：一是列宁夫人克鲁普斯卡娅写给当时的政治局委员加米涅夫的信，一是列宁写给斯大林的信。列宁在他的这封信中认为斯大林尖刻地辱骂他的夫人就是反对他本人，因此要求斯大林"要么收回自己的话并且道歉，要么我们的关系就此中断"。

赫鲁晓夫披露这些在斯大林在世时被严密封锁的绝密文件显然是首先要剥

去斯大林是列宁的学生、战友和合法继承人的神圣外衣，摘取斯大林佩带的尚方宝剑。

赫鲁晓夫在报告中宣布，中央委员会在掌握了证明党的干部横遭迫害的大量材料后，成立了一个由中央主席团领导的委员会，该委员会授权调查对苏共第十七次全国代表大会选出的中央委员和候补委员进行大规模迫害的原因。这个调查委员会研究了内务人民委员部档案中的大量卷宗和重要材料，证明过去曾使多少无辜者丧失性命，他们受到控告后忍受不了非人的折磨而自己给自己扣上了各种各样名目古怪不可思议的罪名。经查明，"在第十七次全国代表大会选出的139名中央委员和候补中央委员中，有98人，即占70%的人（主要在1937~1938年）被逮捕和遭枪决"。赫鲁晓夫讲到这里，会场发生了愤怒的骚动。

在第十七次全国代表大会上，拥有表决权的代表中80%是革命前或内战时期入党的。就出身而言，工人占拥有表决权的代表的60%。赫鲁晓夫反问道："十七大"党代会的组织情况，怎么会把大多数是党的敌人的人选入中央委员会？无论如何，这也是不能令人相信的。"十七大"党代会的代表大多数也遭到同样的命运。在有表决权和发言权的1966名代表中，因控犯有反革命罪行而被捕的有1108人，占总数的一半以上。赫鲁晓夫愤怒地说道："这是多么荒谬和有悖理智！"

接下来，赫鲁晓夫以真实而令人激愤的例证，历数当时肃反部门以卑劣的手段捏造罪名的多起事件。他所列举的被害者多是全党知名的人物，并为"二十大"多数代表所崇敬。

首先他举出基洛夫被暗杀的事件。大规模的迫害就是以此为借口并从此开始的。1934年12月1日晚，在斯大林授权下，中央委员会主席团秘书叶努基泽签署了下面这项命令：

一、对于因策划恐怖行动而起诉的案件，审理机关应急速加以处理。

二、命令各司法机关不得以考虑到有减免的可能性而阻止属于这一范围罪犯死刑的执行，这是因为考虑到中央委员会主席团不可能接受这一上诉书。

三、命令内务人民委员部各机关对上述范围的罪犯要在判处以后立即执行。（引自赫鲁晓夫在苏共"二十大"上所作的秘密报告，原报告题目是：《关于克服个人崇拜及其后果》）

红墙大事
——共和国重大历史事件的来龙去脉(上册)

这项命令在下达了两天以后才由政治局讨论并自然得到批准。这些指令构成了大规模破坏社会主义法制的根据。在大批伪造的审讯案件中,被告们被指控犯有"策划"恐怖行动罪,尽管他们声明是被迫招了假供,并提出了令人信服的证据,但按照这一命令也就只有死路一条了。

赫鲁晓夫在报告中特别强调了基洛夫案件的诸多疑团,他据此分析判断:"是为了掩盖能够追查到谋杀组织者的一切痕迹。"他向与会代表暗示,尼古拉耶夫只是暗杀基洛夫的直接杀手,那么背后的指使者是谁呢?是斯大林!是他蓄谋暗杀了对他的地位构成重大威胁的对手,再把罪责扣在他的意中敌人身上,从而开始了一场空前的迫害运动。

赫鲁晓夫列举了对艾赫的审讯案是斯大林破坏法制的典型例证。

赫鲁晓夫的报告,重现了大恐怖的腥风血雨,令与会者惊愕、愤慨,特别是那些身受牢狱之苦后恢复名誉的人不禁失声痛哭起来。接着,报告人把刀锋转向斯大林。他说:"在这些事件中,斯大林自己就是检察长。他不仅批准逮捕令,而且还亲自发出逮捕令。""在1937年到1938年期间,共有383份这样的名单交给了斯大林并得到了他的批准,其中包括苏维埃的、党的部门的、共青团的、军队的和经济部门的数千名共产党员和党的积极分子。"

《秘密报告》指出,大量逮捕的浪潮在1939年开始消退,有人开始告发内务部使用肉体压迫手段。针对这种情况,斯大林向各州、各加盟共和国的党委和内务部门签发了密电,电文如下:

联共(布)中央委员会指出:"内务人民委员部的肉体压迫方法是得到联共(布)中央委员会许可而在1937年以来实行的……众所周知,任何资产阶级谍报机关对社会主义无产阶级的代表都是采用极其残酷的肉体压迫的。既然如此,社会主义的谍报机关却允许对资产阶级的凶恶敌人采取人道主义的态度吗?"联共(布)中央委员会认为仍然有必要对那些人民的公开而顽固的敌人采取例外的措施——肉体的压迫,这是正当的做法……(引自赫鲁晓夫在苏共"二十大"上所作的秘密报告,原报告题目是:《反对个人崇拜及其后果》)

赫鲁晓夫向大会通报说,在本届代表大会召开之前,召开了中央委员会主席团会议，讯问了审判员罗托斯，他就是曾经审判过柯秀尔、丘巴科和科萨列夫的那个人。罗托斯供认："我们得到通知，说柯秀尔和丘巴科是人民的敌人，于是，我就必须使他们说出是人民敌人罪状的口供。"赫鲁晓夫转述到这里的时候，又引起了全场的骚动。

罗托斯就是靠拷打获得口供的，当时给罗托斯下命令的是贝利亚。在中央委员会主席团会议上，罗托斯还说："我还以为在执行党的命令呢！"从当时"斯大林就是党"这一角度理解，自然这个党的命令就是斯大林的命令。

赫鲁晓夫的报告按时间的顺序，从列宁的遗嘱讲到20世纪30年代大恐怖的惨景。接着，他揭开了苏联卫国战争的内幕，让人们的目光凝聚在斯大林大元帅最高功勋的光环上。

《秘密报告》的正式名称为《反对个人崇拜及其后果》。顾名思义，论题重心是个人崇拜问题。赫鲁晓夫不仅以大量史实打破了关于斯大林的神话，使他复原为历史现实中的人，而且指出，"个人崇拜发展到如此骇人听闻的地步，首先是因为斯大林本人千方百计地鼓励人们宣扬他自己"。这就指明，对斯大林的崇拜主要根源于斯大林本人。

最后赫鲁晓夫在报告中历数个人崇拜的多方面危害，他代表中央委员会宣布，坚决反对个人崇拜，并提出了三项措施。接着赫鲁晓夫亮起洪亮的大嗓门结束了他的讲话：

"我们提出了克服个人崇拜，克服违反马克思列宁主义的现象，以及消除其严重后果的许多问题，这一事实证明，我们党拥有巨大的道义力量和政治力量。（长时间掌声）

我们相信，党将依靠第二十次代表大会的历史性决定，带领苏联人民沿着列宁主义的道路走向新的胜利。（经久不息的热烈掌声）

我们党的胜利旗帜——列宁主义万岁！"（经久不息的热烈掌声变为欢呼声。全场起立）

尽管赫鲁晓夫首先提议对这个报告要严加保密，但他本人并不想那么做。"二十大"闭幕几天之后，中央委员会书记处发出指示，把《反对个人崇拜及其后果》的报告全文稿向全党的积极分子传达。为此，报告的文本在一专门印刷厂印出后，迅速地下发到所有党的区委和市委。全国分三个层次先后传达：先是党

红墙大事
——共和国重大历史事件的来龙去脉（上册）

的各级领导干部，再是全体党员，最后是党外的所有群众。所有的传达都是一个格式，由党的负责人全文宣读，不准记录，不准外传，不讨论，也不回答问题，一俟读完，立即散会。这样，赫鲁晓夫的"秘密报告"很快在苏联家喻户晓，人人皆知。

苏共召开的第二十次代表大会。因为它是在斯大林逝世后首次召开的全党代表大会，因而引起世界瞩目。然而，无论是苏共党员，还是苏共中央委员，以至于国际上著名的苏联专家，都没有想到在大会议程之外，背着各国共产党代表团和所有新闻记者，赫鲁晓夫向参加会议的1430名代表作了题为《反对个人崇拜及其后果》的报告（俗称《秘密报告》）。这一报告揭开了斯大林30年统治的历史帷幕，像一颗巨型原子弹在克里姆林宫里爆炸，强大的冲击波震荡了全国和全世界。历史学家在评价苏联乃至国际共产主义运动史的时候，普遍认为1956年是一个转折年，在这一年所发生的所有重大历史事件中，又首推苏共"二十大"上的《秘密报告》影响最巨。

苏联共产党的"绝密"文件当时主要靠"口头"传达晓谕全国，直到33年后的1989年才在苏联正式发表。而在国外，《秘密报告》却很快以"印刷品"张扬于大千世界。

赫鲁晓夫的报告首先在苏联国内引起了轰动效应。大清洗的受害者及其家属欢呼雀跃，热泪盈眶。他们潮水般地涌向有关部门，要求予以平反。在赫鲁晓夫的建议下，在集中营里有大约70个特别委员会，负责复查犯人的案件。不久，又从莫斯科派出了20多个委员会，前去调查被流放和"永久定位"的前罪犯的案件。这些委员会以高速度进行工作，到1956年夏天，就有800万～900万人得到平反昭雪。平反昭雪之风席卷苏联大地，各地检察机关犹如被惊动的蜂房，街头巷尾，人们都在沸沸扬扬地谈论斯大林与赫鲁晓夫。

过去几十年里，斯大林的名字、言词、语录、功绩从不间断地传播到各个角落，他的相片、画像、铜像和塑像无处不在，斯大林崇拜已变成为一种宗教现象，已成为苏联人的精神支柱。赫鲁晓夫的报告无疑是对这种精神支柱的一次爆破，它对苏联人灵魂的震撼比外在的反应不知又强烈多少倍。

《秘密报告》这枚投向斯大林的巨型炸弹在斯大林的故乡掀起了更大的冲击波。

七 中苏围绕评价斯大林问题展开大论争

《秘密报告》也使国际共产主义运动出现了一场大混乱。资本主义世界的共产党对苏联社会主义建设的成就抱有虔诚的崇敬心理，"苏联的今天，就是我们的明天"响彻工人运动的各个角落。他们中的许多人得知《秘密报告》的内容后，理想破灭了，对共产主义产生了"信仰危机"，有不少共产党员退党。以前，西方说社会主义没有自由、民主、人权，对此西方国家的共产党人针锋相对地进行了驳斥，宣传社会主义优越性。如今，来自苏共"二十大"讲坛的消息似乎证明了帝国主义者的攻击言之成理，因此，他们感到自己受到了欺骗和愚弄。苏共"二十大"之后，欧洲国家的共产党处境更加困难，而社会党却以此为转机开始迅速发展，所谓"民主社会主义"对苏联共产主义提出了严重的挑战，这实际上成为1989年东欧剧变的滥觞。

受赫鲁晓夫的《秘密报告》冲击最大的是东欧社会主义国家，特别是波兰和匈牙利出现了严重的社会动荡与政治危机。赫鲁晓夫做完报告之后，要当时的波兰统一工人党总书记贝鲁特表态，贝鲁特被这种突然袭击弄得不知所措，无可奈何地站起来讲道："我们怀着悲伤的心情得知斯大林做坏事的消息，波兰人民那么感谢斯大林，感谢他的智慧和援助……" 2月26日，波兰代表团回国，贝鲁特留在苏联。3月12日，贝鲁特在莫斯科猝然去世，波兰随之出现了大动乱。

至于那些仇视和敌对社会主义的资产阶级代表人物，他们获悉赫鲁晓夫的《秘密报告》，则是欣喜若狂。所有传播媒介都在大肆张扬地报道"铁幕"里面的恐怖、镇压与罪恶，并以此证明社会主义走进了死胡同，掀起了嚣张一时的反社会主义大合唱……

毛泽东说，这个报告，至少可以指出两点，一是他揭了盖子，二是他捅了娄子

苏共第二十次代表大会在莫斯科召开之前，中共中央曾接到了苏共中央的邀请信。

中共中央经过研究于1956年2月11日宣布派遣由朱德、邓小平、谭震林、王稼祥和刘晓五人组成以朱德为团长的中共中央代表团前往莫斯科出席苏共"二十大"。

然而，这次大会大出中共代表团意料：赫鲁晓夫竟大反斯大林。

红墙大事
——共和国重大历史事件的来龙去脉（上册）

这对中国代表团来说太突然了，因为大会的计划中没有这样的安排，中共代表团也丝毫没有得到关于这方面的一点情况，尽管这之前赫鲁晓夫曾有所暗示，但中共代表团绝没有想到会这样。

想当年，斯大林逝世的时候，在红场葬礼大会上，马林科夫、莫洛托夫都一再强调："要像爱护眼睛一样，保护党的团结。"赫鲁晓夫也是这样讲的，但随着其地位的提高和巩固，事情发生了变化。

在"二十大"之前，苏共主席团委员挂像没有一定的先后次序，"二十大"之后赫鲁晓夫的像就排列在主席团委员正中间，其他主席团委员也分别按其党内地位之高低排列在赫鲁晓夫的左右两边。

中共中央代表团团长朱德是在访问波兰之后来到苏联的，受到很高规格的接待。专列抵达白俄罗斯车站时，就受到专程赶来的莫洛托夫、米高扬和朱可夫的热烈欢迎。

到达莫斯科后，赫鲁晓夫、伏罗希洛夫、布尔加宁、莫洛托夫和米高扬分别会见了中共代表团。赫鲁晓夫在会见时就暗示苏共将在"二十大"上批判斯大林搞个人崇拜。

中共代表团对批判斯大林一事不表态，不发言，持一种保留的态度。

会议进行中间，赫鲁晓夫向中共代表团作了通报，但并未给其《秘密报告》。对这个通报，与会的55个国家共产党和工人党代表团绝大多数都无思想准备，受到了极大震动。朱德副主席也毫无思想准备。虽然赫鲁晓夫事前有暗示，但远没想到会像《秘密报告》那么严重。

中共代表团回国不久，苏联驻华大使尤金便在国际饭店大礼堂向全体苏联专家传达了赫鲁晓夫的《秘密报告》和"二十大"的基本精神。当时气氛也很紧张，窗帘拉上，服务员不许在场，传达后，分组讨论，逐个表态，统一思想。

苏联专家内部的传达学习结束后，接着便由他们的文教总顾问马里采夫出面，向外国专家局提出组织中苏双方社会科学讨论会，目的就是宣传"二十大"理论观点，并了解中方理论界对此的反应。

对于赫鲁晓夫的这一举动，毛泽东和中共中央是密切关注的。

3月17日，毛泽东在颐年堂主持召开了书记处会议。这次会议的主要议题是赫鲁晓夫在苏共"二十大"上的反斯大林报告。在苏共"二十大"结束不久，

七 中苏围绕评价斯大林问题展开大论争

西方通讯社就陆续透露了这个报告的内容。《纽约时报》在3月10日发表了这个报告的全文,距苏共"二十大"结束不到半个月。新华社收到《纽约时报》后马上组织大量人员翻译,译出一部分即印出一部分。全部译完后再装订成册,按照中共中央办公厅开列的名单,分送中央负责同志。

参加这次会议的有:毛泽东、刘少奇、周恩来、朱德、邓小平、彭真、杨尚昆(时任中央办公厅主任)、张闻天(外交部常务副部长)、王稼祥(中央联络部副部长)、胡乔木(中央宣传部副部长)、吴冷西(新华社社长)。

毛泽东说,刚开始看,很费力,还没有看完。他问大家看了有什么意见。

会上大家议论纷纷。首先对苏共事先不同兄弟党商量就批判斯大林这位国际共产主义运动的重要人物很不满,认为这是对各国党的突然袭击,使他们在毫无准备的情况下出现严重混乱;同时认为赫鲁晓夫报告中全盘否定斯大林是严重错误。

毛泽东说,我们党从一开始就对苏共"二十大"是有保留的。我们《人民日报》发表了两篇社论。第一篇是根据大会开始时赫鲁晓夫的公开报告写的。那时我们不晓得他会大反斯大林,从大局考虑给予支持。但社论中只谈了和平共处与和平竞赛问题,没有谈和平过渡问题,因为我们对这个问题有不同意见。苏共"二十大"结束的第二天,中央收到代表团发来电报,报告赫鲁晓夫大反斯大林,但不了解详细内容,不好仓促发表意见。所以在第二篇社论中,我们采取了顾左右而言他的方针,只讲他们的第六个五年计划,笼统地表示支持。

毛泽东接着说,赫鲁晓夫的《秘密报告》值得认真研究,特别是这个报告所涉及的问题以及它在全世界所造成的影响。现在全世界都在议论,我们也要议论。现在看来,至少可以指出两点:一是他揭了盖子,一是他捅了娄子。说他揭了盖子,就是讲,他的《秘密报告》表明,苏共、斯大林并不是一切都是正确的,这就破除了迷信。说他捅了娄子,就是讲,他作的这个"秘密报告",无论在内容上或方法上,都有严重错误。是不是这样,大家可以研究。大家昨天才拿到全文,还没有看完。希望仔细看一看,想一想,过一两天再来讨论。

这次会议,对赫鲁晓夫的《秘密报告》,毛泽东的两点意见做了"破题"。

17日的中央书记处会议后,毛泽东在19日和24日先后召开了中央政治局会议,全体政治局委员都出席了会议,列席的除上次参加中央书记处会议的王稼祥、杨尚昆、胡乔木和吴冷西外，又增加了陆定一、陈伯达、邓拓、胡绳等。

在这两次中央政治局扩大会议上，大家就赫鲁晓夫报告的内容及其影响、斯大林的错误、中苏两党关系、个人迷信等问题展开了讨论。

刘少奇对斯大林主要的错误做了系统的发言，周总理讲了斯大林同中国共产党历史上几次重大错误有关，邓小平着重谈了反对个人迷信问题，王稼祥详细分析了赫鲁晓夫报告内容矛盾百出。

毛泽东也谈到了斯大林在抗日战争开始时支持王明的"一切通过统一战线""一切服从统一战线"的右倾路线，在抗日战争结束后又要中国共产党不要反击国民党发动的内战，在他1949年底访苏期间开始时不愿签订中苏友好同盟条约，直到中国志愿军抗美援朝后才相信中国共产党是国际主义的共产党。

在这次会上，毛泽东着重讲了四点意见：

第一，共产主义运动，从马克思和恩格斯发表《共产党宣言》算起，于今只有一百年多一点。无产阶级专政的历史，从十月革命算起，还不到四十年。实现共产主义是空前伟大又空前艰巨的事业。不艰巨就不能说伟大，因为很艰巨才很伟大。在这艰巨斗争的过程中，不犯错误是不可能的。因为我们走的是前无古人的道路。我历来是"难免论"。斯大林犯错误是题中应有之义。赫鲁晓夫同样也要犯错误。苏联要犯错误，我们也要犯错误。问题在于共产党能够通过批评和自我批评克服自己的错误。

第二，社会主义社会，仍然存在着矛盾。否认存在矛盾就是否认唯物辩证法。矛盾无所不在，无时不在。斯大林的错误正证明了这一点。有矛盾就有斗争，只不过斗争的性质和形式不同于阶级斗争而已。

第三，斯大林犯过严重错误，但他有伟大功绩。他在某些方面违背马克思主义的原则，但他仍然是一位伟大的马克思主义者。他的著作虽然包含某些错误，但仍然值得我们学习，只不过在学习时要采取分析的态度。

第四，赫鲁晓夫这次揭了盖子，又捅了娄子。他破除了那种认为苏联、苏共和斯大林一切都是正确的迷信，有利于反对教条主义。不要再硬搬苏联的一切了。应该用自己的头脑思索了。应该把马列主义的基本原理同中国革命和建设的具体实际结合起来，探索在我们国家里建设社会主义的道路了。至于赫鲁晓夫秘密报告的失误，我们要尽力加以补救。

七　中苏围绕评价斯大林问题展开大论争

会议结束前，毛泽东还提出，对于赫鲁晓夫大反斯大林，我们党应当表示态度，方式可以考虑发表文章，因为发表声明或作出决议都显得过于正式，苏共还没有公布赫鲁晓夫的《秘密报告》而且此事的后果仍在发展中。政治局全体成员对此表示赞成。

毛泽东最后说，这篇文章可以以支持苏共"二十大"反对个人崇拜的姿态，正面讲一些道理，补救赫鲁晓夫的失误；对斯大林的一生加以分析，既要指出他有严重错误，更要强调他的伟大功绩；对我党历史上同斯大林有关的路线错误，只从我党自己方面讲，不涉及斯大林；对个人崇拜作一些分析，并说明我党一贯主张实行群众路线，反对突出个人。他说，文章不要太长，要有针对性地讲道理。他要求一个星期内写出来。文章草稿出来后，毛泽东作了修改，一是指出斯大林产生这些错误是由于他思想方法上的主观主义和片面性，脱离实际和脱离群众，违背群众路线和集体领导；二是加了关于社会主义社会仍然存在矛盾一段；三是在有关中国共产党历史上的路线错误段落中，突出了两次王明路线和新中国成立后高饶反党集团；四是强调应以历史的观点看待斯大林，对他的正确方面和错误方面作全面的分析，明确指出斯大林是伟大的马列主义者，是一个犯了几个严重错误而不自觉其为错误的马列主义者，我们应从中汲取教训。

4月4日下午，毛泽东召开中央书记处会议。他首先解释他对稿子的修改，然后征求大家的意见。

会上刘少奇、周恩来、朱德和邓小平都提出一些修改意见。

在会议快结束的时候，毛泽东说，发表这篇文章，我们对苏共"二十大"表示了明确的但也是初步的态度。议论以后还会有。问题在于我们自己从中得到什么教益。

毛泽东认为最重要的是要独立思考，把马列主义的基本原理同中国革命和建设的具体实际相结合。民主革命时期我们在吃了大亏之后才成功地实现了这种结合，取得了中国新民主主义革命的胜利。现在是社会主义革命和建设时期，我们要进行第二次结合，找出在中国怎样建设社会主义的道路。这个问题我几年前就开始考虑，先在农业合作化问题上考虑怎样把合作社办得又多又快又好，后来又在建设上考虑能否不用或者少用苏联的拐杖，不像第一个五年计划那样照搬苏联的一套，自己根据中国的国情，建设得又多又快又好又省。现在感谢赫鲁晓夫揭

195

红墙大事
——共和国重大历史事件的来龙去脉（上册）

开了盖子，我们应从各方面考虑如何按照中国的情况办事，不要再像过去那样迷信了。其实，过去我们也不是完全迷信，有自己的独创。现在更要努力找到中国建设社会主义的具体道路。

毛泽东看了修改稿，将文章的题目改为《关于无产阶级专政的历史经验》并且在题目的下面加上："这篇文章是根据中国共产党中央政治局扩大会议的讨论，由人民日报编辑部安排写成的"，不用社论的形式，改用"人民日报编辑部"署名。这种方式很特别，更加引人注意。

毛泽东决定这篇文章由新华社在当天晚上广播，《人民日报》第二天（4月5日）发表。因为米高扬马上将率苏联政府代表团到达北京。

4月6日，米高扬率苏联政府代表团到达北京。

毛泽东明确地告诉米高扬，斯大林功大于过。你们采取的方式、方法不好，缺乏全面分析，缺乏自我批评，事前没有和兄弟党商量。不联系当时的历史背景、时代特点，简单地说成是一个人的罪行，这不对，不好。

毛泽东考虑不仅是斯大林的评价问题。因为斯大林是当时世界共产主义运动的领袖，对他的褒贬，不仅关系着苏共和苏联国家的威信，而且直接关系着世界共产主义运动的兴衰，关系着中国社会主义革命和建设的成败。因此，在赫鲁晓夫的报告之后，他不得不进一步考虑今后世界共运和中国社会主义建设如何发展的问题。

4月25日，毛泽东在中共中央政治局扩大会议上发表了重要讲话，题目是《论十大关系》。在这篇讲话中，毛泽东以苏联的经验为鉴戒，总结了中国的重要经验，论述了社会主义革命和社会主义建设中的十大关系，提出了适合中国情况的多快好省地建设社会主义总路线的基本思想。在这篇讲话中，毛泽东特别讲到了中国和外国的关系，讲到了苏共对待斯大林的问题。

他说："苏联过去把斯大林捧得一万丈高的人，现在一下子把他贬到地下九千丈。我们国内也有人跟着转。中央认为斯大林是三分错误，七分成绩，总起来还是一个伟大的马克思主义者，按照这个分寸，写了《关于无产阶级专政的历史经验》。三七开的评价比较合适。斯大林对中国做了一些错事。第二次国内革命战争后期的王明'左'倾冒险主义，抗日战争初期的王明右倾机会主义，都是从斯大林那里来的。解放战争时期，先是不准革命，说是如果打内战，中华民族有毁灭的危险。仗打起来，对我们半信半疑。仗打胜了，又怀疑我们是铁托式的胜利，1949年、1950年两年对我们的压力很大。可是，我们还认为他是三分错误，七分成绩。这是公正的。"

在这篇讲话中，毛泽东还提出向外国学习的问题。他说，我们的方针是，一切民族、一切国家的长处都要学，政治、经济、科学、技术、文学、艺术的一切真正好的东西都要学。但是，必须有分析有批判地学，不能盲目地学，不能一切照抄，机械照搬。他们的短处、缺点，当然不要学。对于苏联和其他社会主义国家的经验，也应当这样。对于斯大林讲得对的那些方面，我们一定要继续努力学习。

8月30日，在中共第八次全国代表大会预备会议第一次会议上，毛泽东又发表了《增强党的团结，继承党的传统》的讲话，号召总结中共七大以来的经验，团结全党，团结国内外一切可以团结的力量，为建设伟大的社会主义中国而奋斗。在讲话中，毛泽东认真总结了斯大林错误的教训，提出了中共要继承党的优良传统，反对主观主义、宗派主义、官僚主义的问题。

毛泽东说：

斯大林为什么犯错误呢？就是在一部分问题上他的主观跟客观实际不相符合。现在我们的工作中还经常有许多这样的事情。主观主义就是不从客观实际出发，不从现实可能性出发，而是从主观愿望出发。"在民主革命中，我们受主观主义危害的时间很长，受了很大的惩罚，根据地差不多丧失干净，革命力量丧失百分之九十以上，一直到这个时候我们才开始觉悟。经过延安整风，着重调查研究，从实际出发，才把这个问题搞清楚。""思想必须反映客观实际，并且在客观实践中得到检验，证明是真理，这才算是真理，不然就不算。"

在这篇讲话中，毛泽东特别强调了增强党的团结、反对宗派主义的问题。首先是要团结几十个共产党，团结苏联。因为苏联发生了一些错误，这方面讲得多了，吹得多了，似乎那种错误不得了，这种观察是不妥的。毛泽东对斯大林的错误，进行了认真的、客观的、具体的分析。

毛泽东还指出："任何一个民族，不可能不犯错误，何况苏联是世界上第一个社会主义国家，经历又那么长久，不发生错误是不可能的。苏联发生的错误，像斯大林的错误，它的位置是什么呢？是部分性质的，暂时性质的，虽然听说有

红墙大事
——共和国重大历史事件的来龙去脉（上册）

些什么东西有二十年了，但总是暂时的，部分的，是可以纠正的。苏联那个主流，那个主要方面，那个大多数，是正确的。"（《毛泽东选集》第五卷，人民出版社，第91页）

毛泽东列举了三件大事，说明了斯大林和苏联的主流和主要方面。三件大事是：第一，俄国产生了列宁主义，斯大林继承了列宁的事业，经过十月革命，变成第一个社会主义国家，证明了马克思主义的正确性。第二，斯大林坚持列宁主义，在苏联建成了社会主义社会，使它变成了一个强大的工业国。第三，斯大林领导苏联人民战胜了法西斯，为世界人民的革命和进步事业作出了重要贡献。因此，毛泽东说，要加以分析。我们说过，对斯大林要三七开。他的主要的、大量的东西，是好的，有用的；部分的东西是错误的……

赫鲁晓夫面对波兰和匈牙利事件，束手无策。
毛泽东以大局为重，帮助苏联，迅速摆脱困境

正如毛泽东所预计的那样，赫鲁晓夫在苏共"二十大"上所作的《秘密报告》是揭了盖子，捅了娄子。随之发生的波兰事件和匈牙利事件就是一个集中反应。在这些事件的处理上，中国共产党和毛泽东本着从大局出发，从国际主义出发，尽了最大的努力，帮助苏联，迅速摆脱困境。

1956年10月20日下午3时，在颐年堂，毛泽东主持召开会议，除"八大"新选出的政治局委员和候补委员大部分到会外（林彪、林伯渠、刘伯承、康生因病长期请假），王稼祥、胡乔木、杨尚昆、田家英和吴冷西列席。

毛泽东主持会议。他一开始就说明，苏共中央给我党中央发来一份电报，说波兰反苏势力嚣张，要苏军撤出波兰。苏联根据《华沙条约》有权力驻兵波兰，有义务保卫东欧社会主义国家的安全。苏联不能允许反苏事件继续发展，准备调动军队来解决问题。苏共在通知中表示想知道我们党对此有何意见。

毛泽东接着说，看来苏联要对波兰实行武装干涉，但还没有下最后决心。情况很严重，很紧急，所以召开政治局会议，讨论如何答复苏共中央。

毛泽东还说，现在情况非常紧急，我们要早定方针。儿子不听话，老子打棍子。一个社会主义大国对另一个社会主义邻国武装干涉，是违反最起码的国际关系准则的，更不用说违反社会主义国家相互关系的原则，是绝对不能允许的。这

七 中苏围绕评价斯大林问题展开大论争

是严重的大国沙文主义。

这时会上议论纷纷。大家一致认为这是亲痛仇快的严重事件。中共中央一定要坚决反对,尽最大努力加以制止。大家一致建议中央采取紧急措施,向苏共中央发出严重警告,表明中共中央坚决反对苏联武装干涉波兰。

在会议进行中,吴冷西的秘书从新华社打来电话,说外国通讯社报告苏联一个代表团到达华沙与波兰谈判。(后来才知道这个代表团是以赫鲁晓夫为首,包括苏共中央主席团的主要成员。)

吴冷西马上把这个消息告诉毛泽东。毛泽东说,事不宜迟,我们应马上警告苏方,坚决反对他们对波兰动武。会议一致同意这个决定。毛泽东即说,会议到此结束,马上约见苏联驻华大使。

约半个小时后,毛泽东在菊香书屋的卧室里接见苏联大使尤金。尤金原是毛泽东的朋友,过去两人多次在一起谈论哲学问题。现在两人都表情严肃,尤金似乎预感到这次紧急接见非比寻常。

毛泽东劈头就直截了当地对尤金说,我们的政治局刚才开过会,讨论了你们中央发来的通知。我们政治局一致认为,苏联武装干涉波兰是违反无产阶级国际主义原则的。中共中央坚决反对苏共中央这样做,希望你们悬崖勒马。如果你们竟然不顾我们的劝告,胆敢冒天下之大不韪,中共中央和中国政府将公开谴责你们。就是这几句话,请你立即打电话告诉赫鲁晓夫同志。情况紧急,时间不多,谈话就此结束。请你赶紧去办。尤金满头大汗,迅速退走。

从这时起,几乎每天下午或晚上,毛泽东都在他的卧室召集政治局常委会议。

此时在苏联党内,赫鲁晓夫面对波匈事件,不得不暂时停止对斯大林的攻击,转而寻求各社会主义国家,特别是中国共产党的支持。

苏共中央10月21日来电邀请中国共产党派代表团去莫斯科,参加苏共中央和波党中央会谈。

在这种情况下,中共中央政治局常委决定派刘少奇和邓小平、王稼祥组成中国共产党代表团于22日访问苏联,任务是调解,方针是着重批评苏共的大国沙文主义,同时也劝说波党顾全大局。同苏共中央的代表商讨解决波匈事件的办法,方式是只分别同苏共或波党会谈,不参加他们两党会谈。

10月23日,刘少奇等率领中国共产党代表团到达莫斯科。

红墙大事
——共和国重大历史事件的来龙去脉（上册）

当天晚上，刘少奇等便同苏共中央第一书记赫鲁晓夫就波匈事件交换了意见。24日、26日，列席苏共中央主席团会议，参加讨论波匈事件等问题。29日、30日刘少奇等又同苏共中央领导人赫鲁晓夫、莫洛托夫、布尔加宁等会谈。

这时，每天毛泽东都召开常委会，决定给代表团的指示。经过激烈的辩论和耐心的说服，代表团终于完成了劝和的任务。

苏波双方一致同意，尽快举行两党正式会谈，改善和加强波苏关系；苏联政府单独发表改进社会主义国家关系的宣言（即10月30日发表的宣言），承认苏联过去在这方面有错误，中国政府将发表声明予以支持。这就是中国政府于11月2日发表的声明。

刘少奇在莫斯科机场明确宣布："中共代表团这次来苏联是为支持赫鲁晓夫而来的。"

然而，无独有偶，正当苏波两党在中国共产党从旁劝说下趋向和解之际，又发生了匈牙利事件。从10月下旬起，匈牙利局势混乱，军警同示威群众不断发生冲突。反革命分子乘机挑拨，国外帝国主义势力也大肆鼓噪，情况越来越复杂和紧张。匈牙利政府出于无奈，邀请驻匈境内苏军协助恢复秩序。这时，国内外反革命势力进一步策动匈牙利军队叛乱，到处发生反革命复辟事件。在这严重的局势面前，苏共领导决定从匈牙利撤出苏军。中国共产党代表团在莫斯科获悉此事后，在向北京报告苏波达成协议的同时，也报告了苏共决定撤退驻匈的苏军。

毛泽东在10月30日晚召开常委会时，除同意中国政府发表声明支持苏方外，还特别电告中国共产党代表团：立即约见苏共中央主席团，声明受中共中央委托，反对苏军从匈牙利撤退。

刘少奇在10月31日会见苏共中央主席团全体成员时，严厉地指出，苏共这个决定是对匈牙利人民的背叛。苏共中央如果抛弃社会主义匈牙利，将成为历史罪人。但苏共中央当时仍坚持要撤退驻匈的苏军。

第二天，即11月1日，赫鲁晓夫在送刘少奇去飞机场的汽车上，眉飞色舞地告诉刘少奇，苏共中央主席团开了一整夜的会，最后决定苏军仍然留在匈牙利，帮助匈牙利党和人民保卫社会主义。在中国共产党代表团上飞机之前，苏共中央主席团全体成员到机场热情欢送，纷纷感谢中国共产党先在波兰问题上帮助他们，现在又在匈牙利问题上帮助他们。

11月2日晚，毛泽东在颐年堂召开政治局会议，听取刚从莫斯科回北京的刘少奇和邓小平汇报。这次会议同前几次会议的情况完全不同，整个会议过程洋溢着兴高采烈的气氛。

刘少奇首先汇报了赫鲁晓夫送他去飞机场路上在汽车上的谈话和上飞机前热烈的欢送场面。然后，他和邓小平着重谈了访苏10天的观感……

11月4日，毛泽东又在颐年堂召开政治局会议，讨论匈牙利局势。这时，苏军已重新返回布达佩斯，协助匈牙利政府恢复秩序。

会上，周恩来首先谈了当前西方世界利用匈牙利事件大肆反苏反共，各兄弟党内出现动摇分子以至变节分子。他认为，苏共领导人表现软弱无力，中国共产党应做中流砥柱，力挽狂澜。

毛泽东在会上强调，我们早就指出，苏共"二十大"揭了盖子，也捅了娄子。揭了盖子之后，各国共产党人可以破除迷信，努力使马列主义基本原理同本国革命和建设的具体实际相结合，寻求本国革命和建设的道路。我们党正在探索，其他兄弟党也没有解决。捅了娄子的后果是全世界出现反苏反共高潮。帝国主义幸灾乐祸，国际共产主义队伍思想混乱。我们要硬着头皮顶住，不仅要顶住，而且要反击。

毛泽东还说，苏共"二十大"后，我们4月间曾经写过一篇《关于无产阶级专政的历史经验》的文章，回答当时已经暴露出来的问题。现在，经过半年之后，事实证明我们的观点是正确的，但又出现许多新的问题需要作出回答。可以考虑再写一篇文章。

毛泽东提出这个问题后，会上发言活跃，大家纷纷提出当前需要回答的问题，有一些是西方宣传机器污蔑攻击的问题，有一些是属于国际共产主义队伍内部的问题。大家还发表了不少好见解。

毛泽东说，赫鲁晓夫秘密报告泄露后，各兄弟党先后发表声明和文章，或作出决议。我们已收集起来出版两本集子。这些都是正式表达他们的观点的，我们可以仔细研究。还有最近波兰和匈牙利问题发生后又有许多材料需要研究，看看有哪些主要问题需要回答和如何回答，以后再开会讨论。

事情远没有到此结束。正当毛泽东与政治局常委们酝酿写作《再论无产阶级

红墙大事
——共和国重大历史事件的来龙去脉（上册）

专政的历史经验》的时候，1956年11月，彭真率领全国人大代表团出访苏联及东欧各社会主义国家，中国代表团刚住进苏维埃旅馆，彭真便接到请柬，邀请他参加晚上在克里姆林宫举行的招待会。

这是赫鲁晓夫为波兰统一工人党中央新任第一书记哥穆尔卡举行的宴会，彭真应邀出席了。

宴会在克里姆林宫乔治大厅举行。哥穆尔卡1935年曾在苏联学习过。第二次世界大战开始，波兰党的大部分领导人都流亡到苏联，哥穆尔卡一直留在国内坚持斗争。当流亡苏联的贝鲁特等波兰党的领导人随苏军解放波兰回国后，由于党内的路线斗争，哥穆尔卡一度被投入监狱。1954年获释，1956年4月才公开露面，不久又因苏联和南斯拉夫关系紧张，他被指控奉行亲铁托路线而再次倒台。苏共"二十大"时，波兰党第一书记贝鲁特在会议期间患病去世，奥哈布率代表团回国，发现波兰局势已迅速恶化，群众游行示威，事态无法控制。哥穆尔卡是在波兰事件中顺乎局势上台的，在波兰党的领导核心内具有左右一切的地位，绝大多数人承认他的权威。正因为这样，他在平息事件过程中断然阻止了苏联军队向华沙的推进。在莫斯科的这次宴会上，态度也十分强硬。哥穆尔卡对赫鲁晓夫讲："波兰是需要同苏联、苏联共产党保持友好关系的。但是你们应该撤出你们的驻军，否则会伤害波兰人民的感情。"

然而，赫鲁晓夫却回顾第二次世界大战中苏联红军为解放波兰所作出的牺牲以及其历史作用，强调波兰局势现在还没有完全稳定下来。哥穆尔卡却强调说："波兰党和人民从根本上讲是支持苏联的。但各国共产党是独立自主的，任何党不能把自己的意志强加给其他党。"

在招待会上莫洛托夫举杯向彭真敬酒，祝彭真健康愉快。并表示："你们的文章写得好！《关于无产阶级专政的历史经验》是马克思列宁主义的，斯大林的功绩应该看到，这是整个一个历史时期。谁也不能完全否定。"

彭真重申了中国共产党的基本观点。

在对待斯大林的态度问题上，赫鲁晓夫同莫洛托夫的分歧即使在招待会这种公开场合也是可以感觉出来的。

那时苏联党内斗争激烈，马林科夫在1955年初即被迫辞去部长会议主席职务，虽然保留在主席团内，但是出席宴会时已退居主席团长桌后边，很少活动讲

七 中苏围绕评价斯大林问题展开大论争

话,也很少与客人打招呼,使人看上去有不安状。

莫洛托夫不然,始终保持一种战士的昂扬意气,直到被贬去蒙古当大使,一直精神抖擞,傲然地立于他的位置上,给人以沉着、坚定、不屈不挠的深刻印象。这种政治上的坚强和涵养,给许多外交官员以深刻印象,他们都对他作出过很高评价。

第二天,赫鲁晓夫就在部长会议的办公室里会见了彭真以及由彭真率领的中国人大代表团的全体成员。赫鲁晓夫表示:"欢迎中国朋友来访。祝愿中国人民在社会主义建设事业中取得新的成就。"双方礼节性寒暄之后,赫鲁晓夫就苏共"二十大"所提出的路线作了一番介绍和解释,强调苏共反对个人崇拜的意义等。

苏联方面为中国人大代表团安排了参观活动。

彭真一行由苏联最高苏维埃民族院主席陪同,参观了列宁格勒机器制造厂。工厂在车间里召开了工人群众的欢迎大会,上千工人以热烈的掌声和欢呼声迎接彭真的到来。

彭真在列宁格勒机器制造厂向广大工人群众讲话,那场面很像苏联早期一些电影中,布尔什维克领导人向工人们作宣传演讲的景象,可以唤起人们许多美好的回忆。他的即席发言有个很重要的内容就是关于斯大林的功过问题。他讲得动了感情。他回顾了斯大林为建立和巩固苏维埃政权所作的不可磨灭的贡献,在卫国战争中领导和团结苏联广大人民战胜了不可一世的法西斯德国、意大利和日本军国主义者。他也谈到斯大林时期苏联人民对中国革命和中国人民的援助……工人们深受感动,有的流出了眼泪。当彭真讲到对斯大林的功过应该三七开,功劳是七,错误只是三时,全场听得十分认真,鸦雀无声。

彭真打起手势说:"谁没有错误呢?哪个人能说他一生不犯错误呢?毛泽东同志就说过,他的错误可以用火车拉!但他仍然是中国人民和中国共产党的伟大领袖,是伟大的马克思列宁主义者,伟大的无产阶级革命家!"

回到莫斯科后,最高苏维埃为中国人大代表团举行了盛大的招待会。赫鲁晓夫出席了。

当宴会进入高潮时,赫鲁晓夫敲敲酒杯,提醒人们注意,然后开始讲话,他说:"人口众多的中国,这样伟大的一个国家,做了许多许多工作,为世界革命

红墙大事
——共和国重大历史事件的来龙去脉（上册）

作出了重大贡献，可是亲爱的中国同志们却都是那么谦虚。"赫鲁晓夫讲到这里，细细的眼缝里射出一道锐利的光，像射手寻找目标一样，一直找到了南斯拉夫驻苏大使，在他身上来回横扫，加重语气，"不像某些国家，人没几个人，工作没做出啥名堂，还吹嘘他们是最好最正确的！"

南斯拉夫驻苏大使的脸涨红了。

彭真眼睛一眨，已经迅速分析判明了情况，脸上始终保持热情友好的表情，说："中国革命是十月革命的继续。十月革命如果是树干，中国革命就是花朵，是树上开出的花。马列主义是放之四海而皆准的普遍真理，毛泽东同志领导中国共产党将马列主义的普遍真理与中国革命的具体实践相结合，夺取了中国革命的胜利。赫鲁晓夫同志讲谦虚，什么叫谦虚？就是实事求是，按自己国家的国情办事。这是我们中国革命胜利的经验。每个国家都要根据自己的国情来灵活地运用马克思列宁主义的普遍真理，不能用自己的经验代替别人经验，更不能强加于人，我看这就叫谦虚。"

彭真这段话含义深刻而又丰富，有赞扬和肯定，也有提醒和忠告；感情真挚，道理明确，既给了赫鲁晓夫面子，又维护了南斯拉夫。

果然，南斯拉夫大使绷紧的肌肉和表情都惬意地松弛下来。赫鲁晓夫也痛快地笑道："讲得好！中国有许多好的经验值得各国共产党去研究学习。"

在苏联期间，彭真还率团去各地参观，途经格鲁吉亚首都第比利斯，在机场，格鲁吉亚的党政军首脑都赶来相见。彭真说："我们能来到斯大林的故乡，感到非常荣幸。斯大林在中国是受到普遍深切尊敬的。"

格鲁吉亚的领导听了这句话，眼圈都红了。由于苏共"二十大"的决议和当时的形势，他们不好说什么，只是激动地同彭真握手，带着感激和谨慎的复杂感情说："因为你们的日程安排的关系，我们无法做别的接待了。彭真同志能来，我们已经非常高兴了……"

结束访苏，彭真又率代表团来到捷克斯洛伐克。

捷克斯洛伐克共产党中央第一书记诺沃提尼单独会见了彭真，双方进行了热情友好的谈话。彭真向这位清瘦健朗、喜欢咬文嚼字而颇有逻辑头脑的执政领导人，阐述了中国对当前政治形势的看法，肯定了中苏两党团结的意义以及中国共产党维护、加强和发展这种团结合作的愿望和决心。

那时，各社会主义国家的领导人都希望中苏两大党的关系能如宣传所言，是牢不可破的。

从捷克斯洛伐克来到罗马尼亚，在罗马尼亚度过了一个愉快的除夕之夜。彭真仍是强调团结，强调中苏关系和各国共产党的团结。交往中罗马尼亚领导也表示了对苏共"二十大"路线的支持。

不过，这个时候苏共第一书记赫鲁晓夫鉴于国内和国际形势，对斯大林的评价已经有了变化。他在苏联政府举行的除夕宴会上说："斯大林主义就是马克思列宁主义。斯大林曾同阶级敌人做过无情的斗争。帝国主义者把我们称为斯大林主义者。是的，我们就是斯大林主义者。我们为此而感到骄傲……"

这一情况由各国大使迅速反馈到各国政府，罗马尼亚也不例外。于是，东欧各国领导人对斯大林的评价也就跟着有所变化。

斯大林是历史人物，要客观地历史地实事求是地评价。不把斯大林放到整个共产主义运动特定的历史时期，去全面客观地分析评价，就不可能做到公正。

结束了对罗马尼亚的访问，代表团来到保加利亚。代表团接到电报，说周恩来、贺龙将出访苏、波、匈三国。

毛泽东不同意对参加匈牙利事件的大多数人进行镇压

毛泽东认为，匈牙利事件，是反革命分子"利用了人民群众的不满情绪"，导致了"一部分人民"反叛人民政府。毛泽东多次强调，参加匈牙利事件的绝大多数人，属于"人民"的范畴，不同意对大多数"人民"进行镇压。谈到匈牙利事件的原因，毛泽东认为，赫鲁晓夫关于斯大林的《秘密报告》是匈牙利事件的导火索。

1956年11月15日，毛泽东在《在中国共产党第八届中央委员会第二次全体会议上的讲话》中说：

我看有两把"刀子"：一把是列宁，一把是斯大林。现在，斯大林这把刀子，俄国人丢了。哥穆尔卡、匈牙利的一些人就拿起这把刀子杀苏联，反所谓斯大林主义。欧洲许多国家的共产党也批评苏联，这个领袖就是陶里亚蒂。帝国主义也拿这把刀子杀人，杜勒斯就拿起来耍了一顿。这把刀子不是借出去的，是丢出去的。我们中国没有丢。我们第一条是保护斯大林，第二条也批评斯大林的错误，

红墙大事
——共和国重大历史事件的来龙去脉（上册）

写了《关于无产阶级专政的历史经验》那篇文章。我们不像有些人那样，丑化斯大林，毁灭斯大林，而是按照实际情况办事。

不仅如此，毛泽东认为，列宁这把"刀子"，也被苏联一些领导人丢掉相当多了。他提出的论据是：列宁主义就是十月革命武装夺取政权的道路。而十月革命还灵不灵？还可不可以作为各国的模范？苏共第二十次代表大会赫鲁晓夫的报告说，可以经过议会道路去取得政权，这就是说，各国可以不学十月革命了。这个门一开，列宁主义就基本上丢掉了。

毛泽东反对赫鲁晓夫丑化斯大林，丢弃斯大林这把"刀子"，又认真地总结研究斯大林犯错误的经验教训，总结匈牙利事件的教训，总结中国社会主义革命和少数人闹事的经验教训，认为关键的问题，在于正确地处理人民内部矛盾，在于正确地区分两类不同性质的矛盾，不要使"劳动人民的民主权利和革命积极性受到破坏"。所以，他更加抓紧撰写《关于正确处理人民内部矛盾的问题》。

从11月25日起，毛泽东差不多每天都召开政治局常委会议。

这些会议大多数在菊香书屋毛泽东卧室举行，有时也在颐年堂西边小会议厅。在毛泽东卧室开会时，毛泽东通常都是穿着睡衣，靠着床头，半躺在床上。

中央其他常委在床边围成半圆形。一般习惯是，靠近床头右边茶几坐的是邓小平，他耳朵有点背，靠近便于听毛泽东说话；从右到左依次是彭真、刘少奇、周恩来、王稼祥、张闻天、陈伯达、胡乔木等。一般都是10人左右。这些常委会，朱德因年纪大一般不参加；陈云主持经济工作，一般也不参加（陈云于1958年5月党的八届五中全会增选为常委后，长期请病假，很少参加常委会议）。

在11月25日、27日、28日、29日这四天的常委会议上，广泛讨论当前国际形势，从匈牙利事件到英法侵略埃及（10月底），从东欧党到西欧党，从铁托到杜勒斯，认真研究对各种现象和观点如何分析和回答。大家认为，英法侵略埃及激起全世界人民反对，苏军帮助匈牙利平息叛乱，两台锣鼓一起敲，都是好事。现在帝国主义和反动派极力攻击苏联，共产党内也有人把英法侵略埃及和苏联帮助匈牙利混为一谈，不分敌我，不分是非。一些国家的共产党员发生动摇甚至变节。这些是坏事。但是坏事也不见得完全没有一点好处。一旦思想混乱得到澄清，动摇分子汲取教训，变节分子离开了党，党的队伍不是更弱而是更强了。

大家还认为，铁托提出的反对"斯大林主义"和"斯大林主义分子"完全搬用了西方资产阶级的污蔑，是完全错误的，这种污蔑，是帝国主义分裂共产党、分裂社会主义阵营的阴谋。毛泽东指出，所谓斯大林主义，无非是斯大林的思想和观点。所谓斯大林分子，也无非是指赞同斯大林的人。那么请问，斯大林的思想观点怎样？我们认为斯大林的思想和观点基本上是符合马克思列宁主义的，虽然其中有些错误，但主要方面是正确的。斯大林的错误是次要的。因此，所谓斯大林主义，基本上是正确的；所谓斯大林分子，基本上也是正确的，他们是有缺点有错误的共产党人，是犯错误的好人。必须把铁托的观点彻底驳倒，否则共产主义队伍就要分裂，自家人打自家人。斯大林主义非保持不可，纠正了它的缺点和错误，就是好东西。这把"刀子"不能丢掉。

经过四天的讨论，毛泽东把大家的意见归纳为以下的要点：

第一，十月革命的道路是各国革命的共同道路，它不是个别民族现象，而是具有时代特征的国际现象。谁不走十月革命道路，谁就不是马克思主义者。

第二，各国有不同的具体情况，因此各国要用不同方法解决各自的问题。这如每个人的面目不一样，每棵树长的也不一样。要有个性，没有个性，此路不通。但条条道路通莫斯科。所有道路都有它们的共性，这就是苏联的基本经验，即十月革命的道路。

第三，苏联建设时期，斯大林的基本路线、方针是正确的，应加以明确地肯定。他有缺点、有错误是难免的，可以理解的。斯大林过分强调专政，破坏了一部分法制，但他没有破坏全部法制，破坏了部分宪法，但没有破坏全部宪法，民法、刑法也没有全部破坏，专政基本上还是对的。民主不够，但也有苏维埃民主。有缺点，有官僚主义，但他终究把苏联建设成为一个工业化的国家，毕竟打败了希特勒。如果都是官僚主义，都是官僚机构，能够取得这么大的成功吗？说苏联都是官僚阶层是不能说服人的。

第四，区别敌我矛盾，不能用对待敌人的方法对待自己的同志。斯大林过去对南斯拉夫犯了错误，把对待敌人的方法对待铁托同志。但后来苏共改正了，用对待自己同志的方法对待铁托同志，改善了苏南关系。现在铁托同志不能采取过去斯大林对他的方法对待犯错误的同志。在我们共产党人之间，在社会主义社会内部，存在着矛盾，这是人民内部矛盾，不能用处理敌我矛盾的方法处理。

红墙大事
——共和国重大历史事件的来龙去脉（上册）

毛泽东说，文章的题目可以考虑用"全世界无产者联合起来"，这是马克思、恩格斯在《共产党宣言》中提出的口号，现在仍有重大现实意义。我们的目的是加强全世界无产阶级和共产党人的团结。

这时，毛泽东以深沉的语调说了一大段话。他说，现在还是离不开斯大林问题。我一生写过三篇歌颂斯大林的文章。头两篇都是祝寿的，第一篇在延安，1939年斯大林六十寿辰时写的；第二篇在莫斯科，是1949年他七十大寿时的祝词。第三篇是斯大林去世之后写的，发表在苏联《真理报》，是悼词。这三篇文章，老实说，我都是不愿意写。从感情上来说我不愿意写，但从理智上来说，又不能不写，而且不能不那样写。我这个人不愿意人家向我祝寿，也不愿意向别人祝寿。第一篇我抛开个人感情，向世界上第一个社会主义国家的领袖祝寿。如果讲个人感情，我想起第一次王明"左"倾路线和第二次王明右倾路线都是斯大林制定和支持的，想起来就有气。但我以大局为重，因为那时欧战已经爆发，苏联为和缓苏德关系而同希特勒德国签订了互不侵犯条约，受到西方国家舆论的攻击，很需要我们支持。因此那篇文章写的比较有生气。抗日战争结束后，国民党发动内战，斯大林要我们不要自卫反击，否则中华民族会毁灭。新中国成立之后，斯大林还怀疑我们是不是第二个铁托。1949年我去莫斯科祝贺斯大林七十大寿，不歌颂他难道骂他吗？我致祝词，但斯大林仍对我们很冷淡。后来我生气了，大发了一顿脾气，他才同意签订《中苏友好同盟互助条约》。

毛泽东接着说，斯大林去世以后，苏联需要我们支持，我们也需要苏联支持，于是我写了一篇歌功颂德的悼文。斯大林一生，当然是丰功伟绩，这是主要的一面，但还有次要的一面，他有缺点和错误。但在当时情况下，我们不宜大讲他的错误，因为这不仅是对斯大林个人的问题，更重要的是对苏联人民和苏联党的问题，所以还是理智地那样写了。现在情况不同了，赫鲁晓夫已经揭了盖子，我们在4月间的文章，就不单是歌功颂德，而是既肯定了斯大林主要的正确的方面，又批评他次要的错误方面，但并没有展开讲。现在要写第四篇文章，就是进一步把问题讲透，既肯定他的功绩，也分析他的错误，但又不是和盘托出，而是留有余地。

毛泽东最后说，以上意见请大家考虑。过几天再来讨论。

12月2日晚上，毛泽东又召开政治局常委会。会议在颐年堂西边小会议厅举行。

毛泽东一上来就系统地提出他对整篇文章的设想。他说，文章的题目可以仍然是"全世界无产者联合起来！"也可以考虑同4月间写的文章衔接，用《再论无产阶级专政的历史经验》，表明我们的观点是一贯的，是4月间文章的续篇。

毛泽东还说，胡乔木拟的提纲使他的想法进了一步，整篇文章可以更富理论色彩，但政论的形式不变。接着他提出以下要点：

（一）要讲世界革命的基本规律、共同道路。先讲一定要遵循十月革命的基本规律，然后讲各国革命的具体道路，讲马列主义基本原理同各国革命具体实际相结合。二者不可偏废，但十月革命的基本规律是共同的。

（二）讲清楚什么是"斯大林主义"，为什么把共产党人分为"斯大林分子"，那它就是马克思主义，确切地说是有缺点的马克思主义。所谓"非斯大林主义化"就是非马克思主义化，就是搞修正主义。

（三）讲清沙文主义。大国有沙文主义，小国也有沙文主义。大国有大国沙文主义，小国对比自己小的国家也有大国沙文主义。要提倡国际主义，反对民族主义。

（四）首先要分清敌我，然后在自己内部分清是非。整篇文章可以从国际形势讲起，讲苏波关系、匈牙利事件，也讲英法侵略埃及事件。要分清两种事件的性质根本不同，说明当前反苏、反共浪潮是国际范围的阶级斗争尖锐化的表现。要区别敌我矛盾和我们内部是非两者性质不同，要采取不同的方针和不同的解决办法。

（五）既要反对教条主义，也要反对修正主义。要指出，斯大林的著作仍然要学，苏联的先进经验还要学，但不能用教条主义的方法学。可以讲中国党吃过教条主义的大亏，不讲别人如何。我们党一贯反对教条主义，同时也反对修正主义。苏共"二十大"大反斯大林的某些观点和做法，助长了国际范围内修正主义的泛滥。

（六）文章从团结讲起，以团结结束。没有理由不团结，没有理由不克服妨碍团结的思想混乱。

毛泽东最后说，整篇文章包含着肯定与否定这两个方面，肯定正确的，否定错误的。对敌对营垒好办，问题是内部是非，要讲究方法。比如对斯大林和铁托，都要加以批评，达到团结的目的，我们的批评要合乎实际，有分析，还要留有余

红墙大事
——共和国重大历史事件的来龙去脉（上册）

地。这里用得着中国古人做文章的方法。一个叫作"欲抑先扬"，一个叫作"欲扬先抑"。所谓"欲抑先扬"，就是说，你要批评他的错误时，先肯定他的正确方面，因为批评的目的还是要他变好，达到团结的目的。对铁托适宜采取这个方法。对于斯大林，现在全世界都骂斯大林，我们要维护他，但方法宜于"先抑后扬"，即在论述他的功绩以回答对他全盘否定时，先要讲斯大林有哪些错误，这样才能说服人，使人易于接受。

12月13日下午，毛泽东主持政治局会议，讨论初稿。大家对初稿意见较多，主要是：正面阐述不充分，辩解过多。

大家认为，正面论述中对十月革命的共同道路没有讲清楚，不能给人以鲜明的深刻的印象。会上大家建议把苏联的基本经验明确概括为几条，作为十月革命的基本规律和共同道路。

对于铁托，大家认为文中多处引用他的演说，然后加以反驳，给人印象不仅太重视了铁托，而且显得我们似乎很被动。毛泽东指出，其实我们不过是以铁托演说为由头，批判当前国际上比较流行的谬论。铁托提出反斯大林主义，当然应当批判，但他的话不宜采用过多。

大家还指出，对斯大林的评价，应比4月间的文章讲得深一些，要分析错误的原因，要进一步讲思想原因，还要讲社会历史原因。

大家也认为，文章对教条主义和修正主义都讲得不充分，这一部分应多费些笔墨。大家还认为，在加强团结方面，应充分利用苏联10月30日的对外关系宣言，大讲社会主义国家和各国共产党关系准则，要展开讲独立、平等、互不干涉内政等，讲爱国主义和国际主义相结合。

毛泽东在12月19日、20日两天的下午和晚上连续召开政治局会议讨论修改稿。政治局和书记处的大多数成员都出席了。会上大家发表了很多意见，有原则性的，也有文字表述性的。主要的意见集中在以下五个问题上。

第一，关于匈牙利事件，不宜写得太细，不必在文章中就这个问题展开辩论，否则就转移了文章的重心，减弱了文章的理论价值。对于匈牙利事件是否可以避免，这个问题的提出和分析显得脱离现实，过于"事后诸葛亮"。须知，匈牙利事件是由各种内外因素形成的，是国内外反革命势力利用群众的不满，煽动闹事直至策动叛乱。工人、学生和其他群众是无罪的。如果匈牙利党始终坚强，不自乱阵脚，10月23日的事件也许可以避免，也许可以不用请求苏军协助平叛。华沙条约有规定可以派兵援助，这也要看具体情况，不是什么时候都要派兵。但是，有些重要因素却是匈牙利党指挥不了的，阶级斗争是不以人们意志为转移的客观存在。总之，对匈牙利事件，只作总的性质论定就行，不必为每一件事情辩论。

第二，关于苏共"二十大"，应该肯定这次大会有积极意义，批判斯大林的错误是对的，但是赫鲁晓夫全盘否定斯大林是错误的。不肯定斯大林的正确方面，就造成了右倾危险。结果果然来了修正主义思潮的大泛滥。因此对苏共"二十大"应有分析。当前的问题是教条主义还没有肃清，又来了修正主义思潮，而且来势凶猛。毛泽东强调，文章的主要锋芒是反对修正主义，捍卫马列主义的基本原则，捍卫十月革命的共同道路。

第三，文章要从当今世界两大基本矛盾——帝国主义阵营和社会主义阵营的矛盾讲起，分清敌我矛盾和人民内部矛盾。毛泽东反复谈到，4月间的文章中讲了社会主义社会存在矛盾，现在的文章要进一步分清两类性质不同的矛盾应当采取不同的方法解决，指出社会主义国家之间和共产党之间的矛盾应当采取处理人民内部矛盾的方法解决，以便协同一致地反对帝国主义侵略势力。文章的出发点是站在社会主义立场上向帝国主义斗争，在这个大前提下讨论各国共产党之间的内部是非问题。

第四，要充分论述苏联革命和建设的基本经验是各国革命和建设的共同道路。先要明确指出苏联的基本经验是合乎马克思主义基本原理的，是正确的，然后又指出苏联在建设社会主义过程中有曲折，有错误。要批评教条主义不承认有错误，不接受教训，不纠正错误，不考虑历史和民族的特点而全盘照搬。也要批判修正主义只讲苏联的错误，不讲苏联的建设基本上是成功的，不讲它的基本经验是值得学习的，从而否定一切。

第五，关于斯大林问题。当前全世界议论纷纭繁杂，但焦点都离不开斯大林问题。对苏联的评价，也就是对斯大林的评价。文章应毫不含糊地肯定斯大林的伟大功绩，因为这是历史事实。当然也要说他有唯心主义、形而上学的思想方法和个人专断的工作方法所造成的不少错误。现在世界上议论最多的，一是肃反扩大化，一是大国沙文主义。但无论在对待反革命分子问题上或对外关系方面，斯大林都有他正确的方面。人杀多了，但对那些真正的反革命分子是杀对了，错在扩大化，错杀了好人。在对外关系方面，多数情况下，斯大林还是实行国际主义的，他援助兄弟党和兄弟国家，援助全世界被压迫民族和人民。大量历史事实都证明这一点，当然在这方面也无须掩饰他有大国沙文主义的错误。苏联政府10月30日声明已自己承认了。在这里，文章特别要讲清楚斯大林的错误不是社会主义制度造成的。当然应当承认社会主义制度很年轻因而不完善，但制度不是万能的，它要人们运用，运用的结果因各人的思想方法和工作方法的不同而不同。因此要着重分析斯大林的错误在思想方法和工作方法上的原因，然后讲社会根源。

毛泽东特别指出，对斯大林要作认真的分析。第一，先讲他的正确方面，不能抹杀；第二，再讲他的错误，强调必须纠正；第三，讲实事求是，不能全盘否定，这叫作"三娘教子"，三段论法。对他犯错误的社会原因，如搞社会主义没有先例，国内外情况复杂，等等，但不宜过分强调。因为列宁在世时的社会条件不比斯大林好，但他没有犯斯大林那样的错误。同样的社会条件下，有人可能多犯错误，有人可能少犯错误。这里，个人因素、个人主观是否符合客观，起着重大作用。赫鲁晓夫一棍子把斯大林打死，结果他捡起石头砸自己的脚，帝国主义乘机打他一棍子，无产阶级又从另一边打他一棍子，还有铁托和陶里亚蒂也从中间打他一棍子。斯大林这把"刀子"，赫鲁晓夫丢了，别人就捡起来打他，闹得四面楚歌。我们现在写这篇文章，是为他解围，方法是把斯大林这把"刀子"捡起来，给帝国主义一刀、给修正主义一刀，因为这把"刀子"虽然有缺口，但基本上还是锋利的。

围绕斯大林问题的争论愈演愈烈，20世纪内，甚至21世纪还有争论，中共准备长期论战

12月23日和24日，毛泽东又在颐年堂主持政治局会议，讨论经过修改的稿子。归纳起来有以下几个方面：

关于反对教条主义和修正主义问题。大家强调，教条主义还相当顽固，一定要继续反。各国革命基本点相同，但各有民族特色，应有自己的具体道路。不能照搬苏联那些具有民族特色的做法，更不能照搬那些已证明为错误的做法。毛泽东说，人家犯了的错误你还要犯吗？人家丢掉不要的坏东西你还要捡起来吗？今后不要迷信苏联一切都是正确的了，凡事都要开动自己的脑筋想一想了。别人有无教条主义，我们不讲，只讲我们自己要吸收我党历史上犯教条主义错误的教训。

大家又认为，修正主义也不能听任泛滥。他们集中攻击无产阶级专政和民主集中制，其结果必然导致瓦解社会主义国家和共产党。匈牙利事件，不是因为实行无产阶级专政，而恰恰是因为无产阶级专政软弱无力，没有肃清反革命势力，也没有能力制止反革命势力挑动群众闹事。斯大林的错误，恰恰在于他没有执行民主集中制，实行个人专断，不是因为民主集中制本身不对。在这些问题上，要批判修正主义，讲清楚无产阶级专政包括在人民内部实行民主和对阶级敌人实行专政两个方面。

关于加强社会主义阵营和国际共产主义运动的团结问题。大家认为，赫鲁晓夫反斯大林以来，在不少人心目中，社会主义阵营是否以苏联为首，国际共产主义运动是否以苏共为中心，都成了疑问。文章中对大国沙文主义要批判，但对苏联为首和苏共为中心应加以肯定。因为这是历史形成的事实和当前的现实需要。当然，文章也应说明，"为首"和"中心"不是领导者与被领导者的关系，不是父子党的关系，要强调相互之间独立、平等、互不干涉内政、互相帮助和支援。要讲清国际主义和爱国主义相结合。可以稍微点一下有些党的同志对待苏联、苏共不公平。

关于从历史长河的观点来考察当前国际共产主义运动的问题。大家指出，在 4 月间的文章中，提到国际共产主义运动的历史还比较短，比较年轻，前途光明。现在这篇文章还可以把这个观点进一步发挥，说明国际共产主义运动发展中遇到暂时的挫折并不奇怪，资产阶级革命在历史上也经过多次复辟而后取得成功，无产阶级在经过不可避免的波折之后会变得更加强大。要使人看了文章之后信心倍增。

毛泽东在这两天的会议上着重讲了两个问题。一是上层建筑与经济基础的矛盾，生产关系与生产力的矛盾。他说，上篇文章讲社会主义社会存在矛盾，现在的文章要进一步讲这些矛盾不仅存在，而且在一定条件下可能从非对抗性矛盾转化为对抗性矛盾，苏波关系和匈牙利事件都证明了这一点。二是我们要为苏联两个阶段的历史辩护，不仅要维护苏联革命阶段的伟绩，还要维护苏联建设阶段的伟绩。苏联的革命和建设，不仅是一国的民族现象，而且是具有时代特点的国际现象。它的伟大意义远远超出了一国范围，是马克思主义和国际共产主义运动的财富。既然苏联的革命与建设取得伟大的成就，如果说它是斯大林主义的，那么，

红墙大事
——共和国重大历史事件的来龙去脉（上册）

这个斯大林主义就是好的主义，斯大林分子就是好的共产党人。

提交政治局会议讨论的修改稿中，有一段专门讲和平过渡问题，因为这个问题是赫鲁晓夫在"二十大"的正式报告中提出来的，中国共产党一开始就对他的观点有不同意见。在几次会议上对这一段都没有提意见。但毛泽东考虑再三，认为这个问题是中苏两党的重要分歧之一，在目前情况下，中苏要共同对敌，不宜向全世界公开这个分歧。最后还是决定删去了这段。毛泽东说，要留有余地，以后还有机会提出来。政治局会议最后原则通过这篇文章，要求根据这两天会议提出的意见修改后，提交政治局常委最后审定。

会议还同意毛泽东所建议的文章题目《再论无产阶级专政的历史经验》。

12月27日下午，毛泽东召开政治局常委会，讨论再度修改后的稿子。

毛泽东最后说，两篇文章都是围绕斯大林问题。这个问题的争论还没有完，估计20世纪内，甚至21世纪还有争论，因为这是关系到马列主义基本原理问题，我们要准备长期论战。

毛泽东决定，新华社于28日发稿，中英文广播也同时播出，《人民日报》在12月29日见报。

《再论无产阶级专政的历史经验》一文阐述了以下重要的思想观点：

首先，进一步提出正确估计苏联的革命和建设的基本道路，全面评价斯大林的是非功过问题，指出了全盘否定斯大林的严重后果。文章对苏联革命和建设的基本经验作了初步概括，认为这些经验"在人类历史的现阶段具有普遍意义"。文章指出，苏联也有一些错误的、失败的经验，但"错误和失败，尽管在表现形式上和严重程度上各有不同，却是任何国家在任何时期都不能完全避免的"。对于斯大林犯错误的原因，文章分析了斯大林的错误同苏联社会主义经济制度和政治制度的关系，批驳了一些错误的观点。文章指出："斯大林的错误并不是由社会主义制度而来的；为了纠正这些错误，当然不需要去'纠正'社会主义制度。西方资产阶级想用斯大林的错误来证明社会主义制度的'错误'，这是完全没有根据的。另外有些人想用社会主义的国家政权对于经济事业的管理来解释斯大林的错误，认为政府管理了经济事业就必然成为妨害社会主义力量发展的'官僚主义机构'，这也是无法令人信服的。"当然，我们并不否认社会主义的生产关系和上层建筑的某些环节还有缺陷。斯大林犯错误时期，"党和国家的民主集中制之所以会受到某种破坏，有一定的社会历史条件。这就是：党在领导国家方面还缺乏经验；新的制度还没有巩固到足以抵抗一切旧时代影响的侵袭（新制度的巩固过程和旧影响的消失过程，都不是直线的，它们某些波浪式的起伏现象，在历史的转变时期是屡见不鲜的）；国内外的紧张斗争对于某些民主发展所起的限制性作用，等等。但是仅仅这些客观条件并不足以使犯错误的可能性变为现实。在比斯大林所处环境更加复杂得多和困难得多的条件下，列宁却没有犯斯大林这样的错误。在这里，决定的因素是人们的思想状况"。

文章肯定了斯大林的一生是伟大的马克思列宁主义革命家的一生。"只要我们是全面地观察问题，那么，如果一定要说什么'斯大林主义'的话，就只能说，首先，它是共产主义、马克思列宁主义，这是主要的一面；其次，它包含一些极为严重的、必须彻底纠正的、违反马克思列宁主义的错误。尽管在某些时候为了纠正这些错误而对这些错误加以强调是必要的，但是为了做出正确的估价，不使人们发生误解起见，将这些错误放在适当的地位也是必要的。"文章还对国际共产主义运动中出现的全盘否定斯大林的倾向提出了严肃忠告：如果对于这些犯错误的人采取否定一切的态度，把他们叫作这种分子那种分子，而加以歧视和敌视，就不但不能使自己的同志得到应有的教训，而且由于混淆了是非和敌我这两类性质不同的矛盾，势必在客观上帮助敌人反对共产主义的队伍，瓦解共产主义的阵地。

其次，文章在进一步强调反对教条主义的同时，鲜明地提出了反对右倾思潮的问题。文章指出，由于一部分共产主义者对斯大林采取了否定一切的态度，提出了反对"斯大林主义"的错误口号，"因而帮助了对于马克思列宁主义的修正主义思潮的发展"。另一方面，"在目前的反对教条主义的潮流，在我们国内和国外，都有人借口反对照抄苏联经验，而否认苏联的基本经验的国际意义，借口创造性地发展马克思列宁主义，而否认马克思列宁主义的普遍真理意义"。文章明确指出："我们在坚决反对教条主义的时候，必须同时反对修正主义。"

文章接着指出，这种右倾思潮集中地表现在对待发展社会主义民主同坚持无产阶级专政的关系问题上。由于斯大林和其他一些社会主义国家过去时期的领导者犯了破坏社会主义民主的严重错误，共产主义队伍中的一些不坚定分子，就借口发展社会主义民主，企图削弱或否定无产阶级专政，削弱或者否定社会主义国家的民主集中制，削弱或者否定党的领导作用。文章还指出："在借口反对教条主义而修正马克思列宁主义的人们中间，有些人索性否认无产阶级专政和资产阶级专政之间的界限，否认社会主义制度和资本主义制度之间的界限，否认社会主义阵营和帝国主义阵营之间的界限。"

文章还正确论述了社会主义民主同无产阶级专政的关系，指出无产阶级专政必须把对于反革命力量的专政同最广泛的人民民主，即社会主义民主，紧密地结合起来。同样，社会主义民主在任何意义上都不允许同无产阶级专政对立起来，都不允许同资产阶级民主混淆起来。对于这一思想，毛泽东后来在《关于正确处理人民内部矛盾的问题》一文中，作了充分系统的论述。

再次，文章还结合当时国际共产主义运动的经验和教训，进一步论述了社会主义社会的矛盾问题，初步形成了关于正确区别和处理两类不同性质的矛盾问题的思想。这篇文章虽然是经过集体讨论定稿的，但文中许多重要的观点和内容都是毛泽东的独立见解。文章说："在我们面前有两种性质不同的矛盾：第一种是敌我之间的矛盾。它的基础是敌对阶级之间的利害冲突。第二种是人民内部的矛盾（在这一部分人和那一部分人之间，共产党内这部分同志和那部分同志之间，社会主义国家的政府和人民之间，社会主义国家相互之间，共产党和共产党之间，等等），这是非根本的矛盾，它的发生不是由于阶级利害的根本冲突，而是由于正确意见和错误意见的矛盾，或者由于局部性质的利害矛盾。它的解决首先必须服从于对敌斗争的总的利益。人民内部的矛盾可以而且应该从团结的愿望出发，经过批评或者斗争获得解决，从而在新的条件下得到新的团结。"文章还指出了敌我矛盾和人民内部矛盾在特定的情况下互相转化的问题，告诫人们注意分清敌我矛盾的界限。"有时为了对付主要的共同的敌人，利害根本冲突的阶级也可以联合起来。反之，在特定的情况下，人民内部的某种矛盾，由于矛盾的一方逐步转到敌人方面，也可以逐步转化成为对抗性的矛盾。""总之，一个人只要站在人民的立场上，就绝不应该把人民内部的矛盾同敌我之间的矛盾等量齐观，或者互相混淆，更不应该把人民内部的矛盾放在敌我矛盾之上。否认阶级斗争、不分敌我的人，绝不是共产主义者，绝不是马克思列宁主义者。"文章还依据社会主义基本矛盾的特点，提出了要及时对生产关系和生产力、上层建筑和经济基础的某些不相适应的矛盾加以调整。

七 中苏围绕评价斯大林问题展开大论争

这段时间以毛泽东为首的中国共产党和以赫鲁晓夫为首的苏联共产党，围绕着如何评价斯大林问题的讨论，进一步使中国共产党领导中国人民在社会主义建设的道路上，突破了一段时间以来所受苏联模式的束缚，加深了对于探索出一条适合中国国情的社会主义道路的理解。毛泽东的这些思想在《论十大关系》和《关于正确处理人民内部矛盾的问题》中得到新的发展和系统化。

"两论"中一个重要的内容是如何重新评价斯大林的问题。对于这个问题，苏联外交部前副部长、曾任毛泽东与赫鲁晓夫会谈翻译的费德林在其回忆录中这样评价毛泽东和赫鲁晓夫关于斯大林个人迷信问题的看法，并记下了毛泽东与赫鲁晓夫关于斯大林个人迷信的谈话。他写道：

"苏共代表大会对斯大林个人迷信的决议，我看未必站得住脚啰。"毛泽东仿佛顺便说起来。

"这个决议在我们党内和人民群众中都是没有异议的。"赫鲁晓夫针锋相对。

"你们当然有权解决你们的内部问题，党内的也好，国内的也好。不过，斯大林……他是世界革命运动的领袖，中国也是其中一分子，关于他的杰出作用，恐怕不是一党一国就说了算的，应该考虑到国际上的联系。"中国领导人说。

"斯大林和斯大林主义，这首先是一个民族现象。它在苏联发生，也在苏联形成。我们自己有权决定自己的问题。我们也这样做了。"苏联客人坚持自己的立场。

"决议虽然通过了，不过内容是片面的，做法也不妥。你们把它当作一党一国的问题来解决，把它局限在一个地域内，这种看法太狭隘了。"

"斯大林个人迷信所以说它是民族的产物，因为它是在我国形成的，我们要对此负责。"

"既然斯大林主义具有国际意义，那么把它局限在苏联一个国家内，这种做法对吗？"

"对于斯大林个人迷信，只有我们苏联共产党人才能作出正确的评价。"

"谴责斯大林的决议是否做得过于匆忙和主观了呢？要知道他对许多国家的共产主义运动，对伟大的革命事业，包括中国在内，都曾作过巨大的贡献。怎么能全盘否定或贬低呢？"

对峙了一会儿，毛泽东拿起桌上的茶杯，一口一口地呷着，然后放回桌上，再抬眼看着谈话的伙伴。

红墙大事
——共和国重大历史事件的来龙去脉（上册）

"你说斯大林有巨大贡献，但是别忘记，我们党和人民付出了多大的代价……他的独断专行，大规模地镇压和迫害，千百万人在集体化和伟大卫国战争期间送掉了性命，你怎么为他辩护呢？"

"问题不在这儿。谁也不打算为斯大林在苏联集体化的做法做辩护。这是你们的内务。这里究竟是谁之过，是斯大林个人或者不仅是他一个人，这点你们最清楚。我说的是另一问题。斯大林的名字在世界上许多国家受到尊敬，他树立了一个坚定革命者的崇高榜样，我们相信他，相信他的学说和经验。现在全都一笔勾销。这么一来，我们几十年来英勇斗争所取得的成果有可能毁于一旦，我们会失去共产党人的威信、失去信仰……"

"这也叫信仰？这难道不是误解和欺骗吗？我们应该把一切公布于众。揭露谎言，说明真相，不管这对我们是多么痛苦。"

"我们尝过痛苦的滋味。我们的整个斗争历史都是痛苦的经验。中国有句老话：良药苦口，但是你们的决议所谴责的仅仅是失算和错误，谁能保证不犯错误呢？但是，凡是同斯大林名字有关的东西都统统否定了，不分青红皂白，不分消极还是积极，一概否定。"

"我们说的是真话！"

"苏共'二十大'的决议使局势极端复杂化了。在这种情况下，我们两党关系是不可能正常化的。"（《费德林回忆录》，新华出版社，1995年7月版，第138～140页）

以毛泽东为首的中国共产党连续发出的"两论"，提出对斯大林要科学、正确地评价，其中的许多提法尽管与赫鲁晓夫的评价有所不同，有的地方甚至相差甚远，但是当时赫鲁晓夫为了应付国内外所面临的诸多困难，还是对"两论"评价甚高。特别是《再论无产阶级专政的历史经验》的发表，苏联广播电台由最有名的播音员广播，并数次放录音，以示重视。例如：1956年12月31日，在克里姆林宫举行的新年宴会上，赫鲁晓夫曾对刘晓大使说："我读了中国发表的文章，它写得好极了。"赫鲁晓夫还在这次宴会上发表的长篇祝酒词中说："斯大林犯了严重的错误，但他仍是一个伟大的马列主义者，他同敌人进行了坚决的斗争。在对待敌人方面，我们同斯大林是完全一致的。从这个意义上说，我们都是斯大林主义者！"

七 中苏围绕评价斯大林问题展开大论争

周恩来访问东欧试图巩固社会主义国家间的团结，并对帝国主义各个击破的策略表示担忧

应赫鲁晓夫的邀请，1957年1月7日至2月5日，周恩来总理与贺龙副总理率领中国政府代表团赴苏联协助处理波匈事件问题，并访问欧亚六国。

7日下午4时，周恩来等抵达莫斯科，在机场受到了赫鲁晓夫、伏罗希洛夫、布尔加宁、卡冈诺维奇、马林科夫、米高扬、莫洛托夫、萨布罗夫、苏斯洛夫、勃列日涅夫等的欢迎。

周恩来在机场上致答词：苏联是无产阶级第一次取得胜利的国家，是人类第一次建成社会主义的国家，同时苏联又是向中国人民指出十月革命道路的国家，是支持中国人民的解放事业和帮助中国人民进行建设事业的国家。在今天的世界上，苏联是反对战争、反对殖民主义的最坚决的旗手，是维护世界和平的最强大的堡垒。

1月8日上午，周恩来等先后拜会了苏联部长会议主席布尔加宁和苏联最高苏维埃主席团主席伏罗希洛夫。

上午10时45分至下午1时30分，中苏两国政府代表团在克里姆林宫举行第一次会谈。苏方参加的有赫鲁晓夫、布尔加宁、米高扬和谢皮洛夫等。双方就国际局势和中苏关系交换了意见。

周恩来指出，社会主义国家必须镇压帝国主义的颠覆活动，对此，社会主义国家之间要互相支持。他同时阐明了毛泽东提出的战略方针。

赫鲁晓夫表示原则同意。双方商定邀请匈牙利工农革命政府正副总理卡达尔·亚诺什和明尼赫·费伦茨来莫斯科交谈。周恩来随后致电中国驻匈牙利大使郝德清，要他和卡达尔、明尼赫同来莫斯科。

当天下午，在布尔加宁举行的宴会上，周恩来致答词：在中国共产党的历史上曾经多次犯过大大小小的错误，并且曾经经历了坚持真理、改正错误的长期过程。中国共产党经常在思想上教育自己的干部坚持马克思列宁主义的普遍真理和中国革命的具体实践相结合的方针，并且保持警惕，力求少犯错误，避免重犯错误。我们从切身的经验中认识到共产党内部的团结，是我们的共产主义事业取得胜利的最重要的保证。帝国主义正在寻找机会，对我们进行破坏。

红墙大事
——共和国重大历史事件的来龙去脉（上册）

1月9日晨，周恩来将同苏联政府代表团举行第一次会谈的情况和中国代表团其他活动情况电告中共中央和毛泽东，说许多兄弟国家驻莫斯科使节都对我们发表《人民日报》文章（指1956年12月29日《人民日报》编辑部发表的《再论无产阶级专政的历史经验》一文）公开表示祝贺，但赫鲁晓夫、布尔加宁、米高扬尚未提及该文。

同日，中苏政府代表团举行第二次会谈。周恩来提出，首先要加强社会主义阵营国家的力量和团结，逐步改善人民生活，加强武装力量，这是最基本的。其次是争取民族主义国家。对帝国主义，要随时警惕和防备战争，但不是主动出击。赫鲁晓夫基本同意周恩来的意见。

周恩来当晚将会谈情况电告中共中央和毛泽东，并说赫鲁晓夫同意我们从朝鲜撤兵的想法。至于从民主德国撤军，苏方认为须看条件和时机。

同日下午，周恩来参观莫斯科大学，接受该大学授予的名誉法学博士学位。他在莫斯科大学礼堂向教职员和学生发表讲话时说，在文化科学领域内，我们不应该故步自封。列宁曾多次告诉我们要善于汲取人类文化中一切好的东西，但是我们也要善于区别哪些是真正有益的，哪些是带有毒素的。为了推动文学和艺术的发展，我们中国提出了"百花齐放"和"百家争鸣"的方针。当然我们这样做是为了发展和丰富社会主义文化，而绝不是为了取消或者削弱社会主义文化。列宁从来也没有放松过对于腐朽的资产阶级文化的尖锐批判。

1月10日，中苏政府代表团举行第三次会谈。赫鲁晓夫介绍波兰国内的情况后，周恩来表示，苏共采取的用一切力量支持波兰党领导、支持哥穆尔卡（哥穆尔卡，时任波兰统一工人党中央第一书记）的方针是对的。同时阐明，要把党内的是非问题和党外的敌我问题分开，在党内，要团结多数，反对少数坏的倾向；党内问题的解决，主要靠兄弟党自己；经济上主要靠自力更生，如不转变，就很危险。周恩来在会谈中表示接受赫鲁晓夫的建议，准备去匈牙利做些工作，以缓和苏匈关系。

同一天，周恩来与刚到莫斯科的卡达尔、马罗山（马罗山，时任匈牙利副总理兼外交部长）进行第一次谈话。在听取卡达尔就匈牙利国内和党内的情况所作的介绍后提出，镇压反革命或其他的工作，都应当强调党的领导、思想动员和发动群众。

接着在这一天，中、苏、匈三国代表团举行会谈，三方同意发表会谈公报，并商定周恩来去匈牙利后的活动日程。

周恩来说，公报除了谈三国会谈的主要内容外，还应该：一、强调以苏联为首的社会主义阵营的团结；二、驳斥西方的颠覆言论；三、强调人民民主专政；四、强调克服困难和自力更生。

这一天周恩来还出席了苏方在克里姆林宫举行的送行宴会，在即席讲话中谈道：处理兄弟党的关系，绝不能有高人一等的思想，再大的党在各国党面前也是平等的，不要把自己的东西强加给别人。

1月11日，周恩来与卡达尔、马罗山进行第二次谈话。谈话中就匈牙利社会主义工人党目前如何对待国内各种政治势力的问题发表了意见。

同日，周恩来率领中国政府代表团到达华沙，在机场上发表讲话：在帝国主义对社会主义国家的破坏变本加厉的时候，加强以苏联为首的社会主义阵营的团结，加强我们社会主义国家同其他一切爱好和平的国家和人民的团结，有特别重大的意义。

中午，拜会波兰党和国家领导人哥穆尔卡、萨瓦茨基和西伦凯维兹（萨瓦茨基，时任波兰国务委员会主席；西伦凯维兹，时任波兰部长会议主席）等。

周恩来在出席波兰政府的招待会上发表讲话。他说，波兰人民对于缓和国际紧张局势、维护欧洲集体安全，做了巨大的努力；中国人民特别感谢波兰在中国维护自己主权的斗争中所给予的一贯支持。

周恩来和贺龙、王稼祥等同哥穆尔卡、萨瓦茨基、西伦凯维兹等举行会谈。在听取波方介绍国内局势后，强调苏联对共产主义事业的贡献，说这是主要的；至于苏联与一些国家关系上的不平等，则是第二位的问题。指出应团结一切可能团结的力量，别让敌人钻空子。还说苏联虽然有错误，中苏两党过去的关系上，也有些裂痕，新中国成立后也并非每件事都很融洽，但苏联开创的十月革命的道路还是对的。中国共产党冷静地估价苏联和斯大林对世界共产主义事业的贡献，并着重检查自己的错误，这样才能教育干部和人民。我们都是列宁时代的党，大家都还在摸索道路，多少会犯些错误，应当互相帮助，相互信任，消除猜疑，才能团结得好。

这天晚上，周恩来同哥穆尔卡在其住所谈话，他说，从历史上看，苏联是社

红墙大事
——共和国重大历史事件的来龙去脉（上册）

会主义运动的中心。但是学习别国的经验要与本国的情况结合起来。一个国家不可能一切都好。社会主义国家团结起来很重要，这样才能更有力地与敌人进行斗争。可通过相互往来，增进相互的信任和团结，求同存异。社会主义国家之间没有对抗性的冲突，有不同的意见可以不强求一致。目前敌人正在利用民主化和党过去的错误进行反革命活动，党内主要危险可能是右倾。建议团结多数，挽救有错误的同志。并介绍中国共产党关于批判从严、处理从宽的方针。哥穆尔卡表示基本同意周恩来的意见。

1月12日上午，中国政府代表团与哥穆尔卡等举行第二次会谈。周恩来阐明，我们对外是争取和平共处，但不能示弱。我们支持波兰统一工人党的领导；纠正错误，但不能一概否定以前的成绩。建议波兰党考虑在国内政治、经济生活的变革中加强思想工作的重要性，不能让各种思想都毫无限制地在社会上流传；并要重视党的团结问题，这是最具有关键性的问题。要估计到最坏的情况。还说在经济工作上，我们的经验是必须强调自力更生和长期奋斗。过渡的办法固然要采取，但要给人民以自力更生的信心。

哥穆尔卡表示将仔细研究周恩来提出的问题。

当天下午，出席华沙市各界人士3000多人在文化科学宫会议大厅举行的欢迎大会。周恩来发表演说，指出最近在波兰统一工人党的二届八中全会上，曾经揭发了过去在波兰政治和经济生活中发生的一些错误和偏向，但是这些错误和偏向无论如何也不能掩盖过去十二年内波兰工人阶级和波兰人民在波兰统一工人党领导下医治战争创伤和建设社会主义的巨大成绩。历史上不论哪一个掌握政权的阶级都犯过不少的错误，但是只有工人阶级的政党和工人阶级领导的国家，才能认真地为着人民的利益来揭发并纠正自己工作中的错误，这就是我们无产阶级专政比一切剥削阶级的专政优越得不可比拟的地方。

周恩来的演说还谈到社会主义国家相互之间不存在根本的利害冲突，关系上的任何错误能够经过友好协商得到纠正。

1月15日晚，根据毛泽东来电要周恩来表示支持波党领导的精神，周恩来与哥穆尔卡进行了第二次单独谈话。

在转达毛泽东的意见后，哥穆尔卡表示感谢毛泽东的关怀和周恩来提醒的许多问题，说其中很多都是正确的。然后谈了波兰党内的一些情况。

七 中苏围绕评价斯大林问题展开大论争

1月16日周恩来和西伦凯维茨签署了中波两国政府代表团联合声明。声明阐明双方在下列问题上取得完全一致：帝国主义集团没有放弃制造国际紧张局势的政策；全世界人民渴望和平；社会主义国家之间的相互关系应该建立在无产阶级国际主义和尊重主权、互不干涉内政、平等互利的原则上；支持以卡达尔为首的匈牙利工农革命政府，等等。

在这天举行的记者招待会上，周恩来在回答记者所提实现中波两国人民友好合作的最好道路是什么的问题时，说，我们都是社会主义国家，我们两国之间没有根本的利害矛盾，因此，两国领导人的互相来往，两国党的互相接触，两国人民的互相来往，可以加强我们的互相了解。更重要的是，在政治、经济和文化各方面都要加强合作。随后他在华沙机场上发表讲话：我们毫不怀疑，坚定地团结在波兰统一工人党周围的波兰工人阶级和波兰人民一定能够克服一切暂时困难，把波兰的社会主义事业大大地向前推进。

同一天，周恩来率领中国政府代表团访问匈牙利，在布达佩斯机场上发表讲话：经过最近的斗争，匈牙利的人民民主力量得到了一次重大的锻炼。在匈牙利最近经历的事件中，可以明显地看到帝国主义者企图从匈牙利打开一个缺口，破坏社会主义国家的团结，以达到他们各个击破的阴谋。

同日，周恩来到建筑工人大厦出席匈牙利社会主义工人党布达佩斯市临时执行委员会举行的欢迎大会并在会上讲话：匈牙利人民击退帝国主义和反革命分子进攻的胜利，不仅对于匈牙利人民，而且对于所有其他社会主义国家的人民和全世界的进步运动，都是一次极其深刻的政治经验。各社会主义国家的人民和全世界的进步人类都可以从这次事件中汲取有益的教训。过去匈牙利和苏联之间的关系存在一些问题，帝国主义分子利用了这种情况，企图破坏以苏联为首的社会主义各国的团结。社会主义各国过去在关系上的错误是应该改正的，但是社会主义国家之间兄弟式的互助合作关系，却处于更加重要的地位。各国相互关系方面的一切问题，只要按照正确的原则，是可以通过友好协商求得解决的。世界肯定会走向进步，而不是走向反动。帝国主义侵略势力即使可能一时猖獗，但阻止不了历史的必然进程。

周恩来和贺龙、王稼祥等同卡达尔、明尼赫和马罗山等举行了两次会谈。周恩来向卡达尔等通报说，已向波兰同志说明了波兰发生的事和匈牙利事件性质不同,这是首先需要分清的;没有苏军出兵,匈牙利必定落入西方的范围内。匈牙利现在处在需要强调专政的时期,艾森豪威尔说不想为匈牙利问题打仗,这不等于不从内部颠覆。

1月17日中华人民共和国政府代表团和匈牙利人民共和国政府代表团发表联合声明。声明表示,两国政府代表团对匈牙利局势取得完全一致的看法。帝国主义反动势力和匈牙利的反革命分子利用人民对过去领导者的严重错误的正当不满,进行了他们策划已久旨在推翻匈牙利人民民主制度和社会主义成就的反革命颠覆活动。两国政府代表团对于当前国际形势中的重要问题也取得了一致的意见。认为,以苏联为首的社会主义各国的亲密团结和友好合作是保障社会主义各国的建设事业、争取持久和平的可靠保证。

周恩来在布达佩斯机场上发表演说,指出:匈牙利人民维护民族独立和保卫社会主义的精神,给我们留下了深刻的印象。历史的道路从来不是笔直和平坦的。对于我们曾经受尽剥削制度的痛苦而坚决要创造自己的新生活的人来说,一时的挫折只能使我们更加坚强。

这天中午,周恩来等返回莫斯科。

这天中苏两国政府代表团举行了第四次会谈。

周恩来介绍了同波方会谈的情况。

赫鲁晓夫建议除发表中苏政府会谈声明外,再用党的名义发表一份公报,周恩来答复说要研究一下,因为要考虑代表团的身份和发表公报的内容。

1月18日晨,周恩来打电话报告毛泽东同哥穆尔卡、卡达尔谈话的情况。周恩来说,像主席所估计的,波领导上是正确的,领导与群众是有联系的。布达佩斯的情况,比我们估计的要好些,领导同志很坚决,很团结。拥护政府和反对政府的都是少数,中间态度的占多数。

这一天,周恩来等继续与苏方会谈。除就《人民日报》发表的《再论无产阶级专政的历史经验》一文中关于批判斯大林一段同苏方进行争论外,还批评苏联兵临华沙,实行威胁,是以武力干涉兄弟党、兄弟国家内部事务。指出波匈事件根本性质不同。与斯大林长期共事的苏共领导人,在助长斯大林的错误问题上也有一定责任。

会后,周恩来同正在南斯拉夫访问的彭真通电话,要彭真单独会见铁托一次,向他转达中共的建议：由中共和南共共同发起召开一次世界各国共产党代表会议，以讨论和协调各国党的活动的问题（此事后来因铁托主张召开双边或多边的会谈而作罢）。

下午，周恩来在克里姆林宫布尔加宁举行的宴会上约南斯拉夫驻苏大使韦利科·米丘诺维奇谈话。周恩来说，毛泽东认为应当组织一次所有社会主义国家的共产党和政府的代表会议。会议的目的是改善社会主义国家的合作和团结，消除妨碍合作和团结的原因和导致他们之间严重冲突的原因。会议可以在二月底或三月初举行，会上将研究创办各国共产党新的报纸问题。请把这一意见转告铁托。如果铁托认为这是有益的，如果南斯拉夫参加这次会议，周恩来建议在访问阿富汗和尼泊尔之后，即对南斯拉夫进行正式访问。大使答应当晚即电告铁托。

这天，中苏联合声明发表。声明指出，帝国主义侵略集团在镇压民族独立运动和侵略民族独立国家的同时，从未放弃在社会主义国家内进行颠覆活动的企图。双方重申，实现不同社会制度国家之间的和平共处，是两国政府的对外政策不可动摇的基础。社会主义国家之间的亲密团结和友好合作是保障社会主义事业和巩固世界和平的最可靠保证。中国和苏联的友好团结是社会主义国家团结的一个最重要的因素。

毛泽东批判对斯大林的个人崇拜，但又说，一个班必须崇拜班长，不崇拜不得了

1957年2月27日，毛泽东在最高国务会议第11次（扩大）会议上，发表了《关于正确处理人民内部矛盾的问题》讲话。后来，他又把当时记录加以整理，作了若干修改和补充，于同年6月9日在《人民日报》公开发表。

在这部创造性的光辉著作中，毛泽东回答了斯大林逝世后时代提出的许多新问题，总结了国际共产主义运动中的许多新经验，指出了斯大林对社会主义制度认识上的问题，提出了一系列新的理论、方针和政策，发展了马克思列宁主义。

早在最高国务会议召开之前，毛泽东就明确指出，斯大林在一个长时期里不承认社会主义制度下生产关系和生产力之间的矛盾、上层建筑和经济基础之间的

矛盾。直到他逝世前一年写的《苏联社会主义经济问题》这本书中，才吞吞吐吐地谈到了社会主义制度下生产关系和生产力之间的矛盾、上层建筑和经济基础之间的矛盾，说如果政策不对，调节得不好，是要出问题的。但是，直到这时候，他还是没有把社会主义制度下生产关系和生产力之间的矛盾、上层建筑和经济基础之间的矛盾，当作全面性的问题提出来，当作基本矛盾提出来，他还是没有认识到这些矛盾是推动社会主义社会向前发展的基本矛盾。

毛泽东当时认为，社会主义社会里的矛盾，一部分是敌我矛盾，大量表现的是人民内部矛盾。当前的少数人闹事就反映了这种状况。

他说："革命时期的大规模的疾风暴雨式的群众阶级斗争基本结束，但是阶级斗争还没有完全结束；广大群众一面欢迎新制度，一面又还感到不大习惯；政府工作人员经验也还不够丰富，对一些具体政策的问题应该继续考察和探索。""在这个时候，我们提出划分敌我矛盾和人民内部矛盾的界限，提出正确处理人民内部矛盾的问题"，"就是十分必要的了"。

毛泽东明确指出："百花齐放、百家争鸣的方针，是促进艺术发展和科学进步的方针，是促进我国的社会主义文化繁荣的方针。"

毛泽东的讲话，引起了社会各方面的好评、响应和争鸣。

4月27日，中共中央发出了《关于整风运动的指示》，总结斯大林错误和匈牙利事件的经验教训，决定在全党开展以正确处理人民内部矛盾为主题，以反对官僚主义、宗派主义、主观主义为内容的整风运动。

……

通过总结斯大林逝世后国际共产主义运动发生了巨大的变化及社会主义事业发展的经验和教训，特别是总结斯大林的经验教训，毛泽东写下了《论十大关系》《关于正确处理人民内部矛盾的问题》等著作，对社会主义建设，提出了许多新的思想。

对于防止主观主义和形而上学。毛泽东认为，斯大林的主观主义，"就是在一部分问题上他的主观跟客观实际不相符合"。斯大林不能听取别人的意见，很少注意修改他的主观认识跟客观实际不相符合的部分，并且往往采用行政命令、简单粗暴，甚至惩办、镇压的手段，贯彻他那跟客观实际不相符合或者不完全符合的意见、方针、政策，造成了严重的后果。毛泽东对斯大林的主观主义和粗暴作风，体会颇深。

于是，毛泽东从世界观、认识论的高度分析总结指出，所谓犯错误，就是那个主观犯错误，那个思想不对头。我们看到的批评斯大林的许多文章，就是没有提到这个问题，或者很少提到这个问题。

毛泽东还批评了斯大林搞形而上学，说斯大林有许多形而上学，并且教会了许多人搞形而上学。例如：斯大林在《苏联共产党（布）历史简明教程》一书中，讲述马克思主义辩证法有四个基本特征。第一条讲事物的普遍联系，好像无缘无故什么东西都是联系的。究竟什么东西联系呢？就是对立面的两个侧面的联系。各种事物都有对立的两个侧面。不谈对立的两个侧面，联系就没有条件。第四条讲的是事物的内在矛盾，又只讲对立面的斗争，不讲对立面的统一。按照对立统一这个辩证法的根本规律，对立面是斗争的，又是统一的，是互相排斥的，又是互相联系的，在一定条件下互相转化的。毛泽东指出，苏联编的《简明哲学辞典》第四版关于同一性的一条，就反映了斯大林的这种观点。书中说"像战争与和平、资产阶级与无产阶级、生与死等等现象不能是同一的，因为它们是根本对立和互相排斥的"。这就是说，这些根本对立的现象，没有马克思主义的同一性，它们只是互相排斥，不互相联结，不能在一定的条件下互相转化。毛泽东指出，这种说法，是根本错误的。

毛泽东具体地分析了战争与和平、生与死的同一性和相互转化问题。指出："战争也是政治，但是用的是特殊手段。战争与和平既互相排斥，又互相联结，并在一定的条件下互相转化。和平时期不酝酿战争，为什么突然来一个战争？战争中间不酝酿和平，为什么突然来一个和平？可见，它们还是有同一性和相互转化的。生与死也一样。生与死不能转化，请问生物从何而来？地球上原来只有无生物，生物是后来才有的，是由无生物即死物转化而来的。生物都有新陈代谢，有生长、繁殖和死亡。在生命活动的过程中，生与死也在不断地互相斗争、互相转化。"

关于资产阶级和无产阶级的同一性和转化问题，毛泽东指出："资产阶级与无产阶级不能转化，经过革命后，为什么无产阶级变为统治者，资产阶级变为被统治者？比如，我们和蒋介石国民党就是根本对立的。对立双方互相斗争互相排斥的结果，我们和国民党的地位都起了变化，他们由统治者变为被统治者，我们由被统治者变为统治者。"

毛泽东指出:"对立面的这种斗争和统一,斯大林就联系不起来。苏联一些人的思想就是形而上学,就是那么硬化,要么这样,要么那样,不承认对立统一。因此,在政治上就犯错误。我们坚持对立统一的观点,采取百花齐放、百家争鸣的方针。在放香花的同时,也必然会有毒草放出来。这并不可怕,在一定的条件下还有益。"(《毛泽东文集》第7卷,人民出版社,1999年,第195页)但是,苏联的领导人就是不赞成。

通过对斯大林错误的批判和对社会主义社会基本矛盾的认识,毛泽东指出:"有人以为社会主义就了不起,一点缺点也没有了。哪有这个事?应当承认,总是有优点和缺点这两点。""说只有一点,叫知其一不知其二。"后来,毛泽东进一步指出:"按照辩证法,就像人总有一天要死一样,社会主义制度作为一种历史现象,总有一天要灭亡,要被共产主义所否定。如果说,社会主义制度是不会灭亡的,社会主义的生产关系和上层建筑是不会灭亡的,那还算是什么马克思主义呢?那不是跟宗教教义一样,跟宣传上帝不灭亡的神学一样?"

正确处理社会主义社会的阶级斗争、民族矛盾,是发展社会主义必须解决的重要课题。事实证明,社会主义社会在一定的范围内还存在阶级斗争,并且在一定的条件下还会激化。斯大林过分强调社会主义的"和谐一致",又犯过肃反扩大化的错误。毛泽东虽强调正确处理人民内部矛盾的问题,但也犯过"文化大革命"那样的错误。

对于个人崇拜。毛泽东批判斯大林的个人崇拜,对此他于1958年谈了自己的看法。他说:"1956年斯大林受批判,我们一则以喜,一则以惧。喜的是反对斯大林的个人崇拜,为我们发展马列主义揭掉盖子,破除迷信,去掉压力,解放思想;惧的是赫鲁晓夫那样的阴谋家、野心家将来在我们党内出现,重演'一棍子打死斯大林'的闹剧。"

毛泽东还说:"个人崇拜有两种:一种是正确的。如对马克思、恩格斯、列宁、斯大林正确的东西,我们必须崇拜,永远崇拜,不崇拜不得了……一个班必须崇拜班长,不崇拜不得了;另一种是不正确的崇拜,不加分析盲目服从,这就不对了。反对个人崇拜的目的也有两种:一种是反对不正确的崇拜,一种是反对崇拜别人,要求崇拜自己……"

七 中苏围绕评价斯大林问题展开大论争

很显然,毛泽东的这种分析,和马克思关于反对"一切个人崇拜"的教导是不相符合的。他对斯大林的个人崇拜不是坚决地、完全地反对,而是有保留的,有同情的,甚至认为有些是"正确的"。这种保留、同情,为后来中国的个人崇拜创造了条件,以致发展到"文化大革命"那样的"十年浩劫"。

毛泽东总结斯大林的经验教训,提出要建立一定的制度保证群众路线和集体领导的贯彻实施,防止个人突出和个人崇拜的现象发生。

毛泽东指出:"脱离群众的个人突出和个人英雄主义这一类现象还是会长期存在的。一次克服了,下次还会再出现。有时由这一些人表现出来,有时又由另一些人表现出来。人们在注意到个人作用的时候,常常会看不见群众和集体的作用。所以,有些人就很容易犯狂妄自大、迷信自己或者盲目崇拜别人的错误。因此,反对脱离群众的个人突出和个人英雄主义,反对个人崇拜,是应该经常加以注意的问题。"

为此,毛泽东提出:"我们需要建立一定的制度来保证群众路线和集体领导的贯彻实施,而避免脱离群众的个人突出和个人英雄主义,减少我们工作中的脱离客观实际情况的主观主义和片面性。"(《苏共二十大后毛泽东对斯大林问题的思考》,载《党的文献》1991年第6期)

对于无产阶级执政党自身的建设。无产阶级政党在取得政权以后有没有腐化变质的可能?社会主义国家建立之后有没有被和平演变的危险?

斯大林也比较重视无产阶级执政党的建设。1924年列宁逝世后,他坚持列宁的事业,捍卫和发展马列主义,发表了《论列宁主义基础》一书。

斯大林写道:

"无产阶级所以需要党,不仅是为了争得专政,而且更是为了保持专政,为了巩固专政并扩大专政,以求取得社会主义的完全胜利。"

但斯大林在执政党的建设方面却忽视党内民主和人民民主,过分"粗暴",往往以处理敌我矛盾的方式处理党内矛盾和人民内部的矛盾,犯了肃反严重扩大化的错误,给苏联社会留下更深刻的政治矛盾和民族矛盾。

毛泽东对执政党的建设问题历来十分重视。他提出的开展社会主义教育运动,注意意识形态领域里的斗争,加强政治思想工作,培养无产阶级革命事业接班人,坚持干部参加劳动、密切联系群众等措施,对于防止和平演变都起了

红墙大事
——共和国重大历史事件的来龙去脉（上册）

重要的作用。

1963年，在谈到国际共产主义运动的历史经验时，毛泽东说：

"国际共产主义运动的一个最重要经验是：革命能不能得到发展和胜利，取决于有没有一个无产阶级的革命党。必须要有一个革命党。必须有一个按照马克思列宁主义的革命理论和革命风格建立起来的革命党。必须有一个善于把马克思列宁主义的普遍真理同本国革命具体实践相结合的革命党。必须有一个善于把领导同广大人民群众密切联系起来的革命党。必须有一个能够坚持真理、改正错误、善于进行批评和自我批评的革命党。只有这样的革命党，才能领导无产阶级和广大人民群众战胜帝国主义及其走狗，才能取得民族民主革命的彻底胜利，才能取得社会主义革命的胜利。"

实践证明，毛泽东的这一论断是完全正确的。

对于实行以经济建设为中心。反法西斯战争胜利后，斯大林及时地引导苏联人民展开了以经济建设为中心的社会主义建设，取得了伟大的胜利，巩固了社会主义制度。但他管得过死，卡得太严，没有及时吸取资本主义的技术、管理经验，而又长期坚持优先发展重工业，忽视农业轻工业，影响了人民生活的改善。毛泽东总结了斯大林和苏联的经验教训，明确地提出了以经济建设为中心的理论、方针、政策。他在《论十大关系》的导语中指出：

"特别值得注意的是，最近苏联方面暴露了他们在建设社会主义过程中的一些缺点和错误，他们走过的弯路，你还想走？过去我们就是鉴于他们的经验教训，少走了一些弯路，现在当然更要引以为戒。"

毛泽东明确指出，在社会主义改造完成之后，我国国内的主要矛盾，已经不再是无产阶级和资产阶级之间的矛盾，而是广大人民日益增长的经济文化需要同当前的经济文化不能满足人民需要的矛盾。因而，全国人民的主要任务是集中力量发展社会生产力，努力发展经济，实现国家工业化，以满足人民的经济文化需要。

中共八大根据毛泽东《论十大关系》的精神，制定了一系列发展经济的方针、政策。可惜的是，党的八大路线没有在实践中坚持下去。毛泽东很快错误地改变了中共八大对国内主要矛盾的正确判断，提出了"以阶级斗争为纲"，在指导思想上犯了"左"的急性病，致使先后出现了像"大跃进"和"文化大革命"这样

七　中苏围绕评价斯大林问题展开大论争

大的错误。

对于培养和造就千百万无产阶级革命事业的接班人。斯大林没有重视这个问题，没有注意选拔和培养接班人，在他逝世之前，也没有选拔接班人，以致形成"三驾马车"，或用毛泽东的话来说"三马驾车"的局面，最后致使赫鲁晓夫篡夺了苏联党和国家的领导权，造成了历史的悲剧。

毛泽东一贯重视干部的培养和选拔，并把这看成反对和平演变的根本大计，看作"关系我们党和国家命运的生死存亡的极其重大的问题"，看作"无产阶级革命事业的百年大计，千年大计，万年大计"。

毛泽东总结了正反两方面的经验教训，强调指出：

"为了保证我们的党和国家不改变颜色，我们不仅需要正确的路线和政策，而且需要培养和造就千百万无产阶级革命事业的接班人。"

"帝国主义的预言家们"把'和平演变'的希望，寄托在中国党的第三代或者第四代身上，我们一定要使帝国主义的这种预言彻底破产。"

毛泽东重视群众路线、革命实践，特别强调："无产阶级革命事业的接班人，是在群众斗争中产生的，是在革命大风大浪的锻炼中成长的。应当在长期的群众斗争中，考察和识别干部，挑选和培养接班人。"

当然在选拔接班人的问题上，毛泽东也有严重的失误和沉痛的教训。例如，他先选拔刘少奇做接班人，后又发动"文化大革命"，"炮打司令部"，使阴谋家林彪趁机取宠，当上了"副统帅"和写入党章的"接班人"。后来，林彪反革命集团阴谋败露，他又选拔野心家王洪文做"接班人"，给党和人民造成了不可弥补的损失。

毛泽东不会忘记，中国人民的革命和建设，都得到过斯大林领导的苏联人民的热情帮助和支持。斗争中，他和斯大林建立了深厚的友谊，进行过密切的合作；尽管其中也有过分歧和矛盾，但那是同志间前进中的矛盾，并且最后签订了《中苏友好同盟互助条约》。因此，当赫鲁晓夫全盘否定斯大林、背叛列宁斯大林的事业的时候，当看到西方的"和平演变"使苏联面临危机的时候，毛泽东毅然决然地高举起马克思列宁主义的大旗，反对修正主义，反对"和平演变"。

纵观这一时期毛泽东与赫鲁晓夫、中国共产党与苏联共产党交往的历史，不难发现毛泽东和中国共产党不仅从理论上阐述马克思列宁主义的正确性，科学地评价斯大林的功过是非问题，力图减少赫鲁晓夫在国际上造成的被动局面，而且在行动上也大力支持和协助了赫鲁晓夫和苏联共产党。

八 1958年军内反"教条主义"若干情况的最新披露

- 毛泽东认为,苏联共产党就是最好的先生,必须向他们学习
- 一封措辞激烈的信转到军委,彭德怀没有表态,只是让各部首长传阅
- 彭德怀写信给毛泽东:感到该院在教学工作中教条主义倾向相当严重……
- 林彪认定以萧克、李达等为代表的一方是"反对反教条主义"的
- 彭德怀首先把自己当作整风的对象,"引火烧身"
- 毛泽东讲话以后,批判的温度升高了。萧克、李达被批判为"只要正规化、现代化,不要革命化"

红墙大事
——共和国重大历史事件的来龙去脉（上册）

1958年，军队和全国各条战线一样，开展了检查和纠正教条主义倾向的工作。由于林彪的"建议"，结果把克服思想和工作上缺点的"反教条主义"弄成了一场严重的"路线斗争"，言过其实地批判和错误处理了一批领导干部，使我军正规化现代化建设遭受了一次重大挫折，教训是很深刻的。1980年秋，邓小平代表党中央明确指出，1958年"那次反教条主义是错误的"。这一重要结论，不仅解放了一批干部，更重要的是对我军这段曲折历史作出了正确评价。

毛泽东认为，苏联共产党就是最好的先生，必须向他们学习

战争年代我军建设处于比较低级的阶段，装备简单、低劣，编制制度不正规，缺乏严格的军事纪律，作战指挥也不集中、不统一且带有游击性，这在过去是不可避免的，是那个历史条件下的产物，因而有其客观必然性。

新中国成立以后，客观情况发生了根本变化，所以我军的建设也由低级、中级向高级阶段发展。

新中国成立后，西方各国采取了敌视态度。美国不仅不承认新中国，而且继续占领着台湾，对我国实行军事包围、经济封锁、政治孤立等政策，企图把新中国扼杀在摇篮之中。此间，国民党还有100多万军队盘踞在华南、西南几省及台湾等沿海岛屿，负隅顽抗。国民党溃退时，残留在大陆上的200多万政治土匪、60多万特务和反动党团骨干等各类反革命分子，仍在进行破坏和捣乱，寄希望于帝国主义的干涉和"第三次世界大战"的爆发，妄图卷土重来，颠覆新生的政权。1950年，美国纠集英、法等16个国家，打着"联合国军"旗号，发动了侵朝战争，并把战火烧到中国边境，严重威胁着我国的安全。

在这种形势下，无论是为了保卫祖国，使新中国免受帝国主义的再度侵略，还是为了"使我们的国家正在为着实现工业化和社会主义而进行大规模的建设"得以顺利进行，都需要坚定不移地迅速加强国防建设，重新确立军队新时期建设的方针，实现军队和国防建设的历史性转变，进行正规化现代化建设。为此，依靠过去落后的和国内敌人作战的装备、战术，显然是不够的。我军必须掌握最新的装备和随之而来的最新战术，迅速把战斗力提高到足以在现代战争中取胜的水平。这不仅在新中国成立初期是迫切需要的，而且在我军长远建设上也是不容忽视的。

八 1958年军内反"教条主义"若干情况的最新披露

正因如此,在第一届中国人民政治协商会议上,毛泽东就庄重地提出:"我们将不但有一个强大的陆军,而且还要有一个强大的空军和一个强大的海军。"朱德也同时宣告:"我们一定坚决地这样做,一定要建立一支统一的、现代化的、政治上坚定地为人民服务的强大的人民军队,只有这样,才能充分有效地保卫我们伟大的祖国和人民。"在这次会议上通过的、起临时宪法作用的《共同纲领》中规定:"中华人民共和国应加强现代化的陆军,并建设空军和海军,以巩固国防。"

1951年,中央军委提出"建设正规化、现代化的国防军"的口号,第二年毛泽东和中央军委又提出"建设我军为世界上第二支最优良的现代化的军队",这些提法虽然有些不同,但基本意思都一样,即要求人民解放军这支革命军队正规化、现代化。同时表达了中国人民解放军实现正规化、现代化的决心和信心。

但新中国成立初期,如何建立巩固的国防,建设一支正规化、现代化的人民军队这一重大课题,同中国的社会主义建设一样,不仅立刻被突出地提到议事日程上来,而且一开始就面临着各种严重困难和经验的缺乏考验。

国民党撤离大陆时,留下来的是一个政治混乱、经济崩溃、物价飞涨、民不聊生的烂摊子。长时间的战争破坏,使原国民党统治区的经济千疮百孔,1949年与1936年相比,重工业下降了70%。因此,按照当时国家的财力和科学技术状况,依靠自己的力量来完成军队建设的使命,将是困难重重。这就是黄克诚所说的:"又要建设一支优良的现代化军队,又要使国家机构费用(包括军队)不超过总支出的,这是一个尖锐的矛盾,一个很大的难题。"

形势发展的要求和面临的矛盾、难题,决定着军队建设的发展除了依靠新中国的自身力量外,还需要借鉴外国一些较为先进的经验、技术和装备,以壮大自己的国防力量。

如同我国大规模经济建设一开始就学习苏联一样,我军建设一开始也只能向苏联学习。1949年6月,毛泽东提出建设新中国的构想时就认为,苏联共产党不但会革命,而且会建设,"苏联共产党就是我们最好的先生,我们必须向他们学习"。

新中国成立初期,在国际环境中,只有社会主义的苏联,既表示同中国友好,又愿意帮助中国。从历史来看,"向苏联学习,这是我们建军史上的优良传统"。

红墙大事
——共和国重大历史事件的来龙去脉（上册）

十月革命的成功，使中国开始以苏联为榜样；在共产国际的支持和帮助下，中国革命发生了历史性转折。就是在斯大林时代，总的来看，苏联对中国革命的支持与援助也是有目共睹的。因此，党中央认为，一旦中国遭到新的攻击，只能从社会主义一边得到援助，新中国对苏联只能实行"一边倒"政策。

同苏联站在一起，这是当时中国革命和世界革命形势发展的必然产物。当时，作为"一边倒"政策的体现，是1949年12月至1950年1月毛泽东访问苏联期间，签订了《中苏友好同盟互助条约》及关于中长路、旅顺口海军基地、大连港交还中国等协定，《中苏友好同盟互助条约》签订后，全党全军掀起学习苏联的高潮。苏联决定派各类专家帮助中国设计156个建设项目，低息贷款3亿美元。这种支持和援助，不仅进一步密切了中苏关系，而且使我军在20世纪50年代学习和借鉴苏军经验成为可能。

当时，毛泽东要求全军："永远不要骄傲自满，一定要将苏联的一切先进经验都学到手，改变我军的落后状态，建设我军为世界上第二支最优良的现代化的军队，以利于在将来有把握地战胜帝国主义军队的侵略。"从此，学不学苏军经验，请不请和尊不尊重苏军顾问，被看作是一个政治态度问题，全军普遍展开了学习苏军经验的活动。

1953年2月7日，毛泽东在政协第一届全国委员会第四次会议上提出："我们要进行伟大的国家建设，我们面前的工作是艰苦的，我们的经验是不够的，因此，要认真学习苏联的先进经验。""我们要在全国范围内掀起学习苏联的高潮，来建设我们的国家。"

1953年4月，中央军委机关刊物《八一》杂志发表社论，讨论关于向苏联"学什么"的问题，提出，不仅要学习苏军的军事理论和军事科学，而且要学习苏军的军事技术和战术，学习苏军的组织性、纪律性、计划性和准确性，着重做到：从执行统一的训练计划、采用正规的训练方法、健全正规的训练制度方面入手，实行正规训练；在训练中把条令的精神贯彻到军队的一切行动中；实行统一的与苏军趋于一致的编制。

社论认为，学习苏军的主要障碍是经验主义和游击主义，提出要"严格认真地学习"。

这期间，彭德怀在全军参谋长、政治部主任联席会议上所作的《学习苏联先

八 1958年军内反"教条主义"若干情况的最新披露

进经验,建设现代化的国防军》报告中,总结了学习苏军的情况,肯定了"我们学习苏联先进的军事经验,又必须与中国的实际相结合,与学习我们中国共产党建军的历史相结合,尤其是与学习毛泽东同志军事著作相结合",同时批驳了"过去我们没有苏联专家,也打了胜仗,我们自己的经验已经够用了"和"苏联的军事科学不适合中国的情况"两种认识。

从此,全军掀起了轰轰烈烈的向苏联学习的热潮。当时强调向苏联军队学习,无疑是必要的,也是正确的,它为中国人民解放军的建设提供了可资借鉴的成功经验,避免了多走弯路。通过学习苏军,人民解放军在掌握新的军事技术、学习诸兵种协同作战、养成正规生活秩序等方面,取得了明显的成绩,推动了人民解放军的建设。

但由于对建设现代化军队的规律认识不足,对苏军的经验缺乏充分的了解和具体分析,在学习过程中,出现了一些没有很好照顾人民解放军的历史特点和实际,机械搬用苏军某些具体做法的情况。例如,曾出现"要实行单一首长制""政治机关要大大压缩""政治主管领导不要干预过多"的错误主张。有的单位出现了军事训练和军事演习计划不让党委过问,下达命令不要政治委员署名,军事演习没有政治工作人员的位置等情况。

20世纪50年代前期我军正规化训练的基本内容和基本要求,是从苏军学来的,在当时的条件下,这同样带有一定的必然性。在学习过程中,既学了许多有益经验,也机械地照搬了某些不适合我国国情的东西,同我军优良传统结合不够。

也就是说,在学习和借鉴苏军经验的实践中,自始至终经历了一个"学什么"和"怎样学"的争论过程。也可以说,学习苏军经验应坚持的原则和适用于我军特点的内容,是在争论中形成和确立的。在实践中机械搬用苏军经验、做法,忽视我军光荣传统的现象,还时有发生。在学习和借鉴苏军经验的实践中,也存在一些历史教训。这些错误,在1953年底召开的军事系统党的高级干部会议上进行了批评和纠正,会议批评了以单一首长制来抵消和削弱政治工作的偏向,提出要纠正军训中指标过高、过急及某些形式主义的缺点。

一封措辞激烈的信转到军委,彭德怀没有表态,只是让各部首长传阅

1956年2月,苏共召开第二十次代表大会,赫鲁晓夫在会议期间作了全盘

否定斯大林的《秘密报告》，暴露出苏联社会主义建设中的一些问题。当时，中共中央和毛泽东认为全盘否定斯大林是不对的，同时也认为苏共第二十次代表大会在破除对斯大林的个人崇拜、揭露其错误的严重性方面具有积极意义。因此，中共中央坚持全面评价斯大林的正确立场，同时又以斯大林的错误为鉴戒，探索中国建设社会主义的正确道路。

4月5日，《人民日报》发表题为《关于无产阶级专政的历史经验》；25日，毛泽东发表题为《论十大关系》的重要著作，提出要有分析有批判地学习外国经验，不能盲目地学，不能一切照搬照抄、机械搬运，要有选择地学，并明确指出"学术界也好，经济界也好，都还有教条主义"。毛泽东、党中央提出要"以苏为鉴"，探索一条自己的建设道路。

6月，中共中央发出《关于学习〈改造我们的学习〉等五个文件的通知》，要求全党认真学习《改造我们的学习》《整顿党的作风》《反对党八股》《关于若干历史问题的决议》《关于无产阶级专政的历史经验》等五篇文章，指示全党"要克服实际工作中的主观主义即教条主义和经验主义，特别是学习马克思列宁主义和外国经验中的教条主义倾向"，强调对苏联经验要采取学习和批判的态度，既要学习苏联的先进经验，又要反对教条主义和机械照搬。同全国各方面的工作一样，军队也开始对学习苏联经验中的教条主义偏向进行检查纠正。

遵照中共中央指示，人民解放军从1956年开始，针对学习苏军出现的某些偏差，在高层领导机关、军事院校和部队工作中采取了许多政治上和工作上的措施进行纠正。

在学习五个文件、检查教条主义偏向的过程中，许多干部的思想认识起了变化，学术研究空气活跃起来。特别是在军事训练系统中，在如何学习苏军经验问题上发生了激烈争论。军内在对新中国成立以来的军事训练的估计问题上发生了分歧。训练总监部在回顾学习苏军经验情况、总结全军训练工作时，绝大多数同志认为，在向苏军学习过程中，确实存在某些不切实际、机械搬用和形式主义的毛病。但同时认为，我们是在一无所有的情况下学习苏联的，因为抗美援朝急于用，不抄不搬一部分也不大可能，那时我军的武器装备大部分从苏联引进，技术教材和战术教材自己一时写不出来，只能用他们的，这就必然带来一些副作用。但总起来看，新中国成立六年来，军训工作成绩是主要的，缺点错误只是支流。

但也有少数人认为,教条主义在军队训练和教育系统已成为一种主要倾向,从训练方针、训练内容到训练方法都有严重的教条主义,已是方针、路线问题。

南京军事学院也存在不同的意见。一部分学员对当时实行的"六个小时一贯制"的课业制度和近似"三堂会审"的考试形式反应强烈,认为不符合中国人的生活习惯,太紧张、太严格,受不了。有的学员还给上级写信,反映学院"教材方面,教学方法方面,对待我们的经验的态度方面以及其他方面",都有教条主义倾向。

这种争论在南京军事学院表现得更加公开化。军事学院制定的一套规章制度,基本上是引进苏军的制度。如学习实行"六小时一贯制",每天上午连续学习六个小时,晚上加班学习。有些学员感到不符合中国人的生活习惯,吃不消。考试实行口试,由一名主考和两名陪考向学员发问,根据学员的回答情况打分。有些学员感到太严格,称之为"三堂会审",要求取消。这虽然不是多数人的意见,但代表的却是一些高干学员,是很有分量的。

随着学习的深入,一些学员和干部感到苏军的经验与我国的实际有不相适应之处,而且差距也越来越大。

1956年8月25日,南京军事学院战役系学员李夫克给刘伯承院长和院党委写了一封长信,反映教学中存在的问题。信中除了对"六小时一贯制"和考试制度提出意见外,也谈到教材中重复太多、空话太多、内容陈旧等问题。他最后强调:"在学习中我们深深地感到,在现代战争中我们自己的经验仍然是可贵的,特别是解放战争和朝鲜战争的经验。系统科学地总结和利用这些经验来教育干部是十分重要的。""苏联卫国战争的经验,从战争的规模和兵种的数质量来说比我们的经验要全面一些。但它是在西方战场,作战对象是德国这个具体的条件下取得的。我们的经验不仅是在我们的自然地理、社会环境及美蒋这个作战对象的具体条件下取得的,而且又都是在敌我军力对比比较苛刻的条件下取得的,这就是我们的经验之所以可贵的地方。"

远在上海养病的刘伯承看到李夫克的来信后,非常重视,他在9月4日写给院党委的信中指出:"夫克同志从学习角度、亲身的体验,客观地做出检讨、提意见,很好。特建议:院党委将该信印发各级党委和支部,使他们领导党内干部和党外相关干部讨论,着重提出今后如何改进训练工作的具体意见。"

红墙大事
——共和国重大历史事件的来龙去脉（上册）

也有一些人认为，苏军的经验是先进的，应该认真学习。即使是"批判地吸收"，也要先学会了再说。没有学，怎么知道哪些应该批判？

同年10月20日，当时任军委训练总监部军事科学和条令部处长、后来任军事学院战史系教授会主任的蔡铁根给中共中央总书记邓小平写信，反映向苏军学习的问题。他在信中写道：我们向苏军学习已经五六年了，"在程度上说，我们还只'升堂'，尚未'入室'。在数量上说，我们还有很多东西没有学"。"我们有不少这样的人，只重视自己的经验，不重视别人的经验；非要自己流血牺牲换来的经验才叫作经验，总是轻视别人的经验。这种思想不是出于盲目的骄傲，便是出于狭隘的经验主义。这种思想不克服，我们将非走弯路不可"。"为了确实了解苏联军事科学的全部内容，在步骤上，第一步应该是全部学会、学通。只有真正地全部融会贯通之后，才谈得到批判。几年来，我们深深体会到苏联军事科学的系统性，它虽然不是天衣无缝，确实漏洞很少。小自对一个日常生活小节的规定，大至军事原则的规定，都是互相结合、互相为用、互相保障着的一整套。但我们在学习和运用苏军这一整套的时候，却往往是割裂开来，随意取舍。采用了这一套，丢掉了那一套；吸收了这一规定，抛弃了那一规定，结果弄得四分五裂，驴唇不对马嘴，八方不对头。还美其名曰'批判地接受'，最后只好都执行不通。不说自己学习上有问题，还说苏军的东西不适合我军的情况。"

蔡铁根的这封信，言词相当偏激，反映了在学习苏军问题上的另一派意见。信转到军委后，彭德怀没有表态，只批示，蔡铁根同志给邓小平同志的信，应发给军委主席、委员及总参谋长、副总参谋长、各部首长、国防部各副部长阅。

彭德怀写信给毛泽东：感到该院在教学工作中教条主义倾向相当严重……

当时训总一个工作组在南京军事学院调查。工作组有的人把训练工作中的某些缺点错误，都同教条主义联系起来，得出了军事学院教条主义严重的结论。有的人甚至说"军事学院是教条主义的大本营"。这段时间还传出"训练总监部是教条主义司令部"的说法。

1956年9月，训练总监部院校处处长彭施鲁带一个工作组到南京，了解军事学院学习五个文件后的情况。在座谈时一些学员和干部谈了学院中存在教条主义的情况,"不少人对学院领导提了许多尖锐的意见,主要反映学院里民主空气不够,压服较多"。

工作组回京报告后,11月,主管全军院校工作的副总参谋长张宗逊率领一个工作组到南京,在军事学院和高级步兵学校召开一系列座谈会后,写出一份调查报告,后发表在1957年2月9日《解放军报》上。工作组的调查报告在肯定了几年来院校学习苏军经验成绩的同时,指出学习中的片面性,"把许多不适用于中国军队的东西也学来了"。

种种分歧、种种说法,引起了主持军委工作的彭德怀的重视。

1957年2月21日,彭德怀给毛泽东写信,"拟于2月25日或26日与陈赓(副总参谋长)、谭政(总政治部主任)、陈士榘等十余人到南京军区,检查国防工事和勘察地形,以及了解军事院校工作、军队训练、军内关系、军民关系等问题"。

毛泽东批示"同意",并附注:"请注意军中思想动态、政治教育。"

军委工作组在南京军事学院调查情况时,召开了学院高级速成系和战役系部分学员的座谈会,听取了政治部两个领导干部的汇报,同时,也召集学院训练部门和其他机关干部座谈,听取他们对教学中一些问题的看法。

最后,听取了学院领导干部集体汇报。刘伯承院长由于在上海休养,没有到会。

会上,彭德怀谈了自己的意见。他说:"根据汇报的情况来看,在学院教学中,不是有无教条主义的问题,而是教条主义相当严重。最主要的表现是教学内容和我国我军实际情况不相适应。""当然就军事学院的历史条件和客观情况来看,就现在的事实来看,产生这种相当严重的教条主义现象,也不是意外的,不能把责任归咎于哪一个人。要论责任,我也是有责任的。"

彭德怀亲率工作组到南京军事学院调查回北京后,将这篇讲话记录加以斟酌修改,于4月24日送毛泽东。彭德怀并附信说:"感到该院在教学工作中教条主义倾向相当严重。因为这个学院是训练我军高级干部的学校,对于全军的学校和部队影响很大,所以我特别向该院党委讲了一次话,着重提出该院应当开展反教条主义的工作。"

毛泽东在25日批复:"退彭。此件已阅,同意。"

彭德怀向中央和军委所写的这份书面报告,肯定了军事学院工作的成绩,又特别指出:"在过去几年的教学中,存在一个很大的缺点,就是在教学中的教条主义相当严重。最主要的表现是教学内容和我国我军当前的实际情况不相适应。"分歧没有弥合，反倒因为这份报告加重了。

5月，彭德怀又在《讲话》的基础上整理补充了一个《视察南京军区工作向党中央和军委的报告》，上报党中央。

这个报告经毛泽东批准后，公开发表在军内刊物《八一杂志》上。《报告》指出教条主义的具体表现是："在教材和作业制定中，对于我军党委集体领导和首长分工负责相结合的制度，对于我军的政治工作制度照顾较少，多半是采用了'一长制'的精神。编写教材和作业制定的根据，没有注意我军现有的装备技术条件以及我军最近和将来可能达到的装备技术水平，而是把苏军已经高度机械化了的装备技术条件作为依据。在战术演习中，除了注意到一般地形条件下的攻防战术之外，很少针对我国大部分沿海地区山地多、河流多、水田多的特点，忽视了我军长期在复杂地形条件下所采用的渗透、穿插、迂回、包围等战术活动，把大部分演习都设想在一般起伏地带，都设想为大规模的正面攻防战。""这样教学的结果，固然一方面可以使干部取得一些现代条件下的战争规律知识，但是，另一方面就包含着一个危险，这便是一旦发生了战争，我们的军队就可能不会以劣势的装备去战胜优势装备的敌人，也可能不会在山地、水网、河川地带进行作战，将使我军在战争初期遭受不必要的损失。"

报告在分析军事学院产生错误的主、客观原因时指出："在军事学院产生这些缺点，是有客观原因的。在学院开办的最初几年，没有适合我军情况的现成教材，因此许多教材不得不请苏联专家替我们编写；学院人力不足，忙于应付施教，不能兼顾研究我军自己的经验；我军的各种条令迟至今日没有编写出来，使教学无所依据。这都是可以理解的……从学院方面来说，在成立了六年多之后，对于结合我国我军的实际情况进行教学，仍然没有引起应有的重视。特别是经过1956年9月全院学过五个整风文件，学院中的许多同志已经感到有反对教条主义必要之后，而院党委仍然徘徊、犹豫、拖延，未能下定决心，就使党委领导在教学工作上落后于客观实际了。"

林彪认定以萧克、李达等为代表的一方是"反对反教条主义"的

3月，在军事学院党委举行的扩大会议上，经过讨论，作出了《关于开展反

对教条主义的决定》。

军委同意了这个《决定》，彭德怀阅后批示："你们关于开展反对教条主义的决定很好，同意你们这个决定，望按照决定的精神贯彻执行。"在执行中"应坚决执行和风细雨的精神，以便达到真正提高认识和改进教学工作的目的"。"要反复向群众讲清楚，不要追究责任，追究责任就会更不好。同时教条主义现象，不但是在学院教学工作中存在，而且在全军许多工作中存在。如果要论责任，军委的责任更大。"

这个决定肯定学院工作成绩是主要的，对缺点错误只是指出有"教条主义倾向"，而没有同意彭德怀"教条主义相当严重"的提法。

尽管如此，但认识并没有统一。萧克感到当前的分歧并不是要不要学苏联和有没有教条主义的问题，而是对新中国成立以来中央和军委制定的建军方针以及依据建军方针制定的训练方针怎样看的问题。军队的训练方针都是经军委审定批准的，这些方针又是根据中央和军委关于向现代化、正规化战略转变的建军方针拟定的。不能一反教条主义，就连训练方针甚至建军方针都否定了。

1958年2月，彭德怀送来一篇庆祝苏军建军30周年的讲话稿初稿，征求萧克的意见。其中说道："把正规化、现代化同我们在长期革命斗争中建立起来的党的领导和政治工作对立起来看，当作全面的建军方针，这显然是不够全面的、错误的，因为正规化、现代化这两个口号没有联系政治内容，所以在军队中曾经引起了一些认识上的偏差。"

萧克对彭总批评正规化和现代化的口号不大赞同，联系到彭总对军事学院教学工作的评价，感到有必要同他交换一下意见，就写了一封信。他在信中写道："我们过去提出这个口号对不对？我认为是对的。因为正规化是对游击性说的。当时革命还没有在全国范围胜利的时候，我们处于农村，生产力低和交通不便的条件下，各个地区产生起来的军队，除了党的统一领导和统一的战略战术思想外，其他如编制、装备、供应、作风、制度等等，都不统一，这是完全可以理解的，也是正确的……全国范围胜利后，我军有全国经济基础（其中有百分之几十的现代工业，而且比重随着国民经济的恢复和建设而逐渐增大）的支援，又有苏联国家对我的援助，前述情况就基本结束，因而提出正规化的口号，这是合乎历史发展情况的。与正规化口号同时提出的现代化口号，理由也是如此。"

红墙大事
——共和国重大历史事件的来龙去脉（上册）

萧克还引证了政协《共同纲领》及毛泽东、朱德、周恩来及彭德怀本人过去对这两个口号的论述，认为"正规化现代化的口号，是党中央、军委及许多负责同志提出的，他们提出这句口号，不仅是从要具有和掌握现代军事和学术来提的，而且同时是包括和联系政治内容说的……在执行这一口号中，有若干同志产生错误认识和产生一些偏差，这是必须批判和坚决纠正的，因此建议将批评的火力集中在这些倾向方面，而不要批评口号的本身"。谁知，这些分歧竟引发一场暴风雨般的政治斗争。

萧克给彭总写信后不久，1958年3月至5月训练总监部召开了机关四级干部会议。

这次会议是为了总结该部成立以来的工作，贯彻中央关于反右倾、反贪污浪费，同时反教条主义的指示。会议由萧克主持。

反贪污浪费，大家认识都一致。

讨论到反右倾和反教条主义时，又发生争论。大家对前段传说"训总是教条主义的司令部""军事学院是教条主义的大本营"等不满，认为应当肯定全军的训练工作。

会上对部队训练的指导方针问题，对怎样看待训练中的教条主义和如何开展反对教条主义问题产生了激烈的争论。

原训练总监部副部长、当时已调任副总参谋长的张宗逊被要求回训练总监部参加会议。

就在会议快要结束时，事情起了变化。总政治部派来工作组，工作组负责人一来就说，训练总监部是搞教条主义的，还宣布："训总的四级干部会，是向党进攻的会，因为反对彭总，就是反党反中央。"会议风向急转，基调变成了反教条主义。

这时，一场政治斗争的风暴突然降临。

萧克接到参加军委扩大会议的通知，训总机关四级干部会暂时休会。

会后，林彪听信了个别人向他提供的训总四级干部会议的情况，认定以萧克、李达等为代表的争论一方是"反对反教条主义"的，而另一方是坚持反对教条主义的。因此，他报告了毛泽东，建议在即将召开的军委扩大会议上要以反教条主义为主题。

林彪的建议得到了毛泽东的同意。关于这一点，林彪在1959年军委扩大会议上批判彭德怀时曾说：1958年军委扩大会议之前，有个同志到我那里去，无意中谈到萧克，"萧克有教条主义倾向……当时军委扩大会议马上就要开，但并没有确定以反教条主义为主题。我得到这个材料以后，认为这个问题很重要，应该以这个为主题，军委扩大会议应该有这个思想内容。把情况报告毛主席，毛主席认为……应该开展这个斗争……这才有去年以反教条主义为中心的军委扩大会议"。这说明，1958年军委扩大会议上开展的反"教条主义"斗争是和林彪的建议有直接关系的。

彭德怀首先把自己当作整风的对象，"引火烧身"

1958年5月至7月召开军委扩大会议，是在1958年3月中共中央于成都召开的有部分中央和地方领导人参加的会议上，毛泽东提议的。当时毛泽东倡导"破除迷信，解放思想"，各地区、各部门争相提出跃进计划。中央用地方来鞭策军队，说是军队落后了，应当赶快跟上来，正式"建议军委召集一次扩大会议，用整风方式，讨论军事建设中的重要问题，统一认识，提高觉悟，并在这个基础上使各项工作得以贯彻"。当时，"大跃进"势头已起，毛泽东想借此促一促军队工作，以整风的方式解决军事建设中的重要问题，统一认识。会议开始并没有把反对教条主义当作主题。

但由于林彪从中发难，使反教条主义成了会议的主题，会议不仅变了主题，而且把反教条主义上升为"路线斗争"，认为反教条主义斗争是"在建军新阶段中两条军事路线的斗争"，并给一些人扣上了"军事教条主义""反对毛泽东同志的建军思想和战略方针"的帽子。

后来，有人认为，八年来"军队的建设实际上存在着两条路线的斗争"，"一条是中央军委的正确路线"，"另一条，是和中央军委的路线相违背的，教条主义的，军阀主义的，违背人民战争、人民军队建设原则的建军路线"。并且说这个斗争是资产阶级和无产阶级、资本主义和社会主义、资产阶级军队和无产阶级军队建军原则的斗争在党内的反映。

会议于5月27日开始，至7月22日结束。参加会议的有军内的中共中央委员，中央军委委员，各军区、各军兵种领导干部共360余人（列席25人）。毛泽东、

红墙大事
——共和国重大历史事件的来龙去脉（上册）

朱德、彭德怀、林彪、邓小平、刘伯承、贺龙、陈毅、罗荣桓、聂荣臻、叶剑英等在会上讲了话。

彭德怀宣布会议的内容一是整风，二是整编，方法是大鸣大放大争大辩论，主要解决人民军队的建军原则、建军方针、战略方针三个问题。会议开幕后，第一阶段是和风细雨的。

彭德怀作为会议主持人和军委工作领导人，首先把自己当作整风的主要对象，带头进行检查，暴露思想，"引火烧身"。

他虽然在发言和插话里，多次提到反对教条主义的问题，但并没有把反教条主义作为大会的中心议题。但是，会议开始后，预期解决的几个重点问题也没有成为会议的中心议题。有的同志在会议发言中，还公开点名批评主管全军训练和院校工作的同志。

5月31日，彭德怀将张宗逊、萧克、李达等同志找来座谈，说："你们对敌斗争都坚决，不搞阴谋，不想推翻谁，都是好人、正派人，但思想方法都有片面性，是思想问题。今天只是整一整思想，分清是非，接受教训，不追责任。""今天讲清楚，不是整倒哪个，只是把相互间的成见、意气消除掉。"

5月29日，与会成员中有人向大会主席团写信，对会议的开法表示不满，要求会议"以反教条主义和经验主义为纲，检查军队各方面的工作"。彭德怀将信转给毛泽东，毛泽东阅后于6月5日批示："此件写得很好。我暂时不宜于讲话，先要让他们把问题都放出来。过几天我准备同各小组长分别谈一下，调查一下情况，摸一下底。""有些同志对会议的开法有些不满。此事容易，调整一下就好了，振起士气，大有可为。请小平同志商量彭、黄，召集七八个同志经常谈一下。似可以不必开小型会议，只开大会和小组（会）。"

6月7日下午，举行第二次全体会议。军委秘书长黄克诚在会上传达了毛泽东6月5日在来信上的批语："一方面有优良传统，另一方面，就整个历史说来不占全军统治地位的另一个恶劣传统是存在着，即非马克思主义的、有时是反马克思主义的传统，例如教条主义，军阀主义。"号召与会同志根据毛主席指示和有关领导的一些意见，彻底解放思想，打破顾虑，敢想、敢说、敢于明辨是非，以反教条主义为纲，针对军委及总部各部的领导，通过小组会、大会、大字报、小字报等形式，大鸣大放、大争大辩，把会开好。自此，会议转向，反教条主义成为会议的中心议题。军委根据毛泽东主席的指示,立即调整了会议安排,翌日发出扩大会议范围的通知,吸收全军军以上单位和部分师级单位的主要负责人参加,参加会议人员由 360 余人增至 1400 余人,并派人协助彭德怀主持会议。

毛泽东讲话以后,批判的温度升高了。萧克、李达被批判为"只要正规化、现代化,不要革命化"

会议期间,6 月 21 日、23 日、29 日,毛泽东先后在大会和小组长座谈会上讲了话。

毛泽东在 21 日接见全体同志大会上谈到军队工作时指出:"八年来基本上搞得好,有些缺点错误","各方面都是蓬蓬勃勃,军队也是蓬蓬勃勃的。可是,比较起来稍微会差一些,经过这次会议要起变化"。他在回顾了党和军队历史上教条主义错误给革命事业带来的损失后指出:"有这么两部分教条主义。一部分是对资产阶级军事学和管理军队的制度,认为是神圣不可侵犯的,这是一种;再就是对苏联的,或叫无产阶级的军事学和管理军队制度,认为是神圣不可侵犯的。这在中央苏区一个时期是有的……新中国成立以后又发生了教条主义","有些人就是搬外国,不加区别地搬外国,这是妄自菲薄"。

6 月 23 日,毛泽东在大会讲话之后,又把军委委员和各组组长召集到中南海,座谈了两个多小时,他在插话中说:"人民军队有没有教条主义呢?我在成都会议上说过,搬是搬了一些,但建军基本原则坚持下来了。现在有四种说法,一种是说没有,一种是说有,一种是说很多,一种是说相当多。说军队中没有教条主义是不存在的,究竟有多少,这次军委会议要实事求是地加以研究,不要夸大,也不要缩小,要坚持真理,修正错误。"他明确指出:"苏联的经验有三种,第一种是好的,我们用得上的,就要'取经';第二种是不好不坏的,要取其好的一部分;第三种是坏的,也可以研究,引以为戒。"他强调:"一定要有选择地学。""要坚决反对教条主义,打倒洋奴思想,埋葬教条主义。"

29 日,毛泽东再次召集会议各小组组长座谈,他说:"现在学校奇怪得很,中国革命战争经验不讲,专门讲'十大打击',而我们几十个打击也有,却不讲……不知道军事学院、训总到底有多少马克思列宁主义。马列主义本来是行动的指南,而他们当作死条条来啃马克思、列宁的话,一定批评他们是教条主义。"

红墙大事
——共和国重大历史事件的来龙去脉（上册）

毛泽东谈道："学习苏联，过去学，今天学，将来也学习。但学习要和我们具体情况相结合。要同他们讲，我们学你们的，你们又是学哪里的呢？为什么我们不能独创？"

林彪插话说："我军在政治上，如党的领导、政治工作、优良传统，我们有一套。我们党的马列主义水平是很高的，主席更不要讲了。"在这次座谈会上，毛泽东点名批评了刘伯承、萧克等，表示："萧克是要发言检讨的，让刘（伯承）好好休息，可以不来参加会议作检讨，表示个态度就行了。"

此后，会议以毛泽东讲话为基调，批判的温度又上升了。会议采取"大鸣、大放、大字报、大辩论"的方式，批判教条主义和所谓"资产阶级军事路线"，先后点了萧克、李达、陈伯钧、宋时轮、粟裕、叶剑英、刘伯承的名，对负责训练和院校工作的刘伯承、萧克、李达等进行点名批判。

在7月9日和10日的大会上，刘伯承带病作了检查发言。萧克和其他被认为犯有教条主义错误的人，被迫进行检讨，批判性的发言一直持续到15日，斗争范围越来越大，叶剑英、粟裕、李达、陈伯钧、钟期光、宋时轮等也都受到不同程度的批判和打击。

本在外地养病的刘伯承带病赴京，一下火车就要直接到会场上作检讨，结果因身体不好，特别是因眼病加重，眼压升高，住进了医院。住院之后，刘伯承冒着眼睛失明的危险仍继续写检讨。

7月10日，刘伯承在别人搀扶下，迈着蹒跚的步子走上讲台作检讨。在检讨中，他既实事求是地说明情况，也违心地作了自我批判。除了迫于压力，刘伯承更多的是想尽快平息事情，保护一批同志。言者话音沉重，听者为之动容。看着这位年近古稀而又疾病缠身的老帅，许多人潸然泪下，以致听完他的检讨后爆发出热烈的掌声。

苍天有眼，也会为之垂泪。然而，斗争的火力非但没有减弱，反而越来越猛。会上竟编造出一个"以萧克为主帅、李达为副帅的反党宗派集团"，说是"有计划、有组织地向中央和军委的正确路线猖狂进攻"。会议还批判萧克给彭德怀的上书，是只要正规化、现代化，不要革命化。

南京军事学院训练部部长蔡铁根在会上说共同条令是经彭总修改、军委例会通过和毛泽东批准的，话未说完即被当场摘掉领章帽徽，连轰带扭，赶出会场，关押起来。

军委扩大会议开了两个多月，最后作出决议。军委扩大会议结束后，总政治部派了工作组到训练总监部，领导批判斗争，指定训总组成新的临时党委，进行揭发批判。他们把预先圈定的所谓"反党宗派成员"，分别采取隔离、禁闭、监视的手段，威逼利诱，以使其认罪。

7月19日，彭德怀在全体大会上作总结发言，确认在军事训练部门和某些院校中的极少数同志具有资产阶级军事思想，一直坚持反对马克思主义的军事路线，抗拒中央和军委关于反教条主义的指示，严重地阻碍了反教条主义运动的开展；并指出，错误的军事路线产生的主要根源是：过渡时期，资本主义和社会主义，资产阶级和无产阶级，两条道路、两个阶级的斗争在我军内部的反映。

22日，大会通过了《中共中央军事委员会扩大会议决议（草案）》。决议指出："在某些部门和某些单位，主要是训练总监部和一些院校，教条主义倾向直到最近仍然占着统治地位"，"现在我军中存在的错误倾向，基本上是我军历史上正确路线和错误路线的斗争在新条件下的反映"，"实际上是历史上的错误路线在某些范围内的复活"。决议要求"目前的斗争必须在全军认真展开"。

军委扩大会议后，全军按照决议的要求，自上而下地开展了"反教条主义"和"反单纯军事观点"的教育和斗争。各大单位都相继召开党委扩大会或干部会议，在传达军委扩大会议决议的基础上，采取大鸣、大放，揭露批判所谓"教条主义"、"单纯军事观点"的危害，并抓住重点人和主要问题展开斗争，对一些受批判的同志作了组织上的调整。

反教条主义斗争所造成的消极影响，经过中共中央和中央军委实事求是的工作，以及老一辈无产阶级革命家的努力，在经历了近30年之后终于得以消除。

1959年5月14日，中央批转了总政治部《关于以萧克同志为首的资产阶级军事路线和反党宗派活动》的报告，以中央文件的形式下发到军队团一级党委和地方的地委，这场反教条主义的斗争才算结束。

"'文革'结束以后，1958年反教条主义斗争被党中央否定，受这场错误批判牵连的同志逐步得到了平反，这桩公案得以澄清。"

九　毛泽东为何喜爱章士钊的《逻辑指要》

- 毛泽东见到章士钊忽然问道，听说您在逻辑方面有著作，能否给我一阅

- 听了毛泽东的话，周谷城万分感慨：我很独立，火箭炮冲起来了，我也有些受不了

- 毛泽东指示周谷城，最好把西方哲学家所讲的逻辑，从古到今，来他个系统的叙述

- 蒋介石曾让章士钊到大学及警官学校演讲，毛泽东对章士钊的这一段历史并不在意

红墙大事
——共和国重大历史事件的来龙去脉（上册）

在毛泽东与党外人士的关系中，毛泽东与章士钊的关系，可以说最为特殊。这一特殊的关系，表现在毛与章之间对一些事情的处理上。诸如：毛泽东"还钱"、毛泽东批准出版章的《柳文指要》，等等。毛泽东与章士钊的关系不仅表现在毛泽东对章士钊生活方面的关心，同时，还表现在以科学的态度对待学术与政治之间的关系。

毛泽东见到章士钊忽然问道，听说您在逻辑方面有著作，能否给我一阅

新中国成立后的一天，毛泽东见到章士钊忽然问道，听说您在逻辑方面有著作，能否给我一阅？原来章士钊于1943年在重庆出版了一本有关逻辑学方面的专著——《逻辑指要》。但章在书的序言里逢迎了蒋介石，蒋介石因此请他到国民党陆军大学等处讲授。当时他在自序中这样写道："今岁二月，吾为国民参政会事，于役重庆，议长蒋公以精神之学教天下，审国人用智浮泛不切，欲得逻辑以药之，而求其人于吾友张君劢，君劢不审吾学之无似，为之游扬。公遂虚衷自牧，不耻下问，并督为讲录，俾便览观……于返港之明日，伸纸吮笔，纵其所之。"

由于这个原因，章士钊踌躇一番，十分为难地答道：《逻辑指要》这本书原印于重庆，与叛党有关，我如果这样将它送呈给您阅览，那是对您的侮辱，这怎么可以呢？毛泽东笑呵呵地说，这是做学问的事，哪里有什么可伤害的呢？

对于这段经历，章士钊在后来为此书写的序言（未用）中曾说："北京解放后，一日，主席毛公忽见问曰：'闻子于逻辑有著述，得一阅乎？'予踌躇答曰：'此书印于重庆，与叛党有关，吾以此上呈一览，是侮公也，乌乎可？'公笑曰：'此学问之事，庸可伤！'……越三月，公见召，以原书确于案。"

那么，毛泽东为什么对章士钊的《逻辑指要》这样感兴趣呢？笔者认为，原因有三：一是毛泽东对逻辑问题的兴趣和关注；二是与20世纪50年代中国学术界关于逻辑问题的讨论与争鸣有关；三是与章士钊此书在中国逻辑研究领域的突出地位有关。

众所周知，毛泽东早在青年时代就读过有关逻辑方面的书籍。据《红星照耀中国》记载，毛泽东早在1912年就在湖南省立图书馆读了1905年出版的约翰·斯图亚特·穆勒的《穆勒名学》（直译名为《逻辑学的体系：演绎和归纳》）

和斯宾塞的《逻辑》等书（参见[美]斯诺：《红星照耀中国》第106页，河北人民出版社，1992年1月版）。穆勒是一位有创新精神的学者，他在继承培根逻辑学的基础上，建立了一套新的逻辑体系，他排斥演绎逻辑，而重视归纳逻辑，对归纳逻辑作了深入细致的研究。他同时强调，新的逻辑学不应简单反对旧的逻辑学。毛泽东通过读这本《穆勒名学》增长了逻辑学知识，"掌握了思维的逻辑技术，也形成了时刻检查自己思维和表达的逻辑性的良好习惯"。

红军长征到达陕北以后，由于客观条件相对稳定下来，毛泽东能够集中精力读他想要读的书。这期间，毛泽东读得最多的要数哲学方面的书籍，如李达、雷仲坚合译西洛可夫、爱森堡等合著的《辩证唯物论教程》，米丁等的《辩证唯物主义和历史唯物主义》（上册），李达的《社会学大纲》，以及德国人克劳塞维茨的《战争论》等。

1938年，毛泽东写完《矛盾论》不久，便读到了刚刚出版的潘梓年的《逻辑与逻辑学》。这可能是毛泽东在新中国成立前所读到的第一本由中国人自己写的关于逻辑学方面的专门著作。这本书引起了毛泽东的极大兴趣，他花了很大的精力来读它，并对其中的许多地方"颇感新鲜"。但这一时期，应该说毛泽东对逻辑学的认识和掌握还是有一定限度的，而更多引起毛泽东的注意和投入更多的精力则是在50年代我国国内有关逻辑问题的讨论和争鸣的时期。

在延安时期和50年代初期，国内关于哲学、逻辑学方面的主要著作都是译自苏联，因而苏联理论界、学术界在这方面的理论观点对中国国内理论界和学术界影响很大，有些方面还占有统治地位，其中逻辑学就是如此。

1950年以前，在逻辑学领域占统治地位的观点是：认为形式逻辑是形而上学的基础，有阶级性、有党性，因而否定形式逻辑，只承认辩证逻辑。1950年以后，占主导地位的观点是：承认形式逻辑，但认为它与辩证逻辑是低级与高级的关系。

听了毛泽东的话，周谷城万分感慨：我很独立，火箭炮冲起来了，我也有些受不了

"山雨欲来风满楼"。然而，这种形势并没有持续多久，在我国的理论界和学术界便展开了一场争论。50年代中国这场关于逻辑问题的讨论，是以周谷城

红墙大事
——共和国重大历史事件的来龙去脉（上册）

的一篇文章拉开序幕的。

1956年，《新建设》杂志二月号（总第89期）上发表了周谷城的《形式逻辑与辩证逻辑》一文。该文提出了新的见解，认为形式逻辑的对象是推论方式，它的法则只是对推论过程的形式规定，它的任务侧重于依据大前提如何推论，却不追问大前提是怎样成立的；它对任何事物都没有主张，因而没有观点上的倾向性，没有阶级性；它既可以为辩证法服务，也能为形而上学服务；在认识活动中，"辩证法是主，形式逻辑是从；主从虽有别，却时刻不能分离"（参见：《新建设》1956年二月号,第58～62页）周谷城的这篇文章阐述辩证法与形式逻辑关系的这种"主从"说，对于当时流行的"高低级"说无疑是一种挑战。

当时周谷城的文章一登出，毛泽东就注意到了。他对这篇文章的探索精神和新见解十分欣赏。1957年2月16日，毛泽东召集中央报刊社、作家协会、科学院负责同志开会。当谈到批评要有说服力时，毛泽东就说：《新建设》杂志上周谷城写了一篇关于逻辑问题的文章，我看也不错。

1957年3月15日，毛泽东在中南海颐年堂召集康生、陆定一、陈伯达、胡乔木、胡绳、田家英等聚谈过一次逻辑问题。在这次谈话中，毛泽东反复强调两点：一是形式逻辑与辩证法之间没有高低之分；一是形式逻辑是普遍适用的，没有阶级性。从这次谈话可以看出，毛泽东在形式逻辑和辩证逻辑关系的问题上与周谷城的观点是比较一致的。

毛泽东非常支持这场围绕着逻辑问题展开的争论，提倡学术争鸣。一次，毛泽东与刘伯承、叶剑英、贺龙几位元帅，还有徐特立、林伯渠几位革命老人到上海，正在展览馆电影院楼下西厅准备吃饭的时候把周谷城也叫了去。

周谷城刚一进屋，毛泽东即拿出了一本《新建设》杂志，对他说："你的逻辑论文写得很明确，要继续争鸣下去。"

听了毛泽东的话，周感慨地说："我很独立，火箭炮冲起来了，我也有些受不了。"

毛泽东说："有什么了不起的，辩论就是嘛。"

毛泽东还说：在人大办的《教学与研究》杂志上就有与你的文章相同观点的文章，还引用了你的意见。

周说：我没有看见。

九 毛泽东为何喜爱章士钊的《逻辑指要》

毛泽东说：我可以叫人寄给你看。

毛泽东所说的人大《教学与研究》杂志上的文章，是指王方明在《教学与研究》杂志1957年第1、第2、第4期上，以"求实"署名发表的三篇文章。这三篇文章分别针对所谓形式逻辑的"初步规律"的说法质疑；对所谓形式逻辑的客观规律基础是事物的相对稳定状态和质的规定性的说法质疑；对形式逻辑内容和体系方面质疑。

在这次谈话中，毛泽东还鼓励周谷城："不要害怕，要积极地写。"不久，毛泽东果然给周谷城寄去了几本刊物，在有关的地方还折了角。这使周谷城参加辩论的勇气大增。

周谷城的文章发表后，引起了理论界的一片哗然，许多杂志转告周谷城：反对你的文章太多了。问周谷城怎么办。周谷城感到压力很大。但他说，只要杂志给我篇幅，我可以辩论到底。

这件事很快让毛泽东知道了。1957年4月10日，毛泽东接见《人民日报》负责同志和有关人员，在谈到哲学界正在讨论形式逻辑问题时，毛泽东说，周谷城的观点比较对。还说，我曾告诉周谷城，人大有个王方明，他的观点和你相同。

4月11日，毛泽东在中南海颐年堂邀集逻辑学界、哲学界讨论提出的问题。周谷城、王方明都在场，此外还有金岳霖、冯友兰、郑昕、贺麟、费孝通等人。这次聚会在周谷城和王方明之间起到了牵线搭桥的作用。这次谈话，除了论及各人的专业经历、研究成果和一些逻辑问题之外，毛泽东还以自己的革命实践为话题，说到领导革命必须实事求是、独立思考。毛泽东这番话对于周谷城、王方明当时尚属"少数派"的学者来说无疑是个巨大的鼓舞。

据高智回忆，毛泽东当时正在研究形式逻辑，"马特和周谷城两篇在《人民日报》发表的文章"，即《人民日报》1958年4月15日刊登的马特《关于逻辑问题的讨论》、6月14日刊登的周谷城《六论形式逻辑与辩证法——略答马特》。马特的文章是对讨论情况的综述，略带有倾向性，而且把争论看作"两条不同的学术路线的斗争"，批评周谷城、王方明的观点"是一条逻辑理论中的修正主义路线"。

后来，《人民日报》又发表了周谷城的一篇文章，题目是《论形式逻辑与辩证法》。周谷城的文章刚一登出，毛泽东便看到了，非常高兴，很感兴趣，特用长途电话召周谷城从上海来北京中南海。6月17日晚上，毛泽东在中南海游泳池同周谷城专就逻辑问题进行了长谈。毛泽东对有关逻辑问题的讨论移到《人民日报》上展开这个新情况十分关注。

毛泽东对他说:"问题移到《人民日报》上来了,讨论可能展开。"

周说:"我把形式逻辑与辩证法联在一起讲,却又把它们严格划分,恐怕不易有人信。"

毛泽东用夹杂着英语的话风趣地说:"formal logic 本来说是 formal 的,要把它与辩证法混同,甚至改成辩证法,是不可能的。它是一门独立学问,大家都要学一点儿。"

"中学高中班、大学初级班学一点是很好的。只怕教不好,学不到手。"

毛泽东说:"懂不懂,当然也有感觉是问题。但是入了门,学了一点,自己在生活实践中要用,总会搞通的。"

这时期,毛泽东投入许多精力关注着这场争论,对有关报纸、杂志登载的文章也都研究、阅读,对这场争论始终是比较重视的,并密切注视着各种观点和文章,跟踪阅读。例如:1958年6月19日清晨7时,毛泽东就给机要秘书高智写了一封信。信中写道:

高智同志:

请你在上午找来一本1956年一月号的《新建设》;再将《哲学研究》1957年全年六期(第四期已到)找来为盼!

毛泽东

《新建设》1956年全年各期,1957年全年各期都找来,更好。马特和周谷城两篇在《人民日报》发表的文章,在江青那里,请给我于上午找来。

毛泽东要找《新建设》和《哲学研究》,显然也是查阅有关逻辑学方面的文章。《新建设》杂志,20世纪50年代这场关于逻辑学问题的争论就是从这本杂志首先展开的。而《哲学研究》是毛泽东一直必读的杂志。1958年7月1日,在毛泽东开列的一张索书条上,要该年"一至六月的《哲学研究》",可能是继续查找有关逻辑学方面的文章。而这一时期的《哲学研究》,总是间或登有逻辑学方面的文章。

九　毛泽东为何喜爱章士钊的《逻辑指要》

毛泽东指示周谷城：最好把西方哲学家所讲的逻辑，从古到今，来他个系统的叙述

　　1958年6月26日，毛泽东在中南海游泳池再一次聚谈逻辑问题，参加的有：康生、陆定一、陈伯达、胡绳、田家英、周谷城。从下午5时45分一直谈到晚上11点半。

　　1960年2月15日，毛泽东在给他的机要秘书罗光禄的信中，提出"请在今天到广州书店，买一本书，叫作《哲学研究》杂志，1959年11月—12月综合号，下午交我为盼"。信中毛泽东所提到的《哲学研究》综合号，是指1959年12月10日出版的《哲学研究》第11～12期合刊，其中关于哲学和逻辑方面的文章就有：顾锦屏的《认真研究列宁的伟大哲学遗产——〈哲学笔记〉》、黄远的《战争规律和主观能动性》、世诚的《"思维和存在的同一性"是唯物主义的原理吗？》、章沛的《论形式逻辑同一律的客观基础》、周谷城的《评〈逻辑推理中真实性和正确性的关系问题〉》、周建人的《老子思想真的是唯物主义的吗？》等。对其中的哲学和逻辑学问题，这年的3月24日，毛泽东还向其他同志推荐了这本合刊和1959年《哲学研究》第1期，以及1960年的第1、3期。毛泽东还建议政治局委员人人都订一份《哲学研究》。

　　逻辑学的知识需要普及，逻辑学的研究也需进一步发展。为了推进逻辑学的研究，应当了解前人在逻辑问题的研究上所获得的成果，知道他们解决了些什么问题，还有些什么问题没有解决，遇到了些什么困难，犯了些什么错误，同时也是基于对逻辑及逻辑学有关问题的关注，更好地研究和进行有关逻辑学问题争论，了解新中国成立以来逻辑学研究的全貌，于是，毛泽东决定编辑出版有关逻辑和逻辑学方面的论文集和专著。

　　对于这个问题，毛泽东在1958年7月以前就有类似的想法。一次，毛泽东曾对周谷城说过："最好把西方哲学史上哲学家所讲的逻辑，每一个人的，都给写一篇或几篇说明介绍的文章，从古到今，来他个系统的叙述。"（《毛泽东和他的右派朋友》第321页，四川人民出版社，1992年12月版）还说，最好把所有的逻辑学书，不论是新的还是旧的，过去的还是现在的，一律搜齐，印成丛书，在前面写上几句按语式的话，作为导言。这是毛泽东最早提出的要出版关于逻辑学方面的论文集的设想。

红墙大事
——共和国重大历史事件的来龙去脉（上册）

后来，北京出版界出版了《形式逻辑与辩证法问题》一书，把目录寄给周谷城。这是一本以周谷城的逻辑学论文为主体的论文集。它以周谷城1956年那篇文章为开卷篇，一批一驳，依次展开，共20篇论文，其中周谷城的占10篇。周觉得自己不能决定，于是写信向毛泽东请示，毛泽东于1958年7月28日回信称：

谷城兄：

两次热情的信，都已收到，甚谢！大著出版，可资快读。我对逻辑无多研究，不能有所论列；问题还在争论中，由我插入一手，似乎也不适宜；作序的事，不拟应命，可获谅解否？……

1959年7月28日，毛泽东在给当时任中共中央政治局候补委员、中央文教小组副组长康生的信中，正式提出了编辑关于逻辑文集和逻辑专著丛书的问题。信中写道：

康生同志：

信收到，就照那样办吧。我有兴趣的，首先是中国近几年和近数十年关于逻辑的文章、小册子和某些专著（不管内容如何），能早日汇编印出，不胜企望！姜椿芳（当时任中共中央马克思恩格斯列宁斯大林著作编译局副局长——引者注）同志的介绍甚为有益，书目搜编也是用了功的，请你便时代我向他转致谢意。

毛泽东
7月28日

事实上，在1959年5月左右，毛泽东已经将这个问题纳入议事日程上来了，组织人力着手编辑"逻辑学论文集"和"逻辑学专著丛书"。关于这一点，我们可以从以下几个方面来看。

其一，从这封信的语言中可以判断出，"姜椿芳同志的介绍"，"书目搜编也是用了功的"，毛泽东在给康生的信之前就已经安排人收集这方面的论文了。

事实也确是如此，当时关于编辑逻辑学论文集是这样分工的：中共中央马克思恩格斯列宁斯大林著作编译局负责收集、编辑逻辑学论文集，中共中央政治研究室负责挑选、编辑逻辑学"专著"。当时任编译局副局长的姜椿芳负责编辑逻

九　毛泽东为何喜爱章士钊的《逻辑指要》

辑学论文集。姜椿芳等人编辑的《逻辑学论文集》，收入了1953年以后发表的全部逻辑学论文，共150篇，分为6集。其中，第三、第四集是两个专集。第三集收入的主要是苏联译文，第四集收入的主要是数理逻辑和中国逻辑史论文。这套论文集1958年8月印出。

其二，根据章士钊1959年为重版《逻辑指要》所写的序言，也不难推断出早在这年5月以前就已经着手进行这项工作了。当时章士钊在那份后来没被采用的序言中写道："近日，中央政治研究室逻辑组和人民出版社哲学组同志为重印《逻辑指要》的事宜见访，并提示校勘质疑若干条，知两君已于鄙著浏览有素……自后，余自行拎阅一遍，稍有增改。"并且章士钊在5月就已经将《逻辑指要》全书校改完毕，逻辑学文章篇目"搜编"自当已基本完成，送毛泽东阅览。

当时，中共中央政治研究室逻辑组负责挑选编辑的关于逻辑学的专著，以《逻辑丛刊》为名，由三联书店出版，共计有11种。其中包括：《逻辑与逻辑学》（潘梓年著）、《逻辑》（金岳霖著）、《逻辑指要》（章士钊著）、《新伦理学》（张子和著）、《名学纲要》（屠孝实著）、《名理探》（傅际译义，李之藻达辞）、《穆勒名学》（穆勒原著，严复译）、《名学浅说》（耶方斯著，严复译）、《辨学》（耶方斯著，王国维译）、《论理学纲要》（十时弥著，田吴译）、《逻辑史选译》（齐亨等著，王宪钧等译）。

前面已经说了，毛泽东在青年时代就对逻辑非常感兴趣。这一时期就更加注意各方面的意见、各种观点，以及关于逻辑学的各种书籍的收集。毛泽东将上述《逻辑丛刊》存放在身边。

不过新中国成立前，毛泽东只读过《穆勒名学》和《逻辑与逻辑学》，而在这套《逻辑丛刊》出版前，他只读过章士钊的《逻辑指要》（1943年重庆版）。

为了出版此书。章士钊用了一个月时间对全书作了多处删改，毛泽东为此写信予以称赞。

从毛泽东给章士钊的信中，也可以看出他对章士钊的这部书是极为重视的。他在信中说道：

行严先生：

各书都收，读悉，甚谢！实事求是，用力甚勤，读金著而增感，欲翻然

红墙大事
——共和国重大历史事件的来龙去脉（上册）

而变计，垂老之年，有此心境，敬为公贺。既有颇多删补，宜为几句说明。即借先生之笔，为之筹策：

《逻辑指要》一书是一九××年旧作，一九五九年，中国共产党的中央政治研究室有编辑逻辑丛书之举，拙作在征求之列。于是以一月工夫，躬自校勘一遍。因原稿不在手边，臆核颇为吃力。全稿计削去不合时宜者大约二十分之一，增补者略多一点，都只限于古籍例证，能使读者稍感兴趣而已。近年以来，逻辑一学引起了学术界的极大兴趣，于逻辑学的范围及其与唯物辩证法的关系，争论繁兴，甚盛事也。鄙人对此，未能参战，然亦不是没有兴趣的。旧作重印，不敢说对于方今各派争论有所裨益，作为参考材料之一，或者竟能引起读者对拙作有所批判，保卫正确论点，指出纰缪地方，导致真理之日益明白，则不胜馨香祷祝之至！

1959 年 6 月 × 日
章士钊

这样一来，我看有很大好处，尊意以为如何？先生如果不高兴这样办，我的建议作罢。

我害了一个月感冒，前书未复，方以为歉。忽得六日信，极为高兴，倚枕奉复，敬颂

教安。

毛泽东
1959 年 6 月 7 日上午 8 时

从信中可以看出，当时毛泽东正在患感冒。信中，毛泽东为章士钊代写的"说明"，从内容和文体上看是一篇很好的"重版序言"。它言及《逻辑指要》一书的历史、重版的原因、修改的原因，以及近年关于逻辑问题在学术界的争论，言简意赅。

章士钊接到信后，十分感激毛泽东的建议，在1959年6月14日重新写出的"重版说明"中，除前面加了一段有关该书写作的经过和一些自我评价性的话外，将毛泽东代写的"重版说明"全文收入。（参见章士钊：《逻辑指要》〈重版说明〉）毛泽东的这段话，表明了他对学术繁荣的期望，体现了他关于在自由论争中发展

学术的思想，同时也提出了对待学术争论应有的正确态度。

蒋介石曾让章士钊到大学及警官学校演讲，毛泽东对章士钊的这一段历史并不在意

那么，毛泽东为何对章的这部书这么感兴趣呢？笔者以为，其中原因是多方面的。

其一，是《逻辑指要》在中国近代逻辑研究史中的地位和作用决定的。对于这一点，正如章士钊在为此书写的那篇序言（未用）中所说：毛泽东"然相谓曰：一吾公见此书已一字不遗者阅一通。多少年来吾览此类述作亦伙矣，然大抵从西籍得来，不足称为专著，独子刺取古籍材料，排比于逻辑间架之中，在同类书中，为仅见……吾意此足以为今日参考资料，宜于印行"。这段话再清楚不过地指出了《逻辑指要》的地位和作用。

事实上，《逻辑指要》"以欧洲逻辑为经，本邦名理为纬，密密以排，以成一学，蔚成一学，为此科开一生面"（《逻辑指要》〈自序〉），运用西方形式逻辑的框架，系统地叙述了中国古代尤其是先秦的逻辑思想。章士钊写作《逻辑指要》"志在灌输逻辑恒识，取便广泛读者"。章谦称：为国人讲逻辑，仅执翻译之劳。他认为："逻辑起于欧洲，而理则吾国所固有"；"此学宜当融贯中西，独树一帜"。（章士钊：《逻辑指要》〈例言〉）"寻逻辑之名，起于欧洲，而逻辑之理，存乎天壤"。"其谓欧洲有逻辑，中国无逻辑者，言也。其谓人不重逻辑之名，而即未解逻辑之理者，尤妄说也。且欧洲逻辑外籀部分，自亚里士多德以至17世纪，沉滞不进；内籀则亚里诸贤，未或道及。自培根著《新贝经》，此一部分渐开发，逻辑以有今日之仪容。若一吾之周秦名理，以墨辩言，即是内外双举，双不执一以遗其二。"

然而，不难发现《逻辑指要》一书有些史料不乏牵强之处，但它另辟蹊径，开创了新的研究领域，论证了一个真理，即"逻辑之名，起于欧洲，而逻辑之理，存乎天壤"。晚清时节，西方的逻辑学对于中国人来说还是一门比较生疏的学问。20世纪10年代情况虽大有好转，但开设逻辑学课的却并不多见。至于20世纪40年代能够写出逻辑学专著的更是寥寥。而章士钊用确凿的史料驳斥了中国无逻辑的偏见，在中国近代逻辑史上，无疑是一件空前的事情。

当然，《逻辑指要》一书也并非十全十美，其中还有许多不尽如人意的地方，

红墙大事
——共和国重大历史事件的来龙去脉（上册）

正如后来章士钊先生所说的那样，"是一部逻辑发展史匆遽而紊乱的速写"。但是，也正如首先吃螃蟹的人是最勇敢的人一样，对于开拓的人不应该求全责备。

其二，从章士钊自身在逻辑学研究领域所具有的经历来看，毛泽东将《逻辑指要》选为逻辑学的"专著"之列也是理所当然的。章士钊在逻辑学领域中所起的作用和影响是巨大的。章士钊是国内最早从事逻辑学教学和研究的人。1907年4月，他的《中等国文典》在上海出版后，他就用所得稿费离开日本，经上海前往英国，进入苏格兰大学攻读法政兼逻辑。"自是践履逻辑途径，步步深入，兴会亦相而高。"那时出洋留学者，攻读逻辑的人是极少的。回国后，在北京大学（1917年秋推荐李大钊任图书馆主任以后），曾专任教授，讲授逻辑学。他在北京大学（主要是1918年）所讲授的逻辑学，影响很大，曾先后几易大教室仍会无隙地，一时传为佳话。《逻辑指要》即是根据这些讲课提纲整理出来的。对于这段经历，章士钊在1939年5月12日为重庆版所写的《自序》中曾有记载：千九百十八年，余以此科都讲北京大学，时同僚陈独秀、陶孟辈，主学生自为笔录，不顾讲章，吾亦疏于记，逻辑未有专著。讲授名理，以墨辩言。也许正是由于章士钊在逻辑学领域的造诣和成绩，他的这部著作在重庆出版之后被荐送到蒋介石处，于是蒋让章士钊到国民党陆军大学及警官学校去讲演，前前后后约一年光景。在某种程度上可以说，这部书也是蒋介石和统治阶级欣赏的书。

20世纪50年代末重版《逻辑指要》时，与第一版相隔毕竟已经十五六年了。

从《自序》的记载不难看出章士钊当时让毛泽东读此书的顾虑所在，然而毛泽东既然知道章士钊的著述，对这些情况也不会一无所知，所以毛泽东说："学问之事，庸何伤！"表明毛泽东是以科学的态度来看待学术与政治之间关系的。一个人的政治态度必须历史地看待。人民需要继承、吸收历史上一切有价值的思想文化成果。

毛泽东对章士钊的这部《逻辑指要》的评价也是中肯的："足以为今日参考资料。"应该承认章的这部《逻辑指要》的价值是不应低估的。第一是它在中国关于逻辑理论的研究方面，有所创新。第二是它在中国关于逻辑理论的研究领域具有开拓的作用。而这部书得以重版，应该说与毛泽东对该书的充分肯定和对章士钊的信任以及他们之间的特殊关系是分不开的。

十 毛泽东特批出版《柳文指要》鲜为人知的内情

- 毛泽东对章士钊的初稿很感兴趣,派人给章士钊送去桃杏各五斤,并附上一信
- 毛泽东一生酷爱古文,对韩愈的大部分诗文倒背如流
- 章士钊得知康生意见,断然拒绝修改全书

柳宗元（公元773—819）是我国8世纪末9世纪初的一位著名的文学家，又是一个在政治上表现出一定进步倾向的思想家。他所留下的著作，全部收在《柳河东集》中。

章士钊作为全国人大常委会委员、政协全国委员会常务委员、中央文史研究馆馆长，用了大半生的余暇时间研究柳宗元的论文集，晚年写出了《柳文指要》，共100余万字。《指要》分上下两部：上部是"体要之部"，照柳集原文编次，逐篇加以探讨，包括评论、考证、校笺等几个方面；下部是"通要之部"，按专题分类论述有关柳宗元和柳文的各项问题，如政治、文学、儒佛、韩柳关系等。这是一部系统研究柳宗元文集的专门著作，涉及柳宗元的政治实践和他在文、史、哲诸方面的思想，从各方面论证了柳宗元在历史上的进步性，特别是以韩柳为对比，竭力表扬了柳宗元"以民为主"的思想，驳斥了韩愈"以民为仇"的谬论。章士钊引用了大量的材料，提出了自己的见解。书中对唐朝永贞政变做了评论，充分肯定了二王、八司马的政治主张。

全书还对柳文的思想性和艺术性都作了详尽分析，并对有关的论著，一一加以介绍和评论，为柳宗元的研究提供了不少重要的线索。正是在这个意义上，毛泽东称之为"解柳全书"（《毛泽东书信集》，人民出版社，第603页）。

毛泽东对章士钊的初稿很感兴趣，派人给章士钊送去桃杏各五斤，并附上一信

章士钊在《柳文指要》总序言中写道：

余少时爱柳文，而并无师承，止于随意阅读，稍长，担簦受学于外，亦即挈柳集自随，逮入仕亦如之，此集随余流转，前后达六七十年，为问余所得几许？余颇难于自断。要之余平生行文，并不摹拟柳州形式，独柳州求文之洁，酷好公榖，又文中所用助字，一一叶于律令，依事著文，期于不溢，一扫昌黎文无的标、泥沙下之病。余遵而习之，渐形自然，假令此为号有得，而余所得不过如是。人民新中国成立以来，余只役上都，自公有暇，则汇合曩所辑录，及陆续增补各稿，分为上下两部，上部依原集次第，逐篇加以说明，号曰体要之部，体要者，谓柳集本体所有事，必须交代清楚也。下部概括千年来之评论，分别项目，如政治、文学、儒佛、韩柳交谊种种，各归部

十 毛泽东特批出版《柳文指要》鲜为人知的内情

居,严加分析,号曰通要之部,通要者,谓各即品目而观其通,得所会归也。余是统合两部,名之曰柳文指要,指要者,亦即柳子所取于元冀文鬼谷子词也。以文字繁重,先写成上部,约五十万言,年老力衰,大欠洗伐,中间臃肿不协之处,随在都有。昔朱竹垞辑明诗综,去取不当,采证寡识,何义门识其谬妄处,几于笑破人口,吾治柳文,功力宜不优于竹垞之综明诗,当世硕学,如认为有笑破口而竹垞我,何时获知,当即力事补正。夫学问者,不足之渊泉也,每当得一新解,不足之念,即习习然而至,数年之假,得以读易补过,企望之情,倍百恒品。

章士钊

1964 年 2 月 27 日时年八十有四

但章士钊未能很好地运用辩证唯物主义和历史唯物主义的观点来研究历史、解释柳文,对封建社会发展的论述持有循环论的错误看法,对柳宗元这个历史人物缺乏严格的阶级分析,过分夸大了他在历史上的进步性。所以这部书从开始到完成,伴随着它的将是不寻常的命运。因为在"文化大革命"期间,对于这种被列入"四旧"之列的书籍,别说是出版,就是保存下来,也是很难的。然而,正是在这样一种特殊的历史条件下,《柳文指要》却意外地出版了。由于这部书中所表现出的"世界观"问题和"阶级性"问题,不能不使人更容易产生一种惊奇,也不能不使当时一些大理论家产生嫉妒。于是,人们透过这部书的出版,看到了毛泽东与章士钊之间不同寻常的关系。

其实,早在这部书的书稿写成之后,章士钊就特送给毛泽东阅之。而当毛泽东得知章士钊在撰写《柳文指要》后,便说自己也爱读柳文,请章士钊将书稿送他先睹为快。

1965 年 6 月,章士钊先后把 100 余万字的初稿给毛泽东送去。毛泽东读后对这部著作兴致很高,给予了很高的评价,认为这部著作写得不错。同时毛泽东于 6 月 26 日还派人给章士钊送去桃杏各五斤,并附上一信:

行严先生:

大作收到,义正词严,敬服之至。古人云:投我以木桃,报之以琼瑶。今奉上桃杏各五斤,哂纳为盼!投报相反,尚乞谅解。含之同志身体如何?

红墙大事
——共和国重大历史事件的来龙去脉（上册）

附此向她问好，望她努力奋斗，有所益进。

毛泽东
1965年6月26日

（《建国以来毛泽东文稿》第十一册，中央文献出版社，1996年8月版第386页）

毛泽东对这部巨著兴致极高，读了一遍以后，还想读第二遍。"义正词严，敬服之至。"这是毛泽东对《柳文指要》的初步评价。从一般的文学史研究角度而言，他认为这部著作写得不错，"义正词严"，是恰如其分的。

到7月中旬，毛泽东已把《柳文指要》上、下两部通读一遍。于是，7月18日，他又写信给章士钊，谈有关《柳文指要》的事：

行严先生：

各信及指要下部，都已收到，已经读过一遍，还想读一遍。上部也还想再读一遍。另有友人也想读。大问题是唯物史观问题，即主要是阶级斗争问题。但此事不能求之于世界观已经固定之老先生们，故不必改动。嗣后历史学者可能批评你这一点，请你要有精神准备，不怕人家批评。又高先生评郭文已读过，他的论点是地下不可能发掘出真、行、草墓石。草书不会书碑，可以断言。至于真、行是否曾经书碑，尚待地下发掘证实。但争论是应该有的，我当劝说郭老、康生、伯达诸同志赞成高二适一文公之于世。柳文上部，盼即寄来。敬颂

康吉！

毛泽东
1965年7月18日

（《建国以来毛泽东文稿》第十一册，中央文献出版社，1996年8月版第404页）

信中"指要""柳文"，都是指《柳文指要》。这里指出了这部书稿的根本缺陷。信中所说"友人"，是指康生。康生当时是分管意识形态工作的中共中央书记处书记。毛泽东再次索要他已读完归还的《柳文指要》上部，也是为了把上、下两部一并送给康生看。

信中所说的"高先生评郭文"指的是当时任南京市文史研究馆馆员的高二适写的《〈兰亭序〉的真伪驳议》。此文对郭沫若的《由王谢墓志的出土论到〈兰

亭序〉的真伪》一文提出了不同意见。1965年7月23日《光明日报》发表了这篇文章。

同一天,毛泽东还致信当时任中国科学院院长的郭沫若,指出:"章行严先生一信,高二适先生一文均寄上,请研究酌处。我复章先生信亦先寄你一阅。笔墨官司,有比无好。未知尊意如何?"(《建国以来毛泽东文稿》第十一册,第402页,中央文献出版社,1996年8月版)

毛泽东逐字逐句地读了《柳文指要》,并把其中的错别字改掉,提出了一些具体的、宝贵的意见。如《柳文指要·跋》的第五段中,原书稿这样写道:"此一新兴文运,上同象魏之悬,下无宗派之争,雍容揄扬,行见永远相持于不敝。斯诚游夏神游于文学之表所莫赞一辞,而是迥然别开一新纪元,以与古文相较而特显其壮大,即不多论。"然而,毛泽东似乎不满足于这种就文学谈文学的评价,特意删掉了其中的"永远相持于不敝"几字,把它改写成为:"大言小言,各适其域,推之工也,农也,商也,学也,兵也,国中将无人焉,不能参与文治光华之列。经济有变化,反映经济之政教,亦相随而有变化,文事亦将有变化。一成不变之事,将不可能。"这里毛泽东不仅把文学的评价与政治、经济,与广大人民群众的关系联系起来,而且也不难从字里行间看出毛泽东的唯物史观和辩证法,即"人民大众"和"发展变化"。而这一点正是章士钊的《柳文指要》所缺乏的。

正因为如此,1966年3月,章士钊在为《柳文指要》所写的跋中,便写下了"上部缮就,经示一二友人,猥蒙检阅一过,除指点要义,并纠正其错误外,犹承说明序言引何义门讥朱竹坨辑《明诗综》例之未得其正,负责述作,无须自贬到怕人笑破口云云。吾谨受教……"

对于"跋"中原有的"以奉教于巨人长德""所受长者督教"等用语,毛泽东均谦逊地分别将它们改成"以示一二友人""所受友人督教"等。由此可见毛泽东对此书稿所下的功夫。

章士钊在80多岁高龄时完成了这部《柳文指要》。毛泽东读后,从一开始就支持它的公开出版,期望它能引起学术界的重视,开展文史哲诸方面的争鸣。"嗣后历史学者可能批评你这一点,请你要有精神准备,不怕人家批评",也是指的这一点。

红墙大事
——共和国重大历史事件的来龙去脉（上册）

毛泽东一生酷爱古文，对韩愈的大部分诗文倒背如流

那么，毛泽东为什么这样看重此书呢？

毛泽东青年时代就非常喜欢古文，直至晚年终生不断。这其中尤为喜欢韩愈的散文。在湖南一师读书时，因为韩愈书的善本极贵，毛泽东买不起，于是毛泽东在一家旧书店里买了一部廉价的宝庆版《韩昌黎诗文全集》。毛泽东把这套书买回来后，发觉不但页面破损，文字也有讹误。于是，他到学校图书馆借来了一套善本，逐字逐句校勘，改正讹误。有一个时期，毛泽东每天早晨都诵读韩文。

对于毛泽东这段生活，他的同窗好友周世钊曾写道，毛泽东读韩文时"除开那些歌功颂德的墓志铭……他都一篇一篇地钻研阅读。从词汇、句读、章节到全部意义，首先凭借一部字典和注释的帮助，进行了解、领会，使其达到融会贯通的地步。在这个基础上，进行反复的默读和朗读，这样就懂得更深，记来易熟。通过这样持久的努力，韩集的大部分诗文都被他读得烂熟，背得很流利"（周世钊：《毛泽东青年时期刻苦读书的几个故事》）。后来毛泽东就买了一套20多册的《韩昌黎全集》，还将国文教员袁仲谦批注过的韩愈文集善本借来校正其中的讹错。其讲堂录后面便是读韩文的笔记，主要包括六篇诗、赋、论（《元和圣德诗》《改葬服议》《谏臣论》《省试学生代斋郎议》《感二鸟赋》《闵己赋》）。每篇后面有多条词、句的释义。关于当时读韩文的情况，毛泽东后来在同斯诺谈话时曾专门说过，并谈到了韩文对他的影响："我不得不改变我的文风，去钻研韩愈的文章，学会了古文的用字。所以，多亏袁大胡子（袁仲谦），今天我如果需要的话，仍然能够写出一篇过得去的古文。"新中国成立后，毛泽东仍然嗜读韩文。

韩愈是唐代著名儒家代表人物，是古文运动的倡导者，古文概念的提出，始于韩愈，他和六朝以来流行已久的骈文对立。由于韩愈的努力提倡，古文产生了广泛的影响。后经柳宗元的大力支持，古文的影响更大。从唐贞元到元和的二三十年间，古文逐渐压倒骈文，成为文坛的主要风尚，这就是文学史上的所谓"古文运动"。韩愈的政治思想和世界观是比较复杂的。在这场运动中，韩愈打着复古的旗帜，主张恢复孔孟儒家思想的正统地位，反对佛道二教，来整饬社会风尚。当时，韩愈要宣传自己的政治主张和儒家思想，而六朝以来"饰其辞而遗其意"的骈文，已经成为他所要表达的思想主张的桎梏，于是就必然要反对骈文，

提倡古文，用表达生活现实的这种散体文，来学习和宣扬儒家之道。也就是说韩愈的学习和倡导古文是为了学古道。韩愈政治上反对割据，拥护王朝的统一，提倡"仁政"，反对官吏对人民的聚敛横行，要求朝廷宽免赋税徭役，这些都反映了他关心国家命运和民生的疾苦，这是他政治思想中进步的一面。他强烈地排斥佛老，热烈地提倡儒家的正统思想，这是他政治思想的适应性，客观上也具有一定的进步性。但是，韩愈也宣扬儒家学说中的封建糟粕。

毛泽东在读《李汉传》中"少事韩愈，通古学。属辞雄蔚。为人刚，略类愈，愈爱重，子妻之。擢进士第，迁累左拾遗"（卷七十八《李汉传》第56页）时，曾批语："韩愈文集，为李汉编辑得全，欧阳修得之于随县，因以流传。厥功传哉。"（《毛泽东读文史古籍批语集》，中央文献出版社，1993年11月，第233页）

然而与韩愈文章比较起来，毛泽东似乎更喜欢柳宗元的文章。从中国文学史来看，虽然韩柳并称，但他们二人的思想却是对立的。毛泽东推崇柳宗元，在相当程度上是因为他是历代诗文作家中不多见的具有唯物主义思想和进步的历史理论建树的人，而且还是中唐掀动政坛风波的王叔文政治集团中的核心人物。

在唐朝，与韩愈在古文运动中并称的是柳宗元，后人把韩柳并称为古文运动的宗师。柳宗元的政治思想基本上是儒家的民本思想。他认为官吏是人民的仆役，并非人民是官吏的奴仆。柳宗元先进的政治思想和他的朴素的唯物论有密切的联系。他在为《天问》而作的著名的《天对》一文中，探索自然现象，认为宇宙最初"惟元气存"，一切现象都是自然存在，"无功无作"，"非余之为"，表现了唯物主义的宇宙观。他以无神论的历史观来观察一切礼乐刑政，对于那些以宗教迷信作掩饰的观点和做法，都给予了严厉的批判。在这些批判和斗争中，他把自己无神论历史观的战斗性，在许多论文中作了系统的发挥。但柳宗元的政治思想也不可避免地存在着局限性。比如他在解答一些难以解答的问题时，往往表现出了偶然论的思想，基本上未跳出儒家的正统思想。

柳宗元虽然也宣传文以"明道"，但在道的内容上，是与韩愈不尽相同的。韩愈所谓的"道"，实际上是对封建的法权、教化、道德等绝对原则的概括，他的"传道"文章封建色彩较浓。对于韩愈的这些观点，毛泽东是持反对态度的。而柳宗元虽也谈儒道，同样也是为了封建地主阶级说教，但他的唯物论思想和政治改革的主张却是很突出的。

红墙大事
——共和国重大历史事件的来龙去脉（上册）

毛泽东十分赞赏柳宗元的哲学思想，说柳子厚出入于佛老，唯物主义。他认为，柳的《天对》是自屈原的《天问》以来，几千年只有这一个人作了这么一篇。（1964年8月18日同哲学工作者的谈话）基于此，毛泽东称赞柳宗元反对韩愈的文章，也称赞文史学家扬柳抑韩的论著。

这就不难看出，毛泽东与章士钊在对柳宗元的看法上有极为相同的观点。所以，1965年8月5日，毛泽东把《柳文指要》书稿批转给中共中央书记处书记、中央文教小组副组长康生阅读，并附了我们前面所摘引的那封信，信中除重申了"大问题是唯物史观问题"这一缺陷外，着重肯定了《柳文指要》的优点。并写信给康生，指出：

康生同志：

　　章士钊先生所著《柳文指要》上、下两部，22本，约百万言，无事时可续续看去，颇有新义引人入胜之处。大抵扬柳抑韩，翻二王、八司马之冤案，这是不错的。又辟桐城而颂阳湖，讥帖括而尊古义，亦有可取之处。惟作者不懂唯物史观，于文、史、哲诸方面仍止于以作者观点解柳（此书可谓《解柳全书》），他日可能引起历史学家用唯物史观对此书作批判。如有此举，亦是好事。此点我已告章先生，要他预做精神准备，也不要求八十五龄之老先生改变他的世界观。

毛泽东
1965年8月5日

（《建国以来毛泽东文稿》第十一册，中央文献出版社，1996年8月版第430页）

从信中可以看出，毛泽东对《柳文指要》是赞美有加的，认为这部著作写得不错，观点"颇有新意和引人入胜之处"，"可谓解柳全书"。具体来说，毛泽东非常推崇章士钊在《柳文指要》中"扬柳抑韩，翻二王、八司马之冤案，这是不错的。又辟桐城而颂阳湖，讥帖括而尊古义，亦有可取之处"。

毛泽东信中所说的"二王"是指王叔文、王伾良。王叔文在唐顺宗时任翰林学士，联合王伾等人进行政治改革。改革失败后，王叔文被杀，王伾被贬。"八司马"，指韩泰、韩晔、柳宗元、刘禹锡、陈谏、凌准、程异、韦执谊。他们支持唐顺宗进行政治改革，失败后八人均被贬为远僻地方的司马，故有八司马之称。

桐城，指桐城派，清朝散文流派，由康熙时方苞开创，刘大櫆、姚鼐等又进一步加以发展。他们都是安徽桐城人，故名。他们主张学习《左传》《史记》等先秦两汉散文和唐宋古文学家韩愈、欧阳修等人的作品，讲究"义法"，要求语言"雅洁"。"阳湖"，指阳湖派，清朝散文流派，由恽敬、张惠言等开创。恽为江苏阳湖（今武进）人，后继者亦多同县人，故名。他们源于桐城派，但对桐城派古文的清规戒律有所不满，作文取法儒家经典，而又参以诸子百家之书。

这些都体现了毛泽东对柳宗元以及相关的文学现象、政治现象，与章士钊相通的评价倾向。

章士钊得知康生意见，断然拒绝修改全书

康生接到毛泽东的信后，读了《柳文指要》，送还毛泽东，并于同年12月5日，给毛泽东写信说：

> ……八十五岁的老先生尚有精力作此百万巨著，实非易事。我读完之后，觉得主席八月五日信中对此书的评价，是十分中肯完全正确的。此书翻永贞政变之案，申二王八司马之冤，扬柳子厚"以民为主"的思想，斥韩退之"以民为仇"的谬论，确有新鲜引人入胜之处。此书也有缺点，如著者不能用辩证唯物主义的观点去解释柳文，对柳宗元这个历史人物缺乏阶级分析，对社会进化，以为"承新仍返诸旧"，"新旧如环，因成进化必然之理"等等。

最后，康生还说："对于一个没有研究马列主义的人，这是可以理解的。""因此书有些人已知道主席看过，所以我提出了几点意见，用纸条标出。请主席看看，是否需要作词句的删改。"（参见：《建国以来毛泽东文稿》第十二册，第4～5页，中央文献出版社，1998年1月版）

显然，这些评论，都是学毛泽东的，并无康生自己的观点。

毛泽东看了康生的信和修改的意见后，将书稿送还章士钊。1966年1月12日，毛泽东致信章士钊：

行严先生：

一九六五年十二月十六日惠书及附件均已收读，极为感谢！三国志一部亦已收到，可作纪念，便时乞代致谢意。大著《柳文指要》康生同志已读完

红墙大事
——共和国重大历史事件的来龙去脉（上册）

交来，兹送上。有若干字句方面的意见，是否有当，请酌定。顺颂

春安

附件两纸，另康生同志来信一件，均附上。又及

毛泽东

1966年1月12日

（《建国以来毛泽东文稿》第十二册，第4～5页，中央文献出版社，1998年1月版）

毛泽东把康生的信原封不动连带信封一起转给章士钊，信封原是康生写给毛泽东的，上书："请交主席，康生寄。"毛泽东把"主席"二字勾去，亲笔在旁边写上"章行严先生阅"，这是康生始未想到的。因为康生一拖再拖，本意是不愿该书出版的。

但也应该看到，毛泽东并不完全赞成章士钊对柳宗元评价的方法。

当毛泽东用他的辩证唯物主义和历史唯物主义去评价柳宗元在历史上的功过是非时，却感到章士钊的《柳文指要》存在的"大问题是唯物史观问题，即主要是阶级斗争问题"，即"作者不懂唯物史观，于文史哲诸方面仍止于以作者观点解柳"。这主要是指章士钊对柳宗元缺乏阶级分析，甚至体现出"承新仍近诸旧"，"新旧如环，因成进化必然之理"的历史循环观点。

当然，章士钊不可能做到运用辩证唯物主义和历史唯物主义的观点来解释柳文，因而在具体论证时缺乏对柳宗元这一历史人物的阶级分析，过分夸大了他在历史上的进步性。对此，毛泽东并不企望章先生一下子改变他的世界观，同时明确告诉作者："嗣后历史学者可能批评你这一点，请你要有精神准备，不怕人家批评。"也就是这个意思。

章士钊也深感自己的著作中会有不足之处，在全书的总序言里表示，当世硕学，如有所匡正，"何时获知，当即力事补正"。章士钊这种展开自由讨论的精神，不能不说是与毛泽东的启发、帮助分不开的。

……

本来，《柳文指要》终于可以问世了。但书稿刚刚送到中华书局，"文化大革命"就开始了。"文化大革命"的到来，使《柳文指要》的出版一度搁浅。在那摧毁一切旧文化的混乱年月中，章士钊或许也感到自己的著述与当时的气氛不协调。

十　毛泽东特批出版《柳文指要》鲜为人知的内情

于是1966年5月10日他给毛泽东写了封信，信中说：

"我今日看到《中国青年报》说：我们一定不放过邓拓这一伙，一定不放过一切牛鬼蛇神，《工人日报》亦如是云。于斯世也，天下执笔之士，不能以我与邓拓原不相识，强自宽解，而须将自己之一字一句严行琢磨，是否未侧于一切牛鬼蛇神之列。"

正是从这一心悸难测的情境出发，章士钊在这封信中对自己的《柳文指要》进行了自我批评。

信中说，连日读到各报关于"文化大革命"的详细记载，"我的思想不期受到绝大的震动。而自己的笔墨工作，仔细检讨，觉得最近提交中华书局准备出版的柳文指要，应当撤回重新检查"。

章士钊信中的检讨，自然是根据当时的大批判气氛，强化了毛泽东在1965年7月18日给章士钊信中所指出的缺陷。章士钊言语是激烈的，在那个年代里敢于这样说话的人，恐怕也只有他了，但毛泽东是最了解章士钊的。

毛泽东对《柳文指要》的态度也是一贯的，并不因"文革"的开始而加以改变。

所以，毛泽东在章士钊信中所说"文化大革命"是"一开一阖速战速决"这一句话旁，批语："不可能这样快。"

章士钊在信中还说，"我的所谓指要，纯乎按照柳子厚观点，对本宣科，显然为一个封建社会的文艺僵尸涂脂抹粉"。看到章士钊自我检讨的这几句话，毛泽东在其后半句旁画了一条竖线，并写了"此语说得过分"。

章士钊的信中说，《柳文指要》"这一类著作，放在今日蓬勃发展的新社会中，必然促使进步奋发的农工新作者，痛加批判立令体无完肤"。毛泽东在"痛加批判"旁画了一条竖线，并写道：

"要痛加批判的是那些挂着共产主义羊头、卖反共狗肉的坏人，而不是并不反共的作者。批判可能是有的，但料想不是重点，不是'痛加'。"

章士钊在信中还说，自己因著《柳文指要》一书而"成为大众向上的绊脚石。换而言之，即不啻此次'文化大革命'的对象，反而不知不觉间堕入反党反人民的黑线之内，得受膺惩"。

毛泽东看到这里，在其中的"堕入反党反人民的黑线之内，得受膺惩"旁画了一条竖线，并批注道："何至如此。"

红墙大事
——共和国重大历史事件的来龙去脉（上册）

毛泽东在章士钊这封信上的批语和批注，都从一个侧面反映出，毛泽东当时首肯的意识形态的大批判，主要是针对"党内走资派"的。对党外民主人士的著作，他的态度是较为冷静的。

章士钊在信末说，请主席给他三年时间，补习不可不读的马列著作和《毛泽东选集》，然后将其《柳文指要》一书重行订正，再付梓印行。

毛泽东读罢此信，于5月17日批语：

"刘、周、邓阅，与章先生一商。一是照原计划出版；二是照章先生所提，假以一、二、三年时间，加以修改，然后印行。二者择一可也。"

毛泽东信中所说的刘、周、邓，就是指刘少奇、周恩来、邓小平（当时任中共中央总书记）。

毛泽东写这个批示的时间，是1966年5月17日，也就是发布"五一六通知"，标志着"文革"正式开始的第二天。

很可能是由于康生的意见，或者是由于当时快速发展的形势，《柳文指要》的出版，不可能提上日程，反正是搁下来了。当"文革"的狂暴逐渐减弱，转为"斗、批、改"的时候，章士钊又重新提出了《柳文指要》的出版问题。

大约在1970年，虽然毛泽东早已批准同意出版《柳文指要》，中华书局也已排版，但此时的康生见《柳文指要》即将出版了，便横生枝节，提出要作者改变观点，将全书用马列主义、毛泽东思想重新修改一遍。

章士钊得知康生意见后，写了一封措辞激烈的长信给毛泽东并康生，断然拒绝按康生意见修改全书。可惜这封信现已找不到，章士钊女儿章含之有残存的半截草稿，从草稿中可见其当时心情十分激动，修改处墨迹极淡，显然是墨未研就下笔了。

章士钊在信中说："根据康生的意见，看来原作不加改动断不可，即为社会必须扫除的秽浊物，哪里还谈得上出版。"章在信中还嘲讽说："夫唯物主义无他，只不过求则得之不求则不得之高贵读物。"章还说，"我未信人类有不可变更的观点，亦未闻天下有走不通的道路。为此请求主席恕我违抗指挥之罪（章士钊旁注：指不改变原稿），并赐我三年期限补习必不可不读的马列著作以及全部毛选，如果天假之年能达九十六阙比时，谅已通将《指要》残本重新订正准即要求版行公之大众，不望无瑕，庶乎少过。我之此一请求出于十分真诚。临纸无任惶恐。待命之至，未肃顺致崇祺。康生副委员长均此未另。"

这封措辞激烈的信，在那个年代只有章士钊敢写，也只有毛泽东最了解章。同时也正是由于这封信，促使《柳文指要》终于在1971年9月由中华书局正式出版，共14册。

这自然是毛泽东促成的结果，他批转康生等研究处理，康生等骑虎难下，只好做个顺水人情。1971年8月14日，章士钊以90岁高龄续写该书《通要之部续序》时，喟然叹曰："柳文重发光艳，始起于1949年大革命初期，倘无毛主席著作发扬，绝不会有崇柳风尚。"

1972年，当美国总统尼克松访问中国时，周恩来总理专门向他介绍了章先生的《柳文指要》，赠送同来的美国国务院官员弗里曼（后曾任美国驻华公使）一套做纪念，并说，这部书完全是在毛主席的关怀下才公开出版的。以此向美国人表示我们并未摒弃文化遗产。

十一　炮击金门——国共两党在炮火中的"默契"

- 至于美国参战的可能性，金日成断言："那几乎不可能。"但毛泽东还是提出，帝国主义的事，我们做不了主

- 朝鲜战争停战以后，毛泽东决定把"解放台湾"问题再次提出来

- "蒋介石希望我们打炮，这样他就有了借口，可以抵抗美国的压力。"毛泽东如是说

- 毛泽东认为，直接对抗，中美双方都心存余悸，都害怕战争，因此中美之间的战争是打不起来的

- 中共决定不攻金、马，让金、马继续留在台湾国民党手中

- 从万炮齐轰金门岛，到只象征性地打打宣传弹，共产党与国民党用炮火达成"默契"

- 1962年对于中国来说，称得上是个多事之秋，四面八方不平静

红墙大事
——共和国重大历史事件的来龙去脉(上册)

新中国成立后,台湾海峡就一直是国共双方斗争的重要战场。由于美国的侵入,这种斗争变得十分复杂和微妙。尤其是从20世纪50年代中期到60年代初期,发生的几次大的军事斗争,给国民党和美国以有力的打击,被西方舆论称为"台湾海峡危机"。同时,这种斗争,又使海峡两岸和美国之间的关系发生了微妙的变化。对于中国共产党和人民军队来说,毛泽东可以说是这几次军事斗争的最高领导者。他以战略家的深邃目光,精心指导这场斗争,从而粉碎了美国制造"两个中国"的阴谋,牢牢地掌握了东南沿海军事斗争的主动权。这场斗争,对毛泽东也产生了深刻的影响。然而,更为重要的是毛泽东在这场斗争中所运用的政治与军事战略,不能不令人叹服,甚至还影响着今天的人们。

至于美国参战的可能性,金日成断言:"那几乎不可能。"
但毛泽东还是提出,帝国主义的事,我们做不了主

众所周知,台湾自古就是中国不可分割的一部分。台湾问题,也一直是历代政府、统治者不敢忽视的一个问题。作为中华民族最杰出的代表毛泽东和以他为首的中国共产党人当然也不会忽视。

当解放战争到了1948年与1949年之交的时候,毛泽东就开始把注意力盯住这个地方。当新中国成立的钟声就要敲响的时候,毛泽东适时做出了"解放台湾"的战略部署。

1949年4月21日,当南京政府拒绝在和平协议上签字之后,毛泽东亲自起草了向全国进军的命令,随着渡江战役的胜利展开,中国人民解放军横扫企图盘踞中国南部的国民党残余势力。

然而,由于解放军既没有空军也没有海军,因而对国民党控制的沿海诸岛一时还鞭长莫及,但中国共产党要完成统一中国的使命,就不能不考虑进攻台湾的问题。

1949年5月下旬中央军委就渡江后的进军问题批示第三野战军首长:"你们应当迅速准备提早入闽,争取于6月、7月两月内占领福州、泉州、漳州及其他要点,并准备相机夺取厦门。"

根据这一指示,第三野战军在5月27日解放上海后,即着手"解放台湾"的准备工作。7月10日,毛泽东写信给主持军委工作的周恩来时指出:"我们

十一 炮击金门——国共两党在炮火中的"默契"

必须准备攻台湾的条件，除陆军外，主要靠内应及空军，二者有一，即可成功，二者俱全，则把握更大。"随后，开始组建空军。从8月起第三野战军开始扫清"解放台湾"外围屏障的作战，先后发起福州战役和漳州战役。10月，金门作战失利，三个团9000余人全军覆没。

为了早日发起台湾战役，中央军委决定第四野战军渡海兵团首先攻取海南岛，第三野战军第七、第九兵团加紧攻占舟山群岛，以第十兵团攻占金门，最终以四野主力解放台湾。针对台湾防御力量的变化，军委决定攻台部队第一梯队的兵力由原来的4个军增至6个军，总兵力达到16个军以上。

12月，新中国刚刚成立还不到三个月，毛泽东便匆匆踏上了第一次访问苏联之路。

在16日见到斯大林的当天，他就委婉地向斯大林提出，国民党的支持者在台湾建立了一个海、空军基地，海军和空军的缺乏，使人民解放军占领这个岛屿更加困难。考虑到这种情况，我们的一些将领一直在提议，请苏联援助，比如可以派志愿飞行员或秘密军事特遣舰队协助夺取台湾。

对于中共领导人提出的援助请求，斯大林没有一口回绝，而是含糊其词地表示，这样的援助不是没有可能的，本来是应当考虑这样做的，问题是不能给美国一个干涉的借口。如果是指挥人员或军事教员，我们随时都可以派给你们，但其他的形式还需要考虑。

然而这一战略设想，由于朝鲜战争的爆发而不得不中止。

对于朝鲜的统一，毛泽东是希望在中国完全解放全部领土，尤其是"解放台湾"之后再进行，然而由于金日成的急切心情和斯大林对金日成的支持，毛泽东不得不放弃先"解放台湾"的打算。中国人民解放军由于缺乏海军和空军，因而单纯依靠陆军力量"解放台湾"困难相当大。

1月17日，在为朝鲜驻中国大使赴任举行的午餐会上，金日成拿着酒杯走到苏联驻朝鲜顾问的跟前说：目前中国正在完成它的解放事业，下一个问题就是如何完成统一朝鲜的任务了。

他宣称，毛泽东已经保证过，当中国统一完成之后，朝鲜统一就是最迫切的任务。中共将支持他完成这一任务。斯大林也曾经亲口答应他，一旦南朝鲜发动进攻，他可以进行反攻，结果，南朝鲜没有发动进攻，朝鲜的统一问题就这样拖

红墙大事
——共和国重大历史事件的来龙去脉（上册）

延下来了。他明确要求再次会晤斯大林，以便说明局势。

在得知金日成这一请求后，斯大林在1950年1月底开始倾向于接受金日成的援助要求。但斯大林没有向毛泽东透露半个字。

3月30日，金日成等人秘密访问了莫斯科。斯大林在这次会见中第一次对金日成的统一计划表示了肯定的态度，并称，如果说他在一年以前认为金日成的这个计划行不通的话，那么今天这样的计划就是可行的了。他最后没有忘记提醒金日成，他的计划必须通报给毛泽东，如果毛泽东也同意的话，他不会有反对意见。

斯大林之所以始终向毛泽东封锁消息，直到最后才要求金日成征求毛泽东的同意，很大程度上是考虑到中共中央早就提出了请苏联帮助"解放台湾"的要求，毛泽东又亲自向斯大林本人提出请求，斯大林很难摆平与毛泽东和金日成的关系。与其从一开始就向毛泽东去解释这样做的必要性，与毛泽东争论孰轻孰重，倒不如造成一个既成事实，使毛泽东无话可说。

于是，5月13日，金日成出现在北京中南海的怀仁堂。在当晚的会谈中，金日成首先通报了他与斯大林会谈的结果。

毛泽东早就想到金日成会有一个统一的计划，但他还是对金日成通报的情况深感意外。因为，在斯大林已经明确表示同意中国进行"解放台湾"的军事准备，解放军进攻台湾的各项先期工作也已经按部就班地迅速展开的情况下，他怎么也想不到斯大林会突然间转而赞成首先统一朝鲜。

毛泽东很委婉地对金日成表示，你们的大使已经几次来同我们谈过这个问题，我都告诉他现在还不可以。金日成则解释说，苏联已经帮我们做了许多准备，斯大林也同意了，只要中国同意，我们不要任何帮助。不得已，毛泽东告诉金日成，这是一个很重要的问题，他需要请苏联大使立即向斯大林核实一下。毛泽东随后中止了会谈，紧急约见苏联驻华大使罗申，要求他立即给斯大林发电证实金日成的说法。

鉴于斯大林已经明确表态，毛泽东自然无法持反对态度。但他对苏联大使说，他已经注意到朝鲜半岛的情况，完全同意朝鲜同志的估计，即由于美国势力逐渐退出南朝鲜，朝鲜的局势已经发生了很大的改变。不过，他认为，恐怕有必要像中苏条约那样，在中国和朝鲜之间迅速签订一个友好同盟互助条约。毛泽东显然对金日成的计划可能带来的后果有些担心，因而想到中国需要为直接援助北朝鲜做好准备。这也正是大战略家毛泽东的远见之处。

5月15日,毛泽东再度与金日成等会谈。他告诉金日成,原来他考虑的是应当首先"解放台湾",在此之后再解决朝鲜问题,那样中国将会更充分地援助北朝鲜。但既然统一朝鲜的问题已经在莫斯科得到批准,他同意首先统一朝鲜。

至于美国参战的可能性,金日成断言"那几乎不可能",斯大林已经告诉过他们,帝国主义不会干涉,因而不必加以考虑。

然而,毛泽东还是提出,帝国主义的事,我们做不了主,我们不是他们的参谋长,不能知道他们心里想的是什么。不过准备一下总是必要的。我们打算在鸭绿江边摆上三个军,帝国主义如果不干涉,没有妨碍;帝国主义如果干涉,不过"三八线",我们也不管;如果过了"三八线",我们一定打过去。随着朝鲜战争的爆发已经箭在弦上,金日成此时的兴奋心情可想而知。

因为,几乎就在金日成访苏之前不久,中国方面还特别就武力统一台湾的一些具体作战设想与苏联军事当局进行深入的讨论。而由于这时空军和海军的装备正在陆续到达,进攻台湾的技术条件问题正在通过各方面的努力而逐渐得到解决,中共中央已经重新开始有了依靠自己的力量夺取台湾的决心,并初步考虑在1951年条件基本具备后,选择适当的时机实施作战行动。毛泽东无论如何没有想到朝鲜战争会排在他"解放台湾"行动的前面。他最担心的显然是,一旦朝鲜战争爆发,无论胜负,美国政府都可能会改变对台湾的政策,从而使自己"解放台湾"的计划面临巨大的困难。

随着朝鲜战争的爆发,中国领导人焦虑地注视着国际上特别是美国的反应。两天之后,一个最让毛泽东担心的局面果然出现了。

朝鲜战争停战以后,毛泽东决定把"解放台湾"问题再次提出来

1950年6月27日,杜鲁门发表声明,公开宣布武装介入朝鲜,干涉朝鲜内政,并命令其海军第七舰队侵入台湾海峡,霸占中国领土台湾。从这天起,美国海军第七舰队10余艘军舰占领台湾基隆、高雄两港口,并在台湾海峡进行"侦察巡逻"和作战演习。8月4日,美国空军第十三联队一批飞机进占台北空军基地。同时,美国驻远东军总部还设立了名为"驻台考察团"的指挥机构,统一指挥其侵台的海、空军。

红墙大事
——共和国重大历史事件的来龙去脉（上册）

在毛泽东看来，美国的这一行动，显然无异于救了国民党的命。然而，台湾决不能从大陆分离出去。

那么，这一盘战略棋该怎么走？这是大战略家毛泽东无时不在想的问题。

然而，眼下最为紧要的是帮助朝鲜一把。为了保卫祖国的安全和支援邻国人民的反侵略战争，毛泽东和中共中央反复考虑后，作出了出兵抗美援朝的决策。

也就在这时候，美国的对台政策发生了很大的变化。这就是由原来所谓的不介入变为介入。美国一面鼓吹"台湾地位未定论"，一面作出长久武装国民党军队阻止中国政府"解放台湾"的决策。

11月，美台签订了"秘密军事协定"。根据这一协定，美国驻台军事援助顾问团在台北设立。由于美国的侵入，海峡两岸的关系变得复杂起来，成为一个带有国际性的内政问题。

朝鲜战争停战以后，美国将其远东政策的着眼点放在所谓对付亚洲共产主义对美国安全利益的威胁上面，加紧在亚洲策划与缔结一系列旨在遏制、孤立中国的"集体安全防御"条约，以在西太平洋地区构筑一道半月形防线和包围圈。台湾自然是这道防线上重要的战略据点。1954年夏季，围绕"共同防御条约"问题，美台双方进行了一系列的磋商。虽然美台之间也有分歧，但是要把台湾固守起来，反对共产党中国，这一点却是共同的。

一个严峻的形势摆到了毛泽东和中国共产党人面前：究竟应该如何对待台湾和尚未解放的东南沿海岛屿问题？

毛泽东决定把"解放台湾"问题再次突出出来。1954年7月，日内瓦会议刚刚结束，毛泽东即致电周恩来，指出，我们在朝鲜停战后没有及时提出"解放台湾"的任务是不妥的，现在若还不进行此项工作，我们将犯严重的政治错误。显然，毛泽东是不能允许美国把台湾从中国分裂出去的，也是不能允许蒋介石集团长期盘踞在台湾的。完成祖国的统一大业，是毛泽东等老一代中国共产党人的夙愿。

正是根据毛泽东的指示，中国首先在宣传上突出了台湾问题。7月23日，《人民日报》发表了《一定要解放台湾》的社论。次日，又发表社论《人民解放军的光荣任务》，强调，人民解放军的任务就是保卫社会主义建设，防止帝国主义侵略，消灭蒋介石残余集团，"解放台湾"。

十一 炮击金门——国共两党在炮火中的"默契"

紧接着,朱德在纪念八一建军节的讲话和周恩来在中央人民政府会议上的报告中,都把"解放台湾"问题突出出来。8月11日,中央人民政府通过决议,号召全国人民和解放军为"解放台湾"而斗争。

与政治上展开宣传攻势的同时,在军事上,毛泽东和中共中央作出了炮击金门和解放一江山岛的决策。

9月3日,解放军驻闽部队猛烈炮击金门,连续发炮5000余发,揭开了炮击金门的序幕。

9月22日,解放军再次炮击金门。虽然每次炮击只持续一个多小时,却给了国民党军以沉重打击。

11月1日,解放军空军开始猛烈轰炸大陈岛,海军也出动到浙东海面,击沉了国民党军的主力舰"太平"号。解放军很快夺取了大陈地区的制海、制空权。

炮击金门,立即引起了国际舆论的广泛注意,也导致了美蒋之间关于美国协防范围的严重分歧。此时,美蒋正在就"共同防御条约"的适用范围问题进行磋商。美国的企图是,以台湾海峡为界分裂中国,不愿承诺协防金、马等沿海岛屿。蒋介石则坚决不愿放弃金、马。因为持有这两个岛屿就意味着仍统治着中国大陆福建省的部分土地,是台湾"反攻大陆的决心和希望"。退出金、马便割断了台湾与大陆在地域上和政治上的最后一根纽带,从而动摇了国民党政权在国际社会中"代表"中国的"法统"地位。同时,蒋介石也想以外岛问题把美国拖入中国的内战之中。最后通过的"共同防御条约",对美国是否负责协防国民党所占的大陆沿海岛屿采用了含糊的语言。美国企图不承担协防的义务;蒋介石却源源不断地向金、马增兵。为了利用台湾这个战略基地,艾森豪威尔不得不表示了"决心协防金门、马祖以巩固台澎地位"的态度。

与炮击金门的同时,人民解放军发起了一江山岛战役。这是解放东南沿海岛屿的一个突破口。面对美国的战争威胁,人民解放军一面严格遵守"不主动惹事"的规定,不在海上主动攻击美机美舰;一面绝不示弱,终于在1955年1月胜利解放一江山岛。大陈岛的国民党守军不战自退。浙东沿海岛屿全部被解放。

一江山岛作战后,美国错误地估计了形势,认为共产党目前正以武力"解放台湾",因而发出了战争叫嚣。1月27日,美国空军第十八战斗机联队从菲律

红墙大事
——共和国重大历史事件的来龙去脉（上册）

宾调往台湾。28日，第七舰队及航空母舰"中途岛"号侵入台湾海峡。据后来解密的历史档案，美国甚至商讨了为协防台湾而使用核武器的问题。远东局势紧张起来，许多亚非国家为此而担忧。

在这种情况下，毛泽东和中共中央决定适时地采取缓和远东紧张局势的措施。1955年4月，周恩来在亚非会议上就台湾问题发表声明，提出："中国政府愿意同美国政府坐下来谈判，讨论和缓远东紧张局势的问题，特别是和缓台湾紧张局势问题。"声明发表后，杜勒斯公开表示愿意同中国举行双边会谈。8月，中美大使级会谈开始。

同时，美台之间的分歧，也使和平"解放台湾"成为一种可能。于是，毛泽东、中共中央提出了"解放台湾"的两种方式，即战争的方式和和平的方式。中共中央对台湾海峡的斗争方针有了一个重大的转变。

这次"台湾海峡危机"的爆发，完全是为了捍卫祖国的主权和实现国家的统一，毛泽东和中共中央采取炮击金门等决策，是完全正确的。由于美国的介入和国际形势的变化，毛泽东和中共中央审时度势，采取了缓和的措施，提出了和平"解放台湾"的方针，也是完全正确的。

1955年后，中共中央和中央军委为促成和平"解放台湾"方针的落实，做了一系列的努力：在同美国进行大使级会谈的同时，自1955年夏停止对国民党军的主动炮击，已修好的机场不进驻；人民解放军继续实行精简整编，全军总员额由383万减至240万；通过各种渠道向台湾当局表示和平解决的诚意。

但是，中国共产党的努力未获得任何实质性的进展。美国坚持敌视中国的政策，推行"两个中国"的方针。杜勒斯在各种场合多次重申美国对华政策的三原则：不承认中华人民共和国，反对中国进入联合国和继续实行对华贸易禁运与经济封锁。

中美大使级会谈三年来，除达成一项人员回国协议外，未获任何结果。台湾当局不仅毫无和平谈判的诚意，而且加紧反攻大陆的准备，加强海空袭扰，使东南沿海的局势进一步恶化。

面对美台方面咄咄逼人的态势，毛泽东认为，对于帝国主义的武装挑衅，革命人民绝不能示弱，你越怕鬼，你就越不能活，他就要跑进来把你吃掉。我们不怕鬼，所以炮击金门、马祖。

十一　炮击金门——国共两党在炮火中的"默契"

"蒋介石希望我们打炮，这样他就有了借口，可以抵抗美国的压力。"毛泽东如是说

毛泽东决定第二次炮击金门，炮击的直接导火索是1957年的中东事件。

支援中东人民的斗争，打击美国的侵略，实际上，它的最深刻动因，是针对美国分裂中国的阴谋，通过炮火把金、马、台、澎与大陆连在一起，也为了打击国民党的嚣张气焰。

毛泽东是这次炮战的直接指挥者。1958年7月18日晚，毛泽东召集军委副主席和空军、海军等单位的领导人，布置东南沿海的军事斗争任务。毛泽东指出，支援阿拉伯人民的反侵略战争，不能仅限于道义上的支援，还要有实际行动的支援。金门、马祖是中国领土。打金门、马祖，惩罚国民党军，是中国的内政，敌人找不到借口，而对美帝国主义则有牵制作用。他还具体布置：以地面炮兵实施主要打击，准备打两三个月；以两个空军师于炮击的同时或稍后，转场南下，分别进驻汕头、连城。

当晚，中央军委开会，部署炮击金门的作战准备。对于这次作战，毛泽东站在战略的高度，运筹于帷幄之中，常常夜不能寐。

7月27日毛泽东给彭德怀、黄克诚一信，深刻地反映了他的这种思想。他在信中提出："打金门停止若干天似较适宜。目前不打，看一看形势。彼方换防不打，不换防也不打。等彼方无理进攻，再行反攻。中东解决，要时间，我们是有时间的，何必急呢？暂时不打，总有打之一日。"

毛泽东是在寻找炮击的最佳时机。他还说："政治挂帅，反复推敲，极为有益。一鼓作气，往往想得不周。""政治挂帅"，就这里而言，毛泽东是要坚持从政治上看问题。

8月20日，毛泽东作出了立即炮击金门的决定，立即集中力量，对金门国民党军予以突然猛烈的打击（不打马祖），把它封锁起来。他同时指出，经过一段时间后，对方可能从金马撤兵或困难很大还要挣扎，那时是否考虑登岛作战，视情况而定，走一步，看一步。

根据这一思想，中央军委确定于23日开始，对大、小金门实施一次大规模的炮击，着重打击指挥机关、炮兵阵地、雷达阵地、料罗湾码头的国民党军舰；

先打三天，走出第一步，然后视台湾当局态度和国际反应，再走第二步。

在决策炮击金门的时候，毛泽东和中共中央并无夺占金门的意图。攻占金、马、台湾，一直是中共中央的既定决策。运用威慑的手段迫使国民党撤军，也有1955年大陈岛的先例，何乐而不为。当然，毛泽东历来讲究灵活用兵，不拘一格，他决不会把一些意图固定化的。

8月23日，在毛泽东、总参作战部部长王尚荣、福州军区参谋长石一宸之间，一直保持着一种畅行无阻的联系。指战员们在焦急地等待着毛泽东的最后命令。

下午5时，福建前沿阵地万炮齐鸣，大、小金门，大担、二担等蒋军盘踞的岛屿，遭到猛烈的袭击。三天之间，10万发炮弹倾泻在这些岛屿的机场、弹药库、油库及前沿和炮兵阵地上。蒋军猝不及防，死伤3.6万之众。金门防区司令胡琏因躲在地下指挥部而幸免于难，副司令吉星文、章杰、赵家骧均伤重殒命。

8月24日，解放军进行了第二次大规模的炮击。同时，解放军海、空军都投入了战斗。金门国民党军遭到了沉重打击，补给运输一再中断，运达物资很少。

金、马守军伤亡惨重的消息，立即报到蒋介石那里。他听后，长时间紧蹙的眉头，骤然舒展，情不自禁地连声说："好，好，好！"他身边的一些人见此，都觉得不可思议。这些人无论如何也不曾料到："委座"此时的心情，作为其老对手的毛泽东，早已料到了。

在金、马炮击开始后的一天，毛泽东突然对林克说："向金门打炮，也不是为了解放金门，而是蒋介石希望我们打炮，这样他就有了借口，可以抵抗美国的压力。"

随着时间的推移，林克更清晰地了解到了毛泽东从维护祖国领土完整的大局出发，帮老蒋一把的深刻用意。

原来，面对杜勒斯的步步进逼，蒋介石虽硬着头皮顶着不撤，却一直找不到有力的理由回绝杜氏，压力日重，成了他的一块心病。中共的炮击行动，给他送上一个顺理成章的借口。

9月3日晚，毛泽东决定，福建前线部队自9月4日停止炮击三天，以观各方动态。

9月4日，中华人民共和国政府发表关于领海的声明，宣布中华人民共和国的领海宽度为12海里，一切外国飞机和军用船舶，未经中国政府许可，不得进入中国领海及其上空。同一天，美国政府对中国发出战争讹诈的叫嚣。

十一 炮击金门——国共两党在炮火中的"默契"

9月6日,周恩来发表关于台湾海峡地区局势的声明,警告美国政府,如果继续对中国进行侵略和干涉,把战争强加在中国人民头上,必须承担由此而产生的一切后果。周恩来发表声明后,苏联等社会主义国家的政府和领导人,相继谴责美国对中国的挑衅。世界各国舆论也警告美国必须悬崖勒马。美国公众也纷纷对政府的行为表示不满。

国际上如此强烈的反响,是毛泽东未曾料及的。由此,他产生了一系列关于国际问题的新观点。9月5日和8日,毛泽东在第15次最高国务会议上的讲话中系统地阐述了这些思想。这些论述,对于研究毛泽东的国际战略思想,是十分有益的。

首先,毛泽东提出了"谁怕谁多一点"的问题。他说:"据我看法,是杜勒斯怕我们怕得多一点,是英美德法那些西方国家怕我们怕得多一点。"因为真理抓在大多数人民手里,而不在杜勒斯手里,他们的心比我们虚,我们的心比较实。既然西方怕东方更多一点,战争是打不起来的。

毛泽东还认为,我们要求缓和紧张局势。因为缓和了对世界人民是有利的。但是,紧张局势除了有害的一面外,还有有利的一面。因为紧张局势可以调动人马,调动落后阶层,调动中间派起来奋斗,能够调动一切积极因素。他还说,战争调动人们的精神状态使他紧张起来,这是列宁的观点。

由此,毛泽东对"禁运"和帝国主义对我们"不承认"的问题发表了独特的看法。这就是:禁运比不禁运好;不承认比承认好。他分析说,禁运对于我们的衣食住行以及建设(炼钢炼铁)有极大的好处。一禁运,我们得自己想办法。正是何应钦,逼得根据地搞大生产运动。现在的何应钦就是杜勒斯。"现在他们禁运,我们就自己搞,搞大跃进,搞掉了依赖性,破除了迷信,就好了"。帝国主义国家不承认我们比较承认我们要有利一些。不承认我们,"让我们更多搞一点钢,搞个六七亿吨,那个时候他们总要承认"。

毛泽东还提出,仗虽然打不起来,但世界上的垄断资产阶级总是冒里冒失,所以,要准备反侵略战争。第一是反对打,第二是不怕打。要打就打,打了再建设。他号召,人民公社里头都搞民兵,全民皆兵,要发枪,开头发几百万支,将来要发几千万支。要一手拿笔杆,一手拿枪杆,又是文化,又是武化。

毛泽东谈笑风生,十分精彩。他关于"禁运""不承认"更有利的观点,从

红墙大事
——共和国重大历史事件的来龙去脉（上册）

坏事可以变成好事的角度来说，是有一定道理的。

毛泽东 9 月 8 日讲话的当天和 9 月 11 日，解放军福建前线部队又进行了两次炮击，金门全岛已被解放军全面封锁，国民党军已处于严重的困境之中。解放金门，已是囊中取物。

但是，毛泽东并没有这样做。因为金门炮击，引起了美台之间、中美之间一种复杂的关系。

毛泽东一直密切地关注着美、蒋之间的争斗，他认真地分析着来自各方面的材料，并要求中共在事关台湾海峡的问题上持慎重态度。他亲自审阅有关台湾海峡的行动方案与宣传文件，指出，这是一个复杂的国际斗争，对各方面的影响很大。因此，一切重要的行动和宣传（包括文告、谈话、口号、社论、新闻、广播），都必须遵守集中统一的原则，不得自作主张。后来陆续发表的一系列对金、马，对台湾的文告，有些虽以别的名义签发，但都是由毛泽东亲自执笔的。

随着美、蒋日益激烈的纷争，毛泽东形成了炮击持续下去，并使金、马留在蒋军手中，以支持蒋介石抵制美国制造"两个中国"预谋的战略。他在又一次闲谈中说："我们现在的方针是援蒋抗美，坚决反对两个中国的阴谋。杜勒斯到台湾，如果我们不炮击金门，那实际上是联美压蒋。我们炮击金门，打乱了美国的阴谋，打乱了他的计划。"

在每日阅看有关金、马、台湾情况的材料时，毛泽东及时地发现新华社的有关报道，没有跟上中央的意图，没有充分地注意到美、蒋的分歧，在报道中没有突出美、蒋的矛盾，而且仍有将美、蒋连为一体的倾向。他将这些材料上的问题一一标出来，并指出其处理不当之处。

新华社根据毛泽东的指示，及时调整了关注焦点，使毛泽东能够更快、更明确地了解世界及美、蒋方面对台湾海峡局势的反应。

发生在台湾海峡的炮击金、马行动，对回击蒋对大陆的窜扰，打破美国制造两个中国的蓄谋，均收到了预期的效果。但这个行动的意义，并不只是地区性的，还有着广阔的国际斗争背景。

因为在行动准备期间，发生了伊拉克共和国成立，美、英出兵中东的事件，中东地区的局势骤然紧张，成为举世关注的新焦点，爱好和平和主持正义的国家，一致呼吁美、英撤军。

十一　炮击金门——国共两党在炮火中的"默契"

毛泽东认为，直接对抗，中美双方都心存余悸，都害怕战争，因此中美之间的战争是打不起来的

毛泽东随之提出推迟打炮，将"中东解决"一起考虑，以便使台湾海峡地区的炮战，起到声援中东人民的反侵略斗争，并减轻那里的外来军事压力的作用。

正是在毛泽东提出新的战略思考之后，中国人民解放军空军、海军及大批炮兵、坦克部队开始向福建沿海一带大规模集结。故而炮击一开始，美国总统艾森豪威尔，竟在华盛顿三夜睡不着觉。因为从美方侦知的种种迹象看，无法排除中共渡海作战的意图，炮击金、马，很可能是进攻台湾的前奏。而蒋介石为了不从金、马后撤，一口咬定炮击金、马是向台湾进攻的组成部分，拼命渲染二者之间的联系。

在艾森豪威尔看来，一旦中共真的对台湾实施攻击，现有驻台美军，是不足以协助蒋军守卫的。于是，他下令，将在地中海游弋的美军第六舰队的一半力量，调往台湾海峡，与第七舰队会合。又从美国本土和菲律宾抽调部分舰只，使在台舰只达50艘，其中包括6艘航空母舰，3艘重巡洋舰。

接着，美军第四十六巡逻航空队，第一海军陆战队和其他几批飞机，也调到台湾，美国第一批陆战队3800人，在台湾南部登陆。美国一些本来用于和准备投入中东的军事力量，按照毛泽东的预想，被吸引到了远东。

美国的注意力转移到远东，远东局势趋向紧张，而中东的紧张局势得到缓解，中东各国十分感谢中国。

但这些仍不是炮击金、马的全部意义。一石三鸟、一箭三雕，是毛泽东擅长的杰作，他还想利用炮击，掌握其他的情况。自1955年3月，美台"共同防御条约"生效后，毛泽东就希望确切地了解这一条约的性质，是放蒋介石出笼进攻大陆呢？还是有限度的防御性的？美军对海峡地区的军事对峙，究竟准备介入到什么程度？这些始终没有一个检验的机会。

炮战持续一段时间后，金、马蒋军的弹药大量消耗，粮食储备亦所剩无多，频频向台湾告急。蒋介石随即向美提出护航要求，以便对金、马进行补给。

蒋介石这样做是另有居心的：如中共不对美舰炮击，则可建立起安全的补给线；若中共对美舰射击，美舰还击，则顺势将美国拖入对中共的作战。美国是极不愿直接介入军事对抗的，但碍于《台湾决议案》有关条文，答应护航，以敷衍蒋介石。

红墙大事
——共和国重大历史事件的来龙去脉（上册）

台湾当局则是极力要拖住美国，守卫金、马。8月27日和9月4日，蒋介石两次致函艾森豪威尔，要求美方对协防金、马给予大力支持。其主旨一如既往：金、马是和大陆联系的纽带，是进攻大陆的阵地。失去金、马，也就失去了"反共复国"的信心和希望。

在蒋介石授意下，台湾"外交部"首先发言，声称台湾将坚守金、马，并反对美国关于海峡中立化的建议。

炮击金门再一次使美国陷入一种两难境地。美国的既定政策是占据台湾，因此不可能对金、马外岛坐视不管。美国对中国一开始态度比较强硬：杜勒斯向中国施加压力；美国防部发表声明，命令第七舰队和美国在东亚的其他海军部队采取"预防性防御措施"；艾森豪威尔也宣称，完全同意杜勒斯对中国的警告，表示要介入台湾海峡战争；艾森豪威尔还和杜勒斯探讨了使用战术原子武器摧毁大陆福建军用机场及其供应线的可能性。但是，美国政府的目标只是制造"两个中国"，并不是对金、马问题有多大的兴趣。艾森豪威尔后来在回忆录中说道，美国并不打算为金门、马祖这些岛屿而同中国作战。这一想法，美国虽未公开宣布，但毛泽东却已经从炮击金门的实践中看到了。

9月7日，台湾舰只在美军护航下，向金、马运送军需物资。美舰在左右两侧护航，与台舰相距二海里。美舰的卷入，使人民解放军前线指挥部感到情况复杂，叶飞立即向毛泽东请示如何应对。

复杂的情况反而激起了毛泽东的灵感，这正好提供了一个检验"共同防御条约"的机会。于是，毛泽东毫不迟疑地在电话中命令叶飞：照打不误，但只打台舰，不打美舰，即使美舰开火，没有命令也不准还击。

中午12点，美台混编舰队抵达金门料罗湾港口，福建前线炮兵立即开火。结果美舰置台舰与运输船于不顾，竟相遁去，而台舰则三艘被击沉，多艘受创。

毛泽东由此对美国的对台政策得出新的估价：第一，所谓"共同防御条约"是有限度的，是防御性的，是给蒋"戴上辔头"的条约。第二，美国不愿冒与中国发生直接军事冲突的风险。第三，美国想从金、马"脱身"即逼蒋后撤，通过"划峡而治"，减轻自己的"义务"和负担。即"所谓美蒋共同防御条约也是有一定限度的，只有涉及美帝自身的利益，要冒和我军发生直接冲突的危险，它就不干了，就只顾自己，不顾别人了，如此而已"。

在金、马炮战开始后，美国虽然逼蒋后撤，与蒋分歧日益公开化，但为了确保台湾不受攻击，美国还是将大量海、空力量及登陆部队调往台湾。另外，美国又有6艘军舰、2000名士兵进驻新加坡。与此同时，美国政府甚至就是否使用原子武器摧毁福建军事机场及切断前线供应线等问题，进行讨论。

远东局势紧张，在台湾海峡爆发一场有美国介入的激战的可能性不是不存在，这不能不引起世界性的震荡。毛泽东也说："金门、马祖打这样几炮，我就没有料到现在这个世界闹得这样满天风雨，烟雾冲天。这就是因为人们怕战争。"

部分美国的盟国害怕被美国裹进战争，一些中国的友好国家，亦对中国面临的险恶局面深表关切。越南劳动党主席胡志明，于9月8日致电毛泽东，电文说："鉴于台湾情况之紧张，美帝态度之顽固，请您告诉我们：（甲）可能不可能发生美华战争？（乙）我们越南应该有什么准备？"

苏联亦对中美是否会发生直接冲突十分担心，8月底9月初，苏联外交部部长葛罗米柯亲自来华摸底，询问中国政府对海峡时局是否会发生直接对抗的估计，亦想了解中国对苏联是否有什么要求。

毛泽东认为，对直接对抗，中美双方都心存余悸，都害怕战争，"但是他们（帝国主义阵营）比较怕我们多一点，因此中美之间的战争是打不起来的"。特别是经过对美台混编舰队的炮击检验后，毛泽东更确信，"美国没有一个人愿为金、马而战"，因而断定战争打不起来。

9月8日，毛泽东即复电胡志明："（甲）美国人怕打仗，就目前说，很少可能大打起来；（乙）贵国可以照常工作。"同时中国政府亦根据毛泽东的推断，明确地向葛罗米柯表示，中国自己完全能够驾驭局势，不需要苏联也牵扯进来，更没有让苏联用核武器来支持中国的想法，并告知中方对事态发展的估计。

苏联有了底，赫鲁晓夫遂于9月7日、19日，两次写信给艾森豪威尔，呼吁美国政府对在中国台湾及台湾海峡地区所采取的行动要慎重从事，不要轻易采取可能带来不可收拾的后果的步骤，并表示如果美国对中国发动核攻击，"那么，侵略者就将立即遭到应有的、同类武器的反击"。苏联的表态，对美国在台湾海峡行动持慎重态度，产生了一定的影响。

当9月15日中美大使级会谈重新开始以后，美台在金、马问题上的冲突更加激烈起来。在9月15日的中美大使级会谈中，美方提出以在台湾海峡立即实现"停火"，作为进一步谈判的条件。

9月，蒋介石亲自出席中外记者招待会，发表谈话说，中共炮击金、马，是进攻台湾的前奏。金、马是台湾的屏障，自动放弃这些岛屿，等于敞开门户。因此，金、马地区必须固守，哪怕是由国民党独立作战，也决不后撤。这等于对杜勒斯的要求，做了针锋相对的公开回复。

中共决定不攻金、马，让金、马继续留在台湾国民党手中

蒋介石关于不后撤的表态使美国政府十分恼火。杜勒斯在蒋介石谈话的翌日，即以训斥的口吻指责说，如果美国能够争取到大陆和台湾之间都放弃武力对峙，而台湾却仍在金门、马祖等岛屿保持庞大的军事力量，则是愚蠢、不明智和欠谨慎的，并再次兜售"托管"台湾之说。9月18日，杜勒斯在联合国大会的演说中，表示美国"希望很快地实现停火"。美国政府开始在私下劝说台湾当局从金、马撤军。美国的主张遭到了台湾方面的坚决反对，双方矛盾愈益尖锐，甚至公开指责起来。

杜勒斯话音刚落，就遭到蒋介石的反驳。他对美国记者说，杜勒斯有关放弃金、马，停止海峡两方军事对峙的建议，只是片面的声明，台湾当局并无非接受不可的义务。

29日，蒋介石在记者招待会上声称，台湾将固守金、马，"不容为了考虑盟邦态度如何，而瞻顾徘徊"，必要时，台将独立作战。

30日，杜勒斯在记者招待会上给予还击，说"如果有了停火，仍然在金、马保持庞大的军事力量是愚蠢、不明智和欠谨慎的"。

10月1日，蒋介石又立即反驳，说假定杜勒斯先生说过这些话，这也只是单方面的声明，我的政府没有任何义务来遵守它。

进入10月后，炮击行动预期的目标已经一一达到，但美国、蒋介石方面，都还没摸透毛泽东的真实意图。甚至参加炮击的广大指战员，也不清楚最高统帅的整体构思，他们还在摩拳擦掌，以为紧接着炮击的，是渡海作战，收复金、马，然后红旗直指台湾岛。

可此时毛泽东与身边人员谈论的话题，已经是："现在我们不拿台湾，可能10年、20年、40年都不去拿台湾。向金门打炮，也不是为了解放金门。"他已经在考虑停止炮击了。

十一　炮击金门——国共两党在炮火中的"默契"

美台在金、马问题上的争吵，引起了毛泽东的高度重视。为了反对美国制造"两个中国"的阴谋，毛泽东决定不攻金、马，让金、马继续留在台湾国民党手中，以便以后对金、马、台、澎问题一揽子解决。

10月5日，毛泽东突然致电彭德怀、黄克诚并转告福州军区政治委员叶飞和司令员韩先楚，命令福建前线部队："六、七两日，我军一炮不发；敌方向我炮击，也一炮不还。偃旗息鼓，观察两天，再作道理。"接着，中央军委根据毛泽东的意图，作出了"打而不登"、"封而不死"的决策，其目的在于：减轻对金、马的军事压力，使金、马国民党军能够生存下去，促使其守而不撤；同时，又要使其处于紧张状态，拖住美国不得脱身。总之，临机应变，掌握主动，以利统一解决台、澎、金、马问题。

10月6日凌晨2时，毛泽东又改变了主意，发布了原准备推迟几天发的他亲自起草的国防部长彭德怀《告台湾同胞书》，宣告了毛泽东新的战略构想的实施："我们都是中国人。三十六计，和为上计。""台、澎、金、马是中国的一部分，不是另一个国家。世界上只有一个中国，没有两个中国。"

文中开篇的文字是："我们都是中国人。三十六计，和为上计。""归根到底，美帝国主义是我们的敌人。"将停止炮击的时间延长到一周，并敦促蒋介石同大陆就和平统一问题，进行谈判。至此，以炮击为主的军事斗争，开始向以政治斗争为主的谋求谈判转换。

10月9日，蒋介石发表"双十文告"，再次强调要"坚守"金、马，绝不后撤。

13日，毛泽东又亲自起草给福建前线部队的命令，明确地指出打和停的原因："兵不厌诈，这不是诈。这是为了对付美国人的。这是民族大义，必须把中美界限分得清清楚楚。"此后，在金门炮战中出现了一种奇特的战争场景：对金门只单日打炮，双日则不打炮。国民党似乎也心领神会，仅在单日偶尔发炮还击。到后来，福建前线部队又停止实弹射击，只打宣传弹。

恢复炮击后，法新社驻台北记者发出的消息说：台湾当局人士在炮击之后，"显然松了一口气"。当杜勒斯要蒋介石公开声明，"任何时候，任何地点，任何情况下，都不与中共和谈，蒋介石默不作声"。

从10月25日以后，金、马地区的炮战，成为纯粹政治意义的行动。例如11月3日，根据毛泽东的建议，大打一天。"打一万发以上，对一切军事目标都打。以影响美国选举,争取民主党获胜,挫败共和党。同时使蒋军得到拒绝撤走的口实。"除此之外,双方都象征性地把炮打在对方的海滩上,没有丝毫军事意义。

久而久之,西方一些明眼人都得出这样的结论,这炮战是中共与蒋介石之间对付美国的"一种默契"。台湾海峡的局势,又趋缓和,而美国企图"划峡而治",搞"两个中国"的蓄谋彻底失败。

从万炮齐轰金门岛,到只象征性地打打宣传弹,共产党与国民党用炮火达成"默契"

从万炮齐轰金门岛,到只是象征性地打打宣传弹,毛泽东导演了一场新的战争戏剧。这场战争从打击美国的侵略企图和国民党的嚣张气焰开始,毛泽东始终把军事斗争和政治斗争结合起来,高屋建瓴,牢牢地把握斗争的主动权,最终打破了美国蓄意制造"两个中国"的企图,也顺利地"化敌为友",和国民党在金、马问题上用炮火达成了"默契"。毛泽东不愧是战略家。1959年5月10日,毛泽东在同德意志民主共和国人民议院代表团谈话时就"台湾问题",指出"美国必须从台湾撤军"。他说道:

台湾问题暂时不能解决,问题是美国霸占着。

台湾人民很不喜欢美国人,也不喜欢蒋介石。但是要蒋介石好呢,还是不要他好?现在要他好,他是亲美派,但他还想自己统治。另外一批人也是亲美派,但想完全投降美国。

现在的一个具体问题是:蒋介石明年还做不做"总统"。美国不想让他做,但我们认为他应该做。他想要有自己的军队。你们知道,1957年5月24日台湾人民打烂了美国使馆。美国人怀疑是蒋介石的儿子蒋经国搞的,他们认为蒋经国不可相信,因为他去苏联住了十来年,娶了苏联老婆。

去年打金门,那里没有美国军队,只有美国一个工作组,十几个人。这个地方和美国没有条约关系,而台湾却和美国有条约关系。我们打金门是内战问题。杜勒斯的方针是叫我们和蒋介石都不打。我们说,你们管不着,这是我们中国的地方,我们打不打是我们的事,你们不要多管。我们和你们美

十一　炮击金门——国共两党在炮火中的"默契"

国只在一点上有关系，就是要求你们从台湾撤军。正因为这样，我们才在日内瓦、华沙同美国谈判。美国要签订一个声明，要蒋介石不打我们，要我们也不打蒋介石。我们说不行，金、马、台、澎问题是我们的内政，你们管不着，唯一的问题就是请你们搬家。

看来我们和美国还得谈下去。它不赞成我们，我们也不赞成它，谈多久我们不知道。已经谈了三年半，恐怕还会谈10年，这是世界上最长的谈判。你们不要怕我们会打台湾。我们打金、马是为了帮助蒋介石，因为美国想把金、马让给我们，自己占据台湾。我们放弃金、马，都给蒋介石。蒋介石一困难，我们就打金、马，美国就可以让蒋介石继续做"总统"。

美国有"战争边缘政策"，主要是为台湾问题而想出来的。去年我们也采取"边缘政策"。我们打金、马和蒋介石的增援船只，蒋介石就请美国帮助。美国人来了，但只在12海里以外。我们光打蒋介石的船，不打美国船。美国船升起国旗，叫我们不要打它。美国一炮也没有打我们，我们也没有打它。所以大家都在战争边缘上。

美国空军很守规矩，它总是和我们的海岸保持一定的距离。有一次我们打下了一架美国飞机，因为它越了境，但美国不作声，不要我们赔。美国是强国，霸占的地区太宽，它的十个指头按着十个跳蚤动不了啦，一个跳蚤也都抓不住。力量一分散，事情就难办了。

10月2日，毛泽东在同苏共中央第一书记赫鲁晓夫谈话时，又谈到了"中国大陆同台湾的关系不同于两个德国、两个朝鲜、两个越南"的问题。毛泽东指出：

我们历来都讲，台湾问题是中国的内政。中国一定要解放台湾，解放的办法有两个：一个是用和平的方法，一个是用战争的方法。万隆会议时，周恩来总理就声明过，愿意同美国坐下来谈判。后来就谈了，一气谈了四年，先在日内瓦，后到华沙；先是一个星期一次，后来是两个星期一次、一个月一次，现在是两个月一次。双方都不想中断谈判，美国曾经中断过一个时期，后来我们去了一封信，说不谈不好，并且提出了谈判时间。他们说，限定时间，他们不能遵守，但是谈判可以恢复。我们说谈判可以拖一年，后来金门

红墙大事
——共和国重大历史事件的来龙去脉（上册）

一打炮，谈判就恢复了。谈判地点，根据美国的意见迁到了华沙。在谈判中，我们只是向他们提出一点，就是要他们从台湾撤军，撤军就没事了嘛。剩下来的就是我们同蒋介石的事了，我们可以同蒋介石公开谈判。可是，美国不干，他们怕蒋介石同我们谈判。我们在金门打了炮，实际上并不是战争。我们并不想一下子把台湾等地拿下来，可以把它们放在蒋介石的手里，10年、20年、30年，都没有关系。金门、马祖可以不拿下来，并不想为此而打仗。

中国问题和德国问题不同，不仅因为人口多少不同，而且因为中国在战时是个同盟国，战后是个战胜国，而德国是战败国。德国是用国际条约，即用《波茨坦公告》分开的。朝鲜"三八线"是在波茨坦会议上划定的，后来经过朝鲜战争，由金日成同志和我们志愿军同美国人谈判又重新划定了这条线。南越和北越是由日内瓦会议决定的。而台湾和中国大陆的分裂，并无任何国际协定来规定，因此英国对于美国侵台并不满意，甚至就连美国国内也有人不满。

10月5日，毛泽东还在同拉丁美洲17国共产党代表团谈话时，严正指出"不能把台湾问题上的国际问题同国内问题混淆起来"。毛泽东指出：

> 台湾问题很复杂，又有国内问题，又有国际问题。就美国说，这是一个国际问题，国际问题只能用和平道路解决，不能用武力解决。我们还在同美国谈判，可是美国没拿出名堂来。以前我们在日内瓦谈，现在在华沙谈，问题没有解决。我们要求美军撤出台湾，他们不干，我们只能等，他们要多少时间撤出，我们就等多少时间。我们不会首先同美国打起来的，同志们放心好了。就蒋介石说，台湾是一个国内问题。是否一定要用武力解决呢？也不是，我们准备同蒋介石谈判，但他不干。我们没有办法，可能有一天会打起来的。国内问题有两个解决办法，和平解决和武力解决。有人把台湾问题上的国际问题同国内问题混淆了起来。台湾只有一千万人口，几年不收回台湾（包括金门在内）也不要紧。

在台湾问题上，美国企图搞"两个中国"，一个大中国，一个小中国。他们说，德国有东德、西德两个，为什么不能有两个中国？我们说德国是战败国，第二次世界大战时是我们的敌人，按照《波茨坦公告》的规定分为两个。中国在第二次世界大战时是个同盟国，按丘吉尔、罗斯福、蒋介石参加的开罗会议的规定，台湾从日本手里归还中国。台湾本来就是中国的，日本人暂时占领了，日本失败后应归还中国。蒋介石失败后跑到台湾，在台湾建立"政府"。全世界还有许多国家同台湾当局有"外交关系"。我们反对"两个中国"，蒋介石也反对"两个中国"，我们有一致之处，有共同点。

1962年对于中国来说，称得上是个多事之秋，四面八方不平静

1960年10月22日，毛泽东在接见美国著名记者、中国人民的老朋友埃德加·斯诺时曾专门谈到了台湾问题。下面是毛泽东与斯诺的一段重要的对话：

埃德加·斯诺说：关于台湾问题，不知主席有没有看到在美国进行的一场激烈辩论？是肯尼迪和尼克松两个人关于马祖和金门问题以及美国对远东政策问题所进行的辩论。

毛泽东说：看了一些。

斯诺说：他们争论得那么激烈，报上已经出现马祖和金门的名字，所以有一个人就编了一个笑话，说人们已经忘了两个总统候选人的名字，忘记了他们叫尼克松和肯尼迪，而以为他们叫马祖和金门。

毛泽东说：他们拿这个问题用在他们的竞选上面，这是因为美国人怕打仗。这两个岛靠大陆太近，肯尼迪就用这点想争取选票。

斯诺说：但是，这也反映了一个事实，就是说在这个问题上，美国舆论有很大的分歧。一般说来，人们对这次竞选反应冷淡，但这个问题却引起了极大的兴趣，因为很多人反对美国的现行政策，所以这是一个真正的问题。

毛泽东说：尼克松有他的想法，他说非保护这两个岛不可。他也是为了争选票。这个问题使美国竞选有了声色。尼克松讲过了头，他说得好像美国政府有义务保护这两个岛。美国国务院说没有义务保护这两个岛。究竟保护不保护，要看时局，要按照当时的情况，由总统做决定：这是艾森豪威尔两年前的声明。

斯诺说：有人提出这样一个问题：根据美国的宪法，新总统在11月初选出后，还不马上上任，而要等到明年1月。他们说，如果肯尼迪当选，而中国却在11月6日去占领金门和马祖，那时怎么办？

毛泽东说：他们是这样提问题的？

斯诺说：直到明年1月，艾森豪威尔还是总统。

毛泽东说：我们不是这样看待这两个岛屿的。我们对这个问题有过公开声明，

红墙大事
——共和国重大历史事件的来龙去脉（上册）

就是让蒋介石守住这两个岛屿。我们也不切断他们的给养。如果他们给养不够，我们还可以接济他们。我们要的是整个台湾地区，是台湾和澎湖列岛，包括金门和马祖，这都是中国的领土。关于这两个岛屿，现在在蒋介石手里，还可以让他们守住。看来，美国竞选的人还没有查清这个材料。

斯诺说：很可能。

毛泽东说：这个问题有什么可争的？我们要的不只是金门、马祖这两个岛屿，而是整个台湾和澎湖列岛。这个问题可能要搅很长的时间。现在已经搅11年了，比方再过两个11年吧，或更长的时间，都有可能。因为美国政府不愿意放弃台湾。它不愿意放弃，我们也不去打，我们和它谈判，先在日内瓦，后来在华沙。它在台湾，我们也不会打。我们要谈判解决，不要武力解决。这条道理美国政府早已知道。金门、马祖我们也不去打，我们过去有过公开声明的。因此，战争的危险是没有的，美国可以放心继续霸占台湾。今年已经是11年了，又过11年，再过11年，不是33年了吗？也许在第32年，美国会放弃台湾的。

斯诺说：我想主席是要等到蒋介石的士兵都成了三条腿的人的时候。

毛泽东说：主要是美国政府的问题，不是蒋介石或者其他人的问题。蒋介石的人如果成了三条腿，台湾还是有人的，还是有两条腿的人。人是能够随便找到的。

斯诺说：主席是否真的认为，美国的立场还要11年，甚或22年才会有改变？美国的局势现在发展得非常快，要变起来也会是很快的。这种变化当然同外来因素有关。总之，局势会起变化的。

毛泽东说：也许。你在你的文章里有一条，说我们对美国承认中国的兴趣比我们对进联合国的兴趣小，好像我们对进联合国的兴趣要大一些。我看，不是这样，不能这么讲。在联合国里，是不应该由蒋介石代表中国的，应该由我们代表，早就应该如此。但是，美国政府组织了多数国家，不让我们去。这也没有什么不好，我们并不急于进入联合国。急于要我们进入联合国的是另外一些国家，当然不包括美国在内。英国现在不得不听美国的话。但是，英国的本意可能就是你所说的那个，就是如果我们在联合国外无法无天，不如把我们套在联合国里守规矩好。有相当多的国家希望中国守规矩些。你知道，我们打过游击，野惯了。那么多规矩，令人难受，是不是？不进联合国，对我们有什么损失呢？没有什么损失。进联合国有多少好处呢？当然，有一些好处，但说有很多好处就不见得。有些国家争着要进联合国,我们不甚了解这种情绪。我们的国家就是一个联合国,我们的一个省就比有的国家大。

斯诺说:我也经常这样说。

毛泽东说:他们对我们进行经济封锁,就和国民党那时对我们的经济封锁一样。很感谢国民党对我们的经济封锁,使得我们没有办法,只好自己搞,致使我们各个根据地都搞生产。国民党在1937年、1938年、1939年还给我们发饷,从1940年开始就实行封锁。我们要感谢他们,是他们使我们自己搞生产,不依赖他们。现在美国也对我们实行封锁,这个封锁对我们有益处。

斯诺说:我记得在1939年的时候主席就对我说过,我们有八点要感谢国民党的。一点是,因为共产党发展太慢,所以国民党就实行经济封锁,迫使我们更快地发展。另一点是,因为共产党的军队新兵太少,所以蒋介石就把更多的人关到监狱里去,等等。后来,主席的这几点意见都被证明是正确的。事实上,愈是压迫人民,人民的力量就发展得愈快。

毛泽东说:就是这个道理。

斯诺说:你在你的一篇文章里说,帝国主义的规律是,反对殖民地人民争取自由的努力,捣乱,失败,再捣乱,再失败。他们对中国的封锁肯定是失败了。但是,这并没有使他们放弃这种想法。现在他们又在酝酿对古巴实行经济封锁。我认为,这也是要失败的。很难理解他们想从此得到什么结果,不过看样子,他们还是要对古巴实行禁运的。

毛泽东说:现在是部分的禁运,这对古巴没有多大影响;有可能走到全面禁运,影响就比较大些。但是他们要把古巴卡死也不可能,古巴是有路可走的。现在古巴总比过去我们在延安好。

斯诺说:我还想提一个问题。再过10年到20年,你们就会达到工业化的目标。到那个时候,由于原子能和电子学的广泛应用,世界的经济基础将会有很大的改变。当然到那个时候,或者比那个时候要早得多,中国也会有原子能。有些美国人认为,中国要得到原子能,那是遥远的将来的事。另一方面,他们又害怕中国一旦有了原子弹,就会马上不负责任地使用它。

毛泽东说:不会的。原子弹哪里能乱甩呢?如果我们有,也不能乱甩,乱甩就要犯罪。

红墙大事
——共和国重大历史事件的来龙去脉(上册)

斯诺说：尽管中美之间现在并没有和平条约和协定，尽管有些美国人认为美国和中国之间实际上处于半战争状态，但是全世界的和平每天都取决于中国的责任感。这种责任感首先是对中国人民的，其次也是对全世界的，而中国是其中的一部分。您同意我这种说法吗？

毛泽东说：对。不管美国承认不承认我们，不管我们进不进联合国，世界和平的责任我们是要担负的。我们不会因为不进联合国就无法无天，像孙悟空大闹天宫那样。我们要维持世界和平，不要打世界大战。我们主张国与国之间不要用战争来解决问题。但是，维持世界和平不但中国有责任，美国也有责任。解决台湾问题是中国的内政，这点我们是要坚持的。虽然如此，我们不打。美国人在那里，我们去打吗？我们不打。美国人走后，我们就一定打吗？那也不一定。我们要用和平的方法解决台湾问题。我国好多地方就是用和平方法解决的。北京就是用和平方法解决的，还有湖南、云南、新疆。外面有一种说法，好像在各国共产党中，中国共产党特别调皮，不守规矩，不讲道理，是乱来的。你来了几个月，那种话不可全信。你讲过外面有人说，中国是一个大兵营和一个大监狱。对蒋介石的中国这样说，确实是像的，当时北京、南京、上海确实都是兵营。新中国成立后，通过改造、教育，中国大为不同了。

斯诺说：我的确能够说，我的印象是中国现在同过去大为不同了。

1962年的国际形势，对于中国来说，称得上是个多事之秋。四面八方都不平静。

首先一件大事是北面中苏关系的破裂及其公开化。中苏关系曾有过一段美好的时光。但是，赫鲁晓夫上台以后所推行的反斯大林主义和大国沙文主义，逐渐给中苏关系蒙上了阴影。尤其是1958年苏联提出共建长波电台和联合舰队的要求，激起了毛泽东和中国领导人的反感。毛泽东曾对苏大使尤金发脾气说：你们"就搞了一点原子能，就要控制，就要租界权"，"要讲政治条件，连半个指头都不行"。在处理国际关系中，毛泽东把国家利益作为一条基本原则，这一立场是无可非议的。在此前后，中苏两党在意识形态问题上发生了一系列争论，诸如如何评价斯大林问题、和平过渡问题。1960年1月，苏联方面撕毁中苏国防新技术协定，拒绝向中国提供原子弹样品和生产原子弹的资料。1960年7月，苏联又以中国不尊重苏联专家为理由，撤走专家。1960年，中共为纪念列宁诞辰

十一 炮击金门——国共两党在炮火中的"默契"

90周年，发表了《列宁主义万岁》等三篇文章，对苏共提出了批评。从此，在国际上反对修正主义，成为中国共产党人的一个重大战略任务。

西部的中印边境也不安宁。中国同印度的边界，虽然从未正式划定，但在中印两国人民长期和睦相处的过程中，按照双方行政管辖所及的范围，早已形成了一条传统习惯线。1914年英国殖民者背着中国中央政府非法策划的"麦克马洪线"，从未得到中国政府的承认。但是，进入20世纪50年代末和60年代初，印度当局不断地在边境制造流血事件，开枪打死打伤中国士兵。对此，中国政府一直采取克制忍让的政策，力图避免武装冲突。中国边防部队遵照中国政府和中央军委的指示，单方面地采取了一系列非常措施，如在双方后来形成的实际控制线本侧30公里内不开枪、不巡逻、不平叛、不打猎；在20公里内不打靶、不演习、不爆破；对滋事入侵的印军，总是先提出警告，劝其撤退，力图不使事态扩大。但是，印度方面却把中国政府的宽容忍让视为软弱可欺，得寸进尺，步步进逼。一场边境作战已经在所难免。

东南方向蒋介石也在加紧战备行动。20世纪60年代初，美国政府首脑已经更迭，但美台之间的矛盾仍未解决，肯尼迪政府继续推行"两个中国"的政策，台湾当局感到自己的地位在动摇。于是，国民党开始希望台湾海峡的形势紧张起来，这样，"一可以拖住美国，二可以在政治上造成一定的声势，配合自身的经济发展成就，吸引国际上注目，三可以利用这个机会，试探一下美国对台湾的反攻大陆的真正立场究竟如何"。正是基于这个考虑，蒋介石认为在大陆经济困难状况仍很突出的1962年，是采取军事行动的时机。蒋介石在新竹召集国民党军队将领开会，部队登船待命。蒋介石的这一举动已在美国和台湾引起公开的议论。5月初，苏联驻中国大使契尔沃年科告诉陈毅外长说，据他们所悉，"蒋介石要向我东南沿海地区发动一次进攻"。

中国大陆的四面八方，几乎都有情况，尤其是西边和东边。战略的主要方向是什么？当解放军总参谋部正在集中处理中印边境问题时，毛泽东作出了判断：我们的主要敌人是东边，东边是敌人的头，西边是次要方向，是敌人的尾巴，不要上敌人的当。周恩来也和毛泽东持同样的观点，认为，中印边境如果有事，将是敌人的牵制方向，绝不应受敌人的调动，我们的主要注意力仍应在海上。我们整军备战的重点是在东面，而不是在西面。林彪也作出了同样的判断。

红墙大事
——共和国重大历史事件的来龙去脉（上册）

正是根据这种判断，6月6日，中共中央发出准备粉碎国民党军窜犯东南沿海地区的指示，要求全党、全军、全国人民提高警惕，从各方面做好准备，如果国民党军胆敢来犯，就坚决、彻底、干净、全部予以歼灭。遵照中共中央的指示精神，东南沿海部队实行紧急战备，迅速调整了部署，加强了东南沿海地区的兵力。毛泽东还一反传统的诱敌深入战法，要求采取坚决不让敌人登陆，歼敌于滩头水际的作战方针。

在军事上充分做好战备工作的同时，毛泽东和中共中央同样注意到美台之间的矛盾，在政治上、外交上采取利用矛盾的方针。7月12日，陈毅在朝鲜驻华大使举行的宴会上指出，蒋介石对大陆的军事冒险不论是迟是早，规模是大是小，美国政府必须对此承担责任。中共中央还利用宣传机器，对蒋介石的企图公开地进行政治揭露。

海峡两岸再度紧张起来的局势，引起了美国政府的关注。经过一番分析后，美国方面于6月27日在中美大使级会议上向王炳南传递这样一个信息：美国不支持台湾对大陆进行任何进攻的尝试，同时，美国也不会放弃台湾。与此同时，美国出动第七舰队，加强在台湾海峡的巡逻，既为了显示美国占据台湾的决心，又为了阻止国民党对大陆采取军事行动。由于得不到美国的支持，蒋介石采取大规模军事行动的企图也就成了泡影。

台湾当局似乎还不死心，接着，对大陆采取小规模武装侵犯的方式。蒋介石明知这种小股特务的偷渡袭扰是有去无回的，但他认为只要能达到扰乱大陆人心的作用，目的也就达到了。毛泽东对此则是泰然处之：来者必歼。在毛泽东看来，这种袭扰足以锻炼我国军民的战斗能力，是好事。经常有个敌人来逼我们一下，很有好处。敌人真不来反倒不好，那样人民得不到锻炼。毛泽东总是以他独特的思维方式观察问题。国民党军的这种小股袭扰活动，直到1965年才基本结束。得到的结果是：从1962年10月至1965年1月，人民解放军、公安部队和民兵，共歼灭国民党武装特务40股计594人，击沉和缴获各型舰艇24艘，缴获长短枪400余支。

此后，国民党军虽然继续在海上和空中小有动作，但已是强弩之末了。中共方面则由于众所周知的原因，包括对台湾国民党"反攻大陆"的警惕，在国内走上了更加激烈的阶级斗争的道路。海峡两岸处于一种冷战对峙状态。直到1979年，这种局面才宣告结束。

十二　毛泽东最担忧"内部起变化"

- 杜勒斯大肆鼓吹"和平演变"，试图瓦解社会主义阵营

- 毛泽东同外国代表谈话说，有杜勒斯事情就好办，所以我们经常感觉杜勒斯跟我们是同志

- 杜勒斯利用"渗透、腐蚀、颠覆"，企图促使中国"内部起变化"

- 领导人变了，整个国家就会改变颜色。毛泽东最担心：中央出修正主义

- 毛泽东在接见尼克松的女儿、女婿时说，我喜欢右派，你父亲算右派吧

红墙大事
——共和国重大历史事件的来龙去脉（上册）

杜勒斯"和平演变"战略，是美国政府随着支持国民党在中国发动内战的失败，企图借蒋介石之手，以武力手段在中国推行强权政治宣告彻底破产后，特别是第二次世界大战结束后，一批社会主义国家相继出现在世界东方，从而形成东西方对峙的世界格局后，"帝国主义和一切反动派决不甘心于他们的失败"，还会想尽各种办法在中国从事颠覆、破坏和捣乱，在新的形势下出笼的针对中国的战略。

杜勒斯大肆鼓吹"和平演变"，试图瓦解社会主义阵营

1946年3月，英国首相丘吉尔在访问美国期间发表富尔顿演说，揭开东西方两大阵营"冷战"的序幕。

1947年3月和6月，美国政府相继推出以政治和军事遏制为中心的"杜鲁门主义"，以及以经济遏制为宗旨的"马歇尔计划"。西方国家运用的这两手，不仅是对苏联，而且是对整个社会主义制度的挑战。

"冷战"遏制，虽然给社会主义国家造成一定的困难，却阻止不了中华人民共和国的诞生。这在西方帝国主义国家中引起极大的震动，一些"智囊"人物开始谋求新的战略。朝鲜战争的失败，东西方长期对峙的复杂较量，更使越来越多的西方政界要人转取新的战略。

这样，和平演变战略便在20世纪50年代后半期问世。

西方帝国主义国家的"和平演变"战略经历了一段酝酿过程。在1947年5月，美国政府成立以凯南为首的国务院政策设计委员会。在制定对共产主义的遏制政策时，凯南就提出，在军事遏制的同时，还应当用和平的方法促进某种趋势，"导致苏维埃政权的瓦解或逐步趋于软化"。

1949年7月30日，时任美国国务卿的艾奇逊致信杜鲁门总统，承认国民党的失败已成定局。但他不甘心美国在中国的失败，把今后在中国的希望寄托在受过西方教育的资产阶级民主个人主义者身上。艾奇逊说："民主个人主义终将再起，中国终将推翻外来的羁绊。"他建议美国政府"对于中国目前和将来一切朝着这个目标的发展"，"都应得到我们的鼓励"。这是美国政府对中国实行和平演变战略的开端。8月，美国政府发表《中美关系白皮书》和艾奇逊致杜鲁门的信。

对此，毛泽东以一个伟大战略家的眼光，一眼洞穿，及时抓住这一反面教材，

亲自撰写了《丢掉幻想，准备斗争》等五篇评论"白皮书"的文章，揭露美帝国主义的侵略本质和玩弄的种种阴谋，教育中国人民，尤其是对美帝国主义存在某些幻想的知识分子（即艾奇逊所说的"民主个人主义者"），丢掉幻想，准备同以美国为首的帝国主义做长期的斗争。毛泽东对"白皮书"的评论，揭开了同美帝国主义和平演变战略作斗争的序幕。无论如何，在美国政府大肆鼓吹"和平演变"的过程中，我们不应忘记一个为美国推行这一战略立过"大功"，而被毛泽东称为"老师"的人——杜勒斯。

1953年1月，杜勒斯就任美国国务卿。他对"和平演变"战略的形成起了非常重要的作用。

这年1月15日，他在国会考虑任命他为国务卿时的证词中提出："解放可以用战争以外的方法达到"，"它必须是而且可能是和平的方法"。他强调要用"精神与心理的力量"达到目的。

他提出应该使社会主义国家"被奴役的人们"得到"解放"，成为"自由的人民"。他对一些社会主义国家内部出现的"要求自由化的力量"感到满意，并把希望寄托在社会主义国家第三代、第四代人的身上，说社会主义国家领导人"如果他继续要有孩子的话，而他们又有孩子的孩子，他们的后代将获得自由"。他还攻击"中国共产主义是一种致命的危险"，"是一种要消失的现象"等。宣称美国及其同盟国的责任，就是要尽一切可能使这种现象消逝，要"用和平的方法使全中国得到自由"。

其实，为保证"和平演变"战略的实施，杜勒斯还提出过一系列计划。1952年8月27日，杜勒斯在布法罗的一次讲演中，曾经提出一项解放"铁幕"内的卫星国家的"三叉计划"。他认为，"美国之音"和其他机构应该挑起"铁幕"后面各国人民的抵抗情绪，并让他们相信美国会给予道义上的支持。这样，共产主义将从内部解体，俄国人最后将由于发现他们已吞下消化不完的东西而撒手回家。

不难想象，杜勒斯"和平演变"战略出笼之时，正值军事上美国在中国接连失利，尤其是在朝鲜战争这一仗中，一向"自我感觉良好"的美国人不得不第一次在没有胜利的停战协议上签字；美国对台湾海峡的封锁和禁运还在继续；社会主义中国国内政治稳定，"一五"规划正在全面展开，经济建设在发展，到处是

红墙大事
——共和国重大历史事件的来龙去脉（上册）

一派生机勃勃的景象。

不过此时的毛泽东，还无暇把杜勒斯放在眼里，因而当时还没有马上提出防止"和平演变"的问题。毛泽东后来之所以提出这个问题，是同国际国内形势的发展变化联系在一起的。

1956年2月，赫鲁晓夫在苏共"二十大"上作《秘密报告》，全盘否定斯大林。帝国主义者竭力利用《秘密报告》，把它作为摧毁共产党和社会主义的武器。这个报告引发了国际上一股反共反社会主义的浪潮，波兰、匈牙利事件接连发生。1957年，国内极少数资产阶级右派分子趁党整风之机，向党发起进攻。

5月15日，当时的美国国务卿杜勒斯在记者招待会上说："有迹象表明，在苏联内部有较大的自由主义力量"，"如果这种力量在苏联内部继续发展，而且声势日大的话，那么，我们就可以认为，也有理由希望，像我曾经说的，在十年或者一代人期间里，我们可以达到我们政策的伟大目标"。12月28日，他在《美国新闻与世界报道》上发表书面谈话，又提出对社会主义国家采取"在道义上的攻势"和"在军事上的守势"的两手策略。

匈牙利事件后，杜勒斯认为，改变共产党世界的性质是件可能的事。于是，他更加起劲地鼓吹"和平演变"战略。1957年7月2日，他在记者招待会上说：几乎可以肯定，社会主义国家"将要发生一种演进性的变化"。他认为，这种"和平演变"不是一两代人所能实现的，需要一个较长的过程。当有记者问："赫鲁晓夫的孙子是否将有自由了？"杜勒斯回答："我并没有对这件事定过日期，但是，我愿意这样说，如果他继续要有孩子的话，而他们又有孩子的孩子，他们的后代将获得自由。"这就是我们通常所说的帝国主义者把复辟的希望寄托在第三代、第四代身上的来源。

与杜勒斯相呼应，美国艾森豪威尔政府于1957年提出了所谓"和平取胜战略"，作为战争政策的补充手段。

除前面引述的杜勒斯的言论外，1957年4月23日杜勒斯在纽约发表的演说，把他的"和平演变"政策明确概括为六点，即：一、"提供范例，证明享受自由的幸福"，并且通过我们的情报和文化交流计划，"使全世界都知道这种情况"；二、借助于类似在联合国通过决议谴责苏联干涉匈牙利的做法，"使被分裂或被奴役的国家知道他们并未被遗忘"；三、"决不牺牲他们的利益来解决任何政治问题"；四、"推崇和赞誉那些为自由而流血的烈士"，但是不要鼓动暴力的起义；五、"让苏联的统治者看清，我们要解放的真正目的"是和平和自由；六、"鼓励走向自由的演变"。

杜勒斯提出对社会主义国家实行"和平演变"战略之后，立即得到美国政界人士的响应。8月，参议员肯尼迪发表讲话，赞同杜勒斯的和平演变战略。肯尼迪还提出巴特尔法的修正案，建议授权总统对"铁幕"后面的国家提供下列援助："（一）帮助这类国家中爱好自由的人民在政治、经济、社会各方面获得更大的自由和福利；（二）使这类爱好自由的人民得以加强他们保持其自由的全国政府逐渐摆脱外界的支配和控制的能力，并以扩大自由的人民和自由的政府可以繁荣的地区来促进世界和平和加强美国国家安全。"肯尼迪还宣称，这项修正案的目的"是向我们的政府提供一套更加灵活的经济工具，以推动铁幕后面的和平变革"。这项修正案在1959年底获得通过。

1958年赫鲁晓夫提出要同中国建立长波电台和联合舰队，企图从军事上控制中国，并公开反对中共提出的"三面红旗"，反对中国"炮击金门"的正义行动。这些事件，都引起毛泽东的高度警惕。毛泽东曾经说过：向金门打炮也好，停止炮击也好，主要的都是为了支持台湾人民和台湾当局守住台湾，而不被外国侵略和吞并。

在这同时，美国积极地推行对社会主义国家的"和平演变"战略。1957年艾森豪威尔政府提出"和平取胜战略"，鼓吹要通过"和平演变"，以促进"苏联世界内部的变化"。

1958年10月24日，杜勒斯在接受英国电视公司记者采访时说：共产主义"将逐渐让位于一种更着重国家福利、人民福利的制度"。现在"俄国和中国共产党人并不在为他们人民的福利而奋斗"，"这种共产主义会发生演变"。杜勒斯从台湾回到美国后立即发表声明：美国应"使中苏集团内部的政府政策加速演变，使其越来越谋求它们自己境内的人民的福利，而不是利用这些人民来征服世界"。他认为，应"全力以赴地执行"艾森豪威尔政府的"用和平手段取得胜利"的"高尚战略"。

1960年肯尼迪当选美国总统后，又使"和平演变"战略更加完善。1月17日，美国参议院外交委员会发表"意识形态与外交事务"第10号研究报告。报告明确提出和平演变的两个基本手段，一是"摧毁"社会主义思想体系；二是西方生活方式的渗透。报告还将东欧和中欧确定为和平演变的突破口，希望"通过东欧来影响苏联内部的演变"。这些都成为西方帝国主义者长期对社会主义国家搞"和平演变"的基本策略。

总之，在1956年苏共"二十大"以后，尤其是在匈牙利事件之后，作为帝国主义代言人的杜勒斯愈来愈把"和平演变"作为颠覆社会主义国家的一种战略方针。

"和平演变"战略在20世纪50年代后半期提出，绝不是偶然的。1956年发生的波兰"波兹南事件"、匈牙利事件以及日益明显的东欧国家对苏联控制的离心倾向，使西方政界人士逐渐认识到"共产主义世界已经不再是一块坚硬的独石，而铁幕也不再是无法渗透的铜墙铁壁"。他们为这一发现而庆幸，决意选择"和平取胜"的"高尚战略"来使共产党政权改变颜色。他们甚至设想"竭力发展同共产党阵营的知识分子，特别是同上层和中层政界人物的广泛接触，以便逐渐影响他们的思想信仰"。

毛泽东同外国代表谈话：有杜勒斯事情就好办，所以我们经常感觉杜勒斯跟我们是同志

对于西方的和平演变叫嚣，当时，一些社会主义国家的领导人对美国的东西方缓和战略存有幻想。在这种情况下，毛泽东在西方国家提出和平演变战略不久就敏锐地觉察到这个问题的严重性。联系到苏联和国内的情况，毛泽东对杜勒斯的这些言论极为重视。

在这种错综复杂的形势下，毛泽东深深感到"和平演变"的危险性，于是在1958年底把这个问题明确地提了出来。毛泽东很重视对杜勒斯的言论的研究和评论。他在《再论无产阶级专政的历史经验》一文中就引用了杜勒斯有关"和平演变"的话，指出，敌人是我们最好的老师，杜勒斯在给我们上课了。

1958年3月10日，毛泽东在成都会议上讲话说，《关于正确处理人民内部矛盾的问题》公布后，《纽约时报》全文登载，并发表文章说，这是"中国自由化"。资产阶级要灭亡，见了芦苇当渡船，那是很自然的。但资产阶级政治家中也不是没有有见解的人，如杜勒斯听到我们的文章后说，要看看。不到半个月，

十二 毛泽东最担忧"内部起变化"

他便做出结论,中国坏透了,苏联还好些。

10月2日,毛泽东在同保加利亚、阿尔巴尼亚、罗马尼亚、蒙古、苏联、波兰六国代表谈话中,阐述了"杜勒斯是世界上最好的反面教员"的观点。他讲道:

> 祝同志们健康,团结起来,为社会主义的更大发展,为最后战胜帝国主义而奋斗。要不要战胜帝国主义呀?总有一天要战胜它吧!当然不一定是明天早上,明天晚上也可以,后天早上也可以,总要战胜它吧?帝国主义总是要战胜的。打吗,有两种打法:文打和武打。基本上是文打,用和平的方法打它,但是我们也准备武打。这次有好几个军事代表团来,你们是准备文打还是武打的?我们有这么些军队,难道有军队我们不准备开枪的吗?当然是准备开枪的喽!这是我代表你们回答的。但这是我们最后的手段,如果敌人用这个手段来对付我们,我们就拿出这个手段来。
>
> 你们会批评我,说我的思想自相矛盾,既然这是最后才拿出来的手段,为什么还在金门打炮?所以一下子就把我抛入一个窘境,很难回答。
>
> 金门打炮,这是真打,但是基本上还是文打。我们没有跟任何外国人开战。美国人要我们停火,每天都要我们停火。我们没有跟你打仗嘛!为什么停火?我们中国就没有跟你美国人开过战,就没有打枪,我们只是跟我们的蒋委员长、蒋"总统"打。我们这个国家有一个"总统"叫蒋介石,也是我们的老朋友,我们跟他这个仗可打得久了,打了31年,1927年打起,还要打多少年,我也不知道,可能还要打70年吧,合起来就是百年战争。
>
> 有一个蒋介石比较好,是不是?你们觉得有一个好还是没有好?没有蒋介石中国人民就不能进步,就不能团结起来,也不能武装起来。单是马克思主义是不能把中国人民教育过来的,所以我们除了马克思主义者的教员以外,请了另外一个教员,这就是蒋介石。噢!这个人在中国可做了很有益的事情,一直到现在还在尽他的历史责任。他的历史任务现在还没有完结,他还在当教员,他很有益处呀!不拿薪水,美国人发薪水给他,我们一个钱都不花,可是他给我们当教员。
>
> 希特勒曾经尽过这样的历史责任,还有墨索里尼,在东方还有日本帝

红墙大事
——共和国重大历史事件的来龙去脉（上册）

国主义，把广大的欧洲人民和世界人民教育过来了。可惜现在没有希特勒了，墨索里尼也不见了，日本有些军国主义者也不存在了。但是教员还是有的，有杜勒斯，这不是一个好教员吗？世界上没有杜勒斯事情就不好办，有他事情就好办。所以我们经常感觉杜勒斯跟我们是同志。我们要感谢他。这个人真正懂得马克思主义，在资产阶级里，他是比较最懂得马克思主义的。因为他坚决执行阶级斗争的路线，相当不妥协，我这里没有讲他毫不妥协，因为他还有缺点。他相当坚决，只是坚决得还不够就是了。虽然有缺点，还是世界上最好的一个教员，只是除了共产主义者以外。当然第一个教员是马克思主义者，第二个教员才是杜勒斯，还要加上蒋介石，他还活着。

看来世界人民在金门问题上真正受到了教育。情况还将向有利于我们的方向发展，现在也有利于我们，将来会更加有利于我们。杜勒斯现在很不好办，他搞得很被动。人们责问他，为什么管到金门去呢？他总是拿朝鲜相比，说共产党又在搞朝鲜战争啦！人们说不像嘛，朝鲜是朝鲜嘛！金门是金门嘛！金门只有那么大，只有一个酒杯那么大。全世界除了杜勒斯，都说金门是中国的岛屿，金门问题是中国的内政。所以他现在搞得很不好办啦！我们还要继续使他难办，使他继续处于困难地位。不要轻易饶他！不要轻易让他溜掉！在这个地方大概他一时也相当难溜。

在黎巴嫩，我也是不愿美国走得太快。美国走了，好！它又是爱好和平啦！这次在黎巴嫩逮住了美国，这个偷东西的贼从来没有被人逮住过。1956年在苏伊士运河，我们逮住了英国、法国。那里美国装好人，它装成爱好和平的。这次在黎巴嫩，美国可被我们逮住了。我说它最好多待一点时间啊！我跟赫鲁晓夫同志商量过，他也赞成我这个意见。至于美国呆多少时间，3年好不好？恐怕阿拉伯世界的朋友们不同意，要它走得快一点。美国也可能不要好久就开走了，因为它混不下去了。唉呀！我这个目的就达不到哇！想留它多住呀，它就要走了。不知道你们的观察如何。也许在几个月内它在黎巴嫩就可能开跑，但在另外一个地方，这就是台湾海峡，我们可以使它多留。台湾海峡这件事，是一个对全世界的教育工具，特别是对中国人民有相当大的教育啊！你们不相信哪？

好！那么打起仗来怎么办哪？谁要打仗啊？我们是爱好和平的呀。这个叫打文仗，不叫打武仗。我们是要惩罚蒋介石。这个教员哪，我们又要感谢他又要惩罚他，也给他以批评嘛。学生也可以给先生以批评，就是用大炮批评他。(《毛泽东外交文选》，中央文献出版社、世界知识出版社，1994年12月版，第354～357页)

同年11月14日，新华社编印的《参考资料》第2513期上登载了《杜勒斯在西雅图商会发表演说，大肆攻击和诬蔑我集体劳动和公社化，竭力鼓吹资本主义的"自由""幸福"，以抵制我国伟大的成就对亚洲的影响》，中共八届六中全会上，毛泽东在重拟标题的材料上，加了批语，指出："杜勒斯批评我国人民公社，他向亚洲人宣传共产主义的坏处和资本主义的好处，表示对我国大跃进感到恐慌。"并请邓小平印发。

18日晚杜勒斯在美国基督教会全国委员会上发表演说，新华社编印的《参考资料》第2523期上以《杜勒斯叫嚷在台湾海峡地区继续搞"不依靠武力"阴谋，为此甘冒"战争或疏远朋友"的危险，惊呼对社会主义和独立运动的发展不能"防御"，须加紧颠覆和干涉》。杜勒斯在这篇演说中说：共产主义的统治正在产生一个工业上和科学上现代化的强大的国家。如果自由世界对国际共产主义进行有效的抵抗，中苏统治者多关心自己人民的福利，少关心为了扩张主义的目的则剥削人民的日子就会更快地到来。在那一天到来的时候，我们的关系就会幸运地为一向存在于俄国和中国人民同美国人民之间的自然的诚挚而友好的精神所支配。

在这个材料上，毛泽东批语：

　　杜勒斯对国际形势的全面分析
　　——唱低调
　　——自己认输，说是在理论方面，组织纪律方面，西方不行
　　——招呼我们说：只要你们共产党埋头去办家里事，不出远门，西方就放心了

并指示将这个材料在中共八届六中全会上印发。(参见：《建国以来毛泽东文稿》第七册，中央文献出版社，1992年8月版，第605～607页)

30日，毛泽东在对各协作区主任的谈话中说：杜勒斯比较有章程，是美国

掌舵的。这个人是个想问题的人，要看他的讲话，一个字一个字地看，要翻英文字典。杜勒斯是真正掌舵的，省委要指定专人看《参考资料》。毛泽东历来要求党的各级领导人特别是高级干部，要密切注视国际形势与国际社会矛盾和斗争的发展，审时度势，见微知著，以做到心中有数，未雨绸缪，一旦有事，不至于因毫无准备而慌张失措。毛泽东是每天都要亲自看《参考资料》的。

杜勒斯12月4日在加利福尼亚商会上发表的演说《对远东的政策》中说："我不能肯定，共产主义作为一种社会经济结构会逐渐消亡，逐渐让位于一种更着重国家福利、人民福利的制度。只要俄国政府对谋求俄国的福利、俄国人民的福利感兴趣，我们立即就会看到不紧张的局势。困难在于这些地区——中苏地区，俄国和中国共产党人并不在为他们人民的福利而奋斗，他们为把一种同我们格格不入的主义散布到全世界去而奋斗……按照我的看法，你不能同这样一种社会和平共处。但是，我的确相信，这种共产主义会发生演变，这样它逐渐集中力量为自己的人民谋社会福利，会放弃这种征服世界的荒谬梦想。"

23日，毛泽东在接见参加全军政工会议的各军区负责同志的谈话时说，中华人民共和国还有崩溃的危险，如果大家不警惕就不好。美国的事情是杜勒斯在办，杜勒斯是美国政府的政治部主任、政治委员或者政委兼政治部主任，是艾森豪威尔的灵魂。杜勒斯这个人是"好人"，办了不少"好事"，对无产阶级团结和对帝国主义斗争有益。

新华通讯社1959年2月2日编印的《参考资料》第2672期以《杜勒斯谈如何抵挡东风》为题，全文登载了美国国务卿杜勒斯1月31日在纽约州律师协会授奖宴会上的演说。毛泽东读到这篇材料后，就在这篇报道的旁边加写了批语：

> 畏战争、畏革命，想要维持现状。如果出现革命，那是不合所谓正义和平的，应当立即以战争去扑灭。如果出现战争，也是一样。扑灭革命和革命战争，永保资本统治，这是杜勒斯的目的。帝国主义者已基本上转到维持现在的立场。

（参见：《建国以来毛泽文稿》第八册，第82页）

杜勒斯利用"渗透、腐蚀、颠覆",企图促使中国"内部起变化"

1959年2月5日陈毅给毛泽东送递了一个报告,报告说:"两周前我们商定用外长出面,发一篇驳斥杜勒斯的问答体的文章。此文由新华社与外交部的同志起草,已改了三遍。我认为可以发表这一篇。但此事比较重大。请你审阅看可不可用。"

毛泽东读了这个报告后,在报告上写道:

陈毅同志:

杜勒斯生病,近日美政府对我无多攻击,目前发表此项谈话,似不适宜。请与总理酌定。

毛泽东
2月22日

同时,毛泽东还对陈毅的报告进行了认真的修改:

1958年大跃进的成就证明,我国人民将在一个不是很短但也不是太长的时期内把我国建成为一个经济上、文化上繁荣昌盛的强大的社会主义国家。

我们在大跃进中自然也会遇到一些新的问题或困难。但是,这些是我们前进中的困难,甚至是我们的成绩带来的困难。这些困难,总括成为一点,就是设备的暂时不足。这个问题是完全可以在建设过程中一步一步地予以解决的。

最近,在美国严密控制下的菲律宾,不满美国横暴干涉的情绪也高涨。日本人民也是反对美国的占领政策的。南朝鲜人民,南越人民,泰国人民,老挝人民以及受美国控制或威胁的其他国家的人民,都对美国的帝国主义政策蕴藏着不满。所有西太平洋各国人民不了解,处在遥远地方的美国人,为什么,有什么理由,要跑到西太平洋这些国家来,以其军事、政治、经济、文化的力量,对这些国家加以控制呢。实在说不出理由的。所以总有一天,不论迟早,如同美国要从世界其他地区放手、缩回家去一样,美国也一定要从世界的西太平洋这部分地区放手,缩回家去。如果美国人自己不走,硬是要无限期地赖在这些国家的话,那么总有一天,各国人民要起来把它赶走的。

(参见:《建国以来毛泽东文稿》第八册,第55页)

红墙大事
——共和国重大历史事件的来龙去脉（上册）

1959年1月28日，杜勒斯在众议院外交委员会上提供的证词中说："基本上，我希望鼓励苏联世界内部的演化，从而使它不再成为对世界自由的威胁，只管它自己的事情，而不去设法实现共产主义的目标和野心。"

过了三天，即31日，他在纽约州律师协会授奖宴会上的演说中说：要以"法律和正义"代替武力。"在这方面，极为重要的是要认识到：在这种情况下，放弃武力，并不意味着维持现状，而是意味着和平的转变。"

与此同时，到1959年，中苏关系更加紧张，分歧进一步扩大。这年1月，苏联正式通知中国，片面废除帮助中国建立原子能工业和制造原子弹的协定。

9月，在中印边界事件中，苏联公开声明中立，实际上是支持印度一方，随后又公开指责中国。同月，苏美戴维营会谈前后，赫鲁晓夫一方面同美国拉关系，一方面激烈地攻击中国的对内对外政策。所有这些，都促使毛泽东认为苏联领导已经变质，赫鲁晓夫已背叛马克思主义的无产阶级事业，变成了修正主义者。

而在这年7月至8月召开的庐山会议上，彭德怀对"三面红旗"提出批评，毛泽东错误地认为这是国内外的敌人联合向党进攻在党内的反映。

1959年11月，毛泽东在杭州召开了一次有周恩来、彭真、王稼祥、胡乔木等参加的小型会议，讨论和研究当时的国际形势。在开会之前，毛泽东要他的秘书林克，找一些杜勒斯关于"和平演变"的讲话送给他看。林克选了三篇，即杜勒斯1958年12月4日在加利福尼亚州商会发表的题为《对远东的政策》的演说、1959年1月28日在美国众议院外交委员会一次秘密会议上的证词、1959年1月31日在纽约州律师协会授奖宴会上发表的《法律在和平事业中的作用》的演讲。

毛泽东以前看过这几篇讲话。

据林克在《回忆毛泽东对杜勒斯和平演变言论的评论》一文中说，毛泽东以前曾看过这些讲话和其他一些材料，这次他又重新看了这几篇讲话。他和林克谈了他对这几篇讲话的看法，随后让林克根据他的谈话内容，在杜勒斯的每篇讲话前拟一个批注送给他。林克根据他的意见照办了。毛泽东即指示将批注连同杜勒斯三次讲话的全文印发给与会同志（批语在"文化大革命"中曾翻印流传）。以下是对杜勒斯三次讲话的批注全文。

（一）对杜勒斯1958年12月4日在加利福尼亚州商会发表的题为《对远东的政策》演说的批注："杜勒斯在这篇演说中对东风压倒西风，对世界力量对比越来越不利于帝国主义的形势表示惊恐,但美国不仅没有打算放弃实力政策,而且作为实力政策的补充,美国还企图利用渗透、颠覆的所谓'和平取胜战略'摆脱美帝国主义'陷入无情包围'的前途,从而想达到保存自己(保存资本主义)和逐渐消灭敌人(消灭社会主义)的野心。"

(二)对杜勒斯1959年1月28日在美国众议院外交委员会一次秘密会议上提交的一篇证词的批注:"杜勒斯说:'基本上,我们希望鼓励苏联世界内部的演化,从而使它不再成为对世界的自由的威胁,只管他自己的事情,而不去设法实现共产主义化的目标和野心。'这段话是杜勒斯的证词的主旨。这表明美帝国主义企图用腐蚀苏联的办法,阴谋使资本主义在苏联复辟,而达到美帝国主义用战争方法所达不到的侵略目的。杜勒斯在证词中虽然流露了怕打世界大战,但是,这并不意味着美国要搞和平共处。因为就在同一天,杜勒斯在众院外委会的另一次发言中叫喊:'决不能结束冷战',否则帝国主义就要遭受失败。"

(三)对杜勒斯1959年1月31日在纽约律师协会授奖宴会上发表的题为《法律在和平事业中的作用》演讲的批注:"杜勒斯说,要以'法律和正义'代替武力。但又强调说:'在这方面极为重要的是认识到:在这种情况下放弃使用武力并不意味着维持现状,而是意味着和平的演变。'杜勒斯这段话表明:由于全世界社会主义力量日益强大,由于世界帝国主义力量越来越陷于孤立和困难的境地,美国目前不敢贸然发动世界大战。所以,美国利用更富有欺骗性的策略来推行它的侵略和扩张的野心。美国在标榜希望和平的同时,正在加紧利用渗透、腐蚀、颠覆种种阴谋手段,来达到挽救帝国主义的颓势,实现它的侵略野心的目的。"
(参见:《党的文献》,1990年第6期,第44—45页)

杜勒斯的这三篇讲话,都贯穿着对社会主义国家进行"和平演变"的思想。根据毛泽东的谈话拟的三个批注,点明了杜勒斯每篇讲话的要害,指出要警惕美国的"和平演变"。

毛泽东的讲话和这三个批注,指出杜勒斯"和平转变"战略的实质:"利用渗透、腐蚀、颠覆"种种手段,促进"我们内部起变化","转到合乎他的那个思想"。

11月12日,毛泽东在杭州会上又对杜勒斯的讲话和批注,做了进一步的分

红墙大事
——共和国重大历史事件的来龙去脉(上册)

析和说明。他说:

> 林克同志为我准备了三个材料——杜勒斯1958年、1959年的三篇演讲。这三篇材料都是关于杜勒斯讲对社会主义国家和平演变问题的。比如杜勒斯今年1月28日在众议院外交委员会作证时说:基本上我们希望鼓励苏联世界内部起变化,是(希望)我们内部起变化。从而使苏联不再成为对世界的自由的威胁,只管他们自己的事情,而不去设想实行共产主义化的目标和野心。他在众议院外交委员会另一次发言中讲:决不结束"冷战"。看来"冷战"要全部结束,对他们是不利的。

毛泽东在谈到杜勒斯1959年1月31日的演讲时说:杜勒斯说,要用正义和法律代替武力。仗不打,要搞法律同正义。杜勒斯又说:"在这方面极为重要的,是要认识到,在这种情况下放弃使用武力并不意味着维持现状,而是意味着和平的转变。"(笑声)和平转变谁呢?就是要转变我们这些国家,搞颠覆活动,内容转到合乎他的那个思想。杜勒斯这段话表明,由于世界社会主义力量日益强大,世界帝国主义阵营陷于孤立和困难的境地……所以,美国企图利用更富有欺骗性的策略来推行它的侵略和扩张的野心。帝国主义,资本主义,它不侵略呀!美国在标榜希望和平的同时,正在加紧利用渗透、腐蚀、颠覆种种阴谋手段来达到挽救帝国主义的颓势,实现它的侵略野心的目的。这就是,它那个秩序要维持,不要动,要动我们,用和平转变,腐蚀我们。

毛泽东最后说:"去年这一年……世界力量对比越来越不利于帝国主义……但美国不仅没有打算放弃实力政策,而且作为实力政策的补充,美国还企图利用渗透、颠覆的所谓和平取胜战略……它也是要和平取胜呢!摆脱美国帝国主义陷入无情包围。这个'陷入无情包围'是杜勒斯自己的话,'从而想保存自己',保持资本主义,'和逐渐消灭敌人',消灭社会主义。无非保存自己,消灭敌人嘛,资产阶级要消灭无产阶级的革命力量嘛,而我们要消灭他那个反革命力量嘛!这是杜勒斯的演说,希望大家看一看印的这个文件。"

毛泽东认为,赫鲁晓夫的言论是属于杜勒斯讲的"和平演变"的性质的。我们的方针是:我们在这个复杂的国际环境中采取的方针是硬着头皮顶住,硬着头皮顶住包括两个方面,对美国还同时要对赫鲁晓夫。我们不说赫鲁晓夫,也不影响赫鲁晓夫，我们只揭穿美国的欺骗，揭穿美国的所谓"和平"。（详见林克：《回忆毛泽东对杜勒斯和平演变言论的评论》，《党的文献》，1990年第6期，第44–45页）

毛泽东的这次讲话对杜勒斯提出的"和平演变"战略的背景、"和平演变"战略的实质、"和平演变"战略与实力政策的关系、社会主义国家与帝国主义国家的关系等作了深刻的说明。

从此以后，他对这个问题越来越重视，在一系列会议上一再提醒全党，并逐步展开了所谓反对国内外修正主义的斗争。

12月初，毛泽东在杭州再次召集有关人员讨论国际形势及对策问题。他在《关于国际形势讲话提纲》中除了谈到敌人的战争策略外，又谈到和平策略。他说："和平旗子，文化往来，人员往来，准备用腐蚀、演变方法消灭社会主义。这是第二手。保存自己，消灭敌人，是基本原则。"

这两次会议表明：毛泽东要求全党，首先是党的高级干部，警惕帝国主义的"和平演变"战略。

毛泽东在20世纪50年代后期高度重视杜勒斯有关"和平演变"的言论，大致有这样一些原因：东西方冷战逐步走向高潮，从综合实力来讲，西方处于优势，因而也处于攻势，便想出各种方法来对付东方。在这种情况下，社会主义国家必然面临一个怎样应付西方的挑战的问题。尤其是中国，当时国际上还出现了一股不小的反华浪潮。故毛泽东敏感地重视西方策略，实为情理之中的事情。从社会主义阵营内部来看，裂痕明显出现了，中苏之间在一些问题上出现了不同的看法，赫鲁晓夫此时与美国套近乎，再加上中国的"大跃进"运动遭受挫折，国内外的反应不小。凡此等等，都使毛泽东着意考虑中国社会主义的前途，关注西方对社会主义国家所采取的策略。这就孕育了毛泽东后来提出并特别重视的防止"和平演变"的思想。

领导人变了，整个国家就会改变颜色。毛泽东最担心：中央出修正主义

1964年前后，毛泽东把防止"和平演变"问题提上日程。他考虑问题的重点，一是如何保证无产阶级革命事业后继有人，二是如何防止党和国家各级领导蜕化变质。1964年1月12日，毛泽东就巴拿马人民的爱国斗争发表谈话，说："美

红墙大事
——共和国重大历史事件的来龙去脉(上册)

帝国主义的侵略政策和战争政策,也严重地威胁着苏联、中国和其他社会主义国家。它还力图对社会主义国家推行'和平演变'政策,实行资本主义复辟,瓦解社会主义阵营。"同年6月16日,毛泽东在北京十三陵召开的一次会议上发表讲话,正式提出培养和造就无产阶级革命事业的接班人的问题。他说,帝国主义说,对于我们的第一代、第二代没有希望,第三代、第四代怎么样,有希望。帝国主义的话讲得灵不灵?我不希望它灵,但也可能灵。

随着"左"倾思想的加剧,毛泽东对中国的实际情况作出了越来越错误的估计和分析,从而发动了"文化大革命",并把它作为防止"和平演变"的基本手段,由此走向了歧途。我们应该深刻汲取这个教训。今天,我们要牢牢抓住经济建设这个中心不放,搞好执政党自身的建设,正确认识和妥善处理现实社会矛盾,这些,才是保证国家繁荣、政局稳定的关键所在。

从1960年起,中苏两党的分歧进一步加剧。4月22日,以《红旗》杂志编辑部名义发表的《列宁主义万岁》一文,点名批判南斯拉夫的铁托,实际上是不点名地批判苏联的赫鲁晓夫。在外部,则明确指出苏联已经变修,要汲取他们的教训,并认为国内也已经有了"修正主义者",要警惕修正主义,防止"和平演变"。

进入20世纪60年代后,毛泽东更加密切注视帝国主义的"和平演变"战略。我国的舆论工具不断揭露帝国主义的侵略本质,揭露帝国主义在和平烟幕下对社会主义国家推行"和平演变"战略的阴谋,并批评赫鲁晓夫散布美化帝国主义的错误言论。

毛泽东不仅在理论上进一步指出"和平演变"的危险性,而且在实践中提出"特别是要警惕在中央出修正主义"的问题。

在1962年1月召开的"七千人大会"上,刘少奇在代表中央所做的"书面报告"中,专门讲了反对现代修正主义的问题。毛泽东在谈到坚持民主集中制的问题时也说:"我们的国家,如果不建立社会主义经济,那会是一种什么状况呢?就会变成修正主义的国家,变成实际上是资产阶级专政,而且会是反动的、法西斯式的专政。这是一个十分值得警惕的问题,希望同志们好好想一想。"(《毛泽东著作选读》下册,第822—823页)

在这里,毛泽东正式向全党敲响了警钟。1967年2月3日,毛泽东在接见阿尔巴尼亚卡博和巴卢库时曾说,在1962年的"七千人大会"上,我讲了一篇话,我说,修正主义要推翻我们,如果我们现在不注意,不进行斗争,少则几年十几年,多则几十年,中国会要变成法西斯专政的。

他还指出:"不论在老的和新的党员里面,特别是在新党员里面,都有一些品质不纯和作风不纯的人。他们是个人主义者、官僚主义者、主观主义者,甚至是变了质的分子。还有些人挂着共产党员的招牌,但是并不代表工人阶级,而是代表资产阶级。党内并不纯粹,这一点必须看到,否则我们是要吃亏的。"

同年9月,毛泽东在中共八届十中全会上,作了关于阶级、形势、矛盾和党内团结问题的讲话。他在讲话中,对国内阶级斗争的现实形势作了不符合实际情况的估计,对党内矛盾和意见分歧的估计也明显地脱离实际。这种错误的估计,导致了"文化大革命"的悲剧。

从1962年底到1963年春,中国共产党连续发表七篇文章,批判意大利的陶里亚蒂、法国的多列士和美国共产党。中苏论战进一步公开化。

1963年5月9日,毛泽东在《浙江省七个关于干部参加劳动的好材料》中的批语里提出:"阶级斗争、生产斗争和科学实验,是建设社会主义强大国家的三项伟大革命运动,是使共产党人免除官僚主义、避免修正主义和教条主义,永远立于不败之地的确实保证,是使无产阶级能够和广大劳动群众联合起来,实行民主专政的可靠保证。"

这表明,毛泽东已开始考虑防止"和平演变"的具体步骤和措施。

从1963年9月到1964年7月,中苏大论战进入高潮。毛泽东把防止修正主义、防止"和平演变"放在十分重要的位置!

1964年1月5日,毛泽东在接见日共中央政治局委员听涛克己时曾说,如果将来中国修正主义占了统治地位,你们就要举反修的旗帜。日本和印尼党有这个资格,希望就在日本和印尼党身上。

1月12日,毛泽东在《支持巴拿马人民反美爱国正义斗争的谈话》中指出:"美帝国主义的侵略政策和战争政策,也严重地威胁着苏联、中国和其他社会主义国家。它还力图对社会主义国家推行'和平演变'政策,实行资本主义复辟,瓦解社会主义阵营。"1月25日,中共中央发出《关于向基层干部、党员和人民群众进行反对现代修正主义教育的通知》附《反对现代修正主义的宣传提纲》),

红墙大事
——共和国重大历史事件的来龙去脉（上册）

决定对全党全民进行一次反对现代修正主义的教育，从此，全党全民的反修教育迅速展开。

1964年前后，作为防止"和平演变"的百年大计，毛泽东提出培养革命事业的接班人的问题。并再次把防止和平演变问题提上日程。他考虑问题的重点，一是如何保证无产阶级革命事业后继有人，二是如何防止党和国家各级领导蜕化变质。二者又是互相紧密联系着的：前者考虑的是将来，后者着眼于现在。现在开始蜕变了，将来就很难指望不变；现在不变，就可以培养和选好接班人，保证将来不变，长久不变。

这年上半年，美国把侵略越南的战火烧向北方，在这种形势下，毛泽东在1964年5月、6月间召开的中央工作会议上，突出强调了防止"和平演变"、防止修正主义的重要性和迫切性，并从反修防修和防止世界大战的总体战略出发，布置了各项工作。

毛泽东早就指出："外因是变化的条件，内因是变化的根据，外因通过内因而起作用。"（《毛泽东选集》第1卷，第302页）堡垒最容易从内部攻破，帝国主义推行的"和平演变"战略能不能得手，关键在于社会主义国家的共产党如何。为此，毛泽东一再提出，要警惕出修正主义，尤其要警惕党中央出修正主义。

7月14日，在《人民日报》和《红旗》杂志编辑部的文章《关于赫鲁晓夫的假共产主义及其在世界历史上的教训》中发表了毛泽东的一段论述："为了保证我们的党和国家不改变颜色，我们不仅需要正确的路线和政策，而且需要培养和造就千百万无产阶级革命事业的接班人。"帝国主义的预言家"把'和平演变'的希望，寄托在中国党的第三代或者第四代身上。我们一定要使帝国主义的这种预言彻底破产"。他还进一步提出无产阶级革命事业接班人的五项条件，即：一、他们必须是真正的马克思列宁主义者，而不是挂着马克思列宁主义招牌的修正主义者；二、他们必须是全心全意为中国和世界的绝大多数人服务的革命者，而不是在国内为一小撮资产阶级特权阶层的利益服务，在国际为帝国主义和反动派的利益服务；三、他们必须是能够团结绝大多数人一道工作的无产阶级政治家，包括团结那些反对过自己并且已被实践证明是犯了错误的人；四、他们必须是党的民主集中制的模范执行者，必须学会"从群众中来，到群众中去"的领导方法；五、他们必须谦虚谨慎，戒骄戒躁，富于自我批评精神，勇于改正自己工作中的缺点和错误。他还特别强调，"应当在长期的群众斗争中，考查和识别干部，挑选和培养接班人"。这些系统的思想，虽然在某些用语上有着"左"的痕迹，但是从总体来说，对于我们今天防止"和平演变"，坚定不移地坚持社会主义的改革、开放仍具有重要的借鉴意义。

从 1965 年起，毛泽东越来越重视中央出修正主义的问题。1965 年 8 月，他在一次谈话中说，领导人、领导集团很重要，许多事情都是这样，领导人变了，整个国家就会改变颜色。在这个问题上，他最担心的也是谈得最多的，一是警惕中央出修正主义；二是防止各级领导干部脱离群众，出现腐败现象。为了防止"和平演变"，他先是搞社会主义教育运动。继之，又发动"文化大革命"。

1965 年 9 月 17 日，毛泽东在接见日共中央代表夸田里见时说："要准备中国出修正主义。那时候，你们要帮助中国工人阶级同亿万群众反对这种修正主义。"

这年 10 月 10 日，毛泽东在中央工作会议上明确提出中央出了修正主义怎么办的问题，并反复强调，如果中央出了修正主义，你们应该造反，几个省可以联合起来，搞独立；现在你们要注意，不管谁讲的，中央也好，各省也好，不正确的，你们可以不执行。你们要从实际出发。

这次会议以后，毛泽东途经天津、济南、蚌埠南下，巡视南方各省。12 月 5 日，他不顾 71 岁高龄和旅途的劳累，重上井冈山，写下了诗句：

> 可上九天揽月，
> 可下五洋捉鳖，
> 谈笑凯歌还。
> 世上无难事，
> 只要肯登攀。

诗中表达了毛泽东与修正主义斗争到底的决心和必胜的信心。

接着，毛泽东从组织上采取一系列措施，撤换了他认为有"问题"的领导人。1966 年为了打倒刘少奇等一大批中央领导人，他不顾后果地发动了"文化大革命"。

薄一波在《若干重大决策与事件的回顾》（下）一书中谈道："为了防止中国发生'和平演变'，毛泽东还曾设想请外国党来进行帮助。"

红墙大事
——共和国重大历史事件的来龙去脉（上册）

毛泽东在接见尼克松的女儿、女婿时说，我喜欢右派，你父亲算右派吧

到了20世纪70年代，国际形势出现了新的变化。1971年2月，毛泽东抓住时机，欢迎美国总统尼克松访华，由此中国和西方发达资本主义国家在政治、经济、文化、科学技术等领域的交往出现了新的局面。尼克松访华、中美关系正常化，是由于中美双方在国际关系中的互相需要，也是由于中国的日益强大。毛泽东甚至在同尼克松第一次见面时就直言不讳地对客人讲，我喜欢右派。他幽默而意味深长地说：右派当权我比较高兴。中美关系缓和、正常化，决不要中美双方放弃了自己原有的政治立场和理想信仰。当然，毛泽东又机智而风趣地对尼克松说："你，作为个人，也许不在打倒之列。""如果你们都被打倒了，我们就没有朋友了。"

1976年1月1日，毛泽东在接见尼克松的女婿、女儿时又说了同样的话："我喜欢右派，你岳父算右派吧？"在毛泽东看来，尼克松虽然在打开中美关系上做了件好事，成了老朋友，但尼克松是右派，这一点不能模糊。而尼克松呢？他也十分了解毛泽东的立场。

1976年，毛泽东又一次会见来华的尼克松。尼克松在《真正的和平》（1984年）一书中提到这次会见的情形："他（毛泽东）问我：'和平是你的唯一目标吗？'我回答说，'我们的目标是和平，但这种和平不光是不打仗。我对他说，这种和平必须是一种保持正义的和平。'倘若我用仅仅强调和平友好的必要性的论述来回答毛泽东的这个问题，他不但会认为我的看法是错误的，而且还认为，我是个傻瓜。"

确实，无论是毛泽东，还是尼克松，都清楚对方具有自己坚定的立场和信念，都决不会被"和平""友好""老朋友"之类的词句所迷惑。

为了防止"和平演变"，毛泽东曾采取了一系列政治行动。一是号召学习解放军，设立政治机构，加强思想政治工作。这是从学习大庆油田开始的，后来中央把它作为防止"和平演变"的一条重要措施。二是改革有关制度，缩小三大差别。

对于防止"和平演变"这个问题，毛泽东和党中央当年的认识和采取的措施，确有正确的方面和可取之处。由于革命的发展不平衡，少数社会主义国家成立以后，面临国际范围的阶级斗争和经济竞争环境，在一个较长的时期内总

是处于"弱势",处于资本主义国家的包围中。因此,警惕国外敌对势力的"和平演变"是一项长期而且重大的战略任务,也是完全必要的。毛泽东针对西方帝国主义国家同社会主义国家斗争的战略策略的转换,及时地提出这个问题,并教育全党同志长期保持应有的警觉,充分表现了一个伟大的无产阶级革命家、战略家的深谋远虑。

十三　中共高层会见蒙哥马利真实记录

- 对于访问中国，蒙哥马利是有所顾虑的，因为他曾在回忆录中不加掩饰地攻击过中国

- 蒙哥马利这样评价周恩来：周和毛不同，他出身高贵，思维敏捷，举止优雅……

- 毛泽东在读了蒙哥马利的《一种清醒的做法——东西方关系研究》一书后作了如下批语：很有意思，必读之书

- 蒙哥马利得到的回答是一致的：威望最高、能指挥所有人的人只有一个——毛泽东

- "谁是我的继承人，为什么他不敢问啊？是不是也像中国人那样怕犯忌讳？"

- 毛泽东在烟雾缭绕之中，缓缓说道，我只有一个五年计划，到时候，我就要见马克思了

- 蒙哥马利：主席你的继承人是谁？毛泽东：很清楚，是刘少奇，我死后，就是他

红墙大事
——共和国重大历史事件的来龙去脉（上册）

蒙哥马利（1887—1976），英国陆军元帅，第二次世界大战中盟军杰出的指挥官之一，北爱尔兰血统，曾在伦敦圣保罗学院和桑德赫斯特皇家军事学院受过教育，在第一次世界大战中崭露头角，战后留任军官，以干练和坚强著称。第二次世界大战初期任师长，在法国战场作战，从敦刻尔克撒退后，在英格兰东南地区任司令官，后在北非战区同德国人作战，有力地遏制了德国人的攻势，并在阿拉曼战役后，打败了号称"沙漠之狐"的德军元帅隆美尔，把隆美尔赶出埃及。1943年5月迫使德军在突尼斯投降，盟军顺利攻入西西里，这主要应归功于他。1943年，参加攻占西西里和登陆意大利，1944年统帅盟军进入法国，6月6日指挥盟军进攻诺曼底，取得了诺曼底登陆作战的胜利。后晋升陆军元帅，受封子爵，1946—1948年任帝国总参谋长。1948—1951年任西欧联盟主席。1951—1958年任北大西洋公约组织最高司令部副司令。蒙哥马利生前曾几次受到毛泽东的接见，留下了许多鲜为人知的往事。

对于访问中国，蒙哥马利是有所顾虑的，因为他曾在回忆录中不加掩饰地攻击过中国

蒙哥马利在1958年71岁时退出现役。退休后，蒙哥马利对国际政治、经济、文化等问题，发生了兴趣。

1959年，蒙哥马利访问了苏联。漫步在莫斯科红场，他兴趣盎然地思索着同苏联领导人的谈话，同时意识到从长远的观点看，未来世界和平的关键可能在于中国，因而产生了访问这个国家的念头。

对于访问中国，蒙哥马利是有所顾虑的，因为他曾在1958年出版的回忆录中不加掩饰地攻击过中国。

不过，毛泽东等并没有计较这些，当他本人向毛泽东提出友好访问的要求后，毛泽东表示"非常欢迎他在适当的时候访问中国"。

1960年5月，蒙哥马利元帅第一次踏上了新中国的土地，在这次访问中，他先后同毛泽东、刘少奇、周恩来、陈毅等党和国家领导人见了面，听他们谈了许多关于这个国家的情况……

蒙哥马利访问中国，他最想见到的人和最令他感兴趣的人，当然是毛泽东。

毛泽东是一个什么样的人呢？在第一次来到中国之前，蒙哥马利心里是一点儿底也没有的。因为西方世界曾一度把毛泽东描绘成一个残酷无情的暴君，一个不近人情的统治者，甚至是个杀人不眨眼的恶魔。

为此，蒙哥马利曾经请教过印度总理尼赫鲁，尼赫鲁听完后放声大笑，告诉他说："这些传闻都很不正确，毛泽东的样子像一位和蔼的老伯伯，他自己受过许多苦难。"

蒙哥马利还认真研究了西方世界能够找到的所有有关毛泽东的材料，但他还是无法得到一个明晰的关于毛泽东的印象。

5月27日，当蒙哥马利第一次来到中国的时候，在鲜花盛开的庭院里，他终于见到了毛泽东。

毛泽东伸出改变了中国命运的大手同他相握，他感到那手软绵绵的，有点像女人，他看到的是一张和蔼的脸，脸上没有青青的胡茬，下巴也很像女人。毛泽东的个头很高，他需仰视他的眼睛，这双眼睛是和善的，却透着深邃的目光，他意识到这双眼睛有一种凝聚力。

然而，毛泽东的第一句话幽默得令他吃惊："你知道你在同一个侵略者谈话吗？你在同一个侵略者谈话。在联合国，我国被扣上这样的称号，你是否在乎同一个侵略者谈话呢？"

蒙哥马利当然不会不知道，在联合国，曾经通过一个决议谴责中国"侵略"朝鲜，蒙哥马利前两年在自己所写的回忆录中也有过这样的观点。但他没有料到，毛泽东竟然会用这样的方式开始他们之间的谈话，这样一来，两人之间的距离一下子就缩短了许多，到第二次谈话时，他们竟像老朋友一样无拘无束了。

毛泽东与蒙哥马利交谈的内容十分广泛，从当前中国的政治、经济、军事，到中国人每个星期休息一天，几乎无所不包。

蒙哥马利请毛泽东告诉他，新中国成立后，碰到的主要问题是什么，他的主要担忧是什么？

毛泽东的回答很简单，也很直接：共产党缺乏处理当时所面临问题的经验。多年的战乱，把中国搞得千疮百孔，必须解决工业和农业的问题，但没有这方面的经验，因此犯了许多的错误。

蒙哥马利感到，毛泽东是清醒的。

红墙大事
——共和国重大历史事件的来龙去脉（上册）

蒙哥马利说:"请你给我讲一讲你对今天的世界局势有什么看法？"

毛泽东说:"国际局势很好，没有什么坏，无非是全世界反苏反华。"

蒙哥马利说:"这是很坏的。"

毛泽东:"这是美国制造的，不坏。"

蒙哥马利:"但这是很坏的。"

毛泽东:"不坏，是好的。他们如果不反对我们，我们就同艾森豪威尔、杜勒斯一样了，所以照理应该反。他们这样做，是有间歇性的。去年一年反华，今年反苏。"

蒙哥马利:"那是美国做的，不是英国。"

毛泽东:"主要是美国，它也策动在各国的走狗这样做。"

蒙哥马利:"因此我认为局势是坏的。"

毛泽东:"现在的局势我看不是热战破裂，也不是和平共处，而是第三种：冷战共处。"

蒙哥马利:"困难就在这里。在冷战中相处是困难的。"

毛泽东:"我们就要解决这个问题。"

蒙哥马利:"我们必须找到一个解决办法。"

毛泽东:"但是我们要有两个方面的准备。一个是继续冷战，另一个是把冷战转为和平共处。所以你做转化工作，我们欢迎。"

蒙哥马利:"是的。我认为我们不能在这种紧张局势中生活下去。我们的孩子们是在冷战中长大的，这对孩子们是坏的。所以我们必须把这种情况转为和平共处。我不希望看到我的孩子长大以后认为世界必须一直存在着紧张。"

毛泽东:"这要有分析。冷战有好的一面，也有坏的一面。坏的一面是它有可能转为热战。"

蒙哥马利:"有可能。"

毛泽东:"好的一面是有可能转为和平共处。"

蒙哥马利:"这不能够称为冷战的好处。"

毛泽东:"我们说有好处，因为美国制造紧张局势，就制造更多反对它的人，例如在南朝鲜、日本、土耳其以及拉丁美洲，很多国家都反对美国人的控制。这是美国人自己造成的。"

蒙哥马利："我不能肯定美国在西方国家集团中制造了它的反对者，在西方集团中没有发生这种情况，虽然我希望发生这种情况。"

毛泽东："我不是指欧洲，欧洲是比较平静的。我是指南朝鲜、南越（越南共和国）、日本、土耳其、古巴以及其他拉丁美洲国家和非洲。非洲不能光责备美国，首先是要责备欧洲的殖民主义者。但是，美国要在那里取欧洲殖民主义者的地位而代之。因此，我说好的一面就在于使这些国家反对美帝国主义。这正在动摇整个资本主义世界的基础。"

蒙哥马利："西方世界的领袖是美国，现在西方国家怕被这个领袖领到战争中去，这是个很奇怪的现象。因为在上两次世界大战中，美国都等到战争打到一半才参加进来。可是现在西方国家却怕美国把它们带入战争。我们必须把这样一种情况改过来：现在的情况是，西方集团的领袖跟东方集团两个最大的国家根本谈不拢。由于这个原因，美国在西方的领导受到怀疑。"

毛泽东："只要美国的领导不削弱，由英国、法国来加强，就不可能改变局势。"

蒙哥马利："我相信必然产生这样的一种情况。"

毛泽东："你是英国人，你到法国跑过，你去过两次苏联，现在你来到了中国。有没有这种可能，英、法、苏、中在某些重大国际问题上取得一致意见？"

蒙哥马利："是的，我想是可能的。但是，由于美国的领导，英、法会害怕这样做。"

毛泽东："慢慢来。我们希望你们的国家强大一些，希望法国强大一些，希望你们的发言权大一些，那样事情就好办了，使美国、西德、日本有所约束。威胁你们和法国的是美国和西德，还有在远东的日本。威胁我们的也是这三个国家。我们不感到英国对我们是个威胁，也不认为法国对我们是个威胁。对我们的威胁主要来自美国和日本。"

蒙哥马利："我觉得很重要的是，在这个非常复杂的局势中，我们应首先采取哪一个步骤？我觉得首先应该从别国领土上撤走一切外国军队，这是需要时间的。"

毛泽东："主要是美国势力，一部分在欧洲，一部分在亚洲。英国在德国只有四个师。"

红墙大事
——共和国重大历史事件的来龙去脉（上册）

蒙哥马利："只有三个。"

毛泽东："而美国在国外有150万军队，250个军事基地，包括在西德、英国、土耳其，还有在摩洛哥。在东方，美国在日本、南朝鲜、中国台湾、菲律宾有军事基地；美国还在南越有军事人员，在泰国和巴基斯坦有空军基地。"

蒙哥马利："主要的问题是大家应该回到本国去。如果我们能做两件事，我们就有可能和缓紧张局势：第一，停止对欧洲的军事占领；第二，解决台湾问题。问题只能一个一个来。"

毛泽东："但是人民在做。南朝鲜人民、日本人民，还有土耳其人民，都在进行示威游行。土耳其刚刚发生了政变，这总不能说是共产党搞的吧。"

蒙哥马利："要同时做一切事情是没有好处的。我是个军人，我了解这一点。你也是个军人，你也应该了解这一点。"

毛泽东："你有35年军龄，你比我长，我只有25年。"（指1927—1949年和三年抗美援朝——引者注）

蒙哥马利："我有52年了。"

毛泽东："可是我还是共产党军事委员会主席。"

蒙哥马利："那很好。我读过你关于军事的著作，写得很好。"

毛泽东："我不觉得有什么好。我是从你们那儿学来的。你学过克劳塞维茨，我也学过。他说战争是政治的另一种形式的继续。"

蒙哥马利："我也学过成吉思汗，他强调机动性。"

毛泽东："你没有看过两千年以前我国的《孙子兵法》吧？里面很有些好东西。"

蒙哥马利："是不是提到了更多的军事原则？"

毛泽东："一些很好的原则，一共有13篇。"

蒙哥马利："我们应当从两千年以前回到现在了。你同意不同意，我回到伦敦以后，在结束欧洲的军事占领和解决台湾这两个大问题上动员世界的舆论？你是否同意先从这两个问题开始？"

毛泽东："好，我赞成。"

蒙哥马利："我可以使美国非常为难。"

毛泽东："这里也有两条：一条就是你这样做；另一条就是美国人非常自高

自大，他们是寸土不让的。"

蒙哥马利："我可以使美国非常为难。"

毛泽东："有可能。"

蒙哥马利："我跟美国人很熟，在美国有很多朋友，他们的看法跟我不一样。"

毛泽东："我们的政策也是使美国为难。"

蒙哥马利："在美国，我有很多朋友同意我的意见。很多强大的报界人士也会同意我的。我过去从来也没有设法使美国为难，我想现在就要使它为难了。"

毛泽东："美国现在很被动。有几百条绞索把美国捆起来，它在国外有250个军事基地。"

蒙哥马利："我想应该对美国人讲一些非常不客气的老实话。"

毛泽东："美国有一半的军队都被捆在基地上。它有300万军队，其中150万在海外，包括在你们的英国和中国的台湾。我们在国外没有一个军事基地，没有一个兵。"

蒙哥马利："主席同意不同意我跟周恩来谈的关于美国应该遵守的那几条原则？那就是：第一，美国应该承认台湾是中国的一部分；第二，美国应该从台湾撤走；第三，台湾问题应该由中国和蒋介石谈判。"

毛泽东："我知道，我也同意。我们不要美国用战争解决问题。同蒋介石就不同了，但是他如果不用武力，我们也不用武力。"

蒙哥马利："这点我是同意的。"

毛泽东："美国声明愿意通过和平谈判解决国际问题，而不使用武力或不以武力威胁。它这个话是否可靠还是个假定，还要等着看。可是蒋介石没有发表这样的声明，他反对和中国共产党谈判，而我们早就表示我们愿意同蒋介石通过谈判解决问题。"

蒙哥马利："你认不认识蒋介石？"

毛泽东："他是我的老朋友，我怎能不认识？蒋介石就是经过我们的帮助才掌权的。在他没有掌权以前，我们同孙中山打交道。"

蒙哥马利："毛主席同蒋介石是否在抗日的时候合作过？"

毛泽东："抗日合作了八年。后来他又同美国合作来打我们。过去你们英国同日本有一个同盟，对付沙皇俄国。那时候，远东是你们的天下，中国主要是你

红墙大事
——共和国重大历史事件的来龙去脉（上册）

们的势力范围。这种情况是什么时候改变的呢？第一次世界大战时开始变了。第二次世界大战后，日本你们就管不了啦，由美国管了。英国还同美国订了一项君子协定，把中国让给美国。这就是克里浦斯夫人到延安时告诉我的。她说，在中国问题上，英国没有发言权了。从此以后，中国人民对英国的仇恨就消除了，中国人民的仇恨转向美国。日本投降以后，在中国的美国军队有9万人。"

蒙哥马利："可是过去的仇恨是对英国的。"

毛泽东："过去是对着英国，同时也是对着日本。"

蒙哥马利："我们曾经是最坏的洋鬼子。"

毛泽东："过去也有日本，后来就成为日本和美国。"

蒙哥马利："你们反对美国，是不是美国派了马歇尔将军来中国干涉中国内政？"

毛泽东："日本就是在美国的帮助下才占了大半个中国。日本没有铁，没有石油，煤也很少。这三样东西都是美国源源不断地给日本送去的。但是，美国扶植了一个力量，却造成了一个珍珠港事件。"

蒙哥马利："你们今天不怕日本了吧？"

毛泽东："还有点怕，因为美国扶植日本的军国主义。"

蒙哥马利："日本是一个高度组织起来的工业国家。"

毛泽东："美国在东方的主要基地是日本。本月19日，日本在国会中强行通过了同美国的军事同盟条约。"

蒙哥马利："日本对中国有没有什么坏的意图？"

毛泽东："我看是有。"

蒙哥马利："什么样的意图？"

毛泽东："当然主要是美国。日美条约把中国沿海地区，也包括在日本所解释的远东范围之内。我读过艾登的回忆录。他讲到苏伊士问题、埃及问题和伊朗问题，也谈到东南亚条约组织问题。他说，美国在组织东南亚条约组织的时候，英国希望印度参加，美国坚决反对。美国说如果英国要印度参加，美国就要蒋介石和日本参加。"

蒙哥马利："印度是不会参加的。"

毛泽东："那个时候，艾登想让印度参加来对付美国。艾登在回忆录中说，他想不通蒋介石怎么能同尼赫鲁相提并论。"

蒙哥马利："我有一个有趣的问题想问一下主席：中国大概需要50年，一切事情就办得差不多了，人民生活会有大大的改善，房屋问题、教育问题和建设问题都解决了，到那时候，你看中国的前途将会怎样？"

毛泽东："你的看法是，那时候我们会侵略，是不是？"

蒙哥马利："不，至少我希望你们不会。"

毛泽东："你怕我们会侵略。"

蒙哥马利："我觉得，当一个国家强大起来以后，它应该很小心，不进行侵略。看看美国就知道了。"

毛泽东："对，很对，也可以看一看英国。第一次世界大战以前，世界上最强大的国家就是英帝国。180年前的美国呢，只是英国的殖民地。"

蒙哥马利："历史的教训是，当一个国家非常强大的时候，就倾向于侵略。"

毛泽东："要向外侵略，就会被打回来。到底是华盛顿的北美强大，还是英帝国强大？但是，华盛顿用几支烂枪，打了八年，把英帝国赶回去了。"

蒙哥马利："美国革命是件好事。革命往往是件好事。如果不是美国革命，加拿大就不是今天的加拿大。中国的革命也是好的。所以革命可以是好的。"

毛泽东："你很开明！"

蒙哥马利："我是个军人。"

毛泽东："外国是外国人住的地方，别人不能去，没有权利也没有理由硬挤进去。"

蒙哥马利："我同意。"

毛泽东："如果去，就要被赶走，这是历史教训。"

蒙哥马利："50年以后中国的命运怎么样？那时中国会是世界上最强大的国家了。"

毛泽东："那不一定。50年以后，中国的命运还是960万平方公里。中国没有上帝，有个玉皇大帝。50年以后，玉皇大帝管的范围还是960万平方公里，如果我们占人家一寸土地，我们就是侵略者。实际上，我们是被侵略者，美国还占着我们的台湾。可是联合国却给我们一个封号，叫我们是'侵略者'。你在同一个'侵略者'说话，你知道不知道？在你对面坐着一个'侵略者'，你怕不怕？"

蒙哥马利："革命前，你们曾遭受过我们的侵略。"

红墙大事
——共和国重大历史事件的来龙去脉（上册）

毛泽东："过去有过，现在那种仇恨没有了，只留了一点尾巴了。你们的政府只要改善一点态度，我们就可以同你们建立正式外交关系，互派大使。"

蒙哥马利："我希望如此。"

毛泽东："如果英、法、苏、中四国能够比较接近，事情就会好些。"

蒙哥马利："我希望看到这种情况。"

毛泽东："你们为什么不稍稍改善一点你们的态度呢？基本问题已经解决了，你们同台湾没有正式外交关系，同意北京政府代表中国，基本事情你们已经做了。只剩下个别问题，这就是：

一、在联合国讨论蒋介石代表权问题的时候，同美国站在一起；

二、在台湾你们还有领事；

三、你们的政府比较亲台湾而对中国大陆疏远，有很多蒋介石的人从台湾到伦敦，受到你们外交部的接待。

此外，在西藏问题上，你们也同美国站在一起。西藏的一名叛乱分子到伦敦，受到你们外交部的负责人接见。"

蒙哥马利："这我不知道。西藏是在中国之内的。"

毛泽东："你们外交部做的很多事情，你是不知道的。所以在我看来，我们不能轻易地把正式代表权给英国，不能同英国正式互换大使。"

蒙哥马利："这是需要时间和等待的。"

毛泽东："你们只要少许改善一下态度，我们的关系就会改善。"

蒙哥马利："我觉得你提到的关于英、法、苏、中这一个问题是很有趣的。我同麦克米伦和戴高乐是很熟的。戴高乐曾要我下个月到巴黎去同他会见，我将把这一点告诉他。戴高乐是一个很好的人。"

毛泽东："我们对戴高乐有两方面的感觉：第一，他还不错；第二，他有缺点。"

蒙哥马利："人人都有缺点。"

毛泽东："说他还不错是因为他有勇气同美国闹独立性。他不完全听美国的指挥棒，他不准美国在法国建立空军基地，他的陆军也由他指挥而不是由美国指挥。"

蒙哥马利："海军也是这样。"

毛泽东："法国在地中海的舰队原来由美国指挥,现在他也把指挥权收回了。这几点我们都很欣赏。另一方面他的缺点很大。他把他的军队的一半放在阿尔及利亚进行战争,使他的手脚被捆住了。"

蒙哥马利："戴高乐会说,阿尔及利亚是法国的一个省份,而在法律上戴高乐这样说是对的。"

毛泽东："阿尔及利亚人可不同意,他们要求独立。"

蒙哥马利："麻烦就在这里,所以必须解决。但是法律上阿尔及利亚是法国的一个省份。这个问题必须解决。"

毛泽东："阿尔及利亚问题应该解决。阿尔及利亚人告诉我,法国在阿尔及利亚有90万军队,我觉得没有这么多,大概有五六十万。每天、每月、每年,法国都在阿尔及利亚消耗大量军费,这对法国很不利。"

蒙哥马利："这个问题必须解决。"

毛泽东："是必须解决。法国军队不能打仗,在越南他们也打不过胡志明部队。"

蒙哥马利："这个问题必须解决。"

毛泽东："他们在阿尔及利亚打了六年。开头阿尔及利亚只有三千名游击队,现在已经发展到十万人的军队了。"

蒙哥马利："这个问题必须解决。戴高乐的地位在很大程度上取决于他能否解决这个问题,如果他解决不了,他可能被迫下台。"

毛泽东："也会决定他是否能够同英国和美国一道在欧洲有平等的权利。"

蒙哥马利："他已经得到了。他曾经坚持这一点。"

毛泽东："不完全如此,美国人不干。我们看到麦克米伦到法国访问,戴高乐到伦敦访问时受到隆重接待,我们感到很高兴。我们希望你们两个国家能够合作。"

蒙哥马利："麦克米伦可能是西方世界最好的政治领袖。"

毛泽东："可能。至少他比艾森豪威尔好。"

蒙哥马利："谁会比他更好呢?我是指在西方世界里。"

毛泽东："我们希望英国能够更加强大。"

蒙哥马利："他在西方集团是最聪明、最老实的人了。"

红墙大事
——共和国重大历史事件的来龙去脉（上册）

毛泽东："人们可以看出，他比较有章法。"

蒙哥马利："我衡量一个政治领袖的标准是看他是否会为了地位而牺牲他的原则。你同意不同意这样一种标准？如果一个领袖为了取得很高的地位而牺牲他的原则，他就不是一个好人。"

毛泽东："我的意见是这样的，一个领袖应该是绝大多数人的代言人。"

蒙哥马利："但是他也不能牺牲他的原则啊！"

毛泽东："这就是原则，他应该代表人民的愿望。"

蒙哥马利："他必须带领人民去做最有利的事。"

毛泽东："他必须是为了人民的利益。"

蒙哥马利："但是人民并不经常知道什么对他们最有利，领袖必须带领他们去做对他们有利的事情。"

毛泽东："人民是懂事情的。终究还是人民决定问题。正因为克伦威尔代表人民，所以国王才被迫让步。"

蒙哥马利："克伦威尔只代表少数人。"

毛泽东："他是代表资产阶级反对封建主义。"

蒙哥马利："但是他失败了。克伦威尔去世并且埋葬以后，过了几年，人家又把他的尸体挖出来，砍掉他的脑袋，并且把他的头在议会大厦屋顶上挂了好几年。"

毛泽东："但是在历史上克伦威尔是有威信的。"

蒙哥马利："如果不是克伦威尔的话，英国就不是今天的英国了。"

毛泽东："耶稣是在十字架上被钉死的，但是耶稣有威信。"

蒙哥马利："那是在他死以后，在他活着的时候，他没有很多的跟随者。"

毛泽东："华盛顿是代表美国人民的。"

蒙哥马利："可是他被暗杀了。"

毛泽东："印度的甘地也是被暗杀的，但是他是代表印度人民的。"

蒙哥马利开始大着胆子向毛泽东提出一些即使在今天看来依然有些敏感的问题："你是不是可以考虑一下——在权力集中控制和适当下放之间找到一个平衡，比如，把适当的权力下放给各省的省长和党委书记。"

对这个问题，毛泽东显然是很有考虑的，同时，毛泽东更惊诧于这位西方国家的军事将领竟然对中国问题有如此深透的研究,以至于一下子就能抓住最敏感和最要害的问题。

不过,对于蒙哥马利的这个问题,毛泽东闭目沉思了好一阵子,才缓缓地回答道:

"一个国家刚刚成立的时候,尤其是新中国成立时,食物、布匹等一切生活用品都比较缺乏,没有别的路好走,后来情况好转,曾决定放松一些控制,但是马上就发觉,下面的人缺少经验,又遇上三年连续歉收,因此不得不重新采取集中控制的措施。"

当然,令蒙哥马利感到疑惑的是,这位中国的领导人如何能够找到正确分界权力集中和适当下放的标准呢?

毛泽东非常肯定地回答他:"已经基本找到了。"

他们的谈话于是从政权的分配转移到人口问题上,毛泽东说:"50年前,中国人的平均寿命是30多岁,现在是50岁以上,现代医疗技术的发展破坏了出生率和死亡率的天然平衡。关于计划生育问题,1949年刚取得政权时,曾经认为有必要采取节育措施,后来随着收获的增加,节育放弃了。"

蒙哥马利不无幽默地说:"让中国人去做他们喜欢做的事情。"

蒙哥马利是聪明的和敏锐的,他以独特的敏感意识到中国在未来世界事务中的力量,因此,他最关心的仍是中国今后的发展前途问题。他又一次对毛泽东非常严肃地说:"在一定的年限内,中国将成为拥有超过10亿人口的巨大力量的强国,那时将会发生什么情况?新中国的最终目标究竟是什么?"

毛泽东对他这个问题的言外之意非常敏感,当即快速地作出反应:"哦,你显然以为那时中国将向外国发动侵略呢。"

"我并不愿这样设想。但历史的教训是,当一个国家强大后,便要攫取国外领土,这样的例子很多,包括我的国家。"

"下一代会出现怎样的情况,我们很难预料,在我活着的时候,中国绝不会越出边界侵略别人,也不企图将共产主义思想强加于别的国家,中国深受外国的侵略和剥削,我们只要求外国不要干涉中国的事情……"

蒙哥马利听得入神。

等毛泽东讲完,他又说:很可惜,对西方人来说,中国是一个闭门的社会,这种社会，使西方人不能很好地了解中国，造成了许多曲解。

毛泽东自信地说，西方人到达哪里，哪里就道德败坏。

毛泽东的话不能不令蒙哥马利感到难过，因为他是西方人，他知道西方的道德水准，毛泽东的话，在一定程度上是事实。

但中国也不应该是"闭门的社会"，蒙哥马利固执地认为："闭门的社会"对中国对世界都不利……

蒙哥马利这样评价周恩来：周和毛不同，
他出身高贵，思维敏捷，举止优雅……

在同毛泽东谈完话之后，蒙哥马利对这个东方国家其他的领导人也抱着一样的好奇心，他想知道，他们依靠什么将一个拥有强大军事力量的政府推翻，他们在这个政府留下的废墟上将怎样从事自己的建设。

蒙哥马利来到中国的时候，中苏关系尚为亲密，但是，善于倾听的蒙哥马利却从中国人的谈话中听出了其中的裂痕。

这些细微的东西是他在同周恩来的交谈中感觉到的。1960年5月25日和26日蒙哥马利曾两次与周恩来进行会谈。

1960年5月25日，周恩来第一次接见了来访的蒙哥马利。

周恩来说，中国在经济上要比西方国家落后至少一百年。我们要在经济方面、科学技术水平和人民生活方面赶上西方国家，就不能够等一百年，因为一百年以后你们又前进了。我们说各国平等，但是平等不能只是口头上说说。实际的平等要看生产和人民的生活水平。中国是一穷二白落后的国家，加快我们的建设是我们最迫切的任务。过去一百多年来，不断的内战使得中国极端贫困和落后，使中国人民喘不过气来。根源是内在的和外来的压迫，这点你是了解的。

在谈到战争时，周恩来指出，说社会主义阵营不打算向外进攻是正确的，但说西方不打算向外进攻，就不完全如此了，它们经常派侦察飞机到社会主义各国上空侦察和拍照，包括中国和东欧国家的上空。美国到处建立军事基地。美国一向是敌视我们的。这种情况决不说明美国不要发动一个新世界战争，而恰恰说明它们在准备一次新的世界大战。战争不可避免是一种想法，因为只要帝国主义作为战争的根源继续存在，战争的可能性也继续存在。另一种想法是如果搞得好，如果做出努力,可以阻止战争。这是两种可能性。我们把两种可能性都考虑在内。

蒙哥马利:"中国的最终目标将是什么?"

周恩来谈到了社会主义建设总路线、"大跃进"、"人民公社"和中国工业的发展,说明中国人民需要一个国际和平环境来进行长期的建设。

关于台湾问题,周恩来说,美国必须首先承认台湾是中国的一部分,并且同意美国军队从台湾撤走,有了这两条原则,可以一方面同蒋介石谈判如何使台湾回到祖国,另一方面同美国谈判如何撤出美军的问题。

在阐明中国和苏联在基本外交政策方面一致以后,周恩来告诉蒙哥马利说,可以告诉你,如果美国挑起世界大战,从西方进攻苏联,中国肯定不会袖手旁观。

26日,周恩来与蒙哥马利进行第二次谈话。

周恩来说,中美两国人民都愿意彼此友好,它们之间没有什么猜疑和仇恨,没有根本利益的冲突。敌视是美国开始的。美国制造猜疑和仇恨,不仅引起了苏联人民和社会主义国家人民的愤怒,而且也引起了全世界人民的愤怒,这是自然的。中美关系恶化的责任也在美国。它既然敌视我们,我们当然也敌视它。我们敌视和反对的是它的侵略政策和战争政策,是它侵占台湾。如果要改善中美关系,美国应该首先采取步骤。中国人民站起来了,他们的志气是,如果别人愿意对我们友好,我们也愿意对他友好,如果别人对我们敌视,我们也只好敌视。我们不能忍受美国的欺侮。

周恩来接着指出,改善中美关系的先决条件是:一、美国承认台湾是中国的一部分。二、美军撤出台湾和台湾海峡。我们愿意同美国坐下来谈。如果美国把军队从台湾和台湾海峡撤走,我们就没有理由使用武力。留下来的问题只是中国的内政问题,我们力争和平解放台湾,这是我们努力的方向。如果台湾不干,并且使用武力,那么我们只好用武力解决。但是,这不会影响国际形势。如果美国首先声明愿意把军队撤出台湾和台湾海峡,而台湾问题也自然会和平解决。

蒙哥马利与周恩来会谈,是兴致盎然的。他们一问一答,颇有点像答记者问。周恩来虽然懂法语、英语,但谈话中,他自始至终只用中文,担任他们翻译的是翻译水平极佳、曾留学哈佛的浦寿昌。

蒙哥马利:中国当前的困难有哪些?准备怎样克服呢?

周恩来:连续几年的歉收,积累下了一大堆问题。这是主要的问题。解放以

红墙大事
——共和国重大历史事件的来龙去脉（上册）

来，我们已经取得了一些经验，我们正在学会对付老天爷带来的自然灾害，我们慢慢懂得了哪里发生错误，哪里需要改变，哪里需要下放权力，哪里需要进一步地集中控制……

至于人民公社的问题，有些公社确实太大了，一个公社分为若干大队，再分为若干生产队，公社规模大了，不容易控制，目前已调整为一个生产队20户到30户，100多个劳动力。

蒙哥马利觉察出此时周恩来的谈话与一年前略有不同，一年前，他们还大张旗鼓地宣传所谓的"三面红旗"。

当然，蒙哥马利不可能知道，中共中央在春天决定实施"调整、巩固、充实、提高"，即著名的八字方针。中国的"高烧"开始降温。但他凭直觉发现，周恩来的调子有所改变。

蒙哥马利：面对中国目前的困难，是否将接受外国的援助？

周恩来的回答令蒙哥马利感到非常模糊，他说，过去，我们接受过财政援助（指苏联），现在正设法偿还，因为我们不想对任何国家负有义务。

周恩来既没有说接受外援，也没有说拒绝外援。

周恩来强调说，我们力求进出口贸易平衡，需要的是互惠和交换基础上的贸易，我们的确需要技术上的援助，仅此而已。

蒙哥马利感到，这个国家有点关起门来过日子的味道，与毛泽东谈话时，他曾提出过类似问题。这种关起门来过日子的做法是好还是不好呢？这个国家关门闭户已经有许多年历史了。

话题于是转到同苏联的关系上。当时，这个话题十分敏感，事实是苏联撕毁合同，撤走专家，中苏关系相当紧张。

周恩来怀着良好的愿望。或者是出于一种策略，同蒙哥马利说，我们和苏联没有分裂，中国始终感谢苏联对中国工业化的帮助和指导，关于苏联召回技术人员并拒绝再派来的"谣言"，"完全不确实"。

蒙哥马利听话听音，听出了中苏关系的裂痕。他推断说，中苏关系处于冷淡阶段，中国不准备公开破裂，并将做出让步来避免这一情况。

作为一名军人，蒙哥马利当然关心中国的军队武器装备情况。

于是，蒙哥马利问周恩来，你们反对核武器，是否会发展核武器呢？

周恩来痛快地告诉他:"当然,我们的政府已经决定进行核试验。我们靠自己的科学家来发展。"

"你们需要别人的帮助吗?比如俄国?"

"不!"回答是斩钉截铁的。"我们不依赖任何国家。毛主席说过,自力更生。"

蒙哥马利感觉到,中国将在1963年或1964年突破核障碍。

蒙哥马利的感觉是相当准确的。1964年中国成功地爆炸了第一颗原子弹。

同一天,周恩来在欢迎蒙哥马利的宴会上发表讲话,表示支持蒙哥马利为缓和国际紧张局势所做的努力。

周恩来留给蒙哥马利的印象是深刻的。蒙哥马利在后来他的回忆录中这样评价周恩来:"周和毛不同,他出身高贵,是一个官宦子弟,从他脸上可以看出他是非常聪明、非常富有才智的。的确,就脑力来说,他是杰出的,他的思维敏捷、清晰,说话明确,举止优雅,性格极其宜人……"

……

蒙哥马利见到的中国元帅是陈毅。

第一次见面,蒙哥马利就被陈毅的笑声打动了。那坦率爽朗的笑声里,满带着一个军人的气质。

当别人向蒙哥马利介绍中国这位外交部部长也是一个元帅时,蒙哥马利笑着说:"我们是一个量级的人!"

陈毅说:"哪里哪里,我这个元帅指挥的是中国士兵,你却指挥了好几个国家的士兵。"

军人身上有些东西是相通的,如果时间允许,他们很可能探讨一些军事指挥方面的问题。然而,他们都很匆忙。

有人说,中国人缺少幽默感,蒙哥马利说:"不,只能说有的人缺少幽默。"

……

为了欢迎蒙哥马利的来访,周恩来总理举行宴会,邀请了一批军人作陪,其中包括共产党的军人和国民党的军人,战胜者和战败者。这些人除了陈毅元帅和李达将军外,多是在政协任职。

"政协"这个职务很令蒙哥马利费解,这和统一战线一样,是中国的专有名词。这个政协和统一战线囊括了诸如末代皇帝溥仪,以及国民党徐州"剿总"副

红墙大事
——共和国重大历史事件的来龙去脉（上册）

总司令杜聿明和宋希濂这样的人物。

蒙哥马利饶有兴致地同他们交谈起来。陈毅元帅指着杜聿明说："这位是我的对手。"

蒙哥马利很惊诧，问："政治上的对手，还是别的对手？"

"军事上的，我们在1948年打了一仗，打得很凶哦。"

翻译告诉蒙哥马利，在淮海决战的时候，杜聿明是徐州"剿匪"总司令部副总司令，曾率领三个兵团同陈毅率领的华东野战军对阵，杜聿明的部队全部被歼，他本人也被俘。

杜聿明拱拱手，说："那时国民党大势已去，兵败如山倒。"

蒙哥马利问："那次战役中，你有多少士兵？"

"100万。"

蒙哥马利感到不可理解，说："有100万人的军队，不应该打败仗。100万啊！"

杜聿明说："你不知道他有多少人，他有200万！"

"哦？"蒙哥马利看看陈毅。陈毅哈哈大笑，蒙哥马利顿时也跟着笑了起来。

……

毛泽东在读了蒙哥马利的《一种清醒的做法——东西方关系研究》一书后作了如下批语：很有意思，必读之书

蒙哥马利回国后，6月12日英国《星期日泰晤士报》全文刊载了蒙哥马利谈访华观感的第一篇文章，题为《我同毛的会谈》。

蒙哥马利在文章中详细叙述了在5月下旬访问中国的经过和同毛泽东、周恩来等中国领导人会谈的情况。

他说，三十多年前到过中国，那时的旧中国正受着外来侵略和内部封建主义的双重压迫，革命看来是不可避免的，它的领导人便是毛泽东。毛泽东是一个十分有吸引力的人，非常有才智，处理问题，很讲实际，对西方世界的了解是惊人的，对一些政界领袖的评论非常准确。毛泽东的基本哲学非常简单，就是人民起决定作用，因此要求干部每年下基层工作一个月，保持与人民的联系，赢得人民的信任。中国需要和平，从事长期而艰巨的建设，因此不会对外进行侵略，也不会试图迫使其他国家接受它的共产主义思想。中国人民可能是世界上最勤劳的人

民，大家团结在一起，为祖国的繁荣而努力，因此五十年后中国将成为一个强大的国家，"西方世界最好与这个新中国交朋友"。西方世界对新中国有许多错误的看法，毛泽东很重视与英国人民的联系，但中国人民仇视美帝国主义的强烈程度使人感到吃惊。目前的总路线、"大跃进"、"人民公社"这"三大法宝"是全中国人民努力的基础，已使工作显著地加快，人人都充满干劲。毛泽东建立了一个统一的、人人献身和有目的感的国家。

蒙哥马利在文章中说，中国军队给他印象"太深刻"，有"充分的质量高的人员供应"，民兵组织遍及全国，因此若入侵中国"要大倒其霉"。

6月16日下午，新华社编印的《参考资料》第3660期刊载了《英报刊载蒙哥马利访华第一篇文章》的报道。

6月20日，毛泽东认真读了此文，并在读后批语：此件可看，很有兴趣。蒙哥马利和我、总理的（会）谈，他称赞了中国人民的干劲，要和平、不侵略，五十年内大有可为。他说中国革命是正确的，不可避免的。

当时北京编译社曾根据伦敦柯林斯出版公司1959年英文版，翻译了蒙哥马利所著的《一种清醒的做法——东西方关系研究》，世界知识出版社于1960年3月作为内部读物出版，全书5.1万字左右，大32开平装本。

6月21日，毛泽东对此书进行了仔细的阅读，并在读后又作了如下批语："少奇、恩来、小平三同志阅。很有意思，必读之书。"

毛泽东的批语是用红铅笔写在这本书的封面上的。

在这本书的封面上，除了上述批语外，毛泽东还在书名和"世界知识出版社"下面分别画了粗粗的曲线，"蒙哥马利著"下面画了粗粗的横道。

毛泽东把他阅读过的蒙哥马利的这本书，连同其他一些阅批过的书，一直放在自己身边。

《一种清醒的做法——东西方关系研究》是一本什么样的书呢？

1959年东西方外长会议期间，蒙哥马利在牛津大学做了两次讲演，并在伦敦《星期日泰晤士报》上连续发表文章，鼓吹西方应采取"和平取胜"的新策略，逐步同苏联达成协议，通过所谓"自己活也让别人活"的方式，"使苏联变成基督教世界的一部分"，最后战胜共产主义。

文章分析了东西方阵营力量对比的变化，提出未来的斗争是政治和经济的斗争，更是意识形态和争取人心的斗争。

文章强调应通过谈判缓和东西方之间的紧张局势。并提出争取一个"友好的中国"是西方两大政治目标之一，等等。

后来，蒙哥马利把这些文章和讲演汇集成书，就是《一种清醒的做法——东西方关系研究》。

蒙哥马利在此书中，曾有这样一段话："国家都是为了政治原因而走向战争的。在分明就要获得胜利的时候，政治决策便成了首要的事。当时，重要的是怎样指挥作战，能以一种有利于取得和平的政治均势来结束战争。克劳塞维茨的学说是，战争继和平而来（应为战争是政治的继续——引者注）；但也可以反过来：和平继战争而来。"

这段话是毛泽东在阅读《战争论》过程中圈画过的。对于"和平继战争而来"，毛泽东除分别画了横道外，每句后面还画了一个大圈，在这句话旁边的书页空白处还画了两条粗粗的竖线，使这句话在书中显得格外突出。毛泽东在这里又画又圈，说明他对蒙哥马利的见解很重视，很赞赏。

阅读这本书，对认识和了解西方集团和平演变的战略与策略以及它们之间的内部矛盾和斗争的情形，对认识和了解蒙哥马利等西方政界、军界要人的政治、军事观点等都不无益处。所以，毛泽东认为《一种清醒的做法——东西方关系研究》是"很有意思"的"必读之书"，并郑重地推荐给其他中央主要领导人阅读。

这年6月9日晚，蒙哥马利在德拉鲁公司举行的宴会上发表了演讲。他说，他在中国期间，看到几千年延续下来的中国文明在中国共产党的领导下，只有向前推进，并未受到损害。革命对中国是有益的，贪污、腐化、地痞、流氓和洋鬼子都被赶走了。当然也流过血，这不能不说是一件憾事，但看来不流血也没有办法。

他曾同毛泽东主席讲过，革命使许多人掉了脑袋，固然不能算是件好事，但也不完全是坏事。为此，毛泽东主席称他是一位英国的开明元帅。

他所见到的中国领袖都是有学问的，并且是很有智慧的。西方所说的中国领袖对世界了解很少，是不正确的。他建议所有出席宴会的人都去读毛泽东有关战争的著作。

他在访问了苏联和中国等社会主义国家后，得出两条结论，一是西方国家固然无办法消灭共产主义，那么就必须找出办法同共产主义共存；二是在共存的同时，西方国家必须尽一切努力来保存自己的基督教文明基础，并把它发扬光大。

对于蒙哥马利这个讲话，外交部办公厅在6月24日曾印发了这一材料。对于这个材料毛泽东看完后，曾给江青写了批语：

江青阅。

应当研究他为什么要说这些话。

可见毛泽东对蒙哥马利的举动是十分关注的。

蒙哥马利得到的回答是一致的：威望最高、能指挥所有人的人只有一个——毛泽东

1960年5月这次访华，蒙哥马利只待了五天，后来他感到在华待的时间太短，提出1961年9月5日由香港到广州，再次访问中国，9月26日，由广州经香港返英。

蒙哥马利作为英国政策意图的执行人，以私人名义访问中国，这是英国政府深思熟虑的安排。安排蒙哥马利而非他人，一则可以向中国政府表示英国政府重视对华关系；二则可以对中国实行战略观察；三则可以不强烈地刺激美国和中国台湾。

对于蒙哥马利这一要求，周恩来原则同意。外交部做了计划，安排蒙哥马利于9月6日到北京，先由陈毅副总理接见。9月9日至20日访问包头、太原、延安、西安、三门峡、洛阳、郑州、武汉，回北京后由周总理接着谈，届时再视情况考虑同毛泽东会见的事。

于是，9月5日，蒙哥马利与副官钱英少校从香港抵达广州，第二次进入了新中国，受到了中国人民国防体育协会主任李达上将的热烈欢迎。6日，飞抵北京。

在中国期间，蒙哥马利除会见中国领导人外，还指名到几个不向西方开放的城市参观。

当时，外交部组成以西欧司副司长宋之光为首的接待组，遵照陈毅副总理指

红墙大事
——共和国重大历史事件的来龙去脉（上册）

示，由国防体育协会主任李达上将率领，全程陪同。

9月7日晚，陈毅副总理在人民大会堂为蒙哥马利再次访华举行欢迎宴会。

陈毅首先讲话，他说，蒙哥马利上次访华回国后，将所看到的中国情况做了客观介绍。他还指出台湾是中国领土的一部分，美国应从台湾和台湾海峡撤出武装力量。我们对此表示钦佩。

蒙哥马利接着讲话。他提出缓和国际紧张局势的"三大基本原则"，这就是：

"第一，大家都承认只有一个中国；

第二，大家都承认有两个德国——东德和西德；

第三，一切地方的一切武装部队都撤退到他们自己的国土上去。"

他还强调说："我说的中国是指政府设在北京的人民共和国，而不是从来没有资格代表中国的台湾那一套机构。"

新华社播发了这一新闻。9月8日《人民日报》全文刊载。

8日下午，周恩来曾对熊向晖说，蒙哥马利讲话很好，看他很有政治头脑，他提出的三原则抓住了国际局势的关键。

周恩来决定将在欢送宴会上公开表示支持。

他要熊向晖以外交部办公厅副主任的名义参加陪同，对蒙哥马利做些工作，结合参观访问，帮助他从本质上认识中国和中国的内外政策，并进一步了解他以及英国上层人物对国际局势的观点和对中国的看法。

从9月9日早晨搭乘为蒙哥马利提供的专机飞往包头开始，蒙哥马利在中国从东到西走了好多地方，由于身份特殊，很多地方他确实不能随意出入，但是，尽管如此，他还是努力地把中国看了个够。

在延安，他走出住所，来到街上的小吃摊上，指着用棍子串起来的油饼，询问："这东西多少钱一个？"

小贩通过翻译告诉他："五分钱一个。"

他拿起油饼仔细端详了一阵子，又问道："这有多重？"

小贩拿秤称了称，告诉他有三两多。

他仔细核算了一下，才说："这价钱不贵。"

蒙哥马利与陪同人员从市场上回去的时候，途经一个公共浴室，蒙哥马利向随行的熊向晖询问:"我可以进去吗?"

熊向晖幽默地回答道:"男部可以,女部不行。"

蒙哥马利听了,哈哈大笑,径直走了进去。

同行的人员都惊愕了,这位大名鼎鼎的元帅怎么对公共浴室感起兴趣来了呢?

蒙哥马利来到浴室,竟然同泡在浴池里的人们打起招呼来,浴池里多是中青年人,也有几个少年,他们见到一个高鼻子蓝眼睛的外国人走到浴室里来,有些害羞地躲开了。

蒙哥马利沿着浴池走了一圈,仔细审视了浴室内每一个人的裸体,然后走出浴室。

当时,中国正在闹着大饥荒。蒙哥马利第二次来到中国之前就听到不少关于中国饥荒的消息,有的说,中国饿死了几十万人,有的说,每个城市都饿殍遍地……在北京,他没有看到饥荒的迹象,只是听说人民币贬值,居民的粮食是按定量供应的。看完延安的澡堂后,他说:"说中国闹大饥荒是没有理由的。这里人的肌肉很好,丝毫看不出饥饿的迹象。"

蒙哥马利参观的时候,曾来到洛阳。

他参观了洛阳著名的拖拉机制造厂,在厂领导和工程师们的陪同下,观看了"东方红"履带拖拉机的组装。

蒙哥马利登上一台刚刚组装好的拖拉机,开起就走。大概是因为这东西的机械结构和坦克差不多,他很熟悉,不开一开手痒得不行。

按照当地的安排,晚上组织一场精彩的文艺演出,由洛阳最优秀的文工团演出。

蒙哥马利说:"感谢你们的盛情。但是我白天参观有些累了,晚上不再参加文艺晚会了。"于是,安排好的演出随即取消。

可是,吃过晚饭后,蒙哥马利却上街散步,散步的速度也是标准军人式的,后面的人要紧跟才能赶上,这使人怀疑他究竟是不是真的累了。

蒙哥马利等来到一个剧院门口,突然提出要进去看看。好客的主人赶忙同剧院联系,还好,剧场没有坐满,前排的空座正好安排这几位不速之客。

台上演出的是豫剧《穆桂英挂帅》。

翻译向蒙哥马利简单介绍了剧情,因为是个带兵打仗的故事,没有经过太多

红墙大事
——共和国重大历史事件的来龙去脉（上册）

的翻译，蒙哥马利已经看懂了。

戏没看完，他就退了场，回到宾馆，大家征求蒙哥马利的意见："元帅，这出戏怎么样？"

蒙哥马利说："这出戏不好。"

大家都怔住了，很想听听他的意见。

他停了一下，说："怎么能让女人当元帅？"

熊向晖解释道，这是中国的民间传奇，群众很爱看。

蒙哥马利站起来，很认真地说："爱看女人当元帅的男人不是真正的男人；爱看女人当元帅的女人不是真正的女人。"

大家没有想到，蒙哥马利还会有这样一套高论。

熊向晖说："中国的红军有女战士，现在我们还有一位女少将。"

蒙哥马利停住脚步，说："我对你们红军、人民解放军一向很敬佩，但不知道还有女少将，这不好，这有损解放军的声誉。"

熊向晖说："你们英国的女王也是女的。按照你们的体制，女王是英国国家元首和全国武装部队总司令。"

蒙哥马利不吭声了。作为英国子爵的蒙哥马利对此不以为然。

事后，周恩来对陪同蒙哥马利访问的熊向晖说："你当时讲得过分了，告诉客人是民间传奇就够了。他有他的看法，何必非要人家同意我们的看法，你搞了多年的外交工作还不晓得求同存异？弄得人家没有话说，就算你胜利啦？"

熊向晖觉得总理的话有道理，连连点头。

总理又问："蒙哥马利喜欢什么节目？"

熊向晖说："杂技、口技之类的东西。"

"他看过杂技《抢椅子》没有？"

"没有。"

周恩来转身从文件筐里取出为蒙哥马利安排的文艺晚会的节目单，一个一个看起来，看着看着，说："又是一个女元帅。"

他指的是折子戏《木兰从军》。

"幸亏问了你，不然他会以为我们故意刺激他。"

说完，周恩来打电话约外交部礼宾司的俞沛文，要求换掉《木兰从军》，加上口技、杂技类节目。

蒙哥马利对中国的杂技节目非常感兴趣。许多年后，他还向人提起在中国看口技时的情景，说，两个人站在话筒前，可以学出几十种鸟叫的声音。这种本领，若用到军事上，是绝妙的伪装。

蒙哥马利本人是个晚婚的典型。38岁之前，对异性从来不感兴趣，所认识的女人寥寥无几，同事们开他的玩笑说，军队就是他的妻子。他39岁恋爱结婚，妻子是一位军人的遗孀，在婚后他们一直形影不离，直至妻子在他的怀里去世。此后，蒙哥马利一直孤身一人，直至生命的结束。他的婚姻是严肃的，也是美好的、令人佩服的。

来到中国，蒙哥马利对中国人的婚姻也颇感兴趣。他想搞清楚中国人是怎样结婚的，是不是那种被称为"媒婆"的人物撮合的，中国人的婚姻是不是稳固，是不是有那种分配夫妻的事情。

当他向中国人提出上述问题时，中国人都笑了，并对他说："你可以自己去看看嘛。"

他走访过一两个新婚不久的家庭，看上去都是和睦的幸福的。

蒙哥马利想看看婚姻登记处。来到一个街道的婚姻登记处，他向一个主管结婚登记的官员问询，那位穿蓝色中山装的官员告诉他："这很简单，一男一女来登记，我们问清情况，只要合乎《婚姻法》就给他们登记。"

接着，蒙哥马利亲眼看了一对青年男女的登记过程，他觉得中国人的婚姻比英国人的婚姻简单多了。

穿蓝色中山装的官员又告诉他："我们这里没有离婚的。"

"你们的离婚率等于零？"

"不是不是，离婚的很少，一般只结一次婚，如果发生婚变，那是很大的变故了。"

"只结一次婚？一次？"

"一般是这样。"

蒙哥马利笑了，说："这倒和我很相像。"

……

蒙哥马利在中国去了许多地方，所到之处，他注意到所有的人一开口总会带出一句非常普遍的口头禅："毛主席说……"

红墙大事
——共和国重大历史事件的来龙去脉(上册)

他在访问洛阳拖拉机厂时,一位负责人说:"毛主席说,农业的根本出路在于机械化。"

他在访问一个医疗部门时,医生说:"我们是在照毛主席说的做,救死扶伤,实行革命的人道主义……"

他走到哪里,人们在向他介绍自己所取得的工作成就时,总会加上一句:"我们是在毛主席的正确指引下取得这些成就的。"

于是,蒙哥马利在一次访问中这样问道:"如果你是毛主席,你对你们公社有什么想法?你将采取怎样的变革和改进?"

被问的人一下子给震呆在那里,好一阵子回不过神来。

年轻的公社社长随即说:"元帅先生,我不能设想我是毛主席,所以,我无法回答你的问题。"

全屋子的人都笑了。

当然,蒙哥马利可以任意地站在总统的立场上来考虑问题,因为,毕竟在西方,每个人从理论上都有可能参加竞选总统的机会。

作为一个久经沙场的战将,蒙哥马利深知领袖权威的重要性,他认为,领袖人物的言行必须产生有效的影响,至于他做到什么程度,取决于他的个性——感情"白热"的能力,也就是说,领袖人物的内心,要燃烧着激情之焰,要有抓住人心的吸引力。

毛泽东的吸引力他已略知一二,其他领导人呢?比如刘少奇、周恩来等人……

在郑州的宾馆里,蒙哥马利向服务员提了许多日常生活的问题,诸如每月工资多少、休息几天之类,几个女服务员觉得这个洋老头很和气,也乐于回答他的问题。

忽然,他提了一个看起来莫名其妙的问题:"在当今中国的领导人当中,你最拥护谁?最听谁的指挥?"

"毛主席!"几个人不约而同地答道。

蒙哥马利看得出,几个人的回答是由衷的,不是别人强迫,也不是因为什么压力。

"除了毛主席之外,你们还听谁的?"

"刘少奇。"

"周恩来。"

"……"

在天津附近的杨村某步兵师参观时,看完新兵打靶,他同战士进行了简单的交谈,问战士为什么来当兵,问战士的生活怎样。

等到战士觉得这位英国元帅并不可怕之后,他又突然提出了这个问题:"在中国的领袖当中,你最听谁的命令?你最拥护谁?"

"毛主席!"

异口同声,不容置疑。

"除了毛主席以外,你们还最拥护谁?还最听谁的指挥?"

战士们你看我,我看你,迟疑了好一阵子,有的说是朱德,有的说是刘少奇,有的说是周恩来。

……

问者有意,答者也不能说无心,蒙哥马利跑了许多小城镇、乡村,不厌其烦地提出类似的问题,得到的回答是一致的。

他得出的结论只能是:在这个国家里,威望最高、能指挥所有人的人只有一个——毛泽东。

这使蒙哥马利不得不佩服毛泽东。在美国,总统绝对不可能有这样的威望,在法国,戴高乐能有百分之八十的选票也就相当可观了。而在中国,毛泽东的选票近乎百分之百。

……

"谁是我的继承人,为什么他不敢问啊?
是不是也像中国人那样怕犯忌讳?"

9月20日傍晚,供蒙哥马利参观的专机从武汉飞抵北京。熊向晖打电话问总理办公室浦寿昌,周总理要不要听汇报。

浦寿昌说,肯定要听,但周总理今晚的日程已经排满,晚11时政治局要开会,恐怕到明天才能安排。

21日凌晨2时许,周总理把熊向晖叫到他的办公室。

红墙大事
——共和国重大历史事件的来龙去脉（上册）

熊向晖汇报说，遵照总理指示，放手让蒙哥马利看，他很满意。他对中国很友好，但也在对我们进行战略观察。对此，熊向晖做了扼要说明。

周恩来详细询问有关情况，汇报持续近两小时。

最后，周总理问："你看，他脑子里对我们还有什么疑问？他还可能提出什么战略性的问题？"

熊向晖说："他对毛主席十分钦佩，但似乎想探询毛主席的继承人是谁？他可能认为，毛主席百年之后，中国不能保持稳定。他没有直接提出这个问题，我是从一些迹象揣测出来的。"

周恩来问："有哪些迹象？"

熊向晖说：蒙哥马利很愿同群众谈话，问这问那。在包头和太原，他都用不引人注意的方式，分别在不同场合随意向三个人（工人、农民、学生或服务员）突然提问："你最拥护谁，你最听谁的指挥？"回答都很快，而且都一样："毛主席。"他好像是在作"抽样调查"。在延安，参观一所医院，他开玩笑似地说，听说中医、中药很神奇，你们应该鼓励中医为毛主席发明一种长生不老的药，中国需要他，中国人民离不开他。在西安和三门峡，他又在不同场合分别向三个普通群众作"抽样调查"，但改了题目，突然问："除毛主席以外，你最拥护谁，你最听谁的指挥？"回答的人有点犹豫，回答的也不一样。在洛阳，他同我闲谈时说，中国古代的帝王很聪明，在位的时候就确定了继承人，虽然有的不成功，但多数是成功的，这就可以保持稳定。以前英国常为争夺王位而打仗，后来平静了，因为有了王位继承法，也许是从中国学来的。现在许多国家的政治领袖不像中国古代帝王那样聪明，没有远见，没有足够的勇气和权威确定自己的继承人，这是不幸的。在郑州，他对我说，斯大林是一位有权威的政治领袖，但缺少远见，生前没有明确提出自己的继承人，死后出现了"三驾马车"，局势很乱，贝利亚被杀掉，结果让只会用皮鞋敲桌子的赫鲁晓夫取得权力，他的统治是不会长久的。

熊向晖说完后，周恩来问，他同你讲这些话，你说了些什么。

熊向晖答：我什么也没说，也不好说，只是听，然后把话题岔开。

周恩来沉默了一会儿，让熊向晖回家休息。

21日，周恩来接见了蒙哥马利。

周恩来表示，完全同意和支持他关于和缓国际紧张局势的三项原则。

周恩来说："这三项原则互相关联，可以分别实行，也可以同时实行。第一，只能有一个中国，台湾是中国的领土。第二，'现在只能是两个德国'。第三点最带有关键性，所有外国军队都撤回本国领土。"

针对蒙哥马利在中国各地访问时得到的"人们生活得很好，大家都在努力工作"的印象，周恩来表示钦佩他作为一名西方人士的公正判断，同时说明，你看到的是好的一面，我们的工作也还有缺点，有缺点是任何工作中的正常现象。

在向蒙哥马利介绍中国的情况时，周恩来说，中国三年来灾害确实很大，但我们尽力采取了有效措施来克服困难，保证继续前进。我们所以能够战胜灾害，是我们依靠人民来克服困难，我们建设的成果，使我们获得了更大的力量。在我们高举"三面红旗"的过程中，我们不是没有缺点和错误的。我们是在克服缺点和错误的过程中前进的。

22日，周恩来再次接见了蒙哥马利。

在回答蒙哥马利提出的有关中国最终目标和中国的核政策问题时，周恩来阐明了社会主义社会和共产主义社会的几个基本要素及其本质特征。

周恩来说，中国现在正在建设社会主义，社会主义是共产主义的第一阶段，还不是共产主义，建设社会主义是一个长期的任务；社会主义时期在很长一段时间内的生产关系主要是全民所有制和集体所有制，除此之外，还有第三种补充性质的个人所有制，如小商小贩和手工业者，或单独的个人中医诊所。

周恩来还说，在社会主义时期，我们党和国家的政策和指导思想是一切有利于生产关系的改进、生产力的发展和物质财富的增加。如果政策收不到以上效果，那就应该予以纠正。

周恩来最后阐明，我们的社会主义建设计划主要是以国内为对象，建设社会主义不是损人利己。我们反对侵略，不容许人家侵略我们。我们搞社会主义也不容许侵犯人家的主权、领土来扩大我们的利益。

就在这一天上午，周恩来为即将去武汉会见毛泽东的蒙哥马利举行饯别宴会。

会上，周恩来再次重申中国政府关于恢复中华人民共和国在联合国的合法权

红墙大事
——共和国重大历史事件的来龙去脉（上册）

利问题的立场，反对美国制造"两个中国"的阴谋。完全赞同和支持蒙哥马利在北京提出的关于和缓国际紧张局势的三项原则。

周恩来认为，蒙哥马利提出的这三项原则，说明他从目前世界的现实出发，抓住了解决国际重大问题的关键，反映了全世界爱好和平人民的共同愿望。

周恩来表示，我们需要和平，需要朋友。希望蒙哥马利元帅把他所看到的实际情况介绍给西方的朋友们，把中国人民的友谊，带给西方所有爱好和平的人们。

……

22日下午，刘少奇主席会见蒙哥马利——原定的日程没有这一次会见，是周总理听完汇报后，临时和刘少奇商量安排的。

于是，蒙哥马利又与刘少奇见了面。

刘少奇给蒙哥马利留下的印象是：此人具有高度智慧，讲话缓慢，语调温和，是一个思想家、知识分子。

蒙哥马利注意到刘少奇一头灰白的头发，听刘少奇谈话，他意识到，这位领导人是在幕后，而不是像周恩来那样在台前，但他有着相当大的影响。

他们的谈话范围没有像和毛泽东那样广泛，但依然对许多感兴趣的问题都有涉及，中国是一个农业国，他们不能不关心农业问题。

刘少奇穿着布衣布鞋，坐在沙发上，慢言细语地谈道，中国在历史上是每一百年左右就要遭受一次连续三年的大灾荒，这是一个周期，是大自然的规律，前一次灾荒是在80多年前，那个时候可是饿殍遍野，人心惶惶。

刘少奇的话，使蒙哥马利想到他60年前来中国的情形，那时码头上、街道上到处充斥着讨饭的人群……

刘少奇说，中国革命改变了过去的一切，从1950年到1960年10年间，我们靠自己的资源养活了我们的人民，现在遇到了严重的自然灾害，我们不得不向外国购买一点粮食……

蒙哥马利与刘少奇交流对战争、核武器的看法。

此时，刘少奇却向蒙哥马利提问了："你对原子弹、核武器怎么看？"

蒙哥马利每时每刻都不会忘记宣传自己的观点，他说，很多人想很快废除并销毁所有的核武器，这实际上不可能。

刘少奇极其认真地倾听着，这是他的习惯，他决不轻易打断别人的谈话。

蒙哥马利说，在英国，不断有禁止核武器的示威游行，喊口号，挂横幅标语，反对原子弹这种东西，这些人忘记了这样一个事实，就是由于有了核武器，才制止了第三次世界大战。

对蒙哥马利的这种看法，刘少奇未置可否，依然认真听着，这回可不是蒙哥马利听别人说，而是别人听蒙哥马利侃侃而谈。

蒙哥马利认为，核武器的销毁，要等到东西方的不信任和猜疑减少了，裁军协议达成了，所有国家的武装部队从别的国家撤到他们自己的国土以内之后。

对这样的观点，中国的国家元首表示赞许，同时觉得这位英国元帅有这样的观点是难能可贵的。因为英国在别国领土上也是驻有武装力量的。

蒙哥马利接着说："销毁核武器，是裁军项目中的最后一项，而不是第一项。"

刘少奇依然是一脸沉默，在蒙哥马利有力的手势的伴随下点了点头。

……

在与刘少奇会谈时，蒙哥马利提出："中国共产党中央委员会和中国政府的最终目标是什么？"

刘少奇说：中国共产党最终的目标也就是中国人民的最终目标，就是要把中国建设好，保证中国是一个独立的国家、主权的国家，改善人民的生活。我们说改善人民的生活，是指改善人民的经济和文化生活，实现社会主义和共产主义。这是我们的最终目标。

蒙哥马利说："再过三十年、四十年或五十年，那时中国将成为有十亿人口的大国，那时从中国以外的角度来看，情形将是怎么样呢？这就是西方许多国家正在考虑的问题。"

刘少奇说：我知道你的意思，你是问过几十年后中国是否会侵略和向外扩张？正如你们英国人曾经压迫我们一样，是否我们会转过来压迫英国或其他国家的人民？我们从历史的经验、从其他国家的情形得出结论：凡是压迫别国人民的民族，它自己就不会有自由，也得不到好的结果。我们不会压迫英国人，就是对一些小国，对我们的邻国，比如缅甸、泰国、柬埔寨、尼泊尔、印度等，我们都要在互利的条件下，互相尊重主权，根据和平共处的五项原则，发展友好关系。我们现在如此，将来也如此，并教育我们的后代永不侵略和压迫别的国家。我们只在自

红墙大事
——共和国重大历史事件的来龙去脉（上册）

己的这块土地上把自己的生活过好。

……

21日，毛泽东乘专列从长沙来到武汉，住进了东湖宾馆。

22日上午，浦寿昌打电话给熊向晖，要他在北京饭店等他。不久，他提着皮包来了。

浦寿昌说："毛主席决定明天在武昌会见蒙哥马利，周总理要你和我（浦寿昌）马上坐专机去武昌，让你先向主席汇报主要情况和主要问题，让我明天给主席当翻译。"

这天下午，熊向晖和浦寿昌飞抵武昌。机场上停着一辆汽车，把他们送到东湖毛主席的住处。

9月23日，熊向晖和总理办公室秘书浦寿昌向毛泽东做了汇报。

熊向晖说："蒙哥马利对主席很钦佩，对中国很友好，但也在对中国进行战略观察。"

然后，熊向晖讲了他向周总理汇报过的情况和迹象。

主席连续抽烟，有时插几句。

熊向晖讲完后，毛泽东问："英文里'继承人'是什么？"

熊向晖说："successor。"

毛泽东叫熊向晖在一张纸上写出来。

毛泽东看了一会儿说："'success'这个字我知道，意思是'成功'，怎么加上'or'就变成'继承人'了？"

浦寿昌解释说："英文里没有同'接班人'意思相近的字，'接班人'翻成英文，还是'successor'，习惯上理解为继承人。"

毛泽东接着说："这个名词不好，我一无土地，二无房产，银行里也没有存款，继承我什么呀？'红领巾'唱歌：'我们是共产主义接班人。'叫'接班人'好，这是无产阶级的说法。"

毛泽东说："这个元帅是讲英语的，不懂汉语，他是客人，就用'继承人'吧，这个元帅过去打仗很勇敢，打败了隆美尔，这次在北京也很勇敢，讲了三原则。谁是我的继承人，为什么他不敢问啊？是不是也像中国人那样怕犯忌讳。"

熊向晖谨慎地回答道："也许是吧。"

毛泽东说:"你讲他是来搞战略观察的,我看他对我们的观察不敏锐。这也难怪,他是英国元帅,是子爵,不是共产党,对共产党的事情不那么清楚。共产党没有王位继承法,但也并非不如中国古代皇帝那样聪明。斯大林是立了继承人的,不过呢,他立得太晚了。蒙哥马利讲的也有点道理,斯大林生前没有公开宣布他的继承人是马林科夫,也没有写遗嘱。马林科夫是个秀才,水平不高。1953年斯大林呜呼哀哉,秀才顶不住,于是乎,只好来个'三驾马车'。其实,不是"三驾马车",是"三马驾车",三匹马驾一辆车,又没有人拉缰绳,不乱才怪。赫鲁晓夫利用机会,阴谋篡权,此人的问题不在于用皮鞋敲桌子,他是两面派:斯大林活着的时候,歌功颂德;死了,不能讲话了,他做'秘密报告',把斯大林说得一塌糊涂。帮助帝国主义掀起了12级台风,全世界共产党摇摇欲坠,这股风也在中国吹,我们有防风林,顶住了。"

毛泽东继续说道:"这位元帅到底是外国人,他对我们的事情究竟有一些不了解,我们和苏联不同,比斯大林有远见。在延安,我们就注意这个问题,1945年召开的'七大'就明朗了。当时延安是个穷山沟,洋人们的鼻子闻不到。这也难怪,当时共产党还在被国民党四处追着打,谁能料到四五年后他们就打到北京稳稳当当地坐起了江山,对一个还在战场上被执政党的军队四处'围剿'的党派的接班人问题怎么会关心呢?1956年开'八大',那是大张旗鼓开的,请了民主党派,还请了那么多洋人参加。从头到尾,完全公开,毫无秘密。"

毛泽东又说:"八大通过新党章,里头有一条:必要时中央委员会设名誉主席一人。为什么要有这一条呀?必要时谁当名誉主席呀?就是鄙人。鄙人当名誉主席,谁当主席呀?美国总统出缺,副总统当总统。我们的副主席有六个,排头的是谁呀?刘少奇。我们不叫第一副主席,他实际上就是第一副主席,主持一线工作。刘少奇不是马林科夫。前年,中华人民共和国主席改名换姓了,不再姓毛名泽东,换成姓刘名少奇,是全国人民代表大会选出来的。以前两个主席都姓毛,现在,一个姓毛,一个姓刘。过一段时间,两个主席都姓刘。要是马克思不请我,我就当那个名誉主席。"

毛泽东最后说:"谁是我的继承人?何需战略观察!这里头没有铁幕,没有竹幕,只隔一层纸,不是马粪纸,不是玻璃纸,是乡下糊窗子的那种薄薄的纸,一捅就破。我们没有搞'抽样调查',英国元帅搞了,一搞,发现了问题。中国

红墙大事
——共和国重大历史事件的来龙去脉（上册）

一些群众也没有捅破这层纸。这位元帅讲了三原则，又对中国友好，就让他来捅。捅破了有好处，让国内外上下都能看清楚。什么长生不老药！连秦始皇都找不到。没有那回事，根本不可能。这位元帅是好意，我要告诉他，我随时准备见马克思。没有我，中国照样前进，地球照样转。"

……

毛泽东在烟雾缭绕之中，缓缓说道，
我只有一个五年计划，到时候，我就要见马克思了

1962年，伦敦考林斯书店出版了蒙哥马利的《三大洲》一书，在这本书里，详细地记述了1961年他第二次访华时的见闻和观感，特别是在武汉与毛泽东进行的一次会谈中的内容。其中这样写道：

涉及的问题之一是年龄。我说，自从1949年中华人民共和国成立以来的12年中，他排除了混乱，取得了伟大成就，但是要做的事情仍然很多，他必须健康地活下去，保持精力，以便使这个国家坚定地沿着他所安排的道路前进。他的答复是有趣的，他说："中国有句老话，七十三、八十四，阎王不叫自己去。谁要连续闯过这两关，就能活到一百岁。"他本人不想活到一百岁，那就是还有四年。此后他希望去陪伴卡尔·马克思，这是他的英雄，几乎是他的上帝。我强烈地抗议说，中国人民需要他，他至少活到84岁这一关。他说，不，他有很多事情要同马克思讨论，而在这里，再有四年就足够了！我说，如果我知道马克思在什么地方，我要就这一问题同他谈几句。这话把他逗得大笑！我接着就问到他的继承人。我的经验是，国家领袖们非常讨厌提出他们的继承人，我举出几个例子——印度的尼赫鲁，葡萄牙的萨拉查，联邦德国的阿登纳，英国的麦克米伦，法国的戴高乐，谁将继承他呢？他说，在中国，继承是清楚的，并且已经确定了——那将是刘少奇。我问，刘以后又是谁呢？他说他不知道，也不过问；他本人将同卡尔·马克思在一起，他们在中国能够为自己解决这件事。

9月22日蒙哥马利被告知：毛泽东准备23日在武汉同他会见。

武汉是蒙哥马利参观、访问中国十来个城市中的最后一站，而且他前天下午才离开那里。那时在武汉，他由于要急着返回北京，因而在19日抵汉时，只对武钢、长江大桥、武汉大学做了短暂的访问，就匆匆离开了。在武汉蒙哥马利还见到了

湖北省省长张体学，这是他走了大半个中国见到的第一位省长，因为蒙哥马利在各地访问均是副省长接待……

此时此刻，蒙哥马利非常激动和兴奋，他曾自言自语说："行！真有意思，前天刚从武汉飞回北京，明天又要从北京飞回武汉。"

蒙哥马利此次来华想见到毛泽东的心情是十分迫切的。只可惜，当他刚来北京时，毛泽东正在南方视察，蒙哥马利于19日到达武汉时，毛泽东还在长沙，不想当蒙哥马利匆匆离开武汉回北京时，毛泽东又到了武汉。

23日中午，蒙哥马利在李达上将等陪同下，从北京坐专机抵达武汉，住在汉口胜利饭店。

蒙哥马利休息片刻后，有意整理了一下自己的着装。

蒙哥马利虽已年过古稀，但仍保持着一种军人的作风和英国绅士的派头。

晚上6时半，蒙哥马利来到了风景秀丽的东湖，这里是毛泽东主席每次来武汉必住的地方。

在东湖宾馆的红色地毯上，毛泽东与蒙哥马利的手握在了一起。

"How are you？"毛泽东用英语向蒙哥马利问好。毛泽东晚年坚持学习英语派上了用场。

蒙哥马利听到毛泽东用英语问好，感到非常亲切，只可惜自己不会汉语。

毛泽东在东湖会见他，并共进晚餐。席间，两位老人举杯，互祝健康。他们两人平时都是很少喝酒的，今天却都喝起了葡萄酒。

饭后的会见是在客厅举行的。由于蒙哥马利是第二次访华，与毛泽东是老朋友了，因而气氛非常热烈。

毛泽东很有兴致地要听听蒙哥马利亲自谈谈访华的观感，蒙哥马利也很有兴致地同他讨论一些问题，气氛十分融洽。

蒙哥马利："我现在想跟主席谈谈关于三项原则的问题。这三项原则我以前都单独地提过，这一次我把三项原则作为一揽子提出。多年来，我可以说是坐在头排位置上观察国际政治。我参加过西方防御机构的工作。我认为西方把自己陷入了一个烂泥坑，而西方的政治领袖们似乎找不到摆脱这个泥坑的办法。我得出的结论是，在德国和中国问题上，西方完全缺乏常识。"

毛泽东："不是整个西方，缺乏常识的只是美国。"

红墙大事
——共和国重大历史事件的来龙去脉（上册）

蒙哥马利："还有别的人。"

毛泽东："别的人是跟着美国走。"

蒙哥马利："西方的人民越来越强烈地呼唤要一个和平的世界。但是除非各国把武装部队撤回各自的国土去，否则就不可能有一个和平的世界。主席读过我昨天晚上在周恩来总理宴会上的演说吗？"

毛泽东："读了。"

蒙哥马利："你对我一揽子提出的三项原则有什么看法？"

毛泽东："一揽子提出更有力量，比分别提出更好，各国人民能更好地理解。反对的人会不少，欢迎的人更多。多次提出，一次、两次、三次、十次、二十次，总可以见效。你不是说要活到一百岁吗？那还有二十几年。在你去见上帝之前看到解决是有希望的。三项原则提得对，提得好。"

蒙哥马利："我要动员世界舆论。我离开中国以后，下星期就准备到加拿大去，10月6日我准备在多伦多做一次电视广播演说。"

毛泽东："那好。"

蒙哥马利："然后，我要回伦敦去，在10月16日的晚上，再做一次电视广播演说。"

毛泽东："凡有机会就讲。"

蒙哥马利："如果东方集团在那个时候对我的三项原则表示态度说：'对，我们同意，这是很好的意见。'要是中国和莫斯科能够发出这样的声音，那是很有帮助的。中国在国外没有军队，但是苏联有。如果赫鲁晓夫也能出来说：'只要美国、英国、法国从欧洲、德国撤出它们的军队，我也把军队撤回苏联去。'要是他也这样说，那就更好了。他从来没有断然这样说过。"

毛泽东："他说过。"

蒙哥马利："我是说他没有'断然'这样说过。"

毛泽东："一个中国，两个德国，撤军，他都是赞成的。"

蒙哥马利："我曾经建议陈毅元帅跟葛罗米柯去说一说，希望苏联也和中国一样响亮地支持我的三项原则。"

毛泽东："你是不是去苏联走一走。"

蒙哥马利："我现在不能去。"

毛泽东："今年不能，明年去。你到那里去讲三项原则，就可以使他们有机会公开支持你。"

蒙哥马利："我有这样一个看法：当你要使一件事情发生的时候，千万不要犯这样一个错误，就是一下子得罪许多人。我这次在中国提出三项原则，已经得罪了一些人，如果我到苏联去，就会得罪更多的人，所以我不去。请陈毅和葛罗米柯在东方讲，我到加拿大和伦敦去讲。"

毛泽东："你对陈毅说了没有？"

蒙哥马利："说了。"

毛泽东："那可以。"

蒙哥马利："我可以在西方推动这件事。但是，我不想在东方再起多大的作用。莫斯科是在东方，所以我不想去。我在本国有很强的地位，如果我在共产党东方旅行太多了的话，那么英国人民就会说，这个家伙怎么搞的，这将损害我的地位。如果我想推动这件事情，我就必须维持我的地位。"

毛泽东："你的地位不会动摇。你的基本思想是要和平。"

蒙哥马利："人民是会跟我走的。他们会赞成我的主张，尽管西方有很多人不同意你们的意识形态。"

毛泽东："如果不同意，他们不信就完了。"

蒙哥马利："对，我主张彼此不要干涉内政。西方国家一遇到问题，它们的做法就是把一个国家一分为二。朝鲜就是如此，还有老挝，还有印度支那。它们以为把一个国家一分为二，就什么问题都解决了。我觉得不然，我说大家都把军队撤走，让朝鲜人自己来决定他们要什么不要什么。"

毛泽东："对。"

蒙哥马利："这是唯一合乎情理的做法。"

毛泽东和蒙哥马利两人不时地发出爽朗的笑声。

毛泽东："元帅今年多大岁数？"

"74岁。"

"哦，过了73岁了。"

借此机会，蒙哥马利说："主席先生，你的共和国成立了12年，从战争的废墟上建立起了新的国家，你显然还有很多事情要做。你的人民需要你，你必须

红墙大事
——共和国重大历史事件的来龙去脉（上册）

有健康的身体和充沛的精力来领导这个国家。"

毛泽东点燃一支烟，慢悠悠地吸着，说："中国有句俗话：'七十三，八十四，阎王不叫自己去。'如果闯过了这两个年头就可以活到一百岁。"

蒙哥马利感到大惑不解，七十三，八十四，为什么是这两个数字？关于两个数字的来历，作为一个外国人，他当然是无法理解的。

其实，就是让一个普通的中国人来回答为什么是这两个数字，他也未必讲得出来，事实上，这两个数字和中国古代两个圣人连在一起——孔子活了73岁，孟子活了84岁。

毛泽东大大地抽了几口烟，在烟雾缭绕之中，又缓缓地讲开了："我们说的阎王，就是你们说的上帝，我只有一个五年计划呀，到时候，我就要去见我的上帝了，我的上帝是马克思啊。"

毛泽东的意思很清楚，是说他只能活到73岁，这未免太悲观了，蒙哥马利有点激动地说："经过这一段时间的访问，我感到中国人民需要你，你不能离他们而去，你至少应该活到84岁。"

毛泽东将手在空中有力地挥了一挥，非常利索地说道："不行，我有很多事情要跟马克思讨论，在这里再待四年已经足够了。"

蒙哥马利也以幽默的口吻说道："要是我知道马克思在哪里，我要告诉他，中国人民需要你，你不能到他那里去，我要同他谈谈这个问题！"

在座的人都笑了，毛泽东笑得最开心。

他们还谈到共产主义问题。蒙哥马利非常敏感地提出："主席先生，你在谈话中经常提到社会主义，而很少提到共产主义，中国难道不是一个共产主义国家吗？"

"不是！"毛泽东回答之干脆，令蒙哥马利惊讶，毛泽东说："在所有制、分配等问题上，人人按其所劳取所得，所以叫社会主义，什么时候达到了按其所需的分配，才能算共产主义。"

毛泽东的话令蒙哥马利想起他1947年访问苏联时同斯大林的谈话，斯大林的解释同毛泽东的解释如出一辙。他把当时谈话的情景告诉了毛泽东。

毛泽东很感兴趣地说："是吗？看来你已了解不少社会主义和共产主义的东西。"

蒙哥马利还是很不理解，他又问毛泽东："既然你们现在还不是共产主义，那么，你们为什么把自己的党叫作共产党呢？"

他没有想到，毛泽东对这个问题的回答是如此的耐人寻味："我们喜欢把名称同最终目标联系在一起。"

交谈到9时30分，蒙哥马利拿了一盒英国的"555"牌香烟，对毛泽东说："主席先生，送你一盒英国的香烟。"

毛泽东接过烟，道了一声谢谢，随即也叫人送了一些中国的名茶给蒙哥马利。快到分手的时候了，蒙哥马利站起身，说："今天谈话使我学到很多东西"，"我想主席一定很忙，还有别的事情要做。我能否明晚来谈谈？"

毛泽东说："明晚我到别处去了。"谈话就此结束，互相道别。尽管谈话中彼此问过年龄（这年毛泽东68岁，蒙哥马利74岁），但蒙哥马利并没有问毛泽东的继承人是谁。

蒙哥马利不免有点遗憾，但他知道，这是一位将近七亿人口大国的领袖，他日理万机。

蒙哥马利返回胜利饭店，准备第二天取道广州，经香港回国。

蒙哥马利：主席你的继承人是谁？
毛泽东：很清楚，是刘少奇，我死后，就是他

9月24日这一天，正是中国的传统节日——中秋节。

蒙哥马利没有料到，24日凌晨5时左右，陪同蒙哥马利的浦寿昌被从睡梦中叫醒，说是主席改变了计划，决定当天下午再同蒙哥马利会谈一次，并共进晚餐。

这个消息使蒙哥马利喜出望外，高兴得连声说："OK! OK!"

事后人们推测，是毛泽东对这位善于战略观察的陆军元帅产生了兴趣，还是他的某些话触动了毛泽东的情怀？不得而知。不过毛泽东在接见外宾时是很少这样安排会见的。

这次追加的谈话是从下午2时30分开始的。这一次的交谈，他们谈得更为深入，他们就领袖的魅力、权威和与他所领导的人民的关系一一交换了看法。

由于要和毛泽东见面，蒙哥马利研究过毛泽东的一些著作，毛泽东的一句

红墙大事
——共和国重大历史事件的来龙去脉（上册）

话——"枪杆子里面出政权"给了他极其深刻的印象。作为一个西方军人，这句话的含义不会像中国军人那样明确和深刻。他想就这个问题当面向毛泽东请教。他问："这句话是不是你说的？如果是你说的，究竟是什么意思？"

毛泽东说："是我的话，是在漫长的革命年代里说的，记不起说这话的确切时间了。"

蒙哥马利觉得这句话有军人专政的味道。

毛泽东却不这样看，他认为，革命不能没有战斗，有战斗当然需要枪杆子。

"那么，在和平的日子里，这句话是否还仍然有效？"

"当然！"毛泽东用很慢很慢但却是极其坚决的口气说。

毛泽东说："元帅是特别人物，相信能活到100岁再去见上帝。我不能。我现在只有一个五年计划，到73岁去见上帝。我的上帝是马克思，他也许要找我。"

蒙哥马利说："马克思可以等一等。这里更需要你。"

毛泽东说："中国有句话，七十三，八十四，阎王爷不请，自己去。"

蒙哥马利借机提出："我认识世界各国的领导人，我注意到他们很不愿意说明他们的继承人是谁，比如像麦克米伦、戴高乐，等等。主席现在是否已经明确，你的继承人是谁？"

毛泽东说："很清楚，是刘少奇，他是我们党的第一副主席。我死后，就是他。"

蒙哥马利又问："刘少奇之后是周恩来吗？"

毛泽东说："刘少奇之后的事我不管……"

其实，毛泽东关于接班人的设想在1957年访问苏联时也曾间接地谈到了。

那是在一次宴席间，毛泽东用庄重的口气对赫鲁晓夫说："我准备辞去国家主席的职务了。"

赫鲁晓夫并不感觉意外，因为半年前伏罗希洛夫已经带回了这个信息。他问："有人接替吗？"

"有。我们党里有几位同志，他们都不比我差,完全有条件。"毛泽东扳动手指,如数家珍："第一是刘少奇。这个人在北平和保定参加了五四运动，后来到你们这里学习，1921年转入共产党，无论能力、经验还是声望，都完全具备条件了。他的长处是原则性很强，弱点是灵活性不够。""第二是邓小平。"毛泽东扳一下指头，继续说："这个人既有原则性，又有灵活性，是难得的人才。"

赫鲁晓夫点头："是啊，我也感觉到这个人很厉害。"（1956年匈牙利事件时，他与邓小平打过交道）

毛泽东继续扳动第三个指头："第三是周恩来，这个同志在大的国际活动方面比我强，善于处理各种复杂的矛盾。他是非常精明强干的人，有弱点能自我批评，是个好人。"……

此时，蒙哥马利说："中国现在还有许多事情要做，很需要主席。你现在不能离开这艘船放下不管。"

毛泽东说："暂时不离，将来学丘吉尔的办法。"并说："我随时准备灭亡。"接着，毛泽东讲了五种死法：被敌人开枪打死；坐飞机摔死；坐火车翻车翻死；游泳时淹死；生病被细菌杀死。

毛泽东说："这五条，我都已准备了。"

毛泽东还说，人死后最好火葬，把骨灰"丢到海里去喂鱼"。

蒙哥马利被毛泽东震动了。他要不是亲眼所见，亲耳所听，怎能想象得出一个世界上人口数量最大的国家的领袖对生死之事看得如此透彻。这是怎样一位清醒的伟人啊！

毛泽东还与蒙哥马利谈到了"核武器是吓人的东西，不会用的"的问题。

蒙哥马利："现在人们都在谈论核武器问题，争论很多。我在北京也同刘少奇主席谈起中国的核政策。主席对这个问题怎样看法？"

毛泽东："我对核武器不感兴趣。这个东西是不会用的，越造得多，核战争就越打不起来。要打还是用常规武器打。打常规武器还可以讲点军事艺术，什么战略、战术，指挥官可以临时按照情况有所变化。用核武器的战争就是按电钮，几下子就打完了。"

蒙哥马利："刘主席告诉我说，因为美国、英国、法国、苏联都有，你们也要搞一点。"

毛泽东："是，准备搞一点。哪年搞出来，我不知道。美国有那么多，是十个指头。我们即使搞出来，也只是一个指头。这是吓人的东西，费钱多，没有用。"

蒙哥马利："我也想，在你们的各项事情的安排中，发展核武器恐怕要摆在很后的地位。"

红墙大事
——共和国重大历史事件的来龙去脉（上册）

毛泽东："就是，我们用很少一点钱搞试验。我们没有雄厚的经济基础，工业才开始有一点。美国、英国、法国、苏联，有雄厚的工业基础。我们像穷人、叫花子，穿上漂亮衣服，到外面跑一跑。"

蒙哥马利："我的看法是，正因为有核武器，才阻止了第三次世界大战的爆发。"

毛泽东："我说过原子弹是纸老虎。"

蒙哥马利："现在英国有很多人示威游行，要求禁止和销毁核武器。我对他们说，首先是撤退外国军队，然后裁军，最后一件才是销毁核武器。"

毛泽东："是不是能够像禁止化学武器那样达成一个协议，如在第二次世界大战中那样，大家都不用？核武器也不用？"

蒙哥马利："现在还做不到，首先必须消除东西方之间的猜疑和互不信任。为此就要把军队撤回到各自的国土上去。这就是我为什么没有时间去访问日本的原因，我必须首先推动实现我的三项原则。"

毛泽东："那好，三项原则实现了，再禁止核武器。"

蒙哥马利："我跟陈毅元帅讲过，希望他和苏联讲一讲，要他们也出来支持我的三项原则。"

毛泽东："他要到日内瓦去参加老挝问题的那个会，可能碰到葛罗米柯，找个机会谈一谈，我赞成。"……

谈话进行到下午5时，毛泽东邀蒙哥马利坐船，看他在长江游泳。

随后毛泽东要畅游长江，蒙哥马利肠胃不好，无法同毛泽东一道享受"极目楚天舒"的乐趣，只好接受毛泽东的邀请，站在游艇上观看了毛泽东劈波斩浪的英姿。

这天，蒙哥马利身着一件鲜红衬衫，在夕阳的照射下，显得格外夺目耀眼。他站在韶山轮的甲板上，看着毛泽东游泳的雄姿，在心里问自己，这样一位体魄雄健的伟人会死吗？

毛泽东游了近一个小时，上船穿好衣服，汽艇迎风破浪驶向码头，毛泽东望着蒙哥马利，说："你下次访问中国时，我们做横渡长江的比赛，好吗？"

蒙哥马利看到毛泽东眼里闪着挑战的目光，就说："好。"

"那么，你什么时候再来呢？"

"1964年吧。"

"好，一言为定！"

"那将成为世界各大电视公司的一个大好机会。"

毛泽东谈笑着与蒙哥马利同乘一辆车并将他送到了胜利饭店。在五楼会议室，毛泽东与蒙哥马利又畅谈了一会儿。

晚上，随行人员正在忙忙碌碌地为蒙哥马利整理行装，明天这位英国元帅将要踏上归国的行程。

这时，毛泽东突然来了："为你送行，送给你一件礼物。"

蒙哥马利喜出望外，握着毛泽东的手久久没有松开。

毛泽东送给蒙哥马利的礼物是他亲笔题写的自己的词《水调歌头·游泳》，其上题写着："赠蒙哥马利元帅"。

《水调歌头·游泳》
1956年6月

才饮长沙水，

又食武昌鱼。

万里长江横渡，

极目楚天舒。

不管风吹浪打，

胜似闲庭信步，

今日得宽余。

子在川上曰：

逝者如斯夫！

风樯动，

龟蛇静，

起宏图。

一桥飞架南北，

天堑变通途。

更立西江石壁，

红墙大事
——共和国重大历史事件的来龙去脉（上册）

> 截断巫山云雨，
> 高峡出平湖。
> 神女应无恙，
> 当惊世界殊。

陪毛泽东前来的工作人员告诉蒙哥马利这是毛泽东主席早晨4点钟起床后写的，上面还飘着墨香呢。

蒙哥马利知道，毛泽东亲自写下自己的诗词送给外国客人，是极罕见的事情。蒙哥马利望着宣纸上遒劲有力的汉字，连声向毛泽东道谢。

毛泽东笑着说："不要忘了，我们还将在长江进行游泳比赛呢。"

十四　康生狠批小说《刘志丹》的真正目的

- 康生还没看小说，就为其定了性：这不是单纯的文艺写作问题，是带有政治倾向性的

- 制造冤案，康生独具本领。他向习仲勋发难：你们活动能量可谓大矣！你们是想翻天哩

- 八届十中全会上，善于奉迎的康生把小说《刘志丹》作为"翻案风"的例子

- 康生"适时"地递给毛泽东一张条子，上写：利用写小说进行反党活动，是一大发明

- 专案组认定，《刘志丹》是"为高岗翻案"，"吹捧习仲勋"，"是一部伪造的西北党史"

红墙大事
——共和国重大历史事件的来龙去脉（上册）

《刘志丹》是一部描写刘志丹革命生涯的长篇小说。他是刘志丹的弟媳李建彤应中国工人出版社之邀创作的。刘志丹，陕西省保安县人（今志丹县），1924年加入社会主义青年团，次年加入中国共产党。陕北、陕甘革命根据地和中国工农红军第二十六军的创建者之一。1925年秋，入国民党陆军军官学校（即黄埔军校）学习。毕业后，回西北开展革命活动。1928年夏，参加领导渭南（华县）起义。1929年后，曾任中共陕西省委候补委员和陕北特委军委书记、西北反帝抗日同盟军副指挥、红军陕甘游击队副总指挥、西北革命军事委员会主席兼红军前委总指挥。1934年秋，任红十五军团副军团长兼参谋长。在这期间，曾受王明"左"倾冒险主义的残酷打击。党中央和中央红军长征到达陕北后，才得到解放。后任西北革命军事委员会副主席、瓦窑堡警备司令、北路军总指挥、红二十八军军长。1936年4月，率部参加东征，在晋西三交镇战斗中英勇牺牲。毛泽东曾题词赞颂他为"群众领袖，民族英雄"，周恩来也为其题诗："上下五千年，英雄万万千，人民的英雄，要数刘志丹。"

康生还没看小说，就为其定了性：
这不是单纯的文艺写作问题，是带有政治倾向性的

1956年，中国工人出版社拟定了一个出版革命烈士传记和回忆录的选题计划，在此之前，他们看到过刘景范和李建彤撰写的一些回忆刘志丹的短文，知道刘景范是革命烈士刘志丹的亲弟弟，李建彤是刘志丹的弟媳，于是就约请李建彤写作小说《刘志丹》。起初，李建彤由于各种原因，不肯答应，直到出版社答应派人协助后才接受了约稿。

于是李建彤开始潜心写作，花费了五年时间，前后五易其稿，直到1962年的春天，这部手稿才得以完成。

关于这个经过，作者李建彤在后来接受记者采访时，是这样说的：

"我为什么要写《刘志丹》呢？我本来不是作家，没写过小说，而是一个喝延安水长大的普通干部。但是，陕甘宁边区人民的革命斗争事迹，刘志丹和他的战友们的英雄形象，时时激励着我。他们太可爱了，太值得我们尊敬了。早在20世纪50年代初，我就写了关于刘志丹烈士的回忆录。1956年，（中国）工人出版社的同志约我写刘志丹的传记体小说。当时，我担心自己水平太低，写不

十四 康生狠批小说《刘志丹》的真正目的

好,但长期蕴蓄在我心里的火一样的激情和强烈的革命责任感,又促使我非写不可。写,我一定要写!我要写刘志丹和他的战友们,写陕甘宁根据地的人民群众,通过他们艰苦卓绝的斗争历程,歌颂马列主义、毛泽东思想,歌颂为中国人民指引解放道路的中国共产党。"

为了写好这部书,李建彤付出了艰辛的努力,她系统地学习了毛泽东的有关论著,查阅了大量的党史资料,访问了一些老同志,1958年和1960年,两次到刘志丹烈士成长和战斗过的地方——陕甘宁革命根据地,走访当年的妇联会会员、运粮员、兽医、马夫、成百的边区群众,以及老红军战士、老赤卫队员、老干部等。

到了1962年春天,李建彤已经完成了小说《刘志丹》的前五章,正当她一鼓作气准备进行下部分的创作时,一件意想不到的事情发生了。

这件事情的发生是与当时云南省委第一书记阎红彦的一封"上书"有直接关联的。

阎红彦,陕西安定人(今子长县),是一位骁勇善战、功勋卓著的将军。他早年曾与刘志丹等人一起创建了西北红军和西北根据地,1955年荣获上将军衔,是西北红军中军衔最高的将领。眼下,正担任云南省委第一书记、昆明部队第一政委和中共西南局书记处书记。

在《刘志丹》的创作过程中,刘景范和李建彤征求多方意见,先后把书稿送给周扬、习仲勋等审阅。阎红彦作为西北出身的老干部,李建彤自然也把稿子寄给了他。

阎红彦粗粗地看过稿子之后,便摊开纸笔,给李建彤写了一封信。

他在信中对创作小说《刘志丹》提了一些否定意见,他说:"写一些合乎实际、有教育意义的文章回忆刘志丹或其他同志,这是好的。你写的《刘志丹》,我抽看了几篇,这事实上是用小说形式总结了西北的革命斗争历史,这就不能不涉及许多原则问题,有些问题是需要由中央做结论的,一个作者是负不了责任的,你的文章很多原则性的问题与历史不符,因此不宜发表。"

阎红彦在信中所说的"许多原则性问题",就是中共党史上所谓的"西北历史问题"。红军长征到达陕北之前,以刘志丹为代表的共产党人曾在西北地区进行了可歌可泣的革命斗争,创建了陕甘根据地,在中共党史及中国革命史上占有

红墙大事
——共和国重大历史事件的来龙去脉（上册）

重要地位。然而对其中的一些史实和个别是非问题，有关的当事人长期存在不同意见。对此，党中央曾做过决议，但并没有彻底解决问题。作为当事人之一，阎红彦自然十分关心那段历史，所以他对小说《刘志丹》提出这样的意见是正常的。

此后，阎红彦不知《刘志丹》的创作情况怎么样了，也没有接到李建彤的回音。然而，当他在赴北戴河海滨参加中央工作会议时，却意外地听说《刘志丹》已经开始在《工人日报》上连载了。这使他很震惊。

原来，当时的《工人日报》《中国青年》《人民文学》等几家报刊的编辑，听说小说《刘志丹》即将出版，都准备选择一些章节刊登出来，使广大读者先睹为快。

1962年7月28日，《工人日报》率先刊登了小说部分内容，还加了编者按：

"《刘志丹》是一部以真实事件为基础进行艺术概括的长篇传记小说。书中生动地记述了刘志丹光辉的一生，同时也反映了西北根据地革命斗争特别是陕甘宁边区创建的过程。"

阎红彦得知这一情况后，立即向全国总工会、团中央负责人提出停止发表的意见。

8月5日，《工人日报》停止连载。

8月17日，阎红彦给杨尚昆写了一封信。

9月3日，阎红彦又致信书记处。

阎红彦在信中阐述了自己的观点，他说："我觉得《刘志丹》这本书的内容，主要是利用宣传刘志丹的名义，把高岗在边区高干会及'七大'前后的西北历史座谈会上，为了把自己说成为西北革命领袖所篡改的边区历史结论重新加以宣传和肯定。"

阎红彦还说，现在虽然暂时停止登报和出书，但是已经流传开了，也议论开了。如不做处理，这本书就会成为禁书而秘密传开，因此建议将这本书发给参加北戴河中央工作会议的西北同志看看，并由中宣部就这本书组织一次座谈，谈清楚这本书上所涉及的一些原则问题。

在信中，阎红彦还根据自己的理解，利用索隐式阅读法，列出了一张小说人物与历史人物的对照表，还有一些人物的背景、简历。同时，他还列举材料，证明小说中的许钟就是习仲勋，罗炎就是高岗。

如果到此为止，即使小说中真的存在诸多的问题，中央进行恰当的处理，也就算了。然而这位老将军不知何故，又把这件事写信向康生作了汇报。

这次，他真的是找对人了，康生接到他的汇报，好像注入了一支兴奋剂，在没有看到小说的情况下，就给小说定了性：

"这不是一个单纯的文艺的写作问题，看来是带有政治倾向的。"

制造冤案，康生独具本领。他向习仲勋发难：
你们活动能量可谓大矣！你们是想翻天哩

康生，原名张叔平，1898年出生在山东省诸城。康生出生的张家，是一个没落的大地主家庭。祖上原系明朝遗官，清朝时虽已不再做官，但产业仍然很大，挂过"千顷牌"。康生年少时，家中尚有良田800亩，在青岛等地还有产业，仍为诸城四大地主（张、臧、王、孟）中的首户。他的原籍诸城大台方，有"张家庄园"，这座"庄园"新中国成立后归胶南县管辖，竟被列为"文物保护单位"。

康生的中学时代是在青岛度过的。当时的青岛为德国人统治，康生就在德国天主教会办的礼贤中学读书。康生不仅上了"洋学堂"，而且据他讲，还结识了当时住在青岛的清朝遗老——宣统皇帝的老师陆润庠以及两个山东状元王麦彭、曹鸿勋和一个姓刘的探花。可见，教会学校加清朝遗老，这就是康生启蒙时代所受教育的渊薮。中学毕业后，康生回到诸城，短时期担任过县城小学校长。

1966年8月，康生回忆自己出身的家庭时说："我的家庭是个反清的家庭，八股不叫搞了，但又怕嫖，吸鸦片，它允许搞琴、棋、书、画、元曲，也是因为蒙古人不搞科举……"这个说法大体上是符合当时情况的。康生后来一直以文化人自居，又是"古董鉴赏家"，又是"书法家兼画家"，又是"戏剧专家"等，这点所谓"文化"的底子，也就是当时所接受的"洋大人"和清朝遗老们的残余文化。但有一点康生没有说出来，那就是他当时还是一个远近皆知的纨绔子弟，诸城及其周围的群众唤作"张家二大少爷"的花花公子。

20世纪20年代初，康生与他的家庭闹翻，他向父亲宣称"我不姓张了"。关于这次出走的直接原因，据说是由于"风流事件"加上赌博将钱输光，在家里待不下去了。他先到青岛，后到上海，投入中共领导的上海大学（原名"劳动大学"）社会科学系读书。"康生"这个名字，是他1931年到苏联后所起的俄文名字——"Кан Шэн"的译音。

红墙大事
——共和国重大历史事件的来龙去脉(上册)

1925年,康生在上海大学加入中国共产党,接着就参加了上海的地下党工作。他先后做过上海总工会干事,上海大学特支委员会书记,沪中、闸北、沪西、沪东各区党的区委书记,江苏省委委员,江苏省委组织部部长、秘书长。后来还担任过中央审查委员、中央组织部部长等。1932年7月到莫斯科,为中共驻共产国际代表团主要负责人之一,共产国际"七大"上被选为候补执委。1937年11月回到延安,历任中央党校副校长、政治局委员、中央社会部部长、情报部部长、中央书记处书记。党的"七大"上被选为中央委员、政治局委员,后任山东分局书记。新中国成立以后,历任中央理论小组组长、《毛泽东选集》编辑委员会副主任。"文化大革命"中,任"中央文革小组"顾问。党的十届一中全会被选为中央副主席。

康生在早期,是依靠王明发迹的。

自从王明执掌党内大权以后,康生就成了王明路线的积极拥护者和鼓吹者。

康生是个笔杆子,从1931年12月到1933年7月,他以谢康、骆驼为笔名,在《红旗周报》《斗争》《团的建设》《职运指南》等党的刊物上,先后发表近20篇文章,狂热宣传王明路线。所以王明离沪赴苏后,很快就把康生召集到莫斯科。

康生到达苏联不久,1935年1月,中共中央在遵义召开了中央政治局扩大会议,改组了中央书记处和中央军委,确立了毛泽东在党和红军中的领导地位。

这时身在莫斯科的康生,一面对旅居苏联的中共党员封锁消息,一面继续拥戴王明。

1935年上半年,康生以共产国际招待所"留克斯"为基地,串联国际列宁学院和东方劳动大学的一部分中国学生,联名写请愿书给共产国际,要求批准王明出任中共中央总书记。

直到几年后,王明"左"倾路线被批判,康生见王明大势已去,才转而倒向毛泽东一边。

康生的奉迎之术是无与伦比的,所以,回国以后,很快得到毛泽东的信任,委以重任。

当然,康生的阴谋与诬陷之术也绝不亚于他的奉迎之术:在延安抢救运动中,一大批共产党员和无辜群众死于其手;在延安整风运动中,又有一批优秀的革命战士死于其手。

十四　康生狠批小说《刘志丹》的真正目的

"康生是鬼不是人！"这是早年曾在上海与康生共事的陈云说过的一句话。

中华人民共和国成立以后，康生利用毛泽东晚年对"阶级斗争"的敏感，犯下了一系列血腥的罪行。诬陷小说《刘志丹》便是其中之一。

康生在接到阎红彦的信后不久，在北戴河会议的小组会上，向习仲勋发难，说："你是反党集团的挂帅人物，你们这个反党集团，不仅有刘景范，还有贾拓夫。上有头目，下有手脚。你们活动能量可谓大矣！有在后台摇羽毛扇的，有在前台冲锋陷阵的，你们是想翻天哩！"

贾拓夫出身于西北，是中共八届中央委员，1959年被错定为"右倾机会主义"分子，当时正下放到基层工作，任抚顺发电厂厂长。

时为副总理的习仲勋，是陕西富平县人，早年也曾与刘志丹一起在西北战斗过，曾参与陕甘根据地的创建。1933年和1934年，当陕甘党内关于红军的统一与分散问题、创建根据地问题、土地政策问题、肃反问题，出现政策路线上的原则争论时，他和刘志丹一起，立场坚定，态度明确，始终坚持着党的正确路线，粉碎了蒋介石调集10万军队对西北红军进行的第三次"大围剿"，终于保留了最后一块陕北革命根据地。

然而，正在大敌当前的紧要关头，"左"倾机会主义分子竟诬蔑刘志丹为"右倾""右派""同国民党部队有秘密勾结的白军军官"，给他扣上了"反革命"的帽子，还使用欺骗手段把刘志丹以及陕甘边地、县级以上干部和红二十六军营以上干部300多人抓了起来，形势空前危机。就在这千钧一发的时刻——1935年10月19日，毛泽东率领的中央红军到达了陕甘根据地吴起镇，发现了这一严重问题，毛泽东立即下令"刀下留人""停止捕人"，并且立即释放了刘志丹和所有被捕的同志，恢复了大家的工作。正如后来习仲勋所说的："如果党中央、毛主席迟到四天，我们这批人就被他们活埋了！"

习仲勋对毛泽东是有着深厚感情的，他对历史的功过也有着清醒的认识。1942年底，在为讨论西北党史而召开的西北局高干会议上，毛泽东嘉奖习仲勋，为其题词："党的利益在第一位。"

习仲勋对小说《刘志丹》的创作也多次提出了意见。

在李建彤写小说《刘志丹》之初，习仲勋就对其进行过劝阻。

当时，习仲勋深知西北根据地党的历史问题十分复杂，即使1942年底在延

红墙大事
——共和国重大历史事件的来龙去脉（上册）

安由中共中央西北局专门召开高级干部会议，对过去的历史问题进行了讨论，做了决议，但问题并没有彻底解决。现在要对刘志丹写传记小说，势必涉及当时各个方面有关人士和那些复杂的历史问题，弄不好就会重新引起纠葛。李建彤本人不熟悉当时党内斗争的具体情况，何况她缺乏一定的文学修养和艺术功底，要写一部长篇小说谈何容易。于是习仲勋劝阻她，还通过刘景范对李建彤进行劝说，无奈此时李建彤决心已定，劝阻无效。

1959年，李建彤写完了《刘志丹》小说第三稿送习仲勋审阅，当时适逢庐山会议后不久，全国正开展"反右倾"运动，政治气氛相当紧张，习仲勋看过小说后，感到不仅书中涉及的一些是非问题会在当事人中引起纠纷，而且也和当时多事的政治环境不相适应，虽对她的小说提了一些意见，但仍劝她谨慎从事，建议她分成片段来写，不要写成大部头小说。

1961年春夏之交，小说的第四稿清样又送到习仲勋手里。

据当事人田方回忆，小说就内容上看，是非常感人的。

"小说的上半部，主要描写了刘志丹童年及青少年时期在陕北保安县（后称志丹县）永宁山农村的生活，从接受革命教育及参加革命活动开始，到创建陕北红军和革命根据地的斗争过程，特别着重反映了大革命失败后，刘志丹和他的战友们既顶着国民党反动派的'围剿'，又要和党内'左'倾盲动路线进行斗争，真是千辛万苦、坚韧不拔地沿着毛泽东开创的井冈山革命道路前进。小说描述刘志丹对毛泽东领导红军在井冈山开展游击战十分敬仰，再三强调要学习毛泽东发动群众组织红军、武装割据的'星星之火'精神；小说介绍刘志丹和陕北人民的血肉关系中，描述一位双目失明的陕北老婆婆拄着拐棍，拎着一篮鸡蛋'看望'刘志丹，老人用颤抖的手抚摸刘志丹的动人情景；当刘志丹接到'左'倾机会主义的领导欺骗他去瓦窑堡开会，而实际上是保卫局下令逮捕他，刘志丹为了顾全大局，不使党分裂，不使红军自相残杀，不顾个人安危，自动奔向瓦窑堡，便被投入监狱、备受折磨……"

习仲勋先后两次召集李建彤、马锡五和中国工人出版社两位编辑进行座谈。

马锡五是保安县（即志丹县）人，曾任陕甘省苏维埃政府国民经济部部长、省苏维埃政府主席，当时是最高人民法院副院长。马老也是陕北革命早期领导人之一，熟悉当年实际情况。习仲勋请马老参加，除了核实小说中某些史实外，还要请马老这样的前辈来共同劝说李建彤。习仲勋特别强调了写这本小说的目的，主要在于"教育青年的一代"，"写毛泽东思想"，"把刘志丹经历时期写成全国的缩影、毛泽东思想的缩影"。习仲勋还说："写西北大革命，整个写这一时代，思想呢？就是毛主席领导革命的正确思想，通过志丹具体实现。最后一段'左'倾冒险只留下一个陕甘苏区。二万五千里长征有个落脚点，以后又是出发点。没有这个东西，就是没写好。当然也有许多错误，但基本路线没有大错。最后是毛主席来了，不然也完了！"

康生在向习仲勋发难的同时，又于8月24日写信给杨尚昆，提出要书记处处理这个问题。同时，他还通知中国工人出版社，把第五稿印出600本，第三稿印出300本，送中央会议审查。

这时，小说的作者李建彤知道，她的小说惹了麻烦，甚至是给别人惹了祸。于是，她急忙为自己和他人申辩。

9月6日，李建彤写出了一份关于小说中几个人物来源的说明。

她解释说："小说中的个别人物使用了真名，其他人物都是作者借用各方面材料综合起来虚构的，因此，都要比原来的人物高一些，没有采用自然主义的写法。

比如说许钟，写这个人物的意图，是想刻画一个做地方工作的苏维埃主席。素材基本上是调查了一些习仲勋同志的材料。在修改时，准备把这个人物和前边渭南起义时的一个军委秘书长合并。

塑造罗炎，是想写出省委意见的不一致，有正确的，有动摇的，有不正确的。因此材料的来源是采用了多方面的，只要是省委的人，不管职务大小，他身上有一点正确的，都吸收到这个人物身上。罗炎的最后一部分（即在瑞金根据地的一段），是采用了高岗的材料。因为那时省委跑出来三个人，另外两个人去上海了，只有高岗跑到瑞金。不用这个材料就没办法写了。当然，如果不恰当，就去掉，瑞金根据地也可以不要省委的人。罗炎的职务是我定的，因为这个素材中有军委书记、军委委员，也有普通干部，因此就写了个军委委员。"

为了进一步证明小说人物并非写实，李建彤又举出小说中的戴鸿远。她说，塑造这个人物是为了写一个晋西游击队的代表人物，而且长期留在军队中，留在陕甘，坚持到底，同样是采用了几个人的材料，写成一个人。这个人物和历史人物谁都不像，是她设想的忠诚老实、慎重谦虚、任劳任怨、头脑清楚、政治上开明的领导干部，是集众多人的优点于一身的人物。

李建彤总结说，小说中塑造的其他人物，也是这样处理的。

然而，这个时候，小说《刘志丹》和它的作者以及一些无辜的人都不可避免地被卷入了一场政治旋涡中。

受小说《刘志丹》的影响，中央决定习仲勋、贾拓夫不得参加中共八届十中全会。他们的命运与《刘志丹》紧紧连在一起了。

八届十中全会上，善于奉迎的康生把小说《刘志丹》作为"翻案风"的例子

由于国际形势的险恶，以及中华人民共和国成立后一些领域里的矛盾与斗争，促使毛泽东在思想意识里总是绷紧一根"阶级斗争"的弦。

他对意识形态领域里的阶级斗争念念不忘。

早在20世纪50年代前半期，毛泽东提出并倡导在文艺工作和科学工作方面"百花齐放""百家争鸣"，后来又把它们作为文艺工作和科学工作的基本方针确定下来。但是，在文艺和意识形态领域的各个方面，在毛泽东的思维框架里，文艺创作、学术研究成了政治的附属物。文艺作品、学术见解的主要评价标准是政治标准，文艺批评、学术争论也往往变为政治批判。毛泽东甚至直接指导了文艺界几次大规模的错误的批判运动，如批判电影《武训传》、批判俞平伯的《红楼梦》研究、批判胡风文艺思想等。

1957年，反"右派"斗争开始以后，毛泽东对文艺和意识形态领域工作的担心更加重了，突出地表现在他产生了阶级斗争扩大化的思想和理论。在意识形态领域，毛泽东认为无产阶级同资产阶级的斗争，社会主义同资本主义的斗争是长期的、复杂的，有时甚至是很激烈的。他认为意识形态领域的某些部门，还没有真正建立起共产党的领导；而知识分子的大多数还没有改造好，在思想上是属于剥削阶级的范畴。因此，他提出思想战线上要进行彻底的社会主义革命，批判资产阶级、批判资本主义、批判修正主义是思想战线重要的头等大事。

在"左"的思想影响下，意识形态领域里大批判此起彼伏，相继开展了批判"资产阶级右派"、批判"新人口论"、批判"白专道路"、批判西方文艺和学术思想等一系列运动。这些运动伤害了一大批知识分子，使他们的积极性受到

极大挫折。

20世纪60年代初期,党中央开始了对意识形态领域的调整工作。

1961年6月,中共中央宣传部在北京新侨饭店召开全国文艺工作座谈会。会议总结了自"大跃进"运动以来的文艺工作,并着重总结了教训。会议指出"大跃进"以来文艺作品宣传了"五风",文艺工作未能很好地执行"双百"方针,对文艺为政治服务的理解狭窄及错误对待主题思想与生活真实的关系等问题。

相继地,教育、科技等部门也开会作出相应的调整,在各种调整中,都涉及一个根本性的问题,即如何估计知识分子。

1962年2月至3月,聂荣臻在广州主持召开全国科学规划会议。3月,文化部、全国剧协在广州召开话剧、歌剧、儿童剧创作座谈会。周恩来、陈毅参加了这两个会议。

周恩来在两个会议上做了《论知识分子问题》的报告。周恩来在报告中指出:"不论是在新中国成立前还是新中国成立后,我们历来都把知识分子放在革命联盟内,算在人民的队伍当中。"他认为:"一方面旧的知识分子得到了改造,一方面又培养出了新的知识分子,两者结成社会主义的知识界。"周恩来特别说明,他在1956年对知识分子状况的估计和刘少奇在中共八大对知识分子的分析,都不改变。后来,3月28日,周恩来在二届人大三次会议上所做的《政府工作报告》中,明确指出知识分子是社会主义建设事业取得胜利的不可缺少的重要力量,"毫无疑问,他们是属于劳动人民的知识分子","如果还把他们看作是资产阶级知识分子,显然是不对的"。

在这两次会议上,陈毅也做了著名的"脱帽加冕"的讲话。他说,应该取消资产阶级知识分子的帽子,"工人、农民、知识分子,是我们国家劳动人民中间的三个组成部分,他们是主人翁"。他表示向大家行"脱帽礼"。他指出,我国的知识分子"是人民的劳动者,是为无产阶级服务的脑力劳动者"。陈毅还批评了意识形态领域里随便打击人的现象:"今天打击这个,明天打击那个,今天轻易做这个的结论,明天做那个的结论,什么人给了你这个权,可以把人家的作品五年不理,动员人家写了半年、一年,结果一分钟工夫就否定了。对人家的劳动为什么不重视?一定要人家改,非改不可!又是哪个给你的权?"他指出,一个领导人,随便打击别人,这种做法是封建的东西。

红墙大事
——共和国重大历史事件的来龙去脉（上册）

对意识形态领域的调整，在某些问题上已经触及毛泽东以往的认识和主张，在毛泽东看来，意识形态领域调整所提出的一些重要政策，实质上改变或者背离了他的认识和判断。对此，毛泽东是相当敏感的。所以，当康生在八届十中全会上抓住小说《刘志丹》大做文章时，毛泽东立即提到了意识形态领域的问题。他在中共八届十中全会上重点讲阶级、阶级矛盾和阶级斗争问题，严厉指责"翻案风""黑暗风"和"单干风"。

所谓"黑暗风"，是指1962年春天，刘少奇、周恩来、陈云等人曾对经济形势的好转做了"争取快，准备慢"的估计，毛泽东严厉批评其为"黑暗风"。

所谓"单干风"，是指20世纪60年代初，一些地方实行了农村包产到户的做法，得到邓子恢、陈云的支持。在北戴河会议上，邓子恢又正面提出了自己的观点。毛泽东对此十分不满，给它取了个名字，叫"单干风"。

被毛主席批判最厉害的要数"翻案风"，这还需要从七千人大会说起。

1962年1月，在七千人大会召开前后，中央决定为过去几年政治运动中受过错误批判的党员干部平反，然而，却单单不给彭德怀平反。在七千人大会上，刘少奇讲话说：

"庐山会议之所以要开展反对彭德怀同志的反党集团的斗争，是由于长期以来彭德怀同志在党内有一个小集团。他参加了高岗、饶漱石反党集团。在反对高饶集团的时候，没有把他提出来，他是高饶集团的余孽，是这个集团的主要成员，所以毛主席在庐山会议上说，到底是高饶联盟呢，还是彭高联盟？恐怕应该是彭高联盟，更主要的不是高岗利用彭德怀，而是彭德怀利用高岗。他们两个人都有国际背景。他们的反党活动，同某些外国人在中国搞颠覆活动有关。彭德怀同志除了在庐山写了那封信以外，还有很多其他的背后活动。他在党内背着党中央进行派别活动，他阴谋篡党。"

"有些同志也讲过一些同彭德怀同志讲过的差不多的话，例如什么大炼钢铁'得不偿失'啦，什么食堂不好，供给不好啦，人民公社办早了啦，等等，但是这些同志和彭德怀同志不一样，他们可以讲这些话，因为他们没有组织反党集团，没有要篡党。彭德怀同志带领军事代表团在国外走了几个月，回来以后就急急忙忙写了那封信，是有阴谋的。当然不了解情况的同志也看不清楚，那不能怪他们。"

刘少奇的这段讲话，也是按照毛泽东在庐山会议上讲话的内容讲的。但事实是，彭德怀既没有组织反党集团，也没有参加高、饶的反党活动，与苏联的赫鲁晓夫更没有任何联系，只是根据一些表面现象，如高岗找过彭德怀，彭德怀访问欧洲回国时见过赫鲁晓夫，回国后上山开会、写信等就轻率地作出了上述结论。

这次会议上，不但没有给彭德怀平反，而且最后下结论说他"里通外国"。

彭德怀看到这个结论后暴怒："我要写信！"他对警卫参谋景希珍说："你给我去买纸，我要写信，我要把我的一生写给毛主席，我的错误，我的想法，一条都不隐瞒。"

看到景希珍为难的样子，彭德怀放缓了语气，说："小景，人家说我里通外国啊！我不向毛主席说清楚，你叫我把这个罪名背到棺材里去吗？"

景希珍后来回忆说："我跟彭总10多年了。在朝鲜战场我跟他一起挨过敌人的炮弹，在海边防我跟他一起承受过暴风雨的袭击，庐山会议后，我又长期地分担着他的焦躁不安和冷落寂寞，但是我没有见他流过泪，别说放声痛哭了。'里通外国'？这是一个什么样的罪名啊！别说对彭总，对我们这些长年跟随彭总的战士也是一个侮辱啊！我没什么可以犹豫的了，立刻给他买来了纸张。彭总着手写信了。每天吃完早饭就开始写，经常写到深夜。前前后后一共写了两个月的时间。"

"在写的过程中，他还对我说，小景，庐山会议上那样批判我，也没有提到我里通外国。现在又说我里通外国，我想不通。我要写信，要给党中央和毛主席写信，我要说明接触外国人的情况……我写的都是实话，都是心里话。若是为了我彭德怀自己，写不写，申不申冤，都没有多大意思。我在想，我是一个共产党员，我是一个老兵，心里有什么，应该向党说。敢说真话这是我们党兴旺的一种标志，也是党对党员的要求。我就是讲真话，不管怎么样我也讲，我不怕杀头，年纪也大了，离见马克思的时间也不长了。我是实事求是地写的，特别是对我里通外国的说法应讲清楚，中央可以派人调查嘛，如果我出卖祖国，到天安门前把我的头杀了，我没意见。"

彭德怀用了60多天，给毛泽东写了一封八万字的长信，希冀毛泽东和党中央能够理解他，澄清是非。然而，结果却未如所愿，毛泽东非但没有给他平反，反而在北戴河会议上，对彭德怀的信严加批判，斥之为"翻案风"。

在康生的提示下，中共中央认为小说《刘志丹》是在为高岗翻案，与彭德怀的上书一样，是一股势力不小的"翻案风"。

红墙大事
——共和国重大历史事件的来龙去脉（上册）

康生"适时"地递给毛泽东一张条子，上写：利用写小说进行反党活动，是一大发明

1962年9月24日，八届十中全会在北京召开。

这次会议的中心议题，是毛泽东在会上所做的关于阶级、形势、矛盾和党内的团结问题的讲话。毛泽东公开提出了"千万不要忘记阶级斗争"。他对阶级斗争问题作了这样的论述：

"社会主义国家有没有阶级存在？有没有阶级斗争？现在可以肯定，社会主义国家有阶级存在，阶级斗争也是肯定存在的。列宁曾经说，革命胜利后，因为国际上有资产阶级存在，国内还有资产阶级残余，小资产阶级的存在，不断产生资产阶级，因此被推翻了的资产阶级还是长期存在的，甚至要复辟的。欧洲资产阶级革命曾几次反复，社会主义国家也可以出现这种反复。我们这个国家要好好掌握，好好认识，好好研究这个问题。要承认阶级长期存在，承认阶级与阶级斗争，反动阶级可能复辟，要提高警惕。要好好教育青年人，教育干部，教育群众，教育中层和基层干部，老干部也要研究教育。不然，我们这样的国家还会走向反面。所以我们从现在起，就必须年年讲，月月讲，天天讲，开大会讲，开党代会讲，开全会讲，开一次会就讲，使我们对这个问题有一条比较清醒的马克思列宁主义的路线。"

毛泽东关于阶级斗争的观点，被党的八届十中全会接受了。十中全会的公报写道：

"八届十中全会指出，在无产阶级革命和无产阶级专政的整个历史时期，在由资本主义过渡到共产主义的整个历史时期，这个时期需要几十年，甚至更多的时间，存在着无产阶级和资产阶级之间的阶级斗争，存在着社会主义和资本主义两条道路的斗争，被推翻的反动统治阶级不甘心于灭亡，他们总是企图复辟。同时社会上还存在着资产阶级的影响和旧社会的习惯势力，存在着一部分小生产者的自发的资本主义倾向，因此，在人民中还有一些没有受到社会主义改造的人，他们人数不多，只占人口的百分之几，但一有机会，就企图离开社会主义道路，走资本主义道路，在这些情况下，阶级斗争是不可避免的。这是马克思列宁主义早就阐明了的一条历史规律，我们千万不要忘记。这种阶级斗争是错综复杂的、

曲折的、时起时伏的，有时甚至是很激烈的。这种阶级斗争，不可避免地要反映到党内来。国外帝国主义的压力和国内资产阶级影响的存在，是党内产生修正主义思想的社会根源。在对国外阶级敌人进行斗争的同时，我们必须及时警惕和坚决反对党内各种机会主义的思想倾向。1959年8月在庐山召开的八届八中全会的重大历史意义，在于它胜利地粉碎右倾机会主义即修正主义的进攻，维护了党的路线和党的团结。无论在现在和将来，我们党都必须提高警惕，正确地进行两条路线上的斗争，既要反对修正主义，也要反对教条主义，只有这样，才能永远保持马克思列宁主义的纯洁性，不断地加强党的团结，不断地提高党的战斗力。"

正当毛泽东在八届十中全会上大讲阶级斗争的时候，康生适时地提出了小说《刘志丹》的问题，并且在会间写了一张条子递给毛泽东，上面写道：

"利用写小说进行反党活动，是一大发明。"

毛泽东在会上念了这张条子，然后说："凡是要推翻一个政权，总要先造成舆论，总要先做意识形态方面的工作，革命的阶级是这样，反革命的阶级也是这样。"

这段话，连同康生递上的条子，一起被当作毛泽东本人的言论，收入了后来编辑出版的小红书——《毛主席语录》。

在康生发动下，小说《刘志丹》的创作被认为是反党活动受到了批判，习仲勋、贾拓夫、刘景范等被指责为小说的主持人和幕后策划者。9月22日，中共中央决定成立由20人组成的"清查习仲勋等同志反党活动的专案审查委员会"，康生任主任。从此，对小说《刘志丹》案先定性、后求证的审查开始了。

专案组认定，《刘志丹》是"为高岗翻案"，"吹捧习仲勋"，"是一部伪造的西北党史"

康生对专案组的工作抓得很紧，很快，专案组从李建彤处拿走了全部创作材料，并从中国工人出版社拿走了习仲勋关于该书的两次谈话记录。康生还指定成立了一个《刘志丹》稿件审查小组。

1962年10月2日，康生布置了审查的三个步骤：

第一步："集中力量研究《刘志丹》这本书及围绕这本书的一切问题和联系"，"彻底弄清这本书的经过情形及各方面人的政治态度"；

红墙大事
——共和国重大历史事件的来龙去脉（上册）

第二步：揭发习仲勋在中宣部、文委工作时期的问题；

第三步：审查西北地区党校、革命博物馆关于陕北革命史的宣传。

经过半年多的审查，1963年5月，审查小组写出了《对〈刘志丹〉这本书的审查报告（草稿）》，认为这部小说"夸大和歪曲"了西北根据地的地位和作用，"把毛泽东思想变成了刘志丹思想"；同时"为高岗翻案"，"吹捧习仲勋"，因而"是一部伪造的西北党史"，"是习仲勋反党集团的纲领"。

1966年5月，习、贾、刘专案审查小组又写了一份《关于〈刘志丹〉一书的审查报告（草稿）》。这个报告肯定了1963年5月审查小组报告的结论，进而认为，"写《刘志丹》一书是习仲勋反党秘密集团蓄谋已久的。习仲勋是《刘志丹》的第一作者，刘景范是第二作者，执笔者是李建彤"。

关于《刘志丹》的几大罪名是如何确立的呢？

罪名之一，是说《刘志丹》"伪造党史"，把陕甘写成了中国革命的"中心"和"正统"。其根据是小说中的这样一个情节：渭华起义失败后，1928年秋，刘志丹回到陕北保安县永宁山时，对他的几个战友说，"大革命以前，永宁山没有一个党员，如今有个支部，是件了不起的事情。这是个星星之火，将来会烧红半边天"。又说，"现在毛泽东同志领导的红军，以井冈山为依托，开展游击战争，几省的敌人都奈何不了他。陕甘没有井冈山，可有大稍山。我们要学毛泽东同志，发动群众，组织红军，武装割据"。专案组以这些"星星之火"及"陕甘没有井冈山，但有大稍山"等词句，硬说作者把陕甘写成了与井冈山分庭抗礼，甚至高于井冈山。更为荒谬的是，他们把小说第三稿叙述王明路线恶果的一句话，"现在全国就剩下这一块完整的根据地了"，硬说成是"贬低和否定毛主席"。

罪名之二，是说《刘志丹》"把毛泽东思想说成刘志丹思想，企图以他们的思想作为全党的指导思想"。其证明方法也很奇特：专案小组用《毛泽东选集》作为审查《刘志丹》的参照物。只要是同一观点，甚至相同、相似的词句，在小说中出于刘志丹之口的时间，同于或早于《毛选》中出现的时间，就定罪为"剽窃毛泽东思想"，就认为是"把刘志丹写得比毛主席还英明、还先知"。

实际上，小说中关于这个问题的处理还是十分慎重的，注意反映刘志丹如何学习毛泽东思想。在叙述刘志丹为掌握武装和建立根据地而斗争时，经常提到毛泽东在南方的活动，明确提出要学习毛泽东的革命经验。如第九章中陕北特委开会讨论革命出路问题时,刘志丹介绍了井冈山根据地的经验,强调"我们要学习毛泽东同志在任何时候,都不能迷失方向,井冈山就是我们的希望,我们的将来"。再如第十九章写刘志丹看了毛泽东写的《井冈山前委给中央的报告》《红四军第九次代表大会决议》时,深有感触地说,"我们要好好学习,学到家,免得再栽跟斗"。

罪名之三、之四,是说小说中的人物罗炎、许钟写的就是高岗、习仲勋,因而是"为高岗翻案","吹捧习仲勋"。关于这个问题,在前面已经交代,李建彤是做过说明的。然而,康生不顾这个说明,硬是把现实生活中的人和小说人物等同起来,并用索隐的方法加以证明。论证逻辑是这样的:高岗原名高崇德,小说初稿写过一个人物叫崇炎,都有"崇"字,就是同一个人;后来崇炎改成了罗炎,因而罗炎就是高岗。"许钟"这个人物,也属于类似情况。

"文化大革命"开始后,《刘志丹》案件进一步升级。康生多次点名诬陷习仲勋、刘景范、李建彤等写《刘志丹》进行反党,又多次批示审查中国工人出版社的有关同志。1966年底,姚文元在一篇批判周扬的文章中,说周扬"伙同一小撮反党野心家,积极支持并鼓励为反党分子高岗翻案的反党小说《刘志丹》的出版。他亲自接见写这本书的反党分子"。从此,《刘志丹》问题被公开点名批判。

这起现代的文字狱株连甚广。

首当其冲的是习仲勋,他一夜之间便丢了国务院副总理的职务,下放到外地一家工厂劳动,被审查了16年,这期间还曾被捕入狱,蹲了八年大牢。

"文化大革命"中,原籍陕西子洲的劳动部部长马文瑞也被卷入此案中,成为"习、马、刘"反党集团要犯,锒铛入狱,被关押六年之久。

原经委副主任贾拓夫本来已经被撤职下放,在"文化大革命"期间,又被囚禁在北京郊区某地,1967年5月7日被迫害致死。

1967年12月,李建彤被专案小组一办列为"案犯",由地质科学院"革命群众"对其实行监控。1970年4月,中央专案组一办让地质科学院军宣队、革委会写了《审查报告》,给李戴上"习仲勋反党集团利用小说进行反党活动的骨干分子"的帽子。

1968年5月,刘景范被捕入狱。1974年12月21日,毛泽东亲自批示,"此案审查已久,不必再拖了。建议宣布释放,免予追究"。此后,刘景范虽然走出

红墙大事
—— 共和国重大历史事件的来龙去脉（上册）

了牢狱，却仍然受到追究。即使在粉碎"四人帮"后，中央专案组一办在1977年5月17日所作的《关于刘景范同志问题的审查结论》中，仍说刘"1962年又伙同习仲勋抛出反党小说《刘志丹》，为高岗翻案"。

受株连伤害的人还有：

原中国工人出版社社长高丽生受尽肉刑，被折磨致死。

《刘志丹》一书的责任编辑何家栋，全家被赶到乡下，六口人只给30元生活费，母亲和两个儿子在贫病中死去。

在写作过程中，李建彤曾到陕北老区查访材料，当地群众王悦贤、刘景华给她带过路。不想由此闯下大祸，两人在《刘志丹》案件中受到牵连，被迫害致死。

尤为离奇的是，习仲勋去吃过几次饭的一家饭店经理，也遭到逮捕，罪名是习仲勋的"地下交通员"。由这个经理，又株连到烤鸭店的经理、湖南饭庄的经理。仅这个行业就株连了五十几家，逮捕十几个人，致死五六人。

受到《刘志丹》一案株连者多达万余人。

好在浮云不能永久蔽日，小说《刘志丹》终于得见青天。"四人帮"倒台后，党中央逐渐理顺各条战线上的政策，对以前的冤假错案甄别平反。《刘志丹》案件真相终于大白于天下。

1978年10月，文化部文学艺术研究院审阅《刘志丹》抄写稿后在所做的审核报告中指出，"总的看，这部小说的主题思想和基本政治倾向是好的，有意义的"；"把这部小说定作毒草的四点理由是和小说的实际情况不相符合的"。

在大量调查研究的基础上，1979年6月，中组部向中央递交了关于为小说《刘志丹》案平反的报告。报告认为："《刘志丹》小说的创作过程，是正常的，没有什么阴谋，没有根据说习仲勋、刘景范、李建彤在此书创作过程中结成'秘密反党集团'"，"习仲勋等同志关心这部小说的创作，对如何改好这部小说发表过意见，是完全正当的，根本谈不上是什么反党阴谋集团的活动。从案件前后经过看，所谓利用写《刘志丹》小说进行反党活动一案，是康生制造的一起大错案。'文化大革命'中，康生伙同林彪、'四人帮'，更变本加厉，搞出一起株连甚广的现代文字狱"。报告提出，因小说《刘志丹》案而受到迫害、诬陷和株连的一切人员，都应恢复名誉，给予平反。

一个月后，中共中央向全党批转了这个报告。

十五 "文革"初期毛泽东的韶山之行

- 滴水洞成为禁区。毛泽东环视四周说，这个洞子天生一半，人工一半，怕是花了不少钱啦

- 毛泽东在韶山滴水洞的 11 天，新闻界没有做任何报道。外国情报机关一直未能探测出中国的头号人物此时究竟去了什么地方

- 1959 年毛泽东游泳时，山上山下人山人海，欢呼声口号声响彻云霄。这一回，同样是在这个地方游泳，山上山下警卫森严，气氛冷冷清清

- 石师傅想把有小虫的菜端走，可已经来不及了。毛泽东笑笑说，没关系，不干不净，吃了没病

- 为什么毛泽东把对政治问题的思考,采用家书的形式写给江青？对此，毛泽东没做过任何解释

红墙大事
——共和国重大历史事件的来龙去脉（上册）

1966年6月，毛泽东写下了《七律·有所思》：

> 正是神都有事时，又来南国踏芳枝。
> 青松怒向苍天发，败叶纷随碧水驰。
> 一阵风雷惊世界，满街红绿走旌旗。
> 凭栏静听潇潇雨，故国人民有所思。

这首诗在当时是秘而不宣的，就是现在的人也未必都知道，直到30年之后的1996年9月，才由中央文献出版社出版的《毛泽东诗词集》根据作者审定的抄件刊印发表。

此诗写作之时，正是毛泽东在经过一段时间的酝酿和准备，将"文化大革命"发动起来之时。它反映了毛泽东发动"文化大革命"时复杂的心境，同时也真实地记录了毛泽东那时期南国之行的一段神秘的经历。

滴水洞成为禁区。毛泽东环视四周说，这个洞子天生一半，人工一半，怕是花了不少钱啦

1966年6月16日，毛泽东乘专列离开了风景秀丽的杭州，当日到南昌住了一晚。17日，列车直奔湖南长沙，在九所6号楼住了一个晚上。18日，毛泽东又一次回到了故乡韶山。

这天下午3时，气温高达35度。四辆汽车紧紧连成一线，奔驰在长沙至韶山的公路上。毛泽东坐在一辆灰色吉姆车上；另一辆白色吉姆和一辆吉普车上，坐着中央警卫团团长张耀祠，湖南省公安厅厅长李强、副厅长高文礼和新华社记者钱嗣杰等。最后一辆大客车，拖着毛泽东的八个大书箱和一些生活物资，上面坐的是随行的警卫人员。车队直奔韶山驶去。

在韶山西面，有三座山峰，南面是龙头山，北面是黄峰山，西面是牛形山，滴水洞就位于其环抱之中。它占地约五平方公里，只有一条公路蜿蜒而至。它的豁口是韶山水库，深幽清雅。三面树木林立，穿过水库有一桥，桥下是一小溪，桥头边有一个山洞，即使天干大旱，洞中仍滴水不断，回声悠扬，其韵如琴，这就是滴水洞。只因毛泽东当时是由东而至，所以称它为"西方山洞"。

毛泽东的祖祖辈辈都生活在这里。这里的人很迷信风水，毛泽东的祖父也一样。有一次，毛泽东说道："我的老祖宗就住在滴水洞旁边的虎歇坪，为了选择

这个地方，请风水先生卜了11天时间。"毛泽东还讲："为什么又搬到上屋场来了呢？（即现在毛泽东故居）我父亲早年还是一个很勤奋的人，他没有看重风水，而是看重了这一片的土地好。"毛泽东还给警卫们讲了一件趣事：他的祖父毛翼臣有一个哥哥叫毛德臣，他们在虎歇坪干活时，发现这个地方很干燥，任何时候的雨水都淋不到。他们活着时就在考虑死后的归宿，二人都想埋在这里。也不仅仅因为这里干燥，因为他们请了风水先生看了，说这里是一个风水宝地，正好在"龙脉"上。于是兄弟俩争吵不休。毛泽东说："我看这个风水先生既会挑拨离间，又能平息一些事情，他说：'这块土地告诉我，你们二人谁先死谁就埋在这里。'奇了，风水先生还能与土地对话。"毛泽东还说："只有在封建时代是这样，谁愿意早一点死呢？死是一种自然规律，谁又控制得了呢？"毛泽东讲道："不过，老祖宗是不能忘记的，我至今还很怀念我的母亲，我母亲非常善良，非常慈祥，济困扶贫，爱老怜幼，我不能忘记她啊！"毛泽东对滴水洞有着特殊的感情，毛泽东的很多亲人去世后就埋在这一带的山上。

毛泽东喜欢这个地方，还因为这里夏日凉风习习，气候宜人，是一个避暑的好地方。1959年6月26日，毛泽东第一次回到了阔别32年的故乡。陪同毛泽东一块去的有公安部部长罗瑞卿、湖南省委第一书记周小舟等。毛泽东对湖南省委有一个建议，他对周小舟说："你们省委研究一下也可以嘛！"中共湖南省委报请中南局批准，修建滴水洞工程。在20世纪60年代初，滴水洞一度成为禁区。修建它的时候，被称为"二〇三"工程，对外是绝对保密的。1962年底竣工。1964年初，滴水洞别墅开始接待中央领导人。但除个别领导人在此小住外，一般人不得进入。由此，本来就很神秘的滴水洞，越发蒙上了一层神秘色彩。毛泽东讲修几间茅房，两年后变成了几间别墅。

在滴水洞的万绿丛中，有一座青灰色的四屋脊的平房，那就是被称作1号楼的房舍，是毛泽东的下榻处。1号楼背靠毛家的祖坟地，由坟地延伸而至，面朝龙头山。房屋倚山而建，房内有会议厅，还有两套住房。一套是毛泽东住的，另一套是江青住的。但江青从未来这里住过。两套住房包括办公室、卧室、卫生间。从1号楼通过2号楼的回廊，有数间偏房，为卫士、服务员所居住。2号楼是两层楼的客房，共有24间。3号楼有数层，就在进洞不远的山脚下，距1号楼和2号楼约600米，是毛泽东的警卫中队、省委接待处的同志留宿地……

此时，毛泽东的车队过了湘潭，眨眼工夫，到了他非常熟悉的银田寺。车队

红墙大事
——共和国重大历史事件的来龙去脉（上册）

进入韶山冲，毛泽东叫司机慢点开，眼睛盯住了韶山陈列馆（现为毛泽东纪念馆）、毛鉴公祠、毛震公祠……经过东茅塘，那儿是毛泽东祖宗世居的地方，毛泽东侧着身子往外看，车子过了一个"S"形的弯道，毛泽东又回过头来看了一眼。此刻，有几个扒柴的细妹子，好奇地朝汽车里张望了一下，其中有一个姓毛的姑娘连蹦带跳地嚷起来："毛主席！毛主席回来哒！"回到家里，她把这个喜讯告诉了父亲毛继生。一会儿，几个公安人员进了毛继生的家，严肃地警告说："你们不要乱讲！"就这样，毛泽东回韶山的消息没有传开。

车队到了洞口，8341部队一部分进驻了3号楼，张耀祠和高文礼、钱嗣杰及部分警卫战士住进了2号楼。同时，也做了明确的分工，在滴水洞外围的高山要道，由当地的警卫部队负责，内卫警卫由8341部队负责。

汽车进了滴水洞，在1号楼的大门口停下。毛泽东下了车，一股清风吹来，他深深地吸了一口清香的空气，顿觉心神舒畅。毛泽东沿着1号楼边走边看，抬头望望葱绿的群山，高兴地说："这个洞子天生一半，人工一半，怕是花了不少钱啦！既然修了，就要管理好，不要破坏了。"毛泽东高兴极了，连声说："咯是个好地方！咯是个好地方！"

毛泽东领着大家在那不太宽敞的水泥坪里绕着圈子，一个劲地仰视两边的高山，双手指指点点的。毛泽东用手往左侧的山头一指道："那是龙头山，龙头山过去叫黄田坳，从前以黄田坳为界，山那边是湘乡，山咯边是韶山。韶山属湘潭，所以黄田坳又叫湘潭坳。"毛泽东又指着右边的山脉说："那里是牛形山，山的形态像只水牛，小时候，我到外婆家去，就是走的这条山沟；东北边那个高山上有个大石鼓，过去常有老虎到石头上乘凉，所以叫虎歇坪。我的祖父母就葬在那块地方。"毛泽东用一口地地道道的韶山话做介绍，把大石鼓说成"大晒鼓"，把水牛说成"许牛"，当地的服务员只好向陪同人员做翻译。

又走了一个圈子，毛泽东忘记了进屋休息，又说开了："小时候，我经常来吊（滴）须（水）洞，跟小伙伴们摘野果子，打耍架子，可真有意思哩……"毛泽东把滴水洞讲成了"吊须洞"，好久，别人才明白，像张玉凤这样的东北姑娘，更是听得目瞪口呆。毛泽东讲起虎歇坪，记起了他父亲在这里的一次遭遇：毛顺生是个精明强干、性格倔强的农民，他不信鬼神，不敬菩萨，为此事常常跟文七妹发生争吵。一次，毛顺生从岳家回来，路过滴水洞山沟时，碰上了一只斑斓大虎，一时吓得天旋地转，不知所措，便伏倒在地上向老虎作揖，心想，一定是过去不信神佛，老虎今天来惩罚自己了。他口里许诺着："小民再也不敢冒犯神明了！"那老虎兴许是刚刚吃饱东西，不屑理睬地瞥了他一眼，便慢悠悠地走进了深山丛林。老虎为毛顺生"让道"，毛顺生认为是自己叩拜的功劳，从此信神信佛了……

毛泽东走进了1号寓所。这是一幢充满乡间气息的简朴别墅，毛泽东十分满意。时值盛夏，气温较高，滴水洞别墅没有冷气设备，为此特从长沙用卡车拉来几个大木桶和几块冰（每块重200斤），分放在木桶里，用电扇把冰块吹化变成冷气，使室内温度降低。毛泽东喝着滴水洞龙口的泉水，品味着韶峰名茶，觉得既甜又香。

毛泽东喝完茶，走进为他安排好的卧室。毛泽东的卧室里有一张木板床，长2.1米，宽1.5米。毛泽东笑了。他不喜欢"席梦思"之类软床，一直爱睡木板床，而且要很宽很宽，在中南海菊香书屋里的床，也是如此。他的床上放满了从北京带来的书和文件。按照毛泽东的意思，从专列上带来的服务员张玉凤和湖南省接待处的邵阳姑娘郭国群正忙着为毛泽东铺床。毛泽东叫她们将原先准备好的床罩、睡衣、毯子、拖鞋等撤掉，换上随身带来的旧床单、旧被褥和一双旧拖鞋……

毛泽东在韶山滴水洞的11天，新闻界没有做任何报道。外国情报机关一直未能探测出中国的头号人物此时究竟去了什么地方

这是毛泽东继1959年后第二次回故乡。但这次毛泽东来此的目的，人们无法想象，但是可以看出，毛泽东是有心事的，他在思考着一些重大的问题。毛泽东在滴水洞，任何外人都不见，除了看书、批阅文件外，就是思考问题。他有时拿着书躺在床上看，有时又像烦躁不安。按照毛泽东的习惯，一有重大事情，一般不出来散步，或者散步时间很短。工作人员一般没有什么事，是不会去打扰毛泽东的。但毛泽东在韶山看了一些什么书，批阅了一些什么文件，至今鲜为人知。不过那封中外闻名的、后来才为人们所知的信，确实是在这个被毛泽东称为"西方山洞"的滴水洞写的。

毛泽东此次回故乡，是"绝对保密的"。就连刘少奇等也只知道毛泽东到了湖南，却不知道他住在何处，甚至江青也摸不着方向。当然，明白真实情况的只有毛泽东最信得过的周恩来了。在这段日子里，周恩来每天从北京派专机为毛泽东传送文件，然后用汽车从长沙把文件送到韶山请毛泽东审阅，又从毛泽东处带回一些批阅文件。汪东兴的助手、中办副主任、中央警卫团团长张耀祠陪同毛泽

红墙大事
——共和国重大历史事件的来龙去脉（上册）

东南下，与他形影不离。

毛泽东在韶山滴水洞的 11 天，新闻界没有做任何报道，后来报纸上刊登的消息，也隐去了具体的地方。外国情报机关想尽各种办法，也一直未能探测出中国的头号人物此时究竟去了什么地方。

当时，韶山毛泽东同志旧居陈列馆已建成开放了。这天，随行人员要下山去那里参观，汽车已经准备好了。不知底细的毛泽东饶有兴致地问道："你们到什么好地方去？"工作人员告诉了他，并问他去不去？毛泽东顿时没了兴致："你们去吧，我不去，我晓得我在那里站岗！"原来，毛泽东来韶山滴水洞，当车子经过毛泽东同志旧居陈列馆时，司机放慢了车速，工作人员拉开车帘，告诉毛泽东这是新建的陈列馆。毛泽东看到在陈列馆进门的大厅里立着自己的高大塑像，皱了皱眉，迅即拉上了车窗帘。

毛泽东一贯反对个人崇拜，反对把领袖人物神化。早在 1950 年 5 月 20 日，毛泽东在沈阳市政府为其建铜像问题的报告上批示："铸铜像影响不好，故不应铸。"并在报告上的"铸毛主席铜像"字样旁边批注："只有讽刺意味。"毛泽东对后来一些地方大搞崇拜活动很反感，曾明确说过："我历来不相信，我那几本小书，有那样大的神通。现在经他（指林彪）一吹，全党全国都吹起来了。"对全国的各类塑像，毛泽东曾当面指责黄永胜、吴法宪、叶群、李作鹏、邱会作："你们睡大觉，让我四处站岗。"1967 年 7 月 5 日，毛泽东明确表示："此类事情是劳民伤财，无利有害，如不制止，势必刮起一阵浮夸风。"他要求加以制止。

18 日这天晚上，滴水洞下了一场暴雨，毛泽东几乎通宵没睡，他担心着正在扬花灌浆丰收在望的稻子。19 日下午散步时，毛泽东下决心要到田间察看农田受灾的情况。毛泽东和秘书、医师散步来到一号水库大坝前，觉得这里风景不错，想多看看家乡的山水，便一直往前走。他大步走出门岗，转了一个弯，走出警戒线已经好几十米远了，稻田就在山下不远的地方。这一下可急坏了随身警卫人员，因为此处已是滴水洞外围警戒线，所以工作人员劝说道："主席，别往前走了。"他好像没听见，继续往前走。随行医师想了个主意："主席，这里山风大，您会着凉的！"医师的话毛泽东不能不听，其实毛泽东也明白他们心中的用意，叹了口气："哎！又是此路不通！"

毛泽东与韶山人之间，隔着戒备森严的警卫，看不到 1959 年那种热烈隆重的欢迎场面，看不到他与韶山人频频握手，看不到他和乡亲们亲切交谈……尽管毛泽东几次越过警戒线，他想走向老乡的家里，都被随从人员搀扶回来；尽管韶山人想去见见自己的领袖，但没有一个敢越雷池一步。毛泽东的表哥，童年时的挚友文运昌老先生，听说表弟毛泽东回来了，兴奋不已，拄着拐杖，从唐家坪来到韶山。文老看到韶山宾馆一些首长在开会，便走进去问："听说我的表弟毛泽东回来了，怎么不跟我见见面嘞？"首长们默不作声。文老继续说："听说毛主席住进了滴水洞，我一定要去见见他！"这时，一位领导只好用统一的口径出来做解释："文老先生，毛主席没有回来，回来了他还不是第一个要看望您呀！"文运昌仍不死心，他又艰难地来到滴水洞。刚刚走到韶山水库外边的警戒线，就被拦住了。就这样，文运昌没精打采地回到唐家坪。

当时，为了保证毛泽东的工作与休息以及保密的需要，特别是保证毛泽东的绝对安全的需要，有关部门制定了"三落实""三过硬""十不准"的保安措施，似乎要隔绝毛泽东与故乡人的一切联系。但毛泽东在滴水洞的日日夜夜里，喜欢和同志们接近，如果发现周围没有人走动时，还批评搞保卫工作的同志。毛泽东对这种严密的警卫措施，颇有意见。一次，毛泽东在1号房前大门口看书，有几个警卫战士见状，抬着东西绕道往对面山上走去，有意避开经过1号房前。毛泽东知道警卫战士故意避开他，便问身边人员："他们走那边干什么？"工作人员告诉他："从那条道路上去近一些。"毛泽东指了指山上那些帐篷、岗哨说："什么近一些，全是他们搞的。"（指安全保卫人员）还有一次，毛泽东正在1号房门前大坪里看报、休息。这时，从山下开来一辆运输的汽车，在1号房入口处附近被警卫人员拦住了，汽车不能开进来。毛泽东看见这一情景，便说："让车子开进来吧，我可不阻碍你们的交通。"

1959年毛泽东游泳时，山上山下人山人海，欢呼声口号声响彻云霄。这一回，同样是在这个地方游泳，山上山下警卫森严，气氛冷冷清清

毛泽东与水有着极为深厚的感情。1959年6月26日下午，第一次到韶山时，毛泽东在韶山水库畅游了70分钟。游泳时，毛泽东曾对时任湖南省委第一书记的周小舟说："这个水库很好，还可以加高一点，多蓄一点水。"根据毛泽东的意见，韶山人民把大坝加高了，增大了水库的容量。

此时，6月的韶山，晴空万里。虽然天气很热，但韶山水库的水温仍很低，水表层为16度，水底层的温度更低。清澈的水面碧波荡漾，波光粼粼。时过七年，

红墙大事
——共和国重大历史事件的来龙去脉（上册）

毛泽东来到韶山，又要去游泳。不过毛泽东到底游泳没有，当时的当事人在后来的回忆中却说法不一。

一种说法，是当时任中央警卫局副局长、中央警卫团团长的张耀祠的回忆。他在其回忆录中写道：

毛主席在滴水洞也想到了游泳。1959年他去过韶山水库游泳，这次毛主席是不是还要去游泳呢？这天，毛主席叫我去了，他说："耀祠，你去看看青年湖能不能游泳？"我说："好吧。"我没有带任何人就去了青年湖。说是湖，其实是一个大水库，把两山之间筑起一个大坝，这样储存了很深的水，黑压压的，水面清澈，难以见底。我在这里碰到了一个40多岁的中年人，他拿了一把锄头，在水库旁边的地里干活。他见我在观看水库，便叹了一口气，说："修这水库把上面大片的土地给淹了，这些土地都是很好的土地，如果毛主席知道的话，他是绝不会同意的。"回到滴水洞，我对主席说："青年湖是可以游的，水面很清。"我说："我在那里碰到了一个农民。"于是张耀祠把这个农民的话学说了一遍，讲到毛主席"是绝不会同意的"时，毛泽东"嘿嘿嘿"地笑了。一向有游泳爱好的毛主席，却没有去游泳。叫我看了青年湖，我说可以游，但他也没有去，我知道毛主席的脾气，我要是说不能游，毛主席很可能非去游不可了。当然，这次来滴水洞也许有着别的思想情绪上的因素，毛主席也没有去韶山水库游泳。

毛泽东这次去韶山，都是张耀祠一手安排的。他又时刻不离毛泽东，他的回忆应该是最准确的，也是最可靠的。

但同时也存在着另一种说法。这种说法主要是当年韶山当地陪同毛泽东的工作人员的回忆，他们有的说是6月21日，有的说是6月24日。主要观点是：

21日（一说24日上午）下午，工作人员早在水库大坝内搭了两个临时更衣棚，还搭了一个下水扶梯。省委警卫处组织了10多人的游泳队，他们一大早就来到这里，个个精神抖擞，兴奋异常，心情无比激动，因为他们知道今天是陪同毛泽东在这里游泳。73岁高龄的毛泽东在王延春、李强、高文礼及几名水手的陪同下，来到了波光粼粼的韶山水库。毛泽东走进更衣棚，脱去睡衣，穿上一条洁白的游泳裤，护士递给他一小杯茅台酒，毛泽东一饮而尽。然后，点燃一支中华牌香烟，走出更衣棚，缓步来到扶梯旁，自由地舒展了一会儿身体，然后沿扶梯一步一步下到水中。当水齐腰部时，毛泽东用手沾着水，拍了三下胸部，然后神态自若地用脚踩水。毛泽东在水中游动，把头抬得高高的，香烟上一滴水珠也没有沾上，游了一阵，换成仰泳，一直游到水库中间，那支烟吸完了。接着毛泽东表演了"睡觉""坐凳子""立正""稍息"等动作。毛泽东高兴地说："我休息了。"只见他四肢伸直，一动不动，仰卧在水面上。

在水库中，有一位水性特好的姑娘，一直跟在毛泽东身旁游泳，不远不近，她做着各式各样轻快而自如的动作。她就是毛泽东的机要秘书、东北牡丹江姑娘张玉凤。张玉凤游泳水平较高，她一直游在毛泽东身边。游泳队的同志们则与毛泽东保持一定的距离。陪同毛泽东游泳的韶山青年水手黄友恒，不时模仿毛泽东做着各种动作，他感到能陪毛主席一起游泳是莫大的幸福。后来，每当他谈起这件事，便津津乐道，说得没完没了。（黄友恒后来曾任韶山冲派出所的所长，他也是一个老公安了，游客们大都知道他是韶山冲里的"红色卫士"。1991年，黄友恒作为政法系统的先进个人，出席了全国的表彰会。）游泳中，毛泽东问身边一个青年："你是哪里人？""零陵人。"那青年回答。毛泽东博古通今，又问青年："三国时候，你们零陵出了个黄盖，你晓得吗？"青年不知黄盖何许人也，反问毛泽东一句："黄盖是哪个公社的人？"毛泽东只觉得现在的年轻人懂得历史太少，苦苦一笑了之，继续游泳。

游过了水库中心，毛泽东看到水库两岸松树郁郁葱葱，水面清澈如镜，风景如画，感到很是惬意。他由衷地说："这是个好地方。"游到库尾时，陪同游泳的同志见水不深了，便对毛泽东说："主席，可以落底了。"毛泽东笑道："我已经落底了。"同志们说："您还没有落底呀！""怎么没落底？我的脚没动哩！"原来，毛泽东在踩水，上身却能保持不动。这时，工作人员拿来一张藤椅，以便毛泽东上岸休息。随游的青年小伙子一个个走上岸来，凉风吹过，一些人身上起了鸡皮疙瘩。毛泽东见状说："游过去，到水里休息吧。这里上面是夏天，下面是冬天，正好避暑呀！"回游到水库中央，主席问道："游了多久了？"有人告诉他："大概40多分钟。""一个小时还不到呢，继续游吧！"他高兴地说。

游到大坝边，大家考虑毛泽东年事已高，希望他上岸休息，可是他毫无倦意，兴致正浓。这时，有几个人到溢洪道练习游泳动作，毛泽东也跟着他们到溢洪道里练侧泳，练了一会儿，他又回到水库中央游起来。游到岸边，陪同的人送来了肥皂。毛泽东用肥皂把全身擦得都是泡沫，一头钻进水里，把全身洗得干干净净，然后浮上来再向工作人员要肥皂。工作人员告诉他："主席，您已经洗了一次，够了。"毛泽东幽默地说："多洗一点肥料，好给老百姓下田。"他又擦了一遍

红墙大事
——共和国重大历史事件的来龙去脉（上册）

肥皂，钻入水中，游了好一阵子后才上岸。

1959年毛泽东在这里游泳时，山上山下人山人海，欢呼声口号声响彻云霄，就是天黑了，群众也不愿离开，毛泽东深知乡亲们对自己的感情。这一回，同样是在这个地方游泳，山上山下警卫森严，陪同的只有寥寥几个随员和水手，气氛冷冷清清。

随来的新华社记者钱嗣杰在韶山水库坐在椭圆形的橡皮船上，摄下许多珍贵的镜头。20天后毛泽东畅游长江近30华里，新华社发了大幅照片，其中有个特写镜头实际上是在韶山水库拍摄的。

这种说法，是毛泽东家乡人的回忆，同时也是当事人的回忆，因而也不能说不准确。然而到底谁说的对呢？

石师傅想把有小虫的菜端走，可已经来不及了。
毛泽东笑笑说，没关系，不干不净，吃了没病

毛泽东这次来到滴水洞，带的东西除了换洗衣服外，其余都是书。

毛泽东用餐从不铺张浪费。为了安排好毛泽东的生活，有关部门从长沙带来了特级厨师石荫祥为他做饭菜，可他吃的尽是一些极为普通的菜。毛泽东每餐四菜一汤。四菜中，一个荤菜，一个半荤半素，两个素菜，一个清淡的汤。蔬菜类由辣椒、大蒜、黄瓜、小白菜、萝卜、马齿苋等组成；鱼、肉类主要是新鲜鱼、火焙鱼、石灰泥鳅、米虾子、腊肉、红烧肉等；汤类主要是鳙鱼头豆腐汤；饭食是大米、玉米、面条、红薯、马铃薯等。没有一样高档名菜，更不备山珍海味，毛泽东吃得喷喷香。

当年，石荫祥在滴水洞为毛泽东掌厨时留下一张菜谱：

> 红烧鲫鱼
> 火焙米虾炒辣椒
> 清炒马齿苋
> 苦瓜烧肉
> 鳙鱼头豆腐汤
> 干饭二两，烤玉米一只

毛泽东一天只吃两餐饭，第一餐是下午1点或2点，第二餐是晚上11点左右。

十五 "文革"初期毛泽东的韶山之行

他一般是一个人单独吃，菜的分量不多。他曾说："菜吃不完，就倒掉浪费了，热一热还可以吃嘛！"

毛泽东对石师傅高超精湛的烹饪技术非常满意，有一回却弄得石师傅难为情了。有一次，石荫祥特地为毛泽东做了一盘青辣椒炒鲜菌。菜端上桌时，才发现菌子里藏着白蛆似的小虫，石师傅想马上端走倒掉，可已经来不及了。毛泽东已步入餐厅。"主席，换一盘吧！"石师傅只得如实相告："真对不起您老人家，菌子没洗干净，有小虫子。"毛泽东笑笑说："没关系，不干不净，吃了没病。菌子里有小虫子，说明这菌子里没毒，吃了不会死人，不要换。"石师傅这才长长地嘘了一口气。

在国家粮食还有困难的情况下，全国人民配吃杂粮。毛泽东虽为党的主席，又已70多岁高龄，但他毫不特殊，同全国人民一样配吃杂粮。有一次开饭时，一个服务员问毛泽东："主席，您为什么老吃杂粮？"毛泽东告诉她："吃杂粮，我习惯了。况且全国粮食现在还紧张，大家都在吃杂粮，我怎么能不吃呢？"毛泽东很喜欢吃红豆、豇豆、川豆等，每天必不可少。还特别喜欢吃烤红薯、烤玉米和高粱等。

毛泽东在室内最喜欢穿拖鞋。到滴水洞后为他准备的一双新拖鞋他不要，偏偏要穿自己带来的那双旧拖鞋。不几天，旧拖鞋破得不行了。毛泽东叫服务员拿到外边再修一修，服务员劝说毛泽东穿新的，毛泽东愠声道："咯双拖鞋跟我有感情，不能丢掉。"服务员知道毛泽东的性格，也就不再坚持了。毛泽东这双拖鞋不知穿了多久，已经修过10多次了。工作人员在韶山跑了几家修鞋店，没有人愿意接。一天，工作人员把拖鞋带到长沙，几个鞋匠见到这双又大又烂的破拖鞋，不以为然地说："这号鞋子还要补？买双新的吧！"这下可为难了工作人员，他们既不能讲明是毛泽东的，又不能不修。就这样，一连找了三四个鞋匠，得到的回答都是："这双鞋没法子修了！"最后，终于找到了一个老鞋匠，工作人员好说歹说，又是递烟，又是当下手，总算补好了。把拖鞋带回滴水洞，毛泽东穿了很满意，离开韶山时，又把它带回了北京。

毛泽东在韶山滴水洞居住的日子，正碰上湖南省在韶山宾馆召开省、地、县三级负责人会议。毛泽东亲切接见了一些到会代表，并在滴水洞1号楼前与湖南省委代理第一书记王延春，省委秘书长、副秘书长，湘潭地委书记，湘潭县委书记，韶山公社党委书记等合影留念。

红墙大事
——共和国重大历史事件的来龙去脉（上册）

在毛泽东接见王延春时，王向毛泽东汇报说："湖南正在修建韶山灌区，灌区分总干渠及南北干渠，干渠全长240多公里，灌溉面积达89万余亩，农田基本上能做到旱涝保收。"王延春汇报完之后，请毛泽东为韶山灌区题词，毛泽东的脸色不大好看，他很干脆地说："要高产才算，灵了再写。"便没有题词。王延春站在旁边无可奈何。韶山灌区工程竣工以后，发挥了很好的效益，不仅能灌溉湘潭、韶山、湘乡、宁乡、双峰等市县100多万亩农田，还在干渠修建了几座发电站，灌区成了名副其实的鱼米之乡。后来，毛泽东在一份材料上得悉韶山灌区工程发挥了很好的作用，便会心地笑了。他知道这项工程是当时担任湖南省委书记处书记兼湘潭地委书记的华国锋指挥修建的，因而对华国锋产生了很深的印象。

22日上午，毛泽东看见大门口旁摆着一个轮椅，感到很有趣，想坐一坐，出去转一转。从1号楼出来，张耀祠和湖南省公安厅副厅长高文礼、中办警卫局处长曲琪玉、新华社摄影记者钱嗣杰四人陪同，由曲、高二人推着轮椅。毛泽东坐在上面，有一种天真的童趣。

毛泽东住在滴水洞，湖南省委有意把工作会议安排在离滴水洞较近的韶山宾馆召开。湖南省委书记王延春得知毛泽东28日走，便请毛泽东跟在这儿开会的同志照个相，毛泽东欣然同意了。26日下午，毛泽东在滴水洞1号楼前，接见了湖南省委开会的全体同志，并一块合了影。工作人员向张耀祠提出："我们大家都想和毛主席照个相。"张耀祠对他们讲："你们等着，我向主席说说。"当张耀祠向毛泽东提出大家的愿望时，毛泽东说："好嘛！"

毛泽东原定28日下午离开韶山。28日清早，他突然通知张耀祠上午8时离开滴水洞。接到毛泽东的指示，李强、高文礼忙得不亦乐乎，他们四处挂电话，通知沿线清道：一号任务到，绝对保密！绝对安全！

7点多钟，毛泽东从1号楼走出来，到坪里分别向随从人员、省地负责人、工作人员，亲切地问候致意。他用浓重的韶山口音问王延春："你是哪里人？"王答："我是河北人。"他又问了好几位负责同志，当问到韶山管理局局长王毅忱时，王答："我是北方人。"毛泽东说："我知道你是北方人。"又问韶山管理局办公室主任李明锦："你是哪里人？"李答："我是山东人。"毛泽东说："听口音就晓得不是湖南人。"大家兴奋地簇拥在毛泽东周围。照相时，他还握着石荫祥的手说："这些天谢谢你了！"这时候，有人把廖时禹介绍给毛泽东："主席，小廖是给您老人家看房子的。"毛泽东那双海绵般柔软的大手，一下握住了小廖,一字一板地说:"你要把我的房子看好啊,我还要回来的呀!"廖时禹激动地回答:"主席,请您以后多回来呀!"照完相,毛泽东又和大家一一握手。

警卫员打开了毛泽东的车门。毛泽东与大家握手道别后,仍然不想离去。本来,毛泽东应该上车了。可是,他又从门楼的水泥斜坡倒走了回去,一边走一边说:"你们走,我还要坐下哒!"毛泽东走了回去,张耀祠、李强、高文礼等急得满头大汗。因为保密电话已经拆掉,毛泽东的行装也收拾好了。毛泽东在客厅的长沙发上一屁股坐了下来,东看看,西瞧瞧,一句话也没说。服务员立即给毛泽东递上一杯茶。毛泽东掀起茶杯盖,一口一口地品尝着家乡的韶峰云雾茶。服务员又洗了几个水蜜桃,问主席吃不吃,毛泽东说:"我不想吃。"服务员告诉他:"主席,您老人家不吃?这是从您房子东头桃树上摘的,下次就难得吃到啊!"毛泽东听后欣然吃了好几个,还吩咐服务员摘了两脸盆桃带去长沙。

随从人员故意把左手伸得老远,银灰色的手表露在外面,提醒毛泽东:主席,您该走了!毛泽东装作没看见。这时候,工作人员又走到毛泽东身边,小声说道:"主席,一切都准备好了,走吧!"毛泽东不耐烦地说:"还是要走,真是身不由己!"毛泽东休息了一会儿,呷了几口茶,把烟灭掉,怀着依依不舍的心情,慢悠悠地站起身,一步一步地走出1号楼,步伐显得很沉重。

9时许,汽车的马达响了,毛泽东离开滴水洞。车子驶出洞口,拐过一道弯,毛泽东朝他的祖籍地——东茅塘深情地望了一眼。汽车开到韶山毛泽东同志旧居陈列馆门前,毛泽东叫司机停了一会儿,他掀起窗帘,贪恋地看着陈列馆的门庭,看着小时候十分熟悉的毛氏宗祠。过了这段路,毛泽东再也没有左顾右盼了。

在长沙大托铺铁路支线上了专列,毛泽东自言自语地说:"又要到白云黄鹤的地方了。"他显得很沉闷的样子。6月28日,毛泽东在张耀祠等人的陪同下,经长沙到达武汉。

为什么毛泽东把对政治问题的思考,采用家书的形式写给江青?对此,毛泽东没做过任何解释

在住滴水洞期间,毛泽东写下了《七律·有所思》:正是神都有事时,又来南国踏芳枝。青松怒向苍天发,败叶纷随碧水驰。一阵风雷惊世界,满街红绿走旌旗。凭栏静听潇潇雨,故国人民有所思。

诗中所描绘的是:神都北京正经历一系列重大的事件,如5月中央政治局扩

红墙大事
——共和国重大历史事件的来龙去脉（上册）

大会议，处理所谓"彭、罗、陆、杨反党集团"；5月16日，中共中央政治局扩大会议通过了由毛泽东在杭州主持制定的《中共中央通知》，即"五一六通知"，等等。正如毛泽东在首句所写下的"正是神都有事时，又来南国踏芳枝"。当然这里的"踏芳枝"并非指踏青游览，而是表现了毛泽东既置身事外，又静观事态发展的心境。"青松怒向苍天发"，表达了毛泽东当时的激愤心情。"败叶纷随碧水驰"这句，似乎描写的是秋季的景色，可当时时令还是在夏初，自然界当然无此现象，而无疑是指社会现象。"一阵风雷惊世界"，指"文革"的兴起及其反响。"满街红绿走旌旗"，写"文革"初期所见。最后两句"凭栏静听潇潇雨，故国人民有所思"，似乎才真正点明主题，归于深思，引人遐想。

此时毛泽东在深思什么，当然现在的人们是无法想象的。是5月7日给林彪信中谈过的那些问题呢（在这封信中勾画了他所向往的理想社会的蓝图），还是7月8日给江青信中要谈的那些问题呢？抑或是其他？可是毛泽东明明在凭栏听雨，却为什么又"故国人民有所思"呢？今天已无从寻觅，看来只有让后人去探索了。

上面所提到的7月8日给江青的信，是指在武汉期间，毛泽东给江青写的一封信。

毛泽东在给江青的信中写道：

江青：

6月29日的信收到。你还是照魏、陈二同志的意见在那里住一会儿为好。我本月有两次外宾接见，见后行止再告诉你。自从6月15日离开武林（即杭州——引者注）以后，在西方的一个山洞里住了十几天，消息不大灵通。28日来到白云黄鹤的地方（有诗写武汉"黄鹤一去不复返，白云千载空悠悠"——引者注），已有十天了。每天看材料，都是很有兴味的。天下大乱，达到天下大治。过七八年又来一次。牛鬼蛇神自己跳出来。他们为自己的阶级本性所决定，非跳出来不可。我的朋友的讲话，中央催着要发，我准备同意发下去，他是专讲政变问题的。这个问题，像他这样讲法过去还没有过。他的一些提法，我总感觉不安。我历来不相信，我那几本小书（指《毛泽东选集》——引者注），有那样大的神通。现在经他一吹，全党全国都吹起来了，真是王婆卖瓜，自卖自夸。我是被他们逼上梁山的，看来不同意他们不行了。在重大问题上，违心地同意别人，在我一生还是第一次。叫作不以人的意志为转移吧。晋朝人阮籍反对刘邦，他从洛阳走到成皋，叹道：世无英雄，遂

十五 "文革"初期毛泽东的韶山之行

使竖子成名。鲁迅也曾对他的杂文说过同样的话。我跟鲁迅的心是相通的。我喜欢他那样坦率。他说,解剖自己,往往严于解剖别人。在跌了几跤之后,我亦往往如此。可是同志们往往不信。我是自信而又有些不自信。我少年时曾经说过:自信人生二百年,会当水击三千里。可见神气十足了。但又不很自信,总觉得山中无老虎、猴子称大王,我就变成这样的大王了。但也不是折中主义,在我身上有些虎气,是为主,也有些猴气,是为次。我曾举了后汉人李固写给黄琼信中的几句话:峣峣者易折,皎皎者易污。阳春白雪,和者盖寡。盛名之下,其实难副。这后两句,正是指我。我曾在政治局常委会上读过这几句。人贵有自知之明。今年4月的杭州会议,我表示了对于朋友们那样提法的不同意见。可是有什么用呢?他到北京5月会议上还是那样讲,报刊上更加讲得很凶,简直吹得神乎其神。这样,我就只好上梁山了。我猜他们的本意,为了打鬼,借助钟馗。我就在20世纪60年代当了共产党的钟馗了……

毛泽东
1966年7月8日

信中所提到的"我的朋友的讲话",是指林彪5月18日在政治局会议上引用古今中外大量的政变事实,要求全党高度警惕,并说毛主席的话"句句是真理","一句顶一万句",当时毛泽东看了很不舒服。历史就这么怪,强调警惕政变的人到头来自己搞起政变来了。

信里主要阐明的是左、中、右的现实和这种政治现象的未来归宿。信里体现的思想显然是毛泽东在滴水洞思考的结果。

毛泽东把信写完,叫秘书徐业夫抄了一份留存,原信寄给了江青。毛泽东还把这封信让王任重看了。当时周恩来不在武汉,所以没有先给周恩来看。

毛泽东为什么把他对政治问题的思考,采用家书的形式写给江青呢?因为这时林彪正在成为毛泽东的"亲密战友",同时林彪大吹毛泽东的话"一句顶一万句""句句是真理"。这两个问题毛泽东都不便于公开讲。那时毛泽东对林彪既有看法,又有些宠爱。在每天所看到的材料中,都有林彪吹捧毛泽东的话,毛泽东看了非常不自在。特别是林彪讲的"句句是真理""一句顶一万句",毛泽东抱着疑惑的心情自问道:"我的话真有那么管用吗?"他说:"为了打鬼,借助钟馗。""前途是光明的,道路是曲折的。"这些话,都写进了他给江青的信中。

红墙大事
——共和国重大历史事件的来龙去脉（上册）

毛泽东在给江青的信中说："天下大乱，达到天下大治"，"有些反党分子，他们是要想整个打倒我们的党和我本人……而现在的任务是要在全党全国基本上（不可能全部）打倒右派，而且在七八年以后要有一次横扫牛鬼蛇神的运动，尔后还要有多次扫除"。毛泽东还说："这样的运动时间不能太长久了，两三年足矣！"但那时，毛泽东没有想到，这场运动竟然被林彪、陈伯达、康生及"四人帮"一伙野心家、阴谋家利用，做了大量的坏事，后来毛泽东也控制不了他们了。

江青那时是"中央文革小组"领导成员之一，毛泽东给她写信是让她对政治问题敏感一些，做到心中有数，同时也提醒江青注意自身的缺陷。然而，江青根本没有把毛泽东的话当成一回事。不但没有帮上毛泽东的忙，反而所作所为与毛泽东的要求背道而驰。毛泽东要发动一场"文化大革命"运动，其指导思想、计划发动的规模等就是在滴水洞中形成的。毛泽东这封信，不失为一部"预言书"。林彪出逃后，中央把这封信作为批林整风文件下发。于是，毛泽东这封信便更显得高瞻远瞩，人们说，毛泽东对林彪看得太透了……

直到7月16日，毛泽东在才武汉正式公开露面。这一天，毛泽东在武汉横渡长江，其壮举举世皆惊。这次毛泽东游了近30华里，历时一小时零五分钟，上船后毛泽东仍精神抖擞、毫无倦意。毛泽东还在武汉接见了几批外国客人。7月18日，他从武汉回到北京。

1970年和1973年，滴水洞进行了两次扩建，达到今天人们参观所见到的规模。但是，毛泽东此后再也没有回过故乡。1974年11月29日，毛泽东生前最后一次回到湖南长沙。在长沙期间，毛泽东表示想去韶山看看。韶山管理局和滴水洞别墅迅速做好了接待准备工作。可是毛泽东在春节前三天，又决定要去上海。他对湖南省委的负责人说："我在湖南住了100多天，辛苦了同志们。客散主人安，我走了以后，你们好好过这个春节吧！"后来，毛泽东多次谈到以后还要回韶山，并不是随便说说而已。1976年6月，毛泽东重病缠身，他特别思念故土。他的专机"子爵"号在"长沙—北京"之间多次试飞。8月，毛泽东病情略轻一点，就坚持要南下回滴水洞休养，但未能得到中央政治局同意。9月，毛泽东仍念念不忘韶山。在毛泽东的再三坚持下，中央政治局终于同意毛泽东9月15日回韶山滴水洞。可是，毛泽东没有等到这一天就离开了人世。

红墙大事

共和国重大历史事件的来龙去脉

（下）

张树德 著

团结出版社

十六　林彪与江青结成同盟的内幕

- 江青宣布了几个不准："不准记录，不准外传"，特别"不准让北京知道"
- 江青说这个材料"根本不行，歪曲了她的本意"，"没有能够反映她的意思"，"给她闯了大祸"
- 杨永直打电话问"学阀"指谁，彭真说，是阿Q，谁头上有疤就是谁
- 林彪在给军委常委的信中，这样评价《纪要》：是一个很好的文件，用毛泽东思想回答了社会主义时期"文化革命"的许多重大问题
- 《纪要》是江青上台的宣言，她别有用心地提出了"黑线专政"论

红墙大事
——共和国重大历史事件的来龙去脉（下册）

《林彪同志委托江青同志召开的部队文艺工作座谈会纪要》是"文化大革命"前夕以中共中央名义批转的一个有严重错误的文件。1966年2月2日至20日，江青在上海邀集解放军的四个人，就部队文艺工作问题进行座谈。会后，由张春桥、陈伯达参加写了一个座谈会《纪要》。3月19日，经毛泽东修改和同意之后，江青将《纪要》送给林彪。不久，林彪以中央军委的名义报送中共中央审批。4月10日，中共中央批转《纪要》。《纪要》全盘否定了中华人民共和国成立以来文艺界在中国共产党的领导下所取得的巨大成绩，诬蔑中华人民共和国成立以来文艺界"被一个与毛主席思想相对的反党反社会主义的黑线专了我们的政"，声称"要坚决进行一场文化战线上的社会主义大革命，彻底搞掉这条黑线"。从此，林彪、江青利用《纪要》，制造了大量的冤案、错案、假案。1979年5月3日，中共中央批转总政治部的请示，正式决定撤销《纪要》。然而，关于这个文件出台前后的一些情况，却鲜为人知……

江青宣布了几个不准："不准记录，不准外传"，特别"不准让北京知道"

1966年前后，江青等人在文化战线掀起了巨澜。为了实现其目的，在林彪的安排帮助下，部队文艺工作座谈会终于如江青所愿召开……

1966年1月21日，江青专程乘车从上海赶到苏州拜会了林彪。此时，林彪正在这里"养病"。此时的林彪正是处于直线上升中的人物：在1958年5月25日召开的中共八届五中全会上，林彪被增选为中共中央副主席、政治局常委，进入了领导核心。紧接着，随着彭德怀在庐山会议上遭到批判，林彪随即取代了他，出任国防部部长。不久，又被任命为中共中央军委副主席，主持军委常委工作。当时在军内，林彪可以说是说一不二。

江青正是看中了林彪这一点。

林彪也果然"识时务"，此时，尽管他一直在直线上升，但他知道，要想爬上更高位，还须仰仗江青，因为"第一夫人"的地位毕竟与众不同，更何况，江青作为中国政治舞台上的一颗"新星"正在冉冉升起。对于这一点，善于钻营的林彪看得明明白白。这也决定了江青与林彪一拍即合。经过六个小时的长谈，林彪这座"尊神"要为江青"保驾护航"了。

就在江青与林彪密谈的当天晚上，林彪即通过叶群打电话给解放军总政治部副主任刘志坚,安排所谓的文艺座谈会。刘志坚时为总政治部副主任,由于总政治部主任萧华的身体不太好,总政治部的日常事务便由刘志坚负责。所以,叶群也就把电话直接打到了刘志坚家里。

没待刘志坚有什么反应,叶群已开始传达"指示":"江青同志想找几个部队搞文艺工作的人谈谈,你们选几个吧,参加的人不要多。这件事林总已经同意了。""谈什么内容?"刘志坚问。"不清楚,可能,可能,唔,是研究有关三大战役的创作吧。"叶群搪塞了几句,随即挂断了电话。

刘志坚接到"林办"的电话后,马上打电话向萧华作了汇报。萧华由于身体不太好,经常需要在家休息。听了刘志坚的汇报,萧华心里不觉一沉:江青出于什么目的召开这次座谈会呢?萧华有一种不祥的感觉。尽管"林办"要求萧华去参加座谈会,但他认为刘志坚去更合适,他说:"我事情多,身体又不好,文艺方面的情况又了解不多,你是主管宣传文化的,了解情况,还是你去吧!"

于是,萧华和刘志坚商定了参加座谈会的人员:由刘志坚带队,同去的还有总政治部文化部部长谢镗忠、副部长陈亚丁,总政宣传部部长李曼村,秘书刘景涛和熟悉三大战役的《星火燎原》编辑部编辑黎明。萧华还对参加座谈会的几名人员"约法三章":一、部队文艺工作的方向是对头的;二、只带耳朵听;三、江青如果提出问题,与事实出入大,暂不要与她争,有什么意见带回来汇报、讨论。临行前萧华再三嘱咐:"江青同志是个病人,她对部队文艺工作有什么批评,你们不要当面辩解……"

2月2日,刘志坚一行六人从北京到达上海,当天下午,江青就派人送来了"座谈会"的必读文件:《毛主席于1944年在延安看了〈逼上梁山〉后写给平剧院的信》《毛主席同音乐工作者的谈话》和《毛主席对文艺界的两次重要批示》。

《毛主席对文艺界的两次重要批示》是毛泽东1963年12月12日在柯庆施的报告上所作的批示和1964年6月27日在《中央宣传部关于全国文联和所属各协会整风情况的报告》草稿上所作的批示。

毛泽东在柯庆施报告上的批示:

> 各种艺术形式——戏剧、曲艺、音乐、美术、舞蹈、电影、诗和文学,等等,问题不少,人数很多,社会主义改造在许多部门中,至今收效甚微。许多部门至今还是"死人"统治着。不能低估电影、新诗、民歌、美术、小

说的成绩，但其中的问题也不少。至于戏剧等部门，问题就更大了。社会经济基础改变了，为这个基础服务的上层建筑之一的艺术部门，至今还是大问题。这需要从调查研究着手，认真地抓起来。

许多共产党人热心提倡封建主义和资本主义的艺术，却不热心提倡社会主义的艺术，岂非咄咄怪事。

毛泽东在《中央宣传部关于全国文联和所属各协会整风情况的报告》草稿上的批示：

这些协会和他们所掌握的刊物的大多数（据说有少数几个好的），十五年来，基本上（不是一切人）不执行党的政策，做官当老爷，不去接近工农兵，不去反映社会主义的革命和建设。最近几年，竟然跌到了修正主义的边缘。如不认真改造，势必在将来的某一天，要变成匈牙利裴多菲俱乐部那样的团体。

这就是毛泽东的两个文艺批示。

既然是此次"座谈会"的必读文件，刘志坚当然需要再阅读一遍。不久，江青又派张春桥到饭店接刘志坚，一起到江青处"聆听"江青的"教诲"。

见到刘志坚，江青笑着打了招呼："哦，终于把解放军这座'尊神'请来了！""我们的文艺界不像样子了。让帝王将相、洋人死人统治了。毛主席的批评，他们就是不听，我的意见就更没有人听了。"江青抱怨道，"我没有办法呀，困难呀。我去苏州找林总，要请解放军这座'尊神'支持我。"

刘志坚赶紧打开公文包，拿出一份电话记录。这是叶群打给刘志坚的，要他仔细做了记录。"我临来时，林办要我把一段话念给你听，"刘志坚用一种公事公办的态度逐句向江青转达。"林彪同志说：'江青同志昨天到苏州来，和我谈了话。她对文艺工作方面在政治上很强，在艺术上也是内行，她有很多宝贵的意见，你们要很好重视，并且要把江青同志的意见在思想上、组织上认真落实。今后部队关于文艺方面的文件，要送给她看，有什么消息，随时可以同她联系，使她了解部队文艺工作情况，征求她的意见，使部队文艺工作能够有所改进。部队文艺工作，无论是思想性和艺术性方面都不能满足现状，都要更加提高。'"

听了这段话，江青很兴奋，"这是春风呀！"她顺便又恭维了刘志坚几句："志坚同志呀,毛主席说你是劫法场出来的,对你们这些出生入死的老同志,我要好好学习呀!……"

所谓林彪同志委托江青同志召开的部队文艺座谈会在上海召开了。这只是"一人谈"的"座谈会"——会上只有江青一人谈。在"座谈会"刚开始,江青就宣布了此次"座谈会"的几条纪律:"这次会议不准记录,不准张扬,特别不能让北京知道。我说的不只是北京市委,而且包括所有在北京的头头都无权知道。像彭真、周扬这种人巴不得专我的政哩!"在江青第一次约见刘志坚的时候,江青就讲过:"请你们来,不是开什么会,主要是看电影,在看电影中讲一点儿意见。"

"座谈会"果然如江青所言,主要是看电影,在看电影中夹杂着江青一些"意见"。

据当事人刘志坚回忆,十多天的座谈会主要活动有四项:

一、看电影、戏剧。这是"座谈会"的主要活动,前后看了十多部电影和三场戏。每天放什么电影,都由江青安排。她到场看电影13次,指定放映影片21部。在看电影、看戏过程中,她想起什么就谈什么,不让别人插话。我们四人只是听她说,有时她问什么,回答一下,一般不插话。张春桥、陈伯达有时也来看电影,随着江青的话插几句。

二、个别交谈和集体座谈。个别交谈八次,每次半小时至一小时,大多是吃过中午饭后,江青秘书来电话叫我去。每次谈话,江青都没有什么提纲,而是想到哪就讲到哪,经常内容重复,有时一个问题没谈完又谈另外一个问题。每次我一去她就讲,不问什么,也不让插话,她讲累了就散。因为江青规定谈话内容不许记录,我只好每次听江青谈话回来,就凭记忆给李曼村、谢镗忠和陈亚丁说一说,并让陈亚丁做些追记,以备回去作汇报用。据我当时的日记和回忆,江青找我的八次谈话的内容是:第一次就是刚到上海报到的那一次,主要是我转达林彪的那几句话;第二次是2月3日下午,主要是江青谈她怎样给毛主席当秘书,当"文艺哨兵",如何亲自买票下剧场,发现京剧存在很多问题,无论是内容、表现方法、唱腔等方面都不行,毛主席的指示没有得到贯彻,所以她要搞京剧革命;第三次是2月5日下午,讲京剧改革要改唱腔、舞蹈动作,难度很大;第四次是2月8日晚上,讲外国电影问题;第五次是2月9日下午,她讲搞京剧改革遇到的困难,北京市委不支持;第六次是2月16日下午,讲文艺工作,也谈到对一些影片,

红墙大事
——共和国重大历史事件的来龙去脉（下册）

如对《抓壮丁》等的看法；第七次是2月17日下午，谈要修改电影《南海长城》问题；第八次是2月17日晚，说要趁参加过三大战役的人还在，军队要负责把三大战役写出来。在一次谈话中，还谈到30年代的文艺问题。集体座谈一共四次：2月2日晚见面谈话一次；2月9日晚接见《南海长城》剧组谈话一次；2月18日、19日下午集体听江青谈话两次。集体座谈也是江青一人讲，大家听，讲完就散。

三、阅读有关文件和材料。江青神秘地给我们四人阅读了毛主席的两篇著作。一篇是《毛主席于1944年在延安看了〈逼上梁山〉后写给平剧院的信》，另一篇是《毛主席同音乐工作者的谈话》。还阅读了上海文艺界整风的情况等九个有关文艺工作的材料。江青非常神秘地交代，这些材料，只供你们几个人阅读，不准传出去。

四、江青接见《南海长城》的导演、摄影师和部分演员，同他们谈话三次。主要谈她看了《南海长城》样片的看法和修改的意见。她认为既然叫《南海长城》，就不能只有民兵，还要有陆军、海军和空军，现在这个样子不行，人物表演、艺术都不行，要进行修改，等等。

这种所谓的"座谈"，直到2月19日才结束，江青对大家说："没有什么可说的了，我有事，暂告一段落，你们可以回去了。""座谈会"莫名其妙地开始，又莫名其妙地结束。

据几个当事人回忆，江青在这个漫长的"座谈会"上，主要谈了以下几点意见：

关于"人"。江青说："前年根据主席指示，我开了一次音乐座谈会，我提出要中西合璧。有人说这是非驴非马，嗯！是个骡子也好嘛！周总理又另外开了个民族音乐会，讲要先分后合，要洋的就是洋的，中的就是中的。这是错误的，他应该做检讨。""罗瑞卿说部队文艺路线已经解决了，是错误的，军队又不是在真空里。""周扬、林默涵、夏衍这些人不听主席的。有的原来就是特务，有的叛变了，有的烂掉了，有的掉队了。彭真、周扬在专我的政。夏衍主张'离经叛道'，就是离马列的经，叛人民战争的道，完全是反对毛主席的。"

关于"电影戏剧"。江青说："《武训传》的错误是我发现的。批《海瑞罢官》很难，我克服重重困难，在上海组织了个班子。我是毛主席的'文艺哨兵'，做了许多调查研究。""京剧不行了，没有几个人看。唱腔、音乐、舞蹈都要重新来、重新写。我搞京剧改革,北京给我最差的剧团。针插不进,水泼不进喽!""《聂耳》是给夏衍树碑立传的;《红日》写的那个连长是个疯子,拿着洋刀,骑着大马乱跑。《阿诗玛》只会谈情说爱,很糟糕。《抓壮丁》这样的坏片子,我看了以后都哭了。陈戈这个人没有阶级感情呀!电影界在胡闹,好不容易树立起一个英雄就让他死了。《东方红》不能算好的典型,最后那场的水旗舞是我坚持搞的,可是这对整体起不了作用。《海鹰》前半部是我们自己的,后面就变味了。《南征北战》《万水千山》都要重拍。唔,好像就是《平原游击队》还勉强可以。《南海长城》看了样片,那个色彩,有的深,有的浅。演员也不入戏,呵呵——既然叫长城,就要有正规军,海、陆、空都要有嘛!"

关于"外国的艺术"。江青说:"外国的电影大部分是腐朽、反动的。苏联电影有不少坏东西。《静静的顿河》那个格里高利就是个土匪、叛徒。肖洛霍夫这家伙要好好批。"

关于"文艺的方向"。江青说:"我们的文学艺术作品,不写正确路线,专写错误路线。美化敌人,歌颂叛徒,丑化人民和军队。有的宣传战争苦难,搞和平主义,有的是低级趣味。写中间人物、写死人,死了的英雄也是死人。有的还为活人树碑立传。唉呀呀,丑死了。"

江青说这个材料"根本不行,歪曲了她的本意","没有能够反映她的意思","给她闯了大祸"

"座谈会"结束后,刘志坚出于要向总政治部党委汇报的考虑,当即与李曼村、谢镗忠和陈亚丁一起,根据江青多次谈话的精神和每次谈话后的追忆,逐段逐句进行讨论,由黎明记录,陈亚丁整理修改,于2月20日晚整理成约3000字的题为《江青同志召开的部队文艺工作座谈会纪要》的汇报提纲,并由上海警备区打印了30份。

《汇报提纲》写了三个方面内容:

第一部分写座谈的经过。

第二部分写在"座谈"中讲的"意见",包括以下几方面:1."在文化战线上存在着两条道路的尖锐斗争","主席在延安文艺座谈会上的讲话到现在已24年了,就是推不下去,原因就是在文艺工作中有一条与主席思想相对立的反党反社会主义的黑线。文艺界有人所讲的'离经叛道',就是离马克思列宁主义、毛泽东思想之经,叛人民战争之道。在这个问题上,十几年来,实际上是他们在专我们的政。我们一定要进行文化战线上的社会主义革命,搞掉这条黑线。"2."文艺战线两条道路的斗争,必然要反映到军队内部来,军队也不例外。""例如八一电影制片厂也出现了《抓壮丁》的坏作品。"3."'文化革命'也要依靠解放军。"4."'文化革命'要有破有立,领导人要亲自抓,搞出好的样板。"5."文艺工作要搞民主,走群众路线。""文艺创作要实行三结合。"6."开展文艺评论。""文艺上的反修斗争,不能只捉丘赫拉依之类小人物,要捉大的,捉肖洛霍夫,要敢于碰他,他是修正主义文艺的鼻祖。"7."在创作方法上,要采取革命的现实主义和革命的浪漫主义,不要搞资产阶级的现实主义浪漫主义。"8."从思想上、组织上整顿文艺队伍。"

第三部分写为了使江青的意见"在思想上、组织上、工作上落实",准备采取的八条措施:一、"预定在4月召开创作会议。"二、"成立三大战役创作办公室,组织三大战役创作队伍。"三、"在1967年10月1日前,拍好《南海长城》电影。"四、"认真清理部队的电影、戏剧和作品。"五、"整顿总政电影制片局。"六、"开展文艺民主,对戏剧、电影、文艺作品的审查走群众路线,实行三结合,大家把关。"七、"组织一个写文艺评论文章的班子。"八、"总政党委加强对文艺工作的领导。"

要不要把《汇报提纲》送江青过目呢?刘志坚陷入踌躇之中。经过四人反复讨论,认为还是送上一份提纲给江青为好,因为江青迟早要知道这件事。于是,21日送了一份《汇报提纲》给江青。

22日,刘志坚等人离开上海,乘飞机飞往济南,向正在济南的林彪作了汇报,并送了一份《汇报提纲》。林彪听了汇报,表示满意,说道:"这个材料搞得不错,是个重要成果,这次座谈会在江青同志主持下,方向对头,路线正确,回去后要迅速传达,好好学习,认真贯彻。"23日,刘志坚等人乘机飞往北京,没想到刚到北京就接到上海方面的电话,原来江青对提纲不满意!

电话是江青的秘书打来的,对方说:"江青同志看了你们整理的材料,认为根本不行,歪曲了她的本意。没有能够反映她的意见,给她闯了大祸!现在不要传达,不要下发!"秘书还说,江青已把此事报告了主席,主席要陈伯达、张春桥、姚文元参加修改。另外,请刘志坚立即派人去上海,一起参加修改。刘志坚与萧华商量后,决定派陈亚丁飞回上海,因为每次谈话的回忆笔记都是他整理的,由他去比较合适。萧华特意关照陈亚丁:"江青要怎么改,你就怎么改。有什么问题,回来再说。"于是,陈亚丁再次飞往上海。

2月25日下午,当陈亚丁带着原稿风风火火地奔回上海延安饭店时,张春桥已在饭店一层等着他了。见到了江青,陈亚丁才知道其中的原委:那份《汇报提纲》太简单、太粗糙了,要重新整理,写出一份《江青同志召开的部队文艺工作座谈会纪要》。

两位"大秀才"——陈伯达和张春桥,参加修改工作。由这两位"大秀才"参加修改,说穿了,也就是把江青那些琐琐碎碎唠唠叨叨的话,上升为"理论"。第一次修改,陈伯达就谈了两点很有"水平"的意见:

第一,"十七年文艺黑线专政的问题,这很重要,但只是这样提,没头没尾。要讲清楚这条文艺黑线的来源。它是30年代上海地下党执行王明'左'倾机会主义的继续,把这个问题讲清楚,才能更好地认清新中国成立后十七年的文艺黑线,这条黑线是从那个时候开始的。"

第二,"要用重彩浓墨写一段这几年的文艺方面的成绩,那就是江青同志亲自领导的戏剧革命……搞了许多嘛,像《沙家浜》《红灯记》《智取威虎山》《红色娘子军》。呵,这些个,都是真正的、货真价实的、无产阶级的艺术瑰宝。""这才叫推陈出新,才叫创举。江青同志亲自抓试验田,搞出好的样板,是标社会主义的新,立无产阶级的异,我看只有这样改,'破'什么'立'什么才会鲜明、清楚。"

陈伯达的一番吹捧,感动得江青连声叫好:"听听!这就是'党内第一支笔'的厉害。春桥、亚丁你们听清了没有?伯达同志一下子就击中要害。真是难得,真是金石之言!修改时,一定要加上。"江青还不忘送给陈伯达一个顺水人情:"哼,还有人说伯达同志只会写文章,这是偏见,是嫉妒!没有大政治家的水平,哪能写出这样掷地有声的文章?!我要告诉主席,一定不能委屈伯达同志。"江青一再表示:"伯达的意思很好,帮助我们提高了,击中了要害,很厉害。这一来有些人的日子就不好过了!"

当日,陈亚丁按照江青的要求,把陈伯达的意见和张春桥已经改过的稿子,

红墙大事
——共和国重大历史事件的来龙去脉（下册）

连同自己根据追记补充的内容，全部改写在一份稿子上。27日上午，张春桥与陈亚丁商量又对稿子做了些改动。晚上江青召集张春桥、陈亚丁一起对修改稿进行讨论，而后由陈亚丁再修改一遍。

28日上午经张春桥、陈亚丁文字加工，晚上读给江青听，得到江青认可。这次大修改，对汇报提纲结构没做改动，但在内容上做了很多的增删和改写，加进了许多座谈时没有谈过的东西，文字由原来的3000字增加到5500字左右。题目虽还叫《江青同志召开的部队文艺工作座谈会纪要》，但已不是原来那个汇报提纲了。

江青把这份新的纪要铅印后送毛泽东审阅。毛泽东"很重视，对纪要亲自做了修改"，在标题上加了"林彪同志委托"几个字，形成了后来下发的文件标题，即《林彪同志委托江青同志召开的部队文艺工作座谈会纪要》。在内容上共做了10多处修改，其中既提出了一些错误观点，如"搞掉这条黑线之后，还会有将来的黑线，还得再斗争"等，也提出了一些正确的主张，如对"古人、外国人的东西也要研究，但要用批判的眼光研究，做到古为今用，外为中用"等。毛泽东阅改后，还指示"请伯达同志参加，再做充实和修改"。于是，江青先找陈伯达、张春桥对稿子内容做充实和修改，而后又把刘志坚、陈亚丁叫去上海，五个人一起从12日至14日对稿子再做一番修改。

陈伯达不愧为"大秀才"，他在稿子中加入了这样一段话：要破除对所谓30年代文艺的迷信。那时，左翼文艺运动政治上是王明的"左"倾机会主义路线，组织上是关门主义和宗派主义，文艺思想实际上是俄国资产阶级文艺评论家别林斯基、车尔尼雪夫斯基、杜勃罗留波夫以及戏剧方面的斯坦尼斯拉夫斯基的思想。他们是俄国沙皇时代资产阶级民主主义者，他们的思想不是马克思主义，而是资产阶级思想。资产阶级民主革命，是一个剥削阶级代替另一个剥削阶级的革命。只有无产阶级的社会主义革命，才是最后消灭一切剥削阶级的革命。因此，决不能把任何一个资产阶级革命家的思想，当作我们无产阶级思想运动、文艺运动的指导方针。30年代也有好的，那就是以鲁迅为首的战斗的左翼文艺运动。到了30年代的中期，那时左翼的某些领导人在王明的右倾投降主义路线的影响下，背离马克思列宁主义的阶级观点，提出了"国防文学"的口号。这个口号，就是资产阶级的口号，而"民族革命战争的大众文学"这个无产阶级的口号,却是鲁迅提出的。有些左翼文艺工作者,绝大多数还是资产阶级民主主义者,有些人民主革命这一关就没过去,有些人没有过好社会主义这一关。

杨永直打电话问"学阀"指谁,彭真说,是阿Q,谁头上有疤就是谁

这时期,曾发生了一件事,那就是以彭真为组长的"文化革命"五人小组搞出的《二月提纲》。可以说,《二月提纲》与后来出台的《纪要》是相对抗的,在一定程度上也可以说是《纪要》出台的重要背景。

关于起草《二月提纲》问题,还需从批判《海瑞罢官》开始说起。1965年底开始在全国范围内进行对吴晗新编历史剧《海瑞罢官》的批判,1965年11月10日,上海《文汇报》发表了姚文元的署名文章《评新编历史剧〈海瑞罢官〉》,这篇文章成了"文化大革命"的导火索,很快导致了中央领导层的严重意见分歧。《海瑞罢官》是北京市副市长、著名历史学家吴晗,根据毛泽东在中共八届七中全会上提倡学习明朝清官海瑞敢于讲话的精神写出来的。这件事震动了全国。

这篇文章是由江青出面组织、在严格保密的情况下写成的。江青后来自己也说,他们为此"担了很大的风险","保密了七八个月"。文章发表前有意隐瞒了中央"一线"领导人。她先向毛泽东提出《海瑞罢官》有问题,要批判,但是没有被毛泽东接受。随着毛泽东对国内国际形势的错误判断越来越严重,康生也向毛泽东提出《海瑞罢官》与彭德怀罢官有关,这一提法改变了毛泽东的倾向,使他由反对批判《海瑞罢官》到支持批判《海瑞罢官》,江青等人搞批判《海瑞罢官》的文章,就得到了毛泽东的默许。据说,姚文元的那篇文章,"毛泽东看了三遍,认为基本上可以了",才让江青拿回上海发表。当然,关于这篇文章,毛泽东并没有向刘少奇、周恩来、邓小平等人通报。毛泽东后来解释说:"文章写好了交给我看,说这篇文章只给你一个人看,周恩来、康生这些人也不能看,因为要给他们看,就得给刘少奇、邓小平、彭真、陆定一这些人看,而刘邓这些人是反对发表这篇文章的。"

姚文元在批判文章中毫无根据地把《海瑞罢官》中的一些历史故事与20世纪60年代初经济调整措施联系起来,诬陷吴晗为国内的反动派"翻案",鼓吹"退

田单干"风。姚文元的文章发表后不但引起了不少史学家和一般读者的不满,而且也违反了中央关于点名批判文章要经过中央批准的规定。

江青满以为该文发表后会掀起巨澜,可是北京各报迟迟没有转载,用江青的话讲"北京居然可以19天不登"。实际情况是,在此之前中央政治局和书记处的成员全不知道,就连主持中央和北京市委日常工作的中央书记处书记彭真也不知道是毛泽东批准发表的,于是采取了慎重的态度,没有指示全国报刊马上转载。《北京日报》社长范瑾向《文汇报》了解背景,也没有得到回答。于是,半个多月里,只有华东局领导的《解放日报》《浙江日报》等七家报纸因为得到指示予以转载,其他报纸都没有转载。这使毛泽东非常生气,他指示上海印成小册子向全国发行。

11月下旬,周恩来在上海、彭真从罗瑞卿那里(罗是从上海回来的)了解到这篇文章的背景,于是指示各家报纸予以转载,就连《人民日报》也在拖延了20天后,才奉命转载,并把它登在"学术研究"栏内。但为了坚持正确的舆论导向,同时发表经周恩来、彭真修改审定的"编者按",其中多处强调党对科学和艺术工作一贯倡导"百花齐放、百家争鸣"的方针。他们力图把问题放在学术讨论的范围之内,避免导致一场政治批判。

毛泽东认为,彭真在抵制这场批判,认为"北京市委是针插不进、水泼不进的市委"。1965年12月21日,毛泽东在杭州与陈伯达等人谈话时说:姚文元的文章点了名,震动很大,但是没有打中要害。要害问题是"罢官"。嘉靖皇帝罢了海瑞的官,1959年我们罢了彭德怀的官。彭德怀也是"海瑞"。

这样,《海瑞罢官》被升级为替所谓彭德怀等党内的"右倾机会主义分子"鸣不平的政治问题。整理讲话时,田家英、胡绳认为这段话所说并非事实,没有整理进去(当然这也成了他们后来被打倒时的主要罪证之一),彭真也没有传达这些内容。与此同时,中宣部还压了戚本禹等人批判罢官要害的文章,不同意发表。这就形成了截然相反的两种意见。

对《海瑞罢官》的政治批判,迅速扩展到史学、文艺、教育等领域,涉及的人愈来愈多,批判的调子愈来愈高,在社会上引起了思想混乱。对此,北京市委、中央书记处采取了抵制态度。

同时由于姚文元的文章已经打破了中央关于点名批判的规定,为了对学术讨论中"左"的偏听偏信加以适当的限制，1966年2月5日，刘少奇、周恩来、邓小平等听取了以彭真为首的"文化革命"五人小组在人民大会堂西大厅召开的关于当前学术讨论的会议汇报。"文化革命"五人小组是1964年根据毛泽东的指示成立的，负责指导当时正在开展的学术批判。这五个人分别是彭真、陆定一、康生、周扬、吴冷西。

在这次会议上，彭真说：左派也要整风，不要当"学阀"。还说已经查明吴晗同彭德怀没有关系，因此不要提庐山会议。为了放，不要谈《海瑞罢官》的政治问题。学术批判不要过头，要慎重。会上还讨论了关锋写的把吴晗与彭德怀联系起来的批判文章，多数同志不同意这个说法。会议一致通过了将这次讨论情况写成一个向中央汇报的提纲的决定，彭真指定由中宣部副部长许立群、姚溱执笔起草。几天后，他们写出了《关于当前学术讨论的汇报提纲》(即《二月提纲》)。五人小组成员包括康生都圈阅同意。

2月5日，刘少奇在中南海家中主持召开中央常委会议，常委们经过讨论，同意提纲的意见。2月8日，彭真、陆定一、许立群等专程到武昌向毛泽东汇报《二月提纲》。毛泽东听了汇报后，没有表示反对，只是问，吴晗算不算反党反社会主义呀？毛泽东又说，吴晗不要罢官，还是当他的副市长，这样讨论就可以放了吧！

2月12日，彭真等人又到上海，让张春桥、江青等人看了《二月提纲》，他们也没有表示反对，但张春桥说提纲中"不要局限于政治问题"的说法还需要再研究。同一天，中央正式批转了《"文化革命"五人小组关于当前学术讨论的汇报提纲》。最后，经过邓小平批准，中共中央将《二月提纲》作为中央文件下发全党，指导学术运动。

《二月提纲》大致有六方面内容：一、学术批判的形势和性质。二、方针。三、队伍。四、左派也要互相帮助。五、准备工作。六、设立以许立群、胡绳为首的学术批判办公室。关于当前批判运动的性质，提纲划定为"学术批判"的性质。关于方针，提纲指出，要坚持毛泽东1957年3月所讲的"放"的方针，也就是让各种不同的意见都放出来，用摆事实、讲道理的方法加以分析批判，"要坚持实事求是，在真理面前人人平等的原则，要以理服人"。关于在报刊上点名批判，提纲指出要慎重，要经中央批准。关于队伍，提纲强调"要依靠坚定的左派、团结一切革命的知识分子,孤立极少数顽固不化、坚持不改的人"。针对那些变学术讨论为政治攻击的做法,提纲警告说:"不要像学阀一样武断和以势压人,要警惕左派学术工作者走上资产阶级专家、学阀的道路。"

然而这一正确提法遭到了指责和批判,对彭真等人的抵制以及《二月提纲》的通过,江青、张春桥等人极为不满,不甘心被彭真等人占了上风。这也成了江青在上海搞《纪要》的重要背景。

3月17日至20日,毛泽东在杭州召开中央政治局常委扩大会议,研究进一步开展学术界、教育界的政治批判。刘少奇、周恩来、邓小平、彭真等都出席了会议。会上,毛泽东提出全国都要开展广泛的阶级斗争,包括教育、出版、报纸、文艺、电影、戏剧等各个方面。同时,毛泽东还批评中宣部在当前学术批判中没有支持左派,是在压制左派……

4月9日至12日,在讨论学术批判问题的中央书记处会议上,康生传达了毛泽东近来的一系列批评意见后,决定撤销经中央批准并转发的"文化革命"五人小组《汇报提纲》。

林彪在给军委常委的信中,这样评价《纪要》:是一个很好的文件,用毛泽东思想回答了社会主义时期"文化革命"的许多重大问题

在这种形势下,江青等人加快了《纪要》的定稿速度,他们要以《纪要》与《二月提纲》相抗衡。

毛泽东在看了送去的《纪要》后,曾先后两次写信给江青。一封是3月17日致江青的信。信中说:

江青:

此件看了两遍,觉得可以了。我又改了一点,请你们斟酌。此件建议用军委名义,分送中央一些负责同志征求意见,请他们指出错误,以便修改。当然首先要征求军委各同志的意见。

毛泽东
3月17日

十六　林彪与江青结成同盟的内幕

另一封是3月24日毛泽东写给江青的。信中说：

江青：

各件都看了，都同意。只在《纪要》内的几处，增加了少数文字，或者改了几个字。请酌定。现在原件退还给你。

毛泽东
3月24日

毛泽东在看了《纪要》后进行了认真的审阅，有的地方加了话，有的地方做了修正。

对于前面江青召集刘志坚等人开"座谈会"要求必看的两个文件之一，并在《纪要》中提到的《毛主席同音乐工作者的谈话》，毛泽东在《纪要》中加写："此件未经本人看过，据说本人还要研究修改。"

在《纪要》中，毛泽东加写的话还有：

"过去十几年的教训是：我们抓迟了。毛主席说，他只抓过一些个别问题，没有全盘地系统地抓起来，而只要我们不抓，很多阵地就只好听任黑线去占领，这是一个严重的教训。1962年十中全会作出要在全国进行阶级斗争这个决定之后，文化方面的兴无灭资的斗争也就一步一步开展起来了。"

"古人、外国人的东西也要研究，拒绝研究是错误的，但一定要用批判的眼光去研究，做到古为今用，外为中用。"

"以上整个座谈记录所说内容，仅供领导同志参考。"

毛泽东在审阅《纪要》时做了许多修改。如：《纪要》中提到毛泽东的《新民主主义论》《在延安文艺座谈会上的讲话》《关于正确处理人民内部矛盾的问题》和《在中国共产党全国宣传工作会议上的讲话》这"四篇著作"。毛泽东把原话"够我们无产阶级用几百年的了"改为"毛主席的这四篇著作，够我们无产阶级用上一个长时期了"。

当《纪要》中讲到近三年来出现了许多"歌颂我们伟大的党和伟大的领袖毛主席英明领导的文艺作品"。毛泽东在审阅时，将引号内的文字改为"歌颂我们伟大的党，党的领袖和其他同志们英明领导的文艺作品"，并写了"这样较妥"的批语。

红墙大事
——共和国重大历史事件的来龙去脉(下册)

毛泽东看后做了其他方面修改的地方有:

"我们一定要根据中央的指示,坚决进行一场文化战线上的社会主义大革命,彻底搞掉这条黑线。搞掉这条黑线之后,还会有将来的黑线,还得再斗争。所以,这是一场艰巨、复杂、长期的斗争,要经过几十年甚至几百年的努力。"

"文化革命解放军要起重要作用。"这句话的原话是"文化革命解放军要带头"。

"30年代也有好的,那就是鲁迅为首的战斗的左翼文艺运动。到了30年代的后期,那时左翼的某些领导人在王明的右倾投降主义路线的影响下,背离了马克思列宁主义的阶级观点,提出了'国防文学'的口号。这个口号,就是资产阶级的口号,而'民族革命战争的大众文学'这个无产阶级的口号,却是鲁迅提出的。有些左翼文艺工作者,特别是鲁迅,也提出了文艺要为工农服务和工农自己创作文艺的口号,但是并没有系统地解决文艺同工农兵相结合这个根本问题,绝大多数还是资产阶级民族民主主义者,有些人民主革命这一关就没过去,有些人没有过好社会主义这一关。"

"对十月革命后出现的一批比较优秀的苏联革命文艺作品,也要有分析,不能盲目崇拜,更不要盲目地模仿。盲目的模仿不能成为艺术。文学艺术只能来源于生活,只有生活才是文学艺术的唯一源泉,古今中外的文学艺术的历史过程,证明了这一点。"

"辽沈、淮海、平津三大战役及其他重大战役的文艺创作,要趁着领导、指挥这些战役的同志健在,抓紧搞起来。"

"要提倡革命的战斗的群众性的文艺批评,打破少数所谓'文艺批评家'(即方向错误的和软弱无力的那些批评家)对文艺批评的垄断,把文艺批评的武器交给广大工农兵群众去掌握,使专门批评家和群众批评家结合起来。"

"不能怕有人骂我们是棍子,对人家说我们简单粗暴要有分析。我们有的批评基本正确,但是分析不够,论据不充分,说服力差,应该改进。有的是认识问题,先说我们简单粗暴,后来就不说了。但对敌人把我们正确的批评骂作是简单粗暴,就一定要坚决顶住。"

"党性原则是我们区别于其他阶级的最显著标志。须知其他阶级的代表人物也是有他们的党性原则的,并且很顽强。不论是创作思想方面,组织路线方面,工作作风方面，都要坚持无产阶级的党性原则。"

对于《纪要》中讲到江青这次"同我们一起交谈，一起看影片、看戏"，"大家一致认为等于进了一次短期训练班"。毛泽东在审阅时，删去了"大家一致认为等于进了一次短期训练班"一句，并写下"去掉一句"的批示。

得到毛泽东指示后，为了使《纪要》迅速出台，江青立即让陈亚丁为她起草了一封给林彪的信，信是这样写的：

林彪同志：

根据你的委托，我于2月2日至20日，邀请刘志坚等四位同志就部队文艺工作问题进行了座谈。座谈后，他们整理了个《纪要》送给你和军委其他同志，也送给我一份。我看了，觉得座谈会纪要整理得不够完整，不够确切。因此，请春桥、亚丁两位同志座谈修改，然后，送主席审阅。主席很重视，对《纪要》亲自做了修改，并指示请伯达同志参加，再做充实和修改。我于3月10日至15日，请伯达、志坚、春桥、亚丁四位同志一起讨论修改后，又送主席审阅，主席再次做了修改，并于17日批示："此件看了两遍，觉得可以了。我又改了一点，请你们斟酌。此件建议用军委名义，分送中央一些负责同志征求意见，请他们指出错误，以便修改。当然首先要征求军委各同志的意见。"19日，我又请志坚、春桥、镗忠、曼村、亚丁几位同志一起座谈，大家一致同意这一《纪要》。现将座谈会纪要送上，请审批。

此致

敬礼！

江青

1966年3月19日

此时住在上海的林彪收到江青的信和《纪要》稿后，当即指示刘志坚代为起草一封给军委常委的信。这封信起草后经林彪修改审定。23日刘志坚返回北京，将《纪要》稿和《林彪同志给贺龙等同志的信》，分送军委常委们征求意见。林彪给贺龙等同志的信是这样写的：

贺龙、荣臻、陈毅、伯承、向前、剑英诸同志：

送去《江青同志召开的部队文艺工作座谈会纪要》，请阅。这个《纪要》，

红墙大事
——共和国重大历史事件的来龙去脉（下册）

经过座谈会的同志们反复研究，又经过主席三次亲自审阅修改，是一个很好的文件，用毛泽东思想回答了社会主义时期文化革命的许多重大问题，不仅有极大的现实意义，而且有深远的历史意义。

十六年来，文艺战线上存在着尖锐的阶级斗争，谁战胜谁的问题还没有解决。文艺这个阵地，无产阶级不去占领，资产阶级就必然去占领，斗争是不可避免的。这是在意识形态领域里极为广泛、深刻的社会主义革命，搞不好就会出修正主义。我们必须高举毛泽东思想伟大红旗，坚定不移地把这一场革命进行到底。

《纪要》中提出的问题和意见，完全符合部队文艺工作的实际情况，必须坚决贯彻执行，使部队文艺工作在突出政治、促进人的革命化方面起重要作用。

对《纪要》有何意见望告，以便报中央审批。

此致

敬礼！

林彪

1966年3月22日

林彪的这封信，对《纪要》做出了高度评价。信中默认了"林彪同志委托江青同志召开部队文艺工作座谈会"这一提法。信末说："以便报中央审批"，意味着《纪要》要作为中央文件印发……

刘志坚了解到军委常委们都画了圈，3月30日，就将事先准备好的以军委名义给中央的报告加以修改，与《纪要》稿以及江青3月19日写给林彪的信、林彪3月22日给贺龙等军委常委的信一并报送中央。至此，《纪要》算是正式定稿。

刘志坚把一系列材料报送中共中央后，由于毛泽东、邓小平当时都不在北京，《纪要》等材料被送到中共中央书记处常务书记彭真手里。

彭真读罢《纪要》，异常震惊。不过，知道《纪要》经过毛泽东三次修改，是"林彪同志委托"的，来头不小，只得"公事公办"。第二天，彭真办公室通知刘志坚，为中共中央起草一个批语，以便以中共中央的名义批转《纪要》。

4月1日，彭真把《纪要》、中共中央批语，以传文形式，直送毛泽东、周恩来、朱德、邓小平等中共中央负责人手中。

当天，毛泽东就写下批示："已阅，同意。退彭真同志。"

10日，《纪要》由中央办公厅以211号文件的形式印发全党。印发时，中央加了一个148字的批示，指出《纪要》"很好，很重要"，要求各级党委"认真研究，贯彻执行"。事后，因中央要对批语增加"新的补充"，5月2日中央办公厅发出通知，要求10日前收回211号文件，同时发出文件号不变、时间不变、有新批语的《纪要》。

18日，《解放军报》以社论的形式摘要刊登了《纪要》的内容，并称"一个社会主义文化大革命的高潮已经出现，一个社会主义文化大革命的群众运动正在兴起"，号召全军指战员"积极地参加社会主义文化大革命，坚定不移地把社会主义文化大革命进行到底"。

1967年5月29日，《纪要》公开发表。《人民日报》发表时在文字上作了多处改动，删去了第三部分的一条措施，并配发了一篇题为《无产阶级文化大革命的重要文件》的社论。同一天《红旗》杂志也发表了一篇社论，题为《两个根本对立的文件》，把以彭真为组长的"文化革命"五人小组在1966年2月7日向中央提出的《关于当前学术讨论的汇报提纲》(简称《二月提纲》，2月12日作为中共中央文件下发全党)诬为"资产阶级向无产阶级进行猖狂进攻的一面黑旗"，称《纪要》"是无产阶级向党内一小撮走资本主义道路当权派大反击的一面红旗"。

《纪要》是江青上台的宣言，她别有用心地提出了"黑线专政"论

《纪要》主要由三部分组成：第一部分，记述了座谈会的时间、地点、参加人员，以及座谈会的内容是"部队文艺工作的若干问题"。第二部分集中概括了这次座谈会上所谓"对毛主席文艺思想的理解"和"对社会主义文化革命的认识"的十点意见，是《纪要》的核心部分。这十点意见的主要内容是：

一、十六年来，文化战线上存在着尖锐的阶级斗争。文艺界在中华人民共和国成立以来，"被一条与毛主席思想相对立的反党反社会主义的黑线专了我们的

政,这条黑线就是资产阶级的文艺思想,现代修正主义的文艺思想和所谓30年代文艺的结合。'写真实'论、'现实主义广阔的道路'论、'现实主义的深化'论、反'题材决定'论、'中间人物'论、反'火药味'论、'时代精神汇合'论,等等,就是他们的代表性论点,而这些论点,大抵都是毛主席《在延安文艺座谈会上的讲话》中早已批判过的。""电影界还有人提出所谓'离经叛道'论,就是离马克思列宁主义、毛泽东思想之经,叛人民革命战争之道。在这股资产阶级、现代修正主义文艺思想逆流的影响或控制下,十几年来,真正歌颂工农兵的英雄人物,为工农兵服务的好的或者基本上好的作品也有,但是不多,不少是中间状态的作品;还有一批是反党反社会主义的大毒草",等等。

二、近三年来,社会主义的"文化大革命"已经出现了新的形势,革命现代京剧的兴起就是最突出的代表。"革命现代京剧《红灯记》《沙家浜》《智取威虎山》《奇袭白虎团》等,芭蕾舞剧《红色娘子军》、交响音乐《沙家浜》、泥塑《收租院》等,已经得到了广大工农兵群众的批准,在国内外观众中,受到了极大的欢迎。这是一个创举,它将会对社会主义文化大革命产生深远的影响。它有力地证明:京剧这个最顽固的堡垒也是可以攻破的,可以革命的;芭蕾舞、交响乐这种外来的古典艺术形式,也是可以加以改造,来为我们所用的,对其他艺术的革命就更应该有信心了"等等。

三、文化战线两条道路的斗争,必然要反映到军队内部来,军队不是生活在真空里,绝不可能例外。"军队的文艺有的方向对,艺术水平也比较高;有的方向对,水平低;有的在政治方向和艺术水平方面都有严重的缺点或错误;也有的是反党反社会主义的大毒草。八一电影制片厂就拍摄了《抓壮丁》这样的坏影片。这说明军队的文艺工作也在不同程度上受到黑线的影响。同时,我们自己培养的真正过得硬的创作人才还比较少;创作思想问题还很多;组织上也还有些不纯。对这些问题,我们必须做出恰当的分析和解决。"

四、在社会主义"文化大革命"中解放军要起重要作用。

五、"文化大革命"要有破有立,领导人要亲自抓,搞出好的样板。

六、在文艺工作中,不论是领导人员,还是创作人员,都要实行党的民主集中制,提倡"群言堂",反对"一言堂",要走群众路线。

七、要提倡革命的战斗的群众性的文艺批评,打破少数所谓"文艺批评家"

(即方向错误的和软弱无力的那些批评家)对文艺批评的垄断,把文艺批评的武器交给广大工农兵群众去掌握,使专门批评家和群众批评家结合起来。在文艺批评中,要加强战斗性,反对无原则的庸俗捧场。

八、文艺上反对外国修正主义的斗争,不能只捉丘赫拉依之类小人物。要捉大的,捉肖洛霍夫,要敢于碰他,他是修正主义文艺的鼻祖。他的《静静的顿河》《被开垦的处女地》《一个人的遭遇》对中国的部分作者和读者影响很大。军队是否可以组织一些人加以研究,写出有分析的、论据充分的、有说服力的批判文章。这对中国、对世界都有很大影响。对国内的作品,也应当这样做。

九、在创作方法上,要采取革命的现实主义和革命的浪漫主义相结合的方法,不要搞资产阶级的批判现实主义和资产阶级的浪漫主义。"不要受真人真事的局限。不要死一个英雄才写一个英雄,其实,活着的英雄要比死去的英雄多得多。"

十、重新教育文艺干部,重新组织文艺队伍。"我们的许多文艺工作者,是受资产阶级的教育培养起来的,在从事革命文艺活动的过程中,有些人又经不起敌人的迫害叛变了,或者是经不起资产阶级思想的腐蚀烂掉了。在根据地,我们培养过相当数量的革命文艺工作者,特别是《在延安文艺座谈会上的讲话》发表以后,他们有了正确的方向,走上同工农兵相结合的道路,在革命过程中起过积极的作用。但是,在新中国成立后,进了大城市,许多同志没有抵抗住资产阶级思想对我们文艺队伍的侵蚀,因而有的在前进中掉队了。""现在文艺界存在的各种问题,对大多数人来讲,是思想认识问题,是教育提高的问题。"

《纪要》的第三部分,是对军队"在思想上、组织上、工作上落实"座谈会的成果,提出的八条措施……

《纪要》为江青迫害广大文艺工作者、开展各种形式的大批判提供了理论依据。从此,林彪、江青等打着反对所谓文艺黑线的旗号,任意点名宣判文艺作品为"大毒草",任意诬蔑、迫害革命文艺工作者,揪斗所谓"黑线人物"。在张春桥、江青等人的阴谋推动下,《纪要》抛出的文艺"黑线专政"论很快蔓延到教育等思想文化领域其他方面。

……

1979年3月26日,总政治部就关于建议撤销1966年2月部队文艺工作座谈会纪要向党中央、中央军委请示。

很快，中共中央就同意了总政治部的这一请示，并下发了通知。通知说：

各省、市、自治区党委，各大军区、省军区、野战军党委，中央和国家机关部委党委、党组，军委各总部、各军兵种、国防科委、国防工办、军事科学院、军委直属各院校党委，各人民团体党组：

中央同意总政治部1979年3月6日的请示，决定撤销中发（66）211号文件，即中央批发的1966年2月部队文艺工作座谈会《纪要》。对受《纪要》影响被错误批判、处理的人员和文艺作品，要实事求是地予以平反；对过去曾经宣传、执行过《纪要》的各级组织和个人，不必追究政治责任。

现将总政治部的请示转发给你们，不要登报和广播。

中共中央
1979年5月3日

十七 "三老四帅"大闹怀仁堂

- 谭震林怒从心头起：我一生犯了三个错误，第一，我不应该活到今天；第二，不应该跟着毛泽东干革命；第三，不应该加入中国共产党

- 毛泽东用一种愤怒的目光，狠狠地扫视了一下"三老四帅"：你们想反对"文化大革命"，那办不到

- 周恩来抓起电话机：你们都是身经百战的军事家，战略战术比我懂，不能逞匹夫之勇

- 陈毅自我检查：我陈毅不是圣贤，更免不了要有错误

- 毛泽东风趣地说，你们不要背包袱哟，没有你们陪着我上天安门，我不成了光杆司令啦

红墙大事
—— 共和国重大历史事件的来龙去脉（下册）

中共八届十二中全会以后，毛泽东亲自找几位元帅谈话，并于1969年1月3日在一份简报上批示："所有与'二月逆流'有关的老同志及其家属，都不要批判，要把关系搞好。"1971年11月14日，毛泽东接见参加成都地区座谈会的李大章、张国华等时说："你们不要再讲'二月逆流'了。"接着又说："'二月逆流'是什么性质？是他们对付林彪、陈伯达、王（力）、关（锋）、戚（本禹）。那些王、关、戚和'五一六'，要打倒一切，包括总理、老帅。老帅们就有气嘛，发点牢骚。他们在党的会议上，公开地大闹怀仁堂。"这就是"文化大革命"中所谓的二月逆流，即"三老四帅"大闹怀仁堂事件。"三老"是指李富春、谭震林、李先念，"四帅"是指陈毅、叶剑英、徐向前、聂荣臻。

谭震林怒从心头起：我一生犯了三个错误，第一，我不应该活到今天；第二，不应该跟着毛泽东干革命；第三，不应该加入中国共产党

1967年2月16日下午，在中南海怀仁堂会议室，中共中央政治局举行了碰头会，在会上爆发了一场激烈争论。这就是后来广为流传的所谓"大闹怀仁堂"事件。

这次会议的原定议程是：一、国务院各口"抓革命，促生产"问题（周恩来、李富春提）；二、讨论文件（包括运动中的政策性规定等共六件）。

当时到会的有在京的中央政治局委员和"中央文革小组"的部分成员：周恩来、陈伯达、康生、李富春、陈毅、李先念、叶剑英、谢富治、余秋里、谷牧、张春桥、姚文元、王力等。

会议室内，两方阵容分明。周恩来坐在会议桌中间，右边：陈毅、叶剑英、徐向前、李富春、李先念、谭震林。这是象征着"右派"，还有余秋里和谷牧。

坐在左边的有康生、陈伯达、张春桥、姚文元、谢富治；江青有事缺席，王力列席。他们坐在左面，象征着"左派"。

双方都是怒目而视，战云密布，一触即发，双方都在琢磨着，怎样击中对方的要害。

会议还未开始正式讨论，性格耿直的谭震林，向张春桥等打响了头一炮。

谭震林在门口碰到操纵上海"一月革命"黑风的张春桥。

谭震林问他："陈丕显同志来了吗？"

十七 "三老四帅"大闹怀仁堂

当时谭震林刚走进会场坐下,见张春桥挟了个皮包,一副春风得意的样子走了过来。他早就想找个机会,责问这伙人为何任意揪斗老干部。谭震林站起身来,对走近跟前的张春桥其人,劈头质问:"陈丕显同志从小参加革命,是红小鬼,他究竟有什么问题,你们揪住不放?"他用一双锋利的眼睛,狠狠地盯住张春桥,大声地质问:"几个大区书记、许多省委书记都有什么问题?为什么不让他们来北京?"

谭震林提出的大区、省领导来京问题,是因为一些省、市委书记被批斗之后,毛泽东连续在三个不同场合,一再指示,要把各省、市委书记接到北京保护起来。周恩来排除多方阻拦,把一部分省委书记接到北京,可是仍有一部分在当地被无理扣押着。陈丕显就是其中一个。

张春桥没有想到会有人敢当众向他提出责问,狡猾地答:"群众不答应呵!"

此时,张春桥见谭震林又提出质问,为了激他发火,故意说着风凉话:"这些事都要和群众商量啊,我们都得尊重群众意见嘛!他来不来北京,我们回去同群众商量一下。"说罢,用一种挑战的目光,瞥了谭震林一眼。

谭震林怒发冲冠,打断了张春桥的不负责任的诡辩,理直气壮地反问:"什么群众?老是群众,群众,还要不要党的领导?不要党的领导,一天到晚老是群众自己解放自己,自己教育自己,自己搞革命,这是什么东西?这是形而上学!"

他一手指着对面"中央文革"几个人:"你们的目的,就是要整掉老干部,把老干部一个一个打光。这一次是党的历史上斗争最残酷的一次,超过历史上任何一次!我声明:我不是为我自己,我是为了整个老干部,是为了整个党。"

他手指陈毅、李先念、余秋里等,说道:"40年的老革命,落得家破人亡妻离子散!"

他越说越气,猛地用力一拍桌子,大声说:"蒯大富是个什么东西,不就是你们的打手吗!他是个反革命!搞了个百丑图。这一次,是历史上最残酷的一次,超过历史上任何一次。"

谭震林的话使张春桥、陈伯达、姚文元、谢富治等,霎时间全都瞠目结舌,惊呆了。

谭震林怒从心头起,恶向胆边生,一不做,二不休,豁出去了,什么都端出来吧!"照这样,你们干吧,我不干了,不跟了!砍脑袋,坐监牢,开除党籍,我也要跟你们斗到底!"他把嗓门提高了八度,"我一生犯了三个错误,第一,

红墙大事
—— 共和国重大历史事件的来龙去脉（下册）

我不应该活到今天；第二，不应该跟着毛泽东干革命；第三，不应该加入中国共产党。"说罢，他拿起衣服和皮包就要向外走。

"不要走，要在这里跟他们斗嘛！"满腔怒火的陈毅喊了一声。被气糊涂的谭震林，如梦方醒，走干什么？是退却，是临阵脱逃，要在这儿跟他们干，干到底。他又回到原来的地方坐了下来。

陈毅接着发言。他针对林彪一伙打着毛泽东的旗号，进行反革命两面派活动，斥责说："在延安整风运动时，整老干部整得很凶。延安抢救运动搞错了多少人！现在有人还背着包袱，连周总理都挨了整。"他用眼睛狠狠扫了一下坐在斜对面、故作镇静的康生，有所指地说："除了整人，还能干什么？就是靠整人起家的嘛！"

顿时，康生的脸煞白，他早已领教过陈毅了。如果真正一对一地短兵相接，他未必是陈毅的对手，他又望望对面的几位元帅、副总理，个个怒目而视，他暗暗打定了主意，这个时候上阵，他们非群起而攻之不可；他又望望自己这边的阵容，陈伯达哼哼唧唧的，三个顶不了一个。先把这口气咽下去，小不忍则乱大谋，但陈毅的话又正刺中了他的痛处，他阴阳怪气地自我解嘲插了一句："我就是整人嘛！"

"这个历史教训不能忘记。"陈毅又望望康生，激动地说，"历史不是已经证明了到底谁是反对毛主席的吗？以后要看，还会证明。斯大林不是把班交给了赫鲁晓夫，搞了修正主义吗？"

不过陈毅绝没有想到，"斯大林晚年"的意思或暗示，是毛泽东最忌讳的话题。而现在毛泽东把班交给了谁？谁相当于赫鲁晓夫？路人皆知。至于延安整风，运动本身是伟大的，但其中有些问题颇为重要和敏感，人人心照不宣。如今陈毅却"哪壶不开提哪壶"。

"老干部是党和国家的财富。"叶剑英做了配合发言。"对犯错误的干部为什么要一棍子打死？要治病救人嘛！不能动不动就打倒！照这样下去，人身安全还怎么保障？还怎么做工作？"

"许多干部被揪出来斗，"身受其苦的余秋里，气得浑身发抖，愤怒地拍着桌子说，"这样残酷对待干部，照这样下去下次再揪，我就不去，你们要怎样就怎样去吧！"

李先念接着说："《红旗》第13期社论，号召向资产阶级反动路线猛烈开火，全国就乱了。"

"《红旗》第13期社论你看了吗？"周恩来用严厉的目光望着康生问道。周恩来所说的《红旗》第13期是指1966年第13期。

惯于撒谎脸都不红的康生，摇摇头说："我没看。""这样大的事情，"周恩来气愤地说，"为什么不给我们看一看呢？"

"对干部子女采取关监的办法，是不教而诛。"聂荣臻说，"毛主席在军委八条命令中特别加了一条，各级干部特别是高级干部要严格管教子女。如果父母不教育，责任就在父母。"

聂荣臻接着说："你们把干部子弟和许多青少年说成是'联动'成员，纵容另一些不明真相的青年人批斗他们，这种'不教而诛'的做法是极其错误的！你们不能因为要打倒老子，就揪斗孩子，株连家属，残酷迫害老干部，搞落井下石，这就是不安好心！"

想到许多老干部被残酷斗争和凌辱，谭震林说："我从来没哭过，现在哭了三次，哭都没地方哭，跟前又有秘书，又有孩子，只能背地里流眼泪！"

"不要从个人感情出发嘛！"后来证明早已倒向林彪、江青的公检法负责人谢富治搭了腔，"要顾全大局嘛！"

"我哭不是为个人，是为整个党！"

谭震林把谢富治顶了回去，会议不欢而散。

作为这次会议的主持人周恩来没有制止他们言辞激烈的发言。历时一个多小时的会上，周恩来始终保持沉默。当然，从周恩来所处的地位来看，这时他不宜直接去批评"文化大革命"。作为会议的主持人，他没有责备那些奋起抗争的老同志，也没有阻止会议的继续进行。在与会的那些老同志看来，周恩来这样做就够了，等于表明了他的态度。

会议一结束，张春桥、王力、姚文元便立即驱车钓鱼台，整理《2月16日怀仁堂会议记录》，向江青做汇报。

钓鱼台15号楼内，江青惊讶地听着张春桥、姚文元、王力的汇报。党内上层人物对"文化大革命"错误做法的强烈不满和异议，不仅惹怒了江青，也吓坏了她。良久，她双眼盯着天花板，全身颤抖着。突然，她满脸杀气地说："这是严重的政治事件。我们要抓住这个有利时机，发起攻势，非把他们一网打尽不可。"

但江青又深感自己手下这帮人势单力薄,不是对手。

于是,江青叫通了毛泽东的电话:"有紧急事,必须马上向主席汇报。""那你就来吧!"毛泽东答应下来。江青立刻驱车去中南海。

"什么事这样急?"毛泽东望着江青那种急不可耐的样子问道。"他们大闹怀仁堂了。"江青十分激动,她把谭震林、陈毅、李先念等"大闹怀仁堂"说了一通,绘声绘色,添枝加叶,说着说着,她突然大哭起来:"他们这样明目张胆地胡闹,你总是姑息、迁就、退让。他们依仗着资格老,功劳大,地位高,不敢碰他们,他们背后又有周恩来的支持。这次他们是釜底抽薪,背水一战。他们是项庄舞剑,意在沛公。他们的矛头并不是对着我,而是对着你。这你还不明白吗?他们恨不能把我枪毙了,把你和林彪撵下台。现在到了关键时刻,不能再搞平衡了,他们得寸进尺。到了下决心的时候了。"

"那你们来汇报吧!"毛泽东紧皱着眉头道。"我这就给他们打电话。"江青破涕为笑。

毛泽东用一种愤怒的目光,狠狠地扫视了一下"三老四帅":你们想反对"文化大革命",那办不到

在江青的策划下,张春桥、姚文元、王力去向毛泽东汇报会上的情况。汇报开始了。毛泽东只是安详地听着张春桥和姚文元等人的汇报,并没有把事情看得那么重,以为只是几个老帅思想不通,发发牢骚。他并不以为然。"李先念说:斯大林死后,出了个赫鲁晓夫,斯大林在世,他比谁唱的调子都高。"听到这儿,毛泽东脸色变了。

善于察言观色的张春桥和姚文元,也知趣地不念记录了。他们心里暗喜,几句话就把毛泽东心里的火点燃了。毛泽东站了起来,慢慢地踱着步。他走到办公桌前,顺手拿起谭震林给他的一封信。信里骂江青"真比武则天还凶","手段毒辣是党内没有见过的","这个反我造定了,下定决心,准备牺牲,斗下去,拼下去!""这哪儿是对江青,分明是冲我来的。"他也控制不住自己的感情了。

张春桥趁热打铁,又向陈毅刺了一枪,说陈毅如何对延安整风恨之入骨。"怎么,难道延安整风错了吗?要想翻案,把王明请回来吗?"毛泽东发火了。

十七 "三老四帅"大闹怀仁堂

2月19日凌晨,毛泽东召开了中央政治局会议,被称为"三老四帅"的李富春、李先念、叶剑英一进屋,见毛泽东今天这样冷淡的态度,无不目瞪口呆,他们心里都明白,这一定是恶人先告状,江青抢先向毛泽东"奏本"了。

会议由周恩来主持。早已心中有数的周恩来,一看毛泽东一脸怒气的表情,就已经知道毛泽东要亲自出场了。周恩来尽管心情沉重,但他还要装出一副不动声色的样子来主持会议。他扮演的这个角色太难了,既要保护战友,又要紧跟毛泽东,有时还要替自己的对手——"中央文革小组"帮几句腔。

打头炮的是毛泽东。如果是平时,毛泽东总是态度和蔼,甚至谈笑风生,这次却一反常态,一登场,便给"三老四帅"一个下马威。他是想用威慑的手段,镇住几个想阻止"文化大革命"的人。

他面带怒容,语气严厉地说:"你们在怀仁堂会议上联合起来,搞突然袭击,向中央文革发难,向中央发难,你们究竟想干什么?这无非是想让刘少奇重新上台。十一中全会你们举了手的。为什么没过几天,你们就反对十一中全会的决定?为什么阳奉阴违,出尔反尔呢?讨论进行文化大革命的决定时,你们也是赞成的,我没看见你们谁投过反对票,可为什么文化大革命真的发动起来之后,你们又反对它?"

这场交锋完全出乎周恩来的意料。毛泽东发火,这在周恩来的意料中。但一开始,会便开僵了,而且还在升级,这是他意料之外的。尽管事先他分头向"三老四帅"打过招呼,要忍让,要认错。

这是保存实力唯一的良策。怀仁堂一场恶战,经过江青和张春桥的挑拨、煽动、火上浇油,已经激怒了毛泽东。再同他面对面地唇枪舌剑,这不是飞蛾扑火,自取灭亡吗?这种做法,正中江青等人的下怀,不能这样发展下去!

想到这里,周恩来连忙打圆场,诚恳地说:"在怀仁堂会议上几位老同志对文化大革命不理解,发了脾气。这主要责任在我。会后,他们也认识到这样做不对,找我也做了检查,他们也感到说了些对不起主席的话,也想找个机会,当面向主席做检查。"

毛泽东心里很清楚,几位老帅和几位副总理的后台就是你周恩来。不过毛泽东对周恩来采取宽容的态度,对"三老四帅"却毫不让步。他气冲冲地说:"他们根本不认错嘛!恩来同志,我提议这件事要认真地开会讨论,一次不行就开两次,

红墙大事
——共和国重大历史事件的来龙去脉（下册）

一个月不行就开两个月，政治局解决不了，就发动全体党员来解决。"说罢，毛泽东愤然离开会场。

毛泽东掷地有声的话，算是一锤定音了。

这时，对垒双方的表情十分鲜明。坐在另一边的江青、康生、陈伯达、叶群等"中央文革"派，个个脸上露出趾高气扬的神情。而"三老四帅"们却感到毛泽东像一位陌生人似的。会议室里，一片沉默。

会议主持人周恩来望望几位老帅和几位副总理，语气平静地说："根据主席的指示，像今天这样的会，还要继续开下去！"他问老帅和副总理们："谁有什么话，先说吧！"他有意地缓和一下紧张和不安的气氛。

"有什么好说的！"早已摩拳擦掌的江青，既是"反击战"的总指挥，又是打头阵的先锋。江青充满杀机，气势汹汹地吼道："说我是武则天，武则天怎的，她是中国历史上杰出的女政治家，我就是要学她！"她一下意识到说漏了嘴："武则天使唐朝出现太平盛世的政治局面，这有什么不好！"她又脸冲着陈毅："你陈老总，仗着自己资格老，地位高，功劳大，疯狂地攻击文化大革命，"她激动地用力一挥拳头，威胁地说，"那是痴心妄想。文化大革命是不可抗拒的历史潮流，顺者昌，逆者亡，谁想反对它，是不会有好下场的。要猛击你一掌，你再不悬崖勒马，顽固不化，那只能是死路一条。"

老奸巨猾的康生，在2月16日那头一个回合的较量中，他被强大的攻势吓住了，他怕把自己置于不利的地位，没有积极上阵。会后，他受到了江青的埋怨。在这次反击中，他要"戴罪立功"了："你们是疯狂反对文化大革命，矛头是指向毛主席。"他撸着胳臂，挽着袖子，摆出一副决战的架势，大喊大叫，"毛主席发怒了，这是无产阶级之怒，是无产阶级的义愤；你们反对文化大革命，进而又否定25年前的延安整风运动，否定延安整风运动就是否定解放战争的胜利……现在要翻这个案，矛头指向谁，不十分清楚吗？你们诬蔑文化大革命不要党的领导，心目中还有伟大领袖毛主席吗？"康生已经决心在这场"反击战"中充当主将角色。此刻，他的胸中正燃烧着怒火，用劲敲着桌子，用着刀子一样的语言叫道："要为刘少奇、邓小平翻案，想反毛主席吗？"忽然，他像发了神经病似的，大喊大叫："那绝对做不到，我会奉陪到底！"

李富春憋不住火了，用愤怒的目光，狠狠地扫了康生一眼，冲着康生反击说：

十七 "三老四帅"大闹怀仁堂

"那你就逮捕我们吧,你组织专案组来审查我们吧!"

"同志们,"陈伯达提高了嗓门,"有一个重要的问题,应该引起注意,就是他们反对《红旗》第13期社论。因为社论提出了路线斗争,提出要打倒走资派,他们心虚害怕了。"

这时,手握生杀大权的谢富治跳了出来。"怀仁堂的这场斗争不是孤立的。"他望望江青那张阴森苍白的脸,"在京西宾馆会议上,你们就跳出来,反对江青同志,阴谋夺军权。这次,你们又一次有组织、有计划、有目的地行动。"他阴阳怪气、冷嘲热讽地说:"那次只是军队几个,这次你们阵容扩大了,又把几位副总理也联合上了。你们的用心很恶毒,是想搞垮中央文革,使毛主席亲自发动的文化大革命夭折……"

"现在问题已经很清楚了,"关锋帮腔说,"反对文化大革命的总后台就在上头。"他扫了主持会议的周恩来一眼,含沙射影地说:"有摇羽毛扇出谋划策的,有在前台冲锋陷阵的,军委一伙,国务院一伙,这次,这两类人都上阵了,是联合行动。"

谢富治又跟着说:"这次怀仁堂事件,是军委和国务院的两股势力的总合流,在这两股势力中,还有挂帅人物。"

"我揭发。"响起一个尖声尖气的女高音,老帅们不用扭头看,便听出是叶群的声音。她杀气腾腾地喊道:"我代表林彪同志揭发叶剑英,批判刘少奇、邓小平的时候,叶剑英同志很不满,说'自有革命战争以来,没有一个真正的战士在他负伤临死的弥留之际,诅咒过自己所参加的这场战争的'。你说过吗?"

"说过。"叶剑英不动声色地坦率地点头说:"我现在也还是这样认为。""你这是影射嘛!"叶剑英从容不迫地望望满脸怒气的叶群说:"怎么叫影射呢?如果谁认为影射,那是多疑!"

一看叶群败在叶剑英手里,江青气急败坏地出来接应,一挥手,大声吼道:"叶剑英在京西宾馆气焰嚣张,又是拍桌子,又是叫着号,你这是发泄对文化大革命的不满!""有什么话,都要摆在桌子上,不搞背后动作,这是我的脾气。"

叶剑英毫不退让,反唇相讥,"发火、拍桌子,这都是事实,这是我的习惯,改不了啦!"

红墙大事
——共和国重大历史事件的来龙去脉（下册）

周恩来一看双方相持不下，一方猛攻，一方死守防线，寸步不让。这样下去，怎么向毛泽东交差，而不给毛泽东留个面子，不给个台阶下，老这么僵着，"三老四帅"的被围困局面，便无法结束。"三老四帅"们，是勇气有余，而策略不足。大丈夫要能伸能屈，哪怕使个权宜之计，检讨几句，把这一关过去，保住实力，便是胜利。

想到这，他望望叶剑英，严厉地说："难道你只是脾气、习惯吗？你女儿已经向中央文革做了揭发。有人同她说过，你在京西宾馆拍桌子就是对着'中央文革'小组，对着江青同志的。当时叶群、春桥同志也在场。你为什么到现在还不认错呢？难道对毛主席的严厉批评，你们就都无动于衷吗？"

周恩来停了一下，望望"三老四帅"，又严肃地说："什么错都不认，对你们有什么好处？错了又有什么要紧，检讨了就好嘛!……"

在这种情况下，周恩来做了检讨，就怀仁堂碰头会承担了责任。会议决定，陈毅、谭震林、徐向前三人"请假检讨"，由周恩来出面主持政治局生活会批评陈、谭、徐等人。

周恩来抓起电话机：你们都是身经百战的军事家，战略战术比我懂，不能逞匹夫之勇

夜深了，西花厅的庭院里，周恩来双臂交叉抱在胸前，仰望着黑沉沉、神秘的苍穹。他在思考会议上这场惊心动魄的较量。保存实力的唯一良策，就是急流勇退，因为毛泽东已经直接"参战"了，不认清这个已经变化的形势，还一个劲儿地向前冲，那就不仅是同江青等人交锋，而是同毛泽东短兵相接了，这也正中对手的下怀。不能走这步凶多吉少的险棋。搞得不好，会落个全军覆没的下场，再想反攻，就不可能了。真正的战略家，在关键的时刻，权宜之计，缓兵之计，只要能化险为夷，对战局有利，都应该用。

这时，秘书不知不觉地来到他身边："总理，这是江青派人送来的急件——她的亲笔信。"周恩来打开一看，信的大意是：

周恩来同志：散会后，"文革小组"全体同志又认真学习了毛主席的重要讲话，大家对怀仁堂事件表示了极大的无产阶级义愤，并强烈要求政治局立即免去李富春、谭震林、李先念、陈毅、叶剑英、徐向前、聂荣臻等所担负的领导工作，

勒令他们停职检查，接受批判。此意见康生同志已同意。此致无产阶级文化大革命战斗敬礼。

周恩来看罢，又慢慢地来回踱着步，深思了一会儿，便回到办公室，抓起电话机："要西山……你是叶剑英同志吗？我是周恩来，我知道你们都在那里，在一块议论一下会议上的情况也好嘛！……"

周恩来接着说："我没有什么事，只是对你们有三点建议：第一，要心安气静，吃好睡好，不要住院，要和他们奉陪到底。第二，要坚守自己的岗位，一定要抓工作，自己的阵地决不能放弃。放弃阵地，就是退却，逃兵。第三，该检查的就检查，要讲点策略和斗争艺术，你们都是身经百战的军事家，战略战术比我懂，不能逞匹夫之勇。这样做，并不是怕谁。过去打天下时，为了人民，可以把生死置之度外，现在为了把握住人民所给的权力，受点侮辱、批判，又算得了什么！"

叶剑英放下电话，又把周恩来的几点关照，原原本本地告诉了在座的几位战友。几个人都不约而同地回味着周恩来打来电话的含义。"总理比我们想得深，看得远！"

叶剑英意味深长地说："这是一场力量悬殊的较量。对于我们来说，最初，我们都被江青一伙气得乱了方寸，下了破釜沉舟的决心，和他们来个背水一战。结果毛主席亲自出马了，战局发生了变化，出现了对我们不利的局面。这样一来，摆在我们面前的只有两种选择：一种是豁出去了，决不半途收兵，对抗到底。"他摇摇头，"如果没有主席直接'参战'，江青、康生、陈伯达，根本就不是我们的对手，可是，主席一'参战'就复杂了。从江青那边来看，他们是希望我们丧失理智，不计后果，直接和主席交锋，他们好借主席之手，让我们全军覆没，他们不费吹灰之力，便除掉一个强大的对手。我琢磨着，总理是看透这步险棋了，提醒我们不要中计，不要感情用事，要理智、要冷静。"

他深思了一会儿，继续说"那么另一种选择，就是撤退，总理的提醒，就是只限于对江青的不满，对中央文革的不满，不是对主席的不满，退是为了进！"

他顿了顿，又接着说，"总理还叮嘱我们，要想得远一些，要有战略眼光，不要凭一时的感情冲动。斗争要讲究策略、艺术……""总理比我们的处境还难啊！"

谭震林说道："中央文革这批乱臣贼子，搞我们并不是他们的真正目的，这是项庄舞剑，意在沛公。他们打我们，是打外围，打下外围，便要对总理下手了，他们的主攻对象是总理。他们不把国家栋梁一个一个地都打倒，不给他们腾出位置，他们是不会甘心的。他们的目的，就是改朝换代。"

徐向前苦笑着摇摇头："这次事件后，我感到意外的是，怎么也没想到主席会这样。我们失去了理智，主席也感情用事了，直接'参战'，为江青撑腰……"

"我们不要辜负总理的良苦用心。"叶剑英若有所思地说，"从长远的战略着眼，我们应该做检查，总理也好为我们说话，这样做，对国家、对人民都有利。打仗也还讲究使用迂回战术呢！政治舞台上的较量和军事舞台上的较量一样，有时要有猛张飞那样的勇往直前的精神，有时也要有诸葛亮那样的计谋，这叫智勇双全。"

"1947年的时候，"聂荣臻赞同地点点头，语气平静地说："蒋介石调动几十万军队，向胶东根据地发起进攻，摆出和我军决战的架势。在这种敌强我弱的形势下，只能有两种选择，一个是硬碰硬地拼个高低，这是敌人求之不得的。另一种选择，就是大踏步地撤退，暂时挂'免战牌'。当时不少干部和战士都想不通。我们陈老总就在大会上讲，今天的大撤退就是为了明天的大进攻，只要我们保存了有生力量，就不怕打碎坛坛罐罐。果然不出所料，一年多后，我们就开始反攻了，又一年后，骄横不可一世的国民党军队，全军覆没了。《南征北战》这部电影，不就是以陈老总这段经历为模型写的吗！"

他望望几位老战友，微笑风趣地说："看来，我们还得再打一场、两场'南征北战'啊！"

"我理解总理的意思了！"快言快语的陈毅哈哈大笑说，"为了党和人民，也要检查，这并不是向中央文革检查，他们算老几，不就是阴差阳错，鬼使神差，走了红运，应运而生的几个暴发户嘛！一时一地的胜利，并不意味着他们是最后的胜利。看谁笑在最后！"

陈毅自我检查：我陈毅不是圣贤，更免不了要有错误

几天后，在中南海的紫光阁，周恩来根据毛泽东的决定，主持召开政治局会议。李富春、谭震林、李先念、叶剑英、陈毅、徐向前、聂荣臻等坐在一方，江青、康生、陈伯达、谢富治和其他"中央文革"成员，坐在另一方，像两国交兵一样，阵线分明，相对而坐，双方的脸都绷得紧紧的，严肃得几乎令人窒息。

十七　"三老四帅"大闹怀仁堂

"现在开会!"坐在两排中间的周恩来,打量了一下与会者,平静地说:"会议的内容,是根据毛主席的指示,是上次会议的继续,希望犯了错误的同志,要认真地进行检查。"

说到这里,他望望"三老四帅",又接着说:"谁也难免犯错误,尤其是在这史无前例的文化大革命中,一时理解不了,思想跟不上形势,也难免说些错话。"他提高了嗓门,"问题是要端正态度嘛!"

周恩来的话音刚落,"我先谈。"陈毅抢先说。

他话语爽朗,举止磊落,不慌不忙地说:"上次会议上,江青、康生、伯达和其他中央文革同志,给我提了些意见。这几天,我也认真地考虑了一下这些批评,我是该检讨。毛主席不止一次说过,人非圣贤,孰能无过!我陈毅当然不是圣贤,更免不了要有错误!……"

陈毅望望"中央文革"成员们,说:"有的同志批评我的时候,说我反对毛主席,这顶帽子可不算小,不知提这个意见的同志有什么根据!这可是个原则问题,我认真地考虑了这个意见,我没有反对过毛主席。当年我和朱老总上井冈山,和毛泽东同志干革命时,在座的好多同志可能还没参加革命呢!哎哎!"

说到这里,陈毅急忙收住话头,"瞧!我又摆老资格了。我向诸位检讨。"他仰起头,沉思了一会儿,"我再接着检讨。康生同志说,怀仁堂这场斗争,不是偶然的,是有计划、有组织、有目的、有纲领的行动,我同意这个意见,坦白地说,我的计划是酝酿了很长时间的。从文化大革命开始以来,我天天看到许多老干部被斗,被关起来,有的被折磨死,我就很不满,不,说不满的词儿,太轻了,是很气愤。我不相信像陈丕显、李井泉和其他各省领导人,都是要推翻社会主义、复辟资本主义的。"

陈毅望望江青、康生和陈伯达等人绷得紧紧的脸,又从容不迫地说:"也不相信在我们共产党内还有一个资产阶级司令部。恕我直言,我认为这些都是中央文革小组搞的,是林彪同志搞的。"

"你这是借着检讨的机会继续放毒!"一个少壮派的"中央文革"成员,粗暴地打断了陈毅的检讨,"不准你转移视线,你应该严肃地对待自己的错误。"

"同志,要冷静嘛,不同意见等我说完了,你再提嘛!"陈毅望望脸红脖子粗的"文革"少壮派,用着一种嘲弄、教训的口气说:"我有个意见,不管我讲

红墙大事
——共和国重大历史事件的来龙去脉（下册）

得错对，希望不要打断我的话，让我把话说完了，谁掌握了什么秘密武器、重磅炮弹，再往外甩也不迟。我都洗耳恭听。"

说到这里，他望望主持会议的周恩来："总理，我这个建议可以吧？""可以！"周恩来果断地说："不仅是陈毅同志，其他同志发言，都让把话讲完，再提意见！"

"那我继续说吧！"陈毅望望周恩来。"好！你继续谈吧！"周恩来点点头。"我曾经说过，"陈毅呷了一口茶，显得有点激动，"有些人表面上支持红卫兵，实际上是乘文化大革命之机，自己上台。我说这些话时，是有所指的，就是对着江青同志说的。我也说过马克思在世的时候，伯恩斯坦对马克思佩服得五体投地。马克思一去世，伯恩斯坦就当了叛徒，反对马克思主义。斯大林活着的时候，赫鲁晓夫对斯大林比亲生父亲还亲，什么肉麻吹捧的话都讲了，可斯大林一死，他就焚尸扬灰……在我们中国，恐怕也有伯恩斯坦、赫鲁晓夫式的野心家、两面派。有人说我这是影射林彪同志的。我说这话的目的，就是认为文化大革命搞'左'了，搞过头了。特别是上海'一月革命'之后，全国到处夺权，一片混乱，批斗老干部，冲击军事机关，生产破坏得一塌糊涂，再这样发展下去，局面可怎么收拾，我是有意识跳出来打这一炮的。"

陈毅停顿了一会儿，望望板起一副阴森面孔的康生说："康生同志揭发说，我在这场斗争里，是扮演一名联络员角色，我到李富春同志家去过多次，看来你的情报还不太准确呀！"他轻松地说，"给我定个联络员的角色太低了，我是个主要召集人呢！每次打桥牌，都是我做东，就连红卫兵都说我是黑帮头头嘛！我不仅到过富春同志家，剑英、徐帅和谭震林同志的家，我都常去，摆摆龙门阵，说些对揪斗老干部、冲击军事机关不满的话，话说得太多了，一下也不能全想起来，不过，有一点还是要郑重地申明一下，说我有野心，向党伸手要权，这可冤枉，我从来没有打击别人抬高自己，更没有踩着别人的肩膀往上爬！"

陈毅的检查，康生感到字字句句都是冲自己而来，哪里是什么检讨，这是借着检讨的机会发泄、反扑。但他知道这个对手，并不是一招就出水的软体动物，他没有同陈毅短兵相接，而是从总体上进行了批判。

康生用刀子似的眼睛狠狠地扫了"三老四帅"一眼，声色俱厉地说："刘、邓、陶被打倒了，他们阴魂不散，还有代理人。'二月逆流'，就是刘、邓、陶反动的资产阶级路线的继承者。"他望望"中央文革"成员，"同志们看到了吧？'二月逆流'的成员们，并不是外国派进来的敌人，而是民主革命时期同我们一起战斗的同志。他们不是一般的党员、干部，而是政治局委员，国务院副总理，军委副主席。都是参与中央重要决策的领导人……可是，他们却使出浑身的解数，进行'二月逆流'的错误活动，这是十分严重的、危险的。这是资本主义复辟的一次重大政治事件。"

"这是十一中全会以来，发生的最严重的一次反党事件，是一次反革命政变的预演。"江青歇斯底里，拼命地拍着桌子，叫着号："你们把那股子反党反毛主席反文化大革命的疯狂劲头拿出来吧！你们敢挑战，我们就奉陪到底！"

江青忽地站了起来，一只手叉腰，一只手指着："这次跟你们没个完，非跟你们斗到底不可！你们想搞资本主义复辟，疯狂地向革命群众反攻倒算，想把中国拉回到文化大革命前的老路上去。但是，你们失败了。"

她咬牙切齿地吼道："你们打着保护老干部的旗号，你们保护谁？是牛鬼蛇神，是大叛徒、大特务、大走资派、大坏蛋！物以类聚，人以群分，你们臭味相投。"会议在杀气腾腾、大喊大叫的气氛中收场。

2月18日晚上，听了一面之词的毛泽东召集部分政治局委员开会，严厉批评了在怀仁堂碰头会上提意见的一些老革命家，并决定召开批评会。

从这次会以后，周恩来陆续约几位老同志谈话，做他们的思想工作，要他们准备检讨错误，接受批评。2月下旬至3月中旬，根据毛泽东的意见，周恩来主持召开了七次"政治生活批评会"。会上，他自己先做检讨，为其他人承担责任。而康生、谢富治等对谭震林等横加指责，无限上纲，把他们的正义抗争诬为"二月逆流"。

按照江青的部署，在全国掀起了反击"二月逆流"的声势浩大的批判运动。为民请命的谭震林，在人民大会堂的舞台上被批斗，被打得死去活来，遍体鳞伤。

一次在体育场召开的10万人批斗大会上，江青挥舞着拳头，声嘶力竭地宣布："谭震林是大叛徒！"江青这个复仇狂，不把谭震林打倒，连睡觉都合不上眼睛。几位副总理，几位军委副主席，敢于反抗江青的硬骨头们，逐个地被"炮轰""火烧""油炸""打倒"！江青还感到不解恨，不置他们于死地，她是不罢休的。用她的话说："谁碰了我，我就不会让他舒服了！"经过几个月的较量，周恩来损兵折将了！江青得意忘形。可是周恩来并非败将，他借向毛泽东请示汇报工作的机会，有意把话题引到"三老四帅"身上。

毛泽东风趣地说，你们不要背包袱哟，没有你们陪着我上天安门，我不成了光杆司令啦

1966年以后，毛泽东从中南海的紫云轩搬到了游泳池，在这里度过了他人生的最后10年时光。

1967年4月初，毛泽东把周恩来请到了他的客厅兼书房。毛泽东担心地问周恩来："现在北面的情况怎样？""最近的情况还不能掉以轻心。"

周恩来说："苏军在临近我东北、内蒙古边境地带，调兵遣将，陈兵几十万。他们的意图是明显的。从各种情况分析：一种可能是搞边境摩擦，小打小闹；第二种可能是炸毁我们的核设施；第三种可能是大动干戈，发动全面进攻。""苏修是亡我之心不死啊！"

毛泽东沉思良久，忧心忡忡地说："要把这种形势告诉全国人民，加紧备战，准备打仗。特别是军队，一定要有准备，要防患于未然，防止突然袭击。几位老帅怎样？"

听了这几句话，周恩来顿时心花怒放。从毛泽东问话的语气里，他听到了毛泽东对老帅们的关心。其实，周恩来胸中早有成熟的方案，只是还没找到机会向毛泽东面陈，现在是"瓜熟蒂落，水到渠成"了。

周恩来平静地向毛泽东说道："政治局和'中央文革小组'联席会议，已经开过几次了。四位老帅和三位副总理，也都做了深刻的检讨。"说着，他从皮包里掏出一摞材料，递给毛泽东，乘势说，"他们都认识到在怀仁堂的发言是错误的，感到对不起毛主席，是对这场史无前例的文化大革命不理解、认识不清楚，对主席的战略部署跟得不紧，还有些居功骄傲，对自己的战友被打倒，想不通，不满……"

"好！"毛泽东平静地说，"他们能认错就好嘛！我并没有打倒他们的意思，只是想狠狠地批评他们一顿，让他们改变对文化大革命的态度，不要成为文化大革命的绊脚石……"

正在江青得意的时候，1967年的五一节前夕，一件意外的事使江青目瞪口呆。一个耳目告诉他，周恩来领着那几位被打得半死不活的老帅、副总理去中南海毛

泽东那里了。她几乎连鼻子都气歪了，怒从心头起：毛泽东在这个时候接见几个败将干什么？他这种举动，是一种妥协、调和，不，这是长敌人的志气，灭自己的威风。肯定是周恩来搞的鬼。

在周恩来的率领下，"三老四帅"来到中南海。一走进毛泽东的会客厅，毛泽东微笑着，站了起来，主动地跟李富春、谭震林、李先念、叶剑英、陈毅、徐向前、聂荣臻等一一握手。坐定之后，"你们身体都好吗？"毛泽东满脸笑容，望望几位曾经风雨同舟、患难与共的老战友，关切地问道。

"还好！"大家不约而同地点点头说道。

"那些天，你们思想不通，过不了关，我心里也着急啊！"毛泽东用一种平静的口气说道，"你们仅仅是对文化大革命不理解，思想上想不通，这也不奇怪。想不通心里就憋着一股气，就犯了错误。承认错误，检讨了就好嘛！"

"三老四帅"们也纷纷说："我们对您发动的文化大革命运动想不通，认识也跟不上形势。我们看到一些老干部被打倒，社会秩序又一片混乱，我们总觉得这是'中央文革'之过……"

"这些问题，不必再提了。"毛泽东摆摆手，回避了问题，说，"梁山泊的好汉，不打不相识嘛！'中央文革'不想打倒你们，红卫兵不想打倒你们。你们犯了错误，我的心情也很沉重……"副总理和老帅们顿时心花怒放，他们对毛泽东是信任、尊重、崇拜的，毛泽东亲自出面解围，他们可以解放了，一块石头落了地。

"2月16日那次会议之后，"周恩来打圆场地说，"他们的心情都很沉重，感到辜负了主席的期望，也想有机会向主席当面检讨。"

"你们不要背包袱哟！"毛泽东哈哈大笑，轻松地说，"人非圣贤，孰能无过！"客厅里谈笑风生，一派欢乐的气氛。

善于捕捉战机、趁热打铁的周恩来，望着毛泽东说："明天是五一节联欢晚会，主席……"他看看"三老四帅"，"你看谁应该参加？""你开个名单吧！"毛泽东笑着，风趣地说，"没有你们陪着我上天安门，我不成了光杆司令啦？！"

早已做好准备的周恩来拿出一份名单，上面除了"三老四帅"之外，还有一些其他党政军干部。

红墙大事
——共和国重大历史事件的来龙去脉（下册）

毛泽东粗略地看了一下，顺手拿起笔来，在名单上批了"同意"二字。周恩来心中总算一块石头落了地。这不仅仅是让身陷重围的一大批党政军高级干部有机会公开亮相的问题，而且更重要的是，保护了一大批国家栋梁。留得青山在，不怕没柴烧。只要保存了实力，未来就有希望了。他有一种挽回败势的兴奋心情，不时地微笑着。

五一节，参加"大闹怀仁堂"的所有老同志都登上了天安门城楼，出席庆祝活动，被称作"五一团结会"。在当时的情况下，同毛泽东一起登上天安门，姓名见报，就说明他们不是被打倒的对象。不过这是后话。

此时，又谈了一阵子，周恩来看看表，已经过午夜了。他对毛泽东说："时间不早了，主席该休息了！"

"三老四帅"这次公开亮相，可气坏了江青，她更切齿痛恨的是周恩来。像她这样一个女人，怎能受得住这个。她要报复，她要报这一箭之仇。她与林彪共谋，策划了武汉"七二〇事件"，打倒了武汉军区司令员陈再道、政委钟汉华。他们又在北京制造了"杨、余、傅事件"，逮捕了代总长杨成武、空军政委余立金、北京卫戍区司令员傅崇碧。

这些天，江青满以为自己已经羽翼丰满，有实力了，她想除掉谁就可以除掉谁，没有谁再敢碰她江青一下了，她不仅能同老帅们较量，同周恩来争胜败，而且她要同毛泽东分庭抗礼了。她做着"打江山、坐江山"的美梦。

这年五一节过后的八一招待会，毛泽东又同意了周恩来的意见，让"二月逆流"中的老同志出席。

1968年3月27日晚，毛泽东在人民大会堂接见几位老帅谈到军委八条命令时说："我们都是事后诸葛亮，现在看来，当时没有个八条是不行的。但是，八条下达后，下面抓人确实多了点，比如四川、武汉。"

在八届十二中全会开幕式上的讲话中，毛泽东没有涉及"二月逆流"问题。在闭幕式的讲话中，毛泽东一方面说，"二月逆流"他过去不大了解，现在才比较了解，实际上认可了会议的所谓"揭发批判"。但另一方面又说，这些同志是政治局委员、副总理或军委副主席，有意见公开讲出来是党的生活所允许的，不是秘密活动，应该参加"九大"。这样，就使林彪、江青一伙疯狂陷害"二月逆流"的同志，企图进而剥夺他们出席"九大"权利的阴谋，宣告破产。

然而，林彪、江青一伙决不死心。全会结束后，张春桥在《关于传达十二中全会的几个问题的报告》里，提出传达时应点"二月逆流"几个人的名。后来的会议简报里，还点了黄杰和张瑞华两位同志的名，诬陷她俩是"叛徒"，要组织专案审查。

黄永胜在总参亲自布置，让下面批判徐向前等几个人，包括黄杰（徐向前夫人）和张瑞华（聂荣臻夫人）在内。徐向前的办公室党支部正式写了报告，请示如何批判徐向前和黄杰。

对此，周恩来批示："不要搞得过于紧张。"并将报告转呈毛主席。

1969年1月3日，毛泽东亲笔批示："所有与'二月逆流'有关的老同志及其家属都不要批判，要和他们搞好关系。"

林彪无可奈何，只得批示："完全同意主席的意见，希望徐向前同志搞好健康，不要制造新的障碍。"所谓"不要制造新的障碍"，显然是对徐向前进行露骨威胁，与毛主席的批示精神根本不符。

林彪一伙在"九大"前夕起草政治报告时，仍坚持在报告中塞进批判"二月逆流"的内容。但毛泽东却说："我对'二月逆流'的人不一定恨得起来"，"报告上不要讲'二月逆流'了"。

林彪、江青、陈伯达、康生等人根本不听，千方百计封锁和抵制毛泽东的指示，因而在"九大"上又掀起围攻"二月逆流"的新高潮。

1969年4月1日，党的"九大"开幕。首先引人注目的，就是大会主席团的座位排列。主席台上，右边全是"二月逆流"的成员，左边全是"中央文革"和中央碰头会议的成员。这种泾渭分明的精心安排，显然是为了说明"三老四帅"们是"右派"，他们是"左派"。会议的议程有三项：（一）林彪代表党中央做政治报告；（二）修改中国共产党章程；（三）选举党的中央委员会。

林彪的政治报告，说"二月逆流"是"党内最大的一次反党活动"，"为刘邓翻案"，"破坏新生的红色政权的反党夺权阴谋"等。

在分组讨论政治报告时，即转为批判"二月逆流"。上海组的代表是带着预先准备好的材料来的，专攻陈毅、朱德那个组，逼他们做检讨。

在这种极不正常的气氛下，参加"二月逆流"的这些人，能不能被选入中央委员会，已成问题。毛泽东觉察到这一点，出面做工作。他在11日的大组召集人会议上，回顾了党的历史上的经验教训，强调注意一种倾向掩盖另一种倾向，不要打击面过宽，搞扩大化。还讲了"右派"也能进中央委员会，主张这些老同志应继续当选。但在选举时，林彪、江青一伙又玩了鬼把戏。他们采取各组分配票数，指定人投票的办法，来对付"二月逆流"的人，票数控制在不超过半数多的范围，既让你当选，又让你难堪。

……

1981年邓小平在同《关于建国以来党的若干历史问题的决议》起草小组负责同志谈话时说："所谓'二月逆流'，不是逆流，是正流嘛，是同林彪'四人帮'的反复斗争嘛。"这是"二月逆流"的正确结论。

十八　四位元帅密议国家安危

- "珍宝岛事件"发生,中苏关系恶化,毛泽东提出准备"早打,大打"
- 四位元帅密会，研究国际局势，周恩来指示要保守秘密
- 陈毅主持"国际形势座谈"，为毛泽东战略决策做参谋
- 对战争形势大胆评估：中美、中苏开战的可能性不大
- 苏联公然威胁要打核战争,中共中央下达战备命令,包括赶修核工事,但未公布
- 陈毅语出惊人：利用美苏矛盾，打开中美关系，让中美苏三角相互制衡

红墙大事
——共和国重大历史事件的来龙去脉（下册）

20世纪70年代，对于新中国外交来说，没有什么比中美关系的改善更大的事了。中美关系的改善，使中国在国际上的地位进一步提高，使世界的战略格局发生了巨大的变化。这件大事的决策，充分体现了毛泽东作为大战略家的深谋远虑。然而在这一战略决策过程中，却有一段鲜为人知的往事……

"珍宝岛事件"发生，中苏关系恶化，毛泽东提出准备"早打，大打"

进入60年代以后，国际社会主义阵营进一步瓦解。资本主义世界中复杂的矛盾关系也加剧了它自身的离心倾向。广大的殖民地半殖民地国家在取得政治独立后，更加重视自身经济政治的发展，即使是属于资本主义阵营的国家，也大大发展了自身民族和国家的因素。各国越来越从国与国之间寻找共同的利益基础。

到了60年代中后期，中国的国际环境更加严峻，美苏两个最大的敌对力量分别从南北两个方向压迫、威胁我们。由于国内的极左思潮泛滥，原本与我友好的一些社会主义国家也一度同我们疏远。

60年代和70年代交接之际，中国的国际环境进一步恶化。1969年1月20日，尼克松就任美国总统。中美关系不但毫无松动，且如雪上加霜。美国侵越战争继续扩大。美机、美舰仍不时侵入我国领空、领海。尼克松3月14日在记者招待会上说："中国共产党对我国人民的威胁以及一次意外进攻的危险是不能忽视的。"为此，他决定建立反弹道导弹系统，以对付"中国共产党的潜在威胁"。他还说，"苏联像我们一样，不愿使他们的国家暴露在中国共产党潜在的威胁之下"。

与此同时，中苏关系也更加恶化，重要标志之一就是苏联挑起的"珍宝岛事件"。珍宝岛位于黑龙江省东部的虎林县虎头公社（今虎头乡）虎头大队（今虎头村），是乌苏里江中的一个江心小岛。它本来是乌苏里江西侧江岸的一部分，后因江水长期冲刷才形成岛屿。在它附近还有另外几个江心岛，以西有珍宝岛，以北有七里沁岛，以南有卡脖岛。珍宝岛地区的上述几个岛屿自古以来就是中国的领土，中国居民一直在乌苏里江及其江心岛上生产和生活。1860年11月，沙皇俄国强迫清政府签订不平等的《中俄北京条约》，割占乌苏里江以东40多万平方公里的中国领土。具体规定是：自乌苏里河口而南，上至兴凯湖，两国以乌

十八　四位元帅密议国家安危

苏里及松阿察二河作为交界。二河以东之地属俄罗斯国，二河以西之地属中国。由于《中俄北京条约》只规定乌苏里江是两国的界河，却没有具体规定（当时也不可能具体规定）两国在江中的边界位置，因此，对江中岛屿的归属也未做规定。这是引起两国边界冲突最主要的历史原因。但是，依照公认的国际法准则，凡通航界河中的边界划分，均以主航道中心线为界线。珍宝岛、珍宝西岛、七里沁岛和卡脖岛均位于乌苏里江主航道中国一侧，因此，理应属于中国。

1969年3月2日晨，苏联边防军侵入我国领土珍宝岛，打死打伤我边防军人员多名。苏联政府硬说珍宝岛属于苏联，大肆宣传中国军队"越过苏联国境线"，向"警卫"苏联领土的苏军"挑衅袭击"。珍宝岛事件发生之后，战争的危险似乎已日益迫近。而此时国内由于"文化大革命"的进行，正处在一片混乱之中。显然，分析战争的可能性和采取可行的对策来保卫国家安全，已成为十分急迫的任务。

在此背景下，中国共产党第九次全国代表大会于4月1日至26日在北京举行。在"九大"政治报告中，对国际形势的分析强调："美帝国主义"是"全世界人民最凶恶的敌人"。"美帝国主义和苏修社会帝国主义"，"妄想重新瓜分世界，既互相勾结，又互相争夺。在反华、反共、反人民、镇压民族解放运动和进行侵略战争方面，他们互相配合，狼狈为奸"。"我们决不可因为胜利，放松自己的革命警惕性，绝不可以忽视美帝、苏修发动大规模侵略战争的危险性。我们要做好充分准备，准备他们大打，准备他们早打，准备他们打常规战争，也准备他们打核大战。总而言之，我们要有准备。"

严重的国际形势使毛泽东不能不有所考虑：一方面是着重考虑世界性战争和可能针对中国的侵略战争问题；另一方面是适时调整中国的对外政策，使之更加现实化。

针对世界局势的新变化，毛泽东又在考虑新的战略决策，调整了对外战略方针。

当时，毛泽东是冷静的。与此同时，中国的外交决策还有一个系统在起着作用，那就是以林彪为首，黄永胜、吴法宪、李作鹏、邱会作等紧随其后的军委办事组集团。其中林彪对形势的判断起着决定性的作用。

6月间，总参谋长黄永胜主持召开军委办事组座谈会，宣布了林彪"用打仗的观点，观察一切，检查一切，落实一切"的判断和命令，提出了庞大的国防建设计划。很显然，军委办事组集团认定，大规模侵华战争迫在眉睫。

但毛泽东并未因当时由黄永胜领导的"防突办"（防止突然袭击办公室）所提供的大量"吓人"消息而绝对化地考虑战争问题。毛泽东自有他自己的想法……

四位元帅密会，研究国际局势，周恩来指示要保守秘密

还在"珍宝岛事件"和"九大"召开之前，毛泽东就在考虑着这一对外战略调整的安排。

就在国内一派"大备战"的气氛中，毛泽东却给叶剑英、陈毅、聂荣臻、徐向前这四位身经百战的老帅委以一个特殊的任务：定期座谈国际形势，并要求老帅们思想不要被框住，放开讨论。

早在"九大"召开之前，即1969年2月19日，毛泽东在住处召开会议。会上，毛泽东就要陈毅、徐向前、聂荣臻、叶剑英等研究国际问题。会后，毛泽东交给四位老帅两项任务：一是分别在北京四家工厂"蹲点"；二是共同研究国际形势，由陈毅负责，提出书面看法。

"九大"上，根据毛泽东的意见，自1967年所谓"二月逆流"以来一直靠边站的四位老帅被选为中共中央委员。在九届一中全会上，叶剑英被选为政治局委员。

与林彪集团相比较，四位老帅更熟谙外交与国际事务，因此他们的观点更稳健、更成熟。毫无疑问，毛泽东决定重新启用四位老帅参与大政决策是经过一番深思熟虑的。

此时，叶帅72岁，聂帅70岁，陈老总和徐帅都是68岁。

按照毛泽东的意图，周恩来进行周到安排。他指示外交部和其他外事部门将涉外文电及时分送四位老帅，并亲自选定四家靠得住的工厂，然后向各厂负责人就四位老帅"蹲点"时的劳动、休息、饮食、安全及职工应持的态度等做了细致交代。周恩来让四位老帅每星期二至星期四在工厂"蹲点"三天。其中陈老总在南口机车车辆修配厂，叶帅在新华印刷厂，徐帅在"二七"机车车辆厂，聂帅在化工三厂。其余时间由老帅自行支配，看看有关国际问题的材料，再由陈老总主持召开座谈会，每月讨论两三次。

四位老师当时很不理解：经毛主席审定的"九大"政治报告刚刚发表，其中对国际形势做了详细阐述，为什么还要他们研究？如果照抄照搬，算不上研究。如果提出某些不同看法，那又谈何容易？即使能够，会不会被认为是同"九大"政治报告唱反调？

为此，周恩来对四位老师说，主席交给你们这个任务，是因为主席认为还有继续研究的必要。主席的一贯思想是，主观认识应力求符合客观实际，客观实际不断发展变化，主观认识也应随着发展变化，对原来的看法和结论要及时做出部分的甚至全部的修改。所以你们不要被框住。

周恩来接着说，现在国际斗争尖锐复杂，各部门集中力量进行"斗、批、改"，只能应付"门市"，熟悉国际问题的干部大部分尚未解放，我一天到晚忙于处理日常工作，实在挤不出时间过细地考虑天下大事。主席没有让你们回到原岗位，除了"蹲点"，你们可以不受行政事务的干扰，每星期有几天时间专心考虑国际形势。你们都是元帅，都有战略眼光，可以协助主席掌握战略动向，供主席参考。这个任务很重要，不要看轻了。你们也不要因为我这样讲就去拼老命，要注意身体，量力而行。世界风云天天变，但战略格局不是天天变，一个月讨论两三次就可以了。有了比较成熟的看法，请陈老总归纳几条送给我，我帮你们参谋参谋再转呈主席。但讨论的内容要保密。

之后，根据周恩来的意见，外交部选派熊向晖、姚广二人参加"国际问题研究小组"，协助陈毅等工作。

5月24日，中国政府发表声明，申述中苏边界问题的事实真相和中国政府通过和平谈判全面解决中苏边界问题的一贯立场。声明中指出："珍宝岛事件是苏联政府蓄意挑起的"，是为了"讨好美帝国主义，以便进一步联美反华"；"苏联政府通过这一行动告诉美国，中国是美苏的共同敌人"；"苏联政府还向以美国为首的帝国主义国家游说，乞求支持"。

值得注意的是："九大"政治报告中，提出美帝和苏修"既互相勾结，又互相争夺"，但在"九大"闭幕后，我国政府的正号文件以及宣传报道中，不再提美苏"争夺"，而突出美苏"勾结"，特别强调美苏勾结共同反华。而苏联则大肆造谣，说中国要对苏联发动核战争。

5月27日下午，陈毅找前驻英代办处常驻代办熊向晖谈话，告诉他上述情况。

陈毅说："我们四人带了各自的秘书开了一次会，我报告了总理，总理'批评'了我。总理说，为什么要带秘书？以后开会讨论，只限于你们四位，不许其他人参加。总理就讲这么几句，我一听就明白他的心意。总理是担心我们四个人聚在一起，难保不放炮，传出去又要惹祸。我们的秘书不外传，晓得哪天再有风吹草动，别个派红卫兵把他们揪走，勒令他们揭发检举，不得下台。不让他们参加，免得他们遭灾。于是我对总理说，总理的批评、指示，我完全理解，非常感谢，坚决照办。主席交给我们的任务，我们要努力做好。只是我们四个人都上了年纪，有些事力不从心，请总理给我们派个帮手。总理'点将''点'了你。总理说，就让熊向晖协助。我说，好，赞成，请总理马上下命令。总理让我直接同你谈。你看可以不可以？忙不忙得开？"

熊向晖说，我还没有分配工作，总理给了我向四位老帅学习的机会，我一定按照四位老帅的指示，全力以赴。但这两年多来我脱离外交实践，不了解外交内情，建议再请外交部派一位现职工作的同志参加，使静态材料和动态材料结合，对研究工作更有益处。陈毅说，这个意见好，我就报告总理。

几天后，陈毅告诉熊向晖，总理让姬鹏飞从外交部司局长以上干部中推荐一位同志，要求政治历史清楚，熟悉国际情况，组织性纪律性较强，不是造反派。姬鹏飞推荐欧美司司长姚广，总理批准了。

6月2日，周恩来在陈毅6月1日关于"国际问题研究小组"活动安排情况的报告上批注，强调毛泽东交给他的三项任务：

（一）到工厂、学校、公社去蹲点；

（二）对国际形势经过阅读材料和集体讨论，提出意见；

（三）对国防问题经过阅读材料和集体讨论，提出意见。

陈毅主持"国际形势座谈"，为毛泽东战略决策做参谋

6月7日下午3时半，四位老帅在中南海武成殿开会，姚广和熊向晖列席。

陈老总讲了"开场白"。他说，主席指定我们议议天下大事，让我牵头。平时各人看材料，用不着我"牵"。上次我们谈过，材料很多，有价值的不多。一些单位的调研报告，差不多都是上面怎么说，自己做注脚。这种"二路货"可以

十八　四位元帅密议国家安危

不看。要重视第一手材料。《参考资料》每天两大本，内容很丰富。香港、台湾的几家报纸杂志，有时透露一些内幕消息。对有用的材料要认真看、仔细看。对这些材料要按照主席的教导，去粗取精，去伪存真，由此及彼，由表及里，形成看法，开会的时候交换意见。总理让我们每个月讨论两次到三次。地点就在武成殿，或者紫光阁。时间一般定在礼拜六，下午3点开始，讨论半天。每次开会之前，由我这个牵头的人打电话分别通知。我们这个会，就叫"国际形势座谈"，在沙发上"座"而谈之。上次开的会不算，今天重打锣鼓另开张，算作第一回。我们四个老家伙，增加两位"壮丁""强劳力"。一位是熊向晖同志，他不再当驻英代办，总理让他专门协助我们，包括从英文书报里选择材料。另一位是姚广同志，他的工作比较忙，不一定每次都参加。他可以向我们通报情况，提供外交动态。开会的时候，每人清茶一杯，我请客，算是一点"物质刺激"，"刺激"大家踊跃发言。欢迎长篇大论，也欢迎三言两语。现在开不得"神仙会"，我们就来个"自由谈"。不拘体、不限韵，鸣放一通。可以插话，可以打断，可以质问，也可以反驳，讲错了允许收回。"自由"不能漫无边际，国际形势千头万绪，什么都议也不行，鸡毛蒜皮可以不管。要抓重点，抓要害。现在北边苏修磨刀霍霍，会不会向我们发动大规模进攻？南边美国虎视眈眈，会不会把侵略越南的战火向中国烧？这是关系国家安危的大事，我们要做出明确回答，不能模棱两可，含糊其词。总理的指示很重要：第一，脑袋里不要有框框；第二，要密切注意世界战略格局的发展变化。一次议不出名堂，就多议几次。由向晖同志做记录，议有所得，加以整理，再请大家复议。意见比较一致，上报总理。总理为我们把关。如果总理认为有可取之处，他会呈送主席参考。讨论的过程和内容要保密，这是总理规定的纪律，大家都要遵守。

陈毅讲完"开场白"，四位老帅一个接一个地发言，毫不冷场。他们没有稿子，没有提纲，侃侃而谈，高瞻远瞩，语言生动，条理分明，显然事先都做了认真准备。这年叶帅72岁，聂帅70岁，陈毅和徐帅都是68岁，但他们精神都很好，连续讨论三个半小时，中间不曾休息。

此后每次开会，他们都提前几分钟到达。讨论的次数也超过了预先的计划，有时星期天也开会讨论。

红墙大事
——共和国重大历史事件的来龙去脉（下册）

对战争形势大胆评估：中美、中苏开战的可能性不大

从 6 月 7 日至 7 月 10 日，他们进行了六次共 19 小时的讨论，并写出了第一次书面报告，由陈毅定稿，上报总理。

为了使四位老帅能够及时了解国际形势，周恩来多次批示，为他们的研究提供资料。6 月 23 日，周恩来指示有关部门："有关国际问题的重要文件、资料，应送给四位老帅——陈毅、徐向前、叶剑英、聂荣臻。"7 月 12 日，周恩来在一份反映国际问题的材料中再一次批示："这类文件应发研究国际问题的四位老同志：叶剑英、陈毅、徐向前、聂荣臻。"

在此期间，《人民日报》的报道有以下几方面内容：

一、继续揭露苏军入侵我国领土；

二、更加强调美苏以反华为重点的勾结；

三、一再渲染美苏联合日本等亚洲国家反华。

上述宣传报道造成的印象是：大规模侵华战争迫在眉睫。

但是，四位老帅并不这样看。

为此，7 月 11 日，由陈毅、叶剑英、徐向前、聂荣臻签署，将题为《对战争形势的初步估计》的书面报告上送周恩来。主要内容如下：

关于中、美、苏三大力量之间的斗争。报告认为，国际上两大阶级的对抗，集中地表现为中、美、苏三大力量之间的斗争。这既不同于第二次世界大战以前的"七强"并立，也不同于战后初期的美苏对峙。

对反华的看法。报告认为，在可以预见的时期内，美帝、苏修单独或联合发动大规模侵华战争的可能性都还不大。中苏矛盾大于中美矛盾，美苏矛盾大于中苏矛盾。

对美苏矛盾的分析。报告指出，美帝、苏修都在布局。苏修要向西欧伸手，美帝要向东欧插足。双方针锋相对，都要争夺对方的东西。真正的、现实的利害矛盾还是在它们之间。它们的斗争是经常的、尖锐的。

《对战争形势的初步估计》勾画出刚刚形成并将延续十余年的国际战略格局，为打开中美关系提供了依据。

十八 四位元帅密议国家安危

苏联公然威胁要打核战争，中共中央下达战备命令，包括赶修核工事，但未公布

从 7 月 29 日至 9 月 16 日，四位老帅对相继发生的重大新情况又进行了 10 次共 29 个半小时的讨论。

7 月 11 日，苏联外长葛罗米柯在最高苏维埃做报告，一方面倡议苏美举行最高级会晤，以发展两国间的"广泛合作"，并在国际问题上"寻求一致的立场"；一方面大肆攻击中国。

7 月 21 日，美国和柬埔寨恢复代办级外交关系 (1965 年柬国家元首西哈努克因美对柬进行军事威胁和政治挑衅，宣布与美绝交)。同日，美国国务院宣布，放宽对美国旅游者购买中国货物的限制；放宽美国公民去中国旅行的限制。7 月 25 日，尼克松在观看了美国首次登上月球的宇宙飞船"阿波罗"号返回舱降落后，在关岛发表谈话，承认在越南战争中"受挫"，宣布将在印度支那收缩兵力，使战争"越南化"。7 月 26 日，尼克松动身访问菲律宾、印尼、南越、泰国、巴基斯坦和罗马尼亚。

7 月 26 日这一天，发生两件事：一、苏联外交部第一副部长突然约见我驻苏代办，面交苏联部长会议给中国国务院的内部声明 (未公布)，要求举行中苏高级会谈。二、西哈努克派人见我驻柬大使，面交美国参议院民主党领袖曼斯菲尔德 6 月 17 日写给周恩来总理的信，要求访华，会见周恩来总理或其助手。信中说，中美"20 年长期交恶"不应继续下去了。

四位老帅立即进行研究。

叶剑英说，美帝不得不从南越逐步撤军，苏修却在大力推动建立"亚洲安全体系"。尼克松访问亚洲五国，是怕苏修接管"真空"。同时，曼斯菲尔德乘美柬复交转来信件，苏修可能侦悉此事；美国国务院宣布"两个放宽"，步子虽然不大，但表明尼克松想拉拢中国，压苏修。

聂荣臻说，葛罗米柯反华的调子那么凶，刚刚半个月，就来个 180 度大转变，要求举行中苏高级会谈，他是害怕中美和缓。

徐向前说，尼克松访问罗马尼亚，在东欧会引起连锁反应，苏修怕后院出问题，不得不向我们递出橄榄枝。

红墙大事
——共和国重大历史事件的来龙去脉（下册）

陈毅说，"20年长期交恶"，真是慨乎言之！美国人可以上月球，就是接近不了中国，接近中国比登天还难，这是美帝自己造成的。现在美帝憋不住了，苏修也憋不住了，它们的矛盾不可开交，都向中国暗送秋波，都向对方打中国牌。局势到了转折关头，后面还会有文章，我们要继续观察。必要时向中央提点参考性的建议。

……

这期间，尼克松在出访中，多次表示美国准备开始同北京交往，反对苏联建立"亚洲安全体系"，并说，如果让中国继续处于"孤立"状态，亚洲就不能"向前进"。他出访罗马尼亚时强调不应孤立中国，并称美国愿意同苏联和中国都建立友好关系。回国后，尼克松表示，明年春天以前不再出国。外电评论，这意味着尼克松不愿匆忙与苏联举行最高级会晤。一家英国报纸认为，尼克松此次出访六国，是要利用中苏矛盾，改善欧洲局势。

8月8日，美国国务卿罗杰斯在堪培拉发表演说，声称："台湾的'中华民国'和大陆上的共产党中国都是生活中的现实"，"大陆中国终有一天会在亚洲和太平洋事务中起重要作用"，"这就是我们在一直寻求打开来往渠道的一个原因"。（上述各点，以及美国宣布在有关中国问题上两个"放宽"，新华社均未报道）

原定1968年5月举行的"中苏国境河流第十五次航行例会"，因苏方破坏，延至1969年6月18日至8月8日在苏联伯力举行。8月11日新华社报道："中国代表团本着开好会议、解决问题的精神，同苏方进行了耐心的协商，就中苏国境河流航行的某些具体问题达成了协议，并签订了会议纪要。"

8月13日，我外交部照会苏联驻华大使馆，指出该日上午苏军侵入新疆裕民县铁列克提地区制造新的流血事件，中国政府为此向苏联政府提出强烈抗议。15日，《人民日报》以《苏修头目声嘶力竭发出反华战争叫嚣》为题，刊载新华社的报道说："勃列日涅夫诬蔑中国'策划武装冲突'，叫嚷要'把防御能力保持在最高水平'，猖狂地对我国进行战争威胁。苏修军事头目格列奇科·雅库鲍夫斯基更是歇斯底里地叫嚷什么'军事威力'，公然威胁要进行核战争。""最近，苏修在中苏、中蒙边境地区不断大量增兵，并且肆无忌惮地不断进行各种'军事演习'。目前，苏修还把中苏边境的苏联居民赶走，沿边界线建立一条宽达20公里的无人地带。"16日，《人民日报》以《苏修美帝紧锣密鼓大搞反革命全球勾结》为题，刊载新华社的报道说:"对于苏修的步步加紧反华,尼克松政府欢迎唯恐不及","苏修这个黑货也是同尼克松近年一直在鼓吹的加紧拼凑反华军事联盟、用亚洲人打亚洲人的罪恶阴谋遥相呼应的"。18日,外电报道苏驻美大使馆一官员询问美国一专家,如果苏联袭击中国核设施,美国将做何反应?8月27日,外电报道,美国中央情报局局长赫尔姆斯向记者透露,"苏联可能就它对中国的核设施发动先发制人的打击问题,向其东欧共产党同伙进行试探"。28日,苏联《真理报》发表文章恶毒反华,诬我对苏进行武装挑衅,要求全世界在为时不太晚之前认识到中国的危险,并说:"在当前拥有最现代化的技术、有效的致命武器和发射这些武器的现代化手段的条件下,如果爆发战争,哪一个大陆也不能幸免。"

也就在8月28日这一天,中共中央下达加强战备的命令,包括赶修防核工事,但未公布。

于是,针对上述情况,四位老帅讨论时,一致认为:

一、在《对战争形势的初步估计》中提出的看法没有错,苏修不会发动大规模侵华战争。

二、中央决定加强战备非常必要,无论何时都不能放松战备,要立足于打,有备无患。

三、毛主席说,中央领导同志都集中在北京不好,一颗原子弹会死很多人,应该分散些,一些老同志可以疏散到外地。主席从最坏处打算,我们拥护。

在这次讨论中,特别值得注意的是,四位老帅反复研究了"万一苏修对我发动大规模战争,我们是否从战略上打美国牌"的问题。

叶剑英说,魏、蜀、吴三国鼎立,诸葛亮的战略方针是"东联孙吴,北拒曹魏",可以参考。

陈毅说,当年斯大林同希特勒签订互不侵犯条约,也可以参考。姚广汇报指出,外交部研究了尼克松的反华政策,已上报中央。概括起来,就是:玩弄"遏制不予孤立,压力加劝说"的既定两手方针,把中国看作潜在威胁,对台湾问题一直不松口,加紧对我军事包围,同时搞些假和缓姿态,意欲做一张牌压苏修;希望同我接触,妄图软化我们,争取喘息时间,消除"潜在威胁"。姚广还说,外交部主要领导同志希望四位老帅向中央提建议时,可以原则上讲要利用美苏矛盾,如何利用,不宜具体。在美越和谈期间,恢复中美大使级会谈也不适宜。

红墙大事
——共和国重大历史事件的来龙去脉（下册）

陈毅说，外交部的老同志关心我们，怕我们又犯"右倾"错误。我们尊重外交部领导同志的意见。

……

9月3日，越南领导人胡志明逝世。越南党和政府决定9月9日举行国葬和追悼会。以周恩来为团长、叶剑英为副团长的中央代表团于4日到河内吊唁，当晚回国。这么快就返回，外电猜测，周恩来此行是为了避免与参加胡志明葬礼的苏联领导人见面。

9月8日，李先念副总理率领中国党政代表团去河内，9日在胡志明追悼会上未与苏联党政代表团团长柯西金交谈，10日回京。柯西金通过越方向中方传话，希望路过北京时在机场会晤周恩来总理。越方因故延误，苏驻华代办向中国外交部紧急提出，经报毛泽东主席同意后，柯西金已离越回到塔吉克首府杜尚别（现为塔吉克斯坦共和国首都），得我方答复后绕道于9月11日上午9时许飞抵北京，周恩来在机场同他会谈。新华社11日发布低调简短消息："国务院总理周恩来今天在首都机场会见了从河内参加胡志明主席葬礼回国途经北京的苏联部长会议主席柯西金。双方进行了坦率的谈话。"

9月13日，四位老帅集体阅读了周恩来同柯西金的谈话记录。

周恩来谈话的要点是：（1）理论和原则问题的争论，不应影响两国的国家关系。两国的问题，只要心平气和地处理，总可找到解决办法。（2）在边界冲突问题上，中国是被动的。今年发生冲突的地方都是争议地区。你们说我们要打仗，我们现在国内的事情还搞不过来，为什么要打仗？我们领土广大，足够我们开发，我们没有军队驻在国外，不会侵略别人，而你们调了很多军队到远东。你们清楚。你们说，你们要用先发制人的手段摧毁我们的核基地，如果你们这样做，我们就要坚决抵抗，抵抗到底。（3）中苏之间的原则争论不应妨碍两国关系正常化，中苏不应为边界问题而打仗。中苏边界谈判应在不受任何威胁的情况下举行。中苏双方先应就维持边界现状，避免武装冲突，双方武装力量在边界争议地区脱离接触的临时措施等问题达成协议。

在就此问题进行讨论时，四位老帅认为，现在柯西金屈尊就教，主要原因是想同我们缓和一下，借中国压美帝，同时也摸摸我们的底。总理请他吃了一顿饭，同他恳切地交谈，这是高姿态。美国情报部门限期搜集柯西金在中国三小时的详细情况，可见美帝很着急。尼克松一定会奋起直追。

陈毅说，中苏首脑会谈震动全世界，一旦举行中美首脑会谈，一定会更震动全世界。

……

但不久，战争的空气又紧张起来。对柯西金北京之行，有些人认为是苏修大举侵华前施放的烟幕，有如珍珠港事变前日本派特使去美国迷惑罗斯福一样。持这种观点者的根据：

一是柯西金在同周恩来谈话中，并未否认苏修向我方挥舞核大棒，更未保证今后不向我方发动核战争。

二是柯西金返回莫斯科时，苏联的主要头目均未出场，只派二、三流人物到机场迎接。说明柯西金所做的若干缓和承诺不代表苏联政治局的意见。

三是外电报道，9月10日苏联驻联合国代表团一位成员对美国一位代表说，苏联在军事上具有对中国的压倒优势，如果中国对苏联的敌对态度继续下去，一场军事较量无法避免。

四是9月12日，《人民日报》在题为《核讹诈救不了新沙皇的命》的文章中揭露，苏国防部第一副部长扎哈罗夫说，苏"战略火箭部队""随时准备立即行动"，"出其不意地进行打击"，"使敌人措手不及"。

五是9月16日，伦敦《新闻晚报》刊载苏联"自由撰稿者"、经常透露苏联重大决策的维克托·路易斯的文章。文中说，如果中苏爆发战争，"世界只会在战争爆发以后才会知道"，并说，苏可能对新疆罗布泊的核试验基地进行空袭。

在这种情况下，四位老帅紧急讨论后，写出《对目前局势的看法》，由陈毅定稿，9月17日报送周总理。

陈毅语出惊人：利用美苏矛盾，打开中美关系，让中美苏三角相互制衡

四位老帅在《对目前局势的看法》中首先指出："国际阶级斗争错综复杂，中心是中、美、苏三大力量的斗争。目前压倒一切的问题是苏修会不会大举进攻我国。正当苏修剑拔弩张，美帝推波助澜，我国加紧备战的时候，柯西金突然绕道来京，向我表示希望缓和边境局势，改善两国关系。其意何居，值得研究。"

红墙大事
——共和国重大历史事件的来龙去脉（下册）

然后，他们提出以下几点：

一是"苏修确有发动侵华战争的打算"，"苏修的战略目标是同美帝重新瓜分世界。它妄想把我国纳入其社会帝国主义的版图"。"最近苏修变本加厉地制造反华战争舆论，公然对我方进行核威胁，阴谋对我方核设施发动突然袭击"，表明"苏修领导集团中的一批冒险分子，想趁我国文化大革命尚未结束，核武器尚在发展，越南战争尚未停止时，依靠导弹和'乌龟壳'，对我打一场速战速决的战争，幻想把我搞垮，消除其心腹大患。"

二是"苏修虽有发动侵华战争的打算，并且做出了相应的军事部署，但它下不了政治决心"，因"对华作战的决策，在很大程度上取决于美帝的态度。迄今美帝的态度不但未能使它放心，而且成为它最大的战略顾虑"。美帝"绝不愿苏修在中苏战争中取胜，建立资源、人力超过美帝的大帝国"，"美帝多次表示要同中国改善关系，这在尼克松访问亚洲前后达到高潮"，苏修"生怕我国联合美帝对付它。7月26日尼克松出访亚洲的第一天，苏修迫不及待地向我方交出其部长会议给我国政府的声明，充分表现了苏修惶惑不安的心情"。"它对中美可能联合的担心，增加了它大举进攻我国的顾虑"。文中还列举其他"种种因素"，判定"苏修不敢挑起反华大战"。

三是"柯西金的北京之行"，是"基于反革命实用主义的需要，试图改变对我国的战争边缘政策，打出和谈旗帜，借此摆脱内外困境"，并"探询我方意图，作为苏修决策的依据"。"估计苏修可能同我谈判，要我基本上按照它的主张暂时维持边界现状或解决划界问题；在继续反华的同时，缓和并改变同我国的国家关系，以便争取时机，堵塞国内漏洞，稳定东欧形势，巩固和扩展在中东及在亚洲等处的阵地；特别是想利用对我国的反革命两手政策，在同美帝的争夺中，增加一点资本，求得一些主动。"

四是"周总理会见柯西金的消息，轰动了全世界，使美帝、苏修和各国反动派的战略思想发生混乱"。"我们坚持打倒美帝、苏修，柯西金反而亲来北京讲和，尼克松反而急于同我们对话，这都是中国的伟大胜利。""在中、美、苏三大力量的斗争中，美对中苏，苏对中美，要加以运用，谋取它们最大的战略利益。"而我们"对美苏进行针锋相对的斗争，也包括用谈判方式进行斗争。原则上坚定，策略上灵活"，"苏修要求恢复大使级会谈，我也可以选择有利时机给予答复。

这种战术上的行动，可能收到战略上的效果"。

在这个报告定稿后，陈毅提出他对打开中美关系的设想。

陈毅说，这个报告，主要是分析柯西金来华意图和苏修会不会大举进攻我国的问题，对恢复华沙中美大使级会谈没有多讲，只从战略意义上点了一笔。关于打开中美关系，我考虑了很久。华沙会谈谈了十几年，毫无结果，现在即使恢复，也不会有什么突破。我查了资料：1955年10月27日，我们提议举行中美外长会议，协调解决缓和与消除台湾地区紧张局势问题。1956年1月18日和24日，我外交部发言人两次发表声明，指出：中美大使级会谈已经证明不能解决像缓和消除台湾地区紧张局势这样重大的实质问题，必须举行中美外长会议才是解决这个问题的切实可行的途径。这一重大建议被美国拒绝。现在情况发生变化，尼克松出于对付苏修的战略考虑，急于拉近中国。

陈毅接着说，我们要从战略上利用美苏矛盾，有必要打开中美关系，为此必须采取相应的策略。我有一些"不合常规"的想法。陈毅的想法是：

第一，在华沙会谈恢复时，我们主动重新提出举行中美部长级或更高级的会谈，协商解决中美之间的根本性问题和有关问题。我们只提会谈的级别和讨论的题目，不以美国接受我们的主张为前提。我估计美会乐于接受。如果我们不提，我估计美国也会向我们提出类似的建议。如果这样，我们应该接受。

第二，只要举行高级会谈，本身就是一个战略行动。我们不提先决条件，并不是说我们在台湾问题上改变立场。台湾问题可以在高级会谈中逐步谋求解决，还可以商谈其他带战略性的问题，这不是大使级会谈所能做到的。

第三，恢复华沙会谈不必使用波兰政府提供的场所，可以在中国大使馆里谈，以利保密。

陈毅说，他决定将这些"不合常规"的设想向总理口头汇报。

……

以后的事态发展，正如四位老帅的判断，苏中战争并未发生，边界冲突也未继续，两国关系有所缓和，而尼克松则更加急于与中国改善关系。

此后不久，中共中央做出两项决策：

一、允许在柬埔寨逗留的美国参议员曼斯菲尔德来华；

二、同意重开中美大使级会谈。

红墙大事
——共和国重大历史事件的来龙去脉（下册）

这两项决策在当时世界上虽未引起轰动效应，但却预示了毛泽东新的重大战略决策的出台。

70年代初，经过深思熟虑与慎重的外交接触，毛泽东断然决定打开中美关系。

1971年7月9日至11日，尼克松派他的国家安全事务助理基辛格秘密来京。7月16日，双方同时发表公告，宣布周恩来总理代表中国政府"邀请尼克松总统于1972年5月以前的适当时间访问中国"，"中美两国领导人的会晤，是为了谋求两国关系正常化，并就双方关心的问题交换意见"。

打开中美关系具有重大意义，它缓和了中国在国家安全问题上所面临的极度紧张形势，使中国摆脱了长期的孤立状态，重新走上广阔的世界舞台，它将中国的对外方针建立在世界发展的现实基础之上。

实践证明，四位老帅1969年对国际形势的判断是正确的。

正如叶剑英所说，当时"九大"政治报告刚发表，主席指定我们研究国际形势，我们很不理解，总理做了指示，我们才明白主席的深意。我们共同提出了书面看法，陈老总向总理口头汇报了他对打开中美关系的设想。这些看法和设想事关重大。美国长期敌视中国，苏联又不断挑起边界冲突，国际斗争错综复杂，主席在慎重考虑、反复观察之后才做出决定，这些决定是不容易的。可惜陈老总患癌症，大概看不到尼克松访华了。

十九　毛泽东批语《我的一点意见》写出的前前后后

- 《我的一点意见》是毛泽东在"文化大革命"期间于庐山召开的中共九届二中全会时，针对林彪、陈伯达等大肆鼓吹"天才论"并摘编了《恩格斯、列宁、毛主席关于称天才的几段语录》而写的批语。

红墙大事
——共和国重大历史事件的来龙去脉（下册）

《我的一点意见》是毛泽东在"文化大革命"期间于庐山召开的中共九届二中全会时，针对林彪、陈伯达等大肆鼓吹"天才论"并摘编了《恩格斯、列宁、毛主席关于称天才的几段语录》而写的批语。

"文化大革命"期间，林彪一伙大力鼓吹"天才论"，说毛泽东"天才地、创造性地、全面地继承、捍卫和发展了马克思列宁主义"。对此，毛泽东非常反感。毛泽东历来反对"天才论"。

然而，当时任中共中央副主席、中央军委副主席的林彪却大力鼓吹"天才论"。林彪自感天才，如果承认"天才论"，也就等于肯定了林彪是理所当然的接班人。毛泽东反对"天才论"，不承认"天才论"，也进而怀疑林彪提出设国家主席的提议的真实意图……

在中华人民共和国成立后，担任国家主席的先是毛泽东，后是刘少奇，而刘少奇当国家主席时，是被确定为毛泽东的接班人的。后来，毛泽东主张不设国家主席。1970年4月11日，林彪重新提出要设国家主席，并说要毛泽东再担任国家主席。4月12日，中共中央政治局将林彪的意见向毛泽东请示报告，毛泽东批示："我不能再做此事，此议不妥。"

而林彪提出设国家主席，就是想自己当国家主席。

正是由于上述原因，经过"九大"和九届二中全会，林彪成了党章规定的毛泽东的"接班人"。此时的林彪，已是一人之下，万人之上，只要耐心等待，最高权力的宝座已唾手可得。

但林彪还是迫不及待地"抢班夺权"了。因为就在林彪成为"接班人"的同时，江青、张春桥、姚文元、黄永胜、吴法宪、叶群、李作鹏、邱会作也相继成为中央政治局委员，林彪和江青反革命集团的权力分配达到了暂时的均衡。虽然权势极盛，但他们的权力欲望是没有止境的。江青一伙觊觎党和国家的最高权力。林彪一伙既不满足于已经到手的权力，又担心林彪"接班人"地位迟早要发生变化。

于是，江青和林彪集团在"九大"以后便开始争权夺势，分道扬镳。在"九大"以前，林彪集团与江青集团是以相互勾结为主的，勾结中有矛盾。但为了共同的利益，他们不得不暂时"和"。"九大"以后，"资产阶级司令部"被摧毁了，他们失去了共同对付的目标，矛盾开始激化，冲突也由暗斗转为明争。

林彪是1955年4月4日中共七届五中全会补选出的中央政治局委员，1958

年成为中共中央副主席。他资历较深、性格孤傲,对钓鱼台那伙"文人"打心眼里瞧不起。林彪曾说,在"文化大革命"以前,连张春桥、姚文元的名字也没有听说过,都是无名之辈。1967年2月初的一个晚上,秘书正在给叶群讲文件,只听从林彪那边传来怪叫:"叶群!——叶群!"秘书急忙跑出去,只见林彪气得脸色铁青,身体一阵阵发抖,不停地大喊大叫:"叶群!叶群!"火气很大。林彪怒不可遏地对秘书说:"叫叶群!快把江青给我赶走!"只听见林彪会客室的门口传来江青平静的声音:"林彪同志,我有缺点、错误,你可以批评,何必生气呢……"紧接着,叶群去做了调解。他们何以闹翻,我们不得而知。

一次,叶群与南京军区司令员许世友通电话,她说:"许司令,你知道,主席是保你的,林彪同志也是保你的……对,有人反对你,你知道谁反对你吗?就是你们东边的那位,那个人,我不说名字,你也会知道他是谁。对,对,我对你讲,你心里有数就行了。"在旁边的几位秘书,都听得出"你们东边的那位"指的就是张春桥。

在中共"九大"上,叶群布置一些人不投江青的票,结果江青少得了六票,心里十分恼火,甚至扬言要加以追查;而华东组也有人不投叶群的票,叶群等人又大为不满。在"九大"期间,陈伯达和黄永胜等人多次密谈,研究"九大"以后要不要"中央文革"的问题。此后,林彪明令陈伯达不要听江青的指挥。

叶群当时既担心林彪的身体"拖不过"毛泽东,又担心"接班人"的地位不稳,从而权力被江青、张春桥夺去。特别是有一次毛泽东与林彪谈到"你年纪大了以后谁来接班"的问题时,曾提到张春桥,这更使林彪、叶群产生了疑虑。在林彪集团看来,情况紧急,"抢班夺权"迫在眉睫。林彪集团的主要成员曾就这个问题进行了周密的分析,他们认为,林彪的"接班"问题有三种可能:一种是林彪"和平接班",这种办法最好;一种是"被人抢班",林彪被赶下台;第三种是林彪"提前抢班",但这一条较复杂、难度大。经过再三权衡他们最后商定:争取"和平过渡",做好"武装起义"的准备。主意已定,他们便开始行动了。

他们的"和平接班"活动首先从要求设国家主席入手。1969年底,中华人民共和国主席刘少奇逝世了,这条消息对中国一般老百姓是封锁的,但当时掌握国家党、政大权的核心人物可以说是无人不晓。因此,这些人心中都在盘算着中国将采取什么样的政权组织形式,谁担任未来的国家主席。他们十分清楚的是,

红墙大事
——共和国重大历史事件的来龙去脉（下册）

这些问题必将在"九大"之后不久即将召开的第四届全国人民代表大会上有一个结果。

"文化大革命"把林彪推上了党内"第二号人物"的高位，成了党章规定的"接班人"。然而，林彪并不满足于这一切，他希望自己在国家职务中也能取得与他在党内相称的地位，能像刘少奇生前担任的职务一样：在党内是"副主席"，在国家职务上担任"国家主席"。

然而，毛泽东却有他自己的想法。毛泽东在决心打倒刘少奇时，就已认为刘少奇的权力太大。鉴于刘少奇的"教训"，1970年3月，毛泽东提出召开第四届全国人民代表大会和修改宪法的意见，建议不设国家主席。但林彪力主设国家主席，并提议由毛泽东担任，毛泽东当即予以断然否定："我不能再做此事，此议不妥。"而若不设国家主席，那林彪就永远不可能担任国家主席了。因此，对这件事林彪是决不会善罢甘休的。叶群曾焦急地说："如果不设国家主席，林彪怎么办？往哪里摆？"

在这种情况下，林彪集团便在九届二中全会前夕大造舆论，力图通过这次全会确定设立国家主席并让林彪来当。

于是，围绕"天才论"和设国家主席问题的争论，在1970年8月23日至9月6日于庐山举行的中共九届二中全会上爆发了。

在这次会议上，新投到林彪集团，当时任中共中央政治局常委的陈伯达，率先提出了"天才论"，并伙同叶群于8月23日庐山会议期间连夜选编出一个材料，摘录了恩格斯、列宁和毛泽东关于所谓天才的论述，即《恩格斯、列宁、毛主席关于称天才的几段语录》。

在陈伯达摘编的《恩格斯、列宁、毛主席关于称天才的几段语录》中说道："在现代社会中，假如没有'十来个'富有天才（而天才人物不是成千成百地产生出来的）、经过考验、受过专门训练和长期教育并且彼此能够很好地互相配合的领袖，无论哪个阶级都无法进行坚持不懈的斗争。（《怎么办》《列宁选集》第1卷第422页）

"马克思、恩格斯、列宁、斯大林之所以能够作出他们的理论，除了他们的天才条件之外，主要的是他们亲自参加了当时的阶级斗争和科学实验的实践……"（《实践论》《毛泽东选集》第264页）

十九　毛泽东批语《我的一点意见》写出的前前后后

这个《语录》共七条。关于"恩格斯称马克思为天才",收了一条,即恩格斯为《路易·波拿巴特政变记》德文第3版写的序言中的一句话:"这是一部天才的著作。"关于"列宁称马克思、恩格斯为天才",收了五条,分别选自列宁写的《卡尔·马克思致路·库格曼书信集俄译本序言》《马克思主义的三个来源和三个组成部分》《预言》《怎么办》等文章和著作。关于"毛主席称马、恩、列、斯为天才",收了一条,即我们前面引述的《实践论》中的一句话。

这个语录,散发给了九届二中全会的与会者。

众所周知,林彪、陈伯达等想要在九届二中全会上达到的一个根本目的,就是把林彪捧上国家主席的位置。

对于这个问题,毛泽东在会前虽然已多次表示,不设国家主席,自己也不当国家主席,但林、陈等却反其道而行之。

陈伯达编选称天才的《语录》,就是为达到这个目的而制造的舆论,以攻击那些不赞成设国家主席的人。例如,陈伯达在8月24日的华北组会议发言中说:"现在竟然有人胡说'毛泽东同志天才地全面地继承、捍卫和发展了马克思列宁主义,把马克思列宁主义提高到一个崭新的阶段'这些话是一种讽刺……有人利用毛主席的谦虚,妄图贬低毛泽东思想。"

叶群当天在中南组的发言中也说:"林彪同志在很多会议上都讲了毛主席是最伟大的天才。说毛主席比马克思、列宁知道得多、懂得多。难道这些都要收回吗?"

在他(她)们看来,嚷一番"天才论",推举毛泽东担任国家主席,而毛泽东又一再表示不再重新担任,那么国家主席便非林彪莫属了。这番舆论,确实蒙蔽了一些真心拥护毛泽东当国家主席的与会者。

与此同时,林彪手下的几员战将也一齐呼应,大有一举轰平庐山之势。

对于陈伯达、林彪一伙的险恶居心,毛泽东是早有察觉的。

毛泽东读了这个称天才的《语录》,敏锐地看出了编选者的真实用心,于是于8月31日写了《我的一点意见》。

毛泽东在《我的一点意见》中写道:

> 这个材料是陈伯达同志搞的,欺骗了不少同志。第一,这里没有马克思的话。第二,只找了恩格斯一句话,而《路易·波拿巴特政变记》这部书不是马克思的主要著作。第三,找了列宁的有五条。其中第五条说,要有经过

红墙大事
——共和国重大历史事件的来龙去脉(下册)

考验、受过专门训练和长期教育,并且彼此能够很好地互相配合的领袖,这里列举了四个条件。别人且不论,就我们中央委员会的同志来说,够条件的不很多。例如,我跟陈伯达这位天才理论家之间,共事三十多年,在一些重大问题上就从来没有配合过,更不去说很好的配合。仅举三次庐山会议为例。第一次,他跑到彭德怀那里去了。第二次,讨论工业七十条,据他自己说,上山几天就下山了,也不知道为了什么原因下山,下山之后跑到什么地方去了。这一次,他可配合得好了,采取突然袭击,煽风点火,唯恐天下不乱,大有炸平庐山,停止地球转动之势。我这些话,无非形容我们的天才理论家的心(是什么心我不知道,大概是良心吧,可绝不是野心)的广大而已。至于无产阶级的天下是否会乱,庐山能否炸平,地球是否停转,我看大概不会吧。上过庐山的一位古人(指唐代诗人李白——引者注)说:"杞国无事忧天倾。"我们不要学那位杞国人。最后关于我的话(指陈伯达摘录的毛泽东《实践论》中的一段话:"马克思、恩格斯、列宁、斯大林之所以能够作出他们的理论,除了他们的天才条件之外,主要的是他们亲自参加了当时的阶级斗争和科学实验的实践……"——引者注),肯定帮不了他多少忙。我是说主要地不是由于人们的天才,而是由于人们的社会实践。我同林彪同志交换过意见,我们两人一致认为,这个历史家和哲学史家争论不休的问题,即通常所说的,是英雄创造历史,还是奴隶们创造历史,人的知识(才能也属于知识范畴)是先天就有的,还是后天才有的,是唯心论的先验论,还是唯物论的反映论,我们只能站在马列主义的立场上,而决不能跟陈伯达的谣言和诡辩混在一起。同时我们两人还认为,这个马克思主义的认识论问题,我们自己还要继续研究,并不认为事情已经研究完结。希望同志们同我们一道采取这种态度,团结起来,争取更大的胜利,不要上号称懂得马克思,而实际上根本不懂马克思那样一些人的当。

毛泽东
1970年8月31日

1970年11月16日,中共中央发出关于传达陈伯达反党问题的指示,同时发出了这个批语。

十九　毛泽东批语《我的一点意见》写出的前前后后

毛泽东《我的一点意见》这个批语就写在陈伯达等搜集整理的《恩格斯、列宁、毛主席关于称天才的几段语录》和《林副主席指示》上，题目是毛泽东在审阅这个批语的抄件时加写的。

毛泽东在批示中所说的"恩格斯的一句话"是指恩格斯为马克思《路易·波拿巴特政变记》（今译为《路易·波拿巴的雾月十八》）德文第3版写的序言中评价该书的一句话："这是一部天才的著作。"

批示中毛泽东所提的陈伯达摘录"列宁的五条"是指：一、"当你读到这些评论的时候，就会觉得自己好像是在亲自听取这位天才思想家讲话一样。"（列宁《卡尔·马克思致路·库格曼书信集俄译本序言》中对马克思对于各个作家的评论的评价）二、"马克思的全部天才正在于他回答了人类先进思想已经提出的种种问题。"（列宁《马克思主义的三个来源和三个组成部分》）三、"马克思的天才就在于他最先从这里得出了全世界历史提示的结论，并且一贯地推行了这个结论。这一结论就是关于阶级斗争的学说。"（列宁《马克思主义的三个来源和三个组成部分》）四、"这真是多么天才的预见！"（列宁《预言》中对恩格斯谈未来世界大战一段话的评价）五、"在现代社会中，假如没有'十来个'富有天才（而天才人物不是成千成百地产生出来的）、经过考验、受过专门训练和长期教育并且彼此能够很好地互相配合的领袖，无论哪个阶级都无法进行坚持不懈的斗争。"（列宁《怎么办》）

毛泽东批示中所提的三次庐山会议，其一是指1959年7月2日至8月16日在庐山先后举行的中共中央政治局扩大会议和八届八中全会。在这次会议上，原任中共中央政治局委员、中央军委副主席、国务院副总理兼国防部部长彭德怀，因向毛泽东写了一封对"大跃进"看法的信，而和黄克诚、张闻天、周小舟被错误地定为所谓以他为首的"反党集团"。1981年6月27日，中共十一届六中全会通过的《关于建国以来党的若干历史问题的决议》指出："八届八中全会关于所谓'彭德怀、黄克诚、张闻天、周小舟反党集团'的决议是完全错误的。"

在毛泽东批示的"而是由于人们的社会实践"这句话的后面，在毛泽东手稿中，还加括号写有一句："陈伯达摘引林彪同志的话多至七八条，如获至宝。"中共中央转发《我的一点意见》时，删去了引号中的这句话。那么陈伯达摘录的

红墙大事
——共和国重大历史事件的来龙去脉（下册）

林彪八条讲话是什么呢？这些内容分别是：

1. 1959年9月，林彪在全军高级干部会议上的讲话："毛主席个人天赋很高。他理解力很强，记性很强。他理解力很强，无论读书的理解力，或对事物的理解力，从现象看本质的能力，都很强。他的头脑是非常清楚的，天资很高。"

2. 1966年5月18日，林彪在中共中央政治局扩大会议上的讲话："19世纪的天才是马克思、恩格斯。20世纪的天才是列宁和毛泽东同志……不承认这一点，我们就会犯大错误。不看到这一点，就不晓得把无产阶级最伟大的天才舵手选为我们的领袖。"

3. 1966年5月18日，林彪在中共中央政治局扩大会议上的讲话："毛主席所经历的事情，比马克思、恩格斯、列宁多得多。当然，马克思、恩格斯、列宁是伟大的人物。马克思活了64岁，恩格斯活了75岁。他们有很高的预见，他们继承了人类先进的思想，预见到人类社会的发展。可是他们没有亲身领导过无产阶级革命，没有像毛主席那样，亲临前线指挥那么多重大的政治战役，特别是军事战役。列宁只活了54岁，十月革命胜利以后6年就去世了。他也没有经历过像毛主席那样长期、那样复杂、那样激烈、那样多方面的斗争。中国人口比德国多10倍，比俄国多3倍，革命经验之丰富，没有哪一个能超过。毛主席在全国、全世界有最高威望，是最卓越、最伟大的人物。毛主席的言论、文章和革命实践都表现出他是伟大的无产阶级的天才。"

4. 1966年8月8日，林彪接见"中央文化革命"小组时的讲话："毛主席是当代无产阶级最杰出的领袖，是最伟大的天才，有最高的革命责任感，最现实的革命精神。"

5. 1966年9月18日，林彪关于把学习毛泽东著作提高到一个新阶段的讲话："毛主席比马克思、恩格斯、列宁、斯大林高得多。现在世界上没有哪一个人比得上毛主席的水平。"

6. 1966年9月18日，林彪关于把学习毛泽东著作提高到一个新阶段的讲话："毛主席这样的天才，全世界几百年、中国几千年才出现一个。毛主席是世界最伟大的天才。"

7. 1966年12月16日，林彪《〈毛主席语录〉再版前言》："毛泽东同志是当代最伟大的马克思列宁主义者。毛泽东同志天才地、创造性地、全面地继承、捍卫和发展了马克思列宁主义,把马克思列宁主义提高到一个崭新的阶段。"

8. 1970年5月19日,林彪接见总政治部副部长以上干部时的讲话:"不能离开中心。中心就是太阳,九大行星围绕太阳旋转,一切工作围绕太阳转。毛主席就是太阳。毛泽东思想就是太阳。"

毛泽东批判了陈伯达编选这个《语录》的唯心主义观点,讽刺这个"天才理论家",连"是英雄创造历史,还是奴隶们创造历史,人的知识(才能也属于知识范畴)是先天就有的,还是后天才有的,是唯心论的先验论,还是唯物论的反映论"这样一些常识都不懂,提醒人们不要上骗子的当。

在上述批示中,毛泽东说这是他和林彪两人一致的意见,自然是从斗争策略上考虑,是为了稳住林彪。

在毛泽东看来,此前确实有人上了这个当,而上当的原因,就是没有很好地阅读马列著作。正因为如此,在9月6日的闭幕会上,在讲到高级干部读马列的几本书的问题时,毛泽东特别强调指出:"现在不读马、列的书了,不读好了,人家就搬出什么第3版(指恩格斯为《路易·波拿巴的雾月十八》德文第3版写的序言。陈伯达在中共九届二中全会期间搜集整理的《恩格斯、列宁、毛主席关于称天才的几段语录》中,引用了恩格斯写的这个序言中的一句话:这是一部天才的著作。——引者注)呀,就照着吹呀,那么,你读过没有?没有读过,就上这些黑秀才的当。有些是红秀才哟。我劝同志们,有阅读能力的,读十几本。基本开始嘛,不妨碍工作。""要读几本哲学史,中国哲学史,欧洲哲学史。一讲读哲学史,那可不得了呀,我今天工作怎么办?其实是有时间的。你不读点,你就不晓得。这次就是因为上当,得到教训嘛,人家是哪一个版本,第几版都说了,一问呢?自己没有看过。"

鉴于此,在九届二中全会结束后不久,即9月18日,周恩来等给毛泽东写报告说:"现送上主席在1964年关于选读马、恩、列、斯著作的32本书的批示和目录。我们从中选了九本,又在毛主席著作中选了五本","请予审批"。

周恩来等挑选的九本马、恩、列、斯著作是:一、《共产党宣言》;二、《哥达纲领批判》;三、《反杜林论》;四、《费尔巴哈与德国古典哲学的终结》;五、《帝国主义是资本主义的最高阶段》;六、《国家与革命》;七、《无产阶

红墙大事
——共和国重大历史事件的来龙去脉（下册）

级革命和叛徒考茨基》；八、《共产主义运动中的"左派"幼稚病》；九、《论马克思、恩格斯及马克思主义》。毛泽东的五本著作是：一、《实践论》；二、《矛盾论》；三、《关于正确处理人民内部矛盾的问题》；四、《在中国共产党全国宣传工作会议上的讲话》；五、《人的正确思想是从哪里来的》。

毛泽东看了这个报告后，于9月27日在报告上批示："九本略多，第一次宜少，大本书宜选读（如反杜林）。"反杜林，即恩格斯的《反杜林论》。

11月6日，中共中央下发了经毛泽东审阅的关于高级干部学习问题的通知，通知中引用了毛泽东的上述批语，并指出："最近，毛主席在党的九届二中全会上，又一次批示：党的高级干部，不管工作多忙，都要挤出时间，读一些马列的书，区别真假马列主义。"

对于林彪和陈伯达等人大力鼓吹"天才论"，特别是对于上"天才论"的当这个教训，毛泽东非常重视。

九届二中全会后，他又多次谈到。1971年3月15日在对一篇文章的批语中，毛泽东说："我党多年来不读马列，不突出马列，竟让一些骗子骗了多年，使很多人甚至不知道什么是唯物论，什么是唯心论，在庐山闹出大笑话。这个教训非常严重，这几年应当特别注意宣传马列。"1971年夏天在南巡期间的讲话中，毛泽东对这个问题讲得更透彻。他说：我看他们的突然袭击，地下活动，是有计划、有组织、有纲领的。纲领就是设国家主席，就是"天才"，就是反对"九大"路线，推翻九届二中全会的三项议程。有人急于想当国家主席，要分裂党，急于夺权。天才问题是个理论问题，他们搞唯心论的先验论。说反天才，就是反对我。我不是天才。我读了六年孔夫子的书，又读了七年资本主义的书，到1918年才读马列主义，怎么是天才？那几个副词（按：指"天才地、全面地、创造性地"三个副词），是我圈过几次的嘛。"九大"党章已经定了，为什么不翻开看看？《我的一点意见》是找了一些人谈话，做了一点调查研究才写的，是专批"天才论"的。我并不是不要说天才，天才就是比较聪明一点，天才不是靠一个人靠几个人，天才是靠一个党，党是无产阶级先锋队。天才是靠群众路线，集体智慧。

1970年9月6日，在庐山会议闭幕时的讲话，当讲到庐山会议这场斗争，他们大有炸平庐山、停止地球转动之势时，毛泽东说："庐山是炸不平的，地球还是照样转。极而言之，无非是有那个味道。我说你把庐山炸平了，我也不听你

十九　毛泽东批语《我的一点意见》写出的前前后后

的。你就代表人民？我是十几年以前就不代表人民了。因为他们认为，代表人民的标志就要当国家主席。我在十几年以前就不当了嘛，岂不是十几年以来就不代表人民了吗？我说谁想代表人民，谁去当嘛，我是不干。你把庐山炸平了，我也不干。你有啥办法呀？"

针对这次庐山会议上林彪、陈伯达等人的阴谋活动，毛泽东大讲特讲党内团结问题。同样在这一会议闭幕时的讲话中，毛泽东讲到党内外的团结时说："不讲团结不好，不讲团结得不到全党的同意，群众也不高兴。""所谓讲团结是什么呢？当然是马克思列宁主义基础之上的团结，不是无原则的团结。提出团结的口号，总是好一点嘛，人多一点嘛。包括我们在座的有一些同志，历来历史上闹别扭的，现在还在闹，我说还可以允许。此种人不可少。你晓得，世界上有这种人，你有啥办法？一定要搞得那么干干净净，就舒服了，就睡得着觉了？我看也不一定。到那时候又是一分为二。党内党外都要团结大多数，事情才干得好。"

其实，毛泽东早已察觉了他们的阴谋，他对于叶群等人玩弄权术和攫取权力的企图非常愤慨，后来毛泽东在外地巡视时曾尖锐地戳穿了他们的阴谋，他说："一句就是一句，怎么能顶一万句。不设国家主席，我不当国家主席，我讲了六次，一次就算讲了一句吧，就是六万句？他们都不听嘛，半句也不顶，等于零。""名曰树我，不知树谁人，说穿了就是树他自己。"所以在九届二中全会上，当林彪集团再次鼓吹"天才论"，坚持设国家主席时，毛泽东不但断然否定，而且首先对林彪的"吹鼓手"陈伯达开刀，开始了对陈伯达的批判。

中共九届二中全会后，陈伯达被隔离审查。1973年8月，中共十届一中全会通过决议，开除陈伯达的党籍，撤销党内外一切职务。1981年1月，中华人民共和国最高人民法院特别法庭确认陈伯达是林彪反革命集团案主犯，判处他有期徒刑18年，剥夺政治权利5年。

毛泽东对陈伯达的批判，可以说是批在陈伯达的身上，痛在"林副主席"的身上。林彪此时清楚地意识到，毛泽东已看穿了他的用意，他在毛泽东心中已经"失宠"了，"和平接班"已宣告失败。

二十　175位将军最终得到平反昭雪

- 毛泽东拍案而起：怎么打倒了那么多干部？我也无意把他们都打倒嘛
- 秦基伟听说周恩来要见他，很激动，问道，总理要见我，我能穿军装吗？可不可以戴领章
- 王洪文点名许世友，许世友面色铁青，不屑搭理

红墙大事
——共和国重大历史事件的来龙去脉（下册）

1966年"文化大革命"开始后，老一辈革命家和老将军不断被打倒。这些人当中，有的在被"改造"和"下放"过程中，由于发病没有得到及时的治疗而含冤死去；有的被残酷地迫害致死；有的正在受着身心方面的折磨。这种情况到了"文化大革命"中期，特别是林彪反革命集团被粉碎后，在毛泽东的关心和周恩来的努力下，在一定程度上得到了改善。1972年1月陈毅元帅逝世后，在不长时间内有175位将军相继得到平反。

毛泽东拍案而起：怎么打倒了那么多干部？
我也无意把他们都打倒嘛

1972年12月，清查林彪集团尘埃落定，纠正"文革"初期造成的冤假错案，落实干部政策的工作终于提上了议事日程。中南海毛泽东的书房，一次关系着千百万人命运的重要谈话正在进行。

毛泽东拍案而起：看来贺龙同志的案子假了。怎么打倒了那么多干部？我也无意把他们都打倒嘛！

周恩来抓住机会向毛泽东建议，看来有一个落实干部政策的问题。

毛泽东点点头，下了决心：对，这个问题就由你组织落实吧！

周恩来宣布，落实干部政策的工作，中央由中组部负责落实省委党委以上干部政策；国务院由总理办公室负责，落实副部长以上干部政策；军队由总政治部负责，落实正军级以上干部政策。

周恩来还规定，"解放"干部的审查报告都必须送政治局最后讨论决定。

"文革"初期，军内被打倒被关押的军以上干部多达数百人，级别最高的是两位元帅：彭德怀和贺龙。

当时，总政治部考虑到毛泽东说过，贺龙同志的案子假了。于是，派保卫部部长持介绍信前往中央专案组一办索取贺龙元帅的材料。

一办的负责人回答："贺龙同志是要平反的。但是，毛主席和总理没有说贺龙同志的案子让你们总政治部去平反。"

保卫部部长解释："我们考虑贺龙同志是元帅，军委副主席，贺帅的事我们总政应该办。"那位负责人又说："贺龙同志不光是元帅，他还是政治局委员、国务院副总理。中央没有说贺龙的案子让你们平反，材料不能给你们。"

保卫部部长乘兴而去，失望而回。落实干部政策从什么地方下手呢？正当总政治部落实干部政策工作班子不知从何下手之时，周恩来亲自为他们选定了突破口。

说到对175位将军的平反，不能不提当时任总政治部副主任的田维新将军。

田维新，原名田俊卿，生于山东东阿单庄乡田庄村。中华人民共和国成立后，曾任川东军区大竹分区副政治委员兼政治部主任、第十一军三十二师政治委员。1952年参加抗美援朝战争，曾任中国人民志愿军师政治委员、军政治部主任。1958年回国后，任军副政治委员，沈阳军区政治部副主任、副政治委员，人民解放军总政治部副主任。1964年晋升为少将军衔。是中国共产党第十届中央委员。

1973年初的一天，时任总政治部副主任的田维新将军正在京西宾馆参加一个大会，接到总理办公室的电话，说总理有事找他。田维新急忙赶到人民大会堂。周恩来说："我今天找你来谈干部问题，光给你一个人说不好，你再找一个人来吧。"

当时，田维新立即用电话通知总政干部部部长魏伯亭马上过来。周恩来对他们说："找你们来，是谈陈再道同志和钟汉华同志的问题。"

陈再道生于湖北麻城乘马岗程家冲。中华人民共和国成立后，曾任中南军区副司令员兼河南军区司令员、人民解放军武装力量监察部副部长兼武汉军区司令员。

钟汉华生于江西万安涧田卧虎头。中华人民共和国成立后，曾任川东军区副政治委员兼政治部主任，四川军区副政治委员、西南军区政治部副主任，中国人民解放军军事法院副院长，中华人民共和国最高人民法院军事审判厅厅长，武汉军区第二政治委员。

陈再道和钟汉华是在武汉军区司令员和第二政委的任上，因1967年的所谓"七二〇事件"而被打倒的，已蒙冤六年之久。根据周恩来的谈话精神，田维新与魏伯亭回到总政以后，经过调查甄别，写出报告，送政治局讨论。在讨论时争论十分激烈，虽然江青等人扣了一大堆帽子，却没有什么事实根据。陈再道上将"解放"后，再回武汉军区任司令员比较困难。考虑给他安排一个与原职级相当的职位，可是当时大军区一级的正职都各有其人，这可遇上了难题。

红墙大事
——共和国重大历史事件的来龙去脉（下册）

田维新便去请示周恩来，商议决定，先委屈一下陈再道，安排一个大军区副司令的职位。

田维新给一位大军区司令员打电话，考虑让陈再道到那个军区任副司令员。司令员回答说："他是我的老上级啊！"话虽只有一句，意思是很明白的。让老上级去当副手，这工作确实不太好开展。可是，别的地方也不好安排呀。田维新再次给这位司令员打电话，司令员干脆直说了："老田，千万别让他来。"就这样，找来找去，最后找到福州军区司令员韩先楚。

韩先楚当时是中国人民解放军副总参谋长兼福州军区司令员，中共福建省委第一书记。难得他爽朗表态：欢迎陈再道来福州。这才算解决了一个难题。

陈再道后来还担任了中共中央军委顾问、铁道兵司令员、中共中央军委委员。1982年被选为中央顾问委员会委员，1993年4月6日在北京逝世。

钟汉华"解放"后，先后出任广州军区副政委、装甲兵政治委员。1979年至1982年任成都军区政治委员。1987年1月2日在成都病逝。

1955年，中国人民解放军授衔时，有57位将军获上将军衔。上将是继十大元帅十位大将之后的第三级军衔。能晋身上将之列的将军，都是勇冠三军、可以独当一面的将才。

到20世纪70年代初，已经有几位中将出任大军区司令员。福州军区却汇集了四位上将。福州军区乃一块福地。

在陈再道到福州军区任副司令员不久，王建安也得到"解放"，面临一个工作安排问题。

王建安，生于湖北黄安（今红安）桃花区朱家垅村。中华人民共和国成立后，曾于1952年9月参加抗美援朝战争，任中国人民志愿军第九兵团司令员兼政治委员。1954年春回国，1956年12月任沈阳军区副司令员，1961年10月任济南军区副司令员。

与陈再道一样，王建安的资格也很老，他是在济南军区副司令员的任上，因所谓"搞修正主义"被打倒。现任大军区司令员有很多原是他的下级。遇到了这样的难题，田维新只好又去请示周恩来总理。周恩来说："你找韩先楚再谈一谈。"

田维新再次找韩先楚商量。韩先楚说："我这里已经有一位老同志了，别的军区也可以安排嘛!"碰了一个软钉子，田维新半开玩笑地说："韩司令，我是征求你的意见，可这是总理让我征求你的意见。"韩先楚还是不松口。田维新深感棘手，又把情况向周恩来做了汇报。周恩来略一沉吟："还是放韩先楚那里，开会时我与他谈。"

几天后，韩先楚奉命进京。田维新一见韩先楚便招呼："老韩，这次总理找你谈了，你不能不给总理面子吧？""见了总理，我也还是有困难啊。"韩先楚说，"王建安是我的老上级！老同志多了，我也不好工作啊。"

韩先楚说的也是实话。王建安在红军时代就是军政委，而韩先楚那个时候还是师长。谁知周恩来找韩先楚一谈，韩先楚就心悦诚服地同意了。于是，福州军区又多了一位上将副司令员。

王建安后来曾任中共中央军事委员会顾问。1980年7月25日病逝于北京。

红军时代就担任政治部主任的李志民重新出来工作以后，也到了福州，出任福州军区政委。

四位上将就这样走到了一起。在当时微妙的政治形势下，军队高级将领的"解放"工作，基本上是周恩来点一个解决一个。周恩来点的方式又总是十分巧妙。

一次，政治局开会，周恩来突然向李德生和田维新提了一个问题："杨勇、廖汉生是怎么打倒的？"李德生和田维新面面相觑。他俩也不知底细，只好如实回答："不知道。""你们去调查一下。"周恩来说。

这就是周恩来的领导艺术，点到为止，从不画框框，结论由做具体工作的同志通过调查研究去下。

总政治部立即派人调查。

杨勇，原名杨世峻，生于湖南浏阳文家市。1950年1月兼任贵州军区司令员和省人民政府主席。1952年任总高级步兵学校副校长、第二高级步兵学校校长。1953年参加抗美援朝战争，任中国人民志愿军第二十兵团司令员，组织指挥了金城战役，后任志愿军副司令员兼参谋长、司令员。1958年回国，先后任北京军区司令员、人民解放军副总参谋长兼北京军区司令员。

廖汉生，生于湖南桑植。中华人民共和国成立后，曾任中共青海省委副书记兼青海军区政治委员，省人民政府副主席，西北军区政治部主任、副政治委员，

红墙大事
——共和国重大历史事件的来龙去脉（下册）

国防部副部长。

廖汉生的子女曾于1972年7月1日，给毛泽东写信，说，廖汉生自1967年1月8日被隔离审查，至今已经五年多了。"我们听到主席曾几次提到要让父亲出来工作，我们非常高兴，都盼望父亲能尽早地出来为党和人民重新工作。但是，至今不见有任何动静。我们请求让父亲回到北京，回到家里，在外面等待组织结论，以便让他了解形势，熟悉情况，检查身体，治疗休养，好更早地回到为党和人民工作的岗位上。"

当时，中共中央办公厅信访处在7月7日编印的《来信摘要》第465号上摘登了这封来信。毛泽东看到这封信后，在《来信摘要》上写道：

> 送总理阅处。
>
> 我看廖汉生和杨勇一样是无罪的，都是未经中央讨论，被林彪指使个别人整下去的。此件你阅后请交剑英、德生一阅。

毛泽东
1972年7月7日

杨勇和廖汉生是在北京军区司令员和政委的任上，于"文革"初期被莫名其妙打倒的。有周恩来点将，两位将军的"解放"工作虽然也费了一番周折，但最终都解决了。

廖汉生复出后，先后担任过军事科学院政治委员、南京军区第一政委、沈阳军区第一政委、全国人大常委会副委员长等职务。

在对杨勇一案进行重审过程中，由于杨勇的大度，使对他的结论经历了一番反复，从而体现出周恩来对干部的一片爱心。杨勇被打倒时，林彪一伙无限上纲，甚至把杨勇部下参谋、科长的事，一股脑儿地算到杨勇的账上。

总政治部重新审查杨勇的结论出来后，周恩来总理批示："请田维新同志找杨勇同志谈一下，征求一下杨勇同志本人对结论的意见。"

田维新亲自跑到杨勇的住处，征求杨勇对审查结论的意见。杨勇很大度地说："总政做的结论我没意见。"田维新说："结论是我们做的，但是我们对你的问题不是很清楚。总理让我跟你谈一谈，你有什么意见，总理会重视的。"杨勇还是说："我对总政的结论没有意见。"

结论作出后,杨勇等了半年,于1972年5月才被分配到沈阳军区任第一副司令员。不久,调任新疆军区司令员。

杨勇上任之后,周恩来在杨勇的结论上再次批示:"田维新同志给杨勇做的结论似乎口径严了一些,请你再征求杨勇同志一次意见。"

尽管周恩来的批示口气很和缓,但田维新深知其中分量。他再次带着总政干部部的一位处长去京西宾馆拜访杨勇。不料杨勇还是说对结论没有意见。田维新又做了半天工作,杨勇才说,结论中提到的一个问题,是一个科长干的,但是自己负有领导责任,"把这件事写在我的头上也是可以的"。

杨勇于1977年起任人民解放军副总参谋长,中共中央军委常务委员、副秘书长。1983年1月6日在北京逝世。

秦基伟听说周恩来要见他,很激动,问道,总理要见我,我能穿军装吗?可不可以戴领章

吴克华,生于江西弋阳曹溪区芳墩村。1929年参加工农红军。新中国成立后,曾任解放军炮兵司令员。"文革"初期,他在炮兵司令员的任上被打倒后,便失踪了。"吴克华哪里去了?"周恩来在政治局讨论落实干部政策会议上发问。总政根据周恩来的指示,立即展开调查。可是炮兵司令部的干部和一些造反派都说不知道吴克华在什么地方。后来从一位干事口中获悉:吴克华被秘密关押在地下室里。

得知了吴克华的下落,下一个难题是怎么把他安全地接出来?因为总政治部并没有掌握直接的证据,万一关押吴克华的那伙人闻讯拒交或把将军转移,将使问题复杂化。

李德生听了汇报后,灵机一动,写下了一纸手令:"提审吴克华",令总政保卫部当晚派人前去提人。关押吴克华将军的那伙人,一看李德生的亲笔手令,以为总政与他们持同样观点,爽快地将吴克华交了出来。

人是找到了,却引来了一场误会。

保卫战士把吴克华带到京西宾馆的一个会客室,向坐在那里的李德生和田维新报告说:"报告首长,吴克华带到。"

李德生挥了挥手:"知道了!"小战士便退了出去。李德生在沙发上欠了欠身

红墙大事
——共和国重大历史事件的来龙去脉（下册）

说："吴克华同志，请坐。"

吴克华听说是"提审"，以为自己又要挨整了。他对李德生说话的口气和用词的变化毫无觉察，不敢入座。

李德生知道吴克华误会了，便解释说："吴克华同志，我们是奉周总理之命来找你谈话的。"

吴克华将军仍不敢相信这戏剧性的重大变化——从"提审"一变而为同志间的谈话。"文革"这几年，挨斗挨批，受骗多了，他一时反应不过来。

眼见时近半夜，而吴克华显然难以在短时间内适应这一反差巨大的突变。李德生只好顺其自然，请吴克华吃夜宵，先休息一下，然后找他再谈……几经周折，吴克华终于得到了"解放"。

吴克华将军被"解放"后，出任铁道兵司令员、成都军区司令员、新疆军区司令员和广州军区司令员。1987年2月病逝于广州。

又是一次政治局会议，周恩来提出："秦基伟、李成芳到哪里去了？"

秦基伟和李成芳都是红四方面军的老战士，都在刘邓大军和志愿军部队担任过军长，都于1955年被授予中将军衔。"文革"开始时，秦基伟是昆明军区司令员，李成芳是政委。贺龙元帅受诬陷后，秦基伟和李成芳立即被关押了起来。

秦基伟是一员战功卓著的虎将，抗美援朝时的上甘岭战役就是主要由他指挥的。为了打倒秦基伟这员虎将，林彪一伙到处散布说，秦基伟是贺龙的人。如果在贺龙元帅与秦基伟将军之间一定要扯上一点什么关系的话，那是志愿军回国之后，秦基伟先后出任云南军区副司令员、昆明军区副司令员、昆明军区司令员。而昆明军区是新中国成立初期的西南军区撤销后组建的两大军区之一（另一个是成都军区）。贺帅是西南军区的司令员。

田维新把调查情况向周恩来做了汇报。当说到秦基伟、李成芳被打倒的情况时，周恩来指出："他那儿是一锅端，军区六位主要领导全部被免职。"田维新汇报说："根据我们调查掌握的情况，秦基伟被关押在湖南，由广州军区负责，具体情况还不很清楚。"

周恩来当即指示："把他调回来嘛！"秦基伟到北京以后，住在京东海运仓第一招待所。当时这家招待所的后楼成了即将"解放"的将军们的驻地。将军们在这里就恢复了自由，可以外出逛街散步，探亲访友。一天，周恩来通知田维新说，他要见见秦基伟。

这个时候，总政尚未给秦基伟做结论，秦基伟的工作安排还没有定下来。在田维新的印象中，周恩来召见尚未做结论的将军，仅秦基伟一人。

接到周恩来指示后，田维新立即打电话到招待所，后楼服务员回答说，秦基伟将军散步去了。田维新告诉服务员："你马上去找一下秦司令，让他马上给我回一个电话，总理要见他。"不一会儿，秦基伟的电话便打过来了。他听说周恩来总理要见他，很激动，在电话中问道："总理要见我，我穿什么衣服去？"田维新说："穿军装。"秦基伟问："那我还戴领章吗？"田维新说："当然戴。"

军装，尤其是领章，是军人的标志。但是秦基伟在"文革"中受迫害七年，被剥夺了戴领章的权利七年。此刻他刚刚恢复自由，尚未恢复工作，因此他不能不有此疑问。

田维新把秦基伟领到周恩来的办公室后便走了，周恩来与秦基伟做了一次单独长谈。落实政策后，李成芳任第五机械工业部部长。秦基伟先后出任成都军区司令员，北京军区第二政委、第一政委、司令员，后任国防部部长。

"解放"老将军的工作，大体上有个工作程序。

第一步是由总政治部审查鉴别原先把老将军打倒时所做的结论，确认哪些是无中生有的，哪些是颠倒黑白的，哪些是无限上纲的。然后，总政治部拿出来的审查结论，还必须与把老将军打倒的原单位取得大体一致的意见。最难的一关是政治局。按照规定，每个被"解放"的将军最后都要经政治局会议讨论通过。

政治局会议一般在下午7时半召开，一次会议通常讨论四位将军的审查结论。每位将军都有一份材料，包括本人的经历、被打倒的情况、甄别情况、总政局的审查结论，个别的还要附上必要的证明材料。这些材料，与会的政治局委员人手一份，讨论之前先浏览一遍。所以，每次政治局讨论老将军的"解放"，田维新都要提一大包材料进会场。

当时的政治局会议都是由周恩来总理主持的。材料发完，周恩来便宣布："大家先把材料看一看。"到了田维新讲材料时，发难的都是"四人帮"，尤其以江青和张春桥最甚。这样，从下午7时半开始的会议，往往到半夜12时也结束不了，

红墙大事
——共和国重大历史事件的来龙去脉（下册）

通常吃过夜宵后一直讨论到凌晨3时才结束。

田维新回忆说："在讨论老将军'解放'问题的政治局会议上，争论之激烈、时间之漫长，真令人难以忍受。后来与江青争辩得多了，也就习惯了，不怕了，无非是多几顶帽子就是了。"老将军的记忆中，周恩来主持这样的政治局会议，说话不多，只在要害处说一两句。不过常常是他的一两句话一出口，江青一伙就争不起来了，事情也就定了。

周恩来虽然说话不多，但是对每个人的态度都了如指掌。某个问题，他感到需要谁支持一下，便会及时点将："剑英你说呢？"周恩来从不在会上与江青公开争论。但是如果江青诬人太甚，帽子扣得太大太多，周恩来就会及时地出来说话。他常用很简洁的语言，把事情的来龙去脉述说一遍，然后反问一句："这个事能扣这个帽子吗？"经周恩来这么一反问，江青常常就哑口无言了。

如果被"解放"的某个干部确实有缺点失误，江青一伙就会趁机无限上纲。这种时候，周恩来常常会说上几句："这不算个什么错误嘛，这是工作中的问题，谁都会有这样的问题。"轻轻几句话，便将江青一伙扣的大帽子不动声色地顶了回去。

大家的意见都说得差不多了的时候，周恩来还会问一句："你们还有什么意见？"如果没有人发言了，周恩来才宣布："这事就这样了。"然后转入下一个将军"解放"问题的讨论。

由于江青一伙的发难，175位将军的"解放"在政治局讨论时，没有几个是很顺利的。在田维新的记忆中，颜金生是比较顺利的一个，但也连闯了江青设置的三道关。

颜金生是湖南茶陵县人，1932年参加中国工农红军，新中国成立后先后任西北军区炮兵司令员兼政委，中国人民志愿军军政委，武汉军区政治部主任。"文革"开始前不久，他转业调任国务院文化部副部长。

文化部的副部长怎么由总政来审查"解放"呢？田维新在政治局会议上介绍说："颜金生是军队转业干部，到文化部工作时间不长，没有什么错误。"理由只有一句话，到文化部工作时间不长。其实呢，当时文化部系统控制在江青一伙手里，把颜金生从文化部系统调出来，由军队去安排，这就跳出了江青一伙的魔爪。这是周恩来"解放"将军的一着巧棋。

江青一听又发难了："颜金生有错误，他推行了资产阶级文艺路线。"田维新说："颜金生是工农干部，识字不多，不可能提出什么文艺路线。"这话是有根有据的，发给政治局成员的材料上明明白白地写着：颜金生，1918年出生，1932年14岁就加入人民军队，他能读过多少年书?!

朱德元帅一听江青又要无理取闹，一板一眼地说："颜金生他就不识几个大字。"总司令为将军说话，一言九鼎，江青顿时哑了。眼见这一关过去了，田维新又介绍说："准备把颜金生同志派到陕西……"

话音未落，江青又反对了："你是让颜金生到陕西给二方面军垒山头。他不应分配到西北，应该分配到东南。"江青自己拉帮结伙，故以"山头"度人。针对这种猜忌之心，田维新："陕西省军区司令员黄经耀是从黑龙江省军区副司令员任上调过去的。"

李德生说："现在情况已经有了很大的变化，二方面军的同志在陕西的已经不多了。"经过这么一番解释，颜金生将军去西北才获通过。田维新继续说："我仍考虑让颜金生到陕西当政委。"江青再次反对说："他犯那么大的错误，当正职不合适。"这是江青第三次发难。田维新说："陕西省军区原来有一个政委。派颜金生同志去陕西，是考虑让他去管军工企业。现在备战，陕西军区企业很多。"叶剑英元帅也出来说话："现在备战，炮弹子弹不足，急需抓一抓。"

最后周恩来表态："我看颜金生同志调出文化部，到陕西当政委管军工是合适的。"周恩来一锤定音，颜金生总算过了关。

落实干部政策的工作开始后，解放军报社迟迟未见行动。这也难怪，《解放军报》在"文革"初期最严重的一个案子是所谓的"绑架"肖力案。肖力就是李讷，江青的女儿。定案的结论上写着：绑架肖力就是反江青、反毛主席。

在1973年的形势下，这样的案子谁敢动！

迟浩田到《解放军报》任副总编后，分管政治工作。他经过长时间的深入调查了解，认定军报的三大事件，包括所谓的"绑架"肖力案，都是假的。但是这三个事件都是江青直接定的，不好办。迟浩田便把情况向军报主要负责人张志做了汇报。涉及江青的事，张志哪敢做主。他到总政治部向田维新汇报说："田副主任，我向你反映一个情况，我们军报的三个事件，迟浩田同志经过了解，认定都是假的。但是这三个事件都是江青定的，一动就会反映到江青那里去。所以，

红墙大事
——共和国重大历史事件的来龙去脉（下册）

我们落实干部政策很难。"不是江青直接打倒的干部，江青尚且要多方阻挠，胡搅蛮缠，若把她自己直接定的案子否定了，她还不搅个天翻地覆?!

田维新想了想说："能不能想个办法，不惹江青。""怎么能不惹江青呢？"张志问。田维新说："你们把事件撇开，就说这些干部没有犯什么错误，先把他们'解放'出来，让他们恢复工作。"张志说："这办法行倒是行，不过风险也很大。"田维新嘱咐说："这件事你先别办，等我与李主任商量一下再说。"第二天，田维新就与李德生商量。李德生认为也只能这么办了。如果不落实干部政策，干部受委屈，军报也没法办好。

解放军报社按照这个办法，"解放"了一批干部。有人立即向上告了黑状，送了一大堆材料给江青。江青还真看了这些材料，在这里批一个"这是一个反革命"，在那里批一个"这是个坏人"，最后要"德生同志查处"。

李德生正坐在沙发上看江青批转的这份材料，田维新进去了。"你看吧！"李德生顺手把材料往茶几上一摔，没好气地说。

田维新一看，是《解放军报》的事，就说："这是意料之中的。""怎么办？"李德生问。"有两条办法。"田维新说。"哪两条？"李德生紧追着问。"第一条，再把他们都关起来。"田维新说。"那不行，哪能这样干。"李德生未加思索，立即否定了这一个办法。田维新了解李德生的想法，他不慌不忙地说出了第二条办法："那就拖。""拖得了吗？"李德生不放心。"拖不了，还能再把他们关起来吗？只有拖。"田维新说。"那能拖多久？"李德生问。"能拖个半年。"田维新说，"江青第一次问，你可以说，材料收到了，还没来得及看。第二次问，说刚看，还没有看完。第三次问，说刚看完，还没查。如果再问，说刚查一两个，还真没问题，其他的还没有查。""能那么老拖着？"李德生又问了一句。"起码可以拖半年，"田维新蛮有把握地说，"她还有那么多精力问啦！"这件事固然拖了下来，不了了之，总政治部对迟浩田却有了个好印象，认为这个干部能够实事求是，敢讲真话。事情过去以后，迟浩田从军报副总编（副军级）直接走上了北京军区副政委的领导岗位。后来他又先后出任副总参谋长、济南军区政委，总参谋长，国防部部长。

经过一年多时间紧张艰难的工作，全军175位被打倒的高级将领终于全部得到了"解放"，重新走上了领导岗位。这里倾注着周恩来总理的一片心血。

二十　175位将军最终得到平反昭雪

王洪文点名许世友，许世友面色铁青，不屑搭理

1973年12月12日，毛泽东主持召开了一次政治局会议。会议在毛泽东的书房兼会客室进行。毛泽东看上去很虚弱。一年前，他曾患心肌梗死，一度垂危。经全力救治，终未发生不幸。不过，这次病重后，他的身体始终未完全恢复。政治局委员们用心地聆听毛泽东的发言。毛泽东批评政治局和军委："政治局要议政。军委要议军，不仅要议军，还要议政。"

早在这年初，毛泽东就曾批评"军委不议军，政治局不议政。"毛泽东说："军委不议军，政治局不议政，以后改了吧，你们不改，我就开会，到这里来。我毫无办法，我无非是开个政治局会，跟你们吹一吹，当面讲。"

接着，毛泽东又换了一个话题："我提议，议一个军事问题，全国各大军区司令员互相对调。"

他面朝叶剑英："你是赞成的，我赞成你的意见。我代表你说话。我先找了总理、王洪文两位同志，他们也赞成。"

毛泽东主张斗争哲学。"一个人在一个地方搞久了，不行呢。搞久了油了呢！"这是讲各大军区司令员。他认为一个人在一个地方坐镇，一待就是20年，就会出现消极因素。

会上，毛泽东当面宣布对调的命令。这时，毛泽东想给王洪文一次机会，想让他在将帅们面前树立一点威信，于是便委托王洪文点名。

王洪文不知深浅，也就大大咧咧地点起名来。

"许世友！"没有人答应。王洪文向会场看去，许世友脸色铁青，眼望着天花板，理也不理会他。王洪文在上海时就最怕贴近上海的这个军区司令员。

王洪文壮着胆又点了一次："许世友！"忽听得"咚"的一声，原来是许世友把茶杯猛地往茶几上一磕，发出了巨响。王洪文抬眼望去，杨得志、皮定均这些老将军都鄙夷地望着他。王洪文胆怯了，转过头来求助似的望着毛泽东。

毛泽东铁青着脸，一声不作。王洪文尝到了军人的厉害。

周恩来开始救场来了。他拿过名册，看也不看，就先从其他司令员点起来：李德生、陈锡联、许世友……这些将军，一个个响亮地回答着。

点完名后，周恩来宣布："现在请主席宣布八大军区司令员对调的命令。"

红墙大事
——共和国重大历史事件的来龙去脉（下册）

当时八大军区司令员对调的情况是：北京军区司令员李德生与沈阳军区司令员陈锡联对调；济南军区司令员杨得志与武汉军区司令员曾思玉对调；南京军区司令员许世友与广州军区司令员丁盛对调；福州军区司令韩先楚与兰州军区司令员皮定均对调。

少顷，毛泽东宣布重要决定。他指着刚刚复出的邓小平说："现在，请了一个军师，叫邓小平。发个通知，当政治局委员、军委委员。政治局是管全部的，党政军民学，东西南北中。我想政治局添个秘书长吧，你不要这个名义，那就当个参谋长吧。"

在座的政治局委员静静地听着，从他们的面部表情看，似乎看不出对毛泽东宣布的这个决定有什么不同的反应，但在他们的内心是有的要拍手叫好，有的要气得跺脚的。"我们现在请了一个参谋长。他呢，有些人怕他，但他办事比较果断。他一生大概地三七开。你们的老上司，我请回来了。政治局请回来了，不是我一个人请回来的。"

毛泽东又转身对邓小平说："你呢，人家有点怕你，我送你两句话，柔中有刚，绵里藏针，外面和气一点，内部是钢铁公司。过去的缺点，慢慢改一改吧。"

毛泽东又换了一个话题。"现在这么多人看不起儿童团，我也是儿童团过来的，你们都是吧。"

毛泽东一边说，一边环顾在座诸位，"你们那个青年时期，十几岁二十几岁就那么高明，我就不信。"他强调不要看不起年轻人。

毛泽东建议在座的政治局委员们齐唱《三大纪律八项注意》。

于是，在座的政治局委员们便齐唱"革命军人个个要牢记，三大纪律八项注意，第一一切行动听指挥，步调一致才能得胜利……"

从九届二中全会以后，毛泽东已不止一次在开会或接见下级时，让中央和地方的领导人唱《三大纪律八项注意》。由此可以看出，毛泽东希望全党要步调一致，首先政治局要一致。

唱完歌，毛泽东又谈，"牛长角干什么？无非是斗嘛！"

根据政治局会议的决定，中央召开了八大军区司令员对调会议。12月20日，毛泽东接见了参加会议的全体高级将领。毛泽东坐在中央，左首坐着朱德总司令，右首坐着刚参加军委工作的邓小平，周恩来、江青等几位政治局委员依次站立在毛泽东的右后侧。王海容站在毛泽东的左后侧，她是给毛泽东当"翻译"的：把方言译成普通话。

接见开始，毛泽东拍拍朱老总的肩膀："这是好司令啊，是我们的红司令啊，不是黑司令。"毛泽东简单地讲了几句之后，便与站立在一侧的萧劲光、陈士榘、田维新和马宁四位高级将领握手谈话。

第一位是萧劲光大将，海军司令员。毛泽东握着萧劲光的手问道："身体好吗？"

与陈士榘上将握手时，毛泽东问："身体怎么样？"陈士榘立正回答说："托主席的福，身体还好。""井冈山下来的人不多了。"毛泽东感叹了一句。

第三位与毛泽东握手的是总政治部副主任田维新少将。

毛泽东问："田维新同志，你是哪儿人？""山东东阿人。"田维新答。"曹植埋在什么地方啊？"毛泽东又问。"鱼山。"田维新一面回答，一面想，主席是有准备的！毛泽东又问："左边有个湖，是什么湖？"田想了一下说："嗯，要说湖，那离鱼山还远，是东平湖。""噢，那就对喽！"毛泽东考问完毕，话锋一转，说："总政治部就交你负责了！"听到毛泽东的话，田维新毫无准备，感到很突然。不过他还是很快做出了反应："德生同志走了，总政就我一个副主任了。让我继续留在总政工作是可以的。请主席委派主任。""不，就是你负责了！"毛泽东以十分明确的语气说。田维新说："我资历、经验都不够，还请主席派个主任吧！"

毛泽东不再回答，开始与第四位将军、空军司令员马宁握手谈话。与马宁做了一番风趣幽默的谈话之后，毛泽东再次开始向全体人员讲话。

讲着讲着，他向坐在前排的许世友问道："我要你读《红楼梦》，你读了没有？""读了。"许世友回答得很干脆。"读了几遍？""一遍。""一遍不够，要读三遍。"毛泽东随口背了《红楼梦》第一章中的一大篇文字。

自从毛泽东要求许世友读《红楼梦》以后，在座的高级将领几乎都认真读过这部古典名著。但是，无论是做军事工作的，还是做政治工作的，没有谁能大段大段地背诵《红楼梦》。八十高龄的毛泽东的这一番即席背诵，令在座的高级将领人人敬服不已。

红墙大事
——共和国重大历史事件的来龙去脉(下册)

背完《红楼梦》,毛泽东还要许世友学周勃。周勃是西汉初年刘邦手下的名将,"重厚少文",是刘邦去世后灭吕安刘的柱石。

第二天下午,会议分组讨论。田维新分在周恩来所在的那个小组。参加这个小组讨论的有纪登奎与北京、南京、沈阳三个大军区的司令员和政委,以及唐闻生、王海容和毛远新等。

讨论结束时,当时主管组织工作的中央政治局委员纪登奎问周恩来:"命令怎么写?"周恩来指指田维新:"你问田维新。"说完就走了。

田维新说:"我也没有经历过调动八大军区司令员的事。""那,明天上午,河北厅议。"纪登奎说。次日上午,纪登奎、郭玉锋(中央组织部部长)、田维新等人来到人民大会堂河北厅,草拟八大军区司令员对调的命令。

这天下午,政治局开会讨论任免事项。尽管毛泽东事先已经表了态,主持中央日常工作的周恩来总理和主持中央军委工作的叶剑英元帅都在会上一度支持田维新出任总政治部主任,江青一伙却坚决反对,并推出政治局常委张春桥为总政主任人选,此事只好搁置了起来。

1975年1月5日,中共中央(1975)1号文件任命邓小平为中共中央军委副主席兼总参谋长,任命张春桥为总政治部主任。

二十一　中国医疗组全力抢救胡志明

- 越南在讣告中宣布："一个经验丰富的医疗小组为胡主席治疗……"这句话大有深意

- 胡志明晚年身体不好，中国经常派医生去河内给他治病，为了保密，称胡主席为"丁老"

- 周恩来指示王幼平大使，在胡志明病危期间，未经越方安排不要前去探视

- 胡志明停止呼吸后，中国医生仍未放弃最后一线希望，继续做人工呼吸，一直持续了大约三个小时

- 范文同、武元甲见到周恩来，失声恸哭。周恩来含泪连声说："我来晚了，我来晚了。"

红墙大事
——共和国重大历史事件的来龙去脉（下册）

胡志明，原名阮必成，化名阿三、阮爱国、李瑞、王山而、王先生、王达人、胡光等，国际共产主义运动、民族解放运动的著名活动家，越南劳动党（现越南共产党）主席，越南民主共和国（现越南社会主义共和国）主席。

越南在讣告中宣布："一个经验丰富的医疗小组为胡主席治疗……"这句话大有深意

1969年9月2日9时47分，越南人民的伟大领袖、中国人民的老朋友胡志明主席在河内不幸病逝，终年79岁。

胡志明逝世这一天恰逢越南国庆日。越南领导人深知胡志明在越南人民中所享有的崇高威望，因此不愿把越南人民的"悲痛日"和共和国的"诞生日"放在同一天，否则今后的节日庆祝和共和国缔造者忌日的纪念活动将不好安排。

于是，越南劳动党中央政治局决定将胡志明逝世的日子定为9月3日。

为了参加胡志明主席的葬礼，周恩来给毛泽东写了一份报告，提出由他代表毛泽东先于9月4日去河内，向胡志明的遗体告别。8日，再由李先念率领中国政府代表团去河内参加葬礼。

9月4日，周恩来率中共代表团赴河内吊唁胡志明，并转送了中共中央给越南劳动党中央的唁电。电文说：

"胡志明主席……在中国人民进行民族民主革命斗争的岁月里，他几次到了中国，同中国人民患难与共，并肩战斗，同中国共产党建立了浓厚的无产阶级感情。在中越两国革命胜利以后，他为加强和发展中越两国人民的兄弟友谊和战斗团结进行了不懈的努力……他的高尚的革命品质和不畏强暴的战斗精神，将……永远留在中国人民的心里。"

越南在胡志明逝世的讣告中曾有这样一段话：

"在胡志明主席患病期间，我们党和国家的领导同志们日夜守护着他，并委托一个有资格的和经验丰富的教授和医生组成的小组想尽一切办法为他治疗。每人都尽了自己的最大力量，决心不惜任何代价把主席的病医治好。但是由于他年事很高，病情严重，胡志明主席与我们永别了。"

也许对于一般的读者来说，这段文字没有什么特别的地方，但是知道内情的人，却深知其中所包含的深刻含义。特别是其中的一句话——"有资格的和经验

二十一 中国医疗组全力抢救胡志明

丰富的教授和医生组成的小组",隐藏着一段鲜为人知的往事,即中国人民全力帮助抢救胡志明的内幕。

其实也正是这一行文字表达了越南人民没有忘记中国人民、中国政府和中国共产党对于挽留胡志明的生命所付出的真情厚谊,尤其是那些由中国共产党和中国政府派出的医疗组。

……

1890年5月19日,胡志明出生在越南义安省(今义静省)南坛县金莲村一个教师家庭。

1917年,胡志明化名阮爱国留居法国并投身于法国工人运动。同年加入法国社会党,并创建越南爱国者联谊会。1920年12月,参加法国社会党召开的都尔大会,并加入由左翼社会党人新成立的法国共产党,成为越南第一个共产党人。

胡志明来到法国比当年周恩来要更早一些。在法国,胡志明干的是照相工作,每月有一定的收入。

1922年夏,胡志明与当时正在法国勤工俭学的周恩来、李富春、蔡畅、陈延年、萧三等交往密切,并成为战友。1922年秋,经胡志明介绍,周恩来任书记的中国共产党旅欧支部决定,赵世炎、陈延年、陈乔年、王若飞、萧三五位同志加入了法国共产党。从那时起,中越两个被压迫民族的命运就紧紧连在一起了。

1924年12月,34岁的胡志明以鲍罗廷翻译的身份从莫斯科来到当时中国革命风暴的中心——广州。他到这里来,一方面参加中国的革命运动,为孙中山的政治顾问鲍罗廷担任翻译,参加中国共产党的内部材料翻译和对外宣传工作;一方面积极寻求中国共产党的帮助,利用中国和越南边界相连这一有利条件,就近组织和训练越南革命者,并为建立越南共产党做思想上和组织上的准备。胡志明明确规定越南青年革命同志会的奋斗目标是首先驱逐法国帝国主义,争取民族独立,进而实现共产主义。他除了选派越南革命青年进入黄埔军校或送往苏联学习之外,还在广州举办了大约十期越南青年特别政治训练班,吸收从越南国内来的革命青年参加。

当时,毛泽东主办的中国农民运动讲习所与这个训练班的关系也很密切。胡

红墙大事
——共和国重大历史事件的来龙去脉（下册）

志明在广州活动期间，与中国共产党人并肩战斗，结下真挚的友谊。

1927年蒋介石发动反革命政变后，胡志明同苏联顾问鲍罗廷等一起，于7月离开中国去苏联。1933年春途经上海，他通过宋庆龄与中国共产党取得了联系，再次前往苏联。在莫斯科，他先后进入列宁大学和共产国际民族和殖民地问题研究院，担任越南组组长，研究越南革命问题。

在中国抗日战争全面展开的年代里，1938年冬，胡志明从苏联经新疆迪化、陕西西安来到中共中央所在地延安，住在枣园，由中共中央书记处书记王稼祥负责接待。在这里他会晤了毛泽东等中国革命的领导人。稍后，胡志明化名胡光，以八路军军人的身份随同叶剑英离开延安，南下至桂林，在八路军桂林办事处救亡室工作，并同中国同志一起过组织生活。第二期游干班结业后，胡志明以八路军军人的身份继续在华南和西南一些地方活动，常常奔走于桂林、贵阳、重庆之间。胡志明在重庆时，常常与周恩来会面。

1940年初，胡志明经中国共产党的帮助，在昆明与冯志坚、黄文欢等越共党员取得了联系。他亲自指导设在云南的越党海外部的工作，在越侨中开展活动，并决定把斗争由边境地区逐步转移到越南国内。

1940年10月，胡志明与黄文欢等人到广西桂林，集合越南革命者，准备回国开展革命活动。1941年2月，胡志明从广西边境进入越南，回到阔别30年的祖国，在靠近中越边界的高平省河广县北坡地区建立中央革命根据地，进行抗日反法的武装斗争。

1942年8月，胡志明为了壮大革命力量，以越盟代表的名义再次到中国。不料，刚越过边境进入中国，到达当时的广西省天保县足荣镇时，他就被国民党地方当局逮捕了。他先后被押往天保县城、靖西县城、桂林、柳州，在国民党监狱中关押了一年零十二天。

胡志明被捕以后，越南共产党中央便进行了一系列营救活动，曾致电国民党立法院院长孙科，要求释放胡志明。孙科将电报转给了国民党中央秘书长吴铁城。吴铁城电告当时的广西省政府和驻柳州第四战区司令张发奎，要求"查明释放"。但营救没有成功。

胡志明被捕的消息传到重庆中国共产党代表团，中国共产党和周恩来心急如焚，立即开始了营救工作。

二十一　中国医疗组全力抢救胡志明

当时虽然是国共合作时期，但蒋介石依然仇视中国共产党。如果由中共代表直接出面营救，不但不会成功，反而会给胡志明带来更大的麻烦，甚至有灭顶之灾、杀身之祸。具有高度政治敏感并掌握高超斗争艺术的周恩来决定采取"曲线营救"的方针。

当时胡志明被捕后，只承认自己是越南人，是共产党，但否认与中国共产党有联系。胡志明的沉着机智为周恩来的营救创造了条件。于是，周恩来亲自找到了冯玉祥，要求冯玉祥设法营救。冯玉祥一口应允。冯和李宗仁一同去见蒋介石。

冯玉祥质问蒋介石："一、胡志明是不是共产党姑且不论，即使是，也是越南共产党。我们有必要和有权逮捕外国共产党吗？二、越南是支持我们的。胡志明应该是朋友，怎么成了罪人？三、中国的抗日战争还要不要国际间的同情和支持？"

冯玉祥说完，李宗仁也不客气地质问蒋介石："我问你，为什么要在广西抓胡志明？这不是嫁祸于广西吗？这是下边的意思还是你的命令？"

冯、李两位国民党实力人物的责问，促使蒋介石不得不明令释放胡志明。1943年9月10日，胡志明在柳州第四战区被释放。当天下午，第四战区的几个要员还陪胡志明吃了饭。阶下囚一下子成了座上宾，连国民党军队中的人也莫名其妙。其实，这都是中国共产党和周恩来奋力营救的结果。

1945年8月15日，日本无条件投降。

8月19日，胡志明领导越南人民举行起义，取得八月革命的胜利。

9月2日，胡志明在越南河内的巴亭广场发表《独立宣言》，向全世界宣告越南民主共和国成立，胡志明当选为临时政府主席兼外交部部长，翌年又担任越南民主共和国主席兼总理。

1947年春，中国共产党与越南共产党建立了无线电联系，中方负责人是周恩来，越方负责人是胡志明，在同时进行的越南抗法战争和中国解放战争中互通消息，交换情报，共商大计。

1946年3月，胡志明在越南第一届国会上当选为越南民主共和国主席，并兼任政府总理直至1955年。1951年2月，印度支那共产党改名为越南劳动党后，胡志明一直为党的中央委员会主席。

1949年，中国人民的解放战争已经胜利在望，而越南的抗法战争却处于极

红墙大事
——共和国重大历史事件的来龙去脉（下册）

端困难的时期。为了寻求援助，胡志明派人来到中国。

1949年10月1日，中华人民共和国成立。新中国成立后，胡志明制定并坚持执行与中国友好的方针，盛赞"中越情谊深，同志加兄弟"，"恩深、情重、谊长"。胡志明多次到中国访问，与中国领导人保持着密切的接触。1950年1月18日中越正式建交，中国是第一个承认越南民主共和国的国家。

中越建交不久，1950年1月末，身为越南民主共和国主席的胡志明秘密来到了中国。

胡志明这次来中国是从越南高平省复和县出发，经中国广西龙州县水口关入境的，由龙州乘汽车至南宁，再由南宁乘汽车到来宾县，从来宾改乘火车直赴北京。

胡志明此次来京，正逢毛泽东主席在莫斯科访问，访问进行中，通知周恩来总理赴莫斯科具体谈判签订《中苏友好同盟互助条约》，周恩来和胡志明便一同去了莫斯科，与毛泽东、斯大林共商当前世界的重大问题。从莫斯科回到北京后，胡志明通过周恩来向中共中央提出援越要求，经毛泽东主席同意，中国开始大力援助越南。

要大力援助越南，必须打开一条中越边境交通线。1950年7月上旬，中国人民解放军名将陈赓来到了越南，协助胡志明成功地组织了边界战役，将边界法军肃清，中越间交通往来的大门打开了。中共中央又派出了以罗贵波为首的政治顾问团和以韦国清为首的军事顾问团，协助胡志明主席领导抗法战争。

由于中国强有力的支持，越南人民军节节胜利。1954年3月，越南军民组织了奠边府战役，5月7日，战役结束，1.6万名法军全部被歼。越南、法国的代表终于坐在了日内瓦会议的谈判桌前。

日内瓦会议于1954年4月26日召开，参加会议全过程的国家有苏联、美国、英国、法国、中国，这是中华人民共和国首次以五大国之一的地位参加讨论重要国际问题。讨论朝鲜问题时，参加国还有朝鲜、韩国、澳大利亚、希腊、卢森堡、荷兰、新西兰、菲律宾、泰国、土耳其。讨论印度支那问题时，参加国还有越南民主共和国、越南共和国（南越）、老挝王国、柬埔寨王国。周恩来为中国首席代表，张闻天、王稼祥、李克农为代表。越南民主共和国首席代表为范文同。

5月8日，会议开始讨论印度支那问题，这是奠边府战役胜利结束的第二天，形势对越南有利，但由于各国意见分歧较大，会议陷入僵局。为了力争达成协议，在对越南有利的条件下把战争停下来，以周恩来为首的中国代表团做了卓有成效的工作。

6月12日，法国主战派政府倒台，6月13日，孟戴斯·弗朗斯组织了新政府。抓住这一大好时机，周恩来于6月23日在瑞士伯尔尼同法国新总理会晤。接着利用日内瓦会议休会期间，于7月3日至5日在广西柳州同胡志明主席交换了意见。胡主席同意周恩来的看法，力争在划分集结区（即实际控制分界线）问题上达成协议，停止战争。7月10日，周恩来从北京返日内瓦途中在莫斯科与苏联领导人会谈，协调了看法。至此，越、中、苏三国达成共识，经过积极的谈判，会议终于在7月21日达成了一系列协议。越、老、柬国内分别签订了停战协定，法国从印度支那三国撤军并承认三国独立。

日内瓦会议结束了法国在印度支那百年殖民统治，越南北方获得了完全解放。这是越南人民和印度支那人民的一次重大胜利，是全世界和平进步力量的一次重大胜利。周恩来和胡志明之间的友谊也在进一步加深和巩固。

日内瓦会议之后，越南北方开始了经济建设。胡志明主席多次来到中国，多次见到周恩来总理。

1955年6月23日，胡志明主席首次到中国正式访问。6月25日上午10时30分，胡主席的专机从武汉到达北京，毛泽东主席、刘少奇副主席、朱德副主席、周恩来总理到机场迎接。

1959年9月26日，胡主席率越南党政代表团来华参加新中国成立10年大庆。

胡志明晚年身体不好，中国经常派医生去河内给他治病，为了保密，称胡主席为"丁老"

1963年至1965年，胡志明曾多次到广州的从化温泉疗养。由于长期的艰苦生活，胡志明70多岁时已出现衰老迹象，腿脚不方便，从化温泉就成了胡志明常去的地方。

1963年9月初，胡志明第一次到从化温泉疗养，周恩来和陈毅专程从北京

红墙大事
——共和国重大历史事件的来龙去脉（下册）

赶来看望胡志明，并对胡志明的治疗保健做了具体安排。

1964年5月，胡志明再次住进从化温泉，在这一次，由《广东画报》摄影师陆文骏给胡志明照了标准照，也就是直到现在仍悬挂在越南重要场所的胡志明主席画像。

胡志明到了晚年，身体状况一直不好，经常到中国治病疗养。同时中国政府应胡志明和越共中央政治局的请求，也经常派医生去越南河内为胡主席治病。为了保密，在联系中都称胡志明主席为"丁老"。

周恩来在日理万机的情况下，总是亲自挑选医务人员，认真审阅病情、研究治疗方案，及时派出专机运送药品和器械。中共中央对治疗胡志明的病十分重视，不仅选派第一流医生，而且在每次医疗组出发前，周恩来总理在百忙中总要接见他们，再三叮嘱。

1960年以后，胡志明每年都到中国休假、疗养、访问。他常说："我到中国就如在自己家里一样。"

胡志明曾访问过中国的北京、广州、上海、乌鲁木齐、杭州、延安、南宁、青岛、海南岛，到过东北，游览过黄山、滇池、湘江、苏州等许多地方。一个外国元首能访问中国这么多地方，恐怕除了胡志明之外，不会有第二个人了。

1965年下半年以后，胡志明连续几次患病，每次都到中国治疗，或邀请中国大夫到越南为他治病。

1969年初，胡主席的病情加重。根据胡志明的愿望和越南党中央的要求，中国先后派出四批医务人员到越南为他治疗和护理。

1969年春，胡志明的病情尤其是心脏病突然加重。中国立即派出张孝（心脏病专家）、孙震环（中医专家）、黄挽（心脏病专家）等中西医专家和翻译张德维组成的医疗组前往河内。

这年4月2日，胡志明在致中国共产党的最后一封电报中强调指出："越南人民在过去反对帝国主义、争取独立的抗战事业中，在今天的北方社会主义建设事业以及抗美救国战争中，时刻记住七亿中国人民是越南人民的坚强后盾，辽阔的中国领土是越南人民的可靠后方。"

经过中越两国医务人员几个月的共同努力，到6月初，胡主席的病有所好转。

不久，医疗组回国休整。6月30日又返回越南，并向王幼平大使汇报医疗

二十一 中国医疗组全力抢救胡志明

组离京时周恩来总理的交代:"如胡主席的身体状况能稳定,我医疗组可在适当时机告退,需要时再来。医疗组要确实掌握病情,及时向王大使汇报,由大使报中央决定。"

这次医疗组返河内时,带来了周恩来总理送给胡志明的两只烤鸭。胡志明连声道谢,并吩咐工作人员:"烤鸭今天不吃,留到明天,请大使来一块儿吃。"第二天是7月1日,胡志明请王幼平大使和一位参赞一起吃了烤鸭,还特地给医疗组送去了半只。

周恩来指示王幼平大使,在胡志明病危期间,未经越方安排不要前去探视

7月至8月上半月,在中国医疗组的精心治疗下,胡志明身体状况一直挺好,中国医疗组准备再次告退。

7月18日,周恩来应来华的越南外贸部副部长李班和越南驻中国大使吴明鸾的要求,临时接见了他们。会见中,李班曾表示,胡志明主席很希望能有机会到中国来。周恩来当即表示,我们随时准备接待和欢迎胡主席来中国休养;但鉴于胡主席的心脏病情况,我们不能随便邀请,只能由大夫做出判断,由越南劳动党中央做出决定。

8月2日,医疗组向王大使汇报,胡主席精神很好,食欲转佳,体重也有增加,各方面都见好转。医疗组认为,可以告退,并由使馆报请中央同意。

正当医疗组准备返回时,8月15日胡志明突患感冒,病情加重。于是王幼平大使决定,医疗组推迟撤回,密切注视胡志明的病情变化。

胡志明的病情急转直下。8月23日晚,胡志明心脏病和支气管炎同时加重,嗓子里的痰咳不出来,憋得喘不过气来,出现休克。

此时,中国驻越南大使馆一派紧急状态:安排外线电话、直通北京电话、电传24小时值班,大使和许多馆员通宵未睡。

次日8时许,越南劳动党中央书记处书记黎文良在主席府紧急约见王幼平大使,通报胡志明病情,同时要求中国共产党和中国政府增派医生。

同一天,周恩来得悉越南劳动党中央关于胡志明病危、要求中国增派医生的急电后,立即亲自挑选医生,组成第二个医疗组,并找赴越的医生谈话。接着派

红墙大事
——共和国重大历史事件的来龙去脉（下册）

专机于25日早晨8时将医疗组成员送到河内。第二个医疗组成员是：李邦琦、王叔咸、岳美中大夫和护士王西明。从越方提出要求，到医疗组到达，仅仅24小时。

25日上午11时，黎文良约见王幼平大使，转交了胡志明主席给周总理的电报，大意是：医生已到，请报告毛主席放心。

紧接着，周恩来于26日又派出了第三个医疗组。同日，中共中央致电越南劳动党中央，对胡志明病情表示关切，望能安心养病。并告，中方第三批急救人员五人已启程飞往河内。

这一天，王幼平大使约见黎文良，转达中共中央的复电。第三个医疗组组成成员是：陶寿洪、胡旭东大夫，麻醉师高日新，化验员刘占利，护士孔繁英。

专机抵达河内后，第三医疗组直奔主席府，与前两个医疗组会合，投入抢救。

27日，胡主席病情继续恶化。急救组和其他医疗组会诊后，主张给胡主席输液。

越共中央政治局在病榻旁召开紧急会议，通过输液的决定。因为，这个很普通的医疗意见，却使越南领导人感到为难。输液，是现代医学中极为普通的治疗措施，为什么给胡志明输液，却要越共政治局举行正式会议研究通过呢？这里除了病人极度虚弱、担心输液发生意外这个因素外，还有一个鲜为人知的重要原因：一生经历过多次枪林弹雨，在战火中缔造了越南民主共和国的伟大领袖胡志明主席却有一个特点——害怕打针。由此可以看出，以前对胡志明的治疗，没有采取过输液的措施。这也可以理解为什么周恩来总理派出的医疗组中会有中医专家。

政治局在病榻旁召开会议，通过了输液的决定。

执行这项"特殊任务"的是孔繁英。

当孔繁英正要扎针时，胡志明突然睁开眼睛，问她叫什么名字，为什么拿针，并同她开玩笑。孔繁英一边笑着答话，一边进针。胡志明一皱眉，进针成功！在场的越南最高层人士松了一口气，一一同孔繁英握手，赞扬她技术精湛。

8月31日，中共中央和中国政府又派出了著名医学专家吴阶平大夫，并由外交部亚洲司副处长梁枫陪同，乘专机来河内送急救药品，了解胡志明病情。出发前，周恩来指示他们当天返京，晚上他要听取汇报。

但由于天气原因第二天上午吴阶平才返回北京，周恩来总理立即亲自听取汇报，并找有关人士讨论了一夜。

胡志明停止呼吸后，中国医生仍未放弃最后一线希望，继续做人工呼吸，一直持续了大约三个小时

然而，9月1日夜间胡志明的病情更加恶化，生命垂危。医务人员全力以赴，一刻也不能离开病人。

此时，使馆与医疗组联系中断。中国驻越南大使王幼平无从了解胡志明的病情，心里十分焦急，不断询问使馆值班室和礼宾秘书组。

此时此刻远在北京的周恩来更是不可能知道消息，但凭着他所特有的敏感——鉴于一国元首病危时，该国领导人守护在侧，一个外国使节在场有所不便的常理，周恩来曾电嘱王幼平大使，在胡主席病危期间，未经越方安排不要前去探视。

就在这天晚上，在范文同总理举行的越南国庆24周年招待会上，王大使才从越南领导人那里了解到胡志明病情严重。

招待会结束后，直到午夜，仍没有等到医疗组的消息。使馆即报国内，胡志明病情不见好转。

9月2日凌晨6时，中共中央再派吴阶平率领第四个医疗组携带药品器材前去抢救。可就在这天晚上，胡志明的病情进一步恶化。

9月2日凌晨6时，王幼平紧急约见黎文良，通知他，中国又增派了一个急救组（即第四个医疗组），专机已从北京起飞，约于9时抵达河内。大使回到使馆不久，张德维从主席府打来电话，只讲了一句话："不行了，医疗组不要来了。"使馆立即将这一噩耗报告中央。

然而，此时中共中央派出的第四个医疗组的专机已越过中越边境，再过20分钟就可到达河内，这时，机组接到中国政府命令，折返南宁。专机接到命令后，机组通过无线电告诉河内机场指挥塔，因"天气不好"，折返中国南宁。对于这个情况，后来（9月4日下午），中共代表团同越南领导人会谈时，周恩来提到了这件事："31日，我们派吴大夫和梁枫同志来送药和了解胡主席的病情，叫他们当晚赶回北京汇报。因天气关系，他们1日晨才到北京。我亲自听取汇报后又找有关同志讨论了五个多小时。我觉得已经很难见到胡主席了，但仍然决定再派吴大夫和梁枫以及一些医生携带药品、器材前去抢救，他们正在路上，不幸胡

红墙大事
——共和国重大历史事件的来龙去脉（下册）

主席已经去世了。"

胡志明停止呼吸后，中国医生仍未放弃最后一线希望，继续做人工呼吸，一直持续了大约三个小时，一个个累得汗流浃背，精疲力尽。

1969年9月2日9时47分，黎笋下令停止抢救。胡志明逝世时，终年79岁。

12名中国医护人员列队向胡主席鞠躬致哀，失声痛哭，然后含泪退出。为了挽救胡志明的生命，中国医疗组在周恩来总理的亲自指挥下，尽了最大的努力。越南劳动党全体政治局委员和中国医护人员一一握手致谢。

这天上午，在中国政府派出的第四个医疗组所乘专机半途折回南宁的同时，周恩来总理曾致电王幼平大使，嘱咐两点：一、不要与医疗组联系；二、在越方公布消息前不要去吊唁。

这是周恩来总理在四天之内，给王幼平发的第二份署名指示电。周恩来总理不愧为国际外交大师，他的判断和越方当时的措施正好吻合，指示及时、准确。

对于这事，王幼平至今记忆犹新，感慨良多，他说："我当大使近三十年，周总理署名直接给我发电报，给我下指示，只有这两次。"

胡志明逝世后，越南领导人请中国医疗组暂时保密，不要离开主席府，不要同外面联系。直到9月4日，越方公布了胡主席逝世消息之后，中国医疗组才迁出主席府，住进河内一军队招待所。

中共中央不仅关心胡志明主席的病情，还特别注意外交礼节和国际形象。在四天之内，周恩来给王幼平大使发出两份署名电报，直接下达指示。

第一封电报是8月30日发出，当时胡志明主席病情急转直下，生命垂危。周恩来电嘱王幼平，在胡主席病危期间，未经越方安排不要前去探视。

周恩来与胡志明交情至深，为什么在病危之际反倒不让中国驻越大使前去探视呢？

胡志明是越南国家元首，病危之际，该国其他领导人必然守护在旁，一个外国使节在场会给越方带来诸多不便，所以，周恩来总理特意发电提醒王幼平大使。

第二封电报是9月2日上午发出的，与中国第四个医疗组专机折返南宁同时，周恩来电嘱王幼平大使：不要与医疗组联系；在越方公布消息前不要去吊唁。

为什么要这样做呢？

胡志明，这位新越南的缔造者，越南人民的伟大领袖，越南近代史上最杰出的民族英雄,他的逝世日与他所创建的共和国的诞生日恰巧在同一天,这就给今后的节日庆祝带来了麻烦。越南领导人决定,将胡志明主席的逝世日公布为9月3日。并请中国医疗组不要离开主席府,不要同外界联系。越南方面的这一措施,已在周总理的意料之中,所以做出了上述安排。

9月2日16时45分,越南外交部部长阮维桢告知王大使:"越南劳动党中央为了免使越南人民过分受刺激,同时又是越南的国庆日,决定将胡主席的逝世时间公布为9月3日。"

范文同、武元甲见到周恩来,失声恸哭。
周恩来含泪连声说:"我来晚了,我来晚了。"

9月3日,越南政府发布了正式公报。公报说,胡志明主席于9月3日上午9时47分逝世。

同日,中共中央、全国人大常委会和国务院分别向越南劳动党中央、越南国会常委会和越南政府会议发出唁电,表示沉痛哀悼。

9月3日晚,周恩来率领中国共产党代表团离京飞往河内吊唁胡志明。

4日零时,中国驻越南大使王幼平约见越南外交部部长阮维桢,通知他,以政治局常委、国务院总理周恩来为团长的中国共产党代表团将前来吊唁,副团长是中央政治局委员、中央军委副主席叶剑英,团员是中央委员、广西壮族自治区革委会主任韦国清和王幼平。代表团专机约于7时到达河内。阮维桢表示立刻报告越共中央。

那么毛泽东为什么没有前去呢?毛泽东与胡志明是多年的老朋友了,毛泽东从没有把胡志明当作外人。有一年夏天胡志明曾在勤政殿与毛泽东长谈。天气闷热,毛泽东请胡志明赤裸了上身,并说:"这是在家里嘛,尽管随便,就像走亲戚一样。"

毛泽东从1957年出访苏联以后,进入60年代以来,没有再出过国,这是因为多方面的考虑。如果是在50年代,毛泽东也许会出现在这位老朋友的追悼会上的。现在这种安排,应该说是最好的方案了。

午夜,毛泽东在中共代表团组成人员名单报告上批示:"同意。"不知怎么回事,毛泽东的手有点发抖,以至于他写得最熟练的"毛泽东"三个字都有点异样。

红墙大事
——共和国重大历史事件的来龙去脉（下册）

签完这份报告，毛泽东点上了一支烟，他站在桌前，狠狠地吸了一口，吐出了一团浓浓的烟雾，他的思绪也飞得很远很远……

他按响了叫秘书的电铃。

秘书进来了。他指指桌上的报告，说"马上送总理"。

秘书拿起报告，正要离去，又听毛泽东说："再去给我找一张胡志明的照片来。"

秘书答应着往外走，出门时回头看见毛泽东脸上淌着泪水……

2时许，阮维桢约见王幼平，答复同意，但为难之意溢于言表：越方尚未做好吊唁准备；为长期保留胡主席遗体，现正对遗体进行处理，因此，代表团将不便瞻仰遗容。

王幼平将越方答复和阮维桢的谈话报告中共中央后，即驱车去河内机场迎接代表团。到机场迎接代表团的越南领导人是范文同、武元甲、阮维桢和裴光造等。

专机7点钟没有到。一个半小时后，王幼平建议范文同、武元甲等越南领导人先回去。王幼平又等了一会儿，仍不见专机到达，遂和阮维桢、阮基石一起离开机场。在途中遇见中国驻越南大使馆汽车，车上同志报告王幼平："刚刚接到机场电话，总理已经到了。"

王幼平急忙调转车头去机场，路上遇到周恩来总理的车子，看见周恩来在车里向他招手，他随即与周总理一起到达宾馆。

原来代表团在空中收到使馆电报后，临时降落南宁，经研究后决定仍按原计划进行，因而比预计迟到两个小时。

对此，周恩来总理向越南领导人解释说："这一次来得很仓促，在途中接到阮维桢同志转告的越南党中央关于国葬的布置，知道不能向胡主席的遗体告别，但因我们已经在途中，所以还是来了。根据主人的意见，八、九、十三日举行国丧，到时我们再派代表团来参加，我们这次先来吊唁。"

当时周恩来下榻在河内范老五宾馆。

范文同、武元甲首先来到宾馆，长征、黄国越、裴光造等领导人亦先后来到。整个大厅沉浸在悲痛之中。范文同、武元甲见到周恩来，失声恸哭。周恩来含泪一一安慰，连声说："我来晚了，我来晚了。"

此次周恩来率中共代表团赴河内吊唁胡志明，转送了中共中央给越南劳动党中央的唁电。

电文说："胡志明主席……在中国人民进行民族民主革命斗争的岁月里，他几次到了中国，同中国人民患难与共，并肩战斗，同中国共产党建立了浓厚的无产阶级感情。在中越两国革命胜利以后，他为加强和发展中越两国人民的兄弟友谊和战斗团结进行了不懈的努力……他的高尚的革命品质和不畏强暴的战斗精神，将永远留在中国人民的心里。"

4日上午，周恩来同黎笋、长征、范文同、武元甲等进行会谈，说：我们来得仓促，但还是晚了。胡志明主席不幸逝世的消息传到中国，中国党、政府、军队和中国人民感到十分悲痛。胡主席一生奋斗，不仅为越南人民建立了不朽的功勋，而且对国际无产阶级也作出了很大的贡献。胡主席同中国革命、中国党的关系尤其密切，不比一般。他同中国人民、中国党建立了深厚的感情，把中越两党两国人民密切地联系在一起。从我个人来说，我同胡主席是最老的朋友。希望能够安排我们在胡主席遗像前举行告别仪式。在开正式追悼会时，我党将再派代表团前来参加。

9月4日下午3时，周总理率领代表团前往主席府吊唁。由于灵堂没有布置好，中越双方先举行了会谈。

吊唁仪式于5时举行，灵堂临时设在主席府正厅，这是专为中国代表团设置的，正式的吊唁场所是在巴亭会堂。

主席府正厅，大厅高大，宽敞明亮，是胡志明接受使节国书、进行重大国务活动的场所。

周恩来进入灵堂时，以黎笋为首的政治局成员依次和周总理拥抱。代表团在胡主席遗像前献了花圈。周恩来在胡主席遗像前肃立默哀，深切怀念这位异国朋友。默哀后，周总理在吊唁簿上留言，代表团成员依次签字。

晚上7时，越方秘密请周恩来和叶剑英到医院瞻仰了胡主席的遗容。这是唯一看到胡主席遗体的外国代表团。周恩来向自己四十多年的老朋友做了最后的诀别。胡志明主席在天之灵也会为有周恩来这位忠诚的朋友而无限欣慰。

代表团于当晚8时离开河内回国。

9月8日，国务院副总理李先念率领的中国党政代表团乘专机到达河内，参

红墙大事
——共和国重大历史事件的来龙去脉（下册）

加胡志明主席葬礼。副团长是政治局候补委员、中央军委委员、安徽省革命委员会主任李德生，团员是中国驻越南大使王幼平。

当晚，越南领导人黎笋、长征、范文同、武元甲、阮维桢到宾馆会见中国党政代表团。次日，中国代表团与其他31个外国代表团一起，参加了在河内巴亭广场举行的隆重国葬。

胡志明逝世后，中国前后派出两个代表团前往河内吊唁。这在中国外交史上是第一次，在国际上也属罕见。当时越南正在打仗，外国舆论认为中国的外交行动是"异乎寻常的"，"是对处于最困难时刻的越南人民的支持"。

这里还要说几句，当中国医疗组回国前，越南劳动党政治局委员、书记处书记黎德寿和中央委员、书记处书记黎文良在主席府接见中国医疗组，他们热情赞扬了中国医生全心全意的忘我的工作态度，感谢中国同志的大力协助。接见时，黎德寿代表越南劳动党中央给医疗组每个成员送了一份纪念品。晚上，黎德寿、黎文良来到医疗组住地设宴为医疗组送行。

胡志明逝世后，如何保存胡志明主席的遗体，成了一件更加难办的大事，当时，越南劳动党曾指定一名政治局常委专门负责这项工作，但因为越南当时正处在战争年代，根本不具备保存胡志明遗体的条件，对此中国共产党和中国政府又给予了大力帮助，保存遗体的冷藏车就是中国制造的。据说这种车要求便于机动、适合于战争条件，这对于当时中国的制造工业，也是一个不小的难题。不过这已是后话了。

二十二　林彪曝尸荒野的前前后后

- 林彪说"文化大革命"是一场夺权运动,要"大闹","大升一批,大罢一批"
- "文化大革命"以来,林彪第一次在重要问题上与毛泽东态度相左
- 陈伯达抢先挑起争端;毛泽东说:"要我早点死,就让我当国家主席!"
- "又提什么天才问题,不过是一个借口。"毛泽东严厉训斥黄、吴、李、邱
- 林立果的"讲用报告"被捧作是发展马克思主义的"第四个里程碑"
- 这次庐山会议是两个司令部的斗争,黑手不止陈伯达一个
- 林彪决心先发制人,计划杀害旅途中的毛泽东;毛泽东到杭州后,立即感到情况有些异常
- 恐慌之中,林彪决定改南逃为北叛;周恩来用力按下手中的话筒,气愤地说了两个字:"叛徒!"

红墙大事
——共和国重大历史事件的来龙去脉（下册）

1971年9月13日凌晨，中国共产党中央委员会副主席、中央军委副主席、国防部部长林彪携妻子叶群、儿子林立果乘坐一架"三叉戟"飞机外逃，途经蒙古上空，飞机坠毁，机上人员全部遇难。

林彪是当时党内仅次于毛泽东的第二号人物，"文化大革命"的狂热推动者和受益者，被称为毛泽东的"亲密战友"，也是中国共产党"九大"党章中所明确的"接班人"。他的外逃令全国乃至全世界为之震惊。同时，林彪叛国，暴露出军队高层一些人与其相关联的阴谋。解放军各军种、各部门的一批高级军官陆续受到审查。这是新中国和人民解放军历史上的第一大案，这一事件的发生迄今警世至深。

林彪说"文化大革命"是一场夺权运动，要"大闹"，"大升一批，大罢一批"

一位对林彪生平作过深入研究的作家曾说："在林彪一生里，他唯一缺少的就是对权力欲的控制力和意志。"

1966年8月，中共中央召开了八届十一中全会。会议通过了《中国共产党中央委员会关于无产阶级文化大革命的决定》（即十六条），同时改组了中央政治局，林彪排名提前，仅次于毛泽东，位居第二。会议没有选举主席和副主席，但会后，刘少奇、周恩来、朱德、陈云原来的副主席职务便不再提及，林彪实际上成为党中央唯一的副主席，并被称为全党全军全国的副统帅，事实上取代了刘少奇成为毛泽东的接班人。但是，林彪对这种显赫的地位没有满足，他冀望的是党和国家的最高权力。

"文化大革命"开始以后，一向深居简出的林彪显得异常活跃，频频出席集会，发表讲话。林彪的讲话用语尖锐，思想极端，极富煽动性和震撼力。他宣扬"文化大革命"是一场夺权运动，提出要"大闹"，"大升一批，大罢一批"。1967年初，在军委碰头会扩大会议上，林彪又说："对老干部有的烧，有的保，有的放火，有的灭火。"对什么人烧、什么人保，林彪有他的原则，那就是异己者烧，投靠者保。

"文化大革命"造成国家秩序的混乱，林彪却乘机组成了自己的政治集团。依靠军事起家的林彪历来十分重视军权，他称军权为"权中之权"。一次，林彪同黄永胜谈话,讲到军队的作用时,他说:"要学习蒋介石,蒋介石把一国的军权抓住了,他就把一个国家抓住了,这一点是值得学习的。"林彪悟得此道,更兼数十年从军之便,因而着力从军中网罗追随者。

1967年1月,总后勤部部长邱会作在总后机关受到群众批斗。邱的妻子胡敏多次给林彪办公室打电话报告邱会作挨斗的情况,请求"救他一命"。1月24日,邱会作给林彪、叶群写信求救,表示:"今后如同过去一样,只要还有一口气,就坚决跟着毛主席、林副主席走。"这是一封写给林彪的效忠信,"跟着毛主席走",不过是个幌子,跟林副主席走才是真。林彪读信后即和陈伯达共同签署一纸命令,派叶群去总后,把邱会作保了出来。为此,邱会作写了一篇日记,表达自己感激涕零之情。此后,邱会作成为林彪集团的忠实成员。

林彪用类似的方式将黄永胜、吴法宪、李作鹏等逐一收归帐下。

"文化大革命"开始前后,吴法宪和李作鹏仰仗林彪的扶持,分别掌管了空军和海军。"文革"中,二人都曾受到林彪的庇护,他们唯林彪之命是从。李作鹏发誓说:"林副主席活着跟他干,生与林副主席同生,死与林副主席同死。"后来,吴法宪也承认说:"是林彪把我提拔起来的,所以我脑子里就是一个林彪,林彪叫我怎么样我就怎么样。"

1968年3月,林彪捏造了子虚乌有的"杨、余、傅事件",骗取毛泽东同意,打倒了代总参谋长杨成武、空军政治委员余立金和北京卫戍区司令员傅崇碧,进一步掌握了军权。他提拔自己的"嫡系"干将,让广州军区司令员黄永胜当了总参谋长。

随后,军委办事组改组。黄永胜任组长,吴法宪任副组长,成员为叶群、李作鹏、邱会作等。从4月起,聂荣臻等几位原任军委副主席被停发应发给他们阅批的文件,实际上不再参与军委工作。不久,根据毛泽东主席的意见,决定中央军委常委不再开会,军委办事组取代了军委常委。军队的指挥权已经转移到林彪及其追随者手中。"文化大革命"初期一度受冲击的黄永胜受到林彪庇护又飞黄腾达了,他感恩图报,发誓:"在任何时候都要忠于林副主席。"

这些效忠的人被林彪列入"大升一批"之中,他们不仅拥有了军权,政治上也获得擢升。当众多开国元勋纷纷卷入政治旋涡而黯然失色时,他们开始光彩夺目地出现在中国的权力核心。

红墙大事
——共和国重大历史事件的来龙去脉（下册）

1969年，中国共产党第九次全国代表大会召开，林彪正式成为中共中央唯一的副主席，黄永胜、吴法宪、叶群、李作鹏、邱会作一同跨入中央政治局。林彪集团仍然把持着军委办事组。"九大"通过的《中国共产党章程》将林彪确认为毛泽东的"亲密战友和接班人"。政治局五人常委之一的陈伯达也开始倒向林彪一边。

林彪集团进入了鼎盛时期。可是，林彪本人的地位没有出现实质性的变化，依然屈居第二，而且，随着时间的推移，他感觉到现时的地位也存在被取而代之的危机。

"文化大革命"以来，林彪第一次在重要问题上与毛泽东态度相左

第九次全国代表大会上，与林彪集团并肩而起的是"文化大革命"中另一派受益者——江青集团。江青、张春桥、姚文元等"中央文化革命小组"的主要人物也进入了政治局。林彪一伙分析形势认为，"九大"以后，国家局势基本稳定，和平时期文人方面的工作和力量势必要发展。而毛泽东也似乎有意扶持江青集团，与林彪方面抗衡。1970年，林彪愈加意识到江青、张春桥等人势力的发展有超越自己的趋势，便图谋提前"接班"。

1970年3月，毛泽东提议召开四届人大和修改宪法，同时提出要改变国家体制，不再设国家主席职位。根据毛泽东的意见和建议，在周恩来主持下，中央政治局开始进行修改宪法和四届人大的筹备工作。成立由周恩来、张春桥、黄永胜、谢富治、汪东兴组成的工作小组，负责四届人大代表名额和选举事宜；成立由康生、张春桥、吴法宪、李作鹏、纪登奎组成的工作小组，负责修改宪法。

"九大"以后，毛泽东认为"文化大革命"已进入"扫尾"阶段，政府工作和经济工作都应恢复正常秩序。"文化大革命"发动时期的一些做法也需要进行必要的转变。

4月初，毛泽东在审阅"两报一刊"编辑部文章时，写下一段意味深长的批语："关于我的话，删掉了几段，都是些无用的，引起别人反感的东西。我曾讲过一百次，可是没有人听，不知是何道理？请中央各同志研究一下。"

毛泽东所指"无用"的东西和"引起别人反感"的话有："当代最伟大的马

二十二 林彪曝尸荒野的前前后后

克思列宁主义者","继承、捍卫和发展了马克思列宁主义,把马克思列宁主义提高到一个崭新的阶段","毛泽东同志就是当代的列宁"等。

这些语言几乎全是林彪提出来"颂扬"毛泽东的原话。毛泽东认为"文化大革命"初期个人崇拜的东西是必需的,现在显得过头了,对他的个人崇拜应该降温了。

周恩来批示将毛泽东的批件先在中央政治局范围内传阅。林彪很快就见到了。正在苏州休养的林彪,对毛泽东的批示没有做任何表态。

一个星期后,林彪做出一个出人意料的举动。他对毛泽东改变国家体制的建议明确提出反对。他表示:应设国家主席,由毛泽东担任国家主席,"否则,不合人民的心理状态";至于国家副主席则可以不设。林彪还特别表示,他自己"不宜担任副主席的职务"。

林彪建议毛泽东任国家主席的意见理所当然得到中央政治局多数赞同,周恩来对此也没有异议。对包括周恩来在内的中央政治局多数成员来说,设不设国家主席,只是个形式问题;因为无论毛泽东是否担任国家主席,他的最高权威地位都是无可置疑、不可动摇的。当然,事情最终需要毛泽东本人决定。上报毛泽东后,毛批示:"我不能再做此事,此议不妥。"

毛泽东建议不设国家主席也是经过一番考虑的。他认为国家主席形式上的事务太多,被杂事缠扰不利于集中精力研究要紧的事。当年,他辞去国家主席就有这方面的考虑。现在,毛泽东年事已高,更不愿再任国家主席一职。如果他不当国家主席那么由谁来干呢?毛泽东曾考虑由董必武来当,但这时董必武已经84岁了。在当时条件下,除由林彪当国家主席之外,其他没有合适的人选。但是,毛泽东认为林彪是不适宜当国家主席的。

在党的九届一中全会上,毛泽东讲过:苏联攻击我们的领导体制是"军事官僚体制",是"军事官僚专政",因此在机构重建上要改变这种"形象"。

毛泽东还考虑到,"文化大革命"中通过"三支两军",林彪已经掌握了相当大的实际权力,军队干部在绝大多数地方"革委会"中起着主要作用。这种以军代政、以军管党的做法,毛泽东是不满意的。他说:"地方党委已经成立了,地方党委定的事,要拿到部队党委来讨论,这不是颠倒了吗?"毛泽东主张政府机构要搞"文官"班子,军队干部不宜过多地参政,因此,他不同意林彪担任国

红墙大事
——共和国重大历史事件的来龙去脉（下册）

家主席。

4月下旬，中央政治局会议上，毛泽东第三次提出不当国家主席，也不设国家主席。他借用三国的故事说："孙权劝曹操当皇帝。曹操说，孙权是要把他放在炉火上烤。我劝你们不要把我当曹操，你们也不要做孙权。"

毛泽东这样一比，就把设国家主席的问题讲得非常严肃了，但林彪的意见仍与毛泽东相左，他继续主张设国家主席。这是"文化大革命"以来，林彪与毛泽东第一次在重要问题上各执己见。

林彪一贯的表现是"紧跟"毛泽东、"主席画圈我画圈"。因此，对林彪来说，这一举动很不寻常。从此后披露出来的证据可以看出，原来，林彪本人想当国家主席。

林彪认为，毛泽东早在1959年66岁时就辞去了国家主席的职务。1970年已77岁，不可能再重当国家主席。只要设了这个职位，毛泽东不当，自然就应该由他来当。

本来，是否设国家主席允许有不同意见，即使林彪想当国家主席也不是反党行为。问题在于林彪、叶群把四届人大看作"权力再分配"的一次机会，背地里串通一些人造成声势，企图用非正当的手段控制会议，达到夺权的目的。

5月中旬，林彪对参与宪法修改工作的吴法宪说："不设国家主席，国家没有一个头，名不正言不顺。"他要求吴法宪和李作鹏在宪法工作小组会上提出写上"国家主席"一章。

7月，叶群私下对吴法宪说的话，点明了林彪的用意："如果不设国家主席，林彪怎么办？往哪里摆？"

这时，毛泽东又一次申明自己的主张。7月中旬，在中央修改宪法起草委员会开会期间，毛泽东说："不要设国家主席；设国家主席，那是形式，不要因人设事。"

此后，叶群再次找到吴法宪，说："林彪的意见还是要坚持设国家主席，你们应在宪法工作小组提议写上这一章。"

宪法工作小组中同样存在两种意见。康生、张春桥接受毛泽东的主张，吴法宪、李作鹏在林彪支持下，坚持要设国家主席。两派意见时常发生冲突。

林彪一派虽然与毛泽东的主张相抵触，但是他们打出的旗号却是树立毛泽东的领导权威。8月13日，中央修改宪法工作小组召开会议，继续讨论宪法草案稿中的文字修改问题。会上,张春桥和吴法宪就有关提法发生争执。

此前,张春桥陪同毛泽东会见外宾时曾亲耳听到毛泽东谈到"天才地、创造性地、全面地发展马列主义是讽刺"。张春桥以此为依据,提议删去草案中"毛泽东思想是全国一切工作的指导方针"以及"天才地、创造性地、全面地"等三个副词。

吴法宪不同意,他反驳说:"要防止有人利用毛主席的伟大谦虚,贬低毛泽东思想。"会后,吴法宪通过黄永胜将争论的情况报告了林彪。林彪对吴法宪在关键时刻敢于向张春桥发动反击表示满意,说:"吴胖子放炮放得好!"

三个副词出自"文化大革命"中最著名的"红宝书"——《毛主席语录》的开头,是林彪的发明。毛泽东已多次表示反对这种说法,他在1969年审定"九大"《政治报告》和《中国共产党党章》时,也删去了初稿中的这三个副词。而林彪仍然坚持这样提。

林彪、叶群估计在将要举行的政治局会议讨论宪法文字定稿时还会有一番激烈争论。叶群遂打电话给陈伯达、黄永胜,要他们准备有关领袖们在称"天才"问题上的语录,准备在会上和张春桥等人"斗争"。出乎他们意料的是,8月14日政治局会议上,张春桥等人未再坚持删改意见,宪法草案按林彪一伙的意思顺利通过。

尽管如此,在国家主席问题上,毛泽东仍未改变主意。九届二中全会召开在即,林彪便把希望放在会议期间,准备操纵会议,制造舆论,形成事实,迫使毛泽东接受。

8月下旬,九届二中全会在庐山开幕。上了庐山以后,叶群关照吴法宪等人说:设国家主席一事还要坚持。

林彪也暗中嘱咐黄永胜、吴法宪:要多小心,这件事没有完,庐山会有大的斗争。

陈伯达抢先挑起争端;毛泽东说:"要我早点死,就让我当国家主席!"

8月22日,九届二中全会召开的前一天,中央政治局常委举行预备会议。这次会上,周恩来、康生、陈伯达、林彪都提到设国家主席的事,认为根据群众的愿望和要求,应实现党的主席和国家主席一元化,即在形式上有一个国家元首、

红墙大事
——共和国重大历史事件的来龙去脉（下册）

国家主席。毛泽东很不以为然，再次表示不设国家主席、不当国家主席。他说：设国家主席，那是个形式，我提议修改宪法就是考虑到不要国家主席。如果你们愿意要国家主席，你们要好了，反正我不做这个主席。毛泽东最后提出希望：要把这次会议开成一个团结的、胜利的会，不要开分裂的、失败的会。这些话显然有针对林彪集团而言的意味。

8月23日，中共九届二中全会在江西庐山开幕了。当日，毛泽东主持会议。周恩来总理宣布了会议的三项议程：讨论修改宪法问题；国民经济计划问题；战备问题。按预先宣布的程序，首先应是康生做宪法修改草案报告。然而，林彪临时提出要讲几句话。

林彪在讲话中继续坚持称"天才"，坚持设国家主席。这种场合下，林彪是以党的副主席身份讲话，表达的却是个人意见。他要把个人观点假以集体决议传达给与会的中央委员。

他说："毛泽东同志天才地、创造性地、全面地继承、捍卫和发展了马克思列宁主义，把马克思列宁主义提高到一个崭新的阶段。"说毛主席对马列主义没有发展，"这是形而上学的观点"，"是反马列主义的"，"这点值得我们同志们深思，尤其是在中央的同志值得深思"。这次宪法草案"把毛主席的伟大领袖、国家元首、最高统帅的这种地位"，"用法律的形式巩固下来非常好。非常好！"这是整个宪法草案三十条中"最重要的一条""最根本的经验"。"肯定毛主席的伟大领袖、国家元首、最高统帅的这种地位"是这次宪法的一个特点。这种领袖地位是"国内国外除极端的反革命分子以外不能不承认的"，"我们说毛主席是天才的，我还是坚持这个观点……这次宪法里面规定毛主席的领导地位，规定毛泽东思想是指导思想。我最感兴趣的、认为最重要的就是这一点。"

林彪发言后，康生表示对林彪的发言"完全同意，完全拥护"。他说：在毛泽东当国家主席、林彪当国家副主席的问题上，"所有意见都是一致的"；"如果是主席不当（国家）主席，那么请林副主席当（国家）主席。如果是主席、林副主席都不当的时候，那么（国家）主席这一章就不设了。"

林彪的讲话明白地把"国家元首"这个毛泽东坚决推卸的头衔加于毛泽东。对林彪的讲话，与会人员没有感到异常，认为这是中央的安排。当天晚上，在政治局讨论国民经济计划纲要会议上，吴法宪提议要全会第二天再听林彪讲话的录音，学习林彪的讲话。政治局委员多数同意，主持会议的周恩来遵从众意，通过了这样的安排。

为了配合这次行动，陈伯达、叶群已预先有准备。上庐山后，他们临时查找了一些语录，编成《恩格斯、列宁、毛主席关于称天才的几段语录》，分发给团伙中的人。

8月24日，陈伯达、叶群、吴法宪、李作鹏、邱会作按事先商定的口径，引用同样的语录分别在华北组、西南组、中南组、西北组发言，共同点是坚持"天才论"，提议设国家主席，要毛泽东任国家主席。许多人不明真相，但出于对中央的信任和对毛泽东的崇拜，纷纷赞同由毛泽东任国家主席。陈伯达等人的发言同时影射张春桥一伙诋毁毛泽东。

陈伯达在华北组的发言中说："竟然有个别人把'毛泽东同志天才地、创造性地、全面地继承、捍卫和发展了马克思列宁主义'这句话说成'是一种讽刺'。"

"有人想利用毛主席的伟大和谦虚，妄图贬低毛主席、贬低毛泽东思想。"

"有的反革命分子听说毛主席不当国家主席，手舞足蹈，非常高兴，像跳舞一样高兴！"陈伯达的这些发言印成华北组第2号简报（大会第6号简报）发给与会者。

简报中还写道：大家听了陈伯达等的发言，知道了党内竟有人否认毛主席是当代最伟大的天才，表示了最大、最强烈的愤恨。这种人就是野心家、阴谋家，是极端的反动分子，应该揪出来示众，应该开除党籍，应该斗倒批臭，应该千刀万剐，全党共诛之，全国共讨之。

陈伯达的发言投合了林彪的口味。林彪听秘书读过这份简报后，高兴得笑了，说："听了那么多简报，数这份有分量，讲到了实质问题。比较起来，陈伯达讲得更好些。"

华北组的简报一出，整个会议气氛大变，一些委员表现得情绪激动，会议气氛开始紧张起来。各组都谈到要"揪出"反对毛主席的坏人。

会议没有按毛泽东预先的希望开成一个团结的会。陈伯达充当先锋，挑起争论，矛头直指江青、张春桥等人。两个集团的斗争趋于公开化。

8月25日，已十分惊慌的张春桥、姚文元二人在江青带领下来到毛泽东住处反映大会斗争情况。之后，三人又来到周恩来处谈话。会上出现这种背着毛泽

红墙大事
——共和国重大历史事件的来龙去脉（下册）

东的明显是有统一布置的"揪人"行动，使毛泽东感到事态已十分严重。

当天下午，毛泽东主持召开了中央政治局常委扩大会议。他开始部署反击了。

在会上，毛泽东作出三项指示：第一，立即休会，停止讨论林彪在开幕式上的讲话；第二，收回华北组第2号简报；第三，不要揪人，要按"九大"精神团结起来，陈伯达在华北组的发言是违背"九大"方针的。

毛泽东的话语十分严厉："你们继续这样，我就下山，让你们闹。"他严肃地说："设国家主席的问题不要再提了。要我早点死，就让我当国家主席！谁坚持设，谁就去当，反正我不当！"又对林彪说："我劝你也别当国家主席。谁坚持，谁去当！"

毛泽东的发言立即改变了会议的气氛。叶群、吴法宪等人匆忙撤回、销毁自己的言论。开始，留守北京没有来庐山参加前期会议的总参谋长黄永胜也照叶群的部署准备了一份类似的发言稿，听说山上风云突变，就悄悄地销毁了文稿。

8月26日、27日，周恩来找吴法宪等人谈话，要他们做检讨。吴法宪报告了林彪。林彪说："你没有错，不要做检讨。"叶群则极力安抚左右为难的吴法宪："你不要紧张，还有林彪、黄永胜在嘛！只要不牵扯到林彪、黄永胜就好办。大锅里有饭，小锅里好办。"

随后，叶群、黄永胜召集吴、李、邱布置统一口径，强调在小组会上发言不能牵涉林彪，黄、吴、李、邱只讲自己，互不涉及。

8月31日，毛泽东在陈伯达所编的《恩格斯、列宁、毛主席关于称天才的几段语录》上写下《我的一点意见》，指名批判了陈伯达。毛泽东写道，陈伯达搞的称"天才"的材料，"欺骗了不少同志"。"我跟陈伯达这位天才理论家之间，共事三十多年，在一些重大问题上就从来没有配合过，更不去说很好的配合。""这一次，他可配合得很好了，采取突然袭击，煽风点火，唯恐天下不乱，大有炸平庐山，停止地球转动之势。我这些话，无非是形容我们的天才理论家的心（是什么心我不知道，大概是良心吧，可绝不是野心）的扩大而已。""希望同志们同我们一道采取这种态度，团结起来，争取更大的胜利，不要上号称懂得马克思，而实际上根本不懂马克思那样一些人的当。"

毛泽东决定点出陈伯达的问题进行批判是经过缜密考虑的。如周恩来后来所言：这是毛主席考虑了三天后，才写出来的；陈伯达在中央核心内部长期不合作，他们的问题迟早是要暴露的。

但毛泽东的考虑显然不仅仅是陈伯达的问题。他十分策略地回避了林彪的问题，把主要责任全归到陈伯达的头上。这时期，毛泽东对林彪以及叶群、吴法宪等人采取了"保"的态度，留给他们觉悟认错的机会。

9月6日，九届二中全会闭幕，中央宣布对陈伯达进行审查。陈伯达当了林彪的替罪羊，林彪仍然高坐主席台之上，可是，他这时的心情已经不比初上庐山时那样信心满怀了。

"又提什么天才问题，不过是一个借口。"
毛泽东严厉训斥黄、吴、李、邱

庐山会议后，中央责令林彪的追随者吴法宪等人对庐山的事写出书面检查。毛泽东亲自审阅他们的检查报告，并写下严厉的批语，批评军委办事组几个成员追随陈伯达在庐山发难。

10月14日，毛泽东在吴法宪的检讨书上批示："作为一个共产党人，为什么这样缺乏光明正大的气概。由几个人发难，企图欺骗200多个中央委员，有党以来从来没有见过。"

"办事组各同志（除个别同志如李德生外）忘记了'九大'通过的党章。"

"又提什么天才问题，不过是一个借口。"

10月15日，毛泽东在叶群的检讨书上做了10处批语，批评叶群说："'九大'胜利了，当上了中央委员不得了了，要上天了，把'九大'路线抛到九霄云外。反'九大'的陈伯达路线在一些同志中占了上风，请同志们研究一下是不是这样的呢？"

"不听我的话，陈伯达一吹就上劲了，军委办事组好些同志都是如此。党的政策是惩前毖后，治病救人，除了陈伯达待审查外，凡上当者都适用。"

随后，中共中央发出《关于传达陈伯达反党问题的指示》，在全党开展"批陈整风"运动（对外称"批修整风"）。1971年1月8日，毛泽东提出："军队和地方都应进行一场思想整风的自我教育。"

毛泽东部署了全党的批陈整风，但他的关注点却在军委办事组里面与陈伯达问题有直接联系的那些人。叶群、吴法宪等人交上一纸检查之后，便不再诚心地

红墙大事
——共和国重大历史事件的来龙去脉（下册）

反省自身的问题，毛泽东了解到这些情况，十分不满。

2月19日，中央政治局传达毛泽东对批陈整风的指示："批陈整风，重点在批陈，其次才是整风。不要学军委座谈会，开了一个月，还根本不批陈。"

毛泽东发动的批陈整风使林彪集团在政治上更加被动。但毛泽东的本意并不想打倒林彪，他对林彪还是寄予希望的。庐山会议后期，毛泽东曾同林彪谈过话，林彪没有任何认错的表示。批陈整风开始后，毛泽东明确提到，"我劝林应好好地想一想，表一个态嘛！今天未想通，待想通后表态也可以"。

1971年3月29日，周恩来受毛泽东委托，偕李德生以及黄永胜、吴法宪、李作鹏、邱会作去北戴河见林彪，告知中共中央即将召开批陈整风汇报会。毛泽东希望林彪出来参加一下这个会议，讲几句话，就此做个了结。

而林彪从一开始就不准备承认错误，对毛泽东的指示，他采取了软拖硬抗的态度。表面上，林彪表示对黄永胜、李作鹏、邱会作等人的检讨"很高兴"，同意毛泽东不久前提出的要吴法宪和叶群"重写一次书面检讨"的意见。他说"绝没有想到"陈伯达的问题这样严重，这次把陈揪出来是"很大的胜利"，他"完全同意"中央召开批陈整风汇报会议，把批陈引向深入。林彪当面提出要黄、吴、李、邱在会上"检讨"，表示他自己将不出席会议。林彪还为其在庐山会议上的讲话做了辩解。

周恩来一行从北戴河返回后，来到中南海向毛泽东汇报。毛泽东很不高兴，当即指着黄、吴、李、邱严厉训斥说："你们已经到了悬崖边沿了！是跳下去、还是推下去，还是拉回来的问题。能不能拉回来全看你们自己了！"当着众多人的面，毛泽东没有直接对林彪表示不满。

几天以后，根据毛泽东的意见，中共中央派纪登奎、张才干参加军委办事组工作。这表明毛泽东对黄永胜、吴法宪把持下的军委办事组的不信任。

4月中下旬，在北京召开的中共中央批陈整风汇报会上，黄、吴、李、邱的问题被提到了更高的高度。周恩来指出黄永胜、吴法宪、叶群、李作鹏、邱会作在政治上犯了方向、路线错误，组织上犯了宗派主义错误，站到"九大"的分裂路线上去了。

4月19日，林彪回到北京，周恩来立即给他送去了正在进行中的批陈整风汇报会的材料和毛泽东的批示，并再次表示希望林彪参加会议，但林彪拒绝出席。

二十二 林彪曝尸荒野的前前后后

九届二中全会前后，尤其是在批陈整风运动中，毛泽东逐渐觉察到林彪把持下的军队一批人的不正常活动。毛泽东开始采取措施打击和削弱林彪集团：一是接连批发许多文件和指示，毛泽东称之为"甩石头"；二是派纪登奎、张才干参加军委办事组，削弱林彪对军队的控制，即毛泽东所说的"掺沙子"；三是更换北京军区主要领导，改组北京军区，毛泽东把这个办法叫作"挖墙脚"。

此前，还有一些反常的事使毛泽东对林彪一伙人逐渐产生了警惕。

1970年7月下旬，为了纪念"八一"建军节，中央"两报一刊"准备发表题为《提高警惕，保卫祖国》的社论。在27日讨论修改社论的政治局会议上，出现了一场小风波。当时越来越靠近林彪的陈伯达同张春桥为稿子中一处提法发生了争执，陈伯达主张将"伟大领袖毛主席亲自缔造和领导的、毛主席和林副主席直接指挥的中国人民解放军"一句中"毛主席和"四个字去掉。张春桥坚持不改。主持会议的周恩来最后表示，这件事"要请示主席"。

两天后，周恩来陪毛泽东在上海会见外宾时当面请示毛泽东。毛泽东表示，这类应景文章，既然已经政治局讨论，我就不看了；至于提法问题，这无关紧要。他让汪东兴代他圈去社论稿中"毛主席和"四个字。最后的表述是"伟大领袖毛主席亲自缔造和领导的、林副主席直接指挥的中国人民解放军"。毛泽东对这种说法显然不满意，他说："缔造者不能指挥能行吗？"后来，毛泽东谈到这事又说："缔造者、领导者也不是少数人，不是我一个，也不是你林彪一个。""朱德、恩来、贺龙、刘伯承、叶挺，这么多人发动的南昌起义，他们就不能指挥了吗？"毛泽东感到林彪突出他在军队中的地位是别有用心的。

还有，在中共九届二中全会召开前，林彪背着毛泽东和周恩来在庐山上修建飞机场。场址正选在预定安排毛泽东住的房屋背后的山顶上。汪东兴发现后，向毛泽东做了汇报。毛泽东查问是根据谁的指示修建的。黄永胜说是他下"命令"建的，是经过"林副主席批准的"。这虽不是什么大事，但按常规，事先必须报告周恩来总理和毛泽东主席，并经他们同意才能进行。毛泽东了解情况后，点了点头没有做任何表示。

后来，毛泽东要汪东兴进一步了解有关情况，得知庐山周围部署有陆军师和空军师，陆军的坦克内有火箭装置，空军的装备机动能力很强。汪东兴把这些情况向毛主席汇报了。所以，毛泽东在《我的一点意见》中，以点陈伯达为名，揭露林彪一伙,"配合得很好了","大有炸平庐山,停止地球转动之势"。

庐山会议结束时,毛泽东又说:"庐山是炸不平的,地球还是照样转。极而言之,无非是有那个味道。我说你把庐山炸平了,我也不听你的。"庐山会议之后,毛泽东通过批陈整风,下决心解决林彪一伙人在党内"搞宗派活动"的问题。

虽然批陈之火暂时还没有烧到林彪的头上,但是毛泽东的一系列措施使林彪更紧迫地意识到自己的地位岌岌可危。林彪对毛泽东怨恨之情溢于言表。

1971年5月1日,在国际劳动节的庆祝晚会上,林彪一改往日对毛泽东礼数周到的惯例,姗姗来迟,只在天安门城楼上与毛泽东默默对坐几分钟,便不辞而别。

庐山会议结束了,庐山阴云却久久不散。暗地里,林彪一伙开始策划更大的阴谋。

林立果的"讲用报告"被捧作是发展马克思主义的"第四个里程碑"

庐山会议是林彪集团用和平方法夺权的一次尝试。失败以后,林彪意识到毛泽东的威望足可使其以个人意志左右全局,这不是用正常方法可以撼动的,必须另谋他途。

按照正常的思路,林彪已是写入党章的接班人,等待毛泽东百年之后自然接班即可。可是,对此林彪、叶群还有自己的认识。

他们认为,法定的接班人未必是最终接班的人,尤其是"文化大革命"风云变幻,不确定因素很多,前任接班人刘少奇就是一个实例;从身体状况看,林彪体虚多病,虽然年龄比毛泽东小十多岁,怕是活不过毛泽东;再者,江青、张春桥集团实力日益增强,林彪一伙估计将来张春桥取代林彪的可能性最大,认为"目前的趋势是用张春桥"。

然而,对林彪集团最紧迫的威胁是九届二中全会以后,毛泽东觉察到林彪等人图谋不轨,这个团伙有被摧毁的危险。情急之下,林彪决定用武力夺权。

1971年2月12日,林彪借口养病,携妻子叶群、儿子林立果来到苏州。此时,批陈整风运动正当炽盛之时,林彪、叶群和林立果在苏州分析了形势,经过密谋策划以后,林彪授意林立果搞一个武装暴乱计划。他说:"南唐李后主有两句诗：'几曾识干戈，垂泪对宫娥。'他就是因为不懂得武装斗争的重要性，所以才亡了国。这是前车之鉴，我们不能束手待毙。"此后，夺权重任落在了林立果的肩上。

林立果，小名老虎，被林彪称作"眼珠子"，1945年出生，1967年3月入伍。林彪把他放在空军。

初入伍的林立果还不是党员便被安排在空军司令部党委办公室任秘书。四个月之后，由空军司令吴法宪、空军党委办公室副主任周宇驰做介绍人，林立果加入了中国共产党。

林彪对唯一的儿子寄予了很高的希望，不遗余力地推荐任用林立果。1969年2月16日，林彪亲笔写信给周宇驰和空军司令部办公室处长刘沛丰，提出要让"老虎多单独行动，以便锻炼他的独立工作能力"。这年10月，林彪又在毛家湾召见吴法宪，当面授意吴法宪提拔林立果。

10月17日，空军司令员吴法宪任命林立果为空军司令部办公室副主任兼作战部副部长（副师职）。当时，林立果24岁，入伍不足三年。

次日，吴法宪召集空军司令部副参谋长王飞和周宇驰、林立果等人开会，指示：空军的一切都要向林立果汇报，都可以由林立果调动、指挥。周宇驰、王飞等先后在空军党委常委办公会议上和机关做了传达。吴法宪未经中央军委批准，私自把空军指挥权和调动权交给了林立果。

林立果利用特权在空军中网罗起一批人，成立了一个"调研小组"，成员有周宇驰、王飞、刘沛丰、刘世英（空军司令部办公室副主任）。名义上，"调研小组"的任务是给空军党委出点子，提建议；实际上，它是林彪集团搜集情报、秘密联系，进行阴谋活动的工具。

为了推动林立果的工作，林彪特意召见了"调研小组"成员。1970年5月2日，在毛家湾，林立果、周宇驰、王飞、刘沛丰等"调研小组"要员齐集一堂。林彪问："谁是你们的头？"周宇驰等人心领神会。次日，几个人专门开会，向林彪表忠心，郑重推举林立果为"头"。

为使林立果顺利行使非常之权，1970年下半年，吴法宪控制下的空军开始极力地宣传林立果，把林立果捧为"超天才"。

一次，空军党委常委办公会议上，吴法宪的老婆陈绥圻率先制造舆论："应

红墙大事
——共和国重大历史事件的来龙去脉（下册）

该向立果同志学习，立果同志在林副主席、叶主任身边，领会林副主席指示深，主要还是立果同志天才，从各方面来讲是我们的老师。"此后，抬高林立果的言论层出不穷。

"立果同志的指示要及时传达、照办，坚决照办。"

"对立果同志的态度和对毛主席的态度是一致的。"

空军政治部通过决议：对林立果，要"老老实实地服从他的调动"，"服服帖帖地听从他的指挥"，林立果"要求什么，就做什么"，等等。

7月31日，林立果在空军司令部干部大会上做所谓学习毛泽东思想的"讲用报告"。这个报告的讲稿是王飞、周宇驰等人起草的。林彪听了报告录音后说："不仅思想像我的，语言也像我的。"之后，吴法宪、周宇驰等对"讲用报告"大肆吹捧，把林立果说成是"超天才"。

吴法宪称林立果的报告是放了"一颗政治卫星"，周宇驰、王飞、于新野等人吹捧林立果的"讲用报告"是发展马克思主义的"第四个里程碑"，林立果是"全才、帅才、超群之才"，是"第三代接班人"。林立果的报告印行七万多册，广为散发。

毛泽东得知此事后，非常不高兴，他多次说："不能捧，二十几岁的人捧为'超天才'，这没有什么好处。"

就在1970年10月，九届二中全会召开之后不久，林立果将"调研小组"更名为"联合舰队"。叶群为周宇驰、王飞等规定了称呼代号。林立果是当然的舰队司令官，他为自己取的代号是"康曼德"（英文司令官的译音）。这个"联合舰队"是一个秘密组织，是林彪谋害毛泽东、策动武装政变的骨干力量。

当中央批陈整风使林彪集团在政治上越来越被动之时，林立果"联合舰队"的武装开始壮大起来。

从1970年到1971年9月13日，在林立果、周宇驰的指使下，空军司令部副参谋长胡萍、7341部队政治委员王维国、广州民航局政治委员米家农和广州部队空军司令部参谋长顾同舟等，在北京、上海和广州的空军内部设立了14个秘密据点。林立果一伙利用这些据点进行联络，私藏枪支、弹药、电台、窃听器以及党和国家的机密文件。

自林彪一家苏州密谋之后，林立果即赴上海主持制订政变计划。林立果召集周宇驰、空军司令部办公室副处长于新野以及 7341 部队政治部副处长李伟信，在 3 月 18 日至 24 日起草了《"571 工程"纪要》。

"571"是武装起义的谐音。"九一三事件"后，在空军学院的秘密据点里，查获了一份于新野手写的《"571 工程"纪要》。全文分为九个部分：（一）可能性；（二）必要性；（三）基本条件；（四）时机；（五）力量；（六）口号和纲领；（七）实施要点；（八）政策和策略；（九）保密和纪律。

该纪要分析，目前"对方目标在改变接班人"，"中国正在进行一场逐渐地'和平演变'式的政变"，"政变正朝着有利于笔杆子，而不利于枪杆子方向发展"。决心要走向中国政治顶峰的林彪认为一场新的夺权斗争势不可免。估量自身的实力后，林彪一伙决定"要以暴力革命的突变来阻止和平演变式的反革命渐变"。

林彪把政变的赌注押在空军。一生搞军事的林彪看上了空军这支装备现代化的新军种。《"571 工程"纪要》中说明了其中的原因，"空军机动能力强。比较起来，空军搞'571'比较容易得到全国政权"。

1971 年 3 月 31 日，林立果根据《"571 工程"纪要》建立指挥班子的计划，在上海召开了有原南京军区空军政委江腾蛟、7341 部队政委王维国、7350 部队政委陈励耘、南京军区空军副司令员周建平参加的秘密会议（即"三国四方会议"），分别指定王、陈、周为上海、杭州、南京三个地方的"头"，江腾蛟"进行三点联系，配合、协同作战"。

与此同时，一批政变的基层组织建立起来了。广州的米家农成立了"战斗小分队"，队员要向林彪、林立果宣誓效忠，并制定了联络密语、暗号。上海的王维国成立了"教导队"，并仿造 7.62 毫米轻型冲锋枪。王维国提出要把"教导队"培养成誓死捍卫林彪地位的"坚强战斗集体"，并指示"教导队"进行捕俘、格斗、使用各种轻型武器、驾驶车辆等特种训练。

"战斗小分队"等组织的内部还规定了严格的纪律。例如：不准向外泄露小分队的情况；不准与原单位人员接触；在小分队期间不许探亲，不许家属来队，不准恋爱结婚；不准单独活动；不准随便接电话，电话由专人接；不准谈论"首长"活动去向、生活习惯，等等。

在"联合舰队"中，队员对林立果要绝对忠诚。林立果的"讲用报告"是反复学习的材料，林立果的话被编成语录。他们内部有一首队歌，翻来覆去唱的是

红墙大事
——共和国重大历史事件的来龙去脉（下册）

"忠于林副统帅""紧跟副部长"。队员还要宣誓。下面是一则誓词："我们在斗争中认识副部长，在斗争中选准副部长，在斗争中宣传副部长，在斗争中捍卫副部长，在斗争中紧跟副部长，永远紧跟副部长，革命到底志不移！"

4月下旬，中央批陈整风汇报会正在进行之际，"联合舰队"主要成员周宇驰、刘沛丰、于新野等秘密聚会，讨论中央批陈整风会议情况，确定"根据斗争形势，准备加快、提前"实施《"571工程"纪要》。

从后来"联合舰队"成员供述及调查得到的材料看，林彪一伙人准备在毛泽东南巡途中谋害毛泽东的办法有八种之多：

第一种，如果毛主席的专列停在上海虹桥机场专用线上，就由负责南线指挥的江腾蛟指挥炸专用线旁边飞机场的油库，或者让油库燃烧。据王维国交代，这时就由王维国以救火的名义带着"教导队"冲上火车，趁混乱的时候先把汪东兴杀死，然后杀害或绑架毛泽东。

第二种，准备在第一种办法失败后采取的，就是在毛泽东的专列通过硕放铁路桥时，炸掉铁路桥和专列，制造第二个"皇姑屯事件"。然后他们再宣布是坏人搞的。硕放桥在苏州到无锡之间，他们已经到那里看了地形，连炸药怎么安放，都测量和设计好了。

第三种，如果硕放炸桥不成，就用火焰喷射器在路上打火车。周宇驰讲，火焰喷射器可以烧透几寸厚的钢板。朝火车喷射，很快就会车毁人亡。王维国、周宇驰等人也到铁路沿线看过地形。他们准备从外地调来火焰喷射器部队，后来由于没有估计到毛泽东行动的变化，这支部队没有来得及调出。

第四种，是用40火箭筒和100毫米高射炮平射毛主席乘坐的火车。40火箭筒是打坦克的，高射炮是打飞机的，这两种武器的穿透力都很强，对付火车不成问题。

第五种，是由王维国利用毛主席接见的机会，开枪杀害毛主席。

第六种，利用中央开会的机会，对毛主席下毒手。

第七种，是策划用飞机上的机关炮，警卫营的步枪、机关枪打毛主席乘坐的专列，把车打停以后，欺骗战士说上火车去抓凶手，看见活的就把他干掉。

第八种，是要陈励耘在杭州用改装的伊尔-10型飞机来轰炸毛主席的专列，由陈励耘负责在飞机上装炸弹，另找飞行员来轰炸。

"纪要"制定的行动目标就是"打倒当代的秦始皇——B-52（指毛泽东）"。

这次庐山会议是两个司令部的斗争，黑手不止陈伯达一个

批陈整风汇报会之后，按照中央的要求，会议情况要在一定范围内传达。但是黄永胜等人为掩盖自身的问题，在军队系统拒不传达，以致总参部长一级干部也不了解会议的内容。

1971年7月10日，总参某部副部长熊向晖陪同周恩来向毛泽东汇报中美外交会谈情况。汇报之前，毛泽东首先向熊向晖了解了总参谋部传达中央批陈整风汇报会的实情。毛泽东当即断言："他们的检讨是假的。庐山的事情还没有完，还根本没有解决。这个当中有'鬼'。他们还有后台。"

根据批陈整风的种种反常情况和审查陈伯达所暴露出来的问题，毛泽东对林彪集团活动的目的性产生了更大的怀疑。他决定利用每年例行的外出巡视工作之机，进一步了解情况，并帮助地方高级干部，特别是军队高级干部认识九届二中全会斗争的严重性，捅开中央内部的矛盾和问题，使大家了解林彪一伙阴谋活动的情况，防止党内同志因不了解情况而继续跟着林彪一伙走。

8月15日，毛泽东离京去南方视察。首先到达湖北武昌，同刘丰、刘建勋、王新谈话，后来又同华国锋谈话；到湖南长沙后，同华国锋、卜占亚，后来同刘兴元、丁盛、韦国清谈话；随后到了江西南昌，同许世友、韩先楚、程世清谈话；到达浙江杭州后先后同胡萍、熊应堂、陈励耘、白宗善谈话；在上海同王洪文、许世友谈话；回京后在丰台停留期间与李德生、纪登奎、吴德、吴忠谈话。这些人当时分别担任河南、湖北、湖南、广东、广西、江西、福建、上海、江苏、北京等省市区和武汉、广州、福州、南京、北京军区的主要负责人。毛泽东在谈话中批评了林彪集团自庐山会议以来的不正常表现，点名批评了林彪、叶群、林立果以及黄永胜等人。

谈话中，毛泽东历数党内路线斗争史，反复申明一个后来叫响全国的口号："要搞马列主义，不要搞修正主义；要团结，不要分裂；要光明正大，不要搞阴谋诡计。"说明"庐山这件事，还没有完"。

毛泽东说，苏联的党分裂过，分裂成布尔什维克和孟什维克，中国没有。有

红墙大事
——共和国重大历史事件的来龙去脉（下册）

人要分裂我们的党是有困难的。"陈独秀、王明、张国焘等人，曾经多次要分裂党，都没有得逞。""罗章龙，'右派'另立中央，分裂党，也没有得逞。""瞿秋白、李立三不算分裂党，是犯了路线错误。""全国胜利后，高、饶就想夺权，搞反党联盟，没有夺成。"

"这次庐山会议，搞突然袭击，地下活动是有计划、有组织、有纲领的。""这次庐山会议是两个司令部的斗争。"

"有人看到我年纪老了，快要上天了"，"有人急于想当国家主席，要分裂党，急于夺权。"

他们的"纲领就是'天才'，设国家主席，推翻二中全会的议程和'九大'路线。他们是有组织的，瞒着人去搞的。中央五个常委瞒着三个，也瞒着政治局的大多数同志，除了那几位大将（指黄、吴、叶、李、邱）以外。"

"林彪同志那个讲话，没有同我商量，也没有给我看。"

"那份简报（指华北组第2号简报）影响最大，是一个反革命的简报。我也搞不清楚，他们为什么这样搞？他们有话，事先不拿出来，大概总认为有什么把握了，好像会成功了。可是一说不行，就又慌了手脚。我看他们是恐惧"，"可能是心里有鬼"。

毛泽东说，陈伯达是船上的老鼠，看见这条船要沉了，就跑到那条船上去了。

"黑手不止陈伯达一个，还有黑手。"

"说大有炸平庐山之势是有用意的，空军才能炸平。"毛泽东还对武汉军区政委刘丰说：庐山会议上的斗争是党内第十次路线斗争，"对路线问题，原则问题，我是抓住不放的。重大原则问题，我是不让步的"。

离开武汉前，毛泽东又对刘丰等人说："庐山这一次的斗争，同前九次不同。前九次都做了结论，这次保护林副主席，没有做个人结论，他当然要负一些责任。对这些人怎么办？还是教育的方针，就是'惩前毖后，治病救人'。回北京以后，我还要找他们谈话。他们不找我，我去找他们。有的可能救过来，有的可能救不过来，要看实践。前途有两个，一个是可能改，一个是可能不改。犯了大的原则错误，犯了路线、方向错误，为首的，改也难。"

毛泽东叮嘱刘丰不要把他们之间的谈话内容告诉别人，并说，我是给你打招呼，有些事回去（中央）还要讨论。刘丰当即做了明确表示：不会的。

毛泽东在谈话中强调全党要增强团结，遵守纪律，一切行动听指挥，"团结起来，争取更大的胜利"。毛泽东多次和参加座谈的同志一起唱《国际歌》和《三大纪律八项注意》。

毛泽东说："你们不光要唱《三大纪律八项注意》，你们还要讲解，还要按照它去做。""'一切行动听指挥，步调一致才能得胜利。'这一条非常重要。步调不一致，分成两派，怎么样能得胜利呢？这句话要改为'步调不一致，一定要失败'。"

毛泽东还逐句讲解了《三大纪律八项注意》的内容。他说，三大纪律的第一条，八项注意的第一条和第五条最重要，"如果都能记清，都能这样做，那全国人民拥护又欢迎，这样我们多好呀！"讲到后两条时，强调部队在整风中要防止和克服骄傲自满和军阀作风。

在杭州，毛泽东追问陈励耘及空军一些人在庐山会议上的事，陈回答时含糊其词，毛泽东就讲，你们要搞"三要三不要"，"要学习列宁为纪念欧仁·鲍狄埃逝世25周年撰写的那篇文章"。随后又对陈励耘说："庐山这件事，还没有完，还不彻底，还没有总结。"要陈等听话要分析，不要受蒙蔽。陈励耘听了表情紧张。

在各地的谈话中，毛泽东也表示他对林彪宣扬的个人崇拜的反感。他说："我同林彪同志谈过，他有些话说得不妥嘛。比如他说，全世界几百年，中国几千年才出现一个天才，不符合事实嘛！马克思、恩格斯是同时代的人，到列宁、斯大林一百年都不到，怎么能说几百年才出一个呢？中国历史上还有陈胜、吴广，有洪秀全、孙中山呢！这不符合实际。""什么'顶峰'啦，'一句话顶一万句'啦，你说过头了嘛！"

毛泽东还说："我不是天才，读六年孔夫子，读七年的洋学堂，到25岁那年正是1918年开始读马列主义。""天才就是比较聪明一点，天才不是靠一个人靠几个人"，"天才是靠一个党，党是无产阶级先锋队。天才是靠群众路线，集体智慧"。庐山会议上，林彪一伙大讲天才，毛泽东明确讲，这"实际上是反我。是我把天才划掉，是我提出不设国家主席"。

说到军队，毛泽东说："我犯了个错误。胜利以后，军队的事情我管得不多。"

庐山会议后，毛泽东感到军队的问题严重。他在谈话中说："过去我就讲过，一个主要倾向，掩盖着另一个主要倾向！"他认为"文化大革命"时期军队中滋

红墙大事
——共和国重大历史事件的来龙去脉（下册）

长的居功骄傲和宗派主义，足以影响党的团结统一、国家稳定和"文化大革命"的进行。

毛泽东强调说："军队要谨慎，不能骄傲，一骄傲就要犯错误。"

"军队要谨慎，首先不要搞山头主义。"

"军队要统一，军队要整顿。"

毛泽东特别点了担任总参谋长的黄永胜。毛泽东说："我找黄永胜他们谈了话，当面批评了黄。黄永胜不会不摇鹅毛扇子吧！他一字不提林彪。""我看黄永胜这个人政治上不怎么强，有头无脑。他检讨最没有勇气，怕得要死。"毛泽东对黄永胜不肯检查错误、紧跟林彪有意见。而当时林彪也紧紧抓住黄永胜不放，他需要黄永胜代表他控制军队。

毛泽东又说："我就不相信，你黄永胜能指挥解放军？""华北八个军，就有五个军反对他们。就是那三个军，还有军长、政委、师长、政委、团长、政委、会听他们的吗？"

在杭州，毛泽东与陈励耘等人谈九届二中全会，毛泽东说："庐山会议你们有什么错，听说吴法宪找你们谈了，他搞的那套，说不是有八个人吗？"毛泽东面向陈励耘，问道："其中有你一个，还有上海的那个王什么（指王维国），还有福建的那个叫什么？是不是就是那几个人，你们空军就八个中央委员吗？"陈励耘很紧张，敷衍回答："在庐山，吴法宪找我布置空中警戒时，阴一句，阳一句，这个人说话不算数的。"毛泽东说："是啊，说话不准确！"陈励耘接着说："上山前都不知道他们这些事。"毛泽东说："噢，上山前你不知道。空军有，海军有没有？他们是不是内部有通知了呀？"陈励耘支支吾吾没有回答。

南巡讲话中，在庐山上上当受骗而犯了一般错误的干部都坦率地向毛泽东承认错误，表示改正。韩先楚对毛泽东说："九届二中全会我们大家都起了哄，我们犯了错误，我们做自我批评，请主席放心。"在上海，毛泽东对许世友说："庐山会议想得如何呀？是不是思想上解决问题了呀？"许世友马上回答："庐山会议的问题，按毛主席的指示办。"

毛泽东对庐山会议上犯一般错误的同志是谅解的。他说：我认为犯点错误不要紧，属于认识问题，现在认识到了就好了。问题是，"犯了错误，也不认识，也不去想办法认识，在那里顶着，这个不好。"他还说，"我可以耐心等待"，

"回到北京以后，或一个一个的，或者三四个的，还要再找他们谈谈。他们不找我，我去找他们"，包括"再找林彪谈谈"。

南巡途中，毛泽东又了解到林彪、叶群一伙活动的某些情况。8月31日，在南昌，江西省负责人程世清单独向毛泽东汇报了近来林彪周围的一些异常动向：7月上旬，周宇驰秘密来到南昌将一辆水陆两用汽车用飞机运走；林彪的女儿林立衡来南昌时曾提醒程的家属以后少同林家来往，说搞不好要惹下杀身之祸。毛泽东获悉这些情况后，进一步引起警觉。

林彪决心先发制人，计划杀害旅途中的毛泽东；毛泽东到杭州后，立即感到情况有些异常

毛泽东一路上与各地要员谈话时，一再强调谈话内容不能外传。9月5日，广州军区空军参谋长顾同舟参加了广州军区召开的军以上干部会议，听取军区首长内部小范围传达毛泽东在长沙接见军地干部时的重要谈话。当时会议宣布，不准记，不准传，不准向北京打电话报告传达内容。但是当晚，顾同舟与于新野通电话时，即全部透露了所知道的内容。次日，周宇驰驾驶直升机到北戴河，将于新野整理的顾同舟电话记录稿送交叶群、林立果。

9月6日，李作鹏在武汉陪同一个外国军事代表团参观时，想尽一切办法了解毛主席南巡讲话的内容。他感到人们对他的神态不如以往自然，言谈中存在一种神秘的气氛，没有人主动与他谈起毛泽东不久前抵武汉的任何事情。

李作鹏找机会单独与武汉军区政委刘丰谈话，经过恐吓利诱，刘丰不顾曾向毛泽东当面做过的保守秘密的保证，将毛泽东与之谈话的详细内容告诉了李作鹏。

搞机要工作出身的李作鹏非常清楚毛泽东这一番谈话的特别含义。他异常震惊，脑子快速地思考着，很快得出三点认识，即：九届二中全会问题没有完；上纲比以前更高；矛头似指向林彪。当天，李作鹏匆匆返回北京，将从刘丰那里得来的消息分别告诉了黄永胜、邱会作。黄永胜连夜打电话转告在北戴河的叶群。

蛰居北戴河的林彪，时刻关注着北京毛泽东的动向。毛泽东南巡后，林彪即敏感地意识到毛此行具有特殊意味，开始多方打探消息。

8月16日，毛泽东动身后的第二天，周恩来、张春桥、纪登奎、黄永胜根

红墙大事
——共和国重大历史事件的来龙去脉（下册）

据毛泽东指示，来到北戴河面见林彪，谈准备召开九届三中全会和四届人大的问题。联想到一年来自己团伙中人的处境，毛泽东对其追随者的多次严肃批评，林彪感到四届人大的人事安排中他将地位难保。得到各路亲信对毛泽东谈话内容的密报之后，林彪更加确信，毛泽东即将对他采取措施。

《"571工程"纪要》中关于政变的战略时机规定："发现敌人张开嘴巴要把我们吃掉的时候，我们受到严重危险的时候，这时不管准备和没准备好，也要破釜沉舟。"现在正处于这种关头，数十年军事和政治斗争的经历，使林彪深知把握战机的重要性。林彪、叶群、林立果一起紧急密谋之后，决心先发制人，按计划行动，趁旅途中杀害毛泽东。

9月7日，林立果向"联合舰队"下达一级战备命令。

9月8日，林彪发出亲笔书写的武装政变手令："盼照立果、宇驰同志传达的命令办。"

9月8日至11日，林立果、周宇驰先后在北京空军学院和西郊机场的秘密据点向"联合舰队"成员刘沛丰、江腾蛟、王飞、李伟信和空军司令部作战部部长鲁珉、空军司令部办公室副主任刘世英、秘书程洪珍、0190部队政治委员关光烈等人传达林彪武装政变手令，具体策划部署政变方案。

预定的行动方案分为南北两线。北线以北京为中心，由王飞任总指挥，任务是在南线得手的同时，将北京的主要人物，包括周恩来、朱德、叶剑英、聂荣臻、徐向前、刘伯承以及江青、张春桥、姚文元等统统杀死。王飞等人还勘察了钓鱼台和中南海的地形，准备用坦克撞开中南海的墙冲进去杀人，也有人提议用导弹射击中南海。

为了让王飞与把持军权的总参谋长黄永胜建立直接联系，8日林立果还从北戴河带回叶群给黄永胜的密封亲启件，让王飞送给黄永胜。10日上午，王飞将密封亲启件交到黄永胜手中。同日，叶群与黄永胜频繁进行电话联系。两人一日内通话五次，最长的两次分别达90分钟和135分钟。

这一天，刘沛丰又从北戴河带回一封林彪写给黄永胜的信。信中说："永胜同志：很惦念你，望任何时候都要乐观，保护身体，有事时可与王飞同志面洽。"此信仍由王飞在必要时送黄永胜。

南线以上海为中心，由江腾蛟任总指挥，任务是在旅途中杀害毛泽东。

在上海的王维国接到一级战备的命令后,立即指示"上海小组"成员要"注意隐蔽",不要被人家发现。随时准备按照林立果的要求,进入下一步行动。

9月8日,毛泽东在杭州,于新野也来到杭州,向陈励耘布置刺杀毛泽东的计划。毛泽东到杭州后,立即感到情况有些异常。

首先,对他的警卫工作,按惯例是由地方管的,而这次却由驻地空五军的政委陈励耘掌握杭州警备大权,直接指挥毛主席住所的警卫工作。一些多次接待毛泽东的工作人员,在看望毛主席时,也反映了一些可疑的情况。

其次,毛泽东预先知道陈励耘在庐山会议上跟林彪一伙很紧,起了很坏的作用。而毛泽东在与陈励耘等人当面谈话时,陈励耘不是说假话,就是避而不答。毛泽东已掌握了吴法宪在上庐山前,给陈励耘打过"招呼"这一情况,但陈励耘却回答说,上山前不知道他们的这些事。当时,毛泽东没有戳穿他说的谎话,不露声色地继续谈下去。

再次,空五军派到毛泽东身边做服务工作的一些人员神色慌张。个别人出于对毛主席的崇敬和热爱,将陈励耘布置的监视任务,报告了毛泽东,毛泽东心中更有底了。

另外,毛泽东得到消息说,杭州空军在改装伊尔–10型飞机,飞机上装有炸弹和机枪;还有人指责毛泽东的专列停在杭州笕桥机场支线碍事,妨碍他们走路。这种情况,过去是从来没有的。毛泽东意识到问题恐怕比他想象的更为严重,他马上采取了防范措施。

毛泽东找来汪东兴,要他把专列转移。9日凌晨,专列移到靠近绍兴的一条专线上,静观动向。随后,毛泽东调整了行动计划,亲自掌握专列的行止。专列随时准备,做到要行即行,要停即停。

10日中午,毛泽东突然指示,出发,去上海;不要通知陈励耘送行。

临行前,陈励耘还是得到消息赶来了。见到毛泽东表情严肃,陈励耘心中疑惑,神情很不自然,不敢接近毛泽东,也没有握手告别。

下午,毛泽东的专列到达上海。此时,于新野已经来过上海并向王维国布置了政变方案。在上海,毛泽东不下火车,不去已经准备妥当的住所,只叫人打电话通知许世友到上海来见。

列车一停,汪东兴就下车观察地形,把随同毛泽东行动的训练有素、装备精

红墙大事
——共和国重大历史事件的来龙去脉（下册）

良的中央警卫团干部100人部署在毛泽东专列四周警戒，严防不测。地方警卫部队一律撤至外围。专列停车地点150米处有个机场油库，对列车的安全有严重威胁，汪东兴派出专人把守。炸掉这座油库正是林立果准备杀害毛泽东的诸方案之一。

次日，毛泽东在火车上同王洪文、许世友谈话。谈毕，毛泽东叫王洪文请许世友到锦江饭店吃饭。二人走后，毛泽东即指示汪东兴说："我们走，不同他们打招呼。谁也别通知，马上开车。先发前卫车。"

9月11日中午12时半，专列离开上海，呼啸北上。车到南京停留15分钟；在蚌埠停车5分钟；到济南停车50分钟，在这里，汪东兴按毛泽东吩咐临时通知北京市和北京军区主要负责人在丰台开会；车到德州停车20分钟；在天津西站停车15分钟；12日下午1时10分，列车开进北京丰台。从上海到北京一路上只用了不到25个小时，在当时条件下，这是以最快的速度赶回北京的。

按照原来计划，毛泽东要在上海、南京一带小住，到9月底返回北京。林彪、林立果一伙也是按照这一个时间表策划在上海、江苏硕放铁路桥等处布置谋害活动的。由于毛泽东一反常规，行踪莫测，林立果"联合舰队"的南线行动方案未及实施即破产了。

毛泽东的专列抵达北京丰台后，停留了三个小时。在这里，毛泽东指示北京军区司令员李德生调一个师来南口，增强北京的卫戍力量。利用这几个小时时间，列车工作人员摸清了北京的情况，随后把专列开回北京站。

毛泽东回到中南海就睡下了。从杭州到北京，毛泽东已有三昼夜没有很好休息了。毛泽东从12日下午，直睡到13日凌晨1时。

当时，汪东兴在中南海打电话向周恩来总理报告了毛泽东回到北京的消息，周恩来惊讶地说："你们怎么不声不响地就回来了，连我都不知道。路上怎么没有停？原来的计划不是这样的呀！"

就在9月10日，在京主持中央日常工作的周恩来给在杭州的毛泽东写信汇报中央为召开九届三中全会和四届人大做准备的情况，信中提议补选几名中央委员。毛泽东阅后，批示："还要补选常委。"毛泽东已开始准备进行组织上的调整了。

恐慌之中，林彪决定改南逃为北叛；周恩来用力按下手中的话筒，气愤地说了两个字："叛徒！"

林彪在派遣林立果主持杀害毛泽东行动的同时，也考虑到林立果一伙或举事不密，阴谋败露，因此，他预先为南逃广州、另立中央或叛国外逃做了准备。

9月10日，林彪和叶群指使周宇驰等人从空军司令部索取了东北、华北、西北地区雷达兵部署图，可做导航用的中国周围国家电台频率表，北京至乌兰巴托、伊尔库茨克航线图和机场位置、呼号、频率表以及广州、福州地区机场的资料。

毛泽东离沪北上的当天，9月11日晚上，王维国从上海打电话向林立果、周宇驰报告毛泽东已离开上海的消息和与其谈话的内容。林彪、叶群获悉杀害毛泽东的计划流产，立即决定实施另一方案：带黄永胜、吴法宪、李作鹏、邱会作等南下广州，另立中央，分裂国家，策划"如果要动武，就联合苏联，实行南北夹击"。

9月12日，林立果、周宇驰分别同江腾蛟、王飞、于新野、胡萍和空军司令部情报部副处长王永奎等布置南逃。周宇驰在北京西郊机场秘密据点，找胡萍密谋，调飞机南下广州。胡萍安排了飞广州的飞机八架，当晚派256号专机送林立果去山海关，并将这架飞机供在北戴河的林彪、叶群和林立果使用。为了掩盖阴谋，胡萍将256号专机谎报为一般客机252号。

12日晚，北戴河的林彪、叶群慌慌张张地部署带林立果和女儿林立衡潜逃，与叶群、林立果素来不睦的林立衡将情况报告了驻北戴河的中央警卫部队。警卫部队迅即报告了北京的周恩来。

当晚10时许，正在人民大会堂福建厅主持讨论四届人大政府工作报告的周恩来总理得悉林彪一伙的不正常举动，当即指示北戴河警卫部队密切注意林彪等人的新的动向，随时报告；并要吴法宪查询停留在山海关机场的256号专机的情况，命令专机返回北京。

当吴法宪奉总理之命向胡萍查询飞机情况时，胡萍一面谎报飞机去山海关是飞行训练，并伪称飞机发动机有故障，拒不执行调机回北京的命令；一面将周恩来追查飞机行动的情况报告周宇驰。周宇驰转报了林立果。

23时半，周恩来亲自给叶群打电话询问，叶群称林彪要"动一动"，是"天上动"。周恩来以"夜航不安全"为由加以劝阻，并且提出打算到北戴河来见林彪。

红墙大事
——共和国重大历史事件的来龙去脉（下册）

鉴于周恩来查问飞机情况，林彪、叶群觉察到南逃阴谋可能已经败露，恐慌之中决定改南逃为北叛。

为了限制256号专机的行动，周恩来指示李作鹏，256号专机必须有周恩来、黄永胜、吴法宪、李作鹏"四个人一起下命令才能飞行"。但李作鹏将命令传达给海军山海关机场场站时，却篡改为"四个首长其中一个首长指示放飞就放飞"，并说，"谁来指示要报告我。要负责任"。

9月13日0点20分，256号专机在做起飞准备，飞机尚未发动时，海军航空兵山海关场站站长潘浩发现情况异常，打电话请示李作鹏："飞机强行起飞怎么办？"李作鹏没有采取任何阻止起飞的措施，推托说："可直接报告请示总理。"如此拖延了时间，使林彪得以乘机外逃。事后，李作鹏又涂改电话报告记录，掩盖罪行。

9月13日凌晨，林彪、叶群、林立果等由北戴河住地乘车急驰山海关机场。到机场后，林彪一伙仓皇登机，不等副驾驶员、领航员、通讯报务员上机，便强令飞机起飞。

周恩来接到报告后，迅速采取了一系列措施：令李德生前往空军司令部作战室指挥跟踪，随时报告飞机飞行情况；派杨德中随吴法宪去西郊机场；派纪登奎去北京军区空军司令部。同时向全国发出禁空令，关闭所有机场，所有飞机停飞，开动全部雷达监视天空。周恩来还指示调度员用无线电向256号飞机呼叫，要林彪等人飞回来，并说，"不论飞机在何地降落，我周恩来都到机场去接"。但林彪的座机一律不予作答。

天空中，飞机向西飞了一段后，即掉转方向往北飞行。在空军司令部的李德生通过专线电话，不断将林彪座机的位置、高度、方向向周恩来报告。当飞机飞临中蒙边境，很快将越出国界线时，李德生向周恩来请示处置办法。周恩来表示要请示毛泽东。

周恩来与汪东兴一同来到毛泽东住处叫醒熟睡中的毛泽东。毛泽东沉思一会儿说："天要下雨，娘要嫁人，由他去吧。"

林彪事件之后，社会上有许多传闻，不相信林彪是自取灭亡。周恩来在广州曾就有关问题做了说明。他说，他（林彪）是副统帅，打下来我怎么向全国人民交代？只好打开雷达监视飞机的行动，直到飞机飞出国境，才算真相大白。

二十二 林彪曝尸荒野的前前后后

凌晨1时50分，256号飞机越过中蒙边界上空，进入蒙古人民共和国境内。周恩来接到报告后，用力按下手中的话筒，气愤地说了两个字："叛徒！"

凌晨3时许，256号飞机飞临蒙古的温都尔汗附近，因油料将要用完，飞机上又没有领航员和报务员，不得不强行迫降。迫降时，机身擦地爆炸起火，机上人员全部摔出，焚烧致死。

不久，周恩来再次得报，9月13日凌晨3点15分，周宇驰、于新野和李伟信携带大批国家机密文件和大量美元，在北京沙河机场劫持一架直升机外逃。经请示毛泽东后，周恩来指示："要它迫降，不听就打下来，决不能让它飞走！"

根据命令，李德生指示北京军区空军起飞了八架歼6飞机拦截，歼击机从上向下开炮，迫使直升机回头，最终飞机被迫降在北京市怀柔境内。降落时，驾驶员陈修文被周宇驰杀害。之后，周宇驰和于新野自杀，李伟信被活捉。

林彪外逃后，黄永胜等人深知难以摆脱干系，为了掩盖他们参加林彪反革命集团的罪行，开始日夜焚毁他们与林彪、叶群等有关的信件、材料以及笔记本、照片等。

9月24日，中共中央决定，黄永胜、吴法宪、李作鹏、邱会作离职反省。周恩来代表中央执行了抓捕黄、吴、李、邱的命令。

10月3日，中共中央发出通知，决定成立由周恩来主持的中央专案组，彻底审查林彪、陈伯达反党集团。同日，中共中央决定撤销军委办事组，成立以叶剑英为主的军委办公会议，主持军委日常工作。从此，林彪集团被逐出了中国的政治舞台。

对林彪事件的发生，周恩来事后说过，它既在预料之外，也在预料之中。说"预料之外"，是指他和毛泽东都没有想到林彪会突然乘飞机叛逃。他们事前也没有觉察林彪一伙策划反革命政变的罪恶勾当。

周恩来说，我们怎么也不会想到他会跑；因查问他私调飞机一事，他心惊胆战，逃跑了。毛泽东也多次说："林彪他们搞反革命活动，谁个晓得？我就不知道嘛！"

说"预料之中"，是指林彪一伙自九届二中全会以来，一直阳奉阴违，抗拒毛泽东和党中央对他们的批评帮助。对他们的这些表现，毛泽东、周恩来是心中有数的。周恩来曾指出，对林彪，毛主席一直是保他的，事实也证明对他是仁至义尽了。

红墙大事
——共和国重大历史事件的来龙去脉（下册）

周恩来又说，毛主席同斯诺的谈话（注：毛泽东与斯诺的谈话中，表示了对林彪大肆鼓吹个人崇拜的一些说法的不满）林彪最反感了，他这个人一辈子不能批评，一批就消极。林彪摔死了是偶然性，但他失败是必然性。

1976年10月，江青反革命集团被粉碎，"文化大革命"结束，中国政治开始步入正轨。1980年，中央决定审理林彪、江青两个反革命集团祸国殃民的罪行。全国人大常委会决定成立最高人民检察院特别检察厅和最高人民法院特别法庭检察、审判林彪、江青反革命集团案的主犯。

1980年11月～1981年1月，最高人民法院特别法庭开庭公审林彪、江青反革命集团案主犯。经裁定，黄永胜、吴法宪、李作鹏、邱会作触犯了《中华人民共和国刑法》，犯有领导反革命集团罪、阴谋颠覆政府罪、诬告陷害罪，分别判处有期徒刑16～18年。

林彪为了篡党夺权，组织阴谋集团，最终落得折戟沉沙，曝尸荒野。这位战争年代的常胜将军，新中国成立后政治斗争的佼佼者，一生中胜利与荣耀时时相伴，同代人罕有出其右者。可是，他指挥的最后一个"战役"却失败了，是血本无归的覆没。

早在五年前，"文化大革命"发动之始，林彪作为这场运动的狂热鼓吹者，在他著名的"政变经"（即林彪1966年5月18日在政治局扩大会议上的讲话）中曾说，"不要做违反历史前进的事。做这种事，害人害己，身败名裂……不看清楚这个大形势，打个人小算盘，必然会犯大错误，甚至会参加卑鄙无耻的阴谋反党集团。"林彪及其死党的行动和结局可以作为这句话的注脚。

二十三　中美建交前基辛格秘密来华

- 尼克松决定，派遣基辛格作为代表，经由巴基斯坦秘密通道，访问北京
- 尼克松公开表示，如果我在死前有什么事情可做的话，那就是到中国去
- 毛泽东对斯诺说，如果尼克松愿意来，我愿意和他谈，吵架也行
- 尼克松在欢迎宴会上，第一次使用了"中华人民共和国"的正式名称，发出了西方人士称之为"意味深长的外交信号"
- 尼克松提出"举行一次秘密的预备会谈"，毛泽东说，既然要来，就公开嘛，何必藏头露尾
- 毛泽东说，台湾问题也留着尾巴，但不是猴子尾巴，是猿，尾巴不长
- 不过200字的公告，让世界为之震惊。毛泽东认为公告一发表，会引起世界震动
- 基辛格戴上一副墨镜，一顶普通的法国帽，遮住半个脸，钻进汽车秘密开往中国驻法大使馆
- 中国驻法大使和美国驻法武官在巴黎密会，竟用俄语交谈，达成秘密协议

红墙大事
——共和国重大历史事件的来龙去脉（下册）

1972年2月21日是一个特殊的日子，这一天世界上两个大国——中国、美国；两位历史巨人——毛泽东与尼克松的手终于握到了一起。

这是一个震惊世界的日子，这是在世界外交史上绝对需要大写而特写的一天。

毛泽东与尼克松：一个是世界上人口最多、潜力最大的社会主义国家的领袖，一个是世界上经济最发达的资本主义国家的首脑。

毛泽东与尼克松：曾经用极端的语言，相互敌视，隔绝对峙了20多年互不来往。他们的意识形态是相互对立的，他们的思想信仰是各不相容的，他们的价值观念是绝不一致的，他们的文化背景是各不相同的。

毛泽东和尼克松终究还是走到一起来了，这说明这个世界已经变了。说明一个旧的时代过去了，一个新的时代开始了。

然而，当这个时代来临的时候，人们可能会好奇，想了解，为尼克松能够顺利成行，中美之间，确切地说是美国总统特使基辛格博士与中国政府之间的前期接触中有哪些鲜为人知的往事……

尼克松决定，派遣基辛格作为代表，经由巴基斯坦秘密通道，访问北京

文龙，1931年1月20日生于四川省广安县观客镇，文天祥的后裔。曾就读于重庆朝阳学院和广东中山大学，获得法学硕士学位。1949年，随国民党军队撤到海南岛，在国民党海军陆战队任职。年仅18岁他便成了少校政治军官，专事新闻报道和演说等宣传工作。

当时，年轻的文龙目睹了国民党的溃败，心里很不平衡。他非常反感国民党叫嚣反攻大陆。他的行动很快就引起了上司的注视，并遭严厉训斥，文龙毫不示弱："中国人不能打中国人，中国再也经不起战争的折腾了。"

文龙当即遭到上司的拳打脚踢，被关进了国民党军事监狱。在监狱里，狭小的黑室没有床，连伸一伸手脚都受到限制，只能蜷曲成一团蹲着，也没有任何食物供给。

经说情，文龙获释出狱。他直接去了台湾。

文龙到了台湾，因他是文天祥的后裔而引起了蒋介石的器重。蒋介石先后三次召见文龙，每次都让专门的摄影师为他们拍照摄影。他选拔文龙为台湾国民党

党部青年运动领导人,准备委以重任。但就在这期间,文龙以青年运动领导人的身份,召集高等院校学生代表每周开一次座谈会,讨论是否支持反攻大陆的问题。每次的讨论结论都对反攻大陆持否定态度,有悖于蒋介石让文龙召集讨论会的初衷,蒋介石大为失望。完毕后,蒋介石不仅没有提升他,反而把他冷落到一家公司,充当法律顾问。

1953 年,当时还是美国副总统的尼克松访问台北。尼克松曾公开讲话,表示不支持蒋介石反攻大陆。文龙十分欣喜,认为自己终于找到了不支持中国内战的美国领导人。于是文龙想方设法私自拜访了尼克松,谈了自己的想法,并称赞尼克松的态度。

文龙的这些行为,终于惹怒了蒋介石,他被列入了"黑名单"。

文龙自知性命难保,决不能坐以待毙,1956 年 10 月 10 日,文龙在友人的帮助下逃离台湾,直奔美国。这一年,他刚刚 25 岁。

到美国之后,文龙有幸见到"知音"尼克松。

文龙曾对尼克松说:"从 1953 年我们第一次会见时,我就感觉到你是一个具有远见卓识的政治家。你会成为美国总统。你会改变美国的对华政策,将会成为红色中国的尊贵客人,与毛泽东、周恩来等人一道,打开北京与华盛顿僵局的突破口,从而改变世界的格局。"

"这有可能吗?"尼克松问道。

"可能,肯定可能。"文龙十分认真地说:"先生不赞成反攻大陆我是早就知道了。我想先生也一定早已看到了这个问题:中国需要美国的资本与科技,发展经济改善人民生活,美国也需要中国广大的市场以保持制造业和工业不断地运行。从政治利益讲,美中联合起来有助于美国对苏联的制约,共同携手维护世界和平。"

尼克松同意地点了点头说:"美国与共产党中国的关系将来应当改善,只是双方的政治观点差距太大了。"

文龙说:"政治和外交都是这样,只有共同的利益,没有永恒的敌人。你到中国去,肯定会受到八亿中国人民的热烈欢迎。"

文龙还谈了自己对国民党政府的看法,认为那是个自私自利且效率不高的小集团,不可能有大的作为。指出美国支持台湾、热衷于搞"两个中国"是极不明智的。

红墙大事
——共和国重大历史事件的来龙去脉（下册）

当时在美国国内，新麦卡锡主义正盛行，许多主张与中国友好、改善中美关系、过去与中共有过交往的人都成了受打击、受排挤的对象，如中国人民的老朋友斯诺等，在这样一种反华的大合唱形势下，文龙的言行显然是有很大风险的。当时文龙这样的见解就是在美国侨民中也寥寥无几。

"患难见知己，"尼克松听后很动感情地说："我爱中国人。我希望有一天我能访问古老文明的中国首都北京。如果我不能的话，我希望我的孩子能到那里去。我也相信肯定会有这一天的。"

见解的沟通加深了尼克松与文龙的感情，也坚定了文龙对尼克松的信念和支持，不为别的，就为了中国的和平昌盛，他也要不遗余力地支持尼克松。

后来，文龙曾出任尼克松的政治外交顾问和尼克松总统竞选总部主席之职。

由于文龙在竞选中对尼克松大力支持，因而引起了一些人的不满。如加利福尼亚大学一位外国学生顾问就曾警告文龙："你再错误地为尼克松竞选东奔西跑、摇唇鼓舌，我将请求美国外国移民入境管理部门，将你驱逐出境。"

这个顾问还拒绝再延长文龙的学生签证，不允许他继续上大学。更有甚者，由于文龙在报上发表支持尼克松的文章惹怒了他的上司，于是他被强迫辞职。

此时文龙的生计面临着严重的困难，那点微薄的失业保险金根本不能维持生活。特别是文龙帮助组织支持尼克松竞选的活动，完全是自发的，没有任何经济收益，而这事又恰巧出现在本来就有政治分歧的家庭中。于是，在这种情况下，他与妻子胡玉洁博士离婚了。文龙只得带着年仅八个月的儿子汉青移居他处。

"患难知己"的尼克松知道了文龙的坎坷经历后，在关键的时候"雪中送炭"给文龙寄来了钱，并在给他的信中写道："我十分感谢你的文章，你的友谊和支持是我勇气和力量的伟大源泉，我要争取胜利！"

1968年尼克松进行了新的一轮美国总统竞选。在这次竞选活动中，文龙为尼克松在各地巡回演讲和辩论。

文龙曾将自己写的诗歌《尼克松又爬起来了》，进行宣传，这在美国引起轰动，产生了强烈的反响。

尼克松竞选成功了。

尼克松当选总统后，1968年12月，他便给文龙寄来一张全家福照片，并在信中写道："我让你知道我由衷地感谢你为我选举所做的成功工作。我和夫人向

二十三 中美建交前基辛格秘密来华

你致以圣诞和春节的良好祝愿。"

据有人统计，从1962年到1972年的10年间，文龙与尼克松两人彼此互通的信函整整有100封。

他们时常交换对世界形势的看法和意见，其中谈得最多的便是白宫、北京与台北的关系。文龙为中美关系正常化的谋略更是经常得到尼克松的采纳。这可以说是一个平民与一个总统间最为传奇的故事了。

经过六个月的分析研究，1970年10月13日，文龙向尼克松总统提出了11条建议，其中最重要的一条是："如何打开与毛泽东交往的途径？"

在这些建议中，他向尼克松建议："派遣你的国家安全事务助理基辛格博士作为你的代表，经由巴基斯坦这条秘密通道，通过巴基斯坦总统，与中国政府接触，然后飞越喜马拉雅山访问北京，为你访问北京做好充分准备。"

尼克松总统收到文龙的建议后，非常重视，先后四次回信，文龙的建议几乎每条都被采纳接受。

特别是这年11月18日，尼克松在给文龙的复信中曾这样写道："从你关心的问题看，我相信你会从我寄来的资料中获得答复，这是一份有用的东西。"

文龙打开一看，尼克松寄来的是一张《中华人民共和国地图》。文龙激动不已，他的眼眶湿了，因为尼克松的七次回信告诉他，他的建议被采纳了，中美关系新的一页就要翻开了，历史就要重写了。

八个月后，基辛格果真转道巴基斯坦飞抵北京。在北京，基辛格与周恩来会晤，双方共同发表了尼克松即将访华的公告。

公告发布后的一个月，文龙收到白宫总统助理史密斯代表尼克松的回信。信中说："总统要求我感谢你。他十分赞赏你的胆识和谋略，以及你的奉献精神，并恳请你协助他继续为促进美中关系正常化而努力。"

1972年2月，尼克松访华。美中发表了标志中美关系正常化的《上海公报》。

文龙为中美关系的建立作出重要贡献，并且成为中美关系由敌对到友好过程的见证人。他不甘寂寞，后来写了一本名叫《龙象携手》的传记文学作品。

书中的"龙"是指中国，"象"是指美国，《龙象携手》记叙了作者亲眼所见、亲耳所闻、亲身所行的中美建交艰难而又微妙的历程，也体现了一位龙的传人刚毅耿直的性格和对和平的追求。书中附录了许多未曾公开的珍贵文献。

红墙大事
——共和国重大历史事件的来龙去脉（下册）

这本书于1984年1月由纽约优越书局出版发行，产生了极大的影响，美国著名作家玛利亚·哈尔丽斯夫人称赞《龙象携手》是一部不可多得的传记文学，值得世人认真阅读欣赏。

尼克松公开表示，如果我在死前有什么事情可做的话，那就是到中国去

1969年尼克松就任美国总统后有两桩心事：一是搞点什么惊人之举使自己名垂青史；一是设法连任下届总统。

于是，尼克松在对外方面首先考虑的就是：主动同中国和好；借助中国从越南脱身和抗衡苏联。因此，他上台后的第一道命令就是要国家安全事务助理基辛格博士"探索重新同中国人接触的可能性"。

1969年中苏珍宝岛事件后，尼克松认为时机成熟，在7月出访亚、欧前夕，宣布对中国放宽人员来往和贸易交流的限制。在出访过程中，尼克松请巴基斯坦和罗马尼亚总统向中国领导人传话，希望同中国对话。

1969年9月，周恩来同柯西金在北京机场会晤后，尼克松进一步加快步伐，指示美国驻波兰大使，立即寻找机会同中国驻波兰代办接触。

12月3日，美国驻波兰大使在华沙科学文化宫举办的南斯拉夫时装展览会上，追着向中国驻波兰使馆人员表达了这一愿望。中国做出了积极响应，同意恢复中断两年的中美华沙大使级会谈，但只谈了两次又因美国入侵柬埔寨而被中方中断。

中美华沙大使级会谈再次中断后，尼克松和基辛格感到这种会谈易受美国国务院的干扰，而且每次都是互念经过批准的稿子，既耽误时间，又不解决问题。于是尼克松决定另辟渠道，同中国领导人对话。

1970年6月美军撤出柬埔寨后，尼克松于10月初率先发出要打破中美关系僵局的信号，公开表示："如果我在死前有什么事情可做的话，那就是到中国去。如果我去不了，我要我的孩子们去。"

接着，尼克松趁叶海亚·汗和齐奥塞斯库去美国参加庆祝联合国成立25周年活动之机，请这两位总统向中国领导人传话。

对于美国总统所表达出的愿望，中国领导人是清楚的，并做出了相应的表示。

1970年8月14日，斯诺偕夫人洛伊斯·惠勒·斯诺抵达北京，这是斯诺第

三次访问中国，此前斯诺曾先后于 1936 年、1964～1965 年两次访问过中国。

9 月，斯诺与夫人在黄华的陪同下访问了延安和保安（其时为了纪念刘志丹已改名为志丹县）。

10 月 1 日，斯诺夫妇受到中国政府的邀请，作为贵宾登上了天安门城楼，出席庆祝盛会。他们是作为美国友好人士出席的，这使他们感到莫大的殊荣。

在城楼上，斯诺与毛泽东的手又握在一起了。

第二天，《人民日报》头版以显著的位置刊登了毛泽东与斯诺夫妇并肩地站在天安门城楼上的巨幅照片。

在基辛格看来，埃德加·斯诺和妻子登上天安门城楼站在毛泽东的旁边，并和检阅一年一度游行队伍的毛泽东一起照相这件事，"是前所未有的事情。在这之前，没有一个美国人受此殊荣。这位像谜一样的主席是在极力地表白一种什么心理，我终于茅塞顿开，毛泽东有意识地表明，美中关系现在已经引起他个人的关注"。

但是，美国领导层认为在当时这只是一个纯学术性的考虑，未能搞清楚这件事是什么时候到达至关重要的地步。过分的敏感弄巧成拙，导致了交流的失败。

几乎就在斯诺观看国庆盛典同时，尼克松同意接受《时代》周刊采访，专门评论刚刚结束的约旦危机。潜藏在尼克松评论里的是他对中国扮演一个世界角色这一问题的态度和他本人对这一问题的观点：

"或许这一角色在以后的五年内不可能，甚至在十年内也不可能，但是在 20 年内是有可能的，否则世界将面临极度的危险之中。如果说我在有生之年有什么希求的话，那就是到中国去。如果我不能夙愿得偿，就让我的孩子代我了却心愿。"

10 月下旬，尼克松又一次更为明显地表白了这一心迹。当时几个国家的政治首脑来到美国庆祝联合国成立 25 周年。尼克松在华盛顿会见了他们中的很多人，利用这一机会表达自己对恢复中美友好关系的兴趣。

10 月 25 日，他在椭圆形办公室会见即将访问北京的巴基斯坦总统叶海亚·汗，这是决定性的一次会见。尼克松总统就他们曾经尝试过的各个方面行动向叶海亚·汗做了简要介绍，但没有提及华沙会谈一事。他请求叶海亚·汗向中国方面传达，美国认为恢复中美友好关系是"必要的"，他们绝不参加任何反对中国的共同组织，他们愿意派一名高水平的秘密使者去北京。尼克松提到了罗伯特·

穆菲、托尔斯.E.杜威或者其他人作为可能的使者。

第二天，尼克松和罗马尼亚总统尼古拉·齐奥塞斯库会见时继续了同样的话题，尼克松令人信服地谈了他想与中国、苏联建立友好关系的愿望。

当天下午，尼克松利用齐奥塞斯库的访问作为公开迈出的一大步，在国宴上，尼克松为美国和罗马尼亚的许多共同利益频频举杯，特别强调了罗马尼亚和苏联、"中华人民共和国"的友好关系。这是作为美国总统首次使用中国的官方名称。

为了确保罗马尼亚理解他们的意图，基辛格于10月27日在布莱尔国宾馆和齐奥塞斯库进行私人交谈时又重申了尼克松的意思。

毛泽东对斯诺说，如果尼克松愿意来，我愿意和他谈，吵架也行

就在这段时间里，中国人已经以同样的方式向美国发出了完全不同于他们从前得到的信息。

叶海亚·汗总统从11月10日至15日一直待在北京，在这期间，美国人假装着什么事都没有发生的样子。

三个星期后，即12月8日，巴基斯坦驻华盛顿大使希拉利和基辛格的工作人员取得联系，说他收到了一封给基辛格的，并且和叶海亚旅行有关的信。基辛格没有得到一个适当的解释：为什么叶海亚·汗回到巴基斯坦后几乎过了三个星期后才转来这封信。基辛格认为："也许中国人出于他们自己的原因，是为了确定一个适当的传递信息的日期；也许是出自叶海亚·汗的谨慎小心。"

不管是哪一种可能，第二天基辛格将希拉利邀请到白宫自己的办公室，下午六点过几分，希拉利向基辛格展示了一个信封，里面装有一封在白色的蓝线信笺上手写的公函，这是由人亲自送给希拉利的，因为叶海亚不相信海底电报通信的安全性。

希拉利说，他没有被授权将此公函交给基辛格，因此，他只好将公函的内容向基辛格做了口授，他说得很慢，以使基辛格能记录下来。基辛格他们是如此全神贯注于这一困难的工作，以至于他们都没有注意到这位平时举手投足优雅得体的代言人的一些有失风度的举止。

希拉利带来的这一信息至关重要，这一信号是直接的、容易理解的，即使美

国人接受有困难，也无法拒绝。

这是一封周恩来写给理查德·尼克松的有权威性的私人信件。

周恩来在信中强调，他不仅代表自己，也代表毛主席、林彪副主席。

周恩来宣称，中国"一直愿意，并且一直在努力通过和平方式进行磋商……为了讨论从中国的领土台湾撤军的问题，非常欢迎尼克松总统的特使到北京来。"

周恩来用一种适度得体的语言说，中国已经从各个渠道收到美国方面发来的信息，"但是这是第一次一个领导人通过一个领导人向一个领导人传递信息。美国知道巴基斯坦是中国的伟大朋友，因此我们把重点放在这一信息上"。

总之，总统的私人代表即将应邀去北京。诚然，这次会见的目的据说是讨论"从中国领土台湾撤军的问题"，不过基辛格认为这是一般性的例行公事，用这样的方式向当时中国的主要敌人美国发出邀请可以不至于太挫伤中国的意识形态方面的纯洁。对于不能实现的任何合作，毛泽东、林彪、周恩来是不会明确表示态度的。

基辛格认为，中国人期盼着一名美国特使来访，与其说是为了中国的一个省的前途，不如说是受某个更为重要的必须履行的责任的驱使：这种责任在客观上牵涉到中国本身的安全。

希拉利一离开，基辛格立即沿着大厅走进总统的椭圆形办公室，在这里尼克松和基辛格谈了很长时间。他们一致认为应该准备接受邀请。他们承认自己无法将他们的议事日程局限于台湾问题，他们相信自己这一想法和中国人的想法是默契的，无论中国人如何的不情愿把美国人的意见付诸交流。

于是基辛格起草了一份回函，于12月16日交给希拉利。这份回函还确定了美方的一个程序。中国方面通过巴基斯坦渠道传来的公函是手写的，因此他们的公函是用打字机打在复印的信笺上，信笺上没有一个印刷文字或美国政府的水印图案。公函没有署名。

美国人的回复一发出，中国人就强化了自己的反应。12月18日，毛泽东长时间地接见了埃德加·斯诺，基辛格认为毛泽东的这一举动是"又一次过高估计美国人的敏感性和智慧的表现"。

12月18日这一天，毛泽东在中南海的家中同斯诺又做了一次长达五个小时的谈话。

话题很自然地转到了中美关系上。毛泽东说，他寄很大希望于这两国人民。

红墙大事
——共和国重大历史事件的来龙去脉（下册）

如果苏联不行，那么他将寄希望于美国人民。单是美国就有两亿多人口，生产已经高于各个国家，教育普及。他将高兴看到在那里出现一个党来领导革命，虽然他不预料在最近的将来就会出现。

鉴于尼克松 10 月接受《时代》周刊采访时，第一次公开表达了他访问北京的愿望，毛泽东也在后来接受《生活》杂志采访时第一次表示欢迎尼克松。

毛泽东说，目前中美两国之间的问题要跟尼克松解决，我将高兴同他会晤。比起社会民主党人和修正主义者，毛泽东说他喜欢像尼克松这样的人，因为那些人说的是一回事，当权后做的又是另一回事。

毛泽东说："我欢迎尼克松上台。为什么呢？他的欺骗性也有，但比较的少一点，你信不信？他跟你来硬的多，来软的也有。他如果想到北京来，你就捎个信，叫他偷偷地，不要公开，坐上一架飞机就可以嘛。谈不成也可，谈得成也可以嘛。何必那么僵着？但是你美国是没有秘密的，一个总统出国是不可能秘密的。他要到中国来，一定会大吹大擂，就会说其目的就是要拉拢中国整苏联，所以他现在还不敢这样做。整苏联，现在对美国不利；整中国，对于美国也不利。"

毛泽东告诉斯诺，外交部正在研究让美国人的左、中、右都来访问中国。毛泽东说："现在我们的一个政策是不让美国人到中国，这是不正确的。外交部要研究一下，左、中、右都让来。为什么右派要让来？就是说尼克松，他是代表垄断资本家的。当然要让他来了，因解决问题，中派、左派是不行的，在现时要跟尼克松解决。"

毛泽东还向斯诺透露一个信息说："他早就到处写信说要派代表来，我们没有发表，守秘密啊！他对波兰华沙那个会谈不感兴趣，要来当面谈。所以我说如果尼克松愿意来，我愿意和他谈，谈得成也行，谈不成也行，吵架也行，不吵架也行，当作旅行者来谈也行，当作总统来谈也行。总而言之，都行。我看我不会跟他吵架，批评是要批评他的。我们也要做自我批评，就是讲我们的错误、缺点了，比如，我们的生产水平比美国低，别的我们不做自我批评。"

毛泽东说，尼克松要派代表来中国谈判，那是他自己提议的，有文件证明，说愿意在北京或者华盛顿当面谈，不要让我们外交部知道，也不要通过美国国务院。神秘得很，又是提出不要公开，又是说这种消息非常机密。

毛泽东还笑着对斯诺说："1972 年美国要大选，我看，这年的上半年尼克松可能派人来,他自己不来。要来谈是那个时候。他对那个台湾舍不得,蒋介石还没有死。台湾关他什么事?台湾是杜鲁门、艾奇逊搞成这样的,然后又是一个总统,那个里面他也有一份儿就是了。然后又是肯尼迪。尼克松当过副总统,他那时跑过台湾。他说台湾有一千多万人。我说亚洲有10亿人,非洲有3亿人,都在那里造反。

"中美两国总要建交的。中国和美国难道就100年不建交啊?我们又没有占领你们那个长岛。"

看到这里,读者和斯诺本人不能不想到毛泽东大概是希望斯诺给尼克松传递一个消息。想当年1936年斯诺离开陕北的时候,不就向外面传出了许多重要的信息吗?

毛泽东接着又同斯诺谈了一些别的话题,他对斯诺说,中国应该学习美国把责任和财富分散到50个州的那种发展办法。中央政府不能什么事都干,中国必须依靠地区和地方的积极性。

最后,毛泽东双手一摊,结束了这次历史性的谈话。

……

又过了四个月,1971年4月26日,美国白宫秘书齐铭勒在新闻发布会上宣称:尼克松总统希望有一天能够访问中国。美国国务院新闻发布官希雷在记者招待会上也说:本政府若干时候以来一直是希望同中华人民共和国改善关系的。

4月30日,毛泽东与斯诺的谈话以《毛泽东访问记》的形式在美国《生活》杂志上发表出来。尽管此时一些事件已成为历史,但斯诺的报道仍引起了世界各国的强烈反响,成为许多报刊、电台的头条新闻。日本《读卖新闻》说:"中国又向世界扔出了一颗'炸弹',是为了抢先抓住正在变化的世界形势,以极长远的观点下了行动的决心。"

斯诺和毛泽东的会见"影响之大不仅在美中关系方面,在全世界的范围内,也将是超乎想象的"。法国和德国报纸都迅速报道了《毛泽东和尼克松希望会谈》的消息。法国《战斗报》评论说,毛泽东的谈话是"一项最重要的声明"。

1971年10月,国际形势以人们意想不到的速度迅猛发展。联合国第26届大会通过了关于恢复中华人民共和国在联合国的一切合法权利的提案。尽管美国反对,但没有得逞。

然而，此时斯诺的身体却也以人们难以想象的速度垮了下去。他被确诊为胰腺癌晚期，并做了手术。病中的斯诺仍希望单独去采访有史以来美国总统第一次访问"中央之国"，亲自到中南海去采访毛泽东与尼克松的会谈。

也就在斯诺住院期间，他收到了一封白宫的来信。当他得知是美国总统尼克松写来的时候，他摇了摇头。尼克松在信中说，他将访问中华人民共和国，如果斯诺能先期作为他的访华特使，他将感到极大的荣幸。

然而，尼克松的来信并没有给斯诺带来兴奋。在斯诺看来，美国同新中国之间的关系早就应该建立了。过去长达20多年的美中隔断，不是毛泽东、周恩来和中国人的过错，完全是美国当权者的政策一手造成的。斯诺清楚地知道尼克松前往北京的意义。但斯诺没有回复尼克松的来信，也没有再接到尼克松的信。

1972年2月15日2点16分，就在尼克松正式访问中国的前一个星期，也就是中国人最热闹的春节期间，斯诺永远地离开了这个令他眷恋的世界。

尼克松在欢迎宴会上，第一次使用了"中华人民共和国"的正式名称，发出了西方人士称之为"意味深长的外交信号"

1970年10月25日，尼克松在白宫会见巴基斯坦总统叶海亚·汗时提出，美中关系十分重要，他要走向同中国和好。美国绝不会同苏联合谋反对中国，愿派一高级使节秘密访问中国，请叶海亚·汗做中间人提供协助。叶海亚·汗欣然表示同意。

10月26日，尼克松在会见罗马尼亚总统齐奥塞斯库时又表示了同样的愿望。尼克松在欢迎宴会上，第一次使用了"中华人民共和国"的正式名称，发出了西方人士称之为"意味深长的外交信号"。

不久，叶海亚·汗来中国访问。

11月10日，叶海亚·汗同周恩来单独会见时转达了尼克松口信，说尼克松要走向同中国和好，愿意同中国进行有限的贸易；美国希望在高一级进行秘密对话，并准备派一两名高级人士如墨菲、杜威在任何时候和任何地方同中国对话。尼克松还暗示，如果中国要在官方一级会谈，他可以派主要顾问基辛格前往。他迫切期待中国的答复。

针对这种情况，周恩来于11月14日正式答复叶海亚·汗说，阁下清楚，台湾是中国不可分割的领土，"解放台湾"是中国的内政，不容外人干预。美国武装力量占领台湾和台湾海峡，是中美关系紧张的关键问题。如果尼克松真有解决上述关键问题的愿望和办法，中国政府欢迎美国特使来北京商谈。时间可通过巴基斯坦总统商定。

叶海亚·汗回国后即派专人将周恩来的答复口信（无头衔、无签字的手抄备忘录）派专人送给巴基斯坦驻美大使，嘱其口头转达给基辛格。

不久，基辛格答复，美国同意接受邀请，准备在北京举行高级会谈，讨论包括台湾在内的存在于中美之间的各种各样的问题。

11月下旬，罗马尼亚副总理勒杜列斯库访华也转达了美国的口信。周恩来也按上述口信做了同样的答复，并表示，尼克松总统既然已访问过布加勒斯特和贝尔格莱德，那么他在北京也会受到欢迎。这个信息由罗马尼亚驻美大使于1971年1月才转达给基辛格，比巴基斯坦晚了一个多月。以后，由于美方担心罗马尼亚会向苏联透露这一消息，就没有再使用罗马尼亚的渠道。

在获得美国的信息后，毛泽东经过深思熟虑，明确指出，要解决中美两国的问题，就得同美国的当权派谈。

1970年8月，毛泽东批准同意美国友好人士斯诺夫妇访华，并由周恩来安排，于10月1日在天安门城楼上接见了斯诺夫妇，拉着斯诺的手一同参加了中国国庆21周年典礼。

后来又在12月18日接见斯诺时说："如果尼克松愿意来，我愿意和他谈，谈得成也行，谈不成也行，吵架也行，不吵架也行，当作旅行者来谈也行，当作总统来谈也行。总而言之，都行。我看我不会同他吵架，批评是要批评他的。"

尼克松获知这一信息备受鼓舞。

1971年2月，尼克松在美国国会做外交报告时说："在今后一年里，我要仔细研究我们应当采取什么进一步的步骤，以创造美中人民之间扩大交往的机会，以及怎样消除实现这些机会的不必要的障碍。"并表示："凡是我们能做到的，我们一定去做。"

1971年4月，中国又决定邀请在日本参加第31届世界乒乓球锦标赛的美国乒乓球队访华。尼克松马上同意。

4月14日，周恩来接见美国乒乓球队时说，你们这次应邀来中国访问，打开了两国人民友好来往的大门。我们相信，中美两国人民的友好往来，将会得到两国人民大多数的赞成和支持。这就是当时举世瞩目的"乒乓外交"，被誉为"小球转动了大球"，推动了中美关系和世界局势的变化和发展。

尼克松提出"举行一次秘密的预备会谈"，毛泽东说，既然要来，就公开嘛，何必藏头露尾

中美两国互相摸清彼此的战略意图后，周恩来不失时机地于1971年4月21日通过巴基斯坦总统向美方发出邀请："要从根本上恢复中美两国关系，必须从中国的台湾和台湾海峡地区撤走美国一切武装力量。而解决这一关键问题，只有通过高级领导人直接商谈，才能找到办法。因此，中国政府重申，愿意公开接待美国总统特使如基辛格博士，或美国国务卿甚至美国总统本人来北京直接商谈。"

尼克松获悉后极为高兴，除4月29日口头表示同意外，并于5月17日请巴基斯坦驻美大使正式答复说："为了解决两国之间那些分歧问题，并由于对两国关系正常化的重视，他准备在北京同中华人民共和国诸位领导进行认真交谈，双方可以自由提出各自主要关心的问题。"并提议："由基辛格博士同周恩来总理或另一位适当的中国高级官员举行一次秘密的预备会谈。基辛格在6月15日以后来中国。"

中国原是主张基辛格公开来。毛泽东曾说过，既然要来，就公开来嘛，何必藏头露尾呢！周恩来也认为，他们很难保住密。但美国回信坚持要秘密来。中国方面只好说在中国境内可以保密，在中国境外就没办法了。

于是，中国于5月31日请叶海亚·汗转告尼克松：周恩来总理认真研究了尼克松总统1971年4月29日、5月17日和5月22日的口信，并向毛泽东报告尼克松准备接受他的建议访问北京，同中国领导人直接会谈。

毛泽东表示，他欢迎尼克松总统来访。周恩来欢迎基辛格博士来华做一次秘密的预备性会谈，为尼克松访华做准备工作并进行必要的安排。时间可定在6月15日到20日之间。

6月2日晚，基辛格把上述备忘录交给尼克松时，他们十分激动，尼克松看后兴高采烈地说："这是第二次世界大战以来美国总统所收到的最重要的信件。"他马上取来陈年白兰地，破例在晚饭后同基辛格干杯祝贺。

二十三　中美建交前基辛格秘密来华

6月4日，尼克松回信表示，感谢欢迎他访华，并说由于时间短促，以及为基辛格的旅行找个借口，建议基辛格于7月9日到达北京，11日离开。基辛格将从巴基斯坦乘波音707飞机由伊斯兰堡直飞北京。

6月11日，周恩来回信表示同意。

在叶海亚·汗总统的热情帮助下，基辛格经过精心安排，于7月1日开始了他的"波罗"行动。

为了转移人们的视线，白宫新闻秘书在例会上宣布："尼克松总统即将派基辛格博士于7月2日至5日到越南南方执行调查事实的任务，随即到巴黎同戴维·布鲁斯磋商。在基辛格赴巴黎途中，他将同泰国、印度和巴基斯坦官员们会谈。"

基辛格于7月1日离开华盛顿，在西贡活动了三天，到曼谷停留一天。6日到达新德里，8日到伊斯兰堡。为不使印度不高兴，宣布在巴基斯坦也只待两天。

为了秘密访华，他在8日晚宴上，伪装肚子痛。叶海亚·汗总统特意高声宣布，伊斯兰堡天气太热，影响基辛格博士的健康，请他去那蒂亚加利的总统别墅休养，以摆脱记者的追逐。

毛泽东说，台湾问题也留着尾巴，但不是猴子尾巴，是猿，尾巴不长

9日凌晨4时半，基辛格在章文晋等陪同下乘巴基斯坦民航707飞机直飞北京。当天12时15分到达北京南苑机场。周恩来派叶剑英、黄华、熊向晖和韩叙等到机场迎接。

基辛格于7月9日12时来华，11日13时离京，在北京只待了48小时，先后同周总理会谈17个多小时，加上参观故宫和商谈公告，时间非常紧张。

9日16时，周恩来去钓鱼台5号楼同基辛格会谈。

其时，基辛格已率美方全体人员在会议室屏风前迎候。基辛格见到周恩来顿时有点紧张、拘束。

周恩来同他们一一握手。

当周恩来和基辛格完成了历史性的握手后，基辛格便将自己的随员介绍给周恩来。

"约翰·霍尔德里奇。"基辛格指着大高个。

红墙大事
——共和国重大历史事件的来龙去脉（下册）

周恩来握着霍尔德里奇的手，说："我知道，你会讲北京话，还会讲广东话，广东话连我都讲不好。你在香港学的吧？"

基辛格介绍斯迈泽："理查德·斯迈泽。"

周恩来握着斯迈泽的手，说："我读过你在《外交季刊》上发表的关于日本的论文，希望你也写一篇关于中国的。"

洛德没等周恩来开口就自报姓名："温斯顿·洛德。"

周恩来握着洛德的手摇晃："小伙子，好年轻。我们该是半个亲戚。我知道你的妻子是中国人，在写小说。我愿意读到她的书，欢迎她回来访问。"

周恩来又跟特工人员雷迪和麦克劳德开玩笑："你们可要小心哟，我们的茅台酒会醉人的。你们喝醉了，是不是回去要受处分的？"

基辛格一行紧张、拘束的神态很快就消失了。他们为周恩来的魅力所倾倒。

楼内的会议室里，中美双方随着周恩来的到来开始了会谈。隔着一张铺着绿台布的长桌，周恩来与基辛格相对地坐在大藤椅里。

当时中方参加会谈的有：叶剑英、黄华、熊向晖和章文晋等。美方参加的有：霍尔德里奇（国家安全委员会高级成员）、斯迈泽（主管印支事务官员）和洛德（基辛格的特别助理）等。

特工人员雷迪和麦克劳德虎视眈眈地站在窗旁，还随身带着两只沉重的装满了机密文件的箱子。他俩特别忠于职守，既不想把总统特使丢给那些不明底细的中国人管，也不愿意让装盛着美国国家机密的箱子脱离自己的视线。后来，中方有关人员觉得他们如此守着太累，也不值得，就劝说他俩回到所住房间去休息。他俩也觉得基辛格似乎很安全，只好提着那两只沉甸甸的机密箱子，离开了会议室，回到住房去了。

洛德将那本付出许多心血准备的材料汇编摆在基辛格的前面，周恩来只掏出一张纸放在茶杯边。可以望见纸上写着几行字，大约是讨论的提要。

基辛格首先表示感谢中方的热情招待，说："如果有机会，我也希望以同样的热情在美国招待周总理。"

周恩来落落大方地说："我没有去过美国，也没有到过西半球，但我们是在同一时候工作，你们在白天，我则在晚上。"

果然是名不虚传！答得自然得体，既未说去，也未说不去。基辛格神经再度绷紧。

接着，周恩来又说："按中国的习惯，请客人先讲。"

基辛格念起了稿子。当念完开场白后，他放开稿子说："今天，全球的趋势使我们相遇在这里。现实把我们带到一起，现实也会决定我们的未来。我们正是本着这种精神来到你们美丽而神秘的国家。"

周恩来打断他的话说："不，不，并不神秘，熟悉了就不神秘了。"

接着，基辛格说，尼克松总统给了他两个任务：一是商谈尼克松访华日期及准备工作；二是为尼克松进行预备性会谈。

然后基辛格谈了七个问题。

在谈到台湾问题时，基辛格从撤军谈起着重谈了以下内容：

（一）美国政府拟在印支战争结束后撤走三分之二的驻台美军，并准备随着美中关系的改善减少在台余留的军事力量；

（二）不支持"两个中国"或"一中一台"，但希望台湾问题能和平解决；

（三）承认台湾是中国的一部分，不支持台湾"独立"；

（四）美蒋条约留待历史去解决；

（五）美国不再指责和孤立中国，美国将在联合国支持恢复中国的席位，但不支持驱逐台湾代表。

在谈到印支问题时，他保证将通过谈判结束越南战争。他们准备制定一个从越南和印支撤走武装力量的时间表，但希望得到一个维护他们的体面和尊严的解决办法。

接着，他还谈到日本、苏美关系、南亚次大陆等问题。

基辛格发言告一段落后，已到晚餐时间。

这时气氛变得较为缓和，周恩来说："交谈嘛，何必照着本子念呢？"

基辛格则说："我在哈佛教了那么多年书，还从未用过讲稿，最多拟个提纲。可这次不同，对周恩来总理我念稿子都跟不上，不念稿子就更跟不上你了。"

晚饭后继续会谈。

周恩来针对基辛格提到的问题坦率地说，我们双方有不同的看法，用我们的话来说，世界观和立场都不同。但这种分歧并不妨碍我们两个在太平洋两岸的国家寻求阁下所说的平等友好相处的途径。首先一个问题是平等，换句话说是对等，一切问题从对等出发。我同意这样的说法，即中美两国人民是愿意友好的，而且

红墙大事
——共和国重大历史事件的来龙去脉（下册）

过去是友好的，将来也会友好的。我们邀请你们乒乓球队访华就是证明。

然后，周恩来着重谈了中国对台湾问题的立场，并阐明台湾历来就是中国的领土，"解放台湾"是中国的内政，美军必须限期撤走，美蒋条约无效。

谈到印支问题时，周恩来特别指出："美国朋友总是喜欢强调美国的体面、尊严。你们只有把你们的所有军事力量统统撤走，一个不剩，这就是最大的荣誉和光荣。"

基辛格说他同黎德寿谈了七次，同春水谈了九次。黎德寿提了九条建议，阮氏萍提了七条建议，内容都差不多，但有不同。

当晚11时20分会谈才结束，周恩来随即去向毛泽东进行了汇报。

毛泽东在听汇报过程中就以下问题做了如下表示：

当总理说美国还想在台湾保留点儿军队时，毛泽东说，猴子变人还没变过来，还留着尾巴。台湾问题也留着尾巴。但不是猴子，是猿，尾巴不长。

听了美国要从印度支那撤军的汇报时，毛泽东说，美国应当重新做人。多米诺骨牌是什么意思？基辛格英文比我们好。让那些多米诺骨牌倒了算了。这是进化嘛！当然不打它也不倒，不是我们打，是他们打。美国要从越南撤军，台湾不慌，台湾没打仗，越南在打仗，在死人呀！我们让尼克松来不能就为自己。

汇报到日本问题时，毛泽东说，要给基辛格吹天下大乱，形势大好，不要老谈具体问题。我们准备美国、苏联、日本一起来瓜分中国。我们就是在这个基础上邀请他来的。

不过200字的公告，让世界为之震惊。
毛泽东认为公告一发表，会引起世界震动

第二天上午，基辛格一行由黄华、熊向晖等陪同，参观了故宫三大殿和出土文物，随后到人民大会堂同周恩来继续会谈。

基辛格认为，这次改在人民大会堂会谈是周恩来对他的礼貌安排，甚感满意。

会谈时，周恩来略做寒暄之后说，你们要争取中美之间的和平，争取远东的和平，世界的和平。现在和平根本谈不上，战争一直没有停。不说远的，现在东方——中国、朝鲜、印度支那都在打……更不用说中东了。客观世界的发展是大动乱。我们始终是积极防御，准备大乱，准备美国、苏联等国瓜分中国。准备苏联占黄河

以北，美国占黄河以南，同时向我们进攻。这样我们可以更好地动员、教育下一代。我们进行人民战争，长期抗战，胜利以后可以更好地进行社会主义建设。

基辛格说，请你们放心，美国要同中国来往，决不会对中国进攻。美国同自己的盟国和对手决不会进行勾结以针对中国。中国对付美国的军队可以向北开，摆在别的地方。

双方还交谈了其他问题。

最后，周恩来建议，尼克松可以在1972年夏天来华访问，并表示尼克松访华前先同苏联领导会晤可能更慎重些。

基辛格说，还是按照已安排好的程序进行，先北京，后莫斯科。如果总统夏天来，离美国大选太近，有争选票之嫌。

周恩来说，那就1972年春天来访。基辛格表示同意。然后商定晚上商谈尼克松访华公告。

当晚，周恩来因要宴请以金钟麟为首的朝鲜党政代表团，让叶剑英、黄华、熊向晖等去给毛泽东汇报。

毛泽东在听汇报时谈了下列意见：

第一，当汇报到基辛格说美国不会进攻中国，中国对付美国的军队可以向北开时，毛泽东说：他们要我们把军队往北开啊！过去我们是北伐，后来是南伐，现在是北来北伐，南来南伐。

第二，当汇报到双方商定以巴黎为联络渠道时，毛泽东说：你基辛格说不经过官僚机构，华沙是官僚机构，那我们驻巴黎使馆是不是官僚机构？你们不想派个常驻的，也不想派个临时的，就靠你基辛格。现在只好听他的，我们怎么能强迫人家呢？那就通过巴黎吧！

汇报最后正谈到公告问题时，周恩来赶来了。

原来基辛格在来北京途中，以后又在会谈中提出，他此次访问势难长期保密，公告须及时发布。为此，需要商议一个共同措词的公告，并商定同时发表尼克松访华之事。

周恩来表示同意，并指定黄华、章文晋参加讨论和拟定公告草案。

对公告内容，毛泽东表示，尼克松来访，谁也不主动，双方都主动。公告中也不写我要见他的话，要学诸葛亮留一手。

红墙大事
——共和国重大历史事件的来龙去脉（下册）

汇报完后，周恩来还想留一会儿。

毛泽东说："你不是约好10点去吗？还是去吧，不然基辛格会感到奇怪的。"

于是，周恩来同叶剑英、熊向晖等去见基辛格。黄华、章文晋把拟定的公告稿交王海容、唐闻生送毛泽东审阅。

大约晚上10时15分，周恩来见到基辛格说，因为时间太晚，本想不来了。后来听说你们还等着，所以还是来了。

这次只谈了三件事：

一是黄华、章文晋将同美方商谈公告稿；

二是确定明天走的时间；

三是通知美方不搞录音。

周恩来谈了约半小时，就回到4号楼。王海容说毛泽东已经睡了，公告稿没有审阅。黄华只好拿原稿同基辛格谈，但未获结果。

双方对公告稿的争议有三处：

一是尼克松来华访问是谁主动提出的；

二是会谈要讨论哪些问题；

三是来访的适当时间。

原稿中第一点，"说尼克松要求来访，我们邀请"。基辛格不同意，说这样写让人看了像个旅游者。周恩来考虑如说尼克松要求来访，我们才邀请，他们的面子难看，于是改成"获悉"他要来访，我们邀请，就避免了谁主动的问题。

对会谈要讨论的问题，在"谋求两国关系的正常化"之后加上"并就双方共同关心的问题交换意见"，不只是讨论台湾问题。

关于来访时间改为5月以前，不说具体日期，以便灵活安排。

第二天，毛泽东起得很早，看了公告稿很满意，并说："就双方共同关心的问题交换意见，这样写好，不然好像我们只关心我们的问题。"

关于访华日期，毛泽东说："公告一发表，会引起世界震动，尼克松可能等不到5月就要来，早点来也好嘛。"后来尼克松提前来访证明了毛泽东的预言。

经毛泽东同意，周恩来于9时40分让黄华就公告稿继续同基辛格商谈。

基辛格看后认为，这一稿中方设身处地考虑了美方的意见，同他们的要求异常接近，马上表示同意，但在接受邀请前加上"愉快地"一词。公告的原文是：

"周恩来总理和尼克松总统的国家安全事务助理基辛格博士,于1971年7月9日至11日在北京进行了会谈。获悉,尼克松总统曾表示希望访问中华人民共和国,周恩来总理代表中华人民共和国政府邀请尼克松总统于1972年5月以前的适当时间访问中国。尼克松总统愉快地接受了这一邀请。"

"中美两国领导人的会晤,是为了谋求两国关系的正常化,并就双方共同关心的问题交换意见。"

这个公告虽然只有二百来字,但能达成这样的结果实属不易,起草过程中曾花了很大力气。

双方商定于7月15日同时公布。7月11日吃完午饭后,基辛格一行愉快地乘原机飞回巴基斯坦。他对此次密访甚感满意,说他是"带着希望而来带着友谊而去",访问成果"超过了他原来的期望,圆满地完成了他们的秘密使命"。

7月15日当公告一发表,确实震惊了整个世界。

基辛格戴上一副墨镜,一顶普通的法国帽,遮住半个脸,钻进汽车秘密开往中国驻法大使馆

1971年7月19日上午8时20分,一辆车牌照号码为CD6的轿车在巴黎乔治5号路附近拐弯处停下,车门开处,钻出一位身材高大的美国军官。

他装作若无其事的样子,徒步向中国使馆方向走来。

快到目的地时,他自然地放缓了脚步,仔细地打量着这座陌生的官邸:它坐落在花园中央,离街面有一段距离。它的围墙很高,临街铁栏杆高竖,门上还钉了金属板。这大概是以防行人的窥视吧……

见四周没有行人,他机警地向大门靠近。大门虚掩着,一位穿中山装、戴深度近视眼镜的中国青年出现在来者的眼前。

他以缓慢的法语说道:"我叫沃尔特斯,我是美国武官,我带来敝国总统致贵国政府的一封信。"

中国青年向他伸出手来,用法语说道:"我叫韦东,是大使的助手,请您跟我来。"

韦东领着沃尔特斯穿过花园,来到官邸大楼的正门口。早已等候在那里的一秘曹桂生将沃尔特斯引进会客室。

这是一间中国风格十足的大房间,墙上装饰着红绸。韦东和曹桂生在沃尔特

红墙大事
——共和国重大历史事件的来龙去脉(下册)

斯面前放上食品和饮料。

不一会儿,黄镇大使从楼上下来,走进客厅,和沃尔特斯握手。

大使也是身材高大,脸上略呈红颜,已有些发白的头发直立向上。相映成趣的是,沃尔特斯面部凹陷的地方如眼窝、嘴巴,黄镇的却稍稍突出。

头发自然弯曲的沃尔特斯比黄镇小八九岁,但资历却浅得多。于是,他在黄镇面前显得有些拘谨。

黄镇拉他并肩坐在矮沙发上,右边坐着韦东,左边坐着曹桂生。

黄镇请沃尔特斯喝茶,说道:

"你是军人,我也曾是军人,军人对军人,我们一定很谈得来。"

沃尔特斯耸耸肩膀,双手一摊:"你是长征出来的老将军,我在你的面前只是个小兵。"

黄镇摇摇头,笑了:"我自己也只是毛主席的一个小兵。"

他们开始交谈那些早已准备的话题,或即兴想起的事情,在黄镇的真诚和热情感染下,沃尔特斯也开始放松了。他向黄镇他们介绍,他精通八国语言。

黄镇接过他的话茬儿说:"希望你不久也精通中文。"

两人哈哈大笑。

沃尔特斯侧过脸,神色庄严了些:"我的行动十分注意保密,连美国驻法大使也不知情,只有我的女秘书南希·马莱特小姐知道此事。"

他说,由于法国情报机构和记者是无孔不入,惯于捕风捉影的,他便处处提防着。渠道来往的口信都将绕过国务院和国防部直通白宫。

黄镇听出了他的弦外之音,点点头说:"我们也采取了严格的保密措施。使馆里除了我们三人和极个别必不可少的工作人员外,无人知情。"

沃尔特斯理解地点点头,把一封信交给黄镇,说道:"我对中国人的保密本领深信不疑。"

黄镇答应把信件转交北京。

沃尔特斯说:"我来是为了执行白宫的命令,是为美国利益服务的。"

黄镇:"我赞赏你的坦率,我们都是为各自国家的利益服务的,但这并不妨碍我们双方找到共同点。"

"只要有事,我将随叫随到。如果我不在,也要千方百计通过南希小姐找到我。"沃尔特斯向黄镇告辞时说道。同时他写下了南希小姐的电话号码。并商定，今后见面前先电话联系，他的代号为"约翰"，每次由他前来黄镇官邸。

"此事关系重大，预祝我们合作成功。"黄镇匆匆说了一句，他懂得，会晤应该到此结束。

信件很快发往北京。此时已是凌晨。黄镇回宿舍时又交代值班员，只要国内有指示来，不论何时，都要立即通知他。走到半路，他又折回，对韦东、曹桂生说："不管什么情况，决不能拖延与沃尔特斯的联系。"

黄镇大使在半夜里被告知：基辛格博士要来拜会他。

他把两个睡眼惺忪的助手叫到自己屋里，商量接待的具体工作。他的意见是：不卑不亢，热情大方，礼宾规格要高于沃尔特斯。

几天的忙碌，大使在他的两名助手眼里看到了一层黑雾，他觉得他们连说话声也比从前小多了。"趁天还没亮，你们先去睡一会儿。"

"你呢？"

"年纪大的人觉少。你们养足精神，到时候别打盹，翻译一定要准确，有不清楚的地方一定要问，不厌其烦地问明白。"

他俩默不作声地走了。黄镇蹑手蹑脚在他们门上贴个"昨晚加班，请勿打扰"的纸条。自己回到屋里，冲杯茶提提神，开了台灯，一字一句推敲国内电报，准备与基辛格交谈的要点。

与此同时，美国使馆的沃尔特斯武官也在运思凝想，怎样将基辛格悄悄带进巴黎，这是一个不小的难题。老谋深算的法国情报机构控制着每一个关卡。只要发现基辛格到了巴黎，新闻界就会骚动，秘密渠道也将失效。

于是，他只好求助于法国总统蓬皮杜。蓬皮杜帮了忙，答应只让法国情报机关的最高层知道这件事。

7月25日，沃尔特斯安排基辛格在华盛顿露面，然后乘坐打着飞行训练幌子的"空军一号"总统座机，从法国邻国进入了巴黎，当晚在纳伊区沃尔特斯居住的公寓下榻。沃尔特斯瞒着工作人员，把自己的卧室让给基辛格，自己则在起居室的沙发上过夜。

第二天早晨，基辛格和两名助手在公寓吃了早餐，就兴冲冲地会见了中国大使。因为怕人发现，沃尔特斯特地从车行租了一辆旧私车，由沃尔特斯亲自驾驶。

红墙大事
——共和国重大历史事件的来龙去脉（下册）

基辛格则戴上一副黑色墨镜，一顶普通的法国帽，把帽檐拉得低低的，遮住了半个脸，颇有点大侦探的味道。

黄镇站在客厅门口迎候基辛格，然后一道进入充满幽香和中国音乐的客厅。当沃尔特斯把上述情景一描述，黄镇哈哈大笑，连连点头："你想得周到，保密工作做得好。"

沃尔特斯喜形于色。

黄镇请他俩喝中国茉莉花茶，吃荔枝干和杏脯。

黄镇的目光扫过基辛格的高鼻子和大眼镜，顿了一下说："我们好像在戴高乐将军葬礼上见过面？"

基辛格剥了一颗荔枝，嚼着："是的，当时就想和中国大使说几句话，但这会引起轩然大波。"

"是的，那时时机还不成熟。"

"但现在不同了，美国决定将中美关系建立在新的基础上。"

黄镇对基辛格的表示感到满意，在与基辛格进行一席微妙的谈话之前，中国大使对于有可能谈谈自己设想的话题和把谈话引上预定的目标，已经获得信心。黄镇表示："中国政府同样有着在新的基础上发展中美关系的愿望，因为中美关系的发展不仅符合两国人民的根本利益，也符合世界和平的利益。"

黄镇大使斟满了茅台酒，提议为中美关系发展干杯。

基辛格拿起一杯酒，放在鼻子底下闻了闻，嘴唇挨着酒杯边儿，脑袋一扬，酒杯就见底了。他眼镜后面的眼睛放着迷迷离离的光，咂嘴道：

"又喝到茅台酒了，我酷爱茅台酒和中国烹调。"

基辛格说起秘密访华时同周恩来共进晚餐的情景，变得异常激动。

他说道，在他生平所遇到的两三个给他印象最深刻的人中，周恩来是其中之一。在他眼里，周恩来敏锐、聪慧而含蓄，是一个目光远大，不斤斤计较于细节的政治家。

基辛格欣赏周恩来的风度，特别记得他讲的这句话："现在天下大乱，我们有机会来结束这种局面。"基辛格说得激动起来。

基辛格还自言自语道："不过我不知道周总理用来同我干杯的杯子里，装的是茅台酒还是白水。"

沃尔特斯笑得咧开嘴，黄镇笑时却把嘴"噘"圆了。

黄镇谈到正题时说："周总理已同意这么办：在尼克松总统访华前，基辛格博士在 10 月下旬先到中国访问。如果基辛格博士要访华,我们建议你先到阿拉斯加,再从那里飞往上海。"

基辛格愉快地颔首,连他那双鞣革的新皮鞋也发出一种悦耳的嘎吱声:

"我准备先访华,并建议在巴黎主持越南和平谈判的布鲁斯大使陪我一起去。"

黄镇留神倾听着基辛格所说的意思,感到很不自在。尽管他对同自己谈话的人十分尊重,但还是有反驳他的念头。

"请原谅,由于种种原因,这个想法难以接受。"

黄镇说着,很气派地把身子缩回,缩回到沙发深处。

基辛格没有马上回话,可还是一个劲儿用眼睛盯着,犹如那暗夜森林里的狐眼,在闪闪发光。他还是固执地争取着:"布鲁斯大使得到总统充分信任。"

黄镇点点头,算是回答。

基辛格接着说:"如果我们万一和别的社会主义国家进行会谈,美国将随时通知你们,请你们将这一点转告周恩来。"

黄镇静静地听着,不知是这些话,还是茅台酒起的作用,红晕一下泛上脸颊,他的内心,感到满意。

送别的时候,他们的目光充满喜悦。虽然他们是在第三国邂逅,可觉得,就在这很短的时间里,他们都互相选中了。正如一位西方记者所说,当时美国与中国仿佛是一对热恋中的情人,在互相吸引、相互追求中享受着种种甜蜜和忧虑,对未来既怀着希望又怀着恐惧……

星期日的巴黎人们一般都要睡到 11 点钟。路上寂静无声,行人寥寥,街道洁净而空旷,在那紧闭着的百叶窗后面,在客楼的浅红色窗帘后面,人们还在睡觉,停在人行道旁、梧桐树下的汽车,好像也在睡觉。坐在私家出租车里的基辛格和沃尔特斯兴奋地交谈着。

沃尔特斯说:"比起以前我与他们的会晤,这次多少要拘谨一些。"

基辛格没有否认:"这是可以理解的。在开始阶段,驻巴黎的中国官员无非是传递信息,不参与决策。"

基辛格有一种强烈的占上风的念头,他对与沃尔特斯的开场白并不满足。凭着他的直觉和机警,他终于将话题引到得意之处:"你平时受到的款待是否和我一模一样?"

沃尔特斯本来就窝陷的嘴巴使劲瘪瘪，棕黄的眉毛耸了耸："不同，有很大的区别。没有两个人在大门口迎接我，我要在挂着红色帏幔的房间坐定后，大使才进来。此外，我既闻不到香味，也听不到音乐。"

沃尔特斯说完，从反光镜里发现基辛格脸上掠过一丝满意的微笑。

基辛格很得意。他把压在眼眉上的法国帽朝后推了推，两手插入衣袋里，下巴的肉高兴得一抖一抖的："看来，在一个没有阶级的社会，也照样承认我们在地位上的等级差别。"

沃尔特斯也很得意。他能绕过国务院和国防部，直接听命于总统，与中国老资格的外交官黄镇大使首开巴黎秘密渠道，这是一个少将军人莫大的荣耀。他把车子开得飞快，并且说道："我们吃的东西是一样的，杏脯、荔枝干、中国点心、茉莉花茶，有时也喝茅台酒、红葡萄酒，可惜我对这些东西不感兴趣！"

中国驻法大使和美国驻法武官在巴黎密会，竟用俄语交谈，达成秘密协议

8月16日，基辛格又来到巴黎。这一次，他先到法国的一个邻国，然后由沃尔特斯带着绕过入境稽查员，进入法国。由沃尔特斯驾驶一辆临时租用的挂有私人牌照的小汽车，开进中国大使官邸，车停在院子里。

他们现在正坐在一张铺着白台布的桌子边。扁平陶瓷盘子里的糕饼，正冒着热气。

"基辛格博士，我们又一次见面，这很好。这在目前非常迫切。关于您要求访华的口信我已转回国内。"黄镇一边说道，一边挪动着盘子，却一点儿也没吃。

"请说下去，大使先生……"基辛格停止了咀嚼，眼巴巴地望着黄镇，他急切地想听到下文。

黄镇拿起餐巾，准备把它塞进上装的衣襟。他做这一切时，是那么从容不迫，那么认真，这就使人特别注意这个精细的人的每一个动作，并且必然会对他即将说出的话极为关注。

"我荣幸地转告博士，我国政府已同意您于1971年10月下半月来华进行公开的访问，为尼克松总统访华做准备并进行正式会谈。"

基辛格原已准备把餐巾塞进衣襟，现在重又把它放回到桌上。

二十三　中美建交前基辛格秘密来华

"我能会见……周恩来先生吗？"

黄镇用叉尖碰了一下糕点。显而易见，他是为了避开基辛格尖锐的目光，因为基辛格那双眼睛，并没有被厚厚的镜片过滤得温和些。

"周总理将就有关问题亲自同博士先生会谈。"黄镇一板一眼地回答。

基辛格的眼镜片闪了一下，眼角露出笑纹："我感到十分荣幸。"

黄镇大使笑了笑。

"那么，请您把这种情绪一直带到北京去吧。"黄镇还有一些话想说，但他严格遵守国内指示：要对基辛格多听多问少说，一般不做具体承诺，涉及台湾、远东等重要问题也只在必要时做原则表态。所以，他常常兴致勃勃聊一些与双方传递信息全然无关的话。

"好的，好的……"基辛格附和着说。现在他的情绪确实很好。

早餐，大使只喝了一碗稀饭。到了约定的时间，他从二楼的窗户眺望着使馆的铁门。沃尔特斯晚到了一刻，他进门和韦东握手时，明显地使了使劲儿，显得精力充沛和坚定不移。

黄镇又在思索，他从沃尔特斯放慢的步履所看出的不安该怎样解释。看来美国人改变了以往的精确作风，沃尔特斯的钟表从来是分秒不差的。

8月这一天的任务对黄大使来说，也不是轻松的。前一次，沃尔特斯提出基辛格访华的新闻预报问题。美方提的日期为9月22日、23日或者10月5日，并明确倾向前者。国内考虑，美将在联合国大会开幕时提出"两个中国"的提案，所以中方坚决不能同意在9月22日或23日公布基辛格访华的预报消息，而同意美方提的另一时间，即10月5日。

黄镇顺着走廊来到客厅，皮鞋轻轻地吱吱响着。美国武官无声无息地迈着步子，不是迈步，而是轻飘飘地走着。

"大使先生，您精神很好，瞧您红光满面！"

"您的脸色也一样，武官先生……"黄镇笑了笑说。"可能是窗帘映的吧。"他对红色帏幔扫了一眼。

沃尔特斯环顾了一下房间，把目光集中在窗帘上。在客厅里见到的东西中，这紫红的窗帘最吸引武官的注意。看到这窗帘，美国武官的眼睛甚至流露出某种好奇的神情。"我象征着什么呢？"他好像在问自己。

红墙大事
——共和国重大历史事件的来龙去脉（下册）

黄镇从桌边站起来。他穿着一件淡黄色的、桑蚕丝的夏衣，与客人身上穿的深色上装相比，就显得很随便了。

"按我国习惯做法，一般是在基辛格到达中国时发布消息，不另发预报。为照顾美方需要，中方同意在10月5日各自发表内容相同的预报。"黄镇开始说正题。

"大使先生，既然中方同意发预报，早一些时候发更能产生持久效应，为何不提前至9月23日呢？"沃尔特斯抬起眼睛，看着黄镇，显然谈判一开始就没有什么好兆头。这使沃尔特斯感到有点困惑不解。

"请你注意9月23日这个日子。9月23日前后，美国将在第26届联合国大会提出我国政府坚决反对的制造'两个中国'的提案，在这个时候发表基辛格访华的消息意味着什么？"黄镇对沃尔特斯说。

"也许这是一个偶然的巧合……"沃尔特斯故意把说话的声音压得很低。

黄镇听了韦东流利的法语翻译，又让曹桂生叫沃尔特斯再用英语说一遍。通过两种语言的翻译，黄镇抓住沃尔特斯讲话的确切意思，摇摇头："中方不能同意在这个时候发布访华的预报。关于我们在台湾问题上的原则立场没有改变。"

黄镇递给沃尔特斯一份书面材料。

沃尔特斯也回交黄镇一份材料。黄镇提起纸页，透过阳光一看，现出法国水印。纸上写着基辛格拟同周恩来会谈的几个问题：

第一，尼克松总统访华的时间、路线、会谈形式等问题；

第二，除台湾问题外，还要谈远东和国际问题；

第三，双方高级人员互访，包括文化、科技交流等问题。

"很遗憾，我不知贵国为何把第三方面的问题提出来？"黄镇凝视着沃尔特斯说。因为1971年7月16日基辛格秘密访华后发表的中美公告中提到"中美两国领导人的会晤，是为了谋求两国关系的正常化，并就双方共同关心的问题交换意见"，为什么又扯出第三个问题呢？这着实令他不安。

"依我之见，在两国关系没有正式建立之前，这是一条扩大联系的途径。"沃尔特斯把眼溜向黄镇，仿佛想在他脸上捉摸出，这个问题成立的可能性有几分。

黄镇以锐利的甚至是森严的目光，看了武官一眼，说道："基辛格博士访华不应为枝节问题分散力量，台湾问题不解决，高级人员互访以及种种交流等其他问题都无从谈起。"

坐在两边的翻译曹桂生和韦东,跟着大使的说话,逐字逐句地进行翻译,他们以精细的技巧翻译,不但译得十分准确,而且译出了语气,使大使滔滔不绝的说话,变得像直接在讲英语一样。

"事情总是有主有次。"黄镇压低了声音说,低得差点听不出。他从大声疾呼一下子转入到低声细语是能吓唬人的。

于是桌子周围的人都静了下来。

"我可以向基辛格博士转达你们的意思,并不需要我们在此决定什么,重要的是传递。"沃尔特斯没有争吵,但带着警觉的口气说。

"是这样,到我们解决次要问题并可以自我做主的时候了。"黄镇指了指房间里准备的茅台酒和小吃,微微一笑。

黄镇给沃尔特斯斟了茅台,但沃尔特斯摆摆手:"我还得开车回去,不愿意因醉酒开车而被拘留。"

黄镇让沃尔特斯吃蜜枣,但沃尔特斯拿起了一块杏脯。黄镇问道:"你是否陪同基辛格博士一起访华?"

沃尔特斯摇摇头:"没有得到这方面的消息。"

"我已向中国政府谈过你的情况,你为打开这关闭了25年之久的中美关系大门出过力。"

"我很希望博士带我一起去中国访问,可是他决定不这样做。"

"我喜欢同基辛格博士交谈,博士谈话很坦率,开门见山,而且很幽默,他是否曾在军队服役?"

"是的。"

"是什么军衔?"

沃尔特斯思索了一下,把基辛格在第二次世界大战时最后的军衔告诉黄镇。

"哦,这么说他得向我们两人敬礼喽,我们都是将军呀。"黄镇说道。

"是啊,大使先生,或许他仍然会向您敬礼。可惜他不会再向我敬礼了。"沃尔特斯故作遗憾,耸了耸肩膀。

"为什么?"黄镇询问着。

"在美国,军人在政治上没有地位,不能竞选公职,而且在参加政治集会时不能穿军服。还有一条法律规定,在最近十几年内曾在军界供职的人不能当国防

红墙大事
——共和国重大历史事件的来龙去脉（下册）

部部长。这是不合理，也是不公平的。"

黄镇又问："美国陆军军官在什么年龄退休？"

沃尔特斯答道："作为少将，我将在58岁退休，如果我被提升为中将，就能服役至59岁。"

黄镇摸了一下斑白的头发，仰靠在沙发上，感叹道："我在你们国家就该退休了。"又问道："你退休后是否还给配备汽车和司机？"

"不配备了。不过我能领取一笔数额不小的退休金，这样我就能过上十分舒适的生活，但不会给我配汽车和司机了。"

黄镇笑了："可是我们国家就会给我配备。"

沃尔特斯也笑了："对呀，大使先生，我认为这正是贵国绝对平等主义社会的一大好处啊。"

黄镇大笑起来，用手拍拍沃尔特斯的背："你们美国人真幽默！"

9月22日，沃尔特斯接到一秘曹桂生的电话，说有事商量。他把汽车停在五六个街区以外的地方，然后才向大使官邸走去。他不时用小镜子照照，或回转身来看看后面有没有人跟踪。他会见了黄镇大使，进一步交换了有关基辛格的飞机和上海虹桥机场指挥塔进行通信联络所用频率的问题。不知怎么谈起了有关语言问题，沃尔特斯为不会讲汉语感到遗憾，黄镇也为不会讲英语而懊丧。彼此探询了各自会讲的语言后，终于找到了一种彼此都懂的语言，那就是俄语。于是他们试着用俄语交谈了几句，不一会儿，两人就对着眨眼，彼此都听不懂各带自己乡音的俄语。

那一晚，黄镇兴致极高，举起茅台酒，硬和沃尔特斯干了一杯。他脸上放光，连说带比画，终于使沃尔特斯听懂了这句俄语。

"永远也不会有人相信，中华人民共和国驻巴黎的大使和美国驻法国武官会在一起用俄语交谈！"

沃尔特斯告别时，已是深夜。黄镇亲热地把手臂搭在沃尔特斯肩上，一直送到门口。沃尔特斯则提心吊胆，四处张望，他怕他的访问会被苏联人，甚至中央情报局或联邦调查局嗅出味道。幸好，外界一无所知。

这次会晤开始了基辛格的第二次中国之行。

二十四 中国首次出席联合国大会的决策过程

- 林彪叛逃，中国政坛陡起波澜，但北京迎来了一位重要的客人，使中国领导人脸上挂满了笑容

- 林彪倒台和恢复联大席位，成为共和国的两大胜利

- 毛泽东早已胸有成竹：派一个代表团去联大，让乔老爷做团长，熊向晖可以做代表或是副团长

- 毛泽东对乔冠华指示，到了联合国，要采取阿庆嫂的方针，不卑不亢，不要怕说错

- 外交部送来《关于为出席第26届联大代表团送行计划报告》，毛泽东批示，规格似宜高一点

红墙大事
——共和国重大历史事件的来龙去脉（下册）

1971年9月，第26届联合国大会召开。提交此次大会讨论的关于中国代表权的提案有下列三个：

第一个是由阿尔巴尼亚、阿尔及利亚等23国提出的恢复中华人民共和国在联合国的一切合法权利，并立即把蒋介石集团的代表从联合国一切机构中驱逐出去的提案。

第二个是由美国、日本等22国提出的所谓"重要问题"提案。该提案称，要从联合国中取消"中华民国的代表权"的任何建议都是属于宪章第18条所规定的重要问题，需三分之二的多数通过。该提案又被称为"逆重要问题"案，以示与过去美国提出的"重要问题"案相区别。

第三个是由美国、日本等19国提出的所谓"双重代表权"提案，即接纳中华人民共和国的代表入联合国，但"确认中华民国继续拥有代表权"，并建议由中华人民共和国代表享有安理会常任理事国席位。

大会从10月18日开始辩论和审议中国代表权问题，到25日结束。大约有八十个国家的代表在会上发了言，大多数国家的代表纷纷批评和谴责美国对华的错误政策，反对在联合国内制造"两个中国"。美、日等国虽然极尽拉拢之能事，但依然陷入孤立状态。

经过约一周的辩论之后，10月25日晚9时47分，大会表决所谓的"重要问题"提案，结果以59票反对、55票赞成、15票弃权，否决了22国"重要问题"的提案。

当大会的电子计票牌上出现这一结果时，会议大厅顿时沸腾起来了，热烈的掌声持续两分钟之久，不少第三世界国家的代表情不自禁地高声欢笑、歌唱、欢呼，有的代表甚至离开席位跳起舞来，出现了联合国历史上少有过的欢乐场面。

接着，大会表决阿尔巴尼亚、阿尔及利亚等23国提案。大会以76票赞成、35票反对、17票弃权的压倒多数通过了"恢复中华人民共和国在联合国一切合法权利和立即把国民党当局的代表从联合国及一切机构中驱逐出去"的第2758号决议。

这就是联合国历史上有名的第2758号决议。由于23国提案的通过，美日等国的"双重代表权"提案成为一项废案，被自动否决。会议厅里再一次出现了长时间的热烈欢呼场面，以庆祝这久已盼望的历史性时刻的到来。美国代表布什被迫承认:"这是联合国历史上的转折点,反西方国家(包括共产党国家)在美国威信动摇时第一次击败了美国。"他哀叹,那些表决后欢声雷动,在联合国会议大厅里跳起舞来的代表们"就是要踢山姆大叔一脚"。

该决议全文如下:

  2758(26)恢复中华人民共和国在联合国合法权利大会,回顾《联合国宪章》的原则,考虑到,恢复中华人民共和国的合法权利对于维护《联合国宪章》和联合国组织根据宪章所必须从事的事业都是必不可少的。承认中华人民共和国政府的代表是中国在联合国组织的唯一合法代表,中华人民共和国是安全理事会五个常任理事国之一。

  决定:恢复中华人民共和国的一切权利,承认她的政府的代表为中国在联合国组织的唯一合法代表并立即把蒋介石的代表从它在联合国组织及其所属一切机构中所非法占据的席位上驱逐出去。

1971 年 10 月 25 日
第 1976 次全体会议

会议大厅里再一次响起了雷鸣般的掌声和欢呼声。在这种情况下,"双重代表权"案还没有来得及表决就自动夭折了。

恢复中国在联合国合法席位的决议一经通过,会场顿时响起了雷鸣般的掌声,坦桑尼亚等非洲国家的代表甚至跳起了欢快的舞蹈。台湾方面的"代表"灰溜溜地退出会场。有的外交官表示,这个决议对台湾是丧钟,对新中国是胜利的礼炮。事后,联合国人士常常回忆起这一往事,说巴罗迪在这个问题上帮了美国倒忙,为恢复中国在联合国的合法席位"立了一功",他因此得了一个外号叫"无定向导弹"。

这是一个无比辉煌的时刻,是一个永远值得我们纪念、值得广大第三世界国家为之自豪的时刻。当时,全世界都可以从电视里看到发生在联合国总部会议大厅里的场景:会场一片沸腾,许多人离开席位,西方国家代表在一起交头接耳,非洲国家代表在过道上兴奋起舞;有人互相拥抱祝贺,有人振臂高呼,有人愁眉苦脸,有人强打精神,有人故作镇静……76 票对 35 票这一表决结果表明,在联合国这个最大的国际组织中,力量对比发生了巨变;它还表明,中国在世界上的地位、作用和影响，是谁也遏制不住的。

10月26日，联合国大会鉴于已通过第2758号决议，决定对"中国在联合国代表权问题"不再予以讨论。

至此，从1949年开始的关于中国联合国席位的争论胜利结束了。国民党集团"外交部部长"周书楷被迫于10月26日宣布退出联合国机构。同时，联合国秘书长吴丹致电中华人民共和国总理周恩来，欢迎中国正式派遣代表团出席第26届联合国大会。

中国在联合国合法席位的恢复，反映了世界各国人民要求同中国友好的历史潮流。20多年来美国所推行的孤立中国的政策遭到了可耻的失败。

林彪叛逃，中国政坛陡起波澜，但北京迎来了一位重要的客人，使中国领导人脸上挂满了笑容

联合国大会就中国问题进行表决的第二天，即1971年10月26日，吴丹秘书长致电代理外交部部长姬鹏飞，通知第26届联大通过了恢复中华人民共和国在联合国的一切权利，并立即将蒋介石的代表从它在联合国组织及其所属一切机构中所非法占据的席位驱逐出去的决议（后吴丹秘书长又多次电邀中国政府派团出席本届联大）。电文指出：

北京，

中华人民共和国，

外交部部长，

先生，我荣幸地通知你，在10月25日举行的联合国大会第1976次会议上，以76票赞成，35票反对，17票弃权通过了下述决议：

联合国大会，

回顾《联合国宪章》的原则，考虑到，恢复中华人民共和国的合法权利对于维护《联合国宪章》和联合国组织根据宪章所必须从事的事业都是必不可少的，承认中华人民共和国政府的代表是中国在联合国组织的唯一合法代表，中华人民共和国是安全理事会五个常任理事国之一。

决定：恢复中华人民共和国的一切权利，承认她的政府的代表为中国在

二十四　中国首次出席联合国大会的决策过程

联合国组织的唯一合法代表并立即把蒋介石的代表从它在联合国组织及其所属一切机构中所非法占据的席位上驱逐出去。

顺致最崇高的敬意
吴丹（秘书长）

收到这封电报后，姬鹏飞立即呈报给了周恩来。

此时的北京，秋高气爽，风清云淡，阳光灿烂，正是西山红叶大放异彩的季节。虽然由于林彪的叛逃使中国的政坛陡起波澜，但北京迎来了一位重要的客人，使中国领导人脸上挂满了笑容。这就是尼克松的国家安全事务助理基辛格博士。此次是他的第二次中国之行，以为尼克松正式访华做前期准备工作。双方的会谈取得了重大进展，对会谈公告主要内容达成了一致。基辛格心满意足，真是不虚此行。

自从1971年7月15日发布了中美同时发出的关于美国总统尼克松将于1972年春天的某一天正式访问中国的消息后，基辛格博士第一次秘密的北京之行，就成了国际上的一个重大新闻和传奇故事。这位美国总统的国家安全事务助理也由此而声名大振，成为不亚于国家元首的新闻热点人物。

基辛格博士是深受中国人民尊敬的，在当今西方一些国家包括美国，时常对中国进行反华大合唱中，他始终能抱着较为公正的态度，敢说几句公道话。

在基辛格第一次秘密访华后，相隔三个月，即1971年10月中旬，这位博士又一次踏上了中国的土地。

所不同的是，这一次他来，是大大方方地在10月5日发了预告，而后他神气活现地乘坐美国总统的专机直接从美国飞抵中国的。

基辛格把他的这次北京之行定名为"波罗二号"。10月16日他率领他的全班人马从美国出发，坐着总统专用的"空军一号"专机，按总统将要访问的预定航线试航。

这条预定的路线飞经太平洋，中途在夏威夷和关岛停留稍息，然后再飞上海。以免由于时差和高速飞行的不适，使总统一行在到达中国时过分疲劳，而影响健康和访问。

基辛格这位号称世界上消息最灵通的人士，却不知道他此次去的中国，与他

红墙大事
——共和国重大历史事件的来龙去脉（下册）

上次去时，已有了一种对于中国人来说极微妙也是很令人吃惊的变化。

就在他去北京的前一个月，即9月13日，林彪乘坐一架"三叉戟"飞机逃往苏联途中，在蒙古的大沙漠中机毁人亡。中国的领导层这个时期就一直在为处理林彪事件而忙碌着。

作为负责处理全国所有重大事情的总理，周恩来此时无疑是最为辛劳的人物。除了处理林彪事件外，他还要为即将召开的第四届人大会议做准备，加上身体已经不好了，所以，周恩来一直到10月中旬才着手进行接待基辛格第二次访华的准备工作。

这些基辛格是不知道的。中国的保密工作做得好，林彪事件一直还没被国外新闻界所知晓。所以当基辛格等人高高兴兴地到达中国时，却发觉到上海机场迎接他们的仅有上次去巴基斯坦迎接他的章文晋等四人和上海外办的两位代表。

敏感的基辛格顿然有一种受冷落之感。

当天下午飞抵北京机场时，仍如上次一样的规格，迎接他的是叶剑英等几个中国领导人，再加一个外交部代理部长姬鹏飞。

让美国客人们更为不安的是，当他们的车队从北京机场驶往钓鱼台宾馆的途中，不仅断绝了交通，布满了警卫，而且他们还心惊胆战地发觉好几处写着醒目的反对美帝国主义的大幅标语。

特别是他们到达钓鱼台6号楼时，发觉每个房间里都放有一份英文的电讯稿，上面印有"全世界人民团结起来，打倒美帝国主义及其走狗"的口号。基辛格那敏感的神经快受不住了。他强作笑脸，让众人把这些英文电讯都收拢来，交还中方的一位礼宾官员，并故作玩笑地说："这一定是以前的一个代表团丢在这里的。"

他的幽默话并未得到对方的善意道歉。

周恩来听到有关此事的汇报后很生气，问礼宾司的负责人：为什么要摆放这些东西？回答说这是新华社历来的规矩。此事反映到毛泽东那里，毛泽东说，他们这是"放空炮"。

第二天，代理外交部长姬鹏飞在陪同基辛格去人民大会堂的途中，特意向他解释说，每个国家都有他同人民群众联系的办法，你们用报纸和电视，我们中国

二十四　中国首次出席联合国大会的决策过程

则用墙上的标语。姬鹏飞指了指昨天还贴着反对美帝国主义大幅标语的墙说，你看现在是不是变了？

基辛格看了看外面，那墙上果然已经换上了欢迎亚非乒乓球赛运动员的英文标语。紧张的空气似乎便因这标语的变化而轻松起来了。

10月20日下午，基辛格一行经过一点小小的虚惊后，见到了周恩来。在美国国家安全事务助看来，三个月过后，周恩来的脸色好像不如上次那么好，可是精神和气质依然如故。

周恩来仍如上次那样热情大方，跟每一个来访者握手寒暄，向每人表示欢迎和问候，而且能像老朋友一样说出他们各自的学历和经历。在基辛格的随行人员中，有一个美国国务院代表弗莱德·詹金斯，早在22年前就在中国居住过，对中国很熟悉和了解。周恩来握着他的手，表示对他的情况很了解，说他是中国人民的老朋友，这使得詹金斯很感动。

这天的第一次会谈就在这种轻松的气氛中进行了。

在接下来欢迎基辛格一行的宴会上，周恩来说了一番热情洋溢的话。他说，中美在中断联系22年后，现在又将揭开中美关系的新的一页，这应当归功于毛泽东主席和尼克松总统。当然，一定要有一个人作为先导，这个先导就是基辛格博士。

周恩来接着把话题引到上次基辛格说中国是"神秘的国土"这句话上，风趣地称赞基辛格，勇敢秘密地访问了中国这个所谓的"神秘的国土"。说那时看来是一件很了不起的事情。现在第二次来到中国，它就应该不是那么很神秘了。而且他现在是作为一个朋友来的，还带来了一些新朋友。

美国客人听了周恩来的这些话，感到心里那种莫名的压抑和担忧已经完全释放开了，发出阵阵轻松愉快的笑声。

接着周恩来又说，基辛格上次秘密来访时说到的那个"哲学"的含义，跟我们所理解的世界观是完全不同的。但是这不妨碍我们找到共同点。中美会谈从开始到现在已经有16年了，但一直没能找到共同点。现在尼克松总统要亲自来北京讨论这个重大问题，而基辛格博士就是他的先行人员。我们都希望这些讨论能取得积极的成果。

第一次会谈之后，基辛格等美国客人对周恩来的谈吐风度，以及他那种既不

红墙大事
——共和国重大历史事件的来龙去脉（下册）

失原则，话语中又充溢着令人信服力量的口才，感到由衷的敬佩。在会谈前的那种紧张空气早已一扫而尽。

但是，基辛格此次来华却差点儿完不成使命。

原来他这回来，不知美方出于何种考虑，没有完全按双方既定的议程进行研究讨论。他到了北京后，才对中国方面说，此次来北京，一是为了妥善安排好尼克松访华时的一切准备工作，另外还有一件重要事项，就是预先拟定在尼克松访华结束后要发表的一个联合公报。

因为在此之前美中双方没有说到此事，所以中国方面没有准备。基辛格在提出这个建议时，再三表示，这是出于美国国内及国际上有不少人怕尼克松访华失败，闹笑话，故此得早做这方面的准备。

周恩来对此认为可以理解，同意美国先拿出草案来。

美国方面已经是有所准备的，就在10月22日的会谈中拿出了他们已拟成的草案让中方过目，提出修改意见。基辛格还特别强调，此公报草案已经尼克松批准了。

美国提出的中美联合公报草案，是按老一套的格式起草的，其中强调了一些含糊其词的共同点，而用一些陈词滥调掩盖着双方的分歧，并在台湾问题上有意避而不谈美国撤军问题，反而要中方承诺只用和平方式解决台湾问题。

周恩来看了美方草案后，很不满意。他说这个草案不能接受。周恩来又指示章文晋起草方案，并对章文晋指示说，就按过去同蒋介石达成协议的办法，各说各的，明确写出双方的分歧，同时也吸收美方可取之处，写出双方的共同点，以便共同遵循。

10月23日晚，毛泽东把周恩来、姬鹏飞、熊向晖和章文晋等人叫去。他先表示不赞成搞公报。周恩来说这是美国方面提出来的，他们需要，不搞不好办。

毛泽东说："那个东西（指章文晋起草的方案）我只看了一遍，发言权不大，只有一点点。不满意，一点儿神气也没有。"

周恩来忙解释说："这个草案我们还没有经过认真研究，先送主席审阅，然后按主席的指示修改。"

毛泽东即说："国际形势我讲过多次，天下大乱嘛！各说各的可以，这个办法好。他们不是讲什么和平、安全、不谋霸权吗？我们就要讲革命，讲解放全世界被压迫民族和被压迫人民，讲大国不应该欺侮小国。不突出这个，我看不那么妥当。"接着说，"我们是放空炮……要尼克松同意解放被压迫民族和人民那也难。他也是讲空话，什么维护老朋友啊，不干涉内政啊，不争霸啊，那怎么行！"

"但是他也不好讲大国应该欺侮小国嘛。语言上接受，行动上自由，他们是自由国家，自由世界。说什么不谋求霸权，你美国由13个州到50个州，还不是扩张、争霸的结果？后来还把手伸向全世界。"

第二天，原定是由姬鹏飞与基辛格会谈有关公报问题的，临时改为周恩来跟基辛格谈了。

这一回，基辛格发觉一向和蔼的周恩来脸色显得很严肃。他心里便猜出，一定是公报之事有了些麻烦。

周恩来即对他说："毛泽东主席看了你们的公报草案，明确表示不同意。这个公报我们不能接受。"

周恩来的最后一句话说得异常的坚决，不容反驳。

基辛格当然也不肯相让，这是一个很重要的原则，也是他此行的一个最难办也是非办成不可的事。他认为他们起草的公报有一个基本含义，即"和平是中美双方的目的"。

周恩来便立即用毛泽东的"斗争哲学"来反驳他的美国对手，"和平只有经过斗争才能达到。我们的意见是摆明双方的根本分歧。如果用外交语言把分歧掩盖起来，在公报上看起来像是观点一致，而实际上不是那么回事，那有什么意义？"

基辛格半步不退让："总理阁下，我们起草的公报是按照国际惯例的，如果在公报上写明中美双方的分歧，那不等于告诉世界，中国和美国正在吵架吗？"

周恩来对此不那么理解，他认为："吵架是正常的，我们两国打了许多日子的仗，相互隔绝了二十多年，分歧是必然的嘛！关键是我们如何对待这些分歧。"

谈判于是陷入僵局。谁也不肯从自己的原则立场上后退一步。

还是周恩来想出了一个缓解的办法，说："我们也拿出一个方案的初稿。你们先看看。"

这样，就暂时不再谈下去了。休会，让美方去研究中国方面提出的方案。

中国人有中国人的思路，美国人有美国人的思路。毛泽东想的问题，未必就

红墙大事
——共和国重大历史事件的来龙去脉（下册）

是尼克松想到的。双方的分歧似乎是不可调和的了。

基辛格和他的助手们详细地研究了代表毛泽东、周恩来意图的中国方案。这个别具一格的方案把中国和美国的主要分歧全写进去了。

一个难眠的夜晚。北京的秋夜原本该是睡眠的好时节，可是从美国来的基辛格等人却未能入睡。还是基辛格突然转过弯来了：把分歧公开出来，西方盟国、东方的朋友不就都放心了吗？这不也是一种很好的做法吗？

在接下来进行的会谈中，基辛格表了态："你们的方案，从大的方面讲可以接受，但是你们的某些提法太僵硬，我们难以接受。这种在你们的报纸、电台常用的词，放在美中联合公报里面，就好像是在辱骂美国似的，我们接受不了。"

基辛格这么说，即是从原先的立场上让了一大步。

周恩来得理处且让人三分，说："有了大前提，事情就好商量着办了。你们再看看想要在哪些地方作些调整修改。"

基辛格答应隔天拿出修改方案来。

但是美国修改后的方案在台湾问题上又卡壳了。

中国方面对台湾问题的立场是这样的：

一、中华人民共和国是中国唯一合法的政府；

二、"解放台湾"是中国的内政；

三、美国军队必须撤出台湾。

而基辛格所拟定的美国对台方针则总在一个基点上：我们不能背弃我们的老朋友，我们绝不能放弃对台湾的义务，我们决不会与台湾断交。

这样看起来，中美双方在台湾问题上完全是对立和不可调和的。这可是中美关系中最为重要的一个问题啊！

气氛在不知不觉之中又紧张起来了。在场的双方人员脸上的表情也都一个比一个严肃，就连译员的声调也变得生硬起来了。

基辛格反复地说着这句美国人常说的话："如果我们背弃老朋友，你们中国人也会瞧不起我们的。"

周恩来在此刻依然是不温不火，脸上看不出多少严峻之色，他很有耐心地对美国人说："什么叫背弃朋友？首先要搞清一个前提：是你们美利坚合众国先占着我们的领土台湾，这样做本身就是不对的。你们承认台湾问题是中国的内政，就应该撤走你们的军队。如果贵国政府在台湾问题上坚持过去的立场,我们则对尼克松访华的诚意表示怀疑了。"

基辛格听出周恩来话中有着一种很严正的立场。这种立场就是中国人对台湾问题毫不让步的根本原则:如果美国人在台湾问题上不能做出新的灵活姿态,美国总统来又有何益呢?

基辛格心里着急了,但嘴里却还是硬咬着不肯放松:"总理阁下,美国的情况和中国有很大的不同。参议院、众议院对总统施加各种各样的压力。还有共和党和民主党之间……退一步说,总理阁下所提的问题,总统如能在下一届连任的话,也许就能较为从容妥善地解决了。"

话说到这里,周恩来也能体会到作为美方代表的为难之处。他知道尼克松在做了"五极中心"的讲话以后,的确受到了美国国内一些保守势力的攻击。尼克松这个一心想搞出一点新鲜花样的美国总统最近的日子确实不太好过。但尽管理解对方的难处,也不等于可以放弃维护自己的国家利益这一最基本的原则呀。

周恩来放缓了语气说:"对于你们的处境,我们是略知一些的。你们为了所谓的老朋友,可以使自己陷入不可脱身的地步吗?尼克松总统在堪萨斯州说世界正在发生变化,这种变化总不能再伤害中国人民的感情吧?"

周恩来这一番以守为攻、以柔克刚的话,终于使得基辛格无言以对了。

台湾问题一直拖到了最后一天。后来基辛格想出一句有意思的话:

"美国认识到,在台湾海峡两边的中国人都认为只有一个中国,台湾是中国的一部分。美国对这一立场不持异议。"

周恩来听完翻译,笑了。他觉得基辛格这个博士还真能在文字上玩出花样来,就说:"这个意思可以接受,但有的词句还需要推敲。台湾是中国的一个省,而不应用一'部分'。"

基辛格也笑了,但坚持说:"部分比省更通用一些。"

周恩来说,省比部分准确,省是行政上对中央政府的归属。这个说法在英语中是没有多大差别的,在汉语中却有一些差别。

最后,周恩来说:"看来我们基本上是趋向一致了,有些问题等到尼克松来了以后再谈吧。"

因为这个公报草案的事,结果把基辛格的回程拖后了一天,直到10月26

红墙大事

——共和国重大历史事件的来龙去脉（下册）

日晨，才算把一些基本的原则问题谈清楚了。

这样，基辛格终于较圆满地完成了他的第二次"波罗行动"计划，准备于这天上午9时乘飞机离开中国。

……

就在基辛格即将离开钓鱼台国宾馆时，联合国大会的表决结果传到了。周恩来来到钓鱼台与基辛格话别时，悄悄地将这一消息告诉了副外长乔冠华，而对基辛格则守口如瓶。毕竟，此时如果告诉正春风得意的基辛格，定会使其难堪，这不是周恩来为人处世的方式。

"博士，欢迎你很快回来共享会谈的愉快。"周恩来用英语表达着友好的祝愿。

"我希望，我不用很久就有此机会。"基辛格踌躇满志，对中美关系的发展充满信心。

副外长乔冠华负责到首都国际机场送行。车子开动了，乔冠华和基辛格同乘一辆红旗轿车。两位外交家不知不觉聊到了中国进入联合国的时间问题。

"博士，你看今年这届联大中国能恢复席位吗？我得到消息，现在这个时候联大正在对恢复中国席位提案进行表决。"乔冠华明知故问。

"我估计你们今年还进不了联大，"基辛格不假思索友好地一笑，"估计明年还差不多。待尼克松总统访华以后，你们就能进去了。"

基辛格知道尼克松政府的打算，他们认为，中美之间建立联系之后，中国必然要恢复联合国席位。但不是现在，按照美国安排的时间表，认为最佳时间是在尼克松1972年2月访华之后的当年联大第27届会议。因此，他对自己的估计毫不怀疑。

"我看不见得吧？"乔冠华仰面大笑，笑声里充满了基辛格根本没有察觉到的无比自豪。

基辛格深受感染。他以为乔冠华如此高兴，不是因为明年中国能否进联合国的问题，作为中方的谈判代表，乔冠华肯定是因为公报文本的架构基本上采用了中国的方案。乔冠华肯定在为自己的外交成果而高兴哩。他哪里知道，乔冠华是因为此刻中国已恢复了联合国合法席位而倍感自豪啊！新中国外交家们终于盼到了这一时刻的到来。

基辛格飞走了，带着他的收获满心欢喜地走了。望着腾空而起的庞然大物，叶剑英抑制不住内心的喜悦，幽默地说："基辛格在飞机上得知联大的消息，不知他会作何感想？"

"空军一号"刚刚升上北京的天空，北京城依稀可见。"再见了，北京。"基辛格从舷窗向下俯瞰着。

"基辛格博士，你的电报。"译电员送来一份刚刚收到的电讯稿。

电讯稿上打着一行小字十分刺目：

联大刚才已以 76 票对 35 票通过接纳中国，并驱逐台湾。

电讯稿在助手中传阅着，机舱内寂静无声，基辛格刚才脸上还挂着的笑容转瞬即逝，大家都望着他。

基辛格双手捧着头，过了好一会儿才慢慢抬起头来，表情复杂，不知是出乎意料还是伤心，难以言表。他对助手们幽幽地说道："我的话应验了，光是中美接近就会使国际形势产生革命性的变化——连我自己对此也认识不足。但我没想到事情会来得这么快。"说罢基辛格苦笑了一声。

"周恩来太厉害了！让我们否定了自己的方案，接受了他们的方案，而且高高兴兴，心悦诚服……"有"中国通"之称的洛德望着舷窗外苍茫的云海，半是自嘲、半是钦佩地发出了慨叹。

"我在香港的时候就听人说，要是蒋介石得到了周恩来，被赶到台湾岛上去的就不是蒋介石了。"大个子霍尔德里奇对洛德说。

基辛格没有置评洛德和霍尔德里奇的谈话，而是思索着一件事：美国花了那么大的力量去制定和推销的阻碍中国进联合国的提案被联合国大会拒绝了，使美国遭受了从未有过的失败！问题到底出在哪儿呢？

在基辛格努力寻找美国失败原因的时候，译电员又送来一份电信，白宫要他回国途中先在阿拉斯加停留，不要在联合国表决的敏感时刻回到华盛顿。基辛格立即就品味出这份电信的含义：实际上是指他的北京之行导致了美国在联合国的失败。

基辛格嘴角泛出一丝苦涩的笑容，他知道尼克松和国务院的官员们实在不应该如此大惊小怪，因为，北京取得联合国的席位，到底是不可逆转的历史的决定，只不过是时间上早与晚的差别而已。中国有句古话，有所得必有所失，这包含着深刻的哲理。美国已取得了打开中国神秘之门的难能可贵的成功，至于中国恢复联合国席位，不过是美国外交政策的一个方面的损失而已。

在阿拉斯加停留一天后，"空军一号"座机终于回到了华盛顿，降落在安德鲁斯空军基地的一个偏僻的角落。天低云暗，冷冷清清，没有记者的吵闹，没有摄影师的忙碌，只有一两个工作人员在等候。而三个月之前，是尼克松总统亲自在圣克利门蒂西部白宫机场迎接第一次从北京归来的基辛格啊。

今非昔比。这一行人本来还怀有几分英雄般载誉凯旋归来的豪情，一下飞机，就被一股晚秋的冷风刮走了。霍尔德里奇脸色阴沉地对基辛格说："看来，他们将中国代表权问题上美国的失败归罪于我们去北京的访问。"基辛格摇了摇头，一言不发。他还能说什么呢？

这次联大表决结果，也是出乎中国意料之外的。中国原来估计在一年或两年之后才能恢复在联大的席位。

当联合国秘书长吴丹的电报到达中国政府时，外交部的领导踌躇了。毕竟，他们因忙于准备接待基辛格、尼克松，为改善中美关系打开外交僵局，加快营造有利的战略环境，而对于联合国的投票结果还没来得及做好思想上和组织上的准备。

早在10月24日，基辛格问及周恩来对美国"双重代表权"提案的看法时，周恩来还说："对中国来说，台湾的地位比联合国的资格重要得多。中国不会按照'双重代表权'的提案进入联合国。中国人有的是耐心，还要继续等待。"谁知，刚过两天，事情竟然发生了如此大的变化。周恩来高兴地笑了，自"文化大革命"开始以来，人们已经好几年没有看见周恩来总理如此开心地笑过。

送走基辛格后，当天下午，周恩来紧急召集姬鹏飞代外长等外交部党组及有关人员在人民大会堂开会。

林彪倒台和恢复联大席位，成为共和国的两大胜利

福建厅里，外交部的有关同志先后入座。叶剑英来后不久，周恩来和参加完伊朗使馆招待会的姬鹏飞、乔冠华、韩念龙到达。大家都喜气洋洋。

会议议题只有一个：派不派人出席正在纽约召开的第26届联大？国民党代表已在23国提案通过后，悄然收起文件包，离开了占据二十几年的联大会场。

二十四　中国首次出席联合国大会的决策过程

此刻，联大中所设的中国席位就空在那儿，中国应不应该坐上去？联合国秘书长吴丹已发来邀请电，中国要不要马上组团出席联大？

会议争论得很激烈。从每个人的心里讲，为之奋斗二十多年的事业实现了，自然要扬眉吐气地到纽约去，到联合国的讲坛上一展新中国的雄姿。然而，这毕竟是在当时特定的背景下的一个重大决策啊！"左"的阴云笼罩在中国大地上，江青等人动辄在外交系统打棍子、扣帽子、抓辫子。外交部的领导干部大多是刚刚从干校中"解放"出来的。要他们建议去被美、苏控制的联合国讨论天下大事，弄不好建议者很容易被扣上"右倾投降主义"的帽子。何况，在"左"的思想影响下，我们还不能正确认识联合国这个最大的国际组织的性质及其作用。当时，一般人认为联合国大会是资产阶级讲坛，是受美苏两大国操纵的，认为这不是民主的讲坛，是不能真正为受压迫民族与受压迫人民讲话的。

听着大家的发言，周恩来心情很沉重，作为总理，他深深地理解同志们的顾虑和谨慎。

周恩来问，现在联合国会不会出现"两个中国""一中一台"的局面？蒋帮能不能再进联合国？"台湾地位未定"论在联合国有没有市场？

发言的同志引用可靠的材料，一致认为不会发生总理提出的那些情况。

周恩来听后表示满意。同时指出，美日反动派不会甘心失败，我们还要保持警惕。

周恩来又提出，主席本来指示，今年不进联合国。现在怎么办？先听听大家的意见，再请示主席。

发言的同志都认为，联大已经通过决议，我们必须进入联合国，但是我们毫无准备。主席经常教导，不打无准备之仗。联合国大会开了一半，去不去无所谓。主要是安理会，一年到头，随时要开会。问题多，麻烦大，光是搞清楚那套议事规则，就得花很大工夫。现在应尽快选定常驻安理会的代表、副代表和工作人员，集中时间进行准备，过了年再去。

周恩来说，马上参加的确有困难。过两个月再参加，那也说不过去。能不能想出别的办法？

此时此刻，他不能把自己的想法强加于大家，毕竟是开党组会，大家可畅所欲言的。经过较长时间的争论，外交部党组形成了一个比较一致的意见：给吴丹

红墙大事
——共和国重大历史事件的来龙去脉（下册）

秘书长回电，感谢他的邀请，我们也很高兴恢复了席位，但目前中国决定不派代表团去参加。

当周恩来与外交部的主要领导正在大会堂讨论要不要去出席联合国大会的时候，毛泽东也在思考这个问题。

毛泽东曾说过，联合国不让我们进，我们可以等15年、30年，甚至100年，我们有足够的耐心，甚至于我们不急于加入联合国，为什么？这是国际斗争的需要。而今天，我们的斗争达到了目的。我们应该大张旗鼓地占有我们盼望了二十多年的那个座位，我们是中国的主人。我们要去，一定要去，我们一天也不能再等待，再犹豫。我们受够了美国的窝囊气，中华民族在国际舞台上扬眉吐气，自己主宰自己命运的时刻到了。

外交部党组会议开始不久，王海容走进来说："主席起床以后，马上看外交部送去的那些材料，刚刚看完。主席说，请总理、叶帅、姬部长、乔部长、熊向晖、章文晋，还有我和唐闻生，现在就去他那里。"

周恩来到了中南海毛泽东的住处，已是晚上9点多。

毛泽东坐在沙发上，满面笑容。他指指在美国出生的唐闻生说："小唐呀，密斯南希·唐，你的国家失败了呀，看你怎么办哪。"

毛泽东又问："恩来啊，你们讨论得怎么样了？是去还是不去？怎么去？派谁去？"

毛泽东急切地想知道外交部的意见，因为他知道，外交部的同志对中国在外交上的这个胜利是由衷地高兴的，他们肯定会立即去纽约联合国大会上大喊一声：我们胜利啦！

"报告主席，同志们争论得比较热烈，但大家顾虑重重，党组的意见是暂不派团去……"周恩来欲言又止，他也不知道毛泽东此刻是如何想的。

"要去。为什么不去？马上就组团去。这是非洲黑人兄弟把我们抬进去的，不去就脱离群众了。"没等周恩来把话说完，毛泽东就明确地表达了相反的意见。

毛泽东笑着说，那是老皇历喽，不作数喽。

周恩来说，我们刚才开过会，都认为这次联大解决得干脆、彻底，没有留下后遗症。只是我们毫无准备，特别是安理会比较麻烦，现在就参加，不符合主席"不打无准备之仗"的教导。我临时想了个主意，让熊向晖带几个人先去联合国，

二十四 中国首次出席联合国大会的决策过程

作为先遣人员，就地了解情况，进行准备。

周恩来仍然没有完全理解毛泽东的决策。林彪叛逃给毛泽东心理上打击太大了，一夜之间毛泽东老了许多，头发白得更厉害了，不由得使人相信"一夜愁白了头"的传说。

毛泽东说：那倒不必喽。联合国秘书长不是来了电报吗？我们就派代表团去。（主席指指乔冠华）让乔老爷当团长，熊向晖当代表，开完会就回来，还要接待尼克松嘛。派谁参加安理会，我们再研究。

周恩来说，就让黄华做副团长，留在联合国当常驻安理会的代表。

毛泽东说，黄华到加拿大当大使不到四个月，现在就调走，人家可能不高兴哩。

周恩来说，做做工作，加拿大政府会理解的。

毛泽东说，好，那就这么办。

毛泽东以他特有的口吻说："今年有两大胜利，一个是林彪，一个是联合国。这两大胜利，我都没有想到。林彪搞鬼，我有觉察，就是没有想到他跑外国，更没有想到他坐的那架'三叉戟'飞机，摔在外蒙古，'折戟沉沙'。对联合国，我的护士长（吴旭君）是专家。她对阿尔巴尼亚那些国家的提案有研究。这些日子她常常对我说，联合国能通过，我说，通不过。她说，能。我说，不能。你们看，还是她说对了。"

毛泽东风趣地说，我对美国的那根指挥棒，还有那么多的迷信呢。

在大家的欢笑声中，毛泽东拿起外交部国际司填写的联大对阿尔巴尼亚等国提案表决情况，一面看，一面说，英国、法国、荷兰、比利时、加拿大、意大利，都当了"红卫兵"，造美国的反，在联合国投我们的票。葡萄牙也当了"红卫兵"。欧洲国家当中，只有马耳他投反对票，希腊、卢森堡和佛朗哥的西班牙投弃权票。除了这四国，统统投赞成票。投赞成票的，亚洲国家19个，非洲国家26个，拉丁美洲是美国的"后院"，只有古巴和智利同我们建交，这次居然有7个国家投我们的票。美国的"后院"起火，这可是一件大事。131个会员国，赞成票一共76，17票弃权，反对票只有35。表决结果一宣布，唱歌呀，欢呼呀，还有人拍桌子。

说到这里，毛泽东问了一句：拍桌子是什么意思？

周恩来解释说，在会场拍桌子，表示极为高兴。

红墙大事
——共和国重大历史事件的来龙去脉（下册）

毛泽东接着说，那么多国家欢迎我们，再不派代表团，那就没有道理了。不高兴的人也有。"蒋委员长"就是头一个。美国国务院说要发表声明，还没有看到，不过是一篇"吊丧文"。

毛泽东兴致很高，讲了将近三个小时。

毛泽东说，毫无准备怎么办？我讲过，不打无准备之仗。我也讲过，在战争中学习战争。现在请总理挂帅，抓紧准备。最重要的是准备在联合国大会的第一篇发言。

毛泽东说："1950年，我们还是'花果山时代'，你（指乔冠华）跟伍修权去了趟联合国。伍修权在安理会讲话，题目叫做'控诉美国武装侵略中国领土台湾'。控诉就是告状，告'玉皇大帝'的状。那个时候'玉皇大帝'神气十足，不把我们放在眼里。现在不同了，'玉皇大帝'也要光临花果山了。这次你们去，不是去告状，是去伸张正义，长世界人民的志气，灭超级大国的威风。给反对外来干涉、侵略、控制的国家呐喊声援。第一篇发言就要讲出这个气概。"

接着，毛泽东又谈了这篇发言应包括的内容：

第一要算账，这么多年不让我们进联合国，中国人民和世界人民都有一股子气。主要是美国，其次是日本，要点他们的名，不点不行。对提案国要一一列举。

第二，要讲讲联合国成立以来世界形势的变化。就是这次同基辛格谈公报讲的，"国家要独立，民族要解放，人民要革命，已成为不可抗拒的历史潮流"。要讲点历史，1776年美国独立战争，1778年法国大革命，1917年俄国十月革命，都是伟大的，但是都没有1945年以来这样大的规模。要讲讲中国，自力更生，艰苦奋斗，推翻三座大山，取得国家独立、民族解放、新民主主义革命胜利。这不是吹牛，是事实。目的是给世界人民鼓劲。美国必须从台湾撤走它的武装力量，不论是谁，要把台湾从中国分割出去，都是痴心妄想。

第三，要讲讲我们对国际问题的基本态度。这次同基辛格谈公报的许多话可以用。我们反对帝国主义的战争政策和侵略政策，反对超级大国的霸权主义，支持一切被压迫人民和被压迫民族的正义斗争。各国人民的斗争都是互相支持的。要宣传五项原则，大小国家一律平等，中国属于第三世界，永远不做超级大国，反对大国欺侮小国，强国欺侮弱国，不许任何国家操纵联合国。还要讲些什么，请总理考虑。

二十四 中国首次出席联合国大会的决策过程

总而言之,要旗帜鲜明,"高屋建瓴","势如破竹"。"势如破竹"是晋主司马炎的"三军总司令"杜预讲的,此人号称"左传癖"。他带兵占领武昌,准备进攻东吴的首都建业。一个"二杆子"参谋向他建议,现在长江涨水,等明年再打。杜预说:"今兵威大振,如破竹之势,数节之后,皆迎刃而解,无复着手处也。"果然一举成功,"三分天下归一统"。做文章就要"势如破竹",才能说服人。

毛泽东关于这篇发言的讲话,可谓一针见血,说到了事物的本质。这可以从乔冠华在第26届联大会议上的发言所产生的反响,得到验证。

毛泽东又说,曹操是大军事家。诸葛亮在《后出师表》里称赞他:"曹操智计,殊绝于人,其用兵也,仿佛孙吴",同时也批评他打过败仗。怎么批评的?请"参座"讲讲。

叶剑英背诵如流:"困于南阳,险于乌巢,逼于黎阳,几败北山,殆死潼关。"

毛泽东说:"几败北山",说的是夏侯渊兵败以后,曹操争夺汉中的事。《后出师表》三处提到夏侯渊,另外两处是"夏侯败亡","夏侯授首"。夏侯渊是曹操的一员大将,曹操封他为征西将军,担任汉中的"警备司令"。刘备攻打汉中,夏侯渊把魏国部队部署在定军山,命令张守住东围。刘备"引蛇出洞",先打张,夏侯渊把军队分成一半亲自援助张,被黄忠砍了头。有一出京剧就叫《定军山》,是谭鑫培、谭富英的拿手戏。你们看看《魏书》的《夏侯渊传》。当初夏侯渊打了几次胜仗,曹操提醒他:"为将当有怯弱时,不可但恃勇也。将当以勇为本,行之以智计;但知任勇,一匹夫敌耳。""当有怯弱时",就是要想到自己的弱点和不足,有打败仗的可能。夏侯渊把曹操的告诫不当一回事,结果全军覆没。你们去联合国,困难很多,要"以勇为本",更要注意"为将当有怯弱时"。代表团团长就是"将",不要被胜利冲昏头脑。送你们两句话,一句是我的"没有调查就没有发言权";一句是田家英帮我写的:"虚心使人进步,骄傲使人落后。"

毛泽东还说,我们在联合国的方针是"团结大多数,孤立极少数"。23个提案国是我们的患难之交,要同他们讲团结。其他投票赞成我们的54个国家也要团结。对投弃权票的几个国家要正确对待。在美国那样大的压力下,他们不支持美国,用弃权的办法对我们表示同情,应当感谢他们。投反对票的35个国家不是铁板一块,也要做工作。团结是有原则的团结,原则就是我们对国际问题的基本立场。我们当前的口号是:维护各国的独立和主权,维护国际和平,促进人类进步。用这个口号团结大多数。

作为一个伟人,一个20世纪巨人中的巨人,一个伟大的战略家,毛泽东并没有完全纠缠于国内动荡的政局之中,他仍然敏锐地观察着国际的风云变幻。

深谙中国革命规律和中国革命战争规律的毛泽东,当然知道中国"两个拳头打人"是不会坚持长久的,必须利用一切机会、一切场合,结成最广泛的国际统一战线,摆脱外交上四面受困的不利局面,要在资本主义世界中打开一道缺口,以对付曾是我们盟国的苏联。

毛泽东早已胸有成竹:派一个代表团去联大,让乔老爷做团长,熊向晖可以做代表或是副团长

对此,毛泽东早已胸有成竹。"派一个代表团去联大,让乔老爷做团长,熊向晖可以做代表或是副团长。开完了大会还可以回来。"毛泽东向周恩来讲了自己的决定。

"乔老爷"就是乔冠华。这是20世纪60年代邓小平看了《乔老爷上轿》电影之后给乔冠华起的一个雅号,没有想到真的传开了,"乔老爷"成了乔冠华的昵称。毛泽东早就知道乔冠华的才气。乔冠华是清华大学哲学系的高才生,德国图宾根大学哲学博士。1938年后回国参加抗战。1939年在余汉谋办的《时事晚报》上用"乔木"的笔名,发表了近一百篇国际评论。从马德里的陷落、德国军队占领华沙、英法向德国宣战,乔木紧跟时事的发展,分析有理有据,文笔优美动情,文章甚有预见性。比如他的文章曾预见马其诺防线守不住,巴黎政府会向德国投降。后来事态的发展果然如此。乔冠华以此名震香港,乔木之名家喻户晓。以后,乔冠华又主编《世界知识》《新华日报》等刊物,为宣传党的政策、揭露敌人的阴谋、介绍时事政治做了大量的工作。乔冠华已由一个哲学博士变为中国共产党从事国际政治研究的行家里手和出色的外交战士。

有意思的是,毛泽东竟然重用了两位乔木先生,即时称南乔木的乔冠华和北乔木的胡乔木。他们竟是清华大学的校友,在读书时彼此相识,后来各奔他方。两人都是才子,学识渊博,雄才大略,各有千秋。更为有趣的是二人同年出生,

都是江苏省盐城人氏。初时双方成名南北，各不相干，相安无事。但是1945年8月毛泽东携北乔木来重庆和蒋介石举行和平谈判，南乔木此时正在周恩来麾下效力。二乔见面，同名问题摆出，谁也不肯让步，各说各的理由。南乔木说，我本来姓乔，身高一米八二，像一枝挺拔的乔木。此事未等解决，北乔木已随毛泽东回到延安，彼此又相安无事四年多。1949年新中国成立前夕，南北乔木相继来到北平，见面寒暄之后，不免又为同名而争吵。事情竟闹到毛泽东面前。毛泽东决定调节这场官司。

"你原来用什么名字？"毛泽东平静地问南乔木。

"原来叫冠华"，南乔木如实作答。

"这名字很好，以后你叫乔冠华，仍然姓乔"，毛泽东看着乔冠华，乔冠华一言不发。

"至于北乔木，你本来姓胡，可以认回胡姓，而保留乔木二字，叫做胡乔木好了。"胡乔木也是一言不发，看着乔冠华，二人相视一笑，算是认可了毛泽东的调停。

乔冠华以后成为驰誉世界的外交家，先后任中国驻联合国代表团团长和外交部部长；胡乔木在很长的一段时间，掌管中国的意识形态工作。一内一外，二乔木算是毛泽东最为得意的两支笔杆子。二乔木彼此也互相敬佩。胡乔木敬佩乔冠华的潇洒谈吐；乔冠华也发出"写文章，搞文件，我们十个也顶不了一个胡乔木"的感慨。

毛泽东点将乔冠华为团长率中国代表团出席第26届联大。毛泽东说，乔老爷懂几种外语（英语、德语和日语），能写文章，口才又不错，团长非他莫属。周恩来完全同意毛泽东的意见。

这个消息发布后，国外新闻界一致认为，这是中国"可能派出的最合适人选"。因为他们从朝鲜停战谈判时起就已经注意到了这位外交才子。1951年，乔冠华跟伍修权一块儿代表中国去纽约参加联大，在那里控告了美国的侵略罪行，并且坚决地反击了美国强加于中国的"侵略"罪名。

由乔冠华提议，经毛泽东、周恩来批准，黄华将从加拿大调往纽约出任副团长和驻联合国常驻代表。还有长期担任外交使节、有丰富外交工作经验和阅历的外交前辈符浩、陈楚、唐明照、熊向晖和担任外交部司领导的安致远、王海容、张永宽、邢松鹤也是代表团成员。联合国第26届大会上中国代表团团长的发言稿是乔冠华亲自起草的。

乔冠华,这位有江南才子美誉的新中国外交家,在被毛泽东钦定为中国第一任参加联合国代表团团长后,倍感光荣和自豪。事隔20年,又要去联合国,是以联合国常任理事国代表团团长的身份,向全世界展示社会主义新中国的骄傲雄姿,让全世界听到她的伟大声音,乔冠华觉得肩负着祖国人民的信任和重托。

他开始闭门谢客,一手拿着茅台酒杯,一手拿着"英雄牌"钢笔,凝思挥毫,文思泉涌,苦战数个日夜,终于将在联合国大会上的第一篇发言稿写成,然后立即送交毛泽东和周恩来两位国家领导人审定。

周恩来对这篇宣言式的发言稿仔细地做了修改,对重要段落字斟句酌。可以说,中国代表团团长在联大的首次发言,字字句句都凝结着周恩来的心血。其中,有一段概括当时中国外交政策的话,是周恩来经过反复推敲后审定的,脍炙人口,至今仍是中国独立自主和平外交政策的基本表述文字,放射着灿烂的光芒。例如其中一段这样写道:

我们一贯主张,国家不分大小,应该一律平等;和平共处五项原则应该成为国与国之间的关系准则。各国人民有权按照自己的意愿,选择本国的社会制度,有权维护本国独立主权和领土完整,任何国家都无权对另一个国家进行侵略、颠覆、控制、干涉和欺负。我们反对大国优越于小国,小国依附于大国的帝国主义和殖民主义的理论。我们反对大国欺负小国,强国欺负弱国的强权政治和霸权主义。我们主张任何一个国家的事,要由这个国家人民自己来管;全世界的事,要由世界各国来管;联合国的事,要由参加联合国的所有国家共同来管,不允许超级大国操纵和垄断。

毛泽东和周恩来决策之后,外交部随即成立了参加联合国工作筹备小组,由乔冠华、熊向晖、唐明照、章文晋、凌青五人组成,乔冠华抓总。

在这段日子里,周恩来在与来访的外宾的谈话中,多次谈到了中国重返联合国的问题。10月27日,周恩来接见了美国友好人士谢伟斯和夫人。

在谈到两天前恢复中国在联合国合法席位问题时,周恩来说,那天联合国的表决完全出乎意外,不但出乎我们的意外,也出乎美国的意外。我们没有派一个人去活动,而且提案国是由地中海两岸的两个国家带头的(指阿尔巴尼亚和阿尔及利亚)。这么多的国家对我们寄予希望,我们感谢他们,但是我们不能满足这

二十四　中国首次出席联合国大会的决策过程

个希望,完成这个任务,我们要好好考虑一下。关于中国的这个地位,对世界人民,首先对中国人民,我们还要把我们的态度和立场讲清楚,很明确地告诉他们,我们到底在国际上能够作点什么贡献。要有点自知之明。

28日晚11时10分,周恩来在人民大会堂新疆厅会见日本《朝日新闻》东京总社编辑局局长后藤基夫等人。会见时,周恩来说,我们这次没有料到阿尔巴尼亚和阿尔及利亚等23个国家的提案会被通过,会被以压倒的多数,就是超过三分之二的多数通过。美国政府出乎意外,我们中华人民共和国也出乎意外。已经通过了,这么多国家的代表都支持我们,我们就很难违背这么多国家和他们所代表的人民以及全世界大多数人民的愿望了。世界上大多数人民、大多数国家要我们去,我们要还不去恐怕不可能了。吴丹秘书长已经三次打电报给我们外交部代理部长。

周恩来接着说,有一个很为难的问题,就是下一个月安理会当主席的问题。大概是一个月换一次。主席的轮流是按国家名称英文第一个字母为准的。中国的简称是"C"。但中国问题,你们晓得,复杂得很。"C"本来是代表中国,就是被蒋介石窃据了中国在联合国的地位,用"C"字代表,窃据了22年。如果再用一个"C"出现,那也有一个好处,就是只有一个中国,过去那是假的,冒充的,现在真的中国来了。全称的话是"P"字打头。中国如果用全称"P"字打头,下次就轮到我们当主席了。所以吴丹来了一个电报,要我们赶快把代表派去。这个问题我们没有准备,到底组成什么样的代表团,我们还没有想好。前天,在伊朗驻华大使馆的宴会上,外国使节和记者问我,我只好说"无可奉告"。

周恩来又说,今天是28号,只剩三天了,往西半球走,可以多赚12个小时,就是三天半。这么一件大事,全世界都在注意,我们没有准备好是事实。它说明一个问题,就是在联合国,美国的指挥棒向来是很灵的,而且他认为日本是一个强大的伙伴。佐藤政府最后还是下了决心和美国一道提出两个提案。所以,使得联合国的观察家估计,大概今年否决和赞成的票数相接近。既然相接近,我们就不必急了。可是,罗杰斯国务卿也好,布什联合国代表也好,日本的代表爱知也好,他们精神都非常紧张,七上八下。他们和所有的100多个国家的代表都接触了。他们估计总要多几票。我看联合国的报道,还是外国舆论都倾向于这样的估计。当然还有另外一些消息,许多友好国家告诉我们,两阿提案通过的可能性大。所以,

红墙大事
——共和国重大历史事件的来龙去脉（下册）

结果59∶55，四票之差。但四票之差就定了一个方向，表决阿尔巴尼亚提案时，一下子涨上来了，从59票涨到76票（76∶35），涨了17票，这17票几乎是弃权的占多数。而且还有的是从赞成美日提案方面一下子转过来了。这是出乎意外的。联合国搞了26周年，大家有一股闷气。

周恩来最后说，22年来，被推翻的蒋介石集团窃据中国在联合国的席位，完全是不合理的。就是因为美国在操纵指挥棒，有人给它配合。76∶35，这不是三分之二吗？这是铁的证据，代表了世界上多数国家大多数人民的愿望。美国在联合国再利用表决机器就不灵了。这次计算机的表决机器是违反美国的意愿的，也是违反佐藤政府的意愿的。所以，我们不能不重视这一次表决的精神，因为它代表了世界大多数国家，76个国家，还加上弃权的17个国家人民的愿望。

29日，姬鹏飞代理外长致电吴丹秘书长，通知中国政府将在近期内派团出席本届联大。电文如下：

纽约

联合国总部

联合国秘书长吴丹先生：

我已经收到你在10月26日发来的电报，通知我，联合国大会第26届会议已于10月25日通过了恢复中华人民共和国在联合国的一切权利并立即将蒋介石的代表从它在联合国的组织及其所属一切机构中所非法占据的席位上驱逐出去的决议。

我也注意到，你已将联合国大会通过的这一决议通知了联合国所属的一切机构，并且相信上述决议将迅速得以全面实现。

我现在通知你，中华人民共和国政府将在近期内派出代表团出席联合国大会第26届会议。代表团名单将随后另行通知你。

顺致最崇高的敬意。

中华人民共和国外交部代理部长姬鹏飞

1971年10月29日

与此同时，出席联合国大会很快成为当时中国政治生活中的一件大事，组团工作在高度紧张、繁忙中顺利地进行着。由于这是新中国第一次到联合国大会向全世界亮相,因而组团工作由周恩来亲自主持。

随后,经毛泽东和周恩来批准,出席第 26 届联大的中国代表团很快组成。团长是乔冠华、副团长黄华,代表是符浩、熊向晖、陈楚,副代表是唐明照、安致远、王海容、邢松鹫、张永宽。

11 月 2 日,中华人民共和国外交部代理部长姬鹏飞致电联合国秘书长吴丹,告知中国出席第 26 届联大代表团组成人员、中国政府委派常驻安理会代表和副代表。关于中国出席第 26 届联大代表团组成人员,电报全文如下:

纽约

联合国总部

秘书长吴丹阁下:

我谨通知你,中华人民共和国出席联合国第 26 届大会代表团的组成如下:

团长:中华人民共和国外交部副部长乔冠华

副团长:黄华

代表:符浩、熊向晖、陈楚

副代表:唐明照、安致远、王海容(女)、邢松鹫、张永宽

中华人民共和国代表团的出发日期我将另行通知你

顺致最崇高的敬意!

中华人民共和国外交部代理部长姬鹏飞
1971 年 11 月 2 日于北京

关于中国政府委派常驻安理会代表和副代表,电报全文如下:

纽约

联合国总部

秘书长吴丹阁下:

我谨通知你,中华人民共和国政府委派黄华为中国常驻联合国安全理事会代表(大使衔),陈楚为副代表(大使衔)。

顺致最崇高的敬意!

中华人民共和国外交部代理部长姬鹏飞
1971 年 11 月 2 日

红墙大事
——共和国重大历史事件的来龙去脉（下册）

中国代表团出席联合国第 26 届大会的方针是：把平等协商的精神带到联合国去；反对超级大国的霸权主义，为被压迫人民和被压迫民族讲话，为广大中小国家的人民讲话，特别是为印度支那、朝鲜、巴勒斯坦和阿拉伯等亚非人民讲话；在联合国的各项活动中切实体现中国对国际事务的原则立场；在对外活动中做到谦虚谨慎，不卑不亢，平等待人，不轻然诺。

经毛泽东同意，决定由新华社记者高梁率五人组成的先遣队赶去纽约打前站。

11月6日，高梁一行带着介绍信和几面五星红旗，出发前往联合国总部所在地——美国纽约。

从卡拉奇开始，已经有美国记者乘同一飞机专程跟踪采访先遣队的活动。当高梁一行 8 日中午抵达纽约时，机场上不仅有 23 个提案国中的一些国家的外交官员和联合国官员前来迎接，而且早有两百多名记者等待在那里。尽管有美国警察的阻挡，但待先遣队下飞机后，立即被团团围住，拍照、采访，忙得不亦乐乎。

当天下午、晚上和第二天，关于中国先遣队的消息成为各家电视、广播、报刊的头号新闻，对队员的行踪如由谁陪同、穿着怎样、吃饭时怎样用刀叉、怎样付小费、付的是什么钞票等……报道得非常详细，宛如看见了一群"外星人"。其中，有家大报甚至用半版篇幅登载了高梁身穿中山装的照片，并称之为"毛泽东服"。

经过两个星期的紧张准备，一切基本就绪。就在中国代表团准备离京赴纽约的前一天晚上，突然传来毛泽东要在自己的会客室里接见代表团的领导和主要翻译的消息。这支队伍即将启程奔赴另一个战场，到联合国的会议大厅里，到那个被非法占据 20 多年，现已空出来的中国代表的位置上去，他们是去打"文仗"，毛泽东决定亲自为他们送行，鼓励一下出征将士的斗志。

毛泽东对乔冠华指示，到了联合国，要采取阿庆嫂的方针，不卑不亢，不要怕说错

11月8日晚8时，毛泽东约见周恩来、姬鹏飞、乔冠华、符浩、熊向晖、陈楚、唐明照、安致远、王海容、唐闻生、章文晋及回国述职的驻法大使黄镇、驻苏大使刘新权，又谈到了联合国的问题。

当周恩来等来到主席住处时，毛泽东已等候在那里了。毛泽东这天的兴致特

别高,虽然已是半夜过了,仍然毫无睡意。

毛泽东站在书房门口,一边同大家一一握手,一边高兴地端详着每一位出征将士的脸,同志们也被毛泽东的情绪感染了,显得十分激动,有的流下了激动的眼泪。

周恩来把代表团成员一一向主席做了介绍。当介绍到符浩和陈楚时,周恩来说他们都是"九十一人大字报"的签名者,话还未了,毛泽东笑着说,我还是喜欢"九十一"。一句话犹如一股暖流,顿使符浩和陈楚感到无比温暖和亲切,因为在讨论代表团名单时,曾有人把他俩在"九十一人大字报"上签名作为一个问题提了出来。

坐定之后,毛泽东看看周恩来,又看看乔冠华,指示说:"送我们代表团的规模要扩大,要提高规格。到了联合国,要采取阿庆嫂的方针,不卑不亢,不要怕说错。要搞调查研究,但不能什么都调查好了再说。"

毛泽东兴致极高,毫无倦意。他手拿小雪茄,纵谈世界,从欧安会谈到中美关系直至联合国的斗争,引经据典,以古喻今,谈笑风生。

毛泽东以《三国演义》中的"柴桑口卧龙吊孝"来比喻中国代表团赴纽约参加联大,还提出代表团应有汉朝班超出使西域时"不入虎穴,焉得虎子"的勇气。

在谈到"没有调查就没有发言权"时,毛泽东说,这是针对教条主义者讲的,至今我认为这句话还是对的。对这句话的理解不要偏。客观事物不断发展变化,人的认识总是赶不上这种变化,认识总是落后于实际。要求把一切都调查清楚再说话,再办事,那就永远不能说话,永远不能办事。了解了主要情况、本质情况,就可以做出判断,就应该下决心。我一生反对下车伊始,哇里哇啦的人,那样的人成事不足,败事有余。他们自以为了不起,光想当先生,不愿当学生。有的人打过仗,有点功劳,或者自以为有点功劳,吃饭、拉屎、睡觉、做梦,都念念不忘他那点功劳。说他没有什么功劳,他就说,没有功劳,也有苦劳;没有苦劳,也有疲劳。这是低级趣味。这几年,部队有些人的思想被林彪搞乱了。沈阳军区提出"反骄破满",提得好,我就让全军学习。我最近常讲,军队要谨慎,这是有的放矢。

毛泽东还说,今年在联合国打了一个大胜仗,这个胜仗主要是我们的外国朋友帮我们打的,我们没有理由翘尾巴。现在是"盛名之下,其实难副"。所以我

红墙大事
——共和国重大历史事件的来龙去脉（下册）

讲"为将当有怯弱时"。还有"三个臭皮匠，胜过一个诸葛亮"。遇事要商量，要多谋善断，不要像袁绍那样"多谋寡断"，更不能"不谋专断"。谨慎不是谨小慎微。看准了的，该说的就说，该做的就做。

毛泽东还说，在联合国要搞统一战线。这是国际统一战线，和国内统一战线有同、有不同。根本区别是，国内统一战线是不同阶级的统一战线，无产阶级必须掌握领导权；国际统一战线是不同国家的统一战线，没有谁领导谁的问题。大小国家一律平等，谁也不应该领导谁，谁也不应该听谁的领导。过去我们说以苏联为首，因为它是老大哥，为了对付帝国主义，必要的时候让它牵个头，开会的时候让它当主席。但是它要掌握领导权，搞父子党、父子国，这就完全错误了。美国总是要别的国家听它的，这就是搞霸权主义。霸权主义应该被打倒。所以，搞国际统一战线就要平等协商，绝对不能以大国自居，颐指气使，绝对不能干涉人家内政，绝对不能有领导人家的想法。

毛泽东对周恩来说，马上打电报给黄镇的助手，让他转告基辛格，我们的代表团在美国期间，美国政府必须保证安全。如果出了问题，唯美国政府是问。

毛泽东还对周恩来说，明天代表团出发，在北京的政治局委员、候补委员，党政军各部门负责人，再加上几千名群众，到机场欢送，要大张旗鼓地热烈欢送。也通知外国使馆，去不去由他们自己决定。

谈话至深夜，大家仍兴犹未尽。

这时，毛泽东把话题转到了国内，并叫秘书拿出一份文件，说，你们这次去联合国可以放心了，我的那个"亲密战友"不在了。毛泽东随即问周恩来，在座的同志知道吗？周恩来说，还没有告诉他们，主席谈完后，我们就到大会堂把文件读给他们听，并介绍有关情况。

毛泽东今天显得格外高兴，中国恢复在联合国的合法席位被他当作当年中国两件大事之一。毛泽东说，我国今年有两大胜利，一个是林彪倒台，一个就是恢复联合国席位。

毛泽东还指示，安全很重要，去了上上下下要住在一起。

此后，毛泽东对联合国的工作十分重视，亲自批阅代表团电报，还嘱咐周恩来，以后每届联大开会时，中国代表团团长都要坐专机。

毛泽东的话，给第一次代表新中国作为常任理事国登上联大讲坛发言的乔冠华壮了胆。本来他在当时"左"的环境下对出国代表中国发言心中没底,弄不好会被扣帽子。现在毛泽东一句"不要怕说错",给了他大胆说话和相机行事的权力和建议,他的信心大大提高了。

毛泽东接见之后,大家即到人民大会堂福建厅听传达文件和情况介绍。当大家从人大会堂福建厅走出来的时候,东方已经发白了。

外交部送来《关于为出席第26届联大代表团送行计划报告》,毛泽东批示,规格似宜高一点

代表团出发前夕,周恩来亲自接见了全体成员。这天晚上,周恩来神采奕奕,心情特别愉快。他按照名单的次序,用亲切的口吻叫着每一个人的名字。特别是对代表团的下面同志询问得更加具体,如来自什么部门担任什么职务,准备在代表团做什么工作等。

在周恩来了解到代表团有几个同志将担任撰写发言稿任务的时候,他说,在联合国要就各种问题表明中国的立场,起草发言稿的任务比较重,目前这方面的力量还不太够,是否增加一个人?他用商量的口气问符浩。符浩当即表示赞同,因此以后代表团的成员又多了一位,他就是擅长文字工作的刘忠存。他在中央一个领导机关工作,长期研究美国,英语无论口头笔头都很好。

周恩来在问到代表团领导邢松鹬时说,你这个"鹬"字是怎么写的呀,邢做了回答。

周恩来说,喔,明白了,是有益的益,旁边加个鸟啊,是鹬啊,这个字很少见啊。周恩来的风趣问答,使会场的气氛更加活跃。

周恩来询问完了每个人的情况后,讲了一番语重心长的话,大意是,现在国内形势很好,林彪已经自我爆炸,他背叛党和人民,已经摔死在蒙古人民共和国的温都尔汗。你们可以大胆放心地工作,国内做你们的后盾嘛!

周恩来又说,由于广大亚非拉国家的大力支持,特别是坦桑尼亚等许多非洲国家多年来的不懈努力,这次终于挫败了美国仍想阻拦恢复中国在联合国合法席位的阴谋,使决议得以通过。这是一个重大的胜利,是一个历史性的胜利。所以我们一定要去,去是对他们表示感谢,也是对他们的支持。这是主席的指示。

谈到这里,周恩来加强语气说,代表团成员的名单是经毛泽东亲自批准的。

红墙大事
——共和国重大历史事件的来龙去脉（下册）

大家责任重大啊！你们去的不是别的国家，而是美国！大家要明白这一点。还说，你们去了之后，要同广大亚非拉国家站在一起，支持他们的正义要求。

在谈到服饰问题的时候，根据当时的情况，周恩来脸色庄重地说，在出席正式会议的时候，中国代表要穿中山装，不要穿西服。你们可是代表中国啊。根据周恩来的指示，代表团的成员都这样做了。为了方便，大家还做了一套西服，那是为了上街时穿的。

11月6日，外交部送来了《关于为出席第26届联大代表团送行计划报告》。这个报告说，以乔冠华为团长、黄华为副团长的中国出席第26届联大代表团预计11月9日离京经上海、巴黎去纽约。一、代表团离京时，建议请姬鹏飞、李耀文、马文波、外交部党的核心小组其他同志、有关司负责人、与外交有关的其他部门负责人送行。二、代表团抵、离上海时，建议请市革委会一位副主任、一位常委和外事组负责人迎送。三、因许多驻华使节主动要求为代表团送行，建议通知各国驻华使节、苏联边界谈判团和各国驻京记者。四、代表团离京和途经上海，拟发一综合消息。毛泽东看后，批语："规格似宜高一点，今晚可谈一下。"

11月9日下午，中国代表团乘飞机离开北京前往纽约。按照毛泽东的指示送代表团的规模要扩大，要提高规格，代表团的离开、回国，政治局全体成员都要参加的要求，周恩来、叶剑英等党和国家领导人亲自到机场送行。

北京机场红旗飘飘，锣鼓喧天。周恩来、叶剑英、李先念、李德生、汪东兴、郭沫若、姬鹏飞等同志及4000多名群众敲锣打鼓，挥舞着花束、彩带，热烈欢送第一次出席联合国大会的中国代表团。"热烈欢送我国出席联大代表团！""毛主席万岁！"的欢呼声和掌声响成一片。容光焕发的代表团成员绕场一周，向挥动着花束、彩带的欢乐群众，前来送行的各方面负责人告别；同前来送行的柬埔寨王国民族团结政府外交大臣沙林察以及阿尔巴尼亚、阿尔及利亚等60多个国家的外交使节一一握手，感谢他们的政府和人民为恢复中华人民共和国在联合国的一切合法权利所做的努力。欢送礼遇之高，规模之大，可谓空前。代表团的强大阵容是空前的，欢送的热烈场面也是罕见的。代表团挥臂向送行群众示意，然后登上银白色的飞机，直刺蓝天，飞向地球的另一端——联合国总部所在地纽约。

二十五　毛泽东执意参加陈毅追悼会的隐情

- 毛泽东提笔圈去了悼词中"有功有过"四个字，心绪难平，突然决定要参加陈毅的追悼会

- 陈毅义正词严地表示，我决定跟毛主席走，但是，我不敢保证将来就不反对毛主席的一些意见

- 陈毅说，别看有人把主席语录本举得很高，是真拥护毛主席，还是反对毛主席，我怀疑

- 有人劝陈毅少说话，可陈毅却说，只要我讲话，就会有人说陈毅又跳出来了。快要亡党亡国了，此时不跳，更待何时

- 乔冠华建议陈毅找毛泽东澄清事实，陈毅却表示，有许多事，你越去解释，越说不清楚

- 叶剑英用颤抖的双手掏出一张纸，向陈毅传达毛泽东关于为"二月逆流"平反的指示……

红墙大事
——共和国重大历史事件的来龙去脉（下册）

新中国成立后，毛泽东很少出席追悼会。这很少中的一次就有陈毅的。毛泽东和陈毅同为中国革命史上的两位伟人。从1928年两人第一次见面开始，在长达44年的交往过程中，毛泽东和陈毅见证了中国革命和建设的风风雨雨，结下了深厚的革命情谊。在"文化大革命"的那段特殊日子里，陈毅对毛泽东和他发动的"文化大革命"有过迷惑和不解，毛泽东因受蒙蔽对陈毅也有过误解和批判。时间最终能说明一切，当毛泽东明白了事情的真相，意识到自己的错误后，他要亲自扫去压在老战友身上的阴霾黑雪，为陈毅洗清不白之冤。

毛泽东提笔圈去了悼词中"有功有过"四个字，心绪难平，突然决定要参加陈毅的追悼会

1972年1月10日的中午，在中南海的卧室里，身穿淡黄色睡衣的毛泽东，在一张堆满线装书的卧床上辗转不安。他面色憔悴，腮边胡须很长。下午3点，陈毅的追悼会就要在八宝山烈士公墓举行了。就在两天前，是他圈发了有关召开陈毅追悼会的文件。

按照文件上所定的规格，陈毅已不是党和国家领导人，他的追悼会由中央军委出面组织。总政治部主任李德生主持追悼会，军委副主席叶剑英致悼词，政治局委员不一定出席。追悼会在八宝山举行，参加人数为500人。为陈毅写的悼词连头带尾只有六百字，而且简历占去了一半篇幅。陈毅跟随毛泽东戎马一生，即使不看他的简历，毛泽东也能细细数来，这短短的简历只能更引起毛泽东悲痛的感觉和复杂的心情，他缓缓地提起笔，圈去了悼词中"有功有过"四个字。

按惯例，午饭后，毛泽东是要休息一会儿的。可今天他躺在床上，四周虽寂静无声，但却怎么也睡不着。曾经"自信人生二百年，会当水击三千里"的毛泽东，如今的精神和身体都大不如前了。特别是1971年9月林彪的仓皇出逃，使毛泽东无论是在肉体上，还是在心灵上都受到了极大的震动。这一年11月下旬，毛泽东患了一次重病，经医生全力抢救，方才脱离危险。一个半月来，他的身体一直没有恢复元气，双脚严重浮肿，原先的布鞋、拖鞋一双都穿不上了，工作人员赶制了两双特别宽大的拖鞋，好让毛泽东穿着散散步。但是，这时的毛泽东由于受健康状况的限制连散步也很困难了。

秘书张玉凤见毛泽东毫无睡意，劝他要多休息一会儿。毛泽东从床上起来，

二十五　毛泽东执意参加陈毅追悼会的隐情

说要到沙发上坐一坐，坐下以后便随手抓起一本书看，可看了一会儿又放下，显得那么烦躁。张玉凤只好轻手轻脚地退出了卧室。

此时，毛泽东恐怕很难专心致志地看书，大叶性肺炎使他咳嗽不止，最近一直休息不好。美国的黑格准将从3日至9日与周恩来、叶剑英进行了多次会谈，昨天已乘专机回国，中美双方详细商讨了尼克松总统访华的日程安排，但是双方在谈判中的分歧是明显的，中美关系正常化的道路坎坷不平，前景莫测。"亲密战友"林彪叛逃之后，为清除其党羽，中央政治局委员换掉了三分之一。毛泽东认识到，在听信了林彪的一面之词以后，他错整了一大批老战友，而今要轮到自己亲自出面平反这些冤案了。

毛泽东只是几天前在极小的范围内为"二月逆流"平了反，而全国绝大多数人还不知道"二月逆流"的真相。不少人的头脑中还带着"陈毅是'二月逆流'黑干将"的框子。无疑，他们只能从陈毅的悼词中了解到中央对陈毅的定论。

此时，为了澄清陈毅所蒙受的不白之冤，张茜完全可以说出千百条理由要求将悼词写得更详细一些，把追悼会的规模办得更大些。但她却向周恩来表示："什么都不要，只要有'优秀党员'，'人民的好儿子'几个字就好。"

卧室里没有日历，床头没放钟表，自从圈阅了陈毅追悼会的文件以后，毛泽东一直心中不安。没有任何人提醒他今天就是10日，再过一会儿，三点钟就到了，陈毅的追悼会就要举行。突然，坐在沙发上闭目沉思的毛泽东问张玉凤现在是什么时间了？一直守候在附近的张玉凤轻声回答："现在是一点半了。"

毛泽东马上用命令的口吻说："调车，我要去参加陈毅同志的追悼会！"说完，他缓缓站起身来，向门外走去。

对于毛泽东的决定，张玉凤甚感突然。但她不便多问，一边急忙通知调汽车，一边通知负责毛泽东警卫工作的汪东兴和张耀祠。好在这两位领导的家都在中南海，几分钟内就赶到了。

这时，毛泽东还穿着睡衣，下身是一条薄毛裤。张玉凤和护士吴旭君急忙拿来他平时出门见客时总爱穿的那套灰色"毛式"服装要给他换上，毛泽东摆摆手，说，"不要换了，我套在睡袍外面就行了。"毛泽东的睡衣下面露着毛裤，睡衣外面罩着宽大的中山装上衣。这身装束怎么能出门呢？当大家要给他穿制服裤子时，他便不让穿了。对毛泽东的脾气大家都是很熟悉的，有时候他决定

红墙大事
——共和国重大历史事件的来龙去脉（下册）

要做的事谁都别想阻拦，他不想做的事再动员也是无济于事的。张玉凤和吴旭君抱着大衣搀扶着毛泽东上车，另外一位工作人员快速拨通了西花厅周恩来处的电话。

周恩来得到毛泽东要参加陈毅追悼会的消息后，也感到很突然。几天来，宋庆龄副主席几次打来电话，坚持要出席陈毅的追悼会；西哈努克亲王也亲自打印了唁函，并提出参加陈毅追悼会的请求；还有许多民主人士要求参加陈毅的追悼会。然而毛泽东一直没有表态，当时由王、张、江、姚控制的政治局又规定不允许，周恩来无权改动。这令周恩来十分为难。

在接到中南海的电话通知后，周恩来立即拨通了中央办公厅的电话，声音洪亮而有力地说："我是周恩来，请马上通知在京的政治局委员、候补委员，务必出席陈毅同志追悼会，通知宋庆龄副主席的秘书，通知人大、政协、国防委员会，凡是提出参加陈毅同志追悼会要求的，都能去参加。"

接着周恩来又拨通了外交部的电话："康矛召同志吗？我是周恩来，请转告西哈努克亲王，如果他愿意，请他出席陈毅外长追悼会，我们将有国家领导人出席！"

搁下电话，周恩来乘坐的"大红旗"风驰电掣地超过毛泽东的专车。待毛泽东主席在八宝山下车时，周恩来已用电话调来报社、电台的记者和摄影师。

在八宝山革命公墓礼堂的休息室，周恩来激动地通知张茜："主席马上要来参加追悼会。"

张茜体质非常虚，经常由女儿姗姗搀扶着。周恩来安慰她说："张茜，你要镇静。"张茜强忍住抽泣，不解地问道："毛主席他老人家为什么要来啊？"周恩来直抒己见："主席一定要来，井冈山上的战友就是他了。"

是啊，从1950年以后，毛泽东从来没有参加过任何一位逝者的追悼会。这一次，毛泽东为什么要破例来参加陈毅的追悼会呢？从表面上看，毛泽东要亲自参加追悼会的决定，带有一定的突然性，但是，这实际上是毛泽东心灵深处隐藏着的自责与悔恨的流露。因此，毛泽东决定抱着重病之躯亲自来参加陈毅的追悼会，可以说，这既是对死者的一种悼念，也是对生者的一种安慰，更是使他的心灵能够得到解脱的一剂良药。

毛泽东下车后，没有看到张茜及其子女，他边走边向搀扶他的张玉凤说："去

二十五　毛泽东执意参加陈毅追悼会的隐情

问问张茜同志和她的孩子来了没有，来了就请她们来。"

由于疾病的折磨和失去丈夫的悲痛，往日光采照人的张茜此时面容憔悴，神色疲倦。张茜当时任解放军军事学院某部的领导，这天她穿了一套国防绿冬罩衣，军装略显肥大，但不失庄重、朴素。

当张玉凤把张茜及子女引到礼堂西侧的首长休息室时，周恩来、朱德、宋庆龄、叶剑英、李先念等党和国家领导人已在毛泽东周围就座。

毛泽东看到张茜进门后，双手用力撑住沙发扶手欠身站起来，他想迎上去与张茜握手。其他领导人也相继离席而立。张茜见状急忙走到毛泽东面前，不让毛泽东离开座位。她紧握着毛泽东的右手，哽咽着问："主席，您怎么来了？"毛泽东见张茜满脸泪痕，也难过地流下了热泪，他握着张茜的手，让她坐在身旁。

毛泽东缓缓说道："我也来悼念陈毅同志嘛！陈毅同志是一个好同志。"

张茜喃喃低语："陈毅不懂事，过去反对过毛主席。"

毛泽东微微一摇头，打断了张茜的话："不能这么说，也不全怪他，他是个好人。"毛泽东关切地问张茜："孩子们呢？叫他们进来嘛。"

陈毅的四个孩子进来后，毛泽东和他们一一握手，逐个询问了每人的名字、工作单位及生活学习情况。毛泽东问陈毅的长子昊苏在"文革"运动中是属于哪一派群众组织的。乳名"小侉"的陈昊苏回答后，毛泽东说："你站错了队哟，你们这些年轻人不懂得世事，总要再过二十年，要翻几个筋斗，才能够懂得世事。你们要努力奋斗啊！"接着就让孩子们出去了。

张茜含着泪对毛泽东说："陈毅同志26岁的时候第一次见到主席，从那时起，在您老人家的教导下，他才走上正确的革命道路，也正是这样，才有了我们这一家。"

毛泽东说："陈毅同志为中国革命、世界革命作出了贡献，立下大功劳的，这已经作了结论了嘛。"

当陈毅的四个孩子离开后，西哈努克亲王和莫尼克公主赶来了。毛泽东开始与西哈努克亲王谈话。张茜仍然坐在毛泽东的身边。陆续到来的几位老帅和中央其他领导人也在倾听着毛泽东和西哈努克亲王的谈话。

毛泽东对西哈努克亲王说："今天向你通报一件事，我们那位亲密战友，林彪，去年的9月13日，坐一架飞机要跑到苏联去，但在温都尔汗摔死了。陈毅

红墙大事
——共和国重大历史事件的来龙去脉（下册）

是支持我的，林彪是反对我的，他也是反对陈毅的。"

听了毛泽东的这些话，西哈努克亲王面部紧张地望着毛泽东。林彪出逃，此时中国还未向国外公开发布消息，西哈努克亲王是毛泽东亲自告知林彪摔死消息的第一个外国人。

毛泽东说："我就一个'亲密战友'，还要暗害我，阴谋暴露后，他自己叛逃摔死了。难道在座的不是我的亲密战友吗？"

听到这些，张茜有多少话要对毛泽东说呀，却又不知从何说起，只是喃喃地说："陈毅不懂事，过去反对过毛主席。"

毛泽东说："陈毅同志和我有过几次争论，那个不要紧嘛，我们在几十年的相处中，一直合作得很好。他跟项英不同，项英不执行中央的路线，新四军9000人在皖南被搞垮了。当然呀，后来又发展到9万。陈毅同志是执行中央路线的，陈毅同志是能团结人的。"

张茜尽力抑制悲痛，对毛泽东说："陈毅同志病危时，还想到主席的寿辰。12月26日那天，他进食已经很困难，但是还吃了一点寿面，祝您老人家健康长寿。"

毛泽东对此深感伤怀，他转向几位军委副主席说："林彪是要打倒你们老帅的，我们的老帅他一个不要。你们不要再讲他们'二月逆流'了，'二月逆流'是什么性质？是陈老总他们对付林彪、陈伯达、王、关、戚的。都是政治局委员在一起议论一下有什么不可以，又是公开的。当时你们（指在座的叶剑英、徐向前、聂荣臻）为什么不找我谈谈呢？要是林彪的阴谋搞成了，他是要把我们这些人都搞掉的。"

在毛泽东谈话即将结束时，张茜真诚地请求说："主席，您坐一会儿就请回去吧。"

毛泽东微微摇头，说："不，我也要参加追悼会，给我一条黑纱。"

张茜忍着泪连忙摇头说："那怎么敢当啊！"

工作人员拿来了一条宽宽的黑纱戴在了毛泽东的大衣袖子上。张茜搀扶着毛泽东，迈着沉重的步子，缓缓地走进礼堂大厅。毛泽东站在第一排的中间位置，正对着陈毅的遗像。

礼堂内没有奏哀乐的军乐队，只有一架留声机。随着哀乐声起，周恩来站在陈毅遗像前致悼词。他读得沉重、缓慢，不足六百字的悼词，他两次哽咽失语，几乎读不下去。毛泽东站在队伍的前面，高大的身躯略略向前，他双泪长流，静静地听着……在鲜红党旗覆盖下的陈毅骨灰盒前，毛泽东深深地三鞠躬，当他抬起头时，久久凝视着陈毅微笑着的遗像，仿佛在思索着什么。然后才慢慢地离去。

追悼会结束后，毛泽东再一次握着张茜的手，久久不肯放下。张茜搀扶着毛泽东，一直把他送到汽车前。她看到毛泽东上汽车时，腿明显无力，几次用力迈步都没有登上汽车，只是在工作人员的搀扶下他才上了汽车。

望着毛泽东乘坐的汽车渐渐远去，强压在张茜心头的悲痛和激愤的感情再也抑制不住了，她跑过去紧紧地抱着陈毅的骨灰盒，放声痛哭。她多么希望能用自己的哭声，将刚才发生的一切告诉陈毅啊！她又多么希望用自己心灵的呼唤，驱散陈毅直至去世仍凝聚在眉宇间的悲愤和忧虑。

早在1961年中南海紫光阁会议上，陈毅就曾担心地说道："我现在有一种恐慌，也许是无谓的恐慌，就是怕我一闭眼睛，人家把我的什么历史都抄出来，造我许多谣言。当然，把我说得那么好我也不赞成。我只求那时对我有一个公正的评判。"

是啊！历史是公正的，虽然一些居心叵测的人给陈老总造了不少的谣，但历史终于还陈老总以清白，陈老总在九泉之下可以安息了！

陈毅义正词严地表示，我决定跟毛主席走，但是，我不敢保证将来就不反对毛主席的一些意见

毛泽东在临终前曾经说过这样的话：他这一生只做了两件事，一件是解放了中国，把蒋介石赶到一群海岛上去了；另一件就是发动了"文化大革命"。这后一件事，赞成的人少，反对的人多。看来只有在腥风血雨中交班了，我死了以后会怎么样，只有上帝才能知道。

历史证明，毛泽东亲自发动和领导的"文化大革命"确实是一场空前的大劫难，它给我们的国家、我们的人民和我们的党带来了深重的灾难！

毛泽东又为什么要亲自发动这场灾难深重的"文化大革命"呢？这或许和他的性格有关；或许和他一贯倡导的"斗争哲学"有关；或许与他对阶级斗争形势的认识和分析有关；或许还有一些其他的什么缘故……但是，无论怎么说，这是他晚年思想发展的一个必然的结果。

红墙大事
——共和国重大历史事件的来龙去脉（下册）

毛泽东在晚年为寻找中国的社会主义发展道路进行了艰辛的探索。但是，自1957年以来，特别是1962年以后，毛泽东对中国社会主义社会中的阶级斗争形势做出了越来越不符合实际的估计，为了反对被他夸大了的阶级敌人，防止资本主义复辟和修正主义上台，维护党的路线和探索中国自己的社会主义建设道路，毛泽东发动和领导了一系列以阶级斗争为内容的政治运动。从庐山会议到八届十中全会，从四清运动到意识形态领域里的批判运动，等等。虽然这些运动已经产生了阶级斗争扩大化的后果，但它们却使毛泽东产生了这样一个错觉，似乎这些运动已经或正在证明着阶级斗争的普遍性和必要性。在毛泽东看来，国内无产阶级同资产阶级的斗争已经到了十分严重的地步。在资产阶级的猖狂进攻下，无论城乡都有相当多的单位的领导权不在马克思主义者的手里。更为严重的是在党中央的领导层内部也出了修正主义。在这种思想指导下，他把对他自己所提出的路线、方针、政策有不同意见的老干部，看成是党内走资本主义道路的当权派，认为这一批老干部在民主革命阶段可以同他们合作，而在社会主义阶段，要反对资产阶级，要在农村实现集体化时，他们就不赞成了。他们已经变成党内走资本主义道路的当权派，这些人在中央形成一个资产阶级司令部，有一条修正主义的政治路线和组织路线，在各省、自治区、市和中央各部门都有其代理人，我们的党和国家已经面临着资本主义复辟的现实危险。加之当时国际上"反修"斗争多方面的影响，使毛泽东越来越担心"堡垒最容易从内部攻破"，因而对刘少奇等一些中央领导人的不满和不信任感日益加深，对党和国家的发展前途表示了更深的忧虑，他要寻找一个解决的办法。他感到再用以往的政治运动已不足以解决问题，正如他自己所说，过去我们是抓了一些个别的问题，个别的人物，搞了一些在文化界、农村、工厂的斗争。但是，"这些都不能解决问题，还没有找出一种形式，一种方式，公开地、全面地、由下而上地来揭发我们的黑暗面"。只有用一种更全面的、公开的、自下而上的大规模群众运动，才能彻底揭发那些走资本主义道路的当权派，夺回被他们篡夺去的领导权，防止我们党内出现修正主义。对此，在《五一六通知》的结尾处，说得很清楚：

"混进党里、政府里、军队里和各种文化界的资产阶级代表人物，是一批反革命的修正主义分子，一旦时机成熟，他们就会要夺取政权，由无产阶级专政变为资产阶级专政。这些人物，有些已被我们识破了，有些则还没有被我们识破，有些正在受到我们重用，被培养为我们的接班人，例如赫鲁晓夫那样的人物，他们现在正睡在我们的身旁，各级党委必须注意这一点。"

在1966年初，陈毅就已经感觉到国内的政治气候有些不正常了。

4月中旬，陈毅夫妇陪同刘少奇和夫人出访后回到昆明，中央发来急电，要他们速至杭州开会。陈毅走进会场，才知是批判彭真主持制定的《二月提纲》。

时隔半月，在北京人民大会堂举行的中共中央政治局扩大会议上，《二月提纲》突然被定性为"反党纲领"，彭真因"反党错误"被撤职后隔离审查。

1966年5月4日至26日，中共中央政治局扩大会议在北京举行。毛泽东此时正在南方的一个城市，没有参加这次会议，因此，会议由刘少奇主持，由康生负责向毛泽东请示汇报。毛泽东虽然没有参加这次会议，但整个会议的基调是由他4月在杭州主持召开的中央政治局常委扩大会上定下来的。5月16日，会议通过了《中国共产党中央委员会通知》（简称《五一六通知》），这标志着毛泽东亲自发动和领导的"文化大革命"在中华大地上爆发了。

10天后，"中央文化革命领导小组"（简称"中央文革"）成立。组长陈伯达直接从毛泽东处领命，带领工作组夺了《人民日报》报社党委的领导权。

这些事，不仅是政治局委员陈毅事先毫无所知，在京主持政治局工作的中共中央副主席刘少奇事先也不知道。今天的事，同样身为中共中央副主席的周恩来也是事后才知道的。这种完全违背集体领导原则的异常举动，怎么不令陈毅震惊和担忧！

1966年6月1日晚，中央人民广播电台向全国播放了北京大学聂元梓等人点名攻击中共北大党委的一张大字报的全文，陈毅很感意外，连夜去询问周恩来。五天前，周恩来根据中共中央政治局的决定，曾派人去北大批评了贴大字报的聂元梓等人。周恩来现在却告诉陈毅，他刚才接到康生电话，说："毛泽东主席赞成这张大字报，并亲自决定今晚由中央台播放全国。"陈毅惊讶，一时语塞。似这样令人震惊的意外之举，近几个月来已经不是第一次了。

6月2日，《人民日报》全文刊登了聂元梓大字报，并发表了社论《横扫一切牛鬼蛇神》。这一来，北京几十所大学、几百所中学都闹开了，外交部下属的外语学院等几所大学当然也不例外。上街的学生乱哄哄，阻碍正常外交活动的情况屡有发生。在毛泽东的一声号令下，中国开始"天下大乱"了。毛泽东希望在

红墙大事
——共和国重大历史事件的来龙去脉（下册）

天下大乱后达到天下大治，然而在错误的理论指导下的错误实践，最终使毛泽东的这一意图无法实现。随着"文化大革命"运动的发展，毛泽东开始发现"文化大革命"这个从潘多拉盒子里放出来的"妖魔"越来越难以控制了。特别是在林彪和"四人帮"的破坏、干扰下，这个"妖魔"更加猖獗。这时，毛泽东想收回这个"妖魔"也力不从心，无法实现了。

对于毛泽东亲自发动和领导的这场"文化大革命"，陈毅开始就很不理解。但是，他还是要紧跟毛泽东，积极地参加到这场他所不理解的"文化大革命"之中去。因为，在他的心目中，毛泽东在每一次的政治斗争中总是正确的。他曾经说："伟大的毛泽东思想，我们是永远跟不上的，但我们要尽量地跟。我经常在估计形势。我是靠这吃饭的，这场文化大革命我是完全没有估计到的，是很不自觉，很不理解。"这就是陈毅在"文化大革命"初期的心态。因此，在这一时期，陈毅不仅自己积极参加"文化大革命"，而且还要求身边的同志和自己的子女也这样做。一次他在七机部工作的儿子回家，当他得知七机部正开群众大会时，便催促儿子赶快回去参加大会。他说："你应积极参加群众运动，不要自己跑回来，应参加大家的斗争。"运动刚开始不久，当华东某省委书记来找他，向他诉苦时，他还劝这位省委书记要接近群众，采纳正确意见。在"文化大革命"初期，陈毅为了能紧跟毛泽东，对"文化大革命"还是衷心拥护的，尽量往好的方面去理解。1966年9月下旬，在一次国务院工作会议上，陈毅从历史与发展的角度，谈了自己对"文化大革命"的认识。他说："文化大革命"与过去历次政治运动一样，目的应是为了弄清思想，改革不合理的制度，以达富国强兵之宏图。不久，他又说："为什么要开展一个文化大革命，我在考虑这个问题。我考虑的结果，不搞这场文化大革命危险性很大。搞这场文化大革命我们的政权才能巩固。文化大革命中，各种思想、各种组织的出现，合乎文化大革命的逻辑，世界革命的逻辑。毛泽东思想有伟大的革命气魄，敢干、敢搞这场无产阶级文化大革命。我赞成这种革命造反精神。"同年11月13日，陈毅在接见军事院校师生大会上又说："在路线斗争问题上，毛泽东主席一向是正确的，而且最会作路线斗争，我们最佩服的也是他。"

但是，陈毅对如何进行这场"文化大革命"是有自己的看法的。陈毅反对冲垮党委领导，乱揪乱斗，造成社会混乱。在政治局会议上，陈毅得到了毛泽东批准派工作组的消息,当晚召集国务院外办中共党组会议,具体商定工作组成员名单,向外交系统迅速派出八个工作组。

然而,工作组进驻各外事系统不到一周,各单位造反派贴满了轰赶工作组的大字报,仿佛有人统一布置的一样。

陈毅每天听取各个工作组汇报,不断提醒大家:"工作组是中央决定派的,我是投的赞成票。你们一定要挺住,坚信党中央的领导。中央的八条规定,一定要坚决贯彻落实!"

1966年六七月间,全国大乱,中共各级党委受冲击,大半被冲垮或处于瘫痪状态。外交部党委在陈毅主持下,始终行使着领导权。机关干部坚守工作岗位,业余时间搞运动,保证了国家外事活动的顺利进行。

然而,在"中央文革"的煽动下,外事口所辖大专院校的学生冲垮校党委、轰赶工作组,并计划在北京召开的亚非作家紧急会议上"揪走资派",以造成国际影响。

对"中央文革小组"幕后挑唆学生企图制造国际事端的阴谋活动,陈毅非常恼火,在刘少奇主持的中央碰头会上,他义正词严地进行斗争:"既然中央把召集这次大会的任务交给我,我就不怕负这个责任!谁要冲击大会,就是现行反革命,我陈毅绝不会客气的!"并在周恩来的支持下,采取了有力的预防措施,保证了亚非作家紧急会议在京顺利地举行。

运动发展到7月中旬,政治局内关于工作组问题的争论,以刘少奇、邓小平等为一方,以"中央文革小组"组长陈伯达、顾问康生为另一方,日趋剧烈、尖锐。争论的焦点是:"文化大革命"运动究竟要不要坚持党的领导。

大约在7月16日晚间的政治局会上,双方都拍了桌子。

陈毅支持工作组,奋起辩驳。陈伯达大骂陈毅派往对外文委的工作组是全国最坏的工作组。7月24日,毛泽东在钓鱼台12号楼找"中央文革小组"成员和大区书记谈话时说:"工作组一不会斗,二不会改,只会起阻碍运动的作用。""许多工作组(当然不是一切工作组),都是阻碍运动的,都要把它撤出来。"7月26日,中央政治局扩大会议根据毛泽东的意见,决定撤销工作组,并宣布:派工作组"犯了方向路线性错误"。

毛泽东的这一决定,顿时使江青等人神气了起来。在八届十一中全会之前的一次中央政治局扩大会议上,主张派工作组的刘少奇已经靠边站了。江青冲到

红墙大事
——共和国重大历史事件的来龙去脉（下册）

刘少奇的面前，肆无忌惮地指着他的鼻子，咬牙切齿地训斥道："刘少奇，你派工作组残酷镇压革命小将，罪大恶极，你必须亲自去向受迫害的革命小将赔礼道歉！"停了一会儿，又叫道："我认为刘少奇必须到清华、北大去检讨，必须到清华、北大听革命小将的控诉和批判！我强烈要求主席批准这个革命要求！"此时，毛泽东却一声不吭。

坐在刘少奇旁边不远处的陈毅气得脸发白，手直颤。他为了稳定情绪，伸手向旁边的同志要了支烟，打火机打了好几下，也没有打着，他把烟又放下了。

毛泽东的沉默，似乎容忍了江青的这一做法，江青气焰更为张狂："刘少奇，你为什么不表态？你是不是害怕群众？"陈毅终于忍不住了。他猛然站起身，逼视着江青，反驳道："你们让少奇同志到清华去检查，要是下不了台怎么办？回不来怎么办？后果你们想了没有？有错误可以批评，就在这里批评，为什么非让他去清华做检查？"

当时"中央文革小组"已经列席政治局会议。刘少奇虽然还没有被打倒，但是已经被攻击得很厉害了。会上江青逼刘少奇去做检查。当时在场的许多人都已经靠边站，没有发言权了，而毛泽东又不表态。此时陈毅站起来说这番话，使在场没有发言权的人都敬佩不已！

中央宣布撤销工作组后，外交部副部长姬鹏飞想不通，他曾问陈毅，工作组怎么说撤就撤了？陈毅满脸不高兴地说："哎……我也不清楚是怎么回事！说怎么样搞，就怎么样搞。现在我们是朝纲独断喽！"

"朝纲独断"就是陈毅1966年8月对全党政治形势的见解。

8月5日，毛泽东写了《炮打司令部——我的一张大字报》，向全国不点名地提出了刘少奇的问题。中共中央主席毛泽东的人字报在八届十一中全会发表后，大家感到吃惊、不解。紧接着是政治局改选，副主席只保留林彪一人，在世界各国共产党的历史上绝无先例地增加了一个"亲密战友"的特殊称谓。看来运动不但不会结束，还会更猛烈、更疯狂地开展下去。

陈毅感到中国革命的航船已偏入危险航道，他个人无力纠正航向。但是，他要坚守自己的指挥岗位，保持外事口的稳定。他在外交部全体工作人员大会上，旗帜鲜明地说过："只要中央一天不撤我外交部长的职务，我就要顽强地表现自己，并要影响这个运动！"

二十五 毛泽东执意参加陈毅追悼会的隐情

外事口各单位批斗工作组，陈毅总要为工作组承担责任，讲公道话。鉴于每次讲话后，造反派攻击陈毅的声势越来越大，许多人劝陈毅不要出面讲话。方毅专门请秘书转告陈老总不要再多讲话了！"陈老总不能倒，陈老总一倒，外事口就会像快刀割韭菜，一倒一茬。"陈毅的回答是："人家劝我少讲点话，他们都是好心。可是我压不住，还是要讲。见到问题不讲，这不是共产党员的态度。"

第二外国语学院批斗工作组时，陈毅赶到会场，旗帜鲜明地指出："派工作组的错误是当时局面造成的，我是支持派工作组的；工作组的错误应该进行批判，但我们无权把他们整死，要帮助他们改正错误；把工作组打成反革命，打成黑帮，不如把我陈毅打成反革命，打成黑帮。"

陈毅的举动，当然会被某些人视为"文化大革命"的巨大障碍。有人开始操纵造反派集中火力向陈毅发起围攻。

8月下旬，第一外国语学院造反派要给陈毅戴高帽子的事发生了，紧接着，"陈毅历史上是反对毛主席的"，陈毅反对"文化大革命"，"陈毅死保工作组，包庇多数派，与毛主席的革命路线唱对台戏"……流言蜚语在整个北京城到处传播开来。造反派列举的材料，不少均为对中央核心机密档案的篡改，或断章取义；陈毅在政治局会上讨论"文化大革命"情况的发言，也被造反派大段摘录，公布在大字报上。陈毅十分清楚，是"中央文革"乱抛档案，不断给造反派提供炮弹。

当然，炮弹也有带糖衣的。在文艺界召开的宣传大会上，江青亲自把陈毅的夫人张茜请上主席台并向到会群众热情引荐。陈毅明白江青的潜台词，只要你闭上嘴，只要你不再出来讲话，老账一笔勾销，你还是稳坐主席台的陈毅。面对这一切，陈毅的话明显减少了。每天回到家，除了看文件、电报，便是在庭院里默默地踱步。有一回，他烦躁地点燃一支香烟，猛吸两口，立即爆发出一阵剧烈的呛咳声。张茜听见他的呛咳声，从屋里急步走出，一手给陈毅捶背，一手递上半杯茶水，责备的话一句也没有了。陈毅看看妻子，垂手丢掉了大半截香烟，用脚踩灭……这情景被秘书们看见了，禁不住鼻子发酸……在中共中央10月工作会议上，陈毅又一次表明了他对"文化大革命""很不理解，很不认真，很不得力"的态度。

8月24日，在外交部红卫兵成立大会上，造反派提议要陈毅当"红卫兵司令"。陈毅说："我这个人不搞个人迷信。学习毛主席著作不要空喊口号！"8月下旬，

红墙大事
——共和国重大历史事件的来龙去脉（下册）

陈毅派人赶到干部宿舍，制止外交部造反派的抄家行动。事后，又找造反派谈话，苦口婆心劝导，使造反派又恢复了对陈毅的信任。9月上旬，外办召集了外事工作座谈会。9日上午，一向着装洒脱的陈毅，穿上一套绿军装，在鲜红的领章帽徽映衬下，显得威风凛凛。他开口直切主题："你们没有给我戴高帽子，我来讲一讲，帽子天天戴嘛，怕什么啊！无非比我这顶高点嘛。我坚决不同意国庆少接待外宾，我就为这句话来的……"

在第二外国语学院批斗工作组的一次会议上，面对造反派"你到底跟不跟毛主席走"的斥责，陈毅义正词严地答复说："我决定跟毛主席走，但是，我不敢保证将来就不反对毛主席的一些意见！"又说："我陈毅，是维吾尔族姑娘——辫子多，不用费事，一抓一把。但是，我这个人有个好处，就是情愿犯错误，不怕犯错误，非把问题讲透！你让我吞吞吐吐，模棱两可，钝刀子割肉，讲那种长不像瓢瓜、短不像葫芦的谈话，只求明哲保身，恐怕这辈子也学不会！"在造反派的围攻中，陈毅仍然大义凛然地说："你们说我是黑帮分子，是修正主义、机会主义，你们懂什么叫机会主义？什么叫修正主义？如果敌人今天来了，我们每个人发一支枪，我陈毅打得绝对不会比你们差！也绝不会开小差！告诉你们，我是外交部部长，没有罢官之前，我就是要掌握这个领导权！你们要我交权，办不到！老实说，我对你们不放心，我就是交，也不交给你们！"

8月30日晚上，天安门广场上又一次成了人海旗林。毛泽东在天安门城楼上接见红卫兵，陈毅也在这里。当身穿绿色军装的毛泽东向他走来时，陈毅习惯地行了一个标准的军礼，毛泽东微笑地点了点头，与陈毅握了手，并挽起陈毅的胳膊一起照了相，然后走进了休息室，关切地问道："陈老总，最近怎么样？"

"主席，我有错误，历史上我反对过您两次。"陈毅说这话时，语调是沉重的，"我……"

"哎！"毛泽东不等陈毅说完，摆了摆手，以他浓重的湖南口音说："你就是第三次反对我，我也同你合作！我保你！"话语也是真挚诚恳的。

"请主席放心，我能过关，我是共产党员，我靠我的工作，能取得群众的信任。"

这一天晚上，陈毅十分高兴，回来后便对秘书说，"老杜，今天在天安门城楼上，毛主席拉我一块照相了。"

二十五 毛泽东执意参加陈毅追悼会的隐情

杜秘书当然为陈毅高兴,惊讶地问道:"是吗?"

"是的。"陈毅认真地点了点头,又说:"照完相,毛主席还握着我的手说,陈老总,我保你!"

杜秘书听后更高兴了,连忙问:"陈老总,您怎么回答的?"

陈毅把他对毛泽东说的话又重复了一遍,接着说:"看来主席对我的回答是满意的,他笑了,还点点头哩!"

毛泽东这时候对陈毅的表现之所以能够理解,这同他对"文化大革命"初期的看法是有很大关系的。1966年10月时他多次说:

"文化大革命运动时间还很短,6月、7月、8月、9月,现在10月,5个月不到,所以,同志们不那么理解。时间很短,来势很猛。我也没有料到,一张大字报一广播,就全国轰动了……红卫兵一冲,把你们冲得不亦乐乎。文化大革命这个火是我放起来的。时间很仓促,只有几个月……不那么通,有抵触,这是可以理解的,是自然的。(学生)这一冲,我看有好处。过去多少年我们没有想到的事情,这一冲就要想一下了。无非是犯了一些错误,那有什么了不起呀?路线错误,改了就是了。谁要打倒你呀?我是不要打倒你们的,我看红卫兵也不一定要打倒你们。你们过不了关,我也着急呀。时间太短,可以原谅,不是存心要犯路线错误,有的错,是糊里糊涂犯的。也不能怪刘少奇同志、邓小平同志。他们两个犯错误也有原因。"

从这里可以看出,毛泽东在"文化大革命"初期的一个阶段内,对各级领导干部对"文化大革命"的不理解还是表示了一种理解和宽容的态度,并希望他们早日过关。因此,他对陈毅采取这种理解和宽容的态度就不难理解了。

陈毅说,别看有人把主席语录本举得很高,是真拥护毛主席,还是反对毛主席,我怀疑

9月下旬,在国务院总结会上,陈毅结合汇报外事口运动的情况,阐述了自己对"文化大革命"的理解。陈毅认为,"文化大革命"与过去历次政治运动一样,目的应是为了弄清思想,改革不合理的制度,以达富国强兵之宏图。因此他在外事口主要抓了开展批评与自我批评。陈毅亲自动员群众给领导,首先是给他自己贴大字报,帮助领导"洗澡下楼"。外事口各部门党组成员,包括陈毅自己,

红墙大事
——共和国重大历史事件的来龙去脉（下册）

都在一定范围内（以不泄露外事机密为原则）做了自我批评。在和风细雨的气氛中，进行了一次思想革命。外事系统各级领导干部中，真正打倒的一个也没有。经过群众运动"洗澡下楼"，全部可以过关。

同时，陈毅还检查了自己求稳怕乱的思想，对外事口派出的工作组的错误，他要负领导责任。鉴于外事口既发动了群众，又坚持了党对运动的领导，与那些党委被冲垮、运动乱成一团糟的部门比，还算比较正常的。外事口的运动获得国务院的好评。陈毅并非好大喜功之人。但是，这一次外事口的运动获得的好评，陈毅确实引以为荣。他一改讳谈自己成绩的习惯，在以后好几次外交系统的会议上，都不掩饰被评为"基本守法户"的快意，以鼓励大家敢于领导运动的信心。

陈毅不仅敢讲话，他还考虑得更远更深，青年人有热情，但是缺乏斗争经验，他不能看着他们犯错误。他感到肩上担子的分量，他的战斗岗位不仅在外事口，作为一个中央政治局委员，他有责任引导青年走正路。

1966年8月31日，身穿军装的毛泽东主席又一次登上天安门城楼接见红卫兵。陈毅习惯地行了标准举手礼。毛泽东微笑着点点头，与陈毅握了手，然后挽起陈毅的胳膊，走进休息室。毛泽东问了陈毅的近况。陈毅回答后，说："主席，我还有个想法。"

毛泽东很感兴趣，问："什么想法？"

"主席，现在年轻娃娃没有参加过路线斗争，也不懂得什么是路线斗争，我想，应该给他们讲讲历史，用我自己的经验教训，教会娃娃们搞路线斗争，你看行不行？"

"好嘛！"毛泽东吸了口烟，欣然应允。

于是，陈毅便利用一切机会从自己在过去的路线斗争中的经验教训出发，针对当时的情况大讲特讲"要学会搞路线斗争"的问题。第一，他提出"要以毛主席为榜样"。他认为搞路线斗争，"最好的榜样是毛主席"。毛泽东不仅"作路线斗争很坚决"，而且"最会作路线斗争"，党内历次斗争，"他很正确地进行了路线斗争"，"才领导中国革命走向胜利"。因此，"文化大革命"中搞路线斗争是很好的，但是，"不要乱搞，要以毛主席为榜样，学会搞路线斗争"。第二，"作路线斗争第一要顾全大局"。陈毅说，"作路线斗争"一定要顾全大局，毛主席几十年搞路线斗争就是顾大局的。现在搞路线斗争，我们要学习毛主席识

二十五　毛泽东执意参加陈毅追悼会的隐情

大体，不然就会给运动带来很大的损失。第三，要实事求是。陈毅认为，搞路线斗争有四种情况：一种是右；一种是左；一种是折中，糊糊糊，和稀泥；一种是正确的。他恳切地说："在四十多年的路线斗争中，我犯过很多错误，有过右的错误，有过'左'的错误，有折中主义的错误，我也在毛主席正确路线下展开过正确斗争。这就是实事求是，不要夸大也不要缩小。现在有人搞逐步升级，派了个工作组，就是打击群众，打击群众就是破坏革命，不革命就是反革命。一次检查，不老实；二次检查，不深刻；三次检查，耍花招；四次检查，又有阴谋；五次检查，蒙混过关，没有触及灵魂……检查死了也不解决问题，这是错误的，不利于文化大革命。"

毛泽东对陈毅在"文化大革命"初期的表现采取了理解和宽容的态度，但是，随着"文化大革命"运动的发展，陈毅对林彪、江青这一伙阴谋家的野心越来越看得清楚了，他对我们的国家和党的命运忧心如焚，他要挥戈上阵，与林彪、江青这一伙阴谋家、野心家进行抗争。然而，由于毛泽东受了林彪、江青这一伙阴谋家、野心家的蒙蔽和欺骗，对陈毅的抗争却不能理解和宽容了。

10月1日，林彪在天安门城楼上对着广大人民群众给刘少奇、邓小平的"错误"加上了"资产阶级反动路线"的政治帽子。本来，对于这种政治定性，中共中央政治局内部有争论，一直没有通过。三天前，周恩来还根据中共中央的决定，召集了国务院各部、委、办党组成员会议，传达了中央政治局常委的意见。运动已经搞得差不多了，不能老搞下去，要转入抓生产……可今天，林彪突然公开宣称："斗争还在继续。"言下之意，"文化大革命"运动不能结束，还要继续开展下去。

对林彪根底了如指掌者，陈毅算得上是一个。1927年8月10日，陈毅接受中共中央军事部部长周恩来委派，到第七十三团当团指导员，林彪是七连连长。对红军时代林彪的投机行为，陈毅记忆犹新。林彪在5月中央政治局会议上大讲特讲"政变经"；中共八届十一中全会上，又高喊"文化大革命"是"罢官运动"；林彪对毛泽东"一句顶我们一万句"的颂扬、"不理解也要执行"的"忠诚"等等，深知林彪底细的陈毅不难看透林彪挥动红语录的表象后面，掩盖着什么样的居心。1966年9月，陈毅在国务院外事办公室全体人员大会上毫不隐晦地说出自己的看法。他说："有的人嘴里说得好听，拥护毛主席，实际上不按主席思想

红墙大事
——共和国重大历史事件的来龙去脉（下册）

办事；别看他把主席语录本举得很高，是真拥护毛主席，还是反对毛主席，我怀疑，我还要看。"

陈毅憋不住地想把他的忧愤吐露一些给老战友，他在天安门城楼休息室找到文化部副部长萧望东，指着玉带河里倒映着的一条"打倒×××"的标语说："你看看，这就是文化大革命！"陈毅声音不高，却凝聚着满腔愤慨，"你看见了吧，文化大革命，一言以蔽之，就是要打倒老干部！"

仅仅过了两天，10月3日《人民日报》全文刊登了《红旗》杂志第13期社论，打出了"对资产阶级反动路线必须彻底批判"的旗号。首当其冲遭受灭顶之灾的，是中共各省市委、各部局党组的"第一"书记们。

中共中央十月工作会议，正是在这个风口上召开的。参加这次会议的许多老同志，他们有一个共同的感受，正是毛泽东主席在会上批评的12个字"很不理解，很不认真，很不得力"。他们唯一的安慰和寄托，也是毛泽东主席的一段话：你们不要承认自己是三反分子，你们都是三反分子，我这个党的主席是什么呀？

然而，会上刘少奇、邓小平已被"中央文革小组"定为"资反路线"的炮制者，作为黑司令部的总头目被批判了。以此划线，人人检讨，根本不容辩解！在这种高压之下，不承认自己是三反分子，谈何容易?！各地"父母官"，心情的压抑难以名状，他们处境的危殆更显而易见！

从来不"拉"华东"山头"的陈毅这次应华东省市委第一书记们的请求宴请他们，这是一连串被造反派打叉叉的名字：陈丕显、江渭清、叶飞、李葆华、谭启龙……

陈毅拿起茅台酒瓶，给每一位伸过酒杯的老部下斟满一杯，最后把自己面前的小酒杯倒满、举起，缓慢而沉重地对老部下们说："困难，我们都见过，要说困难，长征不困难？三年游击战争不困难？新中国成立初期要米没米，要煤没煤，头上飞机炸，下面不法投机商起哄捣乱，怎么不困难呢？困难！没有困难，还要我们这些共产党干什么？我还是那句老话，无论多么困难，都要坚持原则，坚持斗争，不能当墙头草，哪边风大，就往哪边跑。"

陈毅接着说："德国出了马克思、恩格斯，又出了伯恩斯坦。伯恩斯坦对马克思佩服得五体投地，结果呢？马克思一去世伯恩斯坦就当叛徒，反对马克思主义。俄国出了列宁、斯大林，又出了赫鲁晓夫。赫鲁晓夫对斯大林比对亲生父亲

二十五 毛泽东执意参加陈毅追悼会的隐情

还亲！结果呢？斯大林一死，他就焚尸扬灰，背叛了列宁主义！中国现在又有人把毛主席捧得这样高。毛主席的威望海内外都知道嘛，不需要这样捧嘛！我看啦，历史惊人地相似，他不当叛徒，我不姓陈！"

"让我们干了最后一杯！我保不住你们了，你们各自回去过关吧。如果过得了关，我们再见面，若过不了关，很可能这是最后一次见面！"

老帅最后这番话，分明是与即将出征恶战的将军们诀别！而元帅自己，忧党忧国，忍无可忍，也准备挥戈上阵了。

11月13日下午，面带微笑的周恩来总理和陶铸副总理率先，军装严整、步履稳健的叶剑英、贺龙、徐向前元帅和风度洒脱的"便衣元帅"陈毅随后，在工人体育场内绕场一周，与八万多名军队院校学员见面。掌声、欢呼声此起彼伏。

周恩来太忙，接见后与陶铸提前退场。四位元帅在萧华主任陪同下落座主席台。陈毅在年轻人的掌声中，第一个走上讲台。

这是11月以来，陈毅出席的第四次群众大会。他不但有请必到，而且只要出席，必定讲话。陈毅仿佛在追赶，在拼搏，不断加快行军步伐，而将自己的一切置之度外。

陈毅说："我今天在这里讲话，我就不是我字当头，如果我字当头，最好我不要来讲。我来讲，讲得不好，惹起麻烦，马上就要跑到外交部来揪你、找你、抓出来，要澄清问题，那怎么得了啊……今天，你们大家给我这个机会，我还是勇敢地来讲……大家不是要作路线斗争吗？我们完全欢迎大家来作路线斗争，但要学会来搞，不要乱搞……如果没有学会，这个损失很大。啊，你这个陈老总，今天在体育场，就是给我们泼冷水，唉，泼冷水是不好的，可是有时候有的同志头脑很热，太热了，给他一条冷水的毛巾擦一擦，有好处……我说其他的恐怕不能讲，没有什么资格可以讲话，但是在你们青年人面前，我犯错误比你们多，我这一点有资格讲话，你们没犯过我这么大的错误。"

接着陈毅针对学生冲击中南海、占领国防部的举动，提出严厉的批评，旗帜鲜明地反对逐步升级、无限上纲、口号越"左"越好的做法。这是"文化大革命"以来，特别是批判"资反路线"以来，学生们首次听到的系统的、严厉的、毫不拐弯的批评。在这之前，"中央文革小组"只讲"群众运动一切合理"，使得造反派肆无忌惮，而广大干部和群众则愤愤不平。

红墙大事
——共和国重大历史事件的来龙去脉（下册）

今天，陈毅这盆冷水泼得太解气了！台下议论纷纷，掌声阵阵；台上的老干部不断以掌声感谢陈毅元帅，感谢他讲出了自己想讲又不敢讲的话！

四位老帅的讲话稿立即在全国传开了，各省、市委组织宣传车上街，不断播送四位老帅的讲话记录稿，人民群众拍手叫好，非常拥护，一些军事院校也开始扭转原先混乱不堪的局面，党委硬棒了，出来说话了。当然，"中央文革小组"绝不会漠然视之。北京街头小报登了这样一条消息，王力说："这次不打倒四个老帅，就准备上断头台。"陈毅读到这条消息，勃然震怒，他正气凛然地说："就让他试试吧！"

王力至今还没有"上断头台"。可是陈毅在半个月之后，当另一批三万多军队院校师生请他接见的时候，11月29日，他又和叶剑英等一起去北京工人体育场了。陈毅又开始讲话，这次讲话还是满腔热忱地鼓励和教育青年军人，要他们学会正确地进行路线斗争，"要提高到毛泽东思想的新的更高的水平"。

"不要把工作有错误、缺点的也当成黑帮，当成走资本主义道路的当权派去斗，要区别，不同对待。""对犯了路线错误的同志的批判，也要区分不同的情况和程度。不按这种科学的分析，就扩大化、简单化，就打不中目标。"陈毅这次讲话集中批评的就是斗批改中间的简单化、扩大化。他还很真诚地说："我年轻的时候犯过错误，就是路线斗争扩大化、简单化，认为斗争非常简单，用简单的方法解决思想问题。我们应该弄清思想，团结同志，共同对敌。要团结百分之九十五以上的干部。真正的黑帮，真正的走资本主义道路的当权派，真正执行资产阶级反动路线的，是极少数。这样不会伤好人，不会伤可以改正错误的人。"

11月下旬，涌到北京"上访"的工人急剧增多，为说服来京串联的工人迅速返回本地抓革命促生产，周恩来总理决定召开一次工人大会，海报贴出，入场券发尽，大会讲稿却被陈伯达、江青否定了。已布置的工人大会无人讲话，临时请"救兵"，找陈毅去给工人讲讲国际形势。时间是11月30日下午7时，地点是工人体育馆。陈毅深知周恩来的苦衷，欣然前往。

周恩来走上主席台与全场工人见了面，随即由陈毅讲国际形势。陈毅以简洁生动的语言，向听众们展示了一张世界形势图，一张中国逐步登上世界舞台、逐渐在国际事务中起到举足轻重作用的形势图。在全场工人振奋、自豪的欢笑声中，

二十五　毛泽东执意参加陈毅追悼会的隐情

陈毅话锋一转，讲国民经济是外交的基础，号召工人们尽快回到原地狠狠抓革命，狠狠促生产。

次日，造反派工人到外交部，要找陈毅当面责问。北京街头贴满了打倒陈毅的大字报。

老帅挥戈上阵了，但是对方的力量更大，在复杂异常的形势下，斗争策略必须是能伸能屈。为了顾全大局，为了不影响1967年的工作，周恩来希望尽早结束国务院各部部长被围困批斗的局面，争取各部部长早些检查，早些过关，协助他抓好国计民生的大事。周恩来找来陈毅，讲明自己的考虑，希望陈毅带头检查。

陈毅虽然知道国务院公务繁忙，特别是外事工作不能中断，但要他向造反派检讨，没错而承认有错，他想不通，看着周总理疲劳、憔悴的神情，陈毅答应考虑。

一天下午，中央召开例行碰头会，研究有关运动的问题。当"中央文革小组"的"左派"们喋喋不休地质问和声讨时，陈毅、叶剑英发现一向精力充沛的周恩来总理竟打起了瞌睡，令人十分震惊！两位元帅在回程的汽车上心情沉重，他们有一个共同的意念：我们要分担责任，可不能眼看着周总理累垮了！当今这种形势下，没有周总理不行啊！

陈毅立即找到周恩来表示：他检讨，一定深刻检讨，争取早日得到群众谅解和信任，把外交部工作搞好。周恩来非常高兴，叮嘱陈毅：检讨不要太长，写好先拿给我看看。

全国的形势日趋恶化。煤炭工业部部长张霖之被"造反派"鞭打致死，分管几个重要经济部门工作的谷牧、余秋里被"造反派"抓走，周总理派人去要，"造反派"顶住不给……每想到国家的命运，几亿中国人民的衣食住行，党的干部遭受的摧残，一向刚毅、豪迈的陈毅，也不禁为党和国家的命运担心，坐立不安，夜不能眠。

1967年1月4日，陈毅参加完碰头会，回家已是半夜，突然一声声"打倒陶铸"的口号震颤夜空。陈毅立即打电话询问李富春："打倒陶铸"是否政治局常委会的决定？李富春告之不是。陈毅悲愤至极，一位副总理，现任的党内第四把手，又是这样不经中央集体决定，随随便便点名批判？!还有什么党纪国法！要是按陈毅的脾气，他会立即去找造反派辩论，但考虑到对周恩来总理的许诺，不能再给周总理添麻烦，陈毅强压怒气，彻夜写检查直至天明。

红墙大事
——共和国重大历史事件的来龙去脉（下册）

1月24日下午4时，人民大会堂里座无虚席，四周边厅里也坐满了收听会场实况广播的学生。

陈毅念着自己的检查稿，一份经过周恩来亲自修改定稿的检查稿，语调沉重，态度虔诚。参加会议的周恩来做了总结，全场掌声如雷，为总理对外事工作部门的信任，也为陈毅的检查过关。

因为这是第一位副总理被"解放"，周恩来显得兴致勃勃。他拉上陈毅，依次走进大会堂四周各厅，与学生们一一见面。

陈毅军装整齐，胸挺得笔直，步子稳健有力。如果留心观察，他的微笑是严肃的，目光是凝重的，不像一位得胜还朝的将军，倒像是卸去沉重枷锁，准备投入更严酷斗争的勇士。

有人劝陈毅少说话，可陈毅却说，只要我讲话，就会有人说陈毅又跳出来了。快要亡党亡国了，此时不跳，更待何时

1月5日，上海"造反派"相继夺取报社和市委大权。9日《人民日报》全文转载了《文汇报》《解放日报》刊载的夺权宣言。12日，《人民日报》套红刊登了中央发给上海"造反派"的贺电。陈伯达、康生、江青等人轮番接见"造反派"，集中宣传夺权！夺权！！夺权！！！一时间，夺权的黑风扫荡了中国大地。

1月6日，刘少奇突然接到女儿婷婷的电话，说姐姐腿摔断，必须父母签字才能办住院手续。刘少奇夫妇不知有诈，急忙登车赶往医院，半路就被"造反派"劫持到批斗会场。

几天后，一个深夜，"造反派"突然冲进贺龙元帅的家中。幸亏周恩来赶到先将贺龙一家接到中南海，住在自己家。

偌大的北京城，唯一尚未被"造反派"染指的中南海，其西门、东门，也先后被"造反派"冲开五次，均是周恩来亲自出面，好一番苦劝，才得以维持起码的秩序。

这些天，陈毅根据周恩来的指示，除了必要到场的外事活动外，他几乎足不出户。他第一次从报上看到上海夺权的消息异常吃惊，而现在夺权"风暴"已席卷全国了……难道党已经彻底变质？各级政府彻底变"修"？非彻底夺权不可？！果真如此，还有什么伟大、光荣、正确的党？十七年的建设成就岂不全部否定了

二十五　毛泽东执意参加陈毅追悼会的隐情

吗?!陈毅想不通。然而,毛泽东支持"夺权",在毛泽东的严威之下,谁也没办法,"朝纲独断"啊!

陈毅无法阻挡夺权的风暴,但是,他还是政治局委员,还是外交部部长,他还可以在自己管辖的范围内,尽量地减少损失。

1月19日下午,按照与周总理商定的办法,陈毅亲自打电话给外办副主任李一氓,嘱咐他迅速组织外办工作人员"夺权",以免外事大权旁落,造成党和国家不可弥补的损失。

上海开了夺权的先例,军队院校"造反派"有"中央文革小组"支持,有恃无恐,无所不为。为了稳定部队,军委副主席叶剑英主持召开了中央军委常委会。陈毅、徐向前、聂荣臻等老帅看法一致,军队是国家的柱石,无论如何不能乱。林彪当场也表示赞成。1月初,中央军委向部队发出指示,军队坚持正面教育,不能搞大民主,不能成立战斗队,不能搞串联。但是,仅仅过了几天,林彪态度突然改变,竟批准"中央文革小组"提出的"揪军内一小撮"的口号,公开见诸《解放军报》。

军队又面临巨大的冲击。1月19日下午,在总政召集的各大军区主管干部会议上,江青、陈伯达到场,突然发难,给总政主任萧华扣上"资产阶级政客"的大帽子,并逼迫萧华在当晚8时举行的10万人大会上作检讨。是叶剑英报告了毛泽东,才制止了批斗总政主任、大乱军队的阴谋。

1966年11月,叶帅、刘帅、聂帅均住在北京西山,陈毅与徐向前经常驱车前往,这几位为创建中国人民解放军和中华人民共和国奋斗几十年的老战友,时有会面,一起议论政局,商量稳定军队的办法。

1967年1月24日晚,全军"文革"组组长徐向前"闯"进林彪住处毛家湾。徐帅把目前军队的混乱状况告诉林彪,主张军队必须稳定,要搞几条规定,如不能成立战斗组织,不能随意揪斗领导干部,不准夺权,等等。林彪同意由军委发一个文件,并请叶帅、聂帅等来共同研究。紧接着就去钓鱼台找"中央文革小组"研究,并请周恩来总理和陈毅到钓鱼台开会,共同研究通过后,送毛泽东主席审批。毛泽东提出增加严格管教子女的内容,并提议交给住在京西宾馆的各大军区负责人讨论,征求意见。1月28日,毛泽东亲自签发了最后形成的军委八条命令,便迅速发往全军。

红墙大事
——共和国重大历史事件的来龙去脉（下册）

外交战线上的混乱局面还在发展，而且波及驻外使领馆。陈毅担心在国际上闹出大事来，2月6日，批送周恩来一份电报。电报中明确指出，内外有别，驻外使领馆一律不准搞"四大"（即大鸣、大放、大辩论、大字报）。周恩来呈送毛泽东。2月7日，毛泽东签发了这份电报，即外事口的"二七"指示，从而稳住了驻外使领馆。

为了慎重起见，不让"造反派"抓住辫子，陈毅又找来乔冠华。陈毅让他查了一些资料，历来的国际关系，都是内外有别。国内搞运动，不能把外国人牵上。陈毅布置他们根据惯例，采取军委的方法，也来规定几条。如不得揪外国人来批斗；不得强迫外国人接受宣传品；不得强迫外国人背语录。要想方设法使中国的对外关系，不要受这次运动的冲击和破坏。陈毅想订出几条无懈可击的规定，报送中央，请毛主席批准，照章执行。

此时，陈毅在与诸老师的交谈中，都有一种决战逼近的预感。他们为顾全大局，曾一忍再忍，一退再退，现在已被逼上最后一块阵地。几位老师无力改变领袖的决心，但是，他们能决定自己的选择。他们已在不同场合站出来正面地讲了许多告诫青年人的话，但是，直接地面对面地斥责"造反派"的重要头头，还没有人敢试，陈毅首先爆发。

第一个遭到陈毅怒斥的，是外交部已经夺得监督大权的"造反派"头头。"造反派"头头在机场向陈毅提出，要求在迎接外宾的见报名单上，把自己的名字排在陈毅后面、副外长的前面。陈毅一口回绝，他认为外长后面理所当然应排副外长的名字。"造反派"恼羞成怒，摔门而去。陈毅异常愤慨，他说自己革命40年，没想到会弄成这种模样："我死了也不服气，我拼了老命也要斗争，我也要造他们的反！""我过去也斗过人家，人家也斗过我，不要重复过去的错误，弄得人心惶惶，人人自危，早晨不知道晚上怎么样。大是大非问题不能哼哼哈哈，要我顺风倒，我不干！我的讲话可能触犯了一些人，我个人可能惨遭不幸，但是，如果我因此不敢讲自己的意见，我这个共产党员就一钱不值！我知道，只要我讲话，就会有人说陈毅又跳出来了。对！快要亡党亡国了，此时不跳，更待何时！"

2月中旬，一场公开的抗争终于在怀仁堂发生了。

2月13日下午，由周恩来主持召开的中央政治局碰头会在怀仁堂举行。在这次会上，叶剑英对陈伯达说："你们把党搞乱了，把政府搞乱了，把工厂、农村

二十五　毛泽东执意参加陈毅追悼会的隐情

搞乱了，你们还嫌不够，还一定要把军队搞乱，这样搞，你们想干什么？"徐向前拍着桌子说："军队是无产阶级专政的支柱。你们这样把军队乱下去，还要不要这个支柱！难道我们这些人都不行啦？要蒯大富这类人来指挥军队吗？"这时康生蛮不讲理地说："军队不是你徐向前的，你有什么了不起？"叶剑英责问："上海夺权，改名为上海公社，这样大的问题，涉及国家体制，不经政治局讨论，就擅自改名称，又是想干什么？"他问陈伯达："我们不看书，不看报，也不懂得什么是巴黎公社的原则。请你解释一下，什么是巴黎公社的原则？革命，能没有党的领导吗？能不要军队吗？"会后，陈毅小声地对叶剑英说："剑公，你真勇敢！"

这次会议是小试锋芒，大的抗争还在后头。2月16日下午，陈毅夹着皮包，迈着缓慢沉稳的步子，走进怀仁堂会议室。周恩来、李富春、谭震林、李先念几位总理、副总理也来了。叶剑英、徐向前、聂荣臻以及萧华、杨成武等一身戎装，迈着军人特有的庄重步伐也来了。过一会儿，江青、张春桥、姚文元、康生、陈伯达等也慢吞吞地走了进来。一场剧烈的抗争开始了。

当夜9时许，陈毅在中南海西楼会议室接见归国留学生代表，他带着怀仁堂斗争的激情，双臂撑着桌面，慷慨陈词，向着阴谋家们猛烈开火！

"现在有些人，作风不正派！你要上去，你就上去嘛，不要踩着别人嘛，不要拿别人的鲜血去染红自己的顶子。中央的事，现在动不动就捅出来，弄一些不懂事的娃娃在前面冲。"

"现在把刘少奇的一百条罪状贴在王府井，这是泄密！八大的政治报告是政治局通过的嘛，怎么叫他一个人负责呀？"

"朱老总今年81岁了，历史上就是'朱毛'，'朱毛'。现在说朱老总是军阀，要打倒，人家不骂共产党过河拆桥呀？！"

"贺龙是元帅，副总理，怎么一下成了大土匪？！这不是给毛主席脸上抹黑吗？"

"这样一个伟大的党，只有主席、林副主席、周总理、陈伯达、康生、江青是干净的，承蒙你们宽大，加上我们五位副总理。这样一个伟大的党，就只有这11个人是干净的？！如果只有这11个是干净的，我陈毅不要这个干净！把我揪出去好了！一个共产党员，到了这个时候还不敢站出来讲话，一个铜板也不值！

我不是乱放炮，我是经过认真思考的。要我看，路线斗争要消除后果要很长时间。现在的文化大革命的后遗症，10年、20年不治！"

红墙大事
——共和国重大历史事件的来龙去脉（下册）

也就在此时，在西花厅的办公室里，周恩来双臂抱在胸前，剑眉紧锁，在屋里来回踱步。他当夜没有立即去游泳池向毛泽东汇报怀仁堂碰头会上的争论情况。

然而，江青一伙却抢了先。

2月16日当晚，会议刚一结束，张春桥、姚文元、王力急忙跑到钓鱼台去向江青汇报。江青听了他们几个人夹叙夹议的报告，暴跳如雷，说："这是一场新的路线斗争，陈毅、谭震林、徐向前是错误路线的代表，叶剑英、李先念、余秋里是附和错误路线。"接着她亲自打电话给毛主席办公室，说张春桥、姚文元有要事报告，请求毛主席连夜接见。

毛泽东召见了他们。他们详细集中地汇报了老帅们和副总理们的言论。起初毛泽东还轻松微笑，觉得老帅们还是"很不理解"。张春桥和姚文元见毛泽东发笑，一时摸不着头脑，弄不清毛泽东的意思，心里不免紧张了起来。但是，当他们汇报到陈毅的"黑话"时，毛泽东的脸色突然阴沉了下来，随即越听越火，雷霆震怒道："难道延安整风也错了吗？还要请王明他们回来吗？"这时，张春桥一伙绷紧的脸松弛了下来。

2月18日上午，江青又带着王力去林彪住处，向林彪汇报了怀仁堂会议的情况和毛泽东的指示。

2月19日拂晓，毛泽东召来了李富春、李先念、叶剑英等开会。在这次会上，毛泽东大发雷霆，对老帅们进行了严厉的批评。会议确定陈毅、谭震林、徐向前"请假检讨"，召开中央政治局扩大会议批评陈毅、谭震林、徐向前。

这一次，毛泽东是真的发火了，从他在这次会上说到的"上井冈山"和提及"王明他们"的话语中可以看出这一点。毛泽东说"上井冈山"这句话并不是第一次。在这之前，在1959年的庐山会议上批判彭德怀时，他就曾经说过："看来我只好上井冈山了。"毛泽东是比较讨嫌王明这个人的。毛泽东不怕别人讨厌他，甚至恨他，尽管他很敏感，容易激动，而且非常注重朋友情谊，可是只要他鄙视某个人的话，他就会从始至终表现出来。毛泽东平时曾多次同身边工作人员讲起过党内路线斗争史，尤其多次说到王明，但那还只是一般地说说而已。然而，每当到了一次较大的政治斗争的关键时刻，或当毛泽东内心极度痛苦、情绪极度愤怒时，他就要在政治局或相当高一级的干部中间提及王明"左"倾路线对他的打击。1959年的庐山会议中，他几次讲党内路线斗争，重提王明路线的错误。他说："结

二十五 毛泽东执意参加陈毅追悼会的隐情

疙瘩要解开,办法是谈开,倾箱倒柜而出。整人,目的是要三五七天睡不着觉,不触及灵魂深处不行。中央苏区整我,也睡不着觉。"可以看出,讲出"上井冈山"和"王明他们"的话语,正是毛泽东表达自己愤怒的极端之词,也是他确实发火的表现。所以康生说:"毛主席发怒了,是无产阶级之怒,是无产阶级的义愤!"

毛泽东的这一举动更加助长了江青、张春桥一伙的嚣张气焰。于是,林彪和"中央文革小组"一伙,立即扯大旗当虎皮,向这批开国元勋发起猖狂围攻。

整整一个月里,陈毅白天是副总理兼外长,代表中国政府出现在谈判桌上、宴会厅里,精神昂扬;晚上,走进"政治生活会",便成了众矢之的。而这种围攻、批斗每天延续到后半夜。3月18日凌晨"政治生活会"结束这天,陈毅心情激愤地对秘书说:"40年前,我参加游行反对北洋军阀,差点被打死,今天又挨斗,'三一八'是最黑暗的日子!"其实这只是拉开了黑暗的序幕。

怀仁堂二月抗争被定为"二月逆流"。从此,陈毅的处境日益困难。林彪和"中央文革小组"一伙在中央的各种会议上都把陈毅当靶子,批斗一通。陈毅发言,他们抓住个别字句批一顿;陈毅不发言,他们又说你陈毅向来喜欢发言,今天为何不讲话,也得批一通。"中央文革小组"一伙还不满足于在上面批,竭力煽动"造反派"组织群众性批判。

"中央文革小组"无视周恩来宣布的纪律,将中央碰头会上老同志的发言内容大加歪曲、篡改,通过北大、清华"造反派",向社会迅速扩散开去。

陈伯达、戚本禹接见外交部"造反派",给他们"做工作",实际是给"造反派"交了底。揪斗陈毅的障碍是周恩来,"中央文革小组"支持。一外、二外造反派组成的"揪陈大军"从7月15日起,涌到外交部门口安营扎寨,他们拦截车辆,阻塞交通,妨碍正常外事活动,想打压周恩来交出陈毅。

周恩来没有向"造反派"妥协,他坚持对陈毅的批判要以小会为主,以理服人,不许在会场悬挂"打倒"和"三反分子"标语。8月、9月两月外语学院和外交部的"造反派"先后组织八次批陈会。每有批判会,周恩来都竭力保护陈毅的安全。但"造反派"在"中央文革小组"的支持下,十分猖狂。8月26日在外交部举行的批判会遭到外语学院"造反派"的冲击,他们冲入外交部院内,把陈毅的汽车轮胎放了气,包围办公大楼要揪陈毅。陈毅被困在外交部好几个小时。8月27日凌晨,已经连续工作18个小时的周恩来严正警告"造反派":"谁要

红墙大事
——共和国重大历史事件的来龙去脉（下册）

在路上拦截陈毅同志的汽车，我马上挺身而出，你们今天要冲击会场，我一定出席，并站在大门口，让你们从我身上踏过去！"

林彪、"中央文革小组"耍尽阴谋，挑起事端，以激怒毛泽东，彻底铲除周恩来、陈毅。然而，算盘未能如意。毛泽东在王力"八七"讲话记录稿上批了五个字："大大大大毒草"！不久，猖獗不可一世的王力、关锋、戚本禹先后被捕，外交部展开了"批极左、抓坏人"的群众运动。1968年2月13日，外交部大字报栏上贴出了由91位司长、大使共同酝酿、起草的大字报：《揭露敌人，战而胜之——批判"打倒陈毅"的反动口号》。文章列举大量事实证明，陈毅是中国共产党忠诚坚定的战士！

因为91人的大字报为陈毅说了公道话，"中央文革小组"立即抓住不放，斥之为"二月逆流"新反扑。昼夜之间"批极左、抓坏人"变成批判"形左，实右"，在司长、局长和大使等干部中，大抓"反党阴谋集团"。

听到91位同志不断挨批斗的消息，陈毅百感交集，夜不安寝。他唯一能做的，就是鼓动同志们揭发自己，与自己划清界限，免受打击迫害。

姚文元给"中央文革小组"发去的一份电报在无意中说了真话："二月逆流"问题传达以后，上海的干部、工人和居民中，凡讨论这个问题，总有为数不少的人痛哭流涕。有的提出质问，陈毅怎么可能反党？也有人说如果陈毅真的反党，那就太可惜了。姚文元由此得出的结论是，陈毅在上海的流毒影响很深、很广，必须彻底戳穿其画皮，暴露其反动灵魂。为此，上海市常委会编发铅印本《陈毅黑话录》散发社会。上海市委竟发函给陈毅，上海××万党员一致推举你作为右派代表参加"九大"。

陈毅投身革命40余年，是党内公认作自我批评最多、否定自己最多的领导人之一，但是，对于自己的革命坚定性，他从来没有怀疑和否定过。他坦荡地说：到底自己是左派还是右派，自己说了不算，"造反派"说了也不算，还是要历史来做结论！

1969年4月，中共"九大"在北京秘密召开。陈毅是"九大"主席团成员。在"九大"上，陈毅当选为中央委员、中共中央军事委员会副主席。

名单见诸报端，从张、姚严密控制下的上海市，有人以"上海无产阶级革命派"的署名，给陈毅发来了热情洋溢的贺信。这是人民的心声。

二十五 毛泽东执意参加陈毅追悼会的隐情

但"中央文革小组"立即气势汹汹，杀气腾腾，向陈毅等发起了猖狂的围攻，企图置他于死地。康生用一种凶狠的目光直视着陈毅，并用拳头连敲桌面，肆无忌惮地对陈毅斥吼着："你兼两职，穿针引线，把文武两帮都串联起来了，在这次政变的预演中，充当了联络员的角色，起了特别恶劣的作用！"

面对围攻，陈毅从来都无所畏惧。听了康生的斥责后，陈毅面无惧色，神情坦然，只以寥寥数语严肃地回答："我从来没搞过反革命串联，更没有策划过政变阴谋！"他们还硬逼着陈毅交代，哪里是联络点？什么是联络信号？聂荣臻在回顾这段历史时，曾深有感触地对身边工作人员说道："陈老总好啊！在那种重压之下，他没有对任何同志落井下石。"

2月28日，毛泽东在陈伯达送去的一个材料上批示：从上至下都有这种反革命复辟的现象，值得注意。从此，江青、张春桥一伙更加猖狂，他们在会上，一次次对陈毅、谭震林等进行了批斗。康生说："这是十一中全会以来发生的一次最严重的反党事件！""这是一种政变的预演，一种资本主义复辟的预演！"陈伯达说："反对文化大革命，炮打以毛主席为首的无产阶级司令部，这是自上而下的复辟资本主义，这是颠覆无产阶级专政！"至此，他们把"怀仁堂二月抗争"变成了"二月逆流"。

陈毅在"二月逆流"中的表现引起了毛泽东的怒火。但是，毛泽东并不像林彪、江青一伙那样要乘机把陈毅等老帅们统统打倒，而是他对亲自发动和领导的"文化大革命"太热心了，容不得有半点的反对。正如邓小平所说："谁不听他的话，他就想整一下，但是整到什么程度，他还是有考虑的。"陈毅挨了整，但他对毛泽东几十年的情感，并没有因此而有所减弱，相反，在行将告别人世的最后几年里，陈毅对毛泽东的真挚情感更加动人，尽管这其中夹杂着更多的苦涩和悲怆。

自从中共八届十二中全会闭幕，陈毅的外交生涯就仿佛宣告结束了。除了受批判，无事可做。周恩来了解陈毅及其他受批判老同志的痛苦，经过周密思考，向毛泽东主席提出一项建议，让几位老帅和中央各部及各省、自治区、市一些被打倒靠边的老同志到工厂蹲点，搞些调查研究。对蹲点调查的地点选择，周恩来是经过反复比较和苦心斟酌的。这些单位既要是自己力所能及，有把握保护这些老同志生命安全、身心健康的地方，又要不让大权在握的林彪、"中央文革小组"找借口再做文章。最后，他选定了已被"中央文革小组"划定为"斗批改"的样板单位——六厂二校。他在讨论会上说，到样板单位蹲点，有利接受"再教育"，提高革命觉悟。会后，他找来在六厂二校支左的中央警卫团领导干部，一一亲自交代，必须绝对保证这批老革命的安全，衣食住行都要尽量给予照顾。

陈毅从1969年2月初起，到北京市郊南口机车车辆修理厂蹲点，他住在工厂，参加工厂的劳动和班组会，每周给中央、毛泽东主席写一份调查报告，工作十分认真。

1969年3月1日下午3时，陈毅、叶剑英、徐向前、聂荣臻先后步入紫光阁武成殿。因为毛泽东指示陈毅、叶剑英、徐向前、聂荣臻四位老帅每星期召开一次国际形势座谈会，周恩来委托陈毅主持，对目前国际斗争问题，发表见解。此时，陈毅心中只有一个念头，中国外交必须有所作为。从这天起至10月18日，老帅们座谈了23次，给中央送上数次报告，对中国外交顺利实现从20世纪60年代向70年代的转折和发展，作出了不可磨灭的贡献。

就在老帅国际形势座谈会上，陈毅最先向中央建议恢复中美大使级会谈，打开中美关系的冰冻状况。据作会议记录的熊向晖、姚广回忆，陈毅对他们说："在我们给中央的报告中，要把尽早恢复中美会谈，打开中美关系僵持局面，作为重要的一条内容写进去。"工作人员担心造反派再抓陈毅的"辫子"，打他"与资产阶级头目握手言欢"。陈毅毅然决然地说："我坚持我的看法，必须尽早恢复中美大使级会谈。"

同年12月，美国驻波兰大使奉尼克松总统之命，向中国驻波兰大使提出恢复中美大使级谈判的建议。周恩来报告后，毛泽东立即批准恢复华沙会谈。

乔冠华建议陈毅找毛泽东澄清事实，陈毅却表示，有许多事，你越去解释，越说不清楚

1969年10月17日，北京市革命委员会在首都体育馆举办体育表演晚会。中央领导人朱德、陈毅、叶剑英、李富春、陈云等都收到了请柬。随后，中央办公厅又专门给各家打了电话，通知首长们务必出席这次晚会。看来除观看节目以外，肯定还有更重要的事情。

二十五　毛泽东执意参加陈毅追悼会的隐情

晚会结束后，在主席台就座的老同志都被请到休息室等候，随即向他们宣布了中央决定，根据当前国际形势，为防止苏联对我国发动突然袭击，在10月20日之前，在京的老同志全部战备疏散到外地。具体去向是，朱德、叶剑英去广东，陈云、王震去江西，陈毅去开封，聂荣臻去河北邯郸，徐向前去石家庄……还有一些秘密决定没有当众宣布，那就是刘少奇去河南，邓小平去江西，陶铸去安徽，张闻天去广东。

这个突然性的决定宣布之后，军委副主席徐向前向中央提出，石家庄医疗条件比开封好，离北京也比较近，他的身体情况比陈毅元帅好些，请中央调整一下他和陈老总的去向安排。

中央很快批准了徐向前的建议，将陈毅的去向改为石家庄，把徐向前的去向调到了开封。当陈毅得知此事后，心中感到很过意不去，他知道徐向前的身体并不比自己好多少，脑膜炎曾险些使他丧生。那是1948年11月上旬，当时担任晋冀鲁豫军区副司令员的徐向前正带病指挥太原战役，由于脑膜炎病严重复发，他被迫转到山西榆次峪壁村治疗，由于医疗条件差，药品奇缺，病情毫无起色。在对太原城发起总攻前夕，徐向前的病情更严重了，不得不送入医院接受治疗。在今天大家都要被迫离京时，他却将条件较好的地点让给了自己，可谓情深义重啊！

为了感谢徐向前的关心，陈毅将电话打到了他的家里，遗憾的是，徐向前刚刚启程离京。由于家里书籍太多，整理起来很费劲，经周恩来批准，陈毅的离京时间比预定的向后推迟了一天。10月21日，陈毅夫妇乘火车离开了北京。此时正值深秋时节，石家庄的风沙比北京更猛。张茜是很讨厌灰尘的人，对石家庄这一新环境的气候，张茜确实不太适应。陈毅对环境的变化并不关心，他的心仍然和中国的命运联系在一起。

此时，陈毅已经被彻底地剥夺讲话的权利了。身为军委副主席，却看不到军委文件，因为从1968年3月起，担任军委办事组组长的黄永胜就停发了陈毅、徐向前、聂荣臻等几位老帅的文件。身为国务院副总理兼外交部部长，连自费订的《参考资料》和《国际共运》两本内部刊物也被扣在了北京。

往日豪放幽默、坚韧坦荡的陈毅，此时变得更加沉默寡言、态度严峻了。有时长时间沉默不语，陷入深深的思考之中。对于一个习惯于马不停蹄连续工作的人来说，突然停止了他的工作，就好像停止了他的生命一样。

红墙大事
——共和国重大历史事件的来龙去脉（下册）

1970年7月，陈毅经常感到腹部隐痛并伴有腹泻。有时，一天大便两三次。由于政治上处于逆境，陈毅的病情得不到及时的检查和治疗，他的身体日益消瘦下去。张茜为陈毅的身体深感不安，她同陈毅商量："还是回北京去检查一下吧？"到8月底，陈毅本想向中央报告回北京治疗，却接到通知立即上庐山，去参加中共九届二中全会。陈毅登机时万没料到，身体上的病痛尚未治疗，精神上又将遭受难以言状的沉重打击。

中共九届二中全会，后来被党史界称为第二次庐山会议，和1959年的第一次庐山会议一样，是中国共产党党内生活很不正常的会议。这次会议的议题，是宪法、经济和战备，矛盾的焦点是在宪法的修改，焦点中的焦点，又是中华人民共和国设不设国家主席。毛泽东多次表示不设国家主席并且自己不当国家主席。林彪却很想当国家主席，而表面上竭力要拥护毛泽东当国家主席，企图以此使毛泽东表示一个"我不当你当吧"的旨意，就不但可以巩固自己"亲密战友和接班人"的地位，还能把江青、张春桥一伙的挑拨离间和投机钻营及时地堵回去。因为这时候，林彪、陈伯达和黄永胜、吴法宪、叶群、李作鹏、邱会作一帮与江青、康生、张春桥、姚文元、王洪文一帮，为了争夺"毛泽东以后"称霸中国的地位，已经暗斗得十分激烈了。为了抢班夺权而密谋的宫廷政变早就在准备当中。然而这些情况，只身离开北京已近一年的陈毅并不了解，他连普通的文件也难得看到。

陈毅到庐山后，被分配在华北组参加讨论。能避开华东组张春桥、姚文元等人的恶意纠缠、横蛮斥骂，陈毅倒也心安。虽然8月23日会议一开始，批判的矛头立即集中到陈毅等"二月逆流"的"黑司令"身上，陈毅还是很镇定，只听不开口。

8月23日，林彪做报告。报告内容更加充分地发挥了这位"副统帅"的特长，高度颂扬毛泽东的天才，万分热忱地恳请毛泽东担任国家主席。

8月24日晚，华北组按大会通知讨论林彪白天的报告，会议开始后，陈伯达、汪东兴走进会场。陈伯达异常激动，用福建话重复着一个骇人听闻的消息，有当权派在修改的宪法里否认毛主席的天才，有野心，搞阴谋。华北组的中央委员们反复询问，陈伯达则暗示此人是张春桥。于是，一些不明内情的中央委员愤怒批判这个当权派，同时也猛烈地围攻陈毅，责令这位"一贯反对毛主席的'二月逆

二十五　毛泽东执意参加陈毅追悼会的隐情

流'黑司令"明确表态！

本来，陈毅对陈伯达的"义愤"不知内幕，不准备轻易表态，只想照例检查一下自己"文化大革命"初期的"错误"。然而指名道姓提出的质问是严厉的，不容回避。而且，对于张春桥这帮人，陈毅的鄙薄和警惕的程度可以说更甚于对林彪。再怎么说，林彪毕竟打过一些好仗，出生入死，为革命立过功勋。你张春桥这些阴谋家算什么东西！

陈毅做了发言，大意是：据我所知，毛主席不愿当国家主席。如果他改变了初衷，愿意当国家主席，我赞成毛主席当国家主席。再者，陈毅列举了大量历史事实，说明毛主席是天才，是"经过几十年锻炼出来的天才，是从群众中锻炼出来的"。"总之，天才这个解释，主要是从实践中经过锻炼，锻炼了人的才能。这样解释天才是对的，生而知之，天生之才，这是错误的，不符合马列主义，不符合毛泽东思想的。现在还有人出来否认毛主席天才，这个问题不简单。"

这一篇结合历史事实，力图用辩证法和唯物论观点来阐明问题，有理有据的发言，被收进华北组第2号简报时，竟被"概括"成一句话：陈毅同志做了拥护陈伯达意见的发言。

华北组第2号简报，连同陈伯达的暗示，立即在其他各组传开了，对张春桥等人在"文化大革命"中的劣迹早已深恶痛绝的中央委员们纷纷给中央政治局写信，批判、声讨异常激烈。那一天，张春桥坐在华东组会场里，神情紧张、沮丧。面前的烟缸，塞满烟头。看他那副狼狈样，不清楚林彪和江青两个阴谋集团夺权真相的绝大多数中央委员，都感到从未有过的痛快！凡是熟悉陈毅的老干部，都认为陈毅与他们是心灵相通的。

然而毛泽东对林彪，已经深怀疑忌了。林彪所审定的中国人民解放军是"毛主席缔造和领导的，林副主席直接指挥的"这种提法，还有"林副主席一号通令"，等等，都说明林彪在企图把军权"直接"控制在自己手里，而且已经部分地达到了目的。这就是十分危险的。而今，林彪又想进而取得行政大权，毛泽东立即察觉了林彪的用心。8月2日，分组讨论会暂停，收回了华北组第2号简报。毛泽东严厉地批评了陈伯达，并找林彪谈话。毛泽东对"天才"问题上纲很高，令人震惊。显然，一场运动中的运动又将开始——这就是全面开展的"批陈整风"，开始打击林彪集团。

红墙大事
——共和国重大历史事件的来龙去脉（下册）

张春桥恢复了镇定。一直"静观"的康生气势汹汹登台了。他煞有介事地宣称，庐山这场斗争是"二月逆流与八月红流合流"，是"二陈合流"，他采取移花接木、栽赃诬陷的卑劣手段，从背后捅陈毅一刀。

1971年夏天，陈毅与外交部副部长乔冠华住在同一医院。陈毅把庐山会议前后详情向乔冠华说了一遍，最后愤怒地说："现在有人宣传，说我讲了要跟陈伯达战斗在一起，团结在一起，胜利在一起，根本没有这个事，那是造谣！"

乔冠华建议陈毅找找毛主席，彻底澄清事实，陈毅从容地摇摇头，说："中国有句古话，'止谤莫如不言'。有许多事，你越去解释，越说不清楚。我现在不说，我相信事情最终会大白于天下！"

中共九届二中全会临近结束时，陈毅、徐向前等几位老干部都曾向黄永胜提出，能否让他们回北京检查一下身体。黄永胜在电话中一口回绝："哪里来的，回哪里去！"回到石家庄后，张茜见丈夫身体日渐消瘦，腹痛加剧，心中着急，催陈毅连夜给周恩来写信，请求批准返京治病。陈毅执拗地摇了摇头。后来，张茜见陈毅的身体日渐消瘦、疼痛不断加剧，便给周恩来写了一封信，请求批准返京治病。周恩来接信后立即复函表示同意。

1970年10月21日，在石家庄已经生活了一年的陈毅和张茜回到了北京。自1969年"战备疏散"至石家庄，到为治病重返北京，陈毅夫妇在外地恰好住了一年。此时，陈毅只有军委副主席的职务，当天便与解放军301总院联系。医院回电话：病室没有床位，等准备好床位，再通知。直到26日才来了住院通知。其实，南楼六病室有五组空病房，只因黄永胜正在住院，听说陈毅要来住院，气哼哼地说了句："他来吧，我走！"医院负责人便不敢收治陈毅，直拖到黄永胜出院。

住院难，诊治更难！陈毅住院后，医院某负责人专门对医生交代：陈毅主要是治疗高血压和一般查体。此外，又反复向医护人员"敲警钟"，他是"二月逆流"黑干将，你们思想上要划清界限，这是阶级立场问题！

陈毅在六病室没住几天，又被搬到五病室。六病室下面是个小花园，而五病室下面是一大片桃园，南楼的医务人员上下班多从桃园中的小马路经过。张茜对换病房的事情有些不高兴，在陈毅面前流露出对医院的不满情绪。陈毅马上态度严肃地对妻子说："春兰，我不允许你出面干预医疗方面的问题，也不准向医院提出这种那种的要求。我对301医院没有意见。"陈毅凭直觉也判断出谁是制

二十五　毛泽东执意参加陈毅追悼会的隐情

造冷遇的幕后总指挥。在他住院的第二天，海军政委李作鹏也住进了六病室。当晚，陈毅在走廊里散步，迎面遇上来看李作鹏的邱会作和吴法宪，第二天就被搬离了六病室。

由于黄永胜、李作鹏、邱会作等人的阻挠，陈毅的病在医院一直没有得到正常的治疗。陈毅入院的首页病历上写着：

"陈毅，男，70岁，70—10—26入院。

主诉：头痛、头昏、高血压10余年，近两月加重。近两年来体重下降20多公斤。要求住院治疗期间进行一次全面检查。"

10月28日，放射科给陈毅做了胃肠钡餐X光检查，报告上写着："整个结肠充盈，紧张力高，阑尾充盈，可移动，无压痛。诊断：胃肠钡餐检查未发现器质性病变，结肠紧张力高，运动力增快。"此报告说明结肠功能不够正常。但是，没有做进一步的检查。

12月11日，陈毅发生腹泻，连续水样便四次，然而，又没有做进一步的检查。就这样一天天地拖着。最后，医生奉命对张茜说，陈毅身体检查不出什么，可以出院。12月22日，陈毅出院了。当然，留在医院病历上的白纸黑字注明，病人自己要求出院。

年逾古稀，体重骤降，这本是患有肿瘤等严重疾病的重要症状，理应及时组织会诊，做到早期诊断，及时治疗。然而，56天过去了，陈毅病历上除了主治医生的病程记录和科、部主任的一般性查房记录外，没有一次各科会诊的记录。相反，黄永胜因胃痛住院18天，医院某负责人亲自出面为他组织大小会诊16次，其中请著名专家会诊次数达七次之多。这恐怕就是邱会作"医疗为政治服务"的最好注释。

1971年来到了。但是，陈毅的病又发生了变化。张茜在给陈毅妹妹的信中这样写道：

> 你们最近寄来的一封信，已经收到。去年年底，我给你们去信一封并附照片一张，不知收到否？在那封信中，我讲到仲弘（陈毅）去年10月下旬，自石家庄返京就医，住院月余后出院等情况。谁也没有料到过年以后，1月16日，骤然出现一个大变化，仲弘再次住院，而且就在当天动的手术。

红墙大事
——共和国重大历史事件的来龙去脉（下册）

其实也是上次住院被医生忽视的问题爆发出来，使人感到突然罢了。从他上次出院之日，他就不断地闹头晕、牙病、肚子病、腹泻……到1月16日早晨，我看他气色不好，就下决心送他去"301"，要求让他住院，以便观察病情。

1971年1月16日上午，也就是陈毅出院后的第24天，他在家里感到腹痛难忍。在张茜再三催促下，陈毅来到了301医院南楼就诊。到了医院，外科主任在陈毅腹部右侧摸到一个很大的硬块，按上去痛区明显。医生们首先考虑到是癌症，但根据病历记载，陈毅查体刚出院不到一个月，当时检查没有发现问题。如果是肿瘤，不可能几周内长到现在这么大。于是，医生们由此诊断陈毅患的是"亚急性阑尾炎"，必须立即开刀治疗。

1月16日下午5时，周恩来接到301医院要为陈毅动手术的报告，立即批准了手术，并派自己的保健医生陪张茜一起前往医院。

晚上6时15分，手术开始了。

刚过几分钟，手术室里突然慌乱起来。原来，腹腔被打开后，医生才发现，陈毅的阑尾是好的，真正的病因，是靠近肝区外的结肠癌，并已有局部淋巴结转移，侵及附近肝脏。由于病发部位较高，只得将开阑尾的切口，向上延长为丁字形，尽目力所及，把已经转移的癌细胞尽力切除干净。因为手术室根本没有做大手术的准备，手术只能做做停停，原先预定半小时的手术，整整做了五个多小时。

手术后，陈毅连续发烧。不久，又因身体受损伤过重，并发心肌梗塞，经抗凝治疗，两周后才慢慢恢复。两个月后开始了"放疗"。

周恩来非常关心陈毅的病情。当他得知301医院没有放射线治疗肿瘤的医疗设备，就亲自给日坛医院院长吴桓兴打电话，要日坛医院为陈毅做放射治疗，因为日坛医院是北京最大的肿瘤专科医院。

吴桓兴当即在电话中答复周恩来："可以！我们医院住院条件差些，但治疗条件好，可以采取门诊治疗，我亲自为陈老总做。"吴桓兴知道，放射治疗并不能根除肿瘤，但这个办法能够延长寿命。放射治疗每周进行六次，由吴桓兴根据陈毅的病情及对治疗的反应程度来控制，他每次都要把镭放射点对得非常准确才进行治疗。

二十五　毛泽东执意参加陈毅追悼会的隐情

陈毅每次去日坛医院治疗，都有301医院的大夫或护士陪同。他们对于陈毅真实的病情虽然一直守口如瓶，只说是肠梗阻，但陈毅还是推测到了自己的病因。如果仅仅是阑尾炎或肠梗阻的话，根本没必要到日坛医院来做放射治疗。

陈毅患病后情绪始终乐观、平稳，从不向医护人员询问自己的病情，每回治疗他总是亲热地与吴桓兴院长摆"龙门阵"，绝对服从和配合治疗。只是有一次吴桓兴为他做头部放射治疗时，他才突然脱口问道："啊？都转移到这里来了！"大家见陈毅病成这样，都难过得流泪，张茜心情更为沉重。陈毅亲切地说："在长期的革命斗争中，不知有多少革命同志在咱们前头牺牲了，对我们来说，只是工作做得太少了。"

为了治疗的需要，医生终于向陈毅讲明了病情，陈毅听罢微笑着对医生说："你们不告诉我，我也猜到了几分。不要紧，是癌症就把它切除，再长出来再切除，没有什么了不起。"

陈毅手术后，经过几个月的治疗，脸庞红润，体重增加，能吃饭，能睡觉。瞧着陈毅的身体逐渐恢复，陈毅身边的工作人员脸上都有了笑容，就连一直忧心忡忡的张茜也舒展了眉头。

叶剑英用颤抖的双手掏出一张纸，向陈毅传达毛泽东关于为"二月逆流"平反的指示……

这一年的"五一"国际劳动节的夜晚，天安门广场灯火通明，五彩缤纷的礼花腾空而起，与广场上身穿各民族盛装、载歌载舞的欢庆人群交相辉映。

天安门城楼的休息厅里，毛泽东在周恩来的陪同下，正会见西哈努克亲王和其他外宾。一向工作全神贯注的周恩来，今天似乎心绪不定，显得有些心不在焉，并不时地向外张望。这时，陈毅一身戎装地出现在门口。

"主席，您看看，今天陈毅同志来了！"周恩来异常激动地招呼着。

"主席，您好！"身穿军装的陈毅笑容满面地快步走到毛泽东面前，尊敬地行了个军礼。

毛泽东兴奋地站起身，伸出大手握着陈毅的手，关切地询问他的健康情况。

这是陈毅重病后第一次见到毛泽东。"主席，好了，好了！"陈毅高兴地答复。在场的外宾都看清了，眼前这位面容消瘦的军人，正是近两年没有公开露面

红墙大事
——共和国重大历史事件的来龙去脉(下册)

的陈毅外长。陈毅与外宾一一握手。西哈努克亲王双手紧紧握着陈毅的手连声问候。翻译们个个喜形于色,陈老总身体很好,还能回外交部领导工作!

深夜两点,吴桓兴院长如约走进人民大会堂边厅,刚刚开完会的周恩来总理步履轻快地迎过来,没开口先绽出笑容:"吴院长,我要报告你个好消息,陈老总吃烤鸭了,吃得好香!我甚至有这样的想法,会不会是医生弄错了?陈老总恐怕不是癌症!有这种可能吗?"

吴桓兴被周恩来动情的言语、闪烁着希望的眼神深深感动了。可是,他是医生,不能向总理隐瞒真情:"最近301医院给陈老总拍了片子,怀疑已经有肺转移,不过陈老总有毅力,适应性强,只要他有食欲,我一定尽力延长陈老总的生命……我要让他亲眼看到中国加入联合国,会见访华的尼克松总统……"吴桓兴说不下去,老泪横流。

入夏,经医生同意,陈毅离开医院到北戴河疗养一段时间。张茜当时有个打算,希望陈毅身体康复后,把过去写就的诗词修改整理一下,编成集子。

在北戴河疗养期间,周恩来看望陈毅,他告诉陈毅,四届人大将于10月召开,希望陈毅身体能早日康复。临别时,周恩来又向陈毅叮嘱:第一,安心养病;第二,不要洗海水澡。

不多久,"九一三事件"发生,林彪、叶群等出逃,摔死在蒙古温都尔汗大荒原上。9月18日,中共中央向高级干部发出了关于林彪叛国出逃的通知,随后在9月24日命令黄永胜、吴法宪、李作鹏、邱会作等人离职反省。

林彪、叶群叛国坠机的情况,陈毅很快在军委办事组召开的会议上听了传达。

几天来,医护人员见陈毅眉开眼笑,情绪极佳。一位老大夫试探地问道:"陈老总,你怎么这么高兴呀?"

陈毅毫不掩饰心中的喜悦:"高兴,当然高兴。不过等文件传达到你们这一级,恐怕还早呢。"

为了尽快把揭发林彪罪行的材料写出来,国庆节前夕,陈毅在医院开夜车写了十几条揭发林彪的材料。他仿佛忘记了自己是一个重病人,忘记了时间,全身心投入到批判林彪的斗争中去。在中央召集的老同志座谈会上,他克服病痛两次做长篇发言,满腔义愤地将红军创建初期林彪的历史真面目做了系统、全面的回顾和揭发。

二十五　毛泽东执意参加陈毅追悼会的隐情

这一天，周恩来的保健医生张佐良来到301总医院南楼看望陈毅。言谈间，张佐良发现陈毅对自己的病情了如指掌，已经有了充分的思想准备。

陈毅对张佐良说："谁对谁错，是非总算搞清楚了嘛。在我活着的时候，总算看到了林彪的结局。"停了一下，陈毅又说，"作为外交部部长，看到中美关系有了松动，台湾的形势也有些变化，心里感到很高兴。"

当陈毅不顾病体，积极参加揭发批判林彪反革命集团的时候，他的病情也在急剧恶化。恶性肿瘤的扩散，令医生们靠手术刀已力所不及。

11月2日，陈毅突然呕吐，原因是癌症转移引起肠梗阻，不能进食，他的体质十分虚弱。陈毅曾想亲自把自己在10月老同志座谈会上的发言稿整理出来，但因病情恶化而未能如愿。

由于陈毅当时周身营养状况不良，心脏功能也很差，做手术是需要冒风险的。手术前，周恩来专门到医院探望了陈毅。这次手术仍然由301医院外科主任陆惟善主刀，医护人员密切配合，几小时后成功地完成了手术。手术后，陈毅的病情略有好转，食物可以经过胃管灌入胃内，从胃和十二指肠做的一个通道输入肠内，解决了呕吐问题。但是，由于手术和放射治疗产生的严重反应，对陈毅的身体消耗很大。

由于陈毅进食进水非常困难，每天都得输液。他身上有胃管、输液管、导尿管、氧气管等数根管子。为了安慰医护人员和身边的工作人员，陈毅风趣地说："哈哈，我的身体已经实现管道化了。"

守在旁边的张茜含泪说道："现在是什么时候，还说笑话。"陈毅对妻子和子女们说："我70岁了，无数革命同志都在青年时代就牺牲了，你们不要难过，我们是唯物主义者，人总是要死的。"

1971年12月26日清晨5点钟，大地还在黑夜中沉睡，经常处于昏迷状态的陈毅突然睁开了双眼，他握着一直守护在病床边的女儿姗姗的手，虚弱地说："我要吃面条。"

在几个孩子中，由于姗姗最小，陈毅也就最疼爱这个宝贝女儿了。姗姗也最爱自己的爸爸。听到陈毅要吃面条，姗姗连忙说："爸爸您等一会儿，我就去端来！"姗姗兴冲冲地走出病房，心里甜滋滋的，陈毅要求吃面条的举动令女儿姗姗感到高兴，她以为爸爸的病情有了缓解。

红墙大事
——共和国重大历史事件的来龙去脉（下册）

陈毅当时病情已很重，进食非常困难，主要依靠输液，已多天不进食了。当姗姗把面条端来喂他时，他吞咽非常缓慢、困难。但陈毅仍然坚持吃了几根面条。

7点钟，医生进屋查房。这时，陈毅费力地对医生说："今天12月26日，毛主席的生日，我早上吃了面条。我要争取年底下床走一走。"

听了陈毅的话，医生和护士们的眼睛湿润了，一旁的姗姗这才恍然大悟。陈毅从10月底卧床，到今天已经有两个多月了，屋子里既没有挂日历，也没有任何人提醒他，他又是怎么知道今天是毛泽东的生日的呢？他是每天在心里算着这个日子的啊！在生命之火即将熄灭之时，陈毅想的不是自己，也不是家人，而是毛泽东。如果陈毅对毛泽东没有深厚的感情，又怎么能做到这一点呢！想到这一点，姗姗泪如泉涌。

陈毅的秘书杜易后来回忆说："陈毅同志每年都不忘庆祝毛主席的寿辰，在那一天全家都吃寿面，即使出差在外地，也要遥祝毛主席健康、长寿。"

在陈毅进行了第二次手术以后，身体一直未能恢复，张茜也因过度忧虑和疲劳，身体垮了下来。她经常咯血不止，无法休息，同时她还惦记着要抓紧把陈毅的诗词整理出来的事情。

陈毅病重的消息传开了，老战友们都纷纷来到病房看望。毛泽东虽然没有来，但是，他也在关心着重病中的陈毅。

乔冠华来看望陈毅，临告辞时，他对陈毅说："毛主席关于外交部1968年那张'九十一人大字报'有段指示，您知道了吗？"陈毅点点头："叶帅已经告诉我了，毛主席说：'我就是赞成九十一。'"1972年1月2日深夜，周恩来接到医生报告，陈毅同志现在神志非常清醒，似乎是回光返照现象。周恩来立即从人民大会堂乘车赶到医院，急步走进陈毅病房，掩门长谈。

周恩来刚一离去，陈毅又陷入神志不清。他两眼一直看着床边的昊苏和姗姗，嘴里不停说着含混不清的四川话，兄妹俩只能断断续续听懂一些句子，"红军……毛主席……路线斗争，坚持原则……中共中央，三次要求……"

4日，陈毅体温略微下降，神志恢复清醒，他认出守在床边的妻子和四个孩子，嘴唇无声地蠕动着，姗姗贴近爸爸唇边，终于听清了，"……一直向前……战胜敌人……"

二十五　毛泽东执意参加陈毅追悼会的隐情

陈毅在即将离开人世时，他想到的一定是和毛泽东一同战斗的岁月。

5日上午，陈毅吐出了他一生中最后一句话："叶帅来了没有？"不巧，叶剑英刚刚离开。很快，陈毅又陷入昏迷之中。

6日下午4时，经医生抢救，陈毅又一次恢复了自动呼吸，神志略微清醒，生命细如游丝。4时20分，叶剑英匆匆赶到，望着生命垂危的老战友，泪流语塞，他用颤抖的双手从衣袋里掏出一张纸，上面抄着毛泽东为所谓"二月逆流"平反的一段话。他对陈毅说："毛主席、党中央要我来看你，你要安心养病，会好的。"说完，他把纸条上的内容念了一遍，又交给守坐在床头的姗姗，让她再念给陈毅听。姗姗含着泪，伏在床头轻声说："爸爸，如果您能听见，就闭一闭眼睛。"这时，已不能说话的陈毅立即闭了闭眼睛。

姗姗念着："毛泽东说：'现在再也不要讲'二月逆流'了。当时是王、关、戚，还有陈伯达，打击一大片，包括你（指周恩来）在内。当时那个情况有些同志要讲一些话，是应该的，是公开讲的。在党的会议上为什么不可以讲？有些事情看来过了几年就清楚了。'"姗姗读完，俯下身子急切地询问："爸爸，您听到了吗？"

陈毅暗淡的双目又眨动了一下，表示他听见了。

这一段话是毛泽东于1972年1月初对周恩来、叶剑英说的。毛泽东当时还专门让周恩来、叶剑英去向陈毅传达他对"二月逆流"平反的想法。他说："'二月逆流'经过时间的考验，根本没有这个事，不要再讲'二月逆流'了。现在我有事，请你们向陈毅同志传达一下。"

在陈毅即将离开人世时，叶剑英终于向陈毅传达了毛泽东的这一指示。毛泽东是想用这个好消息，用数十年风雨同舟的战友亲情去安慰、鼓舞重病中的陈毅，还是希望陈毅不要带着"二月逆流"之类的遗憾离开人世？或许两者都有吧！

1972年1月6日深夜11时55分，陈毅带着对毛泽东的无限热爱之情永远停止了呼吸和心跳。

哭声骤然四起……

二十六 "四人帮"向周恩来突然发难

- "四人帮"及其亲信说购买外轮是"崇洋媚外"／姚文元告诉手下，整个材料给我看看
- 江南造船厂贴出"远洋公司还是崇洋公司"的大字报／张春桥说，风庆轮即使沉了，也是个胜利
- 政治局会上，江青向邓小平发难：你对批判"洋奴哲学"，究竟抱什么态度，是赞成还是反对
- 毛泽东给江青的批示：不要多露面，不要批文件，不要由你组阁，你积怨甚多
- 周恩来与王洪文两机同行，却是目的各异／毛泽东责令王洪文写检查
- "风庆轮事件"没有撼动邓小平，却使王洪文失去了毛泽东的信任

红墙大事
—— 共和国重大历史事件的来龙去脉（下册）

风庆轮是20世纪70年代初我国自行设计制造的国产万吨轮之一，它是贯彻党中央的指示自力更生发展我国远洋运输事业的产物。

"风庆轮事件"是"四人帮"利用发生在风庆轮上的小矛盾而制造的一起政治事件。它从1974年年初开始，一直闹到年尾，甚至一直闹到"四人帮"垮台，从上海闹到北京，闹到中央政治局会议上。

正如后来毛泽东主席所说的，"'风庆轮'问题本来是一件小事"。而事态的发展证明，该事件是江青一伙为了实现其组阁阴谋而蓄意制造的，所以说，"风庆轮事件"是一件小中见大或由小及大的政治事件。

而最初发生的"风庆轮"问题究竟是怎么回事呢？这还需要从新中国成立之初说起。

"四人帮"及其亲信说购买外轮是"崇洋媚外"／姚文元告诉手下，整个材料给我看看

新中国成立之初，人民政府从国民党手里接收下来的是一个烂摊子，在经济恢复和社会主义建设有计划地开展后，为了解决海洋运输方面的急需，在相当长的一段时间内不得不租用外轮，这不仅需要国家付出宝贵的外汇，而且受雇于外轮的我国职工，常常在经济上受盘剥，在政治上受屈辱。

为了改变这种状况，党中央做出决策，尽快发展我国的造船工业。

然而，困难的现状不容忽视，直到20世纪60年代末、70年代初，交通部组织上海造船大会战时，我国仍然没有一个万吨级船台和必需的大型设备。然而，我国人民独立自主、自力更生，努力克服着这些困难。

风庆轮就是在这种情况下，我国人民克服困难艰苦奋斗的产物。它是当时我国自行设计制造的九艘万吨轮中的一艘远洋货轮。它是由上海江南造船厂为交通部上海远洋运输分公司承造的。江南厂于1973年完成了这项光荣任务。随后，在上海远洋分公司的参与下，前后进行了轻载和重载试航，这也是一个验收的过程。

正常情况下，在这个过程中，如果发现质量问题，公司有权利提出意见和要求，而江南造船厂在完成移交使用之前，应该尊重公司方面的意见，采取改进措施，提高质量。

然而，就在这正常中出现了不正常的情况。当时，公司方面发现了风庆轮存

二十六　"四人帮"向周恩来突然发难

在的问题，即风庆轮主机汽缸套磨损达 0.15 毫米，质量尚不过关，恐将来不能适应远洋运输的需要，需采取改进措施。

面对公司方面的意见，"四人帮"在上海的亲信却说风庆轮主机汽缸套的"磨损仅为 0.08 毫米，完全属于正常"。他们拒不接受公司方面的意见，反而对交通部进行污蔑攻击，说交通部的人对国产船如何的百般挑剔，是"崇洋媚外"的典型等。

正当双方为此争执不下时，1974 年 1 月，姚文元为准备发动"批林批孔"批周公，回到他们的基地上海进行活动，收集资料。很久以来，上海就是"四人帮"的基地，"四人帮"的每一起政治阴谋，几乎都是先从这里发动起来的。

1 月 17 日，姚文元参加了在锦江饭店小礼堂召开的上海总工会常委会。会上，金祖敏（上海市革委会常委）诬蔑说，闵行地区的几家工厂生产任务吃不饱，而北京"部里的人"却从苏联进口发电设备。有些设备明明可以自己解决，但是喜欢进口，包括电机厂、造船厂出的产品。可见，"最近崇洋媚外思想有所抬头"。

上海市革委会主任马天水接着说："有一股进口风。"

姚文元听他二人的讲话颇顺自己的意，立即说："在生产问题上，经济领域的斗争是不断的。"并要求金祖敏等"搞几个材料给我"，暗示要在这个问题上做文章。

被他们攻击的"进口风"和"崇洋媚外"是怎么回事呢？

"九一三事件"后，周恩来总理领导批"左"，让国务院有关部门订计划，抓管理，使我国的经济工作在短时间内取得了较为显著的进展，而外贸部门的工作成果尤其显著。当时恰逢尼克松访华、中美关系松动，这正是搞好对外贸易、发展国民经济的大好时机，有关部门认识到了这一点，并及时抓住了这个大好时机。为了更好地搞好外贸工作，1973 年党中央、国务院强化外贸力量，任命李强担任外贸部部长，并请陈云进行指导和协助。李强部长是个能人，他常常亲临外贸第一线，亲自领导和操作，在黄金买卖、期货贸易方面收获甚丰，外贸部门在很短时间内就赚回了 30 亿美元。同年，在引进国外大型设备等方面也采取了一些大动作：1973 年 1 月 2 日，国家计委根据周恩来总理的指示，上报了一份《关于增加设备进口，扩大经济交流的请示报告》，报告提出从国外进口 13 套大型化肥设备、4 套大型化纤设备、3 套石油化工设备、1 套烷基苯工厂设备、43 套

红墙大事
——共和国重大历史事件的来龙去脉（下册）

综合采煤机组、3个大型电站、武钢1.7米轧机以及透平压缩机、斯贝发动机等，总计43亿美元成套设备和单机，再加上以前确定和后来追加的项目，共计用外汇51.4亿美元。这份报告经毛泽东、周恩来批准后付诸实施。这就是所谓的"进口风"。攻击"进口风"，实乃"醉翁之意不在酒"，其目的在于攻击周总理。因为当时恰逢四届人大组阁在即，而且周恩来总理一直就是"四人帮"的眼中钉，他们从不放过任何一个攻击周恩来的机会，用王洪文的话说："周恩来是我们长期较量的对手。"在他们心里，把周恩来一次扳倒当然最好，即使扳不倒，一连串的打击也会加重周恩来的病情，周恩来没了同样也是除了他们的心腹之患。

关于外用外汇买船问题，即他们所攻击的"崇洋媚外"是这样的：

根据当时的远洋运输业状况，早在1956年，毛泽东主席就对交通部门提出一个重要任务：我们要发展一两千万吨的海上运输力量。

1958年，毛泽东主席再次提出要建立起"海上铁路"。

1963年，周恩来总理根据当时的条件，提出在积极发展国内造船业的同时，也可利用香港中国银行可提供的外汇贷款从国外购买船只，以加快发展我国远洋运输船队，创造更为可观的效益。这是当时经济发展的需要，也是国情的需要。

1970年，在全国计划会议上，周恩来又明确指示，在远洋运输方面，要力争在1975年基本改变租用外轮的局面。之后，国家计委便制订了一个计划，即："1972年到1974年三年内利用外汇贷款买船，以加快发展我国的远洋船队。"国务院批准了这个计划，并很快付诸实施。

以上可以看出，在当时特定条件下，周恩来总理是主张买船的，这就为"四人帮"及其党羽攻击买船是"崇洋媚外""洋奴哲学"提供了借口。

"文化大革命"期间在周恩来身边工作的顾明回忆说：

"'文化大革命'中，周总理是坚决主张买船的。70年代初，石油能源危机影响到世界各国，使运输业萧条，船队运输也不景气，八成新的船用原价百分之五十就可以买到手，一条万吨级的轮船花原价百分之二十就能买来。于是，周总理提出要买一批船，以加强我们自己的运输力量，搞上几年就会连本带利都赚回来，经周总理批准，外贸部门便动用贷款买了一批外轮。为此，'四人帮'批总理批得很凶。"

"四人帮"的批判是对人不对事的，所以，尽管买船是当时最理想的选择，但只要是周恩来提出的，就必遭批判，因为长期以来，周恩来就是他们的死对头，这从反经验主义、"批林批孔"批周公、评《水浒》等诸个运动中都可以看出。

江南造船厂贴出"远洋公司还是崇洋公司"的大字报／张春桥说，风庆轮即使沉了，也是个胜利

在这次制造的"风庆轮事件"中，"四人帮"在上海的党羽"功不可没"，尤其是金祖敏、马天水、陈阿大等人。

姚文元刚刚离开上海，陈阿大就跑到江南造船厂煽动说，你们这个厂是王洪文做过工宣团团长的，现在你们求稳怕乱，是倒退。对有些人要敢批敢斗，你不向他进攻，他要向你进攻，等等。

陈阿大煽风点火是极有本事的，他和王洪文一样，也是靠造反起家的，是王洪文的小兄弟，而且颇得张春桥的欣赏，因为在上海"四一二"炮打张春桥时，是陈阿大带领着一班人马上街，高呼："反对张春桥就是反革命！"如此捍卫张春桥，自然会博得张春桥的欣赏和厚爱。而且陈阿大后来也得到了张春桥的提携，让陈阿大火线入党，就是张春桥的主张。

陈阿大祖籍浙江绍兴，父亲后来在上海做工，一家才迁往上海，陈阿大因为在家中排行老大，所以取名"阿大"。

陈阿大初中没毕业就因生活所迫到上海中华造船厂上班，初时的陈阿大，表现还是蛮好的，有当时船厂的鉴定为证："陈阿大作风正派，生活朴素，吃穿节约，出身较苦。"

1961年，陈阿大应征入伍，在部队里表现也很好，部队当时给他的鉴定是：

"在工作中自干饲养员以来，不怕苦，不怕累，不怕脏，积极想办法完成任务。猪食没有，亲自去找。"

"组织纪律性强。一年来从未犯过无组织无纪律现象，'三八'作风扎实，尊重领导，服从命令听指挥，叫干啥就干啥。"

……

"文革"一开始，陈阿大就成了厂里活跃的人物，因其带头造反，就成了车间造反派的头目，用他的话说："胆大好做官。"

陈阿大成了上海滩的"老造反"之一。

红墙大事
——共和国重大历史事件的来龙去脉（下册）

陈阿大有句名言："王洪文跟牢张春桥，我们跟牢王洪文！"这倒是他行动的写照，他正是跟牢王洪文、张春桥等，沿着反革命的道路一步步往下滑。

张春桥、王洪文、姚文元相继调往北京了，而陈阿大与他们之间的"亲密"关系并没随着距离的增加而改变，上海成了"四人帮"的基地，陈阿大等一班人成了"四人帮"的死党……

陈阿大在江南厂的煽动很有效果，江南厂的一些人立即贴出了一张大字报——"远洋公司还是崇洋公司"。

他们的行动是统一的，大字报刚贴出，《文汇报》就急忙要来了大字报原文，登在该报内部刊物《文汇情况》上，马天水看后立即指示让远洋分公司革委会将全文照抄成大字报，在公司的重要地方张贴。同时，马天水还令上海市工交组发动上海各船厂职工"一起议论"。之后，工交组又派人到远洋分公司，指责公司领导对大字报不表态，污蔑交通部及远洋公司"拜倒在洋人脚下"，"靠买船过日子"等。

金祖敏根据姚文元的指示，让江南造船厂写了一份题为《从万吨轮的制造看造船工业的两条路线斗争》的"典型材料"，攻击交通部执行的是"刘少奇的造船不如买船的路线"。

金祖敏给姚文元送去这份材料并附信一封。

信中说：

遵照毛主席"洋为中用"的教导，进口一点技术、先进的样品样机，作为借鉴是可以的。而有些可进可不进的设备、原材料，应自力更生，立足于国内。但当前出现一种什么都依赖进口的倾向值得注意。

对于这个问题，我觉得在社会主义建设事业中，是贯彻执行毛主席"独立自主，自力更生"的方针，还是推行爬行主义、洋奴哲学，这是一个大是大非的问题，是一个路线问题……

姚文元在金祖敏的信上批道：此为"崇洋媚外的典型例子"，"相当尖锐地揭露出经济工作中的路线斗争"。姚文元还向王洪文、张春桥提议，让他们考虑是否印出来给政治局的同志看看，说"简报上是完全看不到这类材料的"。王洪文、张春桥同意了姚文元的建议。

很快，金祖敏的信和材料就以《金祖敏的一封信》为题印发。

二十六 "四人帮"向周恩来突然发难

在张春桥、姚文元的直接操纵下,上海全市展开了借"风庆轮"问题批判"崇洋媚外"的造势行动。一时间,接二连三地召开了各种联合批判会、现场批判会。批判会上攻击买船是"崇洋媚外""依赖进口",是"投降卖国",是"曾国藩、李鸿章一伙造船不如买船的洋奴哲学","卖国贼的衣钵后继有人"等。而且还别出心裁地搞了一次全市性的歌咏大会,并指定上海远洋运输分公司的员工唱《自力更生造船好》,当演唱者有想法时,组织者却说:"这不碍你们的事,路线问题主要是指上头的。"其矛头所指很明显,其险恶用心昭然若揭。

"风庆轮"问题引起党中央的关注,党中央责成李先念副总理着手解决这一事件。

针对"四人帮"在造船与买船问题上蓄意捣乱破坏的行径,李先念副总理于1974年3月8日作了针对性很强的指示:

(一)"独立自主、自力更生"的方针,必须坚决贯彻执行,绝不能有丝毫动摇。应当充分发动群众、依靠群众、尊重群众的首创精神,努力加快我国造船工业的发展。

(二)主要依靠自己的力量发展我国的造船工业,这是根本的。但并不排除在有利条件下从国外适当购买一些船只。因为我们现在的船舶太不够了,每年花掉的运费就要三亿美元,数目太大。为了加强我国海上运输的能力,适当购买一些船只还是必要的。特别是对东欧一些国家,生意还可以多做些,从他们提出的贸易货单当中,进口一些船舶可能对我们有利。

……

(五)广东、上海以油为原料的大型化肥厂,一旦建成就需要有较大的油船,如五万吨的或更大一些的。建议早点筹办。否则,只靠火车运油,是不能解决问题的。另外,我们也在进口矿石,装运矿石万吨轮不行,吨位要大,也要考虑解决。

李先念副总理的指示,既是对"四人帮"的回击,也是对国务院既定的既要积极造船,又要利用条件买船这个方针的支持。

就在"风庆轮"问题闹得沸沸扬扬的时候,风庆轮被移交给上海远洋运输分公司使用,根据其建造和试航的技术状况,交通部下令风庆轮远航欧洲。

按理说,风庆轮争取到远航权,"四人帮"在上海的党羽应该高兴才是,因为这正是他们所一直叫嚷争取的,但当事实摆在面前的时候,他们却害怕了,而

红墙大事
——共和国重大历史事件的来龙去脉（下册）

且改变了说法，足见他们的心里有鬼。马天水说："有人故意下令远航，是要整整上海，想要我们好看。"又有人说："交通部倒来将我们一军。"还说："风庆轮远航不该一下就跑这么远，风险太大，该先跑几趟近洋。"

倒是老谋深算的张春桥看法比他们的党羽更高明一些，他阴阴地冷笑一声，说道："风庆轮即使沉了，也是个胜利。"

虽然在风庆轮远航前，"四人帮"的党羽已经对风庆轮进行了一番"改革"，将有争议的部件偷偷地换下来，并准备了充足的备件，但风庆轮在远航中还是遇到了问题。1974年9月9日，风庆轮在印度洋航行时主机增压器出现故障，不得不停下来修理47小时，鉴于情况严重，风庆轮副政委李国堂建议向公司发电报，但"四人帮"的爪牙朱栋不准，反诬李国堂"胆小怕死"，指使人在黑板上辱骂李国堂是"假洋鬼子"。顾文广看不惯他们的行为，提出这样做违反了不许在船上搞"四大"（大鸣、大放、大字报、大辩论）的规定，朱栋却在第二天亲自在黑板上写出："你们这些假洋鬼子，跳海去吧！"

……

李国堂、顾文广在船上与朱栋等人的斗争，后来被整理成一万多字的黑材料，成了江青在政治局会议上向邓小平发难的依据。

风庆轮返回上海后，在王洪文的指令下，李国堂、顾文广被扣留在上海，并从10月15日起接受批斗。在此后一个月内，他们被200人参加的大会批斗三次，被10人至20人参加的小会批斗22次。加给他们的罪名有"假洋鬼子""洋奴""汉奸""孔老二的徒子徒孙""交通部派来的特务""风庆轮上的错误路线代表""攻击中央首长"（指对"四人帮"），等等。李国堂、顾文广受到了"四人帮"严重迫害，直到"四人帮"倒台后，"风庆轮事件"真相大白于天下，二人才得以昭雪。

"风庆轮事件"与"四人帮"的组阁阴谋是联系在一起的，"四人帮"名曰批判李国堂，批判洋奴哲学，实欲扳倒周恩来、邓小平等领导人，为其组阁铺平道路。

毛泽东说过"'风庆轮'问题本来是一件小事"，那么"四人帮"为什么要围绕一件小事大做文章呢？这与四届人大的组阁之争是分不开的。"风庆轮事件"是有其特殊的背景的。

二十六 "四人帮"向周恩来突然发难

"风庆轮事件"的大背景是当时正准备召开第四届全国人民代表大会。

自从1969年开过党的"九大"以后,召开四届人大会议就提上党和国家政治生活的重要日程。然而,就在筹备大会期间,在修改宪法过程中,发生林彪反革命集团妄图抢班夺权的问题,紧接着又发生了"九一三事件",四届人大会议被推迟了,直到1974年,才又再次提到重要日程上来。

这时,"四人帮"已经具备了一定的实力——在党的十大上他们已经攫取了重要权力,这就使他们的权力欲愈加膨胀,幻想着在四届人大组阁,以实现其政治梦想。

对现在和未来的形势,江青有过充分的估计和设想:

从目前形势看,最重要的岗位都将出现空缺:

国家主席——刘少奇已屈死多年,国家主席一直空缺,由于毛泽东明确反对再设国家主席,四届人大也不会补设。

委员长——三届人大选出的委员长朱德,已是88岁高龄的老人了,说不定这次要改选,那就让王洪文取而代之。

国务院总理——眼见着周恩来已不久于人世,而最理想的人选莫过于由张春桥接替他。而且,只要争取,是有希望达到的。

至于她自己,她也是作了打算的——一旦毛泽东病逝,她就取代他的位置,做中共中央主席。

既然江青的组阁计划已设计好了,她必然要为组阁成功而努力。而此时,组阁的最大障碍莫过于周恩来、邓小平,以及国务院所属主管部门那些恢复了领导工作的老同志。

出于政治上的需要,"四人帮"已在1974年初造起了"批林批孔"批周公的声势,但他们唯恐这种影射史学不能完全达到目的,必须寻找更锋利的武器刺向周、邓等政敌。只有这些人倒了,他们的愿望才有可能实现。正在这时,"风庆轮"问题出现了。"四人帮"认为,抓住"风庆轮"问题大做文章,可以由小及大,从中引出一个关系国家建设方针的问题,可以对政敌上纲上线到方向路线上去。正如"四人帮"死党所做的那样,可以用"崇洋媚外""洋奴哲学""刁难国产船、依赖进口船"等罪名,从下往上追,往上批,直到打倒政敌,为他们组阁铺路。

于是他们指导舆论界,大做文章,以为把事情闹得越大越好。

红墙大事
——共和国重大历史事件的来龙去脉（下册）

江青一伙有意借题发挥，批判"洋奴哲学""崇洋卖国"。罗思鼎根据姚文元定的调子，于1974年3月28日在《学习与批判》第三期上，抛出了署名"景池"的文章《从"洋务运动"看崇洋媚外路线的破产》。与此同时，还发表了《评"崇洋有理"》《乘长风破万里浪——郑州号锦州号访问记》等文，把"洋奴哲学"和"李鸿章之流"连在一起。4月27日，上海《朝霞》月刊又发表了署名"罗思鼎"的文章《李鸿章出洋》。为了让读者明白其文章所指，文章一开头，就以"中堂"二字点明李鸿章的身份是"宰相"。文中不顾李鸿章1896年游历欧美"一无所购"这一历史事实，硬说他出洋是为了"购买舰船军火"，还编造了一段顺口溜："洋轮，洋船，洋货，见了洋人的东西就像亲老子一样，求呀！拜呀！"我真不明白这些官老爷安的什么心……指桑骂槐地对着周恩来。

张春桥、姚文元又单独找罗思鼎密谈，指示他们要为"'风庆'号回来好好写一个东西"，以证明他们的路线正确。8月13日，风庆轮已在返航途中，张春桥指示，"要好好宣传'风庆'轮是个路线问题，不要光发一条消息"。

9月30日深夜12点，风庆轮完成远航任务，胜利抵达吴淞口锚地。为了壮大声势，"四人帮"在上海的亲信把20多个记者用交通艇送上风庆轮。为了使对风庆轮的宣传不被淹没在国庆的欢乐气氛中，姚文元有意将之安排在国庆之后统一进行，使宣传像放排炮一样。

10月9日后，各报刊开始了对风庆轮的大规模宣传报道和评论，全都是按"四人帮"的授意，以歌颂自力更生方针为幌子，大批所谓"崇洋媚外"，影射攻击周恩来和中央其他领导。10月12日，《解放日报》发表评论员文章《乘风破浪胜利前进——从风庆轮首航归来赞自力更生精神的伟大胜利》，《文汇报》发表评论员文章《红灯指航向踏平万里浪——欢呼风庆号万吨轮远航归来》。文章把造船和买船对立起来，影射周恩来执行的是一条"孔孟之徒卖国主义路线"，说："历史的经验值得注意"，"我国近代造船工业发展史，是一部充满尊孔崇洋与反孔爱国斗争的历史"，"翻一翻中国造船工业发展史，就可以很清楚地看到近代尊孔派的头子都直接插手造船工业"。文章并以曾国藩、李鸿章、袁世凯、蒋介石及刘少奇、林彪等为例，说"他们奉行的都是'造船不如买船，买船不如租船'的洋奴哲学，推行了一条卖国主义路线"。同时，《光明日报》也发表了《在大风大浪中前进》的文章，文章说：

二十六 "四人帮"向周恩来突然发难

风庆轮远航归来,很不寻常,这不仅表明我国自造的远洋货轮完全能够战胜海洋的大风大浪,而且更重要的是,这一事实横扫了崇洋媚外思想,再一次证明了毛主席的独立自主、自力更生方针的正确。

新中国成立以来,我国造船工业始终存在着两条路线的激烈斗争。斗争的焦点是立足于自力更生、自己造船,还是崇洋媚外,依赖进口。上海开始大量造万吨轮,是无产阶级文化大革命中出现的新事物,这场伟大的革命运动,深刻批判了刘少奇、林彪推行的崇洋媚外、投降卖国的修正主义路线。该路线认为,广大造船工人振奋自力更生的革命精神,在三千吨小船台上造万吨轮,在芦席棚里造万匹马力的船用主机"不可靠",这样造出的船只能跑近海,跑不了远洋。要远航,就得装上外国进口的主机。因此,尽管风庆轮的质量证明书上关于航行级别一栏里,清清楚楚地写着"无限航区",即可以航行到世界各个港口,但由于修正主义路线影响所造成的种种阻力,风庆轮却没有远航权。

一张革命的大字报,由江南造船工厂贴出来了!这张大字报,透过风庆轮能不能远航的争论,尖锐地揭露了造船工业中的两条路线、两种思想的激烈斗争,不是国产船和国产船用主机有问题,不能远航,而是有些人崇洋媚外,思想、路线有问题。

文章后附评论员文章:

"伟大的'批林批孔'运动,洗刷着洋奴哲学的污泥浊水,给我们的工业带来了日新月异的面貌。崇洋媚外的思想实质上是孔孟之徒卖国主义路线的反映,它长期以来阻碍着我国造船工业的发展。……历史的经验值得注意,只有彻底批判代表儒家卖国主义路线的崇洋媚外思想,才能更快更好地发展我国造船工业,才能有更多的国产轮船乘风破浪去远航。"

"四人帮"并不仅仅满足于大造舆论,同时,也施行了更高层次的阴谋。

"四人帮"的亲信炮制了一份一万多字的黑材料——诬告李国堂、顾文广为"特务"、"假洋鬼子"的揭发材料,这份材料刊登在10月13日新华社的《国内动态清样》上。

"四人帮"得到这个材料,如获至宝,他们要把这个材料作为一枚射向周恩来、邓小平等领导人的重磅炮弹,去打击、杀伤他们。

红墙大事
——共和国重大历史事件的来龙去脉（下册）

10月14日，江青写了以下一大篇批示：

我看了1974年10月13日《国内动态清样》有关风庆轮的报道后，引起我满腔的无产阶级义愤！试问交通部是不是毛主席、党中央领导的中华人民共和国的一个部？国务院是无产阶级专政的国家机关，但是交通部确有少数崇洋媚外、买办阶级思想的人专了我们的政。像李国堂这样的人，我不知道他是不是共产党员，但是从反映的材料来看，他连爱国主义者都不是，这种洋奴思想，爬行哲学，不向他斗争可以吗？李国堂是钻进革命队伍的阶级异己分子，装满一脑子买办资产阶级思想，他怎么能够做中华人民共和国风庆轮号这艘轮船的副政委呢？……政治局对这个问题应有个表态，而且应该采取必要的措施。

以上意见妥否，请批示。

同日，王洪文紧随江青之后，迫不及待地写了一段批示：

完全同意江青同志意见。我已在10月13日告交通部，上海市委先将李国堂留上海发动风庆轮职工进行彻底揭发批判，然后再搞回交通部进行批判。

交通部必须对李国堂进行严肃的处理，并将处理的情况报告中央。

当材料转到张春桥手上时，他写下了这样一段话：

同意江青、洪文同志意见。在造船工业上的两条路线斗争已经进行多年了。发生在风庆轮号上的事是这个斗争的继续。李国堂不是中国共产党党员的代表，而是买办资产阶级的代表。建议国务院抓住这个事件，在"批林批孔"运动中进行政治思想教育，使毛主席的独立自主、自力更生的方针，在各个路线上进一步确立起来。

姚文元对江、王、张的意见自然赞同，他写下了下面这一段话：

根本问题是路线问题。李国堂代表了一条修正主义路线，他仇视社会主义的新生事物，对抗毛主席独立自主、自力更生的方针，反对革命文艺、批林批孔和文化大革命，他的崇洋媚外思想是由他的买办资产阶级的立场决定的。建议交通部和其他经济部门在批林批孔运动中，通过这件事进行路线教育，坚持毛主席无产阶级革命路线，批判修正主义路线，使我国造船工业和整个社会主

二十六 "四人帮"向周恩来突然发难

义工业能够沿着毛主席的革命路线多、快、好、省的发展。

这份文件经政治局委员传阅后，退给江青，于是江青于10月25日再做批示如下：

> 总理、康老：
> 这三份传阅件毛主席都看了。现送上请阅。

周恩来看后，批示：已阅。

康生也于10月26日写了下面的一段批示：

> 同意江青同志在各份材料上的批示，同意洪文、春桥、文元同志的批示。我长期以来感到交通部有问题。应通过查处李国堂的问题，对交通部进行彻底检查整顿。

"康老"对江青的支持是不言而喻的，新中国成立以来，康生和江青就结成了一种十分友好的关系，或者说是相互依赖、相互包庇的关系，尤其是"文化大革命"发动以后，与其说他是"中央文革"的顾问，不如说他是"四人帮"的顾问。只要是"四人帮"出的坏点子，他没有不支持的，而且煽风点火，助其一臂之力。

这里，我们有必要介绍一下康生与江青的关系：

康生长江青16岁，他们的相识大约就在他当小学校长的时候。关于康生与江青的相识，有两种不同的说法，一种说法是江青的母亲带着少年的江青（即李云鹤）离家出走后，在康生的家里（即诸城张家）做过女佣；另一种说法则是康生任小学校长时，江青在那所小学就读。无论哪种说法，至少都可以说明一点，康生与江青是很早就相识的，这也是他们后来合作的基础。

20世纪30年代，江青进入延安，与康生"他乡遇故知"，自是比别人亲近些。康生对江青也有一些照顾，江青能够接近并最后嫁给毛泽东，康生是出了力的。

当然，康生对江青的历史是很了解的，但他没有揭发，这也让江青有了一份感激，因而与"康老"在"文革"中结成了"亲密伙伴"。

康生对江青的包庇，仅仅是同乡之谊吗？如果这么说，那就太低估康生了。了解康生的人都知道，康生前期发迹，是依靠王明的结果，而在王明被打倒后，康生及时攀上了高枝——江青，这为他后来的升迁，起了不可估量的作用。可以说,"文革"期间,江青与康生是互为利用的关系。

然而,在康生临终的时候,他却向毛泽东告发了江青、张春桥,揭发了他们隐瞒了近半个世纪的特务历史。是"人之将死、其言也善"吗?是为党着想吗?当然不是,因为这时,毛泽东已多次批评江青,批评"四人帮",眼看着"四人帮"大势已去,尽管康生知道自己来日不多,但他还要为死后着想。于是,康生约见了王海容和唐闻生,凭她们的特殊身份,康生知道,这是向毛泽东告密最直接也最可靠的方式。

此时的康生,说话已有气无力,所以,他没有做过多的铺垫,而是直接切入主题:

"请你们转告主席,江青和张春桥,在历史上都是叛徒!"

两个年轻人都吃惊地望着康生。

康生又说:

"你们不要用笔记。用脑子记住就行了,只向主席报告——

"江青是叛徒,我在30年代就知道。现在还有活着的证人,可以问王观澜。如果主席想仔细了解情况,可以派人去找王观澜调查。

"至于张春桥是叛徒,我是从张春桥的档案上看到的。张春桥的档案是江青给我看的。主席不妨调阅一下张春桥的档案,也可以找吴仲超了解。

"我是一个快要去见马克思的人了。这算是我对党的最后一点贡献……"

他停了一会儿,又补充道:

"江青的叛变情况,在20世纪30年代香港、华南的报纸上也有报道,可以查一查。……"

政治局会上,江青向邓小平发难,你对批判"洋奴哲学",究竟抱什么态度,是赞成还是反对

1974年10月17日晚,中共中央政治局会议在北京举行。这次会议是为了讨论四届人大的筹备事项。四届人大召开在即,筹备的任务当然紧迫。

正当大家讨论如何筹备四届人大时,江青却突然提起了所谓"风庆轮事件"。显然,这与会议内容格格不入,也搅得政治局会议无法正常地开下去。

江青提出"风庆轮"问题,当然是"醉翁之意不在酒",此次,她的矛头是

二十六 "四人帮"向周恩来突然发难

直接指向邓小平的。因为就在前几天，毛泽东向王洪文谈了四届人大总理人选问题，毛泽东的意见是，由邓小平出任国务院第一副总理，这是毛泽东对邓小平的欣赏与重用，打破了江青由张春桥任第一副总理的迷梦。江青知道，周恩来的癌症已到晚期，他将不久于人世，而一旦这个第一副总理的职位被邓小平夺取，将来总理病故，继国务院总理之职者必是邓小平！

长期以来，邓小平就已经是江青一伙的"眼中钉"，他对江青的不合作，对她的揭发，都已让她忍无可忍，而一旦邓小平当上总理，破灭的就不单单是张春桥的总理梦，而是她的女皇梦，因此，江青岂能不恨透了邓小平？

在此之前，江青一伙对邓小平的崛起就很惧怕。

1974年3月，中央政治局会议讨论派邓小平去参加联合国第六届特别会议时，江青就大吵大闹，坚决不同意。

毛泽东得知这次开会的情况后，给江青写了一封信：

江青：

  邓小平同志出国是我的意见，你不要反对为好，小心谨慎，不要反对我的提议。

毛泽东
3月27日

由于毛泽东的批评，江青不得不暂时有所收敛。但对邓小平，她始终抱着一种仇恨，因为她知道，邓小平的复出和崛起对她意味着什么。而这一次，邓小平如果真的成为"第一副总理"，无疑将凌驾于她的头上。

于是，江青一伙借口"风庆轮事件"开始向邓小平发难了。

面对邓小平的强硬态度，"四人帮"再一次感到形势危急。

当夜，钓鱼台17号楼，江青、张春桥、姚文元、王洪文紧急聚会，商量对策。

张春桥称这次政治局会议为"二月逆流"，姚文元则说嗅出了这次会议"有庐山会议的味道"。

江青听了他们的看法，对王洪文、张春桥、姚文元说，她之所以发火是因为"邓小平对文化大革命不满意，对文化大革命从来不表态。邓小平不支持新生事物。风庆轮船虽不大，毕竟是中国造的，邓小平为什么不表态……"

红墙大事
——共和国重大历史事件的来龙去脉(下册)

之后,几个人开始密谋怎样来对付邓小平。他们感到了时间的紧迫。因为江青知道,10月20日,邓小平将要陪丹麦首相哈特林和夫人飞往长沙,拜晤毛泽东。只有赶在邓小平之前,向毛泽东告状,才有可能打败邓小平,稳操胜券。

于是他们商量着,由谁去向毛泽东告状最恰当。最后做出决定,翌日派王洪文直飞长沙。这是经过缜密思考的:第一,由江青出面,肯定不合适,因为,江青见毛泽东,必须预先征得毛泽东的同意,这是很早就决定了的,江青还记得,在这年3月,她要求见毛泽东,毛泽东拒绝了,并给她写过一封信:

江青:

  不见还好些。过去多年同你谈的,你有好些不执行,多见何益?有马列书在,有我的书在,你就是不研究。我重病在身,八十一了,也不体谅。你有特权,我死了,看你怎么办?你也是个大事不讨论,小事天天送的人。请你考虑。

毛泽东
1974年3月20日

江青深知,毛泽东对她意见多,反感日深,不到万不得已,他已不愿再见到她。这次如果自己亲自出面,弄不好还会搞砸了,也真是多见无益。第二,张春桥去也不合适,因为张春桥与邓小平争当国务院第一副总理,由他出面,显得太露骨。第三,由姚文元出面更不合适,毕竟他还只是政治局委员,由他向毛泽东建议该由谁来当国务院第一副总理,显然不妥当。筛来选去,这份告状的重任就落在王洪文肩上了,因为王洪文是党的副主席,由他去见主席,既合情合理,而且他的话分量会重些,打动主席的可能性也大些。

关于这次行动,1980年11月14日上午,王洪文在特别法庭受审时,曾这样供认道:

1974年10月17日晚上,在钓鱼台17号楼,江青召集我和张春桥、姚文元一起,主要是密谋告邓小平的状。议论邓小平对"文化大革命"不满意,不支持新生事物,说邓小平对四届人大提名人选上可能有不同意见。还议论了姚文元提出的"北京大有庐山会议的味道"……去长沙,实际上是一次阴谋活动,是背着周恩来总理和政治局去的。江青提出要赶在毛泽东主席接见外宾之前去,是怕

二十六 "四人帮"向周恩来突然发难

邓小平陪同外宾先到毛主席那里把事实真相说明。

……

第二天上午9时,王洪文就匆匆坐上飞机,直接从北京去长沙,见在那里休养的毛泽东,湖南省委第一书记张平化接他到毛泽东住处。

毛泽东住在湖南省委接待处,这里是他的家乡,也是他非常信赖的华国锋长期管理的地方,当时华国锋已调任公安部部长,但他对毛泽东的生活仍非常关心,每隔几天,他都要给湖南省委打一次电话,关照他们要悉心照料主席的生活起居乃至疾病健康等,甚至,听说毛泽东喜欢看电视,他还从北京为毛泽东专门调来了电视车……

王洪文见到毛泽东,顾不上过多地寒暄,就向毛泽东透露了他此行的目的。凭着是毛泽东的"宠臣"和已经握在手里的"证据",王洪文本以为,毛泽东会准奏,没有想到他碰了一鼻子灰!

王洪文告诉毛泽东:"北京现在大有庐山会议的味道。"

王洪文所说的"庐山会议",就是1970年8月23日在庐山召开的中国共产党九届二中全会。这次会议原定的主要议程是:讨论修改宪法;审定国民经济计划;讨论战备问题。林彪一伙为了实现抢班夺权的野心,按照事先的密谋,分别在各组同时宣讲由陈伯达编选、经林彪审定的"称天才"的材料,陈伯达并抢先发出吹捧林彪、坚持设国家主席的华北组会议第2号简报,从而制造了一场混乱。25日,毛泽东召开中央政治局常委扩大会议,决定收回华北组会议第2号简报,责令陈伯达检讨。8月31日,毛泽东写了《我的一点意见》严厉批评了陈伯达,给了林彪反革命集团以沉重的打击。会议决定对陈伯达进行审查。会后开展了批陈整风运动。会议还决定,向全国人大常委会建议,在适当的时候召开第四届全国人民代表大会;批准国务院关于全国计划会议和1970年国民经济计划的报告;批准中央军委关于加强战备工作的报告。在9月6日的闭幕会上,毛泽东讲了党的高级干部要学习马克思列宁主义的问题。

王洪文说"北京大有庐山会议的味道",就是在暗示周恩来、邓小平等人欲搞夺权阴谋,而真正如林彪一伙搞阴谋的,却是"四人帮",真是恶人先告状!好在毛泽东识破了"四人帮"的诡计。

见毛泽东未置可否,王洪文又别有用心地说:"总理现在虽然有病,住在医

红墙大事
——共和国重大历史事件的来龙去脉(下册)

院还忙着找人谈话到深夜。几乎每天都有人去。经常去总理那里的小平、剑英、先念等,他们这些人在这时候来往频繁和四届人大的人事安排有关。"

王洪文又说:"邓小平出来工作,一直对文化大革命不表态。这次在政治局会议上与江青发生争吵,吵得很厉害。邓小平情绪那么大,与最近在参谋长人选和总政主任人选问题上,江青与邓小平意见分歧有关。"

王洪文的话没有告倒邓小平,却反而触怒了毛泽东。当时在场的张玉凤后来回忆道:

1974年10月,王洪文背着周总理和政治局到湖南毛主席住地,向毛主席告周总理和其他中央领导同志的状。王洪文把周总理等同志比作在九届二中全会上的林彪一伙要抢班夺权,他说:"北京现在大有庐山会议的味道。我来湖南没有告诉周总理和政治局其他同志。我们四个人(王、张、江、姚)开了一夜会,商定派我来汇报,趁周总理休息的时候就走。我是冒着危险来的。"……王洪文到湖南的目的,实际上是"四人帮"阴谋要搞掉周总理,向毛主席要权。并在毛主席面前吹捧张春桥怎样有能力,姚文元又怎样读书,对江青也作了一番吹捧。毛主席当即严厉批评了王洪文,主席说,有意见当面谈,这么搞不好。你要注意江青,不要跟她搞在一起。你回去后找总理、剑英同志谈谈。

毛泽东毫不客气地斥他们为"上海帮"说:"你们不要搞上海帮!"

王洪文乘飞机飞往湖南见毛泽东的时候,江青在北京也没闲着,她唯恐王洪文湖南之行收获不大。18日中午,又迫不及待地把王海容、唐闻生召到钓鱼台17号楼。因为王海容、唐闻生近日要与邓小平一起,陪同丹麦首相哈特林和夫人前往长沙会晤毛泽东。江青要求王海容和唐闻生把17日晚政治局会议上的斗争以及"他们国务院那些人借谈工作搞串联"的情况向毛泽东报告,并让王海容和唐闻生在当晚9时再来钓鱼台见她。

在这里,我们有必要费一些笔墨介绍一下王海容和唐闻生。她俩一个是毛泽东的表侄孙女,一个是外交部官员唐明照的女儿。她们的职务是外交部的翻译,但在党内高级领导层中有着特殊的地位。她们不仅为毛泽东接见外宾担任翻译,而且颇得毛泽东的喜爱,是毛泽东家中的常客。在毛泽东晚年,尤其是"文化大革命"后期,他家里的客人很少。其他领导人有时半年或更长时间才能见上毛泽东一面,这也只是在他召集政治局会议或接见外宾时,才能和政治局委员们或陪同接见的

二十六　"四人帮"向周恩来突然发难

其他人一起见一见。毛泽东非常信任王海容和唐闻生，要这两位年轻人参加政治局会议，然后直接听取她俩关于政治局内部各种情况的汇报及国内各方面情况的反映。报送政治局委员传阅的有些文件也列上她们俩的名字。毛泽东知道政治局内部是分为两个阵线的，对两个方面的报告他都不轻易相信。他需要他认为是真实的情况。在这种特定的条件下，王、唐二人便充当了毛泽东与政治局其他人之间的一座特殊的桥梁。毛泽东不仅从这两个年轻人那里获得他想了解的情况，而且他的指示有时也要经过这两人向政治局或中央、国务院其他领导部门传达。

王洪文从长沙失望而归，江青一伙不甘心就这样失败，于是，当日晚上在钓鱼台17号楼又集体"召见"了王、唐二人。

江青首先让张春桥"介绍当前国内形势"。

张春桥首先讲了国内财政收支和对外贸易出现逆差的问题，说这是国务院"崇洋媚外"造成的。

"小平在'风庆轮'问题上跳出来不是偶然的，文化大革命以前他就主张造船不如买船，买船不如租船。"张春桥说。

张春桥分析了问题的性质，他把10月17日晚的政治局会议比作"二月逆流"。

江青再次让王、唐把这些情况报告毛主席。同时，她又托王、唐向毛主席转达：如果让邓小平出任国务院第一副总理，那么她提议，让王洪文出任人大副委员长。

10月19日，王海容、唐闻生又来到周恩来住的305医院。周总理此时已经被癌症折磨得不成样子，但他对四届人大的组阁情况非常关心，对一段时间以来党内高层人物之间的斗争也了如指掌。他向王、唐二人讲了政治局会议的真实情况。指出，江青已经不是第一次这样责问邓小平，邓小平已经忍了很久了。看来，他们是事先计划好的。周总理还说，已告诉邓小平"这次陪外宾见主席时不要为此事干扰主席，回来后慢慢解决"。

10月20日，邓小平、王海容、唐闻生等一行人陪同丹麦首相哈特林及夫人一行来到了长沙。

接待外宾结束后，王海容和唐闻生留下来，她们向毛泽东汇报了政治局会议的情况，也向毛泽东转达了周恩来的意见和江青的话。

毛泽东听后，有些生气，他指出："风庆轮"的问题本来是一件小事，且李先念已在解决，但江青还这么闹。毛泽东批评江青不懂事。

毛泽东要王海容、唐闻生回北京转告周恩来、王洪文："总理还是总理，四届人大的筹备工作和人事安排问题要总理和王洪文一起管。建议邓小平任党的副主席、第一副总理、军委副主席兼总参谋长。"

毛泽东还让王海容和唐闻生转告王洪文、张春桥、姚文元，叫他们不要跟在江青后面批东西。

当王、唐二人如实向毛泽东转达江青的建议时，毛泽东脸上登时现出愠怒："江青有野心，她是想叫王洪文做委员长，她自己做党的主席。"

毛泽东识破了她的诡计，也回击了她，这对江青来说，不啻于一个巨大的失败。

毛泽东给江青的批示：不要多露面，不要批文件，不要由你组阁，你积怨甚多

1974年11月6日，周恩来给毛泽东去信，汇报四届人大各项准备工作及进展情况。他说："代表名单、宪法草案和报告，政府工作报告，均可在11月搞出"，"人事名单估计11月下旬可搞出几个比较满意的人选"。而且还表示："我积极支持主席提议的小平为第一副总理，还兼总参谋长。"

周恩来的信中，还提及了召开四届人大的具体时间，他写道：

"我的身体情况比7月17日见主席时好多了，只是弱了些，如果12月能开人大，肯定能吃得消。"

周恩来还在信中委婉地提示道："最希望主席健康日好，这一过渡时期，只有主席在，才能领导好。"

毛泽东在接到周恩来信的当日，即对周恩来的信做了批示："同意。"

四届人大和当时国内的形势，也让周恩来操透了心，第二次手术后，他没来得及休息几天，就开始频频会客，无疑，这对他的病体康复很不利。9月，周恩来医疗组就周恩来施行第二次手术后的身体恢复情况写报告给王洪文、叶剑英、张春桥、汪东兴（此四人为中央政治局内负责周恩来医疗工作的成员），报告提出：

"恩来同志第二次手术后，于8月16日开始会客，10月6日以后会客次数增多，最多时一天会客五次。谈话时间有时也较长，最长一次超过两个半小时。

与此同时，批阅的文件也增多。连续会客、谈话及批阅文件后，影响白天休息和夜间睡眠。最近几天显得疲劳，恩来同志自己也感到精力不足。建议最近期间减少送阅文件及会客次数，并缩短谈话时间。"

医疗组提出建议，然而，周恩来哪有时间休息啊，用"日理万机"形容周总理真是再恰当不过了，这里，我们仅列举10月下旬到11月上旬的日程安排，就可略窥一斑。

翻开《周恩来年谱》，那上面是这样写的：

10月19日，先后同华国锋、纪登奎、李先念和邓小平谈话，了解17日中共中央政治局会议情况及有关"风庆轮"问题。

△会见丹麦首相保罗·哈特林和夫人。

△与王海容、唐闻生谈话，指出："风庆轮事件"并不像江青他们所说的那样，而是他们预先计划好了要整小平同志，小平同志已经忍耐很久了。同时表示，还要继续做些工作，慢慢解决问题。

10月20日，与王洪文谈话。

10月22日，听取王海容、唐闻生转告前日毛泽东谈话内容，并做了记录。

10月23日，先后与王洪文、王海容、唐闻生、邓小平、江青谈话。

10月25日，同叶剑英长谈。

10月27日，会见越南副总理黎清毅、外贸部副部长李班、国防部副部长陈参中将。

同李先念长谈。

10月28日，与王洪文谈话。

10月29日，对国家文物局关于北京图书馆扩建设计方案的报告批示："这个地方小，不能一劳永逸。不如在城外找个地方解决，一劳永逸。"

10月31日，在外交部一则简报上批示，建议："对华侨政策要提两句话：长住在国外或生在国外者，希望入所在国的国籍，不要双重国籍；已回国的侨民入学或工作者，应给予教育和帮助，不许歧视。"

11月1日～3日，先后分三批约在京中共中央政治局成员叶剑英、王洪文、张春桥、江青、姚文元、李先念、纪登奎、邓小平、华国锋、吴德、陈锡联、陈永贵、倪志福、吴桂贤等开会，解决"风庆轮事件"的问题。期间，还另约王海

红墙大事
——共和国重大历史事件的来龙去脉（下册）

容、唐闻生谈话。

11月5日，会见特立尼达和多巴哥总理兼外长埃里克·尤斯塔斯·威廉斯博士。

△同李先念谈话。

11月6日，致信毛泽东，汇报四届人大各项准备工作及进展情况。

△与王海容、唐闻生谈话，托她们向在长沙的毛泽东汇报病情及其他问题。

11月7日，同陪外宾赴长沙见毛泽东回家的李先念长谈。

△晚，与由长沙回家的王海容、唐闻生谈话。

次日，同李先念、纪登奎谈话。

11月9日，与王洪文谈话。

11月10日，会见也门民主人民共和国总统委员会主席萨勒姆·鲁巴伊·阿里。

……

由上我们可以看出，躺在病床上的周恩来，根本得不到一日的休息。他深知自己已不久于人世，他也知道选出合适的接班人邓小平并扶植他走上岗位的急迫性，因而他建议主席尽早召开四届人大，以便稳固邓小平的地位，在自己的有生之年，再扶他一把，让邓小平在继他之后，成为又一个与"四人帮"做坚决斗争，为毛泽东主席保好驾护好航的总理。

听说周恩来给毛泽东写信，江青又着急起来，她连忙修书一封，让王海容、唐闻生转交给主席。她再一次向毛主席提了她的"组阁"名单，她提出：让谢静宜当人大副委员长，迟群当教育部部长，乔冠华当副总理，毛远新、迟群、谢静宜、金祖敏列席政治局，作为"接班人"来培养。

毛泽东看罢江青来信，提笔写下分量很重的批示：

不要多露面，不要批文件，不要由你组阁（当后台老板），你积怨甚多，要团结多数，至嘱。

毛泽东又在结尾补写一句：

人贵有自知之明。又及。

毛泽东的信函让江青有些气馁，但依江青的性格，她不会轻易言败，因而在11月19日，她又给毛泽东去信，半是"检讨"半是牢骚，话语之中充满怨气：

二十六 "四人帮"向周恩来突然发难

我愧对主席的期望,因为我缺乏自知之明,自我欣赏,头脑昏昏,对客观现实不能唯物地正确对待,对自己也就不能恰当地一分为二地分析,一些咄咄怪事,触目惊心,使我怦然惊悟。

自"九大"以后,我基本上是闲人,没有分配我什么工作,目前更甚。

江青

1974 年 11 月 19 日

江青在所有的组阁计划都失败后,终于伸手向毛泽东要官了,除此之外,她已无计可施。

毛泽东马上就给她写了回信。

江青:

可读《李固给黄琼书》。就思想文章而论,都是一篇好文章。你的职务就是研究国内外动态,这已经是大任务了。此事我对你说了多次,不要说没有工作。此嘱。

毛泽东

1974 年 11 月 20 日

李固、黄琼,东汉人。李固曾任荆州刺史、太山太守,黄琼曾任尚书令、太尉司空。李固素来仰慕黄琼,曾勉励其出仕。顺帝永建二年,黄琼被推荐入朝,途中称病不肯前往,经朝廷敦促,方肯继续向前进发。在黄琼到达洛阳近郊的时候,李固写了一封信给他,这封信就是毛泽东提到的《李固给黄琼书》。信中有这样的字句:峣峣者易缺,皦皦者易污。阳春之曲,和者盖寡。盛名之下,其实难副。这封信从两方面启发开导黄琼,一方面批判了当时名士的孤傲,另一方面针对当时名士专靠声名而其实不副以致容易被人攻击的缺点,对黄琼进行了规劝和告诫。毛泽东对李固这篇文章非常欣赏。江青给毛泽东写信,说她"九大"以后"基本上是闲人",向毛泽东要权,希望毛泽东给她工作。毛泽东没有正面批评她,而建议她看《李固给黄琼书》,一方面回绝了江青的要求,同时也是在告诫她要谦虚谨慎,力戒孤傲,而且在"盛名"之下要意识到"其实难副"。毛泽东对江青的规劝教导颇费苦心,只可惜江青作为毛泽东妻子,只知依其特殊身份要权,发号施令,乃至梦想有朝一日登基做女皇,从未体谅过作为主席、作为丈

红墙大事
——共和国重大历史事件的来龙去脉（下册）

夫的毛泽东的苦心。

就在江青托王海容、唐闻生带信给毛泽东的时候，邓小平又一次见到了毛泽东，他是陪同也门民主人民共和国总统委员会主席鲁巴伊到长沙去晤毛泽东的，王海容、唐闻生也是随团人员。

1974年11月12日，邓小平见到了毛泽东。与对待江青的态度相反，毛泽东对邓小平的态度是热情而赞赏的。

毛泽东对邓小平的"钢铁公司"向来颇为赞赏，他常常提到邓小平的"钢铁公司"，就在当年7月17日的政治局会议上，毛泽东在批评江青的时候，还提到了这件事。

那天，毛泽东当着那么多在京政治局委员的面，批评江青。

他说："江青同志你要注意呢！别人对你有意见，又不好当面对你讲，你也不知道。"

江青被毛泽东批评得有些不自在，以往毛泽东对她的批评与规劝，大多是在信中，像这样当着诸多政治局委员的面批评她，还是第一次。

毛泽东又说："不要设两个工厂，一个叫钢铁工厂，一个叫帽子工厂，动不动就给人戴大帽子，不好呢！你那个工厂不要了吧。"

江青知道毛泽东向来欣赏邓小平的强硬，说他"内部是钢铁公司"，就极不情愿地说："不要了，钢铁工厂送给小平同志吧。"邓小平强硬得很，在她面前很少退让，这是她所深恶痛绝的。

见江青这么说，毛泽东追问一句："当众说的！"

江青也硬硬地说："说了算！"

"孔老二讲的，言必信，行必果。"毛泽东说到这里，对在座的政治局委员们说："听到没有，她并不代表我，她代表她自己。对她要一分为二，一部分是好的，一部分不大好呢！"

"不大好的就改。"江青道。

"你也是难改呢。"毛泽东又说一句。

"我现在钢铁工厂不开了。"

"不开就好。"毛泽东重重地说道。

……

联想到对江青的那次批评，现如今，邓小平又以他的"钢铁"精神压住了江青的邪气，毛泽东如何能不赞赏他呢。

邓小平又谈到了他自己："最近关于我的工作决定，主席已经讲了，不应再提什么意见了，但是看来责任是太重了点。"邓小平说的是毛泽东提议他担任党的副主席、第一副总理、军委副主席兼总参谋长。

毛泽东说："没办法呢，只好担起来喽。"

周恩来与王洪文两机同行，却是目的各异／毛泽东责令王洪文写检查

1974年12月23日，周恩来抱病离开医院，和王洪文分乘两架专机前往长沙，会见毛泽东，最后敲定人事安排。

毛泽东见了王洪文，头一句便说："不要搞'四人帮'！团结起来，四个人搞在一起不好！"

王洪文脸涨得通红，赶紧说："以后不搞了。"

接着，毛泽东向周恩来和王洪文说他自己的身体情况："明年1月起，外宾我不见了。要求见，我也不见了。我吃饭、睡觉还好，游了五次泳。就是讲话、肺、腿不行了。"老年的毛泽东，时时被这些疾病折磨着。

当话题转移到邓小平身上时，毛泽东露出了欣赏的神情。

"他政治思想强。"毛泽东用手指了指脑袋。

又用手指王洪文说"politics比他强"。

周恩来懂得，politics是英语"政治"，毛泽东如此说，是对邓小平最公平的评价。

"他没有邓小平强。"毛泽东又补充道，一边说着还一边在纸上写了个"强"字。

接下来，周恩来向毛泽东报告四届人大人事安排，当总理说到叶剑英任军委副主席兼国防部部长，邓小平任第一副总理兼总参谋长时，毛泽东打断了他的话：

"我看小平做个军委副主席。军委副主席、第一副总理兼总参谋长。"

毛泽东又拿笔在纸上写了"人才难"三个字。

红墙大事
——共和国重大历史事件的来龙去脉（下册）

周恩来明白了毛泽东的意思，就说"人才难得"。

毛泽东同意周恩来的说法。

12月28日，周恩来、王洪文结束了长沙之行，返回北京。

周恩来虽然身体状况非常不佳，但他的心情是愉快的。此次长沙之行，收获颇大，从毛泽东对邓小平的态度来看，是肯定和倚重的，在国家如此动荡之际，由邓小平掌握重权，主持中央工作，对党、对国家、对人民无疑都将是有益的。

"四人帮"插手组阁，借"风庆轮事件"向邓小平发难，现在，他们的阴谋破产了，这让周恩来颇感欣慰。他决定回去之后，就抓紧时间召开四届人大，进一步巩固邓小平的地位，不给"四人帮"反扑和再次制造阴谋的机会。

1975年1月5日，中共中央任命邓小平为中共中央军委副主席兼中国人民解放军总参谋长。

1975年1月8日至10日，中共中央十届二中全会召开，会上，选举邓小平为中共中央副主席、中央政治局常委。

紧接着，1月13日，四届人大开幕。从三届人大闭幕，到四届人大开幕，整整经历了10个年头，这10年，是中国多灾多难的10年。

四届人大选举的结果，令"四人帮"大失所望，可以说，"四人帮"的目标一个也没有达到。

人大常委会委员长——朱德。

人大常委会副委员长——董必武、宋庆龄、康生、刘伯承、吴德、韦国清、赛福鼎、徐向前、聂荣臻、陈云、谭震林、李井泉、张鼎丞、蔡畅、乌兰夫、阿沛·阿旺晋美、周建人、许德珩、胡厥文、李素文、姚连蔚。

国务院总理——周恩来。

国务院副总理——邓小平、张春桥、李先念、陈锡联、纪登奎、华国锋、陈永贵、吴桂贤、王震、余秋里、谷牧、孙健。

这种结果让"四人帮"非常恼怒。江青叫嚷说，四届人大是"大复辟"，不重视"新生力量"。

姚文元也发了一通牢骚。

江青甚至当着唐闻生、王海容的面骂骂咧咧要她们在陪外宾去长沙时把她的意见转告毛泽东。

唐闻生、王海容也真的转达了她的意见。

毛泽东听到江青的表现，怒道："她看得起的人没有几个，只有一个，她自己。"

"你呢？"王海容问毛泽东。

毛泽东摇摇头，道："不在她眼里！"说完，他沉默良久，又叹道："将来她会跟所有的人闹翻。现在人家也是敷衍她。我死了以后，她会闹事！"从毛泽东这句话看，他已经完全看透了江青，这也是他后来要发动政治局批判"四人帮"以削弱他们的权力的原因。至少，此时的毛泽东，头脑是非常清醒的。

"风庆轮事件"没有撼动邓小平，却使王洪文失去了毛泽东的信任

对于四届人大组阁中王洪文的落选，王洪文自己并不惊讶，早在他第一次借口"风庆轮事件"向毛泽东告状时，他就已经感到，他的接班人的地位已经动摇了。而当第二次在长沙见到毛泽东时，他知道，他已经完了，在这场与周恩来、邓小平的较量中，他失败了，而且不言而喻，代价是惨重的。

就在第二次长沙之行中，12月24日，王洪文借汇报工作的机会，支支吾吾地向毛泽东说出了江青让他说的话，尽管他知道这可能要惹怒主席，但他更不敢惹的是那个女皇，那是他的后台，没有她的支持和提拔，说不定他今日还在上海滩混日子呢。

毛泽东非常愤慨，对王洪文说："我几次劝你，不要几个人搞在一起，你总是听不进去！这一次，你既然来了，就多住几天，好好想一想，写个书面检查给我！"

王洪文无奈，只好给毛泽东写了一份检查：

主席：

　　这次来长沙向主席汇报工作，又一次聆听了主席的教导，受到了深刻的教育。特别是主席对我的批评"你不要搞'四人帮'"。主席的批评是完（全）正确的，我诚肯（恳）地接受主席的批评教育。这次主席批准在这里住三天，

红墙大事
——共和国重大历史事件的来龙去脉（下册）

我应借这个机会来回忆总结自己犯错误的经验和教训。

两天来我认真地回忆了自己所犯的主要错误。

主席发现以后曾多次指示，"你们不要几个人搞在一起"，"你们不要搞上海帮"。我没有坚决地按主席的指示办事。当工作中遇有问题时不是和政治局多数同志商量，研究解决问题，而是只找少数几个同志。虽然主席多次指示，我仍然不觉悟，脱离不开小圈子。主席在离京前的政治局会议上又指示。10月17日来长沙向主席汇报关于江青同志和小平同志为"风雷（庆）号"批示发生争吵一事我是犯了严重错误的。因为当时在提名总参谋长人选问题上小平同志有不同意见，这本是党内生活中允许的。但我不是依靠政治局多数同志正确的解决问题，而是只听了少数同志意见，错误地把提总参谋长人选问题和江青同志批示"风庆轮"问题同小平同志争吵联系在一起，并且乱加猜测，因而就得出结论说可能有别的什么问题。因此我就提意（议）向主席报告。

在这个问题上的是（事）实是：小平同志并不错，而是我犯了严重错误，因为总理身体不好要我主持工作，而我不是全面地听取各方不同意见，而是只听少数同志意见，又不加分析就错误地向主席报告。干扰了主席。我的错误是严重的。

"四人帮"的组阁阴谋彻底失败了，也使他们再一次陷入窘境。

正当"四人帮"为组阁失败而无限懊恼时，毛泽东回到了北京。

1975年5月3日，是"四人帮"最难熬的一天。

这天，毛泽东亲自主持召开了中央政治局会议。

在这次会议上，毛泽东对"四人帮"发出了严重警告。毛泽东说："要搞马列主义，不要搞修正主义；要团结，不要分裂；要光明正大，不要搞阴谋诡计。不要搞'四人帮'，你们不要搞了。为什么要照样搞呀？为什么不和两百多的中央委员搞团结，搞少数人不好，历来不好。"

毛泽东还提出了要解决"四人帮"问题。他指示说：

"上半年解决不了，下半年解决；今年解决不了，明年解决；明年解决不了，后年解决。"

二十六　"四人帮"向周恩来突然发难

但毛泽东并没有把"四人帮"逼得没有退路，他甚至认为解决"四人帮"问题，并不很着急。他说：

"我看问题不大，不要小题大做，但有问题要讲明白。"

毛泽东对"四人帮"的姑息，客观上也起到了纵容的作用。

迫于毛泽东和中央政治局的压力，王、张、江分别写了检讨。

江青写道："当我认识到'四人帮'是个客观存在，我才认识到有发展成分裂党中央的宗派主义的可能，我才认识到为什么主席从去年讲到今年，达三四次之多，原来是一个重大原则问题，主席在原则问题上是从不让步的。"

张春桥写道："主席关于不搞'四人帮'的指示，一定坚决照办，并尽可能地做团结工作。至少不给主席增加负担。"

王洪文写道："在批林批孔运动中，初期我对批林批孔同贯彻十大的精神对立起来，因此我对批（林）批孔是不理解的，特别是关于广州召开大会问题，当时查清楚是对的，但由于我自己不理解，也说过一些错话，在政治局也进行过争论。"

"当主席批示了北大、清华那份批林批孔的材料以后，特别是1974年1月24日、25日两次大会（指1974年1月24日的'在京军队单位批林批孔动员大会'和1月25日的'中央直属机关和国家机关批林批孔动员大会'，是王洪文、江青、张春桥、姚文元等在未经政治局讨论、未报告毛泽东的情况下召开的——引者注）。虽然我对于两次大会的召开未经政治局讨论，未报告过主席，关于反对走后门有些提法不妥，如混淆两类矛盾的提法，扩大了打击面等，也同个别同志交换过意见（我也是赞成反对走后门的），但我没有及时向毛主席报告。这是我原则性不强，组织观念不强的表现。"

毛泽东以及中央政治局对"四人帮"的批评，或多或少地刹了"四人帮"的威风，但他们并没有彻底地偃旗息鼓，而是准备力量，进行再一次疯狂的反扑。

"四人帮"的组阁阴谋失败了，他们为之掀起的政治风波"风庆轮事件"也徐徐落幕了。

在"四人帮"意欲篡权的关键时刻，即1974年10月和11月内，"四人帮"不但在政治局内向周恩来、邓小平展开攻势，还在舆论界发起了一个疯狂的攻势，当然，这个舆论攻势的重点选在江青的基地——上海。

红墙大事
—— 共和国重大历史事件的来龙去脉（下册）

1974年10月到11月间，"四人帮"在中央政治局挑起"风庆轮事件"时，他们在上海的党羽也卖力地展开了一场超大规模的"成套宣传"攻势。他们组织朱栋等人四处作报告达上百场次；组织二十多万人上风庆轮参观，借机批判所谓"崇洋媚外"的"卖国主义"，还组织"歌唱风庆轮"的专场歌咏大会。

在此之前，文化部的"四人帮"死党还打紧急电话给上海电影制片厂，要求他们在年内拍一部反映"风庆轮"问题的电影，作为文化部直接抓的"重点片"之一。徐景贤又授意他的秘书到上影厂，向那里的剧本创作组交底："这个题材如一般地反对'崇洋媚外'就搞偏了"，"这个剧本要敢于触及中央的部，部的背后有中央的人，要写中央的两条路线斗争，要写高级走资派"，"不能只反贪官，不反修正主义的皇帝"。虽然他们的目标是再明确不过了，但没等他们最后搞出这部片子，历史已为"四人帮"敲响了丧钟。

在报纸宣传方面，由徐景贤、朱永嘉直接指挥，在1974年10月至11月两个月内，《文汇报》共发表了44篇文章（其中有9个整版）；《解放日报》共用了20个版，发表各类文章66篇（包括画8幅）共约13万字。上海两报使用了各种文艺形式，既有通讯报道，也有评论、访问记、座谈会纪要，还有照片、图片、杂文、小说，他们称为"全套宣传""连锁宣传"。他们采取这样大的宣传举动，就是为了与"四人帮"上下呼应，以达到其篡党夺权的丑恶目的。

组阁失败，"四人帮"的阴谋受挫，但他们继续攻击周恩来、邓小平以期再找机会，重新崛起的心仍然没死。1974年11月1日出版的《红旗》杂志第11期上，刊登了罗思鼎所写的《论北宋时期爱国主义和卖国主义的斗争》。同时还刊出了另一篇署名为风庆轮党支部的文章《扬眉吐气的三万二千里》，文章写道："在我们的国家里，对自己国产的东西没有感情，这也不称心，那也不放心，那就连爱国主义也丢了，更不用说马克思主义了。"姚文元还特地为这篇文章写了编者按，说什么"这篇振奋革命精神的文章，很值得一读"，它"对于洋奴哲学、爬行主义之类的地主买办资产阶级思想，是一个有力的批判。它的意义绝不限于造船业和海洋运输业"，继续影射攻击周恩来。

1975年8月11日，王洪文又特地蹿到风庆轮，扬言："风庆轮远航还没回来有人就提了一个意见，要批假洋鬼子。""北京有人支持他。"

1976年1月，周恩来病逝，中央决定由华国锋任国务院代总理，"四人帮"的阴谋再一次落空，"四人帮"更加气急败坏。3月，江青擅自召开12省、自治区会议，仍大谈"风庆轮"问题，咒骂中央领导是"洋奴、买办、汉奸"。她甚至还要把以前炮制的"四人帮"关于"风庆轮事件"的批件印发全国，被毛泽东及时制止。

直到1976年底，"四人帮"被粉碎，"风庆轮事件"才得以真相大白，结论是："风庆轮事件"是"四人帮"妄图实现其在第四届全国人大组阁阴谋而蓄意制造的一起政治事件。因"风庆轮事件"而遭受迫害的李国堂、顾文广得到彻底平反。

二十七　毛泽东为什么评价邓小平"人才难得"

- 江青、张春桥、姚文元、王洪文在中央政治局有预谋地对邓小平进行了多次挑衅。

- 毛泽东听了王洪文的"汇报",对他们的"告状"十分不满,当即批评王洪文:"有意见当面谈,这么搞不好!要跟小平同志搞好团结。"又说:"你回去后,要多找总理和剑英同志谈谈,不要跟江青搞在一起,你要注意她。"

红墙大事
——共和国重大历史事件的来龙去脉（下册）

1974年10月国庆节过后，毛泽东提出召开第四届全国人民代表大会的意见。

四届人大召开在即，筹备工作也在紧张进行。这是"文化大革命"以来的一件大事。会议程序中的一项重要内容是选举和确定党和国家重要领导的人事安排。此时，毛泽东正在长沙休养，周恩来也于6月1日因病住院，接受治疗。

在这种情况下，刚刚于10月4日由毛泽东提议担任国务院第一副总理并实际上主持国务院工作的邓小平，成了"四人帮"主要的攻击对象。

江青、张春桥、姚文元、王洪文在中央政治局有预谋地对邓小平进行了多次挑衅。

10月14日，江青从新华社的内部刊物《国内动态清样》上看到有关"风庆轮事件"的报道，其中有批判"造船不如买船，买船不如租船"的所谓"洋奴哲学"的内容后，做了批示。随后，王洪文、张春桥、姚文元、康生都表示了"完全同意"江青的意见，要求抓住风庆轮这件事"批判修正主义路线"，等等。但邓小平只在这份材料上画了个圈，周恩来在江青派人专送他的传阅件上批了"已阅"两个字。

关于"风庆轮事件"是这样的：1974年，中国远洋运输总公司组织处副处长李国堂和宣传干事顾广文，奉命被派遣到风庆轮协助首次远航欧洲的工作。李任政委，顾为政治干事。风庆轮开船后，某些人要李、顾批判所谓造船买船问题上的"崇洋媚外""卖国主义"。李、顾予以拒绝，并指出，国务院和交通部一向支持国内造船工业，但目前在国内造船工业尚不能满足远洋运输需要的情况下，利用一些有利条件，从国外适当买进一批船只，是完全必要的。这既有利于加速发展我国独立的远洋船队，也可以尽快地改变由于船只不够每年要用大量外汇租用外轮的局面。一些在这个问题上的谬论，矛头是直接指向周恩来和国务院其他领导的。他们还在船员中议论了"样板戏"。

"四人帮"在上海的亲信据此写了一封一万多字的信，诬蔑李、顾是"假洋鬼子"，"代表了一条修正主义的路线"。江青在信的批语中攻击交通部"崇洋媚外"，是"买办资产阶级思想专政"。张春桥、姚文元也诬蔑李国堂是"买办资产阶级的代表"。王洪文批示："先将李国堂留在上海，发动风庆轮船工进行彻底的揭发批判。""交通部必须对李国堂进行严肃的处理，并将处理情况报中央。"国庆节前夕风庆轮返回上海后，李、顾两人被扣在上海接受批判，"李、

二十七 毛泽东为什么评价邓小平"人才难得"

顾事件"被定为"反动的政治事件"。

10月17日晚,"四人帮"在中央政治局会议上,有预谋地提出所谓"风庆轮事件""崇洋媚外"问题,把矛头指向周恩来,要邓小平立即表态,对邓小平突然袭击。

就在这天晚上,江青、张春桥、姚文元、王洪文在一种似乎是决战前夕紧张严峻的气氛中研究下一步的行动方案。

地点在钓鱼台17号楼。

四人一致认为,必须争取毛泽东的支持,由王洪文尽快赶赴长沙,向毛泽东报告情况。

第二天,即10月18日,王洪文乘坐的专机在长沙机场降落。当晚,毛泽东接见了他。

按照事先同江青商量好的意见,王洪文说,为了风庆轮的事,江青和邓小平在会上发生了争吵,吵得很厉害。看来邓还是搞过去的"造船不如买船,买船不如租船"。

又说,邓有那么大的情绪,是与最近酝酿总参谋长人选一事有关。

在汇报四届人大筹备情况时,王洪文向毛泽东报告:"总理现在虽然有重病,住在医院,但还昼夜都忙着找人谈话。几乎每天都有人去。经常去总理那里的有邓小平、叶剑英、李先念等同志。"

毛泽东静静地听着。

王洪文继续说:"他们这些人在这时来往得这样频繁和四届人大的人事安排有关。"

毛泽东仍然默不作声。

"北京现在大有庐山会议(指1970年庐山会议)的味道!"王洪文的这句话是点睛之笔。如果毛泽东对他的报告重视并给予支持,把事件与庐山会议即九届二中全会联系起来,那么,问题的性质就很明显了。

王洪文还向毛泽东吹捧江青、张春桥和姚文元。

毛泽东听了王洪文的"汇报",对他们的"告状"十分不满,当即批评王洪文:有意见当面谈,这么搞不好!要跟小平同志搞好团结。又说,你回去后,要多找总理和剑英同志谈谈,不要跟江青搞在一起,你要注意她。

红墙大事
—— 共和国重大历史事件的来龙去脉（下册）

王洪文期待得到毛泽东的支持。但是，他的希望落空了。

也在同一天，即10月18日。北京，钓鱼台10号楼。江青与王海容、唐闻生谈话。是江青把她俩叫来的。

王、唐二人看起来像姐妹俩，衣着打扮、个头长相都差不多，总是穿一身朴素的服装，方口布鞋，留齐耳短发，戴眼镜，典型的知识分子形象。她们的职务是外交部的翻译，但在党内高级领导层中有着特殊的地位。她们不仅为毛泽东接见外宾担任翻译，而且是党中央主席家中的常客。

唐闻生是外交部官员唐明照的女儿，王海容是毛泽东的表侄孙女。毛泽东的姨妈嫁给了王文生，生有二子，其一为王季范。王海容是王季范的孙女。王海容幼年时，就常随王季范进出中南海，多次见到毛泽东。中学毕业后，王海容高考落第，在北京化工厂当过两年工人，后又考入北京师范学院，1968年毕业，随即入北京外语学院学了8个月的俄语，就被调往外交部工作。工作时间不长，即被提升为礼宾司司长，后进一步提升为外交部副部长，成为仅次于外交部部长乔冠华的重要角色。

"文化大革命"后期，毛泽东身体多病，很少接待来访的客人，党政领导人更是难得见上毛泽东一面，只是在他召集政治局会议或接见外宾时，才能和政治局委员们或陪同外宾的其他人见一见。毛泽东非常信任王、唐二人，要求她们在自己不在场的时候参加政治局会议，然后直接听取她俩关于政治局内部各种情况的汇报。送给政治局委员传阅的某些文件也要列上她俩的名字。毛泽东知道政治局内部是分为两派的，对两方面报告的情况他都不轻易相信。在这种特定的时候，王、唐二人便成了毛泽东与政治局之间的联系管道。毛泽东不仅从这两个年轻人那里获得他想了解的信息，有时他的指示也要经过她们向政治局、国务院等部门领导传达。

对于二人的作用，江青是十分清楚的。江青今天把王、唐二位请来，就是想请她们在毛泽东面前再奏周、邓一本。

江青向王、唐二人讲了如下意思：毛主席很快就要在外地会见外宾，有个重要情况请你们在陪同外宾去的时候向主席报告。在10月17日晚上，政治局讨论风庆轮问题的会上，小平和我发生争吵，然后扬长而去，使得政治局的会议开不下去了。国务院的领导同志经常借谈工作搞串联。总理在医院也很忙，并不全

二十七 毛泽东为什么评价邓小平"人才难得"

是在养病。小平和总理、叶帅都是在一起的。总理是后台。

江青接着说:"这件事我讲不很清楚,等晚上我找春桥、文元一起来,再进一步向你们介绍情况。"江青还透露,王洪文要向毛泽东报告这件事。

当天晚上,当王海容、唐闻生按照江青的安排来到钓鱼台17号楼的时候,江青、张春桥、姚文元已经在这里等她们了。

江青首先让张春桥"介绍当前国内形势"。张春桥首先讲了国内财政收支和对外贸易出现逆差的问题,说这是国务院"崇洋媚外"造成的。张春桥还说:"小平在风庆轮问题上跳出来不是偶然的,文化大革命以前他就主张造船不如买船,买船不如租船。"

对问题性质的看法,张春桥把10月17日晚的政治局会议比作1967年2月曾发生过的"三老四帅"大闹怀仁堂的"二月逆流"。

第二天,王海容、唐闻生去医院,向周恩来汇报了江青、张春桥、姚文元找她两人谈话的情况。

周恩来听完汇报,沉思片刻,说:"我已经知道政治局会议的问题。我所了解的情况并不像江青说的那样,而是他们四个人事先计划好要整小平,他们已多次这样搞过小平,小平忍了他们很久。"周恩来清楚地知道,10月17日的政治局会议争端已经使斗争进一步明朗化,争论的焦点在四届人大的人事安排上。问题已经到了毛泽东那里,如何解决要看毛泽东的态度了。

最后,周恩来对王、唐二人说:"我正在做工作,打算进一步了解情况,慢慢解决问题。"

10月20日,王海容、唐闻生在长沙向毛泽东汇报了北京这几天发生的情况。王、唐二人是陪同来华访问的丹麦首相哈特林到达长沙的。

毛泽东听后,对江青等人的做法表示不满,指出,风庆轮的问题本来是件小事,且李先念已在解决,但江青还在闹。

毛泽东让王海容、唐闻生回北京后向周恩来、王洪文传达他的意见:总理还是我们的总理,四届人大的筹备工作和人事安排问题要由总理和王洪文主持,同各方面商量办理。毛泽东还让王、唐转告王洪文、张春桥、姚文元:不要跟在江青后面批东西。

在这次谈话中,毛泽东赞扬邓小平,并再次建议邓小平任党的副主席、第一

红墙大事
——共和国重大历史事件的来龙去脉（下册）

副总理、军委副主席兼总参谋长。

也就在这一天，毛泽东还与王洪文谈了话。

毛泽东的表态使江青等人发起的这次攻势遭到严重挫折。

22日，周恩来听取了王海容、唐闻生转告毛泽东谈话的内容，并做了记录。

11月6日，周恩来致信毛泽东，汇报了四届人大各项准备工作及进展情况。信中说："代表名单、宪法草案和报告，政府工作报告，均可在11月搞出"；"人事名单估计11月下旬可搞出几个比较满意的人选"，"我积极支持主席提议的小平为第一副总理，还兼总参谋长"。当天，毛泽东看信后，在信上批："同意。"

……

11月12日，一架涂有中国军用飞机标志的喷气式客机在北京西郊机场呼啸着腾空而起，不一会儿便消失在蓝天白云之中。这是邓小平陪同外宾飞赴长沙，面见毛泽东。

当天，毛泽东在长沙接见邓小平。谈话在极为亲切的气氛中进行。在座的有王海容、唐闻生。

毛泽东向他了解了10月17日政治局会议"风波"的情况后，肯定了邓小平的做法，并且批评了江青。

邓小平又谈到自己的工作问题，向毛泽东表示：

"最近关于我的工作决定，主席已经讲了，不应再提什么意见了，但是看来责任是太重了一点。"中央副主席、国务院第一副总理、军委副主席兼总参谋长，责任确实重大。

"没办法呢，只好担起来喽。"毛泽东说。

江青不满足自己仅政治局委员这个职务。她想插手国务院，四届人大的人事安排她要过问。

在中央准备召开四届人大，酝酿国家机构人事安排期间，江青托人向毛主席转达她的意见，要王洪文当副委员长。对此，毛泽东指出："江青有野心。她是想让王洪文做委员长，她自己做党的主席。"

毛泽东托人转告周恩来：（人大常委会）朱德、董必武之后要安排宋庆龄；邓小平、张春桥、李先念等可任国务院副总理。其他人事问题由周恩来主持

二十七　毛泽东为什么评价邓小平"人才难得"

安排。

11月19日，江青再次写信给毛泽东，信中说："自'九大'以后，我基本上是闲人，没有分配我什么工作，目前更甚。"这封信名为"检讨"，实为伸手要官。

东汉时，外戚、宦官相互倾轧，争相专权。顺帝永建二年，黄琼被举荐到朝廷做官，走到途中，却犹豫起来，于是称病不肯前往。经朝廷敦促，才继续向京城进发。在黄琼到达洛阳近郊的时候，素来仰慕黄琼名声的李固写了一封信给他，即毛泽东所说的《李固给黄琼书》。这封信从两个方面启发开导黄琼，一方面批判了当时名士的孤傲，另一方面针对当时名士专靠声名而其实不副，以致容易被人攻击的缺点，对黄琼进行了规劝和告诫。毛泽东对李固此文颇为欣赏。

黄琼做官后，经常上书规劝顺帝，所提批评和建议，多被采纳。顺帝死后，黄琼不畏专权的外戚梁冀的势力，在众人附和桓帝拟褒梁冀的想法时，他坚决反对，举出前汉萧何、霍光等功臣为例，认为"赏必当功，爵不越位"，并使桓帝接受了这个意见。临死前，黄琼还上书直谏，指出桓帝"即位以来，未有胜政。诸梁秉权，竖宦充朝"，这些人作威作福，使皇帝耳目闭塞，规劝桓帝须时时清醒明察。

据《后汉书·李固传》载，李固"少好学，常步行寻师，不远千里。遂览坟籍，结交英贤。四方有志之士，多慕其风而来学"。他多次上书顺帝，规劝他慎重选用官员，为天下树立榜样。他说："夫表曲者景必邪，源清者流必洁，犹叩树本，百枝皆动也。"汉顺帝时，李固被任为宰相。他任职期间，"其黄门宦者一皆斥遣，天下咸望遂平，而梁冀猜专，每相忌疾。"质帝死后，李固建议立清河王刘蒜为嗣，梁冀不同意，罢了李固的职，立了自己的妹夫蠡吾侯，是为汉桓帝。李固后来被梁冀所杀。

毛泽东喜欢读《后汉书》里的《黄琼传》《李固传》，首先是因为这两个主人公正直敢言的致仕之道。1965年，毛泽东曾把这两个传推荐给刘少奇、周恩来、邓小平、彭真、陈毅等党和政府的主要领导人阅读，他们都在百忙中阅读了。许多高级干部听说后，也都找来阅读了。毛泽东推荐的用意，或是为了在干部队伍中更好地树立正气。

红墙大事
——共和国重大历史事件的来龙去脉（下册）

毛泽东最为欣赏的，当然是李固写给黄琼的信，特别是其中"'峣峣者易缺，皦皦者易污'。阳春之曲，和者必寡。盛名之下，其实难副"这几句话。他在一次政治局常委会上，曾读了这几句话。

1966年7月8日毛泽东在武汉写给江青的信中，又写了这几句话："我曾举了后汉人李固写给黄琼信中的几句话：峣峣者易缺，皦皦者易污。阳春白雪，和者盖寡。盛名之下，其实难副。这后两句，正是指我。我曾在政治局常委会上读过这几句。人贵有自知之明。今年4月杭州会议，我表示了对于朋友们那样提法的不同意见。可是有什么用呢？他到北京5月会议上还是那样讲，报刊上更加讲得很凶，简直吹得神乎其神。这样，我就只好上梁山了。我猜他们的本意，为了打鬼，借助钟馗。我就在20世纪60年代当了共产党的钟馗了。事物总是要走向反面的，吹得越高，跌得越重，我是准备跌得粉碎的。"

看来，毛泽东是借这几句话来做自我剖析，这也是他写给江青的信的一个基本内容。信中反复说道："我是自信而又有些不自信。可少年时曾经说过：自信人生二百年，会当水击三千里。可见神气十足了。但又不很自信，总觉得山中无老虎，猴子成大王，我就变成这样的大王了。"这些都使人们从一个侧面体会到毛泽东在发动起轰轰烈烈的"文化大革命"后的内在心态。这里面是相当复杂的、微妙的。有对"文化大革命"最终会搞成什么样子的思虑，也有谦虚，还有对自我的清醒认识，总之，"人贵有自知之明"。这大概是他读李固给黄琼的信体会最深的一点。

到了1974年，毛泽东再次说到《黄琼传》里李固给黄琼的信。

这些批评和劝诫，显然是针对江青竭力弄权，缺少"自知之明"。

同时，毛泽东的信实际上否定了江青的这种要求。

到12月中下旬，四届人大的准备工作进入最后阶段。

12月14日，周恩来审阅出席四届人大会议各类代表名额的分配方案后，致信王洪文和中共中央政治局，提议在现有名单基础上，再增加老干部、外事和体育等方面的名额，并提交政治局审议批准。20日，周恩来审阅经中共中央政治局讨论修改的四届人大《政府工作报告》（草稿）后，致信王洪文、邓小平，表示，我基本同意。

第二天，周恩来召集部分在北京的中央政治局成员会议，讨论新一届国务院

二十七 毛泽东为什么评价邓小平"人才难得"

各部委人事安排问题。会上,江青、张春桥等竭力想把他们的亲信安插在文化、教育、体育等部门。会后,周恩来同李先念、纪登奎交换意见,认为教育部以周荣鑫掌管为宜,文化部和体委可做些让步。根据会议讨论的情况,草拟了四届人大常委会委员长、副委员长和国务院副总理名单的第一、第二方案,并送叶剑英、邓小平及江青、张春桥等阅。同一天,周恩来还审议了第四届人大常务委员会正、副委员长的第一方案,在副委员长名单中增加了陈云、韦国清。至此,四届人大的各项准备工作全部准备完毕。

12月23日的北京,已进入数九寒天。根据中央政治局的意见,周恩来、王洪文前往长沙向毛泽东汇报四届人大准备情况。毛泽东让王洪文和周恩来负责四届人大筹备工作。

长沙,毛泽东对它的感情极深。这是他家乡湖南的省城。青年时期,他在这里读书,度过了难忘的时光——"恰同学少年,风华正茂;书生意气,挥斥方遒。指点江山,激扬文字,粪土当年万户侯。曾记否,到中流击水,浪遏飞舟。"毛泽东这次来长沙,住的时间不短。

周恩来、王洪文到长沙稍事休息,便去见毛泽东。毛泽东接见周恩来、王洪文时,王海容、唐闻生在座。

此次来长沙,毛泽东于12月23日、24日、25日、27日,与周、王两人共进行了四次谈话。23日,毛泽东要周恩来、王洪文在长沙逗留三天谈谈。24日又说,让他们留在这里谈谈,告诉小平在京主持工作。25日,让他们再留两天。27日说,现在没什么要谈的了。

在这么多次的谈话中,毛泽东主要谈了以下几个问题:

一是对"四人帮"的批评,尤其是对江青的批评。

毛泽东对王洪文说:"不要搞'四人帮'。"说江青等人在"批林批孔"运动中立了功,但不要搞宗派,搞宗派要摔跤的,能爬起来就好,并举党内斗争历史为例。"不要搞'四人帮'!团结起来,四个人搞在一起不好!""四人帮"不要搞了。中央就这么多人,要团结。

毛泽东说:"江青有野心。你们看有没有?我看是有,我在做江青工作,劝她'三不要':一不要乱批东西,二不要出风头,三不要参加组织政府(内阁)。"

毛泽东还说,对江青当然可以一分为二,她在批刘、林问题上是对的,说总

红墙大事
——共和国重大历史事件的来龙去脉（下册）

理的错误是 11 次路线斗争就不对了。当时，周恩来向毛泽东报告，这一条只在政治局常委会上谈，在政治局会议上就不提了。

"批林批孔"，批走后门，成了三个主题，就搞乱了。毛泽东说，搞乱了，也不告诉他。周恩来说，在一二月份，江青下达那些指示，开了那样的大会，他们也有责任，政治局也没有认真讨论。所以主席离京前约政治局同志谈话时，我说过，有些事是我们"怂"起来的。

毛泽东说，批林容易批孔难。现在五经四书也批了，孔夫子是文圣打倒了，关云长是武圣也打倒了。说"批林批孔"是第二次"文化大革命"是不对的。

鉴于江青等人在筹备四届人大期间的帮派活动，毛泽东一边摇着手，一边对王洪文说话。毛泽东还提出江青应该做自我批评，并且要王洪文写出书面检查。"以后不搞了。"王洪文脸红了，红得很明显。

二是评价邓小平和邓小平担任新的职务问题。这也是 23 日谈话的主要内容。

当话题转到邓小平身上时，毛泽东高度评价了邓小平。

三是关于四届人大的人事安排问题。毛泽东重申："总理还是我们的总理"，人大开过后，总理可以安心养病，国务院的工作由邓小平去顶。

周恩来报告副总理名单，说道："邓、张、李……"即邓小平、张春桥、李先念。

毛泽东打断周恩来的话，说了一个"陈"字，即陈锡联。

毛泽东还就四届人大常委会委员长、副委员长和国务院副总理、各部部长的人选问题提出了一些具体的意见。最终确定了中共十届二中全会和四届人大会议上的人事安排方案。

四是关于国际形势问题。谈到国际形势，毛泽东认为越讲缓和越备战，现在可以不提当前世界主要倾向是革命，而要强调备战，各国人民对此事要有所准备。

毛泽东认为要弄清苏联对我试探的真正意图。毛泽东问，如果勃列日涅夫要来谈，应该怎样？周恩来说，如果他真想来谈，可考虑，但我们不能去请他。毛泽东点头。

……

周恩来把这几次谈话的内容归纳整理了一个提纲，准备回京以后立即向政治局常委传达。

12月27日晚上,周恩来等离开长沙回到北京。

周恩来微微地笑了。四届人大之前围绕人事安排的这番较量,已经有了令人鼓舞的结局:邓小平在党内的地位进一步提高,有人插手"组阁"但没有成功。如果形势照这样发展下去,就可以比较放心了。飞机开始降低高度。北京到了。

王、周两人的心情此时却各不相同。王洪文心绪欠佳,周恩来则有一种喜悦宽慰之感。

毛泽东与他们说话的主题很明确:批评江青和他们的那个"四人帮",赞扬邓小平并赋予邓小平更重要的责任。

……

周恩来一动身去长沙,江青便慌了手脚。她十分敏感:"这是去游说主席,是去'组阁'了。他临死前还同我们较量……十有八九主席会采纳他的意见。"张春桥更意识到这是一个危险的信号。

果真不出所料,1975年1月5日,中共中央发出1号文件:中央决定,任命邓小平为中共中央军委副主席兼中国人民解放军总参谋长;任命张春桥为中国人民解放军总政治部主任。

1月8日至10日,中国共产党第十届中央委员会第二次全体会议在北京举行。会议讨论了第四届全国人民代表大会的准备工作,将《中华人民共和国宪法修改草案》《关于修改宪法的报告》《政府工作报告》和全国人民代表大会常务委员会、国务院成员的候选人名单提请全国人民代表大会讨论。

这次会议选举邓小平为中共中央副主席、中央政治局常务委员,批准李德生辞去他所担任的中共中央副主席、中央政治局常委的请求。

1月13日至17日,第四届全国人民代表大会第一次会议在北京举行。

从三届人大到四届人大,经历了整整10年的时间。全国人民代表大会,这个国家政权的象征,法律上的最高权力机构,已有八年半的时间被实际上废除了。

四届人大的召开,表明党内的健康力量力图使国家走上正轨的努力有了初步结果。

红墙大事
——共和国重大历史事件的来龙去脉（下册）

当周恩来站起身，准备向大会做政府工作报告的时候，全场掌声经久不息。

四届人大产生的国务院领导层是这样一个阵容：总理周恩来，副总理邓小平、张春桥、李先念、陈锡联、纪登奎、华国锋、陈永贵、吴桂贤、王震、余秋里、谷牧、孙健。

从这个名单看，围绕四届人大的组阁而进行的较量，以"四人帮"阴谋夺权却落于下风而告结束。

二十八　江青被迫承认政治局内有"四人帮"

- 毛泽东特别指出，不要搞"四人帮"，你们不要搞了，为什么要照样搞呀？为什么不和两百多的中央委员搞团结，搞少数人不好，历来不好

- 邓小平此时心情是复杂的。毛泽东让他主持会议批评江青，这句话说起来容易，执行起来难

红墙大事
——共和国重大历史事件的来龙去脉（下册）

要搞马列主义，不要搞修正主义；要团结，不要分裂；要光明正大，不要搞阴谋诡计。这就是"文革"期间，几乎每一个记事的人都能背诵的毛泽东主席强调的"三要三不要"。但关于这个"最高指示"提出的内情却不一定每一个人都知道……

毛泽东特别指出，不要搞"四人帮"，你们不要搞了，为什么要照样搞呀？为什么不和两百多的中央委员搞团结，搞少数人不好，历来不好

1974年12月26日，也就是毛泽东生日这一天，当他听取关于四届人大筹备工作的汇报后，对周恩来、王洪文做了关于无产阶级专政理论问题的谈话。

毛泽东说："列宁为什么说对资产阶级专政，要写文章。要告诉春桥、文元把列宁著作中好几处提到这个问题的地方找出来，将大字报送我。大家先读，然后写文章，要春桥写这类文章。这个问题不搞清楚，就会变修正主义。要使全国知道。""我国现在实行的是商品制度，工资制度也不平等，有八级工资制，等等。这只能在无产阶级专政下加以限制"，"所以，林彪一类如上台，搞资本主义制度很容易。因此，要多看点马列主义的书"。

毛泽东提出的这个理论问题，对于一般人来说，确实是很难懂，比如：八级工资制与林彪之类如上台搞资本主义很容易有什么联系？等等。

但对于张春桥、姚文元之类"大理论家"，当然就不同了，他们对毛泽东的理论理解是深刻的。就在毛泽东的谈话刚过一个月零三天，也就是1975年1月29日，张春桥、姚文元就将摘录的列宁关于无产阶级专政的论述的报告送与毛泽东。

他们在报告上说，送上我们摘录的列宁关于无产阶级专政的论述，共20条，5000字，不知是否符合主席的要求。如果这次摘录的不行，我们可以再摘录一次，如果基本可用，是否可以印发政治局同志参考，也请批示。

2月2日，毛泽东读后即在这个报告上批示："同意印发。"

随后22日，《人民日报》发表了《马克思、恩格斯、列宁论无产阶级专政》语录33条，其中列宁的语录（包括张春桥、姚文元此次报送的20条在内）23条。

紧接着，3月1日，姚文元发表了《论林彪集团的社会基础》。一个月后，

二十八　江青被迫承认政治局内有"四人帮"

即4月1日,张春桥又发表了《论对资产阶级的全面专政》。这两位主管意识形态的"权威"为毛泽东关于学习无产阶级专政理论的指示做了注释和理解。

其实张春桥、姚文元的用心远非如此,他们在对毛泽东的重要指示进行力所能及的全面阐述的同时,是不会放过任何可利用的机会的。林彪如果上台,搞资本主义容易还是不容易,张春桥、姚文元已经不关心了。林彪毕竟已死了。他们的真正用心,是利用这个"理论问题",对周恩来组织新的进攻。因为此时,周恩来才是他们最大的障碍。他们想借机提出"反经验主义"。于是他们到处宣传:"经验主义是当前的主要危险"。

于是在这个特定的背景下,4月20日,新华社《关于报道学习无产阶级专政理论问题的请求报告》经姚文元审阅修改后,报送毛泽东。这个报告中说,在今后一段时间里,我们要大力报道各级干部认真读书,刻苦钻研,决心弄懂无产阶级专政的理论,反对学习中的不求甚解的作风。特别是要注意宣传各级干部通过学习,认识和批判经验主义的危害,自觉克服经验主义。

特别值得注意的是:在这份报告中,提出把反经验主义作为学习无产阶段专政理论的一项内容。

报告送上两天以后,即23日,毛泽东阅后,在这份报告上写了如下批语:

> 提法似应提反对修正主义,包括反对经验主义和教条主义,二者都是修正马列主义的,不要只提一项,放过另一项。各地情况不同,都是由于马列水平不高而来的。不论何者都应教育,应以多年时间逐渐提高马列为好。
>
> 我党真懂马列的不多,有些人自以为懂了,其实不大懂,自以为是,动不动就训人。这也是不懂马列的一种表现。
>
> 此问题请提政治局一议。
>
> 为盼。
>
> 　　　　　　　　　　　　　　　毛泽东
> 　　　　　　　　　　　　　1975年4月23日

从这个批语中,不难看出,毛泽东把反对经验主义和教条主义,都包括在反对修正主义的范围之内,同时也可看出毛泽东批评的语气是严厉的!

中共中央办公厅曾将这个报告和毛泽东的批语作为1975年第126号文件印发。

红墙大事
——共和国重大历史事件的来龙去脉（下册）

在毛泽东的指示下达后，批经验主义这场刚刚拉开的战幕就只好草草收场了。
……

1975年5月3日，毛泽东召集在京中央政治局委员开会。这时毛泽东在外地休养了10个月，刚刚回到北京。这之前很长时间毛泽东没有召集政治局会议了。在这次中央政治局会议上，毛泽东批评"四人帮"只反对经验主义，不反对教条主义。

久不见面，见面之后，毛泽东首先与周恩来握手。"快一年没见到主席了，大家想念主席。"周恩来说。"怎么样？还好吗？"毛泽东关切地问。"开了三刀，消化还可以，前天向主席报告了。"周恩来回答。

然后，毛泽东依次与各位与会的政治局委员、候补委员握手。

"老帅呀。"毛泽东与叶剑英握手。"小平呀。"与邓小平握手。"你要挂帅呀。"这是对陈锡联说的。"最近刚见过主席一次了。"纪登奎对毛泽东说。"吴德有德呀。"毛泽东握着吴德的手说。

当与陈永贵握手时，毛泽东说："你的信好啊。三分之一在大寨，三分之一在全国，三分之一在中央，不要在钓鱼台，那里没有鱼可钓。你和吴桂贤都搬出来，不要住在钓鱼台。"

当握到吴桂贤时，她说："主席好，我是吴桂贤。""我不认识你啊。"毛泽东握着吴桂贤的手说。"我1964年见过主席，国庆节参加观礼的时候。""我不知道。"毛泽东没有印象。"延安儿女问候你。"吴桂贤说。"你是延安人哪？"毛泽东问。"她是河南人，陕西西安的纺织女工，最近到延安去看了。"周恩来在一旁解释。

毛泽东与苏振华握手，说："管海军靠你呀，海军要搞好，使敌人害怕。我们海军只有这样大。"毛泽东伸出了小手指。"现在大了点，现在这么大。"苏振华伸出无名指说。过了20天，即23日，苏振华即向毛泽东主席写报告说，5月8日，我根据个人追记，向海军党委常委传达了主席5月3日晚关于海军的指示。昨晚政治局同志学习主席这个指示时，发现我追记的有些出入，根据核对记录，主席指示为："管海军靠你，海军要搞好，使敌人怕，我们海军只有这么大。"是否准确，请主席审示。我们拟将主席的这个重要指示向海军部队和有关工业部门传达（第一句不传达），是否妥当，请指示。主席早在1953年的一次政治局

二十八　江青被迫承认政治局内有"四人帮"

扩大会议上就曾指示,要有计划地有步骤地建设一支强大海军。但是,海军建设经过二十多年时间,现在仍然很小。目前,我们已自力更生建成了相当规模的造船工业基础,可年产五万吨左右军用船只,并将逐年提高造船能力。我们一定要遵照主席指示办,努力把海军各项工作搞好,力争在十年左右建成一支较强大的海军。23日,毛泽东看了这个报告后,批示:"同意。努力奋斗,十年达到目标。"中共中央办公厅曾将苏振华的信和毛泽东的批示一起作为1975年第146号文件印发。

"你当了大官了,不谨慎呀。"毛泽东在与谢静宜握手时说。"我不想当大官,但是现在官做得越来越大。"谢静宜对毛泽东说。"试试看吧,搞不好就卷铺盖。"毛泽东作了一个卷铺盖的手势。

大家坐下来,会议开始,主要是毛泽东谈话:"多久不见了,有一个问题,我与你们商量,一些人思想不一致,个别的人。我自己也犯了错误,春桥那篇文章,我没有看出来,只听了一遍,我是不能看,我也不能写书;讲经验主义的问题我放过了。新华社的文件,文元给我写了。对不起春桥。"

毛泽东开门见山,把今天谈话的主题端出来。毛泽东所说张春桥的文章就是4月1日发表的《论对资产阶级的全面专政》,文章提出反经验主义问题。这篇文章发表前曾送毛泽东审定,所以毛泽东现在批评张春桥又说对不起张春桥。新华社的文件就是指那份《关于报道学习无产阶级专政理论问题的请求报告》。"还有上海机床厂的10条经验,都说了经验主义,一个马克思主义都没有,也没有说教条主义。"毛泽东又说。所谓上海机床厂的经验也是张春桥、姚文元等人搞出来的。

"要安定,要团结。无论什么问题,无论经验主义也好,教条主义也好,都是修正主义,都要用教育的方法。现在要安定团结。"从讲话看,毛泽东把经验主义与教条主义都归到修正主义里头。

接着,毛泽东又批评批林批孔批周公"三箭齐发":"走后门这样人有成百万,包括你们在内。"

说到这里,毛泽东指着王海容、唐闻生,又说:"我也是一个,我送几个女孩子到北大上学,我没有办法,我说你们去上学,她们当了五年工人,现在送她们上大学了,我送去的,也是走后门,我也有资产阶级法权。我送去,小谢不得

红墙大事
——共和国重大历史事件的来龙去脉（下册）

不收，这些人不是坏人。"

接着，毛泽东讲中国共产党的历史。他说："你们只恨经验主义，不恨教条主义。二十八个半（布尔什维克）统治了四年之久，打着共产国际的旗帜，吓唬中国党，凡不赞成的就要打。"

毛泽东用手指着周恩来："你一个，朱德一个，还有别人，主要是林彪、彭德怀。我讲恩来、朱德不够，没有林彪、彭德怀还没有力量。林彪写了短促突击，称赞华夫文章，反对邓、毛、谢、古。"又指邓小平："邓是你，毛是毛泽覃，谢是谢唯俊，古是古柏。其他的人都牺牲了，我只见过你一面，你就是毛派的代表。"

毛泽东接着说："教育界、科学界、新闻界、文化艺术界，还有好多了，还有医学界，外国人放个屁都是香的。害得我两年不能吃鸡蛋，因为苏联人发表了一篇文章，说里面有胆固醇。后来又一篇文章说胆固醇不要紧，又说可以吃啦。月亮也是外国的好，不要看低教条主义。"

这里，毛泽东的讲话很幽默。他说教条主义的危害是多方面的，其一例："害得我两年不能吃鸡蛋"。

毛泽东特别重申了"三要三不要"："要搞马列主义，不要搞修正主义；要团结，不要分裂；要光明正大，不要搞阴谋诡计。"

接着，毛泽东批评说："不要搞'四人帮'，你们不要搞了，为什么要照样搞呀？为什么不和两百多的中央委员搞团结，搞少数人不好，历来不好。这次错误，还是自我批评。"

毛泽东又重复两遍"三要三不要"。他说，这三条重复一遍，"其他的事你们去议，治病救人，不处分任何人，一次会议解决不了。我的意见，我的看法，有的同志不信这三条，也不听我的，这三条都忘记了。'九大''十大'讲过这三条，这三条要大家再议一下。"

毛泽东慢慢地说："教育界、知识分子成堆的地方，其实也有好的，有点马列的，你们外交部也是知识分子成堆的地方。"（面向王海容、唐闻生）"讲错了没有？你们两个是臭知识分子，你们自己承认，臭老九，老九不能走。"

毛泽东再次说他犯了错误，对张春桥的文章没有事先纠正。他说："春桥的文章是有理由的，因为1958年就写了文章，那时我还不认识他。好像不认识。""见过面。"张春桥说。"没有印象,那篇文章我写了一个按语,《人民日报》登了,《人民日报》那时是邓拓管的吧?""是吴冷西。"张春桥回答。"只有两篇文章是拥护的,其他的都是反对的,所以他有气。"毛泽东说。1958年搞"大跃进"时,张春桥就主张消除资产阶级法权。当时,包括毛泽东在内的党内许多同志都不同意他的观点。毛泽东说的"所以他有气"即指此事。

邓小平此时心情是复杂的。毛泽东让他主持会议批评江青,这句话说起来容易,执行起来难

也是在27日这一天,邓小平根据毛泽东5月3日的指示,主持政治局会议,批评江青等人。

到会的政治局委员,各就各位。江青、张春桥、王洪文和姚文元等坐在一排,邓小平、叶剑英、李先念和其他政治局委员则坐在另一边。仅在座位上,便摆出两军对垒的阵势。

邓小平此刻的心情是复杂的。毛泽东让他主持会议批评江青,这句话说起来容易,执行起来可就难了。

江青心里明白,光和邓小平较量,她可以胡搅蛮缠,蛮不讲理,大吵大闹。但这次是毛泽东授意,不能李逵式地蛮干了,要讲究点策略。

张春桥这些日子心情沉甸甸的。进入1975年,形势愈加令他忧心忡忡,前途莫测啊!"十大"以后,毛泽东对他们(指"四人帮")的批评多于表扬:批"11次路线斗争",批"三箭齐发",批"四人帮",批"反经验主义",把他们压得有些抬不起头来。邓小平步步紧逼……

会议开始后,邓小平说,要安定团结,要"三要三不要",首先要政治局同志安定团结、"三要三不要"。毛主席告诫、帮助我们,再三讲"三要三不要",联系实际讲宗派主义,讲"四人帮"的问题。主席问政治局讨论的结果。讨论,无非是对主席5月23日批示,到会同志都讲了话。有同志说,这次会上的讲话过了头,有的同志说是搞突然袭击,搞围攻。其实,百分之四十也没讲到,有没有百分之二十也难讲。谈不上突然袭击和过头。无非是讲历史上的路线斗争,有的来自经验主义,有的来自教条主义,这没有什么过。倒是要提一个问题、三件事:批周、叶……当时钻出一个"11次路线斗争",这不是主席的,后来主席纠正了;

红墙大事
——共和国重大历史事件的来龙去脉（下册）

"批林批孔"，又钻出个批走后门，提到对马列背叛，当面点很多人的名；学理论，是防修、反修，又钻出个主要危险是经验主义。来势相当猛。别的事不那么雷厉风行，这几件事雷厉风行。主席提三个问题，钻出三件事。倒是问一问，为什么？

邓小平还针对"四人帮"，强调不要搞小圈子，不要搞宗派，"四人帮"值得警惕。他还强调纪律，说不要以个人名义送材料。叶剑英、李先念也在发言中向江青等人提出质问和批评。

6月3日，政治局又一次开会批评江青等人。会议一开始是无言僵局。张春桥在记录本上写着："沉默、沉默，又沉默。"

打破僵局的是叶剑英，他讲了三个问题。第一是讲反经验主义问题。他说，3月1日出现反经验主义（指姚文元发表的文章），全国报纸跟着来了，用反经验主义代替反修正主义。不要只提一个，放过另一个。一定要学习，这非常必要。不学好就没有武器。今后中央要带头。有些同志读得多，不必拿来作私有财产。第二个问题是团结。他说，不要分裂，现在不同于庐山（指九届二中全会），那时有些同志商量如何对付林彪，是对的。现在情况变了，过去可以交头接耳，现在如果不变，就不利。过去一个时期不正常，如果继续下去，就有害团结。历来有小组织存在，就会分裂。第三是讲请示报告、严守纪律。叶剑英说，一个时期以来几乎重大问题都不请示报告，"11次路线斗争"，批走后门，批经验主义，都是如此。以后重大问题要提交政治局讨论，这个问题要引起严重注意。不要事先不请示，事后来纠正。不要干扰主席，这是最大的干扰。

王洪文也做了点自我批评。讲到江青、邓小平的争论，他说他只听一方意见，没听小平意见，觉得应向主席报告。征求过江、张意见，向主席报告是对的。对争论的看法有片面性。到长沙报告主席，受到毛主席批评，错误主要是他。关于反经验主义，虽然没发表文章、讲话，但对社论、新华社报告都看了，没有认识到问题在哪里，也没有引起重视。以后要好好学习。要按主席安定、团结、"三要三不要"的指示办事。对27日的政治局会议的看法，他认为多数同志的发言是好的，对他的批评是难得的。

江青也发了言，她说27日的会，自我批评不够，又有新的不恰当的地方，还要加深认识。有些问题还得消化一下。还得看一点东西，再做进一步检讨。

最后，邓小平提议会议结束，讲多少算多少，向主席报告。

二十八　江青被迫承认政治局内有"四人帮"

5月27日、6月3日两次政治局会议开得是成功的。尽管没有把话全部讲完，"四人帮"也不承认有"四人帮"，但毕竟是在政治局内部对江青、张春桥、姚文元、王洪文这四个人的一次反击。这样面对面地把问题摆开，使"四人帮"处于一种受批评而不是教训、攻击别人的地位，这是不容易的。

不久，毛泽东找邓小平谈了一次。对这两次会议，毛泽东给予了充分的肯定。

邓小平对毛泽东说："会议的情况，主席都知道了。"毛泽东点头，说："我看有成绩，把问题摆开了。""最后他们否认有'四人帮'。"邓小平说。毛泽东说："过去有功劳，反刘少奇，反林彪。现在就不行了，反总理、反邓小平、反叶帅、反陈锡联。要告诉庄则栋，有事要找陈锡联，不要跑王洪文、江青，不然陈锡联不好办事。"

从毛泽东的话中可以看出，对"四人帮"的成员，毛泽东始终对他们反刘、林给予较高评价。毛泽东对陈锡联很器重，称他为"司令官"。陈锡联，解放战争时期任二野三兵团司令员，时任沈阳军区司令员。毛泽东在四届人大前提议陈为国务院副总理。体委主任庄则栋有事不找分管体委的副总理陈锡联，而是往王洪文、江青那里跑。5月27日政治局会上，邓小平曾批评过。毛泽东在这里也表了态。

"风向快要转了，在政治局。"毛泽东说。这话充分表露出毛泽东对政治局出现的风向变化所持的态度。"政治局的同志气很大，我说不要把话都说完，散了。"邓小平说。"这个办法好，留有余地。大家清楚就行了。我准备找王洪文谈，叫他找你，听你的话。他威望不高。""他最后的发言，政治局许多同志感到不真实。"邓小平这里指的是王洪文6月3日在政治局会议上的发言。"江青也不喜欢他，专门在我这里告他的状。他应该好好工作。"毛泽东说。

毛泽东的话是有所指的，1974年下半年，江青与王洪文曾发生过争论。

"没有大问题，你要把工作干起来。"毛泽东向邓小平明确表示。"这方面我还有决心就是了。"邓小平说。"那好！"毛泽东很高兴。"反对的人总是有的，一定会有。"邓小平说。毛泽东笑着说："木秀于林，风必摧之。"……

在这样的形势下，江青迫于毛泽东对"四人帮"的批评，不得不做了一个书面检查。检查中写道：

红墙大事
——共和国重大历史事件的来龙去脉（下册）

主席、在京的政治局各位同志：

我在4月27日政治局会议上的自我批评是不够的，经几次政治局会议上同志们的批评、帮助，思想触动很大，但是思想上一时转不过来，经过思想斗争，我认为会议基本上开得好，政治局比过去团结了。

当我认识到"四人帮"是个客观存在，我才认识到有发展成分裂党中央的宗派主义的可能，我才认识到为什么主席从去年讲到今，达三四次之多。原来是一个重大原则问题，主席在原则上是从不让步的。

江青

1975年6月28日

不久，她离开了北京。9月，她到了山西大寨。

二十九　病中毛泽东不忘为周扬平反

- 毛泽东对周扬是极为信任的，经他批准，周扬就任延安"鲁艺"院长
- 毛泽东致信周扬说，我那篇讲话配在马、恩、列、斯……之林觉得不称，我的话是不能这样配的
- 周扬夫人接到军管会的通知，周扬要放出来了！已经整整九年，家里人都没有周扬的音讯
- 毛泽东在他最后的岁月，确实是真心实意要纠正他已觉察的错误

红墙大事
——共和国重大历史事件的来龙去脉（下册）

周扬（1908—1989），原名起应，湖南益阳人。1927年夏加入中国共产党，1928年上海大夏大学毕业后赴日本留学，同中共组织失去联系。1931年回国在上海参加领导革命文艺运动，1932年重新加入中国共产党，不久担任中国左翼作家联盟党团书记，主持左联工作并兼任机关刊物《文学月报》主编。1933年担任中共中央上海执行局文化工作委员会委员。1935年夏担任上海执行局文委书记兼左联党团书记。参与领导进行国统区文化战线上反"围剿"斗争，参加20世纪30年代文坛关于大众化问题的讨论。20世纪30年代的周扬，在哲学、社会科学，尤其是文艺理论的研究方面已有较深的造诣。中华人民共和国成立后，历任政务院文化部副部长、中共中央宣传部副部长、中国社会科学院副院长兼研究生院院长、中国作家协会主席等职。他长期从事马克思主义文艺理论和毛泽东文艺思想的研究和宣传工作，是中国现代著名的文艺理论家。他还担任中国科学院哲学社会科学部委员，国务院科学规划委员会委员，国务院学位委员会副主任委员，政协全国委员会文化组组长，中国民间文艺研究会主席、名誉主席，全国美学学会名誉会长等。被选为中共第八届候补中央委员，增选为中共第十一届中央委员，中共第十一届三中全会上被选为中央纪律检查委员会常务委员，中共十二大上被选为中央顾问委员会委员。他是第一至第六届全国政协常务委员，第一、第二、第三届全国人大代表等。1989年7月31日，因病在北京逝世。

毛泽东对周扬是极为信任的，经他批准，周扬就任延安"鲁艺"院长

1937年抗日战争全面爆发后，党中央考虑延安需要文化方面的带头人，以领导推动延安文化向前发展。经中共中央上海办事处负责人潘汉年、冯雪峰推荐，中央调周扬、艾思奇、李初梨等来延安工作。

周扬奉调延安后，中央安排周扬担任陕甘宁边区政府教育厅厅长、陕甘宁边区文协主任。从那时起，周扬和毛泽东接触很多，他们或面谈，或书信往来，关系极为密切。

1937年到1938年初，许多文艺团体来到延安，为了纪念"一·二八"上海抗战六周年，决定在延安举行一次隆重的文艺晚会。为此，从抗日军政大学、陕北公学等单位集中了六七十位青年艺术家，只用两星期就排演出四幕话剧《血祭

二十九　病中毛泽东不忘为周扬平反

上海》，公演 20 天，观众上万人。

在一次《血祭上海》座谈会上，当有人建议创办艺术学院时，全场响起一片掌声。毛泽东当即表示愿用最大的力量帮助艺术学院的创办，并宣告筹备委员会正式成立。一星期后，由毛泽东、周恩来、周扬等联合发出《成立缘起》，为纪念已故大文豪鲁迅，定名为鲁迅艺术学院。该院宗旨是"培养抗战急需的大批艺术工作者"。

1938 年 4 月 10 日下午，鲁迅艺术学院举行成立大会，毛泽东出席大会，并讲了话。经毛泽东提名，周扬任鲁艺副院长。1938 年以后，鉴于延安文艺将有一个大的发展，毛泽东几次找周扬谈话，征求文艺工作方面的意见。1939 年，经毛泽东批准，周扬任鲁艺院长。在他主持鲁艺工作的几年中，领导培养了大批革命文艺工作人才。

陕甘宁边区为全国甚至全世界人士所瞩目，许多中外人士不远千里、万里来边区参观考察，各地青年潮水似的涌到这里来。许多新闻界朋友，采访边区后，写成印象记、访问记，作了很多介绍。但也有少数人颠倒黑白，攻击边区为"封建割据""破坏统一"。

边区究竟是怎样一个地方？向全国人民作一忠实介绍，十分必要。1938 年秋冬，毛泽东办公室秘书长李六如与秘书和培元两人合写了一本《陕甘宁边区实录》，初稿完成后，送毛泽东审阅。因忙于党内其他工作，1939 年 1 月 22 日毛泽东写信给周扬，委托周扬办理此事。信中写道：

周扬同志：

　　此稿李六如、和培元各写一半，我全未看。因关系边区对外宣传甚大，不应轻率出版，必须内容形式都弄妥当方能出版。现请你全权负责修正此书，如你觉须全盘改造，则全盘改造之。虽甚劳你，意义是大的。最好二月十五日前完稿，二月底能出书。

　　备有稿费（每千字一元五角），当分致你与李和三同志，借表酬劳之意。

此致

敬礼！

毛泽东

1 月 22 日夜 10 时

红墙大事
——共和国重大历史事件的来龙去脉（下册）

从此信可看出毛泽东对周扬是极信任的。经过周扬的修正加工，《陕甘宁边区实录》一书于1939年12月由延安解放社出版。毛泽东为此书题写了书名，并题字："边区是民主的抗日根据地，是实施三民主义最彻底的地方。"

1940年10月成立中共中央文化工作委员会，周扬担任主任，主管全党文化工作。同年，鲁迅艺术学院改名为鲁迅艺术文学院，周扬仍兼鲁迅艺术文学院院长。

在土地革命时期，红军开展的文化工作比较少，到了延安以后才开始搞文化工作。当时有陕公（陕北公学）、抗大（抗日军政大学）这些学校，还有"鲁艺"，后来也成立了各种协会。从上海去的绝大部分人都是在"鲁艺"。此外还有一个"文抗"——全国文艺界抗敌协会延安分会，总会还在重庆。"文抗"有些作家，像丁玲、艾青、萧军、欧阳山……一大批。这样延安就开始有了文艺活动。

有了文艺活动就发生了一个问题，就是这些从上海来的人，到延安以后，对朱（德）、毛（泽东）都充满了感情。搞文艺工作的人，这种感情更丰富。这些人尽管是左翼，尽管是共产党员，但是他们的世界观许多还是小资产阶级的。这些人过去都信仰革命，同志中甚至有人牺牲了，现在他们活着到了延安，大家都很高兴。

当时发生的一个问题就是这些人怎么能和工农兵结合的问题。这是个根本问题。这个根本问题在上海是很抽象的。在上海的时候，他们也说要拥护红军，就是杀头都不怕；但是红军到底是个什么样子，却是抽象的，也没有见过。到了延安，就发生了怎么跟工农兵，跟你所理想的，你所为之奋斗的，甚至于不惜为之牺牲的这个对象相结合这样一个问题。过去是理想，你不认识工是个什么样子，农是个什么样子，红军是个什么样子，干部是个什么样子。现在是现实，怎么同工农兵结合。上海来的这些革命者都很热情，但是不认识对象。所以到延安去的那些女孩子对老干部有一个说法，就是："老干部可敬，不可爱。"

还有一个问题就是，到了延安不但是到了一个新的地区，从自然条件来讲，这个地区很落后；更重要的是到了一个新的时代，工农兵当权的时代。这不是重庆，尽管条件没重庆好，没有那么多的出版物，没有那么多的文化活动。但这里所代表的是一个新的时代。他们没感觉到是进入了一个新的时代，没感觉到有一个要熟悉面前这些新对象的问题。他们还是上海时代的思想，觉得工农兵头脑简单，所以老是想着要发表东西，要在重庆发表，在全国发表，要和文艺界来往，

二十九　病中毛泽东不忘为周扬平反

还是要过那种生活。身在延安，心在上海，心在大城市，这怎么成呢？

所以，如何跟新的时代新的群众结合，成了根本问题。周扬到上海时，有个老朋友问他，说你在延安，经历延安这个伟大的整风运动，讲点经验吧。周扬说这个问题太大了，一下子也讲不清楚。

但周扬想了一下说，心得只有一条，就是在1942年的整风运动以前，尽管我写了不少宣传马克思主义的文章，我没有认识到自己还不是个马克思主义者，还不是个共产主义者，经过整风以后我才认识到这一点。我说你如果要问我有什么收获，这就是我唯一的收获。我当时讲过这句话，我现在还是这么感觉。如果还要补充一点的话，就是我首先还不能说自己是个完全的共产主义者。这确实是不容易的。

周扬接着说，你要问"延安文艺座谈会"的背景，这个背景主要的就是结合问题。这个问题不但在当时存在，新中国成立以后又一次发生，而且今后，也还有这个问题。可以说我们无产阶级的文学和毛主席的文艺路线根本上也是这个问题，因为要同工农结合、跟时代结合不是很容易的。

当时延安有两派，一派是以"鲁艺"为代表，包括周扬、何其芳等，以周扬为首；一派是以"文抗"为代表，以丁玲为首。这两派本来在上海就有点闹宗派主义。"鲁艺"这一派的人主张歌颂光明，虽然不能和工农兵结合，和他们打成一片，但还是主张歌颂光明。"文抗"这一派主张要暴露黑暗。

毛泽东对这个争论做了很深刻的解答。他说，他们尽管有争论，但在跟工农兵的关系这个问题上都没有解决。

这个说法是最深刻的。周扬几十年来跟毛泽东接触，感受最深刻的就是这一点。

后来"文化大革命"时人家怎么搞周扬，周扬对别的都不难过，惟独一点，就是毛泽东对他的这个期望，他认为辜负了毛泽东，没有很好地跟群众结合，没有到群众中去，都是高高在上。所有的缺点错误，这个是最根本的。这也是所有的文艺工作者今后要解决的问题。

周扬这一派，包括何其芳这些人，要歌颂光明。他要进步，热情洋溢。"文抗"的人就看不惯，要暴露黑暗。"文革"时他们批判周扬，说周扬主张太阳中间也有黑点，周扬也主张暴露黑暗，反对毛主席。其实，根本不是那么回事！

红墙大事
——共和国重大历史事件的来龙去脉（下册）

"文抗"的一些人要暴露黑暗，周扬为回答他们写了一篇文章。周扬说，请你们不要在根据地找缺点，因为太阳中间也有黑点。后来别人就批评周扬说这是攻击毛主席的。因为周扬不赞成萧军他们的观点，才写了这篇文章。那是在整风以前，周扬的思想也没有改造，当然那篇文章不会很有力量，但是周扬是反对他们的。后来就是因为周扬写了这篇文章，延安有四个作家联名写了一篇文章反对周扬。他们是萧军、罗烽、锡金……都是东北作家。

这都是文艺座谈会以前的争论。虽然有争论，但是没有解决问题。无论主张歌颂光明也好，暴露黑暗也好，都不能解决问题，因为问题还是如何同群众结合。在这种情况下就出现了王实味的文章《野百合花》，丁玲的文章《三八节有感》。他们公开发表文章，表示对情势不满意。特别是丁玲，那时候是《解放日报》文艺版的主编，她自己首先发表文章。这样的现象不但毛主席注意到，许多老干部也注意到了。他们从前方回来，说延安怎么搞得这么乌烟瘴气，这还加上演旧戏呀，演外国戏呀。毛主席就找了很多人谈，首先找"文抗"的那些人谈，当然也找了"鲁艺"的人谈。谈了以后就把这个问题提到更高的高度，就是同工农兵的关系的问题，这个问题才能解决。

1942年，周扬参与主持召开延安文艺座谈会。文艺座谈会以后，精神就改变了。周扬头一个起来检讨自己的错误，而且写了文章。后来就搞秧歌运动。周扬又写了批判王实味的文章，都经毛泽东看过。毛泽东与周扬确实是关系很深，确实对他很热情、爱护、培养。整风以后周扬写的文章很多都是毛泽东看过的，所以后来批判周扬的时候引周扬的文章并不多，都是引周扬讲的话。

此后，周扬撰写许多文章阐述毛泽东《在延安文艺座谈会上的讲话》。

1942年初，延安《解放日报》实行改版——"由不完全的党报变成完全的党报"。《文艺》副刊刊头撤销，改第四版为综合性专刊。

9月20日，由于《解放日报》"第四版缺乏稿件，且偏于文艺"，于是毛泽东就和第四版主编舒群商量，替舒群约定了十几个人帮助征稿。23日，毛泽东又亲自拟定《解放日报第四版征稿办法》，并开列名单，请出一些名人或部门负责同志征稿。

《毛泽东新闻工作文选》中，选入了毛泽东拟定的征稿办法，其中开列了16名负责征稿人的姓名、字数。例如："陈荒煤同志：以文学为主，其他附之，每月一万两千字"；"彭真同志：以党建为主，其他附之，每月一万五千字"；"吴玉章同志：以语文为主，其他附之，每月五千字"。

其中毛泽东提出，"周扬同志：以文艺批评为主，其他附之，每月一万字"。同时，毛泽东在征稿办法中还强调指出："各同志担负征集之稿件，须加以选择修改。务使思想上无毛病，文字通顺，并力求通俗化。"另外，毛泽东还对编辑部如何处理好这些约稿，提出了具体的要求："如每个人征集之稿件满一万两千字者，可在第四版一次登完。但编辑部可以调剂，稿件分在两天或三天登完，并不用专刊名目"；"如有不合用之稿件，由编辑部退回负责征稿人，再行补征。如由编辑部作重要之修改，则应与征稿人商量一下"。

随后，中央办公厅按名单发出毛泽东枣园之宴的通知，周扬也去参加了这次轻松愉快的枣园之宴。

毛泽东致信周扬说，我那篇讲话配在马、恩、列、斯……之林觉得不称，我的话是不能这样配的

1944年，周扬主编《马克思主义与文艺》一书，系统介绍马克思主义经典作家与高尔基、鲁迅在文艺问题上的重要论述，对马克思主义文艺理论在中国的传播起到积极作用。书中选择了马克思、恩格斯、普列汉诺夫、列宁、斯大林、高尔基、鲁迅和毛泽东关于文艺的论述，分为五辑：一、意识形态的文艺；二、文艺的特质；三、文艺与阶级；四、无产阶级文艺；五、作家、批评家。周扬为此书写了编者序。

文章说，《马克思主义与文艺》一书是为了更好地学习毛主席《在延安文艺座谈会上的讲话》而编纂的。"从本书中，我们可以看到毛泽东同志的这个讲话一方面很好地说明了马克思、恩格斯、列宁等人的文艺思想，另一方面他们的文艺思想又是恰好证实了毛泽东同志文艺理论的正确。"

周扬把序言送给毛泽东审阅。1944年4月2日，毛泽东给周扬写了一封信，全文是：

周扬同志：

此篇看了，写得很好。你把文艺理论上几个主要问题做了一个简明的历

史叙述，借以证实我们今天的方针是正确的，这一点很有益处，对我也是上一课。只是把我那篇讲话配在马、恩、列、斯……之林觉得不称，我的话是不能这样配的。此外，第十页上"艺术应该将群众的感情、思想、意志联合起来"，似乎不但是指创作时"集中"起来，而且是指拿这些创作到群众中去使那些被经济的、政治的、地域的、民族的原因而分散了的（社会主义国家没有了政治原因，但其他原因仍在）"群众的感情、思想、意志"，能借文艺的传播而"联合起来"，或许列宁这话的主要意思是在这里，这就是普及工作。然后在这个基础上"把他们提高起来"。是否可以做这样解释，请再斟酌一下，或同懂俄文的同志商量一下加以酌定。其余没有意见。

敬礼！

毛泽东
4月2日

毛泽东指的那段话，是周扬在编写序言中引用的列宁对蔡特金的一段谈话。周扬当时用的译文是："艺术是属于人民的。它的最深的根源应该是出自广大劳动群众的最底层。它应该为这些群众所了解和为他们所挚爱的。它应该将这些群众的感情、思想和意志联合起来，并把他们提高起来。"毛泽东的这封信从更广阔的视野上，提示了普及与提高的丰富含义，指出普及的目的在于使那些由于种种原因被分散了的"群众的感情、思想、意志"能借文艺的传播而联合起来，以达到团结人民、教育人民、打击敌人、消灭敌人的目的。1957年人民出版社出版的蔡特金《回忆列宁》一书的汉译本中，这段话为："艺术是属于人民的。它必须在广大劳动群众的底层有其最深厚根基。它必须为这些群众所了解和爱好。它必须结合这些群众的感情、思想和意志，并提高他们。"

1944年后周扬担任延安大学校长。抗战胜利后，学员分布全国各地，成为新中国文艺战线的中坚力量。在"鲁艺"成立一周年、二周年、三周年、五周年时，毛泽东都到"鲁艺"讲了话，内容很生动也很重要。可见毛泽东是非常重视"鲁艺"的，同时也对周扬寄托了很大的希望。

解放战争时期，周扬担任中共晋察冀中央局宣传部部长。1948年5月改任中共中央华北局宣传部部长，参与领导华北解放区的文化教育和宣传工作，动员

二十九　病中毛泽东不忘为周扬平反

广大群众参加解放华北的斗争。1949年7月，与郭沫若、茅盾等负责筹备并主持召开中华全国文学艺术工作者代表大会，成立中华全国文学艺术界联合会，被选为副主席。9月出席全国政协第一次全体会议。

新中国成立后，周扬曾任文化部副部长、中宣部副部长。作为宣传文化界的领导，毛泽东经常找他去谈话。周扬写的文章，有些是经过毛泽东修改后发表的，有的是毛泽东曾作过批示。1960年7月22日，中国文学艺术工作者第三次代表大会召开前，周扬曾将大会文件送毛泽东审阅。毛泽东于7月19日复信给周扬，说文件"写得很好"，"高屋建瓴、势如破竹，读了为之神往"。

但是，新中国成立后像这样表扬周扬的机会并不多。那时候政治运动接连不断，每次运动均从文艺界开始，这几乎成了一条规律。从批判电影《武训传》到《红楼梦研究》批判，从反右、关于文艺的两个批示到批判《海瑞罢官》，被批判者的背后，总是或多或少闪着周扬的影子。发展到"文化大革命"，他终于被指责为"文艺黑线的祖师爷"而成为最早受冲击者之一。"文化大革命"中，周扬被江青反革命集团指控为"文艺黑线"的代表，受到批判和迫害。

对于在"文化大革命"中所受到的打击，1977年4月，周扬在接受美国耶鲁大学教授赵浩生采访时说，"文化大革命"开始的时候，觉得有些苦闷：难道我做的工作都是反社会主义、反毛主席的吗？

周扬想不通。他曾经想过，我既然管文化工作管了这么久，我既然是违背了毛主席的路线，那就算我罪有应得吧，谁叫我没有执行好呢？谁叫我在工作中离开毛主席的路线呢？现在人家说我反毛主席，那有什么办法。我既然有错误，讲重一点儿也没有关系。不过问题是，当时已经不是讲重一点儿的问题了，而是一种诽谤、陷害了！我的心里不是那么好受。

周扬记得毛泽东过去在延安的时候曾跟他谈过一些话。

毛泽东跟他讲的话的大意是，告诉周扬"不要有委屈的感觉"。毛泽东说，委屈无非有三种情况：一种是你自己对，他根本不对。那你不要感到委屈嘛，因为真理在你身上。真理在你身上，你会感觉到有力量。还有一种情况是，确实是你错了，人家是对的；不过你自己不认识，所以感到委屈。这是罪有应得嘛，你有什么委屈呢？第三种情况是，一半是你对，一半是人家对，你也不必感到委屈，反正你有一半不对嘛。

红墙大事
——共和国重大历史事件的来龙去脉（下册）

毛泽东这几句话是几十年前随便谈的，后来对周扬有很大的帮助。周扬认为，无非是这三种情况嘛，没有什么可委屈的。做人，特别是做一个共产党员，至少要有这种精神。

周扬觉得自己对革命的贡献不大。一个人不管有怎么样的贡献，只要他参加革命，他就要预料到在革命进程中会遭到挫折，他要是没有这种精神准备，他就不配谈革命。

对于自己在"文化大革命"当中所受的种种迫害，周扬经常这样想：比起一些对革命的贡献更大的同志来，我所受的迫害并不是怎么了不得的。这是真心话。有些同志对革命的贡献很大，他也受了迫害。这样一想，我就很平静。

周扬夫人接到军管会的通知，周扬要放出来了！已经整整九年，家里人都没有周扬的音讯

但是毛泽东并没有忘记周扬。1975年9月30日晚，重病中的周恩来最后一次出席国庆26周年招待会。当时，毛泽东、周恩来起用邓小平主持党和国家的第一线工作。为了落实党的政策，与"文化大革命"以来的任何一年不同，有一批受到冲击的老干部、老民主人士、老教授、老专家被邀请出席了这次国庆招待会。当时的中国科学院哲学社会科学部（即现在的中国社会科学院）也有多位知名学者应邀出席。国庆招待会后，当时的哲学社会科学部领导小组给毛泽东、周恩来写了一份简报，反映出席国庆招待会的知名学者的雀跃之情。毛泽东阅后很高兴，在这份简报上作了批示。对这个批示，人们只知道"金无足赤，人无完人"这句名言，却并不知道后面还有一句"可惜未请周扬、梁漱溟"。这是因为当时的特殊情况，没有能公开全部引用这段批示。但从中可以看出，毛泽东还在挂念着周扬。

在文艺调整中，解放干部、落实政策是与扩大节目、活跃文艺同时展开的。

毛泽东1975年7月2日在林默涵来信上写下"周扬一案，拟可从宽处理"一段批示后，主持中央日常工作的邓小平立即贯彻执行。

7月12日，周扬的夫人苏灵扬忽然接到中宣部军管会的通知：周扬要放出来了。这真是望外之喜！她已经整整九年，没有得到周扬本人的音信。而几年前就纷纷传说"周扬已死"，后来户口也注销了，接着又收到了"周扬专案组"送

二十九　病中毛泽东不忘为周扬平反

来的周扬的几件日用品。在那样的岁月，哪里还抱什么周扬生还的希望呢！苏灵扬惊喜万分。

过了两天，7月14日，周扬就被放出来了。家人知道这不是江青等人的意愿，不久就知道是毛主席的决策。但在当时的环境下，他们也无从搞清楚具体的原委，以至于直到1993年，周扬的秘书在《新文学史料》上撰文谈及此事时，还误以为"是毛主席听了当时半打倒半工作的一些老干部的意见所做出的决定"。周扬原来的寓所被当时中宣部军管会的人住着，周扬夫妇回不了家，上面安排他们在万寿路西街7号中组部招待所1号楼二层一个房间暂住。

夏衍从"文革"开始即被"监护"，逼供时腿被踢断。他被关在秦城监狱长达八年零七个月。江青、张春桥及其爪牙始终找不到一件可以说明他是敌我矛盾的证据，但还是定他"问题性质严重"。毛泽东指示周扬的问题应为"人民内部问题"，夏衍的定性这才随之改变。8月虽给夏衍做了恢复组织生活的结论，但仍以按夏衍的级别，结论要由政治局批准为借口，按压下来。所以，夏衍真正恢复组织生活是在粉碎"四人帮"后的1977年7月25日，正好是夏衍入党整整50年的时候。

阳翰笙加入中国共产党比夏衍还早两年。"文化大革命"中他被诬蔑为"叛徒"，关押九年之久。他在狱中始终坚贞不屈，被关押期间从未在审问记录上签字。他在狱中还作诗百余首，表达了对党和人民的忠诚，对"四人帮"的鄙视。这样坚定的战士，要不是党中央、毛主席下指示，江青反革命集团是不会放他出来的。

周扬、夏衍、阳翰笙被释放后，专案办公室即在7月16日向党中央、毛主席递交了关于"周扬一案"处理情况的报告。报告说，"周扬一案"中作为专案审查对象，凡关押、监护的人员，至此已全部释放（其中有27人是在1975年5月底前释放的；有34人在原单位接受审查没有关押；田汉、蔡楚生、刘芝明、邵荃麟、焦菊隐、何干之、穆木天等12人已故）。林默涵等五人已"分配工作"，萧望东、钱俊瑞、刘白羽等26人正在"分配工作"，夏衍、阳翰笙、王昆仑、徐平羽、阿英等20人"养起来并治病"。政治结论属人民内部问题的，原工资照发并补发审查期间停发的工资，党员应恢复党的组织生活。

为了给文艺界被解放出来的干部分配工作做准备，从1975年8月14日起

红墙大事
——共和国重大历史事件的来龙去脉（下册）

在北京朝阳门内大街原文化部留守处办了一个学习班，主要学习1970年九届二中全会以来的文件，每周四个半天。据参加这个学习班的一位同志的日记，8月14日第一次学习，到的人有：吕骥（音协副主席，党组书记——括号内为原职务，下同）、周巍峙（文化部艺术局局长）、徐平羽（文化部副部长）、黄稻（文化部代部长萧望东的秘书）、赵寻（剧协党组副书记）、张光年（《文艺报》主编）、张庚（戏曲研究院副院长）、吴祖光（中国戏曲研究院编剧）、马彦祥（文化部艺术局副局长）、凤子（剧协理事）、郁风（美术馆展览部主任），还有不属"周扬一案"中的司徒慧敏、袁文殊、马少波、丁聪。名单上有文化部副部长石西民、刘白羽，他们因住院一直未到。徐平羽后来也未参加。华君武（美协党组副书记）第一天未到，后来一直参加。这个学习班不到20人，但可以说是"文化大革命"八九年来文艺界各协会、各方面人士的第一次聚会。学习地点虽在原文化部宿舍大院内，但学习班并没有交给于会泳当部长的新的文化部管，而是由国务院国家机关事务管理局领导，吕骥、周巍峙两人是组长。学习班共学习两个半月，期间拟参观天津新港和大港油田。王曼恬（时任天津市委书记处书记、副市长）阴阳怪气，要文化部开介绍信。学习班的这批老同志对于会泳等不满，都不愿意去求文化部，说不去了。天津未去成，学习班结束时，在北京参观了维尼纶厂、密云水库和怀柔水库。

在前面所说7月16日向党中央、毛主席递交的那份关于"周扬一案"处理情况的报告中，对周扬定性为"问题性质严重"，因而采取的处理办法也用了"拟分配工作"这样不很确定的语言，生活待遇也不是"原工资照发"，而是"工资照发"。这样一来，周扬的问题就还留着一个尾巴，并没有真正"平反"。显而易见，这是政治局内部对解放周扬还有不同意见的表现，说明7月14日毛泽东对江青就这个问题反复说服教育并没有解决问题。江青和她的帮派是靠打棍子起家的，批"四条汉子"、批"文艺黑线"是他们的"业绩之一"，他们怎么愿意轻易释放周扬等人出来呢？

7月16日的那份报告于7月27日报毛泽东审批。这时，毛泽东左眼才动过手术，还不能阅读，更不能在表格上写小字。他仔细地听机要秘书读了这份报告。对周扬的定性，毛泽东说，应该是人民内部问题。他命机要秘书把报告中的"问题性质严重"圈掉，改为"人民内部问题"。7月28日，主持中央日常工作的邓小平接到毛泽东对周扬定性做了重要修改的报告，立即要办公厅主任送中央政治局委员传阅。"四人帮"这才不好再在周扬定性问题上耍弄手段。

当时中央政治局内，吴德与周扬交谊甚深。他们在延安相识，又在晋察冀共事。吴德当时是处理专案审查干部的负责人之一，知道内情。毛泽东7月28日批示后，吴德的女儿吴铁梅曾去看望周扬夫妇，悄悄讲了毛主席的指示，说周扬是人民内部问题，恢复党籍，工资照发，分配工作。这样说法，与事实大体差不离。吴铁梅当时只知道事情的梗概，不可能也不必要知道上述事情的经过与细节。对于周扬夫妇来说，能从吴铁梅那里知道这些情况也就足感欣慰了！

毛泽东在他最后的岁月，确实是真心实意要纠正他已觉察的错误

1975年7月、8月、9月，在毛泽东支持下，邓小平主持整顿文艺，好消息不断传出。进入9月，就要准备过国庆节了。国务院政治研究室按照"安定团结、落实政策"的方针，向党中央、国务院开列了邀请出席1975年国庆招待会的科技教育界人士的名单。这个名单相当广泛，在文艺界的名单中就有周扬。这信息传到周扬夫妇耳朵里，他们非常高兴。苏灵扬赶忙找出周扬的中山服，又洗又熨，为周扬出席国庆招待会做准备。当年中国，在国庆招待会上公开露面，是恢复政治名誉的一个标志啊！可是临近国庆，却一直没有收到企盼中的请柬。

尽管毛泽东亲自指示释放周扬，又亲自为周扬定性"人民内部问题"，但"四人帮"仍然把周扬拽住不放。一方面利用手中掌握的舆论阵地，依旧大批"文艺黑线"，依旧点名大批"黑线头目"；另一方面千方百计设置障碍不让周扬公开露面。在政治局讨论文艺界出席招待会的名单时，曾提到周扬，江、张、姚、王都不吭声，一个也不表示同意。

由于他们的阻挠，本来没有问题的事成了问题，毛泽东亲自解放出来的周扬未能在国庆招待会上露面。不过，"周扬案"中的刘白羽、徐平羽、吕骥、周巍峙、华君武、张庚、戴爱莲、新凤霞和受迫害的音乐家马可、李焕之等都出席了招待会。

国庆招待会后，哲学社会科学部政工组把学部出席招待会的吕叔湘、任继愈、俞平伯、顾颉刚、冯至、何其芳、丁声树、吴世昌、贺麟、韩幽桐等人的反映整理成材料上报。这些老知识分子认为招待会"充分体现了我国安定团结的大好形势"，"是我们党和国家兴旺发达的表现"，"说明党认真贯彻对待知识分子的政策"。

胡乔木看到这份载有《学部老知识分子出席国庆招待会的反映》的《政工简报》第31期后，即将此件送给邓小平一看，并请他考虑要不要转送给毛主席和政治局各同志。

邓小平于10月15日报送给毛泽东。10月16日，毛泽东在这份简报第一页留下的空白处写下了批语："打破'金要足赤'、'人要完人'的形而上学错误思想。可惜未请周扬、梁漱溟。"

这是毛泽东继7月三次直接过问周扬之事以后第四次谈到周扬，显然是针对"四人帮"阻挠周扬出席招待会的错误行为的批评，而且把问题提到了是坚持辩证法还是搞形而上学的哲学高度。

毛泽东这件批示的用语，同当时他在病中又一次读过的一篇鲁迅杂文《关于翻译（下）》有关。在那篇有关文艺批评的文章中，鲁迅用吃烂苹果的方法作比喻，谆谆告诫人们要正确对待有缺点的人和作品，批评那种"首饰要'足赤'，人物要'完人'。一有缺点，有时就会全部都不要了"的不好的脾气。据工作人员说，读到这篇文章的有关内容时，毛泽东情不自禁地连声称赞说："写得好！写得好！"可见鲁迅的这些话，正好道出了毛泽东这时的心曲。

回顾1975年文艺调整中围绕解放周扬的斗争风云，可见毛泽东在他的最后岁月，确实是真心实意想要认真纠正他已觉察的错误的，而江青等人，则是一伙作奸弄权、消灭异己的罪魁。

三十　毛泽东选择接班人的起伏跌宕

- 毛泽东向中国，也向全世界宣告，他的接班人是刘少奇
- 林彪跃居为仅次于毛泽东的第二号人物，同时也意味着林彪接班人身份的法律化
- 王洪文成为中共第三号人物。至此，王洪文的接班人地位在党内开始确立
- 周恩来逝世，由谁来继任？毛泽东权衡再三，最后出人意料地选中了华国锋

红墙大事
——共和国重大历史事件的来龙去脉（下册）

毛泽东是唯物主义者，他从不相信自己会"万寿无疆"。晚年，"中国究竟向何处去"的现实问题一直困扰着他。为此，毛泽东对接班人的选择非常慎重，且准备极早。但事与愿违，毛泽东选择接班人的过程却一波三折，屡改初衷，最后四选四空，起伏跌宕……

毛泽东向中国，也向全世界宣告，他的接班人是刘少奇

1961年9月24日，毛泽东在同英国元帅蒙哥马利会谈时，蒙哥马利曾问道："主席现在是否已经明确，你的继承人是谁？"毛泽东说："很清楚，是刘少奇，他是我们党的第一副主席。我死后，就是他。"在这里毛泽东不但向中国，而且向世界公开宣告，他的接班人就是刘少奇。

但仅仅五年之后，毛泽东竟亲自发动了"史无前例"的"文化大革命"，改变初衷，从政治上彻底打倒了刘少奇，否定自己选定的接班人，何故？

毛泽东和刘少奇都是老一辈无产阶级革命家，在几十年的革命生涯中，他们并肩战斗，结下了深厚的友谊。他们之间的交往最早可追溯到安源煤矿工作的那段艰难岁月。在此后的多年间，尽管他们在性格上大相径庭，但他们还是作为"亲密战友"友好地相处了40余年。

1935年，在决定中国命运的遵义会议上，正是由于刘少奇和党内其他同志的支持，才使得毛泽东在党内的领导地位得以确立，从而使中国革命转危为安。多年后毛泽东在回忆此事时曾说："在遵义会议上，他（刘少奇）表现还是不错的。在那个时候这是很宝贵的。"

在1938年召开的中共扩大的六届六中全会上，当刘少奇和王明在统一战线问题上发生分歧时，毛泽东明确地表示了对刘的支持。由于毛泽东的支持，刘少奇作为城市工作的正确代表和敌占区华北党组织的领导人这一地位才得以确立和巩固。

随着时间的推移，他们的相互支持也越来越多。1940年，刘少奇向淮河以北地区从事地下工作的同志作报告时说，只有毛泽东思想才能鼓舞我们从胜利走向胜利……没有正确的指导思想，我们要使革命取得成功是不可能的。毛泽东是全国人民的伟大领袖，我们都要向他学习。

1945年4月，在党的第七次全国代表大会召开前不久，中共中央通过了一

个《关于若干历史问题的决议》，决议同样称赞了刘少奇，指出，刘少奇同志在白区工作中的策略思想同样是一个模范。在中国共产党第七次全国代表大会上，刘少奇参与起草了新党章，在党章中明确规定，以马克思列宁主义理论与中国革命具体实践相结合的毛泽东思想作为党的指导思想。第一次确立了毛泽东思想在党内的指导地位。

他们之间的这种互相支持，对党的团结统一起了重大作用。正是由于毛泽东和刘少奇的深厚友谊，以及在多年斗争中的相互理解和支持，使得毛泽东在考虑接班人时，自然而然地选择了刘少奇。

毛泽东选刘少奇做接班人的另一个原因是由于刘少奇的天赋和杰出的组织才能。刘少奇性情淡泊，生活作风一丝不苟，工作踏实勤奋。刘少奇曾在敌占区长期从事城市工作，对工人运动和城市工作的特点非常了解，这些经历使其杰出的组织才能得以体现和发挥。所以当中华人民共和国成立后，毛泽东要将工作重心从农村转向城市，便选他作为自己的副手。20世纪60年代中期，在中国流传着一种说法：三天不学习就赶不上刘少奇。据说这句话是毛泽东在延安时期亲口说的。这种说法并不一定确切，但它从另一面说明了刘少奇的天赋和才能。

总之，毛泽东选择刘少奇做接班人，有其深刻的历史根源，刘少奇经过了多年斗争的考验，也是当之无愧的。而实际上，早在1942年初，党中央就开始安排刘少奇协助毛泽东工作了。1942年2月延安整风运动开始时，刘少奇奉命由苏北调往延安，出任总学习委员会副主任，协助毛泽东领导整风运动。1943年3月，中共中央政治局会议做出了一项《关于中央机构调整及精简的决定》，刘少奇就任党中央五项要职：中央书记处书记、中央军委副主席、中央组织委员会书记、中央研究局局长，并主管华中局的全面工作。他的名字紧跟在毛泽东之后。

1945年6月，党的七届一中全会选举刘少奇为党中央政治局常委、中央书记处书记、中央军委副主席。同年8月，中共中央决定，在毛泽东赴重庆同蒋介石谈判期间，由刘少奇代行主席职务。

中华人民共和国成立以后，刘少奇又被选为中央人民政府副主席，居六位副主席之首。1954年，被选为全国人民代表大会常务委员会委员长。在1956年举行的中国共产党第八次全国代表大会上，他被选为党中央副主席。在1959年举行的第二届全国人民代表大会上，他被选为中华人民共和国主席。在1965年

红墙大事
——共和国重大历史事件的来龙去脉（下册）

1月举行的第三届全国人民代表大会上，他再次当选为中华人民共和国主席。

刘少奇作为毛泽东的接班人，在很早以前就已经成为事实，毛泽东同蒙哥马利的谈话只不过是将这个事实予以公开化而已。那么，究竟是什么使得毛泽东改变主意，他又是在何时决定打倒刘少奇的呢？

埃德加·斯诺曾在1970年12月18日问过毛泽东："你什么时候明显地感到必须把刘少奇从政治上搞掉？"毛泽东回答说："那么早了，1965年1月，23条发表……"

实际上，早在1962年到1965年期间毛泽东和刘少奇在一些重大问题上就已经发生了意见分歧。首先是对"三面红旗"持何态度问题。众所周知，1958年毛泽东发动了震惊中外的"大跃进"和"人民公社化运动"，全国人民以巨大的热情积极响应，从上到下，从城市到农村，炼钢铁，"放卫星"，似乎一夜之间就可以进入共产主义。然而问题很快暴露出来，以高指标、瞎指挥、浮夸风和共产风为主要标志的"左"倾错误严重泛滥，不仅破坏了社会生产力，而且也严重地挫伤了人民群众的积极性，给人民生活带来了灾难性的后果。作为国家主席的刘少奇，在"大跃进"的初期也是赞成"三面红旗"的。他曾代表党中央在1958年党的八大二次会上提出"社会主义建设总路线"。在同年8月召开的北戴河会议上，他也举手赞成大办人民公社及大炼钢铁。他在1959年的庐山会议上也认为彭德怀犯了"右倾机会主义错误"，也参加了那场错误的批判。1961年5月，刘少奇回到阔别多年的家乡湖南进行了一次社会调查，接触到了农村的实际。在这里，他没有看到"稻菽千重浪"，相反的，看到的却是一片荒凉景象，饿死人的现象也时有发生。在1962年召开的七千人大会上，他又进一步阐明了自己的观点：全国有一部分地区可以说缺点和错误是主要的，成绩不是主要的，造成经济困难的主要是三分天灾七分人祸。主要责任在中央，有不少领导同志不够谦虚谨慎，有了骄傲自满情绪，违反了实事求是和群众路线的传统作风。他还明确表示，彭德怀的信中有不少实事求是的内容，人民公社"当时不办，也许会好些，迟几年也是可以的"。

刘少奇的这些观点应该说是基本正确的。然而，这却是毛泽东所不能容忍的。毛泽东虽已对"大跃进"的错误有所认识，也曾召开过一系列的纠"左"会议，并且七千人大会也是以此为目的召开的。但是毛泽东绝不允许否定"大跃进"。

他认为"大跃进"中出现的问题只是工作中的偏差和失误，"大跃进"的成绩和失误是九个指头和一个指头的比重。因此，庐山会议上当彭德怀对"大跃进"提出疑问时，他立刻给予了无情的回击和批判。对刘少奇的这些观点他更不能接受，尤其是在七千人大会这样的公开场合。于是毛、刘之间的意见分歧开始了。

毛泽东和刘少奇的另一个分歧是如何看待"社会主义教育运动"的问题。1964年12月，在讨论制定《农村开展社会主义教育运动二十三条》时，刘少奇不同意农村"运动的重点是整党内走资本主义道路的当权派"的提法。他认为，农村的矛盾是各种矛盾交织在一起，主要是"四清"和"四不清"的矛盾。为此，毛泽东非常不满。他又联想到这次会议刚开始时的情景。当时，负责组织会议的邓小平以为是一般的工作会议，出于好意说过，毛主席身体不好可以不参加了。第二天，毛泽东在会议上大发脾气，他说："有两本书，一个叫党章，一个叫宪法，我有参加会议和发言的权利。可是，一个人不叫我开会，一个人不叫我讲话……"会后，虽然刘少奇在政治生活会上做了自我批评，但是毛泽东把这两件纯属巧合的事情，看得过于严重。从而，更加深了他对刘少奇的误解。在他看来，这不是对个人尊重不尊重的问题，而是马克思主义与修正主义之间的原则分歧。

他们之间的第三个分歧是关于开展"意识形态领域的斗争"问题。1964—1965年间，在毛泽东亲自领导下开展了意识形态领域里的斗争。当时首先开展对《早春二月》《北国江南》《怒潮》《谢瑶环》《舞台姐妹》《刘志丹》《红日》等电影、戏剧、小说的批判。接着，又在哲学界开展对杨献珍"合二而一"理论的批判，在历史学界开展对翦伯赞和吴晗的批判……这些批判很快扩展到整个意识形态领域。对于这些错误的批判、过火的斗争，刘少奇和邓小平都不赞成。毛泽东认为他们是又一次和自己唱对台戏，是"修正主义路线"的具体表现，是与他的无产阶级革命路线格格不入、水火不相容的。于是，他便下决心发动一场"自上而下"的揭露党内阴暗面的政治大革命，以铲除刘少奇。

从以上毛泽东和刘少奇之间的分歧不难看出，他们之间并不是什么阶级矛盾、路线斗争，而是工作中的不同意见分歧。那么，毛泽东为什么要上纲上线，把它看作修正主义与马克思主义的分歧，又把刘少奇当作中国的赫鲁晓夫呢？

首先，在50年代末、60年代初，毛泽东个人崇拜和个人专断的作风已发展到非常严重的程度，他无法容忍刘少奇"处处与他对着干"。他之所以公开宣布

红墙大事
——共和国重大历史事件的来龙去脉（下册）

刘少奇是自己的接班人，是怕他死后中国出现苏联那样的"三驾马车"的情形，而不是要刘少奇在他还健在时就"架空"自己，用毛泽东自己的话说，使自己成为"活祖宗"。

其次，苏共二十大对毛泽东的影响也非常之大。1956年2月，在苏共二十大上，赫鲁晓夫这个在斯大林生前"紧跟""崇拜"斯大林的人，忽然抛出了所谓"秘密报告"，彻底摧毁了对斯大林的个人崇拜，并将斯大林全盘否定。这引起了毛泽东的高度警惕。他时刻关注自己的身边是否出了赫鲁晓夫式的人物，是否出了修正主义。因此，毛泽东对接班人的问题更加敏感。在此期间，毛泽东曾提出了关于革命事业接班人的五项条件。这五项条件，每一条都把赫鲁晓夫作为反面教训提及。所以，当刘少奇在一些重大问题上与毛泽东发生意见分歧时，毛泽东就认为刘少奇背叛了马克思主义，背叛了自己，是"睡在我们身边的赫鲁晓夫"，甚至比赫鲁晓夫更可怕，赫鲁晓夫是在斯大林死后做"秘密报告"，而刘少奇是在自己生前就公开"背叛"自己，对于这一点毛泽东感到无法容忍。于是，毛泽东决定将刘少奇从政治上彻底打倒以解除后顾之忧。1966年8月，毛泽东的《炮打司令部》一文，宣告了刘少奇政治生命的结束。从此，这位堂堂的中华人民共和国主席，被林彪、江青反革命集团迫害得妻离子散，家破人亡，于1969年11月惨死在河南开封。

这里需要指出的是，毛泽东当时只是要从政治上将刘少奇搞掉。而欲将刘少奇置于死地而后快的是野心家、阴谋家林彪、江青之流，绝不是毛泽东。

1966年9月14日，刘少奇在中央工作会议上就派工作组问题做了书面检讨，毛泽东在他的"检讨提纲"上批示说："基本上写得很好，特别是后半段更好。"并建议转发讨论。而那些阴谋家在印发时却将毛泽东的批示偷偷删掉了。1967年1月13日夜，毛泽东派车把刘少奇接到自己的住处与他谈话，曾关心地问："平平（刘少奇的女儿）的腿好了没有？"并建议他多读点书，"好好学习，保重身体"。临别时，亲自把他送到大门口。1967年4月，当戚本禹写的《爱国主义还是卖国主义——评反动影片〈清宫秘史〉》出笼后，掀起了一股批判刘少奇的恶浪。但在当时召开的中共中央政治局会议上，毛泽东还提出，应保留刘少奇的"九大"中央委员位子。

直到那时，毛泽东对刘少奇还是持保护态度的。但到1968年9月，毛泽东看了江青、康生、谢富治等人控制下的专案组搞的伪证材料后，同意了刘少奇是所谓"叛徒、内奸、工贼"的结论。至于对刘少奇的人身迫害和侮辱，毛泽东更无从知道。所以说，是林彪、江青反革命集团利用了毛刘之间的分歧，造成了刘少奇的历史悲剧！

重视接班人的选择，这本是作为领袖应当持有的态度。可悲的是毛泽东正是在这个问题上犯了错误。在"文革"前，刘少奇是仅次于毛泽东的第二号人物，接班人非他莫属，而事实证明刘少奇也有能力担当此重任。但由于种种原因，毛泽东把刘少奇当成了"睡在我们身边的赫鲁晓夫式的人物"，他的一张大字报宣告了刘少奇政治生命的结束。中共八届十一中全会上，刘少奇从政治局中的第二位降到了第八位，刘少奇的接班人资格到此结束。

林彪跃居为仅次于毛泽东的第二号人物，同时也意味着林彪接班人身份的法律化

1966 年 8 月，中共八届十一中全会在北京召开。毛泽东再次当选为党的最高领袖，即党的主席，而副主席却只有一个，那就是林彪。刘少奇在政治局中的排名从第二位降为第八位，而林彪则跃居为仅次于毛泽东的二号人物，这不仅意味着刘少奇接班人资格的结束，同时也意味着林彪接班人身份的开始。在三年后召开的中共第九次全国代表大会上，将"林彪是毛泽东同志的亲密战友和接班人"这一条写入了党章，这在国际共运史上前所未有。

林彪原名林育蓉。在革命战争年代，他长期在毛泽东的直接领导下工作，并为毛泽东所赏识，晋升很快。他 24 岁任中国工农红军第四军第一纵队司令，27 岁任红军第一军团军团长，31 岁任八路军一一五师师长，被授予元帅军衔时年仅 49 岁。经毛泽东提名，1958 年 5 月 25 日召开的中共八届五中全会增选林彪为中央政治局常委、中共中央副主席，正是从这时开始，他进入了中共最高层决策圈。

林彪在历史上是个战将，为党和人民做过不少有益的工作。林彪以其卓越的军事才能，为中华民族的解放事业作出过较大的贡献。在抗日战争初期，林彪指挥八路军一一五师取得了在抗战史上具有重大意义的平型关大捷。在解放战争时期，他曾驰骋东北、挺进华北、挥师中南，参与指挥了辽沈、平津等决定中华民族命运的战略决战。所以，当刘少奇从中国的政治舞台上消失以后，毛泽东选择

红墙大事
——共和国重大历史事件的来龙去脉（下册）

战功卓著的林彪做接班人也是可以理解的。

毛泽东选择林彪做接班人更重要的原因是林彪长期"拥戴"毛泽东，而当时毛泽东全面发动"文化大革命"无疑需要得到掌握军权的林彪的支持。

在1959年9月，林彪取代彭德怀主持中央军委工作。在毛泽东与中央第一线领导发生严重分歧时，他坚决地站到了毛泽东一边。1959年8月1日，在讨论彭德怀问题的中央政治局常委会上、在1962年初有许多人怀疑"三面红旗"的七千人大会上，林彪都极力拥护毛泽东的主张。在军队建设上，他大搞"突出政治"的一整套做法，不仅被毛泽东视为正确而加以器重，也在军队广大指战员中赢得了很高的声誉。

在"文化大革命"中，林彪更是抱定宗旨"紧跟"毛泽东。他处理中央传阅文件的原则是"主席画圈我画圈"，亦即"毛泽东同意我同意"。（林彪本人一般不亲自画圈，而由秘书代劳）他在讲话中用各种各样"生动"的语言来讴歌毛泽东，如"高举""紧跟""突出"，等等。为了取悦毛泽东，他在《人民日报》上发表了大量具有个人崇拜色彩的题词，如"伟大的导师、伟大的领袖、伟大的统帅、伟大的舵手毛主席万岁！万岁！万万岁！""大海航行靠舵手，干革命靠毛泽东思想"，等等。林彪对毛泽东的"紧跟"，在许多细节上也体现得非常到位。上天安门参加大会，他规定秘书严格掌握出发时间，必须比毛泽东早到一两分钟，以便在城墙下迎候毛泽东。在公开场合，他总是紧随毛泽东其后，绝不越"雷池"半步！林彪对《毛主席语录》，平时由秘书替他保管，每当参加群众性的集会，则由秘书交给他。当群众高呼口号时，林彪用右手举起《毛主席语录》，一上一下地挥动。

1967年以前，林彪呈给毛泽东的文件都是写"请主席阅""送主席批示"之类的词句，从1967年初开始，"请""送"一律被改为"呈"字。有一次他对一位秘书说："你觉得我这个人怎么样？有什么优点？有什么缺点？"秘书不敢评论。林彪口气平和地说："可以评论。你说说看法，没有关系。"秘书说："我印象中比较深的有两条：一条是，首长对主席跟得紧……"林颇为得意地说："你说的这两条特点，这第一条非常重要。要紧跟毛主席。其实我没有什么本事，我的本事是从毛主席那里学来的。你们给我当秘书，记住这一条很要紧。"紧跟毛主席，这就是林彪的政治态度和处事窍门。林彪在他的笔记本中曾写道："大拥大顺，仿恩（格斯）之于马（克思），斯（大林）之于列（宁），蒋（介石）

之于孙（中山），跟着转，乃大窍门所在。"

　　林彪取悦于毛泽东的另一方式就是反对过于突出他自己。这方面事例很多。如林彪规定，在送给毛泽东和"中央文革小组"的传阅文件中，如有关于他的新提法，秘书要及时提醒。一次，在一份军内上送毛泽东、周恩来和"中央文革小组"的中央文件中有了新提法，秘书及时报告了林彪。当秘书说到文件中称林彪为"副统帅"时，林彪立即表态："划掉！"当秘书说到文件中提到林彪是"三忠于"的"光辉榜样"时，林彪断然命令"一律划掉"！根据林彪的要求，中共中央印发了《林彪同志给总理和中央文革小组的一封信》。林彪在1967年6月16日夜写成的这封信中说："不宜提'祝林副主席永远健康'的口号。只有突出我们伟大领袖毛主席，才符合全国和全世界革命人民的需要和客观实际。今后一切演出、一切会议、一切文件、一切报刊以及其他各种宣传形式，都应突出毛主席，不要把我和毛主席相提并论。"林彪的所作所为，无疑具有那个时代的特点。但他的这种"三忠于""四无限"也的确获得了毛泽东的信任。

　　另外，当时的客观条件对林彪也极为有利。从"文革"初期中央政治局常委的构成情况看，林彪占了"年轻"这一有利条件。当时的常委有七人，即毛泽东、刘少奇、周恩来、朱德、陈云、林彪和邓小平。刘少奇、邓小平被指控犯了"方向路线错误"，陈云一直被指责为"右倾"，朱德的年龄比毛泽东还要大，周恩来则常说："我这个人是不能挂帅的，只能当助手，不能当舵手。"毛泽东当时对周恩来也"不太满意"，而林彪则是当时七个常委中年纪最轻的，时年只有60岁，"年轻"这一条成为林彪竞争接班人的一个重要的砝码。

　　正是由于上述原因，经过"九大"和九届二中全会，林彪成了党章规定的毛泽东的"接班人"。此时的林彪，已是一人之下，万人之上，只要耐心等待，最高权力的宝座已唾手可得。但林彪为什么还要迫不及待地"抢班夺权"，以至于仓皇逃窜，"折戟沉沙"呢？

　　其实，在林彪成为"接班人"的同时，江青、张春桥、姚文元、黄永胜、吴法宪、叶群、李作鹏、邱会作也相继成为中央政治局委员，林彪和江青两个反革命集团的权力分配达到了暂时的均衡。虽然权势极盛，但他们的权力欲望是没有止境的。江青一伙"以天下为己任"，觊觎党和国家的最高权力。林彪一伙既不满足于已经到手的权力，又担心林彪"接班人"地位迟早要发生变化。江青和林

红墙大事
——共和国重大历史事件的来龙去脉（下册）

彪集团在"九大"以后便开始争权夺势，分道扬镳。在"九大"以前，林彪集团与江青集团是以相互勾结为主的，勾结中有矛盾。他们的勾结不是以"义"和，而是以"利"和。但为了共同的利益，不得不暂时"和"。"九大"以后，"资产阶级司令部"被摧毁了，他们失去了共同对付的目标，矛盾开始激化，冲突也由暗斗转为明争。

在中共"九大"上，叶群布置一些人不投江青的票，结果江青少得了六票，心里十分恼火，甚至扬言要加以追查；而华东组也有人不投叶群的票，叶群等人同样大为不满。在"九大"期间，陈伯达和黄永胜等人多次密谈，研究"九大"以后要不要"中央文革"的问题。此后，林彪明令陈伯达不要听江青的指挥。

叶群当时既担心林彪的身体"拖不过"毛泽东，又担心"接班人"的地位不稳，从而权力被江青、张春桥夺去。特别是有一次毛泽东与林彪谈到你年纪大了以后谁来接班的问题时，曾提到张春桥，这更使林彪、叶群产生了疑虑。在林彪集团看来，情况紧急，抢班夺权迫在眉睫。林彪集团的主要成员曾就这个问题进行了周密的分析，他们认为，林彪的"接班"问题有三种可能：第一种是林彪"和平接班"，这种办法最好；第二种是"被人抢班"，林彪被赶下台；第三种是林彪"提前抢班"，但这一条较复杂、难度大。经过再三权衡他们最后商定：争取"和平过渡"，做好"武装起义"的准备。主意已定，他们便紧锣密鼓，开始行动。

他们的"和平接班"活动首先从要求设国家主席入手。1969年底，中华人民共和国主席刘少奇逝世了，这条消息对中国一般老百姓是封锁的，但当时掌握国家党、政大权的核心人物可以说是无人不晓。因此，这些人心中都在盘算着中国将采取什么样的政权组织形式，谁来担任未来的国家主席。他们十分清楚的是，这些问题必将在"九大"之后即将召开的第四届全国人民代表大会上有一个结果。

"文化大革命"把林彪推上了党内"第二号人物"的高位，成了党章规定的"接班人"，然而，林彪并不满足于这一切，他希望自己在国家职务中也能取得与他在党内相称的地位，能像刘少奇生前担任的职务一样：在党内是"副主席"，在国家职务上担任"国家主席"。

毛泽东对陈伯达的批判，可以说是批在陈伯达的身上，痛在"林副主席"的心上。林彪此时已清楚地意识到，毛泽东已看穿了他的用意，他在毛泽东心中已经"失宠"了，"和平接班"事实上已经宣告失败。

三十 毛泽东选择接班人的起伏跌宕

正是在这种情况下,林彪索性一不做,二不休,开始实施第二个计划——武装夺权。

就在林彪一伙利用他们在各地的据点、情报网,进行穿梭联系,准备发动武装政变之时,毛泽东已觉察到可能出现的危险,于1971年8月14日乘专列离开北京,到南方许多省市做了一次带有神秘色彩的巡视。在南巡途中,毛泽东曾接见了许多地区的党、政、军负责人,对他们谈了林彪集团在庐山会议上的表现,说他们是"有计划、有组织、有纲领的",而林彪"当然要负一些责任"。并说:"庐山的斗争是有人急于想当国家主席,要分裂党,急于夺权。""庐山这件事还没有完,还没有解决。"对于林彪一伙想要武装夺权的阴谋活动,毛泽东似乎也感觉到了一些,他说:"我就不相信你黄永胜能够指挥解放军造反!军下面还有师、团,还有司、政、后机关,你调动军队搞坏事,听你的?"

对于这些讲话,尽管毛泽东做了特别交代,大家都先不要传达。但由于毛泽东活动的范围相当广泛,接触的人也很多,其中夹杂着效忠林彪一伙的人,所以林彪、叶群很快便知道了毛泽东南巡谈话的内容。林彪经过反复思考,认为不得不与毛泽东摊牌了。于是,下决心趁毛泽东南巡之机对他下毒手。

他们万万没有料到,毛泽东早有防范,他在回京途中几次改变专列出发时间和行车路线,专列在上海不仅没进站,而且只停了一天便开走了。1971年9月11日,在"夕阳如血"的黄昏,毛泽东的专列终于顺利地回到了北京,林彪谋害毛泽东的阴谋也随之宣告破产了。

与此同时,在北戴河的林彪、叶群知道毛泽东已离开上海的消息后,犹如五雷轰顶,惊恐万分。然而,他们要与毛泽东争斗的决心并没有动摇,按"571工程"纪要的设想,他们决定走下一步棋,即南下广州,另立中央,以形成与党中央相抗衡的局面。

他们定下了9月13日南逃的计划,并立即开始搜集中央文件,调动飞机。9月12日晚,周恩来正在北京人民大会堂主持讨论将在四届人大会议上宣读的《政府工作报告》草稿。晚10时30分,他接到8341部队驻北戴河负责人的电话报告,知道林彪异动的消息后,一面通过中央警卫局告诉警卫部队密切注意林彪的情况,随时报告;一面打电话向吴法宪查询一架"三叉戟"的去向。林彪、叶群得知周恩来已觉察到他们的行为后,大惊失色,不得不将"南逃"改为"北叛",

红墙大事
—— 共和国重大历史事件的来龙去脉（下册）

决定立即飞往苏联。

林彪的飞机越过中国国境后，满以为叛逃计划已大功告成。然而，在飞机飞出国境仅 40 分钟，即 13 日凌晨 2 时 30 分左右，256 号飞机却坠毁在蒙古温都尔汗，机上八男一女全部死亡。全此，林彪抢班夺权的阴谋完全破灭。

"九一三事件"的发生，对毛泽东打击很大。林彪小毛泽东 14 岁，可以说不是一代人。在见到毛泽东之前，林彪不过是南昌起义队伍中的一名连长。是毛泽东一手将他由连长升到营长、团长、军长……逐级提拔起来的。林彪长期指挥的红一军团也是毛泽东亲自训练、统率的一支武装。在"文化大革命"中，又是毛泽东亲自选择他做接班人，并将这一决定破天荒地写入了党章。

毛泽东从未想到过林彪有一天会背叛他和他的事业。1935 年，在长征途中的会理会议上，林彪不满意毛泽东的指挥，毛泽东这样训斥他道："你懂什么，你还是个娃娃！"几十年后，正是这个"娃娃"，要用炸桥、平射、炮轰、手枪打、火焰喷射器烧等手段，置毛泽东于死地。毛泽东对林彪可谓"仁至义尽"，"天要下雨，娘要嫁人，由他去吧"，寥寥数语，蕴含了毛泽东多少感慨和苦衷。林彪出逃后一连两天两夜，毛泽东没有入睡，接着大病一场，后来虽然抢救了过来，但身体却彻底垮了，他再也无力去实践他那"自信人生二百年，会当水击三千里"的豪言壮语了。

1972 年，毛泽东引用白居易《放言五首并序》中的第三首，对林彪其人作了评价：

> 赠君一法决狐疑，不用钻龟与祝蓍。
> 试玉要烧三日满，辨材须待七年期。
> 周公恐惧流言日，王莽谦恭未篡时。
> 向使当初身便死，一生真伪复谁知？

王洪文成为中共第三号人物。至此，王洪文的接班人地位在党内开始确立

"九一三事件"对毛泽东打击很大。一度大肆宣传过他的"亲密战友"一夜间成了叛逆。他的这位"战友"是以"高举毛泽东思想伟大红旗"而著称于世的，这位"接班人"的名字是载入神圣的党章的。林彪，曾被宣传成为"国际共产主

义运动史上的第三位伟大助手",诚如恩格斯是马克思的伟大助手,斯大林是列宁的伟大助手,当今林彪是毛泽东的"伟大助手"……

于是,毛泽东不得不重新考虑自己的接班人。"九一三事件"是一个沉痛的教训。

在当时,俨然以"接班人"自命的,乃张春桥。张比毛泽东小24岁,整整相差两代。尤其是在庐山,张春桥是林彪集团重炮猛轰的目标,林彪的倒台成了张春桥的"光荣"。

但出乎中共中央政治局其他委员们意料,甚至出乎"接班人"本人的意料,毛泽东个人决定选择王洪文做他的第三位接班人!

毛泽东第一次选刘少奇为接班人,历史已经证明是正确的;毛泽东选林彪作为接班人,虽然错了,但也似乎"不无道理",因为他毕竟是十大元帅之一,曾为中国的革命事业作过贡献。而选取王洪文这样一个不学无术的"造反派"头目为接班人却实在令人难以理解,这无疑成为人们询问、探索的另一个谜。

王洪文出生在辽宁省的一个农民家庭。参军复员后,被分配到上海国棉十七厂当工人。此人虽胸无点墨,但政治上却很有"抱负",自认为"怀才不遇"。在车间,他对技术一窍不通,只是游手好闲,无所事事。后来,他当上了国棉厂的保卫干部。这件事在常人眼里也许算不了什么,对王洪文却意义重大,他认为自己毕竟在政治上迈开了第一步。但这并没能使王洪文改变以前的生活作风和处事态度,他的工作仍毫无起色。

1966年,"史无前例"的"文化大革命"爆发,这对政治野心极强的王洪文来说,无疑是千载良机。他立即意识到这是一个施展自己"才华"的绝好机会。王洪文立即活跃起来,他贴出了国棉十七厂的第一张大字报,王洪文的名字很快传遍了全厂。但打倒本厂党委书记、夺国棉厂的领导权并不是王洪文的终极目的,他有更远大的"政治理想"。王洪文的造反活动迅速扩大到社会上来,很快他又成为上海造反团体"工总司"的头目。1967年年初,王洪文通过"安亭事件"和"康平路事件"爬上了上海市革命委员会副主任的高位,他的住处也从小里弄八平方米的"鸡舍"搬到了康平路的市领导家属院。在这里王洪文洋洋得意,踌躇满志,一副"小人得志"的作派。

此时,王洪文虽凭"造反"登上了上海市革委会副主任的宝座,但距中共中央政治局还有万里之遥。

红墙大事
——共和国重大历史事件的来龙去脉（下册）

王洪文的飞黄腾达得益于张春桥，是张春桥一手将他扶植了起来。

在1967年的"安亭事件"中王洪文与张春桥结下了"火线友谊"，这两个人臭味相投，一拍即合，从此互相利用。他帮张春桥在上海"夺权"，张春桥帮他打进北京。1969年4月1日，对于王洪义来说是个历史性的日子。中国共产党第九次全国代表大会在人民大会堂召开。"九大"帷幕拉开，在嘹亮的《东方红》乐曲声中，当毛泽东和他的"亲密战友"林彪步上主席台之际，王洪文也登上了主席台！

在此之前，王洪文虽然已是"上海市革委会副主任"，但他从来没在中央抛头露面过。这次，他不仅当上"九大"代表，而且一跃成为主席团成员。在这天举行的全体会议上，34岁的王洪文用一口标准的普通话流利地念着发言稿，毛泽东不时地把目光投向这个模样俊俏的年轻人。

王洪文在毛泽东的记忆屏幕上留下了美好的印象。所以，当林彪死后，毛泽东重新考虑接班人的时候，他在其记忆深处搜索，最后在王洪文的名字上"定了格"。

当然，毛泽东之所以看中王洪文还有其他原因。众所周知，1970年在庐山召开的九届二中全会上，毛泽东和林彪集团发生了一场惊心动魄的斗争，刚刚步入中国政界高层的王洪文，马上卷入了湍急的政治旋涡。

这次会议原定的议程是为召开第四届全国人民代表大会做准备，讨论修改宪法问题、国民经济计划问题、战备问题。林彪集团发动突然袭击，打乱了整个议程。按照林彪的部署，陈伯达、叶群、吴法宪、李作鹏，在8月28日下午，分别在华北组、中南组、西南组、西北组出动，集中火力攻击张春桥。其实，与其说是攻击张春桥，不如说是攻击毛泽东。

在一年前召开的中共"九大"上，林彪作为毛泽东的接班人已明确载入党章。然而墨迹未干，毛泽东和林彪之间便出现了巨大的裂痕。林彪急于抢班，坚持要在宪法上写入设国家主席的条文，他要当国家主席。毛泽东则非常干脆地加以否定。被毛泽东指定负责修改宪法工作的张春桥，当然照毛泽东的思想执行。林彪集团不敢正面与毛泽东冲突，便拿张春桥开刀。

"中央文革小组"彻底决裂了，组长陈伯达站在林彪一边，副组长江青、张春桥及姚文元站在毛泽东一边。王洪文是张春桥一手扶植起来的，别无选择，站在了张春桥一边。两派为各自的政治目的，展开了激烈斗争。在庐山的山间别墅，张春桥叮嘱王洪文，要他回上海后盯住林彪爪牙王维国的一举一动。

1971年8月，毛泽东到南方许多省市巡视，这时林彪已从毛泽东的言谈中得知毛对他的阴谋活动早已察觉，于是林彪决定先下手为强，指示其死党在上海谋杀毛泽东。在此期间，王洪文注视着王维国等人的行动，并及时向张春桥报告。毛泽东到上海后，曾接见王洪文，要他与许世友合作同林彪集团作斗争。所以，王洪文在此时的表现，客观上加重了毛泽东选王洪文做接班人的砝码。

1973年8月24日下午，王洪文又一次在人民大会堂登上了中国共产党全国代表大会的主席台。"九大"时他坐在主席团成员之中，并不十分醒目。这一次，在"十大"上，他成了国内外瞩目的人物。主席台的中央，毛泽东的一侧是周恩来，另一侧便是他。在主席团名单中，王洪文成为中共第三号人物！

在"十大"上王洪文作了《关于修改党章的报告》。8月24日举行开幕式之后，花四天时间分组讨论，王洪文突然成为接班人，成了小组讨论的热点。党内毕竟有许多正直的同志，即使在那样的政治高压下，还是有人对王洪文提出了疑问：安亭拦车，能算是"革命行动"吗？20多万人用暴力踏平"联司"，能算是"革命战争行动"吗？让这样的"造反司令"充当接班人，合适吗？妥当吗？然而，在那个特殊的年代，毛泽东决定了的事情，别人是无法改变的。

至此，王洪文的接班人地位在党内完全确立。1966年的"造反英雄"，成了1973年的中共中央副主席。王洪文取林彪而代之，成为毛泽东的接班人。张春桥在"十大"期间，见到上海国棉十七厂代表杨小妹，说了一句"名言"："国棉十七厂贡献了一个王洪文。"

王洪文在当上中共中央副主席之初，一次又一次参加会见外国首脑，毛泽东确实把这个年轻人当做助手来培养，并寄予厚望。毛泽东让王洪文与外国首脑见面，让他出现在照相机、电影摄影机、电视摄影机镜头前，树立他的威信，便于他接班。每一次参加会见外国首脑，都是对王洪文的一次大宣传：他的名字出现在众多的电讯上，他和毛泽东、周恩来、外国首脑的合影，印在中国的大报小报上，印在世界各国的报刊上。一位英国记者写道："38岁的上海造反派领袖王洪文，已经明白无疑地成为毛的继承人。毛在中共'十大'之后每一次会见外国首脑，坐在他两侧的总是周和王。周已75岁，是毛的同辈战友。因此，毛用这种特殊

红墙大事
——共和国重大历史事件的来龙去脉（下册）

方式向全世界表明，王是他的接班人……"

然而，不过几个月后，1974年9月4日，毛泽东在会见多哥总统埃亚德马时，坐在毛泽东一侧的，不再是王洪文，而是国务院副总理邓小平！从此之后，毛泽东会见外国首脑，再也没有要"王副主席"参加！是王洪义外出了吗？不，王洪文在北京。毛泽东有意疏远了王洪文，使王洪文的接班人形象逐渐变得模糊起来。敏锐的外国记者发现："王洪文失宠了。"王洪文的"失宠"，连外国记者都看出来了。

作为"接班人"的王洪文怎么会那样快就失去了毛泽东的信任？

王洪文当上中共中央副主席之初，在一些公开场合还能"站如松，坐如钟"。然而不久，即使在会见外宾时他也是二郎腿高跷，歪靠在沙发上，"造反派"的本性暴露无遗。

不仅如此，一种奇怪的现象，在中共中央政治局中产生了。一封反映总参问题的信，最初是江青看到的。照常理，应该送毛泽东，或者送军队的叶剑英。江青却提笔将信批给了王洪文、张春桥。另一封来自"江西省革命委员会"的信，标题为《对李德生、纪登奎、汪东兴同志的一次讲话提出意见》。李德生是当时的中共中央副主席，纪登奎、汪东兴是中共中央政治局委员。这封信，落到了王洪文手中。照理，王洪文应转送毛泽东或周恩来。奇怪的是，王洪文却批转给了江青，江青又批转给了张春桥和姚文元。在这里且不论江西那封信提出的意见如何，也不论李德生、纪登奎、汪东兴的是非曲直，像这样一封涉及三位政治局委员的信，却只在一个小小的圈子——王、张、江、姚中传阅，主席不知，当事者不知，其他政治局委员也不知，这不能不引起毛泽东的关注！

在1974年7月7日召开的中共中央政治局会议上，毛泽东当着在京那么多政治局委员的面，指着王、张、江、姚说："你们要注意呢，不要搞成四人小宗派呢。"毛泽东对这个"帮"提出了严重警告。从此，王洪文会见外国首脑的资格被取消。不过，这时毛泽东对王洪文还抱有希望，还留有余地，还期待着他们四个人"不要搞在一起"。

真正使王洪文栽了大跟斗的是"长沙告状"。1974年国庆节后，毛泽东去长沙过冬，临行前让秘书打电话给王洪文，告诉他四届人大重要的人事安排。毛泽东提议，由邓小平任国务院第一副总理。王洪文依然搞"四人小宗派"，当天晚上，就把这消息告诉了江、张、姚。这消息对于"四人帮"如同炸雷一般！本来，他们的如意算盘是由张春桥任国务院第一副总理。

"四人帮"不想放过四届人大这次夺权的好机会。这四个人经过秘密策划，第二天便派王洪文乘专机飞往长沙，向毛泽东告状，诬陷周恩来、邓小平、叶剑英等同志。但毛泽东对他们的企图早已了如指掌。在长沙，毛泽东不仅严厉地批评了王洪文，而且责令他写出检讨。

1975年1月13日，"难产"的四届人大终于揭开帷幕。毛泽东仍在长沙，但四届人大完全遵照毛泽东的指示进行。大会由朱德主持。周恩来做《政府工作报告》。《关于修改宪法的报告》则由张春桥上台来念。

四届人大按毛泽东的意见，不设国家主席。开会时，虽然王洪文坐在主席台中央，但是，候选人名单上没有他的名字。选举结果，"四人帮"大败，四人之中唯有张春桥成为国务院副总理。这一名单，是由毛泽东和周恩来在长沙商定的。王洪文知道，人大常委会副委员长长达21人的名单上没有他的名字，是毛泽东对他的冷淡。

1975年5月3日，是"四人帮"最难熬的一天。这天，毛泽东主持召开了中央政治局会议。病情严重的周恩来抱病出席。在这次会议上毛泽东对"四人帮"提出了比一年前更严厉的批评，并且，毛泽东还提出解决"四人帮"的问题。他说："上半年解决不了，下半年解决；今年解决不了，明年解决；明年解决不了，后年解决。"

就在这次政治局会议之后，毛泽东和周恩来明确指示，中央日常工作改由邓小平主持。邓小平取代了王洪文。王洪文的"接班人"地位从此告吹，他在北京的政治舞台上的形象逐渐淡化了。

王洪文作为"接班人"的地位虽已结束，但他仍是中共中央副主席，对于失去的地位也不会善罢甘休。所以在周恩来总理逝世后，尤其是毛泽东主席逝世后的一段日子里，王洪文像秋后的蚂蚱着实活跃了一阵子。他和江青、张春桥、姚文元一起上蹿下跳，积极活动，演出了一幕幕篡党夺权的闹剧……然而，历史是无情的！

周恩来逝世，由谁来继任？毛泽东权衡再三，最后出人意料地选中了华国锋

1976年，毛泽东的病情急剧恶化，再也不能去天安门城楼上"挥动巨手"，只能躺在病榻上靠"联络员"毛远新的"上传下达"来遥控中国政局的发展。

红墙大事
——共和国重大历史事件的来龙去脉（下册）

1976年，"天安门事件"发生后，毛泽东正是听了毛远新的歪曲汇报，分析了政治形势，做出了提名华国锋为中共中央第一副主席、国务院总理的重大决断。4月下旬，毛泽东在会见新西兰首相后，用他那颤抖的手在便笺上为华国锋写下了"你办事，我放心"六个字，从而确立了华国锋的接班人地位。

华国锋生于1921年，是中国共产党的同龄人。他和毛泽东相差整整28岁，属于两代人。1938年，当他的家乡山西交城县遭到日军铁蹄践踏时，华国锋冒着抗日战争的炮火走上了革命的道路。当时他还是个不谙世事的17岁热血青年。他第一次听到毛泽东、周恩来的名字时，心情无比崇敬，做梦也没有想到，有一天自己会与这些人物"平起平坐"。1940年，19岁的华国锋在山西交城县，担任了工、农、青、妇、武各界联合会主任，也正是这一年华国锋加入了中国共产党。1946年，华国锋担任了中共交城县委书记，不久又担任了中共阳曲县委书记兼县武装大队政委。"华政委"之称，便始于此时，这也是后来风靡一时的民歌"交城的山，交城的水，交城的大山岭住着游击队，游击队里有个华政委……"的由来。1949年，中华人民共和国成立前夕，党中央命令从山西抽调一部分地方干部随军南下。华国锋第一个报了名，先到湖南湘阴县任县委书记兼武装大队政委，1952年调往湘潭县担任县委书记，几个月后，被提升为中共湘潭地委副书记兼行署专员，1954年，担任中共湘潭地委书记。

当时的华国锋并没有意识到湘阴县委书记、湘潭地委书记的重要性——那是毛泽东家乡的父母官！中国有句名言，"人杰地灵"或"地灵人杰"。湘潭的地灵，培养了一大批"人杰"，其中也包括华国锋。一个人的命运当然靠自己掌握，但往往又逃脱不了偶然性的摆布。

"大跃进""文化大革命"使华国锋的名字，同毛泽东家乡的名字紧密地联系到了一起。

1955年7月，毛泽东做了《关于农业合作化问题》的报告之后，34岁的华国锋写了《克服"左倾"思想，积极迎接农业合作化运动的到来》《充分研究农村各阶层的动态》《在合作化运动中必须坚决依靠贫农》三篇文章。这些带有故乡泥土气息的文章，毛泽东读来颇感亲切，华国锋的名字第一次引起了毛泽东的注意。毛泽东路过湖南时，接见了留着小平头、神情激动的华国锋。于是，湘潭成了湖南省的"标兵"，外电称华国锋为中国的"农业专家"。

三十 毛泽东选择接班人的起伏跌宕

1955年10月，在中共七届六中全会扩大会议上，毛泽东主席特邀华国锋作为列席代表。在会上，华国锋介绍了湘潭地区合作化运动的经验。一个地委书记，能够在中共中央全会上讲话，是很不容易的了。经过这次会议，华国锋给毛泽东留下了很好的印象。"你是我的父母官啦！"毛泽东的一句戏言，说得华国锋很不好意思。"你是个老实人！"又一句夸奖，使得"老实人"满脸通红。

1959年盛夏，毛泽东离开北京，途经长沙，华国锋安排并陪同了毛泽东的家乡之行。在阔别多年的故乡，毛泽东心情激动，思绪万千，写下了著名的怀乡诗："别梦依稀咒逝川，故园三十二年前……喜看稻菽千重浪，遍地英雄下夕烟。"由于对视察家乡比较满意，自然还有其他原因，毛泽东亲自提名华国锋担任中共湖南省委书记处书记。此后，毛泽东一到湖南，华国锋总是热情接待，虚心求教，毛泽东总说，华国锋是老实人。1963年10月，华国锋带湖南的干部到广东参观学习，写了《关于参观广东农业生产情况的报告》，毛泽东读后很有感触，写了很长一段批示，号召全党克服骄傲自满、故步自封、夜郎自大的错误思想。

"文化大革命"中，华国锋负责从长沙到韶山毛泽东家乡之间修一条铁路，把大批红卫兵送到韶山。他得到了红卫兵的信任，几乎没有受到什么冲击，很快当上了湖南省革命委员会副主任，后来又成为中共湖南省委第一书记、广州部队政委、湖南军区第二政委。中共"九大"上他当选为中央委员。

1970年12月，毛泽东和斯诺谈话时，提及了华国锋。他说："湖南省的人物也出来几个了。第一个是湖南省委现在的第一书记华国锋，是老实人。"当斯诺的文章在美国《生活》杂志发表后，华国锋的名字第一次出现在美国报刊上，并名扬海外。

华国锋言语不多，思想深沉，憨厚老实，善于体察毛泽东的意图，时常到北京向毛泽东请示、汇报。他那淳朴、热情、踏实细致的工作作风和憨厚自谦的仪表，给毛主席留下了完全可以信赖的印象。因此，在1971年"亲密战友"林彪叛逃身亡之后，毛泽东在从上海调来王洪文的同时，也从长沙调来了华国锋。党的"十大"后，王洪文成为党中央副主席，华国锋成为中央政治局委员。1972年，在谢富治病逝之后，他被任命为公安部部长。公安部部长地位的重要性是人所共知的，从此，华国锋在北京站稳了脚跟。

华国锋是毛泽东一手提拔起来的，他既与"四人帮"没有什么瓜葛，也与周

红墙大事
——共和国重大历史事件的来龙去脉（下册）

恩来、邓小平、叶剑英没有什么交情。在北京，他唯一的"靠山"是毛泽东。在中央政治局里尖锐的斗争中，华国锋往往保持中立，唯毛泽东之命是从。

1976年1月8日，周恩来逝世，由谁来继任，成了斗争的焦点。毛泽东权衡再三，既不满意于同他一起战斗多年、曾被他器重的邓小平，更不放心被他多次批评有野心的"四人帮"，最后出人意料地选中了华国锋。1976年1月21日、1月28日毛泽东两次提议，并经中央政治局通过，确定华国锋为国务院代总理并主持中央日常工作，并于2月3日发布中共中央1976年1号文件。4月下旬的"你办事，我放心"进一步明确了华国锋的接班人地位。9月9日，毛泽东逝世了，按他的遗愿，华国锋于10月6日被推举为中共中央主席、中央军委主席，同时兼任国务院总理。

华国锋作为毛泽东亲自选定的第四位接班人，从毛泽东个人角度来讲，他是唯一没有辜负毛泽东期望的接班人。毛泽东在病情加重的时候，召见华国锋、王洪文、张春桥等人，对他们做了重要谈话。他说："……我一生干了两件事。一是与蒋介石斗争了几十年，把他赶到几个海岛上去了。抗战八年，把日本人请回了老家。打进北京，总算进了紫禁城。对这些事持异议的人不多，只有那么几个人，在我耳边叽叽喳喳，无非是让我及早收回那几个海岛罢了。另一件事你们都知道，就是发动文化大革命。这事拥护的人不多，反对的不少。这两件事没有完，这笔遗产得交给下一代。和平交不成就动荡中交，搞得不好后代怎么办，就得血雨腥风了。你们怎么办，只有天知道。"从这个谈话中可以看出，毛泽东清醒地知道反对"文化大革命"的人不少，他深为未来忧虑。他对华国锋等人诉说衷肠，希望他们维护"文化大革命"。在后来的实际行动中，华国锋按毛泽东生前的愿望，解决了"四人帮"的问题，避免了"血雨腥风"。同时华国锋也全面继承了毛泽东在"文化大革命"期间的"左倾"错误，继续执行"两个凡是"的方针，因而犯了重大错误，最后不得不逐渐离开中央领导岗位。虽然华国锋在位时间不长，但可以说，他功过分明。

1976年是中国的旧历龙年，这年对于中华民族来说是灾难性的一年，巨大的天灾人祸连连降到中国人民头上。周恩来、朱德、毛泽东三位伟人相继逝世，巨星陨落，神州震动，大地哀鸣，给中国人民带来了无限悲痛和难以弥补的损失。唐山大地震，伤亡人数达24万人之多，在世界地震史上亦属罕见。而这巨大的天灾人祸又给"四人帮"以可乘之机。这几个跳梁小丑兴风作浪,上蹿下跳,加紧其篡权活动。这时候的华国锋,真可谓受命于危难之中。

毛泽东尸骨未寒,"四人帮"就迫不及待地开始了行动。江青这位毛泽东的合法妻子,利用自己的特殊身份,进行了一系列令人作呕的表演。10月1日,国庆节,江青跑到清华大学发表演讲,污蔑邓小平"迫害"毛主席,叫嚣要"开除邓小平的党籍",并发誓"一定要锻炼好身体",和他们"斗"下去。

10月2日,王洪文私拍"标准像"114张,并从21张8寸样片中选了标准像,指令按照周恩来标准像的样子进行修改。原来,"四人帮"已经排定夺权后的"座次"名单,所以抓紧时间,纷纷抢拍个人标准像和"历史性"合影。

10月3日,王洪文跑到平谷县大放厥词:"中央出了修正主义,你们怎么办?打倒!"并且肯定地说:"新中国成立以来,中国出了高岗、饶漱石、彭德怀、刘少奇、林彪、邓小平,不出是不可能的。今后还可能出什么唐小平、王小平之类,要警惕……"王洪文在这里明目张胆地攻击、影射华国锋、叶剑英等人是修正主义。

同一天,江青得意忘形,带着大小随从30余人到景山公园摘苹果,她不但在苹果树下搔首弄姿地照了穿军装的照片,而且还说:"苹果留着吧,过盛大节日时再去吃吧。"一语道破了她想尽快登上"女皇"宝座的天机。

这一天的深夜,"四人帮"的死党迟群催促清华大学连夜加快整理有关党政军领导人的黑材料,匆匆拿走。这是"四人帮"一伙制造的又一批"炮弹",准备随时射向夺权的战场!

"四人帮"举行武装夺权的布置已经就绪。一切迹象表明,他们已公开将矛头指向华国锋,指向中央政治局的多数同志。党和国家的命运面临着严重危机。中共中央政治局与"四人帮"的斗争已进入了决战阶段。

这是一场决定中华民族命运和前途的斗争,这是一次你死我活的较量。在这样的关键时刻,华国锋和叶剑英、李先念等中央领导同志,决定先下手为强,采取"以快打慢"的战术,代表全国人民的心愿,一举粉碎了祸国殃民的"四人帮"。

华国锋的功过是非,党的十一届六中全会通过的《关于建国以来党的若干历史问题的决议》做了正确、客观的评价。

三十一　叶剑英玉泉山运筹帷幄

- 周恩来发动批极左思潮，江青等人大反"右倾回潮"／毛泽东一语定乾坤
- 江青急欲扳倒周恩来，"批林批孔"运动中，她"三箭齐发"
- 毛泽东告诉王洪文，不要跟江青搞在一起，你要注意她
- "文化大革命"以来，江青第一次正式向党中央做检讨
- 毛泽东逝世，江青虽然臂戴黑纱，但她对治丧活动并不感兴趣，她关心的是权力
- "这几个东西闹腾得不得了，一定要设法解决"，叶剑英说，这是一着很险的棋，又非走不可
- 王洪文叹息道，没想到这样快！／中央政治局一致同意对"四人帮"采取措施

红墙大事
—— 共和国重大历史事件的来龙去脉（下册）

林彪事件发生后，毛泽东在震惊和失望之余，开始重新审视"文化大革命"。他改变了原来对"文化大革命"热情赞扬和肯定的语言，进一步表达了对一些极左做法的不满。借此时机，主持中央日常工作的周恩来积极协助毛泽东采取了一系列措施，纠正"左"倾错误，国家各项工作开始出现转机。然而，毛泽东并没有认识到"文化大革命"的全局性错误，仍然任用在"文化大革命"中掌握了重要权力的极左派人物江青一伙，随后又重用靠造反起家的王洪文。这预示着国家的政治局势仍将动荡不宁。

周恩来发动批极左思潮，江青等人大反"右倾回潮"／毛泽东一语定乾坤

1972年下半年，周恩来在具体指导各部门联系实际批判林彪集团的反革命活动，恢复党和国家正常工作秩序的基础上，开始从理论上系统地纠正极左思潮。

8月1日、2日，周恩来连续两天在人民大会堂接见驻外使节并做了长篇报告，阐述对国际形势、内外政策、批林整风、政治与业务关系等问题的看法，报告的内容贯穿着"要批透极左思潮"的主题。

周恩来说："极左思潮是有世界性的。中国也有极左思潮，在我们鼻子下面也有嘛，外交部也有，驻外使馆也有。"

"实际上各单位的极左思潮都是林彪放纵起来的"，"就是空洞，极端，形式主义，空喊无产阶级政治挂帅，这是违反毛泽东思想的"。

"这个问题，如果我们不好好做工作，还要犯错误。""如果在驻外使馆现在还有人搞极左，就把他们调回来学习，不要妨碍我们的对外工作。"

周恩来指出："运动就是要落实在政策和业务上。无产阶级的政治挂帅'挂'在什么地方呢？就是要挂在业务上。""如果真正考察一个干部，说这个干部运动好，但业务不好，说明还没有落实。"

按照周恩来的指示精神，《人民日报》《解放军报》《红旗》杂志发表的1972年国庆社论号召要"加快社会主义建设的步伐"，"继续落实毛主席的干部政策、知识分子政策、经济政策等各项无产阶级政策"，"要提倡又红又专，在无产阶级政治统帅下，为革命学业务、文化和技术"。

10月中旬，根据周恩来有关批判极左思潮的意见，《人民日报》组织了一个版面，发表了三篇理论文章，揭露和批判极左思潮的集中表现——无政府主义。这是林彪事件后，党中央报纸上第一次集中地发表批判极左思潮的文章。

这些文章虽然不免带有时代局限性，但在当时却以鲜明的立场、犀利的语言，尖锐辛辣地批驳"文化大革命"以来盛行的"打倒一切""砸烂一切"和"群众运动天然合理"的谬论，并提醒人们，尽管林彪一伙"已经被扫进历史的垃圾堆，但是他们煽起的无政府主义思潮还会'采取稍微新一点的形式，披上前所未见的外衣，或做前所未见的装扮，重新表现出来'"。文章发表后在全国产生了强烈的反响。

然而，周恩来领头发起的批判极左思潮运动引起了江青集团的不满和反对。

对江青集团来说，林彪的覆灭，消除了一个争夺权力的对手。江青一伙也积极参与批林活动，以掩盖与林彪集团有牵连的事，并借以表现其"革命"的坚定性。但对极左思潮的批判，又造成了对他们的新的威胁。在江青一伙眼里批极左思潮就是否定"文化大革命"，否定"文化大革命"实质就是否定他们的政治生命。

随着周恩来提出"要批透极左思潮"的意见以后，江青集团便频频向周恩来发难。

前面提到的1972年国庆社论，当时周恩来主持起草时，曾明确写入应该继续"批判极左思潮"。但是，主管全国宣传工作的姚文元却坚持划去社论稿中"批判极左思潮"的字样。

随后，《人民日报》头版发表的一篇报道中，再次出现肃清"极左思潮影响"的提法，又引起江青一伙的不满。他们布置追查"稿子是怎么来的"。在批判极左思潮问题上，周恩来同江青一伙的对立和斗争逐渐明朗化。

江青等人不能容忍报刊宣传如此公开地同"文化大革命"唱"反调"，决意刹住这股"修正主义回潮"。10月中旬，《人民日报》有关反无政府主义的文章刊出后，姚文元立刻提出："当前要警惕的是右倾思潮抬头"，"不能说什么都是无政府主义，不要批到群众头上，不要混淆两类矛盾"。江青直截了当地指责道，这些文章"就是要在全国转移斗争大方向"。他们的追随者开始在人民日报社内大搞"反右倾回潮"。

红墙大事
——共和国重大历史事件的来龙去脉（下册）

10月至11月间，张春桥、姚文元到了上海。张春桥在上海市委常委会上说，当前有一股右倾翻案风，有一种否定"文化大革命"的思潮，叫嚣"不管四面八方刮来什么风，上海都要顶住"。

12月初，张春桥在外事部门一份准备召开会议批判极左思潮和无政府主义的报告上写道："当前的主要问题是否仍然是极左思潮？批林是否就是批极左和无政府主义？我正在考虑。"江青也在报告上批示，当前应批林彪卖国贼的"极右"，"同时也应着重讲一下无产阶级文化大革命的胜利"。

中央在批林问题上出现了两种声音，引起各部门在执行中的混乱。1972年12月5日，人民日报社的王若水写信给毛泽东，表示"很同意"周恩来关于《人民日报》等单位要批透极左思潮的意见，认为批极左不仅适合机关内部的实际情况，对报纸宣传方面的情况也同样适用。王若水的信中还反映了张春桥、姚文元反对批极左的情况。

对中央内部出现的对立观点，毛泽东也注意到了。12月17日，毛泽东同张春桥、姚文元谈话，谈到对王若水来信的看法。他说，极左思潮少批一点呢。王若水那封信我看不对。是极左？是极"右"！当前主要应该批林彪的修正主义、分裂、阴谋诡计、叛党叛国的极"右"。

毛泽东一锤定音。这是他担心批极左将导致从根本上否定"文化大革命"而得出的结论。毛泽东的公开表态，使批判极左思潮的风向发生了逆转。

得到毛泽东的支持，江青一伙更加有恃无恐。他们指责人民日报社有"一股邪气"，声称要"把邪气压下去"。这以后，江青等人完全排除了周恩来对人民日报社的领导，"批判极左思潮"的提法变成了批判林彪的"反革命的修正主义路线"的"极右实质"。

江青急欲扳倒周恩来，"批林批孔"运动中，她"三箭齐发"

1973年8月，中共十大和十届一中全会在北京召开。

这届大会是在特殊情况下提前举行的。按照"九大"党章规定："党的全国代表大会，每五年举行一次。在特殊情况下，可以提前或延期举行。""九一三事件"之后，林彪、叶群、黄永胜、吴法宪、李作鹏、邱会作六位原中央政治局委员成了反革命集团的主要成员，中央的领导机构已不健全。于是，根据毛泽东的提议，中共中央决定提前召开党的第十次全国代表大会。

这次大会仍然肯定了"九大"的政治路线和组织路线。大会通过的新党章重申"文化大革命"理论与实践是正确的。根据毛泽东的提议，工人出身、"文化大革命"中靠造反起家的王洪文当上了中央委员会副主席，列于毛泽东、周恩来之后，居第三位。江青、张春桥、姚文元仍进入政治局，张春桥成为政治局常委。

王洪文本来就是在江青、张春桥一伙的支持下夺取上海市党政大权的，进入中央以后更加投靠江青集团。从此，江青、张春桥、姚文元、王洪文在政治局内形成"四人帮"，党的领导集团内部的斗争更加复杂和激烈了。

1972年和1973年间，在批判林彪极左还是极"右"的问题上，江青等人暂时获胜，但主持中央工作的周恩来仍然在各种场合利用各种方式抵制"文化大革命"的错误做法，经常与江青一伙对立，这使江青集团成员越来越把周恩来视为他们的障碍。

1973年11月间，毛泽东一度认为周恩来、叶剑英在前一阶段打开中美外交关系的谈判中讲话有错误。应毛主席的指示要求，中央政治局开会批评周恩来、叶剑英的"右倾错误"。江青一伙借此大做文章，认为这是从政治上打倒周恩来的好时机。

会上，江青、姚文元别有用心地提出这是"第11次路线斗争"，污蔑周恩来是"错误路线的头子"，是"迫不及待"地要取代毛泽东。会后，江青还向毛泽东建议增补她和姚文元为中央政治局常委。

12月9日，毛泽东在了解中央政治局会议情况后，先后同周恩来、王洪文等谈话，肯定了对周恩来的批评。同时又指出，就是有人讲错了两句话，一个是讲"11次路线斗争"，不应该那么讲，实际上也不是；一个是讲总理"迫不及待"，他（指周恩来）不是迫不及待，她（指江青）自己才是迫不及待。对江青所提出的增补政治局常委的意见，毛泽东明确表示"不要"。

江青一伙推翻周恩来的目的没有达到，但他们并没有放弃，很快又展开新一轮对周恩来等人的攻击。

1974年元旦，"文化大革命"进入第九个年头的第一天，中央"两报一刊"联合发表社论，提出"要继续开展对尊孔反法思想的批判"，"批孔是批林的一个组成部分"；强调"党委要抓大事"，"大事不讨论，埋头于小事，这样很危险，势必要搞修正主义"。

社论中的话是有来历的。1973年5月，周恩来正主持筹备中共第十次全国代表大会的各项工作。这期间，毛泽东提出要注意抓路线、抓上层建筑、抓意识形态和要批判孔子的意见。7月，毛泽东批评周恩来主管的外交工作，用很严厉的词句提出："结论是四句话：大事不讨论，小事天天送。此调不改动，势必搞修正。"这表明毛泽东仍然十分担心"文化大革命"的理论和实践能否坚持下去，党和国家今后会不会出"修正主义"的问题。

1974年的元旦社论发表后，江青等人又开始积极推动大批判。但是，江青一伙展开"批林批孔"的目的与毛泽东的本意却有差别。他们有夺取权力的现实需要。

1月12日，王洪文、江青致信毛泽东，建议转发由"北京大学、清华大学大批判组"汇编的《林彪与孔孟之道》（材料之一），并说这份材料"对当前继续深入批林批孔会有很大帮助"。

18日，经毛泽东批准，中共中央转发了这一材料。由此，全国展开一场声势浩大的"批林批孔"运动。

与此同时，江青以个人名义给空军领导机关写信，要求进行"批林批孔"。她找迟群等人谈话，派他们到海军、空军等单位"点火放炮"。

在致国务院文化组负责人的信中，江青提出："我希望文化组的批林批孔运动能开展、深入下去，开花结果。"

此外，她还给军队连队、科研部门以及下乡知识青年写信、送材料，向迟群等人散布攻击周恩来的言论。她甚至直截了当地告诉迟群："你们都是我的炮队。"

1月17日，《解放军报》刊登一篇根据周恩来、叶剑英1973年5月在空军党委扩大会议上的讲话精神而写的文章：《既要讲批评，又要讲谅解》。文章强调要加强领导班子内部的团结。28日，江青、张春桥、王洪文召集有关新闻单位开会，指责这篇文章"很坏"，并布置写反驳文章。在他们授意下发表的文章称，《既要讲批评，又要讲谅解》一文"离开批林批孔斗争的大方向来讲团结问题"，"大讲谅解，貌似全面，实际上宣扬了折中主义、中庸之道"。他们所攻击的对象就是周恩来。

三十一　叶剑英玉泉山运筹帷幄

1月24日、25日,在江青策动下,北京先后召开了中央军委机关和驻京部队、中央和国务院直属机关"批林批孔"动员大会。会上,迟群按照江青的旨意,发表长篇煽动性的讲话。他们借宣讲《林彪与孔孟之道》的材料,大谈所谓"抓大事""反复辟"的主题,说"修正主义仍然是当前的主要危险",不抓"大事"而埋头"小事"就要变修。还提出:"不准批孔就是不准批林","凡是主张中庸之道的人,其实是很毒辣的"。

会上,江青、姚文元也不断插话。迟群、谢静宜的讲话极力吹捧江青,为江青在"批林批孔"准备工作方面的作用表功。他们反复提到江青到各部门写信、送材料、抓典型的重要意义,抬高江青的地位。同时,借"批林批孔"要联系实际为名,抓住一些所谓"复辟回潮"事件大做文章,影射攻击周恩来。

不久前,意大利共产党人安东尼奥尼经周恩来批准来华拍摄影片《中国》。迟群在讲话中说:"像这样的片子,实际上就是间谍加汉奸搞出来的,难道不需要联系吗?"

又提到河南省唐河县马振扶公社中学一个女学生因答不上考卷受到批评,想不开后投水自杀一事。他们把这件事说成是教育战线上的"复辟"。

同时,江青等人利用群众痛恨"走后门"不正之风的情绪,夸大其辞,制造混乱,把矛头指向一批党政军干部,把自己打扮成"为民请命"的英雄。迟群声称,"批林批孔"要联系的现实之一,就是揭批"走后门","'走后门'实际上就是对马列主义的背叛"。

江青一伙推动的这场"批林批孔"运动使周恩来等一批坚持正常工作的老干部再度受到打击。当时担任中联部负责人的耿飚在运动中被点名批判,他找周恩来总理准备辞职。

逆境中的周恩来也处于被攻击的地位,久历政治风浪的周恩来对耿飚说:"我送你三句话。第一,人家要打倒你,不论怎么打,你自己不要倒;第二,人家要赶你,不管他怎样赶,你自己不要走;第三,人家整你,不管他怎样整,你自己不要死。"周恩来对江青一伙的攻击早已做了充分的心理准备。

1月下旬"批林批孔"大会之后,迟群等人修改、整理讲话稿,准备发往全国,但被毛泽东制止。2月15日,毛泽东在叶剑英一封来信上批示:"现在形而上学猖獗,片面性。批林批孔,又夹着走后门,有可能冲淡批林批孔。小谢、迟群

红墙大事
——共和国重大历史事件的来龙去脉（下册）

讲话有缺点，不宜向下发。"并且扣下了江青等人准备发往全国的1月25日大会的讲话录音带。后来，毛泽东把"批林批孔"又夹着批"走后门"，称为"三箭齐发"。

"一·二五"大会不久，江青等又借机滋事，制造了"蜗牛事件"。

2月10日，江青到四机部讲话，用尖刻的语言，指责该部不久前在赴美国考察引进彩色显像管生产线的成员接受美方所赠礼品玻璃蜗牛是"屈服于帝国主义的压力"，是接受他们把中国的发展说成"蜗牛"式前进的嘲讽，是"崇洋媚外"。

玻璃蜗牛是美国人喜欢的一种小工艺制品，在当地代表幸福、吉祥，常被用来作摆设或送礼之用。江青把此事当成一个政治事件来做文章，用意是要攻击批准引进这项设备的周恩来等人。

周恩来冷静处之。他要有关部门进行调查。弄清原委后，周恩来主持中央政治局会议，决定对江青在四机部的讲话不印发，不下传，已印发的要收回。

江青借机发难不成，只得悄悄收场。但由于"蜗牛事件"的影响，中国引进彩色显像管生产线的工作却被迫延迟了数年。

借"批林批孔"之机，"四人帮"还把手伸到军队，名曰"放火烧荒"，企图搞乱军队，篡夺军权。

江青除以个人名义给空军司令员马宁、海军政委苏振华以及南京部队、广州部队的领导写信，"指导"运动之外，还派一些无军籍的记者到部队为她搜集情报。

3月5日，江青出头，张春桥到场，召集原总政文化部副部长陈亚丁等人讲话。

江青一开始就声明，她要下决心"整一整军队"。她指责"军队执行的不是毛主席的文艺路线"，"不许普及样板戏"，"有错误批评不得"，"看封存片最严重"，"我们的话根本不听"。

之后，江青宣布"要管军队"。她发出指令说，"看来要夺权"，"你们要放火烧荒"，"你们有三个人，去放火嘛！"指示这几个人分别去总政、八一电影制片厂等单位把工作管起来。

与此同时，张春桥、王洪文也在总参谋部、总后勤部煽动"揭盖子"。

随即，在3月11日，江青以中央政治局的名义，命令《解放军报》停止编发报社自己的稿件，只准转发新华社的消息，迫使军报变相停刊达178天。

江青等人在"批林批孔"运动中的另一个阴谋活动是大搞影射史学。他们打着评法批儒批孔的幌子，组织御用写作班子，利用他们控制的报刊、广播发表了大量文章，为其篡权张目。

这些批判文章，名为"批林批孔"而发，实际上不批林、假批孔，却热衷于批周公、批宰相，批"现代大儒"，影射周恩来，把周恩来纠正"文化大革命"极左错误的工作诬蔑为"复辟"。

署名"罗思鼎"，并由姚文元修改发表的文章《秦王朝建立过程中复辟与反复辟的斗争——兼论儒法论争的社会基础》，除集中批判了秦始皇的丞相吕不韦外，还点了一批宰相，文章说："战国末期，齐楚等六国所用的宰相，都是宗室贵族，如齐国的田忌、田婴、田文，楚国的令尹子兰、黄歇，赵国的赵胜等。"江青对此文章很得意，她说："这篇文章的好处，是批吕不韦，吕是个宰相。"

另一篇文章《汉代的一场儒法大论战——读〈盐铁论〉札记》中，竟然直露地说："丞相田千秋，在整个会议过程中，'括囊不言，容身而出'，这是一个相当圆滑的老官僚。他善于摆平关系，模棱两可，始终不表态，最后各方面都不得罪。"

这一时期他们还推出一部儒法斗争史，摆出一副总结儒法斗争经验的面孔，胡说儒家要复辟，法家反复辟，"从封建社会到社会主义社会都贯穿此问题"。宣传西汉王朝前期和中期反复辟斗争所以能取得胜利，是因为"在中央政权始终保持了一个法家领导集团"。江青一伙的用意明眼人一看便知。

6月15日，江青等人召集"梁效"写作班子成员开会，要求在批儒的问题上再鼓劲，要批"除了林彪、陈伯达以外"的"现代的儒"。

江青"启发"在座者说："难道现在没有儒了吗？如果没有，为什么要批孔？为什么要搞这样大的运动？""不要以为没有儒了，我们党内就出了不少儒。"迟群等也随声附和，称他们所要批的"现代的儒"，"不是指林彪、陈伯达"。

此后，江青到天津的一些工厂、农村和部队，继续宣传"儒法斗争"要"揪现代大儒"，"运动的重点是批党内的大儒"。

当时，外国驻京记者评论中国的"批林批孔"运动时提出，"中国以江青为代表的激进派同以周恩来为代表的温和派之间的斗争还在继续"。江青借用外国电信上的说法向"梁效"成员进行所谓"路线"交底，暗示周恩来就是她所指的"现代的儒"。

红墙大事
——共和国重大历史事件的来龙去脉（下册）

江青一伙在大肆攻击周恩来的同时，还别有用心地借"评法批儒"之名抬高吕后、武则天，大捧"女皇"，说"共产主义也要女皇"。江青公开宣布："我现在觉得有一个历史人物值得考虑，吕后。她是伟大的政治家，封建政治家，法家，不能低估。因为刘邦去世后，天下没有乱，是和吕后执行了法家路线有关，以后才有文、景、武、昭、宣。"承江青的旨意，写作班子一方面批"现代大儒"，影射周恩来等人；另一方面又狂吹法家，吹捧吕后、武则天，为"四人帮"篡权制造舆论。

江青等人的所作所为，引起了毛泽东的不满。毛泽东在观察、掌握了江青一帮人的用意之后，开始批评"四人帮"。

3月中旬，代表中国出席联合国大会第六届特别会议的代表团人选问题，已经提上议事日程。这一届联大特别会议，参加的大多是各国首脑。在周恩来病势加重、四届人大即将召开之际，由谁代表中国政府出席这次会议，将产生重大的政治影响，为各方面所瞩目。

毛泽东看到问题的实质所在。2月20日，他在审阅外交部关于出席联大特别会议的代表团人选的请示报告后提议：由邓小平担任代表团团长。他又指示，这件事不要说是他的意见，可以先由外交部在给中央的报告中提出，报请政治局批准。

同一天，毛泽东答复江青的求见信说："不见还好些。过去多年同你谈的，你有好些不执行，多见何益？有马列书在，有我的书在，你就是不研究。我重病在身，八十一了，也不体谅。你有特权，我死了，看你怎么办？你也是个大事不讨论、小事天天送的人。"

当外交部重新拟制的报告呈送政治局审批时，江青果然提出反对意见。她蛮横地要求外交部撤回报告。据此，根据毛泽东的意见，周恩来主持召开政治局会议讨论此事。

政治局会议上，绝大多数政治局委员都赞成由邓小平率团出席联大会议。处境孤立的江青仍固执己见，声称她对这件事"保留意见"。第二天，毛泽东得知政治局会议的情况后十分生气，写信告诫江青："邓小平同志出国是我的意见，你不要反对为好。"迫于毛泽东的压力，江青只好表示同意。这是邓小平复出以后担负的第一项举世瞩目的重大任务。

此后，江青对未能阻止邓小平率团出国一事耿耿于怀。在政治局开会讨论修改邓小平在联大会议上的发言稿时，江青、张春桥、姚文元同时"有病"请假，拒不参加会议。

7月中旬，毛泽东离京去南方之前召集在京的政治局委员开了一次会议，再次严厉批评江青等人。毛泽东说："不要设两个工厂，一个叫钢铁工厂，一个叫帽子工厂，动不动就给人戴大帽子。不好呢，要注意呢。"他指着江青说："她算上海帮呢！你们要注意呢！不要搞成四人小宗派呢！""你也是难改呢。"

面对政治局成员，毛泽东两次讲道："她（指江青）并不代表我，她代表她自己"，"总而言之，她代表她自己"。

这是毛泽东第一次在党内高层指出"四人帮"的问题。此时，距中共"十大"召开后尚不足一年。

从此以后的一段时间，江青一伙攻击周恩来的活动不得不在表面上有所收敛。

毛泽东告诉王洪文，不要跟江青搞在一起，你要注意她

1974年国庆节刚过，在武汉的毛泽东向中央提出建议：召开第四届全国人民代表大会，并提出由邓小平出任国务院第一副总理。这显然是毛泽东经过反复考虑后做出的一个重要决定。当时，国务院总理周恩来已经病重住院，在这种情况下，由邓小平出任第一副总理，等于确定了接替周恩来主持国务院工作的人选。这是江青一伙无论如何也不能接受的。

10月6日晚上，江青急匆匆地赶到总理住院的第305医院，当面向周恩来提出她对四届人大人事安排的"意见"。由于第一副总理人选已由毛主席确定，"四人帮"把眼睛盯住了解放军总参谋长这一重要职务。

江青向周恩来总理提出她选中的总参谋长人选，但周恩来明确表示不同意她的提名。江青眼见无法说服总理，便声明"保留提名的观点"。

10月11日，根据毛泽东的意见，中共中央正式发出近期内召开第四届全国人民代表大会的通知，其中传达了毛泽东的意见："无产阶级文化大革命，已经八年。现在，以安定团结为好。全党全军要团结。"

然而，以江青为首的"四人帮"不愿放弃这次权力分配的重要机会，他们不顾毛泽东要求团结的愿望，仍在继续谋划由他们"组阁"，并不断地制造党内矛盾。

红墙大事
——共和国重大历史事件的来龙去脉（下册）

10月14日，江青从新华社的内部刊物《国内动态清样》上看到有关"风庆轮事件"的报道，其中有批判"造船不如买船，买船不如租船"的所谓"洋奴哲学"的内容。江青即提笔批道：看到报道"引起我满腔无产阶级义愤。试问，交通部是不是毛主席、党中央领导的中华人民共和国的一个部？国务院是无产阶级专政的国家机关，但交通部确有少数崇洋迷（媚）外、买办资产阶级思想的人专了我们的政"。"这种洋奴思想、爬行哲学，不向它斗争可以吗？""政治局对这个问题应该有个表态，而且应该采取必要的措施。"

王洪文、姚文元、康生都表示"完全同意"江青的意见，要求抓住风庆轮这件事"批判修正主义路线"，"对交通部进行彻底检查整顿"。

在江青批示后，张春桥批示："在造船工业上的两条路线斗争，已经进行多年了。发生在风庆轮上的事是这个斗争的继续。"他要求国务院就此问题在经济部门进行教育。

周恩来总理在江青专送的传阅件上只批了"已阅"两个字。邓小平阅后，只字未写，只画了一个圈。

"四人帮"抓住的这件事仍然是他们攻击周恩来总理的一个步骤。"文化大革命"中周总理多次坚决主张买船。20世纪70年代初，世界运输业萧条，船价大跌。八成新的船用原价的百分之五十就可以买到手，一条万吨级的轮船花原价的百分之二十就能买来。周恩来认为这是一个加强国内运输力量的好时机。于是，周总理提出买一批船，搞上几年就会连本带利都赚回来。经周总理批准，外贸部门便动用贷款买了一批外轮。"四人帮"以风庆轮为引子，实质上是要抓住这一点批周恩来总理。

由于周恩来、邓小平都不赞同江青等人在风庆轮一事上的纠缠，10月17日晚，中央政治局举行会议，会上，江青一伙突然向邓小平发难。江青站起来质问邓小平，要他就风庆轮一事当场表明态度，承认这是"崇洋媚外""洋奴哲学"。

邓小平反驳说："对这件事我还要调查，不能搞强加于人，一定要赞成你们的意见！"张春桥、姚文元也一起指责邓小平。江青更加凶狠地对邓小平攻击、谩骂。邓小平气愤难忍，中途退出会场。当晚，"四人帮"在一起碰头，决定要王洪文去长沙，向在那里养病的毛泽东"告状"。

次日，王洪文不通知周恩来和中央政治局的多数成员，神秘地飞赴长沙。见到毛泽东后，他按照几人事先商量好的口径，指责邓小平仍在继续推行"造船不如买船"的洋奴主张，说"北京现在大有庐山会议的味道"。并且说周恩来总理虽然有病，但是昼夜不停地找人谈话，经常去总理那里的人有邓小平、叶剑英、李先念等。他们频繁来往，一定和四届人大的人事安排有关，等等。

毛泽东听了王洪文的"汇报"，对他的"告状"十分不满，当即批评王洪文，有意见当面谈，这么搞不好！要跟小平同志搞好团结。又说，你回去后，要多找总理和剑英同志谈谈，不要跟江青搞在一起，你要注意她。

两天后，毛泽东又提出，总理还是总理，四届人大的筹备工作和人事安排由周总理和王洪文主持，同各方面商量办理；开人大的时间除了看准备情况外，还要视总理的病情而定。他告诫王洪文、张春桥、姚文元三人，不要跟在江青后面批东西。同时，毛泽东还建议，邓小平任第一副总理兼总参谋长。这样，"四人帮"指定总参谋长人选的图谋又没有得逞。

11月12日，邓小平陪外宾赴长沙去见毛泽东。毛泽东向他了解了10月17日政治局会议的风波后，肯定了邓小平的做法，同时批评了江青。当日，毛泽东在江青的信上批示："不要多露面，不要批文件，不要由你组阁（当后台老板），你积怨甚多，要团结多数。至嘱。""人贵有自知之明。又及。"

针对江青提名由王洪文当人大常委会副委员长，毛泽东一针见血指出："江青有野心。她是想叫王洪文做委员长，她自己做党的主席。"毛泽东转告周恩来，人大常委会在朱德、董必武之后要安排宋庆龄；副总理可安排邓小平、张春桥、李先念。其他人事问题由周恩来主持安排。

12月中下旬，四届人大的人事安排和《政府工作报告》基本准备就绪，新一届国务院各部委人事安排事项也大致讨论确定。江青一伙操纵四届人大的阴谋没有得逞。

12月23日，根据中央政治局的意见，周恩来、王洪文往长沙面见毛泽东，汇报四届人大准备情况。

在长沙，毛泽东鉴于江青等人在筹备四届人大期间的帮派活动，严厉警告王洪文："不要搞'四人帮'"，"不要搞宗派，搞宗派是要摔跤的"。又说："江青有野心。你们看有没有？我看是有。"毛泽东提出，江青应该做自我批评，并且要求王洪文写出书面检查。

与此同时，毛泽东高度评价了邓小平，说邓小平"政治思想强"，"人才难得"。毛泽东还采纳了周恩来的建议，提出在四届人大前召开的中共十届二中全会上，补选邓小平为中央政治局常委、副主席，同时担任中央军委副主席、国务院副总理兼总参谋长。

关于四届人大的人事安排问题，毛泽东重申，"总理还是我们的总理"，四届人大开过后，总理可安心养病，国务院的工作由邓小平去顶着。毛泽东在与周恩来的单独谈话中，还表示他已经知道江青、张春桥有严重的政治历史问题。

毛泽东、周恩来共同做出具有深远历史意义的"长沙决策"，标志着以江青为首的"四人帮"长期以来企图"组阁"的阴谋完全破产了，这一决策对以后中国局势的发展和中华民族的命运有着至关重要的意义。

"文化大革命"以来，江青第一次正式向党中央做检讨

四届人大会议以后，"四人帮"一伙不甘心失败，又进一步筹划攻击周恩来、邓小平等老干部的活动。

这一次，以江青为首的"四人帮"打着批判"经验主义"的旗号对周恩来等人展开围攻。

1975年3月1日，在全军各大单位政治部主任座谈会上，总政治部主任张春桥借讲述"无产阶级专政理论"，提出批判"经验主义"的问题。他说，新中国成立以后，"对经验主义没有注意批过"，现在"对经验主义的危险，恐怕还是要警惕"。

张春桥还指责1972年周恩来推动下开展的对极左思潮的批判是"跟着刘少奇那条路线走"，影射四届人大提出的实现"四个现代化"的目标将导致"卫星上天，红旗落地"。

同日，姚文元在《论林彪反党集团的社会基础》一文中片面地引用毛泽东1959年写过的一段话，强调："现在，主要危险是经验主义。"

要完全弄明白张春桥、姚文元所指责的"经验主义"，还要回顾一下40年代延安整风运动的历史。

当时，周恩来曾被认为是"犯经验主义错误"的代表。周恩来本着严于律己的态度，诚恳地检查了自己在历史上犯过的错误。延安整风之后，周恩来又多次

作自我批评,甚至是过分的检讨,目的是教育全党,引以为鉴。

对这一段历史,全党包括江青一伙都十分清楚。现在,他们借其操纵的舆论工具,大肆宣扬"经验主义是修正主义的助手","犯有经验主义错误"的人"很容易跟着修正主义路线走"等。

4月初,江青又一再宣称:"现在我们的主要危险不是教条主义,而是经验主义";"经验主义是修正主义的帮凶,是当前的大敌"。以后,江青又把反"经验主义"问题正式提到中央政治局会议上,要求进行讨论,并主张"交锋"。

4月18日,毛泽东从南方回到北京后,邓小平借陪同毛泽东会见一位外国领导人的机会当面向毛泽东反映了一个多月来江青等人大反"经验主义"的情况,明确表示他不同意"经验主义是当前主要危险"的说法。毛泽东对邓小平的意见表示赞同。

数日后,毛泽东对姚文元所送新华社《关于报道学习无产阶级专政理论问题的请示报告》写下了一段批语:"提法似应反对修正主义,包括反对经验主义和教条主义,二者都是修正马列主义的,不要只提一项,放过另一项。"

又说:"我党真懂马列的不多,有些人自以为懂了,其实不大懂。自以为是,动不动就训人,这也是不懂马列的一种表现。"批示要求将这个问题"提政治局一议"。

根据毛泽东的意见,4月27日,中央政治局召开会议,研究贯彻毛泽东批示的精神。叶剑英、邓小平在会上先后发言,批评江青、张春桥等人大反"经验主义"的错误,并针对江青在1973年12月中央政治局会议期间提出所谓"第11次路线斗争"、1974年"批林批孔"运动中以个人名义到处送材料,以及其他"四人帮"宗派活动的事实,提出尖锐质问。

这次会议周恩来总理没有参加,会议由王洪文主持。会后,王洪文写信向毛泽东汇报会议进行的情况。他指责周恩来、叶剑英、邓小平总是把形势说得一团漆黑,支持、纵容社会上最凶的谣言,并说:"这场争论,实际上是总理想说而不好说的话,由叶、邓说出来,目的是翻前年十二月会议的案。"

江青也通过秘书转告毛泽东,27日政治局会议是在搞"围攻",是1970年庐山会议的再现。

5月3日夜间,毛泽东在他的住处中南海游泳池召开在京中央政治局委员会议。毛泽东批评江青等人:"你们只恨经验主义,不恨教条主义";"我看批经验主义的人，自己就是经验主义"。

毛泽东严厉地警告他们："不要搞'四人帮'，你们不要搞了，为什么照样搞呀？为什么不和两百多的中央委员搞团结？搞少数人不好，历来不好。"

"这一次还是三条，要马列主义，不要修正主义；要团结，不要分裂；要光明正大，不要搞阴谋诡计，就是不要搞宗派主义。"

又说："我看问题不大，不要小题大做，但有问题要讲明白。上半年解决不了，下半年解决；今年解决不了，明年解决；明年解决不了，后年解决。"

毛泽东不点名地批评江青："不做自我批评不好，要人家做，自己不做。""不要随便，要有纪律，要谨慎；不要个人自作主张，要跟政治局讨论，有意见要在政治局讨论，印成文件发下去；要以中央的名义，不要用个人的名义，比如也不要以我的名义，我是从来不送什么材料的。"

此后，经毛泽东批准，中央政治局内部继续批评江青等人。5月27日，邓小平主持中央政治局会议集中批评江青一伙。会上，邓小平作中心发言。他首先谈了对毛泽东5月3日讲话的理解，指出，主席这篇讲话，对于我们党非常重要。因为主席是对政治局讲的，（政治局）是党的核心。主席提出要政治局安定团结，"三要三不要"，联系批评宗派主义、批评"四人帮"。这是很重要的原则问题，需要好好讨论。

江青一伙对4月27日政治局会议大为不满，表示强烈反对。对此，邓小平据理进行了驳斥。他说，有人说这次会上的讲话过了头，还有人讲是突然袭击、是围攻。其实，百分之四十也没有讲到，有没有百分之二十也难讲。因此，谈不上"突然袭击""过头"的问题。

邓小平提出，这里有三件事需要讲清楚：一是前年12月会议上提出第11次路线斗争；二是"批林批孔"中批"走后门"；三是学理论又提出批"经验主义"。倒是问一问，这是为什么？不讲明白没有好处。邓小平发言后，吴德、李先念、陈锡联等相继发言，批评"四人帮"的宗派活动。

几天后，中央政治局继续开会，叶剑英就邓小平5月27日讲话中提出的"三件事"做了长篇发言，质问江青一伙。在多数政治局成员的批评下，王洪文不得已做出检讨；江青仍拒绝检讨，并否认"四人帮"存在的事实。

两次政治局会议的批评使江青十分恼火。她托人向毛泽东反映，说是政治局对她进行"围攻"。对此,毛泽东没有理睬,反而充分肯定了政治局会议的精神,指出,"她这个人只能批评别人,很凶,别人不能批评她"。

当邓小平面见毛泽东汇报政治局会议情况时,毛泽东以赞赏的口吻说:"我看有成绩,把问题摆开了。"又说,"他们几个人现在不行了,反总理、反你、反叶帅。""现在政治局的风向快要转了。"毛泽东还向邓小平提出:"你要把工作干起来!"

江青等人一再拒绝政治局会议对他们的批评,使毛泽东感到失望。6月下旬,根据毛泽东的意见,王洪文被派往浙江、上海"帮助工作"。

在毛泽东强大的压力下,江青最终不得不屈服了。6月28日,江青向毛泽东和政治局交出一份书面检讨。江青正式向党中央做检讨,这是"文化大革命"开展九年以来的第一次。

在检讨书中,江青承认自己一年多来"所犯的错误",包括提出"第11次路线斗争","批林批孔"中搞夹批"走后门",搞"三箭齐发","个人自作主张送材料",以及讲"主要危险是经验主义"等;同时,她被迫承认"四人帮""是个客观存在","我负主要责任"。

周恩来看过"检讨书"后,批示将它送在京政治局成员传阅,并表示欢迎这个检讨,指出:"今后政治局同志凡遇到大事都要经过组织讨论,事先请示主席,遵照主席批示执行,认真深入学习,联系中国实际,在实践中多听同志好意见,坚决改正常犯的错误,政治局的团结就会搞得更好。"

周恩来建议将这个"检讨书"送毛泽东。毛泽东最后圈阅了此件。检讨后的江青一扫往日骄横狂蛮、不可一世的气焰,变得沮丧不堪,很长时间没有公开露面。

毛泽东逝世,江青虽然臂戴黑纱,但她对治丧活动并不感兴趣,她关心的是权力

1976年9月9日,中国共产党中央委员会主席、中央军委主席毛泽东在北京逝世。毛泽东的逝世,使中国政坛积蓄已久的矛盾爆发出来。"四人帮"加紧了夺取党和国家最高领导权的幕后活动。

毛泽东逝世的当天,王洪文命令秘书米士其在中南海紫光阁架设了17部电

红墙大事
—— 共和国重大历史事件的来龙去脉（下册）

话，用中共中央办公厅的名义，通知全国各地，重大问题要直接向他们请示汇报，妄图代替党中央发号施令，切断中央政治局与各省、自治区、市的联系。

毛泽东逝世，作为夫人的江青虽然臂戴黑纱，但对毛泽东的治丧活动并不感兴趣，她关心的是权力。江青布置清华、北大、新华社、人民日报社直接给她送材料，并在北大设了一个联络点，凡是给中央的文件都要送给她过目。

9月9日夜，中央政治局开会讨论毛泽东治丧工作，江青却大声指责"批邓"不力，仍然一副颐指气使的样子，她说"要开除邓小平的党籍！"一连几天，江青每天都到毛泽东的机要秘书那里，软磨硬泡，索要毛泽东的文件和档案材料。秘书抵挡不住，给她"借"去两份机密文件。结果，江青不但不退还，还把它涂改得面目全非。

叶剑英对江青的阴谋看得十分透彻。他说，这伙人拼命要文件有两个用心：一是心虚，怕那里有涉及他们历史问题的致命的东西，比如林彪叛逃时企图带走的报告就是一个；二是要整人，找打人的炮弹。很显然，"四人帮"一旦把毛泽东的文件档案搞到手中，就可以销毁罪证或任意篡改"最高指示"，为所欲为。

为了给他们夺权造舆论，姚文元和"四人帮"在北大、清华的爪牙，一次又一次地给江青写"效忠信""劝进书"。张春桥写了夺权的准备提纲，准备镇压和杀掉一批反对"四人帮"的干部和群众。

9月16日，经过"四人帮"的精心策划，"两报一刊"同时推出了《毛主席永远活在我们心中》的社论，第一次抛出所谓毛泽东的"临终嘱咐"："按既定方针办"。并宣布"要把毛主席亲自发动的批判邓小平、反击右倾翻案风的斗争继续深入开展下去"。之后，又连篇累牍地大加宣扬。

9月19日，江青打电话给华国锋要求中央政治局召开紧急常委会，讨论"重大问题"。她指名不要中央副主席叶剑英参加会议，却提出要求不是常委的她"和姚文元、毛远新必须列席会议"。会议要讨论什么问题，江青却避而不谈。下午的会议上，江青一伙提出，毛泽东的文件档案、书籍要交给毛远新清理。华国锋等人不同意，经过一番争论，会议否决了他们的无理要求，决定将毛泽东的档案文件交由中央办公厅封存。

与此同时，"四人帮"积极准备武装夺权。9月21日，张春桥在北京单独接见徐景贤，听取他与南京军区司令员丁盛等一起密谋武装暴乱的情况汇报。他们在上海组织起来的民兵已突击发枪七万多支。另据上海市财政局的档案材料统计，此时，"四人帮"一伙在上海、湖南、安徽等地还制造和购置了枪支484万余支、指挥车10辆、雷达指挥仪10套。他们计划装备步兵30个团、10个高炮师、1个坦克师、1个摩托化师，配备130火箭炮108门、高射炮783门等。这还不是全部的数字。

9月29日，中央政治局开会，"四人帮"再次大闹。这是他们的一贯做法。每次开会，他们四个人都是由一人提议，三人附议，唱和协调，胡搅蛮缠。

这次会上，江青直截了当地提出权力问题，她说："毛主席逝世了，党中央的领导怎么办？"王洪文、张春桥随即说，要安排江青的工作。他们的目的很明确：要江青做党的主席。

他们还提出毛远新的工作安排问题。事先他们策划，让毛远新给党中央写了封信。会上念了这封信。叶剑英、李先念认为毛泽东逝世后，毛远新留在北京已无事可做，他应该回辽宁。江青雷霆震怒，要求留下毛远新。张春桥跟着说，要毛远新留下处理毛泽东的文件、档案，还提出要他"准备三中全会的政治报告"。

"四人帮"的意图已经十分明了，他们要召开十届三中全会，公开篡夺党权政权。这些无理要求，当即遭到多数政治局委员的拒绝。江青大嚷，要"没有事的都走"。他们围攻华国锋，搅散会议。会后，江青追着汪东兴索要毛泽东的文件。汪东兴问叶剑英，怎么办。叶帅回答说，要坚决顶住！

进入10月，"四人帮"气焰更加嚣张。姚文元说："为什么不能枪毙一批反革命分子呢？专政毕竟不是绣花。"

王洪文在上海杀气腾腾地说："在上海找100条狗困难，捉1万个、10万个反革命容易。""四人帮"已准备好了告全国人民书，拟在政变后立刻向全世界发布。他们依靠上海和北京的民兵武装作后盾，开始了政治舞台上决定性的争夺战。

10月1日，江青跑到清华大学讲话，继续污蔑邓小平，说邓小平"迫害毛主席"，"我在主席逝世后的第一次中央会上，就控诉了邓小平，要开除他的党籍"。还赤裸裸地说："我也向你们年轻人宣誓，一定要锻炼好身体，和他们斗。"她要

红墙大事
—— 共和国重大历史事件的来龙去脉（下册）

学生们准备好，迎接"盛大的节日"。

10月4日，"四人帮"以"梁效"的名义在《光明日报》头版头条发表了《永远按毛主席的既定方针办》，文章说："篡改毛主席的既定方针，就是背叛马克思主义，背叛社会主义，背叛无产阶级专政下继续革命的伟大学说。""任何修正主义分子胆敢篡改毛主席的既定方针，是绝对没有好下场的。"矛头所指，一目了然，这是"四人帮"发出的夺权信号。

在此之前，围绕毛主席的临终嘱咐，中央内部产生了一场斗争。

毛主席生前的指示是"照过去方针办"，"四人帮"把它篡改为"按既定方针办"，并称为"临终嘱咐"。他们的目的是想利用这一"尚方宝剑"来扫除他们夺权的障碍。为此，姚文元多次打电话或口头指示新华社，要反复宣传这一"临终嘱咐"，不要怕重复。

于是，各种报刊连连刊文，截至9月30日，据对六种报刊的不完全统计，登载宣扬"按既定方针办"的各种专文236篇，占全部发表追悼毛主席的报道和文章的百分之五十九。许多报纸把"按既定方针办"用作通栏大标题，并刊登大幅宣传画，反复说明"按既定方针办"就是"坚持与走资派斗争"，就是"坚持学习，深入批邓"，也就是说要按"四人帮"的方针办。

华国锋觉察到"四人帮"的阴谋。10月2日，他在一个批示中指出，毛主席亲笔写下的是"照过去方针办"。为避免错传，他删去了"按既定方针办"的字样。

此举激怒了"四人帮"。张春桥出面阻止传达华国锋的批示。江青则亲自出马找经典，查根据。于是有了10月4日的文章。与此同时，"四人帮"的党羽还到处散布说，10月7日、8日、9日将有"特大喜讯"。在上海商店，人们争购鞭炮和大红纸，准备庆祝。此时的情况犹如战斗，"四人帮"已经发出了决战的信号。

"这几个东西闹腾得不得了，一定要设法解决"，叶剑英说，这是一着很险的棋，又非走不可

政治局的斗争日趋白热化，形势越来越紧张。

"四人帮"与政治局大多数成员的斗争较量逐步升级。双方都在抓紧准备。

正如叶剑英所分析的:"毛主席逝世以后,全党全军全国人民,全世界的革命人民,都非常悲伤。正在我们沉浸在悲痛之中的时候,'四人帮'认为篡党夺权的时机已到,疯狂地开始了篡夺党和国家最高领导权的罪恶勾当。因此,政治局同'四人帮'的斗争,趋于白热化。"党内健康力量也在积极酝酿解决"四人帮"问题。

江青四人小集团在党内的非组织活动早已引起党内上下的愤怒。还在毛泽东病重期间,王震就多次找到叶剑英密谈。谈到王、张、江、姚时,王震说:"为什么让他们这样猖狂,把他们弄起来不就解决问题了吗?"叶剑英不动声色,只是打手势。他伸出右手握紧拳头,竖起大拇指,向上指了两下,然后把大拇指倒过来,往下按了一按。意思是说,毛主席还在世,不宜轻举妄动。要等待时机,等毛泽东去世后再做计较。

叶剑英当时以养病为名,经常住在西山一带。"四人帮"搞倒邓小平后,即把叶剑英当成下一步夺权的最大障碍。他们严密监视叶剑英等人的动向,在他身边派有密探。因此,叶剑英言行谨慎,一如过去在敌人营垒中与敌特周旋一般。

叶剑英在与王震接触中,了解到中央办公厅主任和主管中央警卫部队的汪东兴曾是王震当警备司令时的老部下。他特意交代王震要同这个"老部下"保持密切联系,做到随时能够讲上话。他还嘱咐王震多到老同志那里走动走动,听听他们的意见。王震说:"我听老帅的,做老帅的联络参谋吧!"

在此期间,聂荣臻也特地从城里搬到西山来住。两位开国元帅时常在一起谈心。他们谈到"上海帮"的问题时,甚为忧虑。他们得出的一致看法是:这几个东西闹腾得不得了,一定要设法解决;但投鼠忌器,特别是那个人(指江青),不太好办,然而不解决也不行;用正常手段解决恐怕无效,必须采取非常措施。

叶剑英是有丰富政治和军事斗争经验的老革命家,经过与陈云、李先念、邓小平、聂荣臻、邓颖超等几位老同志反复商议后,逐渐增强了战胜"四人帮"的信心。

他经常思考的是这样一个问题:粉碎"四人帮"的斗争不是个别人的行动,而是在党的最高层组织内部的一场斗争,亦即中央政治局内多数同志与"四人帮"的斗争。

红墙大事
——共和国重大历史事件的来龙去脉（下册）

他对政治局的状况做过这样的分析："四人帮"在政治局中是少数，但他们有很大的能量。一个是党的副主席，一个是中央政治局常委，一个是假借毛泽东名义为所欲为、野心勃勃的阴谋家，一个是主管全国宣传舆论工具的吹鼓手。而且在毛泽东病重以后，又来了一个所谓的"联络员"毛远新，政治局会议的情况由他上传，毛泽东的指示由他下达。毛远新从小受到江青关爱，由江青抚养长大，对江青视同亲母，他来北京当然同"四人帮"勾结在一起。

当时政治局的同志为了顾全大局，为了毛泽东的健康，对这种不正常情况一直采取克制的态度。毛泽东逝世后，客观形势发生了变化，投鼠已不必忌器，只要政治局团结一致，齐下决心，就可以使"四人帮"遭到毁灭性的打击。但是，这仍需要谨慎细致地做工作。

首先，要探明当时担任党和国家主要领导职务的华国锋的态度。从组织原则出发，叶剑英很尊重华国锋的领导。毛泽东逝世的当天夜间，在政治局会议上，江青叫嚷批邓不力，干扰毛泽东的治丧工作。主持会议的华国锋感到很大的压力，当时叶剑英就声色俱厉地说："当前最重要的事情是要紧紧地团结在党中央周围！"大刹了"四人帮"的威风。

要解决"四人帮"的问题，更要照顾大局，尊重华国锋，征得他的同意。这是个重大原则问题。

叶剑英抱着试试看的态度，主动接近华国锋，关心他，了解他的主张。叶剑英来到史家胡同华国锋的住所找他交换意见。叶剑英向他分析局势，剖陈利弊，揭露"四人帮"的阴谋活动，希望他不辜负毛泽东的期望，能够站出来担负起领导的责任。

从言谈中，叶剑英听出，华国锋有顾虑，他担心自己资历浅，老同志看不起，不给他支持。叶剑英斩钉截铁地说："请你放心，我支持你，老同志支持你，只要你站出来，大家都会支持你的！"华国锋听后，表示只要有老同志撑腰，有军队撑腰，就好办。他开始主动找老同志谈，沟通思想，增强了斗争的决心和信心。

之后，叶剑英又出入中南海，几次找到汪东兴，做他的工作。每次谈话时，叶剑英都要扭开水龙头，或打开收音机，用杂音干扰窃听，防止泄密。

9月21日，已经从西山返回城内居住的聂荣臻派杨成武上山找到叶帅，告诉他:"'四人帮'一伙是反革命,什么坏事都干得出来的,要有所警惕,防止他们先下手。如果他们把小平暗害了,把叶帅软禁了,那就麻烦了。'四人帮'依靠江青的特殊身份,经常在会上耍无赖,蛮横不讲理,采取党内斗争的正常途径解决他们的问题,是无济于事的,只有我们先下手,采取果断措施,才能防止意外。"

叶剑英也是这样想的。连日来,他行踪不定,频繁往来于西山、2号楼、玉泉山之间,利用各种时机,约一些老同志个别密商。他秘密召见粟裕、宋时轮等同志,了解外面的情况,磋商机宜,要他们加强戒备,注意部队和各方面的动向,防止意外事件发生。

有人曾设想召开扩大的中央委员会来解决"四人帮"的问题。叶剑英分析党和"四人帮"斗争的形势、性质和特点,认为江青、张春桥、姚文元、王洪文是在中央政治局内结成的"四人帮",是一个阴谋集团。同"四人帮"的斗争是势不两立、你死我活的斗争,已超出党内思想斗争的范围,不宜采取党内思想斗争的手段来解决。但又要尽量做到合法解决,避免引起动乱。

叶剑英说,我们要给人留下一个好榜样,要搞合法斗争。根据前一段同政治局委员和老同志个别酝酿的意见,决定经过充分的准备,在适当的时机,以召开会议的形式对"四人帮"实行"隔离审查";然后立即召开政治局会议,向全会报告。叶剑英特邀请汪东兴上山具体部署这一行动。叶剑英说:"这是一着很险的棋,又非走不可,必须果断,又要周密。要万无一失地办事。"

叶剑英与华国锋、汪东兴亲自审定了行动方案。从警卫人员的挑选,到"隔离审查"的方式、场地,每一个细节都一一安排,最后由汪东兴负责具体落实。同时,叶剑英还和军委总部的一位领导同志个别打招呼,要掌握好总部机关、陆空军和海边防,加强战备。

10月4日,"四人帮"组织的《永远按毛主席既定方针办》的社论发表后,叶剑英敏锐地感觉到,这是"四人帮"篡党夺权的先兆,解决他们的问题已是刻不容缓。

10月5日下午,叶剑英与华国锋等人决定按照事先设想的方案,于10月6日晚上对"四人帮"采取最后行动。

红墙大事
——共和国重大历史事件的来龙去脉（下册）

王洪文叹息道，没想到这样快！／中央政治局一致同意对"四人帮"采取措施

10月6日晚上，8时，中央决定在中南海怀仁堂正厅召开政治局常委会议。

会议的内容，根据事先发出的通知，主要是审议《毛泽东选集》第五卷的清样；研究毛主席纪念堂的设计方案；商议毛泽东中南海故居的安排等事宜。

按照规定出席会议的只有华国锋、叶剑英和王洪文、张春桥。对于姚文元，则以修订文献、改动文字的名义通知他列席会议。

晚7时，叶剑英的车子驶进了中南海怀仁堂，华国锋、汪东兴已等候在此。

怀仁堂正厅由一扇屏风一分为二。一边是安排常委"开会"的地方，华国锋、叶剑英分别端坐在沙发上。汪东兴和警卫则守候在屏风另一侧。

晚8点整，首先来到的是号称神机妙算的张春桥。他夹着公文包，兴冲冲地迈步进门。一进门，随身警卫即被留在门外，张春桥感觉有点不对，不停地问："怎么回事？"进了屋子，迎面见叶剑英、华国锋正襟危坐，目光严峻。这时，只见华国锋立起身来，严肃地向他宣布，中央认为，你犯下不可饶恕的罪行，决定对你隔离审查，立即执行。张春桥听完，用手摸了摸眼镜，没有任何反抗。警卫人员上前带他走出了会议厅。

王洪文接踵而至。他走下高级轿车，趾高气扬地跨进门来，中央预先安排的几个警卫人员随他之后跟入。王洪文还没有完全反应过来怎么回事，厉声叫道："我是来开会的，你们要干什么？"他仗着年轻力壮，与警卫人员对打起来。很快他被扭住双手带到正厅。他看到坐在那里的华国锋、叶剑英，两眼射出凶光，使出全力欲扑上去，警卫人员迅速将他推倒在地。等他从地上爬起来，头脑似乎也清醒了，威风全无，乖乖地听华国锋对他宣布了中央的决定。被带走时，王洪文叹息道："没想到这样快！"

姚文元是最后来到的。按照通知，他已是迟到15分钟了。对他的处置也有不同，华国锋和叶剑英没有亲自到场宣布对他的决定。他被安排在厅外东廊的大休息室待命。一会儿，中央警卫局一位副科长带领警卫前来对他宣布了中央的决定。等姚文元明白了以后，这位平素惯用"软刀子"杀人的吹鼓手双腿发软，瘫倒在地，被几名卫士拉起来带走了。

三十一 叶剑英玉泉山运筹帷幄

就在怀仁堂对张春桥、王洪文、姚文元采取行动时，另一个小组来到中南海万字廊201号。有一点不同的是，这个小组中有两名女警卫，她们是来逮捕江青的。

此刻，江青刚吃完晚饭，正在沙发上休息。据执行这一任务的中央警卫团团长张耀祠回忆，他当时带人进去时，因为是熟人，平时常出入这里，江青的服务人员也未阻拦；进去后，见到江青，她只是点了点头，没有感觉有什么异样。但是，张耀祠的神情不比往日，他入内，站定，以庄重、严肃的语调开了口："江青。"

名字后面没有带"同志"二字，江青一听感到有些诧异，马上投来惊疑的目光。

张耀祠没有理会她，继续说下去："我按华国锋总理电话指示，党中央决定将你隔离审查，到另一个地方去，马上执行！你要老实向党坦白交代你的罪行，要遵守纪律，你把文件柜的钥匙交出来！"

张耀祠的这段话除了"你要老实向党坦白交代你的罪行，要遵守纪律"一句是他临时加上去的以外，其余全是汪东兴布置任务时口授的原话。

江青听罢，一言未发，仍坐在沙发上，沉着脸，双目怒视。

过程不是后来传说中的"大吵大闹""在地上打滚"，等等。张耀祠说，这大概是后来审判江青时，她在法庭上大吵大闹，人们由此推理，以为拘捕她的时候也会如此表演吧。

江青似乎意识到她会有此下场。她在沙发上又坐了一会儿，才慢慢地站起来，从腰间摘下钥匙，密封进一个牛皮纸信封，在上面用铅笔写下"华国锋同志亲启"七个字，交给了张耀祠。之后，江青被押上她平时乘坐的专用轿车，没有像传闻的那样戴手铐。她被带到了中南海的一间地下室。

当晚，玉泉山9号楼叶剑英住处的会议室里灯火通明，中央政治局会议在此召开。从晚上10时到第二天早晨5时，会议由华国锋主持，与会者听了华、叶的报告，无不欢欣鼓舞，大家完全赞同这一行动。对当时不在京的政治局委员韦国清、许世友、李德生、赛福鼎等也逐一向他们电话通告中央的决定，征求意见，得到一致拥护。

随着"四人帮"的覆灭，"文化大革命"终于结束了。

"四人帮"的罪行无以复加。在"文革"这场内乱中，上自国家主席，下

红墙大事
——共和国重大历史事件的来龙去脉（下册）

至普通百姓，被迫害致死的达34000多人，受到迫害者达70多万人，受株连的有1亿多人。"文革"造成的经济损失高达5000多亿元人民币，使国家元气大伤。

1981年，最高人民法院组成的特别法庭对"文化大革命"中恶行昭著的江青反革命集团进行了历史的审判。江青、张春桥被判处死刑、缓期两年执行，剥夺政治权利终身；王洪文被判处无期徒刑；姚文元被判处有期徒刑20年，剥夺政治权利五年。"四人帮"被钉在了历史的耻辱柱上。

三十二　保护毛泽东遗体的细节

- 毛泽东遗体在华国锋、汪东兴等人的护送下离开人民大会堂，顺利地转移到"769"保护室
- 64位小伙子组成方阵，喊着号子，将水晶棺移进了毛主席纪念堂瞻仰大厅
- 毛泽东安静地躺在水晶棺里，身着灰色的中山服，身上覆盖着鲜红的党旗，脸色红润，栩栩如生
- 负责施工的总指挥李瑞环焦急万分，催促赵鹏飞尽快拿出实施方案。
- 邓小平，我不赞成把纪念堂拆掉。建是不妥的，如果改变，人们就要议论纷纷，现在世界上都在猜测我们要毁掉纪念堂，我们没有这个想法

红墙大事
—— 共和国重大历史事件的来龙去脉（下册）

毛主席纪念堂的修建以及毛主席遗体保护的情况，一直很少为外界所知晓。几十年来像一个谜，萦绕在人们的心头。如今，这些内情逐步公之于世，有关毛主席纪念堂的选址、建造，毛主席遗体的保护等内情，再一次引起了人们的普遍关注。

毛泽东遗体在华国锋、汪东兴等人的护送下离开人民大会堂，顺利地转移到"769"保护室

1976年9月9日，这天中午，广播电台反复播放"下午3时有重要广播"的消息，一种不祥的预感笼罩在每一个人的心上……下午3时整，全国各地广播电台同时在哀乐声中播出了中国共产党中央委员会、中华人民共和国全国人民代表大会常务委员会、中华人民共和国国务院、中国共产党中央军事委员会《告全党全军全国各族人民书》，沉痛宣告："我党我军我国各族人民敬爱的伟大领袖、国际无产阶级和被压迫民族被压迫人民的伟大导师、中国共产党中央委员会主席、中国共产党中央军事委员会主席、中国人民政治协商会议全国委员会名誉主席毛泽东同志，在患病后经过多方精心治疗，终因病情恶化，医治无效，于1976年9月9日零时10分在北京逝世。"中国人民震惊了……

伟人长逝，巨星陨落。消息传来，似晴天霹雳，全国上下，顿成悲痛的海洋。人们的心里难以接受这一事实。

事情还得从头天晚上说起。9月8日晚，华国锋正在人民大会堂举行答谢宴会，欢迎西萨摩亚国家元首马列托亚·塔努马菲利第二殿下访华。急促的电话铃声响起，传来毛主席病危的消息。华国锋没等宴会结束，迅速赶回了中南海。他走进毛主席卧室，看到主席已经停止了呼吸。华国锋立即在中南海住地202室召开政治局会议，紧急磋商治丧事宜。会上重点讨论了三个问题：一是主席的后事；二是主席的遗体如何处理；三是是否邀请外国代表团来京吊唁。会上，大家一致认为首先要保护主席遗体，让各界人士吊唁、瞻仰。并决定，从国务院和北京市有关部门抽调干部和专家共16人，成立保护毛主席遗体领导小组办公室。他们是：谷牧、顾明、刘湘屏、黄树则、吴阶平、吴蔚然、李志绥、赵鹏飞、孙友余、韩伯平、萧秧、祁竣、党文林、陆达、魏福凯、甘子玉，国务院副总理谷牧任主任。办公室设在北京市西城区西黄城根南街九号，为对外联系方便，名称叫"国务院

三十二 保护毛泽东遗体的细节

第九办公室",简称"九办"。领导小组办公室负责毛主席纪念堂的建设、遗体保护的决策和一切组织措施、工作落实。"九办"经过研究,责成卫生部部长刘湘屏马上组织力量对遗体进行保护。

9月9日凌晨4时左右,一辆黑色轿车缓缓驶入中南海北门,在一排灰房前停下。车上走下两个人,一个是卫生部部长刘湘屏,一个是中国医学科学院基础医学组党支部书记、形态学教研室第一副主任徐静副博士。一下车,刘湘屏匆匆地大步走在前面,徐静紧随其后,穿过走廊,走进一个房间。

室内的空气似乎是凝滞的。中共中央办公厅主任汪东兴早已等候在那里。他看到刘湘屏、徐静二人进来,迅速站起来,语调低沉地问:"你是徐静同志吧?"徐静回答:"我是。"

汪东兴哽咽着,停了一下接着说:"我向你们宣布一个不幸的消息,伟大领袖毛主席已于今天凌晨逝世。为让全国各族人民瞻仰主席遗容,需要进行遗体保护,时间15天左右。"徐静是20世纪50年代留苏研究生,曾获副博士学位,在医学上有较深的造诣,在中国医科院,负责形态学教研室工作。昨天晚上,她是被刘湘屏派人从百万庄一带的抗震棚里紧急找来的。刚才来的一路上,她还在猜测部里紧急找她的原因,现在,她明白了。但她脑子里一片空白,不敢相信这是真的。

汪东兴又问徐静:"你有什么要求吗?"

徐静努力使自己平静下来,没有立即回答,而是思索了一下,才提出三个要求:第一,需要回院和同行专家们共同研究方案;第二,看看毛主席遗体;第三,需要一点时间,准备必要的器械、药品。汪东兴点头首肯。

随后,汪东兴带领刘湘屏和徐静走进毛主席卧室。室内光线很暗,室温很低。毛主席仰卧在大床的中央,身上从头到脚蒙着一条白色的毛巾被。徐静缓缓地走近床边,从侧面掀开毛巾被,仔细察看毛主席遗体;她粗略计算了一下毛主席的身高,仔细观察了皮肤有无损伤,又轻轻地触摸皮肤的弹性,轻轻活动一下关节。然后,重新盖好毛巾被。

出了中南海,刘湘屏和徐静直奔医科院。徐静向党委书记杨纯作了汇报,并就下一步工作进行了研究。研究决定,徐静牵头负责此事,张炳常和陈克铨参加,组成三人小组。张炳常是解剖教研室副主任。这些天,他正随同临床医

红墙大事
——共和国重大历史事件的来龙去脉（下册）

生带领学生在位于平谷的医科院定点医疗和教改处边搞教改边接受贫下中农再教育。接到通知，他立即赶回报到。陈克铨年仅38岁，也是形态教研室的副主任。

9时左右，三人碰面，共同商定了遗体初期防腐的方案。10时，徐静、张炳常、陈克铨携带药品、器械准时赶到中南海。解放军第305医院院长李志绥在门口等着他们，随后领他们去见华国锋。

主席卧室旁边一间大会议室里坐满了人，华国锋正在主持召开会议。徐静他们进来后，原来讨论的话题停了下来。汪东兴让他们坐下，并提议徐静谈一谈遗体保护的方案。徐静曾在苏联读过三年研究生，对列宁的遗体保存稍有一点耳闻。但其具体细节是苏联国家机密，从不对外公布，因此也不得而知。此时此刻，她谈了自己的方案、效果和实施的办法，并对大家提出的问题一一做了扼要的回答。

后来，张春桥站起来，背着手，指着徐静的鼻子问："你究竟有多大的把握？"徐静镇静地回答道："我们三人都是医学院的解剖学和组织学的教师，为了研究和教学的目的保存尸体和标本，少则几十年，多则上百年的尸体标本都有，只求不腐烂，而皮肤颜色、面容、体态都不重视，这种保存我们是有把握的，经验也是丰富的。但主席遗体的保存大不相同了，不但不能腐烂，还要栩栩如生，要让人民群众瞻仰，这我们没有做过，也未敢想过。我们只能努力去探索。"

华国锋说："长期保护好毛主席遗体，世世代代让人民群众瞻仰，是一项光荣而又艰巨的政治任务。你们完成好这项任务，党和人民是不会忘记你们的……就按你们的方案办。"

方案批准了，下一步关键是实施。徐静三人小组首先把主席的卫生间进行彻底的清洁打扫和消毒，作为工作场地。临时找来的尸体台被摆放在房间的中央，便于在四周操作。三人顾不得吃饭，就急促地对毛主席遗体实施防腐处理。

首先要摆正遗体的姿势。手臂怎么摆？是下垂还是像列宁那样摆在胸前？经请示领导，决定按中国人民的传统习惯，下垂。

三人配合得非常默契。张炳常是搞人体解剖学的，平时处理尸体的机会多，技术熟练；陈克铨年轻，动作灵活，手巧；徐静是从事人体组织学研究的，平时很少和尸体打交道，但她胆大心细。三人紧密配合，边做边商量。经过两个多小

三十二 保护毛泽东遗体的细节

时的紧张工作，终于顺利地完成了全过程。遗体长期保存，需要注入大量的防腐液。但是，大剂量注射防腐液后产生的肿胀现象何时消退？徐静心里没底，张炳常说 24 小时即可消退。果然，在 24 小时以后有明显消退，到 11 日清晨遗体从中南海向人民大会堂转移时，已达到了满意的效果。事后证实，大剂量注入防腐剂是正确的，否则后患无穷。

做完防腐处理后，一直到 10 日深夜，他们三人一直守候在遗体旁，仔细地观察着遗体的细微变化，为长期保存做好原始记录。

10 日下午，他们重新量了主席遗体的尺寸。红都服装厂的师傅们很快赶制出中山装，一套厚一点的深灰色，一套薄一点的浅灰色。经中央领导同志审定，给主席穿了浅灰色的那一套。理发师小周为主席重新梳理好头发，北京医院病理科马燕龙技师为主席做了细致的化妆整容。

整个过程，江青始终没有露面。后来传"首长要来"，周围的气氛马上变得严肃、紧张起来。两小时后，江青身着黑衣，面遮黑纱，出现在大家面前。她冷漠地与大家握过手，什么也没讲，一滴眼泪也没掉。她在主席遗体旁摆着各种姿势，让摄影师为她拍了照，然后就匆匆离开了。

后来，党中央决定，从 1976 年 9 月 11 日至 17 日，毛主席遗体移进人民大会堂，在这里举行群众吊唁、瞻仰活动。

9 月 11 日凌晨 3 时 20 分，华国锋、汪东兴等护送毛主席遗体出中南海到人民大会堂，防腐小组的几位同志也随着遗体转移到了人民大会堂。在大会堂北大厅，人们紧张地忙碌着。

按照遗体保护的要求，大厅内所有能够使用的风冷设备全部启动，温度降得很低，一般人穿着大衣还觉得冷，即使如此，对遗体保护来说还不够低。这样下去，不仅前来吊唁的老同志无法承受，而且人们带来的热还会使室内温度升高，对遗体保护不利。领导和专家们一致认为，应制作一个有机玻璃棺罩，使遗体与环境隔离，棺内局部降温。专家们提出，不但要降温，还要隔氧。

这个任务交给了北京市计委副主任韩伯平。由于时间紧，没有准备，只好找现成的。首先想到的是苏联 1925 年送给孙中山先生的水晶棺。韩伯平立即带人赶到碧云寺，打开一看，由于种种原因已不能使用。制造玻璃棺，时间来不及，又不安全。因此，确定做有机玻璃棺，但北京只有一个小厂生产有机玻璃板，最

红墙大事
——共和国重大历史事件的来龙去脉（下册）

长的板也只有 1.6 米，而制作棺材板需要 2.2 米长。北京有机玻璃厂的全体职工，眼含热泪，把短板黏结成长板，只用了十几个小时就黏合成了有机玻璃棺。11 日，工厂职工将有机玻璃棺送到人民大会堂北大厅。

石油化工部副部长陶涛跑到化工部展览设计室，同设计人员连夜赶制灵床，很快成品就拿出来了。灵床四周雕有花纹，既美观，又大方。

为了隔氧，北京氧气厂和化工系统的工程师对棺内进行了充惰性气体的工作，使棺内的含氧量降到遗体保护要求以下。科研人员在灵床底座安插了胶皮管，让氮气缓缓输入棺内，既保证了棺体的温度，又使含氧量降到最低点。

降温是最关键的一条。谷牧请来了各方面的制冷降温专家和北京市冷冻机厂、医疗器械厂等厂的领导、技术人员和老工人，采用了液体介质、气体介质降温，有明显的效果，但是不稳定。北京市计委的谢飘和半导体专家们又做出了半导体制冷降温的设备，综合降温，使棺内的温度稳定在 7℃～8℃。

这些工作全部于 9 月 11 日凌晨完成。

9 月 11 日上午 10 时，吊唁活动正式开始。成千上万的人们，怀着无比沉痛的心情，在悲壮的哀乐声中，在伟大领袖毛主席遗体前肃立、默哀，缓缓走过伟人身边。

吊唁活动的第一天，棺罩未来得及罩上，毛主席遗体是敞放的。大厅的温度保持在 15℃以下。但是，川流不息的瞻仰人群每一个人都是一个散热体，室内温度居高不下。这天的哀乐是由中国人民解放军军乐队当场演奏，铜管乐器中喷出的都是热气，同时，大厅里的灯光很强，也散发着热量。专家们经过研究，建议撤除乐队的现场演奏，改为播放哀乐，并控制灯光总量，主要保证主席遗体顶上的那盏大灯，并加盖有机玻璃棺罩。

12 日起，中国科学院化学所张任恩、刘国诠、丁向东等人来到人民大会堂，负责监测棺内的气体，预报遗体有无腐败物质产生，遗体的防腐是否彻底。每天都有报表，及时向遗体保护专家们提供可靠的数据。监测结果表明，棺内条件完全符合遗体保护的要求。另外，卫生部还从湖南长沙、广州、上海、北京调集了多年从事临床、病理、解剖、生化和微生物学研究的专家 30 多人，研究遗体保护的办法。

在这段时间里，华国锋在人民大会堂福建厅，多次召开会议，直接听取遗体保护情况的汇报。第一次主要是让徐静详细地汇报遗体防腐处理情况，采取了什么办法，效果如何。华国锋听完汇报后，反复强调，一定要把毛主席遗体保护好，不能出差错，这是人民的重托。第二次，气氛有点紧张。当提到大厅内温度降不下来，不利于遗体保护，必须采取坚决措施时，话还未说完，张春桥、江青就要求停止瞻仰、吊唁活动，改用照片代替遗体告别。如果采取这种办法，势必在国内外造成不良影响，显然是不可取的。谷牧见状，赶紧介绍将进一步采取降温的措施，会议气氛才缓和一些。第三次会议是听取赴越考察小组的汇报。主席病逝后第三天，征得越南党和政府的同意，我国派了以北京医院院长、抗法战争时我国驻越南的卫生顾问林均才为团长的六人代表团赴越了解和学习胡志明遗体的保护办法。可惜不巧，他们未能看到胡志明的遗体，越方的解释是：正在一年一度大修整。

13日，党中央决定成立保护毛主席遗体领导小组，华国锋任组长。它的办公室下设四个小组，其中防腐小组（后改称卫生保护组）组长是黄树则，领导成员有：中国医学科学院副院长吴阶平、北京医院院长林均才、解放军第305医院院长李志绥和徐静。由30多人组成的专家小组即为卫生保护组的成员。

吊唁活动持续到17日，首都先后有30多万人来到人民大会堂，吊唁伟大领袖，瞻仰遗容，寄托自己的哀思。从人民大会堂的吊唁活动结束，到毛主席纪念堂建成，这中间大约需要一年的时间。在这段时间里，毛主席遗体放在哪里？怎样继续进行保护？18日追悼大会结束，中央决定将毛主席遗体转移到一个代号为"769"的地方。

经过慎重研究，初步选定了某医院的地下手术室。黄树则、徐静亲自察看了现场。这个地下手术室，是医院为战备而设立的，条件的确不错，是个理想的场所。但是，按照遗体保护的要求，则必须对整个房间进行改造，使其成为一个密封、隔氧、低温的环境。为此，北京冷冻机厂派出了最得力的干部和技术工人，一周内即把所有任务都完成了。改造后的房间干净、清爽。该室被称为"769"保护室。

9月20日凌晨3时50分，毛主席遗体由华国锋、汪东兴等护送离开人民大会堂，顺利地转移到"769"保护室。运载工具是毛主席生前专用的黄色大轿车，经北京市汽车修理公司四厂改装，车后安有对开的两扇门，添置了液压降温系统，车内温度可降至3℃～5℃。保护室的正中央，是盛放遗体的特制保护器。遗体

红墙大事
——共和国重大历史事件的来龙去脉（下册）

移来第二天，即被浸泡于药液中。药液的配方，是根据解剖、组织和病理学专家们平时在医学院校里处理尸体和标本保存的成功经验，以及马王堆古尸出土后的处理和保存经验而配制的。

"769"保护室，实行24小时值班制。警卫与医务两套班子，各司其职，循环往复。警卫班子主要由毛主席生前警卫人员组成，从大门口到保护室设了四道岗哨，中央警卫局副局长毛维忠、张耀祠等领导轮流带班。而保护组则由黄树则、吴阶平、林均才三人带班，徐静、张炳常等10人轮流值班，每两人一班。他们的主要任务是对遗体进行细致的观察记录，一天一报，直接报送华国锋、李先念、邓小平和汪东兴。科学院化学所值班，由张任恩、丁向东等负责，每日检测棺中的气体和防腐液的成分等。冷冻机房值班，由王德义、吴学智、王宝珠、秦文杰等参加，负责制冷设备的安全运行。北京氧气厂值班，有孟宪邦、甄福全、许柳等参加，负责监测棺中惰性气体的压力和气体的流量等工作。这里有严格的保密制度，每个人都必须守口如瓶。几个组的工作间，近在咫尺，但不准互相来往。即使同组之间，谁也不准打听对方的工作内容。卫生保护组的人，在"769"值班只占全组的三分之一，而另三分之二的人都不知道同组的人在哪里。有时同乘一辆车到医学院所做实验，回来时"769"的人要去值班，汽车远远地就停下来，步行很远一段路才能到达，其他人继续乘车前进。

为了确保环境不受污染，规定汽车不准进入。中央领导同志到此，即使是华国锋，也必须在洞口下车，步行进去。"四人帮"中除姚文元之外，都来过"769"。江青来时从不打招呼，而且车子直接停在工作区门口。10月初，逮捕"四人帮"的时候，华国锋指示"769"加岗设防，防止"四人帮"破坏。

遗体移入"769"之后，卫生保护组全体成员集中到北京二里沟新疆驻京办事处的一幢楼房里。二里沟的工作基本上是吴阶平在主持，组织各专业人员讨论、论证遗体长期保存的方案。边提方案，边做实验。北京中医学院、北京第一医学院和上海第一医学院作为实验基地。北京中医学院和中国科学院情报所查阅了许多文献资料，提供了有关传统医学和西方医学对尸体保存的经验和方法。湖南医学院王鹏程教授介绍有关长沙马王堆女尸的研究成果，受到高度重视。专家们经过充分的研究、论证，提出了几种最基本的方法：液态保存、固态保存、气态保存。后来经过周密的探讨，科学的论证，终于提出了一种最可靠、最科学的方法，就是气态与液态相结合的方法。暴露的部分在气态中，隐蔽的部分在液态中；瞻仰的时间在气态中，非瞻仰的时间在液态中；平时在气态中，一年一度大保护时在液态中。此外，还采取了物理的、光学的综合保护措施。多年来，这些自动化的仪器仪表运行稳定、可靠，遗体保护所要求的参数一直正常。

为切实长期保护好毛主席遗体，做到绝对可靠，万无一失，经中央批准，正式成立了遗体保护科研领导小组。领导小组成员，除卫生保护组五位领导外，还吸收了北京医学院、北京中医学院和上海第一医学院的领导参加。从1976年10月开始，每隔一段时间，都要举行一次遗体保护科研工作会议，报告科研取得的成果，交流经验。

1977年12月19日，第四次科研会议在京召开，组成了由54人参加的遗体保护科学委员会，制订出一年的遗体保护科研规划。它的主导思想和课题的主攻方向是以"防"为主，防腐、防干、防分解、防变形、防变色、防霉防菌。以后，每年都召开一次科研会议，各单位就自己承担的课题，作学术报告，提供新的研究成果和保护措施。

中科院化学所张任恩等人，首次在国内建立了灵敏度极高的腐胺和尸胺的检测方法，北京医学院生化室周柔力等人建立了胺肽酶的检测方法，无论气态和液态条件，均可准确检测机体有无分解产物，预告有无分解的可能。上海技术物理所和北京感光材料研究所共同研制的红外测试仪，用敏感的方法远距离测试皮肤的含水量，随时可得到数字显示。北京中医学院筛选的中药云香精，是20多种中药配起来的成药。研究证实，它具有很强的杀霉杀菌作用。1978年12月，第五次科研会议做了3～5年的科研工作设想，课题的理论性更强。会后，专家们分两组奔赴南北方各大医学院考察。这次考察发现，某医学院标本室中，阳光照射下的瓶装标本出现脱色、发白的现象，其他院校也反馈了同样信息。这说明，活着的人在紫外线照射下，机体充分发挥保护功能，皮肤色素细胞分泌色素，形成覆盖层，肤色变黑。而停止生命的机体丧失了这种功能，当紫外线照射时，尸体内色素逐渐分解，尸体标本变白。此项发现为毛主席纪念堂瞻仰厅的照明和内、外投光系统隔红、隔紫提供了依据。

为防止遗体有机体分解，专家们又加紧研究。脂肪是人体丰满的重要标本，已经停止生命的机体，脂肪多分解一分，尸体就枯萎一分。而遗体保存中使用的防腐剂对脂肪的固定作用很弱。因此，采取隔氧、低温的物理措施和化学防腐措施相结合，就可以控制机体内的物质分解，同时也抑制了细菌的生长。因而，水晶棺内采用低温、隔氧的综合手段是可靠的。

64位小伙子组成方阵，喊着号子，将水晶棺移进了毛主席纪念堂瞻仰大厅

就在毛主席逝世的第二天，国家计委副主任顾明便向有关部门的领导、专家传达了中央领导同志的指示：要尽快组织力量研制一个世界一流的水晶棺。棺体要庄重大方、气魄雄伟，具有独特的民族风格；对可能发生的情况，如地震、战争、破坏、损耗等，要有可靠的措施。各方面的领导、专家立即收集资料。首先前往香山碧云寺，实地察看孙中山先生的水晶棺。这尊水晶棺是1925年3月30日苏联政府赠送的，棺长1.75米，高0.5米，棺头宽0.65米，棺尾宽0.53米。棺的外盖及外层均系钢制镀镍，内盖为玻璃制作。专家们检查，此棺质料脆薄，易于传热，是个名不副实的"水晶棺"。

1976年9月13日晚，中央领导小组办公室在谷牧的主持下，召开了有关方面领导和专家参加的办公会议，成立了水晶棺小组，北京市计委副主任韩伯平被任命为组长，北京玻璃总厂党委副书记萧秧为副组长。

五机部所属208厂的职工，派出了由11人组成的小组，带着他们的水晶棺模型和半球形水晶棺方案，专程到北京请战，要求承担这个光荣的任务。上海新沪玻璃厂是一个生产光学玻璃和石英玻璃的老厂。他们在毛主席逝世后就立即行动起来，在近百个单位的主动支持下，仅用了几天的时间，就制作完成了1∶5的光学玻璃棺四只、石英玻璃棺两只，迅速送到了北京，坚决要求承担制造水晶棺的任务。萧秧组织北京玻璃总厂和有关单位的一批科技人员、老工人、艺术家，集思广益，共同磋商。他们在不到24小时的时间里，就很快形成了一个总体设计方案，并迅速加工成与实物1∶5的模型。这个方案从造型、环境布置，到审美效果、视觉效果、工艺能力，都进行了综合的考虑。设计出的模型，下面是黑色大理石底座，整个棺体簇拥在鲜花丛中。整个方案可以说构思简捷明快，具有鲜明的民族风格。

9月22日，韩伯平、萧秧正式写出报告。报告说，北京玻璃总厂，已经组

成了领导干部、技术人员和工人参加的三结合领导小组，组织了九百多名工人、技术人员、干部全力投入水晶棺的制造工作。鉴于这项任务难度很大、涉及方面较多，他们建议将各方面的力量进一步组织起来，组成一个有权威性的水晶棺工作小组。建议另外吸纳以下人员参加：国家建委建材总局副局长祁竣、北京大理石厂党委副书记张德安、北京建材公司党委书记杨金荣、第一机床厂副厂长成建、中央工艺美术学院副院长陆振声、建材研究院副院长何欧里、北京自动化研究所党总支副书记周运祥、冶金部有色金属研究院科研办公室副主任于宴、北京光源研究所副总工程师吴初瑜、北京玻璃研究所所长景立柱。以这些人员为主要力量，分成四个小组，分别负责设计、制造、自控监测、光源照明等工作。经研究，大家一致认为，水晶棺是一个艰巨而复杂的工程。在外观上，要庄重大方，气魄雄伟，而且要有很高的清晰度，使人们从各个角度都能清楚地看到毛主席遗容；在材质上，必须是名副其实的水晶棺，必须坚固耐用，防震防破坏；棺内环境必须符合遗体保护要求，低温隔氧、保湿防干、净化无尘；就时间来说，必须符合中央的规定，在毛主席逝世一周年纪念日，即1977年9月9日以前完成。可以说这是一个非常艰巨的任务。

9月25日上午，韩伯平在前门饭店召开了关于水晶棺研制的第一次正式会议。与会同志汇报了前一段工作的进展情况，对水晶棺的设计思想、玻璃焊接、密封措施、自动控制、光源照明等技术问题进行了研究和讨论，决定组织专门的攻关小组，分头进行，以加快工作进度。外形设计由中央工艺美术学院负责，水晶棺板材和基座由北京市玻璃总厂、建材研究院、三机部621所、有色金属研究院、第一机床厂、大理石厂、北京房管局器材公司、雕塑厂负责，自动控制及监测系统由北京自动化研究所和北京分析仪器厂负责，光源照明由北京电影光源研究所和玻璃研究所负责。

工作布置后，进展速度非常快。到10月6日，外形设计已提出了几套方案，有梯形的、长方形的、长圆形的……自动控制和监测棺内温度、湿度、气体成分和流量的系统已经设计出来；光源照明提出了棺内棺外两套方案，具有先进水平的光导纤维照明设施正在加紧试验中；最关键的棺体制造，已制成长220厘米、宽150厘米、厚8厘米的光学玻璃10块。

1976年11月25日，第一个用光学玻璃制作的水晶棺在北京问世了。它经

红墙大事
——共和国重大历史事件的来龙去脉（下册）

过严格的测试，模拟了云南八级地震，未出现任何异常现象。12月1日，谷牧、顾明向党中央写出书面报告："近两个月来，我们组织北京市玻璃总厂、冶金部有色金属研究院、三机部621所和第四设计院等单位，研究、试制安放毛主席遗体的水晶棺以及为它配套的密封、充气、降温装置和升降转移装置。经过广大工人、干部、技术人员的努力和反复试验，现在已试制出光学玻璃做的水晶棺样棺和反降转移装置的模型，密封、充气、降温等装置也都研究出了较好的方案。光学玻璃样棺长2.2米，宽1米，高55厘米，棺壁厚4厘米，清晰透明，基本符合设计要求。这一样棺连同升降装置的模型，都陈列在革命历史博物馆，待中央领导同志审完后，即可正式制造。"

12月9日下午，华国锋、叶剑英、李先念、陈锡联、汪东兴、谷牧等一起来到中国革命历史博物馆大厅，审定水晶棺样式。对北京研制的这个光学玻璃水晶棺，一致表示满意。但由于倾斜度不够合理，棺壁上出现遗体影像反射，要求解决这个问题，做得更好一些。北京玻璃总厂等单位的职工又连夜加班，连续奋战，于1977年2月制作出第二个光学玻璃棺，解决了棺壁上有遗体影像反射的问题。同年7月，他们又根据实验的结果，制造了第三个光学玻璃棺，质量全部达到了设计要求。

就在光学玻璃棺正在试制的同时，真正用水晶制作的水晶棺研制也在加紧进行着。真正的水晶棺是用以天然水晶为原料制作的石英玻璃来制造的。石英玻璃比光学玻璃更为纯净透明，而且可以焊接，做出来的水晶棺无缝，但技术上难度较大，过去国内还没有制造过这样大和厚的石英玻璃。此时，北京605厂、上海新沪玻璃厂、成都208厂、锦州115厂，都进行了一些试验，摸索了一些经验，有的取得了一定进展。由于工艺要求高，一级天然水晶的资源不多，谷牧、顾明给中央打报告，要求选调一些优秀的、有实践经验的工人和技术人员，在北京605厂进行会战。

1976年12月13日至15日，水晶棺组在北京召开了石英玻璃专业会议。北京玻璃总厂、北京605厂、上海新沪玻璃厂、成都208厂、锦州115厂、四川157厂、北京建材研究院等石英玻璃生产、研究单位的领导和专家汇集北京，共商水晶棺的研制问题。会议决定，组成以祁竣、何欧里、陶炳伦为组长的石英玻璃水晶棺会战领导小组，负责组织水晶棺的质量攻关和制造协调工作；统一组织调拨优质天然水晶原料，重点保证京、沪两个会战点的任务需要；集中力量攻克大面积石英玻璃板的质量关。

为确保水晶棺的质量，国家地质总局选定由全国质量最好的江苏省东海县105矿提供水晶原料。他们先后为水晶棺研制提供了约52吨一级熔炼水晶。为了烧制出合格的石英玻璃，众多的工装设备连夜赶制出来。根据烧制任务的需要，现从60公里以外的燕山石油化工总厂用管道输送氢、氧气，工程兵和中建一局只用了五天时间就通了气，并准备了化工二厂等单位的备用气源。

烧制时任务非常艰巨，水晶熔点超过2000℃。在这种情况下，工程技术人员硬是靠人的手工，克服了难以想象的困难，把细粉状的原料烧结成一块一块的超高纯度的水晶板。然而，困难还在后头。为了保证最后的焊接一次成功，西城半导体设备厂连夜赶制了一百多个高效过滤器，送到现场安装。开始焊接时，两组灯具喷出炽热的氢氧焰，几十双眼睛紧紧盯住焊缝，操作人员脚泡在水里，上身却烤得防护服冒烟，后面的人就往他身上一个劲儿浇水。石英慢慢熔化了，合拢了，炫目的白光把厂房照得通明。终于，一块2米多长、95000克的石英玻璃原板展现在人们面前。后来，石英玻璃水晶棺的组装，选用了北京会战生产的两块大板、上海会战生产的一大两小板共五块板，这象征着全国石英工业工人协同会战的成果。切割、研磨和抛光等工序，是在北京第一机床厂进行的。选用了德国进口的仪器和机床，同时又改装了部分国产设备。由于有了以上这些先进设备，工艺精度达到了前所未有的水平。加工结束后，就要想办法把这些板材焊接起来。焊接中，既要保证牢固，又要做到美观。中国科学院化学所和玻璃研究所的科技人员搞了300多个配方，进行了上千次试验，终于发明了一种高强度，化学、物理性能极佳的胶。1977年8月，在北京605厂，正式完成了水晶棺的整体组装。

接下来的工作就是要给水晶棺装上真空镀膜，以消除反光，这也是制造水晶棺的最后一道工序。北京玻璃研究所和各方面的专家提出用高真空技术蒸镀多层增透膜的办法，这种办法既能保证光线尽可能透过去，不反射，又可增强玻璃的抗潮性能。

由于当时国内外没有现成的大型真空镀膜装置，北京、兰州等地的真空设备制造厂和科研单位，经过钻研攻关，只用两个月的时间，就制成了一台超大型的真空镀膜机。运用该机器，水晶棺的镀膜一次成功，棺体表层均匀度、牢固度，都经受了各种极限条件的试验，证明非常符合要求。至此，一个用纯水晶制造的晶莹剔透的水晶棺完工了。

1977年8月18日，水晶棺在车队的护卫下，运至毛主席纪念堂南门口。64位小伙子组成方阵，在萧秧的指挥下，喊着号子，将水晶棺移进了毛主席纪念堂瞻仰大厅。

1977年8月，毛主席纪念堂落成，水晶棺也移入瞻仰厅，各种专用设备也已调试完毕，只等着将毛主席遗体移入纪念堂了。8月16日，谷牧、顾明向中央正式写了报告，提出转移遗体的建议，并很快得到了批准。

1977年8月20日凌晨1时40分，运载毛主席遗体的车辆从"769"出发，按照事先制订的方案，很快顺利地抵达了毛主席纪念堂。当天上午11时，水晶棺被升入瞻仰厅可瞻仰的位置。事前，中央警卫局毛维忠副局长，亲自带领司机勘察路线，组织司机反复演练。黄树则、林均才、吴阶平、李志绥、徐静、毛维忠、吴蔚然、谭曾鲁、陈遥良、王植南、陈克铨、张任恩、丁向东以及中央警卫团的陈长江、王祖培等人参加了遗体转移工作。

毛泽东安静地躺在水晶棺里，身着灰色的中山服，身上覆盖着鲜红的党旗，脸色红润，栩栩如生

毛主席纪念堂组建管理机构时，成立了卫生保护室。这个室的工作人员由遗体保护专家和卫生技术人员组成。徐静任主任，张任恩、张炳常、谭曾鲁为副主任。他们这个新成立的卫生保护室，负责毛主席遗体的保护工作。至此，设在二里沟新疆驻京办事处的卫生保护组完成了历史使命。

毛主席遗体保护领导小组对遗体转入纪念堂后的保护极为重视，谷牧在一次会议上说："遗体保护是核心，前线在这里，必须要做好。这个任务不同寻常。"他接着说，遗体保护要确保万无一失，否则，盖那么大的纪念堂还有什么用？卫生保护室的专家和技术人员，工作中也是非常慎重的。他们严格按规章制度和操作规程工作，对遗体保护措施规定了"三不用"，即：未经科学实验不用，不是确有把握不用，未经领导批准不用。他们不仅负责遗体的日常保护，而且每个人都承担了课题研究任务。

三十二　保护毛泽东遗体的细节

他们实行 24 小时值班制。值班人员要对环境进行严格的清洁、消毒和净化；定期检测，随着季节的变化，调节环境的温、湿度；对主席遗体进行非瞻仰时间的保护，按照严格的操作规程，一丝不苟地采取保护措施；对遗体保护状况，定期进行远近距离的监测、监视，照相比较，每天都要认真记录。

纪念堂内，有一个专门负责遗体保护设备运行的内部系统。就在纪念堂破土动工的同时，国务院"九办"的专家设备组，就组织全国 20 个省、市近 300 家工厂和科研设计部门，为纪念堂研制、提供了机电、仪器设备，这些设备都是当时国内一流的。冶金部有色金属研究院，是负责研制纪念堂的基地。为了确保毛主席逝世一周年时能使人民瞻仰毛主席遗容，各项制造任务都按时完成了。为了进行总体调试，在有色院南院一座试验楼内，打通了楼板，挖深了地面，布置了一个模拟的纪念堂核心部位和瞻仰大厅。在这里，人们无休息日，春节、假日都在现场度过。每个参数都要经过反复多次的试验，直到安全稳定可靠才算罢休。水晶棺中温度和湿度的临界点，经过近百次试验，才保证了临界参数的可靠性。棺内气体和含氧量的试验、密封的试验、压力的试验，以及防潮、防干、防腐、防霉、抗震、升降机等，都进行了多次反复的试验。

水晶棺内、外照明和彩色配光整容，关系到遗容的效果。由于紫外光、可见光、红外光对遗体都有影响，科学院物理所与北京医学院合作，进行了大量的试验和测试，研制了一套科学的内、外投光设备。彩色配光整容也非常重要。物理所、玻璃研究所和新闻电影制片厂的技术人员，进行了大量试验，最后确定了彩色配光整容方案。该方案可以生动地再现毛主席的光辉形象：毛主席安静地躺在水晶棺里，身着灰色的中山服，身上覆盖着鲜红的党旗，脸色红润，栩栩如生，仿佛熟睡一般。这些凝聚着多少人心血研制出来的设备产生出了非常好的效果，让人叹为观止。

水晶棺内的投光照明，是我国首次采用的光导纤维和冷光氙灯技术。光源灯具全部安装在水晶棺以外的地下，通过光导纤维和柱面镜把光输送到棺壁，然后经过棺顶板两侧的几个反射棱镜，按一定分布比例投射到毛主席遗体的脸部。从外面观看棺中，只觉得棺内通体明亮，根本看不到灯和光的来源。

为了使遗体与氧彻底隔绝，北京氧气厂多年来负责向纪念堂提供两种形态的高质量的惰性气体，其纯度为 99.99%。在纪念堂地下一个专供这种气体的地方，

红墙大事
——共和国重大历史事件的来龙去脉（下册）

安装着一套完备的供气系统。这套供气系统，通过气源室、汇流排、过滤器、增湿器和输气管道，源源不断地把惰性气体送到棺内，准确无误地置换棺体中的氧气，保证了遗体保护的需要。

在接待群众瞻仰时，毛主席遗体处在水晶棺中可瞻仰的位置，而当瞻仰结束或不开放的情况下，遗体就降到一个保护间进行保护。这需要自动化程度很高的升降系统来完成。升降机构完全采用国产零部件，由三机部第四设计院设计，沈阳国营112厂制造。设计上使用了剪刀叉连杆式结构，上升由液驱动筒推动，下降由自重自主降落，操作安全平稳，非常灵活。毛主席纪念堂的核心部位，按要求应该是无尘、无菌的。但开始时，并未达到完全净化的标准，室内含尘量≥0.5微米的尘粒超过三万粒，通风设施也不够理想，消毒后的气味不能尽快排除，直接影响遗体的卫生保护和技术人员的操作。1978年初，科研领导小组决定对这一地区实施改造，增设空气净化装置。改进后的这一地区，将一般工作区同医务操作区严格分开，操作区作高度净化处理。净化级别由外向里逐步提高，规定了明确的净化等级：医务操作室在操作时为3级，一立升空气中只允许3个尘粒，非操作时为30级；准备间为30级；其他区域为300级。为避免转移时空气流入，造成污染，凡水晶棺经过的通道，有自净式空气淋浴走廊。医务人员操作时，需要更衣、换鞋，经空气淋浴室进入净化区。准备工作就绪，再次更衣、换鞋，进入无尘无菌超净化室操作。改造后的这一地区，净化程度达到了国家规定的生物净化最高标准，空气中的灰尘颗粒减少到几乎为零。

根据遗体保护的需要，在纪念堂内还设置了监测各大设备系统安全运行的主控室。主控室是纪念堂专用设备的"中枢神经"，它集中了大部分监视、检测、自动控制装置。主控室从1977年8月20日投入运行后，边使用边改造，先后对主控室的总体布局、仪表柜、小型制冷机房进行了改造，更新了仪器仪表，增添了供气超极限报警装置，解决了远距离的监视问题，确保了主控室各项设备的安全运行。

毛主席纪念堂内部设施非常复杂，各种操作规定要求严格。因此，要求这里的工作人员必须严密组织，严格管理，这对纪念堂的领导者和管理者来说是一项重要而艰巨的任务。1977年8月，谷牧在接见纪念堂管理局主要领导干部时，明确指出："我们纪念堂等于一个小工厂，有制冷、风动、升降等设备，你们

三十二　保护毛泽东遗体的细节

一定要把纪念堂的整个专用设备管理维护好,不能出差错,要比哪个工厂都管理得好。你们应是国家最高水平。"为了落实好上级的指示精神,纪念堂管理局在建立之初,就把管理维护好这些设备,保证安全运行,作为管理的一项重大的任务。1977年,从中央和北京市有关单位选调了一大批技术骨干,组成一支技术过硬、作风过硬、思想过硬的专业队伍。经过二十几年的磨炼,他们的专业理论水平不断提高,组织领导能力不断增强,涌现出了一批精通本职业务、勇于实践、能打硬仗的优秀工作人员。在他们中间,有在制冷专业领域颇有名气的"能人"高工胡世辉,有熟悉机械专业、擅长组织安装的孙野平,还有在自动化方面的技术能手陈英顺,有干一行、爱一行、钻一行的多面手王宝珠,有一辈子甘当老黄牛的电力老师王富安,有专治"疑难症"的老技师吴学智等。每天早晨7点钟,纪念堂的工作人员便赶到这里,开始一天三次的清扫卫生。对毛主席水晶棺的擦洗尤其需要仔细。他们用脱脂棉蘸乙醚,用丝绸一遍又一遍擦,在瞻仰结束后将红绸布盖好,等遗体降到地下室后,才离开。纪念室的7位女解说员,都有大专以上文凭,有两个还是本科。张国征还在1988年全国业余节目主持人评选中获得了第一名。她们用热情的态度,伶俐的口齿,甜美的声音,向亿万人民传播着老一辈革命家的英雄业绩,教育鼓舞着人民群众继承先辈的遗志。这些人十几年如一日,为遗体保护和群众瞻仰埋头工作,无私奉献;无论春夏秋冬,无论阴雨晴天,他们始终坚守在自己的岗位上,牢记党和人民的重托,踏踏实实,一丝不苟地工作着。

毛主席的遗体保护情况一直是人们关心的热点。几十年来,纪念堂管理局曾收到许多群众来信,询问遗体保护情况。1989年湖北阳新县人民医院的茅奎还寄来了500元钱。他说,特寄去500元人民币作为补助工友打扫纪念堂买扫把之用,以感谢你局全体同志对参观者周到的服务。一些国际友好人士还特意到纪念堂来亲眼看看毛主席遗体保护状况。国内外媒体也不时地报道过一些情况。这些,都引起各界人士的普遍关注和兴趣。针对人们表现出的关注遗体保护的心情,1983年12月,纪念堂管理局局长徐静向媒体发表谈话,介绍了毛主席遗体保护情况和工作人员的工作情况,并表示一定不辜负党和人民的重托,认真工作,保护好毛主席遗体,同时也欢迎广大人民群众前来瞻仰参观。消息发表后,在全国各地引起了强烈反响,许多群众纷纷来信来电,表达他们对毛主席的深切怀念及

红墙大事
——共和国重大历史事件的来龙去脉（下册）

敬仰之情和对纪念堂工作人员的慰问。

1989年4月，香港一家报纸说："毛主席遗体防腐，每年要花上亿元人民币。"对此，纪念堂负责人说：这纯属无稽之谈。当年，国家确实为了遗体保护研究课题拨了科研经费，也购置了必要的设备仪器，我们所花的科研经费是有限的。最佳保护方案已于1983年完成。从1984年起，国家再也没有拨这方面的经费。纪念堂管理局通过为瞻仰者提供良好的服务，如存包、照相、出售纪念品等所获得的微薄收入，就足以保证日常经费的支出了。近年来，毛主席纪念堂已不需要花国家的财政拨款了。

1989年3月，徐静局长针对社会上的一些传言和误解，再次对媒体发表谈话，她指出，毛主席逝世后的遗体防腐处理是及时的、科学的、可靠的，现在的保存状况非常好。毛主席遗体的保护，除吸取了以往医学中有关尸体保存经验外，还吸收和借鉴了西汉古尸的保存方法和研究成果。正是这些成果的运用，使得毛主席遗体的保护一直处于最佳的状态。她还针对社会上有人认为毛主席遗体"缩小""变色"的说法，提出了反驳意见。她说，这完全是一种误解，遗体保护专家和卫生技术人员，对毛主席遗体的身长、体重经常进行精密的监测。大量的数据表明，毛主席的遗体并未缩小，体重并未减少，颜色没有变化。之所以有缩小的感觉，这是由于人们的视觉差异引起的。遗体与瞻仰厅的空间比例，瞻仰者与遗体的距离，立姿与卧姿的高度差异，容易使人产生错觉，实际上遗体的身长、体重没有变化。另外，人死后的肤色是无血色的灰暗色，但是毛主席遗体的面部颜色，是灯光照射的效果，并不是遗体本身发生了什么变化。

党中央、国务院对毛主席纪念堂也是非常关心的。邓小平、江泽民等党和国家领导人，以及许多老一辈无产阶级革命家，都曾来到毛主席纪念堂参加重要的纪念活动，检查指导工作，提出了许多宝贵的意见和指示。中央书记处曾专门讨论毛主席纪念堂的工作。胡乔木生前多次检查指导纪念堂工作，并亲笔题词："满腔热忱，勤勤恳恳，做好纪念堂管理工作。"

负责施工的总指挥李瑞环焦急万分，催促赵鹏飞尽快拿出实施方案。

1976年9月18日，党中央在天安门广场举行隆重的追悼大会。约有100万人参加了追悼会。当时的主席台搭设是经过认真考虑的，它搭设在金水桥北天安门城楼的下方，与伟人生前多次站立的天安门城楼拉开一段距离。天安门广场庄严肃穆，百万人的广场除了扩音器中致悼词的声音外，竟然听不到任何声音。10月8日，中共中央、全国人大、国务院、中央军委做出了关于建立毛主席纪念堂的决定。

但是，究竟在哪儿保存毛主席遗体呢？

"九办"成立伊始，即设立了一个"陵墓设计小组"，后改名为"毛主席纪念堂设计组"。赵鹏飞和孙友余任正副组长。赵鹏飞时任北京市建委主任，孙友余时任一机部副部长。二人挂帅，可以说小组的领导力量是很强的。办公室成立当天，就通知北京、天津、上海、广东等8个省市10个单位，调选有声望的建筑师、设计师、美术师和工人代表40余人来北京，负责陵墓的选址和设计工作。国家建委建设科学院5人，北京市规划局和建筑设计院各6人，清华大学4人，上海4人，天津、辽宁、广东、陕西、黑龙江、一机部各3人。

设计小组最初的任务是为陵墓选址。从1976年9月14日起，他们开始了紧张的选址工作。他们走访了北京的许多地方，勘察了许多名胜古迹。他们先后对天安门广场、天安门北端一带、中南海、香山、景山、北海等十几个地点做了重点调查研究。两个月后，提出了30多个设计方案，呈报办公室。在选址过程中，谷牧、顾明等多次参加现场勘察，讨论选址和设计方案，并对许多重要工作做出了明确的指示。

在这30多个方案中，有几个政治意义比较重大，也曾被列为重点，但后来都被否定了。

比如说天安门北的方案。该方案是把陵墓建在首都规划南北主轴线中心的端门位置上。最初的想法是当党和国家领导人在天安门城楼检阅队伍时，游行的人群面向天安门，同时也向着伟大领袖毛主席。优点是在这个地方建墓拆房少，周围树林繁茂，可以利用。缺点是陵墓前面有天安门，其他方向有古建筑群，广场上的群众看不到。

中南海方案。该方案是把陵墓建在中南海里。最初的想法是毛主席在新中国成立后直至"文化大革命"开始，都居住在中南海丰泽园。在这里居住、生活、办公，许多重大决策都是在这里做出的。优点是中南海岸上林木茂盛，绿草如茵，水中碧波荡漾，清澈见底。但缺点是陵墓在这里，成千上万人来瞻仰，会影响这

红墙大事
——共和国重大历史事件的来龙去脉（下册）

里的中央领导办公，也会影响国际友好交往。

香山方案。该方案是把陵墓建在香山双清别墅边上。最初的想法是毛主席1949年3月由河北平山县迁至北平暂住时，就住在香山"双清别墅"。在这里，毛主席指挥渡江作战，接见民主人士，与战友们共商新中国成立大计，并发表了《南京政府向何处去》《向全国进军的命令》《论人民民主专政》等重要历史文献。优点是陵址周围苍松翠柏，景色秀丽，且有两股清泉飞泻而下，环境幽雅。缺点是地处远郊，不便瞻仰。其他还有景山方案、十三陵方案等。

景山公园风景优美，它与中南海、北海这些古典皇家园林融为一体，构成了北京城内最优美的景区，站在景山的万春亭，可环视北京全城。缺点是景山位置较偏，而且有明代崇祯皇帝吊死在景山，因此，不能采用。

那么后来为什么要选择在天安门广场呢？早在新中国成立初期，毛泽东、周恩来就提出，将来要"让天安门广场建成人民最喜爱的地方"。新中国成立以来，天安门广场经过三次大的整修扩建，已是全世界最大的广场，规模宏大，气势宏伟。同时，天安门广场还曾经是中国人民反帝反封建的五四运动的发祥地，它的北端是金碧辉煌、光彩夺目的天安门城楼。1949年10月1日，毛主席曾在天安门城楼上，向全世界庄严宣告中华人民共和国中央人民政府成立了，中国人民从此站起来了。毛主席还亲自在这里升起了新中国的第一面五星红旗，并且多次检阅过群众队伍，参加过许多重大集会。天安门广场的中央是人民英雄纪念碑，天安门广场的西侧，矗立着庄严的人民大会堂，东侧是中国革命博物馆和中国历史博物馆。可以说，天安门广场是一个政治、文化活动的中心。毛主席纪念堂建在天安门广场上，与光彩夺目的天安门城楼、广场中央的人民英雄纪念碑、庄严的人民大会堂和壮丽的中国革命历史博物馆，形成一个完整的宏伟建筑群体，使天安门广场的政治内容更加鲜明突出。

设计建筑专家们又开始细细地思索，充分地酝酿，最后提出将纪念堂建在天安门广场南部，位于人民英雄纪念碑和正阳门城楼之间，即在原"中华门"的位置上。"中华门"是明朝初期建造的一座砖石结构的大门，新中国成立后，这个门早已不存在了，这里种植了大面积的常青树。"中华门"是在天安门广场的中轴线上，把毛主席纪念堂建在这个位置，纪念堂和天安门城楼遥遥相对。把毛主席纪念堂建在这里，四周的高大建筑如同"众星捧月"，就会突出中国人民伟大领袖毛主席的伟大形象。通过各种方案的比较,最后决定,纪念堂的中心点,建在纪念碑和正阳门等距各 200 米的位置上。

当时有人提出,把毛主席纪念堂建在人民英雄纪念碑的边上,形成一个建筑整体。但由于这是两个不同内容的纪念性的建筑,如果使它们形成一个整体,就会使两个建筑各自失去独立的政治含义。况且,纪念堂距纪念碑过近,就会使高耸的纪念碑身和横向扁平的纪念堂在视觉上失衡。

也有人提出,要把正阳门拆除,把毛主席纪念堂建在正阳门的位置,使得纪念堂与天安门城楼处于南北对称的位置上。可是,出于安静和肃穆的需要,没有采用。因为如拆除正阳门,就会使得毛主席纪念堂这个安静的场所受到来往车辆的噪声的干扰。相反,如果保留正阳门,使它恰似毛主席纪念堂的一道屏风,能起到很好的效果。

1976 年 10 月 7 日,党中央一举粉碎了"四人帮",第二天,中共中央做出了关于"在首都北京建立伟大的领袖和导师毛泽东主席纪念堂"的决定,正式宣布"在纪念堂建成以后,即将安放毛泽东主席遗体的水晶棺移入堂内,让广大人民群众瞻仰遗容"。

那么纪念堂的设计方案又是怎样的呢?谷牧副总理指出,在考虑设计方案时,要注意和剥削阶级统治者的陵墓建筑划清界限。剥削阶级和劳动人民是对立的关系,在他们的陵墓建筑中,总要显示他们是神圣不可侵犯的统治者。因此,从外国的金字塔,到我国的地下宫殿,都给人以阴森的感觉。而现在我们是要设计建筑一座纪念无产阶级革命家光辉一生的纪念堂。它既要庄严肃穆,又要雄伟开阔。

最初的建筑设计方案中,大多绘制的是陵墓形式,有墓有廊,陵寝结合,并以实体为主,基本上没有廊柱。1976 年 10 月下旬,方案设计进入了第二阶段,八省市的设计人员分别回各省征求意见,在京单位北京市规划局、北京市建筑设计院、清华大学建工系、中央工艺美术学院、北京建筑雕塑厂的建筑设计专家和部分建筑公司的干部、技术人员、工人,组成了设计组。在专家中,南京工学院杨庭宝教授提出的方案,是 50 米见方二层高的建筑。杨教授从天安门广场的整体环境出发,考虑到纪念堂应该是天安门广场的有机组成部分,建筑规模合理,这样才能突出纪念堂的光辉形象,使它千秋万代闪耀光芒。杨庭宝教授的方案,

红墙大事
——共和国重大历史事件的来龙去脉（下册）

给了设计组很大的启发。后来，设计组经过研究，认为廊柱方案不仅与天安门广场四周建筑相协调，而且容易做到庄严、肃穆、美观、大方。为了保持我国传统建筑形式，台基采用分层式；为了从天安门广场任何一个角度都能看到比较完整的纪念堂，体型采用正方形。

1976年11月6日，中央政治局集体审查纪念堂设计方案。几种各具特色的建筑模型，摆在领导们面前。领导们经过审查，基本同意了初步的方案，但要求进一步改进。而此时，全国著名建筑专家提出方案后已离京，留下的只有清华大学、西安设计院、建工部设计院、北京市设计院的教授和建筑师，负责进一步修改工作。但是，当时有关地下工程保密规定很严，建筑师们不了解，纪念堂内部的设置也定不下来，所以建筑师们一时难以下笔。而负责施工的总指挥李瑞环焦急万分，方案定不下来，一切施工就无从下手，他一天催几次，让赵鹏飞拿出实施方案。赵鹏飞也是急得直冒火。

在这种情况下，赵鹏飞、沈勃等商议，以沈勃为主，在各位教授和建筑师研究的基础上，综合大家的意见，用了一整夜的时间，勾画出纪念堂实施方案草图。第二天天一亮，他就将草图交给了北京市建筑设计院方伯义，方伯义在草图的基础上，画出了正式方案。后来，这个方案报谷牧副总理，谷牧又请示叶剑英、华国锋。华国锋正式确定了纪念堂建筑方案。这个方案确定纪念堂的建筑形式为正方形，八开间，重檐屋顶，两层红花岗岩台基，绕以汉白玉栏杆，廊柱为正方形抹小角。总高度为33.6米。

方案定了下来，就开始施工。早在1976年10月12日，谷牧主持召开了国务院第九办公室第六次办公会议，在讨论纪念堂设计方案时就强调指出："现在就要以北京市为主，着手筹备设计和施工机构，组织施工队伍。"10月18日，谷牧又明确指示："建设纪念堂的施工力量，以北京市为主，大包干，可以搞一个指挥部，组成一个强有力的领导班子。"10月9日，北京市正式成立以李瑞环为首的"毛主席纪念堂工程现场指挥部"，批准了由13人组成的毛主席纪念堂工程现场指挥部临时党委，对纪念堂工程建设实行一元化领导。李瑞环任党委书记兼工程指挥部指挥，宋文海任党委副书记兼工程指挥部副指挥，杨润寰、郭树功任党委副书记，委员有曹建华、宋丁、杨培先、杨登彦、张连生、赵知敬、李伟、王采、李咏。

三十二　保护毛泽东遗体的细节

参加纪念堂工程建设的有：北京市第一、第二、第三、第四、第五、第六建筑公司，解放军基建工程兵北京指挥部，北京市政一、四公司，北京市机械公司、煤气公司、自来水公司、供电局、园林局、电信局，北京市政工程处，北京市第一、第二、第三房修公司等54个单位，共55700多人。另外，福建、浙江、江苏、山东、辽宁等地，还选派了400多名优秀石工参加建设。

1976年11月24日下午，天安门广场举行"毛主席纪念堂奠基仪式"，气氛庄严隆重。工地北面竖立着毛主席的巨幅彩色画像，两侧是八面鲜艳的红旗，"伟大的光荣的正确的中国共产党万岁"、"战无不胜的毛泽东思想万岁"两幅巨型标语分列两旁。华国锋、叶剑英、李先念、汪东兴、陈锡联、吴德、陈永贵、郭沫若、徐向前、聂荣臻、陈云、谭震林、李井泉、蔡畅、阿沛·阿旺晋美、周建人、许德珩、胡厥文、王震、余秋里、谷牧等亲自挥锹铲土；沈雁冰、江华、粟裕、杨成武、梁必业、张宗逊、邓颖超、康克清等也来了；首都的工人、农民、解放军、知识分子和少数民族代表，以及参加施工建设的干部和工人共8000余人参加了奠基仪式。

华国锋首先发表讲话，随后，他和叶剑英、李先念等党和国家领导人以及各方面的代表，相继走到纪念堂花岗岩基石边持铁锹培土。自此，这项举世瞩目的工程拉开了施工的序幕。

此后不久，全体工程人员在天安门广场举行了誓师动员大会，会上，各单位代表纷纷表示要以实际行动，以高质量、高水平的工艺建好毛主席纪念堂。在誓师大会上，工程总指挥李瑞环提出，要高水平、高标准、高质量，多快好省地建设纪念堂。他要求大家要有决心、有信心搞好这项工程，要达到新中国成立以来的最高标准和水平，达到可能达到的最高科学技术水平，在建筑艺术上要达到可能达到的最高水平。会上，他还说，要在1977年9月9日，即毛主席逝世一周年前全部完成。工程量虽然大，工程质量要求非常高，工期紧，技术复杂，全体干部、技术人员、工人要全心全意扑在工程上。他的讲话受到了大家的热烈拥护。全体参建人员纷纷表示，用实际行动实现领导的要求，不辜负人民的嘱托，一定多快好省地完成任务。

听说修建毛主席纪念堂，全国上下积极响应。天安门广场正中的毛主席纪念堂刚刚开始破土动工，全国29个省区市就捐献出自己最具特色的物产，北京上

红墙大事
——共和国重大历史事件的来龙去脉（下册）

百万市民自愿到工地参加义务劳动。报纸整版整版地对它进行报道，赞美它壮丽辉煌、庄严肃穆，是无愧于时代的一座伟大建筑。

随后经过短短的半年多时间，在建筑工人加班加点、全国人民大力支援下，毛主席纪念堂于1977年5月27日落成。毛主席纪念堂是一座方形平顶建筑，占地72公顷，总建筑面积28000平方米。主体由44根黄色花岗岩明柱高高擎起，通体贴有花岗岩贴面。屋顶为两层光彩夺目的黄琉璃飞檐，两檐间镶着古朴大方的葵花浮雕。整座建筑坐落在两层枣红色花岗岩台基上，四周环以万年青纹饰的汉白玉栏杆。栏杆外面是种有各种植物的绿化带，有山茶、杜鹃、雪莲、金橘及苍松翠柏。纪念堂所用各种建材和绿化植物来自全国各地，表达了人民群众对毛主席的景仰和热爱。纪念堂的北门和南门横额上有华国锋亲笔书写的"毛主席纪念堂"六个金字。在北门和南门外还各有两座气势恢宏、栩栩如生的石刻群雕像，生动形象地表现了毛泽东领导中国人民夺取新民主主义和社会主义革命胜利的丰功伟绩，表现了人民继承毛主席遗志，为把我国建成繁荣富强的社会主义现代化强国而奋斗的英雄气概。从北门进入宏伟壮丽的纪念堂北大厅，迎面是一座汉白玉雕成的毛泽东坐像，这里是举行纪念活动的场所。从两侧步入庄严肃穆的瞻仰厅。东西各厅是毛泽东、周恩来、刘少奇、朱德革命业绩纪念室。

在毛主席纪念堂落成的同时，天安门广场也完成了它的第三次大改建，形成了以人民英雄纪念碑为中心，广场建筑呈辐射状分布的天安门广场新格局。修葺一新的正阳门与雄伟的天安门遥遥相望，刚好成了毛主席纪念堂的一道天然屏障。而毛主席纪念堂的方形造型又和人民大会堂、历史博物馆和谐一致，使天安门广场更加壮观，更加气势磅礴。

应该说，建纪念堂这种做法是有违毛泽东意愿的。1956年4月27日，中央会议期间，发出了国家机关的领导和工作人员死后实行火葬的倡议书。毛泽东看完倡议书，满意地点点头，连声用他那浓重的湖南乡音表示同意，随即挥笔写下了"毛泽东，1956年4月27日"。之后，彭德怀、周恩来、康生、刘少奇、邓小平等151人相继签上了自己的名字。鉴于后来的形势，毛泽东自己的意愿并未得到实现。

三十二 保护毛泽东遗体的细节

邓小平：我不赞成把纪念堂拆掉。建是不妥的，如果改变，人们就要议论纷纷，现在世界上都在猜测我们要毁掉纪念堂，我们没有这个想法

每年的9月9日、12月26日，毛岸青、邵华都带着毛新宇来瞻仰主席遗容。通常，他们事先都与管理局联系，由局领导陪同，毛新宇手捧鲜花在北大厅汉白玉雕成的毛泽东坐像前默哀，而后来到瞻仰厅，向老人家鞠躬，逗留时间一般不超过半小时。李讷有时也在家人的陪同下来瞻仰主席遗容，与毛岸青一家相遇的时候，相互致意。

1977年8月31日，南斯拉夫联盟共和国总统铁托，成为第一个瞻仰毛主席遗容的外国首脑。外国元首要瞻仰毛泽东遗容事先都由外交部与纪念堂管理局取得联系。纪念堂需暂停国内群众的瞻仰，引导外宾由纪念堂北门进入北大厅。这时大厅内天花板上的110盏光彩夺目的玻璃葵花灯齐明，照耀着157平方米的气势磅礴的绒绣"祖国大地"，照耀着端坐在万年青、松柏和鲜花中的毛泽东汉白玉坐像。外国元首向毛泽东坐像敬献花圈、默哀，然后在坐像前留影。他们与国内群众有所不同的是可以在此逗留时间长一些。一般外宾和国内群众参观程序一样，只是停留时间略长。1988年，巴基斯坦一个代表团在我国进行访问，访问结束时，陪同人员问还有什么要求，他们说，想瞻仰毛主席遗容。中国方面马上安排了这一项目，满足了他们的要求。

毛主席纪念堂的瞻仰厅里，中央安放着毛泽东的水晶棺，在顶头有四位庄严肃立的解放军战士，他们便是毛泽东的卫士。这些直属中央警卫团的警卫班战士，每天上午8点半换好礼宾服，进入工作岗位，一个半小时换一班岗，换岗时以正规的动作从两侧门中小正步走出，在第五步时立停，转向正前方，同时向前跨上一步，原岗向后退一步，向两边退去。进入岗位的战士双脚合拢，两臂自然下垂，眼睛目视前方，成立正姿势。这种单调而枯燥的生活周而复始，但是他们感到很自豪。

这些战士在平凡的岗位上虽没有惊天动地的业绩，但他们一辈子都为此感到荣耀和自豪。为了能胜任工作，警卫团的领导要求毛主席纪念堂警卫班加强训练，每天晚上要做几十个俯卧撑，训练军姿时晕倒是常有的事。纪念堂保卫处的同志

红墙大事
——共和国重大历史事件的来龙去脉（下册）

们也很辛苦，每天从开放到傍晚，至参观的最后一个人走出大厅，才能放心，一天的任务才算完成了。保卫工作任务重，这么多年虽没发生过什么事，可也担心呀！发现问题、发现苗头只能靠工作人员的警惕。一次，有位老汉跟着瞻仰的队伍到了毛主席水晶棺前，"扑通"一声跪在地上，可把保卫人员急坏了。老汉大声喊着："毛主席，我给您老人家叩头了。"一场虚惊，保卫人员急忙把老汉扶起来。有的认真的老头、老太太，非给老人家叩仨头才肯罢休。类似事情，屡见不鲜。有些公安人员带枪外出，保卫处的同志必须检查有没有持枪证，如有，则由保卫处暂存，带枪是进不了纪念堂的。是啊，有这样的忠诚卫士难道全国人民还不放心吗？

邓小平曾两次来毛主席纪念堂。第一次是1977年9月9日毛主席纪念堂落成典礼时，第二次是1983年12月26日毛泽东诞辰90周年时。

毛主席纪念堂从1977年9月1日起正式开放，到1984年7月1日，一直采用的是发票的办法，由中央机关、国家机关、北京市委、中央军委四个口往下发票。虽然这种办法的实行在当时情况下起到了一定的积极作用，但是人民群众却对此不满，一些外地进京群众尤其是边远山区、少数民族地区的群众很有意见，他们好不容易来一次北京，却不能找到票瞻仰全国各族人民的伟大领袖，为此而焦虑、发愁。终于，代表人民利益、为人民群众说话的一位湖南的人大代表，将这一人民意愿提交到了全国人民代表大会。中央有关部门经过认真研究、讨论，各个方面经过很长时间的努力，决定简化瞻仰手续，以方便群众。

1984年7月1日，中共中央机关报《人民日报》发布消息：毛主席纪念堂将实行新的瞻仰办法，取消票证。从此，人民群众只需通过排队便可瞻仰毛主席遗容。但是，这一瞻仰方式的改革，也给毛主席纪念堂的260多名工作人员加大了工作量。

排队瞻仰的人流里聚拢着不同的民族、不同的肤色、不同的国度、不同的语言的人们，但他们的心情都是一样的，早一点，多看一眼世界的风云人物、共和国的缔造者毛泽东。酷暑盛夏，没有任何植被的广场上，有时气温高达40多度，在烤人的水泥板上，纪念堂工作人员一站便是一个半小时。春夏秋冬，风雨无阻，除法定的休息日外，工作人员没有任何假期，但他们没有怨言。他们知道，自己的岗位直接关系到党与人民的关系，上岗后就自觉做到仪表庄重、礼貌待人，让群众满意。虽然他们做了大量的工作，可还是有不少群众纷纷给纪念堂管理局写信，诉说管理人员"态度不好"，并质问："为什么不能让我们在瞻仰厅多停留一会儿，而且一个劲地催我们。""我们好不容易去趟北京，好不容易赶到纪念堂，想看一眼毛主席，可赶上了下班，给管理人员好说歹说，求他们加个班，可就是不肯，为什么你们不能加个班？"从1977年9月正式对外开放到1989年底，瞻仰毛主席纪念堂的总人数达578万人，其中外宾170万人。

历史造就了毛主席纪念堂，可它应在历史上起到什么样的作用呢？有人对此产生疑虑，有的人甚至提出毛主席纪念堂会不会被拆掉的问题。

1980年8月21日和23日，意大利著名记者奥琳埃娜·法拉奇采访了邓小平，在谈到建毛主席纪念堂时，邓小平说，粉碎"四人帮"后，建毛主席纪念堂，应该说，那是违反毛主席自己的意愿的。20世纪50年代，毛主席倡议所有的人死后都火化，只留骨灰，不留遗体，并且不建坟墓，毛主席是第一个签名的。我们都签了名，中央的高级干部差不多都签了名。现在签名册还在。粉碎"四人帮"以后做的这些事，都是从为了求得比较稳定这么一个思想考虑的。法拉奇接着问道，那么毛主席纪念堂不久是否将要拆掉？邓小平说，我不赞成把它拆掉。已经有了把它改变就不见得妥当。建是不妥的，如果改变，人们就要议论纷纷，现在世界上都在猜测，我们要毁掉纪念堂，我们没有这个想法。

管理局权威人士认为，毛主席纪念堂将成为进行革命传统教育、爱国主义教育的场所和宣传毛泽东思想的阵地。人们期待着，它所产生的作用应远远超过它那宏大的建筑，永远矗立在人民的心中。

三十三　三峡工程 39 年决策内幕

- 100 年间，长江发生过七次大洪水，曾造成 30 多个县被大水浸淹，几百万人被洪水夺去了生命
- 毛泽东时代，出于对政治、军事形势的考虑，对三峡工程提案一直非常慎重
- 以孙越崎为首的一批人上书国务院，要求缓建三峡工程
- 许多专家担心三峡水库泥沙会影响上游航道，并使重庆变成死港
- 江泽民视察了三峡后说，三峡工程要争取早上马，把几代人的梦想在我们手中变为现实

红墙大事
——共和国重大历史事件的来龙去脉（下册）

万里长江，劈开崇山峻岭，冲破巍巍夔门，夺路东下，形成举世闻名的三峡。江水一出三峡，咆哮东流，一泻千里，直逼江汉平原等中下游地区。所到之处，惊涛拍岸，浸堤淹苇，肆虐无比。一旦江堤决口，洪水狂泻，两岸百姓顿如沸汤煮饺，死伤无数，财产则被狂掠一空。自古以来，人们一直想根治长江之水，但都无法付诸实现，只能寄以神话梦想。关于大禹劈山治水，十二神女兀立峰顶、披霞导航的美丽传说，就是对治理长江水患的一种美好祈愿。至今，十二神女依然兀立在巫峡山峦之上，给人以无尽的遐想。近现代，关于修建三峡大坝，逐渐被人们所提及，但真正着手研究在长江三峡建大坝，是在新中国建立以后。人们普遍认识到，建三峡大坝，拦截上游之水，既可减免中下游频繁的洪灾，也可利用水能发电，价值巨大。于是，建造长江三峡大坝工程，逐步被提到日程上来。然而，新中国关于"三峡工程"的方案，从1953年提出到1992年初国务院批准可行性报告，经历了整整39个年头。期间，旷日持久地辩论，反反复复地研究考证，在全国重大建设项目中是少有的，在世界各国重大建设项目决策上也是罕见的。正因为如此，"三峡工程"的决策过程被媒体炒得沸沸扬扬，被世人关注。

100年间，长江发生过七次大洪水，曾造成30多个县被大水浸淹，几百万人被洪水夺去了生命

长江，历来被称为中华民族的摇篮和发祥地，哺育了千百代华夏儿女，孕育了辉煌灿烂的民族文化。但是，由于长江水患频繁，洪灾不断，它也给两岸人民带来了深重的灾难。据记载，从1849年至1949年的100年间，长江发生过七次大洪水，平均14年一次！1860年和1870年两次特大洪水，荆江大堤决口，30多个县被大水浸漫，田地淹没，房屋无存。几百万人被洪水夺去了生命，还有数千万人在大水中绝望地挣扎哀号。1931年大洪水，长江中下游淹地5090万亩，人口死亡14.5万，江汉铁路被大水冲毁，损失惨重。1935年大洪水，一夜之间，江汉中下游淹死8万人，澧水中下游淹死3万多人⋯⋯

长江万里长，险段在荆江。长江流域洪灾分布极广，但最严重、最集中的是荆江河段。荆江洪水主要来自川江。一个多世纪以来的几个大洪水年，都是川江洪水来势凶猛，直扑下游造成的。从水文、天文上来分析，每年夏季，随着太平

洋副热带高压向大陆腹地深入，暴雨出现在四川盆地。正常年份，各河洪峰互相错开，不致造成大洪灾，如果气象反常，暴雨期相接，两个洪峰相叠，就会出现特大洪灾，1870年便是如此。从历史上来看，荆江上游宜昌洪水大于8万立方米／秒的已有8次，平均105年一次；大于9万立方米／秒的已有5次，平均167年一次。1860年、1870年宜昌洪峰流量高达10万立方米／秒，到达荆江河段时高达11万立方米／秒。就当时的现状，荆江河段安全泄洪量约为6万立方米／秒，加上分洪也只能达到8万立方米／秒。假如再出现1870年的洪水，目前的防洪能力尚不足以完全免于受灾。而今天的长江中下游，恰恰是我国的经济重地。荆江两岸，南为洞庭湖平原，北为江汉平原，人口超过1500万，农田2000余万亩，是我国重要的粮棉基地，沿江有沙市、武汉等许多重要城市。如果再遇到1860年或1870年那样的洪水，南岸堤防势必漫溃，洪水将直泻洞庭湖区。南溃后由于南岸地面高，圩垸林立，洪道延长，泄量不足，洪水来势猛，上涨快，北岸荆江大堤上段（郝穴以上）仍有溃决的危险。不论南溃北溃，都将造成大量人口伤亡，出现毁灭性灾害。

  1949年夏天，全国解放在即。但当解放大军挥师南下经过湖北、湖南时，迎接他们的却是长江大洪水。当时最危险的正是荆江河段，南岸一片汪洋，方圆几十里不见人烟，北岸的荆江大堤，已开始局部崩塌，岌岌可危，险情万状！万幸的是洪水恰好在此时开始降落，荆江大堤奇迹般地避免了溃决改道。在大堤后面，是比江水低10米多的江汉大平原，万一大堤溃决，洪水一泻千里，死亡人口将比1931年还要多好几倍，后果不堪设想！

  长江洪灾，是中华民族的心腹之患！也是高悬在长江中下游，特别是荆江两岸千百万人民头上的"达摩克利斯剑"！

  1950年以后，鉴于新中国成立初期第一次洪灾的惨痛教训，新中国领导人对治理长江洪水有了初步的打算，刚建立的长江水利委员会，也首先把战略重点放在研究长江防洪上。1950年2月，"长委会"正式提出在荆江大堤南岸兴建荆江分洪工程的计划。同年国庆期间，毛泽东、刘少奇和周恩来听取了"长委会"的汇报，详细询问了工程情况，审阅了设计书。当时，刚满周年新中国百废待兴，资金、材料和技术严重缺乏，真正是"一穷二白"。但新中国的领导人毅然决定上马此项工程。

红墙大事
——共和国重大历史事件的来龙去脉（下册）

荆江分洪工程是在软地基上兴建的一座大闸，长达1054米。在新中国成立之初，就要建造这样大规模的工程，并不是一件容易的事。工程于1952年初春开工，仅用75天时间，就全部竣工。

1954年，长江发生了20世纪以来最大的洪水，荆江分洪工程三次开闸防洪，使荆江大堤得以安全度汛，保住了武汉的主要市区，几十万生灵免于涂炭。但对长江防洪来说，荆江分洪54亿立方米洪水只能对洪灾起到缓解的作用。当时，长江、汉江堤防64处溃口，仅湖北境内受灾农田就达2127万亩，受灾人口926万，死亡3万人，南北大动脉京广铁路中断100天，残堤上庵棚密布，灾民人畜混住，缺衣少食，疫病流行，灾民苦不堪言。

经过此次洪灾，新中国领导人便着眼寻找一个最可靠的治理长江洪灾的方法，于是，三峡工程悄然登上了历史舞台。

毛泽东时代，出于对政治、军事形势的考虑，对三峡工程提案一直非常慎重

长江三峡西起四川奉节白帝城，东到湖北宜昌的南津关，跨四川的奉节、巫山，湖北的巴东、秭归、宜昌等五县市，全长近200公里。三峡地段，时而出现峡谷，峭壁嵯峨，幽深险峻，令人心惊；时而出现宽谷，江面展宽，广阔秀丽，令人心旷神怡。整个三峡，犹如山水画廊，幅幅画卷，疏密相间，浓淡有致，无雕琢斧凿之痕，有地设天成之妙。唐代，李白在《早发白帝城》一诗中写道："朝辞白帝彩云间，千里江陵一日还。两岸猿声啼不住，轻舟已过万重山。"生动地描写了三峡两岸的峻美风光。在此段奇险之地，构建大坝，拦截上游之水，减免中下游频繁的洪灾，同时可利用水能发电，价值巨大。

革命先行者孙中山最早提出在三峡建设大坝和水库。1918年，第一次世界大战刚结束，孙中山即阐述了自己的构想，他在《建国方略之二实业计划》一文中写道："当以水闸堰其水，使舟得溯流而上，而又可资其水力。"1924年8月17日，孙中山在广州国立高等师范学校发表演讲，又阐述了此项设想。然而，由于当时国家积贫积弱，战乱频繁，财力极度匮乏，孙中山的这些构想，根本无法实现。

真正对三峡工程着手研究并进行推动的，是新中国几代领导人。1953年2

月19日，国家主席毛泽东乘长江舰从武汉起航，顺流而下进行考察。第二年底，毛泽东和周恩来又在京汉线专列上，听取了水利部长林一山汇报有关三峡的工程技术问题和坝址查勘情况。1956年，毛泽东听取了"长委会"在三峡工程的勘测和科研方面的汇报，充分肯定了他们的成果。

同年7月，毛泽东到达武汉，畅游了长江，写下了石破天惊的诗句："更立西江石壁，截断巫山云雨，高峡出平湖。神女应无恙，当惊世界殊。"这首诗抒发了新中国第一代领导人治理长江的雄心壮志。这位亿万中国人民的领袖，第一次用自己的方式向世界表达了修建三峡大坝的蓝图与决心。

1958年2月28日，周恩来带领一大群中外水利专家，部长、省长，包括李富春、李先念两位副总理来到荆江大堤的铁牛湾考察水情。周恩来站立在铁牛湾滩头，默默地注视着荒凉的江滩，又看了一眼江滩上咸丰皇帝赐来制镇洪水的锈迹斑斑的大铁牛，脸色严峻。此地，正是历史上两次大决口的旧地。长江万里长，险段在荆江。绵延182公里的荆江大堤，保护着江汉平原800万人民、1000多万亩农田以及武汉、沙市等重要城市。《江陵县志》称："江陵以堤为命。"《荆州万城堤志》（万城堤为荆江大堤的旧称）强调："湖北政治之要莫如江防，而江防之要尤在万城一堤。"水利部部长林一山告诉周恩来，这里的长江洪水位能高出地面10多米，站在沙市楼房上看长江，轮船像从屋顶上驶过一般。荆江大堤在洪水季节万一决口，江汉平原几百万人的生命财产将遭到毁灭性的打击。周恩来边听边点头，浓眉紧蹙。他仔细叮嘱林一山，在三峡大坝未兴建之前，洪水的威胁仍然存在，荆江大堤要加固加高。此后，周恩来一行人继续乘江峡轮溯江而上，边查勘边讨论三峡工程。3月6日，一行人到达重庆。下榻后，周恩来立即召集人员开会。会上，他说，三峡工程必须搞，而且也能搞，搞好了三峡，在政治上经济上都具有伟大意义，技术上也是可行的。他说，大家对这项工程的争论是好事，两年来的争论是必要的，真理越辩越明，今后还允许有反对的意见，只要不妨碍工作，有利于工作，就应当提倡鼓励。1958年3月下旬，党中央在成都开会，会议听取了周恩来率队查勘三峡后的总结报告，并通过了相应的决议，这就是《中共中央关于三峡水利枢纽和长江流域规划的意见》。这是自1953年提出动议以来，中共中央对三峡工程所做出的第一个正式决议，所下发的第一个"红头文件"。

红墙大事
——共和国重大历史事件的来龙去脉（下册）

然而，由于随后而来的中苏关系恶化及国内的政治斗争，也由于国力积贫积弱，三峡勘测被迫中止。

1980年7月，邓小平从重庆顺江东下，越过瞿塘峡和巫峡，进入西陵峡。当江轮驶过著名的青滩之后，江面豁然开阔，邓小平被迎面展现的一座翠竹丛生的小岛——中堡岛吸引住了。中堡岛，是长达192公里的三峡中唯一的岛屿，后来设计中的三峡大坝轴线，就从这座小岛上横贯而过。20多年来，几代党和国家领导人都来这里视察过。邓小平站在江轮甲板上，举起望远镜久久地凝视着这座船形的小岛。他对三峡工程的兴趣不亚于当年毛泽东和周恩来，他认为建设三峡经济效益和防洪作用巨大。他到达武汉后，马上召集赵紫阳、姚依林、宋平三人研究三峡问题。两年之后，国家计委向他汇报三峡工程勘察事宜，邓小平又一次表态，看准了就下决心，不要动摇。1986年，邓小平又说，如果技术经济可行，还是应该上，上有政治问题，不上也有政治问题，不上的政治问题更大。后来，陈云、李先念、胡耀邦等领导人都先后表示赞成。由于第二代中央领导核心的大力推动，三峡工程勘察工作进入了高速期。

1983年5月，国家计委召集会议，国务院16个部委、湘鄂川3省、58个科研施工单位及11个大专院校的专家、领导共350多人参加，审查通过了"长办"编制的《三峡水利枢纽150米方案可行性研究报告》。1984年2月，国务院财经领导小组召开会议，国务院主要领导出席，会上批准了三峡工程采用正常蓄水位150米、坝顶高程175米的方案，并决定立即开始施工准备，力争1986年正式开工。同年4月5日，国务院以（84）国函字第57号文原则批准长江三峡工程可行性研究报告。9月，首批施工队伍进入三峡坝区开始施工前的准备工作。

以孙越崎为首的一批人上书国务院，要求缓建三峡工程

三峡，雄奇险峻。瞿塘峡峰峦若合，浪涛飞卷，真可谓"峰与天关接，舟从地窟行"；巫峡风光绮丽，景象万千；西陵峡怪石嶙峋，令人叫绝。三峡江面，江流回环曲折，水势湍急，云雾升腾，气象万千。出峡越过葛洲坝，则顿觉风光迥异，"楚地阔无边，苍茫万顷连"。正像三峡自然的雄奇险峻一样，三峡工程决策的前前后后，也走过了一段曲折的思想交锋历程，几经周折，屡次反复。

1969年,"文化大革命"已经开始,国内政治斗争日趋激烈,中国面临的国际环境也极为险恶。该年9月,湖北省"革委会"副主任张体学请示毛主席,建议修建三峡工程,毛主席鉴于当时国际矛盾尖锐,从国家战略的角度考虑,没有同意他的意见。但他要求先着手建葛洲坝工程,进行一次试验,为准备建三峡打个基础,作一次探索。事实证明,他的这种设想是完全正确的。周恩来也力主先修葛洲坝做试验,认为葛洲坝出现的问题,在三峡同样会出现,搞好了葛洲坝,就为三峡工程打下了基础。

时间是最好的证人,它证明先修葛洲坝做试验是非常正确的。葛洲坝位于西陵峡出口处,距三峡工程的坝址三斗坪40公里。工程复杂巨大,地质情况不清楚,在连一张总体设计图纸都没有的情况下,工地上的爆炸声就已经响开了。上万名新战士唱着语录歌开上工地,"边勘测,边设计,边施工"与"万人设计,万人审查"的口号声震天响。开工后才发现,葛洲坝下面地质条件不好,有70多层泥化夹层。更要命的是,按操作规程,在浇灌混凝土时必须加冰搅拌,以降温防裂,而指挥部竟称这是"资产阶级的陈规旧律",甚至宣布,谁加冰就抓谁去坐牢。问题马上暴露出来:施工没有规划,主航道造成交通阻塞。交通部十万火急向国务院"告状",浇注的混凝土到处是"蜂窝",坝身出现了86条裂缝。施工技术极为粗糙,大坝建设损失严重。

1972年11月,周恩来已经确诊得了癌症,仍然自始至终主持了国务院召开的葛洲坝工程汇报会,毅然决定停建。他说:新中国成立二十几年了,在长江上修一个坝,垮了,要载入史册的!他痛心疾首。在周恩来的指示下,林一山立即着手组建葛洲坝工程技术委员会。技委会决定,"长办"结束"斗批改"时期的局面,所有人员全力投入工程设计。技委会反复审议设计结果,一个个复杂而艰难的技术问题,终于逐个得到了解决。1974年10月,在停了22个月之后,葛洲坝工程正式复工。1981年1月,长江截流成功。同年7月,一号机组并网发电。1988年底,16台机组全部建成投产。到1991年12月葛洲坝发电总量达1077亿千瓦时,创利税40亿元,而葛洲坝工程总投资48.48亿元,两者相接近。

1956年《中国水利》第5～6期发表了林一山《关于长江流域若干问题的商讨》一文。文中说:"在长江流域规划中必须首先解决防洪问题","三峡是

红墙大事
——共和国重大历史事件的来龙去脉（下册）

防洪性能最好的地区……三峡水库可以根本解决中下游平原的水灾"；以蓄水位235米计，三峡工程可以改善川江航道，使万吨巨轮终年通航于长江之上，发电方面可以装机2300万千瓦，每年发电1500亿度。同年9月，《水力发电》杂志刊登了题为《关于长江流域规划的几个问题》一文，作者是国家水电总局局长李锐。《问题》针对《商讨》，提出了许多截然相反的观点："必须首先解决防洪问题"过于绝对化；如要建235米高程的三峡大坝，将迁移人口215万，淹地120万亩，即使只从淹没损失来考虑，这样的方案就极值得怀疑。文章认为，三峡工程的兴建，将遇到一系列尚未经历过的技术问题，我国的经验与技术条件是不成熟的。最后，文章提出了先修支流水库，后修干流水库，逐步提高长江防洪标准的设想。

然而，李锐可能想不到，此时的他正在走向厄运。在1959年8月庐山会议上，他被打成了"右倾机会主义分子"。他的杂文《大渔网主义》，因不点名地批评了急于上马三峡工程的人是"喜欢办大事，热衷于解决大问题，急于一次彻底解决问题"，理所当然地成了"反对毛主席"的"反党言论"。

1960年4月，在广州协作区会议上，讨论了在"二五"期间投资4亿元，准备于1961年开工三峡工程。而此时的李锐，已经被下放到一个水电工地当教员，没有力量再反对了，三峡工程的动工似乎已是"万事俱备，只欠东风"了。但是，一只无形的手，正向三峡工程逼近，这只无形的手比李锐说"不"的声音，要强大无数倍。这就是当时国内外严峻的政治经济形势。

1960年，国际国内风云变幻。国际上，中共与苏共的矛盾公开化、表面化，"苏联老大哥"已撕破了脸皮，撤回专家，催逼还债，中国也不示弱，以《九论》来回敬"共产主义运动的叛徒"；在国内，"大跃进"带来的恶果已露端倪，大饥荒开始在全国蔓延。1960年8月，周恩来在北戴河召开了长江规划工作会议，调整了三峡建设步伐，但同时，又强调"雄心不变，加强科研"。1960年9月，原定召开的三峡第三次科研大会改成分组开小会，制订"1961—1962年两年科研计划"。1961年下半年，不仅原定的"开工"方案落空，而且长江水利委员会也改成长江流域规划办公室，工作重点转为在长江流域"大办农业"，三峡设计人员从上千人削减到了仅剩40人。1962年12月，三峡科研领导小组在北京召开扩大会议，又把"1961—1962年两年科研计划"调整为"1963—1972年十年科研规划"。"三峡旋风"烟消云散,"开工"的希望变得虚无缥缈。周恩来迫于无奈,又一次"调整三峡工程建设步伐"。1966年,当"文化大革命"的"红色风暴"席卷每一寸神州大地时,连水利部部长林一山也被关进了"长办"的地下室,他只能在这不见天日、水没脚背的"水牢"里去做他那破碎的"三峡梦"了。

1978年6月下旬,林一山带领一个工作组前往川东地区调查研究三峡库区的移民工程。23日到达成都,与四川省委书记见面。他希望三峡工程能得到这位省委书记的支持。书记的回答是含蓄的:四川不是不想搞三峡工程,而是想晚一点搞。这几年川东人民被"四人帮"搞得很苦,想缓一口气。他认为,搞移民工程,因地制宜,就地后靠,搞多种经营是好的,但四川山多,在山上粮食问题不大好解决。当林一山解释工程和移民都可以分期分批进行时,书记表示,三峡分期搞,移民20万人左右,问题不大,可以考虑。但希望在四川其他水库先搞一个试验。四川省委书记的微妙态度可以理解。三峡库区长660公里,其中有85%的地段要移民和淹没土地,承担如此巨大任务的主要是地处长江上游的四川地区,而将来三峡发电、航运和防洪的好处,主要在中下游。当年美国围绕修建胡佛大坝争执不下,就因为上下游各州的利益分配不均,先为用水的多少争论了20年,接着又为售电的权益吵闹了8年。四川省委书记的微妙态度引起了"主上派"的深思,一定要解决好移民的出路问题,否则,三峡难上。

1985年3月,全国政协六届三次会议在京召开。会上,全国政协常委、政协经济建设组组长、92岁的孙越崎耳聪目明,思路清晰,绵长的声音里带着浓重的绍兴口音:"中央已经决定上马了,本来不应再提反对意见,但我心里放不下,不要鸦雀无声嘛!……我要做一谏不成,再谏不讳,劳而无怨。"孙越崎,民国初年北洋大学矿冶系学生,因参加五四运动被校方开除,后留学于美国斯坦福大学研究生院,又辗转欧洲考察各国矿冶工业,1940年回国后,出任甘肃油矿总经理,在纷飞的战火中、在荒漠的戈壁滩上,仅用两年时间建起了一座石油城,以大量的国产汽油、柴油、煤油支持了西北的抗日战争。这是我国自己建成的第一座油矿——玉门油矿。为此,孙越崎获得了中国工程师学会颁发的金质奖章,成为享誉西北的"煤油大王"。1948年,孙越崎接任国民党政府行政院资源委员会委员长,次年,又兼任经济部部长,掌管全国国营的煤、电、石油、钢铁、

红墙大事
——共和国重大历史事件的来龙去脉（下册）

机电制造等重工业生产建设。在 1949 年蒋介石下令退迁台湾时，孙越崎出于超越党派利益的爱国之心，冒着生命危险，拒绝将资委会所属的一万多个重工业企业迁往台湾，率领 3 万多技术人员和 60 多万员工集体投奔共产党，使全部工厂、矿山完整地回到人民手中。在此后 30 多年的风风雨雨中，孙老一直致力于国家的重工业建设：在内蒙古，他帮助包钢改用自产炼焦煤，节约了资金；在北京，他经过实地考察，提出京冀联合开发煤矿，建坑口煤气厂，向北京送气……现在这位年事已高然爱国心切的老先生把目光投向了三峡。会后，他不顾年迈，"百岁挂帅"，带领 9 位平均年龄超过 70 岁的政协委员，奔赴四川，从重庆乘船顺江而下，开展调查活动。经过 38 天的考察，最后向中央呈送了调查报告：《三峡工程近期不能上》。理由是：一、三峡工程总投资：不是 200 亿元，而是 600 亿元；二、防洪：工程不仅解决不了中下游的防洪问题，反而还会加剧上游的洪水灾害；三、泥沙淤积：问题并没有解决；四、航运：弊多利少；五、发电：投资多、工期长、产出慢、效益差；六、移民：需要重建 10 余座城市；七、安全：要冒灾难的风险。

1988 年 11 月 30 日，新华社发布消息：历时两年多的三峡论证工作告一段落，最后两个论证报告经专家激烈争论后原则通过，多数专家认为建比不建好，早建比晚建有利，但有 9 位专家仍持反对意见。这是中国官方机构在沉默两年半以来第一次向全世界正式透露关于三峡工程论证的消息。有人评论：这是将三峡工程上马推向 30 余年的来第六次高潮。一石激起千层浪！北京刮一阵旋风，国际论坛上，特别是海外华人社会里就会起几层浪，这也未必不是一件好事，至少说明北京的一举一动，在国际社会里不是无足轻重的，也说明数千万生活在海外的炎黄子孙，身在异域，却心系神州。此外，西班牙著名水利专家乔斯·马力亚考察三峡后撰文，称此项工程是对"贫穷"进行强有力的挑战，而"贫穷"是人类最不幸的污染。他认为，中国政府不会拒绝修建三峡工程，因为这是上帝的恩赐，并非每一个国家都有这样的机会。他最后说："你们正处在关键的时候，如果三峡工程现在不建，也许永远也建不成了。"

当然，海外的舆论不可能是"一律"的。香港《东方日报》的文章颇为耸人听闻：敌人只要来一两个飞弹，把你三峡水库摧毁，将长江中下游省市尽数淹没。中华民族受此重大创伤，将一百世纪也站不起来。香港《明报》1989 年 1 月载文，用了这样十分夸大的标题——《影响中华民族命运的三峡工程——大陆知识分子与技术官僚的大对决》。美国人巴鲁克·博克塞也评论说,三峡争论的迁延,不正说明随着中国削弱决策过程中中央集权制所产生的问题。各地从本位主义出发争执扯皮,使中央决策官员难以更有效地分配资源,难以在重大的国家建设项目上得出一致意见。《美国时报》报道,美国垦务局前任局长认为:"如果这个峡谷在美国,可能会辟为国家公园。"另一位评论者断言:"这里的风景是中华文明的一个中心,破坏它或毁坏它,都会伤害世界各地中国人的心和他们的感情。"而台湾《自立早报》则以《三峡水坝鱼与熊掌不可兼得》为总标题撰文,表示了他们的理解态度。加拿大《世界日报》刊发了题为《长江上游自然生态日渐恶化,兴建三峡水坝无异火上加油》的文章。香港《经济日报》评论干脆称,因"不可预知的灾难性失误及影响不可估计,为子孙后代设想,'三峡工程'方案理应搁置"。

而在第 16 届国际大坝会议期间,许多世界著名水电专家普遍认为,中国长江三峡水利枢纽工程可以看做世界上条件优越的最后一项大坝工程。加拿大《时报》杂志报道:法、美、意、巴西都想抢长江三峡生意。加拿大所做的可行性研究是加拿大取得的第一回合胜利,但取得三峡工程的建设合同才是关键。美国人已和欧洲人私下达成协议,共同承担三峡工程的建设,加拿大已在三峡工程可行性研究上花了 800 万美元,还准备给中国无息贷款。

国务院收回成命,态度慎重,意在做好这项千秋大业。1985 年 9 月,中共中央统战部召开党外人士座谈会,孙越崎等老先生对此"再谏不讳"。支持他们观点的还有著名科学家、全国政协副主席周培源,他呼吁三峡工程的论证,一定要请不同意见的专家参加。除了水利水电专家外,还要请有关经济学家、社会学家、环境专家、系统工程专家及社会人士参加,这样才能广开言路,集思广益。

反对的意见传到社会上,对三峡工程的疑虑和不安情绪,像驱不散的阴云在各个阶层,特别是在知识界中广泛弥漫。同时国外舆论也沸沸扬扬,报道中国水利部和全国政协产生的"上"与"不上"争论,成了众所瞩目的焦点。"听说只要飞来个原子弹,大坝一垮,长江水会淹没半个中国!"此类议论,在百姓们的饭桌上时有所闻。但是,上三峡工程毕竟是国务院已经发了"红头文件"的,白纸黑字,国务院能在众目睽睽之下收回成命吗?这是没有先例的!一些政协老

红墙大事
—— 共和国重大历史事件的来龙去脉（下册）

先生担心："不说白不说，说了也白说。"对此，第一个做出公开回应的是邓小平。1986年3月31日，邓小平接见美国《中报》董事长傅朝枢时说，中国政府所做的一切事情都是为了人民，对于兴建三峡工程这样关系千秋万代的大事，一定会周密考虑，有了一个好处最大、坏处最小的方案时，才会决定开工，否则是决不会草率从事的。1986年4月，李鹏在中外记者招待会上宣布，对这项关系重大的工程，中国政府采取既积极又慎重的态度，现在还没有做出是否开工的决定。并透露，国务院准备成立三峡工程论证委员会，重新论证这一工程的可行性。5月6日，李鹏亲率几十位部长、专家前往长江三峡考察，重点察看了荆江大堤、三斗坪坝址及葛洲坝水利枢纽运行情况。6月2日，中共中央、国务院以中发（1986）15号文件下达了通知，指出："三十多年来，我国的有关部门和科学技术人员对三峡工程做了大量的勘测、科研、设计工作，积累了丰富的资料，国务院也曾多次组织专家讨论并原则批准过三峡工程可行性研究报告。但是这一工程还有一些问题和新的建议需要从经济上、技术上深入研究，以求更加细致、精确和稳妥。"《通知》责成水利电力部广泛组织各方面的专家，特别指出要注意吸收有不同观点的专家参加进一步论证，重新提出三峡工程可行性报告，由国务院三峡工程审查委员会审查，提请中央和国务院批准，最后提交全国人民代表大会审议。对一项重大的工程项目，党中央和国务院收回成命，搞重新论证，这在新中国的历史上还是第一次。

许多专家担心三峡水库泥沙会影响上游航道，并使重庆变成死港

在思想交锋的同时，展开了激烈的技术论战，其过程可谓惊心动魄。根据中共中央、国务院中发（1986）15号文件精神，水利电力部立即成立了14个三峡工程论证专家组。三峡工程论证专家组全体专家与顾问，共412人。这个名单是怎么产生的呢？中国科学院学部委员、三峡工程论证领导小组副组长兼技术总负责人潘家铮这样介绍：水电部成立了三峡工程领导小组后，首先从国家有关综合部门聘请了21位特邀顾问，来指导和监督论证工作，这21位特邀顾问都是各部门自己推荐出来的德高望重、经历丰富的老领导人，孙越崎、周培源等均在其中。然后确定10个论证专题，相应成立了14个专家组。为了集各方人才、汇百家之言，14个专家组的正副组长与顾问，都是与各有关方面充分协商、打

破部门界限聘请的。聘请时，特别注意到了专业权威性。例如，地质地震组的两位顾问聘自中国科学院和地矿部，五位组长来自地矿部、中科院、国家地震局和水电部；然后再由他们协商，聘请各部门、各高等院校的地质专家组成专家组。412位专家，来自40个专业，包括自然科学、工程技术、社会科学、财政经济、生态环境、系统工程和人防等方面。其中水电系统以外的专家213人，占51.7%。这412位专家中，有中科院学部委员15人，全国政协委员20余人，具有高级职称的共359人，占89.9%。这400多名专家大多是全国各行各业第一流水平的科学家，也可以说，14个专家组几乎囊括了我国有关专业人才中的精华。各专家组的工作都是独立进行的：从拟定工作纲要，组织调查研究和试验计算，直到起草、通过、修改和确定论证报告。论证过程中领导小组编印了各种不同意见共7本，发给参加论证的全体专家参考。

  三峡工程的投资巨大，国力是否能承受得了？投入究竟能否收回？不少人对此存在疑虑，这也是专家组要重点论证的课题之一。经认真论证，专家组认为是可以承受的。按1986年末价格计算，三峡工程的静态投资总额为361.1亿元，其中枢纽工程投资187.7亿元，水库移民赔偿110.6亿元，向华东、华中、川东的输变电投资62.8亿元，这是投资估算、移民和电力系统三个专家组反复论证后的结论。如考虑物价上涨因素，按1990年末价格计算，投资总额将增加到570亿元，但以后上网电价也相应上涨，故投入与产出之比例仍跟前面一样，不影响对工程本身的经济评价，也不影响它跟其他方案做比较，因其他方案也要对等上涨。会不会成为钓鱼工程呢？也就是说工程上马后，资金不够，会要求后追加投资，很多人为此担心。可以说，这种担心不是多余的，因为新中国成立40年来，"钓鱼工程"确实屡见不鲜，把人们搞怕了。远的不说，葛洲坝便是一例，一开始报13.5亿元，最后花了48亿元。专家组经过核实：13.5亿元，是在那荒诞的年月里拍脑袋拍出来的，成立葛洲坝工程技术委员会后，经认真计算，提出工程投资为35.7亿元，实际花了48亿元，主要原因是比原设计增加了四台机组及一些其他项目。

  这次三峡工程的投资估算，有多年的勘测设计资料作为坚实基础，与其他工程相比水平相当，并留有将近10%的余地。即使是361亿元，对于今天的中国，也是个天文数字，国力能否承担？这也是人们普遍关心的。专家组论证：三峡工程的巨额投资将在20年间分期投入，第二年只要4.2亿元，最高的一年要34.8亿元。

红墙大事
——共和国重大历史事件的来龙去脉(下册)

假如三峡工程1989年开工,2008年完工,在这期间工程投资只占同期国民收入的1.23%。与此相对,宝钢一期工程占2.45%,攀枝花钢铁基地(1965~1974年)占1.55%。应该说,国家是有能力承担的。而且任何一个工程都没有三峡工程那么大的资金自筹能力:动工后12年,第一批机组便可发电。此后6年中,每年上一个葛洲坝的装机容量,到第20年移民全部完成时,已发电4300亿千瓦时。按每度电0.093元计(华东电网每度电售价为0.133元;有些地方小水电的电已卖到几毛钱一度),其自身的发电利润,占全部所需资金的64.7%。

工程全部完成的次年(第21年),即可收回全部投资,还清全部贷款。有哪一个工程能做到这一点呢?12年内,只投入不产出,会不会影响2000年的"小康"目标?老百姓自然会提出这个疑问。专家组作了综合分析:在建的二滩水电站,第一台机组投产要10年。五强溪水电站,第一台机组发电也要9年。1990年以后开工的大型水电站,大多在2000年以前不能派上用场。虽然火电站建设周期较短,但要考虑到相应的煤矿和铁路建设的周期。相比之下,三峡工程建设周期稍长,但一旦投产,即可迅速发挥巨大的综合效益,不说别的,光发电的利税,每年可达54亿元,比一个葛洲坝的总投资还多。因此,在国家的战略性宏观决策中,安排少量这样的大型骨干工程是完全必要的。

论战双方都从国外的高坝中寻找实例,来充实自己的论据,加强自己的观点。埃及的阿斯旺大坝是持不同意见的专家们多次引用的一个"失败"的教训:建坝后,湖面蒸发剧烈,来水量损失15%;地下水位上升,下游耕地盐碱化;海岸侵蚀显著,海岸线正在后退……但中科院学部委员史大桢、潘家铮和国家级专家魏延去埃及实地考察后,得出了不同的结论。他们认为,阿斯旺高坝的效益是第一位的,副作用是第二位的。它根治了尼罗河的旱涝灾害,充分利用了水资源,保证和促进了埃及农业和工业的发展,使得耕地和雨量如此稀少,而人口却迅猛增长的国家能够生存和稳定下来,这一点是不能否定的。它产生过一些副作用,但不宜脱离实际不顾常识地任意夸大,将高坝说成是"完全失败"的工程。西方某些人士贬低高坝的效益,夸大其副作用,明显地带有某种政治意图。埃及一些专家、教授和顾问在建坝20年后的今天仍持有不同意见,是由于他们过去的反对意见未被政府重视。看来要改变这些人士的看法是困难的。持不同意见的专家也援引了国际上一个生态中心汇编的书卷《大型水坝的社会及环境影响》。书卷以跨越28个国家的31个实例,"控诉"了水坝事业对社会及环境所带来的冲击,认为"美国大部分的水利开发已成为无可挽救的错误,但是发展中国家看来有意重蹈我们的覆辙"。但长江科学院院长、教授级高级工程师陈济生却强调了"邦涅维尔的启示"。他说,罗斯福总统在1933～1944年在位期间,支持兴建了好几座对解脱经济危机、振兴美国具有决定意义的世界闻名的水电工程,第一项就是邦涅维尔船闸大坝。那是在整个国家陷入了历史上最具破坏性的经济混乱年代动工的,建造过程中,批评家给它贴上了"疑问大坝"的标签,但建成后,它的电能为国家赢得第二次世界大战的胜利起了极大的作用。紧接着,又在哥伦比亚河中下游兴建了大古力坝,当时装机达200万千瓦,现在扩大到642万千瓦,直到目前仍是世界上最大的水电站之一。1936年,在西北偏中南地区的科罗拉多河上又建成了胡佛坝。当时它的中下游十分困苦,一年中,洪旱无常,当这座争论了30多年之久的大坝建成后,不仅解除了洪、旱灾害,还为洛杉矶、圣地亚哥等大城市创造了稳定的供水条件。这座221米的高坝,当时成为世界上第一座高坝,在30年内,无出其右者。1944年,又在西部的萨克拉门特河上,建成了装机54万千瓦的夏斯塔坝,这对增强美国的军事实力起了重要作用。陈济生说:美国和中国的国情,当然是不一样的,但是,这一系列工程兴建的历史背景及其深远影响,是值得我们深思的。这就不难理解为什么有那么多水利专家对三峡工程及早兴建有那么巨大的热情了。

1990年7月,在国务院召开的三峡工程论证汇报会上,我国著名生物学家马世骏做了一个发言,谈到自己对修建三峡工程的矛盾心情。一方面,今后我国应大力发展水电,因为水电与火电、核电相比是清洁和安全的,三峡工程应属于该考虑的一个重要对象;另一方面,长江流域是一个复杂的巨大系统,在此巨大系统的干流上建设任何大工程,必将会引起社会经济和生态环境等一系列新问题。马世骏的矛盾心情恐怕在整个生态与环境专家组中都有相当广泛的代表性。在这次论证中,该组是争议最激烈而且在许多具体问题上看法始终未能统一的一个组。该组由55位专家组成,其中,水电部门专家12位,其他都是中国科学院有关研究所、环保部门以及地矿、林业、农业、土壤、地质物理、医卫部门和高等院校的专家,侯学煜、黄秉维两位学部委员任顾问,马世骏、严恺两位学部委员任组长,国家环保局高工孙鸿冰、中科院成都分院院长高福晖任副组长。专家组把

红墙大事
——共和国重大历史事件的来龙去脉（下册）

长江流域作为一个完整的大系统加以全面考察与评价，认为三峡工程对生态与环境的影响既有利又有弊，利，是巨大的；弊，也是广泛而深远的，有些还是不可逆转的。例如，一方面，三峡水库将淹没上游 43 万亩良田，造成 113 万移民，严重破坏库区的生态平衡；但另一方面，它又能有效地减免长江洪水对人口稠密、经济发达的两湖平原的毁灭性灾害，保护中下游地区的生态与环境。水库蓄水后，部分文物古迹将被淹没，自然景观受到损害；但从另一个角度看，三峡工程又带来发电、航运等巨大效益，光说发电，现在全国电力紧张，许多工厂开五停二，甚至开四停三，上海就经常要恭候煤船，船一到就组织发电，然后停工的工厂重新点火。试想三峡电站每年发 840 亿度电，将给川东、华中、华东的繁荣与文明，输送何等巨大的动力！实行开发性移民，比起过去只给移民搬家费的办法是可取的，然而开垦荒山又要增加水地流失，发展乡镇企业也会给长江带来新的污染；但同时又可以算另一笔账，三峡水电代替煤电，每年可以少排放 1 亿多吨二氧化碳、200 万吨二氧化硫、1 万吨一氧化碳、37 万吨氮氢化合物以及大量废渣废水，可以减轻环境污染。建坝后，江段河床发生变化，将影响我国四大江鱼的产量，白鳍豚、中华鲟等珍稀鱼种，也会种群减少乃至灭绝；不过，很多专家又指出事物的另一面，以上问题，有的可以找到解决办法，如中华鲟已在葛洲坝以下形成新的天然产卵区，人工繁殖也已成功；有的可采取措施减少损失。真是太矛盾了：鱼，我所欲也，熊掌，亦我所欲也。世界上没有十全十美的工程。凡做一件事，有得必有失，关键是看在今天，对于我们国家，什么是更为重要的。

  有的专家这样提出问题：美国人原准备在科罗拉多河上再修两座水电站，为让游人欣赏到大峡谷的自然景色，水电站停建。这种做法，我们是否能效仿？今天，我们的国家是否已具备了这样做的国力和资本？美国在 20 世纪 20～40 年代，已经把他们的水力资源开发得差不多了，密西西比河上现有 27 座大坝，每个美国人的用电量是中国人的 15 倍。而中国，又有多于美国 5 倍的人口！经过反复权衡和磋商，生态与环境专家组提出了论证报告。报告认为，三峡工程对生态与环境的影响应当充分重视、认真对待，但不致成为决策的制约因素。报告并提出了相应的对策和建议。54 位专家在论证报告上签了字，一位未签字的专家发表了书面意见，认为从生态环境和资源的角度看，三峡大坝弊大于利，不能修建。

  论证过程中，有的专家认为，移民问题是个极难解决的问题。"文化大革命"

中，成千上万移民上访请愿，基层还发生过杀死主管移民工作干部的惨剧。三门峡、新安江等水库，移民都不过30万左右，有些棘手的问题一直遗留到今天。三峡工程百万移民，挤在一个狭窄的山谷地区，向贫瘠的山头"后靠"，哪能那么轻巧？又不像20世纪50年代，"党指向哪里打到哪里"，一敲锣打鼓，就把农民欢送走了，现在又有商品意识，又有通货膨胀，又有不正之风……难度极大。

原水电部长钱正英，在"文化大革命"中挨批斗千余次，其中95％的批斗是为了移民问题。论证过程中，专家们经过充分讨论，逐渐产生了一个新的移民思路。大家认为，过去之所以解决不好，往往是只给移民盖了房子，忽视了生产基地的建设和生活设施的配套。许多移民存在耕地不足、就业难、用电难、买东西难等遗留问题，越难越穷，越穷越难，形成恶性循环。移民工作一度处于无规划、无设计、无科研、无学术的落后状态，这是国际国内水库移民都曾经走过的弯路。反之，搞开发性移民，把安置移民与开发当地经济结合起来，就会收到截然不同的效果。

大家认为，按照这条思路，主要是要做好以下几个方面：第一，要认真规划、妥善安排好移民的生产和生活。第二，移民安置应该和当地经济发展、生态与环境保护结合起来，通过移民安置带动地区经济的发展，形成良性循环。第三，移民安置的原则是必须使移民和老居民（老居民虽未淹房，但其部分资源被移民所占用）的生活水平都有所提高。新的思路的可行性必须在实践中得到验证。

试点工作从1985年开始。尽管资金十分困难，国家仍连续五年每年安排了约2000万元经费，用于三峡库区的移民试点工作。100多项试点有成功有失败，成功的多，失败的少；生态农业安置试点，基本上都成功，工业安置试点，大多失败，通过试点，摸到经验也取得了教训。

这次移民专题的论证，就建立在以上大量工作的基础上。移民专家组在当地1400多名技术人员与干部的配合下，对各项淹没指标，做了极为细致的调查统计，确认1985年底淹没区人口为72.6万，其中农村人口33.3万，占45％。推算到2008年，移民总人口为113.2万人。专家组着重论证了移民安置区的人口承受力。三峡水库移民，分散在200公里长的狭长地带内，涉及19个县（市）的33个乡。淹没耕地占各县耕地的比重，从0.15％到5.88％；淹没区农村人口占各县农业人口比重，从0.5％到4％。规划结果，301个乡可以不出乡安置，30个乡需在

红墙大事
——共和国重大历史事件的来龙去脉（下册）

邻近乡调剂安置。调查结果显示，可耕荒地比受淹耕地大得多。通过开发荒地、改造现有低产地以及利用库面和草坡发展渔业畜牧业，安置农村移民是够的。专家组和地方按1986年的物价，逐项计算出农村移民安置、城镇和工厂迁建、文物古庙迁移发掘等各项费用，共为110.6亿元，人均近万元。若按1990年物价，则更高，为180亿元。这是一笔可观的资金。钱跟人走，地方上可以用它改田造地，兴建保土工程，发展乡镇企业。

需要迁的13个县（市）、140个集镇，年代古老，布局不合理，路窄坡陡，设施差，利用移民机会另择新址，建设新城，普遍受到欢迎。因此，移民，对地方上可能是一种损失，但搞得好，又是一个机遇，可以成为启动经济发展和改善生态环境的动力，这就是事物的辩证法。

加拿大《时事》杂志1988年第2期对中国的移民试点工作进行了报道，该报道说，最近，有关公司派人对长江两岸三峡库区需要迁移的居民进行调查，他们惊奇地发现，中国政府已经几乎同每一个未来应迁移的居民对过话。但是，专家马世骏也发出了警告，令人深思。他认为试点虽取得了明显经济效益，但若现在就以为可以一帆风顺，未免太早。他认为：这些试点大多是孤立的，未与所在的自然地理环境结合起来，因此难以达到持续发展目的，尤其是单一的经营。他建议在库区选择一两个小流域，结合移民安置进行库区整治的综合试验，既可探索长江两岸山地丘陵经济持续发展的途径，也为今后开发性移民提供参考。

泥沙淤积问题一度被认为是三峡水库的"癌症"，在重新论证中自然成为公众关心的焦点。历史上有惨痛的教训：20世纪50年代由苏联专家设计的三门峡水库，建成后仅仅四年就淤积了库容62%，由于泥沙淤积严重，上游渭河的水位垫高，危及西安，不得不二次改建，降低水库水位后，原来120万千瓦的水电站，只能发25万千瓦的电。为此，许多专家非常担心三峡水库也出现同样问题，泥沙淤积会影响上游航道并使重庆变成死港，甚至会把武汉的洪灾搬到重庆。假如花几百亿的巨款修一座大坝，寿命只有几十年甚至几年，太不堪设想了！但也正因为如此，泥沙淤积问题，从50年代后期以来，一直被列为三峡工程科技攻关的重点项目。特别是经过葛洲坝这个"实战工程"，取得了突破性的进展：第一，大坝底部修建大量泄沙孔排沙。第二，采取"蓄清排浑"的方法，使大部分泥沙在汛期被带走。自1981年截流通航后，在3～4年间，葛洲坝库区共淤积了1

亿多立方米泥沙,到1986～1987年时,已基本达到冲淤平衡。之后,一直保持1∶1,即来多少泥沙,走多少泥沙。

当然,葛洲坝不等于三峡工程。三峡水库的蓄水量是葛洲坝的25倍,发电装机容量是葛洲坝的8倍,一旦发生问题,后果不堪设想。为此,泥沙专家组聘请了国内最优秀、最有经验的36位专家。组长是国际泥沙研究培训中心管委会主任、北京水利科学研究院院长林秉南教授,两位副组长分别是南京水利科学研究院院长窦国仁教授与武汉水利电力学院谢鉴衡教授。六位顾问中有两位学部委员:中国水利学会、中国海洋工程学会理事长严恺教授,国际泥沙研究培训中心顾问委员会主任、清华大学教授钱宁。以上这些专家,不仅在国内是权威,在国际泥沙学界也颇具声望。在专家组指导下,清华大学、武汉水电学院、交通部天津水运工程科研所、水利水电科学研究院、南京水利科学研究院、长江科学院,以上单位集中了全国泥沙专业的精华,分别做了九个大型泥沙物理模型试验,其中光是重庆河段,就由清华、水科院、南科院和长科院重复做了四个。这四个模型试验平等且独立地进行,工艺、选料都有所不同,但两年后得出的数据基本接近,结论是一致的:关于重庆河段的泥沙淤积情况已清楚,问题可以解决。经反复调查、试验和计算,专家组于1988年2月写出了专题论证报告,32位专家全部签字确认。

但仍有许多别的专家,对这个论证结论表示"不放心",甚至"不相信",理由是模型试验不可靠,把复杂纷呈的现象概率化和平均化,与实际情况差距过大。也不能说这种看法没有一点道理。怎么办呢?1988年底,专家组组长林秉南给长江科学院出了一道旷古未有的试题:请有关部门提供丹江口水库1977年2月间的泥沙、水文和地理资料,由长江科学院去做模型试验,模拟丹江口水库1977年2月至1990年4月这13年间泥沙淤积的情况,然后与实际发生的数据相对照:假如能重演天然情况,证明泥沙的物理模型试验是可靠的,如不能重复,那就有问题了。这真是个惊心动魄的考题!"接不得",有人说,理由是:万一试验失败,不仅给长科院自己,也给全国六个单位的试验结果全部打上了问号,而且将给专题论证报告审议通过蒙上浓重的阴影。但不接,又如何能说服别人?首先如何能说服自己?如何面对一个科学家的良心和责任心?为了答好这道题,高级工程师陈子湘等付出了近400个食不知味、寝不安席的日日夜夜。这个武

红墙大事
——共和国重大历史事件的来龙去脉（下册）

汉大棚里的模型试验，也牵动着全国泥沙专家的心。1990年10月16日下午，长江科学院三楼会议室里，十几位科学家屏声敛息，等待着答案最后揭晓。等核算完最后一个数据时，出来的结果与实际资料完全一致。70岁的林秉南顿时笑逐颜开，情不自禁地鼓起掌来，会议室里随之掌声雷动……四个月后，泥沙论证报告在北京得到审议通过。报告的核心结论11个字：情况已清楚，问题可以解决。每个字的论证代价是100万元。

三斗坪地底下有没有一条断裂带？论证过程中，地质部专家提出，从雷达扫描看，坝址底岩石上有一条"线"，会不会是断裂带？气氛骤然紧张。为了弄清这条"线"的性质，专家组在三个月内，组织了钻探地质物理等9个专业300多名科技人员，在坝区反复调查，挖了许多深槽，打了许多钻孔，最后还不惜工本打条地下隧道垂直穿过这条"线"，终于弄清了不是断裂，这才放心了。对滑坡问题，中科院的专家开始时有担心。专家组组织了中科院西南分院、地矿部和长办三家平行进行试验，结论基本一致：三峡内共有大小滑体220～240个，逐个进行解剖后又确定，8个正在活动，14个蓄水后有可能活动，但距离坝址都在26公里以外。专家组按最不利的假定条件，仔细计算了这22个崩塌滑坡体的总量、分量及涌浪，结论是：对大坝安全没有影响。那么，水库蓄水后会不会诱发地震？会。这个现象人类已发现半个世纪。但它是有规律的：第一，据统计，诱发地震的比例低于5%。第二，震级都在2～3级。第三，在刚蓄水的3～5年内小震频繁，10年后消失，说明经过一系列小震释放能量，地应力得到平衡。世界上修了大量水库，诱发地震引起大坝损坏的有两个，一个是印度的柯依那重力坝，一个是我国的新丰江大头坝，都是在坝上部发生水平裂缝，大坝还是安全的。三峡本身处于弱震区，对三峡大坝的设计又充分考虑了防震措施。那么，原子弹呢？近400亿立方水顶在脑壳上，不成了"达摩克利斯剑"？总参工程兵科技委副主任殷之书教授说，早在1959年，周恩来就指定当时的副总参谋长、国防科委主任张爱萍，负责三峡工程的防空研究试验工作。张爱萍从军事工程学院、军委工程兵、海军、长办等单位，借调了60余名科技人员，在工程兵科学试验场，做了一个较大的水库大坝模型，进行了水中爆炸、空中爆炸等各种试验，通过研究分析，提出一系列工程防护措施，直接呈报周恩来。之后，把这项研究转交军委工程兵继续进行。1964年，工程兵、长办等又在新疆进行了二十几次核爆效应试验,在丹江口进行了野外化爆补充试验,1978年在陆水开始大型溃坝模型试验,完成后,自1983年起,又进行三斗坪大型溃坝模型试验。可以说,此项研究,30年来从未间断,步步深入,而且一直以军方为主导力量。在这次论证中,又专门聘请了军事部门的四位专家,其中三位是总参工程兵部推荐的,一位是国家人防委员会推荐的,由他们组成三峡工程人防小组,在30年研究的基础上,又着重做了大坝瞬息全溃的模型试验。殷之书教授边观察试验边极感庆幸:当初选择坝址没有选在南津关,而是选在三斗坪,真是太有利了,如果选在南津关,溃坝后真不得了!现在侥天之幸从莲沱到南津关,有20多公里长的峡谷地段,还转了三个90°的弯,把溃坝的最大洪峰流量大大削减了。大量试验证明,当三峡水库达到最高蓄水位175米时,如大坝瞬息全溃、洪水下泄,通过荆江区分洪,沙市最高洪水位是45.75米,低于坝顶1.25米,不会浸堤。如果把库水位提前到145米试验,沙市洪水位将低于坝顶3.08米,则更安全。然而,沙市以上局部地区将无可避免地被洪水淹没,损失严重,因此,遭原子弹袭击所带来的风险确实是存在的。但修核电站也有同样的风险,国外也有大水库,也有这样的风险。地震地质专家组的24位专家,其中有17位来自水电系统以外,包括两位学部委员全部在论证报告上签了字。

  修一座大坝拦腰斩断长江,究竟是促航还是碍航?葛洲坝水库只有一级船闸,顺利通过一次约需45分钟,等若干船只会齐后,统一通过,每次需四小时。而三峡水库,船只过坝要经过五级船闸,不仅过闸时间大大延长,而且其中任何一级出了问题,都有可能使这一黄金水道断航。对航运问题,交通部最为关切,也最有发言权。1984年9月,交通部首先向国务院打报告,从航运角度反对国务院原则批准的150米方案。1986年中发15号文件确定重新论证后,交通部门又明确提出了航运对三峡工作的基本要求。这次,航运专家组组长就由交通部内河运输管理局局长、高级工程师张奇担任。专家组充分重视各方面的不同意见及交通部门提出的"基本要求"。"坝顶高程185米,正常蓄水位175米,一级开发,一次建成,分期蓄水,连续移民"的初选方案,就是经过150米、160米、170米、180米以及"两级开发"和"一级开发、分期建设"等六个方案的比较后,优选出来的。当然,一切还得从实际情况出发。长江干流航道从宜宾至上海段,总长2800公里,分三个区段:汉口以下航道良好,可行驶

红墙大事
——共和国重大历史事件的来龙去脉（下册）

10000～30000吨级船队，运输成本为6元/千吨公里；汉口至宜昌段，浅滩多，只能行驶6000吨级船队，运输成本为15～16元/千吨公里；宜昌至重庆段，密布139个险滩，46处单向控制航道，24处须用绞车向上拖船，27处不能夜航，常年只能行驶1000吨级船队，运输成本高达24～25元/千吨公里，是下游的四倍。建成葛洲坝水库后，淹没了上游40多公里险滩，取消了9个绞滩站、9个单向航道。过去在天然河道里，超过4万立方米/秒流量就不能通航，现在5万立方米/秒流量还可以通航。从宜昌到巴东，60多公里的航道上，原来船只往返需要18～19小时，现在只要10～11小时，减少了7～8小时。在水库运行的最初几年，由于技术掌握不好，船闸出现一些问题，但近些年通过船闸的年货运量几乎呈直线上升：1986年是200万吨，1989年已增加到700万吨。据航运专家组论证，三峡大坝建成后，回水可达重庆市。由于险滩淹没，航深增加，坡降变缓，流速减小，宜昌至重庆间660公里的航道条件将获得显著改善，万吨级船队终年可以直达涪陵、万县，半年时间可以直达重庆九龙坡码头，年货运量将从目前的1000万吨左右提高到5000万吨，运输成本也可降低35%～37%。届时，长江才真正称得上是"黄金水道"。作为贯通祖国东西的大动脉，它将为我国西南地区的资源开发和经济发展发挥其独特的巨大作用。至于五级船闸和世界上最大型的升船机，从技术上论证，都不存在解决不了的困难。但是，在航运方面有几个问题，至今仍是交通部门密切关心的，如在南科院的泥沙模型试验中，反映出大坝运行100年冲淤平衡后，上游主流左移，会造成难以进船，因此，船闸线路必须作较大的调整；又如葛洲坝施工期间曾断航8个月，这个教训在三峡施工中如何吸取？三峡工程的技术问题和施工条件比葛洲坝工程更为复杂，工程规模更为浩大，一定要把工作做深做透，立于不败之地，绝不可掉以轻心，这是专家组顾问石衡，也是航运专家组全体专家发自内心的愿望。

　　一个三峡水电站相当于10座大亚湾核电站，电力系统组论证，三峡水电站装机容量1768万千瓦，年发电量840亿度，主要供应华中、华东，部分送川东，每年共替代4000万～5000万吨原煤，相当于10座大亚湾核电站或相当于七个240万千瓦的火电厂、一个年产5000万吨的煤矿和相应的运煤铁路。有的专家建议是否可以"先支后干"，先开发金沙江、乌江和华中地区支流上的水电站，代替三峡工程向华中、华东地区送电？综合经济评论专家组把金沙江、乌江和华中地区支流电站共组合了四个比较方案进行分析计算，结论是：在经济上无论哪个方案都不如三峡工程有利。比建水电站的实物工程量，与近期国内已建、在建的五强溪等10个大型水电站相比，每万千瓦小时所需土石方量，这些电站低的为6.32立方米，高的为31.67立方米，三峡工程为10.64立方米；比混凝土量，低的为3.35立方米，高的为13.95立方米，三峡工程为3.2立方米；比水电站单位千瓦投资，与溪若渡、向家坝等10个正在进行前期工程的水电站相比较，这些电站平均每千瓦的投资为2157元，三峡工程为2042元。而这些上游电站地处川西，向武汉供电，输电距离超过1000公里；向上海供电，则长达2000公里，其昂贵的输变电费用，将是三峡工程的数倍。再与建煤电比，华中新建煤电每千瓦投资，包括相应的煤矿投资和铁路投资，为2467元；华东的为2780元。而且，三峡工程还有煤电、核电所没有的防洪、航运效益。由此可见，三峡工程是一个地理位置得天独厚、具有巨大综合效益的工程，它的作用没有其他工程能代替。这就是综合经济评论专家的论证结论。

在重新论证中，认为三峡工程用不着建的，只是个别的专家。主要分歧集中在"早建"还是"缓建"上。

主张"早建"者认为，水文现象是按一定周期洪枯循环出现的，现在距历史上集中出现的三次大洪水（1788年、1860年、1870年）已过去一百几十年，重大洪灾再现的威胁不断增加，党和政府不能不考虑这个现实。从能源角度考虑，主张"早建"者认为，目前长江上的水电资源只开发了8%，不建三峡相当于每年有4200万吨原煤或2100万吨原油白白流入大海。北京大学教授马霭乃算了一笔账：三峡水电站年发电840亿度，5年4200亿度，每度电0.093元，共390亿元。长江5年白白流掉了一个建三峡工程的投资。那么100年呢？对于三峡工程中的技术问题，"早建"论者认为，经过30多年的工作，加上为期三年的从宏观到微观的反复论证，资料之丰富、工作之深入都是少有的，有不少已超过可行性研究。14个论证报告确认，在技术上不存在不可克服的障碍。可是每拖一天，库区的移民费用就要增加100万元，照此拖下去，终有一天，移民费用要超过总投资的二分之一，甚至三分之二，届时，我们将不得不放弃这个巨大而宝贵的水利资源！"早建"论者这般呼吁。

红墙大事
——共和国重大历史事件的来龙去脉（下册）

主张"缓建"者认为，长江洪水的危险被夸大了，三峡工程的防洪作用，亦被夸大了。他们坚持用加高堤坝、开辟分洪道等办法防洪。从能源角度考虑，主张"缓建"者认为，三峡工程投资多、工期长、见效慢，12年内用不上，不如先开发支流电站与各地火电厂，以解决燃眉之急，等将来国力强盛了再来考虑建三峡。从技术角度考虑，主张"缓建"者表示，对泥沙、生态等问题是否真正搞清楚了，仍有疑虑，必须对它慎之又慎，不能急于求成。主张"缓建"者还呼吁，由于工程长期举棋不定，上与不上几经反复，大坝方案忽高忽低，库区项目无法安排，优势无法利用，不少乡至今连温饱问题尚未解决。因此中央应做"缓建"决策，并发布安民告示以利于这些地方已经耽误了30多年的经济建设能够得到迅速发展。真是各执己见，互不退让。

早建，缓建，谁更好？综合经济评价专家组比较了"建"与"不建"、"早建"与"缓建"在经济效益上的优劣。在其他各专家组论证的基础上，该组拟定了几个比较合理的、现实的方案，然后详细计算和比较每种组合下逐年的投入与产出，专家组采用的软件是经济研究部门开发、得到世界银行采用的CESP数学模型，大量计算得出的结果是："早建"三峡工程的费用最小，"不建"为最大。

在论证中，专家组还委托航空航天工业部701所，运用国民经济宏观数学模型进行了分析计算，结论是：兴建三峡工程不会影响2000年翻两番的战略目标，而对2000年以后的国民经济发展，将提供强大后劲。从1986年6月成立三峡工程领导小组，到1988年11月，领导小组第9次扩大会议原则通过最后一个论证报告，历时两年六个月。基本结论：建设三峡工程是必要的，技术上是可行的，经济上是合理的，建比不建好，早建比晚建有利。

参加综合经济评价专家组的有各方面的高级工程师、研究员、教授、总经济师、总会计师等经济专家57人，最后，拒绝签字的有三位专家。

411位专家中，有402位在论证报告上签了字，9位持不同意见，没有签字。论证完毕：402∶9。14个专题论证报告，最后9个专家组一致通过，5个有不同意见，共9位专家没有签字，各自写出书面意见作为专题报告的附件一起上报。从程序上，整个论证工作分两步：第一步是通过14个专家组的论证，综合初选出一个各方面都接受的有代表性的水位方案，也即1987年4月，领导小组第4次扩大会议审议通过的"正常蓄水位175米，一级开发、一次建成、分期蓄水、连续移民"的初选方案；第二步是围绕这个方案，各专家组开展本专题的深入论证，并拟定各种替代方案，充分比较三峡工程"上"与"不上"、"早建"与"缓建"的得失利弊。潘家铮说，有的同志认为，中央将论证工作交给水电部负责会成为主管部门的"自我论证"，担心在论证过程中不是"百家争鸣"而是"一家独鸣"，我希望通过上述介绍可以消除一些误解。重要的一点是：专家组是独立进行工作并对他们的结论负责的，怎么能想象全国这么多有真才实学的科学家，都会受水电部领导的影响和控制呢？

辩论并不因持"早建"观点人数占压倒性多数而结束，相反，却更为激烈。主张"缓建"的周培源说：真理有时候在少数人手里。孙越崎说，我在三峡工程论证领导小组的扩大会上两次做了长篇发言，其他几位委员也发表了意见，简报中没有得到反映。在各专题的讨论中，有些专家提出过不同意见，也未被采纳，都按多数通过各个论证报告，这种组织形式，只能代表水电部"一家之言"。学部委员、生物学家侯学煜说："据我所知，有一部分专家并不同意那些报告，但出于种种原因签了字。例如，有的是领导把工作做到家里了，你好意思不签吗？其实还有许多对有关问题真正有研究、有见识的同志应该参加这项工作而没能参加。"

主张"早建"的清华大学教授、学部委员张光斗说，我们能不听这么多有真才实学的、认真负责的专家们的意见吗？学部委员沈鸿说，这一米高的论证文件"包含了两年多来国内400多位专家的智慧和心血"，"它们代表了我国三峡工程论证的最高水平"。国务院经济技术社会发展研究中心顾问马宾说，这次论证，400多位专家实地考察和查阅历史数据相结合，模型计算仿真与专家经验相结合，用代替方案与方案对比方法，用定性分析与定量分析相结合方法，即解决巨系统的系统工程方法来研究的。我觉得，不能说论证工作十全十美，但是我们已开始为科学民主决策应用了近代决策科学。对于这种论证的方法和论证的结果怎么可以一言以"毙"之。国家自然科学基金会常务副主席胡兆寿说，我上次会议提到有多少个滑坡体，现在有了定性和定量的分析结论。可现在还有人提这个问题，提完之后就走了，回答问题时他又不在，可能也没看有关材料，下次重又提出来，这就难了。

红墙大事
——共和国重大历史事件的来龙去脉（下册）

江泽民视察了三峡后说，三峡工程要争取早上马，把几代人的梦想在我们手中变为现实

专家组通过了方案，下一步就看政府决策了，这项重大决策，引起了全世界的普遍关注，全世界的目光都在看着中国领导人。这是很自然的，因为一项关系到国计民生的巨大工程，不管科学家们如何论证，或怎样争执，最后，还得由政治家和政府来做决断。在美国如此，在中国也一样。摆在中国政府最高决策者面前的是又一道"哥德巴赫猜想"。太难了！本来希望通过专家们的重新论证，使分歧意见趋于一致，达成共识，而实际情况是，400多个专家论证了两年半，原来主张工程上马的，要求更加急切，原来就持怀疑态度的，现在坚决反对。两边都是科学家，都声明自己只尊重事实和科学；两边都是忧国忧民，都要求对民族、对子孙后代负责。如果毅然拍板上马，焉知真理就不在少数人手里？如考虑"缓建"，不是对绝大多数论证专家的不信任？不是更有悖于民主和科学？鉴于对论证结果还有不同意见，再继续组织论证？根据以往经验，有些问题就是再论证多少年，恐怕也难以看法一致。采取"冷处理"的办法，暂把三峡工程搁置一边？各有关方面都不赞成，一致要求中央尽早决策。真是：上要挨骂，是"政治问题"；不上也要挨骂，也是"政治问题"。上，不可能流芳千古，因为要20年后才能建成，届时，光荣属于后人；不上，万一发特大洪水，死几十万人，更要成"千古罪人"。这是一个空前的挑战，要解决这道超常的难题，需要超常的智慧、勇气和策略。

1990年7月6日至14日，国务院召开了三峡工程论证汇报会。被邀请到会的共116人。他们是论证领导小组成员、特邀顾问、各专家组的顾问和正副组长，以及没有在专题论证报告上签字的专家和部分持不同意见的政协委员。历时九天的会期，安排了六天的大会发言，共有76人发表了意见，其中30位是书面发言。应该说，各种意见都有发表的机会，李鹏、姚依林等亲临会场，直接听取汇报。国务院一位领导这样评价，三峡这样的工程，一定要决策民主化，一定要得到全国人民的理解和支持。应该相信，所有提不同意见的同志，都是从国家从人民的利益出发的，都是忧国忧民，许多意见都还是有道理的。不仅他们的愿望是好的，而且只有在他们的意见的启发下，论证工作才能深入，论证质量才能提高。我们应该高度评价他们的作用和贡献，应该真心地感谢他们。

三十三 三峡工程 39 年决策内幕

1991年8月3日，国务院三峡工程审查委员会通过了论证领导小组提交的可行性报告。审查委员会主任是国务院副总理兼国家计委主任邹家华。

1992年1月17日，李鹏主持国务院第95次常务会议，认真讨论并"一致原则同意建设三峡工程"。看来，中央是下决心把这个超常的难题透明到让全国人民都知道，并以此求得政府与人民之间的沟通，这是实现对三峡工程最优选择的重要保证。这无疑是一个历史性的进步，其影响必将超出三峡工程乃至经济领域本身。

1992年2月20日的中央政治局常委会上，最后一次审议李鹏代表国务院向全国人民代表大会提交的《关于提请兴建长江三峡工程的议案》。江泽民归纳大家的意见：中央政治局常委赞成兴建三峡工程，同意将李鹏的议案提交全国人大。

兴建长江三峡工程的议案于1992年4月3日在全国人大七届五次会议上审议通过，表决结果是：1767票赞成，177票反对，664票弃权，25人未按表决器。从而，兴建跨世纪的三峡工程被列入了国民经济和社会发展十年规划。这是第一次作为工程议案摆在人民代表面前，也是第一次国务院向全国人大提交的工程议案。从此，事关中华民族百年大计、千年大计的三峡工程，终于庄严地拉开了决定动工兴建的历史帷幕。高峡出平湖，功业传万代。20世纪90年代，这是个被历史聚焦的重要时段。当代中国最为浩大、最为宏伟的工程，终于在改革开放的辉煌年代，在中国共产党和中国人民的手中变成了现实。

1997年11月上旬，三峡工程实现了第一个阶段性目标，大江截流。这无疑是三峡工程建设顺利进行的里程碑，它标志着中国政府所进行的改造长江、泽被人民，并能充分展现我国综合国力的世纪工程，已进入全面展开的建设阶段。此时此刻，三峡工程建设者和全国人民怎能忘记为兴建三峡工程而上演的一幕幕历史活剧，又怎能忘记党和国家领导人江泽民对三峡工程和库区人民所倾注的殷殷之情和拳拳之心。

江泽民担任中共中央总书记第26天，第一次考察就选择了三峡。江泽民相信，几代人的梦想将会很快地变为伟大的现实，长江中下游数百万人民将不再为延续千年的水患而忧心忡忡。

历史已经证明，1989年6月24日，在中国人民的政治生活中是一个非同寻

红墙大事
——共和国重大历史事件的来龙去脉（下册）

常的日子。这一天，江泽民在十三届四中全会上当选为中国共产党中央委员会总书记。当选总书记之后，江泽民第一次外出考察，就到了长江三峡。

1989年7月21日上午，江泽民乘坐专机到达湖北当阳机场，在宜昌桃花岭饭店稍事休息后，便乘车直抵已被确定为三峡工程大坝坝址的三斗坪。陪同江泽民视察的有湖北省、水利部、农业部和长江水利委员会的负责人。江泽民边走边问，问得既系统又仔细，从防洪、发电、航运到移民、泥沙、环保、投资等问题，逐一发问。显然，刚刚上任的总书记对三峡工程已有了很多了解和研究。看完三斗坪，江泽民又即刻驱车参观葛洲坝工程并与电厂二级单位以上干部合影留念。他对葛洲坝工程局、电厂和船闸管理处的代表发表了热情洋溢的讲话，他说，发展经济，首先要发展能源。水利工程施工相当艰苦，党和人民决不会忘记葛洲坝工程建设者们的艰苦劳动。修建葛洲坝工程是为建三峡工程做实战准备。在葛洲坝工程建设过程中，有许多可贵的经验和教训，这将为三峡工程建设提供有益的借鉴。

万里长江，险在荆江。江泽民从葛洲坝一下来，又立即前往荆江大堤视察。面对高出地面十数米的滚滚长江，他对当时沙市和荆州地区的负责同志及随行人员语重心长地说，对防汛抗洪千万不能麻痹。共产党就是要为人民办实事，造福于人民。今后凡发生洪水等自然灾害，各级党政主要领导同志都要下去，到第一线和群众中去，与群众同甘共苦，组织和带领广大人民群众同自然灾害做斗争，保证城乡广大人民群众生命财产的安全。随后，江泽民一行从沙市登上昆仑号客轮顺流而下驶往武汉。在船上，他认真听取了关于三峡工程的专题汇报。听完汇报后，江泽民说，我此行目的，主要是实地看看，了解荆江地区防洪问题的严重性，以及三峡工程对防洪的作用。

7月24日上午，江泽民驱车从武昌到汉口，观察沿江大道和防护大堤。武汉号称"四大火炉"之一，7月下旬正是最热的季节。江泽民拿着一把小折扇，沿江巡视，灰色短袖衬衣几乎被汗水湿透。1954年，武汉军民曾与特大洪水进行过殊死搏斗。1955年3月31日，毛泽东为祝贺武汉防洪胜利题词："庆祝武汉人民战胜了1954年的洪水，还要准备战胜今后可能发生的同样严重的洪水。"刻有题词的纪念碑就立在防护堤边上滨江公园内。江泽民看了纪念碑和毛主席的题词，又看到新整修的钢筋混凝土防水墙壁立江边，十分壮观。武汉市的陪同人员告诉他，近几年堤防向外扩建，既拓宽了沿江大道，又提高了防护高度和质量，江泽民听后十分满意。当日下午，江泽民不顾一路劳顿，又参观了长江水利委员会长江科学院的模型场，看了荆江河段防洪模型试验和三峡水库泥沙模型试验，尤其详细观看了重庆河段模型试验，他询问了有关泥沙的一些问题，并对科学家们说，我们国家几代知识分子绝大多数是热爱祖国、热爱共产党的。建设社会主义四个现代化，不能离开科学、离开教育，也不能离开广大知识分子。我向大家表示感谢！从试验台上下来，走到大厅中央，江泽民接着说，这次来湖北，主要是了解一下长江大水的情况。江汉平原是我国的粮仓，对长江大水大家都很关心。我和李鹏商量，决定来看一看。说着，他又指了指身后的黑板说，刚才看到黑板上写了三峡库尾重庆河段泥沙模型的试验数据，我明白其意义。接着，他对面前的科学家们投去信赖的目光，诚挚地说，三峡论证中一些争论的问题，我相信科学家们会做出正确的结论。科学家们对江泽民热情洋溢的讲话报以热烈的掌声。在视察了三峡、看了长江大水及综合各方面因素之后，江总书记说，三峡工程要争取早上马，一定要在全国人民的支持下，把几代人的梦想在我们手中变为现实。

1994年10月12日，党的十四届四中全会结束不久，江泽民即开始了对川鄂两省的工作考察。在四川库区，江泽民作了重要讲话：现在经过多方论证，既然已下定决心要上这个工程，那我们就要万众一心，不怕困难，艰苦奋斗，务求必胜。过去很多人担心，连外国朋友也担心，怕库区移民是个无底洞。这次听了汇报，再实地看看，心里更有底了。移民工程必须在中央的统一领导下，分省负责，县为基础，这样才能把它做好。一定要时刻掌握群众的脉搏，了解他们的呼声和要求。10月16日，江泽民离川赴鄂后，冒着时断时续的细雨，对三峡工程建设尤其是三峡工程开工前的准备工作进行考察。12时左右，江泽民乘坐的巴山号船到达中堡岛。江泽民神采奕奕地走下巴山号，健步登上中堡岛原址——右岸一期纵向土石围堰，并不时地向岸上的人群挥手致意。他兴致勃勃地观看了施工现场，并听取了三峡水利枢纽总体布置情况的介绍和右岸施工汇报。之后，江泽民驱车进入基坑，亲切地接见了正在施工的职工和劳动模范代表。约16时40分，江泽民登上坛子岭，听取了中国三峡总公司和武警水电部队三峡指挥部的负责人关于船闸工程施工情况汇报，并和大家合影留念。17时，江泽民到长江三峡工程开发总公司前方办公大楼会议室，继续听取关于工程情况的汇报，并不时地插话询问。江总书记说,今天到了三斗坪,我们很高兴,感觉变化太大了。1989年我来过,三斗坪还是一个小镇,今后三斗坪一定能够成为一个新的城市。

如果把江泽民1989年的三峡之行视作三峡工程上马的"催化剂",那么,1994年10月他对库区、坝区的考察,就是送给全体三峡工程建设者及一切关心支持三峡工程建设的海内外人士的"定心丸"。毛泽东"高峡出平湖"的遗愿,终于在以江泽民为核心的中国共产党第三代领导集体手中变成现实。党和政府既以战略家的眼光支持兴建三峡工程,又坚持科学、民主的决策程序,交给了人民一份满意的答卷。

三十四　香港因何未能提前收回

- 蒋介石曾想借英国在香港问题上的松动，收回香港，但谈判很快就"触礁"了
- 周恩来规定了三个必要的条件，在这些条件下，香港可以长期维持现状
- 英国航空母舰迫不及待地开往香港，在武力支持下，香港政府发布措辞强硬的紧急法令

红墙大事
——共和国重大历史事件的来龙去脉（下册）

1997年7月1日，中华人民共和国将对香港恢复行使主权，这是海内外亿万炎黄子孙盼望已久的大事。这是邓小平的又一伟大杰作，因为他所提出的"一国两制"、港人治港、高度自治，使香港实现了平稳过渡，实现了新的繁荣。这种战略方针对香港、对祖国更为有利。

然而，不应忘记，以毛泽东为首的第一代领导人对于香港的回归，更是高瞻远瞩。毛泽东曾指示说，目前香港对我们有利，最好暂不收回香港，我们不要仓促行动……

香港地区位于中国广东省南部海岸，由三个部分组成：香港岛，陆地面积1104.32平方公里，鸦片战争后由1842年签订的《中英南京条约》割让给英国；九龙半岛，位于目前的界限街以南，面积11.2平方公里，由1860年《中英北京条约》割让给英国；新界，面积975.1平方公里，包括从西部的珠江三角洲边缘到东部的大鹏湾地区及其周围海域，共235个岛屿，根据1898年签订的另一个北京条约租赁给英国，租期99年。

从技术上说，所谓"1997年问题"只适用于香港的新界地区，但是，由于地理条件和中国共产党的态度，现在已涉及整个香港地区的归还。

对中国来说，香港是世界上唯一特殊而且矛盾的地方，它既是一颗明珠，又是一种耻辱；它既是货物的市场和供应地，又是邪恶的庇护所。

蒋介石曾想借英国在香港问题上的松动，收回香港，但谈判很快就"触礁"了

1949年以前，国民党和共产党都忙于争取稳定地控制大陆，还无暇顾及香港。共产党由于当时在国内所处的地位，不可能直接收回香港。共产党曾于1922年发动和领导了香港工人反对英国资本家的罢工。

对于国民党，由于当时它是大陆执政者，理所当然在香港问题上要付出更多的努力。

在1925年到1929年间，国民党政权曾试图废除自鸦片战争以来签订的一切不平等条约，但是，由于国民党政府在国际上软弱无力，而未达到成效。

1942年末，终于开始了有关的谈判。由于日本侵略中国，蒋介石政府向英国提出了一个条约草案，其中要求废除租借新界地区。但是，当时的英国外交大

臣艾登认为，这个问题超越了关于治外法权条约的范围，建议抗战胜利后再讨论"租借的条款"。

太平洋战争爆发以后，英美两国从各自的战略利益需要出发，希望中国成为其盟友，一同坚持抗战，保证同盟国内部的稳定和团结，以加强自己的力量。

英美两国为了对中国在抗战中的突出表现表示出它们的友好态度，因此同意终止在华治外法权，同时缔结新约，把中国法院根据中国法律审理各国籍公民的权力交还给中国。

和美国的谈判进行得还算顺利，可是中英谈判在香港问题上却触礁了。原来定在1943年1月1日签约，但到1942年12月中旬的时候，发现一切都谈妥了，就是香港问题解决不了。

国民党外交部的人员为此大为恼火，一筹莫展，于是他们找到了当时正在国内述职的国民党政府驻英国大使顾维钧，希望他出面来帮助解决这个难题。

顾维钧是北洋政府和国民党政府时期著名的外交元老，生于上海，早年饱读诗书，后留学美国，就读于哥伦比亚大学，主攻外交。1912年自美学成回国，先在袁世凯政府中担任驻墨西哥、美国、古巴、英国大使，参加了巴黎和会和华盛顿会议，担任过国联行政委员。国民党政府时期担任过外交部部长以及驻法国、英国和美国大使，还担任过常驻联合国代表。退休前在海牙国际法庭任职。1985年在纽约去世。顾维钧在巴黎和会上为归还中国山东半岛问题与各列强据理力争，慷慨陈词，从此扬名海外。以后一直活跃在国际外交舞台上。联合国成立之际他正担任中国驻英大使。

毛泽东对顾维钧当年力荐共产党派代表参加中国代表团之事一直念念不忘。1971年，中国恢复在联合国的一切合法权益后，毛泽东对即将赴纽约参加第26届联大的代表团成员章含之表示，他对顾维钧的外交才华很有好感，并专门指示要为顾维钧带去问候和礼品，并邀请顾先生在方便的时候访问北京。章含之到美国后，在顾维钧的女儿——在联合国工作的顾菊珍女士陪同下见到了顾先生。章含之送上毛泽东委托带给他的礼物和问候，顾先生很受感动，对毛泽东的深情厚谊一再表示感谢。但顾老至死未能实现回国访问的愿望，这不能不说是他人生的一大憾事。

当时宋子文找到顾维钧，向他请教这个问题的妥善解决办法。早在几个月以

红墙大事
——共和国重大历史事件的来龙去脉（下册）

前，顾维钧曾在伦敦就此事做过调查，发现有相当一部分英国人是主张自己政府将香港归还给中国的。他们认为，香港理应归还中国，它既是中国的领土，居民又都是中国人。再说，香港对于英国人来说还是个负担，难于防守。顾维钧甚至还就此事专门会晤过丘吉尔，丘吉尔没有像在罗斯福面前那样表现出强硬而激烈的态度，但他含含糊糊地把这个问题给推开了，说香港早晚是要归还中国的，但究竟什么时候为好，这要由战争和其他因素来决定。他用战争这个巧妙的挡箭牌把顾维钧给打发了。

当宋子文问起英国人的态度时，顾维钧如实相告。

宋子文说："我这里很好说话，没什么问题，反正目前以战争大局为重。可是，委员长（蒋介石）认为，英国人不爽气，既然表示对中国友好，为什么只是将治外法权归还，不将香港一并归还中国。这个话还得你去给他解释。"

当天下午7时左右，顾维钧来到蒋介石的住处，刚开始的时候他们都只是很随便地闲聊，大概有半个小时的工夫，蒋介石很想了解英国人对作战的一些想法。到后来，蒋介石突然站起身，没头没脑地问了一句："英国人把香港留在手里究竟想干什么？"

对此，顾维钧解释说，英国人这一回本来只是在美国人的号召下才将治外法权归还的，在他们的谈判计划中，根本就没有想到过香港问题可以在现在来谈判，所以，我们想毕其功于一役可能性是很小的。现在，比较明智的办法就是他们归还什么我们就毫不犹豫地收下什么，只是在收的过程中再告诉他们，我们很不满意，你们应该把更多本来属于我们的东西都还给我们。我们一边对他们送来的第一份礼表示高兴，但同时暗示他们，我们还在等待着第二份……

应该说，顾维钧所提出的方法体现了一个成熟的外交家特有的灵活、婉转与随机应变，是稳扎稳打、步步为营的办法。

蒋介石听了顾维钧的建议，觉得有几分道理，便采纳了他的意见，没有再采取其他措施，于是便把香港问题搁置下来了。

1945年，在雅尔塔会议上，罗斯福曾试图说服丘吉尔把香港归还给中国，把它开辟成自由港，以便对大连能做出同样的安排，从而让苏联进入这个不冻港口。

丘吉尔坚决反对这一意见，他说："只要我还活着，就不准许英国的任何主权被转移。"还有消息说，当时丘吉尔和斯大林举行了秘密会谈，在会谈中，丘吉尔同意斯大林在波兰放手行事，以换取斯大林支持英国重新占领和保留香港。

1945年8月，日本宣布无条件投降，国民党提出要在香港接受日本投降，但是，英国强调由他们来收复香港。尽管当时道格拉斯·麦克阿瑟将军的命令对中国比较有利，但是，杜鲁门却被英国说服了，做出了有利于英国的调停。英国人又一次进驻香港，重获对香港的统治权。从此以后，国民党忙于内战，也就顾不上香港了。

周恩来规定了三个必要的条件，在这些条件下，香港可以长期维持现状

1949年以前，英国与中共并没有官方接触。1949年4月，"紫石英"号炮舰事件使英国与中共在军事上、政治上首次发生接触，当然这是由英国一手造成的。尽管当时英国对中共发出了一些战争威胁，但根本没有能够付诸实施。

应该说，当时在西方主要资本主义国家中，英国还算是比较务实的，因为英国在中国有着庞大的经济投资（当时超过10亿美元），所以眼看着人民解放军横扫大陆，英国政府比其他资本主义国家先行一步，试图与中国的新政府建立事务联系，并且放出"不干涉中国内政"和"准备研究承认"的空气。

基于此，英国采取了一系列向中共靠拢的行动。

9月28日，在第四届联合国大会进行一般性辩论时，英国外交大臣贝文发表言论：英国政府不试图干涉中国选择它的政府，但是，中国曾经承诺的对某些国家的义务必须遵守。

9月29日，英国政府外交部发表了《英国在华投资的研究报告》，其中特别强调英国在中国拥有"经济权益"。

10月1日，中华人民共和国成立。

10月3日，贝文再次表示，英国是否承认中华人民共和国，决定于中国对待英国侨民的待遇和一般态度。

10月10日，英国外交部训令派驻广州的外交人员，不得跟随国民党方面前往台湾。之后，英国政府又将驻国民党政府大使史蒂文召回伦敦，要他提供英国政府是否应迅速承认中国的意见。

11月，英国在马来西亚的柔佛召开驻远东外交人员会议，由英国驻东南亚

红墙大事
——共和国重大历史事件的来龙去脉（下册）

高级专员麦克唐纳主持，会议着重讨论了英国是否承认中华人民共和国的问题。讨论的结果是，从各方面看来，承认较为妥当，建议伦敦采取积极行动。

11月9日至11日，英、美、法三国外长在巴黎讨论武装联邦德国问题，英国外交大臣贝文将英国准备承认中华人民共和国的意图通知了美国国务卿艾奇逊。但艾奇逊对贝文施加压力，要英国在承认问题上，必须同美国保持一致，贝文仅仅让了一小步，答应可以延迟承认中华人民共和国的日期。

然而，这种延迟并没有持续多长时间。1950年1月6日，贝文就致电周恩来，表示承认中华人民共和国，并愿意在平等互利、互相尊重领土主权的基础上建立外交关系，同时，英国宣布撤销其对国民党集团的外交承认。

英国政府的这种姿态，是否说明英国反共不积极，立地成佛了呢？回答：否。因为就在它宣布承认的当天，英国外交部就承认之事发表了一项声明，表示，虽然英国在承认问题上与美国有分歧，但英国并不改变和美国一起"反对共产主义的长期目标"，并且表示"英国有决心阻止共产主义潮流越出中国国境"。

声明举了一个例子，说英国在20世纪30年代也曾承认西班牙佛朗哥法西斯政权，与目前承认中国政权是相似的，因为"承认一个政府绝非承认这个政府的政策"。

在这个声明中，英国表示继续与国民党方面"保持实际上的联系"，在台湾淡水驻留领事机构。

这样的声明在世界外交史上是相当独特的，典型地反映了英国政府的"两面政策"，也自然决定了英方与中共的关系不可能亲密友好。

2月8日，远在苏联访问的毛泽东在致刘少奇的一封电报中提出了关于中国与英国建交的原则立场，即"中英建立外交关系上应解决的先决问题"。毛泽东指出："估计英代办胡阶森即将到京，望告外交部于胡到后当其来访时提及关于建立外交关系的初步程序的事宜，即应告以其中最重要者为英国与蒋介石反动派残余的关系问题，因英国既已与我中华人民共和国中央人民政府建立外交关系，即不应同时再与国民党政府做任何外交来往，而英国代表在联合国安全理事会及其他组织中竟继续承认国民党代表为合法，拒绝接受我中华人民共和国代表，这在建立中英外交关系上是不可不解决的先决问题；其次，英国香港政府对国民党政府在港的官方代表、机关及其所属的一切国家资产采取如何态度，也须弄清楚，因这类事情也是属于与国民党政府断绝关系的问题，等等，看胡阶森如何答复。至于收回英国兵营问题，可暂置不谈。"（参见：《毛泽东外交文选》，中央文献出版社、世界知识出版社，1994年12月版，第129页）

在3月2日开始的中英建交谈判中，由于英方不肯改变其对中共的敌对立场，建交问题未能达成协议。

5月22日，中国外交部发言人发表了关于中英建交谈判经过的谈话，要求英国政府对言行不一的问题加以澄清。两天后，英国下院就建交问题进行了一场外交政策辩论。

外相贝文有点恼火地说："英国宣布承认中共的政权是一件不惬意的决定。"

1950年6月25日，朝鲜战争爆发。与此同时，美国在中华人民共和国和苏联两个常任理事国缺席的情况下，故意歪曲朝鲜国内战争的性质，以"紧急援助"李承晚集团为名，操纵联合国安全理事会通过非法决议，为美国搜罗侵朝军队。6月30日，杜鲁门继续下令将美驻日本的地面部队投入侵朝战争之中。7月7日，美国又操纵联合国安全理事会通过非法决议，给美国及其他国家的侵略军队披上"联合国军"外衣，并任命麦克阿瑟为"联合国军总司令"。英国积极参与这些侵略活动，在朝鲜战争初期就派出了2个步兵旅、21艘舰艇、80架飞机参加侵略战争。

中英关系进一步恶化，建交更是无从谈起了。双方就这样维持着一个代办关系。

……

1949年10月，人民解放军解放了广东，此时港英当局迅速地做了抵抗解放军进攻的准备。在这一年里的前10个月，兵荒马乱，约有50万避难者越界进入香港，其中大多是国民党政府的大小官员和工商界人士。国民党政府的民航飞机大部分也已经飞到香港，人们都在观望解放军会不会攻入香港，夺取国民党的资财和香港统治权。但是，解放军战士在边界前停住了脚步。以当时的情况，如果想以武力解决的话，解放军以一个团就足以收复香港。然而，毛泽东并没有下令这样做。这正是毛泽东的高明之处。

在这年10月1日的开国大典上，中央人民政府曾经宣布，它将审查中国历届政府与外国签订的一切条约，并且根据条约内容分别予以承认、废除、修改或重新谈判。但是，在英国于1950年2月宣布承认中华人民共和国之后，北京并

红墙大事
——共和国重大历史事件的来龙去脉(下册)

没有提出香港问题。

几个月后,朝鲜战争爆发。英国从12月开始对中国实行禁运,一开始,华盛顿认为把香港排除在禁区之外是不合适的,应管制向中国大陆、香港和澳门的物资运输。而后,日本、加拿大、法国、比利时、缅甸也先后对中国实行禁运,香港英国政府也宣布110项物资不得运往中国大陆。后来,美国允许香港进口货物,但仍维持对中国大陆的贸易禁令。这样英国统治下的香港就成为中国通向资本主义世界必不可少的门户。

由此可见,当时中央人民政府和以毛泽东为代表的老一辈革命家在新中国成立初期采取了把香港留在英国手中的政策是比较明智的,是有国际战略眼光的。中国曾经因多种原因就香港问题向英国提出过抗议,但对它的统治现状并没有提出过真正的挑战。

当然,中国允许香港仍由英国统治,并不是无条件的。

周恩来当时规定了三个必要的条件,在这些条件下,香港可以长期维持现状:

一、香港不能用作反对中华人民共和国的军事基地;

二、不许进行旨在破坏中华人民共和国威信的活动;

三、中华人民共和国在港的人员必须得到保护。

由于这些条件是合理的,而且没有干涉港英当局在香港的内政,因而,成为虽未公布却得到很好遵守的条规。

但是,中央人民政府还是多次向香港当局和英国提出了抗议,因为在一系列事件中,香港当局让中国政府很不高兴。

首先是70架飞机没能归还中国。国民党的航空人员已经宣布起义,中方声明飞机属于新政权。但是,国民党政权声称把这些飞机卖给美国陈纳德的民航公司。

中国政府表示强烈抗议,声明出售无效。但是,英国宣布扣留飞机,阻止它们飞往内地,香港上诉法院虽然做出了有利于中国政府的判决,但是,英国枢密院审判委员会否决了这一判决,批准了这项买卖。

1955年4月,香港最高法院裁定,中华人民共和国民航公司在香港的办事机构占用的一座仓库是陈纳德的斑马公司财产。中国民航公司的人员拒绝腾出这个仓库,但被香港警察撵走了。

其次,1955年,印度飞机"克什米尔公主"号载着中国代表团出席万隆会议的一些成员从香港起飞,后在南海上空爆炸,机上人员全部遇难。在事前,中国已通告香港当局,国民党特务正密谋要炸毁飞机,但香港当局掉以轻心,没有做好应有的保卫工作,导致不幸事件的发生。

另外,还有其他一些事件,包括劫持渔船、窝藏国民党军事人员、骚扰香港左翼机构等等,中国政府均对香港当局提出了严正抗议。

英国航空母舰迫不及待地开往香港,在武力支持下,香港政府发布措辞强硬的紧急法令

1962年,由于"大跃进"的失误和百年不遇的自然灾害,华南发生了通过香港涌往海外的风潮,在短短三个星期时间里,约有26万人南逃,香港政府小心地解释道,难民出逃不是由于政治原因,并实行了限额制度。经过这个事件之后北京与香港开始合作。

1960年夏天,苏联停止了对中国的一切援助,撤回了所有的技术人员,这意味着,中国必须自力更生,或者转向非社会主义国家寻求未来的贸易和援助,于是香港对中国内地变得比以前更加重要了。

一位了解情况的香港著名评论员说,1959年,当中苏关系已经变坏但尚未最后决裂时,毛泽东曾指示说,目前香港对我们有利,最好暂不收回香港,我们不要仓促行动。

与此同时,中国国内经济正面临严重困难,周恩来指示说,这个地方日益重要,(水、食物、原料)供应港、澳实际上是个政治任务。

……

一般人都不知道,在九龙南部,中国保有一块土地,叫做九龙城寨,在1898年的条约中,有这样一段话:

中国现今住在那里的官员,将继续行使管辖权,但要与保护香港的军事要求保持一致……中国官员和人民,将和以前一样,被允许使用从九龙到兴南的道路。

然而,在过去的岁月中,中国的历届政府似乎都忘记了九龙城寨这块地方。

1950年,香港英国当局停止执行了100多年的惯例,取消了中国人自由出入香港的权力,由于香港政府也不能去管理这块地方,它便成了鸦片吸食者、娼妓和逃犯的天堂。

红墙大事
——共和国重大历史事件的来龙去脉（下册）

1963年1月，港英当局决定进入九龙城寨，拆除一些房屋，重新安顿约两千居民，对此，中国抗议英国"侵犯中国的主权"，要求英国政府指示港英当局立即撤销这个决定，但是态度并不强硬。当时的中英双方在香港问题上还是比较友好的，只是"文化大革命"一来，形势就变得完全不一样了。

1967年，对内地是多"灾"之年，对香港是多事之秋。

在南面，越南战争正打得火热，美国战舰也靠在香港；在北面，"文化大革命"正席卷中国大陆。

5月6日，香港一家塑料厂发生了一起简单的劳资纠纷，点燃了导致中英严重冲突、香港开始严重混乱、死伤多人的重大事件的导火索。

从一开始，香港政府和工人双方都采取了强硬的态度，港英政府派遣约200名警察到非法设置纠察线的工厂，逮捕了21名纠察人员，毫不同情劳动者的诉求。工人们受到香港左翼新闻媒介的鼓励，向香港政府提出了强烈的要求。

接着发生了暴力行为，香港政府宣布宵禁。

5月12日，工人成立了一个组织"反压迫斗争委员会"。到5月14日，有400多人被捕。

5月15日，中国政府插手干预，事态扩大，当时外交部副部长向英国驻华代办提出了强烈抗议，抗议说，"港英当局的法西斯暴力必须立即停止"，并向英方提出了与年初向澳门当局提出的同样的要求。

几天以后，香港发生了"左"派行动，导致九龙暴乱。

在北京举行了有中央领导参加的10万人群众大会，通过了一项决议，内容有三点：

一、美国必须停止以香港作为军事基地；

二、香港国民党特务迫害亲共人士的罪行决不能宽恕；

三、传播毛泽东思想的工作决不能受到干扰。

英国没有对此做出回答，中国即要求英国驻上海领事馆在48小时内关闭。形势变得非常紧张和难以控制。

5月22日，香港再次发生暴乱，街头贴满了醒目的反英标语。5月26日，英国航空母舰"堡垒"号载着450名士兵迫不及待开往香港，声称是参加军事演习。在武力支持下，香港政府发布措辞强硬的紧急法令。

三十四　香港因何未能提前收回

6月3日，《人民日报》发表社论，对香港当局和英国政府进行严厉谴责，号召香港爱国者"组织起来，准备伟大祖国一旦发出号召，粉碎英帝国主义的反动统治"。

这一天，香港有500人被捕。

《人民日报》社论等于号召采取行动解放香港。但是，很显然，这不是周恩来和陈毅的意见，而是当时被王力、关锋、戚本禹等操纵的"中央文革小组"的意见。因为在同一天，中国驻伦敦代办在敦促英国外交大臣接受北京的要求，释放那些被捕人员的同时，提醒他说，1961年周恩来曾在北京对蒙哥马利将军说："如果双方尊重他们相互的利益，香港的现状就可以维持。"

6月23日，在香港的一次暴力冲突中，有53名暴乱分子被捕，4人死亡。

第二天，约200人包围了新界边境的沙头角警察所，左翼工会组织号召举行总罢工。几天以后，中华全国总工会筹集了1000万港币，给香港同胞物质支援。

香港因此瘫痪，物价飞涨。

事态继续恶化。7月8日，在沙头角又召集了一次群众大会，有不少中国居民参加。港英当局派出武装警察人员前往驱散，双方发生冲突，导致了一场射击，双方都有伤亡。中英两国彼此提出抗议，英方公布5名士兵死亡，11名士兵受伤；中方公布有1人死亡，8人受伤。有趣的是双方都小心谨慎地声称中方武装部队没有参与射击。

在中国的压力面前，香港当局并未手软，它继续寻找和没收武器、炸药，撕毁标语，扣押嫌疑分子，还开始对左派报纸和记者的煽动行为采取法律行动。7月21日，香港法院宣判一些新闻工作者有罪，中国也软禁了路透社驻北京记者安东尼·格雷。

8月，香港政府又封闭了三家左派报纸，逮捕了19名记者和34名工作人员并向法院控告中共控制下的《大公报》《镜报》和两家印刷公司。

中国政府在8月20日提出了严厉抗议和最后通牒。通牒说，除非港英政府撤销封闭三家报纸的决定，释放所有被捕人员，停止反对他们的一切法律措施，否则由此产生的一切后果将由港英当局自己负责。

后果是什么呢？

21日，北京举行了群众大会。

红墙大事
——共和国重大历史事件的来龙去脉（下册）

第三天，一团大火冲天而起，震惊了世界，这就是红卫兵焚毁了英国驻华代办处。

之所以会发生这样的极端行为，是因为以姚登山为首的激进派夺取了外交部大权，实行了"红卫兵外交"。

事情变得更糟了。

谁也无法预料下面会出现什么更剧烈的冲突，幸好毛泽东进行了干预。9月初，他下达了禁止暴力斗争的命令。

形势顿时逆转。

中国对英国驻华代办处被烧事件表示道歉，所有参加1968年夺外交部大权的负责人后来都受到了严肃处理。

香港的局势也得到缓和，左翼势力可能接到了鸣金收兵的指示，在9月，除了断断续续的爆炸事件以外，香港反英活动已明显减少。

10月21日，《人民日报》以胜利的语气报道说，香港当局已接受中国的要求，同意拆除深圳边境某些障碍物，重新开放文锦渡桥。其实这两者都是合理要求，香港政府是欣然同意的。

拆除障碍物是为了让一些广东农民方便进入他们正在耕种的土地，文锦渡桥是香港市民和物资出入内地的一条重要线路。

到这一年底，香港事态已基本恢复正常。应当提及的是，在香港与内地关系恶化的几个月里，由内地供应的水、食物和原料从未中断，而一旦中断，香港就将成为一座死城，1925年省港大罢工的事实已经说明了这一点。